地球の歩き方 KJ0026　2023-2024版

地球の歩き方編集室　MOOK墨刻出版

AUSTRALIA  CONTENTS

SURF RESCUE

OVERLAND TRACK

625 旅行準備與技術

Column & Topics

出發前必讀！ 旅行糾紛與安全對策···673

如何使用地球步方

本書所使用的符號・簡稱

- 住 ……地址
- ☎ ……電話號碼
- FREE ……澳洲國內的免費電話
- FAX ……傳真號碼
- URL ……網址（省略http://）
- 開 ……開放時間
- 營 ……營業時間
- 休 ……公休日
- 時 ……在地觀光旅遊等行程的舉辦時間／交通機構的行駛時間

介紹大城市或知名觀光景點時，會在剛開始的頁面中將該地所在位置的概略地圖、州名、區域號碼，一併標示在都市名稱欄目內，至於一旁的邊框內還能找到該城市的各種實用資訊。

凱恩斯
Cairns
昆士蘭 Queensland
區域碼號(07)
凱恩斯&熱帶北方遊客中心
Tourism Tropical North Queensland
www.tropicalnorthqueensland.org.au
主要航空公司聯絡處
澳洲航空Qantas Airways
13-13-13
捷星航空Jetstar
13-15-38
維珍澳洲航空
Virgin Australia
13-67-89
區域快線航空
Regional Express (REX)
13-17-13
新加坡航空Singapore Airlines
13-10-11
新幾內亞航空Air Niugini
(07)4035-9209
凱恩斯是澳洲北方的門戶，也是前往大堡礁Great Barrier Reef、北昆士蘭各地的出發基地，此外它也是環繞澳洲大陸一圈，世界最長的國道1號線（約有1萬4000km長／但是目前其中有一段被視為州道）的東

若是中小型城市，則會在剛開始頁面的邊欄處介紹從主要城市出發的交通方式。

費瑟內國家公園&塔斯馬尼亞東海岸
Freycinet NP & East Coast of Tasmania

交通
●塔斯馬尼亞東海岸
遊覽塔斯馬尼亞東海岸最好的方法就是租車或參加旅遊團。大眾交通工具只有Tassie Link有從荷巴特出發前往東海岸各城鎮的巴士，週一～五每日2班，週六、日1班車。
●Tassie Link
☎(03)6235-7300
☎1300-300-520
URL www.tassielink.com.au

擁有美麗海洋與蓊鬱森林的費瑟內國家公園

被稱為「假日海岸Holidaycoast」的塔斯馬尼亞東海岸，是當地的度假勝地。沿著海岸線延伸的A3號塔斯曼公路Tasman Hwy.，一路上分布著人口介於200～800

景點、在地觀光旅遊行程、遊樂活動等的詳細資訊欄。

■攀登雪梨大橋
住3 Cumberland St., The Rocks 2000
☎1300-908-057
URL www.bridgeclimb.com
時每日7:00～深夜，所需時間約3小時
費Summit Climb、Summit Insider價格相同／白天：大人$308 小孩（12～16歲）$149／夜間：大人$268 小孩$119／傍晚：大人$374 小孩$264／清晨（出發日期要再確認）：大人$388 小孩$149
※包含高塔觀景台Pylon Lookout門票
※依照時期不同，週末可能要加價
※務必穿著膠底且不易脫落的

從雪梨出發的旅遊團，一般除了市區觀光，還有造訪世界遺產藍山之旅、史蒂文森港賞鯨豚、紅酒故鄉獵人谷、雪梨港觀光船等，種類眾多，也都有導遊隨行解說。

雪梨市區的人氣行程

雪梨最刺激的行程 MAP P.239/2A
攀登雪梨大橋
Bridge Climb Sydney

登上雪梨地標──港灣大橋是目前非常受歡迎的活動。從岩石區的塔柱Pylon為起

攀登大橋的時間足夠外拱，的一行

●各項資訊
- 費 ……門票、費用
- CC ……可使用的信用卡
  - A：美國運通American Express
  - D：大來Diners Club
  - J：JCB
  - M：MasterCard
  - V：VISA

●在地觀光旅遊
時 ……在地觀光旅遊&活動開始・結束時間及所需時間

●在地觀光旅遊&活動、主題樂園等費用
大人 成人費用　小孩 小孩費用
家庭 一般皆為成人2人+小孩2人的家庭折扣費用

●飯店房價
- D　團體房
- S　單人房
- T　雙人房2小床
- W　雙人房一大床
- 1B　單床房
- 2B　雙床房
- 3B　3床房
- WiFi　WiFi需付費／免費

●餐廳資訊
酒 ……餐廳是否具有供酒執照以及能否自行帶酒（BYO）
※關於BYO→P.666

所有客房都可以看到海 MAP P.69/2B
Riley - a Crystalbrook Collection Resort
URL www.crystalbrookcollection.com/ja
住131-141 The Esplanade, 4870
☎4252-7777
WiFi 免費
費TW $325～1325

挑戰鱷魚、袋鼠和鴕鳥的排餐 MAP P.69/3B
Dundee's Waterfront Dining
URL www.dundees.com.au
住Cairns Harbour Lights, Shop 3, 1 Marlin Pde., 4870 ☎4051-0399 營每日11:30～14:30、17:00～22:00 CC ADJMV 酒Licensed
●Dundee's at the Cairns Aquarium（凱恩斯水族館內分店MAP P.69/2B） 住5 Florence St., 4870

好多這裡才有的伴手禮 MAP P.69/3B
OK Gift Shop
URL www.okgift.com.au 住61 Abbott St., 4870
☎4031-6144
營每日9:00～19:00（今後有可能延長）
CC ADJMV
這裡有許多澳洲經典和特殊的伴手禮，包括出自凱恩斯在地設計師之手的簡單

利用不同顏色區分飯店、餐廳、購物。

奇數頁的右上角會標示出州名（以顏色來區分）及城市名稱，在搜尋目的地時更加方便。

昆士蘭

凱恩斯Cairr

●**地名用詞簡稱**

St.........Street
Sts. ....Streets
Rd. ....Road
Rds. .....Roads
Ave. .....Avenue
Tce.......Terrace
Blvd. ....Boulvard
Hwy. ....Highway
Mwy. ....Motorway
Drv.......Drive
Cnr.......Corner of ～
Bldg. ....Building
NP........National Park
CP........Conservation Park

地圖標記

飯店
餐廳
購物中心
商店
夜店
博物館／美術館
遊客中心
高爾夫球場
郵局
租車公司
路面電車站
巴士總站
潛水店
浮潛點
潛水點
觀景台
電影院
醫院
兌幣處
教堂
學校
墓園
方位記號
※N字方向為北
※顏色改變部分顯示該州在地圖的所在地

●**建築物色塊區分**

飯店
購物中心
上述以外的建築物

■本書的特色

本書是為了想到澳洲自助旅行，體驗在地各式各樣旅遊樂趣的遊客為對象，而刊載各城市相關的交通、在地觀光之旅&活動、飯店、餐廳等多樣情報資訊，無論是自助旅行還是參加團體旅遊，都可以充分派上用場。

■關於刊載資訊的利用

編輯部盡可能提供最新且正確的情報，然而當地的規定及手續時常會有所變動，有時候也會發生見解不同的情況；若是因為這種理由或是弊社並沒有重大過失時，讀者因為參考本書而產生的損失及不便，皆不在弊社負責範圍內，敬請見諒。在參考本書時，請讀者自行判斷本書所提供的情報與建議，是否適用於您本身的情況或計畫。

■當地採訪以及調查時間

本書是以2022年5月的當地採訪，以及5～7月的調查資料編輯而成，不過這些情報有時會隨著時間而有變動，特別是在地觀光旅遊、飯店、餐廳等相關費用，多數等到正式踏上旅途時都會有所不同。因此請將本書資訊僅作為估價參考，等到了當地之後，獲取最新資訊之後再出發旅行。

■關於電話號碼

關於本書所介紹的當地電話號碼標示，就如同台灣的縣市區域號碼標示一樣，該地區的區域號碼全部都會標示在括弧內。即使是位於同一州內，如果要打電話到市以外的區域，請記得還是要加上區域號碼。當地的免付費電話是1800，還有大部分1300開頭的10碼電話號碼。另外像是以13開頭的6碼電話號碼，或是一部分1300開頭的10碼電話號碼，則會收取當地的市內通話費（澳洲國內皆是50¢）。像這些特殊的電話號碼，請注意原則上是沒辦法從台灣撥打國際電話的。

■地名・人名標記

本書原則上盡量以接近英語原音來翻譯，不過依舊有其限度，因此在這種情況下，一般都會採用台灣多數旅遊書通用的譯名。

綜合資訊

基本資訊

國旗

國徽

▶ 旅行會話→ P.674

國旗
左上角是顯示身為大英國協一分子的英國米字旗，左下角的七角大白星代表澳洲擁有的6個州（昆士蘭州、新南威爾斯州、維多利亞州、塔斯馬尼亞州、南澳州、西澳州）與特別區（北領地及澳洲首都特區），右邊的5顆星星則排列成南十字星座。

正式國名
澳大利亞
Commonwealth of Australia

國歌
前進，美麗的澳大利亞
Advance Australia Fair

面積
約768萬2024 km^2

人口
約2575 萬人（根據澳洲統計局於2021年9月底的估算）

首都
坎培拉Canberra　人口約40萬人

元首
英國國王查爾斯三世Charles III，英王代表的聯邦總督（Governor-General）由總理建請英國國王同意任命，並在總理的協助下任命各級首長。

政治體制
議會制民主主義，聯邦議會是由下議院（House of Representatives）及上議院（Senate）組成的雙議院制。

種族
英格蘭人33%、澳洲人29.9%、愛爾蘭人9.5%、蘇格蘭人8.6%、中國人5.5%、澳洲原住民Aborigine等3.2%、其他10.3%。
※根據澳洲統計局2021年人口普查資料

宗教
天主教20.16%、英國國教9.8%、其他基督教13.94%、伊斯蘭教3.2%、印度教2.7%、佛教2.4%、無宗教信仰38.9%。
※根據澳洲統計局2021年人口普查資料

語言
官方語言為英語

貨幣與匯率

澳幣Australia Dollar會標示為A$以及A¢（本書與當地同樣以$及¢做標示），紙鈔分別為$5、10、20、50、100（全為塑膠鈔票），硬幣則有5、10、20、50¢、$1、2共6種。$1＝100¢。截至2023年12月$1＝約台幣21.56元。

$1　$2　$5　$10

$20　$50　$100

5¢　10¢　20¢　50¢

如何撥打電話

▶電話、網路與郵政→P.670

從台灣撥往澳洲　例要撥往凱恩斯(07)1234-5678時

國際電話識別碼		澳洲國碼		區域號碼（去除開頭的0）		對方的電話號碼
002	+	61	+	7	+	1234-5678

節日（主要節日）

節日

部分節日每年都會有所變動（★標記），若是碰上了週六、日的場合，通常都會和週一連在一起變成3連休假期。

新年	New Year's Day	1/1
國慶日	Australia Day	1/26
耶穌受難日	Good Friday ★	3/29 ('24)
復活節前的週六	Easter Saturday ★	3/30 ('24)
復活節後的週一	Easter Monday ★	3/31 ('24)
澳紐軍團紀念日	Anzac Day	4/25
女王誕辰	Queen's Birthday ★	6/10 ('24)
每年6月第2個週一（昆士蘭州及西澳州除外）		
耶誕節	Christmas Day	12/25
節禮日	Boxing Day	12/26

▶昆士蘭州節日→P.62
▶新南威爾斯州節日→P.222
▶澳洲首都特區節日→P.314
▶維多利亞州節日→P.324
▶塔斯馬尼亞州節日→P.406
▶南澳州節日→P.454
▶北領地節日→P.502
▶西澳州節日→P.552

營業時間

以下為一般的大致營業時間。

一般企業・政府機構

週一～五9:00～17:00

銀行

週一～四9:30～16:00，週五9:30～17:00

※有些銀行是9:00開始營業。

郵局

週一～五9:00～17:00

※市中心的部分郵局會在週六上午營業。

商店

一般都是週一～五9:00～17:30，不過在凱恩斯、黃金海岸等觀光地區，大多數商店都是全年無休的，部分紀念品店等商店甚至會營業到晚上21:00。此外，在主要城市裡還會有每週一次的Late Night Shopping Day，這天大多數的商店營業時間都會延長到晚上21:00。

餐廳

午餐12:00～14:30，晚餐18:00～22:00

※依店家而異

電壓與插頭

電壓與插頭

電壓為220/240V，頻率為50Hz，插座則是八字型（O型），由於電壓極強，沒有打開插座上的開關是無法通電的。雖然在高級飯店能夠借得到變壓器、轉換插頭，可是因為數量有限，建議最好還是從台灣自行準備。

DVD・藍光・錄影帶規格

澳洲和台灣不同，採行的是PAL規格。因此想要購買DVD返國時，得先確認有沒有台灣採行的NTSC播放規格，同時還要確認是否為全區播放。（因為在DVD的播放區碼中，澳洲是第4區，而台灣則是第3區。）

插座屬於八字型

插頭是O型

網路

主要飯店一般都會提供付費寬頻網路服務，可以提供手機、平板和筆記型電腦連接上網，另外在主要城市市中心的咖啡館、速食店也會設有免費的Wi-Fi無線上網點，建議可以事先調查好地點加以利用（URL www.freewifi.com.au）。

▶電話、網路與郵政→P.670

從澳洲撥往台灣　例撥往台北(02)1234-5678時

國際電話識別碼		台灣國碼		區域號碼（去除開頭的0）		對方的電話號碼
0011	+	**886**	+	**2**	+	**1234-5678**

※利用公用電話撥打回台灣時，同樣是上面的順序。
如果是從飯店撥打國際電話時，記得要先撥飯店的外線號碼。

▶澳洲國內通話

市內通話不需要撥打區域號碼，但若要撥往市外時，則必須先撥打該州區域號碼。

▶如何撥打公共電話

①拿起電話筒
②插入電話卡
③按下對方的電話號碼
④結束通話後放回話筒，取出卡片

小費

▶小費與禮儀
→P.669

澳洲雖然沒有給小費的習慣，但是在雪梨、墨爾本等大城市的高級飯店或餐廳，如果感覺服務態度良好，給小費是一般的常識。

計程車

將車資補成整數的金額，如果有行李放在後車廂，麻煩司機搬運時會再多給一些。

餐廳

如果在高級餐廳用餐，沒有加算服務費的話，小費約10～15%左右，也可自行在刷卡簽帳單上填寫對應的小費金額支付。

飯店

有提出客房服務等要求時，小費大約是$2～5左右。

飲用水

水龍頭的水可以直接生飲，如果擔心生水不衛生的人，也可以購買礦泉水、氣泡水來飲用，600mℓ的售價約$2～5。

氣候

▶旅行季節→P.628

澳洲由於幅員遼闊，氣候型態也因此非常多樣。一般來說，北部沿岸地區屬於熱帶氣候，分為雨季和乾季；中、南部沿岸地區則是溫帶～冷溫帶氣候，四季分明。澳洲大陸中央地區是乾燥的沙漠氣候，一整年日照強烈，墨鏡和防曬乳是必備物品。

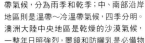

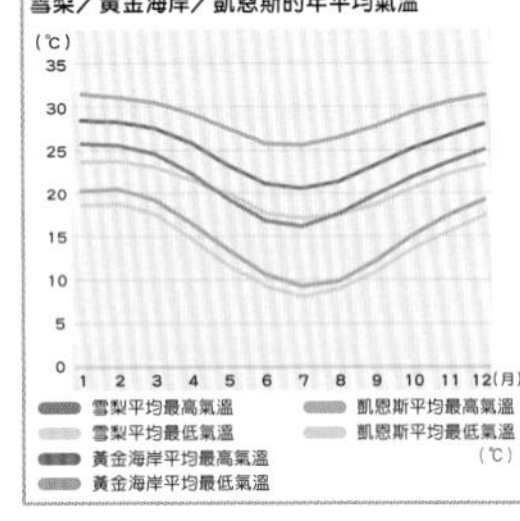

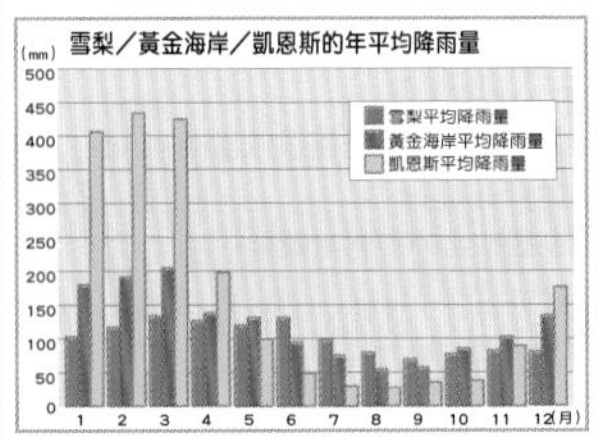

從台灣出發的飛行時間

▶購買機票→P.638

從台灣桃園機場到雪梨的直飛時間約為9小時20分，布里斯本約9小時，墨爾本約9小時20分。

時差與夏令時間

澳洲一般區分為3大時區，東海岸的各州與台灣有2小時時差（台灣時間再多加2小時），中央區域則與東部有30分鐘時差（台灣時間再多加1小時30分），西部（西澳州）與東部有2小時時差（和台灣時間相同）。原則上來說，從10月最後一個週日到4月第一個週日，包括了新南威爾斯州、維多利亞州、澳洲首都特區（坎培拉）、塔斯馬尼亞州（從10月第一個週日開始實施）、南澳州都會實施夏令時間（也稱為日光節約時間Daylight Saving）。在這段期間，各州的時間都要額外再加上1小時。但是日光節約時間真正的實施與期間，還是由各州每年自行決定，因此最好在出發前先行確認。

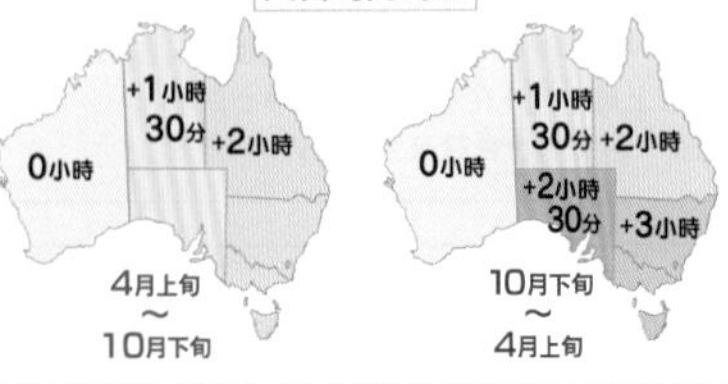

郵務

▶電話、網路與郵政
→P.670

一般信件是投遞紅色郵筒，黃色是速件

郵局會有Australia Post的標示，並以紅色P作為標誌，窗口服務時間是週一～五的9:00～17:00，週六、日及節日休息（市中心的部分郵局會在週六上午營業）。郵票除了在郵局窗口之外，設置在郵局內的自動販賣機、飯店櫃台等地也都可以買得到。寄往台灣的航空郵件大約5～7日即可抵達，1個小包裹的重量上限為20kg。

郵資

寄往台灣的郵資（2022年8月）

郵件（含明信片）250g（長×寬30mm×240mm、高5mm以內）$2.7。

入出境

▶出發前的準備
→ P.636

護照

護照有效期限必須超過6個月。

簽證

台灣民眾前往澳洲時，必須要有簽證或是電子簽證ETA才能入境。

機場稅

搭乘飛機離開澳洲時必須繳交$60的離境稅（PMC），還要再加上各機場的機場稅等，不過原則上，這些稅金在購買機票時就已經包含在內。關於機場稅、手續費等資訊請參考下表。

海關、檢疫

旅客可隨身攜帶的行李中，包含商業目的以外的隨身用品、個人使用的體育用具，而成年人每人可攜帶25支香菸或25g其他菸草產品、2.25l的酒類及總價約$900的物品（包含禮物、皮製品、電子產品、相機、珠寶等），在入關時都可以不用課稅。不過澳洲在檢疫方面非常嚴格，食品類相關物品原則上是禁止攜帶，詳細請參照下列網站。

URL roc-taiwan.org/au/post/26882.html

主要機場　離境稅・機場稅（包含各種手續費）表　（2020年3月調查）

機場名稱	國際線出發		國際線抵達	國內線出發	國內線抵達
	離境稅	機場稅	機場稅	機場稅	機場稅
凱恩斯	$60.00	$31.58	$25.08	$17.85	$12.32
漢密爾頓島	---	---	---	$32.72	$26.66
布里斯本	$60.00	$30.42	$30.42	$8.79	$8.79
黃金海岸	$60.00	$16.10	$15.83	$12.98	$7.45
雪梨	$60.00	$31.73	$31.73	$14.17	$8.64
墨爾本	$60.00	$25.00	$21.00	$9.93	$4.40
阿得雷德	$60.00	$26.00	$21.81	$15.75	$9.69
愛爾斯岩	---	---	---	$38.78	$32.72
達爾文	$60.00	$34.54	$18.78	$24.24	$18.18
柏斯	$60.00	$27.27	$20.00	$9.26	$9.26

※機場稅會依航空公司而有所不同，上表的金額為搭乘澳洲航空的費用。

稅金

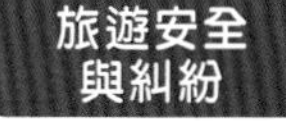

▶出入境手續
→ P.641

在澳洲會針對所有的商品，課徵10%的GST（Goods & Service Tax）商品服務稅。外國遊客在離開澳洲前30天以內的消費，且是未拆封準備攜出境外的手提物品，並且是在同一家商店消費超過$300的條件下，出境時於機場的TRS（Tourist Refund Scheme）櫃台辦理申請，就能退還稅金。

旅遊安全與糾紛

▶旅行糾紛與安全對策→ P.673

雖然澳洲是相對安全的國家，目前並沒有針對澳州發出任何旅遊警報，不過在出發之前最好還是前往下列網站，確認最新資訊。

URL www.boca.gov.tw

緊急電話

警察、消防、救護車　000

年齡限制

在澳洲，購買香菸、酒精類都得年滿18歲以上，同時即使已經成年也需要在購買時出示個人身分證明，有相關需求的人別忘了攜帶證件。租車同樣設有年齡限制（部分租車公司規定25～60歲），並會要求出示信用卡以取代身分證明，萬一沒有信用卡，就會需要繳交一筆金額不小的押金。

度量衡

長度…公尺 m　重量…公斤 kg　距離…公里 km

其他

禮儀

搭乘手扶梯時是左側站立，右側通行；排隊是會排成一長列，依照順序往前遞補；要叫計程車則是同樣招手即可。

黃金海岸是澳洲最負盛名的度假聖地©MOOK

雪梨歌劇院©MOOK

4226

2023 特輯1

歷經森林大火3年之後

逐漸復甦中 袋鼠島的大自然

從2019年底到2022年1月，澳洲南部經歷了一場前所未有的森林火災，澳洲全國有18萬6000km²（超過台灣5倍大）的土地被燒毀，其中又以袋鼠島受害極為嚴重，島上幾乎一半的面積都付之一炬。火災之後，島上實施觀光景點的管制措施，嘗試讓大自然以休養生息的方式來重新復育。經過3年之後，再度前往袋鼠島採訪，看看島上恢復得如何。

Regeneration of nature - Kangaroo Island

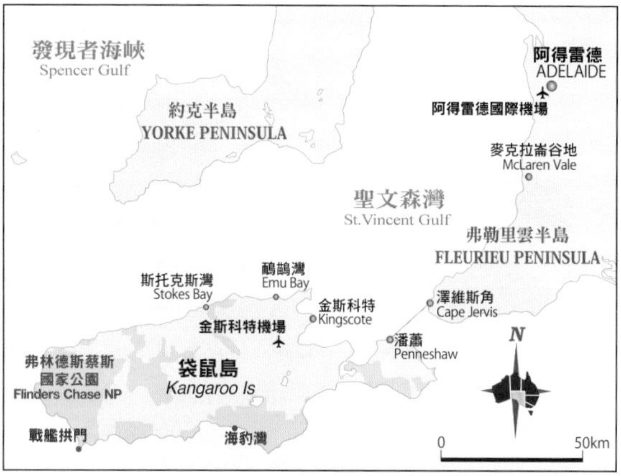

A （左頁）斯托克斯灣附近的草地上，晨昏都會出現大群袋鼠島袋鼠的蹤跡 B 還有許多躲藏在灌叢中的尤金袋鼠 C 野生無尾熊的數量似乎也在順利增加中 D 幸運的話還能看到野生的澳洲針鼴 E 斯托克斯灣周邊棲息著許多野生動物

島上中北部的森林 逐漸恢復到昔日的景象

相對較少災害的東部

雖然2020年的森林大火對島上帶來嚴重的災害，但是東部的森林和草地，相對來說是受災較少的地區；因此這裡的碧綠草地完全復育成功，森林也看不出受過火災的侵襲，回復到過去的樣貌。

即使如此，對野生動物的影響還是很大。森林大火以前，袋鼠島上總共有4萬8000隻野生無尾熊，而歷經1個半月的大火就減少了8500隻；而島上特有種的袋鼠島袋鼠，以及棲息在森林中的尤金袋鼠（Tammar Wallaby）等動物的數量也大幅減少了。

位於島嶼中北部的斯托克斯灣Stokes Bay到鴯鶓灣Emu Bay一帶，是原本許多野生動物棲息的地區。這次傍晚造訪時，看到體色較深的袋鼠島袋鼠大批出現；往尤加利樹上看去，也發現幾隻無尾熊的身影；森林裡也出現尤金袋鼠和澳洲針鼴，再次感受到野生動物王國袋鼠島的絕佳魅力。就島嶼中北部的森林及草地來看，已經和以前的袋鼠島的景象一樣了。

A 在海豹灣遇見許多澳洲海獅 B 海豹灣的沙灘前面長滿矮灌叢，是海獅家族喜愛的休息地點 C 在戰艦拱門悠閒睡午覺的紐西蘭海狗 D 戰艦拱門的洞穴是觀賞海狗最適合的地點

海獅與海狗棲息地的戰艦拱門已恢復原貌

受災較輕的海豹灣

海豹灣是袋鼠島上最受歡迎的觀光景點，也是世界最大的澳洲海獅棲息地，據說有超過600隻。而這裡受到森林火災的傷害較小，因此屬於海洋生物的海獅數量並未減少。海獅經常躺在沙灘附近的矮灌叢綠地上曬太陽或睡午覺，就跟從前一樣。

5月中旬造訪時正值繁殖季，還看見許多依偎在母親身邊撒嬌的小海獅，這樣的景象真的如同以往，不曾改變。

島嶼西部則是眾多紐西蘭海狗的棲息地，就在弗林德斯蔡斯國家公園尖端的戰艦拱門周邊。雖然四周的森林受到祝融之災，但是海狗嬉戲的岩場並未受到影響，成群的可愛身影依然可見；有些在岩石上睡覺，或是在海裡游泳，這樣的景象讓人鬆了一口氣。

E 弗林德斯蔡斯國家公園內有些森林未能復育成功　F 卓越岩周圍矗立著「復育中」的告示牌　G 隨著時間光影改變，卓越岩有時候看起來像人的側臉

弗林德斯蔡斯國家公園的森林緩慢復育中

大自然恢復的過程
歷歷在目

位在袋鼠島西部、幅員遼闊的弗林德斯蔡斯國家公園，是森林大火受災特別嚴重的地區。公園入口處的迷你博物館兼遊客中心已被燒毀，目前以組合屋暫代服務中；雖然森林逐漸恢復以前的樣貌，不過有一部分尤加利樹已經燒到樹幹中心，即使樹種再生能力很強，也無法再長出繁茂枝葉了。

弗林德斯蔡斯國家公園內最知名的景點，就是矗立在海邊的花崗岩奇石──卓越岩，在當時火災後的新聞影像中，岩石旁的大地是一片焦黑，如今則變為鮮艷茂密的綠地。不過，從停車場通往岩石的木棧道旁則立著「Regeneration area」的告示牌，看來還要花上一些時間才能恢復原狀。

澳洲有些植物為了萌發新芽，需要森林火災的助長，也是每年的大自然演化中必然會發生的自然現象。但是3年前發生的這場悲劇並非正常，到底造成原因為何，目前仍然沒有確切的答案。

如今造訪袋鼠島，親眼看見大自然緩慢卻強韌的恢復力，讓我們應該捫心自問：自己能為守護這片富饒的大自然做些什麼。

※更詳細的袋鼠島→P.485～490

2023 特輯2

從布里斯本出發的自然小旅行

盡情玩遍摩頓島

Nature Resort - Moreton Island

從台灣搭乘班機直飛昆士蘭州的首府布里斯本，而隔著海洋對岸的摩頓島，正是最熱門，也最能感受澳洲自然風情的度假地。可以從黃金海岸出發一日遊，或是悠閒地住上一兩晚，體驗各種活動，盡情享受度假生活的樂趣！

不僅可以餵野生海豚！摩頓島是海洋生物的天堂

可以餵食野生海豚的世界珍貴島嶼

在摩頓島上的天閣露瑪度假村（Tangalooma Wild Dophin Resort），可以餵食野生海豚，從1992年開始，度假村工作人員拿魚餵養來到此地的海豚，之後每天傍晚，海豚就聚集在棧橋旁等待餵食；現在則是讓度假村的住宿房客，以及參加「餵食海豚一日遊」的遊客來體驗。

2

與珍貴的海洋生物相遇

以海豚而聞名的摩頓島，其實在周圍的大海裡，還能見到許多珍貴的海洋生物；其中最為珍貴的就是被視為美人魚化身的儒艮。在島嶼南部的海底生長著許多儒艮喜歡吃的海草，約有600隻儒艮棲息於此。若是參加海洋探險之旅Marine Discovery Cruise的活動，就能與儒艮相遇（幸運的話，也有機會碰上船身被儒艮包圍的狀況……）。而且，搭船也會看到海豚和海龜（從度假村出發的浮潛活動也經常可以遇見海龜）。

冬季及春季（6月中旬～10月中旬）的摩頓島海岸，正好位於大翅

1 擁有美麗沙灘及平靜無波大海的自然島嶼　2 天閣露瑪的棧橋附近總是會看到鵜鶘的蹤跡　3 令人興奮的野生海豚餵食體驗　4 搭上賞鯨船，去看鯨魚躍出海面的震撼景象　5 在海洋探險之旅可以看到成群的儒艮出沒　6 天閣露瑪周邊的海裡有許多海龜，搭船或浮潛比較容易看到

鯨從南極海北上洄游的路徑上，此時度假村會舉辦賞鯨船行程；可以親眼目睹鯨魚時而躍出海面，時而將頭探出水面像是注視著船的景象，因為牠們會在澳洲海岸生產或是養育幼鯨，經常也能看到鯨魚親子一同游泳的畫面。

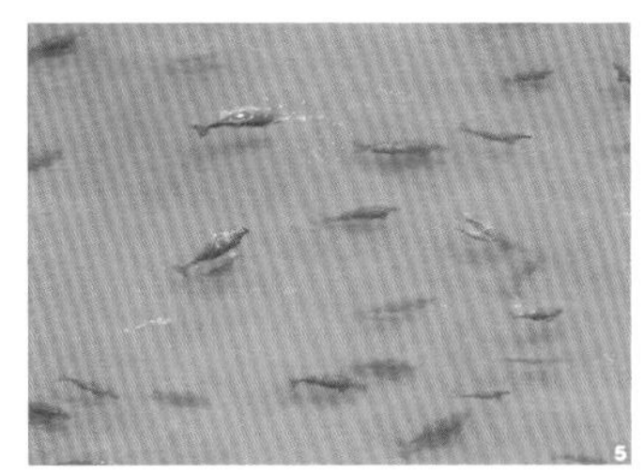

到底要玩些什麼呢？可以體驗的活動也太多了

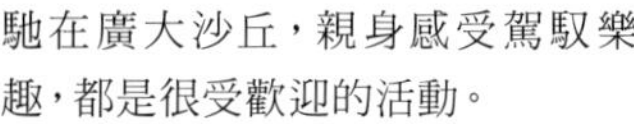

廣大沙丘玩透透

摩頓島是由沙所組成的島嶼，其面積僅次於北方的芬瑟島（世界遺產）、南方緊鄰的北斯特拉布魯克島，為世界第三大沙島。雖然島上大部分土地都被亞熱帶森林所覆蓋，卻仍然處處可見廣大的沙丘。其中天閣露瑪沙漠就位在天閣露瑪度假村附近，飯店設計了多種行程供遊客參加；像是搭乘大型的四輪傳動吉普車前往沙丘，在高處以沙板滑下遼闊的沙丘，體驗衝沙的刺激；還有騎著沙灘車（ATV）奔馳在廣大沙丘，親身感受駕馭樂趣，都是很受歡迎的活動。

搭直升機空中遊覽海豚湖

在天閣露瑪度假村裡有各式各樣的活動可以嘗試，其中很受注目的就是搭乘直升機空中遊覽，而以從度假村往島北端飛行的18分鐘行程最受歡迎。行程先從度假村附近海域的沉船遺跡開始看起，再到北端形似海豚的海豚湖；而且在冬季，搭乘直升機空中看見鯨魚身影的機率很高。

※度假村舉辦的旅遊行程與活動，出發時間及費用請見P.175～177

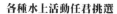

A 從直升機上眺望天閣露瑪附近的沉船遺跡 B 以沙板滑下沙丘體驗衝沙，感受拾回童心的快樂 C 自己駕駛沙灘車在沙丘奔馳，享受速度的爽快 D 沉船遺跡附近是知名的浮潛及潛水景點 E 搭乘直升機空中遊覽前往島嶼北端，就能看見海豚湖 F 水上活動中很受歡迎的海上拖曳傘 G 在沙灘上玩賽格威，因為地形平坦，初學者也沒問題 H 在平靜無波的海面上玩立槳（SUP），很容易就能上手 I 寬闊的游泳池周圍種滿亞熱帶植物，充滿度假氛圍

各種水上活動任君挑選

摩頓島的沙灘前方是一片平靜的海洋，從海上拖曳傘、香蕉船、獨木舟、立槳到雙體帆船，一整天都可以輕鬆地享受各種活動。而且位於度假村北邊的沉船遺跡區，更是絕佳的浮潛及潛水景點；參加行程的話，就能看到很多魚兒，還能遇見海龜，十分有趣。

還有，在沙灘上玩賽格威、騎沙灘腳踏車，或是餵食鵜鶘、笑翠鳥等，這裡有讓你一整天都玩不完的各種活動。

度假村的豐富設施

度假村內設有游泳池、按摩小屋，以及7個餐廳和酒吧，住宿類型則從飯店形式客房，到適合家庭旅遊的度假別墅、短租公寓都有，可以依照旅遊形式來選擇。

DATA

天閣露瑪度假村
Tangalooma Wild Dolphin Resort

從霍特街碼頭有高速渡輪開往天閣露瑪度假村（約75分鐘）。從布里斯本市中心到碼頭的接駁巴士，單程大人$25、小孩$20，從黃金海岸單程接駁大人$70、小孩$50。

☎ 1300-652-250

URL www.tangalooma.com

時 霍特街碼頭出發：每日7:30、10:00、12:30、17:30(*1)／天閣露瑪出發：每日9:30、14:30、16:00、19:00以後(*2)（*1 *2只有週五～週日／*2春、秋季為19:30左右，夏季為20:00左右，冬季為19:00左右）

費 住宿房客：來回大人$84、小孩$46／海灘1日遊Beach Day Cruise（附午餐）：大人$89、小孩$49／經典1日遊Classic Day Cruise（附午餐＋1項指定活動）：大人$139、小孩$99／海豚餵食1日遊（附午餐＋1項指定活動）：大人$199、小孩$149

※指定活動：沙漠探險之旅、海洋探險之旅、賞鯨船之旅

※1日遊：7:30或10:00從霍特街碼頭出發；16:00從天閣露瑪出發（只有海豚餵食1日遊的回程是19:00之後從天閣露瑪出發）

※天閣露瑪度假村的住宿費用請見P.179

AUSTRALIA FOOD GUIDE

澳洲必吃美食

位於塔斯馬尼亞州朗賽斯頓近郊的Josef Chromy酒莊，其附設餐廳的安格斯牛排

牛排 Beef Steak

最高級的澳洲和牛、安格斯黑牛、產地限定的特選牛肉等，有很多種類的澳洲牛肉。除了常見的沙朗、菲力、牛臀肉，還有價格較貴、份量滿點的丁骨牛排（丁字型骨頭兩側的肉分別是沙朗和菲力），或是把牛排放在烤明蝦上的海陸大餐等種類，絕對都要嚐嚐看！

愛爾麗海灘頗具人氣的咖啡館Village Café的Village Burger

漢堡 Hamburger

正因為澳洲有美味的肉類，所以漢堡的種類也很豐富，根據喜好或理念，使用特定食材的店家也不少。招牌食材像是牛肉餅加萵苣葉、甜菜根（用糖漿醃漬）、起司等。

凱恩斯的希臘餐廳Fatta's Greek的羊小排

羊小排 Lamb Chop

因為在澳洲吃的小羊肉羶味不重，即使不敢吃羊肉的人也沒問題。帶骨的羊排是澳洲羊肉的招牌菜色。

肉派 Meat Pie

肉派可說是澳洲的國民美食。經典作法是將經過長時間燉煮的燉牛肉包進派皮裡。

雪梨Tank Stream Hotel內咖啡廳的肉派，賣相和味道的評價都很高

澳洲的葡萄酒和啤酒 Australia Wines & Beers

在世界上擁有高評價的澳洲葡萄酒，產地有獵人谷、巴羅莎河谷、亞拉河谷、瑪格麗特河等許多地區，可以享受適合當地氣候與土壤的各個品種所讓出來的葡萄酒。還有種類豐富，且具各州代表性標誌的精釀啤酒。

左起為維多利亞州的VB、昆士蘭州的XXXX Gold、南澳州的Coopers Ale

澳洲第一的紅酒Penfolds Grange

在凱恩斯或愛麗絲泉有提供澳洲動物肉拼盤的餐廳

澳洲動物肉
Aussie Animal Meats

使用生長在澳洲的動物肉，做出澳洲特有的料理，而且這些菜色不只是為了在地老饕所設計，更是針對觀光客而做，像是參加包括品嚐澳洲叢林食物的餐廳或旅遊行程來體驗晚餐等。停留在澳洲的期間不妨嘗試一下，回台灣就可以自誇「我吃過〇〇哦！」

袋鼠。屬於低脂肪的紅肉，沒有腥羶味，容易食用。在高級餐廳多以肉排佐以去除野味的醬汁來料理。

鱷魚。澳洲北部是鱷魚的主要棲息地，提供食用的是養殖品，吃起來像雞胸肉，容易入口。

鴯鶓。形似鴕鳥，是世界上體型第二大的不會飛行鳥類。肉質屬於高蛋白、低脂肪的紅肉，但有獨特的味道，需要添加香料來烹調，就能變得美味。

澳洲尖吻鱸。屬於鱸形目尖吻鱸科的大型河魚，是澳洲北部的熱門食材。可以做成魚漿製品、整條燒烤，或是切片以奶油煎等，有各種烹調方式。

炸魚薯條
Fish 'n' Chips

因為受到英國的影響，澳洲人也愛吃炸白肉魚加上大量炸薯條的炸魚薯條。不過，在英國通常是加醋和鹽一起吃，澳洲人則是先撒上調味鹽，再沾塔塔醬或番茄醬來吃。

位於凱恩斯海岸Green Island Resort內Canopy Grill餐廳的炸魚薯條

牡蠣
Oyster

澳洲南部是世界知名的牡蠣產地，尤其是在雪梨郊外、塔斯馬尼亞州、南澳州艾爾半島的養殖業最為興盛。除了整年都能吃到生蠔，燒烤之後也很美味！

水煮青蟹在大部分的海鮮餐廳都能吃得到

青蟹
Mud Crab

棲息在昆士蘭州紅樹林的青蟹，有著大螯和Q彈的肉質，不管蒸煮或燒烤都很美味，又以中華料理調味的炒蟹，滋味堪稱絕品。

在棕櫚灣的精品飯店Reef Hotel，這道生蠔前菜是餐廳的人氣料理

塔斯馬尼亞鮭魚
Tasmanian Salmon

被稱為是新鮮魚貨寶庫的塔斯馬尼亞，最代表性的食材就是塔斯馬尼亞鮭魚，用燒烤或油封方式烹調做成主菜，或是以煙燻鮭魚當成前菜、開胃菜。

位於黃金海岸近郊的Sirromet酒莊，所附設的Lurleen's餐廳內可以品嚐到高級而美味的塔斯馬尼亞鮭魚

AUSTRALIA SOUVENIR GUIDE

澳洲必買伴手禮

可摺疊的Provence是其代表商品$350～。比台灣定價便宜

拉菲亞草的編織包也很暢銷，最新設計的商品$440～

Helen Kaminski

Helen Kaminski在台灣多家百貨公司都設有專櫃，是很受歡迎的品牌，而以雪梨的大自然和生活風格為創作靈感的帽子，散發著時尚與優雅，全球有許多名媛貴婦都是這個品牌的愛用者。尤其是以馬達加斯加產的拉菲亞草所編織成的草帽，是享譽國際的名品，還有拉菲亞草的編織包也很受歡迎。

小野人的招牌商品斜背包$160

小野人 Crumpler

在墨爾本創業的斜背包品牌。目前主要商品有針對女性設計的時尚包，以及機能與流行兼具的攝影包等，在台灣、日本等地也很受歡迎。

UGG雪靴 UGG Boots

在澳洲，製作雪靴的廠商超過80家，而這家在台灣最為人所熟知的雪靴品牌UGG Australia，其實是美國公司Deckers在中國製造的產品。而與UGG Australia並列為高級雪靴品牌的Emu，則是澳洲製的白金版商品只在澳洲本地販售（金屬製標籤），在台灣買到的多數為中國製造（皮製標籤）。除此之外，全商品都是澳洲製的人氣雪靴還有：UGG Australian made since 1974、Shearers UGG、Jumbo UGG Boots、Chic Empire、UGG Premium等品牌，每家的設計風格、顏色、內襯羊毛的品質、重量等都有所不同，最好試穿比較後再做選擇。

知名的Emu雪靴，迷你雪靴$167～、短靴$200～、長靴$240～

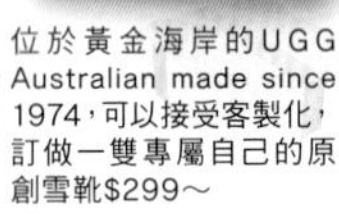

位於黃金海岸的UGG Australian made since 1974，可以接受客製化，訂做一雙專屬自己的原創雪靴$299～

Aesop

從澳洲墨爾本出發的保養品牌，以高品質的植物性成分為基底，在台灣、日本和歐美都有許多愛用者。大部分商品都比台灣便宜10～20%，買不為人所熟知的牙膏回來當伴手禮也很不錯。

Aesop的牙膏$15

茱莉蔻的薰衣草活膚露$38～53、護手霜$32～49

茱莉蔻 Jurlique

澳洲頗具代表性的自然系化妝品牌，由一對德國夫妻選擇在全世界最適合香草生長的南澳，來培育有機香草以做成保養品，提供肌膚溫和的滋潤。關之琳、林志玲、藤原紀香、佐佐木希等知名女星都是品牌忠實顧客。

天然護膚產品
Natural Body Care Goods

以澳洲特有的天然素材做成的肥皂，是很受歡迎的伴手禮。還有被視為萬能護膚油的荷荷芭油，以及擁有絕佳抗老化與美白效果的胎盤素，也都是澳洲的特產。

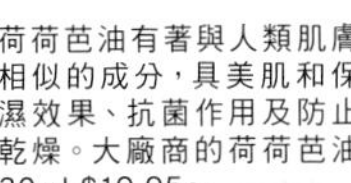

荷荷芭油有著與人類肌膚相似的成分，具美肌和保濕效果、抗菌作用及防止乾燥。大廠商的荷荷芭油30ml $19.95～

萃取自羊胎盤的胎盤素，是現在極受矚目的護膚商品。Body & Health的胎盤素$22～

Envirosax
總部設在黃金海岸的環保購物袋，因為受到電影明星卡麥蓉．狄亞的愛用而暴紅；由於具有寬提把及容量大的特點，非常方便好用。以澳洲各城市為設計主題的款式很受歡迎，在當地購買作為海灘袋使用也很不錯。

在地城市花色的環保購物袋$11.50

T2
來自墨爾本的紅茶品牌，加味茶的種類很多，適合當作伴手禮。

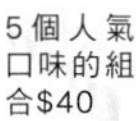

5個人氣口味的組合$40

Pana Chocolate
來自墨爾本的有機生巧克力，不使用任何乳製品和動物性原料，以低溫、手工做出健康的巧克力。巧克力醬也很受歡迎，超市就能買得到。

Pana Chocolate 1盒$4.8～、巧克力醬$7.50～

綠碧茶園的澳洲限定風味茶葉50g $16

雅樂思巧克力餅乾 TimTam
澳洲國民品牌餅乾，也是最經典的伴手禮，口味多元，除了原味之外，雙層巧克力、白巧克力等口味也很受歡迎。

雅樂思巧克力餅乾在超市就能容易買到，1包$4.02，特價時$2.90

綠碧茶園 LUPICIA
有生產澳洲限定口味的茶葉，烏魯魯是檸檬香桃木，南十字星座則是尤加利風味。

咖啡 Coffee
雖然在台灣不太有名氣，不過澳洲的確是備受注目的高品質咖啡產地，但因為收穫量少，僅能提供國內消費，不足以銷售到國外去。產區位於新南威爾斯州北部及昆士蘭州，像是拜倫灣咖啡、凱恩斯近郊Mareeba Coffee Works的咖啡，在紀念品店都很容易可以買到。

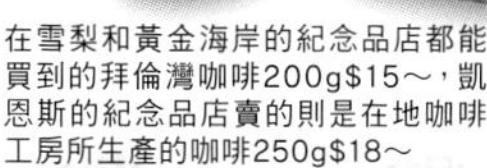

在雪梨和黃金海岸的紀念品店都能買到的拜倫灣咖啡200g$15～，凱恩斯的紀念品店賣的則是在地咖啡工房所生產的咖啡250g$18～

蜂蜜 Honey
以擁有豐富自然資源而聞名的澳洲，可以說是蜂蜜的天堂，不但有各種口味，有些店還提供試吃服務。而且，被稱為澳洲麥蘆卡蜂蜜、產自新南威爾斯州的Jelly Bush蜂蜜，以及西澳州產的紅柳桉蜂蜜（Jarrah Honey），都是具有抗菌功能的高級品。

左：紅柳桉蜂蜜$36.9～／右：Jelly Bush蜂蜜$26.5～

各種口味的夏威夷豆$10～

夏威夷豆 Macadamia Nuts
夏威夷豆原產於澳洲，除了原味，還有芥末、鮑魚等各種口味。

各種肉乾$10～

肉乾 Jerky
除了經典的牛肉乾，還有袋鼠和鱷魚肉乾等澳洲特有的肉類零食。

有100多年歷史的維多利亞女皇購物中心，簡稱QVB©MOOK

PLANNING

澳洲

旅遊計畫

竟是台灣的213.6倍！

從台灣直往南下越過赤道後的一整塊澳洲大陸，竟然是一個完整的國家，在全世界也算是少見的例子，澳洲就是這樣一個特殊的國家。澳洲的面積大約是台灣的213.6倍，南北縱長約3700km，東西橫亙約達4000km，因此，其國內所擁有的時差區數，在全球國家排行中可說是名列前茅。不過內陸地區和西北部因為天然環境因素的影響，人為開發並不發達，使得全國城市總數之少與國家面積之大並不成比例，目前總人口數也停留在2500多萬而已，而且大多數人口都集中在氣候舒適的東海岸。

內陸地區是片廣袤無垠的乾燥紅土大陸（奧加斯岩／烏魯魯-卡塔丘塔國家公園）

依地點不同而有劇烈差異!!

氣候

澳洲的氣候可依照東西南北地區來劃分，從北端的熱帶氣候到南部的冷溫帶氣候，天氣種類非常多變；又因為這塊土地屬於全球最乾燥的大陸，所以澳洲大陸的中央地區屬於沙漠地帶。卻也由於擁有多樣不同型態的氣候，不論什麼時期來到澳洲各地旅遊，每次都能留下截然不同的深刻印象。

⇒主要城市的平均氣溫・降雨量→P.629
在右列地圖中的各城市，以色塊來顯示概略的氣候區別，而各地區的氣候特徵則如下所示。

熱帶氣候
分為乾季（5～11月）與雨季（12～4月）。建議挑選在氣溫和天候狀況都較穩定的乾季旅行，雨季時有部分區域甚至是無法開放觀光的。

亞熱帶氣候
一整年氣候溫暖而且晴天的機率很高，不論什麼時節都能體驗旅行之樂。不過南部地區在5～9月氣溫太低，並不適合進行水上活動。

溫帶氣候
四季分明的溫帶區域，從春季到秋季（10～5月）是最適合旅行的季節，6～9月山岳地帶會有降雪，可以體驗滑雪活動。

冷溫帶氣候
即使是夏季（12～3月）氣候依舊涼爽，不過進入冬季（6～9月）則相當嚴寒。旅行的最佳時機是夏季，冬季時有許多在地旅遊行程會被取消。

沙漠氣候
澳洲大陸的內陸地區幾乎都是乾燥的沙漠氣候。11～4月因為氣溫偏高，請記得隨時補充水分；如果想在白天出遊的話，最好是選擇6～9月氣候比較宜人，不過夜間氣溫會驟降，一定要準備禦寒衣物。

班古魯班古魯
擁有遼闊的山脈風情，是造訪澳洲祕境金柏利The Kimberley的指標地。

埃克斯茅斯
寧格魯珊瑚礁Ningaloo Reef最出名的，就是每年3月中旬～6月中旬會有大批鯨鯊群聚的壯觀景象。

西澳州 (WA)

猴子米亞海灘
這裡是全世界少數能夠餵食野生海豚的地方，而且還是全球屈指可數的儒艮棲息地。

柏斯
不但氣候舒適且城鎮景觀優美，難怪會是全世界最適合居住的城市。在城市周圍還有許多超震撼的自然美景。

來到塔斯馬尼亞可盡情體驗綠意豐富的大自然

8個獨立國家？

由於整個澳洲面積過於遼闊，使得從18世紀後半開始移民來的英國人，殖民地之間都各自為政，長久下來才劃分成澳洲現在的6大州和2個特別區域。而且不同於台灣的縣市政府，澳洲這些州與特別區可是擁有高度自治權，就宛如一個獨立小國家一般。

世界最大的珊瑚礁群──大堡礁，一定要到這裡來體驗浮潛樂趣

最快只要9個小時，這個國家其實並不遠

從台灣出發到布里斯本飛行時間約9小時，直飛到雪梨、墨爾本則為9小時20分左右。

大約4000km(赤道的1/10)

澳洲首都
各州首府
主要觀光景點

北領地(NT)
昆士蘭州(QLD)
南澳州(SA)
新南威爾斯州(NSW)
澳洲首都特區(ACT)
維多利亞州(VIC)
塔斯馬尼亞州(TAS)

達爾文 前往世界遺產卡卡度國家公園等地的最佳據點

卡卡度國家公園 尚未遭到人為破壞的大自然裡，保存著原住民為數眾多的岩石壁畫。

大堡礁 南北縱長達2000km，是全世界最大的珊瑚礁群，也是潛水、浮潛、海釣玩家心目中的天堂，區域內度假島嶼也相當多。

凱恩斯 前進世界遺產大堡礁、熱帶雨林的根據地，亦是享受澳洲大自然的最佳地點。

漢密爾頓島 眾多度假島嶼中唯一可以起降噴射飛機的島嶼，這一帶通常被稱為聖靈群島Whitsunday Island，擁有為數眾多的度假島嶼。

烏魯魯(愛爾斯岩) 由世界遺產認證，全球最巨大的一塊單體岩石，是澳洲的象徵。

布里斯本 澳洲的第3大城市，也是2032年奧運的主辦地點。

黃金海岸 澳洲最負盛名的度假勝地，不但有長達約60km的衝浪海灘，還有列為世界遺產的亞熱帶雨林，無論上山或下海皆有樂趣，更有著眾多的主題樂園。

雪梨 澳洲最大的城市，在美麗的海港映襯下新舊併陳的和諧街景，是一座非常有魅力的城市。至於世界遺產的雪梨歌劇院、藍山，還有葡萄酒鄉的獵人谷等地，觀光景點十分豐富。

坎培拉 **澳洲的首都。**距離擁有多座滑雪場的雪山Snowy Mountains相當近。

阿得雷德 是前往野生動物樂園的袋鼠島Kangaroo Island，以及澳洲最大的葡萄酒產區巴羅莎河谷Barossa Valley的最佳地點。

墨爾本 澳洲的第2大城，充滿著濃濃英國風味的街道令人回味無窮，亦是澳洲的文化中心城市；同時也是前往以觀賞企鵝返巢而聞名的菲利普島Phillip Island、大洋路Great Ocean Road等名勝地的最佳出發點。

荷巴特 保留原始自然美的塔斯馬尼亞州的觀光重鎮

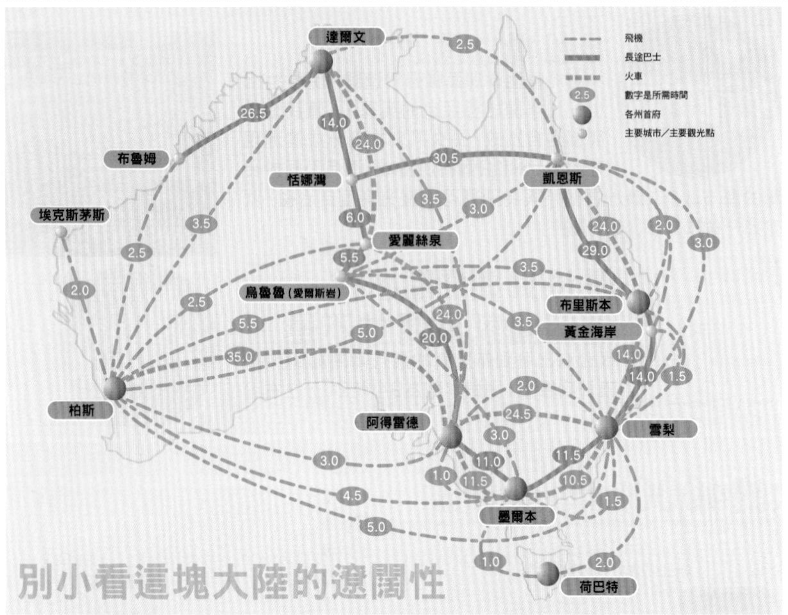

儘管大家都知道澳洲幅員遼闊，但是對於都市之間的距離、需要花費的移動時間，並沒有確切的概念。例如澳洲2大都市雪梨與墨爾本，在地圖上看起來感覺並不遠，但是搭飛機就需要1小時30分，坐長途巴士或火車則是需要有過夜的打算；所以如果是雪梨～柏斯這種橫越大陸的路線，搭火車必須花上4天的行程。因此在出發前計畫旅遊路線時，除了考量時間、交通費，還有不同交通工具的搭乘樂趣之外，也要先決定好在哪一段旅程以什麼交通工具作為移動方式。

用少許時間縮短距離

飛機

→當地的境內交通／飛機　P.646

澳洲的國內線航班，除了國籍航空的澳洲航空Qantas之外，還有維珍澳洲航空Virgin Australia、廉價航空的捷星航空Jetstar等公司飛行。如果選擇搭乘廉航的話，有機會以超便宜的驚人價格搭乘長程航班。

澳洲航空的國內航線也很多

優點

▲可以在一定時間內，有效率地周遊各地。

▲早點購買主要航線的機票，費用經常會比其他交通工具便宜。

缺點

▼費用通常會比其他交通工具貴。

▼有些航線的航班較少，無法善用交通時間短的優點。

走陸路之旅體會澳洲大陸的遼闊

長途巴士

→當地的境內交通／長途巴士　P.655

澳洲灰狗巴士Greyhound Australia行駛於澳洲東半部及西澳北部的城市間，對於想要飽覽澳洲風土人情的背包客來說，是最適合的交通工具。

赤紅車身的灰狗巴士

優點

▲一般而言車票比較低廉，使用Bus Pass會更便宜。

▲行駛路線非常多，不論去哪裡都有車。

缺點

▼很花時間，長時間搭巴士很疲累。

▼主要城市以外的地區，車班非常少。

交通與觀光兼具

巡迴式觀光巴士

→長途巴士之旅(觀光旅遊巴士) P.656

西澳最受歡迎的觀光旅遊巴士，就是Kimberley Wild Expedition

在觀光景點多位於城市間的塔斯馬尼亞、南澳州、北領地及西澳州等地區，兼具交通與觀光的巴士之旅，最有人氣。

優點

▲兼顧交通與觀光。
▲包含住宿費用，價格合理。
▲可以與來自世界各地的遊客成為好友。

缺點

▼並不是天天出發，大部分的行程都是一週2～3次。
▼由於巴士座位並不寬敞，如果是遇上人數爆滿的行程時，長途旅行比較累。

優雅而奢侈地出發

火車

→當地的境內交通／鐵路 P.659

行駛澳洲最長鐵路的印度洋-太平洋號列車

聞名全世界的橫越大陸鐵路印度洋-太平洋號Indian Pacific，還有縱貫澳洲大陸的鐵路大汗號列車The Ghan等，都是行駛長距離的豪華火車。在頭等艙車廂裡，不但設有臥鋪可以好好休息，連搭車期間的三餐也包辦，就像是會移動的高級飯店。

優點

▲在行駛途中感受到旅遊的精髓。
▲安全而舒適，豪華列車也多。

缺點

▼路線偏少。
▼豪華列車的車資非常貴。

自在地遊訪城市周邊

租車

→當地的境內交通／租車 P.649

在城市之間距離遙遠的澳洲，並不建議以租車自駕作為長距離移動的交通工具，但是在凱恩斯、黃金海岸或雪梨這類大城市，租車反而能在城市周邊有效率地體驗觀光樂趣。

優點

▲若旅遊同行者多，可以分攤租車費用，交通費較為便宜。
▲可以隨性地到處觀光。

缺點

▼在觀光景點沒有任何解說。
▼駕駛方向和台灣不同，駕駛座在車子右側，靠左行駛。而且途中可能會有野生動物跳出來，駕駛時需要多加注意。

COLUMN

可以在台灣預約

澳洲的觀光旅遊巴士

在澳洲最受背包客歡迎的就是觀光旅遊巴士，其中又以Contiki Tour及G Adventures吸引許多年輕人參加。因為交通工具是專用巴士，住宿地點則是偏向年輕人能接受的旅社團體房；即使是獨自旅行也能馬上交到朋友，不用擔心旅途寂寞，是這種旅遊行程的一大優勢。Contiki Tour因為可以在台灣預訂，非常方便。

旅遊天數為4～15天，行程內容更是遍及全澳洲，途中準備了各式各樣豐富的活動，像是叢林徒步之旅、潛水、騎馬等。雖然需要具備基本的英語能力，不過仔細想想豐富的旅遊內容及樂趣，絕對是值回票價的旅程。

也提供前往愛爾斯岩行程的Contiki Tour

●在台灣的預約處：STA旅遊
☎(02)8773-1333
URL www.statravel.org.tw

以絕景聞名的國王峽谷Rim Walk

絕大多數的景點都在大自然中

距今約2億年前，盤古大陸開始分裂，世界被分為北方的勞亞大陸與南方的岡瓦納大陸；其後大陸繼續分裂，直到最後岡瓦納大陸只剩下南極和相連的澳洲大陸，而且在分裂過程中，從未與其他大陸相連過。正因如此，這塊大陸上擁有許多獨一無二的動植物，大自然的景觀規模也是無與倫比。儘管這塊大陸擁有著這麼長遠的歷史，但是接受西歐文明影響的歷史，卻是從英國人開始殖民之後，僅僅230年的歷史；也就是說，想要在澳洲來一趟歷史巡禮之旅，恐怕有點困難。澳洲大多數的景點，都在大眾交通工具難以抵達，甚至是到不了的原始自然環境裡。

傳遞大自然的魅力

在地導遊

跟著導遊一起，方能領略森林的奧祕

舉例來說，當我們站在名列世界自然遺產的烏魯魯（愛爾斯岩）時，不論是誰，率先感受到的就是眼前這一片宏偉的大自然景觀，還有在步行途中發現殘留於岩壁上的原住民壁畫。

但是……就僅止於此嗎？

而在當地導遊的陪伴之下參觀烏魯魯時，首先可以從地質學上認識這塊大岩石，接著了解原住民為何會將這裡尊崇為聖地的理由，以及與岩石相關的神話、壁畫所隱藏的寓意等，聽到許多跟烏魯魯相關且意義深遠的故事；因此我們才會清楚明白烏魯魯這塊岩石的重要性。

只有在導遊的陪伴下，才能發現這樣珍奇的昆蟲

進入森林也是相同的道理，如果沒有專業知識，只有眼裡看到的生長得蓊鬱茂密的樹林，但是聽了導遊的解說後就會知道，這裡群聚著各種不同特性的植物，只要靜下心來傾聽，張大雙眼觀察，就會發現森林其實是無數生物的棲息地。

想要深入認識大自然之美，作為觀光客也應該具備相當的知識，而此時所需要的幫手，當然就是能讓行程充滿樂趣的在地導遊了。

參加由重點城市出發的旅遊團

澳洲的旅遊型態

除了凱恩斯、黃金海岸、烏魯魯（愛爾斯岩）這些著名的自然景點外，雪梨、墨爾本、荷巴特、阿得雷德、柏斯等澳洲的主要城市，都會依照「享樂自然」的目的，推出各式各樣的旅遊行程；雖然是前往觀光景點的便捷交通方式，卻也有能慢慢遊賞大自然，或是充分體驗自然的行程，旅遊內容非常豐富而且多樣化。

參加這樣的行程，不但可以輕鬆前往自助旅行較難到達的景點，而且還有專業知識豐富的導遊隨行，再加上是小型旅遊團，可以在旅途中結識許多志同道合的旅伴等，都是參加在地旅遊團的好處。

因此在抵達城市之後，首先就去報名自己有興趣的旅遊行程，這正是屬於澳洲的旅遊方式。

旅遊團員一邊興奮地尖叫，一邊體驗大自然帶來的歡樂

前往大堡礁是凱恩斯的招牌行程

從凱恩斯出發的動物探險之旅，能夠與野生動物有親密接觸

想自行造訪觀光景點

飛機&開車

如果想靠一己之力前往缺乏大眾交通工具的觀光景點，唯有租車一途，特別是像主題樂園這種不需要專門知識也能玩得盡興的地點，或是在抵達觀光景點之後就有專業導覽的景點，自行租車前往是最好的方式。

在北領地的卡卡度國家公園、新南威爾斯州的蒙哥湖國家公園等，部分的國家公園都有專門的解說員做為嚮導，帶領遊客進行導覽；如果對個人英語能力有信心的人，不妨參加這樣的導覽行程，內容與重點城市出發的旅遊團差不多。而且租車的話，對於喜歡的景點可以繼續留下來，或是更換旅行路線等，大幅增加了旅行的自由度。

但是如果想在幅員遼闊的澳洲進行都市間的長距離移動，自行開車恐怕就要多加考慮了，因為不但辛苦而且容易發生危險。最好的辦法還是以飛機加開車，才能安全地享受開車的便利性。在長距離移動時搭飛機，抵達機場之後再租車前往各個觀光景點，是最聰明的作法。

若是租車，就能比旅行團有更多時間能欣賞雄偉的大自然

如果想花一週時間悠閒地開車旅遊的話，推薦租露營車最合適

一到郊區，開車時就要注意隨時可能有野生動物竄出來，尤其是在黃昏或清晨時分要格外提高警覺

凱恩斯的熱氣球飛行之旅©MOOK

ENCYCLOPEDIA

澳洲

小百科

澳洲的動物

位於南半球的澳洲大陸，不但面積寬廣，就連氣候、季節也都與台灣完全迥異，正因如此，棲息在這片陸地上的動物與鳥禽多數也是舉世罕見，珍奇物種非常多。光是舉澳洲的動物為例，這裡幾乎看不到進化最完全且擁有胎盤的哺乳類（有胎盤目）動物，只有袋鼠、無尾熊這類有袋目動物，以及鴨嘴獸的單孔目動物而已；這些動物的存在，正好可以從地理學上證明這塊大陸在遠古時期曾經是「一座封閉的島嶼」。如果能夠事先對這些珍貴動物的名稱及生態有所了解，相信在見到動物本尊時會更加感動。

哺乳類有袋目

讓早產的寶寶在育兒袋中吸奶長大，這就是有袋目動物（一般亦稱為有袋類）。

袋鼠 Kangaroo

最常見的灰袋鼠

棲息於岩石間的岩袋鼠

難得一見的樹袋鼠

總是笑臉迎人的可愛短尾矮袋鼠

袋鼠可以說是最具知名度的澳洲動物了，不過大家卻不知道，其實袋鼠種類居然可以細分多達60多種，即使是較為常見的袋鼠也超過40種之多。其中最為大家熟知的就是身長1～1.5m的灰袋鼠（大袋鼠），以及最大可長到2m長的紅袋鼠，另外還有中等體型的大袋鼠、體型較小的沙袋鼠、生活在樹上的樹袋鼠等，種類繁多。雖然大小外貌各異，不過牠們的共通點就是前肢短，後肢雖然少了小腿部位卻幾乎都是由腳踵構成（因此跳躍能力極佳），大型袋鼠還多了一條粗壯強韌的尾巴；並且與大多數的澳洲動物都同樣屬於夜行性動物。以野生灰袋鼠為例，通常都是10～12隻袋鼠組成群體生活，其中僅有2～3隻是成年的公袋鼠。與無尾熊哺育寶寶方式相同的袋鼠，都是讓寶寶誕生後繼續待在母親的袋子裡成長到6～8個月大，之後袋鼠寶寶仍會不時進出母袋鼠的袋子，直到可以獨立為止。

袋鼠Kangaroo這個名字的由來，在澳洲眾說紛紜，接著就為大家介紹其中最有名的傳說。

當庫克船長一行人僱用澳洲當地原住民進行探險時，忽然發現眼前有一種稀奇的動物跑了過去，連忙問這位原住民嚮導：「剛剛那是什麼動物呢？」這時嚮導回答說「Kangaroo」，庫克船長他們也就認定這種動物的名字就叫做「Kangaroo」而連忙記錄下來；可是實際上這名原住民嚮導根本聽不懂英文，他所說的Kangaroo真正原意其實是「我聽不懂你們在講什麼」，也就是說，Kangaroo這個名詞根本是從澳洲原住民語的「聽不懂」而來的。

然而這個有趣說法到目前為止並沒有任何根據可以證明，不過最近發現，澳洲東北部的原住民部落所使用的「ga-urru」一詞意指「擁有灰背的生物」，因此Kangaroo很有可能是源自於這個名詞的諧音，是目前比較足以採信的說法。

袋鼠在澳洲大多數的動物園裡都是採取放養方式，由工作人員進行定點餵養，不過只要到了郊區，早上和傍晚都有機會看到野生袋鼠從眼前跳躍而過。同時，袋鼠和鴯鶓都出現在澳洲國徽上，這是為了象徵永遠積極前進的澳洲，特別挑選出這兩種只能前進不會後退的澳洲動物作為代表。

抱著無尾熊拍照是最好的旅行紀念

無尾熊
Koala

無尾熊，這種如玩偶的可愛動物，其實牠的名字是來自於原住民語「不喝水」的意思；然而實際上無尾熊並不是絕對不喝水，只是因為一天中要吃掉約1kg的尤加利樹葉（除此之外無尾熊不吃任何食物，而且非常挑食，面對種類多達500種以上的尤加利樹，只挑選其中數十種來吃），由於葉子裡含有大量水分，讓無尾熊沒有必要再喝水。不過因為尤加利樹葉中僅含有油分，並沒有太多營養，是造成無尾熊整日懶洋洋不願意活動的主因，所以無尾熊一天大約有20個小時都在睡覺，而清醒的時間泰半都花在吃樹葉上。由於起床活動時間集中在晚上，基本上屬於夜行性動物，不過認真說起來，無尾熊晚上的多數時候也是在睡覺，真正活動時間就只有黃昏時刻。

無尾熊的棲息地僅限於澳洲大陸東海岸，北部地區的無尾熊體型較小，手腳短且毛色均為灰色，但是愈往南方，無尾熊的體型就愈大，手腳也變長，毛色更是由灰色轉為茶色。若單從體型大小來區別，則可分為昆士蘭（體重約6.5kg）、新南威爾斯（體重約9kg）、維多利亞無尾熊（體重約13.5kg）這3種類。

無尾熊通常會以腹部的育兒袋哺育寶寶約6個月，然後，無尾熊寶寶會攀在母親的背上或是抓住腹部直到長大為止，大約要1年的時間才能正式獨立。

來到澳洲，一定有不少人會想要抱抱模樣可愛的無尾熊，但是能不能如願就要看是在哪一州了。目前允許動物園提供抱無尾熊活動的只有昆士蘭州、南澳州及西澳州三地，即使如此，這些州境內的動物園，並不是每一間都能批准遊客抱無尾熊的，請多注意。

澳洲原住民的無尾熊傳說

相傳在某個部落裡，有一個得不到任何食物和水的孤兒，名叫庫柏。有一天肚子餓得受不了的庫柏，趁著所有族人都出門狩獵的時候，拿了食物和水躲到高高的樹上。當族人狩獵歸來時，發現食物與水都被庫柏偷走，憤怒的人們將庫柏從樹上打了下來；看到這個景象的精靈，便把躺在地上動也不動的庫柏變成了一隻小動物，帶著牠回到尤加利樹上。而且精靈還特別將其他動物不吃的尤加利樹葉變成牠的食物，讓牠從此再也不會餓肚子。這傳說中的小動物就是無尾熊。

可以抱到無尾熊的動物園&主題公園

都市名稱	地點名稱	本書頁數
昆士蘭州		
凱恩斯	哈特利鱷魚冒險公園	P.89
	凱恩斯野生動物聚棲地	P.91
庫蘭達	熱帶雨林自然公園	P.88
	庫蘭達無尾熊園	P.91
道格拉斯港	野生動物棲息地	P.90
湯斯維爾	比拿邦保護區	P.128
漢密爾頓島	漢密爾頓島野生動物園	P.141
耶蓬	Cooberrie Park Wildlife Sanctuary	P.147
陽光海岸	澳大利亞動物園	P.161
	HQ野生動物園	P.162
布里斯本	龍柏無尾熊保護區	P.174
黃金海岸	天堂農莊	P.198
	庫倫賓野生動物保護區	P.199
	夢幻世界&激浪世界	P.200
南澳州		
阿得雷德之丘	克萊蘭德野生動物園	P.469
	峽谷野生動物園	P.470
袋鼠島	袋鼠島野生動物園	P.488
西澳州		
柏斯	卡胡努無尾熊公園	P.583

※各個地點可以抱的無尾熊數量有限，因此在觀光旺季時會實施人數管制，有可能會抱不到。

袋熊
Wombat

袋熊身長為70～120cm，體重約30～40kg，屬於個性非常溫和的動物，白天都窩在巢穴裡，晚上才會出來尋找青草、樹根、樹皮或蕈菇類進食。因為擁有銳利的尖爪，袋熊最擅長的就是挖掘洞穴，不論多麼堅固的地洞，都能像戰車般勇往直前；正因如此，所以袋熊的腹袋與眾不同是開口向後，土才不會進入袋中。平常的袋熊是獨居動物，到了繁殖期才會雌雄同住在一起。但可別小看袋熊平常一副懶洋洋的模樣，跑起來最快時速可高達40km。袋熊的種類有兩種，包含棲息於澳洲東南部到塔斯馬尼亞一帶的塔斯馬尼亞袋熊，以及在南澳、昆士蘭內陸地區的澳洲毛鼻袋熊。儘管袋熊名稱的由來諸說紛紜，不過一般認為是原住民語「擁有扁平鼻子的生物」的說法最為可信。

罕見的澳洲毛鼻袋熊

人氣十足的塔斯馬尼亞袋熊

無尾熊與袋熊的祖先
巨型袋鼠
Diprotodon

可在南澳博物館看到巨型袋鼠的化石

如果不說可能沒人知道，其實無尾熊與袋熊是源自相同的祖先，彼此可算得上是親戚，而這個祖先名為巨型袋鼠。巨型袋鼠是在上新世前期（約1000萬～360萬年前）～更新世後期（9萬～1萬年前）生活於澳洲南部、史上體型最大的有袋目動物；牠靠著四肢行動，身體長達3m，到肩膀的高度約為2m，體重更是超過1公噸重。不過，學者研究認為巨型袋鼠的個性溫和，都在鹽水湖四周的草原覓食生活。

就外型和長相來說，巨型袋鼠比較接近現在的袋熊模樣，跟無尾熊反而不太相干；考慮到從巨型袋鼠演化而來的過程，一定是因為無尾熊要適應在樹上生活，必須將體型變得小而輕盈，至於已經適應了地面生活的袋熊，則只需要將體型縮小即可。

袋貂
Possum

袋貂又被暱稱為有袋狐狸，種類多達十數種，其中最常見的就是生活於澳洲東海岸一帶的叢尾袋貂，白天時間都在樹木上休息，到了夜晚才會下地活動。袋貂通常會掘木做為巢穴，並以樹葉、樹皮、水果為食物，牠們會讓寶寶在育兒袋中哺育成長，再繼續揹在背上養大。在澳洲的街道、公園裡經常能看到袋貂的身影，身長約40cm左右；熱帶雨林中則有珍貴少見的環尾袋貂、黃金袋貂等多種不同種類。

常見的野生叢尾袋貂

蜜袋鼯
Sugar Glider

生活在澳洲東部森林裡的小型有袋類動物，亦被稱為有袋鼯鼠，體長僅約20cm，體重更是只有一百多公克重的超小型動物。正如牠的英文名字有滑翔機之意，其四肢之間長有一層薄膜，讓蜜袋鼯可以在樹木間自由滑翔。

在樹木間飛躍移動

澳洲袋狸
Bandicoot

在熱帶雨林裡的度假飯店發現澳洲袋狸的蹤跡

在澳洲，這是與袋貂一樣較為人所常見的小型有袋類動物，澳洲袋狸體長大約30～40cm，雖然猛然一看會以為是體型較大的老鼠，而被少數人所討厭，但其實Play Station的電玩遊戲《古惑狼》，就是以澳洲袋狸作為主角的設計靈感，因此嚴格說來，大家對澳洲袋狸並不會太陌生。在凱恩斯一帶常見的是北方棕袋狸及長鼻袋狸。

袋食蟻獸
Numbat

屬於西澳州的動物

袋食蟻獸只生長在西澳州南部的少數森林裡，全長包含尾巴在內為35～50cm，靠著長長的舌頭捲食白蟻為生。袋食蟻獸雖然屬於有袋目，育兒袋卻早已退化，剛出生的袋食蟻獸寶寶是以吸吮母親露出的乳頭來進食成長。而袋食蟻獸也是澳洲有袋目動物當中，唯一在日間行動的動物，白天出來覓食，夜間就會回到以倒木的樹洞或挖土做成的巢睡覺休息。

袋獾
Tasmanian Devil

因為數量減少，在塔斯馬尼亞已不容易見到野生袋獾

其英文名Devil就是惡魔的意思，原因在於當年拓荒民眾聽到這種動物為了搶奪動物死屍所發出的嗚叫聲，認為「這座島嶼被惡靈給迷惑了」，於是成為袋獾名字的由來。的確當袋獾露出尖銳的牙齒時，會讓人覺得很可怕，但是真實的個性卻是相當直接且感情豐富。體型可以長到60cm，矮小圓胖的外觀卻配上銳利的牙齒，可以將捕獲獵物的毛皮、羽毛、骨頭都吃得一乾二淨。但是袋獾並不獵捕活的動物。

目前棲息於塔斯馬尼亞州境內的大多數袋獾，都因為染上了傳染性皮膚病（癌症的一種），讓人擔心會有絕種的可能。

哺乳類有胎盤目

與人類同樣都擁有胎盤的哺乳類動物，嬰兒會在子宮裡孕育到一定大小才出生。

澳洲野犬
Dingo

在芬瑟島等地經常會發現牠野生的蹤影

原住民在距今8000年前左右，渡海來到澳洲時一起帶來的狗，經過長年在野外生活之後，演變成為現今的澳洲野犬（也有一說是在4000年前，由亞洲的海上貿易商人所帶來的家犬經過野放變來的。最近幾年這個說法獲得不少證據支持）。外表看起來就像是一般家犬，但是澳洲野犬的牙齒相當銳利，屬於肉食性動物，會發出狼一般的叫聲。澳洲野犬遍布澳洲全國各地，也是在野外常見的動物之一。

狐蝠
Flying-fox

澳洲是許多種類蝙蝠的棲息地，特別是在東海岸一帶有種以水果為主食的大型蝙蝠，統稱為狐蝠，牠可以不仰賴超音波僅以目視就能飛行。狐蝠體長約20～30cm，展開翅膀可寬達1m以上，白天會成群吊掛在樹枝下。

哺乳類單孔目

雖然屬於哺乳類的一分子，卻是先產卵等孵化出來再哺育寶寶母乳，是非常奇特且珍貴的哺乳類動物。至於所謂的「單孔」，是指動物的排便、排尿、生殖都是使用同一個洩殖腔而得名。全世界的單孔目動物僅僅只有2種。

鴨嘴獸 Platypus

鴨嘴獸是只棲息在澳洲的珍貴動物，體長約30～40cm，嘴巴如鴨子般，還有長而扁平的尾巴，腳上卻長著蹼且水陸兩棲，這樣奇特的長相讓鴨嘴獸的標本第一次送達英國時，還被誤解是「將好幾種動物拼湊而成的偽造品」。鴨嘴獸喜歡在水邊築巢，早晚時分會離開巢穴尋找螯蝦、蝦子、貝類或水生昆蟲為食，而且在水中是閉著眼睛，以嘴當觸角來覓食。通常鴨嘴獸每次產卵會產下2顆蛋，等寶寶從蛋中孵化之後，再吸吮由母親腹部乳腺所分泌出來的乳汁長大。公鴨嘴獸的後爪則具有毒性。因為是生性非常膽小的動物，很難在野外輕易看到牠的蹤影。

鴨嘴獸是必看的珍奇動物之一

針鼴 Echidna

全身長滿了刺毛，遇到危險時會將身體縮成球狀，豎起刺毛保護自己；如果這樣還是無法抵擋侵略者，針鼴會立刻挖洞將自己埋進土裡，只露出背上的刺毛對外；雖然名字有個鼴字，但是牠會鑽進土裡也只有這種緊急時刻。生活在草原和森林裡的針鼴屬於夜行性動物，一到夜晚就會離開巢穴，靠著敏銳的嗅覺發掘出藏在土裡的螞蟻。母針鼴一次只生產一顆蛋，而在產卵的同時，下腹部也會自然長出育兒袋來哺育寶寶。體長40～50cm的針鼴在澳洲全國各地都有。

黃昏時的森林裡常可發現針鼴

鱷魚 Crocodile

嘴巴細長的澳洲鱷魚

鱷魚主要棲息於澳洲北部水域，大致上可以區分為棲息在淡水海域的Freshwater Crocodile（澳洲鱷魚／淡水鱷），以及可在鹹水、鹹淡水交會與淡水區域生存的Saltwater Crocodile（河口鱷／鹹水鱷）這2個種類。雖然澳洲的鱷魚並非群居性，也沒有聽聞發生過攻擊人類的事件，但是體長可以達到7m的巨大河口鱷不但長相猙獰，更是會襲擊任何能夠成為食物的動物（當然也包括人類在內）。

爬蟲類

在澳洲除了蜥蜴，還棲息著種類繁多的爬蟲類生物。

海龜 Sea Turtle

名列全球瀕危物種的海龜，因為會在澳洲的大堡礁、寧格魯珊瑚礁海域產卵，所以有很高的機率能親眼目睹牠們，特別是遇到綠蠵龜的機率最大。

浮潛時常常會遇到優游的綠蠵龜

蜥蜴 Lizard

澳洲可說是蜥蜴的天堂，從體長僅有幾公分的迷你蜥蜴，到超過2m長的大蜥蜴，擁有數量繁多的蜥蜴品種；其中最具有人氣的，就是曾經在全世界風靡一時的褶傘蜥（棲息在北領地、西澳州一帶），在牠的脖子周圍有著如傘狀的薄膜，平常收折起來，需要威嚇敵人或是求愛時就會整個張開；一旦得知自己獲勝無望時，則會即刻用兩隻後腳站立，然後快速逃跑。另外像是生活在熱帶雨林裡同屬飛蜥科的Rainforest Dragon、橫紋長鬣蜥，以及棲息於烏魯魯附近內陸區域一臉凶惡的澳洲魔蜥等，也都因為長相奇特而頗受喜愛。而體長可以超過1m、通稱為Goanna的澳洲巨蜥，則是在澳洲隨處都能看到。

褶傘蜥多數時間都在樹上

鴯鶓 Emu

鴯鶓都是由公鳥養育幼鳥

鴯鶓是體型僅次於鴕鳥的大型鳥類（體長約1.6～1.9m），由於翅膀早就已經退化變小到長度只剩下20cm，所以根本無法飛行。不過鴯鶓可是快跑高手，奔跑時速可達50km，而且非常喜歡洗澡，甚至還能在水中游泳。母鴯鶓在繁殖期會產下7～18顆蛋，但是孵育工作則交給公鴯鶓，養育雛鳥也同樣是爸爸的責任。鴯鶓的叫聲低沉有如敲打大鼓一般。除了北部熱帶雨林以外，鴯鶓的棲息地遍布全澳洲。

笑翠鳥 Laughing Kookaburra

幾乎全澳洲都能見到笑翠鳥

棲息於澳洲東部、西南部以及塔斯馬尼亞部分地區的大型翠鳥，牠的叫聲非常獨特，就像是人類的笑聲，因此取名為笑翠鳥。笑翠鳥習慣群體行動，並且會以嘶啞的大合唱來界定不同群體的勢力範圍。最愛捕食蛇和老鼠，因此被澳洲人認定為益鳥，也是代表新南威爾斯州的州鳥，在昆士蘭州北部還有種珍貴的藍翅笑翠鳥。

食火雞 Cassowary

食火雞大多是家族全員集體行動

生活於澳洲東北部熱帶雨林裡不會飛的大型鳥類（體長約1.2～1.5m），食火雞擁有堅硬的雞冠、色彩鮮豔的藍色雞頭配上鮮紅色的脖子，全身包覆著黑色羽毛，腿部粗壯且腳爪銳利。由於非常少見，如果有機會發現野生食火雞可說是相當幸運。只是食火雞的警戒心很強，遇到危險會主動發動攻擊，因此要格外注意。食火雞通常棲息於凱恩斯近郊、密遜海灘Mission Beach、苦難角Cape Tribulation、阿瑟頓高原Atherton Tableland附近。

鳥類

澳洲擁有許多珍貴的鳥類，特別是鸚哥／鸚鵡的種類最多。

深紅玫瑰鸚鵡 Crimson Rosella

深紅色的身軀在森林裡格外醒目

深紅玫瑰鸚鵡是生活在澳洲東南部沿岸一帶的鳥類，大多數都是過著群體生活，到黃金海岸山區的雷明頓國家公園Lamington NP或春溪國家公園Springbrook NP就很容易見到牠們華麗的身影。體長約30～35cm。

彩虹吸蜜鸚鵡 Rainbow Lorrikite

鮮豔的色彩令人印象深刻

澳洲擁有為數眾多的鸚哥與鸚鵡種類，在野外經常可以看到這些鳥兒的存在，其中最為人熟知的就是彩虹吸蜜鸚鵡（英文名稱是Rainbow Lorrikite，一般又常稱牠為七彩鸚哥），棲息地遍布於澳洲東海岸的亞熱帶至熱帶區域，外觀也如同名字般藍綠黃橘色彩斑斕。不少動物園提供餵食彩虹吸蜜鸚鵡的活動。

澳洲國王鸚鵡 Australian King Parrot

專門棲息在澳洲東南海岸的森林地區，屬於體型較為碩大的鸚哥，身長40～45cm，公鳥與母鳥的外觀顏色完全不同，公鳥從頭到身體都是豔紅色，而羽毛是綠色；母鳥則是全身都為黃綠色，只有腹部是紅色。

澳洲國王鸚鵡的公鳥（左）與母鳥（右）

葵花鳳頭鸚鵡
Sulphur-crested Cockatoo

一身白色羽毛的葵花鳳頭鸚鵡，棲息在澳洲的東海岸、北端終點Top End及金柏利The Kimberley，頭上有著如角般的黃色羽毛為最大特徵。在雪梨等地經常可以發現牠的蹤影，不過叫聲非常擾人。

在漢密爾頓島上走到哪兒都能看到葵花鳳頭鸚鵡

茶色蟆口鴟
Tawny Frogmouth

因為擁有如錢包般的大嘴，又被稱為澳洲蛙口鷹，也正如其名，是一種屬於夜鷹目的鳥禽。體長約35～45cm，因為頭很大幾乎占了身體一半的比例，外型充滿喜感，格外受到觀光客喜愛。既然名為夜鷹，自然是夜行性動物，白天都是靜靜地一動也不動。

探訪夜行性動物時可以看到茶色蟆口鴟

澳洲叢塚雉
Australian Brush-turkey

外表看起來與火雞很相近，其實完全不同種，是只生長在澳洲的塚雉科鳥禽。澳洲叢塚雉有收集枯草堆疊成圓丘狀（塚）來做巢的特別習性，因而得名。產下來的鳥蛋會放置在圓丘裡約60cm的深處，靠著枯草將鳥巢內部維持一定的溫度（約33～35℃），等待鳥蛋自行孵化。而且其鳥嘴前端猶如感應精良的溫度計，會看到牠們不時將鳥嘴探進圓丘裡檢測溫度，而負責溫度控管工作的則是公鳥。

白天可以看到澳洲叢塚雉在亞熱帶雨林裡散步的模樣

澳洲鵜鶘
Australia Pelican

全世界7種鵜鶘當中，就屬澳洲鵜鶘的體型最大，身長甚至可以達到160～190cm。除了澳洲中央地區之外，幾乎全國都是澳洲鵜鶘的棲息地，像是凱恩斯的三一海灣Trinity Bay、黃金海岸的伯德港灣Broad Water都很常見到牠們的蹤跡。

很常看到野生的澳洲鵜鶘

黑天鵝
Blackswan

在澳洲幾乎看不到白天鵝，取而代之的則是黑天鵝，特別是西澳將黑天鵝定為具代表性的州鳥，非常受到民眾喜愛。

體型大小與白天鵝差不多

小藍企鵝（神仙企鵝）
Little Penguin (Fairy Penguin)

想知道澳洲是不是南極的鄰居，最重要的證明就是能在澳洲發現企鵝的蹤影。目前已經確認有11種企鵝生活在澳洲，能在澳洲大陸與塔斯馬尼亞島看到的是以小藍企鵝之名為人所熟知的神仙企鵝。對觀光客來說，在維多利亞的菲利普島Phillip Island、塔斯馬尼亞的畢奇諾Bicheno、南澳的袋鼠島Kangaroo Island、西澳的羅津翰Rockingham一帶，是較容易能看到小藍企鵝的地點；尤其是菲利普島，選在傍晚時分看著成群的小藍企鵝排隊從海上回到沙灘的遊行隊伍最為出名。

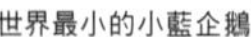
世界最小的小藍企鵝

海洋哺乳類

澳洲沿海可說是海洋哺乳類動物的天堂，而且能在為數眾多的景點觀賞到這些野生海洋動物。

海豚 Dolphin

可以近距離觀賞海豚的景點相當多

在澳洲沿海最常見到的就是瓶鼻海豚Bottlenose Dolphin，也是水族館中最常看到的一種海豚，身長約在2～4m，個性非常和善愛親近人。在澳洲海岸到處都有近距離觀賞海豚的場所，其中昆士蘭州南部的摩頓島和西澳州中部沿岸的猴子米亞海灘，都可以讓遊客親自餵食野生海豚；而在西澳州的羅津翰、班伯利Bunbury、維多利亞州的摩林頓半島Mornington Peninsula及南澳州的格雷爾Glenelg，甚至還能與野生海豚共泳。

儒艮 Dugong

因為會將寶寶抱在胸前餵乳，其模樣讓儒艮變成《人魚公主》的主角。實際上儒艮有著3m長，體重達400kg的龐大體型，但是目前全世界合計的數量卻僅有數十萬隻，是非常稀有的物種（在澳洲沿岸就棲息著8～10萬頭）。若想要有多一點機會看到儒艮的真面目，那麼昆士蘭州的摩頓島Moreton Island沿岸、西澳州的猴子米亞海灘Monkey Mia附近都值得前往。

澳洲是全球最大的儒艮棲息地

海獅／海豹／海狗 Sealion ／ Seal ／ Fur-seal

袋鼠島的海豹灣是澳洲海獅的最大根據地

多數都棲息在澳洲南部海岸，最普遍常見的就是澳洲海獅，在南澳州的袋鼠島、西澳州的羅津翰、卡納克島Carnac Island、朱里恩灣Jurien Bay等地，也都可以近距離觀賞到牠們的模樣。另外，從維多利亞州南岸到塔斯馬尼亞一帶，則是能看到成群的澳洲海狗，而南澳州南岸與西澳的埃斯佩蘭斯Esperance周圍則可看到紐西蘭海狗群。

鯨魚 Whale

能夠近距離看到座頭鯨讓人非常感動

生活在南極海的鯨魚群，到了夏季就會游往澳洲沿海繁殖、孕育下一代。而在澳洲東岸或西岸的賞鯨活動中，最常見到的鯨魚就是座頭鯨；至於維多利亞、南澳、西澳南岸則是看得到南露脊鯨；到了大堡礁一帶也有機會觀賞到小鬚鯨的身影。

昆蟲

天堂鳳蝶 Ulysses

從凱恩斯出發的熱帶雨林之旅，較有機會發現其蹤影

象徵著北昆士蘭的天堂鳳蝶，有著散發豔藍光彩的翅膀，展開雙翅時長度可達11cm，是相當大型的一種蝶類。由於動作輕盈靈巧，平常很難仔細看清楚天堂鳳蝶的真正模樣，澳洲原住民因而創造出「只要發現天堂鳳蝶就會獲得幸福」的種種美麗傳說。凱恩斯一帶是族群較多的棲息地。

藍光螢火蟲 Glowwarm

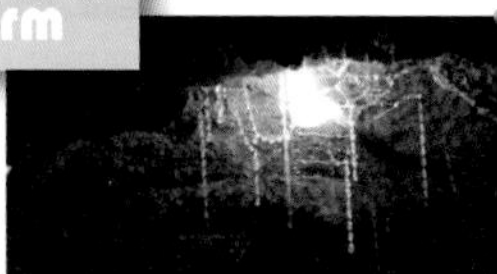
黃金海岸附近的自然橋，因為擁有藍光螢火蟲而出名

藍光螢火蟲只棲息在澳洲與紐西蘭兩地有著合適濕度的森林與洞穴裡，與蒼蠅、飛蛾和虻等同屬於雙翅目的昆蟲，但是和邊飛邊發光的鞘翅目螢火蟲不同的是，基本上藍光螢火蟲只有在幼蟲時期為了覓食，才會以發光作為誘餌來吸引昆蟲接近。藍光螢火蟲會不斷散發藍綠色光芒，就如同宮崎駿卡通《天空之城》裡的飛行石般的光芒，讓大家津津樂道。

澳洲的植物

如同動物物種的豐富，澳洲也擁有多樣的原生種植物，在這片廣大陸地上，到處都是從遙遠一億數千萬年前留存至今的古老森林，俯拾皆是珍貴的大自然景觀。下面將為大家介紹其中幾種最具代表性的植物。

綿延無盡的尤加利森林

尤加利樹 Eucalyptus

一提到澳洲的植物，大家馬上想到的當然就是尤加利樹（澳洲當地一般都把尤加利樹叫做Gum Tree），不過雖然都統稱為尤加利樹，其實光是在澳洲，尤加利樹的種類就超過500種（如果加上亞種，據說有1000種），其中有95%確定是屬於澳洲原產，簡直可說是尤加利樹王國。順帶一提，只吃尤加利樹葉為生的無尾熊，在種類多到琳瑯滿目的尤加利樹當中，卻僅選擇其中的幾十種尤加利樹葉食用，想必是因為品種不同，口味會也隨之不同吧。

尤加利樹的生長範圍幾乎遍布全澳洲，從氣候溫暖的東海岸南部開始，到年降雨量只有50mm的沙漠、雨量超過5000mm的熱帶地區，以及冬天會降雪的寒冷高地，都能見到其蹤影。而且為了適應多變的自然環境，尤加利樹還會不斷地進化，改變之大有時甚至從外表無法認出是同類，有樹高近100m的杏仁桉Mountain Ash、隨手就能輕易剝下樹皮的白千層Melaleuca、能筆直長到30m高的雪梨藍桉Blue Gum、外表看起來像枯木的綠桉Mallee、生長在內陸乾燥地區且樹皮猶如塗上一層白漆的鬼膠桉Ghost Gum，以及葉片雖小卻能散發清爽香氣的澳洲茶樹Tea Tree，這些全都是尤加利樹的親戚。

也有尤加利樹會綻放如此特殊的花朵

總括來說，尤加利樹有一個共同特徵，就是樹葉裡富含油分，而且油分會隨著光合作用而蒸發，所以尤加利森林總是處於充滿可燃性瓦斯的狀態。同時尤加利樹屬於常綠喬木，樹葉會整年不斷生長汰換，因此地面總是堆滿了落葉；一旦夏季溫度超過30度，乾枯的樹葉在充斥著可燃性瓦斯的尤加利森林中很容易悶燒，此時若遇上打雷就會引起澳洲夏季常見的景象，也就是叢林大火。偶爾（2～3年會發生一次）野火燃燒面積甚至廣達台北市的兩倍大。幸好雖然不時會發生叢林大火，但實際上燃燒的部分只有樹木的底部，幾乎很少會燒到樹芯部位；而且只需要幾個禮拜的時間，尤加利樹就能恢復到原本的模樣。

維多利亞州和塔斯馬尼亞州等南部地區的尤加利樹，多為樹高較高的品種

而從尤加利樹萃取出來的精油，可以入藥，製作成保健食品及芳香精油等商品，因為具有抗菌、抗病毒的作用，據說對於感冒及喉嚨痛也很有療效。至於木材本身也因為厚實且堅硬，是建築業愛用的木材種類之一。

澳洲草樹 Grasstree

在漆黑的樹幹上長著茂盛的綠葉，造型獨特的澳洲草樹屬於百合科植物（學名為Xanthorrhoeapreissii），有著堅硬外殼的種子附著在樹幹上，必須藉助叢林大火讓種子迸裂開來，才能順利發芽成長。

枯葉像衣服一樣包覆著澳洲草樹的樹身

紅瓶刷子樹 Bottlebrush

紅瓶刷子樹擁有許多花色，其中最顯眼的當屬鮮豔紅花

外型正如其名，花朵就像是洗刷瓶罐所使用的刷子，屬於桃金孃科的植物，一般以Callistemon這個名稱，也就是所謂的紅千層較為大家所熟知。一共擁有25個品種，都是澳洲原生種。

傳說中的活化石 瓦勒邁杉 Wollemi Pine

1994年在雪梨近郊的瓦勒邁國家公園Wollemi NP（位在世界遺產大藍山區域裡）發現了瓦勒邁杉（又有恐龍杉的暱稱）真的還存在於地球上。這種屬於南洋杉科的樹種，是曾經在2億年前中生代侏羅紀時期大量生長的植物（是不是相同物種還有待今後的研究結果），原本學者都以為只剩下化石而已，沒想到居然會在瓦勒邁國家公園內發現將近100棵的野生杉樹，不過為了保護這些活化石，並沒有對外公布杉樹的確切生長位置。

還好雪梨的植物園中也有種植瓦勒邁杉樹，想要認識這種遠古時期保存下來的活化石植物，請務必到此一探究竟。

可以在雪梨植物園裡看到瓦勒邁杉的真面目

變葉佛塔樹 Banksia

到處都能看到的變葉佛塔樹

屬於澳洲原生的山龍眼科植物，目前已經確認有70個品種（除了澳洲之外，還有少數生長在新幾內亞），最大特徵就是圓筒狀的花朵，花色則隨著品種不同而豐富多樣。至於其英文名稱則是源於當年與庫克船長一起航海冒險，因而出名的英國植物學家約瑟夫・班克斯Joseph Banks。

絞殺榕 Strangler Fig Tree

是雨林地區具代表性的附生植物，種子被鳥或小動物吃下之後隨糞便落在其他樹上，發芽後樹根會往下伸展，以獲取來自地面的養分，最後會將攀附的樹木緊緊纏住導致枯死。

在絞殺榕當中，以樹型最大而聞名的窗簾樹Curtain Fig Tree

樹蕨 Tree Fern

曾經是草食性恐龍食物來源的樹蕨

與在台灣常見的桫欏科植物相當類似，澳洲的樹蕨如同樹木一般有樹莖，多數生長在雨林地帶，是從恐龍時代一直留存至今的古老植物之一（在台灣也有特有種的台灣桫欏及筆筒樹）。

■ 澳洲的世界遺產

❶ 1981 大堡礁Great Barrier Reef（自然遺產）
❷ 1988 昆士蘭濕地熱帶區Wet Tropics of Queensland（自然遺產）
❸ 1992 芬瑟島Fraser Island（自然遺產）
❹ 1986 澳大利亞東部雨林保護區Gondwana Rainforest of Australia（自然遺產）
❺ 2000 大藍山區域Greater Blue Mountains Area（自然遺產）
❻ 1982 霍動爵群島Lord Howe Islands（自然遺產）
❼ 1981 威蘭德拉湖區Willandra Lakes Region（綜合遺產）
❽ 1982 塔斯馬尼亞荒野Tasmanian Wilderness（綜合遺產）
❾ 1994 澳洲哺乳動物化石遺址（里弗斯利／納拉庫特）Australian Fossil Mammal Sites（Riversleigh / Naracoorte）（自然遺產）
❿ 1987 烏魯魯-卡塔丘塔國家公園Uluru-Kata Tjuta National Park（綜合遺產）
⓫ 1981 卡卡度國家公園Kakadu National Park（綜合遺產）
⓬ 1991 西澳的鯊魚灣Shark Bay of Western Australia（自然遺產）
⓭ 2011 寧格魯海岸Ningaloo Coast（自然遺產）
⓮ 2003 波奴魯魯國家公園Purnululu National Park（自然遺產）
⓯ 1997 赫德與麥克當納群島Heard and McDonald Islands（自然遺產）
⓰ 1997 麥覺理群島Macquarie Islands（自然遺產）
⑰ 2007 雪梨歌劇院Sydney Opera House（文化遺產）
⑱ 2010 澳洲囚犯流放遺址Australian Convict Sites（文化遺產）
⑲ 2004 皇家展覽館和卡爾頓花園Royal Exhibition Building and Carlton Gardens（文化遺產）
⑳ 2019 Budj Bim文化景觀Budj Bim Culture Landscape（文化遺產）

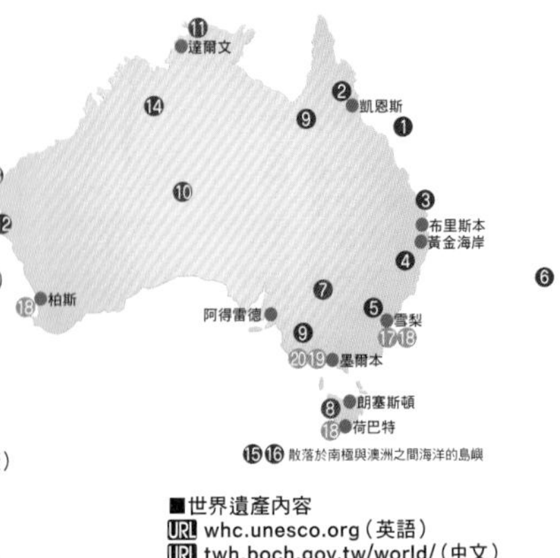

■世界遺產內容
URL whc.unesco.org（英語）
URL twh.boch.gov.tw/world/（中文）

澳洲的 世界自然遺產

保存著無數自然珍貴資產而傲視全世界的澳洲，在這樣的國家裡，截至2022年8月為止，總共擁有4個世界綜合遺產、12個世界自然遺產及4個世界文化遺產，其中又特別以造訪綜合・自然遺產是旅遊澳洲時絕不能錯過的重要景點。下面就來介紹其中14個利於遊客造訪的綜合・自然遺產。

❶ 大堡礁

Great Barrier Reef

詳細→P.66～156

座落在無盡珊瑚礁裡的心形礁

大堡礁是位於澳洲東海岸北部，綿延長達2000km以上的大型珊瑚礁石區（實際上是由約250種不同的珊瑚礁串連起來），而其35000km^{2}的遼闊面積幾乎可與日本國土面積相匹敵，據說擁有350種類的珊瑚，吸引超過1500種魚類棲息在這個區域裡。

對於熱愛海洋的人來說，大堡礁是他們心目中的天堂，可以潛水、浮潛的地點數不勝數，更是全球知名追逐旗魚的海釣聖地。大堡礁擁有約600多座大小島嶼，其中有幾座被開發成度假島嶼；其中前往大堡礁北端的起點就是凱恩斯，另外還包括了度蜜月首選的海曼島Hayman Island、漢密爾頓島所在的聖靈群島Whitsunday Group、全世界潛水愛好者最嚮往的蒼鷺島Heron Island、位於伊利特夫人島Lady Elliot Island的摩羯＆奔克礁Capricorn & Bunker Reef等，以各種休閒設施吸引不同目的的觀光客前來。

❷ 昆士蘭濕地熱帶區

Wet Tropics of Queensland

詳細→P.66～132

昆士蘭濕地熱帶區內最著名的景點窗簾樹Curtain Fig Tree

以凱恩斯為中心的這片熱帶雨林區，南起湯斯維爾Townsville，北至庫克鎮Cooktown，一共包含了11座國家公園，總面積廣達9000km^2，以世界罕見的濕地熱帶區而列入世界遺產。這裡同時也是自岡瓦納大陸延續下來全球最古老的雨林，傳說此雨林的源起可以追溯到一億數千萬年之前，保存著珍貴的動植物生態，其中有許多是瀕臨絕種危機的物種。從凱恩斯出發的濕地熱帶區之旅可分為半日／1日行，其中最受到遊客喜愛的行程，就是搭乘全世界第2長的空中纜車，居高臨下俯視地面茂密的熱帶雨林。此外在當地導遊帶領下，探訪入夜後的熱帶雨林，尋找夜行性動物的旅程同樣深受好評。

※名稱之前的圓形數字是在P.50地圖上的位置標記

❸ 芬瑟島
Fraser Island

詳細→P.153～156

芬瑟島座落於昆士蘭州南部，全長124km，島上最寬為20km，總面積18.4萬公頃，是全世界最大的純沙島。侵襲大陸東岸的豪雨將細沙一路沖刷進海洋，接著又在信風與洋流的影響下逐漸堆積成島嶼（如今仍以每年幾公釐的速度移動著），因此舉目所及盡為沙丘，而且經年累月之後還孕育出亞熱帶雨林。

位於芬瑟島中央充滿夢幻美的麥肯錫湖

雖然可以從赫維灣Hervey Bay參加當日來回的旅行團，不過若想好好認識芬瑟島的迷人魅力，最好還是要住上一晚。島上提供住宿的飯店不少，但是最有名當屬澳洲首屈一指的環保度假村──Kingfi sher Bay Resort & Village，下榻在這裡可以參加度假村安排的各種島上探險旅程，是了解芬瑟島的最好方式。而且8～10月時芬瑟島的赫維灣是座頭鯨的休息地，在這個時節還能享受賞鯨之樂。

❹ 澳大利亞東部雨林保護區
Gondwana Rainforest of Australia

詳細→P.181～218、303～309

綠山一帶有相當多設施完善的健行步道

這片林木繁茂的保護區從新南威爾斯州東部一直延續到昆士蘭州東南部，包含50座國家公園及自然保護區，總面積廣達36萬6455km^2。想要認識這塊區域，最好的辦法是參加從新南威爾斯州東北海岸的城鎮或黃金海岸出發的旅遊團，其中最為觀光客所熟悉的是位於黃金海岸近郊的雷明頓國家公園Lamington NP，設有綠山Green mountains（奧瑞里O'Reilly's）及碧納布拉Binna Burra兩處專為觀光客成立的據點，而以綠山的人氣最旺。除了漫步在掛設於亞熱帶雨林內的吊橋，體驗餵食野生鳥群之外，還規劃了許多健行步道可以感受自然景致。在綠山也設有山莊提供休憩，如果參加這裡的夜間探索行程，很有機會能親眼看到夜行性動物如袋貂、沙袋鼠活躍的模樣。

❺ 大藍山區域
Greater Blue Mountains Area

詳細→P.263～267

三姊妹岩是藍山最具代表性的地標

藍山位於雪梨以西約100km遠，車程約1個小時，也是這一帶海拔1500m連綿不絕山巒的總稱。這裡盡是蓊鬱茂盛的尤加利森林，由於空氣中飽含大量的尤加利油，揮發之下看起來是一整片淡藍氤氳色澤，因而獲得藍山的美麗名號。在這片廣大區域裡，生長著全世界13%、約90種的尤加利樹，也是眾多野生動物棲息之處，同時擁有多變的豐富地形，因此壯觀的峽谷、瀑布或洞窟等景點多不勝數。最熱門的行程是由雪梨出發的一日遊，來藍山搭乘索道纜車（Scenic Skyway）或空中纜車（Scenic Cableway），將雄偉壯美的峽谷景色盡收眼底，還有號稱全世界坡度最陡的景觀列車（Scenic Railway）等多項觀光設施。同時，完善的健行步道也讓這裡的叢林徒步探險，成為非常值得推薦的觀光方式。

霍勳爵島的地標──高爾山與里奇伯德山

❻ 霍勳爵群島
Lord Howe Island Group

詳細→P.312～313

大約700萬年前隆起的海底火山，經過日積月累的侵蝕，形成了如今的霍勳爵群島，共由28座大小島嶼所組成，在這裡發現的241種植物中，有多達113種是當地的特有種，而若是將候鳥也包含進來的話，能夠看到的鳥類超過130種，擁有非常珍貴的生態體系。群島沿岸則遍布著全世界最南端的珊瑚礁群，這片來自珊瑚海的暖流與塔斯曼海的寒流交會的海域，蘊藏著從熱帶魚到迴游魚等500種豐富魚類，以及90種類的各式珊瑚，可說是潛水、釣魚、賞鳥等自然愛好者的天堂。

中國牆的奇景

7 威蘭德拉湖區
Willandra Lakes Region

詳細→P.404～405

威蘭德拉湖區位於澳洲的內陸地區，是一處遺留遠古時期湖泊遺跡的區域，過去歷經200萬年以上時間所形成的更新世時期湖泊群，如今早已變得乾涸，隨著乾燥風化而出現宛如外星球獨特景致的中國牆Walls of China。同時在這裡挖掘出約4萬年前的人骨化石及貝殼塚，還有大約2萬6000年前全世界最古老的女性火葬遺骸化石，是個能了解澳洲大陸原始人類生活模樣的場所。不過這一帶還沒有完全開發成為觀光地區，因此一般遊客都是參加從維多利亞州米爾度拉Mildura出發的旅遊團。

8 塔斯馬尼亞荒野
Tasmanian Wilderness

詳細→P.406～453

從鴿子湖眺望搖籃山

塔斯馬尼亞是位於澳洲南部邊陲的島嶼，島上大部分區域至今依舊保留著遠古至今的原始自然景觀，包括冰河時期所留下的險峻山峰、溪谷、湖泊，還有覆蓋著整片島嶼的冷溫帶雨林。特別是在冷溫帶雨林裡，生長著屬於澳洲、亞南極群島特有種的奇特植物，以及南極山毛櫸、蕨類的蒼翠森林。島上最主要的世界遺產觀光景點為位於中央地帶的搖籃山Cradle Mountain／聖克萊爾湖國家公園Lake Saint Clair Nation Park。一般的在地旅遊團會從荷巴特Hobart、朗塞斯頓Launceston出發，行程多樣，不過需要注意的是，在6～8月冬季時會有一些行程取消。

9 澳洲哺乳動物化石地點〈里弗斯利／納拉庫特〉
Australian Fossil Mammal Sites (Riversleigh / Naracoorte)

詳細→P.221、494～495

在里弗斯利（昆士蘭州）與納拉庫特（南澳州）這兩地，發現了無數重要的哺乳類動物化石，從而解開澳洲大陸的歷史謎團；尤其是納拉庫特，位於維多利亞州邊境的交界地帶，距離阿得雷德開車只要4個小時就能抵達，特別便於觀光客造訪。納拉庫特的世界遺產區位於城鎮郊外，在納拉庫特洞窟群中又以維多利亞洞窟最重要，發掘出學名為Thylacoleo Carnifex袋獅的完整骨骼化石，以及大型袋鼠中的巨型短面袋鼠Procoptodon goliah、無尾熊、袋熊祖先的雙門齒獸Diprotodon等為數眾多的動物化石。想深入認識納拉庫特洞窟群，每天都會有從維多利亞洞窟出發的化石洞窟導覽之旅。

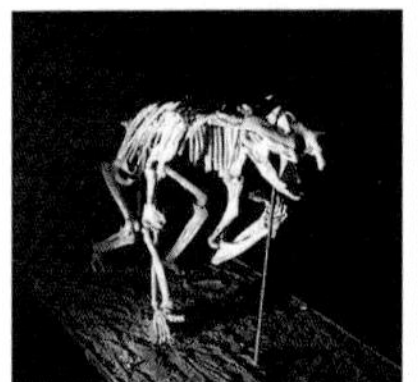
在維多利亞洞窟內展示著袋獅化石的複製品

10 烏魯魯－卡塔丘塔國家公園
Uluṟu-Kata Tjuṯa National Park

詳細→P.506～519

矗立在澳洲大陸中央地區拔地而起的巨型岩石烏魯魯（愛爾斯岩），原住民語為「陰涼的場所」之意，可說是澳洲最具代表性且名聞遐邇的一塊石頭；至於往西約45km處由36塊大小岩山構成的卡塔丘塔（奧加斯岩The Olgas），原住民語意為「眾多的頭」，這兩處因為擁有特殊的自然景觀，又是澳洲原住民的聖地，而被列入世界綜合遺產。觀光客必須下榻於距離烏魯魯30km遠的度假村，再參加旅遊團或租車前往參觀。在太陽光的照射下，烏魯魯的岩理在一天中會有七彩顏色的不同變化，最美麗的時刻當屬清晨時的淡粉紅色澤及傍晚時分的豔紅光彩。

壯麗的烏魯魯（愛爾斯岩）黃昏時刻

⓫ 卡卡度國家公園

Kakadu National Park

詳細→P.533～537

保留在諾蘭基岩上的原住民壁畫

地處北領地最北端的卡卡度國家公園，占地約2萬km^2。在這裡能欣賞到紅樹林、濕地、熱帶雨林、草原及斷崖峭壁等5種截然不同的自然景致，同時還能見到河口鱷、澳洲鱷魚、亞洲水牛、袋鼠、沙袋鼠等動物的身影，還有機會遇到黑頸鸛、雞冠水雉、澳洲鶴等珍奇鳥類。

卡卡度國家公園更曾是原住民居住的地點，在諾蘭基岩Nourlangie Rock和烏比爾Ubirr就殘留著許多當時原住民狩獵生活景象的獨特壁畫。一般都是從達爾文出發，參加為期1～3天不等的卡卡度國家公園之旅，不過在雨季的11～4月期間，因為部分道路容易淹水，有不少景點會因此無法前往。

⓬ 西澳州鯊魚灣

Shark Bay

詳細→P.609～610

柏斯往北約800km的鯊魚灣，正是解開地球生命起源的疊層石Stromatolite的全球最大群落地。所謂的疊層石，是由藍綠藻等微生物將海中砂石堆疊所造成的岩石，而在形成疊層石的過程當中，除了不斷為地球製造氧氣之外，據說也對促進遠古時期陸地生物的進化有著莫大的幫助。

鯊魚灣同時也是海洋生物的豐富寶庫，不但聚集了約1萬隻儒艮，成為全球最大的儒艮棲息地，而且8～10月還會有座頭鯨出沒。而突出於鯊魚灣半島一角的猴子米亞海灘Monkey Mia，則能體驗餵食野生瓶鼻海豚的樂趣。

不斷製造氧氣的疊層石

⓭ 寧格魯海岸

Ningaloo Coast

詳細→P.611～614

位在西澳州中北部的西北岬，由西邊的凱普山脈國家公園Cape Range NP，加上沿著海岬南北綿延260km的大型珊瑚礁群──寧格魯珊瑚礁，都已列入世界自然遺產。特別是寧格魯珊瑚礁最為珍貴，不但擁有超過200種以上的珊瑚，還有超過300種的魚類優游其間。在每年3月中旬～7月中旬，更有全世界體型最大魚類的鯨鯊洄游至此地，遊客可以下海與牠一起共泳；另外全年也都能跟大型鬼蝠魟（Manta Ray）同游，可說是全世界潛水者、浮潛客心目中最嚮往的樂園。

能與世界最大型魚類的鯨鯊一起共泳，不僅是季節限定活動，更是世上罕見的珍貴海域

⓮ 波奴魯魯國家公園

Purnululu National Park

詳細→P.620～621

波奴魯魯國家公園裡最棒的絕景就是班古魯班古魯的奇山怪岩

位於西澳州北部金柏利The Kimberley地區的波奴魯魯國家公園，可說是澳洲祕境中的祕境，最出名的就是班古魯班古魯Bungle Bungle，這一處從3億5000萬年前堆疊出來的砂岩，隆起之後又經過長時間的風雨侵蝕，最終形成如今的奇岩山脈。雖然目前已經被列為世界自然遺產，但因為這裡也保留著許多原住民文化的遺跡，澳洲政府目前正積極推動，要讓波奴魯魯國家公園改列為世界綜合遺產。想造訪波奴魯魯國家公園，一般都是從布魯姆Broome或庫努納拉Kununurra出發，參加幾天的旅遊行程（但在雨季時會取消）。

澳洲的星空

Stars in Southern Hemisphere

南半球的星座

好不容易到南半球來，當然要好好欣賞一下在北半球絕對看不到的眾多星座；尤其是在空氣透澈的澳洲，隨便抬頭一望就是美麗的滿天星空，不需要望遠鏡就能清楚看到高掛夜空的閃閃銀河。一旦離開了有光害的市區，更會發現天上的星星竟然多到讓人眼花撩亂，而找不到正確的星座呢！

由於南半球是以南天極為軸心進行周日運動，因此在這裡能看到的星座位置和在台灣觀察的並不相同，而是依照季節、時間而剛好完全相反。由於南半球的四季也與北半球顛倒，因此台灣夏季星座中的射手座，只能出現在傍晚時分南方的低垂天空，到了南半球卻成為冬季星座，且位居頭頂上方。

如何找到南十字星

最值得一看的當然還是赫赫有名的南十字星。與北半球的北極星不同的是，南十字星並不是位於天空的正南方，而是出現在離南天極有一段距離的南邊天空，其實並不容易發現其蹤影。要先找到指標星，就是位於南十字星左側的半人馬座的α與β這兩顆一等星，只要將這兩顆星星間的距離延伸兩倍遠，就能順利找到南十字星的所在。而在南十字星的α與β星的相反方向，則是在天文迷口中可用肉眼觀察到的疏散星團中，最有名的船底座的海山二（η）（因為帶著紅色星雲很容易辨識），也可做為尋找南十字星的標記之一。

接著就是如何從南十字星來尋找南天極，方法其實相當簡單。將南十字星的十字當中較長的一端（連結γ與α的那一端）往α星方向延伸5倍遠，即是南天極之所在。而在十字的正中央有一顆5等星，如果能用肉眼發現這顆星，表示視力非常好。

在銀河中的左手邊，兩顆閃耀明亮的星星是半人馬座的α與β，座落在右手邊的則為南十字星；南十字星左側的黑色部分即為煤炭袋，而南十字星右側的紅色星團是伊塔星雲

在尋找南十字星的時候，絕對要注意的是別和假十字星搞混了。位於船底座與船帆座之間的假十字星，比起正版的南十字星大得多，非常容易被誤認。最好的辨認方式還是俗稱為指標星的半人馬座α與β星，只要在十字的左側並列著這兩顆閃亮的1等星，那就是貨真價實的南十字星。緊鄰著南十字星則是被稱為煤袋星雲（Coalsack）的漆黑部分，因為在閃亮的銀河間只有這一個明顯的黑團存在，也成為指認南十字星的一大標誌。當然要找到南十字星最重要的訣竅，就是先看過照片並記下星座的形狀，自然就能簡單地找到南十字星的所在地。另外，在沒有月光干擾的月初時分則是觀測星星的最佳時機；因為月圓時月亮一整晚都會高掛天空，即使是在上弦月時也要到下半夜才會落下，而下弦月時則會在下半夜高升，上下弦月出現的時間在月初和月圓後的7～8天。

所謂的南十字星

正式名稱為「南十字座」的星座，是在1627年被法國天文學家Augustin Royer發現而訂定為星座，是全天88個星座中最小的一個。由4顆星星組合而成，其中有2顆1等星，其餘則分別是2等星與3等星，因此亮度自然非同凡響。在銀河裡，星星較稀少的區域就是黑漆漆的黑暗星雲──煤袋星雲，也有疏散星團珠寶盒星團Jewel Box（NGC4755）；擁有豐富想像力的澳洲原住民，將南十字星比喻為「紅色魟魚」，煤袋星雲是「抱蛋的鴯鶓」，而半人馬座的α與β星星則是「鯊魚」。

星雲、大小麥哲倫星系

來到星空閃耀的郊外抬頭看，一定會注意到兩塊大小不同的雲團高掛天際，這就是南半球的天文奇景──大麥哲倫星雲與小麥哲倫星雲。其實這兩個星系是緊靠著銀河系（如同地球與月亮的關係），聚集著無數星星的大型星系，與地球分別隔著15萬光年、17萬光年的距離，是探險家麥哲倫在環遊世界時發現，因而得名。

看懂南半球星座圖

這張星座圖標示出南半球南邊的星空位置，內側的圓圈裡，是在南緯35度左右（靠近雪梨）一整年都不會低於地平線的星群。

在外圈四邊的春、夏、秋、冬，則標示著南半球在該季節（與台灣正好相反）傍晚時分看得到的星空狀態。

星座照片提供：星空寫真館　小山弘宣　URL www.dab.hi-ho.ne.jp/hirok/

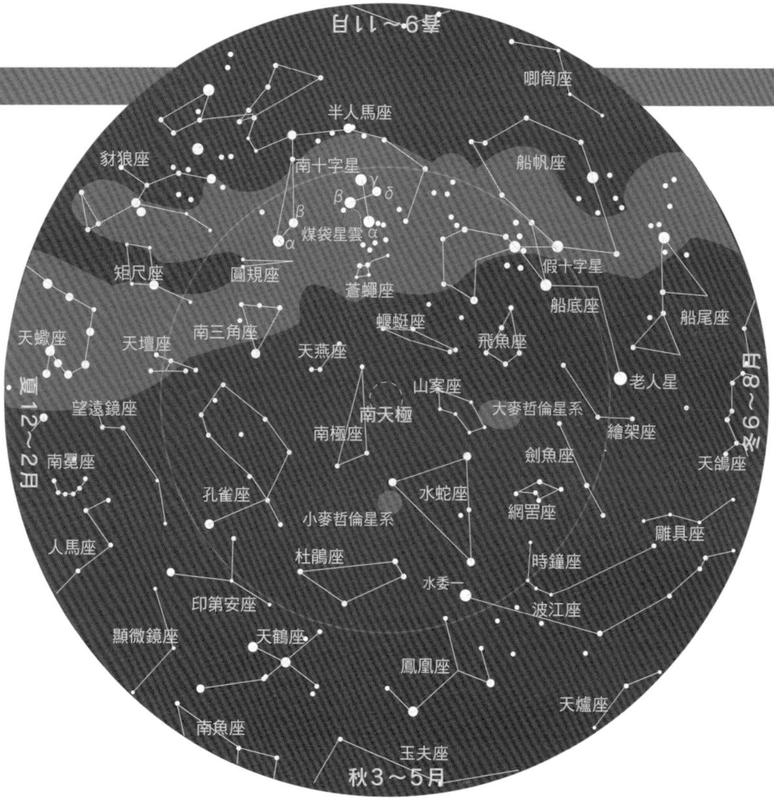

舉例來說，抬頭仰望秋季（台灣是春季）的星空時，要把圖上寫有秋季的字樣朝下並面向南站立，就能一邊參照著星座圖，一邊比對實際的星空，尋找正確的星座所在。接著將內側圓圈下邊的線延伸，就是南邊地平線的視野，也就是在這以下的部分等於是在地平線以下則看不到。相反地，在上半部靠近圓圈部分的星星，只要從南邊地平線仰起約70度的高角度就能發現，而最上面的星星因為是在90度的更高處，才會給人星星幾乎高掛在頭頂的印象。

在秋季的傍晚拿出星座圖再對照一次，就能看到南十字星、半人馬座及銀河等幾乎就位在頭頂正上方，大小麥哲倫星系則偏低，而波江座的水委一Achernar則是出現在地平線附近。所以在春季的傍晚時刻，則正好相反地變成南十字星比地平線要低而難以看到，大小麥哲倫星系則是高掛夜空，很容易就能找到。

不過因為星座屬於周日運動，以南天極為中心，依照每小時15度的速度，就像是時鐘的時針般順著同樣方向轉動著，因此即使是在傍晚時分看不到的星座，只要經過一段時間就能漸漸看到，只要慢慢轉動書上的星座圖，就能了解實際的星空狀態。

而在這張星座圖上，星星愈大顆表示其亮度愈高，至於較小且亮度低的星星、銀河與大小麥哲倫星系，在充滿霓虹燈和街燈等人工亮光的都市則是無法發現的。

大麥哲倫星雲

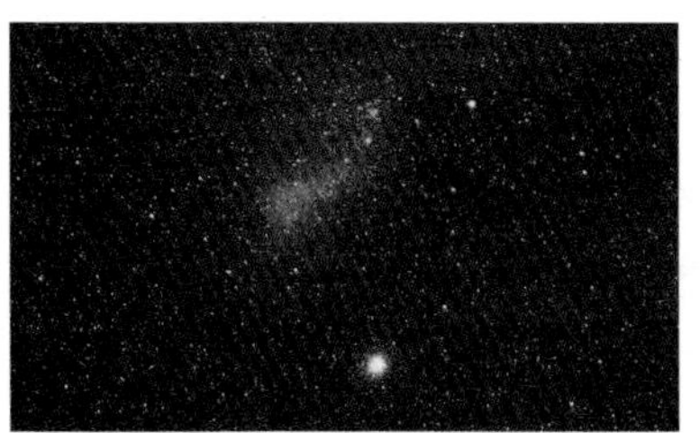
小麥哲倫星雲

澳洲的 人氣運動

Popular Sports of Australia

澳洲是體育活動非常興盛的國家，不僅是個人愛好從事運動，也非常熱中於觀看各種賽事。下面要介紹的是在澳洲人氣特別旺盛的運動。

■體育賽事門票

幾乎所有的體育賽事門票都可透過澳洲的專門販售公司「Ticketmaster」購買，若使用信用卡則可以上網預約、購買門票，部分門票甚至是採取電子郵件寄送的電子門票。

● Ticketmaster URL www.ticketmaster.com.au

網球 Australian Open & Other Tournaments

因為盧彥勳、謝淑薇、詹詠然等職業選手陸續打入國際賽事，而逐漸受到台灣民眾注意的網球運動，每年1月舉行的澳洲網球公開賽，是世界四大公開賽（大滿貫Grand Slam）中最先登場的，而擁有超過100年歷史的澳洲公開賽，在墨爾本市區墨爾本公園內的羅德·拉沃爾球場Rod Laver Arena（中央球場可容納1萬5000人）、瑪格麗特·考特球場Margaret Court Arena（可容納7500人）、約翰·凱因球場John Cain Arena（可容納9600人）3個附有開闔式屋頂的球場及22個戶外球場舉行，台灣的體育頻道也會對進入32強的重要比賽場次進行直播。世界各地網球好手齊聚一堂的頂級職業賽事，全球網球迷無不屏息以待，此時會有80萬遊客從各國湧入墨爾本，只為了一睹這場網壇盛事。

除了主辦澳洲網球公開賽，澳洲也是聞名全世界網球強國之一，像是在1960年代兩度達成大滿貫賽冠軍（這項紀錄至今無人能破）立下豐功偉業的網球明星羅德·拉沃爾Rod Laver、贏得世界四大賽12次冠軍且史上排名第5的羅伊·愛默生Roy Emerson，還有世界排名第一，並在2022年澳洲公開賽拿下女子單打冠軍後退休的艾許莉·芭提Ashleigh Barty等，培育出無數的網球高手。

除了澳洲公開賽，每年1月初～中旬還有多場為這項新球季開幕賽熱身的前哨戰，在澳洲各地舉行，特別是布里斯本國際賽Brisbane International（布里斯本昆士蘭網球中心舉行／WTA頂級巡迴賽）、在澳洲公開賽之前開打的阿得雷德國際賽Adelaide International（紀念網球中心舉行／ATP250·WTA頂級巡迴賽），選手們會視體能調適的狀況而參加，也是球迷能輕鬆觀賞的比賽。

羅德·拉沃爾球場是澳洲網球公開賽的比賽場地

●澳網聯盟
URL www.tennis.com.au
●澳洲網球公開賽
URL ausopen.com

※關於澳洲網球公開賽在P.328～329有特輯介紹

比賽中碰撞相當激烈的澳式足球

澳式足球 AFL

澳式足球Australian Rules Football（通稱Rules），是誕生於澳洲並且只在澳洲流行的一種球賽，據說是維多利亞州在1850年代時，為了在冬季也能活用閒置的板球場而開始的比賽（諸多說法之一），如今也是以維多利亞州為重心。

比賽在橢圓形的球場上進行，每一隊各自擁有18名球員，比賽時間則為四節各為25分鐘，在場地兩端各立有4根細長柱杆取代球門，球只要穿越過去就算得分，球員可以用腳踢或拳頭擊球方式來傳球前進。此外，持球的球員不能跑超過15m，而且遭到對方球員攔截撲倒在地時，則是持球的一方會被判犯規，總之球員間必須快點傳球才行。

全澳洲一共有18支加入澳式足球聯盟Australian Football League（AFL）的球隊，每年3月中旬～8月中旬的每個週末都有球季例行賽，9月中旬起則是戰績排名前8強隊伍的總決賽，在2021年球季中贏得冠軍盃榮耀的是墨爾本魔鬼隊Melbourne Demons。

AFL URL www.afl.com.au

加入AFL的球隊

VIC	北墨爾本袋鼠隊North Melbourne Kangaroos
	墨爾本魔鬼隊Melbourne Demons
	里奇蒙老虎隊Richmond Tigers
	卡爾頓藍隊Carlton Blues
	高蓮木鵲鳥隊Collingwood Magpies
	愛先東轟炸機隊Essendon Bombers
	聖彼得聖徒隊St Kilda Saints
	西部牛頭犬隊Western Bulldogs
	麻鷹隊Hawthorn Hawks
	吉朗貓隊Geelong Cats
SA	阿得雷德烏鴉隊Adelaide Crows
	阿得雷德港口隊Port Adelaide Power
WA	西海岸鷹隊West Coast Eagles
	弗里曼特碼頭人隊Freemantle FC
NSW	雪梨天鵝隊Sydney Swans
	大雪梨西區巨人隊Greater Western Sydney Giants
QLD	布里斯本雄獅隊Brisbane Lions
	黃金海岸陽光隊Gold Coast Suns

聯盟式橄欖球 NRL

相對於維多利亞州瘋澳式足球，新南威爾斯州及昆士蘭州迷的則是聯盟式橄欖球Rugby League（通稱為League）。在1890年代，隸屬於英國聯合式橄欖球隊的球員們因為不滿協會對於受傷球員的補償方式，離隊出走之後另創的職業球賽，目前在歐洲各地、大洋洲國家及南非等地都非常盛行。

與聯合式橄欖球不同的是，聯盟式橄欖球每隊13人，攻擊的一方只要沒有受到阻攔，可以獲得5次攻擊權，球員們可以在這段時間裡想盡辦法達陣，但只要遭到對方阻攔而使得進攻停止時，就算是一次的攻擊權。由於比賽幾乎不會發生打架推擠的問題，節奏快速的賽事是受到歡迎的原因之一。

澳洲聯盟式橄欖球National Rugby League（NRL）以新南威爾斯州的隊伍為主，一共有16支球隊加入（其中一隊位於紐西蘭），例行賽是在3月中旬～9月中旬的週末舉行，由戰績排名前8強隊伍參加決定冠軍的總決賽則在9月下旬的週末登場。至於贏得2021年球季冠軍的是彭里斯黑豹隊Penrith Panthers。

在新南威爾斯州及昆士蘭州擁有無比的人氣

澳洲的橄欖球實力放眼全球可說是數一數二的強國，身為代表隊的袋鼠隊Kangaroos在5年舉辦一次的世界盃大賽中，過去15屆就曾經拿下了11屆冠軍，實力非常雄厚。並於2022年第16屆世界盃比賽再度獲得冠軍。

NRL URL www.nrl.com
世界盃聯盟式橄欖球賽
Rugby League World Cup
URL www.rlif.com

加入NRL的球隊

NSW	雪梨雄雞隊Sydney Roosters
	坎特伯里牛頭犬隊Canterbury Bulldogs
	聖喬治伊拉瓦拉龍隊St George Illawarra Dragons
	曼利海鷹隊Manly Warringah Sea Eagles
	西老虎隊Wests Tigers
	帕拉瑪塔鰻魚隊Parramatta Eels
	彭里斯黑豹隊Penrith Panthers
	Cronulla Sutherland Sharks
	南雪梨兔隊South Sydney Rabbitohs
	紐卡索騎士隊Newcastle Knights
ACT	坎培拉奇襲隊Canberra Raiders
QLD	布里斯本野馬隊Brisbane Broncos
	北昆士蘭牛仔隊North Queensland Cowboys
	黃金海岸泰坦隊Goldcoast Titans
VIC	墨爾本風暴隊Melbourne Storm
NZ	紐西蘭勇士隊New Zealand Warriors

聯合式橄欖球 Super Rugby & The Rugby Championship

觀賞超級橄欖球聯賽，享受比賽過程中緊張刺激的樂趣

對台灣人來說較為熟知的橄欖球比賽，一般稱為聯合式橄欖球Rugby Union（通常稱為Union），澳洲國家代表隊（暱稱為袋鼠隊Wallabies）是全世界實力最堅強的橄欖球隊之一，在過去7屆的世界盃大賽中，曾獲得2次冠軍寶座。

說起澳洲在聯合式橄欖球的比賽，當然就是世界數一數二的職業橄欖球賽──超級橄欖球聯賽Super Rugby。

原本是由澳洲、紐西蘭、南非三國的職業橄欖球隊參加的聯賽，2016年阿根廷及日本各有1支球隊加入南非群組參賽，2021～2022球季起聯賽改成地域性比賽，於是南非隊離開，但加入新成立的斐濟隊。2月中旬～7月上旬的週末進行例行賽，7月中旬開始由成績排名前6名隊伍進行總決賽。目前有澳洲、紐西蘭、斐濟三國共12支俱樂部球隊參加，且更名為Super Rugby Pacific，而獲得最多次冠軍紀錄的是紐西蘭十字軍隊Crusaders。

另外在8～10月期間，還看得到由澳洲、紐西蘭、南非及阿根廷四支國家代表隊對戰的橄欖球冠軍錦標賽The Rugby Championship，吸引了全世界橄欖球迷的目光。其中又以澳洲袋鼠隊與紐西蘭黑衫軍的兩軍對陣，還有事關兩國榮譽與驕傲的貝勒蒂斯羅盃Bledisloe Cup比賽，水準之高、賽況之激烈，都讓人嘆為觀止。

●澳洲橄欖球協會 Australian Rugby Union
URL www.rugbyaustralia.com.au
●超級橄欖球聯賽 Super Rugby
URL super.rugby/superrugby

2022年加入超級橄欖球聯賽的澳洲球隊

NSW	新南威爾斯瓦拉塔New South Wales Waratahs
ACT	ACT野馬Brumbies
QLD	昆士蘭紅隊Queensland Reds
VIC	墨爾本叛軍Melbourne Rebels

足球 A League

對於橄欖球大國的澳洲來說，原本略遜一籌的足球，如今人氣也逐漸上升中。無論是業餘或職業選手的總比賽人口數，目前足球都是全澳洲第一，有可能在不久的將來，一躍成為澳洲人氣最高的一項體育競賽。

暱稱為Socceroos的澳洲足球國家代表隊，在FIFA世界盃及AFC亞洲盃足球賽與亞洲各國代表隊都有過激烈交手，帶給了廣大足球迷「亞洲強敵」的深刻印象。

澳洲的職業足球聯盟是A League，有不少日本職業足球員曾經效力過旗下球隊，像是本田圭介（墨爾本勝利隊）、三浦知良（雪梨FC隊）、小野伸二（西雪梨流浪者隊）、高萩洋次郎（西雪梨流浪者隊）等。

A League會在每年10～4月的週末，在澳洲各地與紐西蘭的12支球隊進行例行賽，4～5月時再由最後成績排名前6名的球隊舉行最後的總決賽。在球季例行賽的冠軍球隊與總決賽冠軍球隊（如果都是相同球隊時，由亞軍球隊遞補）的這兩支隊伍，將可以獲得AFC亞足聯冠軍聯賽（ACL）的出賽資格，至於在聯盟例行賽中屈居於這兩支球隊下的亞軍隊伍，則可獲得ACL的預賽出場資格。2021～22球季例行賽排名第一為墨爾本城市隊，總決賽冠軍則為墨爾本勝利隊。

為亞洲極具代表性的職業足球聯盟，在澳洲國內的人氣也正上升中

● A League
URL keepup.com.au/news/a-leagues
●澳洲足球協會
Football Federation Australia
URL www.footballaustralia.com.au

加入A League的球隊

NSW	雪梨FC隊Sydney FC
	西雪梨流浪者隊Western Sydney Wanderers
	中部海岸水手隊Central Coast Mariners
	新城堡聯隊Newcastle United Jets
	麥克阿瑟隊 Macarthur FC
QLD	布里斯本獅吼隊Brisbane Roar
VIC	墨爾本勝利隊Melbourne Victory
	墨爾本城市隊Melbourne City FC
	西部聯隊Western United
SA	阿得雷德聯隊Adelaide United
WA	柏斯光榮隊Perth Glory
NZ	威靈頓鳳凰隊Wellington Phoenix

澳洲vs英國對抗賽的灰燼杯

板球 Cricket

發源自英國的板球據說是棒球的始祖，在大英國協各國中常被當成國家級運動而相當普及（是僅次於足球，在全世界比賽人口第二多的體育競賽），在澳洲是夏天極為盛行的人氣運動。而澳洲板球的國家代表隊在全球也是名列前茅，在4年舉辦一次的世界盃板球賽中，寫下獲得5屆冠軍盃的最佳紀錄（2019年在冠亞軍戰敗給英國隊，十分可惜）。

板球比賽的規則，分為傳統的3～4天賽制及縮短比賽時間的單日賽制兩種。在澳洲國內的賽事，以起源自1892年的州際板球賽Sheffield Shield（10～3月）最有人氣，2021～22球季由西澳洲隊奪得冠軍。而在同一時期也有許多國際賽事正在進行中，尤其是名為灰燼杯The Ashes的澳洲vs英國對抗賽，受到全世界板球迷的高度關注。

澳洲板球協會
URL www.cricket.com.au

衝浪 World Surf League (WSL)

澳洲也是舉世聞名的衝浪天堂，男子好手有2021年世界排名第5的Morgan Cibilic、前世界衝浪冠軍的Mick Fanning（已退休）及Joel Parkinson，女子組方面則有著抱走7年世界冠軍獎盃的Stephanie Gilmore、2次世界第一的Tyler Wright，還有傳奇選手Layne Beachley（已經退休）等衝浪界的超級明星，可說是人才輩出。

在澳洲每年都有為數眾多的衝浪大賽，其中最不容錯過的就是全球衝浪高手轉戰世界各地的World Surf League（WSL），每年4月左右的Rip Curl Pro（男子・女子）在維多利亞州的貝樂斯海灘舉辦，而Margaret River Pro（男子・女子）則在西澳洲的瑪格麗特河進行。

職業衝浪協會ASP
URL www.worldsurfleague.com

高爾夫球 Golf

從以前的高球名將「大白鯊」葛瑞・諾曼Greg Norman、葛瑞漢・馬許Graham Marsh，到最近幾年的男子高球選手卡麥隆・史密斯Cameron Smith、女子選手李旻智Minjee Lee等，澳洲有許多高球選手活躍於全世界。每年11月中旬～12月中旬舉辦的澳洲公開賽Australian Open（雪梨或墨爾本）是很受全球注目的比賽，男子賽事還有歐洲的DP世界巡迴賽，也是具有高知名度的比賽。

Royal Pines Golf Course

澳洲高爾夫協會
URL www.golf.org.au

賽車 F1 Australian Grand Prix & Others

賽車同樣是澳洲人瘋狂熱愛的一項活動，尤其是3月在墨爾本舉行的F1澳洲大獎賽Australian Grand Prix，是一級方程式賽車的前半段賽季中很重要的一戰，受到全球注目。2022年賽季中有日本車手角田裕毅參賽，對亞洲F1賽車迷來說也是一大亮點。

在墨爾本阿爾伯特公園舉行的F1澳洲大獎賽

至於10月在黃金海岸則會舉行超級房車賽 V8 Supercar的Gold Coast 500比賽，另外還有摩托車的世界摩托車錦標賽Moto GP澳洲大獎賽，10月時會在維多利亞州的菲利普島舉行。

F1 澳洲大獎賽
URL www.grandprix.com.au
Gold Coast 500
URL www.supercars.com/gold-coast
Moto GP 澳洲大獎賽
URL www.motogp.com.au

澳洲袋鼠©MOOK

AREA GUIDE

澳洲
區域導覽

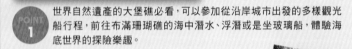

昆士蘭州

充滿耀眼陽光的澳洲觀光中心地

綠島擁有深淺顏色不同的美麗海水

觀光重點

POINT 1 世界自然遺產的大堡礁必看，可以參加從沿岸城市出發的多樣觀光船行程，前往布滿珊瑚礁的海中潛水、浮潛或是坐玻璃船，體驗海底世界的探險樂趣。

POINT 2 北部凱恩斯周圍的熱帶雨林、南部黃金海岸周圍的亞熱帶雨林都屬於世界自然遺產，有多種選擇的遠古森林之旅可以參加，更能夠目睹到許多不同夜行性動物的真面目。

凱恩斯郊區的世界遺產森林

POINT 3 有很多動物園提供抱無尾熊的服務，也成為昆士蘭州的一大特色。其中位於布里斯本郊區的龍柏無尾熊保護區，是擁有全世界數量最多、超過130隻無尾熊的老字號動物園。

基本資訊

面積	172萬974km²	州動物	無尾熊
人口	約520萬人	州花	庫克敦蘭花
首府	布里斯本（人口約256萬人）	電話	區域號碼　07
時差	澳大利亞東部標準時間（比台灣早2小時） 不實施夏令時間		

主要節慶日（2024年）

2024年

1月1日	新年New Year's Day
1月26日	澳洲國慶日 Australia Day
3月29日	耶穌受難日 Good Friday
3月30日	復活節星期六 Easter Saturday
3月31日	復活節星期日 Easter Sunday
4月1日	復活節星期一 Easter Monday
4月25日	澳紐軍團紀念日Anzac Day
5月6日	勞動節Labour Day
7月17～19日	凱恩斯日 Cairns Show Day（僅在凱恩斯地區）
8月14日	皇家昆士蘭節 Royal Queensland Show Day（僅在布里斯本地區）
8月30日～9月1日	黃金海岸節 Gold Coast Show Day（僅在黃金海岸地區）
10月7日	女王誕辰日 Queen's Birthday
12月25日	耶誕節 Christmas Day
12月26日	節禮日 Boxing Day

學校假期（2024年）

4/13～4/28、7/6～7/21、9/28～10/13、12/18～2025年2/2

昆士蘭州主要觀光地的平均氣溫·降雨量

	1月	2月	3月	4月	5月	6月	7月	8月	9月	10月	11月	12月
凱恩斯												
平均最高氣溫(℃)	31.5	31.2	30.6	29.2	27.6	26.0	25.7	26.6	28.1	29.6	30.7	31.4
平均最低氣溫(℃)	23.7	23.8	23.1	21.6	19.9	17.9	17.1	17.4	18.7	20.6	22.3	23.4
平均降雨量(mm)	391.8	451.8	421.7	197.4	91.4	45.6	29.2	26.7	33.4	46.0	93.7	175.9
漢密爾頓島(聖靈群島)												
平均最高氣溫(℃)	30.4	30.1	28.8	27.1	24.8	22.4	21.9	22.9	25.4	27.6	29.1	30.0
平均最低氣溫(℃)	24.9	24.9	24.0	22.6	20.8	18.4	17.6	18.1	19.8	21.8	23.3	24.4
平均降雨量(mm)	247.9	336.1	282.5	200.0	125.4	87.3	63.5	42.4	26.5	44.9	112.1	192.6
陽光海岸												
平均最高氣溫(℃)	28.9	28.8	27.8	25.9	23.3	21.3	20.9	22.0	24.2	25.6	27.0	28.2
平均最低氣溫(℃)	21.3	21.2	20.0	16.9	13.6	11.3	9.5	9.9	12.9	15.6	17.9	19.7
平均降雨量(mm)	150.2	198.1	159.1	164.6	160.1	119.1	67.7	79.1	55.9	72.9	84.0	150.0
布里斯本												
平均最高氣溫(℃)	30.2	29.9	28.9	27.1	24.4	21.9	21.9	23.2	25.7	27.1	28.0	29.3
平均最低氣溫(℃)	21.5	21.3	20.0	17.3	13.5	11.7	10.1	10.7	13.7	16.3	18.7	20.3
平均降雨量(mm)	153.9	142.5	109.2	65.8	58.5	57.6	24.7	42.1	28.8	72.5	106.6	138.7
黃金海岸												
平均最高氣溫(℃)	28.7	28.6	27.8	25.9	23.4	21.3	21.1	21.9	23.9	25.3	26.7	27.8
平均最低氣溫(℃)	21.9	21.8	20.8	18.3	15.3	13.1	12.0	12.5	14.8	16.9	18.9	20.5
平均降雨量(mm)	139.9	177.7	110.8	125.8	112.2	112.8	48.8	62.6	44.4	91.5	119.0	139.3

昆士蘭州概要

黃金海岸的美麗海灘旁林立著高樓飯店和公寓

僅次於西澳州的第2大州，面積約是台灣的47倍。首府布里斯本與台灣之間有直航班機，觀光十分方便。

州內有大堡礁、世界最古老的熱帶雨林及亞熱帶雨林、國際度假聖地黃金海岸、陽光海岸等，擁有許多澳洲具有代表性的觀光景點，觀光業極為興盛。全州分屬熱帶與亞熱帶氣候，所以有陽光之州的美譽，而受如此溫暖氣候的恩澤，沿岸地帶以生產甘蔗和熱帶水果等農業，以及利用廣大土地發展的畜牧業，還有位於內陸地帶的鋁土礦、鈾、銅等礦業，擔負著重要的澳洲經濟命脈。

昆士蘭州曾經是新南威爾斯州的一部分，當時人們一路往北前進直到布里斯本河的河口附近而展開移民，並在1859年獨立成一州。昆士蘭州和日本的淵源相當久遠，在靠近巴布亞新幾內亞附近托雷斯海峽的星期四島，於1874年以後居住著為數眾多以採南洋珍珠為生的日本潛水工，為此日本政府還於1896年在澳洲當時北部最大的城市湯斯維爾Townsville設置了駐外使館。

而昆士蘭州也是澳洲最具代表性的航空公司──澳洲航空QANTAS的發祥地，是由Queensland and Northern Territory Aerial Services（昆士蘭及北領地航空服務）的首字縮寫組成，公司於1922年在中西部城市朗里奇Longreach設立，主要是提供昆士蘭、北領地一帶的運輸往來和急救之用。在朗里奇機場一旁的澳洲航空停機坪中，現在仍保留著澳洲第一個生產製造飛機（DH50型6架）的地方。

交通

與州外交通

飛機 北部的凱恩斯、聖靈群島的漢密爾頓島、首府布里斯本、南部的黃金海岸，是昆士蘭州的空中交通門戶（前往凱恩斯的交通→P.71／前往漢密爾頓島的交通→P.135／前往布里斯本的交通→P.166／前往黃金海岸的交通→P.184）。澳洲航空、捷星航空、維珍澳洲航空在這些城市與澳洲主要城市間，提供非常頻繁的航班。

長途巴士 雪梨～布里斯本間的路線，除了澳洲灰狗巴士公司之外，其他還有許多小型巴士公司行駛。澳洲灰狗巴士也同時提供愛麗絲泉Alice Springs／達爾文Darwin～埃薩山Mount Isa～湯斯維爾Townsville的路線。

火車 雪梨～布里斯本之間有XPT特快列車，一天一班往返行駛；另外還有從雪梨到新南威爾斯北端的卡西諾城Casino，同樣是一天一班的XPT特快列車往返行駛，從卡西諾城到黃金海岸，轉乘巴士大概還需約1小時的距離。

州內交通

飛機 澳洲航空（包含Qantaslink）、捷星航空、維珍澳洲航空提供東海岸各城市間，以及前往漢密爾頓島的航班；前往內陸的航班有從布里斯本、凱恩斯前往埃薩山的航線。因為陸路交通要花很多時間且路線眾多，所以搭飛機比較有效率。

長途巴士 澳洲灰狗長途巴士每天都有班次往來於黃金海岸～布里斯本～凱恩斯之間，可以中途下車去參觀主要觀光景點，費用便宜很值得推薦。

火車　在昆士蘭鐵路網中，布里斯本～凱恩斯之間有名為Spirit of Queensland的高速列車行駛（一週4班），不但快速還提供如飛機上商務艙或豪華經濟艙般的舒適座位。另外布里斯本～羅克漢普頓Rockhampton有Tilt Train高速列車往來，而湯斯維爾～埃薩山還行駛有夜行臥鋪列車The Inlander號。

出遊規劃要訣

想餵食可愛的沙袋鼠嗎？請來凱恩斯近郊的阿瑟頓高原

以凱恩斯為起點的旅程

凱恩斯的基本行程是體驗前往大堡礁的觀光船，以及周邊廣大的熱帶雨林之旅；如果還有時間的話，大堡礁的度假島嶼如綠島、費茲羅伊島、貝達拉島、蜥蜴島，以及位於近郊地區度假城鎮的棕櫚灣、道格拉斯港、有熱帶雨林的丹翠國家公園、阿瑟頓高原等，在這些地方的度假飯店住上一晚也很不錯。

以黃金海岸為起點的旅程

說到黃金海岸，當然是要先享受美麗海灘啦！而且在黃金海岸西邊一帶的高原地區有前往亞熱帶雨林國家公園的旅遊團，或是兜風行程，一定要去體驗看看。另外還有高人氣的摩頓島觀光遊覽，可以體驗親自餵食野生海豚的樂趣，雖然可以當天來回，要是時間允許，能停留1～2晚更棒。至於在昆士蘭州以外，像是從黃金海岸到新南威爾斯州拜倫灣的行程和兜風路線，也是很大眾化的選擇。

來到摩頓島能享受餵食野生海豚的樂趣

昆士蘭州交通圖

巴士
火車
飛機
船
內數字為所需時間：單位為小時

庫克鎮Cooktown
苦難角Cape Tribulation
道格拉斯港Port Douglas
綠島Green Island
庫蘭達Kuranda
凱恩斯Cairns
埃薩山Mount Isa
密遜海灘Mission Beach
費茲羅伊島Fitzroy Island
磁島Magnetic Island
湯斯維爾Townsville
漢密爾頓島Hamilton Island（聖靈群島Whitsunday Group）
愛爾麗海灘Airlie Beach
大凱珀爾島Great Keppel Island
麥凱Mackay
蒼鷺島Heron Island
羅克漢普頓Rockhampton
伊利特夫人島Lady Elliot Island
格斯頓Gladstone
芬瑟島Fraser Island
邦德堡Bundaberg
赫維海灣Hervey Bay
陽光海岸Sunshine Coast
布里斯本Brisbane
圖沃柏Toowoomba
黃金海岸Gold Coast

周遊昆士蘭州

在昆士蘭州沿岸有為數眾多的度假城鎮，這些城鎮都有前往沿岸度假島嶼的觀光船行程，而從凱恩斯、布里斯本到這些城鎮也有頻繁的飛機航班，當然也可以利用長途巴士或火車，享受中途下車遊玩的旅遊方式。擁有著漢密爾頓島和海曼島的聖靈群島，是前往大堡礁代表性景點——白天堂沙灘White Heaven Beach或心礁Heart Reef的起點，也是絕對必須探訪的地方。

一定要探訪的心礁

凱恩斯

Cairns

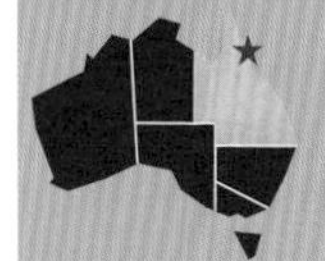

昆士蘭 *Queensland* 區域碼號(07)

擁有美麗潟湖的綠島

凱恩斯是澳洲北方的門戶，也是前往大堡礁Great Barrier Reef、北昆士蘭各地的出發基地，此外它也是環繞澳洲大陸一圈，世界最長的國道1號線（約有1萬4000km長／但是目前其中有一段被視為州道）的東北岸出發點。

如今這裡可是澳洲數一數二的度假區而受到全球矚目，然而城市的歷史卻不長，西元1770年庫克船長一行人成為踏上澳洲大陸的第一批西歐人，不過真正的開發卻是遲至19世紀末，為了囤積砂糖而建設海港才開啟。現在如果到郊外去，仍可見到一望無際的甘蔗田，此外在郊區也盛行香蕉、芒果、鳳梨等熱帶水果的栽種。

只要談到凱恩斯，當然不能忘記這裡的2座世界自然遺產，一個是大名鼎鼎世界最大的珊瑚礁群──大堡礁（G.B.R.），每天從馬林碼頭Marlin Wharf出發不計其數的觀光船，載著遊客出航去盡情賞玩大堡礁。另外一個自然遺產，則是分布在凱恩斯西方綿延不斷的大分水嶺一帶、全世界最古老的熱帶雨林Wet Tropics，這兒有熱帶雨林漫步行程，以及能夠鳥瞰整片熱帶雨林、總長度稱霸世界的空中纜車Skyrail等，觀光方式相當豐富；至於泛舟、熱氣球、騎馬、高爾夫、跳傘等各式各樣的戶外活動也樣樣不缺。

來吧！前往凱恩斯，完全擁抱自然，並享受各種戶外活動。

實用資訊

凱恩斯&熱帶北方遊客中心
Tourism Tropical North Queensland
URL www.tropicalnorthqueensland.org.au

主要航空公司聯絡處

- 澳洲航空Qantas Airways
  ☎13-13-13
- 捷星航空Jetstar
  ☎13-15-38
- 維珍澳洲航空 Virgin Australia
  ☎13-67-89
- 區域快線航空 Regional Express (REX)
  ☎13-17-13
- 新加坡航空Singapore Airlines
  ☎13-10-11
- 新幾內亞航空Air Niugini
  ☎(07)4035-9209

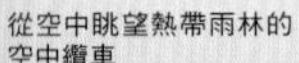
從空中眺望熱帶雨林的空中纜車

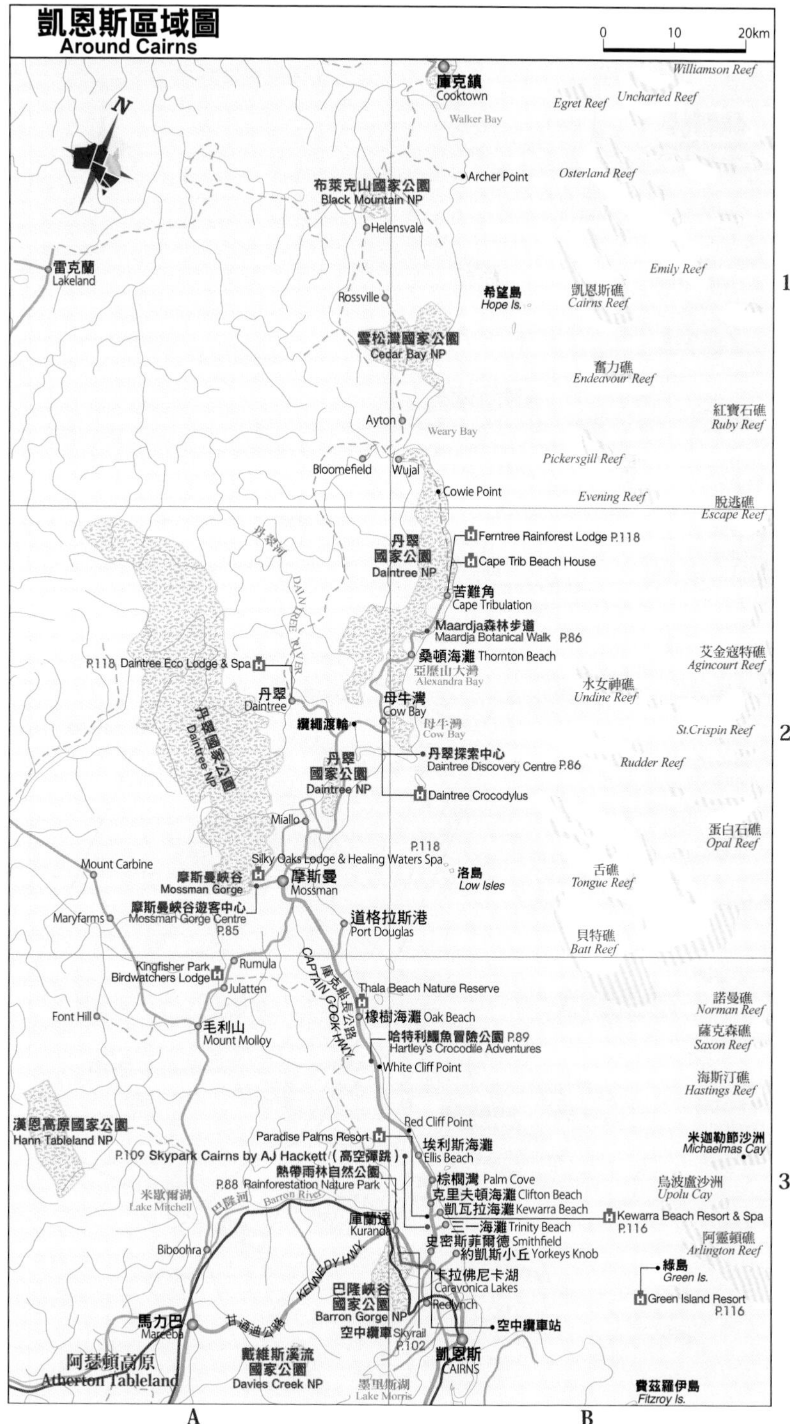
凱恩斯區域圖
Around Cairns
0 10 20km
N
庫克鎮
Cooktown
Walker Bay
Williamson Reef
Egret Reef
Uncharted Reef
Archer Point
Osterland Reef
布萊克山國家公園
Black Mountain NP
Helensvale
雷克蘭
Lakeland
Emily Reef
希望島
Hope Is.
凱恩斯礁
Cairns Reef
Rossville
雪松灣國家公園
Cedar Bay NP
奮力礁
Endeavour Reef
紅寶石礁
Ruby Reef
Ayton
Weary Bay
Bloomefield
Wujal
Pickersgill Reef
Cowie Point
Evening Reef
脫逃礁
Escape Reef
丹翠河
DAINTREE RIVER
丹翠
國家公園
Daintree NP
Ferntree Rainforest Lodge P.118
Cape Trib Beach House
苦難角
Cape Tribulation
Maardja森林步道
Maardja Botanical Walk P.86
P.118 Daintree Eco Lodge & Spa
桑頓海灘 Thornton Beach
亞歷山大灣
Alexandra Bay
艾金寇特礁
Agincourt Reef
水女神礁
Undine Reef
丹翠
Daintree
母牛灣
Cow Bay
丹翠國家公園
Daintree NP
纜繩渡輪
母牛灣
Cow Bay
St.Crispin Reef
丹翠探索中心
Daintree Discovery Centre P.86
Rudder Reef
丹翠
國家公園
Daintree NP
Daintree Crocodylus
Miallo
蛋白石礁
Opal Reef
P.118
Silky Oaks Lodge & Healing Waters Spa
Mount Carbine
摩斯曼峽谷
Mossman Gorge
摩斯曼
Mossman
洛島
Low Isles
舌礁
Tongue Reef
摩斯曼峽谷遊客中心
Mossman Gorge Centre
P.85
Maryfarms
道格拉斯港
Port Douglas
貝特礁
Batt Reef
CAPTAIN COOK HWY.
庫克船長公路
Kingfisher Park
Birdwatchers Lodge
Rumula
Julatten
Thala Beach Nature Reserve
諾曼礁
Norman Reef
Font Hill
毛利山
Mount Molloy
橡樹海灘 Oak Beach
哈特利鱷魚冒險公園 P.89
Hartley's Crocodile Adventures
薩克森礁
Saxon Reef
White Cliff Point
海斯汀礁
Hastings Reef
漢恩高原國家公園
Hann Tableland NP
Red Cliff Point
Paradise Palms Resort
埃利斯海灘
Ellis Beach
米迦勒節沙洲
Michaelmas Cay
P.109 Skypark Cairns by AJ Hackett（高空彈跳）
熱帶雨林自然公園
P.88 Rainforestation Nature Park
棕櫚灣 Palm Cove
烏波盧沙洲
Upolu Cay
米歇爾湖
Lake Mitchell
巴隆河
Barron River
克里夫頓海灘 Clifton Beach
凱瓦拉海灘 Kewarra Beach
Kewarra Beach Resort & Spa
P.116
庫蘭達
Kuranda
三一海灘 Trinity Beach
史密斯菲爾德 Smithfield
阿靈頓礁
Arlington Reef
Biboohra
約凱斯小丘 Yorkeys Knob
KENNEDY HWY.
綠島
Green Is.
卡拉佛尼卡湖
Caravonica Lakes
巴隆峽谷
國家公園
Barron Gorge NP
Redlynch
Green Island Resort
P.116
馬力巴
Mareeba
甘迺迪公路
空中纜車 Skyrail
P.102
空中纜車站
阿瑟頓高原
Atherton Tableland
戴維斯溪流
國家公園
Davies Creek NP
凱恩斯
CAIRNS
墨里斯湖
Lake Morris
費茲羅伊島
Fitzroy Is.
1
2
3
A
B

凱恩斯
Cairns

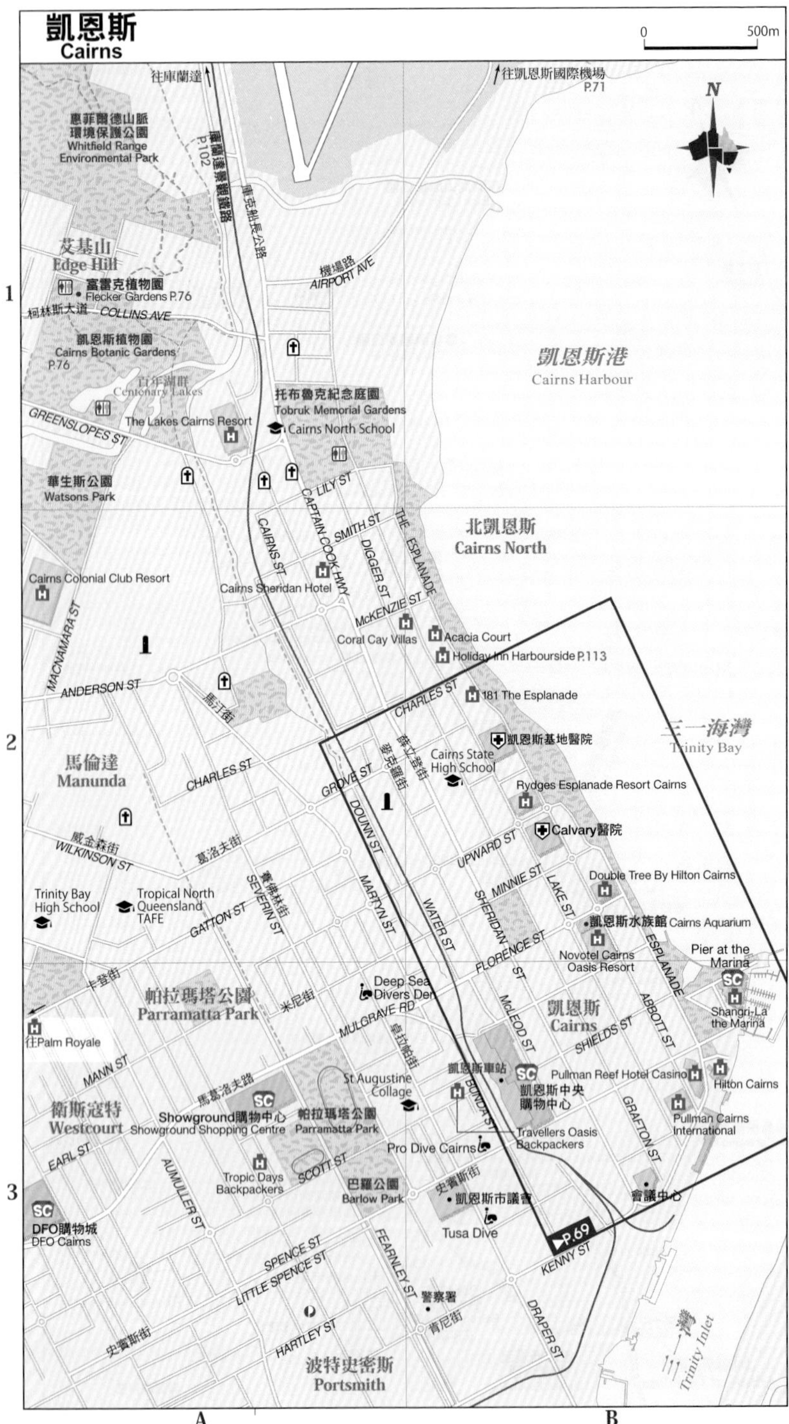

0 500m
往庫蘭達
往凱恩斯國際機場 P.71
惠菲爾德山脈環境保護公園
Whitfield Range Environmental Park
庫蘭達景觀鐵路 P.102
庫克船長公路
艾基山
Edge Hill
富雷克植物園
Flecker Gardens P.76
柯林斯大道 COLLINS AVE
機場路 AIRPORT AVE
凱恩斯植物園
Cairns Botanic Gardens P.76
百年湖畔
Centenary Lakes
托布徽克紀念庭園
Tobruk Memorial Gardens
Cairns North School
The Lakes Cairns Resort
GREENSLOPES ST
凱恩斯港
Cairns Harbour
華生斯公園
Watsons Park
LILY ST
SMITH ST
CAIRNS ST
CAPTAIN COOK HWY
DIGGER ST
THE ESPLANADE
北凱恩斯
Cairns North
Cairns Colonial Club Resort
Cairns Sheridan Hotel
McKENZIE ST
MACNAMARA ST
Coral Cay Villas
Acacia Court
Holiday Inn Harbourside P.113
ANDERSON ST
馬汀街
CHARLES ST
181 The Esplanade
凱恩斯基地醫院
三一海灣
Trinity Bay
馬倫達
Manunda
CHARLES ST
GROVE ST
薛立登街
麥克羅街
Cairns State High School
Rydges Esplanade Resort Cairns
DOUNN ST
Calvary醫院
威金森街
WILKINSON ST
葛洛夫街
UPWARD ST
MINNIE ST
Double Tree By Hilton Cairns
SEVERIN ST
賽佛林街
MARTYN ST
LAKE ST
Trinity Bay High School
Tropical North Queensland TAFE
GATTON ST
WATER ST
SHERIDAN ST
凱恩斯水族館 Cairns Aquarium
Novotel Cairns Oasis Resort
FLORENCE ST
ESPLANADE
Pier at the Marina
卡登街
Deep Sea Divers Den
帕拉瑪塔公園
Parramatta Park
米尼街
MULGRAVE RD
皇拉帕街
McLEOD ST
凱恩斯
Cairns
SHIELDS ST
ABBOTT ST
Shangri-La the Marina
往Palm Royale
MANN ST
St Augustine Collage
凱恩斯車站
Pullman Reef Hotel Casino
Hilton Cairns
馬葛洛夫路
BUNDA ST
凱恩斯中央購物中心
衛斯寇特
Westcourt
Showground購物中心
Showground Shopping Centre
帕拉瑪塔公園
Parramatta Park
GRAFTON ST
Pullman Cairns International
Travellers Oasis Backpackers
EARL ST
Pro Dive Cairns
SCOTT ST
Tropic Days Backpackers
巴羅公園
Barlow Park
史賓斯街
凱恩斯市議會
會議中心
AUMULLER ST
DFO購物城
DFO Cairns
Tusa Dive
P.69
KENNY ST
SPENCE ST
LITTLE SPENCE ST
FEARNLEY ST
警察署
肯尼街
DRAPER ST
HARTLEY ST
史賓斯街
波特史密斯
Portsmith
三一灣
Trinity Inlet
1
2
3
A
B

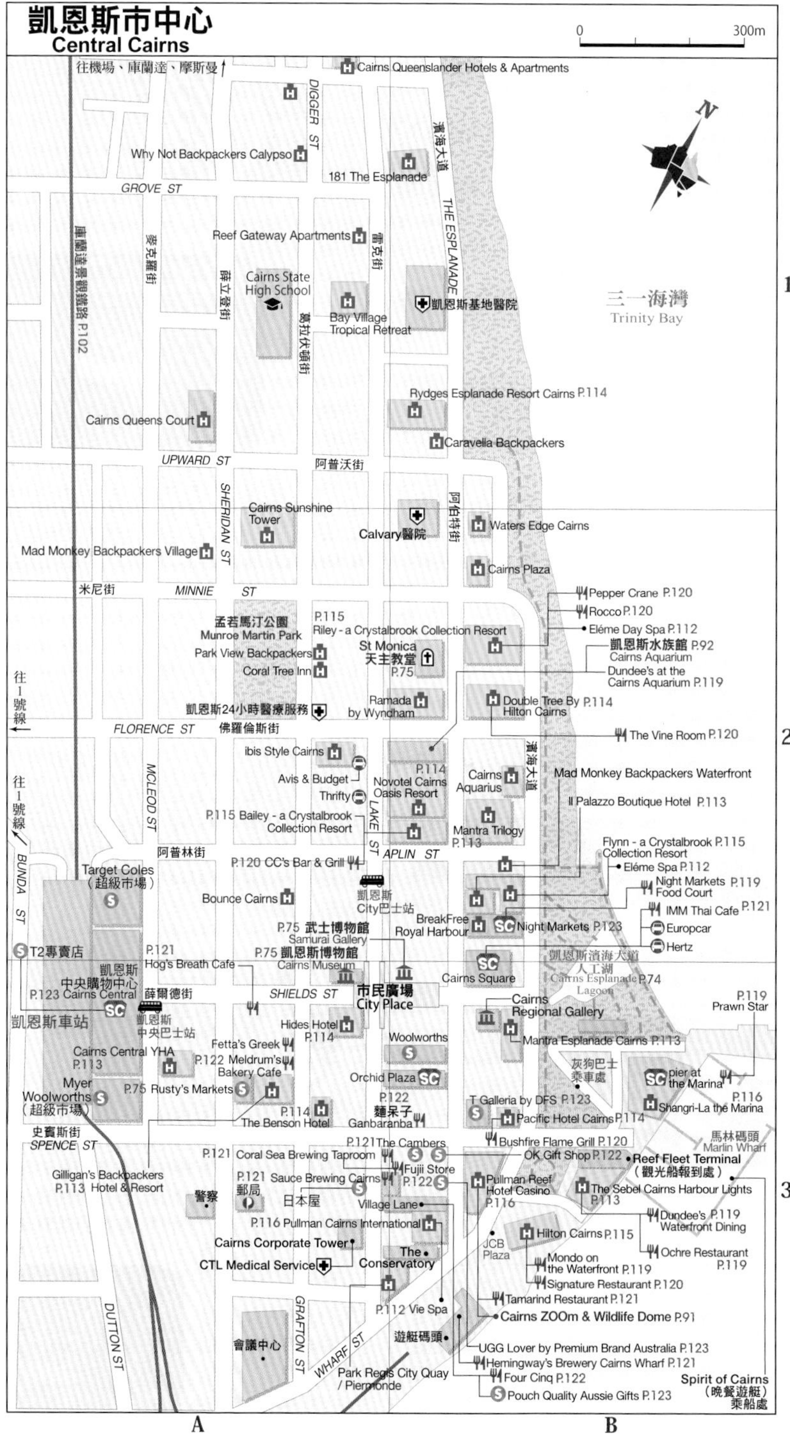
凱恩斯市中心
Central Cairns
0
300m
往機場、庫蘭達、摩斯曼
Cairns Queenslander Hotels & Apartments
Why Not Backpackers Calypso
181 The Esplanade
DIGGER ST
濱海大道
THE ESPLANADE
GROVE ST
Reef Gateway Apartments
Cairns State High School
Bay Village Tropical Retreat
凱恩斯基地醫院
三一海灣
Trinity Bay
庫蘭達景觀鐵路 P.102
麥克羅街
薛立登街
葛拉伏頓街
雷克街
Rydges Esplanade Resort Cairns P.114
Cairns Queens Court
Caravella Backpackers
UPWARD ST
阿普沃街
SHERIDAN ST
Cairns Sunshine Tower
Calvary醫院
阿伯特街
Waters Edge Cairns
Mad Monkey Backpackers Village
Cairns Plaza
米尼街
MINNIE ST
Pepper Crane P.120
Rocco P.120
Eléme Day Spa P.112
凱恩斯水族館 P.92
Cairns Aquarium
Dundee's at the Cairns Aquarium P.119
孟若馬汀公園
Munroe Martin Park
P.115 Riley - a Crystalbrook Collection Resort
Park View Backpackers
Coral Tree Inn
St Monica 天主教堂 P.75
凱恩斯24小時醫療服務
Ramada by Wyndham
Double Tree By Hilton Cairns P.114
往1號線
FLORENCE ST
佛羅倫斯街
The Vine Room P.120
ibis Style Cairns
Avis & Budget
Thrifty
P.114 Novotel Cairns Oasis Resort
Cairns Aquarius
Mad Monkey Backpackers Waterfront
Il Palazzo Boutique Hotel P.113
P.115 Bailey - a Crystalbrook Collection Resort
MCLEOD ST
LAKE ST
Mantra Trilogy P.113
APLIN ST
阿普林街
Flynn - a Crystalbrook Collection Resort P.115
Eléme Spa P.112
BUNDA ST
Target Coles (超級市場)
P.120 CC's Bar & Grill
Night Markets Food Court P.119
Bounce Cairns
凱恩斯City巴士站
IMM Thai Cafe P.121
BreakFree Royal Harbour
Night Markets P.123
Europcar
P.75 武士博物館 Samurai Gallery
Hertz
T2專賣店
P.75 凱恩斯博物館 Cairns Museum
凱恩斯濱海大道人工湖
Cairns Esplanade Lagoon P.74
P.121 Hog's Breath Cafe
Cairns Square
凱恩斯中央購物中心
P.123 Cairns Central
薛爾德街
SHIELDS ST
市民廣場 City Place
Cairns Regional Gallery
P.119 Prawn Star
凱恩斯車站
凱恩斯中央巴士站
Hides Hotel P.114
Woolworths
Mantra Esplanade Cairns P.113
Fetta's Greek
Cairns Central YHA P.113
P.122 Meldrum's Bakery Cafe
灰狗巴士乘車處
pier at the Marina
Orchid Plaza
Myer
Woolworths (超級市場)
P.75 Rusty's Markets
P.122 麵呆子 Ganbaranba
T Galleria by DFS P.123
P.116 Shangri-La the Marina
P.114 The Benson Hotel
Pacific Hotel Cairns P.114
史賓斯街
SPENCE ST
P.121 The Cambers
Bushfire Flame Grill P.120
馬林碼頭 Marlin Wharf
P.121 Coral Sea Brewing Taproom
OK Gift Shop P.122
Reef Fleet Terminal (觀光船報到處)
Gilligan's Backpackers Hotel & Resort P.113
P.121 Sauce Brewing Cairns
Fujii Store P.122
Pullman Reef Hotel Casino P.116
The Sebel Cairns Harbour Lights P.113
警察
郵局
日本屋
Village Lane
Dundee's Waterfront Dining P.119
P.116 Pullman Cairns International
Hilton Cairns P.115
Cairns Corporate Tower
The Conservatory
JCB Plaza
Ochre Restaurant P.119
CTL Medical Service
Mondo on the Waterfront P.119
Signature Restaurant P.120
Tamarind Restaurant P.121
P.112 Vie Spa
Cairns ZOOm & Wildlife Dome P.91
DUTTON ST
會議中心
GRAFTON ST
遊艇碼頭
WHARF ST
UGG Lover by Premium Brand Australia P.123
Hemingway's Brewery Cairns Wharf P.121
Park Regis City Quay / Piermonde
Four Cinq P.122
Pouch Quality Aussie Gifts P.123
Spirit of Cairns (晚餐遊艇) 乘船處
A
B
1
2
3

來到凱恩斯 必看！必玩！

擁有大堡礁及熱帶雨林兩項世界遺產的凱恩斯，
在這個城市裡，
暢遊世界遺產等級自然景觀的行程選擇多得驚人，
絕對不能錯過的都在這裡！

大堡礁觀光船之旅

參加大型觀光船之旅，都是以人工浮島為根據地來展開各種活動

凱恩斯觀光的焦點當然就是世界遺產大堡礁了，其中最熱門的便是由珊瑚礁石堆疊而成的小小島嶼──綠島Green Island，從凱恩斯搭乘高速船前往所需時間不到1小時，是超有人氣的當天來回旅遊地。若是想從綠島繼續延伸行程的話，就是進入大堡礁的正中央了（在地人稱之為外礁）；放眼望去是無盡綿延的珊瑚礁、色彩繽紛的大小魚群，可說是無比精采的海中樂園。無論是入海浮潛、潛水，或是搭乘直升機來趟觀光飛行之旅，有數不盡的方法可以玩遍這片美麗海洋。

庫蘭達1日之旅

空中纜車是凱恩斯的一大觀光招牌

可以搭乘從空中眺望世界遺產熱帶雨林景觀的空中纜車Skyrail，或是洋溢懷舊風情的列車──庫蘭達景觀鐵路Kuranda Scenic Railway進入森林，組合這兩種交通工具的觀光之旅，是遊客非參加不可的行程。途中還能在庫蘭達來趟在地氣息濃厚的市場散步，也可以搭乘水陸兩棲車於熱帶雨林間漫遊。

充滿歷史氛圍的庫蘭達景觀鐵路

帕羅尼拉公園

夜晚點燈之旅非常吸引人

由凱恩斯驅車往南行，約1小時30分就能抵達帕羅尼拉公園Paronella Park，對宮崎駿的動畫迷來說，肯定就是電影《天空之城》的靈感來源；雖然這裡猶如廢墟的古城氣息和電影一模一樣，不過其實就是粉絲之間的謠傳而已。儘管如此，還是可以加入導覽參觀棄置的城堡遺跡，特別是夜間點燈後的行程尤其受到歡迎。

夜行性動物探索之旅

有機會親自餵食可愛的岩袋鼠

澳洲絕對是奇特動物的寶庫，而且牠們幾乎都屬於夜行性動物；特別是來到凱恩斯，能夠觀察到這些動物活力充沛模樣的導覽行程非常多。至於動物棲息的地點，當然就是位於世界遺產的森林及周邊區域，在一邊觀察動物可愛模樣的同時，還可以充分體驗世界最古老的熱帶雨林。

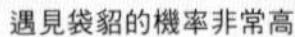
遇見袋貂的機率非常高

交通 ACCESS

如何前往

台灣出發

台灣並沒有直航班機可以到達，必須在澳洲的主要城市進行轉機，最方便快速的方法就是由台灣搭乘直航班機抵達布里斯本、雪梨或墨爾本之後，再轉搭澳洲航空、捷星、維珍澳洲等航空公司的航班。

澳洲國內各地出發

昆士蘭州沿岸的城市有許多飛往布里斯本、黃金海岸的航班，此外，雪梨、墨爾本、達爾文、愛麗絲泉、烏魯魯（愛爾斯岩）也有直航班機。在陸路交通方面，凱恩斯是澳洲灰狗巴士在澳洲北部行駛路線的折返點，另外還有每天從布里斯本出發的Spirit of Queensland高速列車一週行駛4班。

機場↔市區

由國際線（T1）和國內線（T2）2座航廈組成的凱恩斯國際機場Cairns Airport（CNS），位於市中心北方約8km處。由機場到市區的交通方式，若是1～2人的話可以搭乘計程車或Uber，非常划算，到市中心計程車約為$25～35，Uber則為$19～26；如果搭乘Uber前往凱恩斯北部，大致價格為棕櫚灣Palm Cove$38～78、道格拉斯港Port Douglas $85～190。在T1出口東側、T2出口北側都有Uber專用的上下車處。

要是同行人數較多時，可以選擇Excellence Coaches的接駁巴士，也很方便，在國際線、國內線的入境大廳前都設有乘車處，到市區只需要20分鐘。要從市區到機場的話，只要先打電話預約就可以到飯店接人（最好至少在半天前先預約）。這家公司也有前往道格拉斯港的接駁巴士。

凱恩斯機場國內線航廈的寄放行李輸送帶設計也很特別

巴士總站↔市區

澳洲灰狗長途巴士的上下車處，位於濱海大道往大堡礁觀光船報到櫃台Reef Fleet Terminal方向的公園旁（No.16巴士站）。飯店聚集的濱海大道就在眼前，若是下榻在距離市中心較遠的背包客旅館，通常都會有巴士接送。

火車站↔市區

凱恩斯車站Cairns Station位於面向麥克羅街McLeod St.的凱恩斯中央購物中心Cairns Central內，離繁華的市民廣場City Place徒步只要5分鐘，濱海大道也大概10分鐘即可到達。

■凱恩斯機場
URL www.cairnsairport.com.au

■機場接駁巴士
●Excellence Coaches & Tour
☎0475-457-320
URL www.excellencecoaches.com
費 凱恩斯〔（ ）內為來回〕：1人$35(45)、2人$38(50)、3人$40(55)、4人$45(55)、5人$50(60)、6人$60(80)
※小孩1人$10(18)
道格拉斯港〔（ ）內為來回〕：1人$50(90)、2人$80(175)、3人$135(225)、4人$165(260)、5人$180(309)、6人$205(360)
※小孩1人$15(32)

■凱恩斯的計程車
●Cairns Taxis
☎13-10-08 / (07)4048-8311
URL cairnstaxis.com.au
費 起跳里程1km在週一～五7:00～19:00為$3.10，週六、日5:00～24:00及每日19:00～24:00、5:00～7:00為$4.60，每日0:00～5:00為$6.60；之後續跳里程每1km為$2.39，至於停滯時間則是每1分鐘增加$0.86，若是以電話叫車，必須追加$1.60。

■Uber (→P.649)
搭乘要自行負責

■凱恩斯車站 MAP P.69/2·3A

穿過凱恩斯中央購物中心，就是凱恩斯車站

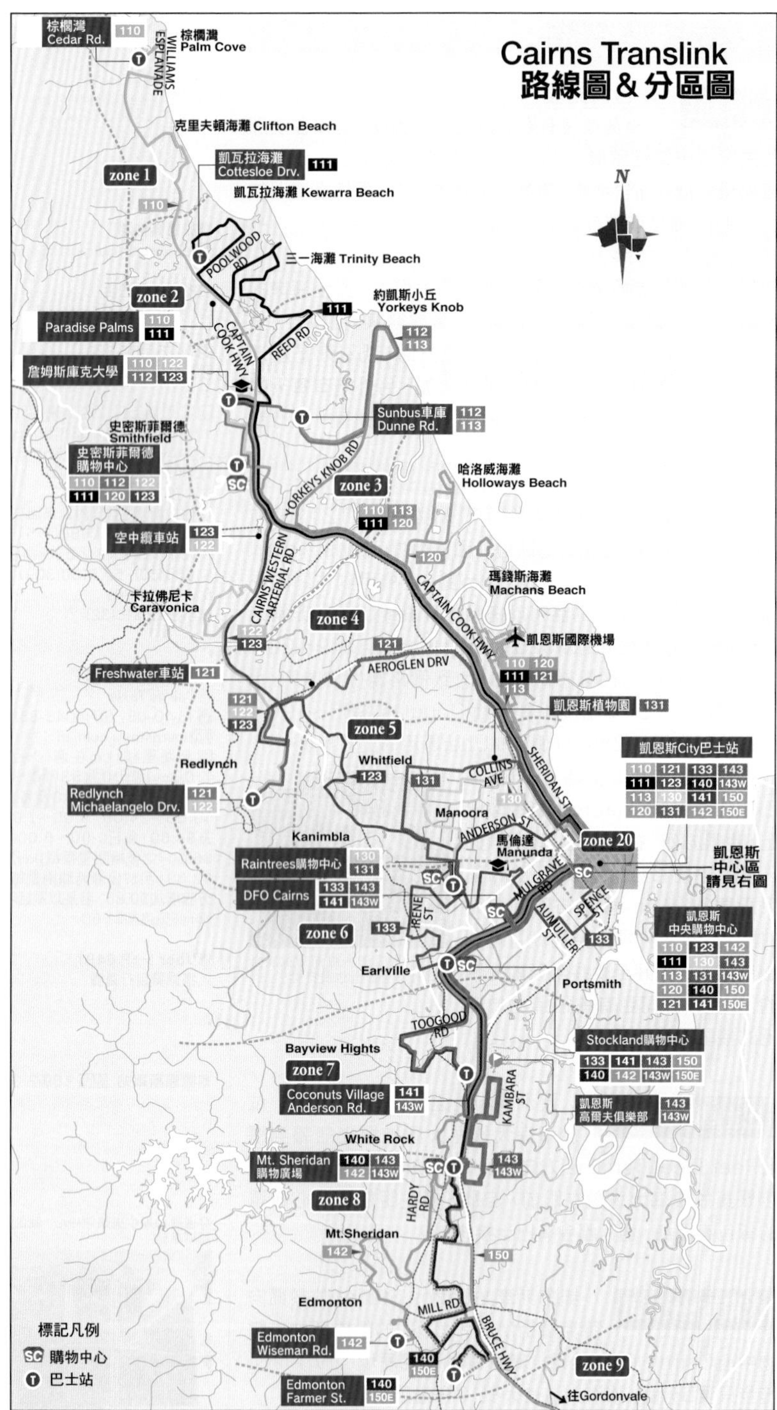

Cairns Translink
路線圖＆分區圖
棕櫚灣 Cedar Rd. 110
棕櫚灣 Palm Cove
WILLIAMS ESPLANADE
克里夫頓海灘 Clifton Beach
zone 1
凱瓦拉海灘 Cottesloe Drv. 111
110
凱瓦拉海灘 Kewarra Beach
POOLWOOD RD
三一海灘 Trinity Beach
zone 2
約凱斯小丘 Yorkeys Knob
111
Paradise Palms 110 111
CAPTAIN COOK HWY
REED RD
112 113
詹姆斯庫克大學 110 122 112 123
Sunbus車庫 Dunne Rd. 112 113
史密斯菲爾德 Smithfield
史密斯菲爾德購物中心 110 112 122 111 120 123
YORKEYS KNOB RD
zone 3
哈洛威海灘 Holloways Beach
110 113 111 120
空中纜車站 123 122
CAIRNS WESTERN ARTERIAL RD
120
CAPTAIN COOK HWY
瑪錢斯海灘 Machans Beach
卡拉佛尼卡 Caravonica
zone 4
122 123
凱恩斯國際機場
121
AEROGLEN DRV
110 120 111 121 113
Freshwater車站 121
121 122 123
凱恩斯植物園 131
zone 5
SHERIDAN ST
凱恩斯City巴士站
110 121 133 143
111 123 140 143W
113 130 141 150
120 131 142 150E
Redlynch
Whitfield
123
131
COLLINS AVE
130
Redlynch Michaelangelo Drv. 121 122
Manoora
ANDERSON ST
Kanimbla
馬倫達 Manunda
zone 20
凱恩斯中心區請見右圖
Raintrees購物中心 130 131
MULGRAVE RD
DFO Cairns 133 143 141 143W
IRENE ST
SPENCE ST
AUMULLER ST
凱恩斯中央購物中心
110 123 142
111 130 143
113 131 143W
120 140 150
121 141 150E
zone 6
133
133
Earlville
Portsmith
TOOGOOD RD
Stockland購物中心
133 141 143 150
140 142 143W 150E
Bayview Hights
zone 7
KAMBARA ST
Coconuts Village Anderson Rd. 141 143W
凱恩斯高爾夫俱樂部 143 143W
White Rock
Mt. Sheridan 購物廣場 140 143 142 143W
143 143W
zone 8
HARDY RD
Mt.Sheridan
142
150
Edmonton
MILL RD
BRUCE HWY
標記凡例
SC 購物中心
T 巴士站
Edmonton Wiseman Rd. 142
140 150E
Edmonton Farmer St. 140 150E
zone 9
往Gordonvale

市區交通
LOCAL TRANSPORT

藍色車身的Translinkbus

只要靠徒步就能在市區內來去自如，如果想要到郊外或海邊的話，可以利用巴士作為交通工具。

最方便的是以藍色車身為標誌的Translinkbus，發車和抵達的地點就在市民廣場旁、雷克街Lake St.與阿普林街Aplin St.岔路口附近的凱恩斯City巴士站Cairns City Bus Station，以及凱恩斯中央購物中心Cairns Central，所有到市中心的巴士都會經過這兩個地方（凱恩斯中央購物中心是終點，起點則是阿普林街），要去空中纜車的卡拉佛尼卡站、棕櫚灣等北邊海灘地區都非常方便。巴士票價採區域制，行駛區域為1～10、市中心則為20，共畫分為11區，只要跨區，車資也會跟著變動。至於想一整天好好利用Translinkbus的人，不妨購買可以在1天內自由上下車的1日券Daily Ticket，是最聰明的方式（可向司機購買）。

通往內陸阿瑟頓高原Atherton Tableland方向，或是北邊丹翠國家公園Daintree NP、庫克鎮Cooktown的巴士路線，則是由Trans North Bus & Coach Service行駛；涵蓋的地區除了有庫蘭達Kuranda之外，也有前往馬力巴Mareeba、阿瑟頓、陽加布拉Yungabura、馬蘭達Malanda等地，其中又以庫蘭達路線的票價便宜、班次多，最超值好利用。

此外，還有Excellence Coach行駛從凱恩斯市中心經機場往道格拉斯港Port Douglas的巴士，同時也提供機場接駁巴士的服務。

■**Translinkbus**
☎13-12-30
URL translink.com.au
時 幾乎每條路線都是在週一～六清晨～深夜間，每隔30分～1小時發車，週五、六還有部分路線是深夜巴士。至於週日班次會大幅減少要格外注意。

■**Trans North Bus & Coach Service**
☎(07)3036-2070
URL www.transnorthbus.com
費 凱恩斯～庫蘭達：單程 大人$12.90 小孩$11
※凱恩斯上下車處在凱恩斯車站、阿伯特街的Orchid Plaza前

■**Excellence Coach**
☎0475-457-320
URL www.excellencecoaches.com
費 道格拉斯港〔（　）內為來回〕：1人$50(90)、2人$90(175)、3人$135(225)、4人$165(260)、5人$180(309)、6人$205(360)
※小孩1人$15(32)

凱恩斯 巴士票價 (2023年2月)

經過區域	單程票票價		1日券票價	
	大人	小孩	大人	小孩
1	$2.40	$1.20	$4.80	$2.40
2	$3.00	$1.50	$6.00	$3.00
3	$3.40	$1.70	$6.80	$3.40
4	$4.00	$2.00	$8.00	$4.00
5	$4.80	$2.40	$9.60	$4.80
6	$5.90	$3.00	$11.80	$5.90
7	$6.20	$3.10	$12.40	$6.20
8	$6.60	$3.30	$13.20	$6.60
9	$7.10	$3.60	$14.20	$7.10
10	$8.20	$4.10	$16.40	$8.20

濱海大道沿路都有長椅等設施，為遊客營造可以放鬆心情的氛圍

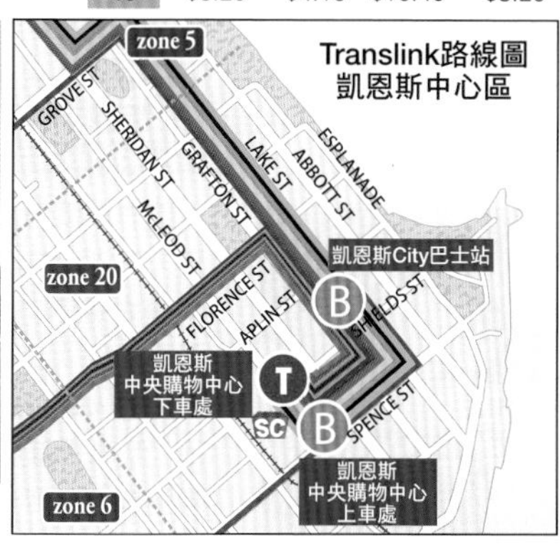

■凱恩斯的租車公司
●Hertz
☎(07)4046-8790
●AVIS
☎13-63-33
●Budget
☎1300-362-848
●Thrifty
☎1300-367-227
●Europcar
☎(07)4033-4800

漫遊凱恩斯
OUTLINE OF CAIRNS

馬林碼頭是觀光船的搭乘處

到了凱恩斯，首先要做的是蒐集資料。雖然凱恩斯市區的觀光景點不多，但是不論上山下海，這裡有各式各樣的旅遊行程和戶外活動可以參與，因此資訊的收集顯得格外重要。在市區裡到處都能找到兼設私人諮詢中心的旅行社，都能提供旅遊中所需的各種諮詢服務，不妨多加利用。

位於濱海大道上名為Citizens Gateway to the Great Barrier Reef的裝置藝術

Reef Fleet Terminal是觀光船的搭船處

直到深夜都還是人聲鼎沸的Night Markets商場

掌握城市概況

凱恩斯的市中心就在薛爾德街Shields St.和雷克街Lake St.交叉口的市民廣場City Place，這裡有鋪著紅磚地面的購物中心，附近還有凱恩斯City巴士站，從市民廣場到碼頭街Wharf St.之間為拱廊購物商場、餐廳林立，至於阿伯特街Abbott St.則矗立著許多高級飯店及各式商店。

沿著海岸而建、餐廳飯店林立的濱海大道The Esplanade，是觀光客心目中的主要大街，而濱海大道和薛爾德街的十字路口附近則被稱為Main Plaza，這裡有著一座巨大的人造潟湖游泳池，名為凱恩斯濱海大道人工湖Cairns Esplanade Lagoon。沿著濱海大道有條規劃完善的木棧步道，最適合散步，而夜晚購物好去處的Night Market商場也在這條街道上。

要出發前往大堡礁的觀光船，都是以濱海大道東側的馬林碼頭Marlin Wharf作為搭船點，但是大型觀光船必須先到馬林碼頭前的Reef Fleet Terminal辦理報到手續。

■凱恩斯濱海大道人工湖
☎(07)4044-3715
URL www.cairns.qld.gov.au/experience-cairns/Cairns-Esplanade
開每日6:00～21:00
休週三12:00～12:00維修
費免費

凱恩斯市區的主要景點
SIGHTSEEING SPOTS

有時間一定要來！ MAP P.69/2·3B

凱恩斯濱海大道人工湖
Cairns Esplanade Lagoon

人工湖一旁的草地上，躺滿了做日光浴的人們

市民休憩場所的濱海大道人工湖

凱恩斯濱海大道人工湖就位在濱海大道旁，是面積廣達4.8公頃大的人造游泳池，但池邊鋪著細沙如同海灘一

般，泳池本身水深則達80cm～1.6m，不論大人或小孩都能戲水同樂，而且配備有救生員讓家長更可以放心。此外，人工湖的周圍也設置了免費的BBQ烤肉區。

至於從濱海大道人工湖通往海岸邊的木棧步道，則是當地市民最愛的休憩場所，中途還有運動場、兒童遊樂場Muddy's Playground等休閒設施，並且也是觀賞鳥類的最佳場所，有機會親眼目睹澳洲鵜鶘、蒼鷺等鳥類。

走在木棧步道上就能近距離觀察到澳洲鵜鶘

■Rusty市場
住57-89 Grafton St., Cairns, QLD 4870
☎(07)4040-2705
URL www.rustysmarkets.com.au
營週五、六5:00～18:00，週日5:00～15:00

凱恩斯市民的廚房 MAP P.69/3A

Rusty's市場
Rusty's Markets

週五到週日營業的Rusty's市場為凱恩斯市民尋找新鮮食材，或是享受早餐、咖啡時光的好去處。1975年開幕時只有6間露天攤販，如今則已變身為容納超過180間店家的大市場。收成自阿瑟頓高原的當季水果（香蕉、芒果及荔枝等）也會在這裡以便宜價格販售。

琳瑯滿目的新鮮蔬菜和水果

了解凱恩斯的歷史 MAP P.69/3A

凱恩斯博物館
Cairns Museum

在處處皆是凱恩斯殖民初期古典老建築群聚的市民廣場上，以凱恩斯博物館最引人矚目。將建於1902年的2層樓高昆士蘭式的建築（舊美術學校）加以整修，為了與周遭的現代高樓大廈產生複合式的氛圍而建造成現在的模樣。館內並以3樓往下看的視線來展示收藏品，分成歸納說明凱恩斯歷史的Cairns Overtime、以拼圖方式展示開拓時代的Old Cairns、介紹熱帶地區生活的living in Tropics，以及分析說明今後凱恩斯的Change Cairns共4個主題，讓訪客能更認識這個城市。

■凱恩斯博物館
住Cnr. Lake & Shields Sts., Cairns, QLD 4870
☎(07)4051-5582
URL www.cairnsmuseum.org.au
開週一～六10:00～16:00
休週日、新年、耶穌受難日、耶誕節、節禮日
費大人$15 小孩$6 家庭$30
※14歲以下免費

建築本身就很有歷史感的凱恩斯博物館

在凱恩斯重新發現日本歷史 MAP P.69/3B

武士博物館
Samurai Gallery

位於市民廣場附近，展示著許多刀、槍、盔甲、掛軸等日本文物的特殊博物館，館主將自身的收藏品對外公開，希望能讓造訪凱恩斯的人們，都能了解日本的重要文化資產與歷史。

■武士博物館
住Level 1, 22 Shields St., Cairns, QLD 4870
☎(07)4051-5196
URL samuraigalleryaustralia.com
開週二、四11:00～14:00，週三、五11:00～15:30，週六10:30～14:00　休週日、一
費大人$10 小孩$5 家庭$25

雖然規模不大，收藏卻很豐富的博物館

來見識全世界最大的主題彩繪玻璃 MAP P.69/2B

St Monica天主教堂
St Monica's Cathedral

St Monica天主教堂是為了在第二次世界大戰時，不幸死於凱恩斯外海的珊瑚海海戰一役的士兵而建，這裡有著全

坐在教堂裡只想靜靜地欣賞彩繪玻璃

■St Monica天主教堂
住183 Abbott St., Cairns, QLD 4870 ☎(07)4046-5620
URL www.cairns.catholic.org.au
開週一～五7:00～17:00，週六7:00～20:00，週日6:00～18:00

栽種著眾多熱帶植物的富雷克植物園

■凱恩斯植物園
住Collins Ave., Edge Hill, Cairns, QLD 4870
☎(07)4032-6650
URL www.cairns.qld.gov.au/experience-cairns/botanic-gardens
開服務中心：週一～五8:30～16:00，週六、日、節日9:30～14:00／富雷克植物園：每日7:30～17:30／百年湖群：每日24小時
費免費
●富雷克植物園免費導覽
時週日～五10:00～11:00
※從市民廣場搭乘Translinkbus No.131，約10分鐘

交通

●棕櫚灣&北濱海灘
從凱恩斯市中心到北濱海灘，可搭乘Translinkbus Route110～113、120，不過要注意的是，僅有Route 110會到棕櫚灣。

氣氛寧靜的棕櫚灣海灘

世界規模最大的「說故事彩繪玻璃」。

在教堂門口上方東側的彩繪玻璃命名為Peace Window，是為了紀念第二次世界大戰結束50周年而打造；至於填滿兩側牆壁的彩繪玻璃，就是全世界最大規模的Creation Window；北側最後方的彩繪玻璃故事從創世紀一路介紹到天地初創，而且非常具有凱恩斯的在地特色，像是在混沌初始的大地上就出現了袋鼠、食火雞等動物的身影。

輕鬆漫步在熱帶雨林 MAP P.68/1A

凱恩斯植物園
Cairns Botanic Gardens

距離凱恩斯市中心北方約4公里處的艾基山Edge Hill，座落著面積廣達38公頃的大型植物園──凱恩斯植物園，主要設施是富雷克植物園Flecker Gardens，這裡是1886年以休閒保護區對外開放，而在1971年時規劃出現今的規模。植物園園區內有聚集多樣蕨類植物的Munro Martin Fern House、以收集蘭花為主的George Watkins Orchid House等溫室。此外，從柯林斯大道Collins Ave.到對面的百年湖群Centenary Lakes，沿途是熱帶雨林的木棧步道，湖岸邊還可以看得到鵜鶘、黑天鵝、白鷺鷥等鳥類。

凱恩斯近郊城鎮及島嶼
AROUND CAIRNS

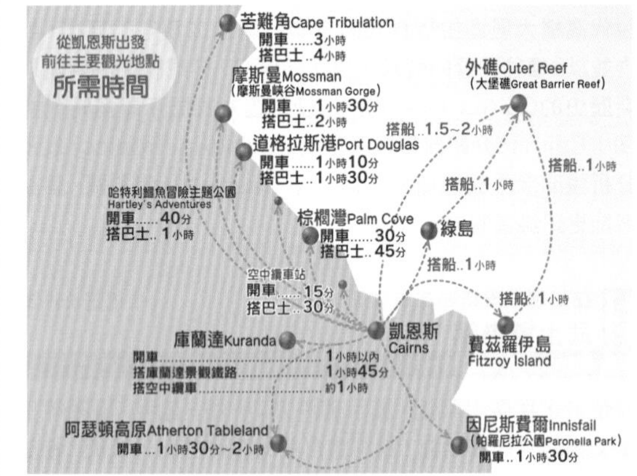

棕櫚灣&北濱海灘
Palm Cove & Northern Beach

凱恩斯北邊的海灘區

凱恩斯市中心雖沒有天然海灘，不過往北走就有稱為北濱海灘的區域，而且分布著好幾處海灘，從凱恩斯出發依序是瑪錢斯海灘Machans Beach、哈洛威海灘Holloways

位於棕櫚灣威廉濱海大道的Palm Cove Shopping Village

Beach、約凱斯小丘Yorkeys Knob、三一海灘Trinity Beach、凱瓦拉海灘Kewarra Beach、克里夫頓海灘Clifton Beach、棕櫚灣Palm Cove、埃利斯海灘Ellis Beach，一路向北綿延。北濱海灘的海象雖然比較平穩，不過如果要享受海水浴的話，還是需要注意地點；夏季時海邊會出現大量的箱型水母Australian Box Jellyfish（俗稱海黃蜂）及伊魯康吉水母Carukia barnesi，都具有致命性劇毒，因此在海濱的一角會設有阻擋水母的大網，絕對不要在網子以外的區域游泳。

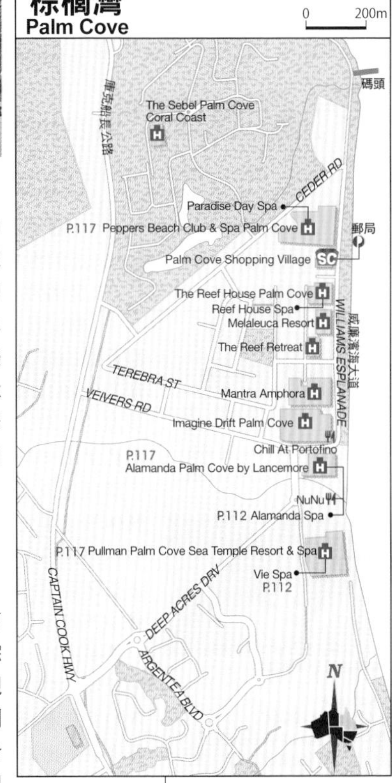

人氣景點──棕櫚灣

在海灘綿延無盡的馬林海岸，其中最有人氣的就是距離凱恩斯開車30分鐘的棕櫚灣，是繼凱恩斯之後開發的度假勝地，規模雖然不大卻非常悠閒愜意。當地最熱鬧的地區是餐廳、出租公寓林立，位在海灘沿岸的威廉濱海大道Williams Esplanade周邊，雖然海邊人煙稀少，但海上活動卻十分完備。

綠島
Green Is.

凱恩斯人氣No.1的島嶼

位於凱恩斯外海、由珊瑚礁（由珊瑚碎片堆積而成）形成的綠島，是個被蒼鬱的森林所覆蓋，步行環繞一周只需要40分鐘的小島。

1770年庫克船長一行人搭乘奮進號Endeavour，在沿著澳洲東海岸北上的途中「發現」了這座島嶼，因為當時這艘船上也載著英國皇家地理學會的天文學家格林Green，於是就用他的名字來為小島命名。不過，比起這樣的歷史由來，還不如因為島上蒼鬱綠意而得名來得更加傳神。綠島四周圍環繞著廣大的潟湖，可以輕鬆享受潛水、浮潛等海上活動。

從空中鳥瞰綠島，風景特別美麗

交通

●綠島

從凱恩斯出發的話，一般都是搭乘當天來回的觀光船（→P.93）。當天來回的觀光船有大冒險號Great Adventures、大貓號Bigcat。若是投宿在Green Island Resort的房客，在住宿費中就已經包含了大冒險號的來回費用。

綠島
Green Is.
0 200m
大冒險號潛水店
Great Adventures
海灘包車
觀光船停靠地點
游泳池
美拉尼西亞海洋世界
Marineland Melanesia P.78
Green Island Resort P.116
Oiled Green Island
Green Island Resort 遊客中心
往凱恩斯、諾曼礁、摩亞礁
直升機停機坪
N

綠島上也擁有高級度假飯店Green Island Resort（→P.116），如果想盡情體驗綠島度假風情的話，不妨下榻在這裡。

來窺探海底世界！
水上活動
Marine Activities

最熱門的浮潛點就在碼頭附近

最容易的活動就是浮潛了（島上的潛水店就可以租借器材），想從海灘出發去浮潛的話，碼頭南側就是珊瑚礁多而且可欣賞到魚群聚集的絕佳地點；如果參加潛水店主辦的船舶浮潛之旅，就可以往珊瑚礁更美麗的地點來享受浮潛樂趣，這裡的魚群數量自然也會更多。

除此之外，潛水店也有體驗潛水、持證潛水的活動，參加體驗潛水首先要在游泳池上課學習基本知識再進入海裡，並由教練和大家手牽著手一起行動，即使是第一次參加的人也不必害怕，可以安心地享受美麗的海底世界。另外對於不會游泳的遊客也準備了玻璃船觀光行程。

還有另外一項很受歡迎的活動，就是在潛水店旁邊小攤位接受報名的頭戴氧氣罩潛水的海底漫步，從海灘搭乘專用船隻出海，大約5分鐘就能到達有著極美珊瑚礁的地點，展開不怕弄濕臉和頭髮的海底漫步之旅。

能夠輕鬆體驗海中世界的海底漫步

可以看到鱷魚餵食秀 MAP P.78
美拉尼西亞海洋世界
Marineland Melanesia

可以抱著小鱷魚一起拍紀念照

在入口附近有一座迷你水族館，以及展示來自南太平洋地區的各種工藝品和美術品。不過這裡聚焦的重點是位在園區內部的海龜池及河口鱷養殖場，每天在10:30、13:30會有2場海龜、鱷魚的餵食秀，尤其當鱷魚大口咬下以棍子垂掛的餌料時，場面格外地震撼。

此外，在表演登場時也可以抱著小鱷魚一起拍紀念照，這裡總共飼養著超過50隻鱷魚，其中還有一隻名為Cassius、是全世界由人工飼育的最大河口鱷（全長5.5m），推算年齡為110歲的長壽鱷。

■潛水店
URL www.greatadventures.com.au
費 浮潛裝備：1日$20／船舶浮潛之旅：大人$52 小孩$36／體驗潛水：1支氣瓶$184／持證潛水：1支氣瓶$130（包含全部器材）／玻璃船：大人$20 小孩$10 家庭$50

有教練陪同的體驗潛水

■海底漫步
☎(07)4044-9944
URL www.seawalker.com.au
費 1人$194（12歲以上）

■美拉尼西亞海洋世界
☎(07)4051-4032
URL www.greenislandcrocs.com.au 營 每日9:30～16:00
費 大人$25 小孩$12.50
●表演秀
時 每日10:30～11:15、13:30～14:15

■在綠島及費茲羅伊島也能放鬆身心
Green Island Resort的入口處旁有一間Day Spa，在費茲羅伊島也有同樣店家。
●Oiled Green Island
☎ 綠島：(07)4052-0243／費茲羅伊島：(07)4044-6700
URL www.oiled.com.au
營 每日9:30～21:00（16:00以後為住宿房客專用）
費 腳底按摩30分鐘$50／身體按摩30分鐘$50、60分鐘$85起

費茲羅伊島
Fitzroy Is.

熱帶雨林島嶼

平穩海灣前是一片由珊瑚碎屑所形成的沙灘

從凱恩斯比較容易造訪的島嶼，就是人氣指數和綠島並列的費茲羅伊島，與澳洲大陸的距離僅僅6km，就位在凱恩斯的東南東方約26km處。有別於綠島是由珊瑚礁所堆積成的礁島，費茲羅伊島則是充滿茂盛熱帶雨林的多山島嶼，因此除了水上活動以外，還可享受叢林散步、賞鳥等陸上戶外活動。

費茲羅伊島的玩樂方式

從凱恩斯出發的雙體船會停靠在島嶼西側、突出於迎賓灣Welcome Bay內的小碼頭，面對迎賓灣的則是一整排餐廳、戶外活動中心等度假區域，還有設備齊全的4星級飯店Fitzroy Island Resort（→P.117）；至於沙灘都是由細小的珊瑚碎片所形成，淺灘一帶也同樣遍布著珊瑚礁，所以成為浮潛的最佳地點。

在費茲羅伊島可以盡情享受浮潛、搭乘玻璃船或海上獨木舟等多樣活動，如果想要當天往返的話，參加從凱恩斯出發的套裝活動行程是最值回票價的；尤其是由Raging Thunder公司所辦的活動，來回交通是搭乘渡輪或是名為霹靂號Thunderbolt的橡膠快艇，再將島上五花八門的水上與陸上活動、午餐加以組合，成為各種不同的套裝行程。

此外，叢林健行也很值得一試。健腳路線是從北邊的燈塔經過島上最高點，再回到度假村的燈塔與山峰環狀步道Lighthouse & Peak Circuit；而輕鬆就能體驗美麗熱帶雨林的則是祕密花園路線The Secret Garden，最值得推薦。

從燈塔前的觀景台眺望雄偉的森林景色

還有一個值得一去的地方，就是凱恩斯海龜救援中心Cairns Turtle Rehabilitation Centre，這裡是專門治療被船舶螺旋槳打傷或鯊魚咬傷的海龜，傷癒後經過復健再野放回大海的機構，1天有開放限定15人的團體參觀活動，遊客可以在導覽員的解說下，近距離觀察復健中的海龜，極具生態教育意義。

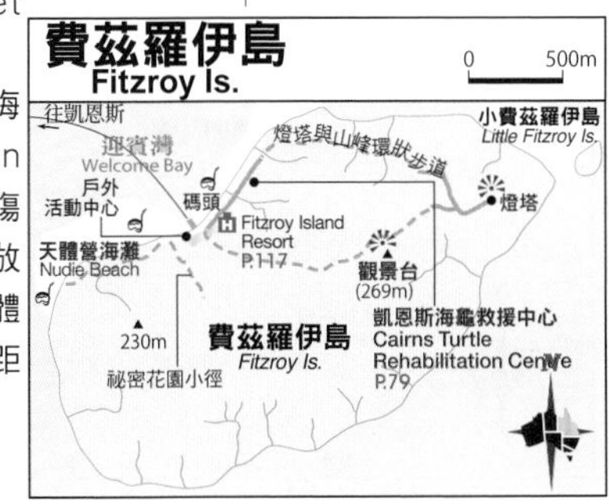

交通

●**費茲羅伊島**
從凱恩斯的大堡礁觀光船報到櫃台Reef Fleet Terminal搭乘3家公司的渡輪（所需時間約45分鐘）。

●**The Fitzroy Flyer**
☎(07)4044-6700
URL www.fitzroyisland.com
時 凱恩斯出發8:00、10:00*、11:00、13:30、16:30*／費茲羅伊島出發9:30、12:15、15:00*、17:00、19:00*
*：只有週六、日行駛
費 來回：大人$86 小孩$43 家庭$229（8:00～12:15或13:30～17:00半天行程為大人$70 小孩$43）

●**Fitzroy Island Adventure (Experience Co.)**
☎(07)4030-7990
URL www.fitzroyislandadventures.com
時 凱恩斯出發8:30、10:45、15:00／費茲羅伊島出發14:15、16:15
費 1日之旅（8:30～16:15）：大人$89 小孩$56 家庭$239／半日之旅（10:45～14:15）：大人$75 子供$56 家庭$211／浮潛體驗之旅大人$40 小孩$30、浮潛深度之旅大人$50 小孩$40

●**Sunlover Reef Cruises**
☎(07)4050-1333
URL www.sunlover.com.au
時 凱恩斯出發9:30／費茲羅伊島出發16:20
費 來回：大人$89 小孩$49 家庭$227

■**浮潛**
在度假村都能借到整套的浮潛設備。費 1天$15

■**凱恩斯海龜救援中心**
時 每日13:00～13:30
費 大人$12 小孩$7.50

庫蘭達 Kuranda

0 500m
P.81 庫蘭達創意市場
Kuranda Original Rainforest Market
Japanese tea house BUSK
Hayabusa of Kuranda
HERBOHN ST
KENNEDY HWY
Golden Drop酒莊販賣處
Kuranda Rainforest Cafe
郵局
庫蘭達新市場
Kuranda New Market
Caravan Park
庫蘭達無尾熊園
P.91 Kuranda Koala Gardens
Ceti Bath Shop
警察
庫蘭達鳥類世界
P.91 Birdworld Kuranda
Kuranda Hotel
庫蘭達雨林之旅
乘船處
THOOREE ST
COONDOO ST
THERWINE ST
P.81
庫蘭達傳統市場
Kuranda Heritage Market
空中纜車站
KURANDA HEIGHTS RD
Kuranda
Hotel Bistro
庫蘭達車站
P.91 澳洲蝴蝶保護區
Australian Butterfly Sanctuary
巴倫河
Barron River
熱帶雨林自然公園接駁巴士乘車處
BARANG ST
THONGON ST
MEEROO ST
ARARA ST
BICO in Kuranda P.123
庫蘭達遊客中心
Kuranda Village Centre
甘酒迪公路
巴特利公園
Bartley Park
German Tucker
BARRON FALL RD
空中纜車
P.102
ROB VEIVERS DRV
珠朗溪流步道
珠朗溪流環境公園
Jumrum Creek Environmental Park
N

A B

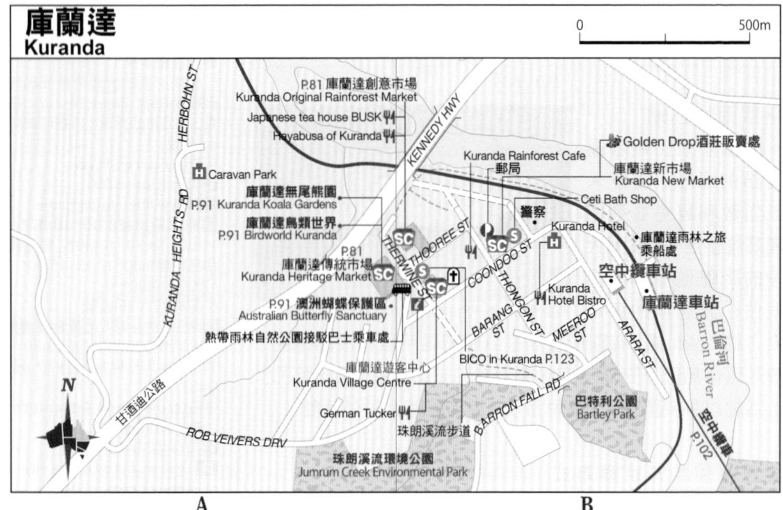

阿瑟頓高原 Atherton Tableland

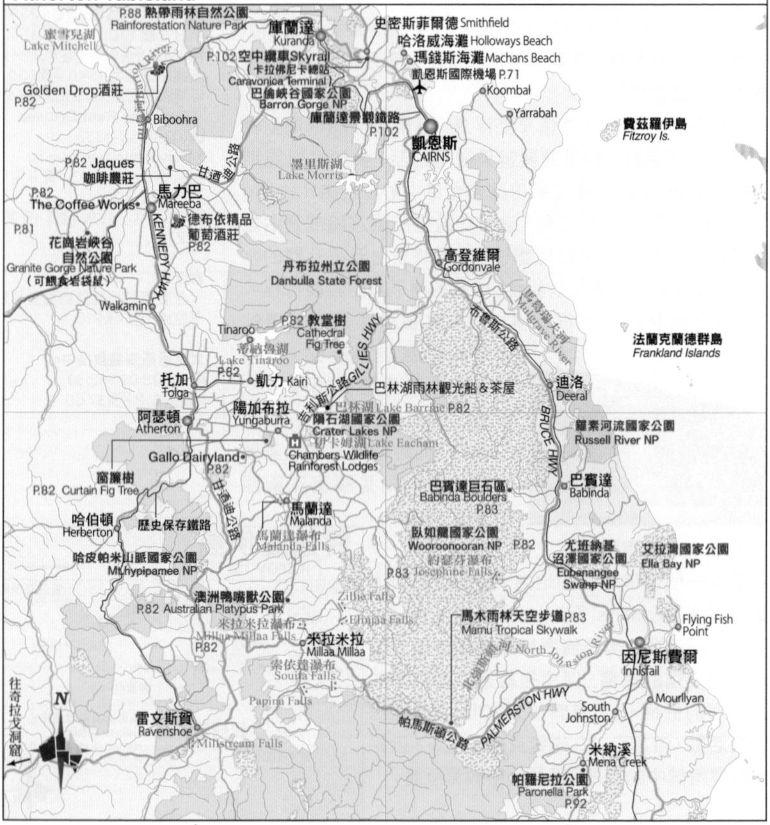

0 50km
P.88 熱帶雨林自然公園
Rainforestation Nature Park
庫蘭達
Kuranda
史密斯菲爾德 Smithfield
哈洛威海灘 Holloways Beach
瑪錢斯海灘 Machans Beach
凱恩斯國際機場 P.71
蜜雪兒湖
Lake Mitchell
P.102 空中纜車Skyrail
（卡拉佛尼卡總站）
Caravonica Terminal
巴倫峽谷國家公園
Barron Gorge NP
Koombal
Yarrabah
Golden Drop酒莊
P.82
Biboohra
庫蘭達景觀鐵路
P.102
凱恩斯
CAIRNS
費茲羅伊島
Fitzroy Is.
甘酒迪公路
墨里斯湖
Lake Morris
P.82 Jaques
咖啡農莊
P.82
The Coffee Works
馬力巴
Mareeba
德布依精品
葡萄酒莊
P.82
P.81
花崗岩峽谷
自然公園
Granite Gorge Nature Park
（可餵食岩袋鼠）
KENNEDY HWY
高登維爾
Gordonvale
丹布拉州立公園
Danbulla State Forest
Walkamin
馬爾格雷夫河
Mulgrave River
布魯斯公路
Tinaroo
P.82 教堂樹
Cathedral
Fig Tree
GILLIES HWY
蒂納魯湖
Lake Tinaroo
法蘭克蘭德群島
Frankland Islands
托加
Tolga
P.82
凱力 Kairi
吉利斯公路
巴林湖雨林觀光船＆茶屋
迪洛
Deeral
阿瑟頓
Atherton
陽加布拉
Yungaburra
巴林湖 Lake Barrine P.82
隕石湖國家公園
Crater Lakes NP
伊卡姆湖 Lake Eacham
羅素河流國家公園
Russell River NP
BRUCE HWY
Gallo Dairyland
P.82
Chambers Wildlife
Rainforest Lodges
甘酒迪公路
窗簾樹
P.82 Curtain Fig Tree
巴賓達巨石區
Babinda Boulders
P.83
巴賓達
Babinda
哈伯頓
Herberton
歷史保存鐵路
馬蘭達
Malanda
馬蘭達瀑布
Malanda Falls
臥如龍國家公園
Wooroonooran NP
P.82
尤班納基
沼澤國家公園
Eubenangee
Swamp NP
艾拉灣國家公園
Ella Bay NP
哈皮帕米山脈國家公園
Mt.Hypipamee NP
約瑟芬瀑布
P.83 Josephine Falls
澳洲鴨嘴獸公園
P.82 Australian Platypus Park
Zillie Falls
Ellinjaa Falls
馬木雨林天空步道 P.83
Mamu Tropical Skywalk
Flying Fish
Point
米拉米拉瀑布
Millaa Millaa Falls
P.82
米拉米拉
Millaa Millaa
北約翰斯頓河
North Johnston River
因尼斯費爾
Innisfail
索依達瀑布
Souita Falls
Papina Falls
Mourilyan
往奇拉戈洞窟
雷文斯賀
Ravenshoe
帕馬斯頓公路
PALMERSTON HWY
South
Johnston
Millstream Falls
米納溪
Mena Creek
帕羅尼拉公園
Paronella Park
P.92
N
1
2

A B

庫蘭達&阿瑟頓高原

Kuranda & Atherton Tableland

被熱帶雨林包圍的庫蘭達

搭乘庫蘭達景觀鐵路前進庫蘭達

庫蘭達位在凱恩斯的西北邊30km處（搭車約40～50分），是一座人口約3000人的高原小城市。從前澳洲的原住民住在這個區域，Kuranda是原住民語「熱帶雨林之村」的意思。19世紀時，當地因為是礦山之城而繁榮，1886年為了在礦山工作的人而鋪設鐵路，現在則成為觀光用的庫蘭達景觀鐵路Kuranda Scenic Railway（→ P.102）。前往庫蘭達，通常都是綜合利用這條鐵路及可以俯瞰熱帶雨林、全世界數一數二的超長空中纜車（→P.102）這兩種交通方式。

聚集多樣工藝品的庫蘭達傳統市場

採礦鐵道不再使用之後，庫蘭達這個小鎮從1960年代開始吸引許多嚮往自由的嬉皮族聚集。現在則有眾多藝術家定居在這裡，到庫蘭達傳統市場Kuranda Heritage Market、庫蘭達創意市場Kuranda Original Rainforest Market都能找到他們的作品。當地還有飼養蝴蝶、鳥類的小型動物園（→P.91），最適合您閒散步觀賞；此外距離庫蘭達約5分鐘車程處，有座熱帶雨林自然公園（→P.88），在這裡可以搭乘人氣的水陸兩用車Army Duck，或是抱著無尾熊拍紀念照，更能欣賞精采的原住民表演，是很受歡迎的熱帶雨林主題樂園。

體驗高原地帶和熱帶雨林　阿瑟頓高原

庫蘭達以西是由大分水嶺（Great Dividing Range）所開展出來的高原地帶，稱為阿瑟頓高原。這一帶的氣候相當複雜，原本以為與庫蘭達同屬熱帶雨林氣候，但是繼續往前幾公里卻又變成降雨量稀少的乾燥氣候；而充分利用這樣獨特的氣候條件和海拔高度，使得當地的畜牧業、農業（咖啡、紅茶、芒果、荔枝、香蕉等）都很興盛。

因為景點散布在高原各地，基本都是靠租車出遊（從凱恩斯出發的團體旅遊也很多）。而最具知名度的景點，就是馬力巴Mareeba附近的花崗岩峽谷自然公園Granite Gorge Nature Park，這裡還棲息著此地特有岩袋鼠品種之一的馬力巴岩袋鼠，只要在公園入口買包飼料，人人都能體驗餵食的樂趣！

交通

●庫蘭達及阿瑟頓高原

搭乘從凱恩斯郊區的卡拉佛尼卡湖Caravonica Lakes出發，可俯瞰熱帶雨林的空中纜車，以及在1880年代製造的經典火車庫蘭達景觀鐵路，這兩種交通方式互相搭配是最常見的選擇。另外從凱恩斯出發的Trans North Bus & Coach Service巴士（→P.73），每天都會行駛多個班次的巴士。

■庫蘭達遊客中心

MAP P.80上/B
住 Therwine St., Kuranda, 4881 URL www.kuranda.org
開 週一、二10:00～15:00，週三～日10:00～16:00
休 耶誕節

■庫蘭達傳統市場

MAP P.80上/A
住 2 Rob Veivers Drv., Kuranda, 4872
☎ (07)4093-8060
URL kurandamarkets.com
營 週三～日10:00～15:30

■庫蘭達創意市場

MAP P.80上/B
住 7/13 Therwine St., Kuranda, 4881 ☎ (07)4095-2991
URL www.kurandaoriginalrainforestmarket.com.au
營 週四～日10:00～15:00

位於庫蘭達創意市場內的Hayabusa，可以吃到銅鑼燒

創意市場內的BUSK是很受歡迎的日本茶屋

■花崗岩峽谷自然公園

MAP P.80下/1A
住 332 Peglietta Rd., Chewko via Mareeba, QLD 4880
☎ (07)4093-2259
URL www.granitegorge.com.au
費 大人 $13 小孩 $6（高中生）、$3（中、小學生）／岩袋鼠飼料$1

■**The Coffee Works**
MAP P.80下/1A
住 136 Mason St., Mareeba, QLD 4880 ☎(07)4092-4101
URL coffeeworks.com.au
營 週一～五6:00～15:00，週六、日8:00～15:00（Coffee World 9:00～14:00）
費 試飲咖啡（Coffee World）大人$19 小孩$10

■**Jaques咖啡農莊**
MAP P.80下/1A
住 137 Leotta Rd., Mareeba, QLD 4880 ☎(07)4093-3284
URL www.jaquescoffee.com
營 週三～日10:00～16:00
休 週一、二 費 農莊參觀之旅 大人$15 小孩$8

■**Golden Drop酒莊**
MAP P.80下/1A
住 227 Bilwon Rd., Biboohra, QLD 4880 ☎(07)4093-2750
URL www.goldendrop.com.au
營 每日9:00～16:30

■**德布依精品葡萄酒莊**
MAP P.80下/1A
住 189 Fichera Rd., Mareeba, QLD 4880 ☎(07)4092-4515
URL www.debrueys.com.au
營 每日10:00～16:00

■**Gallo Dairyland**
MAP P.80下/2A
住 1 Malanda Rd., Atherton, QLD 4883 ☎(07)4095-2388
URL gallodairyland.com.au
營 週三～日10:00～14:00

■**巴林湖雨林觀光船&茶屋**
MAP P.80下/1A
住 Gillies Hwy., Yungaburra, QLD 4884 ☎(07)4095-3847
URL www.lakebarrine.com.au
營 週一～五9:00～14:30，週六、日8:30～15:00／雨林之旅：請洽詢店家
休 耶誕節
費 雨林之旅請洽詢店家

■**澳洲鴨嘴獸公園**
MAP P.80下/2A
住 912 Millaa Millaa-Malanda Rd., Minbun, QLD 4885
☎(07)4097-2713
營 週四～日10:00～16:00
費 觀察鴨嘴獸之旅（30分鐘左右）大人$8.50 小孩$6

絕對不能錯過的窗簾樹

不僅如此，在馬力巴還有如The Coffee Works、Jaques咖啡農莊Jaques Coffee Plantation等咖啡園，以及Golden Drop酒莊Golden Drop Winery、德布依精品葡萄酒莊de Brueys Boutique Wines等水果酒莊，不妨可以來試喝看看。

在陽加布拉Yungabura村外則有巨大無比的絞殺榕──窗簾樹Curtain Fig Tree和教堂樹Cathedral Fig Tree，以及曾經出現在澳洲航空電視廣告裡、藏身在熱帶雨林中的美麗瀑布──米拉米拉瀑布Millaa Millaa Fall，都是非看不可的景點，

阿瑟頓高原地區規模最大的米拉米拉瀑布

至於暢遊火山湖的巴林湖Lake Barrine觀光船之旅，並且在巴林湖畔茶屋享受下午茶，還有前往阿瑟頓近郊的Gallo Dairyland去購買起司、巧克力，或是去澳洲鴨嘴獸公園Australian Platypus Park觀察鴨嘴獸，也都是不可或缺的活動。另外像是到凱恩斯水源地的蒂納魯湖Lake Tinaroo體驗水上活動，也很受到遊客歡迎；至於週末會行駛在阿瑟頓Atherton～哈伯頓Herberton～雷文斯賀Ravenshoe三地間歷史保存鐵路上的蒸氣火車，以及鐘乳石洞窟奇拉戈洞窟Chillagoe Caves等也是值得一看的行程與景點。

因尼斯費爾&臥如龍國家公園
Innisfail & Wooroonooran NP

義大利移民眾多的因尼斯費爾

因尼斯費爾座落在凱恩斯南方約90km處，是前往阿瑟頓高原南部的入口，另外也是前往以泛舟聞名的塔利Tully、有觀光船前往但克島的密遜海灘兩地的出發地。其人口雖然大約只有7500人左右，算不上是大城市，不過因為近郊有受到宮崎駿動畫粉絲所熱愛的古城帕羅尼拉公園（→P.92），造訪的觀光客也不在少數。

因尼斯費爾街上有許多義大利風格的咖啡館

因尼斯費爾這座城市，在兩次世界大戰之間，吸引許多為遠離歐洲戰火而逃到這裡的義大利移民，因而奠定了基礎；目前當地仍瀰漫著濃濃的義式風情，不但路上居民多為義大利後裔，市區裡更擁有多家美味的義大利餐廳。

想享受戲水樂趣就來約瑟芬瀑布

人氣的世界遺產之森 臥如龍國家公園

從凱恩斯南部橫跨到因尼斯費爾間的大分水嶺，就是面積達798km²的臥如龍國家公園，而昆士蘭州境內的兩大高山，巴陶弗萊勒山Mt. Bartle Frere（1622m）和貝倫登克爾嶺Mt. Bellenden Ker（1592m）都位於這座國家公園內，所以周邊盡是列入世界遺產的熱帶雨林森林。

由巨石造成奇特溪谷景觀的巴賓達巨石區

觀光客最愛的觀光景點有3處，首先是凱恩斯市民在週末時常來野餐的知名景點──巴賓達巨石區Babinda Boulders（Babinda在原住民語是「瀑布」的意思），這裡擁有被熱帶雨林圍繞的美麗湖泊及流淌而出的河川，河川因為有巨石滾落而造就多處激流，至於湖水則是透明度很高，成為很受歡迎的游泳地點。

臥如龍國家公園中最有人氣的自然觀光景點，非約瑟芬瀑布Josephine Falls莫屬，走過美麗的熱帶雨林漫遊步道，就可以欣賞到從階梯狀岩石流洩而下的約瑟芬瀑布，還能夠爬上岩石享受滑水樂趣。

從因尼斯費爾往米拉米拉方向的帕馬斯頓公路Palmerston Highway，途中有座觀察熱帶雨林專用的馬木雨林天空步道Mamu Tropical Skywalk，也是不能錯過的景點。在臥如龍國家公園南部的熱帶雨林內設有健行步道及雨林天空步道（高架步道Elevated Walkway），可以觀賞到平常少見的雨林樹冠部分；而且在天空步道最後的折返點有座高達37m的塔樓，是欣賞強斯頓溪谷的絕佳地點。

交通

●因尼斯費爾和臥如龍國家公園

從凱恩斯市中心沒有大眾運輸工具可搭乘，只能租車或是參加觀光之旅。

■什麼是金色雨靴？

塔利、因尼斯費爾、巴賓達3座城市參與角逐「澳洲雨量最多城市」，贏得冠軍的城市會獲贈一雙金色雨靴（橡膠製）。在1950年時曾經有過降雨量多達7900mm紀錄的塔利，就在2003年打造了一個立著巨大金色雨靴的紀念碑。不過，真正的金色雨靴會依照當年的冠軍而放置在不同城市裡。

■馬木雨林天空步道

MAP P.80下/2B
住 Palmerston Hwy., Innisfail, QLD 4860
☎ (07)4064-5294
URL mamutropicalskywalk.com.au
開 每日9:30～16:30（最後入園為15:30） 休 耶誕節
費 大人$28 小孩$17 家庭（大人2人＋小孩2人）$84

可以穿梭漫步在雨林樹冠間的馬木雨林天空步道

道格拉斯港

Port Douglas

充滿高級感的成人度假城市

道格拉斯港位在凱恩斯北方約70km處，是一座面對著長6.4km的四哩海灘4 Mile Beach的港都。城市所在地點就在由太平洋和迪克森入海口Dickson Inlet所形成峽灣內的半島上，也是前往大堡礁北部觀光船的出發地點、釣魚大賽的基地而聞名已久。同時還是奢華高級飯店、出租公寓聚集，澳洲少數深獲好評的高級度假區。

交通

●道格拉斯港

由Excellence Coach（→P.73）從凱恩斯行駛接駁巴士，因為途中會經過凱恩斯國際機場，也可以從機場直接前往道格拉斯港。凱恩斯出發所需的交通時間大約1小時10分。

充滿開闊氣息的四哩海灘

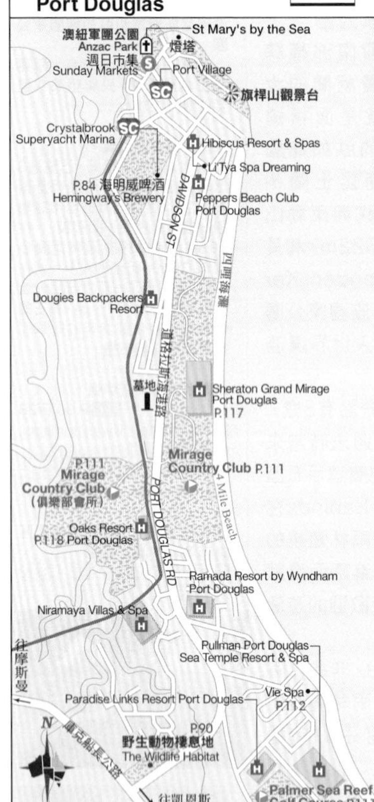

停滿高級遊艇的碼頭

從凱恩斯來到道格拉斯港的第一印象，一定是道格拉斯海港路Port Douglas Rd.上兩排筆直的椰子樹，在這條林蔭大道的兩側有著動物園──野生動物棲息地The Wildlife Habitat（→P.90），以及包括澳洲屈指可數的豪華度假飯店Sheraton Grand Mirage Port Douglas在內的高級飯店、出租公寓，甚至是高爾夫球場等，當道路名稱變成了Davidson St.時，就表示已經進入市區了。

市中心為麥克羅森街

道格拉斯港的市中心，就在連接四哩海灘4 Mile Beach和迪克森入海口Dickson Inlet的麥克羅森街Macrossan St.，街道兩側為精品店、咖啡館、餐廳和紀念品店等商店林立，其中還有超級市場Coles進駐的Port Village，可說是道格拉斯港當地最大的購物中心，每天都擠滿了觀光客和當地居民而熱鬧不已。

在麥克羅森街靠近迪克森入海口旁，有座小小的公園為澳紐軍團公園Anzac Park，裡面有座紀念在第一次和第二次世界大戰中，不幸罹難澳洲士兵的紀念碑，到此獻花的人潮總是絡繹不絕。在公園旁還有一間可以看到海景的小禮拜堂St

■道格拉斯港市集 MAP P.84
☎0459-999-078
URL douglas.qld.gov.au/markets/communitymarkets
開 週日8:00～13:30

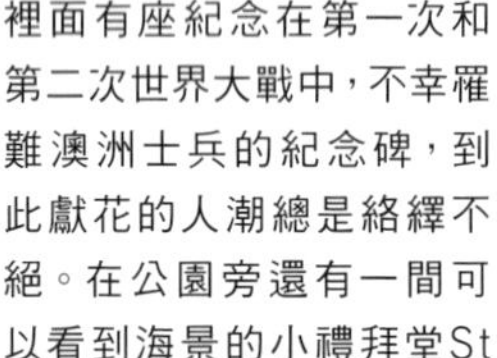

週日市集裡的攤販及商品包羅萬象

COLUMN

在道格拉斯港品嚐在地精釀啤酒

本店在凱恩斯觀光船出發碼頭的海明威啤酒，在道格拉斯港的觀光船碼頭（Crystalbrook Superyacht Marina）也能享受在地精釀啤酒的滋味。店內供應使用來自摩斯曼峽谷的清澈溪水、澳洲種植的啤酒花，所製造出的6種啤酒，還有小杯的試飲組合也很受歡迎。

●海明威啤酒
Hemingway's Brewery MAP P.84
住 Crystalbrook Superyacht Marina, 44 Wharf St., Port Douglas, 4877
☎(07)4099-6663
URL www.hemingwaysbrewery.com
營 每日7:30～22:00
●Hemingway's Brewery Cairns Wharf
MAP P.69/3B　詳細資訊→P.121

Mary's by the Sea，這裡不但吸引當地人，同時也是日本人蜜月旅行時最愛的婚禮會場。另外也別忘了，每週日公園裡都會舉辦道格拉斯港市集Port Douglas Markets。

各種觀光船之旅的出發碼頭

沿著澳紐軍團公園行走，一旁就是迪克森入海口的街道碼頭街Wharf St.，而購物中心兼觀光船出發點的碼頭Crystalbrook Superyacht Marina，也在這一條街道上。

這座城市並沒有什麼值得多看的景點，不過，一定要來位於半島最前端的旗桿山觀景台Flagstaff Hill Lookout；特別是清晨之際，旭日光輝將南太平洋照耀得閃閃發光的美景，讓人忍不住被深深吸引。

摩斯曼&丹翠國家公園
Mossman & Daintree NP

在摩斯曼的清澈溪流戲水

前往最古老的熱帶雨林

如果想從凱恩斯出發，飽覽熱帶雨林饗宴的當天來回之旅，不妨以位於道格拉斯港更北邊，而且列入世界遺產熱帶雨林之一的丹翠國家公園為目標。這個國家公園以丹翠河分隔成南北兩大區，南區的中心樞紐是摩斯曼，北區則為苦難角Cape Tribulation。雖然能以租車形式旅遊，不過參加從凱恩斯出發，有導遊隨行的觀光團行程，更能深入體驗探索雨林的樂趣。

來到摩斯曼峽谷，以遊客中心為起點展開熱帶雨林漫遊

從摩斯曼市區往西約15km，就在進入摩斯曼峽谷前約2km處設有摩斯曼峽谷遊客中心Mossman Gorge Centre，想要造訪摩斯曼峽谷的人，首先必須來到這裡（一般車輛只能到這裡，無法再前進）。遊客中心內展示著居住於此地的原住民庫庫雅拉尼族Kuku Yalanji藝術品的藝廊、咖啡館及餐廳等設施。而從遊客中心到摩斯曼峽谷的交通方式只有兩種，遊客可以選擇徒步前往，或是搭乘接駁巴士Shuttle Bus。

接駁巴士在摩斯曼峽谷這一側的巴士站，有條深入森林裡的完善健行木棧步道，雖然是大約花30分鐘就能走完一圈的短程步道，卻可以完全體會熱帶雨林的精采，途中還會經過摩斯曼河可下水游泳的據點。要是走完後還覺得意猶未盡，不妨可以繼續挑戰一圈2.4km長的雨林步道Rainforest Circuit。

交通

●摩斯曼&丹翠國家公園

凱恩斯出發有Trans North Bus&Coach Service（→P.73）的巴士前往摩斯曼、丹翠、苦難角。推薦參加凱恩斯出發的摩斯曼一日之旅，因為選擇相當多；至於前往苦難角的巴士有時會因道路狀況而停駛。

●Trans North Bus&Coach Service
☎(07)3036-2070
URL www.transnorthbus.com
費 凱恩斯～摩斯曼單程：大人$36.10 小孩$31／凱恩斯～苦難角單程：大人$53 小孩$45

■摩斯曼峽谷遊客中心
MAP P.67/2A
住 212r Mossman Gorge Rd., Mossman 4873
☎(07)4099-7000
URL www.mossmangorge.com.au
開 週一～六8:00～18:00、週日8:00～17:00
●接駁巴士
時 每日8:00～17:30每隔15分鐘發車
費 大人$13.05 小孩$6.60 家庭$31.85
※同一天內可以不限次數自由搭乘
●夢幻時光峽谷徒步之旅
時 每日10:00、11:00、13:00、14:00出發（所需時間1小時30分）
費 大人$86.50 小孩$43.25 家庭$216.30
※包含接駁巴士

摩斯曼峽谷遊客中心是森林散步的起點

除了熱帶雨林也對原住民文化有興趣的人，可以參加由庫庫雅拉尼族擔任嚮導的夢幻時光峽谷徒步之旅Dreamtime Gorge Walks，進入神聖森林前先經過傳統草藥燻煙儀式，然後深入只有嚮導帶領才能進入的祕境森林，並且詳細解說原住民如何在雨林中生活及使用植物的方法，甚至還能體驗稱為Ochre的畫臉活動。

參加夢幻時光峽谷徒步之旅，漫遊在熱帶植物間

盡情享受熱帶雨林，活動種類豐富的苦難角

在摩斯曼再往北的丹翠村，最有人氣的活動是丹翠河觀光船之旅，可以花費1小時左右時間暢遊在這條有河口鱷棲息的河川之上。

暢遊在紅樹林生長茂密的丹翠河

沿著丹翠河往北，位於丹翠國家公園北部的苦難角，雖然有許多從凱恩斯出發的旅遊行程可以到達，不過當天來回一日之旅的交通時間太長，所以不建議參加；如果時間充裕的話，最好能多停留幾天，以便充分體驗苦難角的真正魅力。

丹翠探索中心的瞭望樹塔

首先最值得一訪的，是座落在此區南部母牛灣Cow Bay裡的丹翠探索中心Daintree Discover Centre，這裡有一座5層樓23m高的瞭望樹塔，每一層樓都能參觀到不同高度的熱帶雨林模樣，而且設有穿梭熱帶雨林中的木棧步道，可以近距離觀察各式各樣的植物生態。位於桑頓海灘Thornton Beach附近的Marrdja植物步道Marrdja Botanical Walk 也是絕對不能錯過的景點，擁有板根的參天巨木、種類繁多的蕨類植物、附生植物、絞殺榕等，除了這些熱帶雨林特有的植物之外，還能走在約800m長的木棧道上，觀察蔓生於沿海的廣大紅樹林。附近也有苦難角荒野之旅Cape Tribulation Wilderness Cruises，搭上小型觀光船，白天2班次的航程（所需時間約1小時），可以就近觀察紅樹林及野生鱷魚等生態。

苦難角Cape Tribulation（大多簡稱為Cape Trib）是一處突出於大海中的小海岬，周邊滿布著珊瑚礁群，因此讓1770年6月11日駕駛著奮進號經過的庫克船長在附近觸礁，於是才有了「苦難之岬」的名稱。苦難角北邊是一片美麗的白沙海灘，沿著海岬沿岸設有健行步道，途中還有一座觀景台，可以很清楚地看到整片海灣全被珊瑚礁所占據。

在苦難角海灘上悠遊自在

這裡也是澳洲本土大陸極少數擁有如此漂亮珊瑚礁石的海岸線，但這裡可不是大家所熟悉的大堡礁，因為是沿著陸地旁的海底而生，而被稱為裙礁Fringing Reef。

■丹翠河觀光船之旅

有好幾家公司提供選擇，不過行程都大同小異。

●**Bruce Belcher's Daintree River Cruises**

☎0459-241-8997

URL www.daintreerivercruises.com.au

時 每日8:15、9:30、11:00、12:00、13:30、14:30、16:00（所需時間1小時）

費 大人$30 小孩$14 家庭$75

●**Daintree River Cruises Centre**

☎(07)4098-6115

URL www.daintreerivercruisecentre.com.au

時 每日8:15、9:30、11:00、12:00、13:30、14:30、16:00（所需時間1小時）

費 大人$30 小孩$26 家庭$75

■丹翠探索中心 MAP P.67/2A

住 Cnr. Cape Tribulation & Tulip Oak Rds., Cow Bay, 4873

☎(07)4098-9171

URL discoverthedaintree.com

開 每日8:30～17:00

休 耶誕節

費 大人$37 小孩$18 家庭90

※7日內可以再入場

■苦難角荒野之旅

☎045-773-1000

URL www.capetribcruises.com

時 白天和晚上的出發時間依季節而不同，請事先電話確認。

費 白天行程：大人$34 小孩$24／夜間行程：1艘船$330（可搭載10人）

■從苦難角到外礁的半日之旅

●**Ocean Safari**

☎(07)4098-0006

URL www.oceansafari.com.au

時 苦難角出發：每日7:45～12:30（7～10月11:45～16:30也有船班）

費 大人$169 小孩$109 家庭$506

庫克鎮
Cooktown

豎立在庫克船長登陸地附近的庫克銅像

位於凱恩斯北方約200km，地處苦難角門戶位置的庫克鎮，也是北昆士蘭最古老的城市，而這座小鎮的名稱正是由詹姆斯・庫克James Cook而來。庫克船長領航出海探索南太平洋，1770年8月17日在珊瑚礁海域觸礁，因為要修理船隻而選擇登陸，上岸地點便是現在位在奮進河河口處的庫克鎮。經過約100年之後，到了1872年，庫克鎮近郊的帕爾默河Palmer River因為發現黃金而吹起淘金熱，也讓庫克鎮的人口遽增，一度擁有超過3萬人口，成為昆士蘭州的第2大城。但這樣的光景不過短短幾年就式微，接著又在1907及1949年兩度遭逢大型熱帶氣旋的肆虐，使得城鎮愈加荒廢。

如今的庫克鎮是座擁有約2600人的寧靜小鎮，可以漫步在市區裡造訪幾棟淘金熱當時所遺留的建築，其中最不容錯過的就是庫克鎮博物館Cooktown Museum，由建造於1888年的女子修道院重新改建而成，館內展示著關於庫克船長的生平及航海相關物品、淘金熱時代的古老遺物，還有為了挖掘金礦被吸引而來的中國工人社區等歷史，可以更了解庫克鎮過去的歷史。

蜥蜴島
Lizard Is.

位置就在大堡礁凱恩斯區北端的蜥蜴島，是潛水客及釣客最嚮往的一座島嶼，從這裡可以當天往返人氣潛水點──鱈魚洞Cod Hole；近海還是比賽釣立翅旗魚Black Marlin的漁場，每年一到9～12月的釣魚季，大批來自全世界各地的釣客便聚集到島上來。

而且蜥蜴島在西元1770年庫克船長經大堡礁海域北上時，擔任了非常重要的指路角色；原來當時庫克船長找不到從大堡礁通往外海的正確航路，是在登上島嶼最高處眺望海洋後，才終於清楚發現通向外海的水路。而與庫克船長同行的約瑟夫・班克斯Joseph Banks醫生則驚訝於島上成群的大蜥蜴，因此Lizard（英語為蜥蜴之意）也就這樣成為了島嶼的名字。

蜥蜴島上還有著大堡礁地區屈指可數的超高級度假村Lizard Island Great Barrier Reef，由於住宿選擇僅有這一家，各種服務基本上都只提供給下榻在度假村的遊客使用。不過，還有部分潛水行程會造訪這座島。

交通

●庫克鎮

從凱恩斯可以利用Trans North Bus&Coach Service巴士，經由庫蘭達或馬力巴的內陸路線於每週三、五、日出發（所需時間約5小時）；而經由苦難角的海岸路線（依照道路狀況可能停駛）則於每週一、三、五行駛。另外還有從凱恩斯起飛的Hinterland Aviation班機，每天有3～4個航班可搭乘。

●Trans North Bus & Coach Service
(07)3036-2070
URL www.transnorthbus.com
費 凱恩斯～庫克鎮單程 大人$90.10 小孩$76.50

●Hinterland Aviation
1300-359-428
URL www.hinterlandaviation.com.au

■庫克鎮&苦難角遊客中心
Cooktown & Cape York Visitor Information Centre
住 Walker St., Botanic Garden, Cooktown, 4895
(07)4069-6004
URL www.cooktownandcapeyork.com
開 每日8:30～16:00（依季節而有些許調整）

■庫克鎮博物館
住 Cnr. Helen & Furneaux Sts., Cooktown, 4895
(07)4069-5386
URL nationaltrustqld.org.au/visitor-sites/Cooktown-Museum
開 每日9:00～16:00
休 耶誕節、節禮日、新年前夕
費 大人$25 小孩$15 家庭$70

交通

●蜥蜴島

從凱恩斯有度假村房客專用的小型飛機飛行，可以從空中欣賞大堡礁。詳細行程請見以下網站。
URL www.lizardisland.com.au

被美麗瀉湖環繞的蜥蜴島

凱恩斯和近郊的主題公園
THEME PARKS IN CAIRNS AREA

凱恩斯近郊的主題公園，不但能體驗周圍廣闊的熱帶雨林，還可以和澳洲的特有動物接觸，更能了解從遠古時期生活至今的原住民文化，樂趣多多。但是基本上都是以接觸大自然為主，所以入園參觀時，最好花時間一個一個慢慢體會與感受。

感受熱帶雨林的美妙 MAP P.67/3B

熱帶雨林自然公園
Rainforestation Nature Park

搭乘水陸兩用船到河流上游觀察熱帶雨林

位於庫蘭達郊外的熱帶雨林主題公園。園內分為3個區域，其中最受歡迎的是Army Duck Tour。搭乘1940年代美國軍用的30人座水陸兩用車（代號DUKW／俗稱鴨子），穿梭在熱帶雨林與河流中，一邊參觀一邊享受冒險氣息（所需時間約45分鐘），當然嚮導也會同行，詳細解說動植物、鳥類等相關知識。在Army Duck Tour的乘船處周邊，是種植各種熱帶水果的果園，也別忘了進去參觀看看。

另外還可以欣賞原住民帕馬吉里Pamagirri族的舞蹈、體驗吹奏吉里杜管Didgeridoo（原住民木管樂器）、投擲迴力標和標槍等體驗活動，以及可以享受夢幻時光徒步Dreamtime Walk的帕馬吉里原住民體驗Pamagirri Aboriginal Experience，都是不容錯過的活動。由於可以體驗澳洲原住民文化的設施並不多，這樣珍貴的機會更應該好好把握。而在如同動物園一般的無尾熊&野生公園Koala&Wildlife Park，則可以餵食袋鼠和沙袋鼠，也可以另外付費抱無尾熊拍紀念照。

■**熱帶雨林自然公園**
住Kennedy Hwy.(P.O.Box 54), Kuranda, 4872
☎(07)4085-5008
URL www.rainforest.com.au
開每日9:00～15:00
休耶誕節
費含所有入園門票的Big Nature Package：大人$53 小孩$32 家庭$138／只有水陸兩用船票：大人$27 小孩$17 家庭$71／無尾熊&野生動物公園：大人$18.50 小孩$12 家庭$49／帕馬吉里原住民體驗：大人$23 小孩$14 家庭$60／抱無尾熊拍照$27～
交通在庫蘭達的澳洲蝴蝶保護區10:45、11:45、12:15、13:45、14:15有接駁巴士行駛（來回大人$13 小孩$8）

●**4園聯合優惠套票**
含熱帶雨林自然公園全套票、澳洲蝴蝶保護區、野生動物棲息地、凱恩斯極限滑索&野生動物聚棲地等4園的聯合優惠套票。大人$100 小孩$60 家庭$260

在帕馬吉里族人的教導下，挑戰投擲迴力標

由帕馬吉里族人表演的Corroboree舞蹈

無尾熊&野生動物公園中放養的袋鼠

凱恩斯近郊最大的動物園 MAP P.67/3A

哈特利鱷魚冒險公園
Hartley's Crocodile Adventures

抱著無尾熊合拍紀念照

可以與澳洲特有種動物及自然近距離接觸的動物園，位於凱恩斯和道格拉斯港之間，從1930年代開始經營鱷魚園，之後又大幅擴張鱷魚以外的動物園區，才成為現在的規模。園內以哈特利潟湖（維持幾乎野生狀態的河口鱷棲息地）為中心，分成野生動物探索之路Wildlife Discovery Trail（可以觀察無尾熊和澳洲特有種的鳥類、爬蟲類）、岡瓦納大陸門戶Gondwana Gateway（能近距離接觸無尾熊、袋鼠、沙袋鼠等可愛澳洲動物）、食火雞步道Cassowary Walk（有食火雞和熱帶植物）等區域。而園區範圍的大部分是列入世界遺產的森林，所以在觀察動物的同時，也可以順便在世界遺產的森林中散步。在這裡不但能抱無尾熊拍紀念照，也可以抱小鱷魚一起合影（1天多次）；在袋鼠與沙袋鼠的放養區，還能體驗餵食的樂趣。

搭乘觀光船可以目睹著名的鱷魚跳躍

園內每天都有安排眾多活動和表演，其中最有人氣的是可以親眼目睹鱷魚跳躍咬食的觀光船航行之旅，其他還有鱷魚餵食秀、參觀鱷魚農場等；至於觸摸袋熊、餵食食火雞、抱無尾熊等與動物接觸的活動，稱為與5種動物相遇Zootastic 5，也極受喜愛動物遊客的歡迎。其他還有挑戰親手餵食巨大河口鱷的餵食巨鱷Big Croc Feed，以及在可以眺望哈特利潟湖景色的餐廳裡，與無尾熊共進早餐等活動。

■**哈特利鱷魚冒險公園**
住Captain Cook Hwy., Wangetti Beach (P.O.Box 171, Palm Cove), 4879
☎(07)4055-3576
URL www.crocodileadventures.com
開每日8:30～17:00
休耶誕節
費大人$43 小孩$21.50 家庭$107.50／和無尾熊一起拍合照$21／抱著無尾熊拍合照$29／抱著小鱷魚拍合照$25

●**與5種動物相遇**（包含門票／要預約）
時每日9:30、13:30開始
費1人$140

●**餵食巨鱷**（包含門票／要預約）
時時間需要確認
費1人$140

●**與無尾熊共進早餐**（包含門票／要預約）
時每日8:30開始
費大人$70 小孩$35

交通 從凱恩斯有Beachs Meet &Greet的接駁巴士行駛。
☎(07)4059-2713
URL www.beachescairns.com
此外，也可以搭乘行駛在凱恩斯～道格拉斯港間的Excellence Coach（→P.73）。

左：人氣活動與5種動物相遇的其中之一，觸摸袋熊
中：一大早的樂趣就是和無尾熊一起吃自助式早餐
下：由飼育員解說食火雞生態的食火雞步道

■野生動物棲息地
住Port Douglas Rd., Port Douglas, 4871
☎(07)4099-3235
URL www.wildlifehabitat.com.au
開每日8:00～16:00
休耶誕節
費大人$39 小孩$24 家庭$102／抱無尾熊合照(10:45～)$27～
●與鱷共泳
(包含門票／要預約)
時每日10:00、12:45、13:30開始
費1人$175、2人$299
●與鳥兒共進早餐
(包含門票／要預約)
時每日8:00～
費大人$70 小孩$45 家庭$206
※也有晚間行程。大人$44 小孩$32 家庭$120
※有4園聯合優惠套票(→P.88邊欄)
交通 位在道格拉斯港入口處，從凱恩斯搭乘Excellence Coach(→P.73)很方便。

在熱帶雨林中親近動物 MAP P.84

野生動物棲息地
The Wildlife Habitat

溼地棲息區裡的木棧道旁，不怕人的鳥兒就出現在眼前

地點在道格拉斯港入口處，打造出蒼鬱的熱帶雨林和濕地、草地等自然環境，並且呈現野生動物最原始樣貌的動物園。在世界遺產的濕熱帶雨林Wet Tropics管理機構共同協助營運下，這座動物園設施的豐富性可想而知。園內有超過140種動物，放養了袋鼠、沙袋鼠和五顏六色的鳥類，還有展示著珍貴的樹袋鼠及小型夜行性動物的生態觀察的夜行館。

餵食袋鼠很有趣

讓棲息熱帶雨林裡的各種鳥類在巨大鳥舍裡自由飛翔的溼地棲息區Wetland Habitat Area，是園內必看的重點區域，為了能觀察到種植在鳥舍裡的熱帶植物樹冠部分，還特別興建了一座塔。

至於超受戶外愛好者歡迎的，則是在戶外劇場游泳池與河口鱷一起游泳的與鱷共泳Swim with the Salties。由兩隻身長超過3.5m河口鱷的餵食秀揭開序幕，雖說遊客是與鱷魚共處同一池水中，卻是用透明壓克力板隔開彼此，完全沒有安全上的顧慮。餵食景象就在眼前發生，鱷魚張開大口的樣子很是嚇人，卻讓人有種莫名的刺激感，成為這項活動的魅力所在。

當然抱無尾熊合拍紀念照也很熱門，另外早上還在鳥類放養區舉辦「與鳥兒共進早餐」的活動，用餐採自助式，用餐過程中不時有鸚哥、鸚鵡等鳥類飛來，十分有趣，而且還有無尾熊在眼前作伴。

和鳥兒共進早餐會成為旅程美好的回憶

下：隔著透明壓克力板近距離接觸河口鱷
下右：實際上可以用這種角度看鱷魚

極限運動&動物園 MAP P.69/3B

凱恩斯極限滑索&野生動物聚棲地
Cairns ZOOm & Wildlife Dome

快感滿分的極限滑索

位在凱恩斯市中心Pullman Reef Hotel Casino的屋頂，20m高的玻璃圓頂內真實呈現熱帶雨林的動物園。這裡最大賣點是設置在圓頂下的滑索（用滑車抓著繩索溜下的活動）和繩橋（類似走鋼絲）、高空彈跳（從13m高空一躍而下）、攀爬圓頂（走在圓頂外側）等空中極限運動。依難易度分成幾個等級，中級（挑戰中間高度）、高級（挑戰靠近天花板的高度），滑索則是從鱷魚池上方通過，高空彈跳則可以體驗自由落體般的快感。

座落在市中心的動物園因而十分受歡迎，開園時間內隨時都可以和無尾熊合影。另外可以沿著在圓頂內鋪設的步道，觀察貼近自然環境中飼養的鳥類、兩棲類、爬蟲類、有袋類等動物。園內棲息約60種動物，尤其是熱帶鳥類種類之多，令人驚訝。

橫渡繩橋非常刺激

在庫蘭達和動物交流 MAP P.80 上/A

庫蘭達野生動物體驗
Kuranda Wildlife Experience

位於庫蘭達傳統市場內及鄰近的3個動物園區，統稱為庫蘭達野生動物體驗。

●庫蘭達無尾熊園 Kuranda Koala Gardens

傳統市場內的動物園，可以抱著無尾熊合照，或是和放養的沙袋鼠一起玩耍。

●庫蘭達鳥類世界 Birdworld Kuranda

位在傳統市場內，在大型的鳥舍中飼養著75種450隻鳥兒（漫步在巨大的鳥籠裡觀察鳥兒自由飛翔的模樣）。

●澳洲蝴蝶保護區 Australian Butterfly Sanctuary

興建在傳統市場旁的世界最大蝴蝶園，溫室內可以觀察到以天堂鳳蝶為首的各種蝶類。每隔1小時會有導覽解說。

停在白色衣服上的天堂鳳蝶

■凱恩斯極限滑索&野生動物聚棲地
住c/- The Reef Hotel Casino, 35-41 Wharf St., 4870
☎(07)4031-7250
URL cairnszoom.com.au
開每日9:00～17:00
休耶誕節
費極限滑索（含野生動物聚棲地門票）大人$100 小孩$69.50 家庭$269.50／野生動物聚棲地：大人$26 小孩$16 家庭$68／抱無尾熊合照$30／4園聯合優惠套票（→P.88邊欄）
※門票從入園起4天內有效

■庫蘭達野生動物體驗
費有販賣可以參觀3座設施的套票大人$53.50 小孩$29.50
●庫蘭達無尾熊園
☎(07)4093-9953
URL www.koalagardens.com
開每日10:00～16:00
休耶誕節
費大人$20 小孩$10／抱無尾熊合照$27／和無尾熊一起合照$21
●庫蘭達鳥類世界
☎(07)4093-9188
URL www.birdworldkuranda.com
開每日10:00～16:00
休耶誕節
費大人$20 小孩$10
●澳洲蝴蝶保護區
☎(07)4093-7575
URL www.australianbutterflies.com
開每日9:30～15:30
休耶誕節
費大人$20.50 小孩$13 家庭$54
※有4園聯合優惠套票（→P.88邊欄）

在無尾熊園抱無尾熊拍紀念照

無尾熊園是凱恩斯唯一有短尾矮袋鼠的地方

在鳥類世界享受餵食五顏六色鳥兒的樂趣

想更了解大堡礁的生態　MAP P.69/2B

凱恩斯水族館
Cairns Aquarium

在海底隧道可以就近仔細觀察各種魚類

在海龜救援中心了解關於受傷海龜的照顧與治療知識

■凱恩斯水族館
住5 Florence St., 4870
☎(07)4044-7300
URL www.cairnsaquarium.com.au
開每日9:30～15:30
費大人$45 小孩$29 家庭$133
●海龜救援之旅（要預約）
時每日上午、下午各1次（時間要確認）
費大人$18 小孩$12
●與鯊魚共潛（包含門票／要預約）
時每日12:00～15:00
費大人$299 小孩$249

近距離觀察大堡礁的魚類

位於凱恩斯市中心的水族館，館內展示著棲息在熱帶雨林小溪裡的魚類和爬蟲類、淡海水交會流域的紅樹林（Billabong，原住民語為不流動的湖水），以及棲息在大堡礁、珊瑚海的珊瑚礁魚類，完整呈現凱恩斯的自然與珊瑚礁海域的生態環境系統。像是在超過10m高的巨大水槽內不停游泳的鯊魚和魟魚、在海底隧道裡看到的海底世界、小朋友最喜歡的觸摸池等，展示方式也頗具巧思與趣味。還有絕對不能錯過的海龜救援之旅，前往專門照顧、治療受傷海龜，並加以復健後野放回大海的設施，在嚮導解說下參觀。此外，還有在大水槽內與鯊魚共潛Dive with Shark等活動可以參加。

西班牙移民打造的夢想庭園　MAP P.80 下/2B

帕羅尼拉公園
Paronella Park

■帕羅尼拉公園
住1671 Japoonvale Rd., Mena Creek, QLD 4871
☎(07)4065-0000
URL www.paronellapark.com.au
開每日9:00～19:30
休耶誕節
費大人$52 小孩$29 家庭$152（2年內有效）
交通由於沒有從凱恩斯出發的大眾交通工具，需要租車或參加旅遊團（→P.106）

保存狀態良好的餐廳遺跡

位於凱恩斯以南約126km因尼斯費爾Innsfail郊外的熱帶雨林庭園和城跡主題公園。因為森林中殘存的小城堡酷似宮崎駿電影《天空之城》中的城堡，而受到日本遊客的矚目（並非拍攝原型）。即便不是動畫迷，園內美麗的建築、維護良好的熱帶雨林庭園，還有瀑布美景都非常值得一看。

這座城堡和庭園是西班牙移民荷西·帕羅尼拉Jose Paronella從1929年開始，耗費6年，在多名工匠和技術者的合作下完成。庭園內除了凱恩斯地區的熱帶植物，還種植楓樹、松樹、青剛櫟等各種植物。

城堡雖因為洪水和火災而毀壞腐朽，但其結構樣貌在蓊鬱的森林中呈現出獨特風情。園內有許多必看的景點，包括米納溪Mena Creek的瀑布、連接山丘上下的八字形樓梯、噴水聲不斷的餐廳遺跡、兩旁種滿貝殼杉的林蔭道、內有蝙蝠巢的愛之隧道等，可以自由漫步其中，園方也替自由行遊客準備導覽團，每天9:30～16:30每隔30分鐘一次（所需時間45分鐘），參加導覽也是不錯的選擇。至於夜間點燈之旅則是從18:00～18:30開始。

夜間點燈是帕羅尼拉公園的高潮

凱恩斯的旅遊&活動
TOURS & ACTIVITIES IN CAIRNS AREA

從凱恩斯出發的旅遊和活動，多半是造訪大堡礁(G..B.R.)和昆士蘭熱帶雨林2個世界遺產。乍看好像行程都很相似，其實內容卻包羅萬象，仔細研究選擇出自己最喜歡的行程，就去參加吧！

大堡礁觀光船之旅

輕鬆前往大堡礁

綠島觀光船之旅
Green Island Cruises

●大冒險Great Adventures

海邊多為淺灘，即使是浮潛初學者也不必擔心

在大堡礁群島中，綠島(→P.77)是當天來回觀光船最熱門的目的地，搭乘和島上度假村同集團，也就是凱恩斯最大觀光船公司銀梭集團Quicksilver Group的高速雙體快艇，從凱恩斯到綠島只要50分鐘。

分為綠島探索之旅Green Island Discovery和綠島經濟之旅Green Island Eco Tour兩種行程，發現之旅包含搭乘玻璃船、浮潛、度假村游泳、海灘包的費用，價格非常划算；如果想用較少花費就能玩遍綠島，選擇經濟之旅也很不錯，可以在搭乘玻璃船與浮潛二選一，外加度假村游泳。對於想在島上度過悠閒時光的人，也可以只購買來回船票。不過，所有套裝行程內容都不含午餐，島上供應的自助式午餐價格並不貴，也有販賣三明治、熱狗等簡單的食物，不必擔心餓肚子。

■什麼是EMC

絕大部分的大堡礁觀光船，除了船票外，都會另外收取EMC費用。EMC是大堡礁環境保護稅，1人1天費用為$7。

■大冒險號(銀梭集團)

住Reef Fleet Terminal,1 Spence St., 4870
(07)4044-9944
URL www.greatadventures.com.au
時 凱恩斯出發8:30、10:30、13:00，抵達凱恩斯12:50、15:20、17:20

●綠島探索之旅
搭乘玻璃船、浮潛、贈送海灘包的套裝行程
費 大人$132 小孩$72 家庭$336

●綠島經濟之旅
搭乘玻璃船與浮潛二選一的套裝行程
費 大人$106 小孩$56 家庭$268

●綠島來回船票
費 大人$92 小孩$46 家庭$230

●附加選項
費 體驗潛水氣瓶1支$184、持證潛水氣瓶1支$130(含全套器材)、海底漫步$194、直升機遊覽飛行10分鐘$205

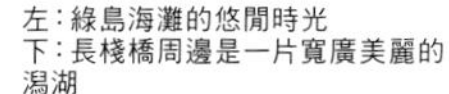
左：綠島海灘的悠閒時光
下：長棧橋周邊是一片寬廣美麗的潟湖

■大貓號綠島觀光船之旅（Experience Co）
住Reef Fleet Terminal, 1 Spence St. (P.O.Box 7577), 4870
☎(07)4231-9485
URL www.greenisland.com.au
●綠島觀光船1日遊
時凱恩斯出發9:00～17:00或11:00～17:00
費大人$105 小孩$52 家庭$262
●綠島觀光船半日遊
凱恩斯出發9:00～13:00或13:00～17:00
費大人$105 小孩$52 家庭$262
●附加選項
費搭乘半潛水艦$30、浮潛深度之旅$34、浮潛體驗之旅$24、午餐$28
※也有單純販賣綠島來回船票，但不能參加任何附加選項活動。大人$94 小孩$45 家庭$233

體驗潛水是搭船到最佳潛點再下水

此外，島上還有體驗及持證潛水、頭戴氧氣罩潛水的海底漫步、船舶浮潛、直升機遊覽飛行等活動可以參加，絕對不會無聊。

目前每天有3個船班往返綠島，遊客可以配合行程任選班次搭乘，限當日內使用。

●大貓號綠島觀光船之旅

大貓號Bigcat推出綠島1日遊和半日遊行程，半日遊為搭乘單程50分鐘的高速快艇前往綠島，1日遊則是坐大型觀光船（單程1小時30分），並且包含浮潛及搭乘玻璃船二選一。附加選項有搭乘半潛水艦、浮潛深度之旅、浮潛體驗之旅、午餐等服務。此外，大貓號沒有提供頭戴氧氣罩潛水的海底漫步、體驗及持證潛水等活動，可以到達綠島後再向度假村報名。

大貓號半日遊搭乘的高速船

COLUMN

到凱恩斯考潛水證照！

在國外參加潛水證照課程時，最煩惱的就是語言問題。但是凱恩斯大多數潛水店都有英、日、法語教練，不用太過擔心。這裡是以PADI為例，而NAUI和SSI也幾乎是相同的課程。

開放水域的潛水課程（OW）大約2～5天就可以結業，前2天以課本和泳池基礎訓練為主，最後會進行考試，全部50題中答對38題就算通過。此外，需要到指定醫院接受健康檢查（費用約$60）。

之後會到大堡礁進行海洋實習，各潛水店都有推出當天來回2天（共4次潛水）行程、2天1夜的觀光船過夜（共5次潛水）行程。完成規定的潛水課程後就會頒發開放水域潛水員的證書。詳情請洽各潛水店。

●深海潛水
Deep Sea Divers Den
住319 Draper St., 4870 ☎(07)4046-7333
URL www.diversden.com.au
費4天開放水域課程：海洋實習2天當天來回$815、海洋實習船上2天1夜$900～930

●凱恩斯專業潛水 Pro Dive Cairns
住116 Spence St., 4870 ☎(07)4031-5255
URL www.prodivecairns.com.au
費5天開放水域課程（船上3天2夜）$1125／4天線上學習課程$1085
※線上學習課程＋課本＋潛水日誌外加費用$200（線上學習課程必須在到達凱恩斯之前，在家研讀完畢）

以雙體遊艇而聞名

海洋魄力號之旅
Ocean Spirit Cruises

珊瑚礁構成的米迦勒礁周圍是超透明清澈的潟湖

海洋魄力號Ocean Spirit是銀梭集團從凱恩斯出發的大型雙體風帆遊艇，雖然旅程的重點是大堡礁的美景，不過搭乘遊艇的過程也充滿樂趣。目的地是距離凱恩斯約2小時悠閒船程的米迦勒礁Michaelmas Cay（Cay是指珊瑚碎片堆積成的小島）。

米迦勒礁周圍是一片寬廣而美麗的珊瑚礁Michaelmas Reef，沙灘也是由珊瑚的細小碎片組成，因此不管陽光多炙熱，沙灘都不會燙，可以享受赤腳漫步的樂趣。此外這裡也是海鳥築巢保護區，海灘以外的大部分島嶼土地都禁止進入，成為成千上萬海鳥自由飛翔的自然樂園。

大型雙體風帆遊艇就停靠在米迦勒礁海域，再轉搭被稱為Beach Buggy的玻璃船登島。大約停留4小時，期間Beach Buggy會不斷往返於遊艇和島之間（可以回船上用餐或上廁所）。

在島上可以自由活動，想悠閒作日光浴也行，但是飽覽美麗的海洋風光是最好的。在聚集許多珊瑚的海底，看得到藍鸚嘴魚、隆頭魚、蝴蝶魚和海龜等生物，浮潛或體驗潛水（教練隨行）、搭乘半潛水艇都可以慢慢欣賞這樣的景色。

午餐是以海鮮或雞肉為主的自助式美味餐點，而且回程的船上時還會提供氣泡酒，可以小酌片刻。

■海洋魄力號之旅（銀梭集團）
住Reef Fleet Terminal,1 Spence St., 4870
☎(07)4044-9944
URL oceanspirit.com.au
●米迦勒礁觀光船之旅
時凱恩斯出發8:30～17:00
費大人$219 小孩$112 家庭$560
●附加選項
費體驗潛水氣瓶1支$136／教練隨行浮潛大人$68 小孩$36 家庭$172

大型雙體風帆遊艇Ocean Spirit I號

運氣好的話，可以在米迦勒礁浮潛時看到海龜

左：在海水透明度極高的米迦勒礁體驗潛水
右：踏上米迦勒礁需要搭乘Beach Buggy

在美麗的無人島度過一天

法蘭克蘭德群島觀光船之旅

Frankland Islands Cruises

上下船時觀光船會停靠在沙灘

從凱恩斯往南約30分鐘車程，在迪洛Deeral近海的4個島就是法蘭克蘭德群島Frankland Islands，群島對每天造訪的遊客有人數限制，觀光船前往的是由北數來第2個的諾曼比島Normanby Is.。

觀光船不一定是從凱恩斯的馬林碼頭出發，而從迪洛出發的觀光船則和其他船隻有著不同的魅力。剛開始兩岸的景色是滿布熱帶雨林和紅樹林的馬葛瑞夫河Mulgrave River，在前30分鐘左右的船程途中，幸運的話還能看見河口鱷的蹤跡；出海之後前方便會出現法蘭克蘭德群島的身影，再過30分鐘就能抵達目的地諾曼比島。

這是一座約30分鐘就可以走完一圈的無人島。島上基本上是自由活動，因為觀光船行程包括船舶浮潛或搭乘半潛水艇、島內散步及午餐，別忘了要確認每項活動的開始時間（當然都不參加活動，想悠閒度過島上時光也是可以的）。

法蘭克蘭德群島原本跟澳洲大陸是相連的，在諾曼比島周圍蔓延生長的珊瑚礁屬於裙礁，而且據說是凱恩斯周邊的裙礁中最美的。在海邊的淺灘浮潛，經常可以看到出沒在珊瑚礁之間的尼莫（小丑魚）、海龜，參加船舶浮潛的話，更能目睹珍貴的粗糙刺葉珊瑚、桌形軸孔珊瑚聚集生長，以及穿梭珊瑚間的眾多魚群；5～7月有機會看見鬼蝠魟或儒艮的身影。

此外，12～2月是海龜的產卵季節，這段時間在島內散步就可以看到海龜的產卵蹤跡。島內散步還可以在退潮後的潮間帶觸摸蜘蛛螺、海參，或是在滿潮時遇見海龜……會有許多意想不到的有趣體驗。

■法蘭克蘭德群島觀光船之旅（Entrada Travel Group）

住319 Drapper St., Parramatta Park, 4870

☎(07)4046-7333

URL www.franklandislands.com.au

時 凱恩斯出發7:15～17:00

費 大人$205 小孩$124 家庭$534

※包含凱恩斯市區接送

浮潛也能看到許多海龜

海底生長著許多粗糙刺葉珊瑚

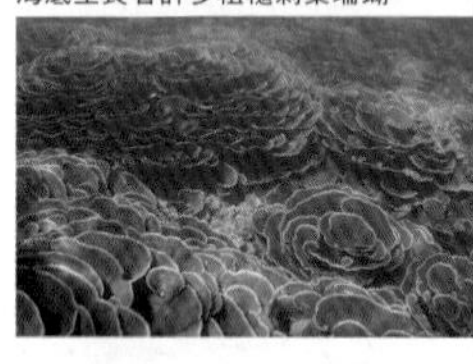

下：淺灘平緩，海水透明度也超高
右：島內散步時嚮導會解說潮間帶生態的知識

前往外礁的超人氣觀光船

綠島&大堡礁冒險（大冒險號）

Green Island & G.B.R. Adventure / Great Adventures

諾曼礁上的浮島

由銀梭集團經營，從凱恩斯出發的外礁觀光船之旅，分為2種行程，最有人氣的是綠島&大堡礁冒險。去程時會在綠島停留2個小時，可以挑戰玩拖曳傘、去美拉尼西亞海洋世界Marineland Melanesia欣賞鱷魚餵食秀，或是在海灘玩耍；如果報名去外礁體驗潛水的話，不妨先在綠島接受簡單的講解課程，下水時會更容易進入狀況。

11:30左右從綠島前往外礁，目的地會視當天海況而決定到北邊的諾曼礁Norman Reef或南邊的摩爾礁Moore Reef。兩者皆需1小時船程，也都設有2層樓的大型人工浮島，可以進行浮潛、體驗及持照潛水、半潛水艇，以及直升機的空中遊覽等活動。浮島周邊棲息著名叫瓦力Wally的巨大龍王鯛，浮潛時就能靠近到彷彿可以觸摸的距離。浮島上還有一種人氣活動是海底電動車Scuba-Doo，戴著注入氧氣的全罩式安全帽，比浮潛更快能飽覽珊瑚海。浮島的停留時間很充裕，為3小時30分。

超人氣的海底電動車

此外，也有不停靠綠島直接前往外礁的大堡礁大冒險行程，推薦給想另外安排綠島當天來回的遊客。

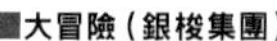
■大冒險（銀梭集團）
住Reef Fleet Terminal,1 Spence St., 4870
☎(07)4044-9944
URL www.greatadventures.com.au
●綠島&大堡礁冒險
時凱恩斯出發8:30～17:30
費大人$292 小孩$158 家庭$749
●大堡礁冒險
時凱恩斯出發10:30～17:30
費大人$270 小孩$147 家庭$694
●附加選項
費海底電動車$175、體驗潛水氣瓶1支$184、持證潛水氣瓶1支$130（含全套器材）、教練隨行浮潛大人$72 小孩$38 家庭$182、直升機遊覽飛行10分鐘$199

棲息於浮島附近的龍王鯛瓦力非常親人

（右）搭乘半潛水艇悠遊珊瑚礁間也很有趣
（左）浮島周圍是透明度極高的珊瑚礁海

大堡礁停留時間較長

摩爾礁觀光船之旅（太陽戀人號）

Moore Reef Cruise / Sunlover Reef Cruises

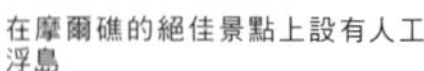
在摩爾礁的絕佳景點上設有人工浮島

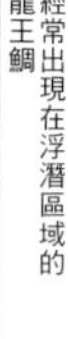
經常出現在浮潛區域的龍王鯛

輕鬆享受海中世界的海底漫步

搭乘大堡礁觀光船經由費茲羅伊島Fitzroy Is.，前往擁有美麗硬珊瑚礁的摩爾礁，約需2小時。從浮島可以進行浮潛、搭乘半潛水艇、玻璃船、海底漫步、體驗及持證潛水（付費）、直升機空中遊覽（付費）等活動。

在浮島上除了有觸摸池，可以親手摸到海參和海星，還設有滑水道，小孩和大人都能玩得開心。此外，浮島附近棲息著海龜和龍王鯛，下水浮潛就有機會看到。

滑水道非玩不可！

■太陽戀人號

住 Reef Fleet Terminal, 1 Spence St., 4870
電話 (07)4050-1333
FREE 1800-810-512
URL www.sunlover.com.au
●摩爾礁觀光船之旅
時 凱恩斯出發9:30～17:20
費 大人$249 小孩$142 家庭$640／包含10分鐘直升機遊覽飛行行程 大人$425 小孩$318 家庭$1344
●附加選項
費 海底漫步$149、體驗潛水氣瓶1支$149、持證潛水氣瓶1支$149（含全套器材）、教練隨行浮潛 大人$49 小孩$29
※附加選項活動的費用包含最早的折扣優惠。
●接送服務
費 凱恩斯市區 大人$25 小孩$15、北濱海灘 大人$38 小孩$25

有人數限制可以悠閒度假

海洋世界觀光船之旅（魔幻麗礁號）

Marine World Cruise / Reef Magic Cruises

搭乘魔幻麗礁II號Reef Magic II前往摩爾礁的2層樓建築浮島「海洋世界Marine World」。因為只接受比座位數少的訂位乘客數，所以船內空間寬敞舒適，浮島當然也不會出現人潮擁擠的狀況。浮潛區不但十分廣闊，還有美麗珊瑚礁和眾多魚群，經常可以看到大型龍王鯛出現，潛去礁頂和礁緣還可以觀察多種小丑魚及眾多魚群。此外，浮島上也有玻璃船和海底觀測室等設備，不會游泳的人也能欣賞海底景觀。當然也可以嘗試體驗及持證潛水、頭盔式潛水等各種豐富活動。

停靠在人氣潛水地點

■魔幻麗礁號（Experience Co）
電話 (07)4222-7479
URL www.reefmagic.com.au
●海洋世界觀光船之旅
時 凱恩斯出發9:00～17:00
費 大人$279 小孩$139 家庭$697
●附加選項
費 體驗潛水氣瓶1支$119、持證潛水氣瓶1支（含全套器材）$89 第2支$59、頭盔式潛水$99、教練隨行浮潛 大人$40 小孩$30
●接送服務
費 凱恩斯市區 大人$25 小孩$15、北濱海灘 大人$35 小孩$20

當天往返最北端的最佳景點

外堡礁觀光船之旅（銀梭號觀光船之旅）

Outer Barrier Reef Cruise / Quicksilver Cruises

高速的穿浪雙體快艇

寬闊的浮潛用甲板

銀梭集團的主力行程，觀光船從道格拉斯港出發。想從凱恩斯出發的遊客，則提供巴士接送服務。行程使用的船隻是堪稱銀梭集團代名詞的噴射引擎高速穿浪雙體快艇。巡航速度超過30海哩，在海面上奔馳。

觀光船前往的是從凱恩斯當天往返範圍內，最北端的艾金寇特礁Agincourt Reef（所需時間約90分鐘），是凱恩斯近海中擁有最透明海水、最美麗珊瑚礁的礁岩，也是浮潛和潛水的知名絕佳地點，專程為了潛水而來的遊客超多。銀梭集團在艾金寇特礁打造了2座兩層樓建築、全長50m的世界最大型人工浮島（南側和北側）。依照日期和搭乘的觀光船，前往的浮島也不一樣（因為有好幾艘破浪者號，遊客太多時會同時出動兩艘快艇），但兩邊都可以進行相同的活動。

遍布於浮潛區的珊瑚礁，美得讓人不想跟其他觀光船的遊客分享，幸運的話還能看到梭子魚或海龜。當然也可以從事體驗及持證潛水，挑戰前往當天往返的最北端，體驗潛水雖然有教練隨行，卻也不是在海中一直牽著手行動，而是會觀察每個人的學習狀況，可以自由開心地悠游大海。還有戴上全罩頭盔的海底漫步、搭乘半潛水艦的海中觀測、有教練隨行的浮潛，以及大堡礁直升機空中遊覽。

此外，特別的是人工浮島上設置了郵筒，從這裡寄出的明信片和信件會蓋上大堡礁的郵戳，是旅行中超棒的紀念！

浮島上設置的郵筒，也有販賣明信片和郵票，不妨寄封信給自己或朋友

艾金寇特礁美得讓人驚豔

可以輕鬆享受海底世界的海中散步

■銀梭號觀光船之旅（銀梭集團）

住44 Wharf St., Port Douglas, 4871

☎(07)4087-2100

URL www.quicksilver-cruises.com

●外堡礁觀光船之旅

時 凱恩斯出發8:00～18:00／道格拉斯港出發10:00～16:30

費 大人$284 小孩$147 家庭$722

●外堡礁觀光船之旅附加選項

費 海底漫步$188、體驗潛水氣瓶1支$190、持證潛水氣瓶1支$136（含全套器材）、直升機遊覽飛行10分鐘$199

●接送服務

費 凱恩斯市區＆北濱海灘 大人$35 小孩$20 家庭$90，道格拉斯港 大人$20 小孩$10 家庭$50

在滿布美麗珊瑚礁的大海中浮潛

體驗潛水會觀察每個人的學習狀況，再前往絕佳景點

道格拉斯港出發的悠閒之旅
舞浪者號洛島觀光船之旅
Wavedancer Low Isles Cruise

在島嶼周圍就能享受浮潛的樂趣

由銀梭集團的大型雙體風帆遊艇舞浪者號Wavedancer，前往道格拉斯港外海的洛島觀光船之旅。洛島Low Isles是由小燈塔矗立的小珊瑚島Loh Island、紅樹林覆蓋的Woody Island兩島所構成，尤其是Loh Island周邊的珊瑚礁狀態非常好，最適合浮潛。其他還有玻璃船、漫步珊瑚礁等有趣活動。至於這個行程，從道格拉斯港出發只要約1小時的航程，完全不用擔心暈船的問題，也是其吸引人之處。

搭乘最新的高速雙體船
銀梭系列潛水及浮潛之旅
Silver Series Dive & Snokel

裝設防晃動裝置，乘坐十分舒適的銀梭系列觀光船

銀梭號集團推出從凱恩斯和道格拉斯港出發、搭乘高速雙體船（載客80人）的行程，推薦給想專心浮潛和潛水的遊客。從凱恩斯出發的話，就搭乘Silverswift號，前往凱恩斯附近珊瑚礁最美的Millin Reef、Flynn Reef和Thetford Reef，從道格拉斯港出發則搭乘Silversonic號，在艾金寇特礁No.1～No.4的40個景點中，視當天海況選擇最佳的3個地點前往。

工作人員眾多的舒適旅程
深海潛水之旅探礁號
Deep Sea Divers Den Reef Quest

凱恩斯的大型潛水公司Deep Sea Divers Den推出的浮潛及潛水之旅。乘坐潛水專用的雙體船探礁號（載客60人）前往諾曼礁、薩克森礁Saxon Reef、海斯汀礁Hastings Reef（一天前往2處，最多潛水3次）。從凱恩斯出發到外礁大約需要1小時30分鐘。由於會視當天海況來選擇最佳地點前往，對浮潛或潛水來說，滿意度都極高。

■洛島觀光船之旅（銀梭集團）
☎(07)4087-2100
URL wavedancerlowisles.com
時 凱恩斯出發8:00～18:00／道格拉斯港出發10:00～16:30
費 大人$226 小孩$118 家庭$577
●接送服務
費 凱恩斯市區＆北濱海灘大人$35 小孩$20 家庭$90、道格拉斯港大人$20 小孩$10 家庭$50

大型雙體風帆遊艇的舞浪者號

■銀梭系列潛水及浮潛之旅（銀梭集團）
☎(07)4044-9944
URL www.silverseries.com.au
●Silverswift號
時 凱恩斯出發8:30～16:30
費 大人$252 小孩$188／體驗潛水附氣瓶1支：1人$336、持證潛水附氣瓶3支（含全套器材）：1人$362
●Silversonic號
時 道格拉斯港出發8:30～16:30
費 大人$272 小孩$195／體驗潛水附氣瓶1支：1人$349、持證潛水附氣瓶3支（含全套器材）：1人$379
●接送服務
費 Silversonic號：凱恩斯市區＆北濱海灘1人$35（含道格拉斯港內接送）

■深海潛水之旅探礁號（Entrada Travel Group）
☎(07)4046-7333
URL www.diversden.com.au
時 凱恩斯出發週三～日8:00～16:30
費 大人$220 小孩$150 家庭$590／體驗潛水附氣瓶1支：1人$290／持證潛水附氣瓶3支（含全套器材）：1人$310（水中導遊費用另計，氣瓶1支$15）

專為方便潛水及浮潛而設計的探礁號

數日的潛水觀光船

凱恩斯的老字號潛水店

凱恩斯專業潛水

Pro Dive Cairns

豪華潛水船Scubapro號

在凱恩斯近郊最接近外海的Flynn Reef、Millin Reef、Pellowe Reef、Thetford Reef，擁有16個專屬潛水點。推出搭乘豪華潛水船Scubapro號進行3天2夜的潛水之旅，幾乎天天出發所以非常方便。

搭船的日本潛水客很多

自由精神

Spirit of Freedom

鱈魚洞是人氣潛水點

震撼力十足的珊瑚海餵食鯊魚

推出從蜥蜴島Lizard Is.外海、道格拉斯港外海，再到緞帶礁Ribbon Reef的4天3夜行程，以及前往珊瑚海Coral Sea 5天4夜的觀光船之旅。緞帶礁觀光船之旅會前往有巨大石斑魚群聚的世界知名景點鱈魚洞Cod Hole，還有珊瑚美、魚群多的地點；珊瑚海之旅則是以緞帶礁為主要目的地，以及在海水透明度高達40m以上絕美大海的珊瑚礁群，參觀餵食鯊魚Shark Feeding的震撼場面。此外，6～8月的緞帶礁海域很有機會可以看到小鬚鯨。兩種行程都是去蜥蜴島單程搭飛機。

受到國際好評的老字號潛水觀光船

Mike Ball潛水探險

Mike Ball Dive Expedition

6～8月會前往有機會看到小鬚鯨的海域

推出的觀光船行程和自由精神幾乎相同，以大堡礁北部的鱈魚洞和緞帶礁、珊瑚海的觀光船之旅，最為世界所熟知；並且搭乘潛水專用的高速船舶，很受歐美遊客的歡迎。

■凱恩斯專業潛水
住116 Spence St., 4870
☎(07)4031-5255
FREE 1800-353-213
URL www.prodivecairns.com.au
費3天2夜潛水行程（週三、四、六、日出發）：$965（最多11次潛水）
※包含潛水器材租借費用

■自由精神
FAX(07)4047-9150
URL www.spiritoffreedom.com.au
費5天4夜珊瑚海&緞帶礁（週日出發）：$2120～3176／4天3夜鱈魚洞&緞帶礁（週四出發）：$1664～2456
※潛水器材租借費用另計：3天$135、4天$180

■Mike Ball潛水探險
☎(07)4053-0500
URL www.mikeball.com
費4天3夜鱈魚洞&緞帶礁（週一出發）：$2143～3058／5天4夜鱈魚洞&珊瑚海（週四出發）：$2426～3376
※潛水器材租借費用另計1天$44

在透明度很高的緞帶礁海域潛水

從The Edge景觀台眺望巴倫瀑布

■空中纜車
住6 Skyrail Drv., Smithfield, 4878
☎(07)4038-5555
URL www.skyrail.com.au
營9:00～17:15（依季節而異）
費單程：大人$59 小孩$29.50 家庭$147.50／來回：大人$88.50 小孩$44.25 家庭$221.25／單程空中纜車＋單程庫蘭達景觀鐵路：大人$119 小孩$64.50 家庭$302.50
※鑽石景觀纜車單程加價大人$25 小孩$12.50
●接送服務
費空中纜車來回：凱恩斯＆北濱海灘接送大人$24 小孩$12

■庫蘭達景觀鐵路
住P.O.Box 930, 4870
☎(07)4031-9045
FREE 1800-577-245
URL www.ksr.com.au
時凱恩斯→庫蘭達：凱恩斯出發9:30・清水Fresh Water出發9:55／抵達庫蘭達11:25／庫蘭達→凱恩斯：庫蘭達出發15:30・清水Fresh Water出發17:02・抵達凱恩斯17:25
費單程：大人$50 小孩$25 家庭$125／來回：大人$76 小孩$38 家庭$190
※單程空中纜車＋單程庫蘭達景觀鐵路的費用，請參考空中纜車的邊欄資訊

熱帶雨林之旅

從上空俯瞰世界最古老熱帶雨林 MAP P.80 下/1A

空中纜車
Skyrail

可以俯瞰熱帶雨林

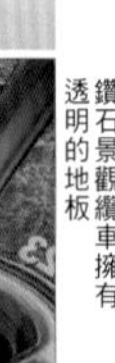

鑽石景觀纜車擁有透明的地板

空中纜車是連接史密斯菲爾德Smithfield郊外的卡拉佛尼卡車站和庫蘭達兩地的纜車，橫跨被列入世界遺產的熱帶雨林，行駛總距離為7.5km。中途有2處轉乘車站，紅峰車站Red Peak Station設有熱帶雨林散步用步道，管理員會定期進行導覽解說；而巴倫瀑布車站Barron Falls Station則有The Edge景觀台The Edge Lookout，雨季時可以近距離欣賞巴倫瀑布水花四濺的景色（乾季時會出現水量很少的狀況），還有熱帶雨林資訊中心，可利用互動式展覽認識熱帶雨林的動植物。搭乘安靜又穩定的纜車，眺望生長在高聳樹冠上如同鳥巢般茂密的蕨類植物、飛翔在森林上空的鮮豔鳥類。包含停留中途車站的時間，單程大約需要90分鐘。此外，有十分之一比例的纜車設置了透明的強化玻璃地板，稱為鑽石景觀纜車（需要加價），可以享受更棒的空中景致。

穿越熱帶雨林的歷史鐵路 MAP P.80 下/1A・B

庫蘭達景觀鐵路
Kuranda Scenic Railway

跨越史東尼溪大橋

19世紀後半的木造車廂充滿復古風情，牽引的柴油蒸氣列車外觀，則畫上了棲息於熱帶雨林的地毯蟒（與錦蛇同種）為主的原住民繪畫。這條鐵路原本是1886年為了將物資運往阿瑟頓高原而興建，為耗時5年並奪走29條人命的艱難工程。

現在行駛的是原有鐵路的一部分，凱恩斯～庫蘭達約34km

最前面車廂畫有地毯蟒

進入熱帶雨林前的馬蹄灣

■享受優雅鐵路之旅的頂級車廂

頂級車廂是與凱恩斯9:30、庫蘭達15:30出發的列車連結，經過重新改裝的豪華車廂。車上提供各種飲品和輕食服務，還有贈送乘車紀念徽章及信件組。

費 單程：大人$99 小孩$74 家庭$312／來回：大人$174 小孩$136 家庭$582

頂級車廂內的模樣

的路程。從車窗可以看到熱帶雨林的高山斜坡上陸續出現的美麗景致，離開充滿復古情懷的清水車站Fresh Water Station，火車便行駛在甘蔗田中，過了一段時間會出現大轉彎，就是馬蹄灣Horse Shoe Bend，之後就開始慢慢爬坡，進入世界遺產的熱帶雨林的濃密森林間。

火車開始上山、穿過幾個隧道後，在眼前出現的是史東尼溪峽谷Stone Creek Valley，在橫渡跨越在峽谷上、呈現大圓弧形的史東尼溪大橋時，會看到矗立橋邊高低差達45m的史東尼溪瀑布，也是路線中最熱門的景點。在抵達庫蘭達前還會停靠巴倫瀑布車站Barron Falls Station，在仿造觀景台設計的月台和旁邊視野絕佳的觀景台，可以欣賞震撼力十足的巴倫瀑布。

在巴倫瀑布車站的景觀平台可以欣賞雄偉的景色

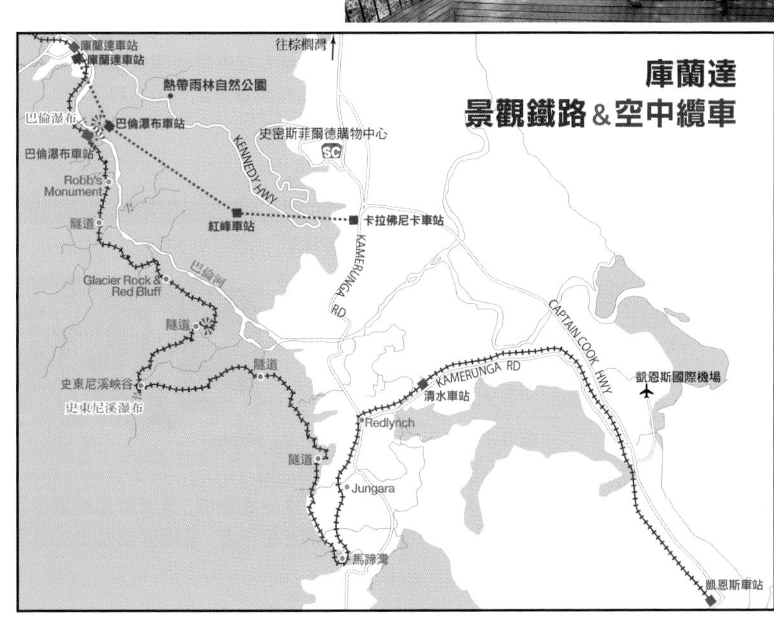

空中纜車＋庫蘭達景觀鐵路的經典行程

庫蘭達1日觀光之旅

Kuranda 1 Day Tour

到凱恩斯近郊最具代表性的觀光景點庫蘭達去走走，搭乘單程空中纜車＋單程庫蘭達景觀鐵路，再前往人氣主題公園──熱帶雨林自然公園Rainforestation Nature Park（→P.88）的套裝行程。考慮到空中纜車站的接送，以及到達庫蘭達後的交通，行程安排很緊湊，可以徹底暢遊庫蘭達，值得推薦。

庫蘭達的市場可以逛得很開心

●心動庫蘭達1日豪華觀光

搭乘水陸兩用船是很珍貴的體驗

在熱帶雨林自然公園先搭乘水陸兩用船，之後再抱無尾熊合影、參觀無尾熊野生公園、帕馬吉里原住民體驗（原住民舞蹈表演、任何原住民文化體驗）中選擇一項。然後到庫蘭達飯店享用澳洲漢堡Aussie Burger或炸澳洲尖吻鱸和薯條的午餐。此外，庫蘭達飯店還能體驗在地精釀啤酒的飲用評比（另外付費）。

●J先生的庫蘭達觀光＋可選擇行程

到熱帶雨林自然公園，參觀無尾熊野生公園並搭乘水陸兩用船。雖然不含午餐，但會介紹幾家推薦餐廳。還有空中纜車、庫蘭達景觀鐵路外加飯店接送的自由行程。

觀察澳洲的夜行性動物

夜行性動物探險之旅

Wild Animal Watching Tour

最受歡迎的熱帶雨林行程，造訪阿瑟頓高原熱帶雨林和高原地區的自然生態，遇見並親近野生動物。好幾間公司都有推出類似行程。

和巨大蟻塚合照

●心動夜行性動物探險之旅／J先生的大自然動物探險之旅

導遊隨行的夜行性動物探險之旅中，很受歡迎的就是這2個。2間公司的行程基本上差不多，這裡介紹基本的行程內容。

■心動庫蘭達1日豪華觀光
主辦：Doki Doki Tours
☎(07)4031-4141
URL dokidokitours.com
時 每日9:00～17:25
費 大人$270 小孩$170

■J先生的庫蘭達觀光＋可選擇行程
主辦：Mighty Aussie Adventures
☎(07)4041-2583
FREE 1800-444-154
URL www.mightyaussie.com
時 每日8:35～17:00
費 大人$220 小孩$125 家庭$590
●自由行程
費 大人$155 小孩$105 家庭$470

心動觀光行程中的午餐之一，庫蘭達飯店知名的澳洲漢堡

■心動夜行性動物探險之旅
主辦：Doki Doki Tours
☎(07)4031-4141
URL dokidokitours.com
時 每日14:00～21:30
費 大人$190 小孩$120 家庭$500
●庫蘭達觀光＋夜行性動物探險
在同公司的庫蘭達豪華觀光行程中，回程搭乘庫蘭達景觀鐵路。參觀熱帶雨林自然公園、午餐、市區觀光之後，在庫蘭達與動物探險之旅會合。
時 每日9:00～21:30
費 大人$270 小孩$175 家庭$715

■J先生的大自然動物探險之旅
主辦：Mighty Aussie Adventures
☎(07)4041-2583
FREE 1800-444-154
URL www.mightyaussie.com
時 週二、四、五、日13:00～21:30（旺季時為每日）
費 大人$152 小孩$95 家庭$399

從凱恩斯穿越庫蘭達，第一站是散布巨大蟻塚的阿瑟頓高原Atherton Tableland，參觀完蟻塚後就前往馬力巴Mareeba，J先生行程會讓遊客在這裡觀賞來到高爾夫球場的袋鼠，心動之旅則讓遊客在草原用望遠鏡來觀察袋鼠。之後再到第一個亮點──花崗岩峽谷自然公園Granite Gorge Nature Park（→P.81），享受餵食馬力巴岩袋鼠的樂趣。

結束餵食後，依照季節進行濕地野鳥和沿路出現的小動物觀察，並且欣賞阿瑟頓高原上湖泊、牧草地、果園等變化多端的景色。當然兩行程都會安排到阿瑟頓高原的第一景點窗簾樹Curtain Fig Tree（→P.82）。

傍晚前抵達露營區，在附近河邊觀察野生鴨嘴獸，雖然是野生的，卻能很容易看到連澳洲人都很少見的鴨嘴獸。J先生行程會在這之後安排到露營區廣場投擲迴力標。

到了晚上就在露營區享用BBQ晚餐，幸運的話還會有可愛的袋貂、裸尾鼠、澳洲袋狸和叢林袋鼠Pademelon來作伴。餐後進行夜間熱帶雨林漫步，尋找動物身影，最後是進行星象觀察（只在天氣好時），然後回到凱恩斯，行程內容可以說是非常豐富。

●大冒險！野生動物之旅

有時也會看到樹袋鼠

在阿瑟頓高原進行尋找澳洲才有的動物之旅。到熱帶雨林的馬蘭達瀑布稍作休息之後，便前往眾多鴨嘴獸棲息的澳洲鴨嘴獸公園尋找其蹤影。如果沒有看到鴨嘴獸就會退還行程費用的一半，可見看到的機率有多高。接著在私人土地探尋樹袋鼠的活動也很有趣（看到的機率約60%），而叢林袋鼠、袋貂出現的機率亦非常高。晚餐是在陽加布拉Yungaburra一家很受當地人喜愛的義大利餐廳Nick's用餐，一邊享受在地氣氛一邊品嚐料理，別有一番風味。

觀察南半球的星空與動物

探索滿天星空和野生動物之旅

Southern Nightsky & Wild Animal

可以在晚餐後參加的夜行性動物之旅。首先到凱恩斯郊區尋找沙袋鼠，能在住宅區附近觀察野生動物很教人驚訝。之後前往高登維爾Gordonvale郊外的甘蔗田進行重頭戲──觀察南半球的星空。眺望著高掛在寬廣夜空中的銀河、南十字星，還有當季的主要星座，也會教導一些關於星星的特別故事。

大家都很喜歡的岩袋鼠餵食體驗

窗簾樹的特殊景象讓人感動！

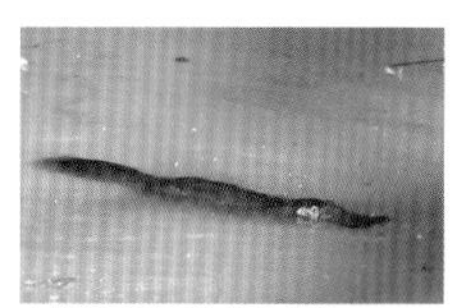
有機會看到野生的鴨嘴獸

■大冒險！野生動物之旅
主辦：True Blue Tours
☎0401-491-598
URL www.truebluetours.com
時 每日13:20～21:30
費 以團體為單位接受報名：1～4人團$710、5～7人團$1098

■滿天星空和野生動物探險之旅
主辦：Doki Doki Tours
☎(07)4031-4141
URL dokidokitours.com
時 每日19:30～22:00
費 大人$95 小孩$65

南半球的星空之美，讓人說不出話來。建議在新月時候來參加

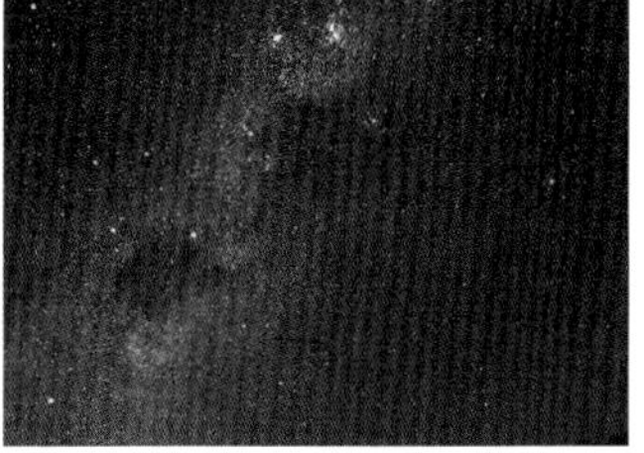

■J先生行程
主辦：Mighty Aussie Adventures
☎(07)4041-2583
FREE 1800-444-154
URL www.mightyaussie.com
●日和夜之帕羅尼拉公園
時 週二、三、五、日15:10～22:00
費 大人$175 小孩$129
※最少3人成團
●阿瑟頓高原和帕羅尼拉公園
時 週一、四、六13:10～22:00
費 大人$199 小孩$149
※最少3人成團

■夜間點燈
帕羅尼拉公園之旅
主辦：Doki Doki Tours
☎(07)4031-4141
URL dokidokitours.com
時 每日16:00～22:00
費 大人$190 小孩$140

■阿瑟頓高原和帕羅尼拉公園
主辦：Northern Experience Eco Tours
☎(07)4058-0268
URL www.northernexperience.com.au
時 每日7:30～18:00
費 大人$189 小孩$139 家庭$569

沉浸在人氣主題公園中的動畫世界

帕羅尼拉公園之旅

Paronella Park Tour

距離凱恩斯約1小時車程的帕羅尼拉公園Paronella Park（→P.92），想要充分感受這裡的魅力，推薦下列幾個行程。

熱帶雨林中腐朽的餐廳遺跡

●J先生的日和夜之帕羅尼拉公園／J先生的阿瑟頓高原和帕羅尼拉公園

可以享受各佔半天的日和夜之帕羅尼拉公園，是此行程受歡迎的原因。去程先前往臥如龍國家公園內的知名景點約瑟芬瀑布（→P.83），然後趁還沒天黑前抵達帕羅尼拉公園。傍晚前先在公園裡散步，晚上在點燈之後再參加夜間之旅欣賞燈光下的景致。行程包含因尼斯費爾的義大利自助式晚餐。

J先生行程的主要導遊J先生本尊

「J先生的阿瑟頓高原和帕羅尼拉公園」則可以同時享受阿瑟頓高原的景點。在阿瑟頓高原，會到花崗岩峽谷自然公園餵食岩袋鼠、欣賞夢幻的窗簾樹、探訪熱帶雨林中美麗的米拉米拉瀑布Millaa Millaa Falls，之後的行程則與日和夜之帕羅尼拉公園相同。行程包含因尼斯費爾的義大利自助式晚餐。

走過吊橋進入園內

導遊正在詳細解說

●夜間點燈 帕羅尼拉公園之旅

將夜間散發著浪漫氛圍的帕羅尼拉公園整個包下，享受在園內悠閒散步的行程。一邊聆聽有關熱帶植物的詳細解說，以及帕羅尼拉公園的導覽，一邊拿著手電筒漫步園區，途中的最高潮就是燈光下的餐廳遺跡。行程包含因尼斯費爾的義大利自助式晚餐。

●阿瑟頓高原和帕羅尼拉公園

行程內容包含在位於阿瑟頓高原內巴林湖畔的茶屋享受英式奶油茶點，參觀窗簾樹及米拉米拉瀑布，還有因尼斯費爾的義大利自助式午餐。然後在導遊的帶領下前往帕羅尼拉公園散步，回程會前往巴賓達巨石區（→P.83）稍作停留。

巴林湖畔茶屋的招牌點心英式奶油茶點

在阿瑟頓高原遇見美味
阿瑟頓高原美食之旅
Atherton Tableland & Gourmet Tour

巴林湖畔的巨大杉樹

用一天的時間造訪阿瑟頓高原、漫步熱帶雨林、探訪野生動物、品嚐凱恩斯近郊特產的獨特行程。

首先來到位於阿瑟頓高原南部的巴林湖Lake Barrine。沿著湖畔步道走走，可以看到樹齡高達1100年如夫婦般的巨大貝殼杉，接著在茶屋品嚐號稱凱恩斯近郊第一美味的司康。離開巴林湖後就前往人氣景點窗簾樹，然後到起司及巧克力工廠的Gallo Dairyland吃午餐，除了品嚐以當地食材做成的料理，還有很受歡迎的起司試吃，當然挑選巧克力伴手禮的時間也很充裕。接著到托加Tolga的花生店，試吃各種口味的花生，下午則去花崗岩峽谷自然公園探訪動物，親近可愛的岩袋鼠之後，再前往馬力巴的德布依精品葡萄酒莊de Brueys Boutique Wines試飲葡萄酒，還有咖啡園The Coffee Works的咖啡評比（另外付費）。返回凱恩斯時，不只裝滿了動物回憶，肚子也被美食填飽了。

True Blue Tours的老闆兼導遊Shane

■神祕的大自然體驗＆高原美食之旅
主辦：True Blue Tours
電話 0401-491-598
URL www.truebluetours.com
時 每日8:15～17:15
費 大人$165 小孩$95 家庭$445
※北濱海灘接送加價大人$20 家庭$40（有大人陪同的小孩免費）

在Gallo Dairyland可以品嚐到多種類的起司

其他行程＆活動

在世界知名河川急流泛舟
泛舟（Raging Thunder）
Rafting / Raging Thunder

同心協力順著急流而下

乘坐橡皮艇順急流而下的泛舟，是凱恩斯的熱門活動，而在Raging Thunder行程中，都會有教練隨行帶領。

泛舟1日遊前往的是凱恩斯南部（車程約2小時）的塔利河Tully River，是世界知名的泛舟河川。由於周邊是國家公園，所以不會有釣客或露營遊客，水質非常清澈。約5小時、全長13km的泛舟過程中，有多達44個激流地點，令人期待；而且在急流等級1～6中屬於等級4的塔利河，是業餘遊客能參加的最高等級，非常刺激。

■Raging Thunder（Experience Co）
年齡限制：13歲以上
電話 (07)4031-3460
FREE 1800-801-540
URL www.ragingthunder.com.au/japanese
●泛舟
時 塔利河1日遊：每日／巴倫河半日遊：每日6:00～18:00、10:00～22:00(*1)／巴倫河半日遊：每日8:00～11:00(*1)、14:00～17:00
（*1）因季節而異
費 塔利河1日遊：1人$225／巴倫河半日遊：1人$135
※冬天水溫較低，建議攜帶防風衣物

每克服一處急灘，樂趣也會倍增

另外針對不能空出一整天時間的人，也推出從凱恩斯出發，全程只需4小時的巴倫河Barron River半日泛舟遊（等級3）。相較於塔利河雖然少了一點刺激感，但是卻有更多的急灘增添泛舟樂趣，也讓遊客玩得更開心。而且周圍還有壯麗的巴倫峽谷國家公園景觀，以半天的戶外活動而言，可說是名列前茅的人氣行程。

溯溪在戶外活動中很有人氣

超刺激的溪流探險

溯溪（凱恩斯溯溪）

Canyoning / Cairns Canyoning

最近在台灣也日漸流行的溯溪活動，前往位於凱恩斯北部熱帶雨林裡巴倫河流域的水晶瀑布Crystal Cascade，以及凱恩斯南部Mulgrave河的貝哈納峽谷Behana Gorge進行，無論是從30m高的懸崖上垂降、滑過35m高的滑索，或是從10m高一躍而下瀑布深潭，都是非常刺激爽快的體驗。

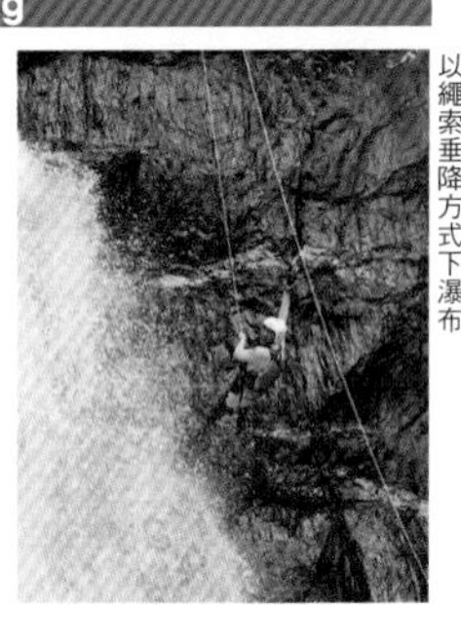
以繩索垂降方式下瀑布

■凱恩斯溯溪
年齡限制：13歲以上
☎(07)4243-3242
URL www.cairnscanyoning.com
時 每日6:30～12:00、12:30～18:00
※因季節而異，有時下午行程會無法成行
費 1人$189
※可能無法佩戴手錶、首飾、相機等物品，請與主辦單位確認。

體驗在熱帶雨林裡騎馬

半日騎馬之旅（Mount-n-Ride Adventures）

Half Day Horse Riding / Mount-n-Ride Adventures

推出每天3次的半天騎馬行程，地點是位於凱恩斯南部高登維爾Gordonvale近郊Little Mulgrave Valley的觀光牧場。牧場附近是列入世界遺產的森林，約1小時30分鐘的騎馬活動就在這片森林中進行，途中會渡過小溪等體驗小小冒險。此外，對有騎馬經驗的遊客，也會挑戰騎馬小跑步，增加活動的樂趣。

在熱帶雨林中的小河前進

■Mount-n-Ride Adventures
住 60 Irvin Access, Little Mulgrave, Gordonvale, 4865
☎(07)4056-5406
URL www.mountnride.com.au
●半日騎馬之旅
時 每日9:00～11:00、13:00～15:00、15:00～17:00
費 含簡單輕食 大人$140 小孩$110
※原則上為當地集合。凱恩斯接送可詢問主辦單位

在熱帶雨林裡狂飆！

ATV越野之旅（庫蘭達雨林旅遊）

ATV(Quad Bile) Buggy Tour / Kuranda Rainforest Journeys

在庫蘭達郊外，緊鄰世界遺產巴倫峽谷國家公園的熱帶雨林私人土地上，毫無顧忌地玩四輪沙灘車ATV。地點就位於空中纜車的巴倫瀑布車站旁，交通十分便利。騎著四輪沙灘車可以穿越熱帶雨林、越過小溪及果園，可以說是充滿熱帶凱恩斯氛圍的行程。教練會根據參加者的狀況，挑

定居於此的食火雞非常親人

選最適合的路線，初學者也能充分感受到樂趣。也可以在途中經過的果園，品嚐當季的新鮮水果；還會看到棲息在園區內的食火雞。

享受在熱帶雨林裡騎ATV的樂趣

在空中迎接日出
熱氣球之旅（凱恩斯熱氣球）
Hot Air Balloon / Hotair Cairns

在天亮前搭上熱氣球升空

嘗試一下早上坐著熱氣球，眺望被朝陽照耀的阿瑟頓高原景色。阿瑟頓高原一整年的晴天率很高，而且風況穩定，是最適合熱氣球飛行的地點。

幸運的話還能看見腳下有袋鼠群

日出前1小時30分從凱恩斯的飯店出發，約1小時就能抵達阿瑟頓高原的出發地點，在冰冷空氣中的天空翱翔，讓人幾乎忘了置身於熱帶，還會在空中拍紀念照。在廣闊天空中迎接日出，看見袋鼠群在腳下的草原上奔跑，這幅景象叫人永難忘懷。

體驗完飛行的樂趣後，全部參加者都要幫忙打包收拾熱氣球Balloon Packing，而且這件事出乎意料地有趣。不過即使是夏天，空中還是很冷，建議要準備外套。

在熱帶雨林感受極度刺激
高空彈跳（Skypark Cairns by AJ Hackett）
Bungy Jump / Skypark Cairns by AJ Hackett

凱恩斯往北約10分鐘車程的山腰上，是澳洲第一次進行高空彈跳的地方，也是值得紀念之處。在這座熱帶雨林裡建有一座44m高的高空彈跳專用塔，參加活動的遊客必須朝著塔底的小池塘向下跳，感受極度刺激。除了高空彈跳，還有一項名為巨型叢林鞦韆Giant Jungle Swing的活動，是由1～3人吊掛塔上，用時速約100公里的速度來回搖擺（可以想像成是大型人體盪鞦韆）。

拿出勇氣往下跳吧！

吊在半空的巨型叢林鞦韆

■庫蘭達雨林旅遊
TEL 040-231-8630
URL www.kurandarainforestjourneys.com.au
時 每日12:30～14:00、14:00～15:30
●ATV越野之旅
費 大人 $95 小孩 $75
●ATV越野之旅＋空中纜車＋庫蘭達景觀鐵路＋飯店接送
費 大人 $204 小孩 $129.50

■凱恩斯熱氣球
年齡限制：5歲以上
TEL (07)4039-9900
URL www.hot-air.jp
費 30分鐘行程（5:00～9:30 大人 $330 小孩 $290
※包含凱恩斯＆北濱海灘接送服務

印有無尾熊圖案的熱氣球

■Skypark Cairns by AJ Hackett
住 End of McGregor Rd., Smithfield, 4878
TEL (07)4057-7188
URL www.skyparkglobal.com/au-en/cairns
營 每日10:00～16:30
費 高空彈跳：大人 $139 小孩 $99／巨型叢林鞦韆：大人 $99 小孩 $69／高空彈跳＋巨型叢林鞦韆：大人 $199 小孩 $149
※小孩為10～14歲／※也有照片加影片的套裝組合／※含凱恩斯＆北濱海灘接送服務

挑戰拖曳傘、水上摩托車、波管駕乘

海上活動（北昆士蘭水上運動）

Marine Activities / North QLD Water Sports

北昆士蘭水上運動就位於凱恩斯市區正面對三一灣之處，提供拖曳傘、水上摩托車（在澳洲只要在教練監督下誰都可以乘坐）等水上活動。在出發前教練會詳細解說注意事項，初學者也可以安心參與。

除了一般的水上活動，還有推出和教練共乘水上摩托車一起去看野生鱷魚，名為Croc Spotting Jet Ski Tour的活動（需要2小時），也很特別。

悠閒翱翔在寬闊天空的拖曳傘

■北昆士蘭水上運動
☎0411-739-069
URL www.nqwatersports.com.au
時 每日9:00、11:00、13:00、15:00從馬林碼頭出發
費 1人乘坐：拖曳傘$145、水上摩托車$100／2人乘坐（2人份）：拖曳傘$160、水上摩托車$160／Croc Spotting Jet Ski Tour：1人乘坐$190、2人乘坐$260
※包含凱恩斯市區接送服務

和教練一起躍向天空

雙人高空跳傘（凱恩斯跳傘）

Tandem Skydiving / Skydive Cairns

雙人高空跳傘是由教練帶領一起翱翔天際，即使是初學者也能體驗的跳傘活動，在凱恩斯市區有凱恩斯跳傘提供這項服務。出發前會先教導並簡單練習空中的基本姿勢，再搭乘小飛機。通常最多人選擇的高度，是從1萬5000英尺（相當於約4500m）的高空跳下，體驗60秒左右的自由落體快感，之後降落傘就會打開；若考慮到預算問題，選擇7500英尺（相當於3000m自由落體約30秒）的人也不少。即使從1萬5000英尺跳下，在空中飛翔的時間也只有短短4分鐘，卻能充分體驗刺激與舒暢感，是在台灣很難有的經驗。

爽快地自由落體體驗（凱恩斯跳傘）

在搭上小飛機前，大家都還很輕鬆的模樣（凱恩斯跳傘）

■凱恩斯跳傘
☎1300-811-057
URL www.skydive.com.au/locations/cairns/
費 1萬5000英尺$309、7500英尺$239
※跳傘過程中的照片$129、照片＋錄影$179
※包含凱恩斯&北濱海灘接送服務

凱恩斯跳傘會降落在甘蔗田裡的草地上

搭乘小飛機去看人氣的無尾熊礁！

小飛機空中之旅（海上飛鷹）

Scenic Flight / Fly Sea Eagle

搭乘小飛機從凱恩斯國際機場出發的空中遊覽行程。出境大廳在國內線、國際線航廈與跑道的對面，光是走到小飛機旁邊就讓人興奮不已。最熱門的是飛行45分鐘的行程，起飛後穿越綠島上空進入大堡礁範圍，接著經過巨大的阿靈頓礁、米迦勒

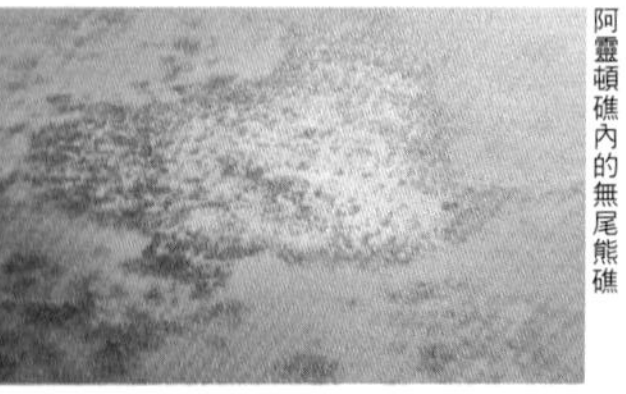

阿靈頓礁內的無尾熊礁

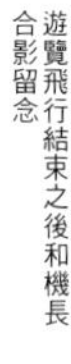
遊覽飛行結束之後和機長合影留念

節礁Michaelmas Reef、海斯汀礁Hasting Reef、Vlasoff Cay＆Reef、牡蠣礁Oyster Reef和烏波盧沙洲Upolu Cay上空，最後回到原點。在途中的阿靈頓礁內，會看到形似無尾熊臉孔而被稱為無尾熊礁的礁石。

可以和觀光船聯手完成外礁之旅

直升機飛行之旅（鸚鵡螺航空）

Heli Scenic Flight / Nautilus Aviation

從空中眺望大堡礁的壯闊景色，令人驚嘆

鸚鵡螺航空使用最新型6人座直升機，推出前往大堡礁的各種空中遊覽行程，即使是30分鐘的行程，也能繞行綠島、烏波盧沙洲、米迦勒節礁、Vlasoff Cay、阿靈頓礁上空一周，欣賞絕佳景致。另外，和觀光船公司間也有合作，提供大堡礁各浮島間的單程、來回直升機飛行的服務。

凱恩斯的熱門釣魚之旅

釣魚（All Tackle Sportfishing）

Fishing / All Tackle Sportfishing

All Tackle Sportfishing推出在凱恩斯釣魚的行程，從價格平實的半日灣內自由垂釣，到外海拖釣、路亞釣法Lure Fishing，甚至是租船進行釣魚競賽等，都可以為遊客安排。

在凱恩斯享受高爾夫假期

高爾夫球

Golf

凱恩斯近郊具代表性的高爾夫球場有受在地人喜愛的Cairns Golf Course、北濱海灘地區（約凱斯小丘Yorkeys Knob）的Half Moon Bay Golf Club、道格拉斯港的Palmer Sea Reef Golf Course及Mirage Country Club等，負責安排預約和接送服務的是Port Douglas Connections。沒有車的話前往高爾夫球場十分不便，請多利用接送服務。

■海上飛鷹
電話 0448-531-704
URL www.seaeagleadventures.com
時 每日7:00～不定時（因為每天出發時間不一定，儘量在前一天預約）
費 30分鐘飛行：1人$180／45分鐘飛行：1人$225

■鸚鵡螺航空
電話 (07)4034-9000
URL www.nautilusaviation.com.au
費 30分鐘大堡礁$399／45分鐘外礁＆雨林$499／與大冒險號、太陽戀人號的飛行＆觀光船套裝行程（請洽詢公司）

■All Tackle Sportfishing
電話 0414-185-534
URL www.alltacklesportfishing.net.au
費 內海半日自由釣魚（7:30～12:00、13:00～17:30）1人$120

■Port Douglas Connections
住 9 Plath Close, Cairns, 4870
電話 (07)4051-9167
URL www.portdouglas-c.com
費 凱恩斯出發含接送：Cairns Golf Course $115／Half Moon Bay Golf Club $115／Palmer Sea Reef Golf Course $235／Mirage Country Club $220

凱恩斯地區首屈一指的人氣高爾夫球場，Palmer Sea Reef Golf Course

在凱恩斯近郊體驗 極上SPA饗宴

最近凱恩斯近郊有愈來愈多的度假飯店增設SPA設施。
原則上是提供房客使用，
但大部分也歡迎外來客（需要預約）。
接下來介紹其中代表性的幾間SPA。

Alamanda Spa

位於棕櫚灣的高級公寓式酒店Alamanda Palm Cove by Lancemore內。室內外都有芳療室，天氣涼爽時在戶外芳療室進行按摩，是極致的享受。

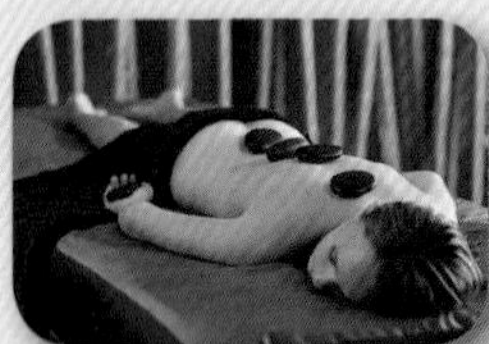

在沉靜的氣氛中舒服地進行療程

DATA MAP P.77
住Alamanda Palm Cove by Lancemore, 1 Veivers Rd., Palm Cove, 4879
☎(07)4055-3000
URL www.lancemore.com.au/alamanda/spa
營週一～六9:00～19:00
費臉部療程60分鐘$160／招牌療程90分鐘$205～等
CC ADJMV

位於戶外，可以享受微風吹拂的Alamanda Spa人氣芳療室

Eléme Day Spa

位在凱恩斯市區的Crystalbrook Collection旗下的Riley和Flynn兩家飯店內，其芳療室的舒服氛圍在當地的SPA中稱得上是第一名，也備有情侶用的芳療室。使用的SPA產品是在世界上極受好評的澳洲純素保養品Sodashi，以及Eléme Spa的原創品牌產品。

Flynn飯店內情侶用的芳療室

DATA
URL www.crystalbrookcollection.com/eleme-spa/cairns
費臉部療程30分鐘$85～／全身按摩60分鐘$150～／夢幻套裝療程180分鐘$458等
CC ADJMV
●凱恩斯Riley MAP P.69/2B
住Crystalbrook Riley, 131-141 Esplanade, Cairns, QLD 4870
☎(07)4252-7700
營週二～日9:00～18:00
●凱恩斯Flynn MAP P.69/2B
住Crystalbrook Flynn, 85 Esplanade, Cairns, QLD 4870
☎(07)4253-5035
營週四～日9:00～18:00

Vie Spa

由澳洲的高級飯店Pullman Hotels & Resorts經營的豪華SPA。在凱恩斯市區的Pullman International Cairns、棕櫚灣及道格拉斯港的Pullman Sea Temple Resort&Spa內都有。使用世界一流SPA的人氣芳療品牌Pevonia Botanica，以及澳洲有機保養品ikou的產品。

DATA
URL viespa.com.au
營每日9:00～19:00
費臉部療程30分鐘$65～／按摩60分鐘$160～／各種套裝療程120分鐘$330～等
CC ADJMV
●凱恩斯 MAP P.69/3B
住Pullman Cairns International , 17 Abbott St., Cairns, QLD 4870
☎(07)4050-2124
●棕櫚灣 MAP P.77
住Pullman Palm Cove Sea Temple Resort & Spa, 5 Triton St., Palm Cove, QLD 4879
☎(07)4059-9600
●道格拉斯港 MAP P.84
住Pullman Port Douglas Sea Temple Resort & Spa, Mitre St., Port Douglas, QLD 4877
☎(07)4084-3515

寬敞的情侶用療程室

凱恩斯的住宿

ACCOMMODATION 區域號碼 (07)

凱恩斯市區

經濟型

如果從舒適度選擇 MAP P.69/3A

Cairns Central YHA

URL www.yha.com.au 住 20-26 McLeod St., 4870 ☎ 4051-0772 WiFi 免費 費 D $33.40～41.60、T W $128～200
※非YHA會員要追加費用 CC MV

舒適的游泳池畔

鄰近凱恩斯中央購物中心Cairns Central，乾淨而沉靜的氣氛是一大優點。淋浴設備和廁所為共用，客房皆有裝設冷氣。

嫓美星級飯店設施的背包客旅館 MAP P.69/3A

Gilligan's Backpackers Hotel & Resort

URL www.gilligans.com.au
住 57-89 Grafton St., 4870 ☎ 4041-6566
FREE 1800-556-995 WiFi 免費
費 D $20～37、T W $109～119 CC AJMV

設備很棒的背包客旅館

客房皆有冷氣、淋浴設備和廁所，宿舍房也設有專用置物櫃。5人制足球場、人造海灘泳池等運動設施豐富，泳池旁還有大型銀幕，每天晚上都會上映電影。旅館隔壁就是市場Rusty's Market。

公寓式旅館

時尚的精品飯店 MAP P.69/2B

Il Palazzo Boutique Hotel

URL ilpalazzo.com.au 住 62 Abbott St., 4870
☎ 4041-2155 FREE 1800-813-222 WiFi 免費
費 1B $195～240 CC ADJMV

仿造義大利小型飯店的外觀

位於阿伯特街Abbott St.上的南歐風格飯店。統一使用米色為基調的牆面和家具，沉穩氣氛的床單等房內風格時尚。

緊鄰Reef Fleet Terminal渡船頭 MAP P.69/3B

The Sebel Cairns Harbour Lights

URL www.thesebelcairnsharbourlightshotel.com
住 1 Marin Pde., 4870 ☎ 4057-0800
WiFi 免費 費 Hotel Style：W $283～／1B $353～413
CC ADJMV

寬敞的客廳空間

對於參加觀光船行程的遊客來說是絕佳的地點，客房寬敞又舒適。

眼前就是濱海大道人工湖 MAP P.69/3B

Mantra Esplanade Cairns

URL www.mantraesplanadecairns.com.au
住 53-57 The Esplanade, 4870 ☎ 4046-4141
WiFi 付費 費 Hotel Room：T W $329～368／1B $396～439、2B $699～ CC ADJMV

興建在交通便利的地點

矗立在濱海大道The Esplanade上的高級地段。客房分成飯店房和公寓房，2種房型都十分寬敞，並附設視野極佳的陽台。

濱海大道上的人氣住宿 MAP P.69/2B

Mantra Trilogy

URL www.mantratrilogy.com.au 住 101-105 The Esplanade, 4870 ☎ 4080-8000 WiFi 免費
費 Hotel Room：T W $325～／1B $424～、2B $491～ CC ADJMV

戶外泳池也十分寬廣

位在濱海大道The Esplanade和阿普林街Aplin St.的路口。客房設計屬現代風格，廚房設置洗碗機，客廳的寬敞程度更是凱恩斯數一數二的。

星級飯店

推薦給想悠閒度假的人 MAP P.68/2B

Holiday Inn Harbourside

URL www.ihg.com.au 住 209-217 The Esplanade, 4870 ☎ 4080-3000
WiFi 付費(IHG會員免費)
費 T W $290～368
CC ADJMV

游泳池就在濱海大道旁

到市中心雖然走路需要20分鐘，但10:00～22:00每小時都有1班免費接駁車行駛。客房分為面海景與山景，餐廳及游泳池則位於海景側，房內空間明亮而現代化。

位在市區正中心的老飯店 MAP P.69/3A

Hides Hotel

URL www.hideshotel.com.au
住 87 Lake St., 4870 ☎ 4058-3700
WiFi 免費 費 T W $159～189 CC ADMV

以殖民風格的外觀為特徵

使用建於市民廣場的殖民時代老建築做為飯店，從凱恩斯最古老的電梯，以及高天花板的基本房（衛浴共用），不難看出開拓時代當時的模樣。一般客房走現代風格，主要的電源插座採USB接頭設計，使用方便。搭乘觀光船的遊客還可以免費租借毛巾。

Reef Casino就在眼前 MAP P.69/3B

Pacific Hotel Cairns

URL pacifichotelcairns.com.au
住 43 The Esplanade (Cnr. Spence St.), 4870
☎ 4051-7888 WiFi 免費 費 T W $215～325
CC ADJMV

寬闊的高級客房

凱恩斯的老字號高級飯店。挑高3層樓的大廳內，擺放藤製桌椅，充滿南洋風情，客房也走現代設計，明亮而舒適。

位於市區正中心方便購物 MAP P.69/3A

The Benson Hotel

URL www.thebensonhotel.com.au
住 50 Grafton St., 4870 ☎ 4046-0300
WiFi 免費 費 T W $215～270 CC ADJMV

位在市中心客房還能這麼寬敞，真讓人開心

建於市中心10層樓高的飯店，客房內有最新的視聽設備，游泳池旁也有涼亭，房客能放鬆且舒適地享受停留的時光。

客房選擇性很高 MAP P.69/1B

Rydges Esplanade Resort Cairns

URL www.rydges.com
住 209-217 Abbott St., 4870
☎ 4044-9000
WiFi 免費
費 T W $350～449、1B $504～、2B $584～
CC ADJMV

濱海大道上的大型飯店

位於濱海大道上的大型飯店。客房設計很別緻，並附有寬闊陽台，餐廳、酒吧、健身房、網球場和泳池等設備豐富。還有準備腳踏車提供房客租借。

以珊瑚礁為概念設計的明亮空間 MAP P.69/2B

Novotel Cairns Oasis Resort

URL www.novotelcairnsresort.com.au
住 122 Lake St., 4870 ☎ 4080-1888
WiFi 免費 費 T W $460～676
CC ADJMV

自豪的人造海灘泳池，是凱恩斯市中心規模最大的

在廣大屬地中打造圍繞人造海灘泳池的各棟住宿建築，以同級飯店而言，客房不但寬敞，裝潢設計也充滿明亮氣氛，並附有陽台。

具備機能性和各種服務 MAP P.69/2B

Double Tree By Hilton Cairns

URL doubletree3.hilton.com
住 122-123 The Esplanade (Cnr. Florence St.), 4870
☎ 4050-6070
WiFi 付費（Hilton會員免費）
費 T W $384～714
CC ADJMV

濱海大道上的圓形飯店，辦理住房登記時會贈送Double Tree的自製餅乾。建造在建築中央的池子和熱帶植物園，生長著多種茂密的熱帶植物，非常清新。池塘裡飼養著澳洲尖吻鱸，週一～五13:00都會有餵食活動進行。客房景觀分為海側與山側，但基本設備則相同，針對家庭房客而設的連通房也很多。

出乎意料的寬闊游泳池

現代設計的舒適客房

種植熱帶植物的中庭，還有個養著澳洲尖吻鱸的池塘

Double Tree知名的餅乾

鄰近港口的豪華飯店 MAP P.69/3B

Hilton Hotel Cairns

URL www.cairns.hilton.com
住 34 The Esplanade, 4870 ☎ 4050-2000
WiFi 付費（Hilton會員免費）
費 T W $389～1324 CC ADJMV

充滿開放感的大廳

寬敞又舒適的客房

緊鄰Reef Fleet Terminal，是凱恩斯具代表性的5星級飯店。巧妙引進戶外光線且通風的大廳，充滿熱帶氛圍，搭配上周圍種滿熱帶植物、洋溢南國風情的游泳池，以及成為熱門婚禮會場的白色教堂，還有健身房等豐富設施。除了SPA房和套房之外，其餘客房皆為相同格局、空間超過30m²，以現代風格的衣櫃與桌椅等家具，營造出明亮氛圍。餐廳則是深受當地人喜愛的Mondo on the Waterfront，以及國際現代的Signature Restaurant。

所有客房都可以看到海 MAP P.69/2B

Riley - a Crystalbrook Collection Resort

URL www.crystalbrookcollection.com/ja
住 131-141 The Esplanade, 4870
☎ 4252-7777
WiFi 免費
費 T W $325～1325
CC ADJMV

建於濱海大道上，被評價為凱恩斯市中心最有度假感的5星級飯店。以在飯店能悠閒享受為概念，打造出市中心唯一的無邊泳池，以及正統的Day SPA Eléme，還有餐廳、酒吧等設施。客房分屬主棟與高塔，都是時尚的度假風格；都備有Nespresso膠囊咖啡機和T2紅茶等飲料。此外，房內還提供iPad以便飯店內餐廳訂位或觀光團預約報名。

凱恩斯市中心最有度假感的飯店

充滿度假感的客房

濱海大道上最新的度假村 MAP P.69/2B

Flynn - a Crystalbrook Collection Resort

URL www.crystalbrookcollection.com/ja
住 85 The Esplanade, 4870
☎ 1300-002-050（預約） WiFi 免費
費 T W $325～1725
CC ADJMV

興建在濱海大道The Esplanade和阿伯特街Abbott St.之間的最新一家5星級飯店，分為海景的濱海大道側及山景的阿伯特街側2棟大樓，住房登記是在阿伯特街側。客房內使用時尚而現代風格的家飾及家具，展現品味與優雅，給人舒適感（浴室只有淋浴）。面向濱海大道的餐廳和酒吧，走開放式休閒風格，還有眺望濱海大道的開放游泳池等豐富設施。和Riley同樣在房內提供iPad以便預約飯店內設施。

享受藝術氛圍

以熱帶雨林為設計發想 MAP P.69/2B

Bailey - a Crystalbrook Collection Resort

URL www.crystalbrookcollection.com/ja
住 163 Abbott St., 4870
☎ 1300-002-050（預約）
WiFi 免費
費 T W $285～635 CC ADJMV

以熱帶雨林為主題的5星級飯店。寬廣而開放的入口處打造了瀑布，讓人在踏入飯店的瞬間就感覺到凱恩斯的熱帶雨林，建築也統一為綠色，客房內裝則呈現舒適現代風格（浴室只有淋浴）。附設的餐廳CC's Bar & Grill是凱恩斯評價第一的經典牛排館，而面對大馬路的戶外酒吧也很受歡迎。和Riley同樣在房內提供iPad以便預約飯店內設施。

泳池區佔地十分寬廣

Memo Crystalbrook Collection是知名的SDGs永續發展目標推動飯店，要努力做到基本上要廢物利用，盥洗用品未使用完就不補充，餐廳使用的食材也盡量地產地消。

附設賭場的豪華飯店 Pullman Reef Hotel Casino

MAP P.69/3B

泳池區位於中階樓層

URL www.reefcasino.com.au
住 35-41 Wharf St., 4870
☎ 4030-8888
WiFi 免費
費 T W $499～1499
CC ADJMV

以附設賭場Cairns Zoom & Wildlife Dome而聞名的豪華飯店，飯店和賭場有各自的入口，不必擔心安全問題。大廳的住房登記是坐在沙發上進行，客房內裝則以米色為基調十分高級。還附設時尚泰式餐廳Tamarind Restaurant。

凱恩斯屈指可數的高級飯店 Pullman Cairns International

MAP P.69/3B

URL www.pullmancairnsinternational.com.au
住 17 Abbott St., 4870
☎ 4031-1300
WiFi 付費
費 T W $458～648
CC ADJMV

有度假風的泳池區

挑高3層樓的殖民風大廳，搭配上木棧道、種植熱帶植物的泳池畔等設施，充滿南國風情。客房以柔和為基調色彩十分協調，給人清爽感。還有高級Day SPA（Vie Spa）、餐廳和酒吧等設施。

貴族的5星級飯店 Shangri-La Hotel the Marina

MAP P.69/3B

URL www.shangri-la.com
住 Pierpoint Rd.(P.O. Box 7170), 4870
☎ 4031-1411 WiFi 免費
費 T W $480～608 CC ADJMV

位在Reef Fleet Terminal旁，客房內部設計簡潔，房內浴室皆為乾濕分離，還有寬敞的陽台。

幽靜的泳池區給人舒適和放鬆感

棕櫚灣和北濱海灘

專為大人設計的隱密度假村 Kewarra Beach Resort & Spa

MAP P.67/3B

URL www.kewarra.com
住 80 Kewarra St., Kewarra Beach, Smithfield, 4879 ☎ 4058-4000 WiFi 免費
費 T W $220～295
CC ADJMV

從凱恩斯開車約20分鐘。擁有面向海灘的廣大熱帶雨林園區，小木屋型態的客房中，窗簾和床

客房中感受到木製的溫馨感

想住住看 凱恩斯郊外的度假村

如珍珠般的珊瑚礁度假村 Green Island Resort

位於綠島，是大堡礁名列前茅的豪華度假村。停留期間，每天清晨和傍晚聽著海浪拍打沙灘聲，夜晚眺望著滿天星斗，那種深刻體會到大自然美好的心情，是當天往返所感受不到的。度假村的房客區為2層樓的客房建築和專用泳池，有很足夠的放鬆空間，客房內裝則以木質為主，充滿沉靜氛圍。晚餐和早餐在Emerald餐廳用餐，尤其晚餐是提供正統現代澳洲料理。

針對房客所辦的活動也很豐富，像是在棧橋釣魚、傍晚免費的夕陽酒吧，以及有嚮導陪同的星空觀察等活動。此外，針對當日遊客的島內活動中，有些房客也是免費的。

位處美麗的珊瑚礁島上

左：寬敞的豪華Reef套房
右：手拿著免費飲料享受夕陽

DATA MAP P.78

URL www.greenislandresort.com.au
住 P.O.Box 898, Cairns, 4870
☎ 4031-3300
WiFi 免費 費 T W $500～600 CC ADJMV

從台灣撥打電話至凱恩斯
002＋61（國碼）＋7（去除0的區域號碼）＋電話號碼

單等紡織品採用原住民或托雷斯海峽島民的工藝設計，很有異國風情。

棕櫚灣的豪華公寓式飯店 MAP P.77
Pullman Palm Cove Sea Temple Resort & Spa

URL www.pullmanpalmcove.com.au
住 5 Triton St., Palm Cove, 4879
☎ 4059-9600 WiFi 免費
費 Studio $429～457／2B $919～1028
CC ADJMV

飯店占地之廣在棕櫚灣名列前茅

寬廣的屬地中有泳池，泳池周圍有多棟3層樓建築，以及庭園、餐廳和Day Spa等設施。大部分客房都是公寓型式，亞洲風的室內設計、完善水療浴缸等，可以度過一段優雅的時光。

白色大理石建築的豪華度假村 MAP P.77
Peppers Beach Club & Spa Palm Cove

URL www.peppers.com.au
住 123 Williams Esplanade, Palm Cove, 4879
☎ 4059-9200 WiFi 免費
費 Hotel Room：T W $509～／1B $614～
CC ADJMV

在人造海灘度過悠閒時光

4層樓白色的客房建築，圍繞著超大的人工沙灘泳池而建，幾乎所有客房都有陽台和水療浴缸，十分奢華。還附設Paradise Day Spa。

情侶一定要來住一次 MAP P.77
The Reef House Palm Cove

URL www.reefhouse.com.au
住 99 Williams Esplanade, Palm Cove, 4879
☎ 4080-2600 WiFi 免費
費 3晚套裝組合（含早餐）W $2397～
CC ADJMV

全房型都是雙人房，房客基本上都是情侶。房內都備有DVD & CD播放機，部分房間還有四柱公主紗帳床。另外還有凱恩斯屈指可數的SPA設備。

四柱公主紗帳床為其特色

以豪華的SPA設備誇耀人氣 MAP P.77
Alamanda Palm Cove by Lancemore

URL www.lancemore.com.au/alamanda
住 1 Veivers Rd., Palm Cove, 4879
☎ 4055-3000 WiFi 免費
費 3晚套裝組合$3219～ CC ADJMV

附設超人氣Alamanda SPA的頂級公寓式度假村，最小的單床客房面積也有85m²，NuNu餐廳的歐陸料理更是棕櫚灣第一。

寬敞的客房

費茲羅伊島

熱帶雨林島上的4星度假村 MAP P.79
Fitzroy Island Resort

URL www.fitzroyisland.com
住 P.O.Box 3058, Cairns, 4870
☎ 4044-6700 WiFi 付費
費 T W $200～400、2B $390～／露營地$37
CC AJMV

面向費茲羅伊島Fitzroy Island的海灘而建，幾乎所有房間都可以看到大海。從一般客房到附小廚房的房間，有各種房型可供選擇。還有泳池、餐廳、酒吧和遊戲室等設備。

在度假村的泳池悠閒一下也是不錯的選擇

道格拉斯港

澳洲具代表性的高級度假村 MAP P.84
Sheraton Grand Mirage Port Douglas

URL www.marriott.com
住 Port Douglas Rd., Port Douglas, 4877
☎ 4099-5888 WiFi 免費
費 T W $640～2499
CC ADJMV

飯店主建築面對著廣大的人工沙灘泳池而建，綠意豐饒的庭園內還有別墅。一般的客房內裝以白色為基調，非常舒適。擁有18洞的高爾夫球場、網球場、健身中心等豐富設施。

高貴奢華氣氛的度假村

充滿熱帶度假村風情 MAP P.84
Oaks Resort Port Douglas

URL www.oakshotels.com
住 87-109 Port Douglas Rd., Port Douglas, 4877
☎ 4099-8900　WiFi 免費　費 T W $262～、1B $315～、2B $565～　CC ADJMV

客房設計流行而現代

位於道格拉斯港的高級飯店區，殖民時代風格的大廳、擁有蓮花池和清風穿透的開放式餐廳、寬闊的人工沙灘泳池，以及現代風格設計的客房……，飯店無處不散發著南國度假村的氛圍。並提供遊客腳踏車租借服務。

丹翠國家公園

被熱帶雨林包圍的飯店 MAP P.67/2A
Silky Oaks Lodge & Healing Waters Spa

URL www.silkyoakslodge.com.au
住 Lot 3, Finlayvale Rd.（P.O.Box 396）, Mossman, 4871　☎ 4098-1666　FAX 4098-1983
WiFi 免費　費 T W $990～　※含早餐
CC ADJMV

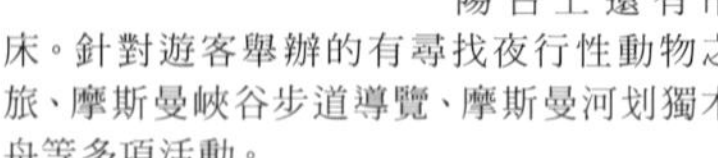
面對摩斯曼河的建築

Villa內為現代風格

位在摩斯曼郊外，與世界遺產的森林相鄰的度假村。建於摩斯曼河畔有架高式的Villa、Day Spa、泳池等設施，還有設有餐廳、酒吧、圖書館的主建築。Villa走自然風，陽台上還有吊床。針對遊客舉辦的有尋找夜行性動物之旅、摩斯曼峽谷步道導覽、摩斯曼河划獨木舟等多項活動。

位在丹翠地區的中心 MAP P.67/2A
Daintree Eco Lodge & Spa

URL www.daintree-ecolodge.com.au
住 3189 Mossman-Daintree Rd., Daintree, 4873
☎ 4777-7377　WiFi 免費　費 T W $545～600
※含早餐　CC ADJMV

木屋內部比想像中豪華

15間客房打造在熱帶雨林中，客房都是獨立的架高式獨棟建築，SPA設備也很豐富。

提到苦難角的度假村就是這裡 MAP P.67/2B
Ferntree Rainforest Lodge

URL www.ferntreerainforesthotel.com
住 36 Camelot Close, Cape Tribulation, 4873
☎ 4098-0000　WiFi 付費　費 T W $160～310
CC ADJMV

與森林融合為一體的造景

在距離苦難角海灘約5分鐘車程的森林中，客房分成花園和泳池畔2種。

蜥蜴島

大堡礁最北端的高級度假村 MAP 無
Lizard Island Great Barrier Reef

URL www.lizardisland.com.au　住 PMB 40, Cairns, 4871　☎ 4043-1999　FREE 1800-837-204（預約）　WiFi 免費（由於位在離島，網址有所限定）
費 T W $1999～5549　※住宿期間含餐飲
CC ADJMV

安靜時光流洩的蜥蜴島

被珊瑚礁海所包圍，是大堡礁中屈指可數的豪華度假村。完善的交通服務、含在住宿費用中的餐飲等，全部都是頂級的，還有正統的Day Spa設施。

COLUMN

享受時尚氛圍的海上晚餐
Spirit of Cairns

搭乘雙體風帆遊艇，在風平浪靜的海上欣賞夜景，船上供應歐式自助餐，也有現場演奏等餘興節目。上船時還有免費迎賓飲料的服務，非常適合想優雅地享受晚餐時光的人。

● Spirit of Cairns（Entrada Travel Group）
URL www.spiritofcairns.com.au
☎ 4047-9170
時 晚餐巡航之旅：週一～六 18:30～21:00
費 晚餐巡航之旅：大人 $105 小孩 $55　CC ADJMV
酒 Licensed

悠閒地搭乘大型雙體風帆遊艇的晚餐巡航之旅

凱恩斯的餐廳 RESTAURANT

區域號碼(07)

凱恩斯市區

這就是澳洲的味道 Ochre Restaurant

MAP P.69/3B

URL ochrerestaurant.com.au
住 Cairns Harbour Lights, Shop 6, 1 Marlin Pde., 4870 ☎4051-0100 營 週一～六11:30～15:00、17:30～21:30
CC ADJMV 酒 Licensed

菜單上還有珍奇的沙袋鼠料理

把澳洲原住民從大自然得到的恩惠，用現代方式調理。使用食材包括金合歡種子、夏威夷果等植物，還有鱷魚、袋鼠和鴯鶓等肉類，以及近海魚類等。

挑戰鱷魚、袋鼠和鴕鳥的排餐 Dundee's Waterfront Dining

MAP P.69/3B

URL www.dundees.com.au
住 Cairns Harbour Lights, Shop 3, 1 Marlin Pde., 4870 ☎4051-0399 營 每日11:30～14:30、17:00～22:00 CC ADJMV 酒 Licensed
●Dundee's at the Cairns Aquarium（凱恩斯水族館內分店 MAP P.69/2B） 住 5 Florence St., 4870 ☎4276-1855 營 每日8:00～22:00

位於Harbour Lights木棧道的人氣餐廳。菜單從燒烤捕獲自凱恩斯近郊的澳洲尖吻鱸$40、海鮮拼盤Taste of Sea $34等海鮮料理，到各種排餐（沙朗200g $36.50～羊排500g $46.50），可以吃遍澳洲才有的美味。並有凱恩斯水族館分店的限定菜單。

人氣餐點的澳洲尖吻鱸

聚集當地人的開放式咖啡館&酒吧 Mondo on the Waterfront

MAP P.69/3B

URL mondoonthewaterfront.com.au
住 Hilton Cairns, Wharf St., 4870 ☎4052-6780
營 每日12:00～14:30、17:00～20:30
CC ADJMV 酒 Licensed

位於馬林碼頭旁Hilton Cairns內的餐廳，有印尼料理的炒飯Nasi Goreng（$28）、墨西哥料理的烤肉Fajita（$28）等豐富菜色，其中最受歡迎的是Mondo BBQ（$35）。

一定要品嚐的Mondo BBQ

在地氣氛下輕鬆品嚐新鮮的海味 Prawn Star

MAP P.69/3B

URL www.prawnstarcairns.com
住 Marlin Marina, E31 Berth, Pier Point Rd,, 4870
☎0497-007-225 營 每日11:00～21:00
休 耶誕節 CC MV 酒 BYO（僅限葡萄酒）

將停泊在馬林小艇碼頭E Finger的船舶，作為餐廳兼海鮮卸貨處，是能買到當地新鮮魚貨的知名場所。船上座位以併桌為主，可以用實惠價格品嚐到美味海鮮（基本上是生吃或川燙）。人氣的巨無霸海鮮拼盤（$120）分量適合4人享用，最小的蝦子拼盤（$35）也有800g。

分量滿點的巨無霸海鮮拼盤

位於交通方便之地的Night Markets Food Court

COLUMN 提供多樣選擇的美食街 Night Markets Food Court

身為夜晚熱門購物景點的Night Markets，濱海大道側入口就是美食街，和市場內小吃店不同的是，不只在晚上營業，也供應午餐。有日式、泰式、中式等許多亞洲料理，對想壓低餐費或是簡單解決一餐的人，是非常合適的選擇。也有酒吧櫃檯提供酒類飲料。

● Night Markets Food Court MAP P.69/2B
URL www.nightmarkets.com.au
時 午餐時段每日11:00～14:00、晚餐時段17:00～22:00（營業時間因店家而異）

烤肉串和石板牛排頗受好評 MAP P.69/3B
Bushfire Flame Grill

URL bushfirecairns.com
住 43 The Esplanade (Cnr. Spence St.), 4870
☎ 4044-1879
營 每日17:30～21:30
休 國定假日 CC ADJMV

巴西窯烤很受歡迎

Pacific International Hotel內的餐廳，採用澳洲香料和食材的當代料理，可以享用凱恩斯有名的石板牛排、巴西風格烤肉的巴西窯烤Churrasco等，菜單種類豐富。巴西窯烤在18:00～19:00間用餐完畢可享早鳥優惠（平常$54.90變成$39.90）。

紐約風格的牛排館 MAP P.69/2B
CC's Bar & Grill

URL www.crystalbrookcollection.com
住 Bailey-A Crystalbrook Collection Resort, Ground floor A, 163 Abbott St., 4870
☎ 4253-4010
營 週二～六16:00～22:00
CC ADJMV 酒 Licensed

由於是熟成肉會將瘦肉原本的美味濃縮

評價為凱恩斯第一名的牛排館，店內裝潢以紐約經典牛排館為藍本。擁有自營牧場，牛肉品質極佳，而且為了帶出美味，牛排提供的是熟成肉，沙朗牛排200g $35～。推薦2道菜的套餐$75，包含精緻小點、主菜（沙朗牛排200g也在內）及前菜或甜點。

全新體驗的滋味令人驚訝 MAP P.69/3B
Signature Restaurant

URL www.hilton.com/en/hotels/crnhitw-hilton-cairns/dining/
住 Hilton Cairns, Wharf St., 4870 ☎ 4052-6780
營 週一、四～日18:00～21:00 CC ADJMV
酒 Licensed

位於Hilton Hotel Cairns內的高級餐廳。

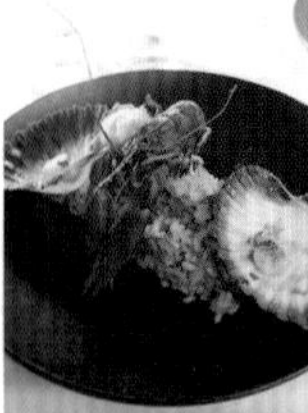
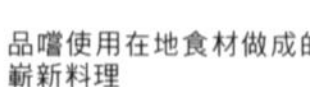
品嚐使用在地食材做成的嶄新料理

使用來自凱恩斯當地及近海捕獲的食材，搭配南美、歐洲、亞洲各國的料理方式，組合出嶄新的手法，提供全新的飲食體驗。此外，因為餐廳內的氣氛時尚，成為當地人慶國定假日紀念日的知名餐廳。

亞洲融合料理很受歡迎 MAP P.69/2B
Paper Crane

URL www.crystalbrookcollection.com
住 Reily-A Crystalbrook Collection Resort, 131-141 The Esplanade, 4870
☎ 4252-7770 營 週一～六17:30～20:30、週日15:00～20:30 CC ADJMV 酒 Licensed

調味令人驚訝的菜色很多

將亞洲各國料理改變成現代風餐點而自豪的餐廳，特別是受到日本和泰國料理影響較大的菜色很多。餐廳的推薦菜色有前菜的香料茄子咖哩角$17、主菜的澳洲牛排（時價）、東坡肉$35等。

凱恩斯視野最棒的餐廳 MAP P.69/2B
Rocco

URL www.crystalbrookcollection.com
住 Level 12, The Tower, 131-141 The Esplanade, 4870 ☎ 4252-7711 營 週四～日16:00～24:00
CC ADJMV 酒 Licensed

外觀也美到可以拍照打卡的菜色很多

位於Riley的高塔棟最頂樓，白天可以遠眺三一灣的景致，天氣晴朗時還能看到綠島，視野絕佳。餐點概念發想自中東與地中海地區，人氣小菜有口袋薄餅Pita Bread和3種沾醬1人$16，受歡迎的主菜則有澳洲尖吻鱸佐番紅花醬汁$32等。而店名起源自咖啡馬丁尼Espresso Martini，當然雞尾酒類也很豐富。

用餐前時尚小酌片刻 MAP P.69/2B
The Vine Room

URL www.facebook.com/thevineroomurbanprovedore/
住 Double Tree by Hilton, 121-123 The Esplanade, 4870
☎ 4050-6070
營 每日16:00～21:00

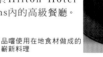

從台灣撥打電話至凱恩斯
002 + 61（國碼）+ 7（去除0的區域號碼）+ 電話號碼

CC ADJMV
酒 Licensed

為Double Tree By Hilton位於濱海大道側的露台酒吧＆餐廳，有熟食冷肉拼盤、披薩等適合下酒的各種豐富菜色。推薦在用餐前先喝一杯酒，享受凱恩斯的夕陽。

殖民風格氛圍 The Cambers

MAP P.69/3A

URL www.the-chambers.com.au
住 21 Spence St., 4870
☎ 4041-7302
營 每日7:00～14:30
CC AMV　酒 Licensed

人氣餐點炸鮭魚

由建於1920年代殖民時代風格的銀行建築改建成的餐廳。推薦來吃早午餐，有班尼迪克蛋$17、酪梨吐司$21、早餐漢堡$18、炸鮭魚$33等豐富餐點。除了室內座位，還有面對雷克街Lake St.的陽台座位。

亞洲融合料理的極致 Tamarind Restaurant

MAP P.69/3B

URL www.reefcasino.com.au/dine/tamarind-restaurant　住 Pullman Reef Hotel Casino, 35-41 Wharf St., 4870　☎ 4030-8897
營 每日18:00～22:00
CC AJMV　酒 Licensed

前菜的Taster Plate

位於Reef Casino內的高級餐廳，將來自北昆士蘭各地的食材，以亞洲各國的料理方法加以烹調，獲得極佳評價。大受歡迎的前菜Taster Plate（1人$27、2人$43），可以嚐到Tamarind各種自豪的前菜滋味。

價格實惠的泰式料理 IMM Thai Cafe

MAP P.69/2・3B

URL www.facebook.com/Imm-Thai-Cafe-1238711132911282
住 60 Abbott St., 4870
☎ 4041-7761
營 每日11:00～14:00、17:00～22:00
CC MV　酒 BYO（僅限葡萄酒）

人氣的泰式海鮮炒河粉

位於Cairns Square面對阿伯特街的一側，供應菜色從炒飯、泰式炒河粉，到蠔油或糖醋炒青菜肉片等定食，都是正統的泰式口味。晚餐價格也是$15～25，非常實惠。

粉紅豬的招牌很醒目 Hog's Breath Cafe

MAP P.69/3A

URL www.hogsbreath.com.au
住 39 Sheridan St., 4870　☎ 4000-0664
營 每日11:30～14:30、17:00～21:30
CC ADJMV　酒 Licensed

人氣餐點燒烤肋眼牛排

以供應澳洲各地都有的牛排為主的家庭餐廳。燒烤肋眼牛排（$32.45～46.45）就有十多種，而澳洲風味的牛排加上大蒜蝦或炸墨魚圈等餐點也很受歡迎。

COLUMN

來喝凱恩斯的精釀啤酒

很有在地感的Coral Sea

最近凱恩斯市區的精釀啤酒工廠（Brewery）正在增加中，啤酒愛好者不妨多跑幾家，找出自己最愛的口味。下面介紹推薦的店家。

● **Coral Sea Brewing Taproom**　MAP P.69/3A
URL www.coralseabrewing.com.au　住 Bank Lane (40 Lake St.), 4870　☎ 0412-257-388　營 週四～日16:00～24:00　CC MV

Sauce的試飲評比組合

● **Sauce Brewing Cairns**　MAP P.69/3A
URL sauce.beer
住 34-40 Lake St., 4870
☎ (07)4222-3320　營 週三～日11:00～22:00
CC AMV

● **Hemingway's Brewery Cairns Wharf**　MAP P.69/3B
URL hemingwaysbrewery.com　住 Wharf St., 4870
☎ 0482-173-756　營 週三～日11:00～22:00
CC AMV

評價為凱恩斯第一的派 Meldrum's Bakery Cafe

MAP P.69/3A

URL www.meldrumscairns.com.au 住 97 Grafton St., 4870 ☎ 4000-9391
營 週一～五7:00～14:00、週六8:00～14:00
休 週日 CC MV 酒 無

點心櫃裡擺滿各式各樣的派

獲獎無數的派專門店，從當正餐的派到甜點的派，種類非常豐富。不過最有人氣的還是牛排蘑菇派（$7.60），把有軟爛肉塊和蘑菇的燉牛肉包進派皮，是少見的美味。

凱恩斯的正宗拉麵 Ganbaranba Noodle Collosseum

MAP P.69/3B

URL www.facebook.com/Ganbaranba-153687294668443/ 住 Shop 7, 12-20 Spence St., 4870
☎ 4031-2522 營 週一、二、五、六、日12:00～14:00、週四～日17:00～20:00 休 週三 酒 無

人氣的「帥哥」$16

從使用精心燉煮豚骨高湯的博多拉麵，到湯頭濃郁的醬油、鹽味拉麵，甚至是涼麵，可以吃到各種類的拉麵，尤其是玉子豚骨拉麵「帥哥」最有人氣，午餐時段還供應煎餃套餐。

在時尚咖啡館裡吃拉麵 Four Cinq

MAP P.69/3B

URL four-cinq.com.au 住 Shop 6, Village Lane, 20 Lake St., 4870 ☎ 4031-7744 營 週二～六11:30～14:30、17:30～20:30 休 週日、一、節日
CC ADJMV 酒 Licensed

人氣的和牛便當午餐

以融合拉麵、定食店和咖啡館為概念的餐廳，特別以午餐時段的盤裝便當定食及各種拉麵＋煎餃等菜色最受歡迎。咖啡館菜單上也有抹茶拿鐵和茶拿鐵。

凱恩斯的購物

GIFT SHOP 區域號碼 (07)

集合當地的人氣品牌 Fujii Store

MAP P.69/3B

URL www.fujiistore.com 住 Shop 2/13A Spence St., 4870 ☎ 4041-0554 營 每日10:00～19:00
CC ADJMV

數量很少的Helen Kaminski帽子

蒐羅Blundstone工作靴的暢銷款

由在地設計師畫的POLKA零錢包

進駐許多澳洲人氣品牌的選物店，蒐羅像是以城市用的走路靴而受喜愛的Blundstone、100%植物原料家居清潔品牌Murchison Hume、ENVIROSAX和其副牌（在地花色）的環保袋、種類不多但為暢銷款的Helen Kaminski拉菲亞草帽和編織包、可水洗高級UGG雪靴的Emu（在台灣買不到的金屬製標籤）等高品質且受歡迎的商品。其他還有由在地藝術家繪畫設計POLKA的環保袋和零錢包、在地製作的天然手工皂KOHARU等，很多生根在地的商品。

好多這裡才有的伴手禮 OK Gift Shop

MAP P.69/3B

URL www.okgift.com.au 住 61 Abbott St., 4870
☎ 4031-6144
營 每日9:00～19:00（今後有可能延長）
CC ADJMV

這裡有許多澳洲經典和特殊的伴手禮，包括出自凱恩斯在地設計師之手的顛倒無尾熊商品（T恤、錢包、環保袋、罐裝內褲等）、以澳洲知名維吉麥Vegemite為主題的各種商品、採自澳洲生長麥蘆卡具抗菌功效的蜂蜜等人氣商品。此外，還有生產於密遜海灘的高品質巧克力品牌CHARLEY'S、阿瑟頓高原的咖啡及巧克

生產於凱恩斯近郊的Skybury咖啡

澳洲特有的維吉麥Vegemite商品

在地巧克力品牌的CHARLEY'S

顛倒無尾熊商品為OK獨家販售

從台灣撥打電話至凱恩斯
002＋61（國碼）＋7（去除0的區域號碼）＋電話號碼

力業者Skybury的各種產品，以及在地蠟燭廠商26 Candle Company的精油蠟燭、在地人氣的BBQ辣醬Fenglehorn等，蒐羅凱恩斯地區許多知名的產品。還有12～2月阿瑟頓高原生產的高級芒果也可以宅配到海外。

好多凱恩斯的嚴選商品 Pouch Quality Aussie Gifts

MAP P.69/3B

住 Shop 11, Village Lane, 20 Lake St., 4870
☎ 4028-3670 營 週二～六11:00～17:00
休 週日、一 CC MV

非常多嚴選的優質商品

集合凱恩斯近郊生產各類商品的選物店，從咖啡、紅茶、巧克力和蜂蜜等有機商品，到椰子油和椰子膏等護膚品，都是很想買回去作伴手禮的商品。店內還提供美甲服務（要預約）及每日更換的美容療程（小臉按摩、接睫毛等）、製作訂製珠寶等服務。

UGG雪靴專賣店 UGG Lover by Premium Brand Australia

MAP P.69/3B

URL www.ugglover.com.au
住 53 Abbott St., 4870 ☎ 4028-3573
營 週一～六11:00～17:00 休 週日 CC ADJMV

喜歡UGG雪靴的人絕對不能錯過的店

在台灣最為人所熟知的雪靴品牌UGG Australia（美國公司Deckers所製造）在凱恩斯唯一的門市，除了UGG Australia，也有販賣澳洲第一品牌Emu的雪靴。明亮的店裡陳列著款式豐富的UGG雪靴。

凱恩斯最大的免稅店 T Galleria by DFS

MAP P.69/3B

URL www.dfs.com
住 Cnr. Abbott & Spence Sts., 4870
☎ 4031-2446
營 週三～日12:00～19:00 CC ADJMV

入口處就是LV精品店

店內有LV、Ferragamo、COACH、Loewe、Burberry、Fendi、Ralph Lauren、BULGARI等國際品牌精品店入駐，其他還有手錶、化妝品、流行服飾、澳洲葡萄酒和伴手禮等，幾乎所有東西都可以買得到。這棟建築是凱恩斯的歷史建築，為郵局改建而成，外觀造型也值得一看。

店裡常常門庭若市 Cairns Central Shopping Centre

MAP P.69/3A

URL www.cairnscentral.com.au
住 Cnr. McLeod & Spence Sts., 4870
☎ 4041-4111 營 一般店鋪：週一～六、節日9:00～17:30（週四～21:00）、週日10:30～16:00／超市（Coles、Woolworths）：每日6:00～22:00
CC 依店家而異

擁有寬敞而挑高空間的購物中心

與凱恩斯車站共構的購物中心，從大型百貨Myer、大型賣場Target、大型超市Coles、Woolworths等，有約180間的各種專賣店進駐。2樓則是美食街。此外，1樓還有超受歡迎的澳洲伴手禮，來自墨爾本的紅茶專賣店T2。

買到經典伴手禮還可以挖寶 Night Markets

MAP P.69/2B

URL nightmarkets.com.au
住 71-75 The Esplanade, 4870 ☎ 4051-7666
營 依店家而異，基本上是每日16:30～23:00
CC 依店家而異

Night Markets內眾多店家林立

貫穿濱海大道和阿伯特街的超大市場，集結經典伴手禮、原住民商品和手工藝品店、服飾店等約40家店鋪。值得推薦的是在地生產的咖啡和護膚產品、伴手禮巧克力等以實惠價格就能買到的商品。

澳洲具代表性的衝浪飾品 BICO in Kuranda

MAP P.80上/B

URL bico-in-cairns.shop
住 2/15 Thewin St., Kuranda, 4881 ☎ 0498-8131 營 每日10:30～15:00 CC ADJMV

在台灣和日本都有很多愛好者的BICO專賣店在庫蘭達，錫製的項鍊墜飾及海外未發售的法定純度（925）銀飾品。

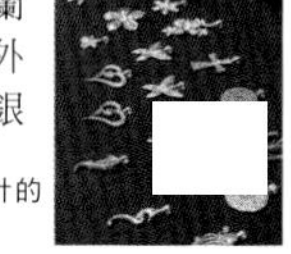
有許多最新設計的項鍊墜飾

大堡礁的各區

搭上從漢密爾頓島起飛的觀光小飛機，能從空中俯瞰心形礁岩

昆士蘭州的東海岸，北起約克角Cape York，與新幾內亞之間隔著托列斯海峽Torres Strait直到南邊邦德堡Bundaberg外海的範圍裡，有著一片綿延超過2000km長的珊瑚礁群，被稱為大堡礁（簡稱G.B.R.）。光說2000km可能有點抽象，大概就是整個日本列島的長度。

大堡礁是從2萬年前開始，在原先50～60萬年前就堆積成的珊瑚骨骼基地上，由於珊瑚的逐漸成長而累積形成，在這裡可以看到的珊瑚種類超過350種，在這些珊瑚的四周悠游著色彩繽紛的魚群，創造出神祕的世界。

對愛海的人來說，大堡礁是一處讓人嚮往的地方，不只潛水的地點多得讓人數不清，這裡也盛行追趕超過千磅以上的立翅旗魚Black Marlin的釣魚競賽。在大堡礁的內側分布著超過700座的大小島嶼，而其中的幾座島嶼成為知名的度假村，一年四季擠滿觀光客。

Great Barrier Reef──堡礁，自古就是澳洲與艾爾斯岩並列的知名觀光景點，也因此吸引無數的遊客。來到這裡，任何人都可以沉浸在這個由珊瑚和魚群打造出來的「樂園」裡。

由於電影《危機總動員》而成為明星的小丑魚

遠北區
Far Northern Section

從蜥蜴島Lizard Island以北到托列斯海峽一帶為止的遠北區，雖然較不被觀光客所熟知，但早期很多靠採珍珠為生的日本人所住的星期四島，就是在這個區塊裡。

凱恩斯區
Cairns Section

台灣前往大堡礁的交通樞紐就是凱恩斯，此區以凱恩斯為中心，包含北邊的庫克鎮Cooktown外海在內。這裡的觀光基礎建設相當完備，起點除了凱恩斯之外，還有道格拉斯港、庫克鎮；主要的度假島嶼為綠島、費茲羅伊島Fitzroy Island、蜥蜴島等。

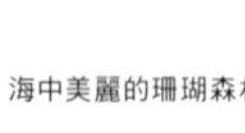

海中美麗的珊瑚森林

中央區
Central Section

從密遜海灘Mission Beach外海到聖靈群島Whitsunday Group海域為止範圍超大的中央區，以密遜海灘、湯斯維爾Townsville、愛爾麗海灘Airlie Beach、漢密爾頓島Hamilton Island等地為起點。尤其是以愛爾麗海灘、漢密爾頓島為起點的聖靈群島是大堡礁內唯一的度假區域；除了漢密爾頓島之外，像是海曼島Hayman Island、長島Long Island、白日夢島Daydream Island等島上皆為度假村林立。此外，磁島Magnetic Island、欣欽布魯克島Hinchinbrook Island、但克島Dunk Island、班達拉島Bedarra Island也是為人所熟知的度假島嶼。

麥凱／摩羯區
Mackay & Capricorn Section

指的是從大堡礁最南部的南回歸線附近開始，直到麥凱Mackay外海為止的區域。作為起點的城市有麥凱、羅克漢普頓Rockhampton、格斯頓Gladstone、邦德堡等，而此區的度假島嶼包括伊利特夫人島Lady Elliot Island、蒼鷺島Heron Island、大凱珀爾島Great Keppel Island等。

食火雞海岸
Cassowary Coast

寬敞的密遜海灘

位於凱恩斯南方約110km，從密遜海灘直到英厄姆Ingham一帶，是世界公認第2大鳥類、而且只存活在北昆士蘭與新幾內亞島上的珍禽「食火雞」的棲息地，正因如此，這個區域就被稱為食火雞海岸。在這裡有著觀光客眾多的密遜海灘、但克島、班達拉島，與凱恩斯一帶相比，屬於較為閑靜的度假地。想要悠哉地在海灘做日光浴，這裡可是最棒的地點。

密遜海灘
Mission Beach

密遜海灘從北到南依序分成Bingil Bay、密遜海灘Mission Beach、Wongaling Beach、南密遜海灘South Mission Beach 4個區域。背包客旅館通常會提供巴士總站的免費來回接送服務，因此無論住在島上何處，都不會因而感到不便。當然，也可以順著海灘以步行的方式穿越4個區塊，從頭到尾全長約14km，步行約3小時。

前往但克島的渡輪則是從密遜海灘北邊的Clamp Point出發，此外也可以在各區域的海灘直接搭乘水上計程車。

但克島&班達拉島
Dunk Is. & Bedarra Is.

地處密遜海灘外海的家族群島Family Islands，其中心即是但克島及班達拉島。兩島都是被潔白沙灘與蒼鬱熱帶雨林所覆蓋，島上也有設齊全的高級度假村（但克島上的度假村在2011年被大型氣旋（熱帶低氣壓）襲擊後，重建工程仍在進行中，只有開放服務當日遊客的設施，度假村目前仍歇業中）。

交通

●密遜海灘

想要前往密遜海灘，可以搭乘凱恩斯～湯斯維爾Townsville的澳洲灰狗巴士，在當地下車。

在密遜海灘到處都能看到「注意食火雞」的標誌

在密遜海灘就能看到不遠處的但克島

交通

●但克島&班達拉島

前往但克島可以從密遜海灘搭乘水上計程車，如果在島上露營的話，只要約好回程的日期時間就會來海邊載客。班達拉島則是在密遜海灘有Bedarra Island Resort的房客專用渡輪可供搭乘。

但克島的海灘總是如此寧靜

但克島上面對Brammo Bay的海灘

但克島大多數的度假村設施(目前只有當日遊樂設施及露營場)都集中在島嶼的北側面對Brammo Bay之處，島上面積雖然不小，但其他地方都是蒼鬱的熱帶雨林。蝴蝶是島上的象徵意象，因為能看到許多天堂鳳蝶而為人所熟知。

班達拉島的面積則比但克島小得多，島嶼南部有著大堡礁數一數二的高級度假村Bedarra Island Resort，是深受英國王室和世界各國的上流階層所喜愛的知名度假地，原則上除了住宿房客之外是無法到島上來的。

交通

●**欣欽布魯克島**
在凱恩斯南方約230km卡德韋爾小鎮的欣欽布魯克港Port Hinchinbrook，搭乘Hinchinbrook Island Cruises每天針對露營者的渡輪。

●**Hinchinbrook Island Cruises**
☎0499-335-383
URL www.hinchinbrookislandcruises.com.au
費 卡德韋爾～欣欽布魯克島：來回1人$185

欣欽布魯克島
Hinchinbrook Is.

欣欽布魯克島的面積為393km^2，算是擁有寬敞土地的島了，就「島嶼」型態的國家公園而言，這裡可是全澳洲最大。島上還有以昆士蘭州第3高的高峰寶文山Mt. Bowen(海拔1121m)為首的群峰聳立，熱帶雨林、熱帶尤加利森林蒼鬱且茂密，海邊則長著整片紅樹林。

在卡德韋爾Cardwell還可以參加1日巡航之旅，愛好大自然的人也可以挑戰參加3天到1週的叢林健行；島上還有6座露營場。

這是座很適合叢林健行的島嶼

食火雞海岸的住宿
ACCOMMODATION 區域號碼(07)

密遜海灘

走到Wongaling Beach只要3分鐘 MAP 無
Mission Beach YHA - Scottys

URL www.yha.com.au
住 76 Holland St., Wongaling Beach, 4852
☎4068-8676 WiFi 免費

超大的泳池、乾淨的廚房，以及網路設備和旅遊中心等，設備相當充實，為背包客棧贏得超高人氣。海濱大廳還設有餐廳和酒吧。

設備完善 MAP 無
Jackaroo Treehouse Mission Beach

URL www.jackarootreehouse.com
住 13 Frizelle Rd., Bingil Bay, 4852
☎4210-6008 WiFi 免費
費 D$26～29、W$68 CC MV

擁有被熱帶雨林包圍高台的青年旅館，可以眺望森林的游泳池、庭園裡的吊床，以及名為叢林酒吧的傳統澳洲風格酒吧等，最適合悠閒度過住宿時光。庭園裡有時還會出現食火雞的蹤影。

班達拉島

被熱帶雨林環繞的豪華島嶼度假村 MAP 無
Bedarra Island Resort

URL www.bedarra.com.au
住 Bedarra Is., Mission Beach, 4852
☎4068-8233 WiFi 免費 費 W$1390～2490(南密遜海灘接送：渡輪單程$198、直升機單程$400) ※包含住宿中的全部餐飲 CC ADJMV

全世界富豪名流夢寐以求的度假村，原則上在島上從事的水上活動、雙體風帆船舶、輕艇衝浪等都不能使用機械動力。大部分客房都是有陽台的2層樓別墅建築，有些還附有專用游泳池。包含在住宿費用的餐飲都很豪華，酒吧的飲料也全部免費。

從台灣撥打電話至食火雞海岸
002 + 61 (國碼) + 7 (去除0的區域號碼) + 電話號碼

湯斯維爾&磁島

Townsville & Magnetic Is.

從古堡山遠眺湯斯維爾的城市風貌

昆士蘭州的首府布里斯本以北的最大城市就是湯斯維爾（人口約20萬1000人）。1864年羅伯特・湯斯Robert Towns以此地作為開發北部的據點，開始進行打造城市工程。雖然對亞洲人來說，這座城市的知名度遠不及凱恩斯，但與日本的關係卻非常久遠。1890年代有許多日本人以在蔗田工作的勞工身分來到北昆士蘭州，全盛時期大約有900位日本人住在這裡。1896年澳洲最早的日本領事館就設立在此地，在1908年雪梨大使館成立之前，日本國旗已在這裡飄揚許久。至今在維多利亞街11號仍保留著當時的建築物，被指定為歷史古蹟（現在是民宅無法入內參觀）。

這座城市的主要產業為甘蔗和鋁土礦（鋁的原料）及肉牛等出口產業。此外，這裡也是軍隊的駐紮地，為城市帶來繁榮與富裕。

磁島則位於湯斯維爾的外海，海拔494m的庫克山Mt. Cook就矗立在島中央，峽灣附近有幾處村落。雖然島上的度假村並未成功開發，也因此可以在未經加工的自然風貌裡享受島嶼度假時光。

湯斯維爾
Townsville

湯斯維爾是順著羅斯河Ross Creek開發的城市，在河川的西岸是市中心，主要街道為富林德斯街Flinders St.和史托克斯街Stokes St.交叉口附近的布列廷廣場Bulletin Sq.，也是遊客中心Visitor Information Centre及Sunbus主要路線的巴士總站。

交通

●湯斯維爾

■前往湯斯維爾的空中交通

從布里斯本、凱恩斯、雪梨、墨爾本等地都可搭乘澳洲航空、捷星航空、維珍澳洲的班機前往。從湯斯維爾國際機場Townsville International Airport（TVS）到市中心約6km，Townsville Shuttle Service的接駁巴士會配合班機時間發車前往市區（主要飯店），如果搭乘計程車到市中心車資約$30。

●湯斯維爾國際機場
URL www.townsvilleairport.com.au

●Townsville Shuttle Service
URL shuttletsv.com.au
☎ 0478-160-036
費 1人$10、2～3人$15、4人$20　※最好先預約

■往湯斯維爾的陸路交通

行駛於布里斯本～凱恩斯之間，以及從內陸埃薩山Mount Isa方向過來的長途巴士，都會在開往磁島的Sealink渡輪乘船處防波堤轉運站Breakwater Terminal停車。搭乘Spirit of Queensland高速列車的話，位於富林德斯街Flinders St.上的湯斯維爾車站距離市中心約5分鐘車程；如果要從這裡前往市中心，可以搭乘Townsville Sunbus的紅色公車。

■遊客中心 MAP P.129/2A
住 Bulletin Square, 340 Flinders St., 4810
☎ (07)4721-3660
URL www.townsvillenorthqueensland.com.au
開 週一～五9:00～17:00、週六、日9:00～13:00　休 耶誕節、耶穌受難日

湯斯維爾的市區交通

市區的大眾交通以Townsville Sunbus為主，巴士總站位在市中心的富林德斯街購物商場旁。車資為分區制，範圍從只搭乘中心區域$1.90～Zone 5的$5，也有1日券。

●Townsville Sunbus
☎ (07)4771-9800
URL www.translink.com.au

■湯斯維爾的計程車
●Townsville Taxi
☎13-10-08
URL www.tsvtaxi.com.au
費 起跳1km週一～五7:00～19:00為$3.10，週六、日5:00～24:00與每日19:00～24:00、5:00～7:00為$4.60，每日0:00～5:00為$6.60。之後每1km跳錶一次追加$2.39，延滯計時為1分鐘追加$0.86。如果用電話叫車需要另外付$1.60。

■湯斯維爾的租車公司
●Hertz
☎(07)4441-4890
●AVIS
☎13-63-33
●Budget
☎1300-362-848
●Europcar
☎(07)4762-7050
●Thrifty
☎1300-367-227

■Reef HQ大堡礁水族館
住 2-68 Flinders St., 4810
☎(07)4750-0800
URL www.reefhq.com.au
※改建中，目前仍未對外開放。

重現大堡礁的巨大水箱 MAP P.129/2B

Reef HQ大堡礁水族館
Reef HQ G.B.R. Aquarium

這是大堡礁海洋公園機構（GBRMPA）所經營的水族館。館內也同時進行珊瑚的研究，在長18m、寬37m、深5m的巨大水族箱裡，養殖著從大堡礁運過來的珊瑚礁，其中硬珊瑚Hard Coral約120種，軟珊瑚Soft Coral則有30種左右，在珊瑚的周圍還有150種1000隻以上的魚兒優游著。水族箱內部還有一座壓克力材質的透明隧道，遊客可以欣賞珊瑚礁在海中的美景。

從航海事物到動植物展示都很充實 MAP P.129/2B

昆士蘭熱帶博物館
Museum of Tropical Queensland

和實際相同大小的潘朵拉號船頭

緊鄰著Reef HQ水族館的昆士蘭熱帶博物館，主要展示的是1791年在大堡礁海域觸礁的HMS潘朵拉號的相關的物品。重現與實體相同大小的船頭、船隻的遺留品、儀表板等資料，很值得一看。另外這裡也展出北昆士蘭當地的動植物、大堡礁的魚類和鳥類，甚至是出土的恐龍化石等。

COLUMN

受到全球注目的海底美術館與憧憬的潛點

MOUA海底藝術博物館
MOUA Coral Greenhouse & Yongala Wreck

在湯斯維爾東北方外海約80km處的約翰布魯爾礁John Brewer Reef，2020年南半球首座海底藝術博物館MOUA（Museum of Underwater Art）的珊瑚溫室Coral Greenhouse開幕。這是在礁石一隅水深約16m的沙地上設置建築及雕像的神祕空間，而礁石上的珊瑚有許多美麗的魚兒悠游其間，因此浮潛或潛水到外礁海底及參觀海底美術館，成為遊客的一大樂趣。搭潛水船從湯斯維爾出發約2小時。

此外，在湯斯維爾南方的艾爾Ayr外海，在1911年因為颶風來襲，導致全長110m的永嘉拉號輪船SS Yongala在此沉沒，成為世界級的沉船潛點。船橫躺在水深12～30m處，附近有龍王鯛、巨型藍身大石斑魚、龍膽石斑，還有海龜、鬼蝠魟、神仙魚、蝴蝶魚等，大堡礁最受歡迎的魚群都聚集在這裡。因為水深和潮流的關係，是只推薦中級以上潛水玩家的潛水點。

湯斯維爾的Adrenalin Dive、艾爾的Yongala Dive，都有推出永嘉拉號沉船的潛水行程（Yongala Dive的海底藝術博物館觀光船是從湯斯維爾出發）。Yongala Dive距離永嘉拉號沉船最近，搭乘小船單程只要約30分鐘。

DATA

■Adrenalin Dive
住 66 Perkins St. West, Railway Estate, 4810
☎(07)4724-0600 URL adrenalindive.com.au
費 MOUA之旅（週二、四、六）：浮潛大人$274 小孩$224、2 Dive（包含器材租借）$409／當日來回永嘉拉號沉船行程（週三、六）：2 Dive $344（包含器材租借）

■Yongala Dive
住 36 Braby St., Alva Beach, Ayr, QLD 4807
☎(07)4783-1519 URL yongaladive.com.au
費 MOUA之旅（週五、六／湯斯維爾出發）：浮潛大人$274 小孩$224、1 Dive（包含器材租借）$329／永嘉拉號沉船行程2 Dive（每日）$292（包含器材租借）　※Yongala Dive有針對潛水客的背包客旅館，提供便宜住宿。Ⓓ$40、ⓈⓉⓌ$94～130

在著名潛點探索永嘉拉號沉船之謎 MAP P.129/2B

湯斯維爾航海博物館
Maritime Museum of Townsville

位於羅斯河旁的小型博物館，由3座美術館和一個古老燈塔（1886年建造）所組成。在美術館裡陳列著湯斯維爾近海的航海相關事物，尤其以現在已是世界知名沉船潛點的永嘉拉號SS Yongala（1911年在湯斯維爾南方的艾爾Ayr附近海域沉沒）的相關展示令人玩味。

近距離接觸澳洲特有的動物 MAP 地圖外

比拿邦保護區
Billabong Sanctuary

抱袋熊是非常難得的經驗

從湯斯維爾出發順著布魯斯公路Blues Highway往南走，約在17km處有一座動物園，園內重現熱帶雨林、尤加利森林及濕地生態，在各個不同的區域裡，以接近自然的方式看到澳洲的動物。

■昆士蘭熱帶博物館
住70-102 Flinders St., 4810
☎(07)4726-0600
URL www.mtq.qm.qld.gov.au
開每日9:30～16:00
休耶穌受難日、紐澳軍團紀念日、耶誕節、節禮日
費大人$15 小孩$8.80 家庭$38

■湯斯維爾航海博物館
住42-68 Palmer St., South Townsville, 4810
☎(07)4721-5251
URL www.tmml.org.au
開週一～六9:30～14:00
休週日、節日
費大人$10 小孩$5 家庭$15

湯斯維爾 Townsville

0 500m
克里夫蘭灣 Cleveland Bay
Aquarius on The Beach
Beach House Motel
Waters Edge The Strand
Strand Motel
WARBURTON ST
MICHELL ST
海濱路
皇后花園 Queens Gardens
Coles
GREGORY ST
EYER ST
Quest Townsville on Eyre
聖喬瑟夫天主教會
THE STRAND
TMariners North
市民游泳池
P.132 The Ville Resort - Casino
湯斯維爾娛樂&會議中心 Townsville Entertainment & Convention Centre
羅斯河 Ross Creek
LENNON DRV
防波堤碼頭 Breakwater Marina
澳紐軍團紀念公園 Anzac Memorial Park
Sealink防波堤渡輪站（磁島渡輪&長途巴士）
Car Ferry Terminal（往磁島的渡輪站）
葛瑞格利街
舊日本領事館（不開放參觀）
P.132 Coral Lodge
CLEVLAND TCE
聖詹姆斯大教堂
Rambutan
Reef Lodge P.132 Backpackers
Island View Motel
STANLEY ST
史丹頓街
VICTORIA ST
WILLS ST
WARKER ST
DENHAM ST
MELTON TCE
FLINDERS ST EAST
KING ST
Reef HQ大堡礁水族館 P.128 Reef HQ G.B.R. Aquarium
昆士蘭熱帶博物館 P.128 Museum of Tropical Queensland
City Oasis Inn
Sacred Heart 大教堂
The Robert Towns
Sunbus 巴士總站
FLINDERS ST
湯斯維爾航海博物館 P.129 Maritime Museum of Townsville
Oaks Metropole
P.132 Adventurers Backpackers
往古堡山 Castle Hill的步道
Clarion Townsville
湯斯維爾遊客中心
Oaks Gateway Suites
Grand
帕瑪街
PALMER ST
Park Regis Anchorage
ARCHER ST
ivic Guest House Backpackers
STURT ST
Madison Plaza Townsville P.132
McLLWRAITH ST
Aligned
南湯斯維爾 South Townsville
Rydges Southbank
PERKINS ST
CANNAN ST
Newmarket Townsville
P.132 Grand Chancellor Townsville
MACROSSAN ST
TULLY ST
史塔特街
舊湯斯維爾車站&鐵路旅遊中心
摩瑞街
ALLEN ST
富林德斯街
昆士蘭國家銀行體育館
SAUNDERS ST
MOREY ST
維多利亞公園 Victoria Park
往湯斯維爾車站（約500m）
1
2
A
B

■比拿邦保護區
住17km South of Townsville, Bruce Hwy., Nome, 4816
☎(07)4778-8344
URL www.billabongsanctuary.com.au
開每日9:00～16:00
休耶誕節
費大人$43 小孩$28 家庭$130／抱無尾熊拍照$32、抱袋熊拍照$32、和爬蟲類拍紀念照$32（抱無尾熊14:45～／抱袋熊10:30～／和爬蟲類拍紀念照10:30～）
CC AJMV

從古堡山展望台望出去的景色

交通

●磁島
從湯斯維爾的防波堤渡輪站Breakwater Terminal出發到尼利灣的Sealink每日16～18個船班（所需時間25分）。還有在南湯斯維爾的Car Ferry Terminal有Magnetic Is. Ferries的渡輪行駛，每日7～8班。
●Sealink
住Breakwater Terminal, Sir Leslie Thiess Drv., Townsville, 4810 ☎(07)4726-0800
URL www.sealinkqld.com.au
費來回：大人$34 小孩$18 家庭$79.50
●Magnetic Is. Ferries
住Ross St., Southe Townsville, 4810 ☎(07)4796-9300
URL magneticislandferries.com.au
費來回：車1台（最多4人）$216、沒車大人$34 小孩$24 家庭$77

磁島的島內交通

島內的交通機構為Magnetic Is. Sun Bus，配合渡輪的抵達時間發車，巴士的路線為尼利灣～阿卡狄亞～馬蹄灣、尼利灣～野餐灣。費用為分區制（Zone1～4），1區$1.90～4區$3.80、全區1日券$7.60。
●Magnetic Island Sun Bus
☎(07)4778-5130
URL www.translink.com.au

當然遊客也可以親手餵食被放牧飼養的袋鼠，以及參加抱無尾熊、袋熊、小鱷魚、網紋蟒的與動物相遇Animal Encounter活動（也可以拍攝紀念照片）。每日13:00開始的鱷魚餵食秀相當刺激震撼，絕對不容錯過。

遠眺湯斯維爾和磁島的美麗景致 MAP 地圖外

古堡山
Castle Hill

在湯斯維爾西側有一座光禿禿的古堡山，從山上可以遠眺城市的美景，非常受歡迎。可以搭車上山，當然也可選擇健行上山，步道登山口就位在史丹頓街Stanton Tce.，從登山口走到山頂（海拔286m），通常大概1小時左右。站在山頂上，不但可以看到整齊的湯斯維爾街景，也能看見位於外海的磁島。

磁島
Magnetic Is.

磁島的主要村落

位在阿卡狄亞，適合海水浴的阿碼灣

從湯斯維爾出發的Sealink渡輪，會抵達尼利灣Nellly Bay上磁港Magnetic Harbour的尼利灣渡輪站Nelly Bay Ferry Terminal。尼利灣是磁島的中心村落，有各種商店、銀行和學校，人口也是島上最多的。這裡有著2km長的美麗沙灘，非常推薦在這裡悠哉地度假。沿著海灘可以看到許多頂級飯店及背包客旅館等住宿設施林立。

尼利灣的南邊是野餐灣Picnic Bay，這一區針對觀光客的設施比較多。尼利灣東邊的阿卡狄亞Arcadia是一個讓人放鬆的村落，這裡有幾間中級飯店和美麗的海灘Geoffrey Bay。而遊客人數不會輸給尼利灣的是位於島嶼北側的馬蹄灣Horseshoe Bay，在美麗海灘旁有飯店和餐廳、咖啡館等店家林立，在海灣內也可以從事各種海上活動。

享受叢林健行

如果想要體會磁島之美，一定要參加叢林健行之旅。島內有單程從600m～8km等長短不同的步道路線，配合每個人的體力，選擇適合的路線享受叢林健行的樂趣。

在島上閒逛時很受歡迎的迷你吉普車

每條健行路線都充滿高低起伏的地形，爬上斜坡之後，就能看到綠意盎然的全島風貌，以及被大海包圍的無敵美景。

最推薦的路線是島嶼東北部的The Forts Walk，去程一路上坡有點辛苦，往返大約要花上2個小時，不過走這條路線時，有可能看到野生的無尾熊。路線的最高點是一塊長的很像圓形年糕的岩石，岩石上還殘留著二次世界大戰時所使用的砲台遺跡；現在這裡成了觀景台，可以看到基礎灣Radical Bay及佛羅倫斯灣Florence Bay等美麗的峽灣。

能抱無尾熊的野生動物公園 MAP P.131

邦加洛灣無尾熊公園
Bungalow Bay Koala Park

這是位於馬蹄灣Horseshoe Bay的飯店Bungalow Bay Koala Village YHA內附設的動物園。一天有3次開放時間，由專業導覽員帶領大家進入，可以近距離觀察並親手觸摸無尾熊、叢林袋鼠Pademelon、網紋蟒、淡水鱷等動物。除此之外，在自然叢林密布的園區中，導覽員也會解說早期原住民的生活狀況。

體驗磁島的未知魅力 MAP P.131

磁島水上摩托車之旅
Magnetic Jet Ski Tours

想要前往交通困難的北部地區Huntingfield Bay、西部的Bolger Bay、克里夫蘭灣Cleveland Bay、Cockle Bay、Bacon Bay等地，可以騎著水上摩托車繞行一圈。這趟行程不但可以看到雄偉的瀑布，還可以在海邊游泳、浮潛等，內容相當充實。行程以馬蹄灣為出發點。

浮潛之旅才能看到

Aquascene
Aquascene

從尼利灣港口出發的浮潛行程，是由Aquascene所推出的磁島探險之旅Magnetic Discovery Tour，配合當天的海況來選擇海灣，在近海處的美麗裙礁上盡興地享受浮潛之樂。由於搭乘的是玻璃船，就算不會游泳也可以在船上欣賞珊瑚礁，或是聽嚮導介紹海中生物、Catch & Release的釣魚體驗、立槳SUP也很有趣。

■Tropical Topless Car Rental

位在尼利灣的渡輪站附近，可以租借敞篷式的迷你吉普車Moke或是一般敞篷車（手排），是島上很受遊客歡迎的交通工具。

住138 Sooning St., Nelly Bay, 4819 ☎(07)4758-1111
URL www.facebook.com/tropicaltoplesscars
營每日8:00～17:00
費1日迷你吉普車$80、敞篷車$95

■邦加洛灣無尾熊公園

住40 Horseshoe Bay Rd., Horseshoe Bay, 4819
☎(07)4778-5577
URL www.bungalowbay.com.au
時每日10:30～12:00、12:00～13:30
費大人$40 小孩$20 家庭$120

■Magnetic Jet Ski Tours

住9 Pacific Drv., Horseshoe Bay, 4819 ☎0488-941-556
URL www.facebook.com/Magneticjet
時9:30～13:00（舉辦日期需要事先電話確認）
費1～2人：2小時之旅$250、3小時之旅$395

■Aquascene

☎0439-785-216
URL www.aquascenecharters.com.au
●Magnetic Discovery Tour
時週一～五8:30～13:00
費大人$139 小孩$95

湯斯維爾

經濟型

臨近渡輪站 MAP P.129/1B
Reef Lodge Backpackers

URL reeflodge.com.au
住 4 Wickham St., 4810
☎ 4721-1112 FAX 4721-1405 WiFi 免費
費 D$22～37、TW$62～85 CC MV

很有南國氣氛的背包客旅館

廚房、冰箱、洗衣機、廁所和衛浴設備都是共用的。因為距離渡輪站很近，前往磁島相當方便。搭乘渡輪也可享有折扣。

設備好又舒適的背包客棧 MAP P.129/2B
Adventurers Backpackers

URL www.adventurersbackpackers.com
住 79 Palmer St., South Townsville, 4810
☎ 4721-1522
FREE 1800-211-522 WiFi 免費
費 D$23～25、TW$53～59 CC MV

徒步到市中心約10分鐘，可以眺望南湯斯維爾的羅斯河。房間很乾淨，廚房空間也很寬敞，遊戲間、屋頂游泳池等設備都很棒。服務櫃台為24小時營業，太晚到達也沒關係。

外觀充滿北昆士蘭風情 MAP P.129/2A
Coral Lodge

URL www.corallodge.net.au
住 32 Hale St., 4810
FREE 1800-614-613
WiFi 免費 費 S$85、W$95 ※含早餐 CC MV

是一棟充滿殖民地風格的兩層樓建築。2樓的房間附有廚房和淋浴設備，1樓的房間則是共用的。

星級飯店

以便宜的價格享受奢侈的氣氛 MAP P.129/2A
Madison Plaza Townsville

URL madisonhotels.com.au/madison-plaza-townsville 住 409 Flinders St., 4810
☎ 4772-1888 WiFi 免費
費 TW$177～204 CC ADJMV

坐落於富林德斯街Flinders St.和史丹利街Stanley St.交叉口的摩登飯店，服務櫃台24小時有人，就算深晚抵達也很安心。飯店設備包括室內泳池、SPA和三溫暖。

地點超棒的一流飯店 MAP P.129/2A
Grand Chancellor Townsville

URL www.grandchancellorhotels.com
住 334 Flinders Mall, 4810
☎ 4729-2000 WiFi 免費
費 TW$154～171、1B$176～ CC ADJMV

座落在方便購物、觀光的富林德斯街商場正中央的布列廷廣場Bulletin Sq.，是棟20層樓的圓柱型飯店，前方就是遊客中心。餐廳、酒吧、泳池、健身房、洗衣房等設施相當完善。

湯斯維爾唯一的高級飯店 MAP P.129/1B
The Ville Resort - Casino

URL www.the-ville.com.au
住 67 Sir Leslie Thiess Drv., 4810
☎ 4722-2333 WiFi 免費
費 TW$175～405、2B$585～
CC ADJMV

設備完善的大型飯店

面向克里夫蘭灣的高級飯店，飯店內附設觀光賭場。客房分成可以看到磁島的海景房，以及能仰望古堡山的山景房。泳池非常寬敞，還有健身中心、SPA、三溫暖、網球場等設備。

磁島

附設動物園的背包客旅館 MAP P.131
Bungalow Bay Koala Village YHA

URL www.bungalowbay.com.au
住 40 Horseshoe Bay Rd., Horseshoe Bay, 4819
☎ 4778-557 WiFi 免費 費 D$30～、TW$145～200 ※享有YHA折扣

這間特別的背包客旅館還附設了磁島上的人氣動物園邦加洛灣無尾熊公園（→P.131）。住宿房間都是小木屋形式，有游泳池、餐廳、夜總會、網路、小賣店等設備齊全。提供尼利灣渡輪站的免費接送。

愛爾麗海灘&漢密爾頓島&聖靈群島
Airlie Beach, Hamilton Is. & Whitsunday Group

雄偉美麗的白天堂海灘

大堡礁中央地區唯一的觀光地就是聖靈群島，是由74個熱帶島嶼所組成的群島，包括世界知名的度假勝地漢密爾頓島、海曼島，還聚集了許多島嶼度假村。也是看得到白天堂海灘Whitehaven Beach、心形礁Heart Reef等大堡礁最具代表性景點的地方。

聖靈群島的觀光或停留據點是漢密爾頓島和愛爾麗海灘。在漢密爾頓島上有一座噴射機可以起降的機場，是空中交通的入口；另一方面，愛爾麗海灘是最靠近陸地的度假城市，換言之也是陸路交通的入口城市。從漢密爾頓島和愛爾麗海灘都有許多開往各島嶼度假村的渡輪。

愛爾麗海灘
Airlie Beach

愛爾麗海灘是面向先鋒灣Pioneer Bay的小城市，在貫穿市區的沙特海港路Shute Harbour Rd.旁，有許多私人的遊客中心兼旅行社，以及從背包客旅館到頂級公寓式度假村、紀念品店、潛水專門店等店家林立。此外，在城市南邊有座小山丘，是聚集許多海景高級公寓的區域。

面對愛爾麗灣的沙特海港路附近有公園和海灘，公園內設有一個巨大人工潟湖泳池，名為愛爾麗海灘潟湖Airlie Beach Lagoon，總是人聲鼎沸。潟湖泳池分成兒童池和一般池，泳池四周有綠地，可作為小朋友的遊戲場。

愛爾麗海灘潟湖

交通

●愛爾麗海灘

■前往愛爾麗海灘的陸路交通

行駛布里斯本～凱恩斯路線的澳洲灰狗巴士，幾乎都會經過愛爾麗海灘。愛爾麗海灘的巴士站離市中心有點距離，大多數的便宜旅社都會配合巴士的出發及抵達時間，提供免費的接送服務。

另外，連結布里斯本～凱恩斯的火車，則在布斯佩連車站停車，利用這條路線也很有趣。

■前往愛爾麗海灘的空中交通

聖靈群島的主要機場為漢密爾頓島機場，此外有火車站的布斯佩連Proserpine也有座別名聖靈機場的布斯佩連機場（代號PPP）。捷星從布里斯本、墨爾本，維珍澳洲航空從布里斯本都有航班飛布斯佩連。從機場要往愛爾麗海灘，可搭乘Whitsunday Transit的巴士（參考下方）。

散發濃濃南國風情的愛爾麗海灘市區

愛爾麗海灘的市區交通

從布斯佩連機場或火車站前往愛爾麗海灘，可以搭乘Whitsunday Transit的接駁巴士。而當地的路線巴士（有1日券）也是由同公司負責營運。

●Whitsunday Transit
☎(07)4946-1800
URL www.whitsundaytransit.com.au
費 布斯佩連機場～愛爾麗海灘&沙特海港單程：大人$22 小孩$12／布斯佩連火車站～愛爾麗海灘&沙特海港單程：大人$15 小孩$7.50

上：愛爾麗海灘的沙灘區域洋溢著開放氛圍
右：Cruise Whitsunday渡輪的起迄站愛爾麗港

此外，公園內還有一條被稱為Beach Walk的步道，走起來非常舒服。

前往聖靈群島的渡輪與觀光船的出發地，則是位於城市東端的愛爾麗港Port of Airlie、城市西端的珊瑚海碼頭Coral Sea Marina，或是距離愛爾麗海灘東方約8km的天然港口沙特海港Shute Harbour的其中之一（沙特海港的船班很少）。與漢密爾頓島及白日夢島之間的渡輪，則是從愛爾麗港出發。

愛爾麗海灘的山坡區有許多公寓建築林立

漢密爾頓島
Hamilton Is.

大堡礁地區最具代表性的島嶼度假村，非漢密爾頓島莫屬。這座島嶼是澳洲的島嶼度假村中，唯一有機場的島嶼，除了度假村的客人以外，這座島嶼也有許多潛水

愛爾麗海灘
Airlie Beach

0 200m

N

The Rocks
Coral Sea Resort P.139
BROADWATER AVE
愛爾麗灣
Airlie Bay
1
珊瑚海碼頭
Coral Sea Marina
沙特海港路
Little Vegas Burger & Bar
Hog's Breath Cafe
愛爾麗海灘瀉湖
Airlie Beach Lagoon P.133
20 Degrees South Bar & Restaurant
Whitsunday Sailing Club
Whitsunday on the Beach P.139
The Pub
船港海灘
Boathaven Beach
Base Backpackers Airlie Beach
Nomads Airlie Beach
SHUTE HARBOUR RD
Airlie Beach Hotel P.139
THE BEACONS
Village Cafe
Cafe on 3
Woolworths
Magnums Airlie Beach P.138
Cool La La Cafe
Airlie Beach YHA P.138
船港
Boat Haven
Airlie Central Apartments
Waterson Way
WATERSON WAY
La Marina Italian
P.139
Mediterranean Resort
沙特海港路
P.139
Mantra Boathouse Apartments
Cruise Whitsunday
渡輪站
2
at Waterfront Whitsunday Retreat
愛爾麗港
Port of Airlie
Whitsunday Reflections
Boathaven Spa Resort
P.138
Backpackers by the Bay
Azure Sea Resort
Colonial Palms Motor Inn P.139
Club Wyndham Airlie Beach P.139
Whitsunday Vista Resort
A
B

度假村區面對著貓眼灣

客。其實這座島嶼也是知名的高級別墅區，當地居民也很多，熱鬧的程度超越愛爾麗海灘。（關於度假村的詳細資料請參照→P.140）。

從愛爾麗港、沙特海港或是其他的島嶼度假村前來的渡輪，都會在漢密爾頓島的碼頭村Marina Village停泊，這裡有紀念品店、超級市場、各種餐廳、麵包店和酒吧林立。

從這裡前往度假村區Resort Side，徒步約5分鐘。想在島上逛逛，可以搭乘繞島行駛的漢密爾頓島接駁巴士HamiltonIsland Shuttle Bus。潛水客也可以利用度假村區的游泳池或參加各種活動，如果想在愛爾麗海灘過夜，也同時想體驗島嶼度假村的風情，那麼漢密爾頓島是最佳選擇。

在漢密爾頓島上免費繞行的接駁巴士

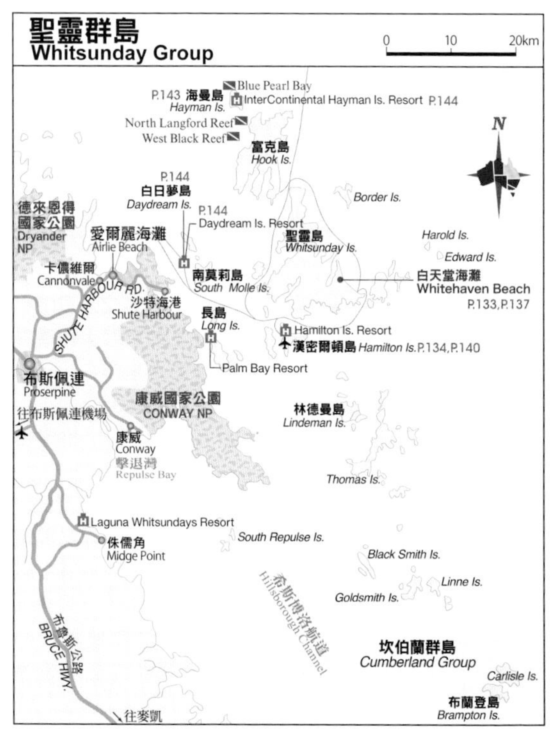

交通

●漢密爾頓島

■前往漢密爾頓島的空中交通

從凱恩斯、布里斯本、雪梨可搭乘澳洲航空，從雪梨、墨爾本搭乘捷星航空，或從布里斯本、雪梨、墨爾本搭乘維珍澳洲航空，都有航班前往漢密爾頓島機場（代號HTI）。

■前往漢密爾頓島的海上交通

漢密爾頓島和愛爾麗港之間有Cruise Whitsundays經營的渡輪航線（1日10班），而同公司也有從漢密爾頓島機場碼頭接駁至白日夢島的渡輪航線（1日7班）。

●Cruise Whitsundays
☎(07)4846-7000
URL www.cruisewhitsundays.com
費 密爾頓島．漢密爾頓島機場～愛爾麗港，單程：大人$59.90 小孩$49.90／漢密爾頓島．漢密爾頓島機場～白日夢島單程：大人$41 小孩$33

漢密爾頓島度假村區的貓眼海灘

在漢密爾頓島上經常可以看見很多沙袋鼠

愛爾麗海灘&聖靈群島的旅遊&活動
TOURS & ACTIVITIES IN AIRLIE BEACH & WHITSUNDAY GROUP

從愛爾麗海灘出發的旅遊&活動

乘坐水上摩托車盡情玩樂
聖靈水上摩托車之旅
Whitsunday Jetski Tours

能盡情騎乘水上摩托車，從珊瑚海碼頭Coral Sea Marina出發的長征行程，這裡也有一般人能輕易參加的行程Airlie Adventure，騎水上摩托車巡遊愛爾麗海灘外海一圈，全程約1小時30分。如果自認是戶外咖就要參加Two Island Safari，乘著水上摩托車到白日夢島、南莫莉島周圍巡航2小時30分。騎乘前會有專業教練詳細說明操作方法，沒有經驗的人也不用擔心。

■聖靈水上摩托車之旅
住Shop 3, Coral Sea Marina, Airlie Beach, 4802
☎0459-538-754
URL jetskitour.com.au
時Airlie Adventure：每日7:30～10:30、14:30～17:00／Two Island Safari：每日9:30～12:30、12:00～15:00
費Airlie Adventure：2人$220／Two Island Safari：2人$310

遇見野生鱷魚
聖靈鱷魚之旅
Whitsunday Crocodile Safari

至今仍殘留著亞熱帶雨林樣貌的康威國家公園Conway NP，流經其南側的布斯佩連河Proserpine River以野生河口鱷的棲息地而聞名。這個行程主要以在布斯佩連河周邊濕原的營地為據點，舉辦遊河、觀察河口鱷、青蟹的生態觀察等活動。在營地附近也可以發現沙袋鼠與許多野生鳥類，觀察這些野生動物也十分有趣。

■聖靈鱷魚之旅
☎(07)4948-3310
URL crocodilesafari.com.au
時每日9:15～15:00
費大人$140 小孩$85（5～17歲） $50（1～4歲）

聖靈群島&外礁之旅

路線豐富的海上巡航
Cruise Whitsundays
Cruise Whitsundays

●大堡礁冒險

從愛爾麗港出發，經過漢密爾頓島的外礁之旅Outer Reef Cruise，讓住在白日夢島、長島上的遊客也能透過接駁船到漢密爾頓島參加，旅程的目的地是浮在Hardy Reef或Knuckle Reef上名為Reefworld的兩層樓人工浮島。從愛爾麗港出發單程約2小時～2小時15分（從漢密爾頓島出發約1小時30分）。

以人工浮島為起點，遊客可以從事浮潛或潛水，或是搭乘半潛水艇觀察海底世界。另外，還有提供教練隨行的體驗潛水或是持證潛水。

■Cruise Whitsundays
住Maritime Terminal, Port of Airlie, Airlie Beach, 4802
☎(07)4846-7000
URL www.cruisewhitsundays.com
●大堡礁冒險
時從愛爾麗港出發每日8:00～18:10／漢密爾頓島出發每日9:00～17:00／白日夢島出發每日7:45～17:50
費大人$285 小孩$132
增加項目：體驗潛水$142／持證潛水（含所有器材）1支氣瓶$112／教練隨行潛水之旅大人$60 小孩$36／直升機空中之旅10分鐘$155

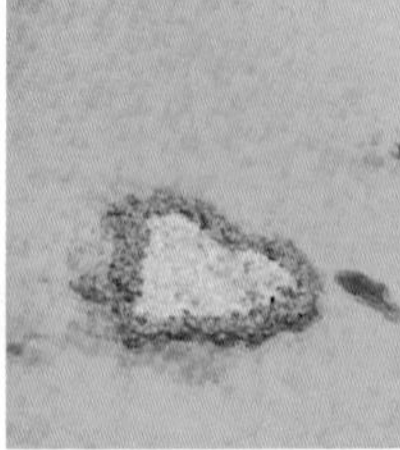
下：參加大堡礁冒險行程搭乘的大多是Sea Flight號
右：從Reefworld參加直升機空中之旅可以看到心形礁

在人工浮島附近也有很高機率可以看到棲息在此的龍王鯛，而這也是體驗潛水的最大樂趣（約25～30分鐘）。此外，如果搭乘直升機到空中遊覽，還可以看到心形礁Heart Reef（世界上少見的愛心形堡礁）。

上：大堡礁的人工浮島Reefworld

●白天堂海灘巡航之旅

白天堂海灘位於聖靈島東側，是一處8km長的純白沙灘，其美麗的景色，堪稱是澳洲第一。Cruise Whitsundays提供3個不同的白天堂海灘巡航行程可以選擇。

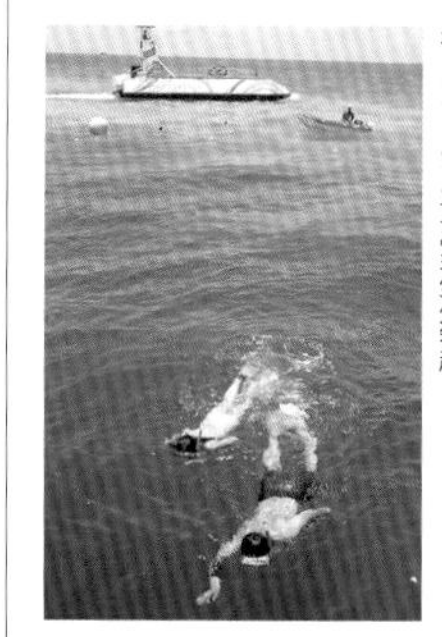
在Reefworld享受浮潛樂趣

受歡迎的當屬Whitehaven Beach, Hill Inlet Chill & Grill，能搭乘觀光船在白天堂海灘附近度過一整天，行程包含在海灘停留時去Haslewood島的Chalkies海灘浮潛（白天堂海灘沒有珊瑚礁）、造訪擁有絕佳展望的希爾灣Hill Inlet觀景台。當然在沙灘的時間也十分充裕，能與工作人員、同行遊客們一起體驗板球、觸式橄欖球Touch Rugby等運動，而在海灘上享用的漢堡午餐也很美味。

視野絕佳的希爾灣觀景台

白天堂海灘的白色細紗與透明海水讓人讚嘆

另一個行程是半天的Whitehaven Half Day Cruise，可選擇搭乘早上或下午出發的觀光船，但行程並不包括希爾灣觀景台與浮潛。第3個行程是搭乘全長85英呎的大型雙體風帆遊艇卡蜜拉號，航向白天堂海灘的Camira Sailing Adventure，可享受最高時速達30海里的高速航行，也可至聖靈島周圍的堡礁浮潛，當然在白天堂海灘的停留時間也是絕對足夠的。

卡蜜拉號的巡航之旅也很棒

●Whitehaven Beach, Hill Inlet Chill & Grill
時愛爾麗港出發每日7:15～18:10／漢密爾頓島出發每日8:30～17:00／白日夢島出發每日7:45～17:45
費大人$239 小孩$124

●Whitehaven Half Day Cruise
時愛爾麗港出發每日7:15～14:30、11:35～18:15／漢密爾頓島出發每日8:30～12:30、13:10～17:00／白日夢島出發每日7:45～13:50、12:10～17:50
費大人$125 小孩$50

●Camira Sailing Adventure
時愛爾麗港出發每日8:15～17:30／白日夢島出發每日8:45～17:00
費大人$209 小孩$177

搭乘高速船周遊聖靈群島

聖靈海洋泛舟
Whitsundays Ocean Rafting

泛舟所搭乘的船隻

搭乘附有船外機、可坐25人的泛舟船，在聖靈群島海域上奔馳的冒險之旅。由於最高時速達65公里，可享受船隻與海面摩擦的高速快感。

■聖靈海洋泛舟
(07)4946-6848
URL oceanrafting.com.au
時 珊瑚海碼頭出發：Northern Exposure每日8:45～15:30／Southern Lights每日10:00～16:30
● Northern Exposure／Southern Lights
費 大人$174 小孩$112 家庭$521／午餐$16
※Northern Exposure＋Southern Lights 大人$317 小孩$241

共有2種行程，每天變更，Northern Exposure是前往富克島Hook Is.和海曼島Hayman Is.外海的Blue Pearl Lagoon、Langford Reef、Manta Ray Bay、娜拉小灣Nara Inlet，探訪保留澳洲原住民壁畫的洞窟，行程內容十分豐富。另一條路線Southern Lights，則是繞聖靈群島一圈（也會在白天堂海灘停留）的行程。

可以在希爾灣度過悠閒時光的Southern Lights行程

從漢密爾頓島搭乘高速船至白天堂海灘

Reef Ryder

Reef Ryder

■Reef Ryder
催行：Hamilton Island Watersports
(07)4946-9934
URL www.hiwatersports.com.au
●Whitsunday Explorer
時 漢密爾頓島出發：週一、三、五9:30～16:30
費 大人$175 小孩$135 家庭$580
●2 in 1
時 漢密爾頓島出發：每日9:00～12:00、13:30～16:30
費 大人$100 小孩$85 家庭$350

在漢密爾頓島推出許多水上活動的Hamilton Island Watersports，主打擁有強力引擎的高速船Reef Ryder。行程有2種，最受歡迎的是Whitsunday Explorer，會在白天堂海灘對面Haslewood島上的Chalkies海灘體驗浮潛，並到希爾灣觀景台欣賞白天堂海灘的全景視野，接著登陸白天堂海灘盡情享受放鬆時刻。還可以到富克島上的度假村享用自助式午餐與浮潛時光，度過充實的一天。對於時間不夠的人，也可以選擇到Chalkies海灘體驗浮潛＋白天堂海灘放鬆的半日二合一2 in 1行程。

從希爾灣觀景台眺望白天堂海灘

愛爾麗海灘的住宿 ACCOMMODATION

區域號碼 (07)

經濟型

舒適的空間 MAP P.134/2B

Airlie Beach YHA

URL www.yha.com.au
住 394 Shute Harbour Rd., 4802 4946-6312
WiFi 免費 費 D $27.50～、TW $75～152
※非YHA會員要追加費用 CC MV

有熱帶氛圍的YHA

位於愛爾麗海灘東邊的青年旅館，中庭還有個小游泳池。距離海灘和愛爾麗港都很近，非常方便。

小木屋風格的背包客旅館 MAP P.134/2A

Magnums Airlie Beach

URL magnums.com.au
住 370 Shute Harbour Rd., 4802
4964-1199 FREE 1800-624-634
WiFi 免費 費 TW $69～139 CC AJMV

位於愛爾麗海灘的市中心，小木屋興建在椰子樹生長茂密的園區內。每棟小木屋裡都有電視、廚房、衛浴設備等。

位於交通便利之處

清潔！舒適！便宜！3項要點都具備 MAP P.134/2B

Backpackers by the Bay

URL www.backpackersbythebay.com
住 12 Hermitage Drv., 4802
4946-7267 WiFi 付費 費 D $28～33、TW $76～88 CC MV

從愛爾麗海灘的市中心走到沙特海港約7～8分。旅館內有泳池和BBQ設備等，而且價格相當便宜，並提供愛爾麗海灘巴士站的免費接送。

星級飯店

地理位置超棒 Airlie Beach Hotel
MAP P.134/1B

URL www.airliebeachhotel.com.au
住 16 The Esplanade, 4802 ☎ 4946-1999
WiFi 免費 費 T W $179～429 CC ADJMV

座落在愛爾麗海灘的中心區

這間飯店位於主要街道的裡面，就在海灘的正對面。客房分為飯店房和汽車旅館房2種，1樓是在當地很受歡迎的酒吧和餐廳，名為The Pub。

位於海灘的入口處 Whitsunday on the Beach
MAP P.134/1A

URL www.whitsundayonthebeach.com
住 269 Shute Harbour Rd., 4802
☎ 4946-6359 WiFi 免費
費 T W $140～150 CC ADJMV

以椰子樹為裝飾的櫃台和中庭，充滿熱帶風情，如果能訂到面海的房間，就能眺望愛爾麗海灘的蔚藍大海。全部共有18間房間，廚房等設備相當齊全。

大海就在眼前的度假村 Coral Sea Resort
MAP P.134/1A

URL www.coralsearesort.com
住 25 Oceanview Ave., 4802
☎ 4964-1300 WiFi 免費 費 T W $315～355、1B $360～445、2B $455～630 CC ADJMV

沉浸在優雅度假氣氛的Coral Sea

這是一棟蓋在海灘入口處的度假飯店，能遠離沙特海港路的喧囂，悠閒地享受住宿的時光。飯店內的設備包括餐廳、酒吧和泳池，藍色的大海就在眼前，超棒的地理位置是這裡最大的賣點。

高級的出租式公寓 Mediterranean Resort
MAP P.134/2B

URL www.medresorts.com.au
住 14 Golden Orchid Drv., 4802
☎ 4946-6391 FREE 1800-802-089
WiFi 免費 費 2B $275～304 CC ADJMV

座落在可以俯瞰愛爾麗海灘的山丘上，是一棟豪華的公寓式度假村。寬敞的客廳、整齊乾淨的臥室，當然還備有廚房和洗衣間等完善設備。所有的房間都有2間臥室以上，很適合家庭或是團體旅遊。

可以一邊看海一邊悠閒度假 Colonial Palms Motor Inn
MAP P.134/2B

URL colonialpalmsmotorinn.com.au
住 2 Hermitage Drv., 4802
☎ 4946-7166 FAX 4946-7522 WiFi 免費
費 T W $150～170 CC ADJMV

位於距離愛爾麗海灘市區約700m的安靜地點，以白色為基調明亮而時尚的客房，給人舒適感，2樓的客房從陽台就能夠看到大海。游泳池、SPA的周邊則種植著椰子樹，很有度假氣氛。

愛爾麗海灘就在眼前 Mantra Boathouse Apartments
MAP P.134/2B

URL www.mantraboathouse.com.au
住 33 Port Drv., 4802 ☎ 4841-4100
WiFi 免費 費 2B $365～、3B $495～ ※依照季節有限制最少住宿天數 CC ADJMV

位於港邊氣氛絕佳

面向愛爾麗海灘旁港口而建的豪華公寓式飯店，全部客房都是雙床以上，最適合家庭或團體旅遊。面對港口的區域設有餐廳和酒吧，住宿期間可以享受度假村的氣氛。

山坡上的展望絕佳 Club Wyndham Airlie Beach
MAP P.134/2B

URL clubwyndhamairliebeach.com.au
住 Mount Whitsunday Drv., 4802
☎ 4962-5100 WiFi 免費
費 1B $157～209、2B $224～229
※依照季節有限制最少住宿天數
CC ADJMV

愛爾麗海灘具代表性的高級公寓式度假村，位於遠離市區的山坡上，但提供海灘及愛爾麗港的接送服務。除了客房，連餐廳、無邊際泳池等設施，都充滿優雅氛圍。

從泳池眺望的景致也很棒的Club Wyndham

漢密爾頓島
Hamilton Is.

漢密爾頓島是大堡礁的島嶼度假村裡，唯一噴射機可以直接降落的大型度假勝地。正因為交通方便，世界各地想要在大堡礁悠閒度假的遊客，絡繹不絕地來到這裡，對亞洲遊客而言，也是一處相當受歡迎的觀光景點。再加上擁有大型機場，這裡也成為前往聖靈群島各度假村的交通據點。

島上的散步方法

島上面積寬廣，不如租台高爾夫球車Buggy四處逛逛（需要國際駕照，2小時$60、24小時$95），或是參加島上高爾夫球車觀光行程（1人$10），工作人員會詳細介紹島上的名勝與推薦景點。如果不習慣駕駛高爾夫球車的人，也可以搭乘行駛於島上各大景點之間的周遊巴士Island Shuttle Bus來觀光。

島上的景點＆活動也很豐富

可以將大海盡收眼底的一樹丘One Tree Hill是造訪漢密爾頓島的必遊景點，特別推薦到黃昏時分才營業的酒吧Sunset Cocktails點上一杯飲料，一邊欣賞夕陽。

另外，集結澳洲各種動物的漢

參加島上的高爾夫球車觀光行程，了解漢密爾頓島的最新情報

在漢密爾頓島野生動物公園裡可以抱無尾熊拍紀念照

不妨在貓眼灣挑戰各式水上活動

白天堂海灘是空中遊覽行程必看景點

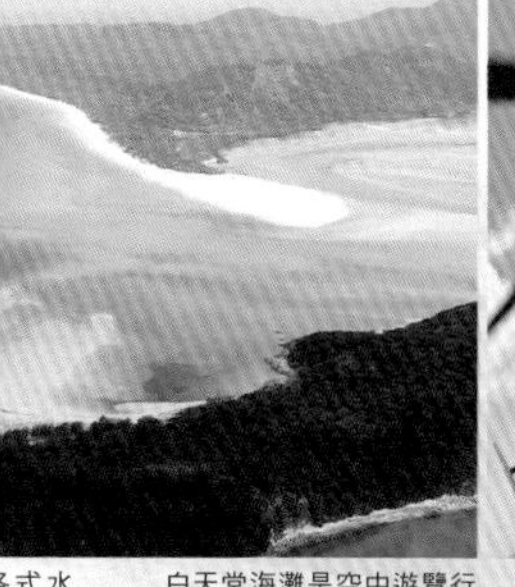
充滿朝氣的直升機駕駛員

密爾頓島野生動物公園Wildlife Hamilton Is.（大人$32 小孩$22 家庭$90）也很受歡迎，像是無尾熊、沙袋鼠、袋熊，甚至連河口鱷、褶傘蜥等，可以看見許多動物。而在園區大門前可以抱著無尾熊拍紀念照（$32～），如果只是想要與無尾熊拍照的話，不用特地進入動物園也OK。

島上可以從事的活動也是五花八門。在貓眼灣Catseye Bay可以體驗拖曳傘、波管駕乘、噴射快艇等活動，住在度假村的遊客，還可以免費搭乘雙體風帆遊艇、輕艇衝浪等，享受水上活動的樂趣。此外，還有正規的卡丁車、能駛入森林內的四輪越野車ATV、網球等，而鄰近的丹特島Dent Island還有18洞的高爾夫球場，無論在這裡停留幾天，都不會感到厭倦。

漢密爾頓島出發的觀光船&空中之旅

漢密爾頓島是前往大堡礁各大著名景點，如白天堂海灘Whitehaven Beach、心形礁Heart Reef等地的交通據點，因此以此為目標的觀光船、空中遊覽行程也很多，而Cruise Whitsundays（→P.136～137）、Hamilton Island Watersports（推出Reef Ryder→P.138）也都以此地為據點，是不容錯過的活動。

來到這裡要試試搭乘直升機或水上飛機的空中之旅。最受亞洲遊客歡迎的套裝行程，要屬由Cruise Whitsundays推出的大堡礁冒險，其中單程搭乘直升機遊覽的大堡礁飛行&觀光船之旅Great Barrier Reef Fly & Cruises（大人$545 小孩$500），以及從空中鳥瞰心形礁、Hardy Reef之後，再到白天堂海灘悠閒度過的Heart Reef & Whitehaven Beach Stopover by Helicopter（1人$730）等。

最棒的行程就是在海灘悠閒度過

位於漢密爾頓島旁的丹特島，是聖靈群島唯一擁有錦標賽場地的高爾夫球場。喜愛高爾夫的遊客不可錯過

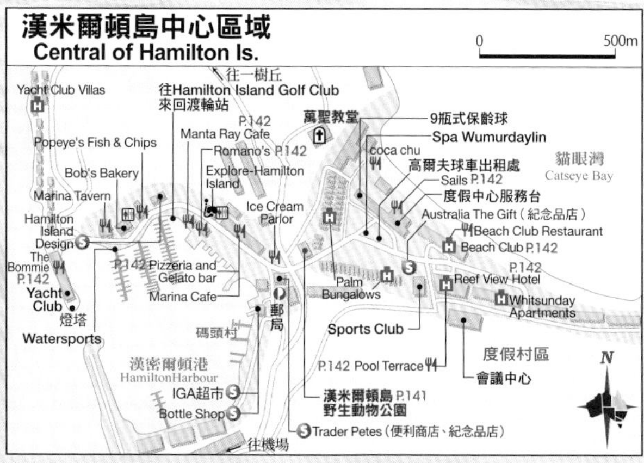

主游泳池十分寬廣

面對貓眼海灘的飯店林立

從高級度假村到小木屋

提供各式各樣的住宿類型也是漢密爾頓島的魅力之一。Beach Club限定18歲以上者才能入住，是一處大人的度假村，58間客房通通面海，非常推薦給想要擁有私密空間的蜜月遊客。

亞州旅客最常使用的則是Reef View Hotel，居高臨下欣賞貓眼海灘美景的19層樓建築，386間客房全都靠近海灘，其中5～19層樓可以看到珊瑚海Coral Sea的海景，是這棟飯店最引以為傲之處。

Palm Bungalows是一間被椰子樹所包圍，充滿熱帶風情的小木屋度假飯店，也擁有充滿別墅感的出租式公寓、Villa等形式住宿。

在漢密爾頓島最北端的Qualia Great Barrier Reef是大堡礁地區最頂級的度假村，每一個房間都是高級Villa形式設計，一部分還附有私人泳池。為了保護名流貴客的隱私，Qualia也立下只有住客才能進入的規矩。

在度假村區&碼頭村餐廳林立

因為漢密爾頓島是一個大型的島嶼，因此島上的餐廳也相當多。在度假村區Resort Side，值得推薦的有位於Reef View Hotel 1樓的高級餐廳Pool Terrace、午餐時段提供Hamilton Island Burger而受歡迎的Sails。在碼頭村Marina Village，走休閒義大利風格的Manta Ray Cafe、以窯烤披薩和冰淇淋而總是客滿的Pizzeria & Gelato Bar、道地義大利料理的Romano's都很受到歡迎。而在港岬的Yacht Club裡，有間全島唯一的高級餐廳The Bommie，來到漢密爾頓島不可不嚐嚐主廚精湛的廚藝。

Sails的Hamilton Island Burger

適合全家人一起來的Reef View Hotel

Reefview Hotel的寬敞客房

在Bommie很受歡迎的是可以少量品嚐知名餐點的Tasting Plate

DATA

Hamilton Island

(07)4946-9999　(02)9007-0009（預約）

FAX(07)4946-8888　WiFi 免費

URL www.hamiltonisland.com.au

費 Palm Bungalow：TW$450／Reefview Hotel：TW$396～790、1B $890、2B$1110～1480／Beach Club：TW$880／Qualia G.B.R.：TW$1490～5400

※只有Qualia G.B.R.在入住期間含早餐

CC ADJMV

交通 澳洲航空從凱恩斯、布里斯本、雪梨，捷星航空從雪梨、墨爾本，維珍澳洲航空從布里斯本、雪梨、墨爾本都有直飛班機。此外，從愛爾麗海灘一天 9 班、從沙特海港一天有 3 班的 Cruise Whitsundays 渡輪（約 1 小時）；而從聖靈群島的各個島嶼度假村也有到漢密爾頓島機場碼頭的渡輪航線。

海曼島 Hayman Is.

海曼島是聖靈群島最北端的島嶼，1950年代島上的度假村設施就已開幕，由於是得到英國王室相關人士高評價的知名度假村，而擁有「Royal Hayman」的美稱。目前仍然是大堡礁地區具代表性的優雅度假村，在國際間廣受好評。

入住優雅的度假村

洲際飯店集團InterContinental Group具代表性的豪華度假飯店，館內分為泳池區、海曼區、中央區3大區域，泳池區是面對海曼島上最上相的超大海曼游泳池的建築，所有客房陽台都能眺望泳池，特別的是1樓客房還能直接進入泳池。海曼區則是面對Aquas游泳池的建築，以比泳池區客房更明亮的室內設計風格為特點。至於中央區聚集了櫃檯、餐廳、酒吧、SPA、精品店等設施。此外，還有充滿私密空間感的海灘別墅、有管家的閣樓套房，入住這樣的套房，能享受更奢華的服務。

館內有6間餐廳，可以品嚐到現代澳洲餐點、正統義大利菜、現代亞洲菜等各種料理，而且餐點水準都非常高。

泳池區的客房

盡情享受大堡礁的美麗海域

這裡可以從事的水上活動也相當豐富（不會使用到引擎的活動，一律免費），此外從度假村出發的行程也很多。

一定要參加的行程是Blue Pearl Bay North Escapede（1人$90），在環保嚮導的帶領下搭乘高速船（約10分鐘）前往擁有美麗珊瑚的藍珍珠灣，盡興地享受浮潛

泳池區的1樓是直接通往泳池的客房

住宿遊客專用的私人海灘

擁有許多珊瑚的藍珍珠灣

在Hayman Spa裡放鬆心情

洋溢悠閒氣氛的Aquas游泳池

主要餐廳Pacific的晚餐

的樂趣。

還有觀光船、搭乘水上飛機或直升機前往外礁的行程，最推薦的行程是搭乘豪華船舶造訪白天堂海灘和希爾灣的白天堂海灘體驗之旅Whitehaven beach Experience（大人$350 小孩$275）、搭乘直升機去看心形礁，之後降落在白天堂海灘，充分享受海灘時光的Dream Tour（1人$990），以及到外礁體驗浮潛樂趣的Dive & Snorkel Tour（半天$195、1天$350）等。

可以享受極上放鬆時光的Hayman Spa也是度假村自滿的項目之一。除了專用的芳療室，也可以在位於花園裡的東屋、海灘旁等地的空間接受SPA療程。

DATA

InterContinental Hayman Island Resort
住Hayman Is., Whitsunday Islands, QLD 4801
☎(07)4940-1234 WiFi 免費 URL haymanisland.intercontinental.com 費T W $1120～4757 ※含早餐 CC ADJMV

交通 從漢密爾頓島搭乘專用高速船約1小時（大人$210 小孩$110）。

聖靈群島的島嶼度假村

白日夢島
Daydream Is.

在聖靈群島中最靠近本土的小島，就是白日夢島。這座島嶼很受家庭、情侶及新婚蜜月遊客的歡迎，是一處休閒度假村。度假村分成北區和南區，北區有客房及各種餐廳、SPA，而南區則有咖啡館和商店，這裡當日往返的遊客較多，兩區之間徒步約10分鐘。島上棲息著許多沙袋鼠和澳洲袋狸，早晚都可以看到牠們的蹤影，充滿大自然的氣息。此外，在南區中央棟的周圍還打造了放置真的珊瑚礁的大型人工潟湖Living Reef，可以觀賞100種生活於其中的海洋生物。

島上的海上活動也很豐富，可以免費參加的有獨木舟、立槳SUP、雙體風帆、釣魚等，須付費的活動則包含夕陽獨木舟之旅、有教練隨行的浮潛之旅、水上摩托車等各式各樣。還可以參加Cruise Whitsundays（→P.136～137）的海上之旅。

寬敞明亮的客房

雙體帆船是人氣的戶外活動

這裡的客房十分寬敞，攜家帶眷前來的話還可以住在超大客房，連嬰兒床也擺得下。情侶前來的話，推薦住在景觀好的海景露台套房。

DATA

Daydream Island Resort
住PMB 22, Mackay, QLD 4740
☎1800-888-288
WiFi 免費 費T W $465～1165
URL www.daydreamisland.com
CC ADJMV

交通 在度假村營業時間，從漢密爾頓島機場、愛爾麗海灘可以搭乘Cruise Whitsunday的渡輪。

摩羯海岸
Capricorn Coast

珊瑚礁形成的蒼鷺島

位在昆士蘭州中部、南回歸線（南緯23度26分30秒）附近的海岸地帶通稱為摩羯海岸。以羅克漢普頓Rockhampton為中心，外海有著不少島嶼度假村，對喜愛度假的澳洲人來說是十分熱門的景點。雖然奢華程度比不上聖靈群島的度假村，但這裡的自然之美可毫不遜色。來到被大自然環抱的島嶼可以感受到自然的豐富，何不試著來體驗度假生活。

麥凱
Mackay

沿著先驅河Pioneer River往麥凱港Mackay Harbour方向開拓的麥凱，人口約12萬5000人是這個地區有規模的城鎮，而麥凱港則是這一帶栽種甘蔗的裝運港。

在麥凱的近郊有幾個值得造訪的國家公園，其中伊加拉國家公園Eungella National Park（「伊加拉」是原住民語「雲降落的地方」之意）是昆士蘭規模最大的繁茂熱帶雨林寶庫（位於麥凱以西約80km之處）。在設備完善的步道中，絕對不能錯過的是破碎河遊客區Broken River Visitor Area，這裡有條短步道可以到達破碎河，而這條河流是澳洲少數以觀察鴨嘴獸而聞名的景點。

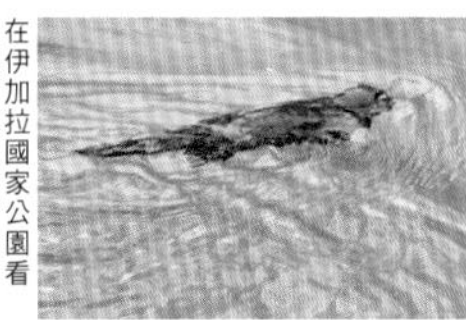
在伊加拉國家公園看見鴨嘴獸的機率很高

原則上需要租車自駕前往，但是從麥凱可以參加Reeforest Adventure Tours推出的1日之旅（鴨嘴獸＆熱帶雨林的環保之旅Platypus & Rainforest Eco Safari），很值得推薦。當然參加此行程，遇見野生鴨嘴獸的機率很高。

此外，在麥凱西北方約50km處芙蓉海岸Hibiscus Coast一隅的希爾斯伯勒角國家公園Cape Hillsborough NP，也是很值得一去的地方。綿延的亞熱帶雨林延伸到海灘前，早晚的海灘上都有袋鼠、沙袋鼠會來造訪。海灘附近也有露營場，不妨來趟過夜的觀察袋鼠之旅。

來到希爾斯伯勒角海灘的沙袋鼠
（©Tourism & Events Queensland）

交通

●**麥凱**

從凱恩斯、湯斯維爾、羅克漢普頓、布里斯本搭乘澳洲航空，由布里斯本搭乘捷星航空或維珍澳洲航空，都可以飛抵麥凱（代號MKY）。機場位於市區以南3km處，搭乘計程車可到市區（單程$25～30）。至於長途巴士，可以搭乘澳洲灰狗巴士Greyhound Australia從布里斯本～凱恩斯的路線。巴士站距離市中心稍遠，位於黃金街Golden St.和維多利亞街Victoria St.間；有些巴士還會經過麥凱機場。另外也可以搭乘連接布里斯本～凱恩斯的火車。

■**麥凱遊客中心**
住Bluewater Lagoon, Matsuura Drv., Mackay, 4740
☎(07)4837-1228
URL www.mackayregion.com
開週一～五9:00～16:00、週六、日9:00～14:00

■**麥凱的計程車**
●Mackay Taxi
☎13-10-08
URL www.mackaytaxi.com.au

■**Reeforest Adventure Tours**
☎(07)4959-8360
FREE 1800-500-353
URL www.reeforest.com.au
●鴨嘴獸＆熱帶雨林的環保之旅
時週三、日11:00～17:30
費大人$180 小孩 $115 家庭$425
※目前歇業中

羅克漢普頓

Rockhampton

位於市中心的舊郵局，內部有以互動式體驗展示費茲羅河流域的地質及歷史的博物館FLOW

羅克漢普頓是摩羯海岸的中心都市（人口約有8萬2000人），以南回歸線穿過城市北邊而聞名，當地人還為這裡取了「洛基Rockys」的暱稱。自從1858年在近郊發現金礦後便開啟了淘金熱，並展開急速地發展；現在則在近郊放牧250～300萬頭牛隻，又被稱為澳洲的牛肉之都。

羅克漢普頓的市中心位於費茲羅伊河Fitzroy River旁2km長的正方形區域，而且市區道路呈現棋盤狀，很容易辨認。提供整個摩羯海岸旅遊資訊的摩羯尖塔遊客中心Capricorn Spire Visitor Information Centre，位在郊外布魯斯公路Bruce Hwy.沿線的南回歸線上，這裡也矗立著南回歸線標示塔Tropic of Capricorn Spire。

來到羅克漢普頓絕不能錯過的是，從南回歸線標示塔沿著布魯斯公路往北前行的黃金時代文化中心Dreamtime Cultural Centre。園區內的博物館是以透視方式來展示昆士蘭中部的生活、傳說等，為了傳達昔日原住民的生活方式，則在館外搭建當時的房屋建築，並在屋內放置著當時的生活用具。此外，也有展示托列斯海峽Torres Strait原住民生活方式的儒艮館，每天10:30有導覽，參加導覽還可以體驗飛鏢投擲活動。

城市的南邊，面向莫利湖Murry Logoon之處，有座羅克漢普頓植物園Rockhampton Botanic Gardens也很值得一遊。園內有為了記念與鹿兒島指宿市締結為姊妹市所建造的日本庭園Japanese Garden，以及羅克漢普頓動物園Rockhampton Zoo。

動物園裡飼養著無尾熊、袋鼠、袋熊、淡水鱷（澳洲鱷魚）等澳洲的代表動物。

耶蓬

Yeppoon

耶蓬位於羅克漢普頓以東40km處，是個擁有美麗海灘的度假城鎮，鄰近有此地區規模最大的高級度假村Capricorn Resort Yeppoon，距離通往大凱珀爾島的船舶出入口也很近。

在這個城鎮的北邊山裡有座建立在自然森林中的野生

交通

●羅克漢普頓

若要搭飛機可以選擇從布里斯本、凱恩斯、湯斯維爾、麥凱起飛的澳洲航空，或是由布里斯本搭乘維珍澳洲航空，都可直達羅克漢普頓機場（代號ROK）。羅克漢普頓機場～市區可以搭乘Young Bus Service的接駁巴士（單程大人$6 小孩$3），搭計程車大概約$20。另外，長途巴士總站位在市中心南邊的喬治街George St.，而從布里斯本每天都有高速列車Tilt Train行駛，火車站在羅克漢普頓中心的南側。

■羅克漢普頓的計程車

Rocky Cabs：☎13-10-08
Rockhampton Yellow Cabs：☎13-19-24

■摩羯尖塔遊客中心

住The Spire, 176 Gladstone Rd., 4700 ☎(07)4936-8000
URL www.explorerockhampton.com.au/Home
開週一～六9:00～17:00，週日9:00～15:00
休耶穌受難日、耶誕節

■黃金時代文化中心

住Bruce Hwy., North Rockhampton, 4700
☎(07)4936-1655
URL www.dreamtimecentre.com.au
開週一～五9:00～15:30
費大人$15.50 小孩$7.50

■羅克漢普頓植物園

住100 Spencer St., 4700
☎1300-225-577
URL www.rockhamptonregion.qld.gov.au
開每日6:00～日落

●羅克漢普頓動物園

☎1300-225-577
開每日10:00～16:00
費免費（自由樂捐$5）

交通

●耶蓬

從羅克漢普頓搭乘前往耶蓬的巴士，單程約1小時。

■摩羯海岸遊客中心

住Ross Creek Roundabout, Scenic Hwy., Yeppoon, 4703
FREE 1800-675-785
URL www.visitcapricorn.com.au
開每日9:00～17:00

動物園Cooberrie Park Wildlife Sanctuary，園內飼養著300隻以上的動物，可以體驗抱無尾熊拍紀念照（有固定時間）、以飼料餵食放養袋鼠的樂趣。另外還可以在動物園裡看到鴯鶓、食火雞、澳洲野犬、鱷魚等各式各樣的動物。

■Cooberrie Park Wildlife Sanctuary
住9 Stone St., Cooberrie, 4703
☎(07)4939-7590
URL www.cooberriepark.com.au
開每日10:00～15:00
費大人$30 小孩$15 家庭$75／抱無尾熊拍紀念照$30（11:30～、13:30～）

大凱珀爾島
Great Keppel Is.

在漁人海灘可以體驗各種水上活動的樂趣

從羅斯林灣Rosslyn Bay約40分鐘就能到達大凱珀爾島，這座面積約1400公頃的島嶼，周圍有17個頗具特色的海灘，其中設有渡輪站，並擁有完備的住宿設施、商店、餐廳等而成為主要海灘的是漁人海灘Fisherman's Beach（目前4星酒店Great Keppel Island Resort改建關閉中）。

在活動中心可以接受報名參加水上摩托車、拖曳傘、香蕉船、雙體風帆等各種活動。另外，在海灘上還可以體驗騎駱駝的獨特樂趣。喜愛浮潛的人，適合去有許多珊瑚礁的淺灘猴子灣Monkey Bay；至於想要在寬闊沙灘上享受緩慢步調的人，則適合到稍遠處的長灘Long Beach。

交通

●大凱珀爾島
在鄰近耶蓬的羅斯林灣Rosslyn Bay搭乘Freedom Fast Cat的渡輪即可到達。
●Freedom Fast Cat
☎(07)4933-6888
URL freedomfastcats.com
時羅斯林灣（凱珀爾灣碼頭Keppel Bay Marina）出發：週三～日7:30&9:15，週一、二9:00&10:30／大凱珀爾島出發：週三～日8:00&15:45，週一15:45，週二14:30
費來回：大人$50 小孩$35 家庭$150／當日往返觀光船（含搭乘玻璃船）大人$86 小孩$55 家庭$246／冒險之旅（含搭乘玻璃船&浮潛&午餐）大人$149 小孩$99 家庭$423

格斯頓
Gladstone

人口有3萬3000多人的格斯頓，因為擁有天然的良港，而成為此地區的農作物輸出港且繁榮興盛。在觀光部分，除了作為前往蒼鷺島的出發點而為人所知，還可以在海上活動盛行的近郊海灘從事衝浪、釣魚競賽、潛水等活動。

在大凱珀爾島挑戰香蕉船

城鎮位在小山丘上，從市中心往四方而去的街道都是平緩的斜坡；而前往蒼鷺島Heron Is.的渡輪碼頭位在離市中心約1.5km處，格斯頓遊客中心Gladstone Visitor Information Centre就設在碼頭裡。

蒼鷺島

Heron Is.

蒼鷺島是美麗的珊瑚岩島

全世界潛水好手都嚮往的蒼鷺島位在格斯頓外海約80km處，是大堡礁上的珊瑚岩島，島上面積不大，步行全島一圈約只要45分鐘。不過，島的周邊卻有著約24km^{2}的廣闊潟湖，擁有豐富生態，像是海龜、鬼蝠魟、鯊魚，以及各種珊瑚礁魚群悠游其間，11～2月則是海龜的產卵地，能親眼看見大自然的神祕畫面會讓人感動到尖叫。而蒼鷺島就如同其名，也是野鳥的樂園。

蒼鷺島上的主要活動有潛水、浮潛、搭乘半潛水艇或玻璃船海底觀光、礁石探險、島嶼探險等，其中以潛水和浮潛絕對不能錯過。島嶼四周海域全都是浮潛點，如果想要看到更美的珊瑚礁及大批魚群的話，一定要參加乘船浮潛的行程。適合潛水的海域大多在潟湖邊緣，可以配合當天的海況選擇潛水地點。而搭船去各個潛點都很近，只要5～15分鐘不必擔心會暈船；在這些海域遇到可愛海龜和鬼蝠魟的機率頗高，值得期待。當然也有針對潛水初學者推出的體驗潛水活動。

交通

●格斯頓

格斯頓機場（代號GLT）有來自布里斯本的澳洲航空及維珍澳洲航空的航班。從機場到市區搭計程車約$25，也可搭乘布里斯本～凱恩斯的澳洲灰狗巴士，都會經過此城鎮。巴士的搭乘地點在距離市中心約300m的加油站。

■格斯頓遊客中心

住 Marine Ferry Terminal, 72 Bryan Jordan Drv., 4680
☎ (07)4972-9000
URL www.gladstoneregion.info
開 週一～六8:30～16:30、日8:30～12:30
休 耶誕節

交通

●蒼鷺島

有高速雙體快艇由格斯頓的渡輪碼頭出發（由格斯頓機場到渡輪碼頭有免費接送服務），航行時間約2小時，單程船資 大人 $75 小孩 $38。週一、三、五～日格斯頓出發9:30，蒼鷺島出發12:45。

另外，也可以從格斯頓機場搭乘直升機前往蒼鷺島（單程30分鐘）。單程1人$470。

URL heronisland.com

11～2月的清晨，經常可以看到在沙灘上產完卵要回去海裡的海龜身影

摩羯海岸的住宿

ACCOMMODATION 區域碼號(07)

麥凱

位在市中心的背包客旅館 MAP 無
Gecko's Rest Backpackers

住34 Sydney St., Mackay, 4740 ☎4944-1230
WiFi 免費 費D$30、S$45、TW$65 CC MV

位在小鎮中心區，周圍的餐廳選擇多樣，尤其是屋頂的陽台十分舒服。

羅克漢普頓

位於市區價格實惠 MAP 無
The Criterion Hotel Motel

URL thecriterion.com.au 住150 Quay St., 4700
☎4922-1225 WiFi 免費
費Heritage Hotel：W$80～110／Motel：W$125～135 CC ADJMV

此飯店由澳洲國家信託National Trust指定，改建自1889年的古老建築。住宿設施分為在古蹟建築內的Heritage Hotel及兼設的現代汽車旅館Motel兩種。

位於市中心北邊的幽靜地 MAP 無
Rockhampton YHA

URL www.yha.com.au 住60 MacFarlane St., Berserker, 4701 ☎4927-5288 FREE 1800-617-194
WiFi 免費 費D$26、TW$65
※非YHA會員要追加費用 CC MV

從市區經過費茲羅伊橋Fitzroy Bridge後，由Queen Elizabeth Rd.往北徒步約20分鐘（約2.5km）即可抵達。白天到火車站及巴士站有接送巴士的服務。

眺望費茲羅伊河的一星飯店 MAP 無
Mercure Rockhampton

URL all.accor.com 住86 Victoria Pde., 4700
☎4994-5000 WiFi 免費 費TW$169～229
CC ADJMV

距離歷史建築海關大樓及舊郵局都很近，交通十分便利。客房內裝走現代風，游泳池、餐廳等設備也很完善。

大凱珀爾島

從帳篷到獨棟公寓 MAP P.147
Great Keppel Island Holiday Village

URL gkiholidayvillage.com.au
住80 The Esplanade, Great Keppel Island, 4700
☎4939-8655 FREE 1800-537-735 WiFi 無
費D$40、TW$90～225、豪華露營TW$120
※依照季節有限制最少住宿天數
CC MV

興建在樹木中的小木屋式住宿設施

從營地到小木屋房型選擇豐富，可以配合需要提供不同形式的客房。因為沒有附設餐廳（有炊煮設備），所以住宿客必須自備食物。

適合喜愛享受大凱珀爾島自然的遊客 MAP P.147
Great Keppel Island Hideaway

URL greatkeppelislandhideaway.com.au
住The Esplanade, Great Keppel Is., 4703
☎4939-2050 WiFi 無
費TW$140～180、Cabin TW$200～275
CC MV

位於可展望Middle島海岬上的3星級度假村，園區內小屋式的住宿建築林立，也有酒吧和餐廳等設施。

格斯頓

格斯頓市的地標 MAP 無
Rydges Gladstone

URL www.rydges.com 住100 Goondoon St., Gladstone, 4680 ☎4970-0000 WiFi 免費
費TW$127～189 CC ADJMV

位於市中心，室內明亮，十分舒適。附設CBD餐廳及酒吧，供應炭火燒烤牛排和海鮮，極受當地人的好評。

蒼鷺島

推薦給崇尚大自然的人 MAP P.148
Heron Island Great Barrier Reef

URL heronisland.com 住via Gladstone, 4680
☎4972-9055 FREE 1800-875-343 WiFi 付費
費TW$358～694 ※含早餐 CC ADJMV

即使在大堡礁裡也很少見的純珊瑚岩島上的高級豪華度假村，房客可以免費參加附導遊的自然探險行程，而在度假村裡還可享受正統的水療SPA。住宿即附自助式早餐。

在潔白美麗的沙灘上盡情放鬆

11～2月還能看見海龜產卵

芬瑟海岸

Fraser Coast

交通

●**邦德堡**

一般到達這裡都是搭乘布里斯本～凱恩斯的巴士。巴士總站位於接近市中心的特構街Targo St.上。另外也推薦搭乘布里斯本～羅克漢普頓～凱恩斯間的高速列車Tilt Train。

若要搭飛機前往，可以搭乘澳洲航空往來布里斯本間的直航班機。雖然邦德堡機場（代號BDB）離城鎮有6km之遠，但計程車會配合航班時間等候，以便接送遊客。

■**Duffy's City Buses**

以邦德堡為中心，往巴戈拉Bargara、班尼角Burnett Heads共有11條巴士路線，每條路線都僅在週一～六發車，每天有5～9個班次。費用採取區域制，以邦德堡與其周邊分為8個區域，乘車前要先決定會跨越幾個區域（最多搭乘6個區域）。

☎1300-383-397
URL www.duffysbuses.com.au
費

1區	大人$2.50	小孩$1.30
2區	大人$3.00	小孩$1.50
3區	大人$3.40	小孩$1.70
4區	大人$4.00	小孩$2.00
5區	大人$4.80	小孩$2.40
6區	大人$5.80	小孩$2.90

芬瑟島（K'gari）的人氣觀光景點麥肯錫湖

從大堡礁最南端至陽光海岸Sunshine Coast北邊，統稱為芬瑟海岸；正如其名，這一帶的中心便是原住民稱為K'gari的芬瑟島，也是澳洲幾個「世界最大」的自然景觀之一，為世界上最大的純沙島。南北長約124km、東西最寬20km左右，全島面積為18萬4000公頃，廣大的沙丘與延綿不絕的海灘，加上翠綠的熱帶雨林與閃耀著蔚藍光芒的湖水表面，是喜歡大自然的人絕對不能錯過的島嶼。

而芬瑟島（K'gari）周邊的景點也是以豐富的自然景觀為主。舉列來說，在大堡礁南端的伊利特夫人島Lady Eliot Is.，是座徒步一圈只要1小時左右、四周布滿珊瑚礁的小島。與其他大堡礁度假島嶼的不同處在於這裡無法乘船到達，所有的旅客都必須搭乘小型飛機；而從飛機上眺望伊利特夫人島，會發現此島與其他島嶼相隔一段距離，彷彿是遠海上的孤島一般。而在芬瑟島（K'gari）與伊利特夫人島之間的鴨嘴獸灣Platypus Bay，則是澳洲第一的賞鯨據點，每年的7月下旬～10月，從南極海域北上的座頭鯨會在這個海灣休息，因而聞名；除此之外，一整年都有的賞海豚活動也十分有名。

邦德堡

Bundaberg

位在芬瑟海岸北部的邦德堡（人口9萬3000人），產業結構是由甘蔗產業、農業及漁業組合而成，因此也有「昆士蘭的沙拉碗」、「澳洲的糖城」等別稱。在觀光方面則以大堡礁的南端入口而聞名於世。

邦德堡沿著班尼河Burnett River展開其腹地，而商店集中的中心地區，位於班尼河南邊1km的四方形狹小區域裡，中級以上的汽車旅館集中在市中心主要街道波本街Bourbong St.上往西延伸。如果要收集邦德堡的旅遊資訊，可以到市區東側的遊客中心（Bundaberg Visitor Information Centre），邦德堡蘭姆酒釀酒廠（→P.151）就在附近。

建立在波本街上的澳洲軍人紀念碑

另外，在邦德堡北邊約120km處，是西元1770年英國庫克船長初次登陸昆士蘭州的地點，以因此被命名為Town of 1770，最近則是以度假村而受到大家注目。

一整天飽覽大堡礁風光

瑪斯庫萊布夫人島觀光船
Lady Musgrave Is. Cruises

在瑪斯庫萊布夫人島的潟湖浮潛

散布在蒼鷺島和伊利特夫人島之間的島嶼群，稱為班克群島Banker Group，瑪斯庫萊布夫人島位於班克群島的南端，是個步行環島一周只要30分鐘的小島，不過環繞在島周圍潟湖內的珊瑚美景，可是大堡礁裡數一數二的。前往瑪斯庫萊布夫人島的觀光船有2種選擇，一是從邦德堡郊外的邦德堡港碼頭出發的Lady Musgrave Experience，另一個是從庫克船長登陸地Town of 1770出發的1770 Reef Cruise。而Lady Musgrave Experience的觀光船行程還規劃了付費的體驗和持證潛水等活動，更為有趣。

可以觀察海龜產卵

海龜保育公園
Mon Repose Conservation Park

在邦德堡郊外距離市區約12km，有一處海龜保育海灘，每年11月～3月上旬會有海龜到這裡來產卵，在這段時間則會舉辦附導覽的海龜產卵觀察體驗活動（Mon Repose Turtle Experience）。入場券可以事先在市區的遊客中心購買，因為當天現場經常發生預約額滿而無法買票的情況。

參觀澳洲No.1的蘭姆酒製造工廠

邦德堡蘭姆酒釀酒廠
Bundaberg Rum Distillery

邦德堡是甘蔗的一大生產地，而使用這些甘蔗做成的砂糖製作成的邦德堡蘭姆酒，也被稱為No.1。酒廠位在離市區有點遠的地方，可以參觀蘭姆酒的製作過程，最後還能試喝蘭姆酒。

伊利特夫人島.
Lady Elliot Is.

伊利特夫人島位於大堡礁最南端，是由珊瑚礁岩堆疊而成的小島，除了飛機的起降跑道外，其他大部分土地都是候鳥的棲息地。島嶼周圍的珊瑚礁完全沒遭到破壞，海

■邦德堡遊客中心
住Spring Hill House, 36 Avenue St., Bundaberg, 4670
☎(07)4153-8888
FREE 1300-722-099
URL www.bundabergregion.org
開週一～六9:00～16:00、週日、節日10:00～15:00
休新年、耶穌受難日、澳紐軍團紀念日、耶誕節、節禮日

■瑪斯庫萊布夫人島觀光船
●Lady Musgrave Experience
☎(07)4151-5225
URL ladymusgraveexperience.com.au
時邦德堡港碼頭出發：每日7:30～17:00
費大人$230 小孩$158
家庭$655／體驗潛水氣瓶1支（含器材費用）$140，持證潛水氣瓶1支（含器材費用）$70
●1770 Reef Cruise
☎(07)4972-7222
URL www.1770reef.com.au
時Town of 1770出發：每日8:30～17:00
費大人$228 小孩$155
家庭$649

■海龜保育公園
住141 Mon Repos Rd., Bundaberg, 4670
☎13-74-68
URL parks.des.qld.gov.au/parks/mon-repos
費觀察海龜產卵：大人$27.90 小孩$14.45 家庭$67.25

一定要看的海龜產卵

■邦德堡蘭姆酒釀酒廠
住Bundaberg Rum Distilling Company, Hills St., 4670
☎(07)4348-3443
URL www.bundabergrum.com.au
時釀酒廠之旅：週一～五10:00～15:00，週六、日10:00～14:00的1小時左右
費釀酒廠之旅：大人$28.50 小孩$14.25 家庭$71.25

交通

●**伊利特夫人島**

從赫維灣、邦德堡每天各有3班Seair Pacific航空的航班飛往伊利特夫人島機場（代號LYT），從赫維灣出發為45分鐘、從邦德堡出發則為30分鐘。來回票價大人$500 小孩$355。另外，Seair Pacific航空還有從黃金海岸出發當日往返的行程，價格為大人$904 小孩$644。

●Seair Pacific航空
(07)5536-3644
FREE 1800-072-200
URL www.ladyelliot.com.au

有很高機率可以看到魟魚的伊利特夫人島(Photo by Takato Okohira)

交通

●**赫維灣**

澳洲航空從布里斯本、捷星航空從雪梨都有航班飛往赫維灣機場（代號HVB）。陸上交通則有連結布里斯本～羅克漢普頓的高速列車Tilt Train，搭到瑪麗波若西站Maryborough West，接著再轉乘巴士即可抵達。或是搭乘布里斯本～凱恩斯的灰狗巴士，幾乎都會在赫維灣停車。所有班次的巴士停靠站都是在派爾巴Pialba鎮外的海灣中央購物中心Bay Central Shopping Centre。幾乎所有的背包客旅館都有提供配合巴士時間的免費接送服務。

矗立在烏領根港，像是在訴說著昔日捕鯨歷史的捕鯨叉

水也非常潔淨透明。

從空中眺望有種離海孤島的感覺

這裡可說是大堡礁的島嶼度假村中充滿自然原始氣氛的島嶼，最受歡迎的海上活動是水肺潛水Scuba Diving和浮潛，全島有超過20個潛點，一整年在這裡潛水都可以遇到島上的象徵鬼蝠魟，而海龜也經常出沒在各個潛水點。當然多種類的珊瑚也十分美麗，還有可愛的蝴蝶魚、小丑魚等數量也不少。浮潛也是在島嶼四周海域都可以下水，也很容易遇到鬼蝠魟與海龜，其他還有玻璃船及礁石探險等行程可以選擇。此外，在11～2月的夜晚，可以島上到處都能看見上陸產卵的海龜。

赫維灣
Hervey Bay

赫維灣有許多適合海水浴的海灘

赫維灣是位於芬瑟島（K'gari）的對岸，人口約6萬1000人。赫維灣是這一帶的總稱，泛指面灣（赫維灣）且東西狹長的4個城鎮：西起為派爾巴Pialba、斯卡尼思Scarness、托爾坎Torquay、烏領根Urangan，而以住宿設施及餐廳林立最為便利的斯卡尼思、托爾坎為中心地區。這附近的海象平穩，也是海水浴的絕佳地點。

會造訪赫維灣的人，幾乎都是要從此地去芬瑟島。從這裡出發到芬瑟島的旅遊行程，無論是當日來回或住宿2、3晚，還是從高級的Kingfisher Bay度假村到露營，行程的選擇十分多樣。

若不知道該如何從多樣的選擇中挑選適合自己需求的行程時，可以到位於赫維灣城鎮入口的遊客中心詢問，以安排最適合的旅遊行程。此外，每年8～10月的賞鯨旺季，作為賞鯨行程出發港的赫維灣，也因而更加繁榮熱鬧。位於赫維灣外海的鴨嘴獸灣Platypus Bay，即使到了冬天水溫仍有25℃，十分溫暖，海灣內的水深約為200m，大陸棚的範圍約為3～5km，對座頭鯨來說是最適合的休息地。所以在南半球的夏季期間，座頭鯨會在南極海覓食，到了冬季，為了生育下一代，座頭鯨便會來到這個海域。

海洋哺乳類的一大棲息地

賞鯨豚之旅

Whale & Dolphin Watching

也有機會看到座頭鯨躍出海面翻轉的雄偉場景

每年7月中旬～10月是赫維灣的賞鯨季節，而海豚卻是整年都能看得到的。

不過還是賞鯨之旅最受歡迎，賞鯨旺季時每天都有10艘以上的賞鯨船從赫維灣出發。參加賞鯨之旅，可以觀賞到座頭鯨噴水Blow、用尾鰭擊浪Tail Slap、頭探出海面spy hop，以及躍出海面翻轉Breach等精采表演畫面。但是，基於生態保育的立場，賞鯨船禁止靠近鯨魚周圍100m以內，每隻鯨魚周圍300m的範圍內，不能有超過4艘賞鯨船進入行動，而且也不能開船追逐鯨魚。

至於觀賞海豚方面，幸運的話可以看到3種海豚（短吻真海豚Common Dolphin、瓶鼻海豚Bottlenose Dolphin及中華白海豚Indo Pacific Humpback Dolphin）。海豚的好奇心旺盛，會主動接近船隻，在賞鯨之旅途中，尋找鯨魚蹤影時就會順便等待海豚的出現，所以真正的賞海豚船只有在賞鯨季以外的時期才會出發。

■**Hervey Bay Visitor Information Centre**
住227 Maryborough - Hervey Bay Rd., Hervey Bay, 4655
FREE1800-811-728
URL www.visitfrasercoast.com
開每日9:00～17:00
休耶穌受難日、耶誕節

■**主要的賞鯨豚之旅公司**
●Spirit of Hervey Bay
FREE1800-642-544
URL www.spiritofherveybay.com
時半日賞鯨之旅：賞鯨季中旬的每日8:30～13:00、13:30～17:30
費半日賞鯨之旅：上午大人$130 小孩$65 家庭$350／下午大人$120 小孩$65 家庭$330
●Whalesong Cruises
☎(07)4125-6222
URL www.whalesong.com.au
時半日賞鯨之旅：賞鯨季期間每日8:00～13:00
費半日賞鯨之旅：上午大人$130 小孩$70 家庭$360
●Blue Dolphin Marine Tours
☎(07)4124-9600
URL www.bluedolphintours.com.au
賞鯨之旅：賞鯨季期間每日6:30～16:00／賞海豚之旅：11～7月的每日8:15～12:30
費賞鯨之旅：大人$170 小孩$140 家庭$540／賞海豚之旅：大人$100 小孩$65 家庭$300

芬瑟島（K'gari）

Fraser Is.（K'gari）

芬瑟島是世界上最大的純沙島，K' gari在原住民語中是「樂園」之意，而它的起源要回溯到14萬年前。當時澳洲大陸東海岸受到豪雨的侵襲，大分水嶺山脈（Great Dividing Range）的沙土受風雨侵蝕，沖刷到沿岸地區，之後又被信風及洋流影響逐漸流失，堆積在現在芬瑟島的所在地，形成島嶼。時至今日，島的表面雖然看起來被翠綠的亞熱帶雨林所覆蓋，但從綿延的海岸線、隨處可見的沙丘，可以窺知此島的地基還是由沙所構成。另一方面，森林中則是野生動物的天堂，另一方面，森林中則是野生動物的天堂，只要一走入森林，就有可能看到澳洲野犬、袋貂、沙袋鼠，以及超過240種的野鳥。也因為島上有許多珍貴的自然資源，才讓芬瑟島被登錄為世界自然遺產。

想在島上觀光的話，推薦參加島上的旅遊行程。擁有住宿設施的Eurong與King-fisher Bay，推出由專業生態嚮導導覽的四輪傳動車4WD之旅及健行探險活動。

芬瑟島的空中遊覽，跑道在75哩海灘上

交通

●**芬瑟島(K'gari)**

因為島上沒有大眾交通工具，所以一般都是參加旅遊行程，也可以搭乘往返Kingfisher Bay的渡輪，在那裡也可以報名參加島上旅遊活動。從赫維灣出發的旅遊行程種類繁多，當日返往$190～、2天1夜$500～、3天2夜$600～。此外，若參加四輪傳動自駕行程4WD Self Drive，從河岬River Heads、因斯基普角Inskip Point可以將車子開上渡輪(4WD來回$130～)。不過事先必須先向昆士蘭環境保護局官網申請並取得許可。

■昆士蘭環境保護局
Environmental Protection Agency QLD
URL parks.des.qld.gov.au
時 1個月內車1台$52.75

■Air Fraser Island
☎ 1300-172-706
URL airfraserisland.com.au
費 1人$100(15分鐘)

島上探索就由此開始　MAP P.154

75哩海灘
75 Miles Beach

瑪希諾號沉船曾經是轟炸機的練習標把

從天空俯瞰，可以感受到芬瑟島的壯闊

在芬瑟島(K'gari)的東側，面對外海有一片廣大而美麗的沙灘。駕駛四輪傳動車4WD，奔馳在這片沙灘的南邊綿延100km以上的75哩海灘上，在浪花拍打的沙灘上穿梭，是芬瑟島的一大觀光賣點。全島沒有水泥地或柏油路，全都是原始的土地，唯一稱得上是「道路」的，就只有這片海灘了。

此外，這片海灘旁有條從森林流到海裡，水質清澈見底的愛莉溪Eli Creek(水淺可以放心讓孩子游泳)，或是由黏土質被多種顏色的沙固定後所形成的「多色沙岩」教堂崖The Cathedrals，還有因船難被沖到海灘上的瑪希諾號沉船遺跡The Wreck of the Maheno等，都是島上不能錯過的景點。

而Scenic Flight航空利用75哩海灘作為飛機跑道，並推出Air Fraser Island觀景直升機行程，此行程是由Eurong或Happy Valley出發，享受約10分鐘的有趣飛行。島上綿延的沙灘、蒼鬱的亞熱帶雨林、美麗的湖泊，所有景致的美麗與遼闊，只要搭乘直升機從天空鳥瞰，就可以清楚感受到。島上各種形式的旅遊行程，都可搭配觀景直升機飛行，全方位體驗此島嶼之美。

芬瑟島
K'gari(Fraser Is.)
0 20km
Sandy Cape
N
Lake Marong
Lake Wanhar
Marloo號沉船遺跡
鴨嘴獸灣 Platypus Bay
大砂國家公園 Great Sandy NP
Bimjella Hill (174m)
Bowarrady (244m)
75哩海灘 P.154
教堂崖 P.154 The Cathedrals
Moon Point
赫維灣 Hervey Bay
P.154 愛莉溪 Eli Creek
瑪希諾沉船遺跡 The Wreck of the Maheno P.154
Lake Garawongera
Happy Valley
Kingfisher Bay P.156 Resort & Village
河岬 River Heads
P.155 瓦比湖 Lake Wabby
麥肯錫湖 P.155 Lake McKenzie
Boomanjin Hill (211m)
Eurong
P.156 Eurong Beach Resort
布曼金湖 P.155 Lake Boomanjin
中央車站 Central Station P.155
Yankee Jack Lake
Figtree Lake
Poona
因斯基普角 Inskip Point
Hook Point

最適合游泳的愛莉溪，是條清澈的小河

教堂崖因為沙土堆積時間不同，造成不同顏色的堆積層

探訪由白砂及清澈湧泉所形成的湖泊 MAP P.154

麥肯錫湖及周圍的湖泊
Lake McKenzie & other lakes

芬瑟島上人氣NO.1的麥肯錫湖

在芬瑟島(K'gari)上有幾個湖泊，其中具有代表性的是南部的麥肯錫湖、布曼金湖Lake Boomanjin、比拉彼恩湖Lake Brrabeen，以及中部的葛拉萬戈拉湖Lake Garawongera、瓦比湖Lake Wabby。每個湖畔都有純白的矽沙Silica Sand沙灘，湖的顏色就像畫一般呈現出漸層的藍色。其中尤以麥肯錫湖的景色最為美麗，白天探訪這座湖泊，會先被湖面藍白對比的鮮明與絕美而感動，接著跳入湖裡游泳，則會驚嘆於湖水的高度透明感。

漫步在亞熱帶雨林中 MAP P.154

雨林步道
Walking Trail

芬瑟島上建有幾條步道，可以用步行的方式漫遊亞熱帶雨林，尤其是以位於麥肯錫湖附近中央車站Centre Station為中心的步道，一路欣賞高大的貝殼杉，以及附生在其他樹幹上的鹿角蕨等植物，最適合散步。

■芬瑟島(K'gari)觀光注意事項
●禁止餵食野生動物
●禁止攜帶寵物
●禁止在指定地點以外的地方紮營
●禁止污染島上水源

■Kingfisher Bay生態之旅(Beauty Spot Tour)
在一天內探索75哩海灘的主要景點，再到中央車站及麥肯錫湖探險。
TEL (07)4120-3333
FREE 1800-372-737
URL www.kingfisherbay.com
時 每日9:00～17:00
費 大人$239 小孩$159

漫遊中央車站的美麗森林

芬瑟海岸的住宿 ACCOMMODATION
區域碼號(07)

邦德堡市中心

位於班尼河的北側 MAP 無
North Bundaberg Backpackers

URL northbundybackpackers.com.au
住 12 Queen St., Bundaberg North, 4670
TEL 042-779-5276 WiFi 付費 費 D $30～
CC MV

很多房客是以去果園採果為目的的打工度假者(兼做工作仲介)。大部分的客房都有衛浴，還附設游泳池，從市中心走來只要10分鐘左右。

靠近中心區的背包客旅館 MAP 無
Bunk Inn Hostel

URL www.bunkinnhostel.com.au
住 25 Barolin St., Bundaberg, 4670
TEL 0422-183-107 WiFi 免費 費 D $31.50、T W $63 CC MV

建築很新，免費提供租借的腳踏車及遊戲室等設備也很好。

邦德堡最受歡迎的飯店 MAP 無
Bundaberg International Motor Inn

URL bundaberginternational.com.au 住 73 Takalvan St., Bundaberg, 4670 TEL 4151-2365
WiFi 免費 費 T W $159～220 CC ADJMV

位於離機場及市中心開車都只要5分鐘之處，飯店附有游泳池(冬天為溫水)、投幣式洗衣房、餐廳及酒吧等設施。

汽車旅館形式的舒適客房

邦德堡近郊

位於高爾夫球場的前面 MAP 無
Bargara Blue Resort

URL www.bargarablue.com.au
住 4 Baxter St., Bargara, 4670 TEL 4159-1691
WiFi 免費 費 1B $255～355、2B $265～340、3B $335～345 ※旺季時須連住2晚以上
CC ADJMV

隔壁就是巴戈拉的高爾夫球場，所以特別適合喜歡高爾夫的人。度假村內附設游泳池（冬天為溫水）、SPA、三溫暖及健身房等設施。

人氣的巴戈拉海灘就在旁邊 MAP 無
Kellys Beach Resort

URL www.kellysbeachresort.com.au
住 6 Trevors Rd., Bargara Beach, 4670
☎ 4154-7200 FREE 1800-246-141 WiFi 付費
費 2B $161～179 CC AJMV

位於巴戈拉Villa風格的公寓式度假村，園區種植了許多亞熱帶植物，還有泳池、SPA、三溫暖、網球場等設備完善。

伊利特夫人島

自然氛圍滿點的海島度假村 MAP 無
Lady Elliot Island Eco Resort

URL ladyelliot.com.au
住 P.O.Box 348, Runaway Bay, 4216
☎ 4156-4444 FREE 1800-072-200 FAX 4156-4400
黃金海岸總公司☎ 5536-3644
WiFi 無 費 S $312～535、W $438～970／露營帳篷 S $514～745、W $810～890 ※含早、晚餐
CC ADJMV

面海而建的環礁客房

從共用衛浴、大型帳篷形式的太陽能小屋及露營帳篷，到雙層床和雙人床都放得下的環礁客房，還有深受蜜月夫妻喜愛的海島式套房，房客可以依需求選擇喜歡的房型。

赫維灣

廣大腹地上散布小木屋 MAP 無
Harvey Bay YHA

URL www.yha.com.au 住 820 Boat Harbour Drv., Hervey Bay, 4655 ☎ 4125-1844
FREE 1800-818-280 WiFi 免費 費 D $27、T W $54～135 ※非YHA會員要追加費用 CC MV

沿著馬路走約5～6分鐘即可抵達賞鯨船的出發港及海灘，興建在廣大腹地上的住宿設施非常乾淨，還附設游泳池、咖啡餐廳、網路、租借自行車等，設備齊全。

擁有舒適評價的YHA

赫維灣的人氣青年旅館 MAP 無
Mango Tourist Hostel

住 110 Torquay Rd., Hervey Bay, 4655
☎ 4124-2832 WiFi 免費
費 D $28、T W $60 CC MV

改建自Queenslander形式（高腳、涼亭、斜屋頂）古老建築，洋溢熱帶風情的背包客旅館。

感受住在農場裡的氣氛 MAP 無
Woolshed Eco Lodge

URL www.woolshedecolodge.com.au
住 181 Torquay Rd., Hervey Bay, 4655
☎ 4124-0677 WiFi 免費 費 D $25～27、T W $69～100 CC MV

背包客旅館的建築以牧場裡的羊舍為意象，營造出獨特的氛圍。青年旅館內則大量使用各種牧場用具作為裝飾，也非常有趣。

芬瑟島（K'gari）

受世界注目的生態休閒旅館 MAP P.154
Kingfisher Bay Resort & Village

URL www.kingfisherbay.com
住 PMB1, Urangan, 4655
☎ 4120-3333 FREE 1800-372-737
WiFi 付費 費 Hotel Room：T W $249～498／Villa：1B $289～、2B $339～、3B $399～（入住Villa最少須住宿2晚） CC ADJMV

設有一年四季都能使用的溫水泳池

思考建築本身要融入自然的環保度假村。可以參加由度假村出發的四輪傳動車4WD之旅、清晨出發附專業嚮導的賞鳥活動。每年8月中旬～10月上旬，度假村也會主辦賞鯨船之旅（大人$135小孩$85）。每日還提供數班由赫維灣出發的渡輪服務。

面向75哩海灘 MAP P.154
Eurong Beach Resort

URL www.eurong.com.au
住 P.O.Box 7332, Hervey Bay, 4655
☎ 4120-1600 FREE 1800-678-623
WiFi 付費 費 T W $209～269、2B $409～479
CC MV

位於芬瑟島東側的大型度假村，有游泳池及餐廳等設施齊全，此外還提供由度假村出發的四輪傳動車4WD探險之旅。

陽光海岸
Sunshine Coast

努沙的主海灘

陽光照耀在海岸上閃閃發光的陽光海岸，起始點為布里斯本以北約110km的碧麗比島Bribie Is.，延伸約150km到丁肯灣Tin Can Bay，兩地之間的美麗海岸地帶。從內地延伸到海邊的濃綠森林，是大分水嶺一隅的腹地，這裡也是被絕美海洋及森林環抱的度假勝地，雖然沒有像黃金海岸那樣熱鬧華麗，但是沉靜的氛圍可以讓遊客度過享受海洋及自然的時光。

陽光海岸的範圍從南邊海岸的卡隆德拉Caloundra、瑪盧奇Maroochy（包含觀光中心莫羅拉巴Mooloolaba及行政中心瑪盧奇多Maroochydore一帶）、努沙Noosa，內陸部分為南勃Nambour、逸典那Yandina、尤姆迪Eumundi、蒙特維拉Montville（布萊考山脈Blackall Ranges）等地區。沿海城鎮的飯店大多為度假風格的公寓式旅館，適合到海邊來的衝浪客；內陸地區則保留著亞熱帶雨林景觀，可以在玻璃屋山脈Glasshouse Mountains等地欣賞壯闊的自然景觀。

卡隆德拉與瑪盧奇
Caloundra & Maroochy

國王海灘很受家庭遊客的歡迎

卡隆德拉和瑪盧奇是陽光海岸南邊海岸的觀光中心，兩個城鎮間的距離為15分鐘車程，以綿延的美麗海灘相連。

在澳洲原住民語為「優美之地」意思的卡隆德拉，人口約5萬人，市中心的Bulcock St.街上商店、咖啡館及餐廳林立，白天很是熱鬧。擁有多處衝浪海灘，其中以國王海灘King Beach及黃金海灘Golden Beach最有人氣，而海灘附近的公寓式旅館等住宿設施也很多。

交通

●陽光海岸

■空中交通

從雪梨、墨爾本可搭乘澳洲航空、捷星航空、維珍澳洲航空的直航班機抵達陽光海岸。陽光海岸機場（代號MCY）位於馬克拉Marcoola，如果要從機場前往陽光海岸各地，可以搭乘昆士蘭州大型機場接駁巴士公司con-X-ion的巴士，到瑪盧奇Maroochy約15分鐘、努沙約30分鐘。

此外，con-X-ion每天也有8～9班從布里斯本國際機場出發前往陽光海岸的接駁巴士，到瑪盧奇約1小時30分，到努沙約2小時。

●con-X-ion

☎1300-266-946

URL www.con-x-ion.com

費 陽光海岸機場：往卡隆德拉單程大人$35 小孩$25 家庭$100、往瑪盧奇單程大人$20 小孩$10 家庭$50、往努沙單程大人$35 小孩$25 家庭$100／布里斯本機場：往卡隆德拉&瑪盧奇單程大人$65 小孩$25 家庭$137、往努沙單程大人$69 小孩$33 家庭$145

■陸上交通

從布里斯本搭乘澳洲灰狗巴士可以抵達陽光海岸的主要城鎮。

陽光海岸的市區交通

Translink Bus經營陽光海岸地區及布里斯本近郊的巴士路線，適用於5～7區的票價，當然也可以使用go card （→P.167）。

●Translink Bus

☎13-12-30

URL translink.com.au

陽光海岸海底世界的海獅秀

位於卡隆德拉北方廣闊的瑪盧奇（人口約15萬人），是以瑪盧奇多Maroochydore為中心，從南端的莫羅拉巴Mooloolaba、亞歷山大角Alexandra Headland，到北邊的馬克拉Marcoola、庫拉姆Coolum，由美麗海灘串聯起這一帶的統稱。特別是海灘旁興建著公寓式旅館，商店、餐廳林立的莫羅拉巴，是陽光海岸南部第一的觀光區。可以盡情享受海灘生活、在時尚餐廳品嚐海鮮大餐、冬季還能體驗與鯨共泳及賞鯨的樂趣……。位於帆船港The Wharf的陽光海岸海底世界Sea Life Sunshine Coast，是昆士蘭州知名的水族館，也是非去不可的景點。在這裡可以透過海底隧道觀賞珊瑚礁、

■陽光海岸的計程車
Suncoast Cabs：☎13-10-08
URL www.suncoastcabs.com.au

■陽光海岸的旅遊資訊
☎(07)5458-8800
URL www.visitsunshinecoast.com

■什麼是「瑪盧奇」？
在澳洲的原住民語裡，瑪盧奇是「有紅色鳥喙的黑天鵝」之意。

■陽光海岸海底世界
MAP P.158
住 Parkyn Pde., Mooloolaba, 4557
☎(07)5458-6226
URL www.visitsealife.com/sunshine-coast
開 週四～一 9:00～15:00
※ 昆士蘭州的學校假期間為每日9:00～17:00
休 週二、三、耶誕節
費 大人 $45 小孩 $36
※有網路預約優惠

陽光海岸 Sunshine Coast

0 5 10km

努沙河國家公園 Noosa River NP
庫魯拉國家公園 Cooloola NP
努沙
Lake Cooroibah
Laguna Bay
Alexandra Bay
努沙岬 Noosa Heads
提灣庭 Tewantin
努沙河
Noosa River
Wooroi State Forest
努沙維爾 Noosaville
努沙河匯流處 Noosa Junction
陽光海灘 Sunshine Beach
維芭湖 Lake Weyba
馬克斯海灘 Marcus Beach
努沙國家公園 Noosa NP
DAVID LOW WAY
EUMUNDI-NOOSA RD
EMU MOUNTAIN RD
Peregian Beach
Peregian Beach South
尤姆迪 Eumundi
尤姆迪市場 Eumundi Market P.162
布魯斯公路
瑪盧奇
庫拉姆海灘 Coolum Beach
Coolum Creek
YANDINA-COOLUM RD
SUNSHINE MWY
Point Arkwright
Yaroomba
M1
逸典那 Yandina
薑汁工廠 Ginger Factory P.161
Maroochy River
YANDINA-BLI BLI RD
馬克拉 Marcoola
瑪盧奇河
馬盧奇（陽光海岸）機場
麥占巴 Mudjimba
Bli Bli
NAMBOUR-BLI BLI RD
南勃 Nambour
BRUCE HWY
瑪盧奇多 Maroochydore
亞歷山大角 Alexandra Headland
莫羅拉巴 Mooloolaba
陽光海岸海底世界 Sea Life Sunshine Coast P.158
Woombye
大鳳梨觀光農場 Big Pineapple Sunshine Plantation P.161
Palmwoods
Buderim
Buddina
HQ野生動物園 Wildlife HQ P.161
WOOMBYE-MONTVILLE RD
PALMWOODS-MOOLOOLAH RD
Eudlo Creek 國家公園 Eudlo Creek NP
Tanawha
SUNSHINE MWY
NICKLIN WAY
華蘭納 Warana
Bokarina
布萊考山脈
Currimundi
P.159 澳州樂園 Aussie World
Mooloolah River
CALOUNDRA RD
莫羅拉 Mooloolah
往澳大利亞動物園、玻璃屋山脈
昆士蘭航空博物館 QLD Air Museum
卡隆德拉 Caloundra

瑪盧奇第一的觀光景點The Wharf

觀光客眾多的莫羅拉巴海灘

洞窟及鯊魚3種不同海域的景致，還有一天5次的海獅秀等表演也十分有趣。

瑪盧奇多擁有這一區最大的購物中心Sunshine Plaza，在庫拉姆則有高級綜合度假村的Coolum Golf & Spa等多家各級飯店、公寓式旅館。

若是家庭旅遊，不妨從卡隆德拉、莫羅拉巴往內陸開車約15分鐘，造訪在M1高速公路旁的澳洲樂園Aussie World，園內有摩天輪、馬車等各種搬運車，以及許多驚險刺激的遊樂設施，是適合全家同樂的主題樂園。

位於瑪盧奇多的大型購物中心Sunshine Plaza

■**澳洲樂園** MAP P.158
住73 Frizzo Rd., Palmview, 4553
☎(07)5494-5444
URL www.aussieworld.com.au
營週一～五10:00～15:00、週六、日10:00～16:00（學校假期間為每日10:00～16:00）
※遊樂設施開放時間10:00
休耶誕節
費1人$46 家庭$170

努沙
Noosa

努沙岬的主海灘上遊人如織，人聲鼎沸

努沙擁有陽光海岸最美的觀光景致，人口約有5萬5000人，這裡規定建築物的高度不能超過樹木，所以城市的景觀充滿了自然美景。當地有各種住宿設施，從高級飯店、公寓式旅館、汽車旅館到背包客旅館，應有盡有，另外當然也少不了美味的餐廳及購物中心。

努沙地區分為努沙岬Noosa Heads、努沙河匯流處Noosa Junction、努沙維爾Noosaville及提灣庭Tewantin 4個區域，其中，努沙岬是中心地區，面向波平浪靜的主海灘Main Beach便是小巧的度假村區。

■**努沙遊客中心** MAP P.160/1B
Noosa Visitor Information Centre
住61 Hastings St., Noosa Heads, 4567 ☎(07)5430-5000 ☎1300-066-672
URL www.visitnoosa.com.au
開每日9:00～17:00

COLUMN

來體驗特別的與鯨共泳

Sunreef Mooloolaba位於莫羅拉巴Mooloolaba的The Wharf，每年7月上旬到10月中旬都會有座頭鯨游經外海，而推出與鯨共泳之旅的活動。由於船隻不能靠近鯨魚周圍100m以內，所以在活動中必須以浮潛方式進行；而全世界能與座頭鯨一起游泳的地方屈指可數，是非常值得體驗的活動。

●**Sunreef Mooloolaba**
住Shop 11&12, The Wharf Mooloolaba, 123 Parkyn Pde., Mooloolaba, QLD 4557
☎(07)5444-5656 URL sunreef.com.au
活動時間 2024年6月22日～10月13日（暫定）／每日8:00～12:00 費1人$249

主要海灘上人氣的刨冰店

努沙岬的遊客中心位在Hastings St.上，街道兩旁精品店、餐廳、咖啡館與高級度假飯店林立，十分熱鬧。

Hastings St.上有許多時尚的咖啡館和餐廳

在努沙市區東側有努沙國家公園Noosa NP，在茂盛的尤加利樹林裡設有周遊步道，因為棲息著許多野生無尾熊，一定要去走走。而位於國家公園一隅、搭車也能到達的拉古納觀景台Laguna Lookout，可以遠眺努沙市區與大沙國家公園庫魯拉段Great Sandy NP Cooloola Section等地。此外，努沙岬以南的陽光海灘Sunshine Beach則是十分有名的衝浪地點。

從拉古納觀景台看出去的風景

從努沙維爾出發的濕地環保之旅Everglades Eco Safari是喜愛自然的遊客絕不能錯過的活

■濕地環保之旅
(07)5485-3165
URL evergladesecosafaris.com.au
時 每日9:00～15:00
費 大人$130 小孩$90 家庭$400
※也有推出3小時庫魯拉濕地觀光船探險Serenity Cruise（週一～四、六／14:00～17:00／大人$79 小孩$65 家庭$265）。

努沙岬中心區域
Noosa Heads (Central Area)

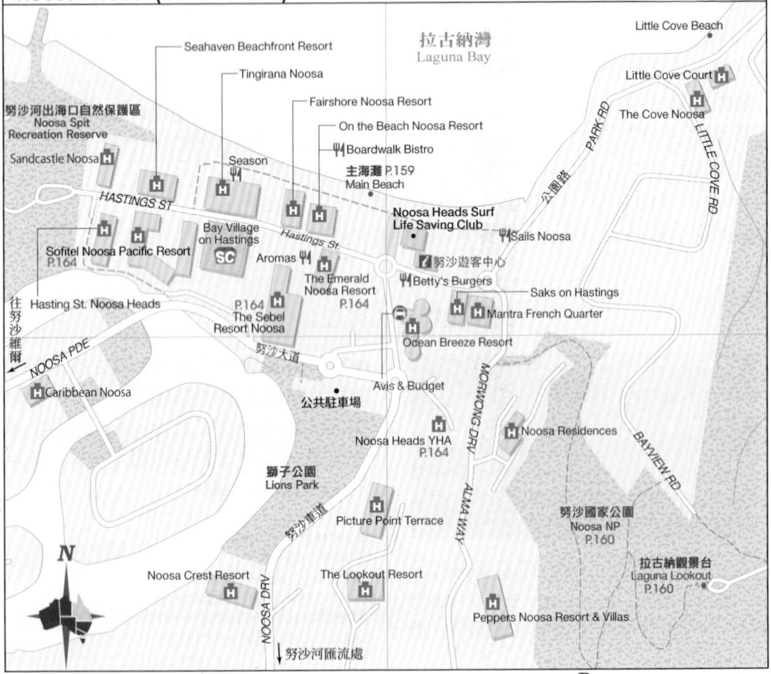

0 200m

拉古納灣
Laguna Bay
Little Cove Beach
Seahaven Beachfront Resort
Tingirana Noosa
Fairshore Noosa Resort
On the Beach Noosa Resort
Boardwalk Bistro
Little Cove Court
The Cove Noosa
PARK RD
LITTLE COVE RD
努沙河出海口自然保護區
Noosa Spit Recreation Reserve
Sandcastle Noosa
Season
主海灘 P.159
Main Beach
HASTINGS ST
Noosa Heads Surf Life Saving Club
公園路
Sails Noosa
Bay Village on Hastings
SC
Hastings St.
Sofitel Noosa Pacific Resort P.164
Aromas
The Emerald Noosa Resort P.164
努沙遊客中心
Betty's Burgers
Saks on Hastings
Mantra French Quarter
往努沙維爾
Hasting St. Noosa Heads
P.164 The Sebel Resort Noosa
Ocean Breeze Resort
NOOSA PDE
努沙大道
Caribbean Noosa
Avis & Budget
公共駐車場
MORWONG DRV
Noosa Residences
Noosa Heads YHA P.164
BAYVIEW RD
獅子公園
Lions Park
ALMA WAY
努沙車道
Picture Point Terrace
努沙國家公園
Noosa NP P.160
拉古納觀景台
Laguna Lookout P.160
Noosa Crest Resort
The Lookout Resort
NOOSA DRV
Peppers Noosa Resort & Villas
努沙河匯流處
N
1
2
A B

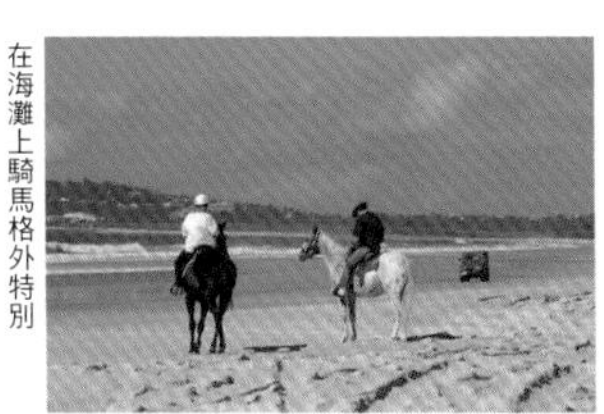
在海灘上騎馬格外特別

動。觀光船由努沙河上溯到庫魯拉濕地Cooloola Everglades（大沙國家公園庫魯拉段Cooloola Section），河流兩側滿是紅樹林，濕原及森林裡還棲息著全澳洲44%種類的鳥兒，美麗而安靜的自然景致延綿不絕。在途中上岸享用澳洲式BBQ，也會在亞熱帶雨林散步。

此外，在提灣庭還可以體驗少見的海灘騎馬（海灘&叢林騎馬Horse Riding Beach & Bush）

■海灘&叢林騎馬探險
主辦：Equathon Horse Riding Adventures
住The Esplanade, Noosa North Shore, 4565
☎0455-305-084（要預約）
URL www.equathon.com
時需事先洽詢（11～2月馬兒健康維護休息）
費叢林&海灘騎馬2小時$320

南勃
Nambour & around

南勃名物大鳳梨

南勃是原住民語「開在茶樹上的紅花」之意。此地是人口有1萬多人的商業都市，因為在這裡有從布里斯本發車的City Tarin停靠站，所以成為內陸與沿海的匯流處。

位在南勃南部的Woombye有座能代表陽光海岸標誌的大鳳梨觀光農場Big Pineapple Sunshine Plantation，在外觀做成巨大鳳梨的建築物裡，以文字圖片展示著鳳梨種植的過程，從建築上方可以眺望農場全景，一定要上去看看。在農場的一隅有個HQ野生動物園Wildlife HQ，可以看到無尾熊、袋熊、袋鼠等動物。每天有2次飼育員的動物解說導覽，之後就可以與無尾熊、蜜袋鼯、澳洲野犬等部分動物一起拍紀念照（須付費）。而每週六這裡也會舉辦市集，很適合家庭同遊。

■大鳳梨觀光農場 MAP P.158
住76 Nambour Connection Rd., Woombye, 4559
URL www.bigpineapple.com.au
開每日8:30～16:00
費免費／搭乘古董火車1人$5（目前整修停駛中）
●Tree Challenge
樹頂步道Tree Top Walk及高空滑索Zip Line的體育活動
☎1300-881-446
URL treetopchallenge.com.au/sunshine-coast-adventure
費大人$65 小孩$55 家庭$220
●HQ野生動物園
☎0428-660-671
URL whqzoo.com
開每日9:00～16:00
費大人$39 小孩$25 家庭$109／和澳洲動物拍紀念照（10:30～、14:30～）1人$30
休耶誕節

HQ野生動物園是家庭出遊的人氣設施

逸典那&尤姆迪
Yandina & Eumundi

這2座城市位於布魯斯公路Bruce Highway旁，從布里斯本發車的City Tarin也有經過。逸典那位於City Tarin往庫拉姆方向的分岔口，1870年代移民開始遷入這一帶，是個古老的城鎮。薑汁工廠Ginger Factory是這裡的人氣景點，廠內製造與販售各種以生薑製成的商品，另外還有汽車博物館、在園內繞行的蔗糖小火車的歷史復刻版Historical Cane Train等遊樂設施。

■薑汁工廠 MAP P.158
住50 Pioneer Rd., Yandina, 4561
☎(07)5447-8431
FREE 1800-067-686
URL www.gingerfactory.com.au
營每日9:00～17:00
休耶誕節
費入場免費，一部分遊戲設施需要付費。可以全部體驗的套票Play, Taste and Discover Bundle大人$50 小孩$42 家庭$195

上：綠蔭下眾多攤位林立的尤姆迪市場
右：德式熱狗店是尤姆迪市場裡的人氣店家

另一方面，在尤姆迪有個名為「樹下的市場」的跳蚤市場——尤姆迪市場Eumundi Market。

在茂密如隧道的樹木大道，有500多家販售工藝品及衣物等商品的小攤位，還有不少的咖啡館和食物的攤販，享受一整天悠閒購物樂趣的人很多，時間湊巧的話可以去那邊挖挖寶、逛一逛。

■尤姆迪市場 MAP P.158
住80 Memorial Drv., Eumundi, 4562 ☎0427-993-703
URL www.eumundimarkets.com.au
營週三8:00～14:00，週六7:00～14:00
●如何前往
搭乘南勃～努沙的Translink Bus，或是在瑪盧奇、努沙搭乘Coast to Hinterland Tours的接駁巴士，皆可抵達此地。
●Coast to Hinterland Tours
☎1300-004-903
URL www.coasttohinterlandtours.com.au
費來回：大人$39 小孩$29

布萊考山脈&玻璃屋山脈
Blackall Range & Glasshouse Mountains

蒙特維拉的街景

綿亙在陽光海岸內陸丘陵區的布萊考山脈，這裡有豐富的自然景觀，舒適宜人的氣候，以作為布里斯本的避暑勝地而聞名。從南勃Nambour蜿蜒的山路進入曼靈頓Mapleton，往南陸續經過弗萊克斯頓Flaxton、高達利拉Kondalilla、蒙特維拉Montville、麥林尼Maleny等小村莊；其中蒙特維拉是在1887年開始就有移民遷入的古老村莊，有許多時髦的餐廳、咖啡館、畫廊和飯店。

玻璃屋山脈的景致

玻璃屋山脈觀景台

位於麥林尼南部的玻璃屋山脈國家公園Glasshouse Mountains NP，園內有幾座海拔超過300m、由火山岩所形成且造型奇特的獨立山峰並列，十分引人注意；如果開車的話，根據欣賞地點的不同，山勢景觀也會改變，十分有趣。此外，從畢爾瓦 Beerwah登上丘陵的玻璃屋山脈觀景台Glasshouse Mountains Lookout，就能欣賞玻璃屋山脈的雄偉山景。

澳大利亞動物園除了因《鱷魚獵人》節目而有名，餵食鱷魚秀也很受歡迎

澳大利亞動物園Australia Zoo是此區另一個不可錯過的景點，由參與拍攝澳洲電視節目《鱷魚獵人》的已故鱷魚先生史帝夫・厄文Steve Irwin所成立的動物園。園內飼養了無尾熊、袋鼠、鴯鶓、食火雞、鱷魚等750多隻動物。

由飼育員主持的動物表演不容錯過

一整天有各式表演在園內進行，像是親手餵食鱷魚、工作人員在老虎殿堂與老虎互動交流等表演，而餵食野放的袋鼠及抱無尾熊拍紀念照（時間11:30、12:00）是當然少不了的活動，還有和袋熊接觸（時間11:30）等與動物相遇Animal Encounter活動，以及認識保護野生動物第一現場的野生動物醫院之旅Wildlife Hospital Tour（時間10:00、14:30、15:30），活動內容十分豐富多樣。

庫魯拉海岸

Cooloola Coast

可以餵食野生海豚的丁肯灣

位在陽光海岸北部與赫維灣中間的庫魯拉海岸Cooloola Coast，擁有從芬瑟島（K'gari）延續到大沙國家公園Great Sandy NP南部庫魯拉段Cooloola Section的豐富自然生態，其中主要的觀光地為彩虹海灘Rainbow Beach與丁肯灣Tin Can Bay。

對要駕駛四輪傳動車4WD至芬瑟島的人來說，彩虹海灘是這段行程的起點城市（離往芬瑟島、位在因斯基普角Inskip Point的渡輪碼頭約10km），核發芬瑟島4WD上陸許可單位「昆士蘭環境保護局」的辨公室也在這裡。在彩虹海灘可以看到從星級度假飯店到汽車旅館等各等級眾多的住宿設施，同時也擁有一直延伸至因斯基普角約10km長的衝浪海灘。

丁肯灣則是以能在面向丁肯河口Tin Can Inlet的小度假村區裡觸摸野生海豚而知名。位於地形凸端諾曼岬船用斜坡道Norman Point Boat Ramp的藤壺海豚中心Barnacles Dolphin Centre，每天約7:30便會看到數隻野生海豚在中心前展現蹤影，在這裡能聽從工作人員的指示來餵食海豚（無人數限制）。

金皮Gympie成為從陽光海岸前往庫魯拉海岸方向的入口，是這一帶的中心城市。早期這裡盛行採掘金礦，所以擁有完整呈現當時採礦樣貌的金皮金礦&歷史博物館Gympie Gold Mining & Historical Museum，另外還有一處適合家庭共遊的人氣景點瑪麗谷蒸汽火車Mary Valley Heritage Railway也十分推薦。

■**澳大利亞動物園**
MAP P.158外
住1638 Steve Irwin Way, Beerwah, 4519
☎(07)5436-2000
URL www.australiazoo.com.au
開每日9:00～17:00
休耶誕節
費大人$61 小孩$37 家庭$180／與動物相遇活動Animal Encounter Program：抱無尾熊拍紀念照$49、和袋熊接觸$49、野生動物醫院之旅Wildlife Hospital Tour大人$19 小孩$9
交通在連結布里斯本～陽光海岸的Brisbane City Tarin的畢爾瓦Beerwah站，可搭乘澳大利亞動物園的接駁車。若巴士沒停在車站前，請向澳大利亞動物園電話詢問。

交通

●**庫魯拉海岸**
一般都會租車前往。從努沙到彩虹海灘、丁肯灣各需約1小時30分。另外從布里斯本～赫維灣的灰狗巴士，也有中途停靠彩虹海灘的班次。

■**藤壺海豚中心Barnacles Dolphin Centre**
住Norman Point, Tin Can Bay, 4580 ☎(07)5486-4899
URL www.barnaclesdolphins.com.au
開每日7:00～15:00（餵食海豚8:00～）
費1人$10

左：遊客不算太多的彩虹灣
下：位於金皮的金皮金礦&歷史博物館

瑪盧奇

經濟型

不小心就會住很久 MAP 無

Beach Hostel Mooloolaba

URL www.beachhostelmooloolaba.com.au
住 75 Brisbane Rd., Mooloolaba, 4557
☎ 5444-3399　WiFi 免費
費 D $20～34、W $95　※依照季節有限制最少住宿天數　CC MV

到莫羅拉巴Mooloolaba海灘徒步只要10分鐘，前往The Wharf也只需走路5分鐘即可到達，交通十分便利的背包客旅館。

星級公寓式旅館&飯店

面對瑪盧奇多海灘 MAP 無

The Sebel Maroochydore

URL www.thesebel.com
住 14-20 Aerodrome Rd., Maroochydore, 4558
☎ 5479-8000　WiFi 付費
費 1B $208～275、2B $305～385　CC ADJMV

充滿品味及高級感的客房，所有房間皆附按摩浴缸，而且室內外的游泳池（依季節會調節為溫水）、餐廳、咖啡廳等飯店設施完備。

努沙

經濟型

殖民地風格的高架式建築 MAP P.160/2B

Noosa Heads YHA

URL www.yha.com.au
住 2 Halse Lane, Noosa Heads, 4567
☎ 5447-3377
FREE 1800-242-567　WiFi 免費
費 D $54.60、T W $153
※非YHA會員要追加費用　CC MV

位於主海灘旁略微高起處，為建於1880年代的Queenslander形式（高腳、涼亭、斜屋頂）建築改建而成的青年旅館，並將陽台作為酒吧及餐廳。

星級公寓式旅館&飯店

努沙豪華公寓式飯店 MAP P.160/1A

The Sebel Resort Noosa

URL www.thesebel.com
住 32 Hastings St., Noosa Heads, 4567
☎ 5474-6400　WiFi 免費
費 1B $325～395、2B $585　CC ADJMV

位於努沙大道與Hastings St.之間的時尚公寓式飯店，客房內的客廳寬敞，皆附有按摩浴缸，舒適性及便利性絕佳。

往Hastings St.方向要下樓梯

努沙最高級的度假村 MAP P.160/1A

Sofitel Noosa Pacific Resort

URL www.sofitelnoosapacificresort.com.au
住 14-16 Hastings St., Noosa Heads, 4567
☎ 5449-4888　WiFi 付費
費 T W $489～699　CC ADJMV

雖然鄰近市區，但整個飯店宛如平行宇宙般充滿優雅氣氛。客房建築環繞著寬闊的游泳池，SPA、三溫暖、健身中心等設施完備。明亮而現代的客房裡還裝飾著原住民藝術，並設有按摩浴缸。

充滿度假風情的Sofitel

位於熱鬧街道入口處 MAP P.160/1A

The Emerald Noosa Resort

URL www.emeraldnoosa.com.au
住 42 Hastings St., Noosa Heads, 4567
☎ 5449-6100　WiFi 免費
費 1B $300～340、2B $370～390

位處靠近Hastings St.最熱鬧的圓環，離海灘也很近的絕佳地點，是棟白色4層樓建築的高級公寓式飯店，客房寬廣而舒適。位於中庭的游泳池，冬季便調整成溫水，一整年都可以游泳。

The Emerald Noosa Resort去那裡都很方便

布里斯本 Brisbane

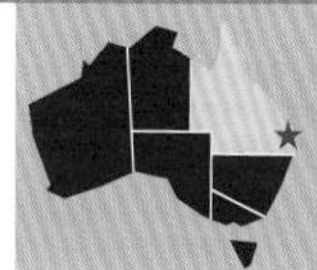

耶誕節期間在市政廳前的喬治王廣場上矗立著巨大的耶誕樹

位在亞熱帶的布里斯本是昆士蘭州的首府，人口超過250萬，為澳洲第3大都市，也是極受矚目的2032年夏季奧運主辦城市。作為受歡迎的度假勝地黃金海岸Gold Coast、陽光海岸Sunshine Coast的入口都市，仍擁有獨特的魅力，只是路過就太可惜了。

城市街道沿著寬廣蜿蜒的布里斯本河拓展，市中心的現代高樓中仍保留著許多文藝復興、哥德、殖民地風格的建築。城市道路命名的方式與其他地方稍有不同，南北向的馬路以女性為名，東西向的馬路則以男性名來命名，例如：女性名有Alice、Margaret、Mary、Charlotte、Elizabeth、Queen、Adelaide、Ann等，其中皇后街Queen St.一部分為購物中心，一整天總是人潮不斷。

位在城市西邊郊外Fig Tree Pocket區的龍柏無尾熊保護區Lone Pine Koala Sanctuary，是觀光客到布里斯本的必訪之處，也是全澳洲最大的無尾熊園區，飼養約130隻無尾熊，是看無尾熊的最佳場所。此外，1988年澳洲建國200年紀念時，在市中心的布里斯本河兩岸舉辦萬國博覽會，現在會址的南岸河濱公園South Bank Parklands已成為布里斯本市民休憩的場所。

實用資訊

■布里斯本遊客中心
Brisbane Visitor Information & Booking Centre MAP P.171/2A
住The Regent, 167 Queen St. Mall, 4000　☎(07)3006-6290
URL www.visitbrisbane.com.au
開週一～五9:00～16:00，週六10:00～16:00
休週日、耶穌受難日、耶誕節

■駐布里斯本台北經濟文化辦事處
Taipei Economic and Cultural Office, Brisbane, Australia MAP P.174/2B
住Level 11, 46 Edward Street, Brisbane QLD 4000
☎(07)3828-1699
FAX (07)3828-1688
URL www.roc-taiwan.org/aubne
開週一～五9:00～17:00

主要航空公司聯絡處

- 中華航空China Airlines
  ☎(07)3860-5611（布里斯本）、1300-668-052
- 長榮航空EVA Air
  ☎(07)3860-5555（布里斯本）
- 澳洲航空Qantas Airways
  ☎13-13-13
- 捷星航空Jetstar
  ☎13-15-38
- 維珍澳洲航空Virgin Australia
  ☎13-67-89
- 新加坡航空Singapore Airlines
  ☎13-10-11
- 國泰航空航空 Cathay Pacific Airways
  ☎1800-314-541
- 馬來西亞航空Malaysia Airlines
  ☎13-26-27
- 泰國航空 Thai Airways International
  ☎1300-651-960
- 大韓航空Korean Air
  ☎(07)3226-6000

位於國際線航廈入境大廳的遊客中心

■布里斯本國際機場
URL www.bne.com.au

■Con-x-ion
☎1300-841-198
URL www.con-x-ion.com
時 每日6:30～20:30每隔30分鐘～1小時發一班車。
費 機場～轉運站&各飯店：單程大人$15 小孩$12.50 家庭$52.50／來回大人$27 小孩$23 家庭$100

從機場到市中心最快的Airtrain

■Airtrain
☎(07)3216-3308
FREE 1800-119-091
URL www.airtrain.com.au
時 5:04～22:04每隔30分鐘（尖峰時間每隔15分鐘）發一班車。從國內線航廈到羅馬街車站約28分鐘。
費 國內線～國際線航廈之間：1人$5／機場～市區單程：大人$19.80 小孩免費／機場～市區來回大人$37.60 小孩免費
※小孩要有大人同行才能免費

■布里斯本轉運站
Parkland Crescent Brisbane Coach Terminal
URL crossriverrail.qld.gov.au

■布里斯本的計程車
Black & White：☎13-32-22
Yellow Cab：☎13-19-24（僅限昆士蘭州境內）
費 起跳里程1km在週一～五7:00～19:00為$3.10，週六、日5:00～24:00及每日19:00～24:00、5:00～7:00為$4.60，每日0:00～5:00為$6.60；之後續跳里程每1km為$2.29，至於停滯時間則是每1分鐘增加$0.86，若是以電話叫車，必須追加$1.60。

■Translink
☎13-12-30
URL translink.com.au

交通
ACCESS

如何前往

➡台灣出發

澳洲航空、長榮航空、中華航空都有直飛布里斯本的班機，其他如國泰、新航、泰航也有轉機航班前往。

➡澳洲國內各地出發

除了各州首府、凱恩斯、湯斯維爾等昆士蘭州沿岸城市都有澳洲航空、捷星航空、維珍澳洲航空等許多航班。這裡也是長途巴士、長途火車連結雪梨～凱恩斯路線的轉乘地。

機場↔市區

布里斯本國際機場Brisbane International Airport（BNE）距離市中心約有13km，有國際線與國內線2座航廈。2座航廈的距離約2.5km，轉搭國際線或國內線的乘客，只要到各航廈入境大廳的轉乘櫃台辦理Check in，即可搭乘往來航廈間的接駁巴士。

●機場巴士

Con-x-ion巴士的Skytrans連結機場到市區主要飯店、布里斯本轉運站，所需時間約25～40分鐘。要從市區前往機場時，只要先電話預約，即可到飯店接送。

●捷運

連接機場與市區最快的移動方式，就是搭乘稱為Airtrain的機場捷運（到市區約26分鐘）。City Tarin可直達機場內部，於2座航廈皆設有車站。

●計程車

到市區約$40，所需時間25～40分鐘。

羅馬街車站↔市區

長途火車的起始站在羅馬街車站Roma St. Station，長途巴士則是在羅馬街車站北側的布里斯本轉運站Parkland Crescent Brisbane Coach Terminal，從羅馬街車站走路約5分鐘便能抵達市中心。

市區交通
LOCAL TRANSPORT

只要活用屬於Translink的市區巴士、渡輪、City Tarin（捷運），就能抵達大部分的觀光景點。車票可通用，票價則以區間劃分。以布里斯本為中心，北從陽光海岸、南到黃金海岸畫分為8區，布里斯本市區為1～3區。

Memo 線上購買Airtrain車票可以享有折扣優惠。

以橫跨區數來決定搭車的費用，單張車票的有效時間為2小時，時間內可以自由轉乘。

經過區域	單程票票價		go card一般票價		go card離峰票價	
	大人	小孩	大人	小孩	大人	小孩
1	$5.00	$2.50	$3.45	$1.73	$2.76	$1.38
2	$6.10	$3.10	$4.21	$2.11	$3.37	$1.68
3	$9.30	$4.70	$6.44	$3.22	$5.15	$2.58
4	$12.30	$6.10	$8.47	$4.24	$6.78	$3.39
5	$16.10	$8.10	$11.13	$5.57	$8.90	$4.45
6	$20.50	$10.20	$14.13	$7.07	$11.30	$5.65
7	$25.50	$12.70	$17.57	$8.79	$14.06	$7.03
8	$30.20	$15.10	$20.85	$10.43	$16.68	$8.34

布里斯本 巴士／捷運／渡輪票價（2022年8月）

●go card

是昆士蘭東南部交通使用的電子儲值卡，可以重覆加值，比買單程車票節省約30%，上下車時只要以驗票機刷卡即可，節省每次買票的時間十分方便。而且平日8:30～15:30、19:00～翌日3:00，以及週六、日全天的車資都屬於離峰票價Off Peak fare，比一般票價節省超過30%。

布里斯本區域圖 Around Brisbane

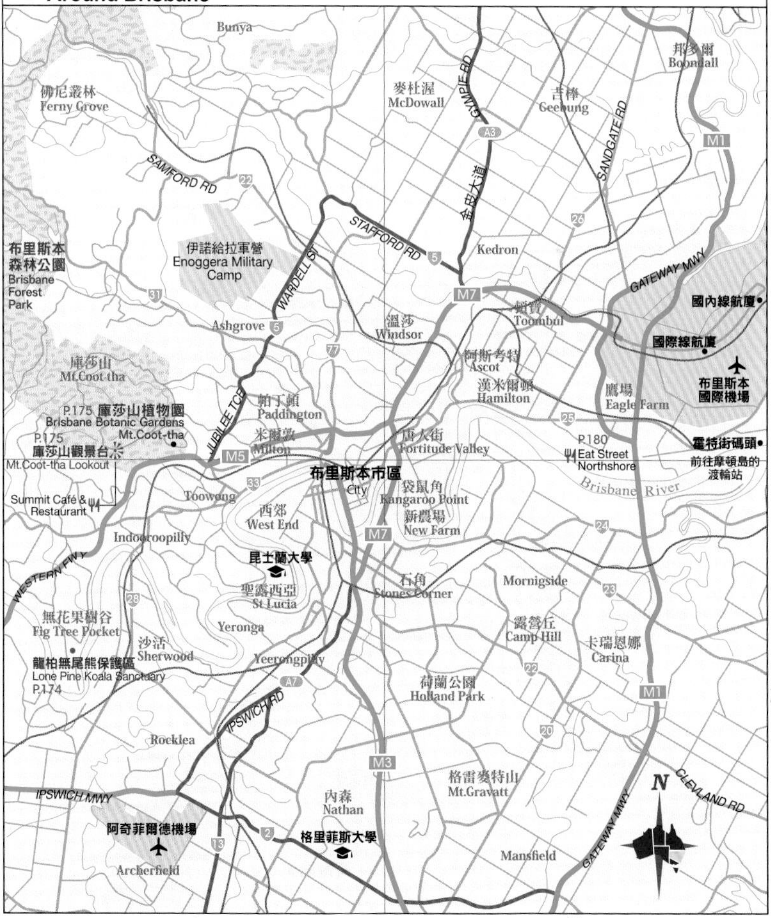

0 5km

Bunya
佛尼叢林 Ferny Grove
麥杜渥 McDowall
吉榫 Geebung
邦多爾 Boondall
SAMFORD RD
STAFFORD RD
GYMPIE RD
金皮大道
SANDGATE RD
GATEWAY MWY
Kedron
布里斯本森林公園 Brisbane Forest Park
伊諾給拉軍營 Enoggera Military Camp
WARDELL ST
Ashgrove
溫莎 Windsor
蝌寶 Toombul
國內線航廈
國際線航廈
布里斯本國際機場
阿斯考特 Ascot
漢米爾頓 Hamilton
鷹場 Eagle Farm
庫莎山 Mt.Coot-tha
P.175 庫莎山植物園 Brisbane Botanic Gardens Mt.Coot-tha
P.175 庫莎山觀景台 Mt.Coot-tha Lookout
Summit Café & Restaurant
JUBILEE TCE
帕丁頓 Paddington
米爾頓 Milton
唐人街 Fortitude Valley
P.180 Eat Street Northshore
霍特街碼頭
前往摩頓島的渡輪站
布里斯本市區 City
Toowong
西郊 West End
袋鼠角 Kangaroo Point
新農場 New Farm
Brisbane River
Indooroopilly
WESTERN FWY
昆士蘭大學
聖露西亞 St Lucia
石角 Stones Corner
Morningside
無花果樹谷 Fig Tree Pocket
龍柏無尾熊保護區 Lone Pine Koala Sanctuary P.174
沙活 Sherwood
Yeronga
Yeerongpilly
露營丘 Camp Hill
卡瑞恩娜 Carina
荷蘭公園 Holland Park
IPSWICH RD
Rocklea
IPSWICH MWY
阿奇菲爾德機場 Archerfield
內森 Nathan
格里菲斯大學
格雷夫特山 Mt.Gravatt
Mansfield
CLEVELAND RD
N
1
2
A
B

■購買 go card 的注意事項

買入卡片時必須付押金 大人$10 小孩$5，分為成人票、兒童票、學生票（澳洲國內學生）。在主要火車站、便利商店都可以購買和加值（Top Up），卡片內餘額在$50以下才能退卡。

此外，從週一開始使用8次的話，之後搭乘捷運、巴士等都是半價，直到第7天週日為止。不過，記得下車時一定要刷卡，不然就不能享有折扣優惠。經常搭乘大眾交通工具的遊客絕對要買這張儲值卡。

市巴士 Translink Bus的交通網涵蓋市區，在市中心設計有稱為Busway的巴士專用地下道，在

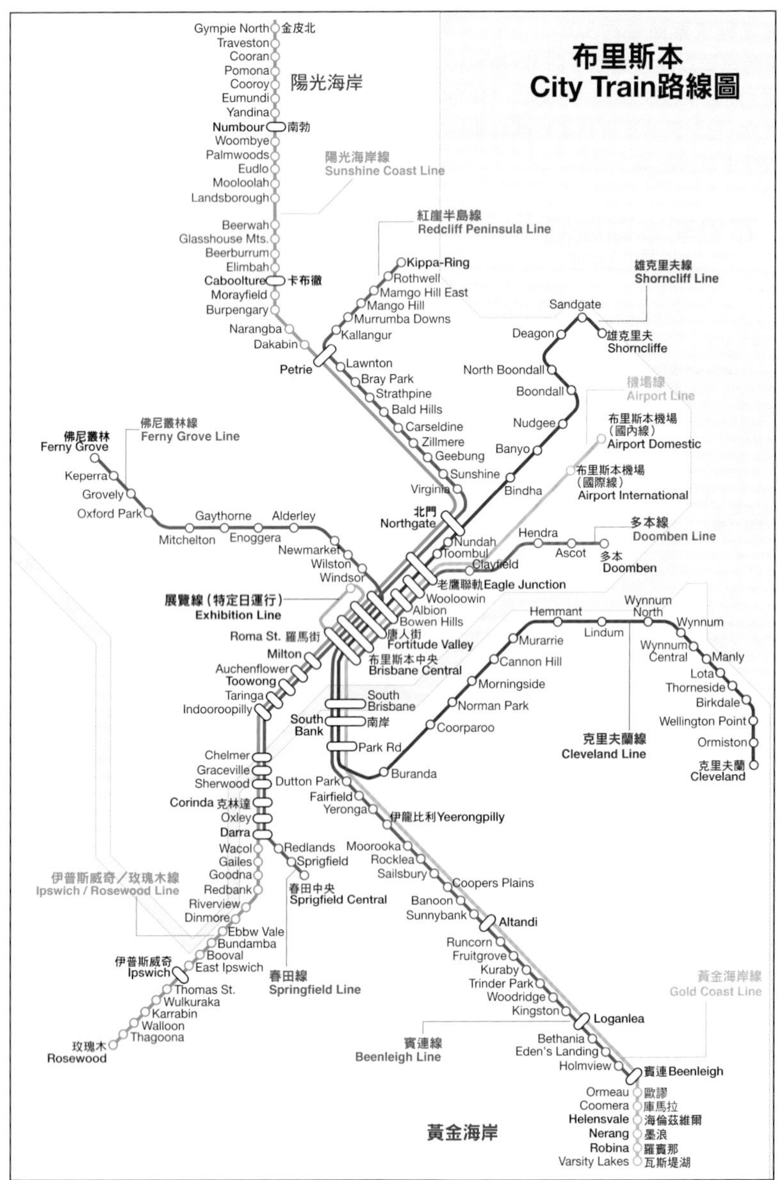

市政府所在地喬治王廣場及皇后街商場(美亞購物中心Myer Centre)2個地方的地下,設置有如火車站的巴士站。而市中心其他地方,像是阿得雷德街Adelaide St.沿路也是主要的巴士站。

此外,市巴士還有2條免費路線,名為巡迴巴士The Loop。其中City Loop No.40、50從市中心開往餐廳聚集區的老鷹街碼頭Eagle St. Pier、河濱中心Riverside Centre等非常方便。而另一條Spring Hill Loop No.30則行駛於市中心到羅馬街公園及平價住宿聚集的Spring Hill區之間。

渡輪

在布里斯本河的兩岸有好幾個渡輪碼頭,最受觀光客歡迎的免費City Hopper(Kitty Cat)渡輪,是從南岸出發經過河濱,到達靠近故事橋的人氣景點 Felons Brewing前的霍華德史密斯碼頭Howard Smith Wharves Ferry Terminal再折返。City Cats渡輪則是市民最常使用的交通工具,往返於市區東部漢米爾頓Hamilton的Northshore,行經市中心渡輪碼頭,再到西邊的昆士蘭大學University of Queensland為終點。

Citytrain

共有6條路線連結布里斯本市區與近郊,轉運中心內的羅馬街車站、市中心的中央車站Central Station、位於唐人街的Fortitude Valley站,是所有路線都有停靠的大站,想要轉乘市巴士等交通工具,在這3站最為便利。

漫遊布里斯本
OUTLINE OF BRISBANE

一整天人潮不絕的皇后街徒步區

布里斯本的市中心是位在喬治王廣場King George Sq.的布里斯本市政廳Brisbane City Hall;高92m的鐘塔十分醒目,是1920年代新古典主義式的建築。

而距離面對喬治王廣場的阿得雷德街Adelaide St.只有一個街區的皇后街Queen St.,則是購物的主要區域,其中夾在喬治街George St.與愛德華街Edward St.之間的一段是市區最熱鬧的徒步區Mall。

熱鬧的皇后街徒步區

■SeeQ Card
go card針對短期遊客設計、有期限的Translink乘車卡,從使用當日開始起算天數,連需要另外付費的Airtrain也可以搭乘2次(也就是來回)。在車站就能購買。
費3日票:大人$79 小孩$40/5日票:大人$129 小孩$65

■布里斯本市中心的免費巴士The Loop
●City Loop(No.40、50)
週一~五7:00~19:00每隔15分鐘1班
●Spring Hill Loop(No.30)
週一~五6:00~21:15每隔10~20分鐘1班、週六7:56~21:15約20分鐘1班、週日8:00~18:46約20分鐘1班

皇后街的公車專用道出入口

意外地方便的City Cats

免費的渡輪City Hopper

■ Citytrain
☎13-12-30
URL www.translink.com.au

夜間燈火輝煌的布里斯本市政廳

澳洲最具古典氛圍的賭場

遊客中心的建築物很值得一看

矗立在皇后街徒步區對面、原本是舊劇院The Regent的古典建築，現在是布里斯本遊客中心Brisbane Visitor Information & Booking Centre。另外，位於皇后街徒步區前端的喬治街側，是以澳洲最高級氛圍而聞名的金庫賭場Treasury Casino，散發出由舊財政部大樓所改建的沉穩氣質，就算不小賭一下也很值得去造訪。

■金庫賭場
MAP P.171/2A
住Top of the Queen St. Mall, 4000
☎(07)3306-8888
URL www.treasurybrisbane.com.au
營24小時
●服裝規定：正式休閒風。此外，未滿18歲不得進入。

布里斯本河畔很熱門的飲食區

沿著蜿蜒的布里斯本河而開展，面積廣達20公頃的布里斯本植物園Brisbane City Botanic Gardens，是座以市立公園為基礎而建於1825年的歷史庭園，也是市民休閒的場所。

布里斯本植物園是市民休閒的場所

■布里斯本植物園
MAP P.171/3B
URL www.brisbane.qld.gov.au

而在皇后街東邊、面對布里斯本河的這側，則是時尚餐廳聚集的老鷹街碼頭Eagle St. Pier、河濱中心Riverside Centre，從這裡沿著河畔步道的散步行程很受歡迎。在步道前方的故事橋旁，有間在地精釀啤酒的釀造廠Felons Brewing，這附近聚集許多像這樣的酒館，以及布里斯本流行的餐廳，一定要去看看。

Felons Brewing的酒館是欣賞夜景的最佳地點

綠意濃密的台地春丘

位於市中心西北邊、長途巴士和火車總站的布里斯本轉運站後方的羅馬街公園Roma St. Parklands，占地廣達16公頃；沿著公園台地旁穿過的威克漢大街Wickham Tce.，則以遮蔽夏日豔陽樹蔭多的步道而受歡迎。還有位在路旁、建於1829年的老風車Old Windmill，當時原本是利用風力來磨麵粉的磨坊，卻因為風車轉動效率不佳而找囚犯用人力來轉動石磨，甚至讓14名囚犯1天轉動風車14小時不得休息，來當作懲罰。後來改為氣象觀測站Observatory，才變成現在的樣貌。

可以感受布里斯本歷史痕跡的老風車

■羅馬街公園
MAP P.171/1·2A
URL www.visitbrisbane.com.au/Roma-Street-Parkland-and-Spring-Hill

■威克漢大街和老風車
MAP P.171/2A
URL www.visitbrisbane.com.au

■享受EKKA（皇家昆士蘭展Royal Queensland Show）的樂趣！
與雪梨的皇家復活節農展會Royal Easter Show、墨爾本的皇家展覽會Royal Melbourne Show並稱為澳州3大農業祭典。是將牛、馬等家畜與地方作物集結在布里斯本的展場裡的傳統祭典。展覽期間有賽馬、煙火、特技表演、世界美食攤位、遊戲競賽、活動、脫口秀等表演進行。
URL www.ekka.com.au
開2024年8月10～18日

布里斯本 Brisbane

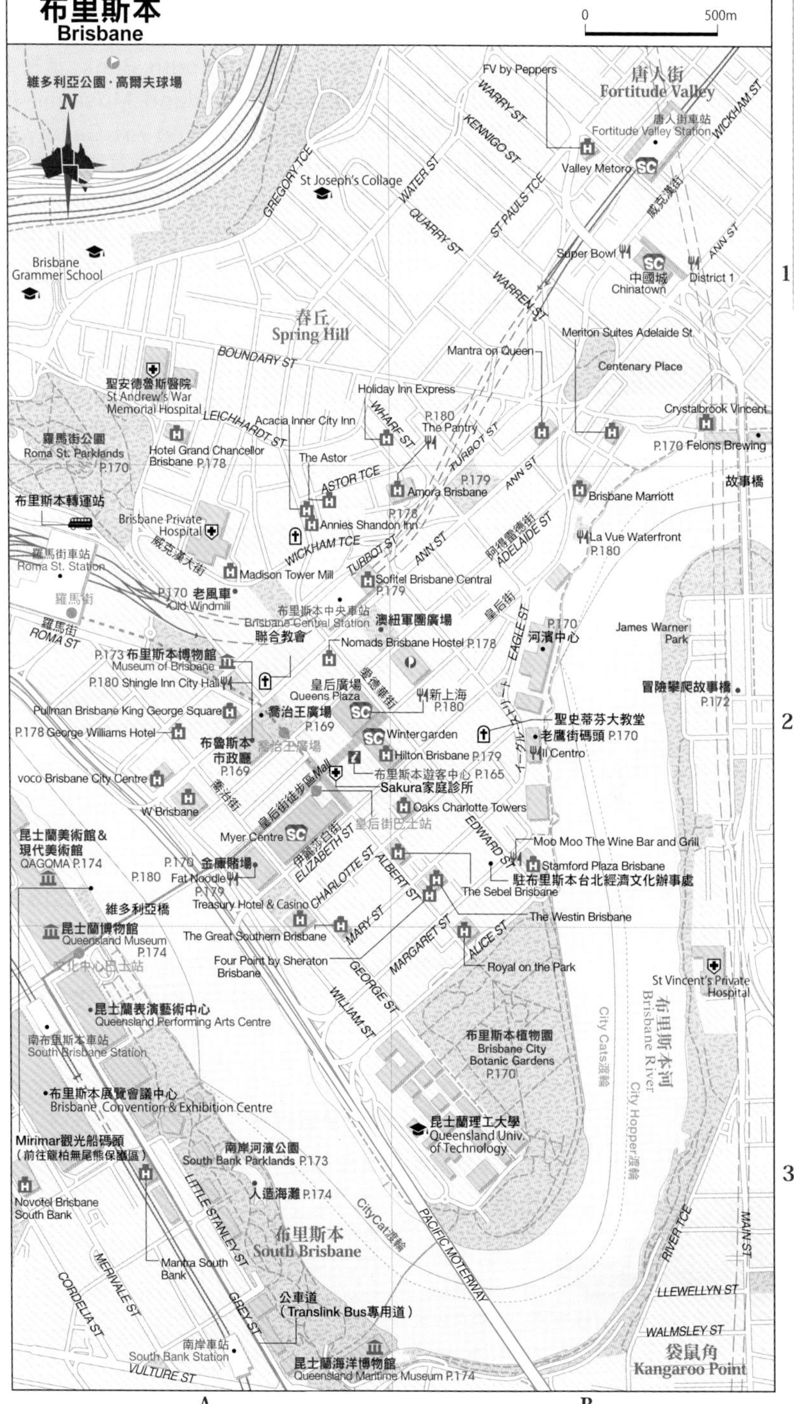

0 500m
維多利亞公園‧高爾夫球場
N
唐人街
Fortitude Valley
FV by Peppers
唐人街車站
Fortitude Valley Station
Valley Metoro
St Joseph's Collage
Brisbane Grammer School
Super Bowl
中國城
Chinatown
District 1
春丘
Spring Hill
Mantra on Queen
Meriton Suites Adelaide St
Centenary Place
聖安德魯斯醫院
St Andrew's War Memorial Hospital
Holiday Inn Express
Acacia Inner City Inn
P.180 The Pantry
Crystalbrook Vincent
P.170 Felons Brewing
羅馬街公園
Roma St. Parklands
P.170
Hotel Grand Chancellor Brisbane P.178
The Astor
P.179 Amora Brisbane
P.178
故事橋
Brisbane Marriott
布里斯本轉運站
Brisbane Private Hospital
Annies Shandon Inn
La Vue Waterfront P.180
羅馬街車站
Roma St. Station
Madison Tower Mill
Sofitel Brisbane Central P.179
P.170 老風車
Old Windmill
布里斯本中央車站
Brisbane Central Station
澳紐軍團廣場
聯合教會
P.170 河濱中心
James Warner Park
P.173 布里斯本博物館
Museum of Brisbane
Nomads Brisbane Hostel P.178
P.180 Shingle Inn City Hall
皇后廣場
Queens Plaza
新上海 P.180
冒險攀爬故事橋 P.172
Pullman Brisbane King George Square
喬治王廣場 P.169
聖史蒂芬大教堂
P.178 George Williams Hotel
Wintergarden
老鷹街碼頭 P.170
布魯斯本市政廳 P.169
Hilton Brisbane P.179
Il Centro
voco Brisbane City Centre
布里斯本遊客中心 P.165
Sakura家庭診所
W Brisbane
Oaks Charlotte Towers
皇后街巴士站
昆士蘭美術館&現代美術館
QAGOMA P.174
Myer Centre
Moo Moo The Wine Bar and Grill
P.170 金庫賭場
Stamford Plaza Brisbane
P.180 Fat Noodle P.179
駐布里斯本台北經濟文化辦事處
維多利亞橋
Treasury Hotel & Casino
The Sebel Brisbane
The Westin Brisbane
昆士蘭博物館
Queensland Museum P.174
The Great Southern Brisbane
文化中心巴士站
Four Point by Sheraton Brisbane
Royal on the Park
St Vincent's Private Hospital
昆士蘭表演藝術中心
Queensland Performing Arts Centre
布里斯本河
Brisbane River
南布里斯本車站
South Brisbane Station
布里斯本植物園
Brisbane City Botanic Gardens P.170
City Cats渡輪
布里斯本展覽會議中心
Brisbane Convention & Exhibition Centre
昆士蘭理工大學
Queensland Univ. of Technology
Mirimar觀光船碼頭
（前往龍柏無尾熊保護區）
南岸河濱公園
South Bank Parklands P.173
City Hopper渡輪
人造海灘 P.174
Novotel Brisbane South Bank
CityCat渡輪
布里斯本
South Brisbane
Mantra South Bank
公車道
（Translink Bus專用道）
南岸車站
South Bank Station
昆士蘭海洋博物館
Queensland Maritime Museum P.174
袋鼠角
Kangaroo Point
GREGORY TCE
WARRY ST
KENNIGO ST
WATER ST
QUARRY ST
ST PAULS TCE
WARREN ST
WICKHAM ST
威克漢街
ANN ST
BOUNDARY ST
LEICHHARDT ST
WHARF ST
TURBOT ST
ASTOR TCE
WICKHAM TCE
威克漢大街
ADELAIDE ST
阿得雷德街
EAGLE ST
皇后街
ROMA ST
羅馬街
愛德華街
喬治街
皇后街徒步區Mall
伊麗莎白街
ELIZABETH ST
CHARLOTTE ST
ALBERT ST
EDWARD ST
MARY ST
MARGARET ST
ALICE ST
GEORGE ST
WILLIAM ST
PACIFIC MOTERWAY
LITTLE STANLEY ST
GREY ST
MERIVALE ST
CORDELIA ST
VULTURE ST
RIVER TCE
MAIN ST
LLEWELLYN ST
WALMSLEY ST
1
2
3
A
B

集結在布里斯本河南邊的觀光景點

從皇后街徒步區往南，一過橫跨布里斯本河的維多利亞橋Victoria Bridge，即是南岸South Bank。這裡有不可錯過的昆士蘭博物館Queensland Museum、昆士蘭美術館&現代美術館Queensland Art Gallery & Gallery of Morden Art（QAGOMA）、擁有超大表演廳的昆士蘭表演藝術中心Queensland Performing Arts Centre，另外還有設有步道、人工海灘的南岸河濱公園South Bank Parklands等城市景點。南岸的南邊則是背包客旅館較為集中的西郊West End。

中國城的唐人街和受年輕人歡迎的新農莊

城市北邊是以中國城而知名的唐人街Fortitude Valley（通稱The Valley）。聚集了中華、越南、泰國等亞洲各國料理的餐廳。中心街道為威克漢街Wickham St.和立有中式牌樓的鄧肯街購物中心Duncan St. Mall、布朗斯威克街購物中心Brunswick St. Mall等。位於唐人街東側、臨布里斯本河一角的新農莊New Farm，以布朗斯威克街Brunswick St.為主要街道，街道兩側林立著便宜又好吃的餐廳，相當受到當地年輕人歡迎；還有不少背包客旅館，適合預算有限的遊客。

攀登故事橋是絕對要體驗的活動

公寓式旅館眾多的袋鼠角

從唐人街渡過長1072m、寬24m的故事橋Story Bridge（1940年建造），稍稍突出蜿蜒的布里斯本河岸一角、像半島一樣的地區，就是袋鼠角Kangaroo Point。這裡有眾多價格合理的汽車旅館、公寓式旅館，是相當受到旅客歡迎的地區。

■唐人街

MAP P.171/1B

最方便的就是搭乘從市區阿得雷德街頻繁發車的巴士。若搭乘Citytrain，則是在中央車站下一站的Fortitude Valley下車。

■新農莊

MAP P.167/2B

從市區阿得雷德街搭乘No.195、196、199巴士，所需時間10～15分鐘。

故事橋也可以體驗攀登橋梁的樂趣

■袋鼠角

MAP P.167/2B

可搭乘從市區的北碼頭North Quay、老鷹街碼頭Eagle St. Pier出發的渡輪（City Hopper、City Cats）最為方便。

■故事橋攀爬冒險

住 170 Main St., Kangaroo Point, 4169
☎ (07)3188-9070
URL www.storybridgeadventureclimb.com.au
時 所需時間約2.5小時
費 白天：大人$129 小孩$109.65、／日落時：每日大人$159 小孩$135.15／晚上：每日大人$139 小孩$118.15
※ 小孩：10歲以上未滿16歲／未滿10歲不得參加

■帕丁頓 MAP P.167/1A

從喬治王廣場的巴士站搭乘No.61、375巴士，所需時間10～15分鐘。

COLUMN

XXXX啤酒工廠的參觀行程

昆士蘭州具代表性的啤酒──XXXX啤酒製作過程的參觀之旅，參觀完還可以試飲4種啤酒，非常適合愛喝啤酒的人。在羅馬街下一站的Milton下車即可抵達。

●XXXX啤酒工廠參觀之旅
住 Cnr. Black & Paten Sts., Milton, 4064
☎ (07)3361-7597（要預約）
URL www.xxxx.com.au
時 週二～五11:00～17:00每隔2小時1場，週六11:00～14:00每隔30分鐘1場及15:00、17:00（需時1小時）
休 週一、日、節日、12/23～1/5
費 大人$32、小孩10～17歲$18（以飲料代替啤酒）、10歲以下免費故事橋可以體驗攀登橋梁(Story Bridge Adventure Climb)的樂趣，行程是從袋鼠角的管理室出發，登上大橋，經過途中79m的最高點到中央再折返回來。

不妨記住的其他地區

時尚的咖啡館林立的石角

首先是市區西邊的帕丁頓Paddington，像是吉布特拉斯Given Tce.、拉特羅布特拉斯Latrobe Tce.，沿路精品店、古董店、咖啡館、餐廳林立，以時髦風格而深受歡迎。而市區南邊的石角Stones Corner也是人氣地區，有很多時尚的咖啡館及餐廳，澳洲休閒品牌(Sportsgirl、Country Road等)的Outlet也開在這裡。

帕丁頓西側有個小小的山丘庫莎山Mt.Coot-tha，是可將市區美景盡收眼底的著名景點。從庫莎山往南下山，則是沿著布里斯本河而建、腹地有114公頃的昆士蘭大學校區聖露西亞St Lucia，與以龍柏無尾熊保護區知名的無花果樹谷Fig Tree Pocket。

布里斯本市區的主要景點
SIGHTSEEING SPOTS

也可以登上市政廳的鐘塔 MAP P.171/2A

布里斯本博物館
Museum of Brisbane

介紹布里斯本的歷史博物館內以淺顯易懂的方式

博物館位於布里斯本市的象徵──市政廳的3樓，展示著以布里斯本的歷史、多樣性等主題，還有主辦免費市政廳之旅City Hall Tour及鐘塔之旅Clock Tower Tour。市政廳之旅是針對建於1920年、新古典主義式的市政廳建築講解說明，並繞行市政廳內部一圈的行程；鐘塔之旅則能搭乘電梯到76m高的觀景台，欣賞美麗的布里斯本市街景色。

博覽會遺址就地興建 MAP P.171/3A

南岸河濱公園
South Bank Parklands

位於市區西邊，渡過維多利亞橋的南岸一隅，是公園和文化設施聚集的地區。以1988年舉行萬國博覽會16公頃的場地就地興建，園內綠意盎然，沿岸並設有散步道。

■石角
MAP P.167/2A·B
從市區喬治王廣場的巴士站搭No.61、222巴士，約15分鐘即可抵達。

■庫莎山 →P.175

■聖露西亞 MAP P.167/2A
搭乘City Cats渡輪前往昆士蘭大學很方便。巴士的話，則於羅馬街搭乘No. 412巴士，或是阿得雷德街搭乘No. 192巴士，所需時間約20分鐘。

■昆士蘭大學
MAP P.167/2A
☎(07)3365-1111
URL www.uq.edu.au
設立於1910年的大學。

■龍柏無尾熊保護區 →P.174

■布里斯本博物館
住 Level 3, Brisbane City Hall, King George Sq., Cnr. Adelaide & Ann Sts., 4000
☎(07)3339-0800
URL www.museumofbrisbane.com.au
開 每日10:00～17:00
費 免費
●市政廳之旅
時 每日10:30、11:30、週五～日13:30出發
●鐘塔之旅
時 每日10:15～16:45每隔15分鐘一次

■南岸河濱公園
URL www.visitbrisbane.com.au
●南岸遊客中心
South Bank Visitor Centre
住 Stanley St. Plaza, South Bank, 4101
☎(07)3029-1797
開 每日9:30～16:30
休 耶穌受難日、耶誕節
●人工海灘
開 夏季：每日7:00～19:00／冬季：每日9:00～17:00
※每年5月中旬～7月上旬因維修而封閉

位在南岸的人氣拍照景點

夏天總是人滿為患的 Streets Beach

●昆士蘭博物館
住Cnr. Grey & Melbourne Sts, South Bank, 4101
(07)3840-7555
URL www.qm.qld.gov.au
開每日9:30～17:00
費免費／SparkLab：大人$15.50 小孩$12.50

●昆士蘭美術館&現代美術館
住Stanley Place, Cultural Precinct, South Bank, 4101
(07)3840-7303
URL www.qagoma.qld.gov.au
開每日10:00～17:00
費免費

●昆士蘭海洋博物館
住Cnr. Stanley & Sidon Sts., South Brisbane, 4101
(07)3844-5361
URL www.maritimemuseum.com.au
開週三～日9:30～16:30
休週一～二、耶穌受難日、耶誕節、節禮日
費大人$18 小孩$8 家庭$42

■龍柏無尾熊保護區
住708 Jesmond Rd., Fig Tree Pocket, 4069
(07)3378-1366
URL lonepinekoalasanctuary.com
開每日9:00～17:00（澳紐軍團紀念日13:30～17:00／耶誕節9:00～16:00）
費大人$49 小孩$35 家庭$135、學生$39／和無尾熊一起拍照$15、抱無尾熊拍紀念照$29

●如何前往
在市區的皇后街巴士站Queen St. Bus Station 2C搭乘No.430巴士、阿得雷德街Adelaide St. 41站牌的No.445巴士（Zone 3），所需時間約30分鐘。搭計程車約$35～45。

至於可以眺望布里斯本河的人工海灘Streets Beach，擁有大小相當於5座奧運規格的游泳池，每到週末總是人聲鼎沸。還有聚集餐廳、美食廣場及商店的小史坦利街Little Stanley St.，在週五晚上與週六、日白天也會舉辦美術及手工藝品市場。

●昆士蘭博物館Queensland Museum

博物館內有原住民及托雷斯海峽島民的傳統文化介紹、棲息在昆士蘭動物與昆蟲的標本，還有恐龍化石等各種展示。而館內的SparkLab為了能讓人開心地理解科學，以互動式遊戲說明科學原理，十分受到孩童歡迎。

●昆士蘭美術館&現代美術館Queensland Art Gallery & Gallery of Modan Art (QAGOMA)

位於博物館隔壁是兩座合稱為QAGOMA的美術館，展覽以澳洲藝術家的作品為主，值得仔細欣賞的藝術品不計其數。另外館內也會舉行免費參觀解說，千萬不要錯過。

●昆士蘭海洋博物館Queensland Maritime Museum

除了展示著停靠在布里斯本河畔的蒸汽船，以及澳洲海軍的Diamantina號等實體船艦，還有1883年由庫克船長所興建的燈塔（可以進入內部參觀）、船隻的引擎等，主要是介紹昆士蘭州海洋歷史的博物館。

無尾熊飼養數量傲視全澳

MAP P.167/2A

龍柏無尾熊保護區
Lone Pine Koala Sanctuary

可愛的親子無尾熊只有在龍柏才看得到

位在市區西南方約11km處，開園自1927年，為世界最大、最古老的無尾熊園（金氏世界紀錄認定），園內實際飼養超過130隻無尾熊。

在園區中央最大的無尾熊館，可聽取關於無尾熊的生態說明與抱無尾熊拍紀念照（須收費）。另外這裡也以尤加利樹建造了無尾熊巨蛋，把無尾熊放養在樹上，讓人可以用更自然方式觀察無尾熊。

COLUMN

以彩虹咖啡拉花聞名的 Piggy Back Cafe

是位於布里斯本郊外Jindalee、為彩虹咖啡拉花先驅的咖啡館。店內除了供應鬆餅等豐富的甜點，也很適合享用早餐或午餐。不過因為距離市區較遠，最好跟龍柏無尾熊保護區一起造訪。

● Piggy Back Cafe
住86 Curragundi Rd., Jindalee, 4074
(07) 3279-0960
營 每日 6:30～14:30
交通 在皇后街巴士站搭乘 No.453 巴士，約 35 分鐘即可到達。

Memo 同時造訪Piggy Back Café和龍柏無尾熊保護區時，中途在Indooroopilly轉乘No.430巴士（包含轉車時間約30分鐘）。

除無尾熊外，在這裡還能看到袋熊、袋獾、袋貂、袋鼠、鴨嘴獸等超過80種澳洲的特有種動物。在園區後面還有放養東部灰袋鼠、沙袋鼠、鴯鶓的區域，可以輕鬆體驗餵食的樂趣。其他還有餵食彩虹吸蜜鸚鵡、觀賞綿羊剃毛秀、牧羊犬表演，以及工作人員的袋鼠解說、袋熊解說等活動，是可以玩樂一整天的動物園。

享受絕佳美景 MAP P.167/1A

庫莎山觀景台
Mt. Coot-tha Lookout

從觀景台享受美麗景致

庫莎山可以清楚眺望蜿蜒的布里斯本河，而且從觀景台可展望美景，在周邊悠閒散步也十分舒服，建議到觀景台旁的咖啡館Summit Café享用英式奶油茶點Devonshire Tea。這裡的夜景也絕佳，城市燈火沿著河川蜿蜒到摩頓灣Moreton Bay，真是美不勝收；一邊欣賞夜景，一邊在觀景台邊的餐廳Summit Restaurant享用晚餐，是個很好的旅行紀念。

庫莎山麓還有座占地52公頃的庫莎山植物園Brisbane Botanic Gardens Mt. Coot-tha，種植超過2萬5000株植物，一角還有日本庭園，週一～六11:00與13:00則有免費導覽。

布里斯本近郊城鎮及島嶼
AROUND BRISBANE

摩頓島
Moreton Is.

海灘上有各種活動可以挑戰

摩頓島的面積約20 km^2，是澳洲僅次於芬瑟島Fraser Island、北斯特拉布魯克島North Stradbroke Island的世界第3大沙島。海岸線是綿長美麗的白色沙灘，中央有高近280m的巨大沙丘。島中央有天閣露瑪度假村Tangalooma Wild Dolphin Resort，除了住宿設施（→P.179）外，還有游泳池、餐廳、酒吧、超市、壁球場、網球場等，是住宿客、當天往返遊客都可盡興的度假村。如果想充分感受其魅力，還是住上一晚比較好。

●Lone Pine Wildlife Cruise
從昆士蘭博物館旁出發，航行至龍柏的布里斯本河觀光船。
☎0412-749-426
URL mirimarcruises.com.au
時 無尾熊&河流觀光船Koala & River Cruise（單程約75分鐘）週五～日：市區出發10:00，龍柏出發14:15
費 無尾熊&河流觀光船來回（包含門票）：大人$90 小孩$55 家庭$250

■庫莎山觀景台
住 Sir Samuel Griffith Drv., Mt. Coot-tha Lookout, 4066
●如何前往
在阿得雷德街巴士站搭乘No.471巴士，所需時間約45分鐘。若搭計程車單程約$25～30。
●Summit Cafe & Restaurant
☎(07)3333-5535
URL www.summitbrisbane.com.au
營 咖啡館：週日～五6:30～21:00、週六6:30～22:00／餐廳：目前歇業中
●庫莎山植物園
住 Mt. Coot-tha Rd., Toowong 4066 ☎(07)3403-2535
URL www.brisbane.qld.gov.au
開 每日8:00～17:30（4～8月～17:00）

交通

●摩頓島
在Gateway Bridge附近的霍特街碼頭Holt St. Wharf每天都有高速渡輪開往天閣露瑪度假村Tangalooma Wild Dolphin Resort（約75分鐘）。從布里斯本市中心到碼頭的單程巴士接送服務，大人$25 小孩$20；從黃金海岸的單程接送，大人$70 小孩$50。
☎(07)3637-2000
☎1300-652-250
URL www.tangalooma.com
時 霍特街碼頭出發：每日7:30、10:00、12:30、17:30（*）／從Tangalooma出發：每日9:30、14:30、16:00、19:00之後（*）
（*僅限週五～日／春、秋為19:30左右，夏季為20:00左右，冬季為18:30左右）
（渡輪票價在下一頁）

天閣露瑪度假村有亞洲工作人員常駐

（接前頁渡輪票價）
費 度假村房客：來回 大人 $84 小孩 $46／海灘1日遊Beach Day Cruise（包含午餐）：大人 $89 小孩 $49／經典1日遊Classic Day Cruise（包含午餐＋1項指定活動）：大人 $139 小孩 $99／海豚餵食1日遊（附午餐＋1項指定活動）：大人 $199 小孩 $149
※指定活動：沙漠衝沙之旅、海洋探險之旅、賞鯨船之旅
※1日遊：7:30或10:00從霍特街碼頭出發，16:00從天閣露瑪出發（只有海豚餵食1日遊的回程是19:00之後從天閣露瑪出發）

■海豚教育中心
Dolphin Education Centre

位於棧橋前，除了對遊客說明每天到來的海豚，館內關於棲息在摩頓島海域的各種生物，也有豐富的文字與圖片介紹。

■沙漠衝沙之旅
時 每日9:00、13:30出發／所需時間約1.5小時
費 大人 $55 小孩 $36

搭乘大型4WD巴士出發前往天閣露瑪沙漠

■直升機空中遊覽

有好幾種行程，以能看見海豚湖的18分鐘及30分鐘行程最受歡迎。
費 6分鐘：1人$99／12分鐘$187／18分鐘$280／30分鐘$352

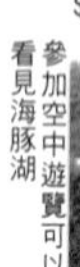
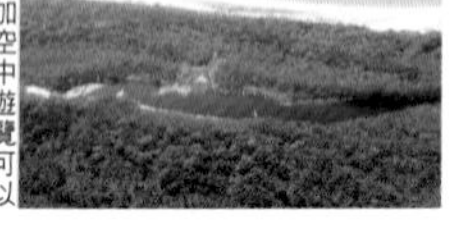
參加空中遊覽可以看見海豚湖

■海洋探險之旅
時 每日12:00～13:30（時間視潮汐狀態而異）
費 大人 $69 小孩 $49 家庭 $209

無論是浮潛或潛水、四輪傳動4WD沙丘之旅、沙丘衝沙等，各種活動一項也不缺。然後，島上最有名的就是傍晚出現在棧橋邊的野生瓶鼻海豚餵食活動，度假村工作人員會拿作為餌料的魚讓遊客親自餵食；不過，餵食過程中嚴禁碰觸到海豚身體。此外，早上到海灘還可享受餵食鵜鶘的樂趣。

摩頓島最大的樂趣

餵食野生海豚
Wild Dolphin Feeding

令人感動的海豚餵食體驗

摩頓島是世界少見可親手餵食野生海豚之處。從1992年4月有隻被命名為Beauty的海豚來到到棧橋邊，偶然間吃了工作人員丟下海的魚開始，到現在每天傍晚都有約8隻海豚會到訪度假村。為了保護海豚，必須對餵食的魚量有所限制，所以也有人數限制。原則上，僅限於度假村的住宿客（住宿期間只限一次）與參加餵食野生海豚行程的遊客。海豚約在傍晚時會來到棧橋邊，必須聽從工作人員的指示餵食魚餌，看到如此親人的海豚應該會滿懷感動。工作人員會拍下餵食照片，隔天在海豚教育中心旁的照相館販賣。

享受廣大沙丘衝沙的樂趣

沙漠衝沙之旅
Desert Safari Tour

重拾童心享受衝沙的樂趣

在度假村南側有個廣大的沙丘地帶，名為天閣露瑪沙漠Tangalooma Desert，有駕駛大型四輪傳動車4WD前往、享受衝沙樂趣的旅遊行程。途中導遊會說明這裡的沙子乍看之下都是純白，但其實混著各種顏色的沙，也會針對多達500種摩頓島的植物做相關解說。

世界自然主義者的焦點

海洋探險之旅
Marine Discovery Cruise

可以和珍貴的儒艮相遇

摩頓島周邊是世界珍貴的海洋哺乳類儒艮的最大棲息地（約600隻儒艮生活在這個水域裡）。搭乘觀光船可以看到儒艮的機率高達50%，所以非

常受歡迎。幸運的話，還能看到數百隻的儒艮環繞在船的周圍。

此行程不僅可以看到儒艮，也能看到其他各種的海洋生物。特別是有很高的機率能與海豚、海龜近距離接觸，次數多到在船上相機不能離手的程度。

盡情在平靜海域遊玩

海上活動
Marine Activities

可享受潛水、浮潛、拖曳傘、香蕉船、雙體風帆、海上獨木舟等活動，其中特別推薦有教練帶領的浮潛。在天閣露瑪度假村的近海海域有12艘遇難的沉船，都已經成為魚礁，浮潛之旅造訪遇難沉船時，會看到難以置信的眾多魚群。

穿越近海去看鯨魚

賞鯨之旅
Whale Watching Cruise

碩大鯨魚姿態令人興奮

摩頓島近海在6月中旬～10月中旬是從南極來訪的座頭鯨Humpback Whale必經通道，在這期間絕對要參加度假村一週3次的賞鯨之旅。看到鯨魚的機率高達7～8成，運氣好的話，會剛好看到從船邊通過，或是鯨魚從海面一躍而出的雄偉姿態。

北斯特拉布魯克島
North Stradbroke Is.

駕駛4WD在島上沙灘奔馳十分有趣

位於摩頓島南邊的北斯特拉布魯克島是世界第2大的沙島，島的南邊是黃金海岸之旅最常到訪的南斯特拉布魯克島。1896年以前，這2座島的陸地還是相連的，由於強大的暴風雨吹走沙子，才變成現在的分離狀態。

雖是巨大沙島，但島上被尤加利樹、澳洲草樹Grasstree、變葉佛塔樹Banksia等森林所覆蓋，也有野生的無尾熊、袋鼠棲息。此外，島上人口約2300人，有小鎮和村莊零星散布在島上。當然以沙構成的島就會有超棒的海灘，特別是島上東部綿延近30km的廣大沙灘，被太平洋的海浪不停地拍打，以絕佳的衝浪點、釣場而知名。

■海上活動
時各活動依照當天天候狀態不同，舉行時間也不同
費拖曳傘：單人$95、雙人$170／附教練的沉船處浮潛：大人$69 小孩$55／划透明獨木舟去沉船處：1人$79、2人$119／體驗潛水$169／沉船處持證潛水$139（附器材）／水上摩托車：大人$99 小孩$79／小孩專用體驗潛水（Bubble Maker）：小孩$99／雙體風帆：1小時$79／立槳SUP：1小時$39

在島上體驗拖曳傘

■賞鯨之旅
時6月中旬～10月下旬每日：天閣露瑪出發12:00～15:30／霍特街碼頭出發10:00～16:45
費天閣露瑪出發：大人$75 小孩$55／布里斯本出發：大人$139 小孩$99

交通

●北斯特拉布魯克島
從布里斯本搭Citytrain到克里夫蘭Cleveland，再轉乘巴士到渡輪碼頭。從渡輪碼頭搭乘斯特拉布魯克高速船Stradbroke Flyer（需時25分鐘），或是汽車渡輪Sealink Ferries（需時約45分鐘）。

●Stradbroke Flyer
☎(07)3821-3821
URL www.flyer.com.au
時從克里夫蘭4:55～13:55、15:25～19:25每隔1小時發船1班／從敦威治Dunwich 5:25～14:25、15:55～19:55每隔1小時發船1班
費單程：大人$10.50 小孩$6

●Sealink Ferries
☎(07)3488-5300
URL www.sealinkseq.com.au
時從克里夫蘭6:00～9:00、10:30～13:30、15:00～17:00每隔1小時發船1班／從敦威治7:00～10:00、11:30～14:30、16:00～18:00每隔1小時發船1班
費車1台（含乘客）單程$66～112／無車單程大人$10 小孩$6.50

北斯特拉布魯克島上交通

斯德布魯克島巴士Stradbroke Island Bus行駛於敦威治～阿米蒂角～Point Lookout，每天來回11班次。另外在Point Lookout也有租車店，$100左右就可借4WD一整天，利用這個是最方便的。

●斯德布魯克島巴士
📞(07)3415-2417
URL stradbrokeislandbuses.com.au
費 敦威治～Point Lookout（2 Zone）單程：大人$5 小孩$2.50

就以Point Lookout為起點吧

Point Lookout的眺望景致

島上有3個城鎮，分別是渡輪碼頭敦威治Dunwich、北端能眺望摩頓島的阿米蒂角Amity Point及東北端的Point Lookout，而島上的觀光中心是東北端的Point Lookout。周圍有美麗且綿延不絕的沙灘，冬季時近海處還有座頭鯨出沒；至於住宿設施也有非常多選擇。此外，Point Lookout郊區的斷崖絕壁（其名也叫Point Lookout）是眺望風景的好地點，這裡設有步道，可以看到在大海悠游的海龜、魟魚、鬼蝠魟、海豚等生物的機率很高。在Point Lookout南邊的主灘Main Beach則是有名的衝浪好場所。

布里斯本的住宿＆餐廳

ACCOMMODATION RESTAURANT

區域碼號(07)

住宿

布里斯本

經濟型

布里斯本受歡迎的青年旅館 MAP 地圖外
Brisbane City YHA

URL www.yha.com.au
住 392 Upp. Roma St., 4000 📞3236-1004

位於背包客旅館的中心地點

WiFi 免費
費 D $24.30～31.90、T W $80～120
※非YHA會員要追加費用
CC MV

從轉運中心徒步約7～8分鐘，分為團體房與2～3人房的2棟建築，全部附冷氣。

位於市區正中央 MAP P.171/2A
Nomads Brisbane Hostel

URL www.nomadsworld.com
住 308 Edward St. (Cnr. Ann St.), 4000

建築充滿趣味的背包客旅館

📞3211-2433 WiFi 免費
費 D $18～20、T W $50～81 CC MV

位在中央車站正前方的旅館，是殖民時代的建築，地下室是酒吧，1樓為咖啡館，還有復古的電梯。

以120年歷史自豪 MAP P.171/2A
Annies Shandon Inn

URL anniesbrisbane.com
住 405 Upp. Edward St., Spring Hill, 4000
WiFi 免費 費 S $79、T W $89～99
※含早餐 CC JMV

布里斯本的老字號B&B

床單用柔和粉彩為主調，窗台以可愛的盆栽裝飾，房內的家具則富童話趣味。

星級飯店

基本設備豐富 MAP P.171/2A
George Williams Hotel

URL www.georgewilliamshotel.com.au
住 317-325 George St., 4000
📞3308-0700 FREE 1800-064-858 WiFi 免費
費 T W $120～154 CC ADJMV

客房內空間不大卻很整潔

徒步到喬治王廣場、轉運中心等地都只要5分鐘以內。飯店內備有餐廳、旅遊詢問處等完善設施。

視野良好 MAP P.171/1A
Hotel Grand Chancellor Brisbane

URL www.grandchancellorhotels.com
住 23 Leichhardt St. (Cnr. Wickham Tce.), Spring Hill, 4000 📞3831-4055 WiFi 免費
費 T W $213～430 CC ADJMV

散發沉穩氣氛的客房

位在威克漢大街Wickham Terrace頂端平台的4星級飯店，距離市中心徒步約10分鐘。客房內部現代風格設計，視野絕佳，浴室只有淋浴間。餐廳、酒吧、游泳池、健身房等設備完善。

從台灣撥打電話至布里斯本
002＋61（國碼）＋7（去除0的區域號碼）＋電話號碼

位於靠近中央車站的高台上 MAP P.171/2B
Amora Hotel Brisbane

URL www.amorahotels.com/brisbane
住 200 Creek St., 4000
☎ 3309-3309
WiFi 免費 費 T W $171～247 CC ADJMV

明亮有開放感的大廳

靠近布里斯本中心區、房價相形之下較為實惠的4星級飯店。客房內部設計及家具風格皆統一以明亮為主，標準客房面積也有32m²，十分寬闊。由於地勢較高，眺望布里斯本的視野極佳。有游泳池（冬季為溫水）、健身房等設施，早上提供自助式早餐、晚上提供正統現代澳洲料理的The Pantry餐廳，也很受歡迎。

舒適而寬廣的客房

做什麼都很方便的位置 MAP P.171/2A
Hilton Brisbane

URL www.hilton.com
住 190 Elizabeth St., 4000
☎ 3234-2000 WiFi 免費
費 T W $337～436
CC ADJMV

擁有超大挑高中庭為特徵

位於皇后街上的Winter garden購物中心內的飯店。一走進飯店，隨即映入眼簾的是83m高、大洋洲最大的雄偉中庭；而Vintaged Bar & Grill是布里斯本評價數一數二的高級餐廳。

興建在中央車站旁的高級飯店 MAP P.171/2A
Sofitel Brisbane Central

URL www.sofitelbrisbane.com.au
住 249 Turbot St., 4000
☎ 3835-3535 WiFi 付費
費 T W $399～579 CC ADJMV

與中央車站共構的飯店，入口位於TURBOT ST上。擁有如藝廊般的大廳、時尚而沉穩的客房，散發出做為布里斯本代表性飯店恰如其分的氛圍。

住在古典飯店裡 MAP P.171/2A
Treasury Hotel & Casino

URL www.treasurybrisbane.com.au
住 130 William St., 4000 ☎ 3306-8888
FREE 1800-506-889 WiFi 免費
費 T W $321～648 CC ADJMV

天花板的高度十分驚人

將19世紀後半的古蹟級建築物改建而成，與賭場之間隔著女王公園，安全上不必擔心。不僅在外觀，就連內部也保留著當年的影子，光是感受古老氛圍就值得一住。客房的天花板就如同當時的建築一般高，從室內裝潢風格、建築內的電梯到大廳區域，全都十分古典。

摩頓島

最適合家族出遊 MAP P.183/1B
Tangalooma Wild Dolphin Resort

URL www.tangalooma.com 住 P.O.Box 1102, Eagle Farm, 4009 ☎ 3637-2000 ☎ 1300-652-250 WiFi 免費 費 T W $239～309、Villa$419～479
CC ADJMV

連游泳池都很舒適的天閣露瑪度假村

以餵食海豚而大受歡迎的度假村。腹地內除了有餐廳、咖啡館、酒吧、度假商店等設施，還有2個游泳池。客房從一般飯店形式，到Villa、公寓式種類豐富。

北斯特拉布魯克島

推薦給背包客、潛水客 MAP P.183/1B
Manta Lodge YHA & Scuba Centre

URL www.mantalodge.com.au
URL www.yha.com.au
住 132 Dickson Way, Point Lookout, 4183
☎ 3409-8888 WiFi 免費
費 D $30～40、T W $99
※非YHA會員要追加費用 CC MV

位於Point Lookout兼營潛水商店的青年旅館，除了潛水之外也舉辦各種島上旅遊。

餐廳

掉進懷舊時光　MAP P.171/2A
Shingle Inn City Hall

URL www.shingleinncityhall.com
住 City Hall, King George Sq., 4000
☎ 3210-2904　營 週二～六9:00～14:00
休 週日、節日　CC MV

位於散發復古氛圍市政廳內的Shingle Inn

1936年以餐廳兼麵包店在愛德華街Edward St.開幕的咖啡館餐廳，目前除了布里斯本的4家店，在澳洲各地都有分店，其中以位於市政廳內的店舖，因為保留當時的古典氣氛而最受歡迎。除了Traditional High Tea($43～)頗受好評，其他像是古早味的蘋果派、蛋糕、餅乾點心也很吸引人。

堅持使用在地食材　MAP P.171/2B
The Pantry

URL www.amorahotels.com/brisbane
住 Amora Hotel Brisbane, 200 Creek St., 4000
☎ 3309-3309　營 每日18:00～21:30
CC ADJMV　酒 Licensed

連擺盤也很漂亮

在Aroma Brisbane Hotel大廳樓層的高級餐廳，以使用昆士蘭收穫的海鮮、肉類、蔬菜烹調的現代澳洲料理而知名。不只是飯店房客，連當地人慶祝節日時也經常會去用餐。

在市區想吃中華料理時　MAP P.171/2A
New Shanghai
新上海

住 LG 23, Queens Plaza, 226 Queen St., 4000
☎ 3108-7652　營 週一～三、日11:00～20:00，週四～六11:00～20:30，週五11:00～21:00
CC AMV　酒 Licensed

人氣餐點小籠包

位在面對皇后街徒步區的購物中心地下室，店裡裝潢為復古氛圍，餐點從各式點心、上海麵食到單點菜色，種類十分豐富。店裡的招牌料理是小籠包。

亞洲麵食專賣店　MAP P.171/2A
Fat Noodle

URL www.treasurybrisbane.com.au/casino-restaurants/fat-noodle
住 Cnr. George & Queen Sts., 4000　☎ 3306-8502　營 週二～日12:00～22:00　CC MV
酒 Licensed

人氣餐點新加坡叻沙

位於金庫賭場內的超人氣亞洲麵食店，午餐時刻總是大排長龍。推薦餐點為麻辣新加坡叻沙($29)

眺望布里斯本河享用優雅早午餐　MAP P.171/2B
La Vue Waterfront

URL lavuerestaurant.com.au　住 1/501 Queen St., 4000　☎ 3831-1400　營 週二～日12:00～14:00、每日17:30～23:00　CC JMV
酒 Licensed

欣賞景色的同時還能享受正統的早午餐

即使在美味餐廳林立的布里斯本河畔，也獲得極高評價的早午餐餐廳。用餐採單點方式，擺盤也很時尚。前菜$28左右、主菜約$45、甜點大概$15。

享受如祭典般的用餐氣氛　MAP P.167/1B
Eat Street Northshore

URL www.eatstreetmarkets.com
住 221D Macarthur Ave., Hamilton, 4007
營 週五、六16:00～22:00、週日16:00～21:00
CC 依店家而異

週末營業的美食市場，搭乘City Cats渡輪在北碼頭North Quay下船，馬上就能抵達。廣闊的腹地內，西歐、亞洲、中東料理等世界各國美食攤販林立，可以體驗以味覺來環遊世界。此外，因為有現場音樂演奏等活動，很適合度過周末夜晚。需要買門票才能入場，1人$5(未滿12歲免費)

週末就去Eat Street吃飯

從台灣撥打電話至布里斯本
002 + 61 (國碼) + 7 (去除0的區域號碼) + 電話號碼

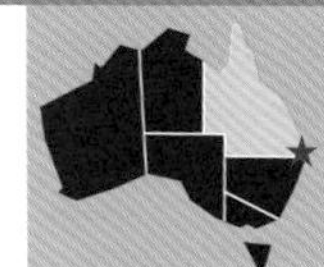

黃金海岸 *Gold Coast*

在衝浪海灘戲浪是黃金海岸的玩法

從布里斯本驅車往南約1小時，就可到達綿延60km的金黃色沙灘、舉世聞名的度假聖地黃金海岸。南太平洋的白色海浪拍打著海岸，眾多高樓飯店及高級公寓林立十分壯觀。其實對澳洲人而言，比起高樓的公寓飯店，他們更偏好在通往外海的運河畔擁有別墅，各家別墅都建有專用棧橋，可以搭乘私人遊艇或帆船出海遊玩，那才是他們的嗜好。

在黃金海岸最大的享受，首先就是那片藍藍大海。這裡被稱為一年之中有300天是晴天，最適合在美麗的沙灘上享受日光浴的度假天堂。雖然這裡幾乎都是衝浪海灘，並不適合游泳，但若要冷卻炙熱的身體，在此處戲浪應該還是最棒的選擇。這裡有許多適合衝浪的地點，海邊也有許多抱著衝浪板或滑水板的大人與小孩，而在黃金海岸南部的伯利角和特維德角，則經常舉辦國際衝浪大賽。

除了衝浪之外，其他水上活動也十分盛行，在這裡可以體驗拖曳傘及水上摩托車等多樣活動。此外，這裡也有各種老少咸宜的主題樂園及動物園，同時也是前往世界遺產雷明頓國家公園Lamington NP的起點。

在這裡不論待幾天都玩不完，不管玩幾天都很開心。如此充滿魅力的黃金海岸，請盡情享受吧。

實用資訊

■**衝浪者天堂遊客中心**
Surfers Paradise Information & Booking Centre MAP P.189/左下
住2 Cavill Ave., Surfers Paradise, 4217
☎1300-309-440
☎(07)5570-3259
URL www.destinationgoldcoast.com
開週一～六9:00～17:00，週日9:00～16:00

主要航空公司聯絡處
● 澳洲航空Qantas Airways
☎13-13-13
● 捷星航空Jetstar
☎13-15-38
● 維珍澳洲航空Virgin Australia
☎13-67-89

伯利角是知名的衝浪地點

興建在奈榮河畔的高級住宅

來到黃金海岸 必看！必玩！

黃金海岸是擁有超過60km綿延沙灘，澳州境內數一數二的度假勝地。來到這裡不但能夠享受海灘時光、盡情體驗水上活動，還能到位於城市後方內陸地區的世界遺產森林，做森林浴、體驗高原城鎮的度假樂趣。全家出遊也可以來場主題樂園巡遊，樂趣無窮。

天氣晴朗的日子裡可以看到許多人在沙灘上散步

海灘&水上活動

大老遠來到黃金海岸，一定先要到海灘上來玩。由於沙質細緻，踏在沙灘上會聽到「唰唰」聲響，所以每個人都能享受沙灘漫步的樂趣。正因為黃金海岸擁有絕佳的沙灘與海洋，所以水上活動也很豐富。像是只要在教練指導下，連初學者都能夠玩得盡興的衝浪及趴板，正是有許多衝浪沙灘的黃金海岸代表活動之一。而在Broadwater波平浪靜的內海，也能體驗熱門的拖曳傘、水上摩托車，甚至是水肺潛水等各種活動。

上：只要參加衝浪班，就算是初學者也能體驗衝浪的樂趣
右：拖曳傘是黃金海岸必玩的水上活動

享受世界遺產森林

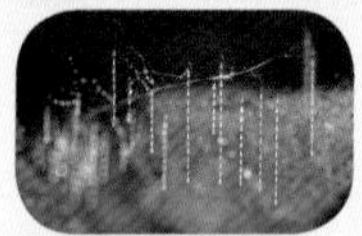

藍光螢火蟲其實是這樣的生物

位於黃金海岸的內陸腹地Hinterland就是列入世界遺產的森林，而進入這片森林最好是參加有嚮導解說的旅遊行程，其中最受歡迎的是自然橋Natural Bridge的觀察藍光螢火蟲之旅。藍光螢火蟲是只有在澳洲與紐西蘭極少數地方才能見到的蠕蟲，一到夜晚，藍白色的亮光閃爍於黑暗中，充滿神祕感。白天則是前往雷明頓國家公園或春溪國家公園造訪森林的行程較多，一邊欣賞身為此地曾與南極大陸相連歷史見證的植物，一邊在亞熱帶雨林裡悠閒地漫步。

上：在雷明頓國家公園可以餵野生鳥類
下：證明曾與南極大陸相連的南極山毛櫸

玩遍主題樂園

有充滿澳洲風情的動物主題公園「庫倫賓野生動物保護區」、以牧場為主題的「天堂農莊」、能觀賞海豚及海獅表演的「海洋世界」、以電影場景為主題的「電影世界」，還有既是遊樂園也是動物園的「夢幻世界」等各式各樣的樂園，十分推薦帶小孩的遊客來玩。

海洋世界的表演很受歡迎

黃金海岸區域圖
Around Gold Coast
0
10km
天閣露瑪度假村
Tangalooma Wild Dolphin Resort P.179
沙門
Sundgate
摩頓島
Moreton Is
國內線航廈
布里斯本國際機場
國際線航廈
M1
阿米蒂角
Amity Point
摩頓灣
Moreton Bay
P.179 Manta Lodge YHA & Scuba Centre
懷納明
Wynnum
Gateway Bridge
霍特街碼頭Holt Street Whaf
（天閣露瑪度假村渡輪）
Point Lookout
布里斯本
BRISBANE
GATEWAY MWY
威靈頓角
Wellington Point
敦威治
Dunwich
棕湖保護區
Brown Lake CP
克里夫蘭
Cleveland
M3
藍湖國家公園
Blue Lake NP
格雷麥特山
Mt.Gravatt
維多利亞角
Victoria Point
太平洋高速公路
Sirromet酒莊
北斯特拉布魯克島
North Stradbroke Is
Lurleen's
紅土灣
Redland Bay
M2
LOGAN MWY
洛根霍姆
Loganholme
P.201 Spirits of Red Sand
比雷
Beenleigh
PACIFIC MWY
南太平洋
South Pacific Ocean
P.217 Yatala Pie Shop
亞塔拉 Yatala
夢幻世界＆激浪世界
Dreamworld & White Water World
P.200
P.197 華納兄弟電影世界
Warner Bros. Movie World
Ormeau
P.213
InterContinental Sanctuary Cove Resort
Jimboomba
P.198 水浪樂園
Wet'n'Wild Water World
神仙灣高爾夫球場Sanctuary Cove Golf
Peppers Ruffles Lodge & Spa
南斯特拉布魯克島
South Stradbroke Is
P.198 天堂農莊
Paradise Country
庫莫
Coomera
神仙灣
Sanctuary Cove
P.201
Australian Outback Spectacular
譚伯連 Tamborine
譚伯連雨林天空步道
奧克森福德
Oxenford
P.193 Tamborine Rainforest Skywalk
Cavill's Steakhouse P.216
Witches Chase Cheese Company &
Fortitude Brewing Co.
P.218 海港城
Harbour Town
海洋世界 Sea World P.196
P.193
鷹高小鎮
Eagle Heights
海倫斯維爾
Helensvale
北譚伯連
North Tamborine
Sea World Resort & Water Park
P.212
P.194 席達克瑞克莊園
Cedarcreek Estate
Biggera Waters
P.208 帕克伍德高爾夫俱樂部
The Club at Parkwood Village
南港 Southport
P.194 藍光螢火蟲洞窟
Glow Worm Cave
主灘 Main Beach
譚伯連山
Mount Tamborine
奈榮
Nerang
P.194 梅森酒莊
Mason Wine
衝浪者天堂
Surfers Paradise
P.208 RACV Royal Pines Resort
勤農家
Canungra
皇家松林度假村高爾夫場
P.208 翡翠湖高爾夫俱樂部
Emerald Lakes Golf Club
Carrara Market
布萊德海灘 Broadbeach
Mercure Gold Coast Resort
邁阿密夜市 P.217
P.194 奧瑞里勤農家谷葡萄園
P.208 棕櫚樹草地高爾夫球場Palm Meadows
羅賓那
Robina
邁阿密 Miami
摩格拉保 Mudgeeraba
伯利角
Burleigh Heads
P.218 Robina Town Centre
P.218 UGG Australian Made Since 1974
Jellurgal Aboriginal Cultural Centre
P.217 The Paddock Bakery
P.217 Common Ground
Beechmont
P.192
伯利精釀啤酒Burleigh Brewing Co.
庫倫賓
Currumbin
那明巴山谷
Numinbah Valley
P.200 大衛福雷野生公園
David Fleay Wildlife Park
庫倫加塔
Coolangatta
雷明頓國家公園
Lamington NP
P.199 庫倫賓野生動物保護區
Currumbin Wildlife Sanctuary
黃金海岸機場
特維德角
Tweed Heads
春溪國家公園
Springbrook NP
P.213
O'Reilly's Rainforest Retreat & Villas P.195
自然橋
Natural Bridge
春溪
Springbrook
新南威爾斯
NEW SOUTH WALES
N
1
2
3
A
B

交通
ACCESS

如何前往

➡台灣出發

台灣沒有直飛航班到黃金海岸，可先飛往雪梨、布里斯本，再經由陸路的方式前往黃金海岸。通常會從布里斯本前往黃金海岸，搭乘機場巴士或機場捷運Airtrain，所需時間約為1小時30分。

➡澳洲國內各地出發

前往黃金海岸的直飛航班有從凱恩斯、雪梨、墨爾本、阿得雷德、柏斯、紐卡素出發的捷星航空，或是從雪梨、墨爾本出發的澳洲航空及區域快線航空Regional Express，還有從雪梨、墨爾本、阿得雷德、柏斯、朗賽斯頓出發的維珍澳洲航空；至於其他城市則可飛到布里斯本機場。此外，從雪梨到黃金海岸還有澳洲灰狗巴士等多家長途巴士行駛。

機場⇔市區

➡黃金海岸機場出發

黃金海岸機場位於靠近新南威爾斯州邊境的庫倫加塔Coolangatta，距離黃金海岸中心的衝浪者天堂約30km。

●機場巴士

配合飛機起降航班的時間，Con-X-ion提供機場巴士的服務。前往衝浪者天堂所需時間約30分鐘，可在住宿飯店前停靠下車。

●大眾交通工具

在黃金海岸機場可以搭乘Translink快速直達巴士No.777，到終點布萊德海灘Broadbeach約30分鐘。因為布萊德海灘南站Broadbeach South是輕軌的總站，轉車到衝浪者天堂也很簡單（2 Zone票價），在黃金海岸機場內的遊客中心買張$10的go explorer card（→P.185）就能前往衝浪者天堂，而且在同一天內可以無限次數搭乘巴士、輕軌，是很好用的交通卡。

➡布里斯本國際機場出發

布里斯本國際機場是國際線、國內線的樞紐機場，因此擁有比黃金海岸機場更多都市間的往來航班，十分方便。

●機場巴士

Con-X-ion有機場巴士Airport Transfers的行駛服務，所需時間為1小時15分～1小時30分，可在住宿飯店前停靠下車。

■黃金海岸機場
URL www.goldcoastairport.com.au

■Con-X-ion
☎1300-672-840
URL www.con-x-ion.com
●黃金海岸機場交通巴士（最遠到衝浪者天堂）
費單程：大人$28 小孩$10 家庭$63／來回：大人$50 小孩$17 家庭$120
●布里斯本機場交通巴士（最遠到衝浪者天堂）
費單程：大人$59 小孩$25 家庭$99／來回：大人$109 小孩$50 家庭$175

黃金海岸機場、布里斯本機場的接駁巴士都是由Con-X-ion負責行駛

Translink No.777通常是雙層巴士

■Airtain
☎(07)3216-3308
FREE 1800-119-091
URL www.airtrain.com.au
時5:04～22:04每30分鐘1班
●到海倫斯維爾車站Helensvale
費單程：大人$35.90 小孩$8.10／來回：大人$69.80 小孩$17.10
●Airtrain Connect
費單程：大人$57 小孩$24 家庭$142.50／來回：大人$112 小孩$57 家庭$252.50

■從機場搭乘計程車、Uber
從黃金海岸機場到衝浪者天堂約$60，Uber約$47～60。

●**捷運**

機場捷運系統Airtrain(由布里斯本的市區捷運City Train所延伸的路線),穿過布里斯本市中心通往黃金海岸(所需時間約90分鐘),停靠站有海倫斯維爾Helensvale、奈榮Nerang、羅賓那Robina、瓦西蒂湖Varsity Lakes,在海倫斯維爾轉乘輕軌(→P.187)就可以到達衝浪者天堂、布萊德海灘。此外,還有名為Airtrain Connect的服務也很方便,搭乘在奈榮、羅賓那等車站的接駁專車,就能直接前往飯店。

轉運中心↔市區 澳洲灰狗巴士等長途巴士,都以位於衝浪者天堂中心區域海灘大道Beach Road上的巴士轉運中心Bus Transit Centre作為總站。幾乎所有的背包客旅館,都會配合巴士發車時間提供免費接送服務。

市區交通
LOCAL TRANSPORT

Translink Bus是黃金海岸重要的代步工具

黃金海岸的市區交通就等於是布里斯本的郊外路線,票價系統和布里斯本相同(→P.166~169),黃金海岸地區畫分為4~7區的4區間,乘車越過幾個區間,費用就會不同(從開始搭車的2小時以內可以自由轉乘)。和布里斯本使用同樣的交通卡go card,非常方便,比一般票價節省約30%(其他優惠方案→P.167~168)。還有針對短期旅行者發行的go explorer card,是黃金海岸地區內的Translink Bus、輕軌1日券,即使超過當日期限也可以加值(Top Up)繼續使用。

Translink Bus Translink Bus是地區巴士(有些路線的巴士公司為Surfside Bus),行駛路線北至夢幻世界Dream World、海倫斯維爾,南至庫倫加塔Coolangatta、特維德角Tweed Heads;也有行駛於內陸地區的奈榮、摩格拉保Mudgeeraba等地,這些路線都在南港South Port的澳洲購物中心Australia Fair旁、布萊德海灘南站Broadbeach South換車。

搭乘Airtrain到奈榮車站很方便

■**衝浪者天堂巴士轉運中心**
MAP P.189/左下

■**布里斯本~黃金海岸**
從布里斯本羅馬街車站(轉運中心)可搭City Train到海倫斯維爾(約1小時),再轉乘輕軌,就可以前往布萊德海灘及衝浪者天堂。
URL translink.com.au
時 白天每隔30分鐘1班車
費 布里斯本市區~海倫斯維爾、衝浪者天堂、布萊德海灘(5 Zone):大人$16.10 小孩$8.10
※使用go card(一般時段、離峰時段)會更便宜

■**Translink Bus**
☎13-12-30
URL www.translink.com.au
URL www.surfside.com.au
費 與布里斯本市區為相同票價系統。(→P.166~169)

■**go card & go explorer card**
買go card時必須付$10押金,在便利商店等地都可以購買和加值。go explorer card(大人$10 小孩$5)則是在黃金海岸機場遊客中心和各大飯店櫃台購買。

方便的go explorer card

(2022年8月)

黃金海岸 巴士/輕軌/捷運票價

經過區域	單程票票價		go card一般票價		go card離峰票價	
	大人	小孩	大人	小孩	大人	小孩
1	$5.00	$2.50	$3.45	$1.73	$2.76	$1.38
2	$6.10	$3.10	$4.21	$2.11	$3.37	$1.68
3	$9.30	$4.70	$6.44	$3.22	$5.15	$2.58
4	$12.30	$6.10	$8.47	$4.24	$6.78	$3.39

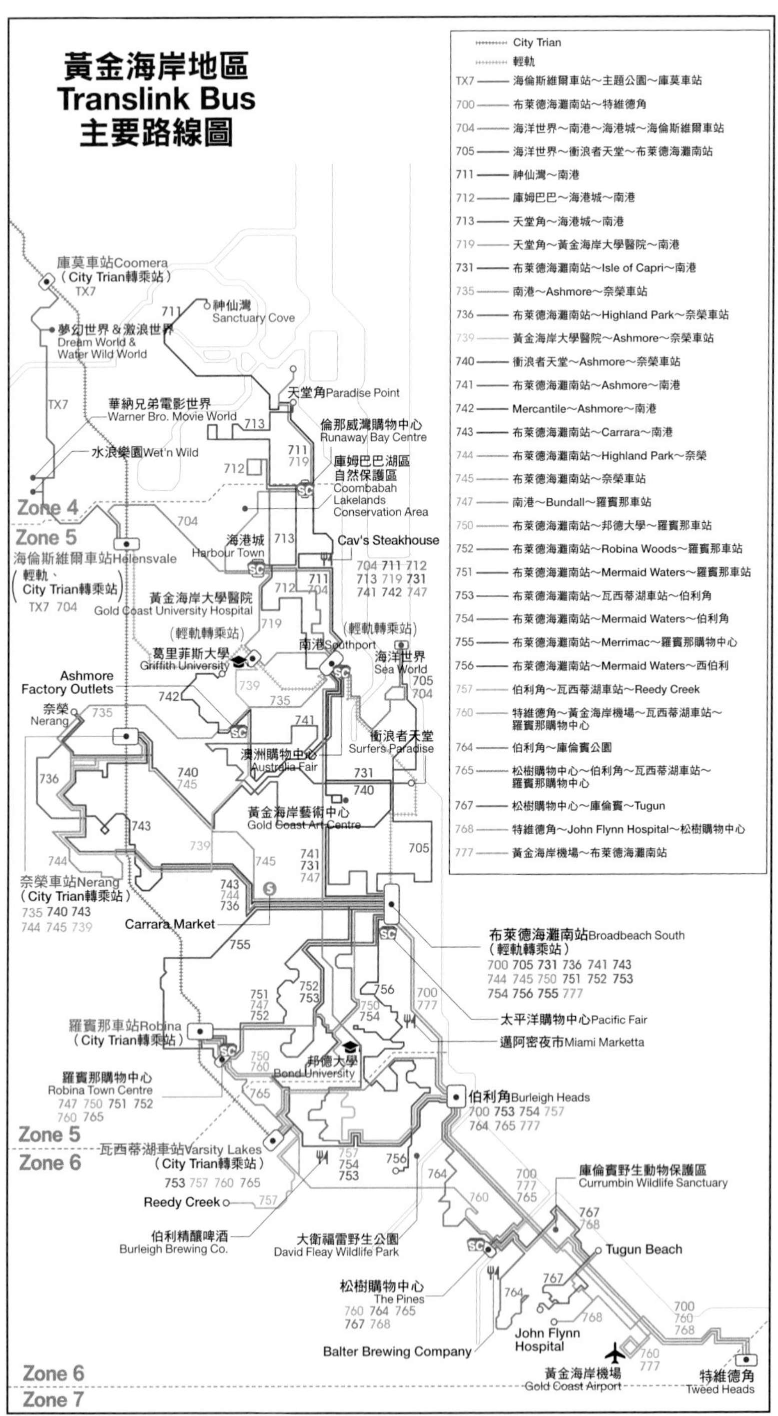

黃金海岸地區
Translink Bus
主要路線圖
City Trian
輕軌
TX7 海倫斯維爾車站～主題公園～庫莫車站
700 布萊德海灘南站～特維德角
704 海洋世界～南港～海港城～海倫斯維爾車站
705 海洋世界～衝浪者天堂～布萊德海灘南站
711 神仙灣～南港
712 庫姆巴巴～海港城～南港
713 天堂角～海港城～南港
719 天堂角～黃金海岸大學醫院～南港
731 布萊德海灘南站～Isle of Capri～南港
735 南港～Ashmore～奈榮車站
736 布萊德海灘南站～Highland Park～奈榮車站
739 黃金海岸大學醫院～Ashmore～奈榮車站
740 衝浪者天堂～Ashmore～奈榮車站
741 布萊德海灘南站～Ashmore～南港
742 Mercantile～Ashmore～南港
743 布萊德海灘南站～Carrara～南港
744 布萊德海灘南站～Highland Park～奈榮
745 布萊德海灘南站～奈榮車站
747 南港～Bundall～羅賓那車站
750 布萊德海灘南站～邦德大學～羅賓那車站
752 布萊德海灘南站～Robina Woods～羅賓那車站
751 布萊德海灘南站～Mermaid Waters～羅賓那車站
753 布萊德海灘南站～瓦西蒂湖車站～伯利角
754 布萊德海灘南站～Mermaid Waters～伯利角
755 布萊德海灘南站～Merrimac～羅賓那購物中心
756 布萊德海灘南站～Mermaid Waters～西伯利
757 伯利角～瓦西蒂湖車站～Reedy Creek
760 特維德角～黃金海岸機場～瓦西蒂湖車站～羅賓那購物中心
764 伯利角～庫倫賓公園
765 松樹購物中心～伯利角～瓦西蒂湖車站～羅賓那購物中心
767 松樹購物中心～庫倫賓～Tugun
768 特維德角～John Flynn Hospital～松樹購物中心
777 黃金海岸機場～布萊德海灘南站
庫莫車站Coomera
（City Trian轉乘站）
TX7
神仙灣
Sanctuary Cove
夢幻世界＆激浪世界
Dream World &
Water Wild World
天堂角Paradise Point
華納兄弟電影世界
Warner Bro. Movie World
倫那威灣購物中心
Runaway Bay Centre
水浪樂園Wet'n Wild
庫姆巴巴湖區
自然保護區
Coombabah
Lakelands
Conservation Area
Zone 4
Zone 5
海港城
Harbour Town
Cav's Steakhouse
704 711 712
713 719 731
741 742 747
海倫斯維爾車站Helensvale
（輕軌、
City Trian轉乘站）
TX7 704
黃金海岸大學醫院
Gold Coast University Hospital
（輕軌轉乘站）
南港Southport
海洋世界
Sea World
705
704
葛里菲斯大學
Griffith University
Ashmore
Factory Outlets
奈榮
Nerang
衝浪者天堂
Surfers Paradise
澳洲購物中心
Australia Fair
黃金海岸藝術中心
Gold Coast Art Centre
奈榮車站Nerang
（City Trian轉乘站）
735 740 743
744 745 739
Carrara Market
布萊德海灘南站Broadbeach South
（輕軌轉乘站）
700 705 731 736 741 743
744 745 750 751 752 753
754 756 755 777
太平洋購物中心Pacific Fair
邁阿密夜市Miami Marketta
羅賓那車站Robina
（City Trian轉乘站）
邦德大學
Bond University
羅賓那購物中心
Robina Town Centre
747 750 751 752
760 765
伯利角Burleigh Heads
700 753 754 757
764 765 777
Zone 5
Zone 6
瓦西蒂湖車站Varsity Lakes
（City Trian轉乘站）
753 757 760 765
Reedy Creek
庫倫賓野生動物保護區
Currumbin Wildlife Sanctuary
伯利精釀啤酒
Burleigh Brewing Co.
大衛福雷野生公園
David Fleay Wildlife Park
Tugun Beach
松樹購物中心
The Pines
760 764 765
767 768
John Flynn
Hospital
Balter Brewing Company
黃金海岸機場
Gold Coast Airport
特維德角
Tweed Heads
Zone 6
Zone 7

方便的輕軌

輕軌 對觀光客而言，路面輕軌Gold Coast Light Rail（通稱G:link）很方便使用。以從布里斯本延伸的City Trian及Airtrain都有到達的海倫斯維爾作為北邊的起站，經過葛里菲斯大學到海邊的南港，然後是黃金海岸公路上的大站：主灘、衝浪者天堂、布萊德海灘，終點則在布萊德海灘南站（太平洋購物中心前）；南港、布萊德海灘南站可以轉乘巴士。

設置在輕軌站的go card刷卡機，上車前、下車後都別忘了刷卡

■關於輕軌
URL www.ridetheg.com.au

主題樂園接駁車 ●Con-X-ion Theme Park Transfer & Roo Pass, Theme Park Pass

行駛機場巴士的Con-X-ion，也提供各大主題樂園、海港城購物中心的接送服務。除此之外，更推出了2種超值周遊票券，其中Roo Pass是事先決定主題樂園接送的次數（1、3、5次），再加上布里斯本機場或黃金海岸機場接送的優惠組合套票，使用期間長達30天；Theme Park Pass則是排除Roo Pass機場接送的組合套票。可以在布里斯本機場、黃金海岸機場或網路上購買。

（2022年8月）

Con-X-ion主題樂園接駁車票價
☎1300-672-840
URL www.con-x-ion.com

Theme Park Transfer		大人	小孩	家庭
往返海洋世界		$20	$14	$68
往返夢幻世界＆激浪世界／電影世界／水浪樂園／庫倫賓野生動物保護區／海港城		$25	$18	$86
Roo Pass & Theme Park Pass ※30天內有效		**大人**	**小孩**	**家庭**
Roo Pass（附布里斯本機場來回接送）	往返1主題公園	$120	$60	$300
	往返3主題公園	$154	$72	$379
	往返5主題公園	$179	$82	$439
	往返7主題公園	$199	$92	$489
Roo Pass（附黃金海岸機場來回接送）	往返1主題公園	$59	$30	$139
	往返3主題公園	$89	$39	$249
	往返5主題公園	$119	$55	$329
	往返7主題公園	$149	$65	$399
Theme Park Pass（不附機場接送）	往返3主題公園	$69	$49	$187
	往返5主題公園	$109	$79	$297
	往返7主題公園	$129	$99	$357

漫遊黃金海岸
OUTLINE OF GOLD COAST

往衝浪者天堂海灘的入口

黃金海岸的中心，衝浪者天堂

黃金海岸最大的魅力就是美麗的沙灘，其中又以衝浪者天堂這一帶最熱鬧，可以在救生員的看顧下享受海水浴。因為海灘上完全沒有垃圾，所以早晚會有許多度假客或在地澳洲人打赤腳漫步沙灘。而且這裡的沙子顆粒十分細緻，若是散步到稍微遠離人群的地方，就能聽到行走時沙子摩擦的「唰唰」聲。

以卡維爾徒步大街為起點認識城市

質地細緻的白色沙灘很適合漫步

衝浪者天堂的熱鬧地區範圍不算太大，可以簡單概略地掌握。作為起點的是卡維爾徒步大街Cavill Mall，是指卡維爾大道Cavill Ave.的一部分到海岸大道The Esplanade和蘭花大道Orchid Ave.之間的行人徒步區。這裡總是聚集著洋溢度假氣氛的人潮，街道兩側則是衝浪者天堂最大的老牌購物中心Centro Surfers Paradise（地下室有Woolworths超市），以及高級公寓式飯店Peppers Soul和同棟建築內的購物中心。

在卡維爾徒步大街與蘭花大道的交叉口，可以看到矗立在人行道上的衝浪者天堂遊客中心Surfers Paradise Information & Booking Centre（→P.181），在這裡能拿到各種旅遊手冊，以及購買Translink的1日券 go explorer card。

在衝浪者天堂大道購物

蘭花大道與車流量最多的衝浪者天堂大道Surfers Paradise Blvd.（黃金海岸公路的一部分）之間，有著為數眾多的購物拱廊。

■衝浪者天堂的計程車
●Gold Coast Cabs
☎13-10-08
URL www.131008.com
●13Cabs
☎13-22-27
URL 13cabs.com.au
費 起跳里程1km在週一～五7:00～19:00為$3.10，週六、日5:00～24:00及每日19:00～24:00、5:00～7:00為$4.60，每日0:00～5:00為$6.60；之後續跳里程每1km為$2.29，至於停滯時間則是每1分鐘增加$0.86，若是以電話叫車，必須追加$1.60。

■衝浪者天堂的租車公司
Hertz
☎(07)5531-3777
●AVIS
☎(07)5592-3533
●Budget
☎1300-362-848
●Thrifty
☎13-61-39
●Europcar
☎(07)5583-6430

■衝浪者天堂海灘市集
在海岸大道旁每週舉辦3次的夜市，以工藝品為主的100多家露天小攤。
☎0403-696-432
URL www.surfersparadisemarkets.com.au
營 週三、五、六16:00～21:00

左：卡維爾徒步大街上聚集大批人潮
右：Circle on Cavill是人氣的碰面地點

衝浪者天堂
Surfers Paradise
0 500m
N
P.214 Misono Japanese Steakhouse
P.209 Ruby Spa
P.212 JW Marriott Gold Coast Resort & Spa
奈蘭河 Nerang River
Sovereign On The Gold Coast
衝浪者天堂北站 Surfers Paradise North
P.211 Paradise Resort Gold Coast
Mantra Sun City
P.210 Arise Ruby Gold Coast
P.215 Bumbles Cafe
QT Gold Coast
HOPO路線
BURRA ST
STANHILLS DRV
RIVER DRV
PINE AVE
FERNY AVE
Mantra Crown Towers
Paradise Isles Surfers Paradise
PALM AVE
Meriton Suites Surfers Paradaise
雪佛龍島 Chevron Is.
Chevron Palms Holiday Apartments
DARRAMBAL ST
CYPRESS AVE
落羽杉大道 Cypress Avenue
P.210 Budds in Surfers
居酒屋富士山
THE ESPLANADE
エスプラネード
Mantra on View
Chevron Island P.215 Seafoods
THOMAS DRV
ELKHORN AVE
和牛屋on Chevron
BUNDALL RD
WEEMALA ST
行人陸橋
Karana Palms
HOTA棧橋
P.211 Hilton Surfers Paradise
Peppers Soul Surfers Paradise P.210
HOTA本館
衝浪者天堂棧橋
卡維爾大道 Cavill Avenue
衝浪者天堂巴士轉運中心
REMEMBRANCE DRV
SURFERS PARADISE BLVD
HOTA美術館 P.190
The Exhibitionist Bar
P.211 Novotel Surfers Paradise
HANLAN ST
P.210 Backpackers in Paradise
Surf Inn Hostel
PENINSULAR DRV
P.211 Mantra Legends Gold Coast
Mumma's Hostel - Surfers Paradise
LAYCOCK ST
天堂島 Paradise Is.
衝浪者天堂 Surfers Paradise
P.211 Voco Gold Coast
Q1 Resort & Spa P.210
左下
衝浪者天堂中心區
P.212 Mantra on View
BreakFree Moroccan
My Doctors Clinic Surfers Paradise
Piazza On The Boulevard
Vibe Hotel Gold Coast
Chevron Tower Resort
Cheveron Renaissance
Coles
Appel Park
衝浪者天堂棧橋
Circle on Cavill
Peppers Soul Surfers Paradise P.210
Hilton Surfers Paradise P.211
P.214 Hurricane's Grill & Bar
卡維爾大道 Cavill Avenue
Mantra Circle on Cavill P.210
CAVILL AVE
衝浪者天堂遊客中心
衝浪者天堂巴士轉運中心
Brooklyn Depot P.215
Centro Surfers Paradise
Woolworths
The Island Gold Coast
HANLAN ST
Novotel Surfers Paradise P.211
Paradise Centre Apartments
停車場
Clifford's Grill & Lounge P.214
TRICKETT ST
L'Aqua Day Spa P.209
P.211 Mantra Legends Gold Coast
BreakFree Paradise Island Resort
LAYCOCK ST
BreakFree Peninsula
P.190 Skypoint觀景台
CLIFORD ST
衝浪者天堂 Surfers Paradise
Q1 Spa P.209
P.211 voco Gold Coast
Q1 Resort & Spa P.210
0 200m
Wyndham Surfers Paradise
Alfresco Italian P.214
MARKWELL AVE
John Fraser Memorial Park
ENDERLEY AVE
P.215 BMD Northcliffe SLS Supporters Club
VIA ROMA
Northcliffe
THORNTON ST
BMD Northcliffe Surf Club
GOLD COAST HWY
黃金海岸公路
FREDERICK ST
FERN ST
奈蘭河 Nerang River
The Langham Gold Coast
WHARF RD
OLD BURLEIGH RD
P.215 Four Winds 360°
佛羅里達花園 Florida Gardens
P.212 Crowne Plaza Surfers Paradise
1
2
3
A
B

Skypoint觀景台

從Skypoint觀景台眺望黃金海岸

■**Skypoint觀景台**

MAP P.189/左下
住Level 77 of Q1 Resort, 9 Hamilton Ave., Surfers Paradise, 4217
☎(07)5582-2700
URL www.skypoint.com.au
營週日、一、三、四7:30～18:30、週五、六7:30～20:00
休週二
費大人$29 小孩$21／3日Pass（3天內可以無限次數入場）：1人$33

●**Skypoint Climb**

☎(07)5580-7700
費Day Climb：1人$84／Twilight Climb：1人$109／Night Climb：1人$94／Sunrise Climb（週六）：1人$114

在衝浪者天堂大道旁的顯眼巨大拱廊是Circle on Cavill及Chevron Renaissance。Circle on Cavill以擁有室外巨大螢幕的廣場為中心，周圍餐廳及商店林立；而隔壁的Chevron Renaissance則以衝浪品牌為主，聚集了風格優雅的商店及咖啡館、餐廳、大型超市Coles等。

另外，沿著衝浪者天堂大道而建的超高層公寓式度假飯店Q1 Resort & Spa，位於78樓的Skypoint觀景台Skypoint Observation Deck，則可以360度欣賞衝浪者天堂附近的全景。喜歡冒險刺激行程的人，可別錯過在Skypoint屋頂漫步的活動Skypoint Climb，有機會一定要參加看看。

此外，在衝浪者天堂西邊，經過雪佛龍島Chevron Island徒步約20分鐘之處，有間名為HOTA（Home of The Art）的美術館，是黃金海岸地區的藝術中心。擁有彩色外觀的HOTA美術館HOTA Gallery，館內以黃金海岸為主題展示各種藝術作品；而頂樓則是可以一邊欣賞衝浪者天堂高樓絕景，一邊享用餐點、飲料的The Exhibitionist Bar，深受在地人的喜愛。HOTA在每週日上午還會舉辦HOTA市集。

對藝術有興趣的人千萬不能錯過HOTA

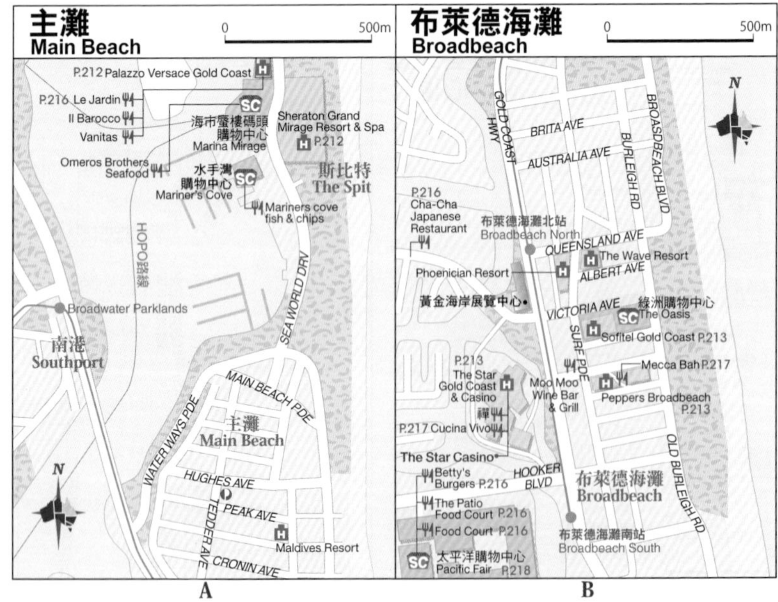

擁有高級遊艇碼頭及購物中心的海市蜃樓碼頭

從衝浪者天堂以北的區域

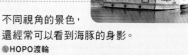

首先是位於衝浪者天堂以北的主灘Main Beach一隅、被稱為斯比特The Spit的區域，這裡有主題樂園海洋世界，還有面對內海Broadwater且擁有遊艇碼頭，可滿足購物派及美食派的複合購物中心──海市蜃樓碼頭Marina Mirage、水手灣Mariner' s Cove。

隔著Broadwater的對岸（本土側）就是黃金海岸的行政中心南港Southport，而位於城鎮中心的澳洲購物中心Australia Fair是當地人常去的超大購物中心及影城。

在北邊還有知名Outlet購物中心海港城Harbour Town的所在地Biggera Waters、高級度假村及別墅區的神仙灣Sanctuary Cove，以及華納兄弟電影世界Warner Bros. Movie World、水浪樂園Wet 'n' Wild Water World的所在地奧克森福德Oxenford，還有夢幻世界Dream World的所在地庫莫Coomera等。

衝浪者天堂以南的區域

黃金海岸海灘文化最濃厚的地區就在衝浪者天堂以南，海灘上觀光客不多，大多是在地居民，而海灘旁的城鎮也散發著些許異國風情。在世界知名的幾處衝浪地點裡，以衝浪為目的而停留的首選就是南邊區域。

布萊德海灘是輕軌的南端終點站

提到衝浪者天堂的南端的景點，最先想到的便是布萊德海灘Broadbeach，也是黃金海岸唯一的高級度假地；而觀光的中心地區也從衝浪者天堂，慢慢轉移到布萊德海灘。

■HOTA MAP P.189/2A
住135 Bundall Rd., Surfers Paradise, 4217
☎(07)5588-4000
URL hota.com.au
開每日9:00～19:30
費免費

■斯比特 MAP P.190/A
從衝浪者天堂搭乘Translink Bus No.705，約10分鐘。

■南港 MAP P.183/3B
從衝浪者天堂搭乘輕軌，約10分鐘。

■Biggera Water MAP P.183/3B
從南港搭乘Translink Bus No.704、712、713、719，距離衝浪者天堂約40分鐘。

■神仙灣 MAP P.183/2B
從南港搭乘Translink Bus No. 711，距離衝浪者天堂約1小時。

■奧克森福德 MAP P.183/2B
前往電影世界、水浪樂園，可從衝浪者天堂搭乘Translink Bus No. TX2，所需時間約40分鐘。

■庫莫 MAP P.183/2B
前往夢幻世界，可從衝浪者天堂搭乘Translink Bus No. TX3，約50分鐘。

■布萊德海灘 MAP P.190/B
從衝浪者天堂搭乘輕軌，約10分鐘。

COLUMN

往返於運河沿岸的景點
HOPO渡輪

透過奈榮河連結衝浪者天堂～海洋世界的HOPO渡輪（由Seaworld Cruises負責營運），途中在HOTA、海市蜃樓碼頭、南港、Parkland都可以上下船。建議可以使用1日券，悠閒地搭渡輪到各景點度過一整天。

從運河看高樓建築、河畔的豪宅，欣賞不同視角的景色，還經常可以看到海豚的身影。

●HOPO渡輪
營運：Seaworld Cruises
URL hopo.com.au ☎(07)5655-3528
時衝浪者天堂出發（Appel Park）：每日9:00～16:00每隔1小時1班／海洋世界出發：每日9:55～16:55每隔1小時1班
費1日券：大人$30 小孩$20 家庭$100／衝浪者天堂～HOTA單次：大人$7 小孩$4

太平洋購物中心以時尚風格而著稱

以賭場及高級飯店聞名的The Star Gold Coast & Casino，或是黃金海岸最大的購物城太平洋購物中心Pacific Fair等人氣設施也很多。此外，除了位於海灘旁鬧區Surf Parade和維多利亞大道Victoria Ave.交叉口附近的綠洲購物中心The Oasis，這裡還聚集著許多餐廳；而且從Peppers Broadbeach飯店穿過的Oracle Blvd.，街上餐廳與咖啡館林立，是很受注目的美食區。至於輕軌南端終點的布萊德海灘南站Broadbeach South，則是擁有交通便利的優點，也很有魅力。

從布萊德海灘進入內陸的羅賓那Robina也有許多澳洲品牌進駐的購物中心，是喜愛購物的人值得注意的景點。

在布萊德海灘南邊的邁阿密Miami是最近極受在地關注的地區，除了展望絕佳的海灘，巷弄中也有不少時髦的咖啡館與餐廳。

邁阿密旁邊就是舉世知名的絕佳衝浪點，也是澳洲人最喜愛的度假勝地伯利角Burleigh Heads。隔著海灘可以眺望衝浪者天堂整排的高樓大廈，而矗立在沙灘前的Burleigh Pavilion，則聚集了氣氛舒適的餐廳及咖啡店。此外，在海岬前端有座伯利角國家公園Burleigh Heads NP.，吸引不少遊客去叢林健行；而附近還有由州政府經營的大衛福雷野生公園David Fleay Wildlife Park，以及能享受好喝精釀啤酒的人氣景點──伯利精釀啤酒Burleigh Brewing Co.，都很值得一去。

從伯利角眺望海灘對面的衝浪者天堂

伯利精釀啤酒很受當地人的喜愛

至於伯利角以南，則有黃金海岸第一的動物園──庫倫賓野生動物保護區Currumbin Wildlife Sanctuary所在地的庫倫賓Currumbin，以及黃金海岸機場所在的州界城市庫倫加塔Coolangatta（昆士蘭側）、特維德角Tweed Heads（新南威爾斯側）等城市，還有Kirra、Greenmount 及Snapper Rocks等世界知名的衝浪海灘。

■**羅賓那** MAP P.183/3B
在布萊德海灘南站搭乘Translink Bus No.750、751，距離衝浪者天堂約40分鐘。

■**伯利角** MAP P.183/3B
在布萊德海灘南站搭乘Translink Bus No. 700、753、TX1，距離衝浪者天堂約25分鐘。

■**伯利精釀啤酒Burleigh Brewing Co.** MAP P.183/3B
住2 Ern Harley Drv., Burleigh Heads, 4220
☎(07)5593-6000
URL burleighbrewing.com.au
營週六12:00～21:00、週日12:00～18:00

■**庫倫賓** MAP P.183/3B
在布萊德海灘南站搭乘Translink Bus No. 700、TX1，距離衝浪者天堂約50分鐘。

■**庫倫加塔與特維德角** MAP P.183/3B
在布萊德海灘南站搭乘Translink Bus No. 700、TX1，距離衝浪者天堂約1小時。

黃金海岸近郊城鎮及島嶼
AROUND GOLD COAST

譚伯連山
Tamborine Mountain

黃金海岸的內陸是被稱為海岸腹地Hinterland的丘陵地帶，其中心點即為譚伯連山，是位於衝浪者天堂西方30km處丘陵地區的統稱。這裡大致上可以細分成鷹高小鎮Eagle Heights、北譚伯連North Tamborine、譚伯連山Mount Tamborine三個城鎮，是能享受高原和森林之

譚伯連山的人氣景點──藝術街道

美的熱門觀光地，適合當天往返。

譚伯連山的城鎮

在Witches Chase Cheese Company & Fortitude Brewing Co.可以享用起司與啤酒

在最受遊客歡迎的鷹高小鎮裡，居住著許多藝術家而聞名，鎮上有條長約500m的藝術街道Gallery Walk，兩旁林立著販賣自製陶器及工藝品的藝廊，或是具有時尚感的咖啡館，每家咖啡館的門口都會寫著提供英式奶油茶點，最適合想優雅地度過下午茶時光的人。位於藝術街道入口處的Witches Chase Cheese Company & Fortitude Brewing Co.是間人氣名店，可以買到剛做好的新鮮起司，配上在地啤酒最棒。

譚伯連山遊客中心Tamborine Mountain Visitor Information Centre位於北譚伯連，可以獲得附近地區的詳細資料。譚伯連山是從黃金海岸（奈榮）方向過來的第一個城鎮，想要一覽黃金海岸的景色，這裡的觀景台是最佳選擇。

位處鷹高小鎮與北譚伯連之間的Joalah國家公園Joalah NP.，擁有亞熱帶雨林的美麗瀑布——柯蒂斯瀑布Curtis Falls，漫步在沿著瀑布而設的健行步道非常舒服。而在Joalah國家公園北邊的森林裡，有一條可以體驗樹頂漫步Tree Top Walk的譚伯連雨林天空步道Tamborine Rainforest Skywalk，這條步道距離地面30m高、長300m，途中還有一處朝向山谷突出的區域，可以眺望森林的雄偉景致。入口處設有展示館Rainforest Eco Gallery，展示著這個地區的自然生態與動植物相關資料，對認識當地很有幫助。

在高原小鎮裡品酒

海岸腹地葡萄酒莊 Hinterland Wineries

黃金海岸海岸腹地是昆士蘭州數一數二的葡萄酒產地，酒莊聚集在北譚伯連和勤農家Canungra周邊。以下將介紹當中頗受好評的葡萄酒莊。另外，想要來趟酒莊巡禮的遊客，推薦參加Cork'n Fork Winery Tours（僅有英語導覽）的行程，可以一次參觀多家酒莊。

●席達克瑞克莊園 Cedarcreek Estate

位於北譚伯連的人氣酒莊，不但擁有漂亮的庭園，還附設美味的餐廳。高品質的夏多內Chardonnay和梵帝侯

交通

●譚伯連山
當地交通必須仰賴汽車，因此遊客通常會在黃金海岸租車前往。從黃金海岸駕車經由奈榮約45分鐘可抵達。

■譚伯連山遊客中心
住Doherty Park, North Tamborine, 4272
☎(07)5545-3200
URL www.visittamborinemountain.com.au
開 週一～五9:30～15:00，週六、日9:30～16:00

■Witches Chase Cheese Company & Fortitude Brewing Co.
MAP P.183/3A
住165-185 Long Rd., North Tamborine, 4272
☎0484-628-877
URL witcheschasecheese.com.au
營 週一～五10:30～15:30，週六、日10:30～16:00／啤酒廠：週一～四11:00～15:00、週五～日11:00～17:00

只要在亞熱帶雨林中步行約10分鐘，柯蒂斯瀑布便展現在眼前

■譚伯連雨林天空步道
MAP P.183/3A
住333 Geissmann Drv., North Tamborine 4272
☎(07)5545-2222
URL www.skywalktamborine.com 營 每日9:30～17:00（入園到16:00為止）
費 大人$19.50 小孩$9.50 家庭$49

從天空步道可以仔細觀察亞熱帶雨林

■Cork'n Fork Winery Tours
☎0415-454-313
URL corknforktours.com
費 半日行程$155、1日行程$175（1日行程含黃金海岸接送）

■席達克瑞克莊園

MAP P.183/3A

住104-144 Hartley Rd., North Tamborine, 4272

☎(07)5545-1666

URL cedarcreekestate.com.au

營週一～五10:00～15:00、，週六、日10:00～16:00／餐廳：每日10:00～15:00

●藍光螢火蟲洞窟

時每日10:00～15:30（每隔30分鐘都有導覽介紹）

費大人 $17 小孩 $10

梅森酒莊有許多使用格蘭納特貝爾的葡萄釀製的葡萄酒

■梅森酒莊

MAP P.183/3A

住32 Hartley Rd., North Tamborine, 4272

☎(07)5545-2000

URL masonwines.com.au

營週三～日10:00～16:00

休週一～二

■奧瑞里勤農家谷葡萄園

MAP P.183/3A

住852 Lamington NP Rd., Canungra, 4275

☎(07)5543-4011

URL oreillys.com.au/canungra-valley-vineyards

營每日10:00～16:00

休耶穌受難日、耶誕節

費紅酒試飲1人$5（在餐廳消費的顧客免費）

奧瑞里勤農家谷葡萄園的典雅建築令人深刻印象

交通

●雷明頓國家公園

一般來說不是參加旅行團（→P.206）就是租車。

一定要親自體驗看看的樹頂步道

Verdelho白葡萄酒最具人氣，可付費試飲。特別是附有布拉塔起司Burrata的豪華品酒套餐非常受歡迎。

此外，在庭園角落有個人工洞窟Glow Worm Cave，飼養著藍光螢火蟲。

●梅森酒莊 Mason Wines

鄰近席達克瑞克莊園，除了譚伯連山以外，在昆士蘭州最大的酒莊地區格蘭納特貝爾Granite Belt及陽光海岸等地都擁有酒莊，是有名的葡萄酒莊之一。所出產的多種夏多內白酒、希哈Shiraz紅酒都擁有不錯的評價。

●奧瑞里勤農家谷葡萄園 O'Reilly's Canungra Valley Vineyards

從勤農家Canungra出發走雷明頓國家公園路Lamington NP Rd.約8km處，即可抵達這間創業於1998年，算是比較新的酒莊，以製造上好的希哈紅酒而獲得好評。此外，建於1858年，外觀為昆士蘭式建築的美麗餐廳和品酒室就面對著葡萄園，週末的午餐時間，在餐廳前面還會有爵士樂的現場演奏。此外，在園內一隅還有羊駝農場Mountain Alpaca Farm，可以近距離接觸草尼馬。

雷明頓國家公園 Lamington NP

位於海岸腹地Hinterland一隅的雷明頓國家公園，是被聯合國登錄為世界自然遺產，保存著美麗自然的地方。有許多從黃金海岸出發的旅遊團，在觀光上比較容易造訪。雷明頓國家公園有2個起點，一個是綠山Green Mountains，另一個是碧納布拉Binna Burra，尤其是綠山有間名為奧瑞里O'Reilly's（→P.213）的豪華度假村，所以較受遊客歡迎。

餵食野鳥相當有趣

自然活動豐富的綠山

到達綠山之後，首先出來迎接遊客的是成群的深紅玫瑰鸚鵡Crimson Rosella及國王鸚鵡King Parrot，在奧瑞里咖啡館前面的廣場就可以享受餵食這些色彩繽紛野鳥的樂趣。

然後，一定要去走一趟環繞一周約2km的雨林環狀步道Rainforest Circuit。途中會經過知名景點樹頂漫步Tree Top Walk，是段高架在樹木空隙之間、離地面16m高的大吊橋；平常只能從下方抬頭仰望的亞熱帶雨林，在樹頂步道上可以用鳥類的視線向下俯瞰，也可以利用梯子爬到樹木的上方，盡情眺望高處的美麗風景。若是在這裡住上一兩天，晨昏都到亞熱帶雨林中散步的話，除了可以看到叢林袋鼠Pademelon或袋貂Possum，還可以觀賞到藍光螢火蟲。

奧瑞里在綠山舉辦各式各樣的活動，在自然愛好者之間頗具人氣的就屬四輪傳動車4WD之旅，搭乘四輪傳動巴士穿梭在亞熱帶雨林，前往幾個風景秀麗的觀景台。而賞鳥散步也很受歡迎，除了可以看到深紅玫瑰鸚鵡、國王鸚鵡，還有很高的機率能遇見奧瑞里的象徵——紫背別墅鳥Regent Bowerbird。

雷明頓國家公園裡，早晨與黃昏都看得到叢林袋鼠

春溪國家公園

Springbrook NP

春溪國家公園位於黃金海岸腹地Hinterland南部，昆士蘭州與新南威爾斯州的交界處，屬於2300萬年前火山（瓦寧山Mt. Warning）爆發所形成的火山口地形的北端部分，海拔約700m。境內擁有亞熱帶雨林和亞熱帶尤加利樹林交織而成的美麗森林，還有從懸崖峭壁上奔流而下的雄偉瀑布，以及深紅玫瑰鸚鵡、國王鸚鵡等色彩繽紛的野鳥，還有叢林袋鼠、袋貂等有袋類動物，都棲息在這片廣闊的大自然裡。

擁有許多可以瞭望壯闊風景的觀景台

在國家公園內最大的樂趣，就是從利用火山口地形尖端所搭建的觀景台來眺望風景，或是漫步於建造在火山口周圍的健行步道。最受歡迎的觀景台Best of All Lookout是春溪國家公園最南端的觀景台，可以將以瓦寧山為中心的壯闊火山口地形盡收眼底。從停車場到觀景台這段健行步道旁的熱帶雨林，雖然地處亞熱帶卻有著寒溫帶森林的特徵，也能看見證明此地曾與南極大陸相連的南極山毛櫸Myrtle Beech。此外，在流蘇溪瀑布觀景台Purlingbrook Falls Lookout及峽谷觀景台Canyon Lookout，都有可以觀賞到亞熱帶雨林與溫帶雨林的健行步道。

黃金海岸知名的藍光螢火蟲

從黃金海岸開車經過奈榮Nerang、那明巴山谷Numinbah Valley，大約1個小時車程，就可抵達春溪國家公園的另一區，以棲息著為數眾多的藍光螢火蟲而聞名的自然橋Natural Bridge。藍光螢火蟲的英文名稱為Glow worms，意為發光的蟲（幼蟲與蚊子和蒼蠅同類），只棲息在紐西蘭和澳洲少數幾個地方。從自然橋的停車場步行約10分鐘，在步道下坡處有座瀑布，瀑布裡面的洞窟就是藍光螢火蟲的棲息地。從黃昏時刻開始，就可以看到洞窟的頂端遍布著美麗的小光點。

交通

●春溪國家公園

沒有大眾交通工具可抵達，所以必須租車前往或是參加旅行團。

Best of All Lookout觀景台可以看見南極山毛櫸

從Best of All Lookout觀景台眺望瓦寧山

■自然橋 MAP P.183/3A

由於沒有大眾交通工具前往，所以只能自行開車或是參加旅行團。幾家旅行社推出從黃金海岸出發的行程。（→P.205～206）

藍光螢火蟲發出的藍白色亮光充滿神秘感

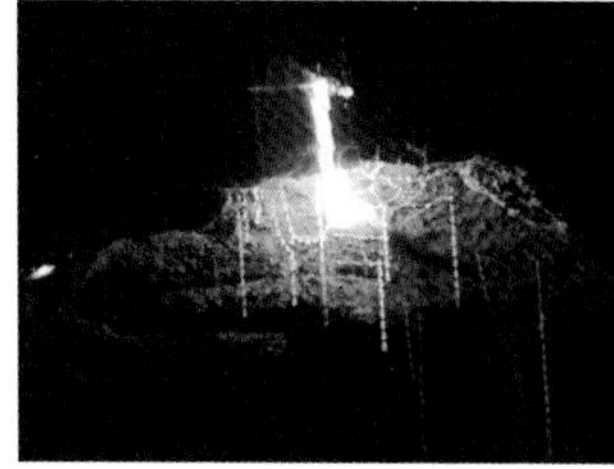

黃金海岸的主題公園
THEME PARKS IN GOLD COAST

黃金海岸有許多各式各樣的遊樂園和動物園，不只澳洲當地人，來自全世界的觀光客都蜂擁而至。幾乎所有的主題樂園都可以搭乘Surfside Bus抵達，但如果要節省時間的話，搭乘主題樂園的接駁巴士（→P.187）較為適合。

海豚、海獅及滑水表演樂趣無窮 MAP P.183/3B

海洋世界
Sea World

●許多表演不容錯過

位在斯比特The Spit地區，以海洋為主題，也是最能代表黃金海岸的主題樂園，園區內一整天都有各種表演正在進行中。

海豚秀十分受到歡迎

其中絕不能錯過的，是位於園區後方人工潟湖區的海豚秀Affinity Dolphin Show，海豚群陸續展開精采的表演，讓會場內總是擠滿了遊客。在入口大門前潟湖所展開的則是這裡的招牌水上特技Thunder Lake Stunt Show，是使用滑水板表現出速度感的刺激表演。另外，好玩的海獅秀Fish Detective、很受小孩歡迎的海綿寶寶遊行SpongeBob Parade等活動也都非看不可。

鯊魚灣Shark Bay也很值得一看。位於角落的人工潟湖——熱帶礁石群Tropical Reef內，飼養著比較溫馴的鯊魚（豹紋鯊、黑鰭礁鯊），遊客可以用浮潛方式，享受與鯊同游的樂趣。還可以近距離觀察放在透明水缸中、個性凶暴的鼬鯊Tiger Shark，稱為Shark Bay Discovery的活動。除鯊魚之外，還有許多能與海洋動物，如海豚、海獅等接觸的活動，千萬不要錯過了（要預約）。

此外，還有360度迴轉雲霄飛車Storm Coaster、以水上摩托車為藍圖的雲霄飛車Jet Rescue Coaster等刺激而豐富的遊樂設施；若是親子同遊則適合去Castaway Bay區的Battle Boats玩水。至於從海洋世界出發的直升機空中遊覽，價格也很實惠，有5～30分鐘的各種行程任君挑選。

Fish Detective表演裡的海獅既聰明又可愛

超級刺激的Jet Rescue Coaster

海洋世界的人氣活動——海豚接觸體驗

■海洋世界
住Sea World Drv., The Spit, Main Beach, 4210
☎13-33-86
URL seaworld.com.au
開每日9:30～17:00（各活動為10:00開始）
※學校假期期間會延後休園時間
休耶誕節
費大人$115 小孩$105
※有網路優惠
CC ADJMV
※各項表演時間依季節而異

●海洋生物接觸體驗
費熱帶礁石群浮潛：1人$69／Shark Bay Discovery：1人$229／海豚接觸體驗：5～8歲$199，9歲以上$279（依年齡不同體驗行程也有異）／海獅接觸體驗：1人$169

●海洋世界直升機遊覽
Sea World Helicopters
URL seaworldhelicopters.com.au
費海洋世界上空遊覽飛行5分鐘：大人$75 小孩$59／衝浪者天堂&布萊德海灘遊覽飛行10分鐘：大人$129 小孩$109
CC ADJMV

搭乘直升機可以欣賞絕佳景致

黃金海岸的好萊塢

MAP P.183/3B

華納兄弟電影世界 Warner Bros. Movie World

華麗的全明星遊行

位於奧克森福德Oxenford的電影世界，是電影愛好者無法抗拒的主題樂園。園區裡，將《金牌警校軍》、《蝙蝠俠》、《北非諜影》等電影中曾出現過的城鎮街景，原封不動地重現。

大門口就能看到Superman Escape

園區內還有許多乘坐遊樂設施、表演及導覽服務。尤其是最快時速超過110公里時，重力加速度最大達到4G，而且長度超過1km，為澳洲規模最大的雲霄飛車DC Rivals HyperCoaster；以及從起步加速到時速100公里只需2秒的超高速雲霄飛車Superman Escape，也很受歡迎。除此之外，還有自60m高塔落下的自由落體Batman Spaceshot、運用影像與體感型座椅讓人彷彿置身超人和蝙蝠俠世界的Justice League 3D-The Ride、南半球最陡的滑降設施Green Lantern Coaster、可以體驗如電影般速度感的Scooby-Doo Spooky Coaster等眾多設施，喜歡玩驚險刺激遊樂設施的人絕對無法抗拒。

另外，還可以觀賞汽車特技表演者們充滿震撼力的演出，別忘記去看好萊塢汽車特技秀Hollywood Stunt Driver Show。集合了樂一通、蝙蝠俠、超人等華納電影的知名人物一起演出的全明星遊行All Star Parade，也值得一看。在園區內的中央廣場，還有很多各式各樣的表演可以欣賞，而且園區內一整天都有華納的卡通人偶出現和遊客一起拍照留念。

能見到卡通人物令人興奮

據說是南半球最長的雲霄飛車——DC Rivals HyperCoaster

能感受太空離心力的Green Lantern Coaster

■華納兄弟電影世界
住Pacific Moterway, Oxenford, 4210 ☎13-33-86
URL movieworld.com.au
開每日9:30～17:00（各乘坐遊樂設施為10:00開始）
※學校假期期間會延後休園時間
休澳紐軍團紀念日、耶誕節
費大人$115 小孩$105／7種熱門乘坐遊樂設施的Fast Track 1人$179
※有網路優惠
CC ADJMV

COLUMN 玩得聰明！玩得省錢！主題樂園巡禮

黃金海岸有許多主題樂園，其中海洋世界、華納兄弟電影世界、水浪樂園及天堂農莊這4個地方屬於同集團，有以下幾種優惠通行證Pass可供購買：3樂園（海洋世界、華納兄弟電影世界、水浪樂園）各入場一次的Escape Pass、7天之內可無限次造訪的超級通行證Super Pass、14天之內可無限次造訪的Mega Pass，以及從啟用日起算1年內可無限次造訪的One Pass。

DATA
URL themeparks.com.au
費Escape Pass：1人$189（179）／Super Pass：1人$209（199）／Mega Pass：1人$299（289）／One Pass：1人$299
※（ ）內價格為網路購買
※每年7月或11月會調整票價

澳洲最大型的水上樂園　MAP P.183/3B

水浪樂園
Wet 'n' Wild Water World

Tornado是超刺激的滑水道

位於華納兄弟電影世界隔壁的水上遊樂園，裡面有巨大海浪游泳池、兒童用游泳池及各式各樣的滑水道。

有從70度的斜坡上坐著泳圈向下滑（最高時速可達50公里）的Extreme H2O、在15m高處捲進漩渦般地被吸入隧道的Tornado等許多讓人驚聲尖叫的滑水道。其他還有迴轉式高速滑水道的AquaLoop，以及坐上可容納6個人的大型泳圈從高處滑下，為澳洲最大的滑水道Mammoth Falls也很受歡迎。還有在8條滑水道上比誰滑得最快的超級8水上競速Super 8 Aqua Racer等，多種驚險刺激的滑水道設施。此外，也有適合全家人遊玩的巨浪泳池Giant Wave Pool、如漂漂河的卡麗普索海灘Calypso Beach、以海盜船為主題的戲水區──海盜灣Buccaneer Bay等，完全就是個戲水天堂。

總是充滿人潮的巨浪泳池

■水浪樂園
住Pacific Motorway, Oxenford, 4210
☎13-33-86
URL wetnwild.com.au
開每日10:00～17:00（依季節不同，休園時間也會有所調整。通常5～8月平日為15:30，週六、日為16:00／12月27日～1月15日為9:00～20:00）
休耶誕節
費大人$109 小孩$99
※有網路優惠
CC ADJMV

輕鬆體驗農場樂趣　MAP P.183/3B

天堂農莊
Paradise Country

手法幹練的剪羊毛秀

天堂農莊位於水浪樂園的後方，是以「牧場」為主題的戶外活動設施。進入其中彷彿置身在廣大的澳洲牧場一般，在悠閒的氣氛中，遊客可以參觀體驗許多活動。主要有由Stockman（澳洲的牛仔）表演騎馬和沙灘車ATV的特技秀、牧羊犬表演、擠牛奶、剪羊毛秀、享受比利茶配丹波麵包的喝茶時間、投擲迴力鏢、響鞭表演Wipe Cracking（甩鞭拍打地面發出聲響）等活動，還可以抱著無尾熊拍紀念照，或是餵食放養的袋鼠和鴯鶓、體驗淘金等。在園內享用澳洲式BBQ美味午餐，午餐時間還有鄉村音樂的現場演奏，徹底體驗澳洲風情。

Stockman精湛的騎馬技術令人喝采

■天堂農莊
住Entertainment Drv., Oxenford, 4210
☎13-33-86
URL paradisecountry.com.au
開每日10:00～15:30（最後入場15:00）
休耶誕節
費門票大人$54 小孩$44／淘金體驗1人$10／抱無尾熊拍紀念照1人$45（10:30～、12:30～）／附與無尾熊共進早餐的入場券：大人$70 小孩$50
※有網路優惠
CC ADJMV
※黃金海岸各主要地區都有Con-X-ion接駁車接送遊客（→P.187）

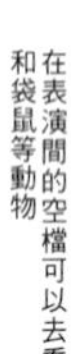
在表演間的空檔可以去看看無尾熊和袋鼠等動物

廣大園區內有許多澳洲特有動物

MAP P.183/3B

庫倫賓野生動物保護區
Currumbin Wildlife Sanctuary

已是園內代表活動的彩虹吸蜜鸚鵡餵食體驗

園內放養的袋鼠十分親人

位於衝浪者天堂南方18km處，聚集1400種澳洲的鳥類、爬蟲類及其他動物的自然公園，整個園區以保留最大限度的自然景觀而建造，並且委由澳洲國家信託National Trust指定營運，占地廣達27公頃，參觀園區一圈至少得花上半天時間。廣闊的園區內可搭乘免費的迷你火車環繞一周，沿途有2個停靠點，一個是適合觀察無尾熊、袋熊、澳洲野犬的無尾熊聯絡站Koala Junction，另一個是放養袋鼠的袋鼠交叉點Kangaroo Crossing。要到聚集岡瓦納大陸相關動物的新區域──失落山谷Lost Valley，從袋鼠交叉點過去比較方便。在失落山谷裡飼養著棲息在澳洲和新幾內亞的樹袋鼠、食火雞，以及生活在馬達加斯加的環尾狐猴等，看著這麼多種生物會有種置身於古代大陸的錯覺。

在失落山谷可以近距離觀察和岡瓦納大陸相關的動物／左：環尾狐猴／右：盧氏樹袋鼠

此外，園區內一整天都有各種表演及與動物接觸的活動，其中8:00～9:30和16:00～17:30這2場餵食彩虹吸蜜鸚鵡的時間千萬不能錯過（這裡是不用門票就能進入的免費區域，記得要捐贈$2左右），遊客只要拿著裝有混合麵包屑與湯的盤子，野生的彩虹吸蜜鸚鵡就會一起飛過來，一旁會有專業攝影師為遊客拍下精采合影（需付費）；當然在園內也能抱無尾熊拍紀念照（1天2次）。另外還有能近距離觀察老鷹、西方倉鴞等鳥類生態的WildSkies・Free Flight Bird Show，以及能看到餵食河口鱷的鱷魚秀、原住民的舞蹈表演（週四～日15:00～）等。而對英語系的小朋友，使用手機app學習關於恐龍時代的Extinction Trail也很受到歡迎。

至於應運園內自然而生的樹頂大挑戰TreeTop Challenge也十分熱門，是在尤加利樹林間設置競技用的吊橋與150m長空中滑索的活動。另外還有在嚮導的帶領下、騎賽格威電動代步車周遊園區的Segway Safari，以及參觀為野生動物治療、復健的動物醫院（附解說的參觀每天11:15～），也值得參加。

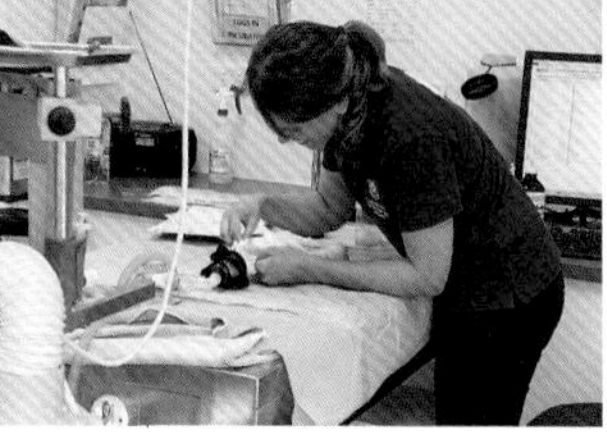
園內為受傷野生動物進行治療的動物醫院也開放參觀

在園內可以抱無尾熊拍紀念照

■庫倫賓野生動物保護區
住28 Tomewin St., Currumbin, 4223 ☎(07)5534-1266
URL currumbinsanctuary.com.au
開每日8:00～17:00／樹頂大挑戰TreeTop Challenge：週一～五9:30、12:30開始，週六、日9:30～14:30每隔30分鐘開始一次／與無尾熊共進早餐：週六、日8:00～9:00
休澳紐軍團紀念日、耶誕節
費大人$54.95 小孩$41.95 家庭$169.95／含TreeTop Challenge入場券：大人$85 小孩$75 家庭$285／與無尾熊共進早餐：大人$95 小孩$85／彩虹吸蜜鸚鵡餵食紀念照$25／抱無尾熊紀念照$29（9:30～11:30、12:30～14:00）
CC ADJMV

●Sanctuary Market
每週五16:00～21:00在庫倫賓野生動物保護區旁舉辦的美食市集，會有許多提供各式料理的小吃攤販出來營業。建議在傍晚的彩虹吸蜜鸚鵡餵食體驗結束後再出來市集。

Sanctuary Market可以享受在小攤吃飯的樂趣

穿梭園內的迷你火車

澳洲數一數二的遊樂園 MAP P.183/2B

夢幻世界＆激浪世界

Dreamworld & White Water World

夢幻世界位在黃金海岸北部的庫莫Coomera，是座占地20萬km^2的遊樂園與野生動物園，緊鄰著激浪世界，可以來回玩上一整天。

近距離接觸袋鼠也很好玩

夢幻世界最受遊客歡迎的是Corroboree區，重現澳洲具代表性的4種自然環境，在裡面可以看到澳洲的動物，遊客當然也可以抱著無尾熊拍張紀念照；其他還有可以觀賞世界稀有白老虎的老虎島Tiger Island、由夢工廠動畫電影《馬達加斯加》中為人所熟知的動物主角們所主演的馬達加斯加現場秀Madagascar Live Show，還有高速迴旋雲霄飛車的The Gold Coaster、自由落體的The Giant Drop等各種驚險刺激的器材，遊樂設施的種類也很豐富。

被評為最強的尖叫系遊樂設施The Claw

在激浪世界裡則集合了有許多令人尖叫的水上遊樂設施，特別是世界唯二的雲霄飛車型超級管路水飛車Super Tubes Hydro Coaster非常受到遊客歡迎。此外，還有從8條滑水道滑下，比賽看誰快的章魚競速The BRO、坐上幸運草形狀的大型泳圈由上往下滑的Green Room等許多讓人迫不及待想嘗試看看的遊樂設施。而能夠製造波浪的游泳池Cave of Waves，以及水大量從空中巨大水桶裡滿溢狂洩而下的Pipeline Plunge等設施，則適合家長帶著小朋友一起玩，也能玩得安全又愉快。

■夢幻世界＆激浪世界
住Dreamworld Parkway, Coomera, 4209
☎(07)5588-1111
URL www.dreamworld.com.au
開每日10:00～17:00（依季節不同，會有提前16:00休園的狀況）
休澳紐軍團紀念日、耶誕節
費1日Pass：大人$115 小孩$105／3日Pass（可以自由進出夢幻世界＆激浪世界及SkyPoint觀景台（→P.190））：1人$159／抱無尾熊紀念照$24.95
CC ADJMV
※有網路優惠

澳洲最大的滑水道Green Room

動物會來到眼前 MAP P.183/3B

大衛福雷野生公園

David Fleay Wildlife Park

位於伯利角Burleigh Heads國家公園旁，園區內重現尤加利樹林、濕地、熱帶雨林、紅樹林等4種澳洲具代表性的自然環境，並設置了木棧道，可以邊走邊看到無尾熊、袋鼠、袋熊、鴯鶓、鱷魚等動物。

在入園時拿到的園區地圖上標示著各項表演活動的演出時間與地點，必須特別

■大衛福雷野生公園
住Cnr. West Burleigh Rd. & Loman Lane, Burleigh Heads, 4220
☎(07)5669-2051
URL parks.des.qld.gov.au/parks/david-fleay
開每日9:00～16:00
休耶誕節
費大人$25.50 小孩$11.55 家庭$65.25

園區內四處都設置了木棧步道

再三確定表演時間。此外，導覽人員會為遊客進行各種解說，也有機會可以接觸動物。大約在50年前，此動物園的創始者福雷博士因為成功地完成世界第一次鴨嘴獸的人工交配而出名。在園區內的夜行館Nocturnal House，可以看到鴨嘴獸、袋鼬、蜜袋鼯、兔耳袋狸等瀕臨絕種的夜行性動物。

棲息在澳洲熱帶雨林的稀有食火雞

COLUMN

感受澳洲文化
推薦的表演與晚餐

Australian Outback Spectacular

一邊觀賞活躍在澳洲荒野中的Stockman（澳洲對牛仔的稱呼）騎乘在馬上的特別表演，一邊享用晚餐。表演內容1～2年就會更新，2023年12月的表演主題為《heartland》，內容十分豐富讓人看不膩。至於晚餐則為3道菜的套餐，前菜為沙拉，主菜是BBQ的菲力牛排、有澳洲荒野氛圍的丹波麵包Damper Bread，甜點則是澳洲知名的帕芙洛娃蛋糕Pavlova搭配比利茶Billy Tea。

表演地點位在華納兄弟電影世界Warnor Bros. Movie World和水浪樂園Wet'n' Wild Water World之間。

一邊觀賞Stockman的表演，一邊享用晚餐

DATA MAP P.183/3B
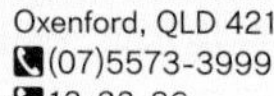
住Entertainment Drv., Oxenford, QLD 4210
☎(07)5573-3999
☎13-33-86
URL outbackspectacular.com.au
營週二、三、五、六、日19:30～21:00（表演時間約1.5小時）
休週一、四、耶誕節（週日、三依季節而定）
費普通座位：週二、三、五大人$99.99 小孩$79.99，週六大人$109.99 小孩$99.99／Top Rail Premium（正面座位＋紀念照、晚餐免費飲料＋參觀後台）：週二、三、五大人$129.99 小孩$119.99，週六大人$149.99 小孩$139.99／Drovers Lounge（Top Rail的晚餐升級為4道菜的特別套餐，開場前還能使用VIP休息室）：1人$259.99
CC ADJMV
※可以搭乘Transfer的往返巴士（1人$22／☎13-33-86），另外還可以搭乘由衝浪者天堂中心出發的Surfside Bus No.TX2。

Spirits of the Red Sand

可以欣賞以約6萬年前在澳洲建立狩獵採集文化的原住民，於1800年代與來自西歐的殖民者，因為文化不同而爭吵，透過融合而建立出澳洲這個國家為主題的戲劇表演。在歷史博物館的園區演出，一邊在建築內移動，一邊欣賞表演，而且還在園區內重現移民時代當時的建築及原住民居住的模樣。表演場地位於黃金海岸～布里斯本之間，靠近比雷Beenleigh的高速公路交流道。晚餐安排在表演之後，為澳洲式的自助餐。

可以接觸原住民文化的珍貴體驗

DATA MAP P.183/2A
住205 Main St., Beenleigh, 4207
☎(07)3801-8198 ☎1300-259-016
URL spiritsredsand.com
營週六19:30～21:00／除此之外則依季節而定（表演時間約1.5小時）
費大人$120 小孩$65 家庭$320
CC AMV
※租車前往較為實際。配合日後的狀況，預計會有從黃金海岸往返的Transfer巴士（請自行洽詢）

■熱帶水果世界
住29 Duranbah Rd., Duranbah, Tweed Valley, NSW 2487
☎(02)6677-7222
URL www.tropicalfruitworld.com.au
開每日10:00～16:00（入園至15:00為止）
※入園時間以昆士蘭州的時間為準
休耶誕節
費大人$50 小孩$30 家庭$125
※由於沒有大眾交通工具可以搭乘，租車是較為實際的交通方式。

栽種的水果種類讓人大呼驚奇

MAP 地圖外

熱帶水果世界
Tropical Fruit World

搭乘牽引機遊園車參觀園區

位於黃金海岸以南，新南威爾斯州特威得谷Tweed Valley的廣大果園。香蕉、芒果、木瓜、波蘿蜜、榴槤、芭樂、百香果……在依原產地劃分的區域中，種植著超過500種的水果，遊客可以搭乘有導覽解說的牽引機遊園車參觀園區。園區還附設有兒童遊戲區和迷你動物園，也可以租借沙灘車到處自由參觀。此外，還有各種關於水果的表演，尤其是神奇水果秀Miracle Fruit Show，可以試吃各種在地水果，很值得參加。

神奇水果秀非看不可

黃金海岸的旅遊&活動
TOURS & ACTIVITIES IN GOLD COAST

在黃金海岸推出許多可以體驗海洋及世界遺產亞熱帶雨林的在地旅遊與活動。接下來就介紹一下黃金海岸具代表性的旅遊行程及活動。

享受海洋樂趣的旅遊&活動

■天閣露瑪頂級餵食海豚之旅
主辦：JPT Tours
FREE 1300-781-362
URL www.jpttours.com
時週日、五6:15～21:30（夏季為～22:45）
※舉辦日期依前往天閣露瑪的渡輪航行日而定，今後有增加的可能
費大人$279 小孩$229／含賞鯨：大人$279 小孩$229
※想要在天閣露瑪度假村裡更悠閒度假的話，也可以參加住宿行程，詳細請自行洽詢。

想餵食野生海豚的人就來這裡

天閣露瑪頂級餵食海豚之旅（JPT旅遊）
Tangalooma Premium Dolphin Feeding / JPT Tours

令人感動的餵食野生海豚體驗

以能夠親手餵食野生海豚而聲名大噪的摩頓島Moreton Is.（→P.175），參加這個行程，不僅可以在摩頓島上體驗餵食海豚，還包含能享受滑沙樂趣的沙漠衝沙活動，是充分體驗摩頓島魅力的行程。在天閣露瑪度假村Tangalooma Wild Dolphin Resort，也提供一些活動給旅客選擇，像是拖曳傘、四輪傳動車ATV行程、海洋觀光船巡航等各式各樣的體驗行程。

此外，7～10月還會推出以天閣露瑪出發的賞鯨行程取代沙漠衝沙之旅的綜合行程Tangalooma Dolphin Adventure+Whale-watching Course。

充分體驗衝沙的爽快感

搭乘水陸兩用大型巴士在黃金海岸觀光

水陸兩用鴨子船之旅

Aquaduck Tours

適合全家大小一起參加的人氣行程

搭乘水陸兩用巴士Aquaduck（俗稱鴨子船）遊覽黃金海岸，還能同時體驗Broadwater觀光及運河之旅Canal Cruise樂趣的旅遊。觀光路線是從衝浪者天堂沿著海岸往斯比特The Spit海港方向前進，並於Broadwater出港，之後轉入奈榮河Nerang River航行一小段，在主灘Main Beach上陸，最後再返回衝浪者天堂。而在週末的傍晚，則推出在鴨子船上欣賞夕陽的Secrets, Scandals & Sunsets行程，還提供輕食與氣泡酒。

體驗拖曳傘及水上摩托車的樂趣

水上活動（黃金海岸水上運動）

Marine Activities / Gold Coast Watersports

在高空飛揚的拖曳傘

可以在平靜無波的內海Broadwater，體驗拖曳傘、水上摩托車，甚至是以噴射強力水壓而浮在空中的水上飛板Flyboard的樂趣（拖曳傘與水上飛板組合時也可以時速接近80公里的快艇作為移動工具）。

體驗拖曳傘運動時，使用的是2人用的降落傘背帶（身體直接綁降落傘的型式），所以情侶和朋友可以一起在天空漫步。全程大約10分鐘，最高可飛離地面50m高。另外，在澳洲只要經過專業教練的指導，無論是誰都可以享受騎水上摩托車的樂趣。

在黃金海岸學習衝浪吧

衝浪&趴板衝浪課程（陽光之州衝浪學校）

Surfing & Body Board Lesson / Sunshine State Surfing School

經由澳洲衝浪協會認證的陽光之州衝浪學校Sunshine State Surfing School（通稱4S），推出針對衝浪初學者的衝浪課程。在可以安全體驗的最佳地點，接受專業教練的指導，學習衝浪及趴板衝浪的課程（時間約1小時）。建議想要趕快上手的人，可以連續參加早上和下午課程；此外還有1日課程搭配海灘BBQ的組合。

■**Aquaduck Tours**
電 (07)5539-0222
URL www.aquaduck.com.au
時 每日10:00～17:30每75分鐘一梯次（所需時間約1小時）／Secrets, Scandals & Sunsets：週六、日
休 耶誕節
費 大人$45 小孩$35（5～16歲） 家庭$149／Secrets, Scandals & Sunsets：1人$59

■**水上活動**
主辦：Gold Coast Watersports
電 0404-445-000
URL www.goldcoastwatersports.com
費 拖曳傘1人$120、2人$180／水上摩托車30分鐘$120、1小時$210／水上飛板5分鐘$135、10分鐘$175／拖曳傘+水上摩托車2人$280／拖曳傘+水上摩托車+水上飛板2人$630／拖曳傘+水上摩托車+快艇2人$420

■**衝浪&趴板衝浪課程**
電 (07)5520-0198
電 0408-022-544
URL www.sunshinestatesurfingschool.com
時 每日9:00～13:00、14:00～18:30
費 1人$75（有學生優惠）／衝浪&趴板衝浪&BBQ（9:00～16:45）1人$165

也有針對初學者的課程

在黃金海岸考取潛水執照吧
水肺潛水(Aqua Adventures)
Scuba Diving / Aqua Adventures

在黃金海岸周邊的海裡，棲息著從亞熱帶到溫帶的多種魚類，並且有許多潛水點，可以滿足初學者到高階各種不同等級的潛水者，魚類也很多。位於黃金海岸的潛水店Aqua Adventures，推出針對初學者開設的潛水課程、Broadwater及黃金海岸周邊人氣景點的持證潛水Fun Diving，以及潛水執照考取課程等。

體驗潛水可以盡情享受黃金海岸的大海

乘坐四輪傳動車遊覽巨大的沙島
北斯特拉布魯克島之旅
North Stradbroke Is. Tour

搭乘四輪傳動車4WD造訪世界第2大沙島——北斯特拉布魯克島的行程，在棕湖玩水、搭乘4WD在沙丘地區及海灘馳騁，還可以到海上挑戰趴板衝浪及衝浪、挑戰撿拾澳洲特有的皮皮尖峰蛤Paphies，以及享受BBQ的樂趣。此外，可以在Point Lookout尋找海龜、鬼蝠魟及海豚的蹤跡，還能嘗試找找看野生無尾熊和袋鼠；而冬天的賞鯨活動中，看到鯨魚的機率非常高，值得期待。

搭乘四輪傳動車馳騁沙島，是內容非常充實的行程

在黃金海岸與座頭鯨近距離接觸
賞鯨船之旅
Whale Watching Cruises

冬天到黃金海岸近海去看座頭鯨的半日賞鯨行程，是非常受歡迎的活動。搭賞鯨船出海到賞鯨地點需約30分鐘～1小時的時間，運氣好的話，會出現對船隻有興趣的鯨魚，靠近與船一起在海面上前進，也有機會可以觀賞到鯨魚近距離衝出水面跳躍翻轉(Breaching)的英姿。而且在賞鯨季節裡出海看到鯨魚的機率高達90%，萬一遇到未能看到鯨魚蹤跡的情況，可以再擇日參加一次。

■**Aqua Adventures**
住95 Marine Pde., Southport, 4215
☎(07)5591-7117
URL aquaadventures.com.au
費體驗潛水(含全部器材)$135／持證潛水1次$89～149(依潛水地點而異／含全部器材)／3天考取潛水執照課程$440(線上學習課程費用另計)

■**北斯特拉布魯克島之旅**
主辦：Coastal Island Safaris
☎(07)5574-4120
URL www.coastalislandsafaris.com.au 時每日7:00～17:00
休耶誕節
費大人$195 小孩$155
※目前旅遊行程暫停中。重啟時間需洽詢

■**賞鯨船之旅**
舉辦時間為每年6月初～11月初
●Sea World Whale Watch
☎(07)5539-9299
URL seaworldcruises.com.au
時海洋世界Sea World出發：賞鯨季節每日6:00、8:00、9:00、11:00、12:00、14:00、15:00出海(所需時間2.5小時)
費大人$89 小孩$69 家庭$287
●Whales in Paradise
☎(07)5538-2111
URL whalesinparadise.com.au
時卡維爾大道Cavill Ave.尖端衝浪者天堂棧橋出發：賞鯨季節每日9:00、14:00出海(所需時間2.5小時)
費大人$109 小孩$69 家庭$287
●The Spirit of Gold Coast
☎(07)5572-7755
URL spiritwhalewatching.com.au
時水手灣Mariner's Cove出發：賞鯨季節每日9:30～12:00
費大人$99 小孩$59 家庭$236

出沒於黃金海岸近海的座頭鯨

Sea World Whale Watch的賞鯨船

大堡礁1日浮潛行程

伊利特夫人島大堡礁1日遊
Lady Elliot Is. G.B.R. Day Tours

大堡礁是個即使不是潛水客或浮潛者都會憧憬的地方，Seair Pacific航空推出包機前往大堡礁最南端伊利特夫人島Lady Elliot Island（→P.151）的1日遊覽行程，對停留在黃金海岸，又想要將大堡礁加入行程的觀光客來說，是極受歡迎的旅遊。伊利特夫人島的四周被珊瑚礁所包圍，由於海龜及鬼蝠魟經常出現而廣為世人所熟知。在島上可以搭乘專用船去體驗浮潛，以及享受搭乘玻璃船的樂趣，也可以在海灘上悠閒地度過。

■伊利特夫人島大堡礁1日
☎(07)5536-3644
FREE 1800-072-200
URL www.ladyelliot.com.au
時 每日6:45～18:45
費 大人$904 小孩$644

在大堡礁浮潛

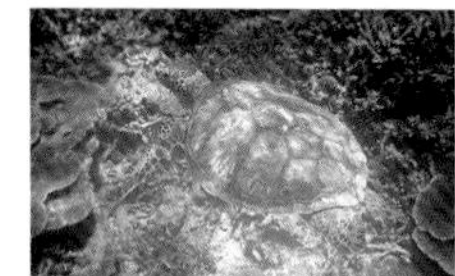

遇到海龜和鬼蝠魟的機率很高

享受山林樂趣的行程＆活動

只有在大洋洲才看得到的神祕之光

藍光螢火蟲生態之旅
Glowworms Tours

這是黃金海岸最熱門的夜間行程。藍光螢火蟲是一種只生長在澳洲及紐西蘭的昆蟲，其中位於黃金海岸郊外、被列入世界自然遺產的春溪國家公園Springbrook National Park（→P.195），是澳洲屈指可數的藍光螢火蟲棲息地，有多家旅行社推出嚮導解說的行程，內容幾乎都大同小異。

COLUMN

藍光蟲是什麼？

藍光螢火蟲Glow worms（glow=光／worms=像蚯蚓一樣沒有腳的蟲）是只能生活在澳洲及紐西蘭的潮濕森林或洞窟裡的雙翅目（與蚊、蠅、虻同種）昆蟲，屬於蕈蚋科（Arachnocampa屬），台灣的螢火蟲則是鞘翅目螢科，屬於完全不同的物種，藍光螢火蟲會發光卻不會飛。其實會發光的是幼蟲和雌蟲的蛹，據說幼蟲時期是為了吸引捕食的蟲靠近（捕食活動）而發光，雌蛹則是為了在羽化成蟲時能立即進行繁殖（也就是吸引雄蟲靠近）而發光。此外，藍光螢火蟲所發出的光是藍綠色的連續光，那種魔幻的顏色就跟宮崎駿動畫《天空之城》裡的飛行石很像，所以有傳言說是其發想藍圖（實際上並非如此）。

在黃金海岸一帶、春溪國家公園等地所看到的藍光螢火蟲（學名Arachnocampa flava）的生命週期約為10個月，而幼蟲時期則實際長達9個月，幼蟲會將塗著黏液的絲線垂下，以光來吸引蟲子靠近並持續捕食。至於成蛹期間則約為1週，好不容易羽化成蟲卻不進食，雄蟲會對雌蟲進行求偶交配，而雌蟲在交配產完卵之後便立即死亡；據說成蟲的壽命為雄蟲4～6天、雌蟲1～3天。

還有，因為知道藍光螢火蟲不會在明亮的地方進行發光的捕食活動，也就是棲息地點在受到陽光照射時不會發光，所以在棲息地絕對禁止使用閃光燈拍照。

■藍光螢火蟲生態之旅
●JPT Tours
☎(07)1300-781-362
URL www.jpttours.com
時 每日18:30～21:30
費 大人$130 小孩$78
●Tour Gold Coast
☎(07)5538-2800
URL www.tourgc.com.au
時 每日18:30～22:00
休 耶誕節
費 大人$130 小孩$78
●QJS
☎0412-756-251
URL www.qjs.com.au
時 每日17:30～21:00
費 大人$95 小孩$60
※最少4人成行

■藍光螢火蟲及野生動物探險
主辦：Tour Gold Coast
☎(07)5538-2800
URL www.tourgc.com.au
時 每日15:00～21:30
休 耶誕節
費 大人$190 小孩$114

幸運的話就能看見野生的無尾熊

■世界自然遺產與譚伯連山巡禮
主辦：JPT Tours
FREE 1300-781-362
URL www.jpttours.com
時 每日7:55～17:15
費 含午餐：大人$140 小孩$80／不含午餐：大人$110 小孩$70

■世界遺產綠山之旅
主辦：QJS
☎(07)5500-4522
URL www.qjs.com.au
時 每日9:00～16:00
費 含午餐：大人$128 小孩$70
※餵食野鳥需另外付費
※最少6人成行

行程在太陽下山後出發，約1小時到達自然橋Natural Bridge，在嚮導的帶領下繞行步道一周，途中在瀑布深潭後方觀察藍光螢火蟲遍布洞穴內的模樣。若是天氣良好，每個行程都會附有觀星活動。

宛如滿天星斗般閃耀著光芒的藍光螢火蟲

動物探險＋藍光螢火蟲的野外之旅

藍光螢火蟲及野生動物探險

Eco Safari Tour

在看藍光螢火蟲之前先去尋找澳洲特有野生動物的旅遊行程。從衝浪者天堂出發約30分鐘車程，進入庫姆巴巴湖區自然保護區Coombabah Lakelands Conservation Area內，體驗約2km的叢林健行並尋找袋鼠與無尾熊；由於是野生動物無法保證100%，但的確有極高機率可以看見這兩種動物。之後則是享用澳洲式的晚餐，再前往自然橋進行觀察藍光螢火蟲的行程。

可以看見野生的袋鼠

盡情享受人氣高原地帶的魅力

世界自然遺產與譚伯連山巡禮

Lamington NP & Mount Tamborine Tour

這是能夠一同造訪位在黃金海岸腹地Hinterland的世界遺產之森（雷明頓國家公園Lamington NP綠山Green Mountains地區）與高原之城譚伯連山的人氣旅遊行程。可以在譚伯連山藝品店、咖啡館林立的藝術街道Gallery Walk自由活動，接著到茂密濃綠森林中沿著曲折小徑登上雷明頓國家公園（綠山），與嚮導一同在亞熱帶雨林中慢慢散步；還有樹頂漫步和餵食野鳥（另外付費）等，充滿樂趣。

參加樹頂漫步活動能從上方欣賞亞熱帶雨林

玩遍世界遺產雷明頓國家公園

世界遺產綠山之旅

Green Mountains Tours / QJS

聚焦在世界遺產雷明頓國家公園綠山地區的旅遊行程，可以在綠山享受餵食野鳥（另外付費）及樹頂漫步的樂趣，並包含在奧瑞里O'Reilly's享用午餐。回程會到奧瑞里勤農家谷葡萄園體驗品酒，還會參觀附設的羊駝牧場。

到人氣的拜倫灣體驗在地風情

拜倫灣1日之旅
Byron Bay Tour

建立在澳洲大陸最東端海岬上的拜倫灣燈塔

殘存著波希米亞氛圍的小鎮拜倫灣Byron Bay（→P.305）位在澳洲大陸的最東端，雖然實際上屬於新南威爾斯州，但因為離黃金海岸不遠，開車只要約1小時30分的車程，因此成為深受黃金海岸遊客歡迎的當日來回觀光地。JPT推出的拜倫灣旅遊有2種行程。

首先是拜倫灣1日散步之旅，在拜倫灣燈塔周邊散步之後，有4小時的充裕時間可以在鎮上閒晃；另一個行程則是拜倫灣與水晶城堡之旅，在拜訪完拜倫灣燈塔之後，前往約15分鐘車程的水晶城堡&香巴拉花園 Crystal Castle & Shambhala Gardens（→P.307），參觀奇特的大佛石像、接受靈氣診斷等有趣體驗。

其他活動

優雅地從天空看日出

熱氣球之旅
Hot Air Balloon Tour

清晨搭乘熱氣球在天空中散步，十分心曠神怡

奈榮地區的Hot Air Balloon Down Under和Balloon Aloft 2家公司推出幾乎相同內容的熱氣球行程。在熱氣球上可以欣賞到被朝霞映照成金黃色的黃金海岸街道，也可以看到帶點晚霞色彩的海岸腹地Hinterland起伏山巒，將兩種絕美景觀盡收眼底。譚伯連山地區的熱氣球飛行則是由Hot Air負責營運，可以眺望雷明頓國家公園的世界遺產之森及譚伯連山的高原地區，幸運的話，還能看到成群的野生袋鼠。只有Hot Air的行程包含香檳早餐，而其他2家則可以追加早餐選項。

一邊眺望美景，一邊享受從高空自由落體的樂趣

雙人跳傘
Tandem Sky Diving

在黃金海岸也可以體驗有專業教練陪同的雙人跳傘，出發地點在黃金海岸機場，沿著海灘、將黃金海岸的景色盡收眼底的跳傘活動。前十幾秒先體驗自由落體的刺激感，之後再張開降落傘緩慢地降落，最後在以衝浪勝地聞名的基拉海灘Kirra Beach著陸。

■拜倫灣1日散步之旅／拜倫灣與水晶城堡之旅
主辦：JPT Tours
FREE 1300-781-362
URL www.jpttours.com
時 每日7:30～16:30
費 拜倫灣1日散步之旅：大人$110 小孩$70／拜倫灣與水晶城堡之旅：大人$146 小孩$106
※不含午餐

充滿度假氣氛的拜倫灣街頭

■熱氣球之旅
●Hot Air Balloon Down Under
☎(07)5500-4797
URL www.balloondownunder.com.au 時 每日5:00～9:30
費 60分鐘飛行：1人$309／含香檳早餐：1人$339
●Balloon Aloft
☎(07)5578-2244
URL balloonaloftgc.com.au
時 每日5:30～9:30
費 60分鐘飛行：大人$299 小孩$254／60分鐘飛行＋香檳早餐：大人$324 小孩$274
※3～14歲的孩童必須有大人同行
●Hot Air
☎(07)5636-1508
URL www.hot-air.jp
時 每日5:00～10:30
費 60分鐘飛行：大人$360 小孩$310 ※含香檳早餐
※可以前往布里斯本接送

■Tandem Sky Diving
主辦：Gold Coast Skydive
☎(07)5599-1920
URL www.goldcoastskydive.com.au
費 雙人跳傘（1萬2000英尺）$425／錄影&拍照$130

在國際級的場地開心得分

高爾夫
Golf

在黃金海岸有許多國際級的高爾夫球場，以下介紹幾個受亞洲人歡迎的球場。

●棕櫚樹草地高爾夫球場Palm Meadows Golf Course

距離衝浪者天堂約10分鐘車程，與遠方的海岸腹地Hinterland山脈遙遙相望，是知名澳洲退役職業高球選手葛蘭姆・馬許Graham Marsh所設計的球場。場地比較平坦，可滿足從初學者到高階球員各種不同等級球員的需求。

●皇家松林高爾夫球場Royal Pines Resort Gold Course

位於距離衝浪者天堂約10分鐘車程的內陸地區Ashmore，每年2月澳洲女子高爾夫協會（ALPG）都會在此地舉辦澳洲女子職業高爾夫球巡迴賽，因而聞名。球場分為2個，一個是18洞、標準桿72桿的Aruna & Binowee Course，另一個則是9洞、標準桿36桿的Wangara Course。

皇家松林高爾夫球場是很受歡迎的度假場地

●帕克伍德國際高爾夫球場The Club at Parkwood Village

位於南港Southport和海倫斯維爾Helensvale之間的錦標賽球場，各洞都配置水障礙區及尤加利樹林等具有戰略性的設計。

●翡翠湖高爾夫俱樂部Emerald Lakes Golf Club

是舉辦職業高爾夫球賽的場地，因而頗具人氣。後9洞可以在夜間打球。

■高爾夫

●棕櫚樹草地高爾夫球場
住Palm Meadow Drv., Carrara, 4211 ☎(07)5594-2450
URL palmmeadows.com.au
費果嶺費：18洞$89／13:00以後開打$49 ※含高爾夫球車

●皇家松林高爾夫球場
住Ross St., Ashmore, 4214
☎(07)5597-8733
URL www.racv.com.au/travel-leisure/racv-resorts/our-destinations/royal-pines-gold-coast-resort/golf.html
費果嶺費：遊客週一～四$110，週五、六、日、節日$125，飯店房客週一～四$99，週五、六、日、節日$104
※含高爾夫球車

●帕克伍德國際高爾夫球場
住76-122 Napper Rd., Parkwood, 4214
☎(07)5563-3342
URL www.theclubatparkwood.com.au
費果嶺費：平日$49（含高爾夫球車$69）、週末$59（含高爾夫球車$79）

●翡翠湖高爾夫俱樂部
住Cnr. Nerang-Broadbeach Rd. & Alabaster Drv., Carrara, 4211
☎(07)5594-4400
URL emeraldlakesgolf.com.au
費果嶺費：週一～五$49～，週六、日、節日$59～
※含高爾夫球車

COLUMN

吸引全球跑者齊聚的 黃金海岸國際馬拉松

澳洲極具代表性的黃金海岸國際馬拉松大賽，每年都在7月的第一個週日舉辦，2024年7月6日是進行各種短距離賽事，7月7日則是全程馬拉松等主要賽事。每年約有3萬名來自世界的跑者報名參加，沿著平坦、風景優美的海岸線而跑，是很熱門的國際馬拉松比賽。除了全馬以外，還有半馬、10km Run、5 km Fun Run，以及兒童的Junior Dash（2km或4km），各種距離的賽程可以滿足從個人到家族不同類型的參賽者需求，也是這項比賽最大的特色。無論是跑步愛好者，或是「想跑一次馬拉松比賽」、「消除運動不足的狀況」、「想製造家人共同回憶」等人，都可以用輕鬆愉快的心情報名參加。

DATA
●黃金海岸國際馬拉松大賽
☎(07)5668-9888 URL www.goldcoastmarathon.com.au Email info@goldcoastmarathon.com.au

在黃金海岸體驗
極上SPA饗宴

黃金海岸的主要度假飯店
大多推行Day Spa方案，
很多飯店都有設置Day Spa的設施。
除了飯店的房客之外，
也接受外來遊客使用，請依自己的喜好，
挑選適合的SPA行程，享受身心放鬆的時光。

Q1 Spa (Stephanies Wellness Spa)

由位在昆士蘭州南部的高級Day Spa公司Stephanies Wellness Spa所經營，使用自家研發的天然身體保養品，芳療室也是彷彿置身於自然中的舒適環境。並有法式維琪浴Vichy Shower設備，可以享受最頂級的放鬆時光。

DATA MAP P.189/左下

住 Q1 Resort & Spa, 9 Hamilton Ave., Surfers Paradise, QLD 4217
☎ (07)5551-0910
URL www.stephanies.com.au
營 週二～五10:00～18:00，週六9:00～18:00，週日10:00～17:00
休 週一
費 臉部保養30分鐘$140～、60分鐘$170～／按摩60分鐘$150～／套裝組合（Signature Skin Treatment）100分鐘$220等
CC ADJMV

L'aqua Day Spa

位於Voco Gold Coast飯店的2樓，使用海水療法的保養品，在這裡可以體驗臉部保養、身體按摩、手足保養、法式維琪浴Vichy Shower，以及水療浴等不同類型的SPA。

DATA MAP P.189/左下

住 Level 2, Voco Gold Coast, 31 Hamilton Ave., Surfers Paradise, QLD 4217
☎ (07)5588-8368
URL goldcoast.vocohotels.com/hotel/laqua-day-spa
營 週二～日11:00～19:00
休 週一
費 臉部保養60分鐘$150～／按摩50分鐘$115～120、80分鐘$159～175／各種套裝組合130分鐘$250～
CC ADJMV

Ruby Spa

位在JW Marriott Gold Coast Resort & Spa裡，擁有令人感到放鬆的芳療室與療癒空間；若對保養有任何要求，也會有專人服務。也設有美髮沙龍（男性為理髮廳）、有機果汁吧和健身房等設施。

DATA MAP P.189/1B

住 JW Marriott Gold Coast Resort & Spa, Level 1, 158 Ferny Ave., Surfers Paradise, QLD 4217
☎ (07)5592-9800
URL www.rubyspa.com.au
營 週一～六9:00～18:00，週日10:00～16:00
費 臉部保養30分鐘$80～／Ruby Candle Massage 60分鐘$160～／身體去角質30分鐘$90／全身美體膜&去角質60分鐘$170
CC ADJMV

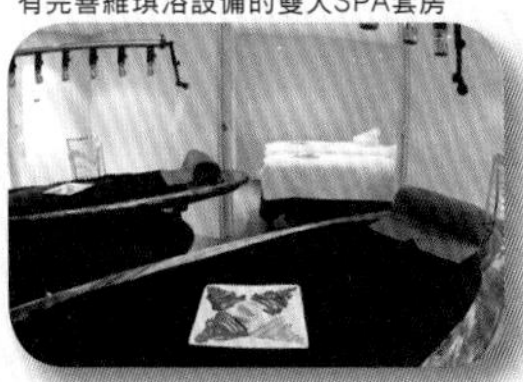
有完善維琪浴設備的雙人SPA套房

設備完善的雙人SPA房

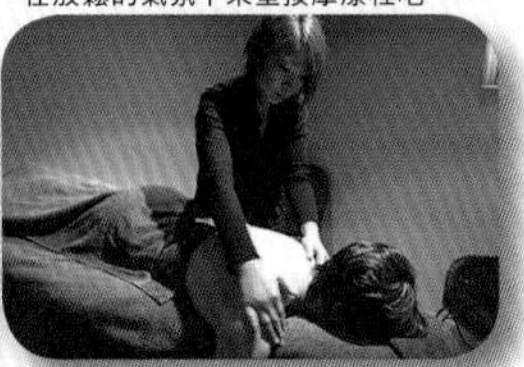
在放鬆的氣氛下來堂按摩療程吧

衝浪者天堂

經濟型

有度假感的背包客旅館 MAP P.189/2A
Backpackers in Paradise

URL www.backpackersinparadise.com
住 40 Peninsular Drv., Surfers Paradise, 4217
☎ 5538-4344 FREE 1800-268-621 WiFi 免費
費 D $24～30、T W $75～80
CC MV

南方度假風的氛圍

位於Peninsular Drv.的青年旅館，在舒適的中庭裡，有游泳池、吊床、野餐桌等設備，可以享受度假氣氛，晚上還會在交誼廳以150吋的大銀幕放映電影。並附設酒吧，直到深夜都還充滿熱鬧氛圍。

黃金海岸的人氣青年旅館 MAP P.189/1B
Budds In Surfers

URL buddsinsurfers.com.au
住 6 Pine Ave., Surfers Paradise, 4217
☎ 5538-9661 WiFi 免費
費 D $37～40、T W $150～200 CC MV

位於衝浪者的天堂的中心區，到海灘只要步行5～6分鐘的背包客旅館。房間明亮整潔，部分雙人房有專用衛浴設備。中庭裡的游泳池周圍種植著茂盛椰子樹，並主辦許多活動，適合到深夜還想享受派對氣氛的人。

公寓式旅館

超高層的摩登公寓式住宿 MAP P.189/左下
Q1 Resort & Spa

URL www.Q1.com.au 住 9 Hamilton Ave. (Cnr. Surfers Paradise Blvd.), Surfers Paradise, 4217
☎ 5630-4500 ☎ 1300-792-008 WiFi 免費
費 1B $372～418、2B $603～688、3B $850～1082
CC ADJMV

Q1寬廣的客廳

飯店樓高80層，是世界上屈指可數的超高住宅大樓。房間的客廳及餐廳的室內設計為當代時尚風格，且空間寬廣，還附有視野佳、空間大的陽台（為了房客安全加裝玻璃窗），臥室旁則是附按摩浴缸的浴室。游泳池是人工潟湖形式，另還附設Day Spa（→P.209）、餐廳及展望台。

位於衝浪者天堂的正中央 MAP P.189/左下
Mantra Circle on Cavill

URL www.mantracircleoncavill.com.au
住 9 Ferny Ave., Surfers Paradise, 4217
☎ 5582-2000 WiFi 付費 費 1B $472～524、2B $699～769 ※最少必須連住2晚
CC ADJMV

充滿悠閒氛圍的泳池區

位於卡維爾大道Cavill Avenue和弗尼大道Ferny Avenue岔路口的絕佳地點，由49層樓高的South Tower及69層樓高的North Tower所組成。擁有當代風格的室內裝潢，從陽台望出去還有絕佳的視野。

面向海灘的豪華公寓式飯店 MAP P.189/左下
Peppers Soul Surfers Paradise

URL www.peppers.com.au
住 8 The Esplanade, Surfers Paradise, 4217
☎ 5635-5700 ☎ 1300-987-600
WiFi 免費 費 1B $524、2B $554～997、3B $955～1613 ※最少必須連住3晚 CC ADJMV

從衝浪者天堂海灘一望Peppers Soul Surfers Paradise

位在衝浪者天堂海灘前的超高層公寓式大樓，Soul的39樓以下皆為Peppers的經營樓層。全部的房間皆面向海灘，以白色、米色為基調的室內設計，營造出時尚沉穩的氛氛。房內的40吋液晶電視與藍光播放器等皆為最新設備。

整合最新的設施 MAP P.189/1B
Arise Ruby Gold Coast

URL www.therubygoldcoast.com.au
住 9 Norfolk Ave., Surfers Paradise, 4217
☎ 5655-4324 WiFi 免費
費 1B $249～299、2B $319～349
CC ADJMV

臥室裡統一使用沉穩色調的家具

興建於衝浪者天堂北邊的最新公寓式飯店，明亮而開放的大廳設有自

從台灣撥打電話至黃金海岸
002 + 61（國碼）+ 7（去除0的區域號碼）+ 電話號碼

助式的Check-in機器，因應需求有24小時的工作人員支援辦理住房及退房手續。客房舒適而空間寬廣，並有最新的專用iPad可以預約客房服務及飯店活動，以及提供耳掛式咖啡和人氣的T2紅茶。

星級飯店

明亮而舒適 voco Gold Coast

MAP P.189/左下

URL goldcoast.vocohotels.com
住 31 Hamilton Ave., Surfers Paradise, 4217
☎ 5588-8333　WiFi 免費
費 T W $153～385
CC ADJMV

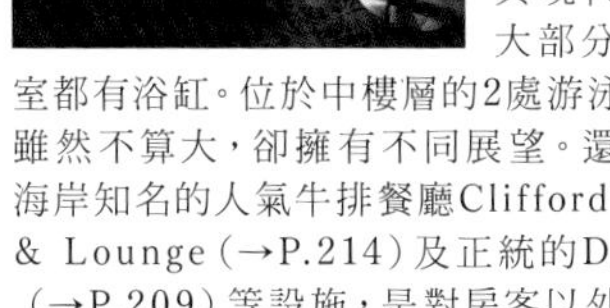
地點很好的voco

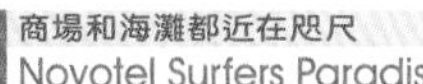
客房空間寬敞而舒適

輕軌站就位於飯店前方，對搭乘大眾交通工具移動的遊客十分方便。明亮且挑高的大廳充滿度假氛圍，工作人員會說多國語言，服務極佳。客房為經典現代風格，大部分房間浴室都有浴缸。位於中樓層的2處游泳池面積雖然不算大，卻擁有不同展望。還有黃金海岸知名的人氣牛排餐廳Clifford's Grill & Lounge（→P.214）及正統的Day Spa（→P.209）等設施，是對房客以外的遊客也很受歡迎的飯店。

商場和海灘都近在咫尺 Novotel Surfers Paradise

MAP P.189/左下

URL www.novotelsurfersparadise.com.au
住 3105 Surfers Paradise Blvd. (Cnr. Hanlan St.), Surfers Paradise, 4217
☎ 5579-3400　WiFi 免費
費 T W $161～270
CC ADJMV

戶外游泳池的展望也很棒

與衝浪者天堂購物中心位於同棟大樓的大型飯店，6樓以上是客房，且8成都面向海灘，也擁有游泳池及健身房等設施。

高人氣的家庭式度假村 Paradise Resort Gold Coast

MAP P.189/1B

URL www.paradiseresort.com.au
住 122 Ferny Ave., Surfers Paradise, 4217
☎ 5691-0000　FREE 1800-074-111　WiFi 免費
費 T W $245～664　CC ADJMV

占地寬廣，擁有附滑水道的游泳池、兒童俱樂部、遊樂場等適合全家同樂的設施。每天都會舉辦各式活動，很受小孩的歡迎。

適合家庭出遊的熱鬧度假村

擁有卓越的地理條件 Mantra Legends Gold Coast

MAP P.189/左下

URL www.mantralegends.com.au
住 25 Laycock St. (Cnr. Surfers Paradise Blvd.), Surfers Paradise, 4217
☎ 5588-7888　WiFi 免費
費 T W $162～242、2B $334～
CC ADJMV

可以任意使用的客房

從明亮的大廳，可以看到位於中庭的游泳池和流洩的瀑布。面向泳池處則有餐廳、咖啡廳、健康俱樂部及三溫暖。客房附有陽台，房內用雅緻的色彩統一風格。

衝浪者天堂市中心最新飯店&公寓式旅館 Hilton Surfers Paradise

MAP P.189/左下

URL hiltonsurfersparadise.com.au
住 6 Orchid Ave. (3113 Surfers Paradise Blvd.), Surfers Paradise, 4217　☎ 5680-8000
WiFi 免費　費 T W $265～359、1B $359～、2B $375～405　CC ADJMV

建於衝浪者天堂中心區的雙塔大樓，飯店的客房擁有現代的家具和最新設備，眺望的景色更是絕佳。公寓式旅館則有1～3房，可以因應各種用途與人數。

建於衝浪者天堂市中心的雙塔大樓

位於衝浪者天堂中心的高級飯店 MAP P.189/左下

Mantra on View

URL www.mantraonview.com.au
住 22 View Ave., Surfers Paradise, 4217
☎ 5579-1000 WiFi 付費 費TW $140～280
CC ADJMV

統一以現代內裝風格呈現的客房

位處衝浪者天堂大道與埃克洪大道Elkhorn Ave.轉角處的絕佳地理位置。客房充滿現代氛圍，不論從哪個房間的陽台，都能盡情眺望周遭的美景。還有健身房、三溫暖、網球場、游泳池等完善的公共設施。

設備充實的 MAP P.189/3B

Crowne Plaza Surfers Paradise

URL www.crowneplazasurfersparadise.com.au
住 2807 Gold Coast Hwy., Surfers Paradise, 4217
☎ 5592-9900 WiFi 免費 費TW $174～293
CC ADJMV

給人寧靜放鬆感的泳池區

位在衝浪者天堂大道和布萊德海灘之間的4.5星級飯店，前方就是輕軌站（佛羅里達花園）。客房內部空間寬闊，裝潢雅致，從陽台可以眺望海灘、黃金海岸的高樓建築。擁有2棟高塔建築，之間有Relish Grill & Bar餐廳，其他還有旋轉景觀餐廳Four Winds 360°（→P.215）。

可以在優雅的氛圍中度過每一天 MAP P.189/1B

JW Marriott Gold Coast Resort & Spa

URL www.marriott.co.jp
住 158 Ferny Ave., Surfers Paradise, 4217
☎ 5592-9800
WiFi 免費 費TW $436～539
CC ADJMV

有魚兒悠游其中的人工潟湖游泳池

位於衝浪者天堂外圍28層樓的豪華度假飯店。可以在有熱帶魚穿梭其中的人工潟湖裡浮潛，還擁有按摩池及滑水道等游泳池周邊設施，也是黃金海岸數一數二的。客房色調明亮，浴室內有單獨的淋浴間。飯店內也有鐵板燒餐廳Misono Japanese Steakhouse（→P.214）及Day Spa（→P.209）完善設施。

斯比特

由Versace策劃建造 MAP P.190/A

Palazzo Versace Gold Coast

URL www.palazzoversace.com.au
住 94 Seaworld Drv., Main Beach, 4217
☎ 5509-8000 WiFi 免費
費TW $429～979、2B $1733～1933、3B $2117～2317 CC ADJMV

一進入大廳的瞬間便會對其豪華的程度感到驚訝，

由世界知名品牌Versace在眺望Broadwater的絕佳位置上所建造的「宮殿式飯店」。飯店內洋溢著高級奢華風，房間內的家飾織品類及裝飾品全都是出自Versace之手，裝潢就彷彿滿是藝術品的美術館，而且全部的客房都有浴缸。就連餐廳的層級也很高，有高級義大利餐廳Vanitas、評價極高的豪華自助餐Il Barocco，以及能享受優雅High Tea的Le Jardin。

面向海灘建造的最高級度假村飯店 MAP P.190/A

Sheraton Grand Mirage Resort & Spa

URL www.marriott.co.jp 住 71 Seaworld Drv., Main Beach, 4217
☎ 5577-0000 WiFi 免費
費TW $532～738、1B $912～1245、2B $1025～1304 CC ADJMV

面對美麗的泳池而建的度假村

首先吸引目光的是使用大量水的美麗游泳池及人工潟湖。明亮又舒適的大廳區域、內裝雅致的客房、眺望人工潟湖的優雅餐廳……不妨感受一下飯店內無處不散發著高級度假村的氛圍。

緊鄰海洋世界 MAP P.183/3B

Sea World Resort & Water Park

URL seaworld.com.au/resort
住 71 Seaworld Drv., Main Beach, 4217
☎ 1300-139-677
WiFi 免費 費TW $359～459 CC ADJMV

以單軌列車與海洋世界作交通連結的綜合度假村。游泳池區域用海綿寶寶為設計

從台灣撥打電話至黃金海岸
002 + 61（國碼）+ 7（去除0的區域號碼）+ 電話號碼

很受兒童歡迎的泳池區

主題，並有滑水道的水上樂園。還有人氣日式料理初花，以及自助餐廳Shoreline，餐點種類豐富。

神仙灣

設備、氣氛、服務全部都是最高級的 MAP P.183/2B
InterContinental Sanctuary Cove Resort

URL www.sanctuarycove.intercontinental.com
住 Manor Circle, Sanctuary Cove, 4212
☎ 5530-1234　WiFi 免費
費 T W $450～892
CC ADJMV

擁有寬廣的人工潟湖游泳池

隱身於古老而美好的澳洲鄉村風格建築，室內也十分雅緻。飯店內打造廣大的人工潟湖，可以體驗私人海灘的隱密氣氛。此外，在神仙灣內還有碼頭、2座高爾夫球場、購物中心及餐廳區等設施。在飯店腹地與高爾夫球場，晨昏都經常能看見野生袋鼠的蹤影。

布萊德海灘

兼設賭場的娛樂度假村 MAP P.190/B
The Star Gold Coast & Casino

URL www.star.com.au/goldcoast/hotels-and-spa
住 1 Casino Drv., Broadbeach Is., Broadbeach, 4218　FREE 1800-074-344　WiFi 免費
費 The Star Grand: T W $262～1208／The Darling: T W $632～3990／Dorsett Gold Coast: T W $189～369／The Star Residences: 1B $278～358、2B $468～788
CC ADJMV

布萊德海灘的代表性豪華度假村，擁有賭場、歌舞秀劇場、8間餐廳、5間酒吧等，各項設施的豐富度可說是黃金海岸第一。飯店分為併設賭場的5星級The Star Grand、高塔型5+星級的超高級度假村The Darling、優雅5星級的The Dorsett Gold Coast，以及高級公寓式飯店的The Star Residence共4棟建築。

夜晚時分飯店會點亮璀璨燈光

購物、用餐都很便利 MAP P.190/B
Sofitel Gold Coast

URL www.sofitelgoldcoast.com.au
住 81 Surf Pde., Broadbeach, 4218
☎ 5592-2250　WiFi 付費
費 T W $289～709
CC ADJMV

緊鄰綠洲購物中心。以褐色為基調的客房，散發著高級感。而主要餐廳Room 81是黃金海岸屈指可數的知名高級餐廳。

舒適的泳池區

位於美食區的高級公寓式度假村 MAP P.190/B
Peppers Broadbeach

URL www.peppers.com.au
住 21 Elizabeth Ave., Broadbeach, 4218
☎ 5635-1000　WiFi 免費
費 1B $479～555、2B $532～972、3B $1632
CC ADJMV

是布萊德海灘評價第一的公寓式飯店，擁有充滿現代風格的客房與以和風為主的禪庭園、迷你劇院、高級Day Spa等設施。此外，穿過飯店腹地中央的Oracle Blvd.是黃金海岸第一的美食街。

空間寬廣的Master Bedroom

雷明頓國家公園

最佳亞熱帶雨林散步處 MAP P.183/3A
O'Reilly's Rainforest Retreat & Villas

URL oreillys.com.au　住 3582 Lamington NP Rd., via Canungra, 4275　FREE 1800-688-722
WiFi 免費　費 Retreat: T W $254.50～297、1B $374.50～、2B $485～／Villas: 1B $389.50～、2B $439.50～／Safari Tent: T W $125.50～
CC AJMV

在綠山開幕於1926年的飯店，擁有山中木屋風格的幽靜住所、豪華的山區Villa，以及高級狩獵帳3種類型的住宿設施。

為了能遠眺景觀而採高架形式的山區Villa

衝浪者天堂

深受當地人喜愛的義大利餐廳
MAP P.189/2B

Alfresco Italian

URL alfrescogc.com
住 Shop 2/3, 3018 Surfers Paradise Blvd., Surfers Paradise, 4217 ☎ 5538-9333
營 每日17:00～22:00 CC MV 酒 Licensed

人氣的紅醬義大利麵

在黃金海岸營業超過20年的老牌義大利餐廳，由來自拿坡里的家族經營，有拿坡里風味的披薩、義大利麵等豐富餐點。人氣料理有紅醬義大利麵（$38）、Alfresco披薩（S $21，L $28）。

去吃超有震撼力的肋排吧！
MAP P.189/左下

Hurricane's Grill

URL www.hurricanesgrillandbar.com.au/surfers-paradise
住 Soul Boardwalk, Level 2, 4-14 The Esplanade, Surfers Paradise, 4217
☎ 5503-5500 營 週一～五17:00～21:00，週四、五12:00～15:00，週六、日12:00～21:00
CC ADJMV 酒 Licensed

令人吃驚的巨大肋排

這家可以吃到巨大肋排、在澳洲各地獲得好評價的餐廳，衝浪者天堂店就位於Peppers Soul飯店的後面。帶骨的巨大肋排$48～（牛、羊、豬都可以選），其他還有可以數人分享的戰斧牛排（1kg$140）等菜色，是愛吃肉的人一定會喜歡的餐廳。

想吃豪華牛排的好選擇
MAP P.189/左下

Clifford's Grill & Lounge

URL goldcoast.vocohotels.com/eatanddrink/cliffords-grill-lounge
住 Voco Gold Coast, 3032 Surfers Paradise Blvd., Surfers Paradise, 4217 ☎ 5588-3323
營 週三～日17:30～21:00 休 週一～二
CC ADJMV
酒 Licensed

令人震撼的戰斧牛排

位於voco飯店1樓，以開放式廚房燒烤的牛排大獲好評，特別是1kg的丁骨牛排（$89）、戰斧牛排（依大小決定價格）為招牌料理，是2～3人分享剛好的分量。

為廚師的表演感動
MAP P.189/1B

Misono Japanese Steakhouse

URL www.misonorestaurant.com
住 Level 3, JW Marriott Gold Coast Resort & Spa, 158 Ferny Ave., Surfers Paradise, 4217
☎ 5592-9800 營 週二～日17:30～22:00
休 週一 CC ADJMV 酒 Licensed

廚師在眼前表演俐落廚藝

位於衝浪者天堂JW Marriott Gold Coast Resort & Spa的鐵板燒餐廳，廚師在客人面前展現精采的刀工，料理肉及魚貝類等食材。鐵板燒餐點全都是附湯及沙拉，稱為Banquet的套餐菜單，也有

COLUMN

享受黃金海岸的夜景
晚餐觀光遊輪

從海洋世界出發，搭乘觀光船在Broadwater、奈榮運河上悠遊，並享用美味的自助式晚餐，包含海鮮、澳洲牛肉、羊肉、蔬菜等豐富菜色，餐後還有甜點。而且船內有現場演奏，氣氛絕佳，中途也可以到甲板上欣賞衝浪者天堂的美麗夜景。當地人常在紀念日時搭船慶祝。

●海洋世界觀光船Seaworld Cruises
URL seaworldcruises.com.au
☎ (07)5539-9299 時 每日19:00～21:30（在海洋世界入口棧橋出發）
費 大人 $119 小孩 $69 家庭 $307

Splash Meadow（菲力牛排和大蝦$64）、Misono Gold Coast（菲力牛排和東方扁蝦$79）等肉類與海鮮都能品嚐的盛宴。

早餐菜單豐富的時尚咖啡館 MAP P.189/1B
Bumbles Cafe

URL www.bumblescafe.com
住 19 River Drv., Surfers Paradise, 421
☎ 5538-6668　營 每日6:30～16:00
CC MV　酒 無

讓美味的早餐作為一天的開始吧！

以蜜蜂為標誌的人氣咖啡館，位於距離衝浪者天堂步行約10分鐘、可以欣賞奈榮河之處，室內裝潢展現主人品味充滿可愛風格，而戶外座位則是當地人的最愛。早餐菜色很豐富，有吐司加荷包蛋$11～、貝果夾班乃迪克蛋$26～等。早起散步時不妨去看看。

在市中心吃漢堡 MAP P.189/左下
Brooklyn Depot

URL www.brooklyn-depot.com.au
住 Tennancy 20/10 Beach Rd., Surfers Paradise, 4217　☎ 5526-7666
營 週三～日11:30～15:00，週三～日17:00～21:00
休 週一～二　CC JMV
酒 Licensed

分量十足的Brooklyn Classic Burger

面對巴士轉運中心Bus Transit Centre海灘大道Beach Road的紐約風休閒餐廳。推薦的午餐有漢堡類（Brooklyn Classic Burger $13～）、適合搭配啤酒或葡萄酒的酥脆雞翅（$18～）、BBQ豬肋排（$40）等。由於店內總是人聲鼎沸，不容易錯過。

愛海者的聚會處 MAP P.189/3B
BMD Northcliffe SLS Supporters Club

URL bmdnorthcliffe.com.au
住 Cnr. Garfield Tce. & Thornton St., Surfers Paradise, 4217
☎ 5539-8091
營 每日7:30～22:00
CC MV
酒 Licensed

一邊看海一邊享受餐點

位於衝浪者天堂南側 Northcliffe Surf Life Saving Club的2樓，是間小酒館餐廳。白天店內大多為一邊欣賞海景、一邊吃飯喝啤酒的人，晚上則滿是當地的家庭熟客，十分熱鬧。提供漢堡類$19.45～、炸魚薯條$24.45～、烤鮭魚$33.35、牛排$32.20～等豐富餐點。

可以邊吃邊欣賞黃金海岸美景 MAP P.189/3B
Four Winds 360°

URL www.fourwindsrestaurant.com.au
住 Crowne Plaza Surfers Paradise, 2807 Gold Coast Hwy., Surfers Paradise, 4217
☎ 5592-9906
營 週一～三12:00～14:30，週四～日11:45～14:00，週一～四17:30～19:00、19:30～21:00，週五～日17:30～19:30、20:00～22:00，週四～日（High Tea）14:30～16:30
CC ADJMV　酒 Licensed
費 午餐：週一～六$65，週日$75／晚餐：週日～四$75、週五、六$85，週五、六$85／小孩午、晚餐皆為$40／High Tea：週四～日$39～59
※目前暫停營業中

用餐之餘還能欣賞絕佳景觀

位於Crowne Plaza Surfers Paradise 26樓的旋轉景觀餐廳。在這裡用餐，可以遠眺衝浪者天堂、布萊德海灘的美麗景色，非常心曠神怡。提供包含牡蠣和蝦等海鮮、炒飯、炒麵、春捲、點心類、咖哩、清蒸澳洲尖吻鱸等菜色的海鮮及亞洲風味料理自助餐，十分符合亞洲人的口味。甜點的種類也十分豐富。

魚店烹調的海鮮 MAP P.189/1A
Chevron Island Seafoods

URL www.chevronislandseafoods.com.au
住 48-50 Thomas Drv., Surfers Paradise, 4217
☎ 5592-0027　營 每日10:00～20:00
CC JV　酒 無

人氣的燒烤海鮮佐沙拉

是間位於距離衝浪者天堂步行約10分鐘的雪佛龍島Chevron Island中心的魚店。提供內用及外帶菜單，可以用便宜價格品嚐到新鮮的海產。有炸魚薯條$10、炸魚漢堡$9、燒烤海鮮佐沙拉$29等餐點。

斯比特＆南港

時尚的下午茶　MAP P.190/A
Le Jardin

URL www.palazzoversace.com.au
住 94 Seaworld Drv., Main Beach, 4217
☎ 5509-8000　營 每日11:00～22:00（High Tea 11:00～17:00）
CC ADJMV　酒 Licensed

位於Palazzo Versace奢豪大廳的咖啡館，最自豪的就是能在優雅的氣氛中享用High Tea，3層點心盤架上放著小點心、司康、甜點，在視覺與味覺上都得到滿足。至於飲料選項，除了紅茶，還有氣泡酒（週一～五$86.90，週六、日$92.90）。外加$13就能升級成Moët & Chandon的香檳。

份量足以取代午餐

受當地人喜愛的牛排館　MAP P.183/3B
Cavill's Steakhouse

URL cavssteakhouse.com
住 6 Bayview St., Runaway Bay, 4216
☎ 5532-2954　營 週三～日12:00～20:30
休 週一～二　CC ADJMV　酒 Licensed

自1984年開幕以來，廣受當地澳洲人喜愛的老牌牛排館。雖說是餐廳，實際上是讓客人到放在店門旁像肉店般的櫥窗裡，自己選擇肉品再讓廚師烹調。肉品的種類除了澳洲牛肉外，還有小羊肉和雞肉。特別是可以選擇澳洲牛肉的菲力牛排Rib Filet、肋眼牛排Eye Filet、牛臀肉Rump、丁骨牛排T-Bone，每一塊的重量都在180g以上（$41.90～56.50）。外加$9.90就可以在牛排旁放上BBQ蝦，升級為海陸大餐。

牛排的分量十足

布萊德海灘

也有素食餐點　MAP P.190/B
Betty's Burgers

URL www.bettysburgers.com.au
住 Shop 1605C, Pacific Fair Shopping Centre, Hooker Blvd., Broadbeach, 4218　☎ 5592-2754
營 週日～三10:30～20:00，週四～六10:30～21:00
CC AMV　酒 Licensed

除了普通的漢堡，也供應蔬食與素食餐點，是目前昆士蘭州南部很受關注的漢堡店，黃金海岸店位於太平洋購物中心內。菜單種類豐富，像是在肝醬pâté淋上店家特製醬汁並加入大量蔬菜的Betty's Classic Burger $11.90、Crispy Chicken Burger $12.90、以米做成的肝醬搭配大量蔬菜的Betty's Classic Vegan Burger $14.90等。

在澳洲也十分受歡迎的日式料理　MAP P.190/B
Cha-Cha Japanese Restaurant

URL www.facebook.com/chachabroadbeach/
住 Shop 7, 24-26 Queensland Ave., Broadbeach, 4218　☎ 5538-1131
營 週二～日17:30～22:00（最後點餐）

COLUMN

黃金海岸美食廣場的首選
太平洋購物中心

位於布萊德海灘的太平洋購物中心，是有人氣的購物商場，內部有2個美食廣場。

The Patio Food Court

位在可以俯視名為The Resort舒適中庭的2樓，這裡有高級漢堡連鎖店Grill'd Burger、知名主廚開設的Jamie Oliver's Pizzeria、賣港式粥粉點心的NOODLE HAUS、日本料理的Motto Motto等店家，是洋溢著稍微高級氣氛的美食廣場。

Food Court

位於靠近TARGET百貨的2樓，這裡有SUBWAY、麥當勞、拉麵店IPPIN、蓋飯和壽司店SUMO、點心的Dumpling gallery、沙威瑪Memet等許多店家。

MAP P.190/B
住 Hooker blvd., Broadbeach, 4218
URL www.pacificfair.com.au
營 每日 10:00～（依店家不同打烊時間也有所差異，但大多都開到 19:30，部分店家到 22:00）

菜單上大多為日本定食

休週一、耶誕節
酒BYO

位於布萊德海灘中心區入口處，經常都高朋滿座，連戶外座位都坐滿了人。推薦的餐點為各種和風牛排（$22.90～）、Cha-Cha牛排蓋飯（$22.90）等，味道可口且分量十足。

人氣的摩洛哥料理餐廳
Mecca Bah Gold Coast

MAP P.190/B

URL meccabah.com.au
住 3 Oracle Bvd., Broadbeach, QLD 4218
☎ 5504-7754　營每日11:30～22:00
CC AMV　酒Licensed

品嚐一下招牌的塔吉鍋料理

地處從布萊德海灘Peppers飯店腹地穿過的Oracle Blvd.，以摩洛哥及土耳其料理為主，匯聚地中海沿岸料理的各種菜色。推薦餐點有塔吉鍋（$29～33），有海鮮、雞肉、羊肉、牛肉、蔬菜等多種選擇，而小開胃菜（meze）種類也很多，很適合當下酒菜。

正統的義大利晚餐
Cucina Vivo

MAP P.190/B

URL www.star.com.au　住The Star Gold Coast & Casino, Broadbeach, 4218　FREE 1800-074-344
營週三～日17:30～22:00　休週一～二
CC ADJMV　酒Licensed

可以品嚐正統的窯烤披薩

位在The Star Gold Coast & Casino 2樓，可以感受如傳統義大利料理餐廳Trattoria的氛圍。開放式廚房就在店中央，以烤披薩用的大磚窯而自豪。餐點包含種類豐富的披薩$10～28、各式義大利麵$21～43、主菜$32～43等。

其他地區

深受當地人喜愛的肉派餐廳
Yatala Pie Shop

MAP P.183/2A

URL www.yatalapies.com.au
住 48 Old Pacific Hwy., Yatala, 4207
☎ 3287-2468　營每日7:00～20:30
休耶誕節　CC MV　酒無

是澳洲非常知名的人氣肉派店

位於黃金海岸北部高速公路M1的Yatala交流道出口附近。受歡迎的牛排派（$6.40）是用燉牛肉的醬汁來煮肉做為內餡，其他還有咖哩、蔬菜、甜點類的鳳梨派等豐富種類。租車旅遊的遊客一定要去吃吃看。

COLUMN

邁阿密受注目的
咖啡館和餐廳

邁阿密對觀光客來說也許陌生，卻是很受在地人喜愛的地區。這裡有各種受到當地關注的時尚咖啡館和美食景點，以下介紹其中的人氣地方。

交通 前往邁阿密可以從輕軌終點站布萊德海灘南站搭乘Translink Bus No.700、756很方便，需時約12～15分鐘。

The Paddock Bakery

黃金海岸人氣第一名的時尚咖啡館，正如店名是以烘焙著稱，麵包種類及麵包類餐點都很豐富。

不只午餐就連早餐也很受歡迎，貝果夾班乃迪克蛋超美味

MAP P.183/3B
住 20 Hibiscus Haven, Miami, 4220
☎ (07)5508-2573
URL www.paddockbakery.com
營每日6:00～15:00

Common Ground

與The Paddock Bakery位在同一條街上，以早餐聞名的咖啡館。Açaí Bowl巴西莓果碗、招牌餐點Avo on Toast（在吐司上抹甜菜泥，再放上酪梨片）都很值得一嚐。

招牌餐點Avo on Toast

MAP P.183/3B
住 2 Hibiscus Haven, Burleigh Heads, 4220
☎ 0422-026-743　URL www.facebook.com/commongroundburleigh/　營每日6:30～14:00

邁阿密夜市Miami Marketta

很受當地人喜愛的夜間美食廣場與市集，以路邊小吃形式呈現，可以品嚐世界各地的料理，還有現場餘興節目表演。

MAP P.183/3B
住 23 Hillcrest Pde., Miami 4220
☎ 0488-590-599　URL www.miamimarketta.com
營週三、五、六17:00～22:00

布萊德海灘

高級世界精品店齊聚 Pacific Fair 太平洋購物中心

MAP P.190/B

URL www.pacificfair.com.au 住 Hooker Blvd., Broadbeach, 4218 ☎5581-5100 營一般店家：每日9:00～18:00（依店家稍微有所不同）／超市（Coles & Woolworths）：每日6:00～22:00
CC 主要的信用卡皆可使用（依店家而異）

精品購物也很愉快

名為The Resort的中庭，最適合在購物空檔小歇片刻

為黃金海岸首屈一指的大型購物中心，進駐CHANEL、Louis Vuitton、Tiffany等高級國際精品，以及T2紅茶、Perfect Potion保養品等專賣店，還有Meyer、Kmart、Coles、TARGET、玩具反斗城等大型賣店；還有匯集澳洲及黃金海岸人氣名店的美食廣場，不但時尚也頗受好評。

其他區域

聚集各大品牌Outlet Harbour Town 海港城

MAP P.183/3B

URL harbourtowngoldcoast.com.au
住 147-189 Brisbane Rd., Biggera Waters, 4216
☎5529-1734 FAX 5529-2459
營 週一～三、五、六9:00～17:30，週四9:00～19:00，週日10:00～17:00（依店家而異）
休 耶穌受難日、澳紐軍團紀念日、耶誕節
CC 主要的信用卡皆可使用（依店家而異）

逐年擴大規模的海港城

逛街前先申請張折扣卡吧

這裡是大型的Outlet購物城，聚集歐美和澳洲的品牌共240多家商店。從NIKE、adidas等運動休閒品牌，到Polo Ralph Lauren、ESPRIT、Calvin Klein、UGG Australia等，各種品牌都可以在這裡找得到。至於針對觀光客所提供的服務也十分充實，在Tourist Lounge裡免費提供冷飲和行李寄放服務，還可以申請在各主要店鋪都有優惠的折扣卡Tourist Card。從南港South Port搭乘Surferside Bus No.704，約15分即可抵達；也可以搭乘Con-X-ion的主題樂園接駁車。

可以訂製個人專屬的UGG雪靴 UGG Australian Made Since 1974

MAP P.183/3B

URL uggsince1974.com.au
住 23 Christine Ave., Miami, 4220
☎5520-4066 營週一～五9:00～17:00
休 週六、日、節日 CC JMV

在黃金海岸的邁阿密Miami有工廠的UGG Australian Made，最大的優勢就是可以接受定製；每個零件都可以選擇材料、花色、顏色等，做出一雙自己專屬的原創UGG雪靴。從下單到完成最快只要24小時（由於週六、日工廠休假，會耽擱較長時間），價格為短靴$259～、中筒靴$279～、長靴$530～，以及週三有推出工廠參觀之旅（1人$15／要預約）。

從挑選到試穿都有專人服務

所有的零件都可以更換，就做出這樣的靴子

深受當地人喜愛的購物中心 Robina Town Centre

MAP P.183/3B

URL robinatowncentre.qicre.com
住 19 Robina Town Centre Drv. (off Robina Parkway), Robina, 4230 ☎5575-0481
營 週一～三、五、六9:00～17:30，週四9:00～21:00，週日10:00～16:00
CC 主要的信用卡皆可使用（依店家而異）

是黃金海岸規模最大的購物中心，像是高級百貨公司David Jones、生活雜貨店Kmart，還有各式各樣的澳洲品牌，總共有超過300家專賣店進駐。

可以在在地氣氛中購物

格蘭納特貝爾

Granite Belt

在斯坦索普周邊從3月開始收穫釀酒用的葡萄

格蘭納特貝爾位在大分水嶺東側的內陸部，是接近新南威爾斯州邊境、花崗岩地區的總稱。一般來說，昆士蘭州的南部屬於亞熱帶氣候，並不適合釀葡萄酒，不過格蘭納特貝爾一帶海拔高度600～1000m，冬季與春季的氣溫涼爽、夏季炎熱，正是適合葡萄生長的最佳環境。由於這裡有許多義大利移民，從1965年便開啟釀酒的歷史，至今則有30多家酒莊，釀造出優質的葡萄酒。當然，幾乎各酒莊也都有自家的品酒室以便銷售，所以也能實際試飲。

這裡產的酒類，白葡萄酒如榭密雍Semillon、梵帝侯Verdelho等高品質酒較多，而紅酒則以卡本內蘇維濃Cabernet Sauvignon、希哈Shiraz的評價較高；特別是梵帝侯在澳洲其他地區的酒莊中並不常見，來到這裡一定要試喝看看。

漫遊格蘭納特貝爾

OUTLINE OF GRANITE BELT

以斯坦索普為據點展開酒莊巡禮

斯坦索普街景

新英格蘭公路New England Hwy.沿線約60km處分布著幾座城鎮，酒莊就散落在這廣大的範圍裡。這裡的中心城鎮為斯坦索普Stanthorpe，設有遊客服務中心，最適合蒐集附近酒莊及地區的旅遊資料。另外，此地區南側的Glen Aplin到Ballandean一帶則是酒莊的集中區域。

怪石奇景的芝拉溫國家公園

想在這一帶欣賞花崗岩地形的話，就要到位於格蘭納特貝爾最南端的芝拉溫國家公園Girraween NP。隔著尤加利樹林望向對面的岩山，可以看到幾塊花岡岩巨石散落在山腰至山頂之間，讓人不禁為這看似即將滾落的巨石群捏把冷汗。在國家公園裡，清晨與黃昏是最常看見袋鼠等野生動物的時間。

在芝拉溫國家公園能見到不可思議的景觀

交通

Crisps Coaches每天有1～2班巴士行駛布里斯本～斯坦索普，不過到達斯坦索普後並沒有大眾交通工具可以接駁，移動並不方便；所以到格蘭納特貝爾觀光，一般都還是租車前往。從黃金海岸開車約3小時30分，從布里斯本約3小時。

●**Crisps Coaches**
(07)4661-8333
URL www.crisps.com.au

■**Granite Belt Wine & Tourism Stanthorpe Visitor Information Centre**
住 28 Leslie Pde., Stanthorpe, 4380
(07)4681-2057
URL granitebeltwinecountry.com.au
URL southerndownsandgranitebelt.com.au
開 每日9:00～16:00
休 耶穌受難日、耶誕節

昆士蘭內陸
Outback Queensland

交通

●**圖沃柏**
從布里斯本的轉運中心搭乘澳洲灰狗巴士(每日有4～5班)。但是考慮到達當地後的交通方式，建議租車前往較妥當。
☎13-14-99

■**圖沃柏遊客中心**
Toowoomba Visitor Information Centre
住82-86 James St. (Cnr. Kitchener St.), Toowoomba, 4350 ☎(07)4688-6590
FREE 1800-331-155
URL www.visittoowoombaregion.com.au
開 週一～五9:00～16:00，週六、日10:00～14:00
休 新年、澳洲國慶日、耶穌受難日、澳紐軍團紀念日、耶誕節、節禮日

■**圖沃柏花卉嘉年華**
Toowoomba Carnival of Flowers
URL www.tcof.com.au
開 每年9月1～30日

交通

●**卡納芬峽谷國家公園**
一般都是從布里斯本、圖沃柏、羅克漢普頓參加巴士旅遊；如果自行租車，走華瑞哥公路Warrego Hwy.到Roma後，轉走卡納芬公路Carnarvon Hwy.北上，然後沿著Rolleston前的產業道路往西即可抵達。

交通

●**埃薩山**
從布里斯本、湯斯維爾Townsville搭乘前往北領地的長途巴士，幾乎都會經過埃薩山。從布里斯本出發，車程約24小時；從湯斯維爾出發，車程約10小時。也推薦從湯斯維爾搭乘每週2班的Inlander號火車前往(所需時間約21小時)。

圖沃柏
Toowoomba

在野餐觀景台盡情放鬆

圖沃柏位於布里斯本以西約118km之處，是進入昆士蘭內陸的入口城市。每年9月會舉行花卉嘉年華活動，而被通稱為「花園城市」，並與日本大阪府高槻市結為姐妹市。近郊有烏鴉巢瀑布Crows Nest Fall NP、雷文斯本Ravensbourne NP、邦亞山Bunya Mountains NP等多座國家公園。而圖沃柏市內還有植物園Botanical Gardens、完整呈現驛馬車時代風情的Cobb+Co博物館、野餐觀景台Picnic Point等值得一看的景點。尤其從野餐觀景台可以欣賞包圍著圖沃柏的群山之美，享受簡單的叢林探險樂趣。

卡納芬峽谷國家公園
Carnarvon Gorge NP

在卡納芬峽谷國家公園展開叢林健行

卡納芬峽谷國家公園位於布里斯本西北方約600km、羅克漢普頓西南方約400km處，陡峭的懸崖綿延32km，最高的岩壁高達183m。主峽谷的兩側岩壁寬廣，距離達數百公尺，穿越其間的溪流又窄又淺，因此峽谷旁從溪岸到岩壁的帶狀地區土地肥沃，日照也不差，故叢生橡膠樹和棕櫚樹等熱帶植物。另外，峽谷內及周圍海拔有近100m的落差，以及水量和土質的差異，也使得這裡所生長的植物種類完全不同。

從位於卡納芬峽谷入口的遊客中心沿著主峽谷有條約13km的步道，沿途到處都有可看之處。到遊客中心拿張簡單的地圖，走上一整天也是不錯的選擇。

埃薩山
Mount Isa

埃薩山為昆士蘭州到北領地Northern Territory之間的中繼點，也是以開採銅、銀、錫而聞名的世界第一礦山城，矗立在周遭的煙囪林立，不斷地往上冒出黑煙。以城

市的面積而言，這裡也稱得上為世界第一大城，實際面積約4萬1000km²，大概和瑞士的國土大小相同。

埃薩山的夕陽

在這個城鎮，最值得參加的就是Hardtime Mine的礦坑體驗之旅，這裡的總人口數約2萬7000人，其中有約4700人在礦山工作。參加體驗之旅便可參觀長度超過1km的地下礦坑通道，詳細行程可詢問設有遊客中心的里弗斯利化石中心Riversleigh Fossils Centre，館內也展示著位於昆士蘭西北部、被列為世界遺產之一里弗斯利（岡瓦納大陸Gondwana時代的化石地帶）的化石相關展覽。

■里弗斯利化石&遊客中心
Riversleigh Fossils & Tourist Information Centre
住19 Marian St., Mt.Isa, 4825
☎(07)4749-1555
URL discovermountisa.com
開每日8:30～16:30（1・2月為9:00～16:00）
休新年、耶穌受難日、耶誕節、節禮日
●里弗斯利化石中心
費大人$25 小孩$12 家庭$60／／含解說導覽（10:00、14:00）大人$38 小孩$23 家庭$99
●Hardtime Mine
時每日舉行（時間請於預約時確認）
費大人$85 小孩$50 家庭$220

昆士蘭內陸的住宿 ACCOMMODATION

區域碼號(07)

圖沃柏

用平價入住舒適房間 MAP 無
Downs Motel

URL www.downsmotel.com.au 住669 Ruthven St., Toowoomba, 4350 ☎4639-3811 WiFi 免費
費T W $100～119、Family $128 CC ADJMV

位於城鎮中心，所有的房間均附有淋浴間、廁所、冷氣及電視。除此以外，旅館內也有咖啡館、旅遊諮詢服務、洗衣間及娛樂室等設施完善。

體驗農場寄宿生活 MAP 無
Jondaryan Woolshed

URL www.jondaryanwoolshed.com.au
住264 Jondaryan - Evanslea Rd., Jondaryan, 4403 ☎4692-2229 WiFi 免費
費T W $110、5人部屋$55～75、6人部屋$85
CC ADJMV

位於距離圖沃柏約40km內陸區Jondaryan的郊外，從1859年經營至今，是座擁有悠久歷史的綿羊牧場。這裡除了露營地，也有將老建築作為住宿設施及小木屋，可以用非常便宜的價格體驗農場生活。另外，也會不定期推出綿羊的剪毛秀及流浪漢（Swagman）趕羊秀等表演（較常在週末及學校假期舉行）。住宿必須事先預約，只要在入住前一天聯絡的話，可以派車到Jondaryan載客。

在Jondaryan可以看到綿羊剪毛秀

卡納芬峽谷國家公園

位於國家公園入口 MAP 無
Carnarvon Gorge Wilderness Lodge

URL wildernesslodge.com.au
住4034 O'Briens Rd., Carnarvon Gorge, 4702
☎4984-4503 WiFi 付費
費T W $280～310 CC MV

住宿小屋分散在自然環境中，各個小屋均備有淋浴間、廁所、冰箱等設備。

埃薩山

充滿殖民時代風情 MAP 無
ibis Styles Verona Hotel

URL all.accor.com
住Cnr. Rodeo Drv. & Camooweal St., Mt.Isa, 4825 ☎4743-3024 FAX 4743-8715
WiFi 付費 費T W $239～259 CC ADJMV

改建自1960年代的建築物，位在城鎮中心的絕佳地點。

埃薩山的便宜旅館 MAP 無
Travellers Haven Backpackers

URL travellershaven.com.au
住75 Spence St., Mt.Isa, 4825 ☎4743-0313
WiFi 免費 費D $30、T W $75 CC MV

距離長途巴士總站兼遊客中心約400m，不只房間乾淨，還備有泳池。

新南威爾斯州

以人口500萬的大都市雪梨為首府的澳洲第一個州

擁有世界三大美麗港口之一的雪梨

觀光重點

POINT 1 雪梨擁有220多年歷史，是澳洲歷史最悠久的城市。在這個新舊建築並存的美麗港都，以岩石區為中心，至今仍可以在城市的各處看到開拓時代的古老建築。遊客可以在城市裡悠閒漫步、週末到跳蚤市場尋寶，或是搭乘雪梨灣觀光船、血拚購物、享用美食等，充分享受這個城市的各種樂趣。

POINT 2 登錄為世界自然遺產的藍山Blue Mountains，是可以從雪梨一日往返的觀光名勝，除了可以欣賞尤加利樹原生林和美麗峽谷風景之外，還可以體驗叢林健行，或是搭乘景觀列車觀賞雄偉景色。此外，在藍山地區還有世界最古老的鐘乳石洞——傑諾藍洞窟群Jenolan Caves，雖然有段距離，若是時間允許，不妨去看看。

藍山國家公園

POINT 3 在史蒂文斯港Port Stephens或麥覺理港Port Macquarie等沿海城市，一年四季都有賞海豚觀光船出航，而在冬季還有賞鯨團可以參加。

基本資訊

面積	80萬9400km²	州動物	鴨嘴獸
人口	約817萬人	州花	紅火球帝王花（山龍眼科的花）
首府	雪梨（人口約536萬人）	電話	區域號碼　02
時差	澳洲東部標準時間（比台灣快2小時） 由於採行夏令時間，通常從10月的最後一個週日到4月的第一個週日會將時間調快1個小時（比台灣快3小時）。		

主要節日（2024年）

2024 年

1月1日	新年 New Year's Day
1月26日	澳洲國慶日 Australia Day
3月29日	耶穌受難日 Good Friday
3月30日	復活節星期六 Easter Saturday
3月31日	復活節星期日 Easter Sunday
4月1日	復活節星期一 Easter Monday
4月25日	澳紐軍團紀念日Anzac Day
6月10日	女王誕辰日 Queen's Birthday
10月7日	勞動節 Labour Day
12月25日	耶誕節 Christmas Day
12月26日	節禮日 Boxing Day

學校假期（2024年）

4/13～4/28、7/6～7/21、9/28～10/13、12/18～2025年2/2

新南威爾斯州主要觀光地的平均氣溫‧降雨量

	1月	2月	3月	4月	5月	6月	7月	8月	9月	10月	11月	12月
雪梨												
平均最高氣溫(℃)	25.9	25.8	24.8	22.4	19.5	17.0	16.3	17.8	20.0	22.1	23.6	25.2
平均最低氣溫(℃)	18.7	18.8	17.6	14.7	11.6	9.3	8.1	9.0	11.1	13.6	15.6	17.5
平均降雨量(mm)	101.6	117.6	129.2	127.1	119.9	132.0	97.4	80.7	68.3	76.9	83.9	77.6
卡頓巴(藍山)												
平均最高氣溫(℃)	23.3	22.4	20.3	16.7	13.1	10.0	9.4	11.2	14.6	17.7	20.3	22.4
平均最低氣溫(℃)	12.8	12.9	11.4	8.7	6.1	3.7	2.6	3.3	5.4	7.7	9.9	11.7
平均降雨量(mm)	162.4	176.7	165.8	121.3	100.8	119.2	83.0	79.2	71.8	91.3	109.1	123.1
塞斯諾克(獵人谷)												
平均最高氣溫(℃)	30.1	29.0	27.2	24.1	20.6	17.8	17.3	19.4	22.6	25.2	26.8	28.8
平均最低氣溫(℃)	16.8	16.8	14.5	10.4	7.4	5.7	4.0	4.5	7.0	9.6	13.0	14.9
平均降雨量(mm)	72.9	102.9	72.1	49.6	41.4	58.2	29.3	34.9	45.0	51.3	74.3	77.2
拜倫灣(度假海岸)												
平均最高氣溫(℃)	27.9	27.5	26.4	23.9	21.2	19.3	18.7	20.0	22.1	23.6	25.1	26.4
平均最低氣溫(℃)	21.2	21.0	19.9	17.6	14.9	13.1	12.0	13.1	15.3	16.8	18.6	19.8
平均降雨量(mm)	167.3	174.8	127.7	185.1	95.7	158.2	98.3	77.2	43.8	100.5	86.8	139.6
佛雷堡(雪山)												
平均最高氣溫(℃)	21.4	21.0	18.1	13.8	10.0	6.5	5.4	6.6	9.8	13.3	16.5	19.1
平均最低氣溫(℃)	7.3	7.0	4.7	1.6	-0.5	-2.4	-3.7	-2.5	-0.5	1.7	3.8	5.4
平均降雨量(mm)	105.7	87.7	116.0	109.8	150.1	163.3	161.1	194.3	213.1	181.9	162.7	123.9

新南威爾斯州概要

1788年1月26日，由亞瑟‧菲利普Arthur Phillip率領的艦隊載著英國流放罪犯，在傑克遜港Port Jackson下錨，於現在的雪梨登陸，這是澳洲成為英屬殖民地的歷史開端。雖然最初是作為流放地的殖民地，但1851年在內陸的巴瑟斯特Bathurst發現砂金之後，澳洲便展開一股淘金熱潮；而且不只是白人，連中國等亞洲各地移民也大量湧進，因此造就了澳洲的巨大發展。

雪梨岩石區立有紀念亞瑟·菲利普登陸的登陸紀念碑

另外，從南非引進美麗諾Merino綿羊，改良成適合澳洲風土氣候的品種，使得澳洲牧羊業也日漸興盛。

讓淘金熱、牧羊業能夠並行發展的契機，在於1813年發現了越過澳洲東部大分水嶺（Great Dividing Range）的藍山路徑；越過藍山後是一大片寬闊的綠地，現在這片綠地被開發成廣大牧場，盛行牧羊業、種植蔬果和稻麥等農業，成為澳洲屈指可數的大農牧地區。然而內陸地區則是布滿紅土的不毛之地，幾乎未曾發展開墾；相反地，沿岸地區卻湧入多數移民，形成許多都市。

新南威爾斯州的歷史，幾乎可以說是澳洲的發展史，正因如此，新南威爾斯州居民抱著「澳洲的發展就是由我們州帶領」這樣強烈的意識。當然這不僅是意識而已，人口居澳洲之冠的新南威爾斯州，也確實引領著國家的經濟和金融發展。

交通

與州外交通

飛機 新南威爾斯州的入口都市就是雪梨，雪梨機場不僅是州內唯一的國際機場，規模也是澳洲最大。除了國際航班，每天也有許多州外飛來的國內航班在機場起降（前往雪梨的交通→P.231）。此外，要前往紐卡素Newcastle可從布里斯本、黃金海岸、墨爾本搭飛機，去麥覺理港可從布里斯本，科夫斯港Coffs Harbour則從布里斯本、墨爾本，而前往拜倫灣Byron Bay（巴利納）可從墨爾本搭乘。

長途巴士 有澳洲灰狗巴士Greyhound Australia等多家巴士公司，行駛雪梨～坎培拉～墨爾本、雪梨～黃金海岸～布里斯本、雪梨～塔姆沃思Tamworth～布里斯本等路線。各路線皆行經主要幹道，巴士班次相對較多。

火車 雪梨～賭場（黃金海岸）～布里斯本、雪梨～墨爾本的XPT列車每天都有班次行駛。另外，連接雪梨～阿得雷德～柏斯Perth，也有豪華臥鋪列車印度洋-太平洋號Indian Pacific，每週行駛2班。

高樓大廈林立的雪梨市中心

州內交通

飛機 以雪梨國際機場為起點，有飛往紐卡素、科夫斯港、麥覺理港、拜倫灣（巴利納），還有內陸地區達博Dubbo、布羅肯山Broken Hill等地的國內航班。這些航線多由澳洲航空（QantasLink）、維珍澳洲航空、區域快線航空經營，但是有時搭乘長途巴士反而更有效率。

長途巴士＆火車 新南威爾斯州鐵路公司NSW Trainlink負責經營前往州內各主要都市的特快列車運行，以及中途各站到附近地區的地區巴士，是州內移動的重要交通工具。尤其是造訪大都市以外的地區時，火車＆巴士的組合是最佳交通方式，可購買火車和巴士的聯票。

租車 大多數都市都集中在東海岸，而且之間距離並不遠，路況也良好；若是要到獵人谷、史蒂文斯港、藍山等觀光地時，當地的交通則較為不便。因此在新南威爾斯州觀光時，如果要造訪雪梨以外的地區，租車可說是最實際的選擇。

注意郊區有許多野生動物出沒

出遊規劃要訣

以雪梨為起點的旅程

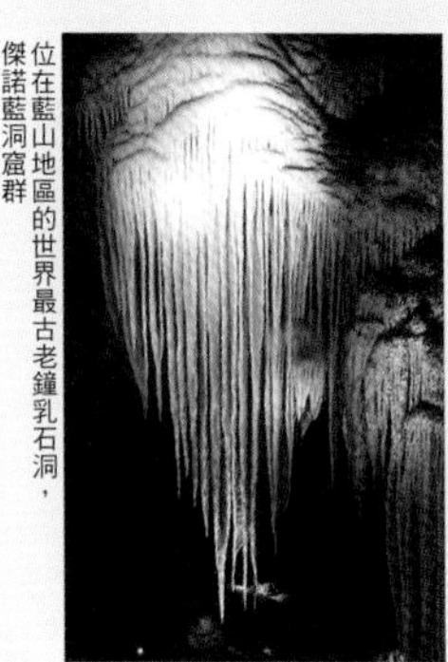
位在藍山地區的世界最古老鐘乳石洞，傑諾藍洞窟群

雪梨不僅是澳洲最大都市，還可以享受許多城市樂趣，建議最少停留2～3天，漫步街道、觀光（有許多歷史建築、水族館、動物園）、購物、美食。

而雪梨市區的著名觀光景點，有攀登知名雪梨港灣大橋的Bridge Climb、雪梨塔360度透明觀景台的天空漫步，都很值得一試。

還有許多從雪梨出發前往藍山、史蒂文斯港、獵人谷等郊外觀光景點的旅遊團，在享受市區風景之餘，別忘了留點時間參加。若是時間充裕，在藍山或獵人谷的獨特風格飯店，或是在史蒂文斯港的度假飯店住個幾晚，也是不錯的選擇。

澳洲紅酒名產地，獵人谷的氣派飯店

周遊新南威爾斯州

座落在澳洲大陸最東端海岬的拜倫灣燈塔

雪梨～黃金海岸的東海岸沿岸之旅、雪梨～坎培拉～墨爾本的內陸之旅，可以搭乘長途巴士、火車或租車，推薦大家悠閒暢遊途中觀光地的旅遊行程。

參加針對背包客設計的周遊澳洲東海岸沿岸觀光地的巴士之旅，就能玩遍新南威爾斯州的主要景點，有數家公司推出這樣的行程。推薦給不想花大錢、又不想錯過任一個主要景點的人。主要觀光巴士公司如下：

Oz Experience
(02)9336-9000
URL ozexperience.com

Adventure Tours Australia
(07)5401-5555
URL www.adventuretours.com.au

G Adventures
URL www.gadventures.com

位於史蒂文斯港的史托頓海灘大沙丘

雪梨 Sydney

新南威爾斯州 *New South Wales* 區域號碼 (02)

實用資訊

■**雪梨遊客中心**
Sydney Visitor Centre (Australian Visitor Centre) MAP P.239/2A
住 Shop 1-2, The Rocks Centre, 12-24 Playfair St., The Rocks, 2000
☎ (02)8273-0000
URL visitorcentre.com.au
開 每日9:00～17:00
休 耶穌受難日、耶誕節

■**駐雪梨台北經濟文化辦事處**
Taipei Economic and Cultural Office MAP P.252/2A
住 Suite 1902, Level 19, 25 Martin Place, Sydney NSW 2000
☎ (02) 8650-4200
URL www.roc-taiwan.org/ausyd
開 週一～五9:00～17:00

主要航空公司聯絡處

澳洲航空Qantas Airways
☎ 13-13-13
中華航空China Airlines
☎ (02) 8339-9188（雪梨）、1300-668-052
日本航空Japan Airlines
FREE 1800-047-489
全日空ANA FREE 1800-081-765
捷星航空Jet Star
☎ 13-15-38
維珍澳洲航空Virgin Australia
☎ 13-67-89
新加坡航空Singapore Airlines
☎ 13-10-11
國泰航空 Cathay Pacific Airways
☎ 13-17-47
馬來西亞航空Malaysia Airlines
☎ 13-26-27
泰國航空Thai Airways
☎ 1300-651-960
亞洲航空 Air Asia X
☎ (02)8188-2133

行駛在雪梨灣的渡輪

擁有約500萬人口的雪梨是澳洲最大的城市，充滿英倫風情的街景和摩登的高樓大廈、綠意盎然的寬闊公園、往來雪梨灣的渡輪及觀光遊艇……雪梨是將這些景觀完美協調呈現的美麗城市。

雪梨是英國最早殖民澳洲的地區，因此到處都有歷史悠久的建築，像是最早被開墾的岩石區The Rocks、最早設置殖民政府等，僅僅是在街頭漫步或欣賞建築，就有彷彿搭乘時光機回到過去的錯覺。

當然雪梨的美食和購物也充滿樂趣，集合全澳洲最高級食材與廚藝高超的主廚，還有各式各樣的餐廳。此外，除了歐美著名設計師的精品店，澳洲本土設計師的精品店也很多，週末還有在市內各地開設的跳蚤市場可以尋寶。雪梨也是前往郊外知名澳洲觀光景點的起點，例如世界自然遺產的藍山Blue Mountains、可以賞鯨豚的史蒂文斯港Port Stephens、葡萄酒鄉獵人谷Hunter Valley都很適合短程旅行。

走吧！一起享受雪梨的無限城市魅力，盡情享受小旅行！

在邦代海灘嘗試衝浪

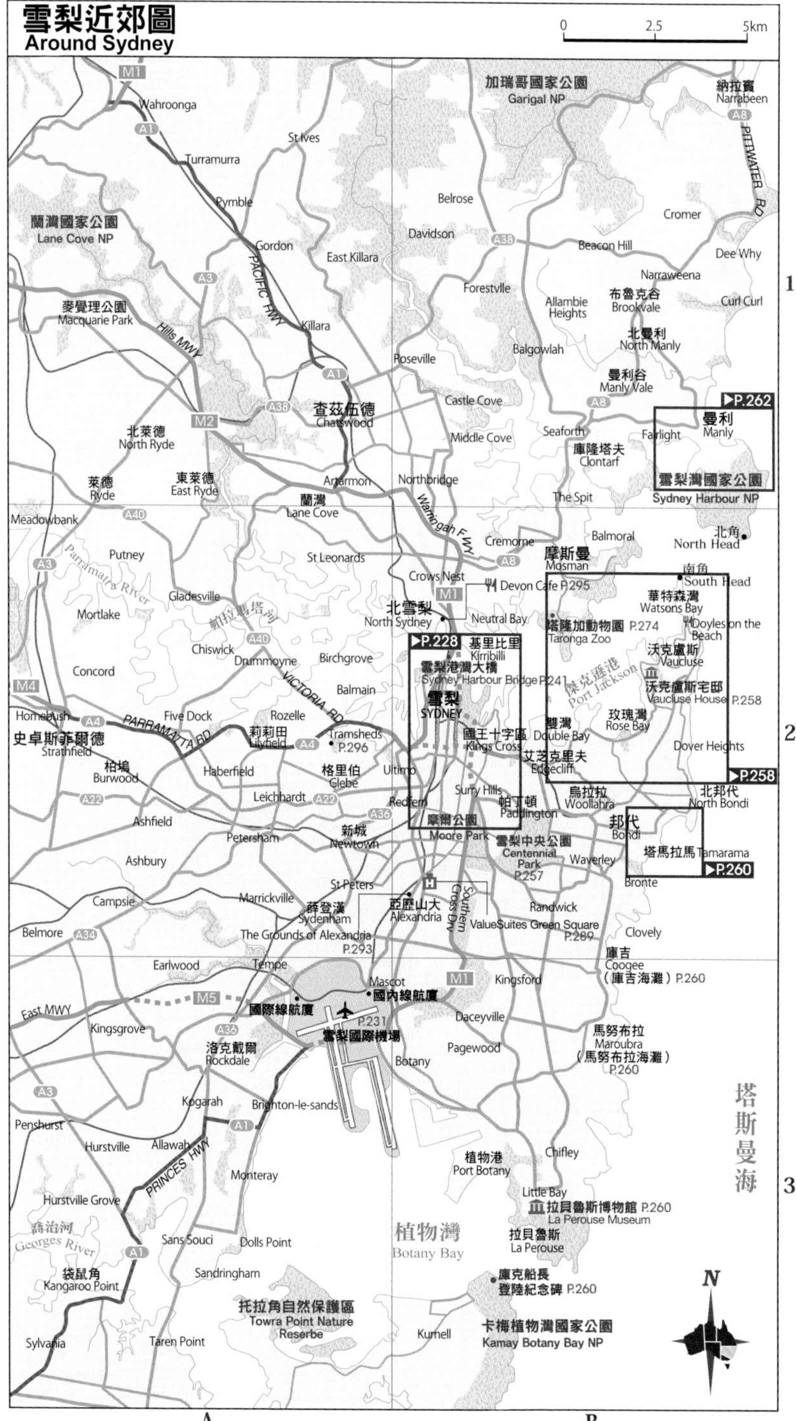
雪梨近郊圖
Around Sydney
0 2.5 5km
加瑞哥國家公園
Garigal NP
納拉賓
Narrabeen
Wahroonga
Turramurra
St Ives
Pymble
蘭灣國家公園
Lane Cove NP
Gordon
East Killara
Belrose
Davidson
Cromer
Beacon Hill
Dee Why
Narraweena
Forestvlle
布魯克谷
Brookvale
Allambie Heights
Curl Curl
麥覺理公園
Macquarie Park
Killara
北曼利
North Manly
Balgowlah
Roseville
曼利谷
Manly Vale
Castle Cove
查茲伍德
Chatswood
北萊德
North Ryde
Seaforth
Middle Cove
庫隆塔夫
Clontarf
Fairlight
曼利
Manly
雪梨灣國家公園
Sydney Harbour NP
萊德
Ryde
東萊德
East Ryde
Artarmon
Northbridge
蘭灣
Lane Cove
The Spit
Meadowbank
Putney
Balmoral
北角
North Head
Cremorne
St Leonards
摩斯曼
Mosman
南角
South Head
Crows Nest
Devon Cafe P.295
Gladesville
Mortlake
北雪梨
North Sydney
Neutral Bay
華特森灣
Watsons Bay
塔隆加動物園 P.274
Taronga Zoo
Doyles on the Beach
Chiswick
Drummoyne
Birchgrove
基里比里
Kirribilli
雪梨港灣大橋
Sydney Harbour Bridge P.241
沃克盧斯
Vaucluse
Concord
Balmain
傑克遜港
Port Jackson
沃克盧斯宅邸
Vaucluse House P.258
雪梨
SYDNEY
Homebush
Five Dock
Rozelle
雙灣
Double Bay
玫瑰灣
Rose Bay
史卓斯菲爾德
Strathfield
莉莉田
Lilyfield
Tramsheds P.296
國王十字區
Kings Cross
艾芝克里夫
Edgecliff
Dover Heights
柏塢
Burwood
Haberfield
格里伯
Glebe
Ultimo
Leichhardt
Surry Hills
帕丁頓
Paddington
烏拉拉
Woollahra
北邦代
North Bondi
Redfern
邦代
Bondi
Ashfield
Petersham
新城
Newtown
摩爾公園
Moore Park
雪梨中央公園
Centennial Park P.257
Waverley
塔馬拉馬
Tamarama
Ashbury
St Peters
Bronte
Campsie
Marrickville
亞歷山大
Alexandria
Randwick
薛登漢
Sydenham
Southern Cross Drv
ValueSuites Green Square P.289
Belmore
The Grounds of Alexandria P.293
Clovely
Earlwood
Tempe
庫吉
Coogee
（庫吉海灘）P.260
Mascot
Kingsford
國內線航廈
East MWY
國際線航廈
P.231
Daceyville
Kingsgrove
雪梨國際機場
馬努布拉
Maroubra
（馬努布拉海灘）
P.260
洛克戴爾
Rockdale
Pagewood
Botany
塔斯曼海
Kogarah
Brighton-le-sands
Penshurst
Hurstville
Allawah
Chifley
植物港
Port Botany
Monteray
Little Bay
Hurstville Grove
拉貝魯斯博物館 P.260
La Perouse Museum
喬治河
Georges River
Sans Souci
Dolls Point
植物灣
Botany Bay
拉貝魯斯
La Perouse
袋鼠角
Kangaroo Point
Sandringham
庫克船長登陸紀念碑 P.260
托拉角自然保護區
Towra Point Nature Reserbe
卡梅植物灣國家公園
Kamay Botany Bay NP
Kurnell
Sylvania
Taren Point
Parramatta River
帕拉馬塔河
PACIFIC HWY
Hills MWY
Warringah FWY
VICTORIA RD
PARRAMATTA RD
PRINCES HWY
PITTWATER RD
M1
M2
M4
M5
A1
A3
A4
A8
A22
A34
A36
A38
A40
P.228
P.258
P.260
P.262
N
A
B
1
2
3

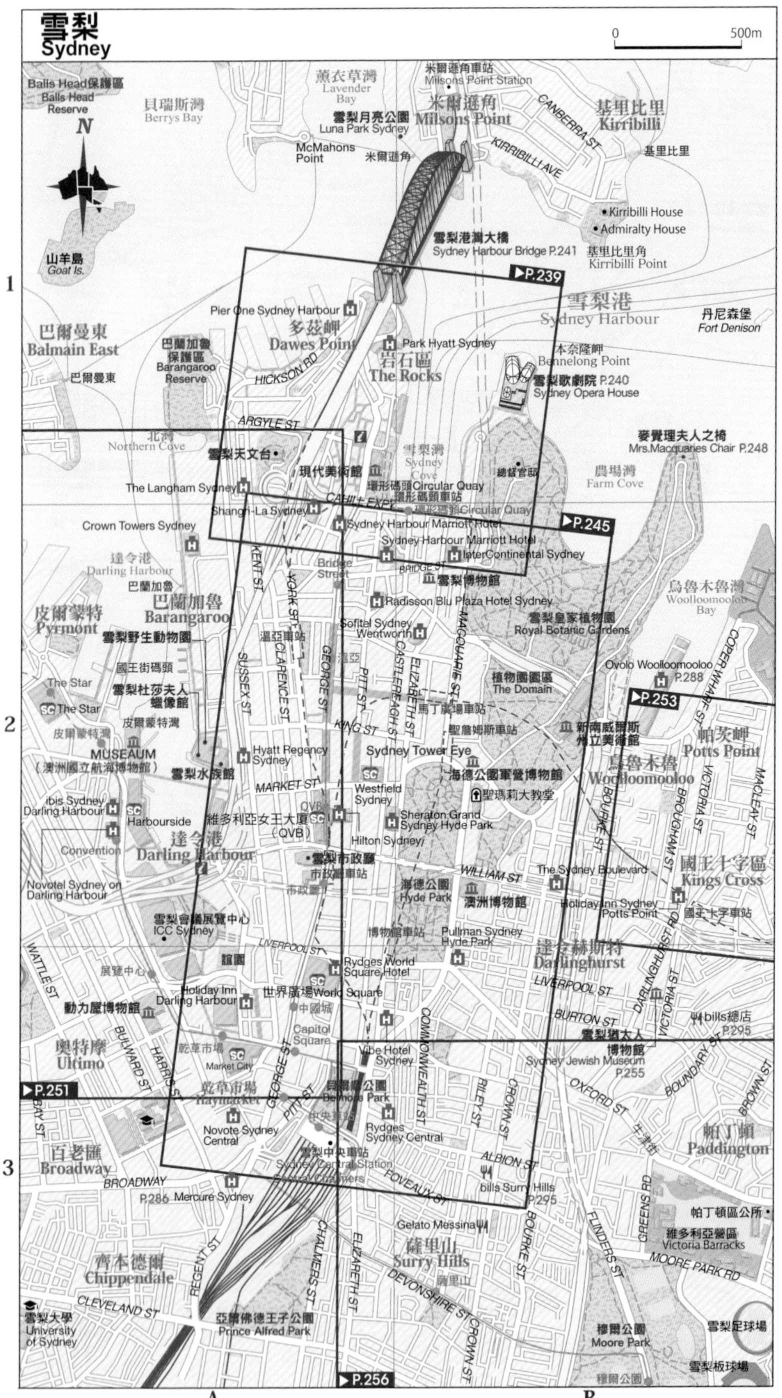
雪梨
Sydney
0
500m
N
1
2
3
A
B
Balls Head保護區
Balls Head Reserve
貝瑞斯灣
Berrys Bay
薰衣草灣
Lavender Bay
米爾遜角車站
Milsons Point Station
米爾遜角
Milsons Point
雪梨月亮公園
Luna Park Sydney
McMahons Point
米爾遜角
基里比里
Kirribilli
基里比里
CANBERRA ST
KIRRIBILLI AVE
Kirribilli House
Admiralty House
雪梨港灣大橋
Sydney Harbour Bridge P.241
基里比里角
Kirribilli Point
山羊島
Goat Is.
▶P.239
雪梨港
Sydney Harbour
丹尼森堡
Fort Denison
Pier One Sydney Harbour
多茲岬
Dawes Point
Park Hyatt Sydney
岩石區
The Rocks
本奈隆岬
Bennelong Point
雪梨歌劇院 P.240
Sydney Opera House
巴爾曼東
Balmain East
巴爾曼東
巴蘭加魯保護區
Barangaroo Reserve
HICKSON RD
ARGYLE ST
北灣
Northern Cove
雪梨天文台
現代美術館
雪梨灣
Sydney Cove
總督官邸
麥覺理夫人之椅
Mrs.Macquaries Chair P.248
農場灣
Farm Cove
The Langham Sydney
環形碼頭Circular Quay
環形碼頭車站
CAHILL EXPY
Shangri-La Sydney
Crown Towers Sydney
Sydney Harbour Marriott Hotel
▶P.245
InterContinental Sydney
達令港
Darling Harbour
巴蘭加魯
BRIDGE ST
雪梨博物館
巴蘭加魯
Barangaroo
Bridge Street
KENT ST
YORK ST
Radisson Blu Plaza Hotel Sydney
烏魯木魯灣
Woolloomooloo Bay
皮爾蒙特
Pyrmont
雪梨野生動物園
溫亞車站
Sofitel Sydney Wentworth
雪梨皇家植物園
Royal Botanic Gardens
國王街碼頭
SUSSEX ST
CLARENCE ST
GEORGE ST
PITT ST
CASTLEREAGH ST
ELIZABETH ST
MACQUARIE ST
溫亞
Ovolo Woolloomooloo P.288
COPER WHARF ST
The Star
雪梨杜莎夫人蠟像館
植物園園區
The Domain
▶P.253
The Star
馬丁廣場車站
皮爾蒙特灣
KING ST
聖詹姆斯車站
新南威爾斯州立美術館
帕茨岬
Potts Point
皮爾蒙特
MUSEAUM
（澳洲國立航海博物館）
雪梨水族館
Hyatt Regency Sydney
Sydney Tower Eye
海德公園軍營博物館
烏魯木魯
Woolloomooloo
VICTORIA ST
MACLEAY ST
BROUGHAM ST
MARKET ST
Westfield Sydney
聖瑪莉大教堂
BOURKE ST
ibis Sydney Darling Harbour
Harbourside
QVB
維多利亞女王大廈
（QVB）
Sheraton Grand Sydney Hyde Park
Convention
達令港
Darling Harbour
Hilton Sydney
雪梨市政廳
市政廳車站
市政廳
WILLIAM ST
The Sydney Boulevard
國王十字區
Kings Cross
Novotel Sydney on Darling Harbour
海德公園
Hyde Park
澳洲博物館
Holiday Inn Sydney Potts Point
國王十字車站
雪梨會議展覽中心
ICC Sydney
博物館車站
Pullman Sydney Hyde Park
達令赫斯特
Darlinghurst
LIVERPOOL ST
WATTLE ST
展覽中心
誼園
Rydges World Square Hotel
LIVERPOOL ST
Holiday Inn Darling Harbour
世界廣場World Square
中國城
動力屋博物館
BURTON ST
DARLINGHURST RD
VICTORIA ST
bills總店 P.295
雪梨猶太人博物館
Sydney Jewish Museum P.255
COMMONWEALTH ST
Capitol Square
BULWARD ST
HARRIS ST
奧特摩
Ultimo
乾草市場
Market City
GEORGE ST
PITT ST
Vibe Hotel Sydney
貝爾摩公園
Belmore Park
BOUNDARY ST
BROWN ST
OXFORD ST
RILEY ST
CROWN ST
▶P.251
乾草市場
Haymarket
中央車站
BAY ST
Novotel Sydney Central
Rydges Sydney Central
牛津街
帕丁頓
Paddington
雪梨中央車站
Sydney Central Station
ALBION ST
百老匯
Broadway
BROADWAY
Mercure Sydney
FOVEAUX ST
bills Surry Hills P.295
P.286
GREENS RD
帕丁頓區公所
維多利亞營區
Victoria Barracks
Gelato Messina
BOURKE ST
FLINDERS ST
薩里山
Surry Hills
薩里山
MOORE PARK RD
齊本德爾
Chippendale
REGENT ST
CHALMERS ST
ELIZABETH ST
DEVONSHIRE ST
CROWN ST
CLEVELAND ST
雪梨大學
University of Sydney
亞爾佛德王子公園
Prince Alfred Park
穆爾公園
Moore Park
雪梨足球場
雪梨板球場
穆爾公園
▶P.256

來到雪梨 必看！必玩！

澳洲最大的城市雪梨，是擁有世界3大美麗港口稱號的港都。

面對美麗的港灣，從開拓時代的舊建築到現代化大樓並存街頭，雪梨除了可以享受城市漫步的樂趣，還有近郊的世界遺產——藍山Blue Mountains的自然美景，充滿多樣魅力。

漫步岩石區及周邊

保存雪梨昔日美好風貌的岩石區The Rocks，保留許多開拓時期的建築物，漫步街頭就有搭上時光機回到過去的錯覺，是非常美麗的地區。在岩石區沿著海邊步行10分鐘，就到達被登錄為世界文化遺產的雪梨歌劇院Sydney Opera House，劇院內部有導覽行程，一定要入內參觀。

觀光船遊港

如果想知道世界3大美麗港口之美，參加觀光船之旅是最佳選擇。從環型碼頭Circular Quay和達令港Darling Harbour，都有為數眾多的觀光船出港遊覽。

最大的觀光船公司Captain Cook Cruises

現在雪梨最夯的觀光活動，攀登橋梁Bridge Climb

攀登港灣大橋／雪梨天空漫步

從高處眺望雪梨市區是一種另類的體驗，更不用說是在象徵雪梨的代表性建築上。Bridge Climb是攀登著名海灣大橋的活動，從頂端眺望雪梨港、城市美景的觀光活動。天空漫步則是在市區中心雪梨塔的展望台上方行走，享受城市的絕佳視野。

藍山國家公園觀光

離開城市，前往車程1小時30分的藍山國家公園，眺望滿布尤加利樹的寬闊溪谷，享受愉快的叢林健行。有許多從雪梨出發的旅遊團可以參加。

從最具代表性的回聲角觀景台所眺望的美景

EVENTS 雪梨不能錯過的活動

一整年有各式各樣活動舉行的雪梨，
建議從中選出「就是這個！」的活動，
在旅行期間配合選擇的活動來安排行程。

狂歡節的遊行會有各種變裝的人來參加

2月 3月 雪梨同性戀狂歡節
Sydney Gay & Lesbian Mardi Gras
2024年2月16日～3月3日

這項世界規模最大的同志慶典活動，每年有超過40萬人參加，舉行時間約為2週，期間會有澳洲國內外藝術家的戲劇、音樂會、展覽等演出，最後一天則是在牛津街Oxford St.由1400個團體參加，展現華麗變裝及表演的遊行活動。特別是2023年全球LGBTIQ+慶祝活動的世界驕傲節（World Pride），在雪梨與此活動共同舉行，於2月25～26日遊行、3月3～4日舉辦大型Party。URL www.mardigras.org.au

參加者來自世界各地的狂歡節遊行

3月 4月 雪梨皇家復活節農展會
Sydney Royal Easter Show
2024年3月22日～4月2日

在復活節假期（日期因年而異，通常為3月中下旬～4月中旬），於奧林匹克公園舉行的澳洲最大規模的農業．酪農展（每年有超過90萬人參加）。會場內有迷你遊樂園，以及牛、馬等家畜進行的各種表演，可以觀賞到很多演出與技藝。

URL www.eastershow.com.au

由於是農展會，可以體驗與動物接觸的樂趣

繽紛雪梨燈光音樂節是燈光與音樂結合的節慶活動

5月 6月 繽紛雪梨燈光音樂節
Vivid Sydney
2024年5月24日～6月15日

在歌劇院、環型碼頭、岩石區和達令港等地，進行3週由燈光與音樂交織的繽紛活動，尤其是以歌劇院為畫布，投射燈光後呈現出的模樣，是燈光音樂節最具代表性的景象。URL www.vividsydney.com

9月 雪梨馬拉松
Sydney Running Festival
2024年9月15日

一開跑馬上就橫渡大橋

為了紀念2000年雪梨奧運而舉辦的南半球規模最大的馬拉松比賽（參加人數超過3萬3000人），也有不少日本和台灣人參加。

URL www.sydneyrunningfestival.com.au/marathon

12月 跨年煙火
New Year's Eve Fireworks
2024年12月31日

與跨年倒數一起，從雪梨海灣大橋施放的大型煙火大會。

URL www.sydneynewyearseve.com

Photo：James Morgan, Destination NSW

交通
ACCESS

如何前往

➡台灣出發

從台北有澳洲航空和中華航空的直飛航班，其他也可以搭乘像是新加坡航空、國泰航空、泰國航空、馬來西亞航空等亞洲航空公司的班機到新加坡、香港、曼谷、吉隆坡再轉機。

➡澳洲國內各地出發

除了各州首府外，黃金海岸、凱恩斯Cairns、愛爾斯岩Ayers Rock（烏魯魯Uluru）、布魯姆Broome等主要觀光地都有澳洲航空、捷星航空及維珍澳洲航空營運的航班飛往雪梨，區域快線航空也有聯絡布里斯本、黃金海岸與墨爾本之間的航班。雪梨也是長途巴士、長途火車通往澳洲各城市的起點，連結許多城市的往來運輸。

機場↔市區

雪梨國際機場Sydney Airport（SYD），又名京斯福史密斯國際機場Kingsford Smith Airport，位於市中心南邊約10km處。機場分為國際線航廈（T1）及國內線航廈（T2、T3），兩航廈之間距離約2km。國內線航廈的部分，澳洲航空在T3，維珍澳洲及捷星航空、區域快線航空則在T2。此外，國際線～國內線航廈間有橘色外觀的接駁巴士（T-Bus）接送旅客，班次相當頻繁，單程約需10分鐘。若是需要轉機的旅客，在兩航廈入境大廳的轉機櫃台，辦妥手續即可免費搭乘。

為國內線主要航廈的T2

往來於航廈之間便利的T-Bus

●電車

行駛於雪梨市區的Sydney Train──機場電車Airport Link（T8 Line的一部分），行經國際線航廈～國內線航廈～雪梨車站（中央車站），再繞行博物館、聖詹姆斯、環形碼頭、溫亞、市政廳，又回到中央車站，然後再往郊外路線行駛（機場到市區或市中心為地鐵）。國際線航廈到中央車站最快只需13分鐘，對行李少又有方向感的人而言，是效率佳的交通工具。

■雪梨國際機場
MAP P.227/3A
URL www.sydneyairport.com.au

■國際線航廈⟷國內線航廈接駁巴士（T-Bus）
時 每日6:00～20:50隨時
費 免費

在國際線航廈入境大廳，有電信公司的SIM卡販賣處（Optus、Vodafone）

國際線航廈出境大廳的購物及餐廳設施十分完善

■從機場前往市區的便宜方式
雪梨巴士（市巴士）Route 420連結機場（國際線&國內線航廈）～馬斯考特站Moscot Station（從T1約20分鐘，T2、T3約7分鐘），再從馬斯考特站搭乘Sydney Train的話，車資比較便宜。
費 雪梨機場～馬斯考特站巴士單程：大人$3.20（2.24） 小孩$1.60（1.12）／馬斯考特站～雪梨市中心Sydney Train單程：大人$3.79（$2.65） 小孩$1.89（$1.32）／雪梨機場～馬斯考特站～雪梨市中心轉乘單程：大人$4.99（$2.89） 小孩$2.49（$1.44）
※（ ）內為離峰時間票價

■機場電車Airport Link
☎ 13-15-00
URL airportlink.com.au
費 國際線航廈～市區：大人$20.45（$19.03） 小孩$16.43（$15.72）／國內線航廈～市區：大人$19.53（$18.39） 小孩 $15.97（$15.40）
※（ ）內為離峰時段票價
※澳寶卡Opal Card（→P.232）可以在車站窗口購買
※對於停留期間不會搭乘大眾交通工具的遊客，可以購買Opal Single Ticket。國際線航廈：大人$21.70 小孩$16.90／國內線航廈：大人$20.60 小孩$16.40

搭乘機場接駁巴士就可以直接到達下榻飯店

■機場接駁巴士
●Redy2Go
📞1300-246-669
URL www.redy2go.com.au
時 每日6:00～21:00
費 單程：大人$38.16 小孩$9.54
●Kingsford Smith Airport Bus & Sydney Airporter (Air Bus Sydney)
📞(02)9666-9988（要預約）
URL www.kst.com.au
時 每日6:30～19:00
費 單程：大人$25 小孩$12

■Uber (→P.649)
搭乘要自行負責

■雪梨的計程車
起跳價$3.60（週五～六及節日前22:00～6:00為$6.10），之後每1km收$2.19（22:00～翌日6:00為$2.63）持續累計；另外等待時間1分鐘94¢，預約計程車的話多收$2.50。車行雖然很多，但只要撥以下電話號碼，就可以預約所有車行的計程車。
📞依公司而異。以下為代表性的電話號碼：13-10-01／13-14-51／13-16-68／13-10-17
URL www.nswtaxi.org.au

■雪梨車站
雪梨最早的火車是由1855年從現在的鐵路廣場（市區巴士總站），當時稱為Redfern車站出發，向西延伸至帕拉瑪塔Parramatta車站。現在的雪梨車站完工於1906年，是一座留有開拓時期模樣的歷史性建築。

■澳寶卡Opal Card
URL www.opal.com.au
※如果有AMEX、Master、VISA的非接觸式付款信用卡及簽帳金融卡Debit Card，就可以作為Opal Card使用。只要確定自己手上的信用卡是非接觸式，就不需要特地去買澳寶卡。

●機場接駁巴士

在國際線入境大廳設有Redy2Go的售票處

雖然由多家公司經營機場巴士線，但能夠在機場入境大廳（國際線、國內線都是）搭車的只有Redy2Go；如果搭乘其他巴士，如Kingsford Smith Airport Bus、Sydney Airporter（Air Bus Sydney）等的話，必須先預約（到達後電話預約也可以）。若是從市區出發，可以到飯店或指定的地點載客；而機場的搭車處則在入境大廳外、距離航廈有點距離的接駁巴士站。由於前往市區的巴士會繞行各飯店，需要20分鐘～1小時才會抵達目的地。而從市區前往機場時，乘車日前一天預約的話，就提供接送載客服務。

●計程車&Uber

到市中心費用約$60～80，若是3人乘坐，費用與搭乘機場接駁巴士和機場電車Airport Link差不多，所需時間約15～20分鐘。此外，也可以搭乘Uber，到市中心約$45～75。

轉運中心 ↔ 市區

長途火車的始發車站雪梨轉運中心Sydney Transit Centre，位在雪梨市中心南端；長途巴士則在雪梨車站北側1樓的Eddy Ave.發車，緊鄰轉運站的是電車Sydney Train的中央車站，車站周圍道路也是市區巴士的起站，是一個要去哪裡都很便利的交通地點。

為交通轉運中心的雪梨中央車站

市區交通
LOCAL TRANSPORT

在新南威爾斯交通運輸部Transport for NSW的管轄之下，市營巴士、Sydney Train（電車）、渡輪、輕軌縱橫連結市區交通。

澳寶卡Opal Card

搭乘巴士、電車、渡輪、輕軌都可以使用的儲值式電子票卡澳寶卡Opal Card（分為大人、小孩及學生用3種），是雪梨人最常使用的交通票卡，到達雪梨後最好及早購買，在便利商店、車站內窗口、書報攤等地都有販售。卡片本身是免費的，但購買時必須加值（Top-Up），最好當下就先加值所需金額。

如果預定在雪梨長期停留，在網路上購買澳寶卡時可以登入帳戶，設定信用卡自動加值，只要餘額在$10以下時就會自動加值。

使用方式十分簡單，搭乘市營巴士和輕軌時上下車只要以澳寶卡輕觸車上的驗票機即可（上車時稱為tap on，下車時為tap off）；搭乘電車、渡輪時則是在進出票閘口時感應澳寶卡。要注意的是，巴士下車時、沒有驗票口的郊外車站及渡輪站等，忘記tap off的話，有可能會被計算為最遠乘車距離的票價金額。

此外，澳寶卡在雪梨以外之處，如藍山、紐卡素Newcastle、臥龍崗Wollongong等地的市區交通工具也可以使用。

澳寶卡的優惠

- 每日最高扣款上限為大人$16.80（小孩$8.40）。同一天不管使用多少次，都不會扣超過這個金額。還有從週一開始計算，一週最高扣款上限為大人$50（小孩$25）。
- 週日（早上4:00～翌日週一清晨3:59）的最高扣款上限為大人$8.40（小孩$4.20）。
- 從週一開始使用8次的話，之後這週內（週日為止）不管使用幾次都是運費半價。在市區觀光到處走動的話，因為都是搭乘巴士、電車和渡輪，1～2天就會使用超過8次，非常划算；而且是適用於澳寶卡可使用的所有區域，所以使用滿8次後，雪梨～藍山的來回交通也變便宜了。但是也有例外之處，像是前往機場，就需要加收機場站的使用費（大人$15.74小孩$14.08）。此外，在每次使用時，除了渡輪之外，於週一～五6:30～10:00、15:00～19:00以外的時間為離峰時段，享有30%的折扣優惠。
- 巴士、渡輪、電車和輕軌之間的轉乘（開始搭乘60分鐘以內），享有大人$2小孩$1的優惠。

市營巴士

外觀以綠色、藍色系為基調的市營巴士Sydney Bus，在溫亞Wynyard、約克街York St.（維多利亞女王大廈Queen Victoria Building前）、鐵路廣場Railway Sq.、環形碼頭Circular Quay（Young St.）的主要大站（大多數巴士都從這4站發車），都設有Sydney Bus Transit Shop，內有購票窗口、時刻表和路線圖。若是乘車有疑問，都可以來這裡詢問。

巴士由一人駕駛，前門上車，下車從前方或中間車門。上車門和下車門的距離很

■澳寶卡加值太多的注意事項

在離開雪梨時，澳寶卡餘額的退費手續非常麻煩，餘額超過$5，就必須有澳洲當地的銀行帳戶；因為是一般觀光客無法做到的條件，請在加值時務必留意。

■大眾交通工具相關資訊

任何關於巴士、電車、渡輪、澳寶卡Opal Card的諮詢請撥打下方電話。

☎13-15-00（每日6:00～22:00）
URL transportnsw.info

■雪梨的租車公司

- Hertz
☎(02)9329-9590
- AVIS
☎13-63-33
- Budget
☎1300-362-848
- Thrifty
☎1300-367-227
- Europcar
☎1300-131-390

■市營巴士Sydney Bus

費
- 0～3km：
大人$3.20 (2.24) 小孩$1.60 (1.12)
- 3～8km：
大人$3.93 (2.75) 小孩$1.96 (1.37)
- 8km以上：
大人$5.05 (3.53) 小孩$2.52 (1.76)

※（ ）內為離峰時段票價

搭乘巴士時，別忘了上車時要對驗票機tap on，下車時tap off

市巴士是雪梨最方便的交通工具

上層座位採開放式空間的Big Bus Sydney

■Big Bus Sydney
主辦：Big Bus Tours
☎(02)9568-8400
URL www.bigbustours.com/en/sydney/sydney-bus-tours
費 24小時：大人$65 小孩$45／48小時：大人$85 小孩$55
●雪梨探險號
時 每日9:00～16:00每30～45分鐘發車
●邦代海灣探險號
時 每日9:30～15:30每60分鐘發車
※票券可以在乘車時向司機購買

■雪梨渡輪
費
●0～9km以內：
大人$6.43 小孩$3.21
●超過9km：
大人$8.04 小孩$4.02

曼利渡輪比其他渡輪更大型

■Sydney Train
URL www.sydneytrains.info
費 搭乘距離
●10km：
大人$3.79(2.65) 小孩$1.89(1.28)
●20km：
大人$4.71(3.29) 小孩$2.35(1.64)
●35km：
大人$5.42(3.79) 小孩$2.71(1.89)
●65km：
大人$7.24(5.06) 小孩$3.62(2.53)
●超過65km：
大人$9.31(6.51) 小孩$4.65(3.25)
※( )內為離峰時段票價

近，由於各自有澳寶卡的驗票機，別忘了上車時要tap on，下車時tap off；要是忘了刷卡，下次搭車時就要付前次最遠距離的票價作為罰金。而且車內不會廣播下一站站名，所以如果不知道要在哪裡下車，上車時可以拜託司機告知或詢問其他乘客。

Big Bus Sydney

雖然不屬於公共交通工具，卻是非常適合有效率觀光雪梨各個景點的巡迴巴士（票券效期內可不限次數搭乘）。雙層巴士的上層是開放式的座位，天氣好的時候非常舒服。共有2種路線，一種是除了一般巴士不會到的麥覺理夫人岬Mrs Macquaries Point，還會巡迴市內23個觀光景點的雪梨探險號Sydney Explorer；以及從雪梨市中心出發，繞行帕丁頓Paddington、邦代海灘Bondi Beach、玫瑰灣Rose Bay、雙灣Double Bay等海灣區的邦代海灣探險號Bondi & Bays Explorer（經11個停靠站）。而且座位上還有播放多國語言的觀光景點介紹影片，只要在票券效期內，2種巴士都可以共通使用，不限次數搭乘。票券從開始使用時間起24小時有效（也可以選擇48小時），十分便利。

雪梨渡輪

環形碼頭的棧橋（No.2～No.6碼頭共有5座棧橋）是連結市中心到雪梨灣內各地及北部中心地曼利Manly的渡輪Sydney Ferry乘船處。使用澳寶卡的話，於設置在碼頭的驗票機tap on，下船時在各渡輪站的驗票機tap off，就可以了。

上：渡輪也是通勤族的交通工具，這是最多的船型
下：新型的渡輪正在慢慢增加中

雪梨電車

雪梨的電車就是Sydney Train，大部分都是雙層式車廂，路線包含市內環狀線，部分為地下鐵。以中央車站為中心，緊鄰的雪梨車站是長途火車和郊區電車發車處。

Sydney Train大多為現代雙層式車廂

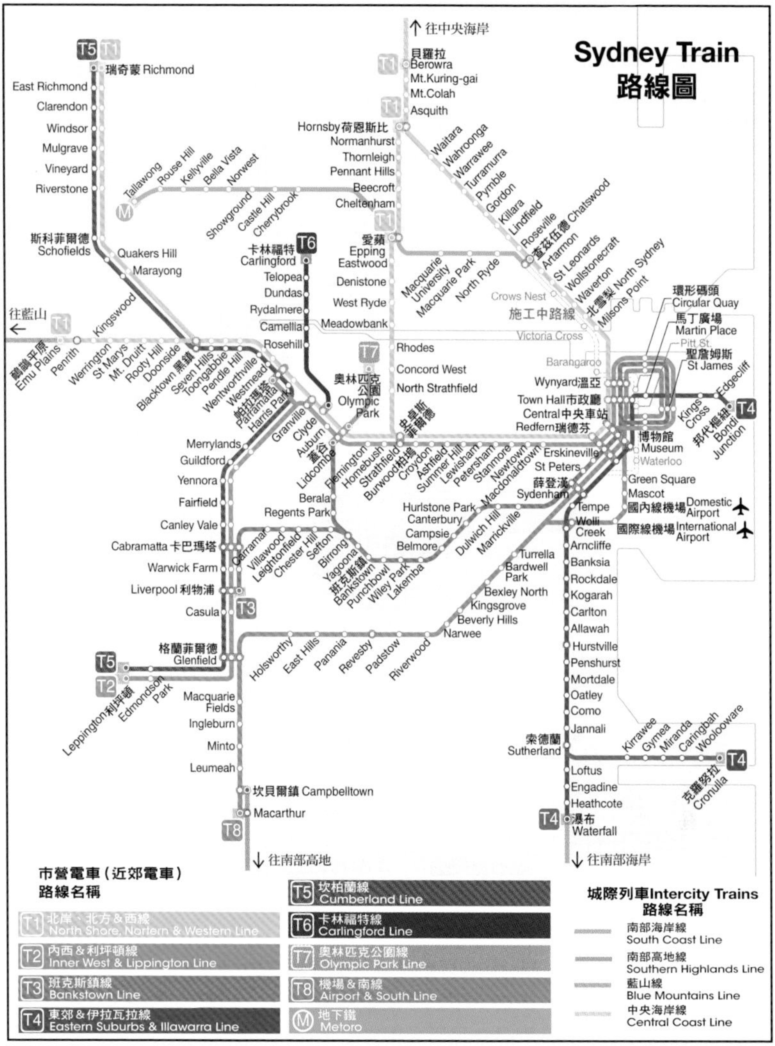

Sydney Train
路線圖
往中央海岸
貝羅拉 Berowra
Mt.Kuring-gai
Mt.Colah
Asquith
Hornsby荷恩斯比
Normanhurst
Thornleigh
Pennant Hills
Beecroft
Cheltenham
愛蘋 Epping
Eastwood
Denistone
West Ryde
Meadowbank
Rhodes
Concord West
North Strathfield
Waitara
Wahroonga
Warrawee
Turramurra
Pymble
Gordon
Killara
Lindfield
Roseville
查茲伍德 Chatswood
Artarmon
St Leonards
Wollstonecraft
Waverton
北雪梨 North Sydney
Milsons Point
Macquarie University
Macquarie Park
North Ryde
Crows Nest
施工中路線
Victoria Cross
Barangaroo
環形碼頭 Circular Quay
馬丁廣場 Martin Place
Pitt St.
聖詹姆斯 St James
Wynyard溫亞
Town Hall市政廳
Central中央車站
Redfern瑞德芬
博物館 Museum
Waterloo
Kings Cross
Edgecliff
邦代樞紐 Bondi Junction
Green Square
Mascot
國內線機場 Domestic Airport
國際線機場 International Airport
Erskineville
St Peters
薛登漢 Sydenham
Tempe
Wolli Creek
Arncliffe
Banksia
Rockdale
Kogarah
Carlton
Allawah
Hurstville
Penshurst
Mortdale
Oatley
Como
Jannali
索德蘭 Sutherland
Kirrawee
Gymea
Miranda
Caringbah
Woolooware
克羅努拉 Cronulla
Loftus
Engadine
Heathcote
瀑布 Waterfall
往南部海岸
瑞奇蒙 Richmond
East Richmond
Clarendon
Windsor
Mulgrave
Vineyard
Riverstone
斯科菲爾德 Schofields
Quakers Hill
Marayong
Tallawong
Rouse Hill
Kellyville
Bella Vista
Norwest
Showground
Castle Hill
Cherrybrook
卡林福特 Carlingford
Telopea
Dundas
Rydalmere
Camellia
Rosehill
往藍山
鶴鴣平原 Emu Plains
Penrith
Kingswood
Werrington
St Marys
Mt. Druitt
Rooty Hill
Doonside
Blacktown 黑鎮
Seven Hills
Toongabbie
Pendle Hill
Wentworthville
Westmead
帕拉瑪塔 Parramatta
Harris Park
Granville
Clyde
Auburn
蓋谷 Lidcombe
奧林匹克公園 Olympic Park
Merrylands
Guildford
Yennora
Fairfield
Canley Vale
Cabramatta卡巴瑪塔
Warwick Farm
Liverpool 利物浦
Casula
格蘭菲爾德 Glenfield
Leppington利坪頓
Edmondson Park
Macquarie Fields
Ingleburn
Minto
Leumeah
坎貝爾鎮 Campbelltown
Macarthur
往南部高地
Flemington
Homebush
Strathfield
Burwood柏塢
Croydon
Ashfield
Summer Hill
Lewisham
Petersham
Stanmore
Newtown
Macdonaldtown
Berala
Regents Park
Carramar
Villawood
Leightonfield
Chester Hill
Sefton
Birrong
Yagoona
班克斯鎮 Bankstown
Punchbowl
Wiley Park
Lakemba
Belmore
Campsie
Canterbury
Hurlstone Park
Dulwich Hill
Marrickville
Turrella
Bardwell Park
Bexley North
Kingsgrove
Beverly Hills
Narwee
Riverwood
Padstow
Revesby
Panania
East Hills
Holsworthy
市營電車(近郊電車)
路線名稱
T1 北岸、北方&西線 North Shore, Nortern & Western Line
T2 內西&利坪頓線 Inner West & Lippington Line
T3 班克斯鎮線 Bankstown Line
T4 東郊&伊拉瓦拉線 Eastern Suburbs & Illawarra Line
T5 坎柏蘭線 Cumberland Line
T6 卡林福特線 Carlingford Line
T7 奧林匹克公園線 Olympic Park Line
T8 機場&南線 Airport & South Line
M 地下鐵 Metoro
城際列車Intercity Trains
路線名稱
南部海岸線 South Coast Line
南部高地線 Southern Highlands Line
藍山線 Blue Mountains Line
中央海岸線 Central Coast Line

雪梨渡輪路線圖
F1 曼利 Manly
摩斯曼灣 Mosman Bay
F6
中立灣 Neutral Bay
North Sydney
F5
Kurraba Point
Old Cremone
South Mosman
F2
基里比里 Kirribilli
Cremone Point
塔隆加動物園 Taronga Zoo
F4
華特森港 Watsons Bay
玫瑰灣 Rose Bay
F7
雙灣 Double Bay
Darling Point
Garden Island
環形碼頭 Circular Quay
McMahons Point
米爾遜角 Milsons Point
巴爾曼 Balmain
Balmain East
巴蘭加魯 Barangaroo
皮蒙特灣 Pyrmont Bay
F4
Birchgrove
Greenwich Point
Woolwich
F8
Huntleys Point
Cockatoo Island
Drummoyne
Chiswick
Abbotsford
Cabarita
Kissing Point
密多班克 Meadowbank
Rydalmere
帕拉瑪塔 Parramatta
F3
雪梨奧林匹克公園 Sydney Olympic Park

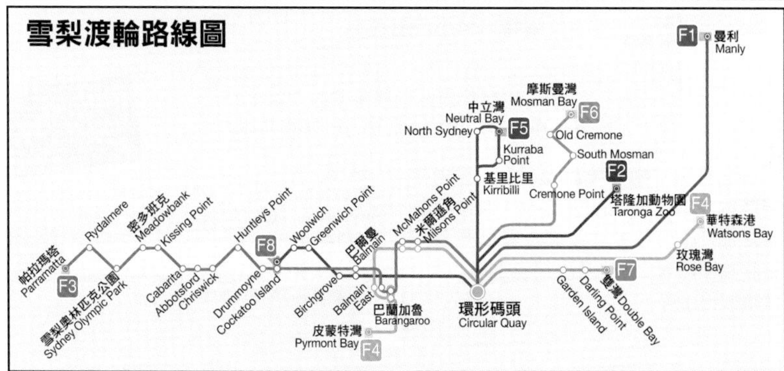

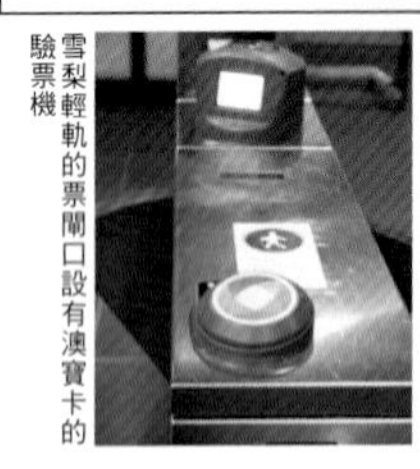

雪梨輕軌的票閘口設有澳寶卡的驗票機

■輕軌電車
URL sydneylightrail.transport.nsw.gov.au/
費
●0～3km：
大人$3.20(2.24) 小孩$1.60(1.12)
●3～8km：
大人$3.93(2.75) 小孩$1.96(1.37)
●超過 8km：
大人$5.05(3.53) 小孩$2.52(1.76)
※( )內為離峰時段票價

Sydney Train的市政廳站Town Hall是最便利的轉乘站，喬治街George St.的地下2、3層有許多月台，除了長途火車外都在這裡停靠。地下鐵的市區環狀線規模小，全線只有5站，路線也並非環狀而是馬蹄狀，所以並不是同一台列車持續繞圈載客。

輕軌　雪梨輕軌Sydney Light Rail是小型電車，其中一部分是在地面上行駛的路面電車。共有3條路線，L1是從中央車站出發，行經達令港Darling Harbour，前往西邊的達利奇山；L2是從環形碼頭經由喬治街南下到中央車站、薩里山、穆爾公園、蘭域；至於L3則是在穆爾公園之前都和L2相同路線，然後南下往金斯福特。24小時營運。

COLUMN

給想要自助玩遍雪梨的人
Sydney Unlimited Attraction Pass

包含雪梨市內主要旅遊行程、觀光設施門票等32處景點的周遊券，像是歌劇院之旅、雪梨野生動物園及費瑟戴爾野生動物園門票、雪梨港灣快艇巡航、藍山探險號巴士等。

DATA
☎(02)8594-7200 URL www.iventurecard.com/au/sydney 費2日Pass大人$199 小孩$149／3日Pass大人$269 小孩$209／5日Pass大人$399 小孩$299
※Pass有效期限為12個月，期限內連續使用指定日數
※此票券可以在網路購買。

漫遊雪梨

OUTLINE OF SYDNEY

雪梨是這樣的一個城市

從北邊雪梨港的交通要衝環形碼頭Circular Quay，到南邊海德公園Hyde Park往前延伸至雪梨火車站的區域通稱為City；尤其是從市政廳到北邊的喬治街George St.、皮特街Pitt St.、凱瑟雷街Castlereagh St.、伊莉莎白街Elizabeth St. 這4條道路是主要辦公街和商業中心，因此被稱為CBD（Central Business District）。

岩石區有許多古老建築改建成的餐廳和商店

環形碼頭的西側一帶，是澳洲白人最早的發祥地岩石區The Rocks，有許多古老建築改建成的飯店和餐廳、商店，是雪梨的觀光重心。連結岩石區和北雪梨而橫跨傑克遜港Port Jackson的是雪梨港灣大橋Sydney Harbour Bridge，而位於環形碼頭東側的便利朗角Bennelong Point尖端上的是雪梨歌劇院Sydney Opera House，兩者可說是雪梨的門面。被岩石區、環形碼頭和歌劇院包圍的是雪梨灣Sydney Cove，也是距今約225年前，亞瑟・菲利普Arthur Phillip所率領的第一支英國船隊的下錨處。

在歌劇院南側是占地約26公頃的雪梨皇家植物園Royal Botanic Gardens，植物園的東北角則是麥覺里夫人岬Mrs. Macquaries' Point，也是可以讓歌劇院和大橋同時入鏡的絕佳拍攝位置。

■環形碼頭 →P.239
■City →P.243
■岩石區 →P.239
■雪梨港灣大橋 →P.241
■雪梨歌劇院 →P.240
■雪梨皇家植物園 →P.248
■麥覺理夫人岬 →P.248
■中國城 →P.249

在City西側享受美味餐點與購物樂趣

在City南邊，市政廳與雪梨車站之間的地區被稱作乾草市場Haymarket，這裡的喬治街George St.是雪梨的電影院街。電影院街的西側一帶是中國城Chinatown，中國城最繁華的中心是與喬治街平行的狄克森街Dixon St.，華麗的中式牌樓矗立，還有許多中國餐廳和雜貨店林立。

這個中式牌樓是中國城的地標

中國城再往西就是達令港Darling Harbour，從雪梨水族館Sea Life Sydney Aquarium、雪梨野生動物園Wild Life Sydney Zoo等知名觀光景點，到全年無休的港區購物中心Harbourside，以及擁有賭場的星港城娛樂中心The Star，是從早到晚都熱鬧不已的地區。

若是想拍出這樣的照片，一定要到麥覺里夫人岬

因為達令港是餐廳聚集地，從傍晚開始就人聲鼎沸，好不熱鬧

陸續有新的商店與餐廳進駐的巴蘭加魯

在達令港的北邊，是目前雪梨最時尚的再開發地區巴蘭加魯Barangaroo，新的辦公大樓陸續興建中，海邊則是時髦餐廳林立。

■達令港 → P.249

■烏魯木魯 → P.253

■達令赫斯特 → P.253

■國王十字區 → P.253

■薩里山 → P.255

■帕丁頓 → P.255

■港灣區 → P.257

■邦代 → P.259

City東側的享樂街與高級住宅區

國王十字區也有很多時尚的咖啡館及餐廳

把焦點轉向City東側，就像把威廉街William St.包圍般，北側是烏魯木魯Woolloomooloo、南側是達令赫斯特Darlinghurst，這個區域的街道上餐廳和咖啡館林立。再往東的國王十字區King Cross則是從咖啡館、餐廳，到酒吧和夜總會聚集的享樂街，也是背包客的聚會地點。

東雪梨和達令赫斯特的南邊，從海德公園往東南延伸，是世界各國料理餐廳林立的牛津街Oxford St.，也是有名的同志區；每年2～3月的狂歡節Mradi Gras（→P.230）期間，世界最大規模的同志遊行就在這條街上舉行。牛津街的南側則是以時尚咖啡館及餐廳林立而有人氣的薩里山Surry Hill，從牛津街再往東走，越過維多利亞營區Victoria Barracks後，就會看到英式排屋林立的時髦住宅街帕丁頓Paddington。從這裡往東邊一帶統稱為港灣區Bay Area，有烏拉拉Woollahra、艾芝克里夫Edgecliff、雙灣Double Bay、玫瑰灣Rose Bay、沃克盧斯Vaucluse等高級住宅區延續。穿過住宅區後，就到了雪梨最具代表性的海灘——邦代Bondi。

烏魯木魯碼頭有飯店、餐廳進駐

邦代海灘是雪梨最有人氣的海灘

City南側的波希米亞風學生街

位於雪梨車站的南側，是擁有廣大校園及古老建築的雪梨大學University of Sydney，這一帶也是著名的格里伯Glebe學生街。除了時髦的咖啡館和餐廳，還有美味的外帶店、天然食品、品項齊全的書店、二輪戲院等，讓這條街保有獨特的氛圍。

雪梨市區景點
SYDNEY SUBURBS

環形碼頭與岩石區
Circular Quay & The Rocks

環形碼頭是雪梨面海的玄關，渡輪與觀光船都在整齊並排的5座棧橋（碼頭）讓遊客上下船，港口來往人潮絡繹不絕；這裡也是雪梨巴士、Sydney Train、輕軌及渡輪的轉運站，是雪梨的交通要衝。

位在環形碼頭的西側、港灣大橋前方就是岩石區，也是澳洲（正確來說是白人澳洲）文化發源地。1788年1月，由亞瑟・菲利普Arthur Phillip率領從英國出發的移民船隊（第一艦隊）進入傑克遜港Port Jackson（雪梨港Sydney Harbour），並在雪梨灣旁插上米字旗（又稱聯合傑克旗Union Jack），宣告這片土地為英國殖民地，而最早被開發的就是現在的岩石區。地如其名，這附近土地都是岩石地質，現在則是以保留了許多占領、開拓當時的歷史建築而聞名的觀光景點。

交通

●環形碼頭與岩石區

到環形碼頭可以從中央車站搭乘環狀線City Circle只要5分鐘。這裡也是市區巴士總站，所以搭乘任何從City往北的巴士也可以。從岩石區到環形碼頭步行即達，或是從City搭乘No.431巴士。

環形碼頭的步道從渡輪站開始延伸

成為豪華客輪停靠地的雪梨環形碼頭

環形碼頭與岩石區
Circular Quay & The Rocks

0 100 200 300m

多茲岬 Dawes Point
雪梨港灣大橋 Sydney Harbour Bridge P.241
Pire One Sydney Harbour - Autograph
高塔瞭望台 Pylon Lookout P.241
瓦士灣 Walsh Bay
多茲岬公園 Dawes Point Park
雪梨舞蹈公司
岩石區 The Rocks
Park Hyatt Sydney
坎貝爾灣 Campbells Cove
多茲岬 Dawes Point
Luna Lu
Metcalfe Stores
Harbourfront Seafood
坎貝爾倉庫Campbells Storehouse
登陸紀念碑 P.241
Rydges Sydney Harbour
Quay Restaurant
外國客輪旅客碼頭
英式排屋林立
滑鐵盧英雄旅館
攀登港灣大橋集合地 P.278
岩石區廣場
岩石城 Rocks Centre
The Ken Done Gallery (ASN Co building)
岩石區探索博物館 P.242 The Rocks Discovery Museum
卡德曼小屋 Cadman's Cottage P.242
岩石區市集（週末）P.297
La Renaissance Patisserie & Cafe P.292
雪梨遊客中心 P.226
蓋瑞森教堂 The Garrison Church P.242
P.241 阿蓋爾百貨公司 Argyle Department Store
P.242 尼爾森爵士啤酒廠飯店
郵局
P.242 阿蓋爾通道 Argyle Cut
鐘樓廣場 Clock Tower
Fish at the Rocks P.291
雪梨天文台 Sydney Observatory P.243
蘇珊娜廣場博物館 Susannah Place Museum P.243
Harbour Rocks
P.285 Sydney Harbour YHA
米勒斯角 Millers Point
P.296 T Galleria by DFS
當代藝術博物館 Museum of Contemporary Art P.242
雪梨灣 Sydney Cove
觀光船乘船處
渡輪棧橋
環形碼頭車站 Circular Quay
環形碼頭 Circular Quay
Langham Sydney P.285
Galileo
Shangri-La Sydney P.285
Four Seasons Sydney P.285
Café Sydney P.291
Quay West Suites Sydney
Sydney Harbour Marriott at Circular Quay
雪梨海底隧道
便利朗角 Bennelong Point
雪梨歌劇院 Sydney Opera House P.240
Portside Sydney
House Canteen
Bennelong
Opera Bar P.240
雪梨歌劇院庭院市集（週末）
噴射快艇 Oz Jet Boating乘船處 P.284
總督官邸
雪梨皇家植物園 Royal Botanic Gardens
Pullman Quay Grand
Sir Stamford at Circular Quay
司法與警察博物館 P.243 Justice & Police Museum
The Meat & Wine Co P.295
InterContinental Sydney P.285
音樂學校
HICKSON RD / LOWER FORT ST / BRADFIELD HWY / WINDMILL ST / ARGYLE ST / CAHILL EXP / ALFRED ST / GEORGE ST / CUMBERLAND ST / ESSEX ST / KENT ST / PITT ST / YOUNG ST / PHILLIP ST / MACQUARIE ST

陽光下閃耀的象徵 MAP P.239/1B

雪梨歌劇院
Sydney Opera House

跟著導覽員好好參觀館內設施

歌劇院不僅是雪梨的象徵，更被登錄為世界文化遺產。這座以帆船疾駛於港灣時揚起的帆為興建概念的嶄新建築，由丹麥建築師約恩·烏松Jorn Utzon所設計。

1956年為了建造歌劇院而進行國際比稿招標，當時38歲的年輕設計師烏松擊敗眾人獲得設計建造權；當時他雀屏中選的原因，在於預估建設費用最低，預估工程時間也只需約3年。但1959年開始建造後，建設工程的艱鉅超乎預期，費用也大幅超出預算；在工程不斷延宕，和政府也無法順利溝通的狀況下，烏松只能放棄工程回丹麥。之後由3位澳洲建築師組成的團隊接下重任，在開始動工的14年後，終於在1973年完工；在伊莉莎白女王的親臨下舉行落成儀式，而烏松謝辭儀式的邀請，且終其一生不再造訪澳洲。

歌劇院外牆貼滿從瑞典運來的105萬6000片白色磁磚，是最讓人印象深刻之處，內部有歌劇院、音樂廳等4個大小劇場和5個排練室，還有餐廳和酒吧。並有舉辦館內導覽團，絕對不能錯過。

這裡每天都有歌劇、音樂會、音樂劇等不同種類的表演，記得要先確認自己有興趣的節目，體驗在世界遺產裡沉浸藝術的感覺。此外，每天晚上在Bennelong餐廳旁的屋頂會有4次名為《水光·傳奇女神Badu Gili：Wonder Women》燈光秀，色彩繽紛而絢爛奪目。

■雪梨歌劇院
(02)9250-7250
URL www.sydneyoperahouse.com

●**館內導覽團（1小時／英文、中文）**
時 週一～五、日8:45～16:15每15～45分鐘1場／週六8:45～16:15每15～90分鐘1場
費 大人$43 小孩$23 家庭$109

●**《水光·傳奇女神》燈光秀**
時 每日日落、20:30、21:00、21:30（表演時間為6分鐘）

●**欣賞歌劇或音樂會**
最貴的座位是包廂Perm $200～、D位是$60、站票$40。普通票券可以事先預約，站票則是當天早上9:00開始販售，而且為了維持觀賞品質，站票也有數量限制。此外，服裝只要不過於休閒就沒問題；但是由於盛裝的人也很多，還是最好以合乎時間、地點及場合（TPO）的服裝為宜。

雪梨歌劇院是世界遺產中年代最短的建築

每晚上演的《水光·傳奇女神Badu Gili：Wonder Women》燈光秀

COLUMN

歌劇院的人氣套裝行程
歌劇院之旅＆用餐
Opera House Tour & Dine

歌劇院中雖然有數個餐廳和酒吧，但最受當地人喜愛的就是家庭食堂House Canteen。位於可以遠望雪梨港和港灣大橋的地面樓層，聚集來自世界各地的觀光客，總是人聲鼎沸。

最推薦的套裝行程，就是家庭食堂House Canteen或歌劇院酒吧Opera Bar的餐點加上歌劇院的導覽之旅，餐點內容為兩家餐廳招牌菜色的拼盤，用餐時間則是在11:30～18:00隨時都可以品嚐。可以上午參加完導覽之後享用午餐，或是午餐之後參加導覽，甚至是歌劇院導覽及市區觀光之後，再到餐廳享用午晚餐，都是不錯的選擇。

總是人聲鼎沸的歌劇院酒吧

DATA
(02)9250-7250
URL www.sydneyoperahouse.com 費 套裝行程Opera House Tour & Dine大人$80 小孩$45 可以和一般導覽票券一起訂購）

妝點雪梨灣的另一個象徵 MAP P.239/1A

雪梨港灣大橋
Sydney Harbour Bridge

橫跨雪梨港的港灣大橋

擁有「巨大衣架」別名的雪梨港灣大橋，是連結港灣南北側的雪梨交通大動脈。最近，攀登這座巨大拱型橋梁的人氣活動Bridge Climb（→P.278）十分受到矚目。這座橋是因應1920～1930年代經濟不景氣所提出的公共建設之一，於1923年開始動工，歷經9年於1932年3月19日完工。以拱型鋼骨橋梁來說，只比美國紐約巴約訥大橋Bayonne Bridge短60cm，當時為世界第2長（1149m）。從海平面到橋梁最高處為134m，橋上有8線車道加上電車鐵路，兩側還有步道及自行車道，橋寬49m。

高塔觀景台Pylon Lookout

港灣大橋兩端有4座塔柱，其中岩石區的歌劇院側就是博物館兼觀景台。館內展示著港灣大橋建造時的照片、構造圖等詳細資料。另外在高87m處的觀景台則是圍繞塔柱所建，可將港灣大橋、雪梨歌劇院、市區的超高大樓等景觀盡收眼底（到觀景台共有200階的樓梯）。入口處在岩石區的坎伯蘭街Cumberland St.上。

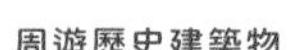

周遊歷史建築物

歷史遺產之旅
Heritage Walk

讓人想悠閒漫步的普雷菲街

在岩石區觀光的最大樂趣，就是悠閒散步與欣賞歷史建築。

首先是位於貫穿岩石區東西阿蓋爾街Argyle St.的阿蓋爾百貨公司Argyle Department Store，這裡過去是保稅倉庫，店內設計依舊保有當時風貌。旁邊則是通往喬治街的小路普雷菲街Playfail St.，已經成為商店林立的購物街，街道一角可以看到第一艦隊（最初的殖民船隊）登陸紀念碑First Impressions，是人氣拍照景點。這條街上的英式排屋過去曾經是住宅，現在則被改建為咖啡館和紀念品店，雪梨遊客中心（→P.226）就在磚造建築岩石城Rocks Centre（購物中心）的2樓。

■雪梨港灣大橋

搭乘電車、徒步或騎自行車過橋為免費，但開車從北進入市區則要收取$2.5～4的過路費（費用依經過時間而異）。繳費只能使用ETC系統自動扣款。

●高塔觀景台

MAP P.239/1A

電 (02)9240-1100
URL pylonlookout.com.au
開 週五～日10:00～14:00（學校假期間為每日）
休 耶誕節
費 大人 $19 小孩 $9.50
※參加攀登橋梁活動者免費

高塔觀景台很安全

■雪梨海底隧道
Sydney Harbour Tunnel

雪梨港底下有一條全長2280m連結植物園、卡希爾高速公路Cahill Expressway和北雪梨的雪梨海底隧道。這個隧道工程是由日本的熊谷組負責建造，在工程建造上展現嶄新的創意，如利用港灣大橋的橋墩塔柱作為排氣塔來使用等。隧道通行費用和大橋一樣是$2.5～4。

■岩石區步行遊覽The Rocks Walking Tours

由英語導遊隨行，從鐘樓廣場4A出發，漫步岩石區的導覽行程（所需時間約90分鐘），特別推薦給想聽詳細解說的遊客。

電 (02)9247-6678
URL www.rockswalkingtours.com.au
時 每日10:30、13:30開始
休 新年、耶穌受難日、耶誕節、節禮日、12/31
費 大人 $35 小孩 $18 家庭 $88

一不注意就會錯過的卡德曼小屋

■岩石區探索博物館
MAP P.239/2A
住2-8 Kendle Lane, 2000
☎(02)9240-8680
URL www.rocksdiscoverymuseum.com
開每日10:00～17:00
費免費

■卡德曼小屋 MAP P.239/2A
住110 George St., 2000
☎(02)9337-5511
URL www.nationalparks.nsw.gov.au
開每月第一、三個週日9:45～10:45 費免費

■岩石區市集
The Rocks Markets
位於阿蓋爾街與普雷菲街，每到週六、日就有市集可逛，販賣許多手工藝品。(→P.297)

洋溢著悠閒氣氛的岩石區市集

■蓋瑞森教堂
MAP P.239/2A
住60 Lower Fort St., Millers Point, 2000
☎(02)9247-1071
URL www.churchhillanglican.com
開每日9:00～17:00（週日的9:30、16:00舉行彌撒）
費免費

■尼爾森爵士啤酒廠飯店
MAP P.239/2A
住19 Kent St., The Rocks, 2000 ☎(02)9251-4044
URL www.lordnelsonbrewery.com
營酒吧區：每日12:00～22:00

■當代藝術博物館
住140 George St., The Rocks, 2000 ☎(02)9245-2400
URL www.mca.com.au
開週二～四、六、日10:00～17:00、週五10:00～21:00
休週一、耶誕節
費免費

在雪梨遊客中心旁的小路Kendall Lane有間建於1844年的古老建築，就是岩石區探索博物館The Rocks Discovery Museum，館內以照片及老物品來介紹說明殖民當時的開拓情形。

步行導覽團也會到登陸紀念碑參觀

麻雀雖小五臟俱全的岩石區探索博物館

從阿蓋爾街往雪梨灣走，有間於1816年建造的卡德曼小屋Cadman's Cottage。當時這棟建築的前方就是海岸，據說有位名叫約翰・卡德曼John Cadman的船員曾把船隻繫在這裡。19世紀後半進行環形碼頭建造工程時，海岸線被推了100m遠，現在只能透過這間免費開放的博物館一窺當時樣貌。

將岩石區一分為二的公路隧道──阿蓋爾通道Argyle Cut也是充滿歷史的場所，是遠在建造雪梨港灣大橋之前，囚犯們用榔頭等簡易的工具挖掘岩石而成的通道，於1843年開始動工，耗時約10年才完成。

穿過阿蓋爾通道，把腳步延伸到西岩石區West Rocks，這裡是安靜的住宅區，大多是1840年代建造的英式排屋，彷彿有搭乘時光機回到過去的錯覺。一進入西岩石區就會看到蓋瑞森教堂The Garrison Church，這是1844年建造的古蹟教堂（隸屬英國國教派），為了英國殖民時期的駐軍（Garrison）所建而得名，這裡的美麗彩繪玻璃在雪梨無人不知。

規模雖小但頗具歷史價值的教堂

漫步西岩石區時不容錯過的是尼爾森爵士啤酒廠飯店The Lord Nelson Brewery Hotel，這裡擁有興建於1841年雪梨最古老的酒吧，酒吧內部砂岩和木頭的觸感散發古董般的氣氛。以多次得獎的Three Sheets啤酒為代表，自家製的啤酒更是飯店自豪的產品。

集結世界最新的藝術 MAP P.239/2A

當代藝術博物館
Museum of Contemporary Art (MCA)

當代藝術博物館是一座可以俯瞰環形碼頭入海口的建築，這裡不拘形式與素材，收集來自世界各地充滿嶄新創意的藝

展示眾多當代藝術作品

術品。展示空間從1樓到3樓，基本上展覽作品約2～3個月會更換一次，經常都有新作品展出。此外，位於1樓中央的MCA小舖也不能錯過，販賣著名設計師的工藝作品、裝飾品、繪本和攝影集等作品。

至今仍可感受勞工階層的生活氣息 MAP P.239/2A

蘇珊娜廣場博物館
Susannah Place Museum

這間建於1844年的大雜院民宅現今成為博物館，為了重現過去雜貨店時期的樣貌，館內陳列仿照當時的食品、飲料和生活用品等，家具和日常用品也維持當時的樣子。另外也展示影片及舊照片，讓遊客一探當時勞工階級的生活情景。

展示怵目驚心的犯罪歷史 MAP P.239/2B

司法與警察博物館
Justice & Police Museum

原本為水上警察署和法院的博物館，是雪梨的重要歷史建築。館內介紹過去200年來在社會上引起騷動又震撼人心的許多犯罪事件，另外也展示警官使用的工具、拷問刑具、沒收的凶器及罪犯的臉部照片等用具及資料。

觀賞南半球才看得到的星空 MAP P.239/2A

雪梨天文台
Sydney Observatory

建於1857年，位在早期原住民看著星星、訴說遠古傳說的山丘上，但因空氣污染和光害的影響，變得難以觀測星象，現在作為天文學博物館開放一般民眾參觀。必須參加導覽才能參觀天文台內部，包含室內建築解說及天文設備；晴天時則可以透過最新的天象儀和望遠鏡來觀察星空。

City

City

雪梨的經濟、政治重心CBD（Central Business District）是指環形碼頭到市政廳一帶，以喬治街為中心的區域。這一帶雖然是充滿高樓大廈的辦公街，但其中也穿插著維多利亞時期風格的古老建築。市政的中心是市政廳Town Hall，州政中心則是麥覺理街Macquarie St.上的新南威爾斯州議會大廈Parliament House of NSW，這條路上還有許多歷史建築林立。

■蘇珊娜廣場博物館
住58-64 Gloucester St., The Rocks, 2000
☎(02)9241-1893
URL sydneylivingmuseums.com.au
開週四、五10:00～17:00／每隔1小時有一次參觀導覽
休週六～三、耶穌受難日、耶誕節
費大人$12 小孩$10 家庭$32

■司法與警察博物館
住Cnr. Albert & Phillip Sts., Circular Quay, 2000
☎(02)9252-1144
URL sydneylivingmuseums.com.au
開週六、日10:00～17:00
休耶誕節
費免費

夾雜在高樓之間的博物館

■雪梨天文台
住Observatory Hill, 1003 Upper Fort St., The Rocks, 2000 ☎(02)9217-0111
URL powerhouse.com.au/visit/sydney-observatory
開天文台之旅：週三～六20:00、20:30、21:30、22:00（需要1小時）
費天文台之旅：大人$36 小孩$24（需要網路預約）

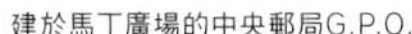

建於馬丁廣場的中央郵局G.P.O.

市政廳是City的中心

交通

●City

搭乘Sydney Train的環狀線或是輕軌的L2都很方便。另外，在Sydney Train的溫亞、市政廳、中央車站旁邊都有Sydney Bus的巴士總站。

■市政廳

住483 George St., 2000
☎(02)9265-9189
URL www.sydneytownhall.com.au
開週一～五8:00～18:00／從10:30起有2小時的館內導覽之旅（捐獻$5）

■聖安德烈大教堂

住Cnr. George & Bathurst Sts., 2000
☎(02)9265-1661
URL sydneycathedral.com

■維多利亞女王大廈

住455 George St., 2000
☎(02)9265-6800
URL www.qvb.com.au
營1樓＆地下：週一～三、五、六9:00～18:00，週四9:00～21:00，週日11:00～17:00／2・3樓：週一～三、五、六10:00～18:00，週四10:00～21:00，週日、節日11:00～17:00

●導覽解說

時週四、六12:00～13:00、14:00～15:00
費1人$25（需要網路預約）

外觀威風凜凜的維多利亞女王大廈

這裡也是購物天堂，有輕軌通過、成為行人徒步區的喬治街George St.、皮特街Pitt St.、凱瑟雷街Castlereagh St.旁都聚集許多時髦的百貨公司和購物中心，不管是歐洲名牌、還是澳洲的高級品牌，或是伴手禮都很齊全，以及建築本身就很值得一看的購物拱廊。

是地標也是交通樞紐 MAP P.245/2A

市政廳
Town Hall

這棟以鐘塔為標誌的雪梨市政廳，是建於19世紀後半的維多利亞巴洛克風格建築。因為市政廳內會經常舉辦音樂會，可以事先確認。至於位於地下的市政廳車站，是除了長途之外，其餘路線都會經過的大站，也是很方便的轉乘站。

澳洲歷史最悠久的教堂 MAP P.245/2A

聖安德烈大教堂
St Andrew's Cathedral

市政廳旁是新哥德式建築的主座教堂，1819年開始動工，一直到1868年才建造成接近目前的外觀。它是全澳洲最古老的主座教堂，因此老舊毀損的狀況十分嚴重，從1999～2000年，共花費300萬美金進行大規模修繕工程，將外觀、內部、彩繪玻璃等結構都復原到當時莊嚴的樣貌。

聖安德烈大教堂的前庭是市民休憩之地

想好好的參觀建築物 MAP P.245/2A

維多利亞女王大廈
Queen Victoria Building (Q.V.B.)

喬治街上有一棟顯眼洋蔥頭造型的購物中心，就是維多利亞女王大廈。這座大廈前身是興建於1898年的市場，後來雖然經過大幅改建，卻仍然保留當時的圓頂造型，而成為如今的購物中心。羅馬式建築的外觀，外牆使用玄武岩、內部樓梯採用大理石材質的馬賽克地磚鋪設而成，十分豪華。至於垂掛在中庭天花板的2個大時鐘也千萬別錯過，南側的是皇家時鐘Royal Clock，9:00～21:00的每個整點都有吸引遊客目光的特別演出；北側的則是大澳大利亞鐘Great Australian Clock，重達4噸、高10m，號稱為世界最重的吊鐘，鐘上裝設了澳洲歷史的投影片，鐘面上則用23K金做為裝飾。另外，維多利亞女王大廈每天還有導覽解說。

務必要看的大澳大利亞鐘

City（雪梨市中心）
City (C.B.D.)

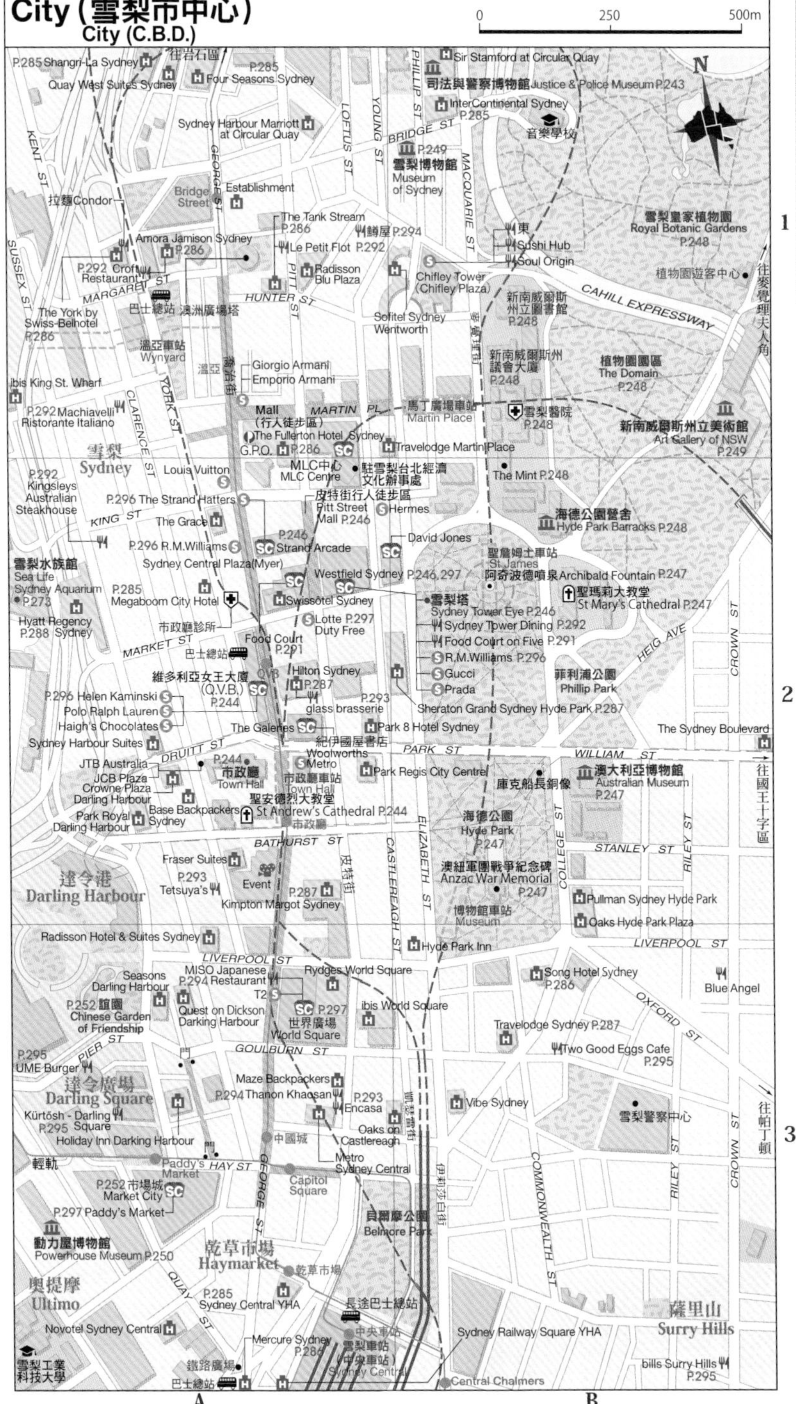

■雪梨塔
住Westfield Sydney, Podium Level, 100 Market St., 2000
FREE 1800-258-693
URL www.sydneytowereye.com.au
營週四～一10:00～19:00
休週二、三
費大人$31.50 小孩$23
（網路預約有優惠）

●**Sydney Attraction Pass**
包含雪梨塔、雪梨水族館、雪梨野生動物園、雪梨杜莎夫人蠟像館入場門票的優惠套票。在網路上購買折扣優惠更多。
費2種門票組合：大人$80.50 ($58) 小孩$57 ($41)／3種門票組合：大人$126($70) 小孩$94 ($52)／4種門票組合：大人$172($85) 小孩$132 ($65)／4種門票＋Big Bus 1日券：大人$218($107) 小孩$163 ($80)
※( )內為網路購買價格

享受360度的展望樂趣 MAP P.245/2A

雪梨塔
Sydney Tower Eye

澳洲最高的高塔

高324.8m，是南半球僅次於紐西蘭奧克蘭塔的第2高塔——雪梨塔，位在面向皮特街行人徒步區Pitt St. Mall的Westfield Sydney商城之上。

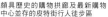

搭乘兩段式電梯才不到40秒就可以到達250m高的觀景台，東邊可以看到太平洋、西邊是藍山山脈、北邊為棕櫚灘、南邊則是臥龍崗。除了在觀景台欣賞風景，購買套票還可以去3樓（雪梨塔電梯搭乘處前）的4D劇場，場內座位會隨著3D影像連動，讓觀眾彷彿變成一隻鳥翱翔天空，俯視雪梨城市、海灘和森林等景觀的虛擬體驗。

從觀景台俯瞰雪梨全景

此外，觀景台內部也設有旋轉餐廳，可以品嚐美食搭配美景（→P.292）。

絕不能錯過的購物商圈 MAP P.245/2A

皮特街行人徒步區周邊
Around Pitt St. Mall

皮特街行人徒步區有許多街頭藝人

充滿古典氛圍，令人神往的The Strand Arcade購物拱廊

將市區內南北向的皮特街一部分，規劃成為行人徒步區Mall，兩側有許多旨趣各異的特色購物拱廊和百貨公司，一整天遊客人潮絡繹不絕。

在多個商場中特別值得注意的是The Strand Arcade購物拱廊，這個保有維多利亞時代建築的商店街，從1891年開始營業至今，擁有許多重視歷史與傳統的個性商家。另外，雪梨塔所在地的Westfield Sydney商場也很受人矚目，地下2樓到地上6樓的建築內進駐眾多商店和餐廳。像是PRADA、GUCCI、CHANEL等高級精品，以及GAP、ZARA、KOOKAÏ 等人氣流行品牌大集結，還有澳洲人氣保養品茱莉蔻Jurlique、在澳洲新開店Ladurée的咖啡館、齊聚雪梨名店的美食廣場等。

頗具歷史的購物拱廊及最新購物中心並存的皮特街行人徒步區

市場街Market St.兩側是百貨公司商圈，其中相當具有歷史的David Jones甚至有「世界最美百貨公司」之稱，店內的裝潢和擺設教人捨不得移開目光。和皮特街平行的凱瑟雷街上，則林立著許多歐美知名品牌的直營店。

■The Strand Arcade購物拱廊 MAP P.245/2A
住412-414 George St., 2000
☎(02)9265-6800
URL www.strandarcade.com.au
營週一～三、五9:00～17:30，週四9:00～20:00，週六9:00～16:00，週日11:00～16:00

市中心綠意盎然的公園 MAP P.245/2B

海德公園
Hyde Park

白天來此休閒放鬆的人們讓海德公園好不熱鬧

海德公園建於1810年，現在是雪梨市區上班族最愛的午餐地點。公園以公園街Park St.分成南北兩塊，推薦景點為南側紀念第一次世界大戰喪生士兵的澳紐軍團戰爭紀念碑Anzac War Memorial、庫克船長Captain James Cook銅像等，還有北側以建於1932年的阿奇波德噴泉Archibald Fountain為中心延伸的美麗林蔭大道，是最適合悠閒散步的場所。

澳紐軍團戰爭紀念碑

深入了解澳洲相關知識 MAP P.245/2B

澳大利亞博物館
Australian Museum

位於海德公園旁邊，建築看起來頗具分量的博物館。從澳洲大陸特有動物的投影片、原住民的藝術與工藝品，到海洋、陸上、地底等地質學相關領域，展覽內容之豐富正是名副其實的「博物」館，是一個可以輕鬆增加澳洲相關知識的絕佳場所。

■澳大利亞博物館
住1 William St., 2010
☎(02)9320-6000
URL australian.museum
開每日9:30～17:00（週四晚上有夜間博物館活動）
休耶誕節
費免費　※只有特別展收費

推出各式各樣特展的澳大利亞博物館

澳洲天主教徒的根據地 MAP P.245/2B

聖瑪莉大教堂
St Mary's Cathedral

位在海德公園旁的大教堂，建於1821年，由於天主教神父是在1820年左右正式來到澳洲傳教，因此這裡也被稱作澳洲天主教的母教堂「Mother Church of Australian Catholicism」。現在所看到的教堂建築是在1928年耗時約60年所完成的，但是由於當時經費不足，使得正面2座尖塔無法建造，到了1998年才得以開工，並於2000年正式完工；在這個歷史建築林立的區域，其莊嚴美麗的姿態仍然獨樹一格。教堂內允許自由參觀，進入充滿莊嚴氛圍且占地寬廣的大教堂內部時，自然而然心情也會為之肅穆。

占地廣闊的大教堂

■聖瑪莉大教堂
住2 St Mary's Rd., 2000
☎(02)9220-0400
URL www.stmaryscathedral.org.au
開每日6:30～18:30／參觀地下教堂週一～五10:00～16:00
費免費／參觀地下教堂：1人$5

海德公園營舍內重現囚犯們寢室的吊床

■海德公園營舍

MAP P.245/2B

住 Queens Sq., Macquarie St., 2000

☎ (02)8239-2311

URL sydneylivingmuseums.com.au

開 週四～日10:00～15:00

休 週一～三

費 大人$12 小孩$10 家庭$32

■新南威爾斯州議會大廈

MAP P.245/1B

住 6 Macquarie St., 2000

☎ (02)9230-3444（免費導覽需電話洽詢）

URL www.parliament.nsw.gov.au

開 週一～五9:00～17:00／13:30開始有免費導覽

休 週六、日、節日

■新南威爾斯州立圖書館

MAP P.245/1B

住 1 Shakespeare Place, 2000

☎ (02)9273-1414

URL www.sl.nsw.gov.au

開 週一～四9:00～20:00，週五9:00～17:00，週六、日11:00～17:00／博物館：每日9:00～17:00（只有週四～20:00）／圖書館商店：週一～五9:00～17:00，週六、日11:00～17:00／圖書館咖啡館：週一～五8:00～16:00、週六、日9:00～16:00

休 部分節日

費 免費

位在雪梨市中心如寬闊綠色腰帶般

一整排的歷史建築 MAP P.245/1B

麥覺理街
Macquarie St.

可以窺見開拓時期生活狀況的海德公園營舍

沿著聖瑪莉大教堂北邊的麥覺理街，可以看到許多保留著19世紀英國殖民時期樣貌的建築群。

首先是聖瑪莉大教堂旁的海德公園營舍Hyde Park Barracks，這棟建築是19世紀初期以囚犯的住宿設施為目的而建造，藉由最新的視聽影片與當時的物品展示，來介紹當年囚犯嚴酷的生活情形，以及這棟建築隨時代變遷的歷史。現在以「流放澳洲的囚犯史蹟群」之一，被登錄為世界文化遺產。

位於海德公園營舍北側是舊鑄幣局The Mint，雖然現在作為咖啡館和辦公室使用，其中有部分公共區域則開放參觀。舊鑄幣局旁的雪梨醫院Sydney Hospital也是歷史建築，現在仍是醫院，也是電影《我很乖因為我要出國Babe: Pig in the City》的外景拍攝地點；醫院前有一座野豬銅像，據說摸摸牠的鼻子，願望就會成真。接著是新南威爾斯州議會大廈Parliament House of NSW，議會裡的博物館在議事期間之外的平日開放參觀。旁邊的厚重建築則是新南威爾斯州立圖書館State Library of NSW，是擁有超過400萬冊藏書的超大型圖書館。

雪梨醫院前的野豬像

樂遊占地寬廣的公園 MAP P.245/1B

雪梨皇家植物園
Royal Botanic Gardens & The Domain

市區東側一帶是占地達30公頃的寬廣公園，面向農場灣Farm Cove的廣大綠地是皇家植物園，在1816年建造的澳洲最古老植物園。

園區內種植包括澳洲本土及從世界各地蒐集的4000多種植物，一年四季都綠意盎然。突出在植物園東側的岬角稱為麥覺理夫人角Mrs. Macquaries Point，是可以讓港灣大橋和歌劇院同時入鏡的人氣拍照點。岬角一隅是昔日的總督夫人伊莉莎白・麥覺理Elizabeth Macquarie最喜歡的地方，這裡有著為了方便她欣賞景色而削鑿岩石做成的長凳——麥覺理夫人之椅Mrs. Macquaries Chair。

人氣紀念照景點的麥覺理夫人角

最適合散步途中前來欣賞藝術的新南威爾斯州立美術館

植物園旁是一整片草地的廣闊園區，園內的新南威爾斯州立美術館Art Gallery of NSW展覽從中世紀到現代的豐富美術作品；像是維拉斯奎茲Diego Velazquez、塞尚Paul Cézanne、梵谷Vincent van Gogh、畢卡索Pablo Picasso等，許多世界性的重要收藏作品。此外，也展出澳洲原住民的藝術品及亞洲藝術（如日本的兵器）等，展覽內容十分多元，如要仔細參觀需要花費半天以上的時間。旁邊的Sydney Modern Project，是以現代藝術為主題的新館建築，由知名日本建築師妹島和世、西澤立衛共同成立的事務所SANAA設計，於2022年12月3日開幕。

用新觀點介紹雪梨的歷史 MAP P.245/1B

雪梨博物館
Museum of Sydney

值得花時間好好參觀的雪梨博物館

在緊鄰環形碼頭商業街的一角，有一座具個性化外觀的博物館，館內設計也打破既有的博物館印象，利用影像和聲音交織的奇特手法來呈現。展覽主題為雪梨的歷史，像是1788～1850年殖民時期的生活習俗等，許多貼近平民生活的展示讓人感到有趣。1樓的MOS咖啡館則深受附近上班族喜愛。

達令港&巴蘭加魯與中國城
Darling Harbour & Barangaroo, Chinatown

如果說岩石區是讓人沉浸在雪梨歷史裡的觀光區，達令港和巴蘭加魯就是象徵雪梨現代化的地區。達令港當初作為貿易港而興盛，後來因為陸續興建工廠、造船廠而成為老舊工廠的廢墟之地，直到1988年為慶祝建國200年展開大規模開發。開發的結果，圍繞著科克灣Cockle Bay的地區，成為博物館、水族館、購物中心、大型展覽會場、會議中心等設施聚集的區域。尤其是雪梨水族館、雪梨野生動物園（在主題公園單元做介紹→P.273～274），都是雪梨極具代表性的景點，吸引來自全世界大批遊客前來造訪。然後，達令港北邊的巴蘭加魯於2010年展開再開發計畫，與達令港沿海連成一體，變身為雪梨第一的時尚餐飲及商業區。

從達令港眺望巴蘭加魯

削鑿岩石而成的麥覺理夫人之椅

■**皇家植物園**
住Mrs. Macquaries Rd., 2000
☎(02)9231-8111
URL www.rbgsyd.nsw.gov.au
開每日7:00～／休園時間：6～7月17:00、5・8月17:30、4・9月18:00、3月18:30、10月19:30、11～2月20:00
●**遊客中心**
開每日9:30～16:30／免費導覽每日10:30開始（需1.5小時）
休耶穌受難日、耶誕節、節禮日

■**新南威爾斯州立美術館**
MAP P.245/1B
住Art Gallery Rd., The Domain, 2000 FREE 1800-679-278
URL www.artgallery.nsw.gov.au
開每日10:00～17:00（只有週三～22:00）
休耶穌受難日、耶誕節
費免費（只有特展收費）

■**雪梨博物館**
住Cnr. Phillip & Bridge Sts., 2000 ☎(02)9251-5988
URL sydneylivingmuseums.com.au
開每日10:00～17:00
休耶穌受難日、耶誕節
費免費

交通

●**達令港&巴蘭加魯與中國城**
從雪梨市中心可以步行前往，也建議從環形碼頭搭乘渡輪前往巴蘭加魯與達令港。如果要去達令港及中國城，從市區搭乘輕軌L1也很方便。

達令港～巴蘭加魯的海邊設有步道，行走的人總是多到摩肩擦踵。

達令港的南邊則是個再開發的新景點──達令廣場Darling Square，由日本知名建築師隈研吾所設計，以外觀看來像個巨大鳥巢的The Exchange（達令廣場圖書館）為中心，聚集著餐飲店及辦公大樓。緊鄰著達令廣場還有中國城，在這個可以體會澳洲為多民族國家的異國區域，除了中國，還有亞洲各國的餐廳與食材店、雜貨店林立。

在巴蘭加魯海灣旁的步道上散步，非常舒服

達令廣場的中心The Exchange

聞名世界的蠟像館 MAP P.251/2B

杜莎夫人蠟像館
Madame Tussauds Sydney

約200年前在歐洲開館以來就擁有高人氣的杜莎夫人蠟像館，雪梨館位在野生動物園旁（入口在同一棟建築），除了妮可・基嫚、休・傑克曼等來自澳洲的各界名人，還有強尼・戴普、李奧納多・狄卡皮歐、歐巴馬前總統等世界級巨星、歷史人物和政治家、運動選手的蠟像，每尊都栩栩如生。

和妮可基嫚的蠟像拍張紀念照吧

了解殖民時期的澳洲航海史 MAP P.251/2A

MUSEAUM（澳洲國立航海博物館）
MUSEAUM (Australian National Maritime Museum)

位於皮爾蒙特橋下的大型博物館，展示著殖民地當時的航海工具、資料，甚至是實際船隻的複製品。館內外都有展覽，館內從大航海時代歷經艱辛到達澳洲的歐洲人足跡、海洋原住民的船隻及道具，到澳洲海軍的歷史，以豐富的收藏品為基礎，以淺顯易懂的方式呈現。至於戶外的展覽則絕對不能錯過，像是當年庫克船長所搭乘的奮進號Endeavour原寸大小複製品、澳洲海軍的驅逐艦Vampire、海軍的潛水艇Onslow，每艘船隻內部都有解說員進行詳細導覽。

實際上可以下水航行的奮進號複製品

實際感受科學的進步 MAP P.251/3AB

動力屋博物館
Powerhouse Museum

建築前身為發電廠改建而成的博物館，展出由科學、太空、機械、藝術等人類的發明和發現之後，導致進步的過程和未來的展覽。特別是蒸汽火車和早期的飛機、太空梭及太空實驗室等展覽都十分具有可看性，還有獨特的特別展也千萬別錯過。

■杜莎夫人蠟像館
住1-5 Wheat Rd., Darling Harbour, 2000
FREE 1800-195-650
URL www.madametussauds.com.au/sydney
開週一、四～日10:00～16:00
休週二、三
費大人$46 小孩$34（網路預約有優惠）
※也有雪梨塔、雪梨水族館、雪梨野生動物園的組合套票（→P.246邊欄）

■MUSEAUM（澳洲國立航海博物館）
住2 Murray St., Darling Harbour, 2000
☎(02)9298-3777
URL www.sea.museum
開每日9:30～16:00
休耶誕節
費一般展覽免費／參觀戶外展出的驅逐艦、潛水艇、帆船需另外付費。全部參觀的費用為大人$25 小孩$15 家庭$70

■動力屋博物館
住500 Harris St., Ultimo, 2007 ☎(02)9217-0111
URL maas.museum/powerhouse-museum
開每日10:00～17:00（只有週四～21:00）
休耶誕節
費免費

交通建設多為實物展示

巴蘭加魯、達令港、中國城
Barangaroo, Darling Harbour, Chinatown

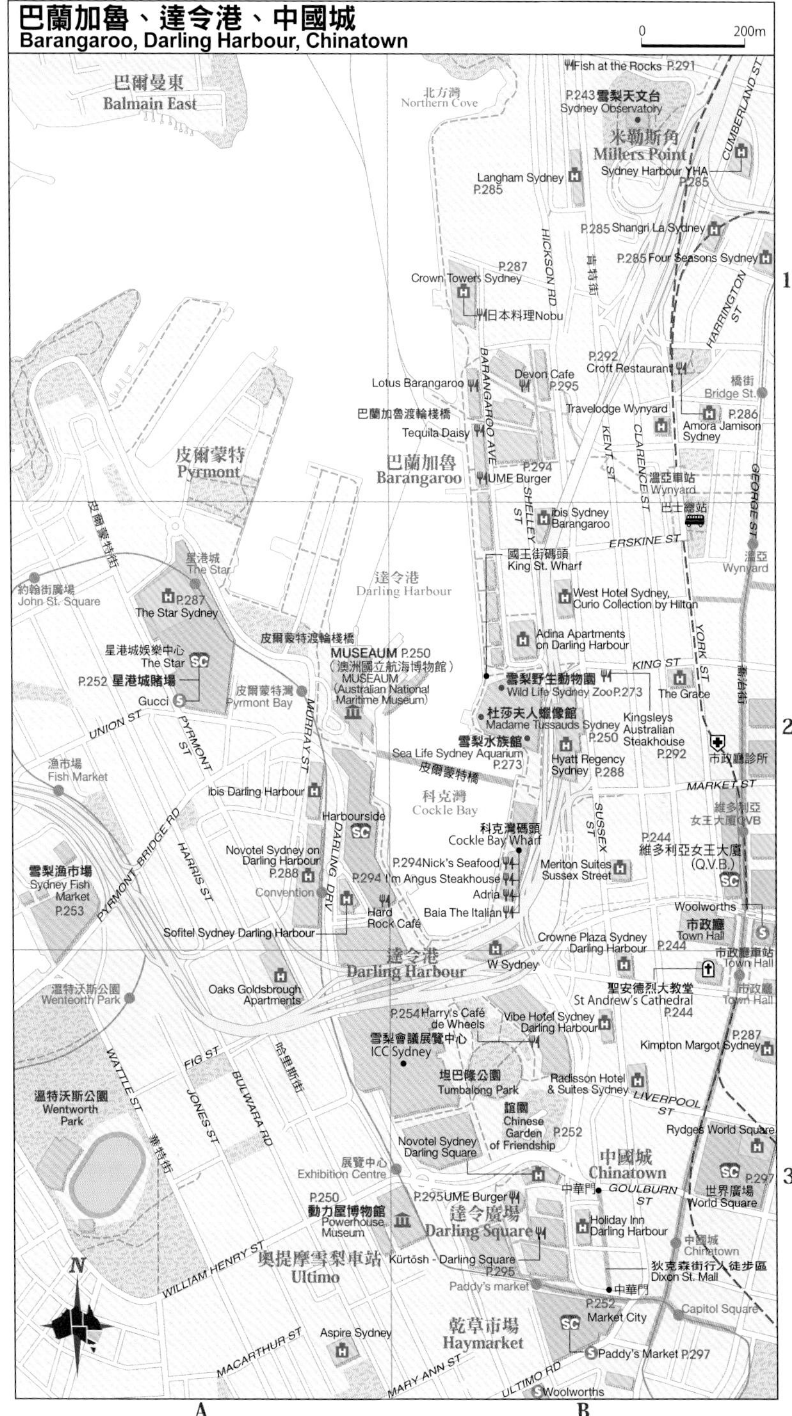
0 200m
巴爾曼東
Balmain East
北方灣
Northern Cove
Fish at the Rocks P.291
P.243 雪梨天文台
Sydney Observatory
米勒斯角
Millers Point
Langham Sydney P.285
Sydney Harbour YHA P.285
P.285 Shangri La Sydney
P.285 Four Seasons Sydney
CUMBERLAND ST
HICKSON RD
肯特街
HARRINGTON ST
P.287
Crown Towers Sydney
日本料理Nobu
BARANGAROO AVE
P.292
Croft Restaurant
Lotus Barangaroo
Devon Cafe P.295
橋街
Bridge St.
巴蘭加魯渡輪棧橋
Travelodge Wynyard
P.286
Amora Jamison Sydney
Tequila Daisy
KENT ST
CLARENCE ST
皮爾蒙特
Pyrmont
巴蘭加魯
Barangaroo
P.294
UME Burger
溫亞車站
Wynyard
巴士總站
GEORGE ST
SHELLEY ST
ibis Sydney Barangaroo
ERSKINE ST
皮爾蒙特街
星港城
The Star
國王街碼頭
King St. Wharf
溫亞
Wynyard
約翰街廣場
John St. Square
P.287
The Star Sydney
達令港
Darling Harbour
West Hotel Sydney, Curio Collection by Hilton
皮爾蒙特渡輪棧橋
Adina Apartments on Darling Harbour
星港城娛樂中心
The Star
MUSEUM P.250
(澳洲國立航海博物館)
MUSEUM
(Australian National Maritime Museum)
KING ST
YORK ST
P.252 星港城賭場
雪梨野生動物園
Wild Life Sydney Zoo P.273
The Grace
喬治街
Gucci
皮爾蒙特灣
Pyrmont Bay
杜莎夫人蠟像館
Madame Tussauds Sydney
Kingsleys Australian Steakhouse P.292
UNION ST
PYRMONT ST
MURRAY ST
雪梨水族館
P.250
Sea Life Sydney Aquarium P.273
Hyatt Regency Sydney P.288
市政廳診所
漁市場
Fish Market
皮爾蒙特橋
科克灣
Cockle Bay
MARKET ST
ibis Darling Harbour
維多利亞女王大廈QVB
Harbourside
DARLING DRV
科克灣碼頭
Cockle Bay Wharf
SUSSEX ST
P.244
維多利亞女王大廈
(Q.V.B.)
PYRMONT BRIDGE RD
HARRIS ST
Novotel Sydney on Darling Harbour P.288
P.294 Nick's Seafood
P.294 I'm Angus Steakhouse
Meriton Suites Sussex Street
雪梨漁市場
Sydney Fish Market P.253
Convention
Adria
Hard Rock Café
Baia The Italian
Woolworths
市政廳
Town Hall
Sofitel Sydney Darling Harbour
Crowne Plaza Sydney Darling Harbour P.244
達令港
Darling Harbour
W Sydney
市政廳車站
Town Hall
溫特沃斯公園
Wentworth Park
Oaks Goldsbrough Apartments
聖安德烈大教堂
St Andrew's Cathedral P.244
市政廳
Town Hall
P.254 Harry's Café de Wheels
Vibe Hotel Sydney Darling Harbour
雪梨會議展覽中心
ICC Sydney
FIG ST
哈里斯街
P.287
Kimpton Margot Sydney
WATTLE ST
BULWARA RD
JONES ST
坦巴隆公園
Tumbalong Park
Radisson Hotel & Suites Sydney
LIVERPOOL ST
溫特沃斯公園
Wentworth Park
誼園
Chinese Garden of Friendship P.252
Rydges World Square
華特街
Novotel Sydney Darling Square
中國城
Chinatown
展覽中心
Exhibition Centre
中華門
GOULBURN ST
P.297
世界廣場
World Square
P.250
動力屋博物館
Powerhouse Museum
P.295 UME Burger
達令廣場
Darling Square
Holiday Inn Darling Harbour
中國城
Chinatown
WILLIAM HENRY ST
奧提摩雪梨車站
Ultimo
Kürtősh - Darling Square P.295
狄克森街行人徒步區
Dixon St. Mall
N
Paddy's market
中華門
P.252
Market City
Capitol Square
Aspire Sydney
乾草市場
Haymarket
MACARTHUR ST
Paddy's Market P.297
MARY ANN ST
ULTIMO RD
Woolworths
1
2
3
A
B

以賭場為中心的娛樂城 MAP P.251/2A

星港城娛樂中心
The Star

星港城賭場的入口充滿奢華氣氛

位在達令港北邊外圍的星港城是可以24小時享受美食、賭場、娛樂，外加5星級飯店的複合娛樂場所。尤其是占據整個2樓的賭場，包括輪盤、21點、百家樂等近160種的遊戲桌檯，以及多達1500台的吃角子老虎機和澳洲才有的博奕遊戲Two Up Coin（擲硬幣遊戲），種類相當豐富。

至於美食的豐富程度也不在話下，獲得雪梨的美食雜誌《The Sydney Morning Herald Good Food Guide》米其林星級肯定，集合了由雪梨具代表性名廚所主持的5家招牌餐廳，以及主題各異的輕鬆用餐區（咖啡攤、美食區、歐式自助餐等）。其他還有夜店和酒吧、Day Spa、凡賽斯Versace及勞力士Rolex的精品店等進駐。

■星港城娛樂中心
住80 Pyrmont St., Pyrmont, 2009 ☎(02)9777-9000
URL www.star.com.au/sydney
營賭場：24小時（未滿18歲禁止進入賭場）

中國本土以外最大的廣東式庭園 MAP P.251/3B

誼園
Chinese Garden of Friendship

1988年澳洲建國200週年紀念時，由中國廣東省贈送這座名為「誼園」的庭園，可以漫步在中國式迴廊中欣賞園內的池塘和高塔。其目的除了含有永恆和無償贈與的意義，同時也希望以儒家精神為基礎的造園哲學，其中蘊含的精巧和藝術性能夠重新被重視。

■誼園
住Pier St. (Cnr. Harbour St.), Darling Harbour, 2000
☎(02)9240-8888
URL www.darlingharbour.com/thing-to-do/chinese-garden-of-friendship
開每日10:00～17:00
休耶穌受難日、耶誕節
費大人$12 小孩$8 家庭$30

逛完一圈只需30分鐘的庭園

中國城的中心 MAP P.251/3B

狄克森街&市場城
Dixon St. & Market City

狄克森街的氛圍完全不像是雪梨

被2座中式牌樓包夾，不超過200m長的道路就是狄克森街行人徒步區Dixon St. Mall，兩側中式餐廳與商店林立，而與之平行的Sussex St.、交會的Goulburn St.及Hay St.也都非常熱鬧。從道地的點心茶樓、中式餐廳到賣粥麵類的小飯館，還有日本、泰國、馬來西亞等各國料理店家齊聚。

市場城Market City是大型購物中心，裡面有超市、餐廳、美食街，以及充滿國際風格的服飾精品店。3樓是Outlet暢貨中心，喜歡逛街的人絕不能錯過。而且1樓每週末都會舉辦雪梨有名的Paddy's Market（→P.297）傳統市集。

■市場城
住9-13 Hay St., Haymarket, 2000
☎(02)9288-8900
URL www.marketcity.com.au
營一般商店&美食街：每日10:00～19:00（週四～20:00）／Paddy's Market：週三～日、節日10:00～18:00

Paddy's Market內洋溢著亞洲市場的氛圍

因捕獲海鮮種類的豐富而驚訝 MAP P.251/2A

雪梨漁市場
Sydney Fish Market

漁市場也有做零售生意

這裡是水產業者專屬的海鮮批發市場，除了雪梨名產的牡蠣，還有龍蝦、螃蟹、蝦、花枝、各種鯛魚和鮪魚，店裡的海鮮類堆積如山。

由於一般大眾也可以來市場內的店舖購買，是極受當地居民好評的市場。另外在市場裡也有好幾間海鮮餐廳，可以用實惠的價格享受豪華海鮮午餐。如果對漁市場的拍賣過程有興趣，不妨參加週一、三、四、五舉行的拍賣導覽行程Auction Tours。

■雪梨漁市場
住Pyrmont Bridge Rd.(Cnr. Bank St.), Pyrmont, 2010
☎(02)9004-1100
URL www.sydneyfishmarket.com.au
營每日7:00～16:00
休耶誕節
●導覽行程
☎(02)9004-1108
時週一～五6:40～8:30(6:35在主拱廊的木桌前集合／最多12人，需要預約)
休節日、耶誕節、新年
費大人$50 小孩$20(10～13歲)

國王十字區、達令赫斯特與烏魯木魯
Kings Cross, Darlinghurst & Woolloomooloo

被稱為南半球最大夜生活中心的國王十字區，位於地勢較高處，曾是殖民時期高雅宅邸林立的住宅區；到了1950年代，許多歐洲移民遷入，成為吸引作家和音樂家、散發波希米亞氛圍的地區。

但是從1960年代越戰退役士兵移入後，特種行業和夜店紛紛興起，於是搖身一變成為現在繁華夜生活的樣貌。和從City延伸的威廉街William St.交會的達令赫斯特路Darlinghurst Rd.北側，便是被稱為國王十字區的區域。

交通

●國王十字區、達令赫斯特與烏魯木魯
從City可以搭乘Sydney Train在國王十字車站下車，要去達令赫斯特的話，過威廉街的交叉路口立即就能到達；前往烏魯木魯則要步行約15分鐘。搭乘巴士的話，去國王十字區要從York St.搭Route 324、325，或是從鐵路廣場和York St.搭Route 311。Route 311也會經過烏魯木魯、達令赫斯特。

達令赫斯特的咖啡館都洋溢著時髦氛圍

情趣用品店、餐廳和咖啡館雜處的國王十字區

每週六在阿萊曼噴泉周圍會舉辦跳蚤市場

■阿萊曼噴泉

位在國王十字區的中心——費茲羅伊花園的入口處，是為了紀念1942年第二次世界大戰中，在北非阿萊曼戰死的眾多澳洲軍人而建的石碑（1961年所建），由當時知名的建築家Robert Woodward所設計。

這裡聚集許多情趣用品店和餐廳、咖啡館，而達令赫斯特路西側的維多利亞街Victoria St.則突然風格大變，散發閑靜沉穩的氣氛，還有很多適合背包客的民宿及咖啡館。這附近平時雖不需要特別擔心治安問題，但小巷子裡還是比較危險，需要多加留意自身安全。

至於威廉街的南側（這附近稱為達令赫斯特），有許多仍然保留著昔日英式排屋的外觀，內部則整修過的時尚咖啡館與餐廳，像是以鬆餅與早餐頗受好評的名店bills，在這裡也有分店。

位於國王十字區和City之間、面向大海一角的烏魯木魯，觀光客也漸漸增多，特別是由舊旅客轉運站改建的The Wharf，成為擁有飯店、餐廳、私人遊艇和觀光船碼頭的複合式設施。

保留英國殖民時期風貌的豪華建築 MAP P.253/1B

伊莉莎白灣宅邸 Elizabeth Bay House

這裡是曾任澳洲殖民地書記官的亞歷山大·麥可雷Alexander Macleay從1835～1839花費5年建造的宅邸。但由於背負龐大債務，一家人在完工6年後不得不搬離。當時曾經有過的廣大美麗庭園，現在也不復存在。房

全澳洲最有名的肉派店

Harry's Cafe de Wheels

1938年從一台在烏魯木魯The Wharf旁邊營業的行動攤車開始做起，Harry's雖然在二次大戰時曾經暫停營業，如今仍然保留著當時的氛圍開店（現在已經不是行動攤車）。好吃的肉派不只吸引澳洲的名人前來光顧，就連許多從國外造訪澳洲的知名人物也會到店裡來，像是以前的法蘭克·辛納屈、艾爾頓·強、卡德基炸雞的創辦人桑德斯上校，現在則有羅素·克洛等，至今依然人氣不減。

店裡最受歡迎的餐點是在包入牛肉塊的肉派上，放上馬鈴薯及青豆泥，再淋上經典肉汁Gravy的Tiger（$8.5），由於口味十分濃郁而喜好分明，不過來到雪梨還是應該要吃上一回。如果不會到烏魯木魯的話，在市區也有分店。

DATA

URL www.harryscafedewheels.com.au

●**烏魯木魯本店** MAP P.253/1A
住 Cnr. Cowper Wharf Roadway & Brougham Rd., Woolloomooloo, 2011 ☎(02)9357-3074
營 週一、二8:30～翌日1:00，週三、四8:30～翌日2:00，週五8:30～翌日3:00，週六9:00～翌日4:00，週日9:00～翌日1:00

●**Darling Quarter店** MAP P.251/3B
住 1 Harbour St., Darling Harbour, 2000
☎ 0412-400-628
營 週一～五10:30～17:00，週六、日9:30～17:00

烏魯木魯本店已成為觀光景點

位於住宅區的伊莉莎白灣宅邸

屋為希臘復興式建築，特徵是各房間的門窗配置和輪廓全都左右對稱，內部的家具都是1835～1850年當時使用過的物品，值得一看。

■**伊莉莎白灣宅邸**
住7 Onslow Ave., Elizabeth Bay, 2011
☎(02)9356-3022
URL sydneylivingmuseums.com.au
開週日10:00～16:00
休週一～六、耶穌受難日、耶誕節
費免費

伊莉莎白灣宅邸內的精美家具讓人驚豔

追溯移民澳洲猶太人的足跡 MAP P.228/3B

雪梨猶太人博物館 Sydney Jewish Museum

位在達令赫斯特路上、綠色公園的對面。展覽以「大屠殺」（第二次世界大戰時德國納粹犯下的慘劇）和「猶太人的文化及存續」2大題目為主，還有猶太人移民澳洲至今的歷史足跡。

■**雪梨猶太人博物館**
住148 Darlinghurst Rd., Darlinghurst, 2010
☎(02)9360-7999
URL sydneyjewishmuseum.com.au
開週一～四10:00～16:00，週五10:00～15:00，週日10:00～16:30
休週六、猶太人節日
費大人$15 小孩$9 家庭$40

薩里山與帕丁頓 Surry Hills & Paddington

薩里山的皇冠街上咖啡館林立

City的東側附近稱為東郊地區Eastern Suburbs，其中以牛津街Oxford St.為中心的一帶是雪梨最流行的地區，其中心區域就是薩里山與帕丁頓。

緊鄰市區東邊的薩里山，在1850年代做為勞動階層的住宅地，而興建許多英式排屋的地區；由於靠近市區，在二次大戰之後許多移民搬遷入住。現今仍保留著沉穩的街景，在中心的皇后街Crown St.聚集著受到雪梨注目的時尚咖啡館、新人主廚展現手藝的餐廳，以及年輕藝術家的藝廊等店家。尤其週末更是大批年輕人聚會的熱鬧場所。

從牛津街上五叉路口的泰勒廣場Taylor Sq.往東而去就是帕丁頓，為雪梨市民暱稱為「Pad」的潮流發源地。在殖民時期曾是豪宅區，卻因為1850年代的淘金熱潮所造成的大量人口湧入，而變成英式排屋區。

矗立在帕丁頓入口的區公所建築

交通

●**薩里山與帕丁頓**
前往薩里山的皇后街可以搭乘輕軌L2、L3，在薩里山下車，十分方便。前往帕丁頓則從靠近環形碼頭的Alfred St.或伊莉莎白街Elizabeth St.搭乘Route 333的巴士最方便。有時間的話，也可以從City慢慢散步到這裡，從海德公園經過薩里山，再到帕丁頓，不到1小時的路程也是不錯的選擇。

（右）逛帕丁頓市集是週六的生活樂趣／（左）美麗的英式排屋街景

連棟房屋吸引了年輕藝術家進駐，才逐漸成為現在的「世界藝術家村」。

主要街道的牛津街上有許多精品店、餐廳和咖啡店，還有不少放映獨立電影的戲院、二手書店、設計師精品店，充滿藝術氣氛。另外每週六在牛津街的聯合教會屬地內，會舉辦雪梨最受歡迎的跳蚤市集──帕丁頓市集（→P.297）。

■備受矚目的同性戀狂歡節

每年2月舉行的同性戀大慶典「雪梨同性戀狂歡節Sydney Gay & Lesbian Mardi Gras」，以牛津街為中心，整條街都充滿同性戀文化色彩，是很熱鬧的大型活動。高潮是在最後一天（2月的最後一個週六或3月第一個週六）舉行的遊行，特色十足的服裝和花車，擠滿整條牛津街，值得一看！（→P.230）

URL www.mardigras.org.au

澳洲最長的建築物 MAP P.256/B

維多利亞營區
Victoria Barracks

1840年作為英國殖民軍營舍而建造，現在則是澳洲陸軍所使用。這裡的主營舍為長達227m的兩層樓建築，是澳洲最長的建築物，而營區內的軍事博物館Army Museum of NSW也可以參觀。另外在每週四10:00舉行陸軍樂隊伴奏的升旗典禮，之後還有營區內免費導覽行程。

■維多利亞營區軍事博物館

住 Oxford St., Paddington, 2021 ☎(02)8222-9004

URL www.armymuseumnsw.com.au

開 週四10:00～14:00，每月第一個週日10:00～15:00

費 大人$5 小孩免費

※可免費租借語音導覽

※入場必須出示護照

如果對軍事有興趣，務必要造訪維多利亞營區

在廣大公園揮灑汗水！ MAP P.227/2B

百年紀念公園 Centennial Park

在帕丁頓南邊有一片總面積220公頃的廣大公園，是1888年為了紀念建國100週年而建，成為市民休憩的絕佳場所。尤其在週末，可以見到在公園內各種專門場地裡慢跑、騎單車、騎馬的民眾、在廣大草皮上玩橄欖球和足球的人們，以及野餐的家庭……雪梨市民的日常生活樣貌。

百年紀念公園裡還可以享受騎馬樂趣

另外，緊鄰百年紀念公園的是穆爾公園Moore Park與女王公園Queens Park，3座公園合稱為百年紀念公園區Centennial Parklands，令人訝異的是總面積加起來居然廣達385公頃。

灣區 Bay Area

從國王十字區沿著雪梨港往東北延伸的區域，有連綿不斷的小海灣，被稱為灣區。這裡沿著錯綜複雜的海岸線和起伏劇烈的地形，建造許多可以俯瞰港灣的豪宅，成為高級住宅區。

漫步雙灣享受富裕氣氛

離開美麗的遊艇港羅許卡特灣Rushcutters Bay，就會進入雪梨首屈一指的高級住宅區雙灣Double Bay。

市民常帶著羨慕與諷刺之情形容這一區「雙灣花費也雙倍Double Bay is Double Pay」，最熱鬧區域在灣街Bay St.、威廉街William St.，以及巴士路線經過的新南角路New South Head Rd.所圍成的三角地帶，這裡有許多名人常去的服裝精品店、雪梨頂尖的高級餐廳和時髦的露天咖啡座。

沿著道路往雙灣東邊開展的是玫瑰灣Rose Bay，因為是沒有鬧區的高級住宅區，和雙灣相比氣氛閑靜許多。灣內停泊許多帆船和遊艇，與遠方的鯊魚島Shark Island之間有渡輪來回穿梭。

從沃克盧斯眺望玫瑰灣

■豪宅區僅存的杜松會堂 Juniper Hall

位在區公所斜對面，1824年由釀酒商羅伯・庫柏Robert Cooper作為住家所建造的喬治亞式的宅邸，是當時附近所有豪宅中唯一留存至今的建築。內部常作為展覽場地使用，有展覽時就能參觀。

從外觀就散發優雅氣質的杜松會堂

■漫步舊村落Old Village

維多利亞營舍的對面保留著對帕丁頓建設有貢獻之人、營舍工程相關人士、工人等的住家，大多都是1840年代的建築，比知名的英式排屋還要古老30年。

■百年紀念公園

住Between Alison Rd. & Oxford St., Centennial Park, Paddington, 2021
☎(02)9339-6699
URL www.centennialparklands.com.au
開11～4月（夏令時間）6:00～20:00、4・9～10月6:00～18:00、5～8月6:30～17:30／遊客中心：週一～五9:00～16:00、週六、日10:00～14:00

交通

●灣區

從岩石區外圍的Walsh Bay發車的Route 324、325巴士，經過City（York St.）、國王十字區，前往灣區；在灣區沿著新南角路New South Head Rd. 前行就會到達華特森港Watsons Bay。另外，在環形碼頭No.4碼頭搭乘渡輪也很便利。

從華特森灣眺望雪梨市中心景色

■**沃克盧斯宅邸**
住Wentworth Rd., Vaucluse, 2030
☎(02)9388-7922
URL sydneylivingmuseums.com.au
開週四～日10:00～16:00（1月及新南威爾斯州的學校假期為每天開放）
休週一～三、耶穌受難日、耶誕節
費免費
●**Estate Vaucluse House**
☎(02)9388-8188
URL www.estatevauclusehouse.com.au
營High Tea：週三～五11:30～15:00，週六、日10:30～15:00／0／午餐：週三～五11:30～15:00，週六、日11:30～15:00
休週一、二、耶穌受難日、耶誕節
費High Tea 1人$70（2人起）
●**如何前往**
從York St.搭乘Route 325巴士。

面向海灣的廣闊遊憩區是萊恩公園Lyne Park，這裡有知名餐廳Catalina Rose Bay。

美麗景致與高級住宅的相互調和

過了玫瑰灣，走上新南角路的上坡路段，往左邊望去是漂亮得像明信片一般的雪梨港及市區景色。沃克盧斯Vaucluse以北，擁有細長岬角的華特森灣Watsons Bay就位在雪梨港東側。巴士站前方有一大片綠地的公園，前面則是小海灘，這裡有間餐廳Doyles on The Beach，可以一邊眺望遠方市區景色，一邊大啖海鮮，很多人都從City慕名而來。

在華特森灣與岬角的另一面，面向太平洋的海岸線是近100m高的斷崖峽灣The Gap Bluff（簡稱The Gap），洶湧的海浪不斷地拍打岩岸。沿著斷崖設有步道可供通行，從這裡可以看見對岸曼利的北角。

漫步在歷史豪宅與庭園中 MAP P.258

沃克盧斯宅邸
Vaucluse House

保留在雪梨少數高級住宅區沃克盧斯的歷史建築——沃克盧斯宅邸，是一座被美麗庭園包圍的哥德式住宅，在澳洲獨立前的19世紀，是新南威爾斯殖民地成名的政治家兼冒險家威廉・溫特沃斯William Wentworth的豪宅。新南威爾斯殖民地憲法也在這裡構思完成，建築內部完整保存了當時所使用的家具。

參觀完豪宅內部後，千萬別忘了到庭園漫步，然後在園內的茶屋Estate Vaucluse House小憩一下。在滿眼綠意的庭院裡品嚐的High Tea或午餐別有一番風味，尤其是High Tea的開胃鹹點和甜點都十分美味，搭配上氣泡酒，度過優雅的片刻時光。

灣區
Bay Area

0 2km
N
南角 South Head
女士灣海灘 Lady Bay Beach
P.258 斷崖峽灣 The Gap Bluff
軍用地
摩斯曼 Mosman
P.258 Doyle's on the Beach
雙灣 Watsons Bay Boutique Hotel
塔隆加動物園 Taronga Zoo P.274
華特森灣 Watsons Bay 渡輪乘船處
沃克盧斯角 Vaucluse Pt.
鯊魚海灘 Shark Beach
華特森灣 Watsons Bay
雪梨港國家公園 Sydney Harbour NP
尼爾森公園 Nielsen Park
斷崖公園 The Gap Park
麥覺里燈塔
沃克盧斯宅邸 P.258 Vaucluse House
傑克遜港 Port Jackson
Estate Vaucluse House P.258
鯊魚島 Shark Is
庫拉克島 Clarke Is
派珀角 Point Piper
雙灣 Double Bay
HEAD RD
NEW SOUTH HEAD RD
玫瑰灣 Rose Bay
沃克盧斯 Vaucluse
InterContinental Sydney Double Bay P.288
萊恩公園 Lyne Park
渡輪乘船處
新南角路
OLD SOUTH HEAD RD
多佛高地 Dover Heights
渡輪乘船處
bills P.295
VICTORIA RD
玫瑰灣 Rose Bay
烏拉拉高爾夫球場
北邦代 North Bondi
雙灣 Double Bay
皇家雪梨高爾夫球場
往邦代海灘

附有小塔的建築是19世紀的流行樣式

邦代海灘與南部海灘

Bondi Beach & Southern Beachs

說到雪梨的夏天就絕對離不開海灘，從City搭巴士只要20～30分鐘的距離，就有許多可以衝浪和游泳的海灘。位於雪梨港南側、面向南太平洋塔斯曼海的所有海灘，都統稱為南部海灘Southern Beach，其中最主要的就是邦代海灘。

呈現優美弧形的邦代海灘

南部海灘之王的邦代海灘

邦代是原住民語「擊碎岩石的海浪」之意，正如其名，藍色海洋和白色浪頭所形成的對比十分美麗。

充滿度假氣氛的坎貝爾大道

面向太平洋的海岸將近1km長，夏天當然不用說，就連天氣好的冬季週末，也有大量人潮來此享受日光浴或野餐。順帶一提，邦代海灘是澳洲政府第一個認可上空的場所。這裡一年四季都有很棒的浪，是衝浪客最愛的衝浪天堂。

沿著海灘旁的主要街道坎貝爾大道Campbell Pde.呈現度假氣氛，沿路的露天餐廳、咖啡座、外帶餐飲店、度假服飾店等應有盡有，寬敞的人行道也很方便行走。還有在週末鬧區北側的學校校園內會舉辦市集，千萬別錯過。

此外，要注意強烈的日曬；澳洲就位處臭氧層的破洞下方，深受其害，紫外線的強度不是台灣可以比擬的，防曬用品、太陽眼鏡、帽子都是必備物品。

遊訪平民化的當地海灘

規模雖小卻擠滿年輕人的塔馬拉馬海灘

從邦代海灘往南延伸的南部海灘，雖然沒有邦代那麼熱鬧，卻充滿在地風情，聚集許多享受海灘野餐的當地家庭或朋友聚會。

塔馬拉馬海灘Tamarama Beach是一個兩側被岬角包圍，巴士無法到達的祕密景點，又因為風浪較大，攜家帶眷的人少，反而很受到年輕人的歡迎。勃朗特海灘Bronte Beach則是因為比較空曠，即使巴士能到也沒關係，很對想悠閒度假的年輕人胃口。

交通

●邦代海灘
從York St.搭乘Route 333巴士，或是搭Sydney Train到邦代樞紐站Bondi Junction，再換乘333、379的巴士。

■海岸步道Coastal Walk
綿延在邦代海灘～塔馬拉馬海灘～勃朗特海灘間的海岸步道，單程3.5km，悠閒漫步約1小時，可以欣賞塔斯曼海的絕佳美景，絕對不容錯過。

海岸步道是條整修完善的綿延步道

■潮池Tide Pool
幾乎雪梨所有的海灘旁都設有利用海水的潮池，作為游泳池。在邦代海灘就有展望既佳，且進駐時髦咖啡餐廳Iceberg的潮池。

前往塔馬拉馬海灘的交通

從邦代海灘沿著海岸步道，步行約30分鐘。

前往勃朗特海灘的交通

從邦代樞紐站Bondi Junction搭乘Route 361，約15分鐘。

勃朗特海灘的衝浪客也很多

深受雪梨市民喜愛的庫吉海灘

前往庫吉海灘的交通

從伊莉莎白街搭乘Route 373巴士，或是搭Sydney Train到邦代樞紐站Bondi Junction，再換乘Route 350巴士。

前往馬努布拉海灘的交通

從環形碼頭或鐵路廣場搭乘Route 396巴士。

前往拉貝魯斯的交通

從City搭乘輕軌L3到終點Junior Kingsford，再轉乘Route 390X巴士。

前往庫克船長登陸紀念碑的交通

從Sydney Train克羅努拉車站Cronulla搭乘Route 987巴士，約30分鐘1班車，班次很少。

再往南邊，有一個與邦代海灘相比毫不遜色的庫吉海灘Coogee Beach，以海浪相對平穩，沒有邦代那麼喧鬧為優點。海灘正前方的庫吉灣飯店，是偶爾會有大牌歌手舉辦演唱會的場地，也是午餐的好地點。

庫吉以南的馬努布拉海灘Maroubra Beach也很受歡迎，這裡的浪受到衝浪者的好評。再往南走則是面對植物灣Botany Bay的小半島拉貝魯斯La Perouse，這裡有展覽法國冒險家拉貝魯斯航海記錄的觀光景點──拉貝魯斯博物館，也是裸體海灘。拉貝魯斯和植物灣對岸的海岬是庫克船長首次登陸澳洲的地點，立有庫克船長登陸紀念碑，成為卡梅植物灣國家公園Kamay Botany Bay NP的一部分。

邦代海灘 Bondi Beach

0 250 500m
北邦代 North Bondi
貝勒維丘 Bellevue Hill
往華特森灣
邦代高爾夫球場
Fishmongers Bondi
Bobby's Corner Cafe
邦代海灘 Bondi Beach
威廉斯公園 Williams Park
邦代海灘市集
QT Bondi
bills P.295 Bondi Beach
坎貝爾大道
Hotel Bondi
邦代休息區
Hurricane's Grill
邦代公園 Bondi Park
Bucket List
North Bondi Fish
郵局
P.288 Ravesis
LIP GIRL
餐廳＆旅館街
North Bondi Beach
邦代 Bondi
邦代海灘 Bondi Beach P.259
往City、Bondi Junction
邦代潛水中心
Namaste Bondi
商店街
巴士路線
Bondi Trattoria
Mojo's Tapas Bar
Noahs Backpackers
潮池 P.259
Icebergs Dining Room and Bar
Bondi Iceberg Club
Bondi Hot Bread
Bondi Road Seafood
Totti's
塔斯曼海 Tasman Sea
M Deli Cafe
海岸步道Coastal Walk P.259
塔馬拉馬 Tamarama
馬克公園 Marks Park
塔馬拉馬公園 Tamarama Park
勃朗特 Bronte
塔馬拉馬海灘 P.259 Tamarama Beach
Bronte Surf & Sea
勃朗特公園 Bronte Park
勃朗特海灘 P.259 Bronte Beach
BLAIR ST
WARNERS AVE
BEACH RD
BRIGHTON BVD
HASTINGS PDE
MILITARY RD
RAMSGATE AVE
OLD SOUTH HEAD RD
SIMPSON ST
WELLINGTON ST
HALL ST
O'BRIEN ST
LAMROCK AVE
EDWARD ST
FRANCIS ST
MITCHELL RD
CAMPBELL PDE
BONDI RD
SANDRIDGE ST
FLETCHER ST
OCEAN ST
WATSON ST
AVOCA ST
BIRRELL ST
MURRAY ST
HEWLETT ST
BRONTE RD
N
1
2
A
B

曼利
Manly

衝浪客也很多的曼利海灘

天然良港傑克遜港（在雪梨港內）位於由大陸突出的2個半島所圍成的內海，北邊的半島稱為北角、南側則稱為南角，兩者都是面向南太平洋驚濤駭浪的斷崖峭壁。

曼利是位在北角底部靠近大陸處的度假城市，1788年第一移民船隊靠岸時，登陸的探險隊將當地完全不知害怕為何物的原住民稱作「Manly（有男子氣概的）人們」，是地名的由來。1852年以後開始度假村的開發，從渡輪乘船處通往海灘的道路，則使用羅馬的路名稱為科爾索The Corso。

現在的科爾索海鮮餐廳和紀念品店林立，是度假氣氛濃厚的主要道路，周邊聚集許多可以俯瞰海灘的飯店、公寓式旅館、出租公寓等，兼具度假城市和衛星都市2個要素正是曼利的魅力所在。

北部海灘的代表，曼利海灘

面向太平洋的曼利海灘長達1.5km，科爾索一帶稱為曼利海灘Manly Beach，北側稱為北史丹海灘North Steyne Beach；游泳適合到曼利海灘，北史丹海灘則適合衝浪和趴板衝浪。

沿著海岸有一整排的杉木行道樹，並在其間設置步道，從早到晚可以看到成群散步或慢跑的人們。另外在海岸路上開設許多販賣三明治等輕食的外帶店，以及能一邊用餐一邊欣賞海景的餐廳等店家。

復古懷舊的氣氛 MAP P.262/A

曼利美術館&博物館
Manly Art Gallery & Museum

緊鄰渡輪碼頭的小博物館，展出澳洲繪畫、插畫、版畫和照片等藝術品，大多數像是穿著泳衣情侶的插畫，或是在海邊玩耍小朋友的照片等，從20世紀初期到中期的海灘風景，讓人感受濃厚的懷舊氣氛。

在美麗的大自然中追溯澳洲歷史 MAP P.227/2B

北角
North Head

城鎮的南側為雪梨港國家公園的一部分，其中突出的斷崖就是北角。雖然可以搭巴士，不妨試試沿著步道散步（單程約需1小時）。

沿途綠樹和蔚藍大海的對比相當美麗，可以享受十分

交通

●曼利
從環形碼頭搭乘渡輪或高速噴射船Jet Cat，從環形碼頭的第2、3碼頭坐渡輪約20分鐘。

■曼利遊客中心
Manly Visitor Information Centre MAP P.262/A
住The Forecourt, Manly, 2095
☎(02)9976-1430
URL www.hellomanly.com.au
開週三～日10:00～16:00
休週一、二、耶誕節
位在曼利碼頭前，可以索取曼利和北部海灘的詳細地圖及在地資訊等。這裡也是巴士總站。

■藝術及手工藝品市集
Arts & Crafts Market MAP 地圖外
在北史丹North Steyne旁的雪梨路Sydney Rd.每週六、日、節日9:00～17:00（5～8月～16:30）舉辦的市集，販賣手工飾品、皮製品、小物品等，說不定可以意外挖到寶。
住Cnr. Sydney Rd. & Market Lane, Manly, 2095
☎0435-388-410
URL manlymarket2095.com.au

■曼利美術館&博物館
住1 West Esplanade Reserve, Manly, 2095
☎(02)8495-5036
URL www.northbeaches.nsw.gov.au
開週二～日10:00～17:00
休週一、節日
費免費（特展1人$5）

(右)受到衝浪者喜愛的北史丹海灘／(上)北角的觀景台

舒爽的氣息。

位於北角的舊檢疫所Q(Quarantine Station),過去是來到雪梨的外國船隻檢疫所;澳洲從開拓時期開始,傳染病帶原者就無法根絕,因此只要有外國船隻進入就必須在此接受檢查,一旦發現病原,就被隔離在檢疫所附設醫院。舊檢疫所現在成為博物館,可以在嚮導解說下參觀當時的設施。此外,舊檢疫所後面則是高級飯店Q Station。

占有北角絕大部分土地的北角保護區North Head Sanctuary,是二次大戰時軍隊的砲擊訓練場所在地,如今這片雜草及變葉佛塔樹生長茂密的腹地,成為保存當時樣貌的古蹟保護區,在入口處的遊客中心The Gatehouse Visitor Centre拿張漫步地圖吧。

漫步遠眺雪梨港

曼利景觀步道

Manly Scenic Walkway

從曼利西邊橫跨中港Middle Harbor的斯匹特橋Spit Bridge到庫隆塔夫Clontarf繞一圈回曼利,沿著海岸約10km的步道,可以從各種角度欣賞雪梨港的美景,一邊散步、一邊觀察野生動植物,單程約4小時,值得挑戰一次。步道路線圖可以在曼利遊客中心索取。

■北角

從曼利渡輪碼頭搭乘Route 161巴士。

■舊檢疫所 MAP P.262/B
住 1 North Head Scenic Drv., 2095 ☎(02)9466-1500
URL www.qstation.com.au
時 Quarantine Wonder:每日11:00～12:00／針對家庭的幽靈之旅:週五、六18:00～20:30、夏季時間為每日18:00～20:00)／幽靈之旅:每日20:00～22:30
費 Quarantine Wonder:大人 $20 小孩 $10／針對家庭的幽靈之旅:大人 $40 小孩 $35 家庭 $140／幽靈之旅:大人 $55

■北角保護區 MAP 地圖外
住 Scenic Drv., North Head, 2095 ☎(02)8962-2100
URL www.harbourtrust.gov.au
開 每日10:00～16:00(遊客中心)

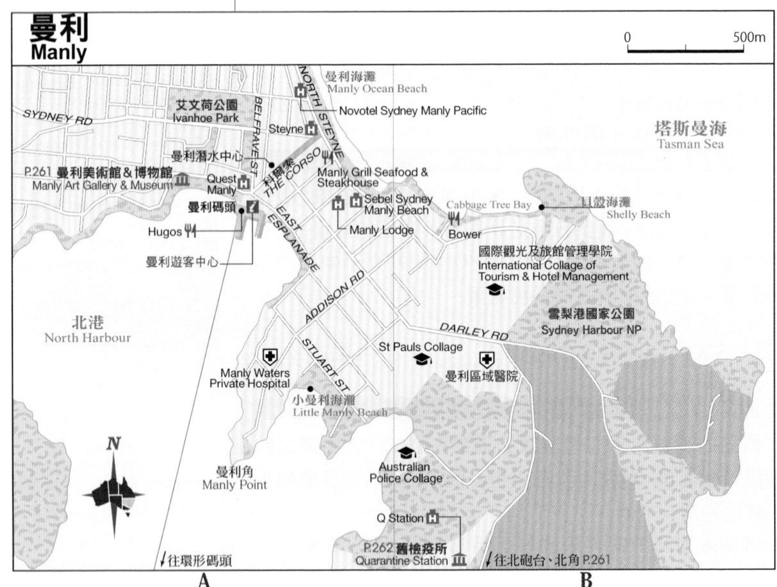

雪梨郊區城鎮
AROUND SYDNEY

藍山
Blue Mountains

從回聲角遠望三姊妹岩和賈米森谷

雪梨以西往內陸約70km處，有座從北方的昆士蘭州到南邊的維多利亞州連綿超過4000km的山脈──大分水嶺Great Diving Range。雖說是山脈，海拔不過1000m，沿著人口密集的東海岸線延伸而去，山脈的另一頭則是廣大無止境的乾燥內陸Outback。藍山國家公園就是這座山脈的一部分，擁有數個瀑布和溪谷，是雪梨近郊最知名的風景名勝，又因為被列入世界遺產而更為世人所注目。除了三姊妹岩等中心區的著名景點，溫特沃斯瀑布Wentworth Falls、布萊克希斯Blackheath的叢林健行、參觀世界最古老的鐘乳石洞──傑諾藍洞窟群Jenolan Caves等，幅員廣大的區域吸引著觀光客的目光。

從雪梨出發的1日行程十分受歡迎，各家旅行社都有規劃各種行程以滿足遊客需求。想悠閒散步的話，可以搭乘電車或租車前往。

交通

●藍山

當天來回的話參加雪梨出發的旅遊團（→P.279～281）最方便，若想多住幾天感受藍山魅力就搭電車或租車。電車從雪梨中央車站搭乘，到卡頓巴車站約2小時。再從卡頓巴車站前The Carrington Hotel門口的藍山轉運站Blue Mountain Transit搭乘Route 686巴士，前往回聲角、景觀世界（白天15～30分鐘發一班車）。可以使用澳寶卡Opal Card。

此外，想要周遊各個觀光景點的話，搭乘下一頁介紹的藍山探險號巴士Blue Mountain Explorer Bus更為方便。

呈階梯狀的美麗瀑布──溫特沃斯瀑布是必看景點

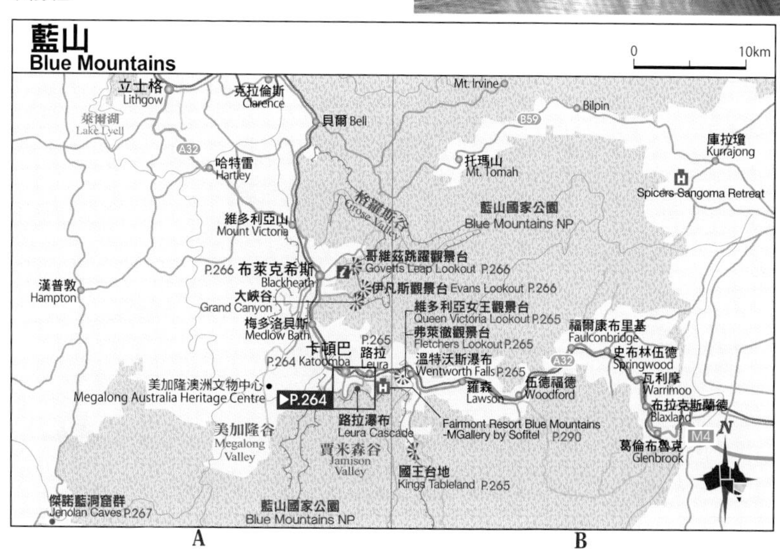

■**藍山探險號巴士**

行駛路線囊括卡頓巴周邊37個景點。

📞(02)4780-0700（平日）／(02)4782-1866（週末）

URL www.explorerbus.com.au

時 每日9:00～16:00，每隔1小時從卡頓巴車站前發車1班

費 大人 $49 家庭 $98／含景觀世界的遊樂設施：大人 $95 小孩 $27.50

藍山探險號巴士

個人旅行如果只去回聲角、景觀世界的話，可以搭乘巴士；但還想要前往其他景點，則搭乘從卡頓巴車站前出發的藍山探險號巴士Blue Mountain Explorer Bus最為方便。這台巴士以卡頓巴和路拉為中心，巡迴藍山地區37處觀光景點。

觀光的起點卡頓巴

充滿復古氣氛的Café Paragon

作為藍山的大門，也是因重要觀光地而興盛的卡頓巴Katoomba，1800年代中期由於開採煤礦而繁榮，之後成為雪梨上流階層人士的避暑及休養勝地。車站周邊還保留著當時的房屋和飯店，現在則是用來經營酒吧或B&B，尤其是位在車站正前方的The Carrington Hotel，仍然優雅地矗立著。而從車站往南延伸的卡頓巴街Katoomba St.，則有許多保存著英國殖民地時代古老而美好風貌的藝

卡頓巴
Katoomba & Leura

0 500m

P.289 The Flying Fox Backpackers
The Edge
Leura House
法蘭克沃爾福特公園 Frank Wolford Park
卡頓巴車站
路拉車站
P.289 The Carrington Hotel
Café Paragon
Avalon Restaurant
The Mountain Heritage
咖啡館＆商店街
LOVEL ST
美加隆街
MEGALONG ST
P.265 藍山文化中心 Blue Mountains Cultural Centre
Katoomba Mountain Lodge
LETTS ST
LEICHHARDT ST
CRAIGEND ST
路拉行人徒步區
WARATA ST
P.289 Blue Mountains YHA
Palais Royale
路拉公園 Leura Park
Ambrose Cottage
WILSON ST
GOVETT ST
CASCADE ST
卡頓巴街
LURLINE ST
露蓮街
MERRIWA ST
Kurrara Historic Guest House
斷崖路
路拉瀑布 Leura Cascades
LEURA MALL
MARTIN ST
CLIFF DRV
Three Sisters Motel & Cottages
卡頓巴公園 Katoomba Park
KATOOMBA ST
La Maison Boutique Hotel P.289
卡頓巴高中
斷崖路
卡頓巴瀑布 Katoomba Falls
P.277 景觀世界 Scenic World
空中台車 Scenic Skyway
Avonleigh Country House
RAYMOND RD
亨利王子斷崖步道 Prince Henry Cliff Walk P.265
聯邦通道 Federal Pass P.265
Katoomba Falls
P.290 Echoes Boutique Hotel
Lilianfels Blue Mountains Resort & Spa P.289
輕便台車 Scenic Railway
Echo Point Motor Inn
遊客中心
巨人階梯 P.266
空中纜車 Scenic Cableway
觀景台 回聲角 P.266 Echo Point
三姊妹岩 The Three Sisters P.266
賈米森谷 Jamison Valley
N
A
B

廊、古董店、餐廳和咖啡館，形成熱鬧的商業區；如果看見喜歡的咖啡館或餐廳，不妨進去悠閒地喝一杯茶。其中像是店內洋溢古典氛圍的Avalon及Paragon（目前歇業中），就很受歡迎。從卡頓巴街彎進巷子裡，有間藍山文化中心Blue Mountain Cultural Centre，是展出當地年輕藝術家作品的藝廊，以及用震撼力十足的大畫面和影像來表現藍山魅力的Into The Blue（藍山文物中心Blue Mountains World Heritage Interpretive Centre）也進駐於館內。

卡頓巴市區的南邊則是藍山觀光的重頭戲之所在，聚集了藍山最著名的景點回聲角Echo Point（→P.266）、可以享受藍山大自然風景的遊樂設施──景觀世界Scenic World（→P.277），以及藍山最具代表性的莊園別墅飯店Lilianfels Blue Mountains（→P.289）等。至於綿延於斷崖之上、可以眺望賈米森谷Jamison Valley的亨利王子斷崖步道Prince Henry Cliff Walk，還有漫步在斷崖下的尤加利樹林與溫帶雨林間，能欣賞卡頓巴瀑布的聯邦通道Federal Pass等健行步道也不少。

藍山其他村鎮

可愛小鎮路拉的市中心

緊鄰卡頓巴東邊的路拉Leura，是有「山之王冠上閃耀的寶石The Jewelry in the Mountains Crown」稱號的小鎮，主要道路旁的咖啡店、餐廳和工藝品店的時尚和可愛度都超越卡頓巴，部分從雪梨出發的旅遊團也會將路拉列入行程中。

溫特沃斯瀑布Wentworth Falls位於路拉東邊，是以叢林健行景點而大受歡迎，也是藍山數一數二的健行步道──國際通道National Pass的起點；擁有弗萊徹觀景台Fletchers Lookout、維多利亞女王觀景台Queen Victoria Lookout等可以眺望雄偉壯麗景致的地點。此外，在溫特沃斯瀑布郊外還有個地處懸崖峭壁的人氣展望點國王台地Kings Tableland，絕對不能錯過。

藍山文化中心的Into The Blue

■藍山文化中心
Blue Mountains Cultural Centre
MAP P.264/A
住30 Parke St., Katoomba, 2780 ☎(02) 4780-5410
URL bluemountainsculturalcentre.com.au
開週一～五10:00～17:00、週六、日10:00～16:00 休節日
費只有Into The Blue須付費：大人$5.50 小孩免費

■藍山文物中心
Blue Mountains Heritage Centre
位於布萊克希斯的哥維茲跳躍觀景台旁，由國家公園管理處所經營的遊客中心。除了展示與動植物相關的詳細資訊，也提供有關叢林健行的建議。
住278 Govetts Leap Rd., Blackheath, 2785
☎(02)4787-8877
URL www.nationalparks.nsw.gov.au/things-to-do/visitor-centers/blue-mountains-heritage-centre
開每日9:00～16:30
休耶誕節

下左：國王台地的觀景台超級恐怖
下中：溫特沃斯瀑布的弗萊徹觀景台
下：溫特沃斯瀑布健行步道途中的絕佳景點超多

從布萊克希斯郊外的哥維茲跳躍觀景台Govetts Leap Lookout眺望的雄偉景色

從卡頓巴往北約10km處的布萊克希斯Blackheath，也是叢林健行的人氣地點，城鎮周邊有許多可以欣賞壯闊景色的觀景台，是不能錯過的地方。卡頓巴、路拉、溫特沃斯瀑布附近的觀景台，都是眺望藍山南邊的賈米森谷，而布萊克希斯的觀景台則是望向北方的哥維茲峽谷Govetts Gorge。

其中特別有名的是哥維茲跳躍觀景台Govetts Leap Lookout，眼前展開的哥維茲峽谷Govetts Gorge之壯麗，讓人驚嘆不已。還有伊凡斯觀景台Evans Lookout也可以看到哥維茲峽谷和大峽谷Grand Crayon的絕佳美景。

■三姊妹岩的傳說
除了本書介紹的傳說外，也有眾多類型不同版本的故事。

回聲角的觀景台有2層樓，往下走到底下那層，會覺得三姊妹岩突然變近了

■藍山遊客中心
住18 Echo Point Rd., Katoomba, 2780
☎1300-653-408
URL www.bmcc.nsw.gov.au/visitor-information
開每日9:00～16:00
休耶誕節

藍山第一景 MAP P.264/A

回聲角和三姊妹岩
Echo Point & The Three Sisters

架在三姊妹岩上的小橋

回聲角位在卡頓巴南邊約1.5km之處，是可以欣賞藍山雄偉景觀的眺望點。斷崖峭壁的前方是被尤加利原生林覆蓋的廣大賈米森谷Jamison Valley，而東側則聳立著由大自然之手創造出來的奇岩——三姊妹岩。

三姊妹岩之名來自於原住民傳說，以前在此地居住著美麗的三姊妹，和祈禱師的父親過著平靜的生活。某一天，邦伊普Bunyip（經常出現在傳說中的怪物）要來襲擊三姊妹，父親就將她們變成岩石以躲避怪物，得知這件事的怪物轉而攻擊父親，父親便施法將自己變成琴鳥躲進岩洞中；但是變成琴鳥的父親卻再也無法變回原來的樣子，三姊妹也一輩子變不回人類，於是成為現在的三姊妹岩。

從回聲角到三姊妹岩的步道路線十分平坦，適合各種年齡層的遊客（來回約30分鐘）；最靠近的岩石架設有小橋可以橫渡，所以實際上是可以親手碰觸到三姊妹岩。此外，從此地朝賈米森谷方向往下，建造了約900層階梯，名為巨人階梯Giant Stairway，然後步道會繼續接上聯邦通道Federal Pass，設計十分完善。聯邦通道沿著岩壁往西通往景觀世界，是適合有登山健行經驗遊客的路線（需要約2小時30分）。

巨人階梯是沿著峭壁的陡坡岩石階梯

回聲角旁設有藍山遊客中心Blue Mountains Visitor Information Centre，提供藍山國家公園內叢林健行的相關諮詢。

可參觀世界最古老的鐘乳石洞 MAP P.263/A

傑諾藍洞窟群
Jenolan Caves

位於傑諾藍洞窟群入口區的飯店，內部也有外帶飲食店及餐廳進駐

卡頓巴往西南方約80km、車程大概1小時30分距離處的大規模鐘乳石洞窟群，為3億4000萬年前所形成的洞窟，和世界第2古老的美國新墨西哥州卡爾斯巴德洞窟Carlsbad Caverns（約9000萬年前形成）一比，就知道這裡有多珍貴了。

實際到達傑諾藍洞窟群時，首先叫人吃驚的是名為大拱門Grand Arch的超大隧道，這裡原本也是鐘乳石洞，目前則做為幾個洞窟的參觀入口處。此外，走在大拱門旁的小路上還能看見疊層石（遠在太古時期，由負責製造氧氣的藍綠藻所形成，目前已極為少見）。

Lucas Cave洞窟內的景象如仙境般

由專人帶領可以參觀的洞窟有Lucas Cave、Imperial Cave、Chifley Cave、Orient Cave、Temple of Baal Cave等5處（其他洞窟也會依時期而對外開放）。

每座洞窟的氣氛各異，其中最受歡迎的是Lucas Cave，景觀非常壯麗，洞內被稱為大教堂的一角，可見巨大的鐘乳石簾幕從頂端垂吊而下，美得教人屏息。另外，以美麗的鐘乳石聞名的是Orient Cave，洞內令人驚嘆的鐘乳石堪稱是傑諾藍洞窟群的標誌。

在傑諾藍洞窟群周邊還有許多叢林健行路線，建議可以住在Jenolan Caves House，享受在森林散步的樂趣。

■傑諾藍洞窟群
住4655 Jenolan Caves Rd., Jenolan Caves, 2790
☎(02)6359-3911
☎1300-763-311
URL www.jenolancaves.org.au
開每日9:00～20:00（冬季～17:00）
費Lucas Cave、Imperial Cave、Chifley Cave各為：大人$42 小孩$28 家庭$95／Diamond Cave：大人$50 小孩$30 家庭$110／Orient Cave、Temple of Baal Cave各為：大人$55 小孩$37 家庭$123

■傑諾藍洞窟群名字的由來
Jenolan在當地的原住民語為「高山」之意，而原住民稱呼這個洞窟群為Binoomea（「陰暗場所」之意）。

左：Orient Cave內可以看到各種不同的美麗鐘乳石
下：位於傑諾藍洞窟群入口處的湖中，有時會看到鴨嘴獸的身影

交通

●中央海岸

從雪梨中央車站～高士弗站1小時有2～3班電車，到了高士弗再轉乘當地的Red Bus Service巴士（可使用澳寶卡Opal Card），但是班次不多。考量到方便性，還是租車比較實際。

●Red Bus Service
☎(02)4332-8655
URL www.redbus.com.au

■中央海岸的觀光資訊
URL www.lovecentralcoast.com.au

中央海岸

Central Coast

從雪梨北部的霍克斯伯里河Hawkesbury River，到麥覺理湖Lake Macquarie前方的凱薩琳丘灣Catherine Hill Bay，長約80km的海岸被稱為中央海岸。可以在美麗的海灘衝浪、釣魚、潛水，在霍克斯伯里河上搭乘遊艇，或者到國家公園的叢林健行，有許多可以體驗大自然的戶外活動，還有人氣動物園──澳洲爬蟲動物公園（→P.276）。而中央海岸的中心就在人口約17萬人的高士弗Gosford（從雪梨搭電車約1小時30分）。

在大自然中享受騎馬與ATV的樂趣 MAP P.268/A

格倫沃斯谷
Glenworth Valley

在中央海岸的Peats Ridge附近有處占地廣達3000英畝的自然園區，就是格倫沃斯谷，在這裡除了親近自然之餘，還能體驗各式各樣的戶外活動，很受雪梨小朋友的喜愛。週末與學校假期時，園區附設的露營場總是呈現客滿狀態，營地一位難求。

欣賞自然景色之餘，還能體驗極富變化的騎馬路線

■格倫沃斯谷
住69 Cooks Rd., Glenworth Valley, 2250
☎(02)4375-1222
URL glenworth.com.au

中央海岸-紐卡素-史蒂文斯港
Central Coast - Newcastle-Port Stephens

0 20km

獵人谷 Hunter Valley ▶P.272
格雷塔Greta
梅特蘭 Maitland
波高爾賓 Pokolbin
塞司諾克 Cessnock
庫里庫里 Kurri Kurri
史蒂文斯港 Port Stephens P.271
尼爾森灣 Nelson Bay
安娜灣 Anna Bay
橡樹谷野生動物公園 Oakvale Wildlife Park
紐卡素機場
P.270 Sand Dune Advertures
史蒂文斯港4WD之旅 P.270
紐卡素 Newcastle
P.270 史托頓海灘沙丘 Stockton Beach Dune
Samurai Beach Bungalows YHA P.290
Murray's Brewery & Port Stephens Winery
瓦倫比 Wollombi
岩戈國家公園 Yengo NP
瓦塔甘斯國家公園 Watagans NP
庫蘭邦 Cooranbong
懷昂 Wyong
P.276 澳洲爬蟲動物公園 Australian Reptile Park
Mercure Kooindah Waters Central Coast P.290
恩瑞斯 The Entrance
達魯格國家公園 Dharug NP
P.268 格倫沃斯谷 Glenworth Valley
高士弗 Gosford
中央海岸 Central Coast
藍山國家公園 Blue Mountains NP
沃伊沃伊 Woy Woy
布里斯本國家公園 Brisbane Water NP
馬拉馬拉國家公園 Marramarra NP
布魯克林 Brooklyn
霍克斯伯里河觀光船 P.269 Hawkesbury River Cruise
里奇蒙 Richmond
庫靈蓋狩獵地國家公園 Ku-ring-gai Chase NP
霍恩斯比 Hornsby
莫納維爾 Mona Vale
N
A B

就算初次體驗也很安全的ATV

在這裡首先要體驗的是能充分享受自然的騎馬活動。

稱得上是雪梨近郊最適合騎馬的地點，從遍布園區內的各種課程路線（總長度約50km）中，選出最適合的路線，讓參加者能盡情地感受騎馬的樂趣；像是在森林中度過小溪、讓馬兒奔馳在開闊場地……還會去觀賞保留在附近的原住民壁畫。

此外，在被森林包圍的小溪裡划獨木舟、騎ATV（4輪越野車）馳騁在叢林林道間（剛開始會先練習），甚至是挑戰繩索垂降，都是很不錯的活動，值得一試。

●騎馬
時每日9:00、11:00、14:00開始（需時2小時）
費1人$115
●獨木舟
時每日10:00、14:00開始（需時2小時30分）
費1人$80
●ATV
時週一～五11:30、14:00，週六、日10:00、11:00、11:30、13:30、14:00、15:00、15:30開始（需時1小時30分）
費1人$110（週六、日為$115）
●繩索垂降
時每日10:00、14:00開始（需時2小時30分）
費1人$105

搭乘郵務船遊河 MAP P.268/A

霍克斯伯里河觀光船
Hawkesbury River Cruise

注入布羅肯灣Broken Bay的霍克斯伯里河，兩岸分別是布里斯本國家公園Brisbane Water NP和庫靈蓋狩獵地國家公園Ku-ring-gai Chase NP，景色非常優美。特別的是沿岸居民的交通方式，不是車而是船，而河岸人家的郵件配送方式也不是陸路，而是水路；所以與郵差一起搭乘為河畔住家送郵件的郵務船，到霍克斯伯里河上游的巡航之旅，很受歡迎。上溯終點為河川上游的達魯格國家公園Dharug NP，達魯格是居住在這一帶的原住民族，附近的國家公園裡還可以見到他們留下的壁畫。

■霍克斯伯里河觀光船
●Hawkesbury Cruises
☎0400-600-111（需預約）
URL www.riverboatpostman.com.au
●郵務船巡航之旅
時週一～五10:00～13:15
休週六、日、節日
費大人$59 小孩$19

乘坐觀光船前往國家公園深處

紐卡素
Newcastle

建於紐卡素車站旁的優美海關大樓

中央海岸再往北（距離雪梨約150km）之處的獵人河Hunter River，其河岸一帶被稱為獵人谷地區Hunter Region，這裡的中心城市是新南威爾斯州的第二大城──紐卡素。這是個從19世紀後半開始，因為附近開採出大量煤礦成為裝運出口港，而迅速發展起來的工業城市。而且在幾乎沒有發生過地震的澳洲，紐卡素卻在1982年出現澳洲史上的最大的地震災情，有12人死亡。這裡還是全澳洲少數舉辦衝浪節而出名的衝浪城市。

紐卡素市區的東側，保留許多歷史古蹟建築，一邊看老建築一邊散步成為熱門的觀光活動，可以在遊客中心拿到印有參觀路線的地圖，親自用雙腳來見證歷史遺跡。

交通

●**紐卡素**
從雪梨中央車站有班次相當頻繁的Sydney Train（所需交通時間約2～3小時）。

■紐卡素遊客中心 Newcastle Visitor Information Centre
住430 Hunter St., Old Civic Railway Station, Newcastle 2300
☎(02)4974-2109
URL www.visitnewcastle.com.au
開週一～五9:30～16:30，週六、日10:00～14:00
休耶誕節

■Famous Tram（下一頁）
☎0418-307-166
URL famous-tram.com.au
營週六、日11:00從皇后碼頭塔前出發
費大人$30 小孩$5

也可以參加由Famous Tram所舉辦的45分鐘歷史古蹟巡迴之旅。除此之外，不容錯過的還有斯克拉奇利堡Fort Scratchley；這座碉堡是在1882年為預防俄羅斯的入侵而興建，不過卻是等到1942年才真正派上用場，在抵禦兵臨紐卡素外海的日本潛艦時發揮了功能（是澳洲唯一歷經戰火洗禮的碉堡）。如今則是作為歷史博物館對外開放民眾參觀，由於提供導覽行程，想更深入了解碉堡歷史的遊客絕對不能錯過。

史蒂文斯港
Port Stephens

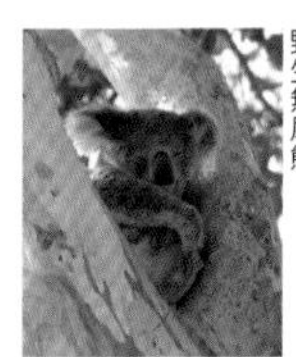
史蒂文斯港棲息著眾多的野生無尾熊

從雪梨驅車約2小時30分，即可抵達這處位於紐卡素近郊的海灘度假地。以尼爾森灣Nelson Bay為主的海灣、半島地區，都統稱為史蒂文斯港，狹長的海灣之內是鵜鶘、野生水鳥的樂園，到了尼爾森灣還能親眼見到野生海豚。這裡同時也盛行養殖牡蠣，可以品嚐新鮮的海產。此外，在半島內的托馬利國家公園Tomaree NP及其周圍是知名的野生無尾熊棲息地，在步道散步時就能經常看到。因為距離雪梨並不遠，又洋溢著悠閒氣氛，就成為雪梨市民週末出遊的熱門地點。

享受沙丘滑沙及ATV之樂 MAP P.268/B

史托頓海灘沙丘
Stockton Beach Dune

從紐卡素到安娜灣Anna Bay之間，在太平洋海岸延伸長達32km巨大沙丘的史托頓海灘沙丘，從很久以前就是原住民獲取貝類等食材的地方，現今也由他們負責管理。沙丘的一部分開放作為活動使用，由數家旅行社推出沙丘之旅，最受歡迎的是史蒂文斯港四輪越野車之旅Ports Stephens 4WD Tour，搭乘大型的四輪傳動車在沙丘上奔馳，途中包含滑沙Sandboarding（站或坐在板子上衝下沙丘）、參觀原住民遺留的貝殼塚遺跡，以及觀察挖掘沙丘後所冒出來的含鐵海水等行程。而由管理沙丘的原住民團體所舉辦的沙丘冒險Sand Dune Advertures ATV之旅也很熱門，自己駕駛著沙灘越野車馳騁在偌大的沙丘上，感覺十分爽快；中途還會去參觀貝殼塚遺跡和滑沙（行程約1.5小時），內容充實而有趣。

搭上大型四輪傳動車奔馳在沙灘上

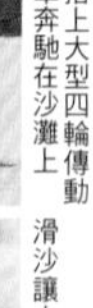

滑沙讓人非常興奮

以時速50km馳騁在廣大沙丘上，超刺激

■斯克拉奇利堡
住1-3 Nobbys Rd., Newcastle, 2300 ☎(02)4929-3066
URL www.fortscratchley.org.au
開週三～一10:00～16:00／導覽行程為10:30、11:30、13:10、13:40、14:30開始
休週二、新年、復活節、耶誕節
費免費／隧道之旅大人$13 小孩$7 家庭$33

交通

●史蒂文斯港
從雪梨中央車站前每天1班前往尼爾森灣的直達巴士，此外還有從紐卡素出發的巴士（Route 130、131），每天有3～9班。

■史蒂文斯港遊客中心
Port Stephens Visitors Information Centre
住60 Victoria Pde., Nelson Bay, 2315
FREE 1800-808-900
URL www.portstephens.org.au
開每日9:00～17:00（7～8月為9:30～16:30）
休耶誕節

■Port Stephens 4WD Tour
☎(02)4984-4760
URL www.portstephens4wd.com.au
時安娜灣的沙丘入口出發，1小時滑沙冒險：9:30～15:30每隔10分鐘／1.5小時海灘&沙丘之旅：10:00～11:30、13:00～14:30
費1小時滑沙冒險：大人$30 小孩$25 家庭$90／1.5小時海灘&沙丘之旅：大人$40 小孩$30 家庭$110

■Sand Dune Advertures
☎(02)4033-8808
URL sanddunadventures.com.au
時1小時行程：每日9:30、11:00、13:00、14:30／1.5小時行程：14:00（舉辦日期要確認）
※在史蒂文斯港往紐卡素方向的尼爾森灣路Nelson Bay Rd.上的Murock Aborignal Cultural Centre出發
費1小時行程：大人$110（2人共乘$180）／1.5小時行程：大人$135（2人共乘$245）

遇見野生海豚與鯨魚

賞鯨豚之旅
Dolphin & Whale Watching Cruise

有時海豚會游到觀光船旁邊

在尼爾森灣海域裡棲息著約70隻野生海豚，只要搭乘賞鯨豚船出海，會有95%以上的機率能看到這些海中生物的身影。當地有多家觀光船公司推出賞鯨豚之旅，而大型的觀光船在夏季時還會在船後方拉吊桿網Boom Netting，額外增加讓遊客在網內游泳的行程，千萬別忘了帶泳衣出門。還有Dophin Swim Australia也會在週末推出與海豚共泳的體驗，以浮潛方式戴上護目鏡，抓著沿著船身而設的繩索，就能觀賞在附近自在游泳的海豚。

由於這塊海域在冬季時也是座頭鯨的迴游路線，因此出海賞鯨也同樣熱門，5月下旬～8月左右可以看到大批遷徙往北游的鯨魚群，9月～10月前半出現的鯨魚群則是準備南下南極。推出賞海豚之旅的觀光船公司，在這段時期也會安排賞鯨船活動。

氣氛悠閒的動物園 MAP P.268/B

橡樹谷野生動物公園
Oakvale Wildlife Park

在廣大的園區裡飼養著袋鼠、岩袋鼠、袋熊、無尾熊、鴯鶓等澳洲特有動物，還有兔子、駱駝、羊、馬及吸蜜鸚鵡、笑翠鳥、鴨子等多達74種動物，都生活在非常悠閒的環境中。還推出Koalaty Fun Day Out Program活動，遊客可以進入無尾熊籠舍，以尤加利樹葉餵食無尾熊並合拍紀念照。

獵人谷
Hunter Valley

葡萄園在丘陵地區延伸開展的獵人谷

獵人谷位在雪梨的西北方約160km處，是澳洲頗具代表性的葡萄酒知名產地，散落在整個地區有超過150座的大小酒莊，從大型釀酒廠到家族式經營的精品酒莊都有。獵人谷地區雖然以位於地區入口處的塞司諾克Cessnock為主要城鎮，而酒莊區域則是集中在以波高爾賓Pokolbin為中心的下獵人谷Lower Hunter，以及以丹曼Denman為主的上獵人谷Upper Hunter；在觀光方面則以下獵人谷比較熱門。此外，獵人谷還是英國純種賽馬的培育之地，除了可以體驗騎馬之外，像是熱氣球、自行車等戶外活動也非常風行。

■賞鯨豚之旅

●Moonshadow TQC Cruises
電 (02)4984-9388
URL moonshadow-tqc.com.au
時 每日10:30、13:30出發／賞海豚所需時間1.5小時／賞鯨：5月下旬～10月上旬，所需時間3小時。
費 賞海豚：大人$35 小孩$20 家庭$90／賞鯨：大人$70 小孩$29 家庭$169

●Dolphin Swim Australia
電 1300-721-358
URL dolphinswimaustralia.com.au
時 與海豚共泳：10～5月週五～日6:00～10:00
費 1人$349

■橡樹谷野生動物公園

住 3 Oakvale Drv., Salt Ash, 2318 電 (02)4982-6222
URL oakvalewildlife.com.au
開 每日10:00～17:00
費 大人$35 小孩$22 家庭$105／Koalaty Fun Day Out Program大人$87.50 小孩$74.50（要預約）

交通

●獵人谷
當地沒有任何公共交通工具，從現實面來說最好還是租車或參加旅遊團。

■Vintage Hunter Wine & Visitors Centre MAP P.272
住 455 Wine Country Drv., Pokolbin, Hunter Valley, 2320
電 (02)4993-6700
URL winecountry.com.au
開 週一～六9:00～17:00，週日、節日9:00～16:00
休 耶誕節

■主要的酒莊ー

●Tyrrell's Vineyard（下一頁） MAP P.272
住 1838 Broke Rd., Pokolbin, Hunter Valley, 2320
電 (02)4993-7000
URL tyrrells.com.au
營 週一～六10:00～17:00、週日10:00～16:00
費 一般試飲$15

Memo 受到新冠肺炎疫情的影響，幾乎所有酒莊的Cellar Door（酒莊內提供試飲與販賣處）試飲活動都必須事先預約。

獵人谷其他的主要酒莊

酒莊名	地址／網址	電話號碼	營業時間
Tamburlaine Wines	358 McDonalds Rd., Pokolbin, 2320 URL tamburlaine.com.au	(02)4998-4222	每日9:00～17:00
Pepper Tree Wines	86 Halls Rd., Pokolbin, 2320 URL www.peppertreewines.com.au	(02)4909-7100	每日10:00～16:00
Bimbadgen Estate	790 Mcdonalds Rd., Pokolbin, 2321 URL www.bimbadgen.com.au	(02)4998-4600	週一～六10:00～16:00 週日、節日11:00～16:00
Scarborough Wine	179 Gillards Rd., Pokolbin, 2320 URL www.scarboroughwine.com.au	(02)4998-7563	週四～一10:00～17:00
Brokenwood Wines	401-427 McDonalds Rd., Pokolbin, 2320 URL www.brokenwood.com.au	(02)4998-7559	週一～五11:00～17:00 週六、日、節日10:00～17:00
Tulloch Wines	638 DeBeyers Rd., Pokolbin, 2320 URL www.tullochwines.com	(02)4998-7580	每日10:00～17:00

一邊試喝一邊找尋喜愛的葡萄酒 MAP P.272

酒莊之旅
Exploring Wineries

從1860年代就開始生產葡萄酒的波高爾賓Pokolbin地區，酒莊的數量相當多，最適合進行酒莊之旅。以下介紹幾家具有高知名度的酒莊。

●Tyrrell's Vineyard

創立於1858年，是獵人谷最古老的酒莊，擁有夏多內Chardonnay、榭密雍Sémillon、希哈Shiraz等多種高品質好酒。

Tyrrell's的親切員工

●McGuigan Wines

從1880年開始釀酒的歷史悠久酒莊之一，並設有釀酒博物館及起司工廠。以希哈氣泡紅酒、夏多內、灰皮諾Pinot Grigio最受歡迎。

●Ben Ean

由McGuigan所經營，可以試飲獵人谷地區主要酒莊的葡萄酒。而附設的餐廳Baume主打在休閒氣氛下品嚐酒和美食，大受好評。

●McGuigan Wines MAP P.272
住Cnr. Broke & McDonalds Rds., Pokolbin, 2320
☎(02)4998-4111
URL www.mcguiganwines.com.au
營每日10:00～17:00

●Ben Ean MAP P.272
住119 McDonalds Rd., Pokolbin, 2030
☎(02)4993-3705
URL www.benean.com.au
營週一～六9:00～15:00，週日10:00～17:00每隔1小時
費試飲$10～

精心維護的廣大花園 MAP P.272

獵人谷花園
Hunter Valley Gardens

座落於波高爾賓Pokolbin中心區、占地廣達25公頃的獵人谷花園，擁有英式、義大利式、東方庭園等各種不同風情的美麗花園。在沿著Broke Road前往花園入口的路上，精巧可愛的紀念品店與咖啡館林立。

可以一次欣賞到多種不同風格庭園的獵人谷花園

■獵人谷花園
住2090 Broke Rd., Pokolbin, Hunter Valley, 2320
☎(02)4998-4000
URL www.huntervalleygardens.com.au
開每日9:00～16:30
費大人$32 小孩$25 家庭$89

雪梨的主題公園
THEME PARKS IN SYDNEY

在雪梨市區及郊外有許多可以看到澳洲生物的水族館和動物園，而在藍山地區，也有可以飽覽名列世界遺產森林的魅力設施。

一次飽覽棲息於澳洲近海的魚類 MAP P.251/2B

雪梨水族館
Sea Life Sydney Aquarium

鯊魚谷中可以見到各式各樣種類的鯊魚

聚集了棲息在澳洲近海和河川的1萬1300多種水生動物。館內分成數個主題區塊，有最受小朋友歡迎的是重現國王企鵝、巴布亞企鵝棲地的企鵝遠征隊區，還有可以見到被認為是人魚化身的稀有海洋哺乳動物儒艮的儒艮島，全世界的水族館中僅飼養5隻儒艮，其中的2隻就在這裡。鯊魚谷則是可以仔細觀察棲息於近海鯊魚生態的人氣區域，在海洋區Oceanarium（使用實際海域展出）能看到各種鯊魚及魟魚。至於真實呈現大堡礁海域的大堡礁區，有色彩繽紛的熱帶魚、龍王鯛和海龜、礁鯊等，能好好欣賞生活在珊瑚礁海域的海洋生物。

喜歡冒險的人絕對會想嘗試的是體驗在巨大水槽中與鯊魚共同潛水的Shark Dive Extreme，其餘還有與飼育員一起在企鵝遠征隊區裡觀察企鵝的Penguin Passport、坐上玻璃船在大堡礁區的水槽裡看魚的Glass Bottom Boat Tour等活動，都十分有趣。

在城市的中心遇見澳洲動物 MAP P.251/2B

雪梨野生動物園
Wild Life Sydney Zoo

位於雪梨水族館隔壁的室內動物園，重現澳洲特有的9種生態環境。重現澳洲內陸Outback的袋鼠徒步旅行區可以看到棲息於內陸的大袋鼠、沙袋鼠，在袋鼠崖區還能觀察稀有種的黃腳岩袋鼠，而罕見的毛鼻袋熊也很受歡迎。此外，在頂樓的遇見無尾熊區，則能和無尾熊合拍紀念照（付費）。

事先確認好餵食時間的話，也可以餵食針鼴

■雪梨的動物園不能抱無尾熊
新南威爾斯州法規定禁止抱無尾熊，仍然有些動物園是允許接觸無尾熊及拍照的。

■雪梨水族館
住1-5 Wheat Rd., Darling Harbour, 2000
FREE1800-195-650
URLvisitsealife.com/sydney
開每日10:00～16:00
費大人$49 小孩$36／Shark Dive Extreme：1人$299（週一～五為$239／14歲以上）／Penguin Passport：1人$129（14歲以上）／Glass Bottom Boat Tour（11:00～16:30每隔30分鐘）：大人$66 小孩$55

去看看珍貴的儒艮吧

■雪梨野生動物園
住1-5 Wheat Rd., Darling Harbour, Sydney, 2000
FREE1800-195-650
URLwww.wildlifesydney.com.au
開每日10:00～16:00／與無尾熊共進早餐：每日7:15～
費大人$46 小孩$34／與無尾熊合拍紀念照（包含門票）：最多2人大人$61.80 小孩$26.40／與無尾熊共進早餐（包含門票）：大人$60 小孩$50

■Sydney Attraction Pass
包含雪梨塔、雪梨水族館、雪梨野生動物園、雪梨杜莎夫人蠟像館入場門票的優惠套票。在網路上購買折扣優惠更多。
費2種門票組合：大人$80.50 ($58) 小孩$57 ($41)／3種門票組合：大人$126($70) 小孩$94 ($52)／4種門票組合：大人$172($85) 小孩$132 ($65)／4種門票＋Big Bus 1日券：大人$218($107) 小孩$163 ($80)
※（ ）內為網路購買價格

可以接觸無尾熊與拍照的地點

重現亞熱帶雨林的蝴蝶熱帶區，會有五顏六色的各種蝴蝶停在遊客的肩膀和頭上，是很奇特的經驗。

還有早上可以在屋頂無尾熊的飼育處，與無尾熊一起共進早餐。

可愛動物與美麗的「水之風景」 MAP P.258

塔隆加動物園

Taronga Zoo

塔隆加在澳洲原住民語是「美麗水景」的意思，正如其名，眺望雪梨港和對岸的景色十分美麗。開園於1916年，是雪梨最古老、也是澳洲最有名的動物園。位於小山丘上占地29公頃的廣闊園內，除了澳洲特有種，還有獅子、老虎、大象和長頸鹿、猩猩等來自世界各地的動物，合計共有380種2200隻之多。

感受到歷史的入口建築

澳洲動物區靠近正門口，可以看到放養的袋鼠、沙袋鼠和鴯鶓，也可以和無尾熊近距離合拍紀念照（付費）。此外，在山丘下的大堡礁區，能透過玻璃看到海獅和海狗悠游水中的姿態，大型劇場區還有上演海獅秀。還有不要錯過1天2次的飛鳥秀，海鵰、虎頭海鵰、貓頭鷹，以及澳洲鶴、鸚鵡等澳洲特有鳥類，優雅飛舞的畫面真的很美。

放養區可以看到袋鼠慵懶的樣子

■塔隆加動物園
住Bradley's Head Rd., Mosman, 2088
☎(02)9969-2777
URL taronga.org.au
開每日9:30～16:30／遇見無尾熊（和無尾熊合照）11:00～14:45
費大人$51 小孩$30 家庭$144（有網路優惠）／遇見無尾熊：最多4人$29.95
●如何前往
從環形碼頭的No.2碼頭每30分鐘有一班渡輪提供接駁服務（所需時間約12分鐘）。動物園有2處入口，分別是靠近渡輪碼頭的入口和山丘上的正門入口，往正門入口有配合渡輪班次的巴士行駛，另外也有空中接駁纜車可供搭乘。

在亞洲區中心的廣闊飼育場有悠哉的亞洲象群

■塔隆加動物園＋渡輪來回優惠券
●庫克船長觀光船Zoo Express
庫克船長（→P.283）的動物園渡輪來回船票或是不限次數搭乘1日券＋入園門票組合
費大人$69 小孩$40
●Fantasea Cruising Taronga Zoo Combo Pass
雪梨港Hopper（→P.283）的1日不限次數Pass＋入園門票組合
費大人$63 小孩$43.20

放鬆的氣氛 MAP 地圖外

費瑟戴爾野生動物園

Featherdale Wildlife Park

位在雪梨和藍山中間黑鎮Black Town近郊的野生動物園，園內飼養了澳洲的各種動物（超過30種有袋類、230種以上的鳥類，還有許多種爬蟲類），園內也有無尾熊保護區和袋熊世界等區域。由於袋鼠、沙袋鼠、鴯鶓採放養方式，只要在商店買飼料就能輕鬆體驗餵食樂趣；當然也可以近距離接觸袋熊和袋獾等人氣動物。而且在9～4月也有刺激緊張的鱷魚餵食秀。

A超震撼的鱷魚餵食秀
B餵食袋鼠和沙袋鼠很有趣

此外，針對想和動物近距離接觸的人所設計的與動物相遇企劃，其中最受歡迎的就是能和無尾熊一起合拍紀念照的Koala Encounter。

■費瑟戴爾野生動物園
住217-229 Kildare Rd., Doonside, 2767
☎(02)9622-1644
URL www.featherdale.com.au
開每日9:00～16:00
休耶誕節
費大人$38 小孩$25 家庭$115／Koala Encounter1人$25
●如何前往
從市區搭乘Sydney Train T1西線到黑鎮Blacktown約40分鐘，再從車站前轉乘Route 729巴士，車程約10分鐘。

雪梨最熱門的動物園 MAP 地圖外

雪梨動物園
Sydney Zoo

無尾熊小徑可以近距離觀察無尾熊

若是週末造訪，一定要看的原住民表演

與費瑟戴爾同樣位於黑鎮近郊，開幕於2019年的大型動物園。園內占地約16.5公頃，分為澳洲、東南亞、非洲、水族館四大區域；來自海外的觀光客則是對靠近入口處的澳洲區最有興趣，袋鼠和鴯鶓採放養方式，也能看到無尾熊、袋熊、袋獾及澳洲野犬。和動物接觸的活動也很豐富，尤其無尾熊小徑Koala Trail是在無尾熊的籠舍內聽飼育員的詳細解說，也可以合拍紀念照。除了澳洲特有動物以外，像是狐獴、水豚、獅子等動物的接觸活動也很受歡迎。此外，在各區域舉辦由飼育員主導的動物講座，還有週末限定的澳洲原住民表演及講座（1天5場）可以參加。

■雪梨動物園
住700 Great Western Hwy., Bungarribee, 2767
☎(02)7202-2560
URL sydneyzoo.com
開每日9:00～16:00
休耶誕節
費大人$47.50 小孩$23／Koala Trail 1人$10 家庭$30
●如何前往
從市區搭乘Sydney Train T1西線到黑鎮Blacktown約40分鐘，再從車站前轉乘Route 723巴士，車程約20分鐘。

雪梨最有歷史的動物園 MAP 地圖外

無尾熊保護區
Koala Park Sanctuary

無尾熊飼養數量眾多

這裡作為澳洲第一個無尾熊醫院（設立於1930年）而廣為人知。無尾熊在工作人員的帶領下一天有4次（10:20、11:45、14:00、15:00）的餵食和講座，表演完後還可以一起拍紀念照。在廣大的園區內，放養著袋鼠和鴯鶓，任何人都可以輕鬆地餵食牠們；當然也會看到袋熊、澳洲野犬、針鼴等澳洲特有的動物。

■無尾熊保護區
住84 Castle Hill Rd., West Pennant Hills, 2125
☎(02)9484-3141
URL koalapark-sanctuary.com.au
開每日9:00～16:00
休耶誕節
費大人$30 小孩$15 家庭$82
●如何前往
從市區的Kent St.搭乘Route 620X、642X巴士，約30分鐘。

就算是無尾熊保護區裡也有放養的袋鼠

大門口上方有隻巨大的褶傘蜥裝飾

■澳洲爬行動物公園
住69 Pacific Hwy., Somersby, 2250 ☎(02)4340-1022
URL www.reptilepark.com.au
開每日9:00～17:00
休耶誕節
費大人$46 小孩$29 家庭$195
●VIP Behind The Scene Tours
費4人$600（包含門票）
※要預約
●兒童飼育員體驗（13～18歲）
費小孩$120（包含門票）
●兒童飼育員體驗（7～12歲）
費小孩$90（包含門票）
※舉行兒童飼育員體驗的日期需要洽詢
●如何前往
從雪梨中央車站搭乘中央海岸線到高士弗車站，再搭計程車。

■西姆比歐野生動物公園
住7-11 Lawrence Hargrave Drv., Helensburgh, 2508
☎(02)4294-1244
URL symbiozoo.com.au
營每日9:30～17:00／和無尾熊合拍紀念照：週一～五11:45、15:15、週六、日11:15、15:00
休耶誕節
費大人$39 小孩$25 家庭$120／Koala Experience 1人$125
●如何前往
從市區搭乘Sydney Train南部海岸線到海倫斯堡Helensburgh，再轉乘前往Stanwell Tops的巴士（Route 15），總車程約1小時20分。

狐獴的動物表演也十分有趣

體驗活動很受歡迎 MAP P.268/A

澳洲爬行動物公園
Australian Reptile Park

園內也有珍貴稀少的黃腳岩袋鼠

參加後台之旅可以充當飼育員抱袋熊

位在中央海岸的動物園，雖然以Reptile Park（爬蟲類公園）為名，大門口上方又裝飾著巨大的褶傘蜥，不過園內還是有無尾熊、袋鼠、沙袋鼠、袋熊、袋獾、澳洲野犬、鴯鶓、食火雞等許多澳洲的人氣動物（也有主要動物飼育員的解說秀），也可以在接近自然的環境與氣氛中觀察每種動物。除了能體驗餵食袋鼠的樂趣，關於褶傘蜥、蟒蛇等爬蟲類的展示也很豐富。

這座動物園特別努力用心的是，訪客與動物的互動交流體驗，尤其是VIP後台之旅VIP Behind The Scene Tours。在約90分鐘的活動裡，在專用嚮導的帶領下，介紹園內平常不對外公開的地方；中途會穿插進入飼育籠舍幫象龜洗澡、餵無尾熊吃尤加利樹葉、抱袋熊等行程，當然也會和無尾熊一起拍紀念照。還有只有在爬蟲類公園才能體驗得到的幕後作業，像是餵小蜥蜴吃餌料、將蛇圈在脖子上拍照等。也有小朋友專屬的兒童飼育員體驗Kids Zoo Keepers，則是考慮年齡與安全的兒童版後台之旅。

悠閒地與動物互動 MAP P.299/A

西姆比歐野生動物公園
Symbio Wildlife Park

在參加互動活動時，可以和無尾熊享受自拍之樂

位於雪梨與臥龍崗之間、緊鄰皇家國家公園之處，很受當地人喜愛的動物園。園內除了澳洲動物之外，也飼養著老虎、小貓熊、狐獴、環尾狐猴等可愛動物。

在廣闊的園區內，可以體驗餵食放養的袋鼠、沙袋鼠，其他還有與動物互動的活動，以及由飼育員主導的各種動物表演，十分豐富。尤其是Koala Experience（9:30、11:15、13:00），因為可以跟無尾熊近距離接觸並合拍紀念照，最為熱門。順帶一提，據說英國人殖民後第一次發現無尾熊之處，就在這座動物園附近。

體驗藍山的壯闊視野 MAP P.264/A

景觀世界

展望絕佳的索道纜車

索道纜車內的部分地板採透明設計

為藍山首屈一指的熱門設施，可以盡情享受藍山全景的空中纜車，還有飽覽溫帶雨林的步道。

首先是距離谷底270m高，單程約720m的索道纜車Scenic Skyway（能在對岸的卡頓巴瀑布站下車），可以看到前方就是三姊妹岩，下方則是水花四濺的卡頓巴瀑布，然後就是被廣大樹海覆蓋的賈米森谷，纜車的部分地板採透明設計，也很有趣。

接著要搭乘的是高低落差達415m的森林台車Scenic Railway，從號稱世界最大坡度52度的坡道滑行而下，刺激指數爆表。抵達山谷車站後，就在蒼鬱溫帶雨林間開闢的森林步道Scenic Walkway漫步；路上殘留許多過去的礦坑遺跡，這一帶煤礦產量豐富，森林台車原本也是為了載運煤礦工而鋪設。漫步森林步道10～15分鐘之後，就抵達山谷的空中纜車Scenic Cableway站，從這裡搭乘可容納84人的大型纜車，透過大玻璃窗眺望賈米森谷青綠的尤加利樹林回到終點站，是最典型的行程。

■景觀世界
住Cnr. Violet St. & Cliff Drv., Katoomba, 2780
☎(02)4780-0200
URL scenicworld.com.au
營每日10:00～16:00
費一日無限次搭乘：大人$49.90 小孩$27.90 家庭$151／在網路事先預約有優惠（大人$44.90 小孩$24.90 家庭$135）

●如何前往
在藍山的起點卡頓巴車站前The Carrington Hotel門口的藍山轉運站Blue Mountain Transit搭乘Route 686G巴士（約10分鐘）。或是搭乘藍山探險號巴士Blue Mountain Explorer Bus更為方便。另外從雪梨市區出發的藍山旅遊團，大多也都會安排到景觀世界。

■森林台車也有回程上坡
可以從山谷側往終點站方向搭乘。但如果想要感受刺激速度感，由上往下搭乘是最好的。

A快速滑下陡坡的森林台車
B大型的空中纜車 Scenic Cableway

COLUMN

雪梨老酒館的周遊之旅

在保留雪梨最具歷史性建築物的岩石區，有許多從英國殖民地開始，或是歷史從開拓時代流傳至今的酒館。在這些老酒館中，造訪尼爾森爵士啤酒廠飯店The Lord Nelson Brewery Hotel（→P.242）、滑鐵盧Waterloo的英雄飯店等4家雪梨最古老的酒館，每家酒館都有飲料，能進一步了解澳大利亞英國殖民地的歷史。在2.5小時的行程裡，專業嚮導會說明雪梨最古老的酒館的歷史、澳洲的第一杯飲料、什麼是Larrikin Gangs、The 6 o'clock Swill的由來、岩石區鬧鬼等在地人才知道的常識。

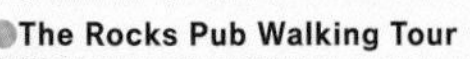

●The Rocks Pub Walking Tour
主辦：Dave's Pub Walks
URL daves.com.au
時每日14:30、18:30
費1人$115（最少2人成行／18歲以上）

雪梨的旅遊&活動
TOURS & ACTIVITIES IN SYDNEY AREA

從雪梨出發的旅遊團，一般除了市區觀光，還有造訪世界遺產藍山之旅、史蒂文森港賞鯨豚、紅酒故鄉獵人谷、雪梨港觀光船等，種類眾多，也都有導遊隨行解說。

雪梨市區的人氣行程

雪梨最刺激的行程

MAP P.239/2A

攀登雪梨大橋
Bridge Climb Sydney

攀登大橋外拱的行程，若時間足夠的話，一定要選擇這個

參加者在港灣大橋頂上集合拍紀念照

登上雪梨地標——港灣大橋是目前非常受歡迎的活動。從岩石區的塔柱Pylon為起點，沿著雙拱橋的外側（Outer Arch外拱）登上橋梁最高的中間點（海拔134m）再穿越橫梁到對側返回，稱為Summit Climb。每一組12～14人都有攀登領隊帶領，安全無虞；最高點可以360度無遮蔽的欣賞雪梨風景，視野絕佳，全程約1.5km，所需時間約3小時。至於時間較不充裕的遊客，則可選擇從雙拱橋的內側（Inner Arch外拱）來回，到橋中央再登上外拱最高點的Summit Insider（需時2小時30分）行程。

為能更安全享受行程，出發前會進行酒精濃度測試（飲酒者禁止參加），並且換上專用服裝。行程中禁止攜帶任何物品（出發前可寄放相機和錢包），結束後會發送登頂證明書和紀念照，晚上則有更刺激的夜間攀登。原則上需要事先預約，並在集合時間的15分鐘前到達出發地點完成報到手續。如果還有名額也接受當場報名。

■攀登雪梨大橋
住3 Cumberland St., The Rocks 2000
☎1300-908-057
URL www.bridgeclimb.com
時每日7:00～深夜，所需時間約3小時
費Summit Climb、Summit Insider價格相同／白天：大人$308 小孩（12～16歲）$149／夜間：大人$268 小孩$119／傍晚：大人$374 小孩$264／清晨（出發日期要再確認）：大人$388 小孩$149
※包含高塔觀景台Pylon Lookout門票
※依照時期不同，週末可能要加價
※務必穿著膠底且不易脫落的鞋子參加

夜間攀登可以一覽雪梨美麗夜景

搭高級重機周遊雪梨

Black Eagle Escapes
Black Eagle Escapes

可以坐在與哈雷HARLEY-DAVIDSON並稱的美式重型機車Indian Motorcycle印地安重機，這些擁有1000ccV型雙缸引擎的大型機車的後座，來趟雪梨的知名景點巡禮。1團最多2人，使用機車藍牙對講耳機可以和身兼導遊的駕駛談話。

■Black Eagle Escapes
☎0475-248-794
※目前歇業中
費雪梨＆港灣大橋（1小時）：1人$120／邦代海灘（1.5小時）：1人$160／Into The Blue（6小時）：1人$380

輕鬆享受1小時的雪梨&港灣大橋Sydney & Harbour Bridge行程，路線包括岩石區、多茲岬、越過港灣大橋到北雪梨、月亮公園、米爾遜角，再返回市區的烏魯木魯、國王十字區、海德公園等地，中途看到美景也可以停車拍照。其他也有1小時30分的邦代海灘行程、6小時的藍山行程……有各種行程可供選擇。

享受搭乘舒適、心情好的機車之旅

藍山的旅遊行程

許多旅行社都有推出藍山旅遊團，有多種行程可以選擇，在此作代表性的介紹。

造訪世界最古老的鐘乳石洞
藍山和傑諾藍洞窟群
Blue Mountains & Jenolan Caves Tours

在回聲角以三姊妹岩為背景拍紀念照

因為難得來一趟藍山，就把個人自助旅遊不容易到達的傑諾藍鐘乳石洞窟也納入行程內。目前有兩家旅行社推出藍山和傑諾藍洞窟群的旅遊團，也都有去卡頓巴與三姊妹岩，以及參觀傑諾藍洞窟群中最美的Orient Cave。而且在傑諾藍洞窟除了造訪鐘乳石洞之外，也會去參觀目前存活在地球上最古老的生物──疊層石（依現場狀況而定）。此外，還可以觀察野生袋鼠（看到灰袋鼠和鞭尾小袋鼠的機率最高），1天就應該可以充分享受藍山的自然景觀。

●Jacksan Tour／傑諾藍鐘乳石洞窟群和藍山＋國王台地和野生袋鼠探險

這個行程最大的特色在於，所有參加的團員都能感受且喜歡澳洲導遊的風趣個性。行程內容為：除了造訪藍山知名的賞景地──國王台地Kings Table，也會去三姊妹岩，並保留足夠時間前往景觀世界自由活動（需自費）；如果全體團員都要去景觀世界的話，導遊也會陪同並提供詳細解說。由於不包含午餐，在參觀傑諾藍洞窟群前會有用餐的自由時間。

■Jacksan Tour
☎(02)9420-8055
URL www.jacksan.com
●傑諾藍鐘乳石洞窟群和藍山＋國王台地和野生袋鼠探險
時6:50～18:45（出團日要確認）
費大人$199 小孩$160
●藍山＋國王台地&路拉和動物園或水族館
時每日7:30～14:00（之後各自參觀動物園、水族館）
費大人$140 小孩$120
●藍山＋國王台地&路拉半日遊
時每日7:20～14:00
費大人$110 小孩$90

在國王台地拍絕景紀念照

近距離和野生袋鼠接觸的機率很高

●IEC Oceania／藍山【山】環保之旅

頗受好評的行程，解說也非常詳盡；除了藍山的自然景觀，對傑諾藍洞窟群的博學也沒話說。中午之前先到國王台地欣賞絕景、回聲角眺望三姊妹岩，之後前往傑諾藍洞窟群（抵達後各自午餐）；先參觀Orient Cave，再到Temple of Baal Cave欣賞音樂與燈光交織出的奇幻表演，充分感受鐘乳石洞之美（會參觀2個鐘乳石洞的旅遊團只有IEC！）。參觀完鐘乳石洞，就去藍湖周邊散步（幸運的話可以看到鴨嘴獸）等，介紹各式各樣的景點。

■IEC Oceania
📞(02)8214-6410
URL www.iec-oceania.com.au
●藍山【山】環保之旅
時 每週1天
費 1人$330（4人成行）

Orient Cave中令人震懾的美麗景象

體驗招牌景點和設施

藍山1日&半日遊
Blue Mountains 1 Day & Harf Day Tours

●Jacksan Tour／藍山＋國王台地&路拉和動物園或水族館

除了造訪藍山的人氣景點、回聲角和景觀世界（纜車、台車需另外付費），還會到可以眺望藍山壯麗景色的國王台地，也會繞去路拉。藍山的停留時間約半天，回雪梨在達令港解散。行程包含雪梨水族館或雪梨野生動物園的門票。

此外也有刪除參觀水族館或動物園的半日行程。

●AUSTRALIAN TOUR LINK／藍山1日遊行程二選一

這個行程增加數個一般藍山旅遊團不會造訪的觀景台，並且包含在景觀世界的所有費用，可以在導遊的帶領下搭乘纜車等設施，以及散步森林步道。

參觀完景觀世界之後依個人選擇分成2組，一組前往Boar's Head Rock觀景台，另一組則跟導遊一起去斷崖步道散步，是包含午餐、漫步路拉的充實1日遊。

■AUSTRALIAN TOUR LINK（D.O.A. AUSTRALIAN）
📞(02)9248-6100
URL www.doa.com.au
●藍山1日遊行程二選一
時 每週3～4天
費 1人$285

史蒂文斯港&獵人谷行程

史蒂文斯港之旅必去景點

觀賞野生海豚觀光船
Wild Dolphin Watching Cruise

野生海豚會靠近船邊

●IEC Oceania／史蒂文斯港【海】環保之旅

導覽史帝文斯港的老牌旅行社IEC Oceania所推出的豐富行程。首先在史帝文斯港搭乘觀光船出海看海豚，發現海豚的機率高達95%以上，夏季可以在吊桿網Boom Netting內玩水，記得要帶泳衣。之後帶著午餐，到史托頓海灘沙丘Stockton Beach Dune搭乘四輪傳動車4WD沙丘巡遊、滑沙。回程到啤酒廠&酒莊試飲啤酒和葡萄酒、在橡樹谷野生動物公園跟無尾熊、袋鼠互動，度過非常充實的一天。另外在史帝文斯海域，每年秋天（6～7月）和春天（9～11月）會有鯨魚出現，這時期除了出海賞海豚，也可以選擇賞鯨。

●Jacksan Tour／賞海豚觀光船

可以用實惠的價格體驗賞海豚觀光船行程，是很熱門的旅遊團。賞海豚活動結束後在船內享用午餐，之後觀光史帝文斯港周邊景點。外加$30就可以在史托頓海灘挑戰四輪傳動車沙丘之旅。

史帝文斯港享受冒險樂趣

史托頓海灘ATV之旅
Stockton Beach ATV Tour

騎ATV從沙丘陡坡暢快地衝下

IEC Oceania主辦的史帝文斯港【4輪沙灘車】環保之旅。在史帝文斯港知名的史托頓海灘沙丘，與原住民嚮導一起騎ATV（4輪沙灘車）奔馳，中途還可以挑戰滑沙。之後到當地頗受好評的啤酒廠&酒莊試飲啤酒和葡萄酒（還有參觀工廠），再返回雪梨。

享受獵人谷的紅酒

獵人谷品酒之旅
Hunter Valley Wine Tasting Tour

造訪澳洲最古老的葡萄酒知名產地──獵人谷的1日行程。

●Jacksan Tour／獵人谷品酒之旅

導遊推薦的酒莊Tulloch Wines

上午造訪Mount Pleasant、Tulloch Wines兩家酒莊進行試飲，然後在獵人谷度假村享用午餐，餐後可以在度假村試飲葡萄酒和啤酒（$16）；下午則去試飲氣泡酒，以及前往巧克力工廠。時間允許的話，還會去起司工廠等地，是一趟洋溢著美食氣氛的旅遊。

●AUSTRALIAN TOUR LINK／獵人谷酒莊周遊之旅

造訪McGuigan、Tyrrell's、Mount Pleasant這些知名酒莊，享受試飲的樂趣（造訪酒莊依據狀況而定）。包含午餐。

■IEC Oceania
電(02)8214-6410
URL www.iec-oceania.com.au
●史蒂文斯港【海】環保之旅
時 週三、日7:00～19:15
休 耶誕節
費 大人$295 小孩$270
●史帝文斯港【4輪沙灘車】環保之旅
※目前只接受預約包團，團費依參加人數而異。

■Jacksan Tour
電(02)9420-8055
URL www.jacksan.com
●賞海豚觀光船
時 每日7:00～18:00
費 包含午餐：大人$230 小孩$200
●獵人谷品酒之旅
時 每日7:30～17:00
費 大人$195 小孩$150

■AUSTRALIAN TOUR LINK (D.O.A. AUSTRALIAN)
電(02)9248-6100
URL www.doa.com.au
●獵人谷酒莊周遊之旅
※預計2024年1月重新開團

許多旅遊團都會造訪的Mount Pleasant酒莊

■搭火車去獵人谷2天1夜之旅
主辦：Hunter Valley Resort
☎(02)4998-7777
URL www.hunterresort.com.au
時 每日推出（雪梨中央車站出發9:29～翌日16:38）
費 2人$360
●代表性的加價選項
騎馬（1小時）：1人$99／騎賽格威（1小時）：大人$75 小孩$65／出租電動腳踏車（4小時）：$60
●iHop Hunter Valley
URL ihophuntervalley.com.au
費 1日大人$69 小孩$29、半日大人$49 小孩$20

騎賽格威周遊葡萄園

■雪梨牡蠣農場之旅
住 Kowan Rd., Mooney Mooney, 2083
☎0402-686-267
URL www.sydneyoystertours.com
時 Immerse Yourself：週六、日12:00～14:30／Oyster Farm Tour：週六、日10:00～11:30／Oyster Elegance：週六、日10:00～14:00
費 Immerse Yourself：1人$195／Oyster Farm Tour：1人$90／Oyster Elegance：$295
●如何前往
從市區搭乘Sydney Train T1到貝羅拉Berowra（約1小時），再從車站前轉乘Route 592巴士（約20分鐘）。

享受在地氣氛的旅行

搭火車去獵人谷2天1夜之旅

Train it to Hunter Vally 2 day 1 night

可以愉快地享受火車之旅

是個能有特殊體驗且擁有不錯評價的行程。從雪梨搭乘火車來回（雪梨～中央海岸～辛格爾頓Singleton單程約3小時），前往獵人谷的同時還能享受鐵路旅遊的樂趣；而在獵人谷停留於獵人谷度假村時，則可以充分感受當地的魅力。除了度假村之外，在步行及騎腳踏車可以到達的範圍內有數家酒莊，其餘的酒莊則可以搭乘能自由上下車的巴士iHop Hunter Valley前往造訪。在度假村內還有釀酒影片可以學習品酒的基本常識，也能參觀葡萄園（包含在行程中）；其他像是騎馬、騎賽格威，或是在附設的啤酒廠進行精釀啤酒的評比等，各種有趣的活動多到不勝枚舉。而且在度假村的腹地內，早晨與傍晚都能看見野生袋鼠的蹤影。

在產地現場品嚐生蠔

雪梨牡蠣養殖場之旅

Sydney Oyster Farm Tour

在海中設置桌子，品嚐現採的生蠔

位於霍克斯伯里河Hawkesbury River河口的穆尼穆尼Mooney Mooney，是雪梨石蠔的一大養殖區，這個旅程是前往當地其中一家布羅肯灣牡蠣養殖場Broken Bay Oyster Farm，先搭船參觀養殖場，之後試吃現採的生蠔。分為幾種行程，最受推薦的是在養殖場的淺灘處擺張桌子，然後品嚐在現場採獲18顆生蠔的Immerse Yourself；其他還有包含豪華海鮮午餐的Oyster Elegance，以及參觀完養殖場之後，在陸地品嚐12顆生蠔的Oyster Farm Tour。

庫克船長的觀光船

雪梨港觀光船之旅

被譽為世界3大美港之一的雪梨港，想親身體驗它的美，搭乘觀光船是最好的方式；在海風吹拂的大晴天，堪稱是最棒的奢華時刻。雪梨有好幾間觀光船公司，在內容、時間、費用、船的種類和路線上都有所不同，不過每一家公司都在雪梨港內航行，所以不必擔心會因為船身過

Memo 雪梨牡蠣養殖場之旅的隔壁，有家可以參觀用珍珠貝養殖珍珠過程，以及品嚐雪梨石蠔的布羅肯灣珍珠養殖場Broken Bay Pearl Farm，週二～日推出2～4小時的行程。住 12 Kowan Rd., Mooney ↗

於搖晃而暈船。雖說如此，海上的風勢常比想像中強烈，晴天時陽光反射也十分刺眼，尤其是日落後，即便是夏季也有涼意，別忘了帶件外套，還有防曬乳更是必需品。

雪梨觀光船的主角

庫克船長觀光船 Captain Cook Cruises

在船上眺望雪梨景色，感覺格外特別

身為雪梨最大的觀光船公司，擁有多種類的航行船隻。乘船處在環形碼頭Circular Quay No.6碼頭或是巴蘭加魯與達令港之間的國王街碼頭King St. Wharf。

●港灣體驗Harbour Experience

巡航雪梨東部、北部約1小時30分的觀光船，可欣賞港灣大橋、歌劇院、欣賞倒映水面深綠的兩岸樹林、眺望港灣人家之美。此外，還有附起司、火腿及1杯氣泡酒的特級港灣體驗Premium Harbour Experience。

●周遊觀光船票Hop On Hop Off Pass

周遊雪梨港灣邊環形碼頭、巴蘭加魯（達令港）、曼利、華特森灣、塔隆加動物園及灣內的鯊魚島等6個景點，可以無限次搭乘且自由中途上下船（有1日券、2日券）。買票時就能拿到時刻表，馬上開始計畫旅程吧！

可以無限次搭乘的觀光船

●甲板午餐遊船Top Deck Lunch Cruise

與港灣體驗相同行程，可以悠閒享受船上時光，還能享用2或3道餐點的料理。

●晚餐遊船Dinner Cruise

依照晚餐內容不同分成幾種行程，最受歡迎的是星光晚餐Starlight Dinner，可以享用使用新鮮澳洲食材製作的4道正統西式精緻料理。

不用加價就可以到曼利的自由搭乘

雪梨港Hopper渡輪（Fantasea Cruising） Sydney Harbour Hopper (Fantasea Cruising)

繞行雪梨港附近的景點（達令港、環形碼頭、塔隆加動物園、華特森灣、曼利），48小時內不限次數搭乘的觀光船，並包含到曼利的高速船票。

■庫克船長觀光船
(02)9206-1111
URL www.captaincook.com.au
以後各觀光船的行駛時間預計會增加

●Harbour Experience
時 週三～日環形碼頭12:30、14:00，國王街碼頭12:00、13:30、15:00
費 大人$45 小孩$25／Premium Harbour Experience 大人$65 小孩$45

●Hop On Hop Off Pass
費 1日券大人$39 小孩$25、2日券大人$55 小孩$35

●Top Deck Lunch Cruise
時 週三～日：環形碼頭12:30～14:15（3道餐點到15:30）／國王街碼頭12:00～15:00（3道餐點到16:30）
費 2道餐點：大人$89 小孩$65／3道餐點：大人$104 小孩$75

●Dinner Cruise
時 週三～日：環形碼頭17:30或19:30出發／國王街碼頭17:00或19:00出發（需時2～2.5小時）
費 Starlight Dinner：大人$129 小孩$95

晚餐遊船上的餐點十分正統

■雪梨港Hopper渡輪
主辦：Fantasea Cruising
FREE 1800-326-822
URL www.fantasea.com.au
※乘船處在達令港、環形碼頭No.6碼頭
時 發船時間依星期而異，請確認時刻表
費 1日券大人$38 小孩$24 家庭$99、2日券大人$54 小孩$34 家庭$134

↘ Mooney, 2083 0488-361-042 URL brokenbaypearlfarm.com.au

搭乘著名的表演船

雪梨筵席遊艇

Cruising Restaurant of Sydney

由蒸汽船外型的表演船和散發優雅觀光船氛圍的Magistic 2號兩艘船負責行駛，乘船處在國王街碼頭。

●表演遊船晚宴

Showboat Cruseing Restaurant

可以享受正統的套餐料理，欣賞歌曲、舞蹈、魔術等娛樂表演，並能在寬敞的甲板上眺望美麗的雪梨夜景。依照料理內容和座位不同，價格也有所不同。

外觀漂亮的表演船

●魔幻午餐遊船 Magistic Lunch Cruise

一邊飽覽雪梨港的美景，一邊品嚐豐盛海鮮自助餐的觀光船行程。

刺激滿點的噴射快艇

雪梨港灣快艇巡航

Oz Jet Boating / Harbour Jet

與優雅的觀光船完全相反，是刺激又充滿快感的體驗。乘坐最高時速達80公里的噴射快艇奔馳在雪梨港，有蛇行也有急迴轉，享受全身濕透的爽快感。目前有2間公司推出這個行程。

破浪向前的噴射快艇

■雪梨筵席遊艇
☎(02)8296-7351
URL www.cruisingrestaurantsofsydney.com.au
●表演遊船晚宴
時 國王街碼頭週二、四、六19:30～22:00
費 大人$167 小孩$90／包含飲料1人$33外加
●魔幻午餐遊船
時 國王街碼頭週二、四、五、六12:30～14:15
費 大人$105 小孩$59

■Oz Jet Boating
☎(02)9808-3700
URL www.ozjetboating.com.au
※從環形碼頭的東側浮橋出發
●Thrill Ride
時 每日11:00～16:00（夏季到15:00），每1小時一班（所需時間約30分鐘）
費 大人$89 小孩$49
身高130cm以上

■Harbour Jet
FREE 1300-887-373
URL www.harbourjet.com
※從達令港出發
●Jet Blast
時 週六、日11:30～15:30每隔1小時（需時約35分鐘）
費 大人$59 小孩$39 家庭$195
●Sydney Harbour Adventure
時 週六、日12:30出發（需時約50分鐘）
費 大人$83.50 小孩$55 家庭$250

COLUMN

來雪梨賞鯨

澳洲東海岸在每年秋～春季是座頭鯨從南極往返大堡礁的路徑，於是雪梨沿岸在6月～10月有多家觀光船公司會推出賞鯨船行程，很容易就能參加。不過，賞鯨船必須航行到雪梨灣外海域，船較搖晃容易發生暈船狀況。

Fantasea Cruising
FREE 1800-326-822
URL www.fantasea.com.au
● 2小時 Express Cruise
時 環形碼頭出發：週日～二 9:45、12:25、14:45
費 大人 $59 小孩 $39 家庭 $159
● 3小時 Discovery Cruise
時 達令港出發：週三～五 11:00，週六、日 8:30、12:30／環形碼頭出發：週三～五 11:30，週六、日 9:00、13:15
費 大人 $89 小孩 $59 家庭 $239

雪梨的住宿 ACCOMMODATION

區域號碼 (02)

環形碼頭與岩石區

經濟型

岩石區唯一的背包客旅館 MAP P.239/2A
Sydney Harbour YHA

URL www.yha.com.au
住 110 Cumberland St., The Rocks, 2000
☎ 8272-0900 WiFi 免費
費 D $37~39、W $145~169
※非YHA會員要追加費用 CC MV

興建在視野絕佳處的YHA

雪梨最有人氣的背包客旅館，位在岩石區的高處，從屋頂可以一覽歌劇院和港灣大橋美景。1樓為歷史建築的挖掘地，服務台和觀光諮詢櫃台在2樓，客房則在2樓以上。

星級飯店

岩石區最高級的飯店 MAP P.239/2A
Langham Sydney

URL www.langhamhotels.com
住 89-113 Kent St., The Rocks, 2000
☎ 9256-2222 FAX 8248-5205 WiFi 免費
費 T W $578~1278 CC ADJMV20

客房的豪華程度在雪梨屈指可數

大廳擺設精心保養的古董，接待室還設有暖爐，客房用色則以米色和棕色為主色調，並使用桃花心木製的家具。另外還有雪梨首選的餐廳，以及室內泳池等完善設施。

座落在岩石區的制高處 MAP P.239/2A
Shangri-La Hotel Sydney

URL www.shangri-la.com 住 176 Cumberland St., The Rocks, 2000 ☎ 9250-6000 WiFi 免費
費 T W $395~1270 CC ADJMV

豪華的Horizon Club會員客房

由於客房浴缸的設計較深，成為日本人評價很高的飯店。還因為是36層樓的高樓飯店，頂樓的餐廳Altitude Restaurant可以在用餐之餘欣賞絕佳景觀。

設備和位置都是雪梨之最 MAP P.239/2A
Four Seasons Sydney

URL www.fourseasons.com
住 199 George St., The Rocks, 2000
☎ 9250-3100
WiFi 免費
費 T W $370~1093
CC ADJMV

開放感十足的大廳區

寬敞的房間、乾濕分離的浴室等，不論誰都可以住得很舒適。

改建自歷史建築 MAP P.239/2B
Hotel InterContinental Sydney

URL www.sydney.intercontinental.com
住 117 Macquarie St., 2000
☎ 9253-9000 WiFi 免費
費 T W $362~506
CC ADJMV

由極具歷史價值的財政部大樓改建而成的5星級飯店，大廳的古典氛圍十分吸引人，客房的室內設計則明亮而現代風格。

City

經濟型

雪梨中心區的青年旅館 MAP P.245/3A
Sydney Central YHA

URL www.yha.com.au
住 11 Rawson Place, Cnr. Pitt & Rawson Sts. (Opp. Central Station), 2000
☎ 9218-9000 WiFi 免費
費 D $38~54.20、T W $153~172
※非YHA會員要追加費用 CC MV

設有觀光諮詢櫃台、娛樂室、圖書館、洗衣設備、小超市，以及可以小酌的小酒館&餐廳，設備非常完善充實。

鄰近市政廳的經濟型旅館 MAP P.245/2A
Megaboom City Hotel

URL megaboomcityhotel.com.au
住 Level 1, 93 York St., 2000 ☎ 9996-8888
WiFi 免費 費 W $155~188 CC JMV

距離市政廳步行約5分鐘，房間雖小，但位於市中心的房價真的非常便宜。服務櫃台在2樓。

內裝為沉穩風格的客房

地點便利女性也可以單獨安心住宿 MAP P.245/3B
Song Hotel Sydney

URL songhotels.com.au
住 5-11 Wentworth Ave., 2000
☎ 9285-6200
FREE 1800-994-994　WiFi 免費
費 T W $161～197　※含早餐　CC ADJMV

面對海德公園的好地點，所有房間都有保險箱，衛浴設備則為共用。全館禁煙。

星級飯店

離中央車站很近 MAP P.245/3A
Mercure Sydney

URL www.mercuresydney.com.au
住 818-820 George St., 2000
☎ 9217-6666 FREE 1800-633-948
FAX 9217-6616　WiFi 付費
費 T W $259～344
CC ADJMV

位在中央車站的後面，飯店頂樓有室內泳池，還有健身房和2間餐廳，設備良好。

位置便利的豪華飯店 MAP P.245/1A
Amora Jamison Sydney

URL www.amorahotels.com
住 11 Jamison St., 2000
☎ 9696-2500
WiFi 免費　費 T W $345～630
CC ADJMV

時尚的雙人房

很深的浴缸適合泡澡

距離Sydney Train的溫亞車站、輕軌的Bridge Street站步行約3分鐘之處的5星級飯店，到岩石區、環形碼頭、市中心、巴蘭加魯等主要觀光景點也都步行可達，非常方便。最普通的客房面積也有32m²，就雪梨市中心的飯店而言十分寬敞。浴室窗戶設有捲簾，充滿明亮的氛圍，浴缸設計較深很適合泡澡。而且因為地勢較高，高樓層的客房景觀極佳。此外，在飯店內有設施完備的Day Spa──Spa & Wellness，2樓（Level 1）則是現代澳洲料理餐廳Croft（→P.292），還有能享用時髦雞尾酒的Silo Bar。當然室內游泳池及健身房等設施也很齊全。

地點和服務都是首選 MAP P.245/1A
The Tank Stream

URL www.stgileshotels.com
住 97-99 Pitt St., 2000
☎ 8222-1200
WiFi 免費
費 T W $265～$305
CC ADMV

氣氛明亮的客房

位於澳洲廣場旁，距離溫亞、環形碼頭、馬丁廣場各車站都在徒步範圍內，位置絕佳。雖然房間面積不算很大，但客房設備的豐富度則令人吃驚；像是放置Nespresso咖啡機、人氣的T2紅茶，還有冰箱內的無酒精飲料全部免費。主餐廳為2樓的Le Petit Flot（→P.292），以休閒氣氛下享用正統法式料理而頗受好評；1樓大廳旁還設有提供三明治等輕食的咖啡館。

就像生活在這裡 MAP P.245/1A
The York by Swiss-Belhotel

URL www.theyorkapartments.com.au
住 5 York St., 2000　☎ 9210-5000　WiFi 免費
費 T W $223～230、1B $252～、2B $395～
CC ADJMV

空間寬廣的單間式客房

位於溫亞站附近，擁有完善設備的公寓式飯店。房型從附客廳的單間式客房，到1～2個臥室的公寓式都有，而且都備有廚房、洗衣機、陽台等完善設施。飯店內還有戶外游泳池及停車場（要收費）。

舊G.P.O.厚實建築所改建 MAP P.245/1A
The Fullerton Sydney

URL www.fullertonhotels.com/fullerton-hotel-sydney　住 1 Martin Pl., 2000
☎ 8223-1111　WiFi 免費
費 T W $396～835　CC ADJMV

一走進大廳，就為穩重的氛圍所沉醉

改建馬丁廣場的舊G.P.O.建築（19世紀後半的砂岩建築），飯店分成古典的Heritage Wing和具現代感高樓的Tower Wing兩部分。房間擁有最新設備，裝潢則仿造1950年代風格打造的古典風格。

擁有奢華氣氛 MAP P.245/2B
Sheraton Grand Sydney Hyde Park

URL www.marriott.com
住 161 Elizabeth St., 2000
☎ 9286-6000 FAX 9286-6686
WiFi 免費 費 T W $538～1499
CC ADJMV

座落在海德公園旁，是購物和觀光的絕佳地點。挑高的大廳和隨處可見的大理石裝潢呈現出豪華氣氛，房間更是寬敞舒適。

矗立在市中心 MAP P.245/2A
Hilton Sydney

URL www.hiltonsydney.com.au
住 488 George St., 2000
☎ 9266-2000
WiFi 免費 費 T W $260～1115
CC ADJMV

讓人放鬆的客房氛圍

雪梨的老字號高級飯店。室內具現代感，備有最新設備，還有人氣餐廳「Glass Brasserie」，以及保留自1893年開業當時氣氛的Marble Bar等，雪梨的著名景點就在飯店內。

優雅古典的氣氛 MAP P.245/2A
Kimptpn Margot Sydney

URL www.kimptonmargotsydney.com
住 339 Pitt St., 2000
☎ 8027-8000
WiFi 免費 費 T W $514～611
CC ADJMV

客房散發高質感又沉穩的氣氛

有歷史感的大廳區

改建自1930年代雪梨自來水處大樓的高級精品飯店，在充滿古典感的寬敞大廳裡，有著如電影場景般氣氛絕佳的Willmot Bar，一旁還有知名主廚Luke Mangan所開設的高級現代澳洲料理Luke's Kitchen。飯店內無處不裝飾著現代藝術，屋頂上還有房客專用的酒吧和泳池。客房設計採沉穩風格，備有Nespresso咖啡機等設備齊全。

價格實惠又舒適的4星級飯店 MAP P.245/3B
Travelodge Sydney

URL www.travelodge.com.au
住 27-33 Wentworth Ave., 2010
☎ 8267-1700
WiFi 免費
費 T W $228～309
CC ADMV

清潔又舒服的房間

從Museum站步行約5分鐘距離，市區和薩里山都在徒步範圍內。房間為明亮的現代風格，浴室只有淋浴間。餐廳只在早餐時段開放，也備有健身房。

達令港和中國城

星級飯店

附設賭場 MAP P.251/2A
The Star Sydney

URL www.star.com.au/sydney 住 80 Pyrmont St., Pyrmont, 2009 ☎ 9777-9000 FREE 1800-700-700 WiFi 免費 費 The Star: T W $254～768、1B $350～658、2B $657～1093／Darling: T W $358～1828 CC ADJMV

擁有24小時營業的賭場和多間餐廳、酒吧。飯店有2種類型，5星級飯店的The Star，以及5+星級的The Darling。

雪梨具代表性的豪華飯店 MAP P.251/1B
Crown Towers Sydney

URL www.crownhotels.com.au/sydney/crown-towers 住 1 Barangaroo Ave., Barangaroo 2000
☎ 8871-6371 WiFi 免費
費 T W $899～2299、1B $2199～、2B $4599～
CC ADJMV

在無邊際泳池度過優雅的時光

興建在巴蘭加魯75層樓的最新高級飯店，時尚而寬敞的客房、鋪滿大理石的浴室，還有從房間看出去的雪梨景致……無邊際的游泳池及正統的Day Spa，NOBU和CIRQ等一流主廚所開設、富多樣性的餐廳，讓人身在市區卻能享受度假村的氣氛。

標準客房的空間就很寬廣

如果想飽覽達令港 MAP P.251/2A
Novotel Sydney on Darling Harbour

URL www.novoteldarlingharbour.com.au
住 100 Murray St., Darling Harbour, 2000
☎ 9934-0000 WiFi 免費
費 T W $249～419
CC ADJMV

位於達令港，觀光十分便利

港灣內側有3棟Accor系列的飯店，其中以Novotel規模最大。飯店整體呈現出洗練的風格，客房內部裝潢也很摩登。

俯瞰達令港的絕佳位置 MAP P.251/2B
Hyatt Regency Sydney

URL www.hyatt.com
住 161 Sussex St., 2000
☎ 8099-1234 WiFi 免費
費 T W $378～783
CC ADJMV

雪梨數一數二的大型飯店

擁有892間客房，是雪梨飯店中客房數最多的，擁有開放式廚房的餐廳Sailmaker，以及屋頂酒吧Zephyr，還有24小時開放的健身中心，設備完善。到達令港觀光也很方便。

國王十字區和烏魯木魯

經濟型

安全又便利 MAP P.253/1B
Sydney Central Backpackers

URL sydneybackpackers.com.au
住 16 Orwell St., Potts Point, 2011
☎ 99358-6600 WiFi 免費
費 D $24～35、W $75～95 ※含早餐
CC ADJMV

提供免費早餐及WiFi，以及寬闊而舒適的屋頂BBQ空間。還有前往藍山及獵人谷的行程、邦代海灘的衝浪課程等都能享有預約折扣的價格。

星級飯店

座落在國王十字區的入口 MAP P.253/2A
Holiday Inn Potts Point

URL www.holidayinnpottspoint.com.au
住 203 Victoria St., Potts Point, 2011
☎ 9368-4000
WiFi 免費
費 T W $155～276
CC ADJMV

Holiday Inn的客房寬敞而明亮

雖說位在鬧區的入口，飯店內卻非常安靜，保全也很完備，客房風格現代而簡單。

The Wharf的設計感飯店 MAP P.253/1A
Ovolo Woolloomooloo

URL ovolohotels.com
住 The Wharf at Woolloomooloo, 6 Cowper Wharf Rd., Woolloomooloo, 2011
☎ 9331-9000 WiFi 免費
費 T W $399～1142 CC ADJMV

The Wharf的2樓以上是客房，幾乎所有房間都可以眺望綠意盎然的雪梨皇家植物園，具有設計感的飯店深受好評。

灣區＆邦代和南部海灘

高級住宅區的優雅度假村 MAP P.258
InterContinental Sydney Double Bay

URL www.doublebay.intercontinental.com
住 33 Cross St., Double Bay, 2028
☎ 8388-8388 WiFi 免費
費 T W $400～1127 CC ADJMV

位於屋頂的游泳池和酒吧

位於雪梨高級住宅區雙灣的一隅，距離市中心約10分鐘車程，飯店氣氛卻像優雅的度假村。位於屋頂的游泳池和酒吧可以眺望雪梨灣的景色，餐廳與酒吧也散發著高質感的氛圍。寬敞的客房裝潢為現代風格，並有陽台能欣賞雙灣景觀。

眺望邦代海灘 MAP P.260/1A
Hotel Ravesis

URL hotelravesis.com
住 118 Campbell Pde., Bondi Beach, 2026
☎ 9365-4422 WiFi 免費
費 T W $265～414
CC ADJMV

興建於邦代海灘前殖民時期風格的精品飯店（共12間客房），室內為現代風格，圓拱形的大面窗戶可以遠眺邦代海灘。1樓的現代澳洲料理餐廳，十分知名。

雪梨其他區域

位於機場與市區之間 MAP P.227/2B
ValueSuites Green Square

URL www.valuesuites.com.au
住 16 O'Riordan St., Alexandria, 2015
☎ 9699-9666 WiFi 免費
費 S $129、T W $149～209 CC MV

簡單的客房

不論從機場或是市區，交通都很便利的飯店，從Green Square車站只要步行3分鐘就能抵達。客房空間不算大但是很乾淨，附有簡易廚房，並且提供免費的簡單早餐。如果不侷限一定要住在市區，以便宜房價而言很值得推薦。

藍山

鄰近卡頓巴車站 MAP P.264/A
Blue Mountains YHA

URL www.yha.com.au 住 207 Katoomba St., Katoomba, 2780 ☎ 4782-1416 WiFi 免費
費 D $23～39、T W $104 ※非YHA會員要追加費用 CC MV

擁有高原旅館風情的YHA

從車站步行6分鐘即可到達。改建自1930年代建築的青年旅館，幾乎所有客房都有淋浴設備和廁所。

也有舉辦探險旅行團 MAP P.264/A
The Flying Fox Backpackers

URL theflyingfox.com.au 住 190 Buthurst Rd., Katoomba, 2780 ☎ 4782-4226 WiFi 免費
費 D $32、T W $78 ※含早餐 CC MV

舉辦藍山探險團，房客可享優惠價格。另外每天都提供到叢林健行起點的接駁車。

本身也是觀光景點 MAP P.264/A
The Carrington Hotel

URL www.thecarrington.com.au
住 15-47 Katoomba St., Katoomba, 2780
☎ 4782-1111 WiFi 免費 費 T W $140～285
※全房型含早餐 ※週末要加價
CC ADJMV

飯店又被稱為Grand Old Lady

擁有優雅的裝飾藝術風格客房、令人滿意的服務，還可在氣氛佳的餐廳享用早餐。客房分成傳統、殖民風、豪華殖民風、高級、套房、特色套房等6種。

推薦給租車的遊客 MAP P.264/A
La Maison Boutique Hotel

URL lamaison.com.au
住 175-177 Lurline St., Katoomba, 2780
☎ 4782-4996 WiFi 免費
費 T W $150～220 ※含早餐 CC MV

完全就是住在別墅裡的氣氛

位於從回聲角步行約10分鐘之處的高原別墅風格精品飯店。擁有撞球檯及舒服的花園陽台，最適合悠閒地度過住宿時光。房價包含簡單的早餐。

想住住看
藍山的飯店

享受奢華的高原度假飯店
Lilianfels Blue Mountains Resort & Spa

這棟改建自19世紀後半新南威爾斯州法官的避暑豪宅的優雅飯店，就位於眺望三姊妹岩的回聲角旁邊。客房全都是維多利亞形式，待在飯店裡就能沉浸於奢華氛圍中。此外，位於別棟建築內的Darley's Restaurant，則是藍山唯一的高級餐廳；在豪華的氣氛中享用正式套餐料理，美味更為升級。飯店內還有游泳池、健身房、SPA等完善設施。

Darley's Restaurant

豪華客房的床附有紗帳

DATA MAP P.264/A
URL www.lilianfels.com.au
住 5-19 Lilianfels Ave., Katoomba, 2780
☎ 4780-1200 WiFi 免費
費 T W $457～707 ※含早餐
CC ADJMV

以藍山屈指可數的絕佳視野自豪 MAP P.264/A
Echoes Boutique Hotel

URL www.echoeshotel.com.au
住 3 Lilianfels Ave.. Katoomba, 2780
☎ 4782-1966 WiFi 免費
費 T W $457～577 ※含早餐
CC AJMV

稱不上華麗但充滿高級感的客房

與Lilianfels屬同系列的高級精品飯店。餐廳和部分客房可以一覽藍山美景，客房是古典兼具現代的洗練風格，餐廳評價也很好，可以在絕佳的氣氛中品嚐現代澳洲料理。

充實的活動行程 MAP P.263/A
Fairmont Resort Blue Mountains-MGallery by Sofitel

URL www.fairmontresort.com.au
住 1 Sublime Point Rd., Leura, 2780
☎ 4785-0000
FAX 4785-0001 WiFi 付費
費 T W $339～439
CC ADJMV

位在距離路拉2km處，充滿高級感的大型度假村，附設健身房、網球場和壁球場。

藍山地區最高級的度假村 MAP 地圖外
Emirates One & Only Wolgan Valley

URL www.oneandonlyresorts.com
住 2600 Wolgan Rd., Wolgan Valley, 2790
☎ 6350-1800 WiFi 免費
費 T W $3000
※含住宿中全部餐飲及部分活動
CC ADJMV

位於大自然中的度假村

單床房的客廳區

阿拉伯聯合大公國Emirates集團旗下的最高級度假村，位於藍山北方的Ben Bullen森林保護區附近，園區內興建40棟附有私人泳池（室內與戶外）的獨立Villa形式客房，室內裝潢使用老尤加利樹營造出自然氛圍。以有機食材做成的料理、Day Spa、有嚮導陪同的健行及4輪越野車之旅、騎馬等，用心經營能在大自然中優雅住宿的一切。

中央海岸

在中央海岸享受度假 MAP P.268/B
Mercure Kooindah Waters Central Coast

URL www.mercurekooindahwaters.com.au
住 40 Kooindah Blvd., Wyong 2259
☎ 4355-5777 WiFi 付費 費 T W $179～209、1B $229、2B $279 CC ADJMV

週末有許多來自雪梨遊客的大型度假村

位於從高士弗開車約10分鐘的Wyong，除了附設18洞的高爾夫球場，還有室內外游泳池、健身房、Day Spa等完善設施。

史蒂文斯港

史蒂文斯港的廉價住宿 MAP P.268/B
Samurai Beach Bungalows YHA

URL www.samuraiportstephens.com.au 住 Cnr. Forest Rd. & Robert Connell Close, Anna Bay, 2316 ☎ 4982-1921 WiFi 免費 費 D $50、W $199～230 ※非YHA會員要追加費用 CC MV

地點位在安娜灣，環繞在青年旅館四周的森林裡還能不時看到無尾熊出沒，擁有豐富的自然景觀。

獵人谷

滿懷古老宅邸的氣氛 MAP P.272
Hunter Valley Resort

URL www.hunterresort.com.au
住 Cnr. Hermitage Rd. & Mistletoe Lane, Pokolbin, 2320 ☎ 4998-7777 WiFi 免費
費 T W $240～420、2B $410～586 ※含早餐
CC AMV

擁有酒莊、啤酒廠、餐廳、葡萄酒劇院，還有騎馬、賽格威等活動設施的度假村。從汽車旅館形式到附有按摩浴缸的木屋，共有3種類型的客房。

洋溢優雅的氛圍 MAP P.272
The Convent Hunter Valley

URL www.convent.com.au
住 88 Halls Rd., Pokolbin, 2320 ☎ 4998-4999
WiFi 免費 費 W $278～413 ※含早餐
CC ADJMV

最受澳洲情侶憧憬的飯店

將過去女子修道院的建築移到葡萄園裡，並且重新裝修過的雅緻飯店。

從台灣撥打電話至雪梨
002 + 61（國碼）+ 2（去除0的區域號碼）+ 電話號碼

雪梨的餐廳 RESTAURANT

區域號碼(02)

環形碼頭和岩石區

視野絕佳的熱門餐廳 MAP P.239/2B

Cafe Sydney

URL cafesydney.com
住 5th Floor, Customs House, 31 Alfred St., Circular Quay, 2000 ☎9251-8683
營 週一～六12:00～22:00，週日12:00～16:00
CC ADJMV 酒 Licensed

加入亞洲風味，滋味也很棒

開在環形碼頭站前、古典關稅大樓頂樓的餐廳，店內散發著與外觀截然不同的時尚氛圍。身為雪梨代表性的現代澳洲料理餐廳，窗邊座位就能眺望港灣大橋及歌劇院兩個方向。生蠔$6.5／個、各種前菜$28～32、各種主菜$39～47，推薦主菜則有坦都里烤國王鮭魚、澳洲尖吻鱸、牛里肌肉等。

在古老港都氛圍中品嚐海鮮 MAP P.239/2A

Fish at the Rocks

URL fishattherocks.com.au
住 29 Kent St., The Rocks, 2000
☎9252-4614 營 週一～五12:00～14:15、每日17:00～20:00 CC ADJMV
酒 Licensed & BYO（僅限葡萄酒）

一定要嚐嚐燒烤塔斯馬尼亞鮭魚

是雪梨從以前就很受歡迎的海鮮餐廳，店面雖小卻可以品嚐到從雪梨近郊、塔斯馬尼亞等地剛捕獲的新鮮水產，以各種方式烹調出的美味。尤其是前菜的雪梨石蠔（半打$24）、主菜的塔斯馬尼亞鮭魚（$37）和烤澳洲尖吻鱸（$39）都是人氣餐點。餐廳就在過了阿蓋爾通道再往前直走的肯特街上，位於老酒館尼爾森爵士啤酒廠飯店與高級飯店Langham Sydney之間。

COLUMN

彼特街行人徒步區的兩大美食街

在物價高的澳洲，想以比較實惠的價格用餐，最好的選擇就是美食街；除了觀光客，澳洲當地人也在這裡吃午餐。雪梨市中心的彼特街行人徒步區也有熱門的美食街，總是人聲鼎沸。

Sydney Central Plaza Food Court

很多亞洲料理的店家

位於大型百貨公司Myer也進駐的Sydney Central Plaza地下樓，最大特色就是除了三明治和漢堡，還有印度、中式、土耳其、日式等豐富多樣的亞洲料理。尤其是在美食街兩端都有店鋪的日本食堂Ozeki很受歡迎，$15左右就可以吃到各種壽司、照燒風味的蓋飯。

MAP P.245/2A 住 B1, Sydney Central Plaza, 182 Pitt St., 2000 營 週一～三、五、六、日11:00～19:00，週四11:00～21:00

Westfield Sydney Food Court on Five

不用排太長隊伍就能嚐到鼎泰豐的小籠包

位於Sydney Central Plaza對面，進駐雪梨塔的Westfield Sydney商場5樓，屬於有點高級的美食街。聚集了台灣小籠包的名店──鼎泰豐、拉麵的一風堂，以及壽司、越南、義大利、墨西哥、中東等世界各國料理；此外，在6樓還有澳洲人氣漢堡連鎖店Grill'd Burger、日式定食屋彌生軒Yayoi（Yayoi軒雪梨店）。

MAP P.245/2A 住 Level 5, Westfield Sydney, Cnr. Pitt St. Mall & Market St., 2000 營 週一～三、五、六、日11:00～19:00，週四11:00～21:00

當地日本人最喜愛的蛋糕店 MAP P.239/2A
La Renaissance Cafe & Patisserie

URL larenaissance.com.au 住 47 Argyle St., The Rocks, 2000 ☎ 9241-4878
營 每日8:00～16:00
休 新年、耶穌受難日、耶誕節、節禮日 CC JMV

想吃的蛋糕多到數不完

位在岩石區中心，在當地日本人之間流傳著「如果要吃蛋糕就來這裡！」，評價極高的蛋糕店。蛋糕($7～9.50)不會太甜，尺寸大小也剛好；店內氣氛沉穩，也有戶外咖啡座。

City

輕鬆享受法國料理 MAP P.245/1A
Le Petit Flot Restaurant and Wine Bar

URL www.lepetitflot.com
住 The Tank Stream, 97 Pitt St., 2000
☎ 8222-1270
營 週一～五7:00～10:00、12:00～14:30，週六、日7:00～11:00，週一～六17:30～20:30
CC ADMV 酒 Licensed

分量不小的小羊排

位於The Tank Stream飯店2樓，充滿休閒氣氛的餐廳。抱著希望大家都能開心品嚐法式料理的概念，供應可以分食的餐點；像是小羊排$38、安格斯牛排$32、炸鮭魚排$32等主菜都很受歡迎。至於午餐時段，則提供牛排三明治($20)等平價餐點。

老牌的高級義大利餐廳 MAP P.245/1A
Machiavelli Ristorante Italiano

URL www.machiavelli.com.au
住 123 Clarence St., 2000 ☎ 9299-3748
營 週一～五12:00～15:00，週一～六18:00～21:30 休 週日 CC ADJMV 酒 Licensed

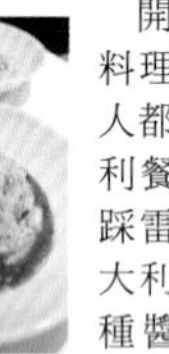
使用魚貝類烹調的燉飯是人氣料理之一

開幕於1988年的拿坡里料理餐廳，現在則是各界名人都會造訪的知名高級義大利餐廳。無論吃什麼都不會踩雷，尤其是深獲好評的義大利麵($38～44)；使用各種醬汁和食材做出的義大利麵、筆管麵、燉飯，以及生麵的義大利餃子、麵疙瘩，每一種都很美味。當然也有豐富的牛排和魚料理。

不做作的高級餐廳 MAP P.245/1A
Croft Restaurant

URL www.amorahotels.com/sydney/dining/croft-restaurant 住 Level 1, Amora Hotel Jamison Sydney, 11 Jamison St., 2000 ☎ 9696-2500
營 每日17:00～22:30(也對房客供應早餐)
CC ADJMV 酒 Licensed

人氣的扇貝前菜

供應只使用澳洲食材，以義大利風格烹調出的現代義大利菜。熱門菜色有前菜的赫維灣Hervey Bay產的扇貝($28)及安格斯牛的生牛肉片($27)，主菜的草蝦義大利扁麵($36)、羊肉義大利寬麵($48)等；如果不太餓的話，也有和牛漢堡($30)和韓式雞肉泡菜漢堡($28)可供選擇。

品嚐極美味的牛排 MAP P.245/2A
Kingsleys Australian Steakhouse

URL kingsleysauststeak.com.au
住 29A King St., 2000 ☎ 9295-5080
營 週二～五11:30～15:00，週一～六17:30～21:00
休 週日 CC ADJMV 酒 Licensed

品嚐超大分量的牛排

散發古典氣氛的牛排專門店，提供來自各地的澳洲牛肉所做成的餐點，像是小菲力牛排160g $39、熟成牛肉400g $70、最高級的和牛300g $86等。

吃美食配高空全景 MAP P.245/2A
Sydney Tower Dinning

住 Westfield Sydney, Between Pitt & Castlereagh St., 2000 ☎ 1300-391-808
CC ADJMV 酒 Licensed

●Sky Feast
URL www.skyfeastsydneytower.com.au
營 每日12:00～14:00、17:00～22:30
費 午餐：週一～五 大人 $75 小孩 $35，
週六、日 大人 $90 小孩 $35／
晚餐：週一～五 大人 $90 小孩 $35，
週六、日 大人 $105 小孩 $35／
指定窗邊座位1人增加$15

●Infinity
URL www.infinitysydneytower.com.au
營 週五～日12:00～14:00，週三～日17:30～21:00

雪梨塔上有Level2的自助式餐廳Sky Feast，以及Level 1的套餐餐廳Infinity。因為視野極佳而很受歡迎，最好儘早預約。Sky Feast為菜色豐富的國際性自助餐，Infinity

餐廳內的視野絕佳

則是氣氛絕佳，有點時尚感；午餐價格為2道菜套餐$90～、3道菜套餐$100～，晚餐則為2道菜套餐$100～、3道菜套餐$125～。

雪梨市中心西班牙料理的首選 MAP P.245/3A

Encasa

URL encasa.com.au
住 423 Pitt St., 2000 ☎ 9211-4257
營 週二～五12:00～14:30、17:00～22:30，週六12:00～22:30 休 週日、一
CC AMV 酒 Licensed

可以品嚐道地的西班牙海鮮飯

雪梨很受歡迎的西班牙餐廳，西班牙員工炒熱人聲鼎沸的店內氣氛，彷彿置身於南歐的小酒館用餐一般，十分開心。供應豐富的生火腿及下酒小菜Tapas，而以鐵盤盛裝的各種海鮮飯（每種$26～30）更是非吃不可。在Westfield Sydney和Chifley Square等高級購物中心的美食街都有分店。

澳洲明星主廚的餐廳 MAP P.245/2A

glass brasserie

URL www.glassbrasserie.com.au
住 Level 2, Hilton Sydney, 488 George St., 2000
☎ 9265-6068
營 週四～五12:00～15:00，週三～六17:30～21:30
CC AJMV 酒 Licensed

由澳洲代表性主廚Luke Mangan所開設的餐廳。晚餐區為開放式廚房，從使用雪梨石蠔等新鮮海產與黑豬肉作為前菜，到最高級黑安格斯牛及炭烤澳洲和牛等做成的主菜，供應的餐點非常豐富多樣。也有主廚推薦套餐（5道菜套餐$120）可供選擇。

挑高的天花板感覺寬敞，擁有豪華氣氛的餐廳

享受雪梨頂尖主廚的手藝 MAP P.245/2A

Tetsuya's

URL www.tetsuyas.com
住 529 Kent St., 2000
☎ 9267-2900
營 週五～日12:00～15:30，週四17:30～，週五、六18:00～ 休 週一～三
CC ADJMV
酒 Licensed & BYO（僅限葡萄酒）

由知名的資深主廚和久田哲也所經營的雪梨超級名店，其料理方式被稱為日本法式料理（目前已從主廚退休）。使用澳洲最頂級食材，以精心的烹調加上美麗的擺盤，讓顧客品嚐。菜單只有週五午餐為5道菜套餐（$190），其餘皆為8道菜套餐（$285），採完全預約制。

COLUMN

最新的時尚複合式咖啡館

The Grounds of Alexandria

距離市區南邊的Green Square車站步行約10分鐘之處的The Grounds of Alexandria，是IG上極受女性注意的咖啡館餐廳。整個店內如植物園一般，以大量的植物與花作為裝飾；而進駐店內的店家有：使用自家種植的香草及蔬菜做成料理的The Potting Shed、評價為雪梨排行前幾名好喝咖啡的The Cafe、擁有小農場的咖啡吧兼開放空間The Garden、花店等。週末還會舉辦工藝品市集，會有許多時尚的雪梨人聚集於此。

DATA
MAP P.227/2B 住 Building 7A, 2 Huntley St., Alexandria, 2015 ☎ 9699-2225
URL thegrounds.com.au
營 The Potting Shed：週一、二15:00～21:00，週三、四11:30～21:00，週五11:30～21:30，週六11:00～21:30，週日11:00～21:00／The Cafe：每日7:30～15:30／The Garden：每日7:30～15:30

泰國留學生也經常光顧 MAP P.245/3A
Thanon Khaosan

URL thanonkhaosan.com.au
住 413 Pitt St., 2000
☎ 9211-1194
營 週一～三11:00～24:00，週四～六11:00～翌日1:00，週日11:00～23:00 CC MV

總是座無虛席的店內

位於彼特街的平價美味泰國餐廳，頗受好評，門口擺放的泰國機動三輪車很醒目。菜單上有超過100種的泰國料理，推薦菜色是泰國海鮮酸辣湯（$14.90～20.90）、泰式炸魚餅（$10.90）、綠咖哩（$15.90）等。

想以實惠價格品嚐日本定食 MAP P.245/3A
MISO Japanese Restaurant

URL www.masuyainternational.com.au/restaurants/miso-world-square
住 World Square, 20 Liverpool St., 2000
☎ 9283-9686
營 週一～六11:30～14:30，週一～三17:30～21:30，週四～六17:30～22:00 休 週日
CC ADJMV 酒 Licensed

附的小菜分量很多

開在世界廣場內的日式餐廳，提供豐富的各種定食，像是各種調味的豬排定食（$20.80～21.80）、以大碗裝著飯和配菜的便當Box（$24.80～29.80）、各種咖哩（$16.80～18.80），分量與味道都很不錯。由於工作人員都是日本人，服務態度也很客氣。

美味的日式海鮮料理 MAP P.245/1A
Masuya Restaurant
鱒屋

URL www.masuyainternational.com.au/restaurants/masuya-japanese-restaurant
住 Basment, 12-14 O'Connell St., 2000
☎ 9235-2717
營 週一～五12:00～15:00、週一～六18:00～22:00 休 週日
CC AJMV 酒 Licensed

雪梨的老字號日本料理店，除了日本人也有澳洲人為品嚐時髦料理而來。午餐提供高級便當樣式（$30.80～37.80），晚餐則為單點方式，壽司和生魚片價格$18.80～138；日本酒的種類也很多。

達令港、巴蘭加魯和中國城

達令港最棒的海鮮 MAP P.251/2B
Nick's Seafood

URL www.nicksgroup.com.au
住 The Promenade, 102 Cockle Bay Wharf, Darling Park, 2000
☎ 1300-989-989
營 每日11:30～15:00、17:00～22:00
CC ADJMV 酒 Licensed

餐廳有名的老先生在店門口開牡蠣殼

位在科克灣Cockle Bay碼頭，頗受當地人好評的餐廳。新鮮的牡蠣、大隻的龍蝦和青蟹都很美味，尤其是海鮮拼盤（2人份$205）的滋味和分量都讓人大大滿足。工作人員都很親切，可以輕鬆地詢問料理或酒類的資訊。

人氣的牛排餐廳 MAP P.251/2B
I'm Angus Steakhouse

URL www.nicksgroup.com.au
住 The Promenade, Cockle Bay Wharf, Darling Park, 2000
☎ 1300-989-989
營 週一～六11:30～15:00、17:00～22:00，週日11:30～22:00
CC ADJMV 酒 Licensed

沙朗牛排的分量讓人有飽足感

與Nick's Seafood屬同系列，就位在隔壁。以炭火燒烤的牛排非常美味，所有肉類都由指定牧場所飼育。沙朗牛排220g $36、肋眼牛排300g $42、最高級澳洲和牛的肋眼牛排320g $69。

很受雪梨人注目的和風漢堡店 MAP P.251/1B
UME Burger

URL www.umeburger.com CC AMV
●巴蘭加魯店
住 Wulugul Walk (33 Barangaroo Ave.), Barangaroo, 2000 ☎ 0481-951-920

從台灣撥打電話至雪梨
002 + 61（國碼）+ 2（去除0的區域號碼）+ 電話號碼

營週一～六11:30～14:30，週三～六16:30～21:00，週日11:30～16:30

●**達令廣場店** MAP P.251/3B

住1 Little Pier St., Darling Exchange, Haymarket 2000 營週三～六11:30～14:30、16:30～21:00，週日11:30～16:30 休週一、二

從醬汁、肉醬到蔬菜都很講究的招牌UME漢堡

雪梨每一本美食指南都有刊載的人氣漢堡店，在巴蘭加魯海邊的步道，以及人氣美食區的達令廣場都有分店。使用以和風塔塔醬與豬排醬混合成的和風醬（Extra也可以選擇柚子胡椒或海苔美乃滋醬），最熱門的商品是使用和牛絞肉的招牌UME漢堡（$15.90）。而附餐的薯條沾海藻鹽、洋蔥圈則是用鮮味調味料來調味，可以嚐到一點日本滋味。

在雪梨享受匈牙利甜點 MAP P.251/3B

Kürtősh - Darling Square

URL kurtosh.com.au 住Shop 1, 16 Nicolle Walk, Darling Square, Haymarket 2000

☎9099-5966

營每日9:00～22:00 CC ADJMV

作為點心分量有點多的煙囪蛋糕

Kürtős在匈牙利文為「圓筒」之意，也是匈牙利耶誕節時必吃的傳統甜點，台灣稱為煙囪蛋糕。先將做甜甜圈的麵團擀平切成長條，纏繞在細長金屬棒上再送去烤，外層口感酥脆，內部鬆軟，讓人吃過之後就會上癮。在雪梨的人氣美食景點──達令廣場有家專賣店，從常見的肉桂到周圍沾滿堅果的口味，種類十分豐富。

去人氣咖啡館吃早餐 MAP P.251/1B

Devon Cafe

URL www.devoncafe.com.au

住Shop 19, 200 Barangaroo Ave., 2000

☎9262-4660 營週二～五8:00～14:30，週六、日9:00～15:00

休週一 CC JMV

●**北雪梨店** MAP P.227/2B

住Greenwood Plaza Opposite North Sydney Train Station, 36 Blue St., North Sydney, 2060

☎8971-0377

營週二～五7:30～14:30、週六、日8:30～15:00

休週一

由日本人經營的時髦咖啡館，有巴蘭加魯和北雪梨店兩家店。店內的招牌餐點Breakfast with Sakuma's（$27），是用味噌醋漬鮭魚、鰻魚可樂餅、沙拉和蛋，以和風的意象組合而成的餐點；其他還有使用當季水果做成的菜色等，變化十分豐富。

達令赫斯特＆薩里山、帕丁頓

來吃傳說中的鬆餅和炒蛋 MAP P.228/3B

bills

URL www.bills.com.au CC AJMV

●**總店** 住433 Liverpool St., Darlinghurst, 2010

☎9360-9631 營每日7:30～15:00

●**薩里山分店（bills Surry Hills）** MAP P.245/3B

住359 Crown St., Surry Hills, 2010

☎9360-4762 營每日7:00～22:00（節日為8:00～22:00）

●**邦代海灘分店（bills Bondi Beach）** MAP P.260/1A

住79 Hall St., Bondi Beach, 2026

☎8412-0700

營每日7:00～22:00

●**雙灣分店（bills Double Bay）** MAP P.258

住16 Crossl St., Double Bay, 2028

☎8412-1144 營每日7:00～22:00

在總店吃瑞可塔起司鬆餅，別有一番滋味

在日本總是大排長龍的人氣名店，總店就位在雪梨的達令赫斯特，店面改裝自英式排屋。招牌菜色的瑞可塔起司鬆餅搭配蜂蜜奶油和香蕉（$25.50）、西式炒蛋及吐司（$16.50）、炸玉米餅（$24.50），還有各種義大利麵和魚咖哩等各種餐點。目前雪梨有4間店鋪，週末的白天還是會出現排隊人龍。

能品嚐到美味雞蛋料理的咖啡店 MAP P.245/3B

Two Good Eggs Cafe

URL twogoodeggs.com.au

住Shop 2, 148 Goulburn St. (Cnr.Brisbane St.), Surry Hills, 2010 ☎9283-9694

營週一～五7:00～16:00，週六8:00～16:00，週日8:00～15:00 CC MV

擠滿雪梨人的咖啡館，大家的目標都是使用新鮮雞蛋做成的料理。尤其是店內的招牌餐點Two Good Eggs Breakfast（$21.90），是用吐司、兩個荷包蛋，加上培根、蘑菇及炸薯餅，做成超大分量的早餐。

推薦的澳洲伴手禮

買一頂嚮往的拉菲亞草帽 MAP P.245/2A
Helen Kaminski

URL www.helenkaminski.com.au
住 Shop 21-23, Level 1, Q.V.B., 455 George St., 2000 ☎ 9261-1200 營 週一～三、五、六10:00～18:00，週四10:00～20:00，週日、節日11:00～17:00
CC ADJMV

說到妮可・基嫚、希拉蕊・柯林頓等世界名流都愛用的拉菲亞草帽Raffia Hat就是它了。是發源自澳洲的品牌，在維多利亞女王大廈QVB的旗艦店內可以找到人氣型號的帽子及包包；此外在David Jones百貨公司內也有專櫃。

人氣的拉菲亞草帽

雪梨的傳統流行就是這個！ MAP P.245/2A
R.M. Williams

URL www.rmwilliams.com.au CC ADJMV

●雪梨CBD店
住 Shop 4020A, Level 4, Westfield Sydney, 188 Pitt St., 2000 ☎ 9223-7978
營 週一～三、五、六9:30～19:00，週四9:30～21:00，週日10:00～19:00

●喬治街店 MAP P.245/2A
住 389 George St., 2000 ☎ 9262-2228
營 週一～三、五9:00～18:00，週四9:00～21:00，週六9:00～17:00，週日10:00～17:00

最具人氣的澳洲內陸休閒時尚店，雖說原本是因為牛仔專用的馬靴而打響名氣，其他也有適合都會穿著的服飾，還有全天候可穿油布大衣的DRIZA－BONE。市區內擁有數間分店，雪梨CBD店（Westfield Sydney）和喬治街店為主要店鋪。

世界各地都有愛用者的牛仔帽 MAP P.245/2A
The Strand Hatters

URL www.strandhatters.com.au
住 Shop 8, The Strand Arcade, 412 George St., 2000 ☎ 9231-6884 營 週一～三、五9:00～18:00，週四99:00～20:00，週六9:30～16:30，週日11:00～16:00 休 耶誕節 CC AJMV

對喜歡帽子的人有致命吸引力的店

提到代表澳洲的牛仔帽，就會想到Akubra（原住民語中「覆蓋頭之物」的意思）。由於使用兔皮的毛氈，柔軟又舒服好戴，所以在全世界擁有眾多愛用者。Akubra有超過100種的款式，這間店隨時都有60種以上的庫存量，在雪梨可說是絕無僅有。

免稅品、購物中心

最適合來把伴手禮一次買齊 MAP P.239/2A
T Galleria by DFS

URL www.dfs.com/en/sydney 住 155 George St., The Rocks, 2000 ☎ 8243-8666
營 週三～日11:00～18:00 休 週一、二
CC ADJMV

世界知名的免稅店T Galleria by DFS雪梨店，LV、COACH、Burberry、

COLUMN

路面電車舊車庫改建而成的美食市集
Tramsheds

過去曾行駛在雪梨市區的路面電車

由1904年行駛於雪梨市區路面電車的舊車庫改建而成的Tramsheds，位於靠近雪梨中心區西格利伯的Jubilee Park，現在則是人氣的美食區。建築物內展示著過去在雪梨行駛過的路面電車，是鐵道迷不可錯過的景點；餐飲店則有熱門冰淇淋店Messina、拉麵大受好評的Osako、使用大量果昔與蔬菜做料理及漢堡的Gazzi，以及中式點心的你好China Diner等店家進駐。

DATA
MAP P.227/2A 住 1 Dalgal Way, Forest Lodge 2037
☎ 8398-5695 URL tramshedssydney.com.au
營 每日7:00～22:00（營業時間依店家而異）
交通 從雪梨中心區搭乘輕軌L1，在Jubilee Park站下車即可到達。

各種精品和伴手禮可以一次買齊

Tiffany&Co.、Dior、Cartier、Bulgari等知名品牌在1樓，各式包款在3樓，化妝品、珠寶、鐘錶、酒類在4樓，巧克力和玩偶、蜂膠等伴手禮在5樓。

化妝品的品項豐富 MAP P.245/2A

Lotte Duty Free Sydney

URL www.lottedutyfree.com.au
住 55 Market St., 2000 ☎ 1300-388-937
營 週一～三、五、六、日10:00～18:00，週四10:00～21:00 CC ADJMV

要買名牌化妝品去Lotte

2022年5月於中心區開幕的免稅店，共有2層樓，蒐羅的商品主要為世界知名的化妝品，而2樓的一隅則是熱門的澳洲葡萄酒專區。

人氣品牌大集合 MAP P.245/2A

Westfield Sydney

URL www.westfield.com.au/sydney
住 Cnr. Pitt & Market Sts., 2000
☎ 8236-9200
營 週一～三、五、六9:30～19:00，週四9:30～21:00，週日10:00～19:00 CC ADJMV

到雪梨市中心首先要來逛的購物中心

位於彼特街行人徒步區Pitt St. Mall的大型購物中心，從PRADA、Ferragamo、Versace、CHANEL、GUCCI、FENDI、ZARA、GAP等人氣品牌，還有茱莉蔻Jurlique、Oroton等澳洲熱門品牌齊全。Level 5的美食街也有許多美味店家進駐。和雪梨塔為共構建築，同時兼顧觀光和購物的樂趣。

T2雪梨旗艦店也進駐 MAP P.245/3A

World Square

URL www.worldsquare.com.au
住 644 George St., 2000 ☎ 8275-6777
營 週一～三、五、六10:00～19:00，週四10:00～21:00，週日11:00～17:00／Coles：每日6:00～24:00 CC 依店家而異

靠近中國城的大型複合式購物商場，雖然沒有設計師與個性品牌進駐，但是當地的熱門名店和源自墨爾本的人氣紅茶T2雪梨旗艦店就位於商場內，是城市散步途中會順路繞去買東西的地方。

跳蚤市場

成為觀光景點 MAP P.256/B

Paddington Markets
帕丁頓市集

URL www.paddingtonmarkets.com.au
住 Uniting Church, 395－435 Oxford St., Paddington, 2021 ☎ 9331-2923
營 週六10:00～16:00

聚集各種個性商品的市場

始於1973年，是雪梨最具歷史的跳蚤市場，每週六於帕丁頓的Uniting Church舉行。過去曾被說是雪梨時尚的發信地，現在則成為雪梨的觀光名勝之一。集結150多個攤位，販賣二手衣物、新銳設計師服飾、手工藝品、各種飾品、精油商品等。教堂內還有供應以天然食品為主的輕食，戶外則有國際速食的小吃攤。

中國城的代表性市場 MAP P.251/3B

Paddy's Markets

URL paddysmarkets.com.au
住 Ground Fl., Market City, 9-13 Hay St., Haymarket, 2000 ☎ 9325-6200
營 週三～日、節日10:00～18:00

在中國城的市場城開設，從蔬菜、水果類的生鮮食品，到衣服、雜貨、盆栽、寵物等共計超過800間的店鋪。衣服類為新品，可以用半價買到和市區高級服飾店中相同的皮衣。伴手禮也比免稅店或紀念品店更便宜。

在市集氣氛中尋找伴手禮 MAP P.239/2A

The Rocks Markets
岩石區市集

URL www.therocks.com/whats-on/markets-overview
住 66 Harrington St., The Rocks, 2000
☎ 9240-8500 營：週五9:00～15:00（僅食品市場），週六、日10:00～17:00

週末在岩石區舉行的市集。路上架設著大帳篷，其中容納超過150家攤販，販賣許多雜貨和手工藝品。

帳篷底下許多小店林立

臥龍崗與南部海岸&南部高地
Wollongong & South Coast, Southern Highlands

經常出現在臥龍崗旅遊手冊上的海崖大橋

盤據在雪梨南方30～50km之處，正是蓊鬱蒼翠溫帶雨林的皇家國家公園Royal NP，如果繼續往南行從斯坦威爾托普斯Stanwell Tops到傑羅亞Gerroa之間更是擁有29座海灘與4座國家公園，一般都被稱為伊拉瓦拉休閒海岸Illawarra's Leisure Coast（沿著海岸連結城鎮間的公路，稱為藍色海洋公路Grand Pacific Drive），而擁有約30萬人口的臥龍崗就是這裡的中心城市。對一般觀光客來說，臥龍崗是個名不見經傳的城鎮，不過臥龍崗大學卻是留學生與遊學人士嚮往的名校。以臥龍崗為起點繼續往南延伸，到與維多利亞州銜接的邊境則是南部海岸，由於擁有相當多美麗且別具魅力的海灘，每到夏季的週末總會吸引大批來自雪梨的遊客，到此享受愉快假期。至於臥龍崗往西登上大分水嶺就是南部高地，在美麗的大自然中還分布著帶有鄉村風格的鄉鎮，也有不少酒莊，頗受喜愛自然及美食者的青睞。

交通

●臥龍崗

從雪梨搭乘火車伊拉瓦拉線Illawarra Line，約1小時30分；不過，臥龍崗是前往南部海岸的起點，如果也要去南部高地的話，建議還是租車比較方便。開車前往臥龍崗的途中，靠近Sublime Point觀景台的Southern Gateway Centre內設有遊客中心。

■Southern Gateway Centre MAP P.299/A
住 9 Princes Hey., Bulli Top, 2516
☎ (02)4267-5910
URL www.visitwollongong.com.au
開 每日9:00～17:00
休 耶誕節

■伊拉瓦拉博物館 MAP P.299/B
住 11 Market St., 2500
☎ (02)4228-7770
URL www.illawarramuseum.com
費 免費
開 週三、日12:00～15:00
休 週一、二、四、五、六及節日

臥龍崗
Wollongong

在澳洲原住民的語言中，臥龍崗為「浪濤拍打沙灘的聲音Wal Lun Yuh」，在1826年依此而命名。1800年代的臥龍崗是因為運輸附近開採的煤礦而興盛的一座港口（現在這項任務已經移轉到南方20km處的肯布拉港Port Kembla），如今只留下美麗的海灘與歷史性建築物，而人氣不墜。

臥龍崗最熱鬧的街道就是皇冠街行人徒步區

城鎮的中心是從車站往東延伸的皇冠街Crown St，部分路段被設為行人徒步區，兩側矗立著巨大的購物中心Wollongong Central，而周圍有許多歷史古蹟建築；其中絕不能錯過的有：1859年以岩石建造的St Michael's Anglican Cathedral大教堂、建於1855年的公理教會教堂Congregational Church。另外到1892年還作為郵局使用、同時也是長途馬車車站，如今成為可以認識殖民時代歷史的伊拉瓦拉博物館The Illawarra Museum，也很值得一訪。

臥龍崗岬的燈塔與大砲

在旗桿山公園Flagstaff Hill Park也有歷史遺跡，北側為全澳洲最早的預鑄工法建築（1872年）防波堤燈塔Breakwater Lighthouse，而南側則是全澳洲第一座全自動式電力燈塔（1937年）的臥龍崗岬燈塔Wollongong Head Lighthouse。而且在南側的燈塔前還立有3座黑色大砲，這是在1880年10月時為了保衛臥龍崗港口安全而設立的警戒設備。至於海灘則是以旗桿山公園為中心點，以北是臥龍崗北面海灘Wollongong North Beach，南邊則稱為臥龍崗海灘Wollongong Beach。

距離市中心約4km，位在臥龍崗大學對面的臥龍崗植物園Wollongong Botanic Gardens，在總面積廣達27公頃，地勢高低起伏的土地上，不但有各式各樣的樹木花草物種，還有一座因為與日本川崎市結為姊妹市而興建的日本庭園。而位於園內西側丘陵上的音樂學院，是在1938～1939年由當時的澳洲鋼鐵大王Sidney Hoskins所興建的私人住宅格連尼佛山莊Gleniffer Brae，很值得參觀。

紅磚建造的格連尼佛山莊

■臥龍崗植物園
MAP P.299/B外
住9 Murphys Ave., Keiraville, 2500 ☎(02)4227-7667
URL wollongongbotanicgarden.com.au
開植物園：每日7:00～17:00（夏令時間為週一～五7:00～18:00，週六、日7:00～18:45）
休耶穌受難日、耶誕節
●如何前往
從臥龍崗市中心搭乘免費接駁巴士。

從巴爾德山觀景台眺望藍色海洋公路的絕景

臥龍崗北邊的景點

位於臥龍崗與皇家國家公園之間的海岸線上，串連著可愛的度假小鎮，而在藍色海洋公路最風光明媚的地區，尤其是沿著懸崖蜿蜒於海上的海崖大橋Sea Cliff Bridge，成為知名的觀光景點。還有從斯坦威爾托普斯的巴爾德山觀景台Bald Hill Lookout眺望的絕佳景致，也不能錯過。

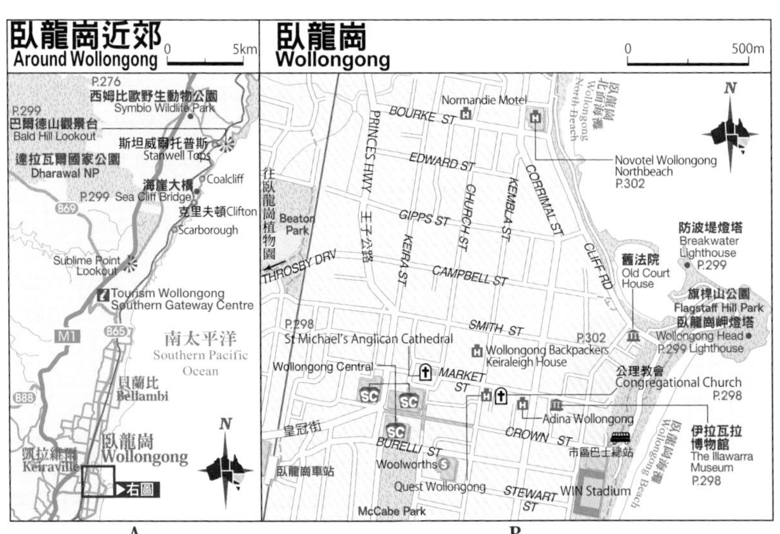

交通

●南部海岸

可以從雪梨中央車站搭乘火車，在雪梨～臥龍崗～凱瑪～諾拉之間有相當頻繁的車次往來。不過，到了當地並沒有大眾交通工具可供利用，還是建議租車前往。

■凱瑪遊客中心Kiama Visitor Information Centre
住Blowhole Point Rd., Kiama, 2533
☎(02)4232-3322
FREE 1300-654-262
URL kiama.com.au
開每日9:00～17:00
休耶誕節

■肖爾黑文遊客中心－諾拉 Shoalhaven Visitor Centre - Nowra
住Shoalhaven Entertainment Centre, 42 Bridge Rd., Nowra, 2541
☎(02)4421-0778
URL www.shoalhaven.com
開週一～五9:00～17:00，週五9:00～18:00，週六、日10:00～14:00 休耶誕節

■杰維斯灣出發的海豚之旅 Dolphin Watching Cruises
☎(02)4441-6311
URL www.dolphinwatch.com.au
時出發日期・出發時間會隨季節而不同
費大人$35 小孩$25 家庭$95／冬季還有賞鯨之旅。大人$65 小孩$35 家庭$165

■肖爾黑文遊客中心－烏拉杜拉Shoalhaven Visitor Centre - Ulladulla
住Civic Centre, Princes Hwy., Ulladulla, 2539
☎(02)4444-8820
URL www.shoalhaven.com
開每日9:30～17:00

諾拉周邊有許多可以悠閒度日的沙灘

南部海岸
South Coast

位在臥龍崗以南的南部海岸，是個觀光客還不多的新南威爾斯州祕密景點，散布在這一帶的城鎮都擁有極美的海灘，而且座落在沿岸和內陸區域的國家公園更是知名袋鼠與野生鳥類的寶庫。

凱瑪Kiama

從臥龍崗往南40km處，人口約1萬6000人的凱瑪，是個保有許多歷史建築物的城鎮。最知名的觀光景點是在燈塔附近的噴水洞Blowhole，在1797年被發現，海浪拍打岩石縫隙從洞穴中噴出，最高甚至還可以噴出高達5m的水柱。

Blowhole周邊已經變成公園

貝里Berry

從凱瑪沿著王子公路往南約10km就到了貝里。至今在小鎮裡依舊保留著許多19世紀後半到20世紀初期的建築物，而大多數都已經改裝為咖啡館、餐廳、酒吧、商店和飯店繼續營業。

貝里的主要街道上可愛建築物林立

諾拉（肖爾黑文）Nowra（Shoalhaven）

諾拉是南部海岸觀光的據點城鎮，因為從鄰近諾拉的博馬德里Bomaderry往海岸線走就能看見七哩海灘Seven Mile Beach、肖爾黑文角Shoalhaven Heads綿延的美麗海岸景致，繼續往南就會抵達面對著杰維斯灣Jervis Bay（波特里Booderee）巨大弧線的赫斯基森Huskisson。另外在杰維斯灣幾乎每天都會有海豚之旅，帶大家出海觀賞棲息在這一帶的瓶鼻海豚。

烏拉杜拉Ulladulla

由諾拉往南約40km，有個背倚摩頓國家公園Morton NP的海岸城鎮就是烏拉杜拉。由於有許多背包客旅館，因此成為南部海岸的觀光據點。

巴特曼斯灣Batemans Bay

從烏拉杜拉繼續再往南走50km的巴特曼斯灣，擁有許多衝浪、趴浪的絕佳地點；在城鎮北側海岸旁的奇歐拉森林保護區Kioloa State Forest，有一處佩布利海灘

Pebbly Beach可以近距離觀賞到野生海豚的模樣。

南部高地
Southern Highlands

位於臥龍崗以西，大分水嶺所在的高原地區就是南部高地，境內擁有包含摩頓國家公園Morton NP的國家公園及自然保護區，以及讓人以為是英國鄉下的小鎮、誕生在涼爽氣候下的酒莊等，是個具有各種多樣魅力的觀光區，因而成為雪梨市民週末熱門的度假地。地區中心有米塔崗Mittagong、鮑勒爾Bowral、貝里馬Berrima、莫斯維爾Moss Vale、羅伯森Robertson等城鎮（在米塔崗有遊客中心），由於在這些城鎮裡有時尚的B&B及莊園別墅風格的飯店，請務必要住上一晚感受其魅力。

早上及傍晚能與野生動物邂逅

在南部高地仍然保有許多原生的自然地區，所以在早上和傍晚時分，能看見沙袋鼠、袋熊、袋鼠等野生動物的機率很高；尤其是在南部高地南部的袋鼠谷Kangroo Valley經常可以看見袋鼠、袋熊。

另外還有一個值得一看的雄偉自然景觀，就是費茲羅伊瀑布Fitzroy Falls，位在莫斯維爾與羅伯森之間、摩頓國家公園的外圍，是個落差達100m的瀑布；如果幸運的話，早上和傍晚在與瀑布相連的小溪裡還能看見鴨嘴獸。還有可以在森林中漫步天空步道的伊拉瓦拉飛天樹梢歷險Illawarra Fly

很有震撼力的費茲羅伊瀑布

交通

●南部高地
考慮到當地交通，還是租車較為方便，從臥龍崗出發約1小時。

■南部高地遊客中心Southern Highlands Welcome Centre
住62-70 Main St., Mittagon, 2575
☎(02)4871-2888
URL www.visitsouthernhighlands.com.au
開週一～五9:00～17:00，週六、日及節日9:00～16:00
休耶穌受難日、耶誕節、節禮日

■伊拉瓦拉飛天樹梢歷險
住182 Knights Hill Rd., Knights Hill, 2577
☎(02)4885-1078
URL www.illawarrafly.com
營每日9:00～17:00
費大人$26 小孩$15 家庭$82／高空滑索大人$75 小孩$45
※有網路優惠

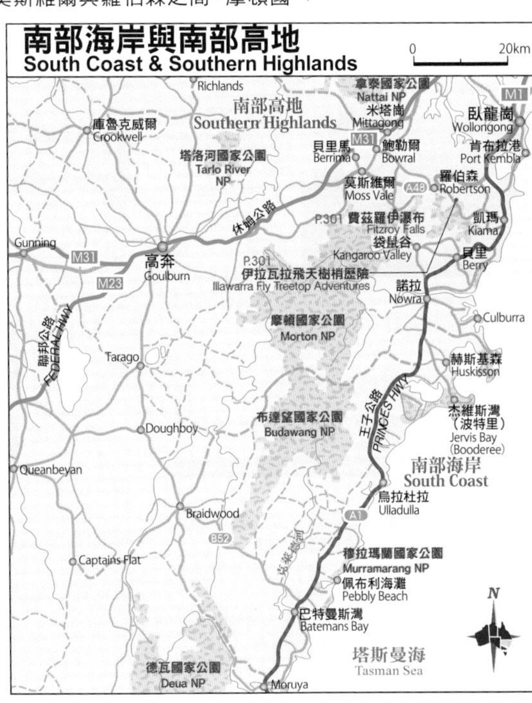

鮑勒爾、米塔崗附近是廣闊的葡萄園

Treetop Adventures，也很有參觀價值。

高品質的涼爽葡萄酒產地

在南部高地分布著60多家酒莊，其中約有20家對一般遊客開放。這個地區以生產黑皮諾、白蘇維儂等適合涼爽氣候的葡萄酒，品質特別好而聞名。由於有許多酒在台灣並不常見，在酒莊巡禮時不妨找找看有沒有喜歡的酒。

臥龍崗與南部海岸&南部高地的住宿 ACCOMMODATION

區域號碼 (02)

臥龍崗

臥龍崗的廉價住宿 MAP P.299/B
Wollongong Backpackers Keiraleigh House

URL www.backpack.net.au
住 60 Kembla St., Wollongong, 2500
☎ 4228-6765　WiFi 免費
費 D $25～30、S $65、W $85～130

是將老建築整修而成的飯店，距離皇冠街行人徒步區、海灘都在走路就能到的範圍。

盡情享受海灘生活 MAP P.299/B
Novotel Wollongong Northbeach

URL novotelnorthbeach.com.au
住 2-14 Cliff Rd., North Wollongong, 2500
☎ 4224-3111　WiFi 付費　費 T W $289～1089
CC ADJMV

能享受度假氣氛的飯店

由於面向著北面海灘，因此幾乎所有的房間都能眺望海景，這裡的Palisade Kitchen Bar和Pepe's On The Beach兩間餐廳都能欣賞海景，因此很受歡迎。

南部海岸

巴特曼斯灣的廉價住宿 MAP 無
Batemans Bay Holiday Park &YHA

URL www.yha.com.au
住 Cnr. Old Princes Hwy. & South St., Batemans Bay, 2536　☎ 4472-4972　WiFi 免費
費 D $40、T W $80～180　※非YHA會員要追加費用　CC MV

不但在椰子林搖曳的庭院裡有游泳池和BBQ的設備，還會舉辦佩布利海灘之旅。

南部高地

緊鄰高爾夫球場的典雅飯店 MAP 無
Dormie House

URL www.dormiehouse.com.au　住 38 Arthur St., Moss Vale, 2577　☎ 4868-1800
WiFi 免費　費 T W $200～250／含高爾夫球費 T W $350～390　※含早餐　CC MV

擁有古典外觀的Dormie House

位於莫斯維爾外圍、由1930年代老建築整修而成的優雅飯店，客房裝潢素雅且十分舒適。也有包含隔壁的高爾夫球場果嶺費的套裝組合。

在古老豪華莊園別墅住一晚 MAP 無
Peppers Craigieburn

URL www.peppers.com.au
住 Centennial Rd., Bowral, 2576　☎ 4862-8000
WiFi 付費　費 T W $324～374　CC ADJMV

光是庭園與建築就很有參觀的價值

建築本身是建於1887年的豪華莊園別墅，從入口處到飯店的綿延林蔭大道，還有維護良好的庭園，就很有參觀的價值。客房裡保有古典的氛圍及現代的設計風格，餐廳Hickory's Restaurant and Bar使用南部高地生產的食材，提供現代澳洲料理。隔壁也有高爾夫球場。

度假海岸
Holiday Coast

拜倫灣的華特格斯海灘是人氣的衝浪海灘

由雪梨經過獵人谷區域繼續往北，從麥覺理港周遭到昆士蘭州邊境的東海岸一帶，被稱為度假海岸，也是澳洲人最喜愛的度假勝地。這裡不但終年氣候溫暖，海岸旁有許多白沙海灘，還有沿著大分水嶺分布豐富的亞熱帶雨林（其中大多都已經列入世界自然遺產）；而這裡也是高級度假飯店林立，吸引無數想要充分體會澳洲在地度假氣氛遊客的矚目之地。

麥覺理港
Port Macquarie

休閒的度假小鎮

從紐卡素往北約270km，地處黑斯廷斯河Hastings River出海口的城市，這裡擁有許多非常適合游泳、衝浪的海灘，因此飯店、汽車旅館、YHA和背包客旅館等住宿設施也特別地多。

城市興建的歷史可以追溯至1821年，當年的歷史記錄就保存在位於市中心Clarence St.的麥覺理港博物館Port Macquarie Museum。此外，這一帶也是澳洲著名的野生無尾熊棲息地，距離市中心大約2km的尤加利樹林中有間無尾熊醫院Koala Hospital，專門幫助因為交通事故或山林野火而受傷的無尾熊，替牠們治療復原後再放回野外。醫院的經營及運作都由民間的義工團體負責，參加院內的導覽行程時，還有機會看到正在進行復健的無尾熊。

正在餵食受傷無尾熊的工作人員

科夫斯港
Coffs Harbour

繼續從麥覺理港往北前行約150km，正好位在雪梨與布里斯本正中央的就是科夫斯港，也是度假海岸具代表性、洋溢熱帶氣氛的度假小鎮。

交通

●麥覺理港

往來於雪梨～布里斯本間的澳洲灰狗巴士Greyhound Australia會在此地停靠，搭乘相當便利。

■麥覺理港遊客中心
Greater Port Macquarie Visitor Information Centre
住Glasshouse Port Macquarie, 30-42 Clarence St., Port Macquarie, 2444
☎(02)6581-8000
FREE 1300-303-155
URL portmacquarieinfo.com.au
開週一～五9:00～16:00，週六、日及節日9:00～14:00
休耶誕節

■麥覺理港博物館
住22 Clerance St., Port Macquarie, 2444
☎(02)6583-1108
URL portmuseum.org.au
開週一～六10:00～16:00
休週日、節日
費大人$5 小孩$3 家庭$10

■無尾熊醫院
住Roto House, Cnr. Roto Place & Lord St., Port Macquarie, 2444
☎(02)6584-1522
URL www.koalahospital.org.au
開每日8:30～16:00／醫院內導覽行程只接受團體預約
休耶誕節
費1人捐獻$5

交通

可搭乘往來於雪梨～布里斯本的澳洲灰狗巴士Greyhound Australia，相當便利；還有1天2班，從雪梨和布里斯本出發的火車可以搭乘。此外，從雪梨、布里斯本、墨爾本可搭乘澳洲航空，從雪梨還有區域快線航空Regional Express的航班，都能飛抵科夫斯港機場（代號CFS）。

知名主題樂園的大香蕉標誌

■大香蕉遊樂園
住351 Pacific Hwy., Coffs Harbour, 2450
☎(02)6652-4355
URL bigbanana.com
開9～4月：每日9:00～17:00／5～8月:每日9:00～16:30
※根據遊樂設施而有不同營業時間，請於入園時確認
休耶誕節、耶穌受難日
費入園免費／溜冰（1日數次，1時段1.5小時）：1時段大人$18.50 小孩$16 家庭$63／Toboggan Ride：1次$7、2次$12／水上樂園（1日數次，1時段1.5小時／5～8月休園）：1時段大人$19.50 小孩$16.50 家庭$66、半日（2時段）大人$29.50 小孩$26.50 家庭$106／Theatre and Plantation Tour：大人$12 小孩$9.50 家庭$38

■海豚海洋保護公園
住65 Orlando St., Coffs Harbour, 2450
☎(02)6659-1900
URL www.dolphinmarineconservation.com.au
開每日10:00～14:00
費大人$40 小孩$20 家庭$110／Ultimate Dolphin Experience（12歲以上）：1人$370～400／Shallow Dolphin Experience：1人$270～325／Seal Experience（8歲以上）：4人團體$990～1200

在海豚海洋保護公園和可愛的海豚近距離接觸

科夫斯港同時也是澳洲知名的香蕉產地，還有座以香蕉為名的主題樂園──大香蕉遊樂園The Big Banana Fun Park，裝設了高5m，長13m的超大香蕉作為招牌，園區裡有溜冰場、Toboggan Ride（搭乘雪橇衝下斜坡）、擁有4個滑水道的水上樂園等各式各樣的遊樂設施。另外還有Theatre and Plantation Tour，是先欣賞介紹香蕉農場的歷史影片，再到園內參觀的體驗活動。

位置靠近港邊的海豚海洋保護公園Dolphin Marine Conservation Park，也是不容錯過的景點，在表演時間遊客可以跟海豚、海獅等動物一起玩耍，還能在有海豚、海獅的水池內一起共泳Ultimate Dolphin Experience，或是在淺灘與海豚接觸的Shallow Dolphin Experience、與海獅

度假海岸
Holiday Coast

0　50　100km

昆士蘭州 QUEENSLAND
新南威爾斯州 NEW SOUTH WALES
莫維倫巴 Murwillumbah
特維德角 Tweed Heads
寧賓 Nimbin
沃寧山 Mt.Warning
Stanthorpe
Kyogle
Brunswick Heads P.305
拜倫灣 Byron Bay
利斯摩爾 Lismore
卡西諾 Casino
Texas
坦特菲爾德 Tenterfield
P.307 水晶城堡&香巴拉花園 Crystal Castle & Shambhala Gardens
巴里納 Ballina
Evans Head
沃什普國家公園 Washpool NP
麥克林 Maclean
Yuraygir NP
格蘭因斯 Glen Inns
格拉夫頓 Grafton
Guy Fawkes River NP
Woolgoolga
Guyra
多瑞格國家公園 Dorrigo NP
科夫斯港 Coffs Harbour P.303
Stawell
新英格蘭國家公園 New England NP
貝林根 Bellingah
阿米代爾 Armidale
烏拉拉 Uralla
南太平洋
麥克斯威爾 Macksville
Walcha
Boxley Wild Rivers NP
Hat Head NP
坎普西 Kempsey
麥覺理港 P.303 Port Macquarie
Wauchope
Lake Innes NP
Wingham
Croedy Bay NP
塔瑞 Taree
Gloucester
巴林頓山國家公園 Barrington Tops NP
Foster
辛格爾頓 Singleton
米亞爾湖國家公園 Myall Lakes NP
獵人谷 Hunter Valley
史蒂文斯港 Port Stephens
梅特蘭 Maitland
尼爾森灣 Nelson Bay
塞斯諾克 Cessnock
紐卡素 Newcastle
MT LINDSEY HWY
BRUXNER HWY
GWYDIR HWY
NEW ENGLAND HWY
OXLEY HWY
PACIFIC HWY
太平洋公路
新英格蘭公路
N

一起游泳的Seal Experience等多種有趣的體驗活動。

位在科夫斯港近海的孤獨島海洋公園Solitary Islands Marine Park，寒流與暖流在這裡交會，加上大小島嶼串連在一起，成為絕佳的潛水勝地；而且每年6～10月是賞鯨季節，1～6月能遇見鬼蝠魟，至於海豚則是一年到頭都能看得到牠們的蹤影，Jetty Dive在賞鯨季會推出與座頭鯨共泳Whale Swim的行程。此外，在科夫斯港碼頭的前端有座會有短尾水薙鳥Mutton Bird飛來的Mutton Bird Island。而位於科夫斯港西方約60km處的多瑞格國家公園Dorrigo NP，是世界遺產澳大利亞東部雨林保護區Gondwana Rainforest of Australia的一部分，在公園入口處的雨林中心裡，展示著棲息在國家公園內超過120種的鳥類與爬蟲類動物的相關資料，是自然喜好者的最愛；還有可以將國家公園一覽無遺的天空步道Skywalk也很有趣。

■Jetty Dive Centre
住398 Harbour Drv., Coffs Harbour, 2450
☎(02)6651-1611
URL jettydive.com.au
時Whale Swim：6～10月週一～五7:30，週六、日7:30、11:30開始（需要3.5小時）
費Dive Cruise：氣瓶2支$230（包含全部器材）／Whale Swim：1人$195～250／賞鯨船之旅1人$85

■多瑞格雨林中心 Dorrigo Rainforest Centre
住142 Dome Rd., Dorrigo, 2453
☎(02)6657-5913
URL www.nationalparks.nsw.gov.au
開每日9:00～16:30
休耶誕節
費使用設施時捐獻$2

拜倫灣
Byron Bay

因為擁有澳洲最東邊的拜倫角而聲名大噪的拜倫灣，雖然是個人口只有9500人的小鎮，卻是度假海岸首屈一指的時尚海灘度假勝地，也是澳洲最具代表性的觀光景點。

拜倫灣小鎮的入口處

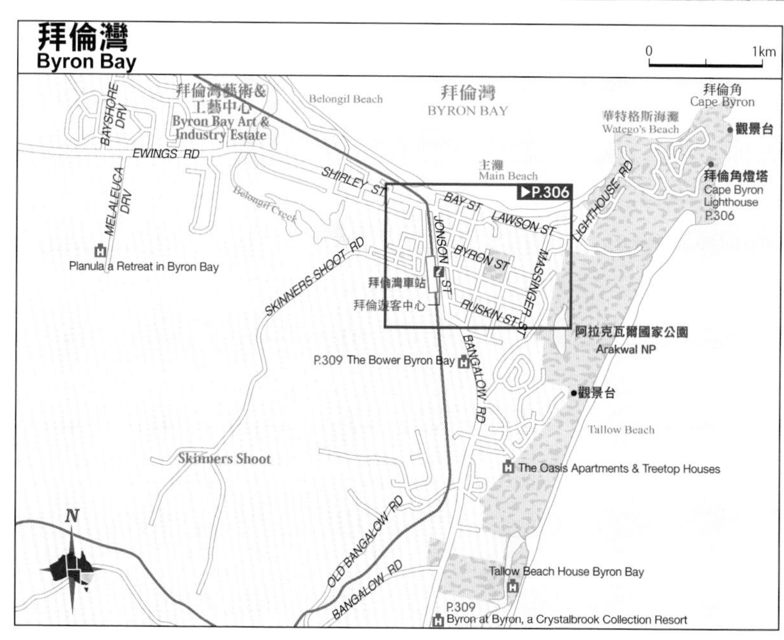

總是人潮洶湧的主灘

交通

●拜倫灣

可搭乘往來於雪梨～布里斯本的澳洲灰狗巴士Greyhound Australia，也有從雪梨和布里斯本出發的火車，而不論是巴士還是電車都會停靠在拜倫灣車站。若是要搭飛機到拜倫灣，必須到南邊的巴里納Ballina機場（代號BNK）；或是準備租車出遊的話，則建議飛到航班較多的黃金海岸機場（代號OOL）。

■拜倫遊客中心
Byron Visitor Centre MAP P.306
住Old Stationmaster's Cottage, 80 Jonson St., Byron Bay, 2481
☎(02)6680-8558
URL www.visitbyronbay.com
開週一～五10:00～16:00，週六10:30～15:00
休週日、節日

Byron Bay Cookie是拜倫灣當地必買的伴手禮

■拜倫角燈塔
MAP P.305
費停車費1小時$8／若是停放在前往燈塔途中的停車場為1小時$4，到達燈塔需要步行5分鐘左右
●拜倫角燈塔航海博物館
Cape Byron Lighthouse Maritime Museum
開每日10:00～16:00
費捐獻$2
●拜倫角燈塔之旅Cape Byron Lighthouse Tours
可以參觀燈塔內部的行程。
☎(02)6639-8300
URL www.nationalparks.nsw.gov.au
時每日10:00～15:00每隔20分鐘出發
費1人$5左右的捐款

這座城鎮開始吸引眾人目光的契機，是在1970年代時，由於追求更瘋狂更刺激大浪的衝浪玩家陸續到來而展開，像是位於市區正前方的主灘Main Beach、綿延通往最東端海岬──拜倫角的華特格斯海灘Watego's Beach，還有座落在城鎮東南海岸的Tallow Beach，都是有著南太平洋精采浪濤的絕佳衝浪海灘。此外在1970年代後期，深受嬉皮運動思想影響的族群移居到這裡，把整座城鎮變得充滿波希米亞風格，於是被這種氛圍所吸引的藝術家、設計師、手工藝職人等便前來此地成立工作室，才打造出今日這般洗練優雅的度假城鎮。

明亮有度假氛圍的街道

享樂這座城鎮的方法非常多樣，除了衝浪，潛水、海上獨木舟、叢林健行等戶外活動多得難以計算，至於按摩、精油芳療、瑜伽之類能夠放鬆身心的設施更是琳瑯滿目。如果是租車前來的遊客，還可以將旅遊目的地延伸到近郊的眾多國家公園，體驗公路奔馳的兜風樂趣（遇見野生無尾熊的機會極高）。

由庫克船長命名 MAP P.305

拜倫角
Cape Byron

作為澳洲大陸最東端的拜倫角，是由庫克船長依據英國詩人拜倫的航海家祖父而命名的，因為拜倫的祖父曾在1760年代追隨庫克船長一起搭乘奮進號在世界各地航海冒險。海岬前端矗立著作為城鎮精神象徵的白色燈塔Cape Byron Lighthouse，從這裡一路經過最東端點下到華特格斯海灘，是條規劃完善的健行步道。

在澳洲大陸最東端立有指標，成為非常受歡迎的紀念照拍攝地點。而且在步道途中將眼光凝視大海，一整年都能發現海豚成群出沒的景象，到了冬季還能加碼欣賞座頭鯨在海面上換氣噴水，或是翻身跳躍的熱情演出。

建造在拜倫角的燈塔

澳洲大陸最東端是人氣的紀念照景點

一般來說，前往拜倫角都是由市中心出發，沿著燈塔路Lighthouse Rd.向東走，在森林間順著緩坡而上（步行約30分鐘）；若是從海灘往東走，半路再由華特格斯海灘轉入通往拜倫角的健行步道，也有另一種樂趣。

拜倫灣近郊

Around Byron Bay

設置在水晶城堡庭園內的佛像

拜倫灣近郊也有許多的魅力景點，因為拜倫灣與周邊地帶原本就是沃寧山Mt. Warning火山噴發之後，所形成的南半球最大規模火山口的一部分，不僅成為國家公園，更幾乎全部列為世界自然遺產。就連國家公園以外的地區也被無盡的亞熱帶森林、尤加利樹林所包圍，堪稱是野生動物的天堂。

從拜倫灣出發約20分鐘車程，位於內陸穆倫賓比Mullumbimby山裡的水晶城堡＆香巴拉花園Crystal Castle & Shambhala Gardens，是個充滿亞洲氛圍的奇特設施。庭園內擺放著從亞洲各國收集而來的水晶、佛像、尼泊爾風格佛塔、植物等物品，打造出這般心靈上的景觀。

■拜倫灣的戶外活動

●Style Surfing School
☎0416-162-969
URL www.stylesurfingbyronbay.com
費3小時課程$70

●Cape Byron Kayaks
可以環繞拜倫角一圈的海上獨木舟探險活動，看見海豚的機率很高。
☎(02)6680-9555
URL www.capebyronkayaks.com
時9～4月8:30～11:30、13:00～16:00／5～8月10:00～13:00、13:30～16:30
費1人$69（含點心）

■水晶城堡＆香巴拉花園

MAP P.304
住81 Monet Drv., Mullumbimby, 2482
☎(02)6684-3111
URL www.crystalcastle.com.au
開每日10:00～17:00)
休耶穌受難日、耶誕節、節禮日
費大人$49 小孩$35 家庭$119（當天有效）

COLUMN 時尚咖啡館聚集在拜倫灣

由於拜倫灣是受年輕人喜愛的度假地，因此出現許多適合拍照上傳IG的時尚咖啡館，下面介紹的是其中最具代表性的人氣店家。

Combi Byron Bay

鬆餅的擺盤方式也很美

以粉紅為主視覺色系的咖啡館，有巴西莓果碗、有機鬆餅等許多適合拍照的美食，蔬果昔的種類也不少。
MAP P.306 住Shop 5b/21-25 Fletcher St., Byron Bay, 2481 URL wearecombi.com.au
營每日7:00～15:00

Dip Cafe

當地人聚集的人氣咖啡館

位於Combi隔壁的咖啡館，拜倫灣的時尚領袖們都聚集在這裡。由於供應的餐點極為豐富，建議來此享用午餐。
MAP P.306
住Shop 1/21-25 Fletcher St., Byron Bay, 2481 ☎(02)6685-5141
URL www.dipcafe.com.au
營週一～五6:30～15:00，週六6:30～14:00，週日6:30～14:30

這裡還有能眺望庭園景色的咖啡館，以及可以診斷氣場的水晶商店，是很受當地人喜愛的知名景點。

無尾熊療養&研究中心的導覽之旅

利斯摩爾Lismore是這一帶的中心城鎮，在南十字星大學旁有一間無尾熊之友（無尾熊療養&研究中心）Friends of Koala（Koala Care & Research Centre）。由於利斯摩爾周邊是澳洲屈指可數的無尾熊棲息地，因此遭受交通意外的無尾熊不在少數，而療養研究中心就是收容受傷與生病的無尾熊，治療完畢或進行復健之後再返回大自然，萬一狀況過於嚴重就會留置豢養。中心內也推出專人介紹的導覽之旅，若是時間允許不妨參加，而且工作人員都非常親切，會告訴大家哪個地點最容易看到野生的無尾熊。

彷彿時光倒流般的寧賓

從利斯摩爾前往沃寧山腳下的莫維倫巴Murwillumbah途中，會經過山間村落寧賓Nimbin，直到現在依舊洋溢著嬉皮的復古氣息。像是位於村裡主要街道上、散發著迷幻奇特風格的建築物，就很值得一看；而村莊郊區的寧賓岩Nimbin Rock更是絕不能錯過的自然景致。參加由拜倫灣出發的旅遊團，就可以輕鬆造訪寧賓。

莫維倫巴則是沃寧山觀光的據點，位在城鎮入口處的世界遺產雨林中心World Heritage Rainforest Centre同時也是遊客中心，而且還有介紹沃寧山周邊的世界自然遺產——澳大利亞東部雨林保護區的迷你展覽館。

■無尾熊之友（無尾熊療養&研究中心）
住23 Rifle Range Rd., East Lismore, 2480
☎(02)6621-4664
URL www.friendsofthekoala.org
開每日9:00～16:00
時導覽之旅：週一～四14:00（需網路預約）
費1人捐獻$5

■Grass Hoppers (Nimbin Tour)
推出從拜倫灣出發的寧賓之旅。
☎0438-269-076
時目前暫停中
費1人$79（含BBQ午餐）／接駁巴士1人$40

■世界遺產雨林中心
住Cnr. Tweed Valley Way & Alma St., Murwillumbah, 2484
☎(02)6672-1340
URL visitthetweed.com.au
開週一～六9:00～16:00，週日9:30～13:00

擁有著茂密蓊鬱亞熱帶雨林的沃寧山國家公園

度假海岸的住宿 ACCOMMODATION

區域號碼(02)

麥覺理港

設施豐富 MAP 無
Port Macquarie Ozzie Pozzie Backpackers YHA

URL ozziepozzie.com 住36 Waugh St., Port Macquarie, 2444 ☎6583-8133 WiFi 免費
費D $26.60～28.50、T W $61.75～76.95
※非YHA會員要追加費用 CC MV

附近就有超級市場、咖啡館、夜店等設施，是很方便的YHA。旅館內提供廚房、洗衣間、BBQ之外，更有游泳池、遊戲間等豐富的設備。

充滿古典氣氛 MAP 無
Port Macquarie Backpackers

URL www.portbackpackers.com.au
住2 Hastings River Drv., Port Macquarie, 2444
☎6583-1791 WiFi 免費 費D $32、T W $75～93 CC MV

從市區往太平洋公路方向約1km處，配合長途巴士的班次時間有接送服務。

科夫斯港

可代為安排各種活動 MAP 無
Aussitel Backpackers

URL aussitel.com
住312 Harbour Drv., Coffs Harbour, 2450
☎6651-1871 WiFi 免費
費D $27～、W $65～ CC MV

距離市中心約2km處，有游泳池、遊戲室等設施，還有方便使用的寬敞廚房。並且提供免費租借立槳SUP、衝浪板和趴板的服務。

熱愛大海的千萬別遲疑 The Hoey Moey on the Beach

MAP 無

URL hoeymoey.com.au 住 84 Ocean Pde., Coffs Harbour, 2450 ☎ 6652-3833 WiFi 免費
費 D $21～25、T W $99～120
※YHA、VIP有折扣 CC ADJMV

每個房間都有淋浴、廁所設備，還能免費租借衝浪板，並附設小酒館，可以享受現場娛樂表演。

科夫斯港的高級度假村 Pacific Bay Resort

MAP 無

URL pacificbayresort.com.au
住 Cnr. Pacific Hwy. & Bay Drv., Coffs Harbour, 2450 ☎ 6659-7000
WiFi 免費 費 T W $185～215、1B $250、2B $465～530 CC ADJMV

建於距離市中心以北約3km的海岸旁，在廣闊的腹地裡不但有高爾夫球場，會館內還有餐廳、商店和美容院，以及網球場、排球場和3座游泳池，設備非常完善。

拜倫灣

設備完善的舒適飯店 Byron Bay YHA Backpackers Hostel

MAP P.306

URL www.yha.com.au 住 7 Carlyle St., Byron Bay, 2481 ☎ 6685-8853 WiFi 免費
費 D $37～47、T W $140～160
※非YHA會員要追加費用 CC MV

步行前往長途巴士站、海灘和超級市場都只要3分鐘，並提供出租腳踏車、衝浪板等服務。

免費租借衝浪板和腳踏車 Cape Byron Hostel YHA

MAP P.306

URL www.yha.com.au 住 Cnr. Byron & Middleton Sts., Byron Bay, 2481 ☎ 6685-8788
WiFi 免費 費 D $28～32、W $95～125
※非YHA會員要追加費用 CC MV

距離巴士站和超級市場很近，相當便利，只要事先預約就會到站牌接送。由於在同棟建築物裡還開設著潛水用品商店，非常推薦潛水客在此下榻。

位於鎮上的人氣青年旅館

就在海灘前方 Backpackers Inn on the Beach

MAP P.306

URL backpackersinnbyronbay.com.au
住 29 Shirley St., Byron Bay, 2481
☎ 6685-8231 FREE 1800-817-696
WiFi 免費 費 D $28～30、T W $80 CC MV

從旅館可以直接到海灘是最大的魅力。擁有游泳池、露天電影院、庭院裡的吊床，充滿度假的氣氛，十分舒適。旅館裡還設有ATM，很方便。

時髦的精品飯店 The Bower Byron Bay

MAP P.305

URL www.thebowerbyronbay.com.au
住 28 Bangalow Rd., Byron Bay, 2481
☎ 6680-9577 WiFi 免費
費 T W $285～340 CC MV

從市區驅車沿著Bangalow Rd.約5分鐘就能到達，是家只擁有5間客房的高級精品飯店。室內裝潢整體以白色為基調，散發時尚感；客房有針對情侶夫妻的套房形式，以及適合家庭親子的小木屋。

主灘前的一流度假村 Beach Hotel Resort

MAP P.306

URL www.beachhotel.com.au 住 1 Bay St., Byron Bay, 2481 ☎ 6685-6402 WiFi 免費
費 T W $366～546 CC AJMV

位在主灘前，為拜倫灣具代表性的飯店，附設的沙灘酒吧、餐廳很受房客及其他外客的喜愛，總是人聲鼎沸。飯店的設施也很棒，舒適而寬敞的客房、無微不至的服務都很讓人滿意。

拜倫灣最好的高級度假村 Byron at Byron, a Crystalbrook Collection Resort

MAP P.305

URL www.crystalbrookcollection.com/byron
住 77-97 Broke Head Rd., Byron Bay, 2481
☎ 6639-2000 WiFi 免費
費 T W $615～815 CC AJMV

位於拜倫灣郊區，擁有廣達45英畝的遼闊腹地，融合自然而打造的高級度假飯店。園內設置了完善的木棧道，可以盡情觀察亞熱帶雨林、尤加利樹林、濕地等自然景觀。客房屬於度假公寓形式，起居間、浴室、臥室的空間都很寬敞，並附設正統的Day Spa，餐廳則是供應使用在地食材的現代澳洲料理，頗受好評。

客房非常摩登且寬敞

考拉
Cowra

考拉位於雪梨西方320km的內陸地區，是一座敘述日本與澳洲之間糾葛歷史的重要城鎮。在二次大戰末期的1944年8月5日，考拉郊區的戰俘營中有1000多名日本俘虜企圖摸黑逃亡，而最終演變成數小時內超過200人死亡，剩下的人被抓回並繼續被俘虜的慘劇。擁有這樣一段慘烈歷史的考拉，特別為了在戰爭中犧牲的無數日本士兵，於郊區成立日本陣亡者墓園Japanese War Cemetery以供祭祀；澳洲更在1963年正式將這一塊土地割讓給日本，成為日本的領土。

寂靜的日本陣亡者墓園

交通

●考拉

從雪梨出發以租車最為方便（所需時間約4小時30分），也可以從雪梨搭乘由鐵路與巴士組成的TrainLink前往；不過依據星期的不同，而分為雪梨～巴瑟斯特Bathurst～考拉，或是雪梨～庫塔曼德拉Cootamundra～考拉兩種路線（所需時間約5～6小時），巴士會停靠在城鎮的中心區。

■考拉遊客中心Cowra Visitor Information Centre

住Cnr. Mid Western Hwy., Young & Boorowa Rds., Cowra 2794
☎(02)6342-4333
URL visitcowra.com.au
開每日9:00～17:00
休耶誕節

■日本陣亡者墓園

位於距離市中心以北約4km的一處高地，隔壁是祭祀澳洲陣亡士兵的墓園。從市區出發的話，可以步行或搭乘計程車（單程約$20）。

■考拉日本庭園

住Ken Nakajima Place., Cowra 2794
☎(02)6341-2233
URL www.cowragarden.com.au
開週一～五9:00～16:00，週六、日8:30～16:30
休耶誕節
費大人$18 小孩$9 家庭$45／語音導覽1台$2

漫遊考拉
OUTLINE OF COWRA

因為發生過日本戰俘脫逃的悲劇事件，考拉也成為日本與澳洲建立友好關係的重要城鎮，在戰俘營遺址還留有當時建築物的地基，並且設置解說牌說明日本士兵的逃亡路線，將過去的歷史記錄傳承下來。做為肩負著兩國友誼的城鎮，還在1978年特別依照京都的修學院離宮，打造出一座考拉日本庭園Cowra Japanese Garden。

從陣亡者墓園、戰俘營遺址到日本庭園的道路兩旁則種植著櫻花樹，每年9月櫻花盛開時還會舉行櫻花祭；每到此時，會有許多居住澳洲的日籍人士湧入考拉，除了到墓園裡獻花，也會和考拉鎮民一起賞櫻過節。

美麗的考拉日本庭園

考拉的住宿
ACCOMMODATION

區域號碼(02)

洋溢著殖民氛圍 Breakout Motor Inn & Serviced Apartments
MAP 無

URL www.breakoutmotel.com.au
住181-183 Kendal St., Cowra 2794
☎6342-6111　WiFi 免費
費T W $150～260　CC AMV

擁有著古老而美好的澳洲氛圍外觀，客房卻是新穎而充滿整潔感。另外也提供有按摩浴缸的客房、2間臥室的公寓式客房。

位於城鎮中央很便利 Cowra Motor Inn
MAP 無

URL www.cowramotorinn.com.au
住3 Macquarie St., Cowra 2794
☎6342-2011　WiFi 免費
費T W $115～135　CC MV

這裡以實惠價格提供舒適的房間，床鋪都是Queen Size，冬季時還會貼心準備電熱毯。

從台灣撥打電話至考拉
002＋61（國碼）＋2（去除0的區域號碼）＋電話號碼

前進雪山享受滑雪樂！

以大分水嶺南部的澳洲最高峰哥斯高山Mount Kosciuszko（海拔2228m）為中心延伸出去的雪山Snowy Mountains，可說是全澳洲最具規模的滑雪勝地。作為地區據點城鎮的金德拜恩Jindabyne，可以由此地搭巴士前往斯雷德伯、派瑞雪、夏洛特隘口等滑雪場。

可體驗刺激滑降快感的斯雷德伯

斯雷德伯Thredbo

是澳洲最具代表性的滑雪場，不論是海拔落差700m，還是長達5700m的滑雪道都堪稱為澳洲第一。而且這裡也是澳洲唯一舉辦過世界盃滑雪大賽的地點，滑雪場的設備和服務也是這一帶最齊全的，飯店、度假木屋約有80家，而餐廳、酒吧及紀念品店則到處都是。

派瑞雪Perisher

由派瑞雪谷Perisher Valley、Smiggin Holes、Mt. Blue Cow、Guthega這4座滑雪場所組成的超大型滑雪區，其規模號稱是南半球最大的；由於吊椅券在整個滑雪區內都能通用，從初學者到滑雪好手都可以到處跑透透，嘗試每座滑雪場各種不同等級的滑雪路線。阿爾卑斯村Alpine Village在Perisher Valley、Smiggin Holes和Guthega都有住宿設施，飯店、度假木屋加起來總共約有40間。

斯雷德伯的滑雪度假村

夏洛特隘口Charlotte Pass

這是從金德拜恩出發的滑雪場中規模最小的一座，這裡的滑雪道有9成都是為初學和中等級滑雪客所設計。

DATA

前往雪山的交通

雪季時，從坎培拉出發的有Murrays Coaches、SnoExpress等多家公司前往各滑雪場的接駁巴士；而由雪梨也可以搭乘澳洲灰狗巴士。

雪山的資訊
URL snowymountains.com.au

斯雷德伯
URL www.thredbo.com.au

派瑞雪
URL www.perisher.com.au

夏洛特隘口
URL www.charlottepass.com.au

位於派瑞雪谷126m長的U型場地單板滑雪道

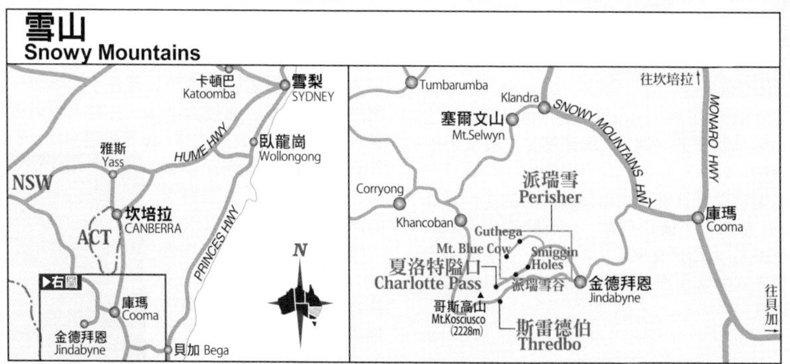

澳洲不為人知的
世界遺產

霍勳爵群島
Lord Howe Island Group

一度瀕臨滅絕危機的森秧雞，因為飛不起來總是四處走動

在島的南邊，是一條通往里奇伯德山與高爾山的步道

霍勳爵群島是約700萬年前隆起的海底火山，經過長時間的侵蝕而形成，由群島中面積最大的霍勳爵島、突出海面高達550m的柏爾的金字塔Ball's Pyramid等28座大小島嶼所組成。從1788年被發現到19世紀人類開始登島定居之前，一直都是鳥類與植物的天堂；如今這裡所擁有的241種植物中，還有多達113種為特有種，並發現包含森秧雞Gallirallus Sylvestris等僅棲息於此地的鳥類則超過130種。群島沿岸廣布著生長在全世界最南邊的珊瑚礁，而來自珊瑚海的暖流與塔斯曼海的寒流在這裡交會，這片海域裡棲息著熱帶魚、迴游魚群等約500種魚類及約90種類的珊瑚。如此獨特的地形與生態系，讓群島在1982年登錄為世界自然遺產。

來過就會愛上的島嶼

從Clear角能眺望到柏爾的金字塔

搭乘澳洲航空38人座的小飛機DASH400，從雪梨往東北角飛行2小時（約700km），便降落在被碧藍大海環繞的島上，筆直聳立的蒼綠高爾山Mt. Gower及里奇伯德山Mt. Lidgbird立即映入眼簾，從機場驅車離開的一路上，兩旁都是生長茂盛的棕櫚樹。

以擁有獨特且豐富大自然而出名的霍勳爵群島，其魅力可不僅止於此。一天的觀光客上限為400人，人口只有350人的島嶼，但深受島上生活方式所吸引而年年造訪的遊客，可說是多不勝數。

讓人熱愛的生活方式

在大都市中早已經消失的人際交流，在這座島上則依舊完整不變，每當這群被稱為Islander的島民們擦身而過時，彼此都會揮揮手、打個招呼，就算是對觀光客也會像平常一樣打招呼。雖然絕對不會出現塞車狀況，島上的行車最高時速限仍是25km，駕駛還能對馬路上的行人說「Hello」或揮手。

無論是民宅或飯店房間都不上鎖，是這座島的習慣之一，因為島嶼不僅遠離澳洲大陸，這裡的居民都是彼此熟悉的鄰居不必提防，就連島上警察也都相當悠閒，主要工作就是辦理關稅手續等文書工作。被霍勳爵島的大自然包圍，接觸到無比友善的島民，自己也不由得跟著心胸開闊起來。能以最簡單樸實的方式接觸人與自然，是霍勳爵島獨一無二且長久不曾改變的魅力，難怪會成為澳洲令人想再三重遊的一大觀光景點。

浮潛是體驗群島的方式之一

體驗霍動爵島大自然的戶外活動

為了讓遊客享受到豐富多樣的大自然，這裡提供各種多樣的戶外活動體驗，不過潛水、船舶之旅及登山等活動，會因為天氣、潮汐高低而有所影響，並不會每天都是定時出發，一定要記得事先確認。想要在最佳時刻感受霍動爵群島，最好方式就是長時間停留。

健行

健行步道一共分成1到10的不同等級路線，可以利用地圖及指標自行出發；這些步道並不是柏油路或木棧道，而是天然的步道，因此千萬別漏看了路標。高爾山的登山步道也是其中一條。

高爾山登頂

單程4小時、回程也要4小時的14km登山路線，雖然有需要抓緊繩索攀登斷崖峭壁的辛苦路段，但是只要天氣良好，站在海拔875m的山頂就可以將整座霍動爵島一覽無遺。不過必須要在有經驗嚮導的帶領下，才能攀登這座山。

北灣海龜之旅＆大自然

乘坐觀光玻璃船暢遊北灣的半日之旅，能夠下海浮潛，到北邊海灘享受下午茶並聆聽導遊的解說後，就可以自由到處遊逛。

海龜之旅的觀光玻璃船

潛水

位於5個海流分歧點，自然是魚群與珊瑚的一大寶庫，周邊共有超過60個潛水點，而且還提供海灘潛水、船潛等多種形式。柏爾的金字塔就是一大知名潛水地點（需要有進階Advance資格），還有機會一睹神仙魚、小丑魚、隆頭魚科等魚兒蹤跡。

釣魚

整座島都是非常適合垂釣的魚礁，可說是釣魚天堂，像是Kingfish（黃條鰤）、黃鰭鮪魚、棘鰆（土魠魚）等魚種都能釣到，也可以租船出海。如果到Neds海灘還可以餵魚，魚兒都會群聚到腳邊來。

頗具個性特色的住宿

從包含用餐與接送服務的全包式高級度假村，到提供廚房設備的公寓住宿，各式各樣不同型態的住宿選擇共有18個。介紹其中較具代表性的飯店。

Arajilla

URL www.arajilla.com.au　☎(02)6653-2002
費 T W $1900～2400

Arajilla的客房

※包含住宿期間全部餐飲

每一年都會重新裝潢，總是保持嶄新面貌的摩登度假村。餐點也非常美味，工作人員也都親切無比，另外還附設印度芳療SPA。

Capella Lodge

能眺望海景的Capella Lodge

URL capellalodge.com.au
☎(02)9918-4355
費 T W $1800～3600

霍動爵島最具代表性的高級環保小木屋，從餐廳眺望的高爾山景致絕佳，也有提供SPA服務。

Pinetree Lodge

URL pinetrees.com.au　FREE 1800-226-142
費 T W $1020～1750

氣氛沉穩的Pinetree

具有歷史的經典度假村，客房類型從單間房到4張床的選擇都有。另外如網球場、撞球台等設施也很齊全，房客可以在人工潟湖海灘度過愉快的時光。

Leanda Lei

URL www.leandalei.com.au　☎(02)6563-2195
費 T W $375～

全部客房都提供廚房設備的公寓式住宿。

DATA

●**交通**

從雪梨、布里斯本出發的交通時間為2小時，QantasLink從雪梨每天有航班，布里斯本是週六、日出發，麥覺理港則是2～6月、9～12月旺季時有航班可至霍動爵島機場（代號LDF）。不過有14kg的行李限制。

●**霍動爵島**

URL **www.lordhoweisland.info**

澳洲首都特區

具備行政中心機能的完全計畫都市・區域

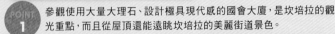

去看國會大廈吧！

觀光重點

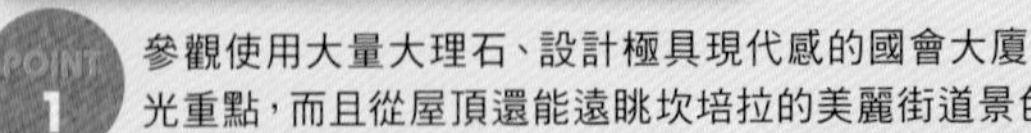

POINT 1 參觀使用大量大理石、設計極具現代感的國會大廈，是坎培拉的觀光重點，而且從屋頂還能遠眺坎培拉的美麗街道景色。

POINT 2 坎培拉擁有國立博物館、戰爭紀念館、首都展示館等許多可以更進一步認識澳洲的設施，都不容錯過。

POINT 3 在環繞著坎培拉的小型丘陵地上設有多個觀景台，可以欣賞這座經過縝密規劃而建立的都市全貌。

舊國會大廈已改做博物館之用

基本資訊

面積	坎培拉周邊2280km²／杰維斯灣77km²
人口	約46萬人
特區首都	坎培拉（人口約41萬人）
時差	澳洲東部標準時間（比台灣快2小時） 由於採行夏令時間，通常從10月的第一個週日到4月的第一個週日，會將時間調快1個小時（等於是比台灣快3小時）。
電話	區域號碼　02

主要節日（2024年）

2024 年

- 1 月 1 日 新年New Year's Day
- 1 月 26 日 澳洲國慶日Australia Day
- 3 月 11 日 勞動節 Labour Day
- 3 月 29 日 耶穌受難日Good Friday
- 3 月 30 日 復活節星期六 Easter Saturday
- 3 月 31 日 復活節星期日 Easter Sunday
- 4 月 1 日 復活節星期一 Easter Monday
- 4 月 25 日 澳紐軍團紀念日 Anzac Day
- 5 月 27 日 和解日 Reconciliation Day
- 6 月 10 日 英女皇誕辰 Queen's Birthday
- 10月 7 日 勞動節 Labor Day
- 12月 25 日 耶誕節 Christmas Day
- 12月 26 日 節禮日 Boxing Day

學校假期（2024 年）

4/13～4/28、7/6～7/21、9/28～10/13、12/18～2025年2/2

澳洲首都特區概要

擁有6個獨立自治權的州政府，以及獲得自治權要爭取升格成州的北領地，統轄澳洲這「7個國中之國」的就是澳洲首都特區，而且是位於新南威爾斯州境內的獨立行政特區，就和美國的華盛頓特區DC一樣。而在這個區域的中心城市坎培拉Canberra，就成為澳洲的首都（除了坎培拉的周邊區域之外，新南威爾斯州南部沿岸杰維斯灣Jervis Bay的一部分也獨立出來，成為行政特區所管轄的範圍）。

而所謂的聯邦政府，最具有特色的一點就是每個州的行政獨立性相當強烈，不少州政府的最高行政首長可是敢於站出來到坎培拉大喊：「我們的州要脫離中央，要獨立！」由於這些最高首長也被稱為「總理」，對外國人來說很容易將州的總理與「聯邦政府總理」兩者搞混。

但如果要問坎培拉是何時出現的，恐怕很難有一個答案出現，因為當初是雪梨與墨爾本之間發起了首都的爭奪大戰，在兩相利弊權衡之後，終於選定將首都落腳在2座城市的中間位置。這塊地在1911年從新南威爾斯州獨立出來，將原本暫時設置在墨爾本的首都機能轉移到這個行政特區，並且於1929年在坎培拉召開國會，雖然首都的機能在1960年大致算是全部落實，實際上真正的完成日卻是在28年之後的1988年，隨著國會大廈的落成才正式宣告行政特區的全面啟動。設計出整個行政特區都市規劃藍圖的設計師，既不是澳洲人也不是英國人，而是來自於美國的名建築師華特・伯利・格里芬Walter Burley Griffin的構思，在坎培拉還有一座以他名字命名的人工湖泊──伯利格里芬湖Lake Burley Griffin。

澳洲國會大廈的入口處裝飾著澳洲的國徽

由於是在開闊的原野上經過精心設計的城市，可說是充分地利用澳洲得天獨厚的自然與空間而打造的「完美的自然都市」；不過反過來說，這座城市也因為充斥著聯邦政府官員、各國外交官，還有澳洲國立大學的各國學生，宛如小型地球村，使得這裡成為最不像澳洲的城市。所以澳洲人只要一聽到有人說住在坎培拉，就會忍不住要拍拍對方的肩膀表示安慰，因為實在是非常人工化的城市。

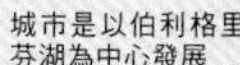
城市是以伯利格里芬湖為中心發展

澳洲首都特區的平均氣溫・降雨量

坎培拉	1月	2月	3月	4月	5月	6月	7月	8月	9月	10月	11月	12月
平均最高氣溫（℃）	28.0	27.1	24.5	20.0	15.6	12.3	11.4	13.0	16.2	19.4	22.7	26.1
平均最低氣溫（℃）	13.2	13.1	10.7	6.7	3.2	1.0	-0.1	1.0	3.3	6.1	8.8	11.4
平均降雨量（mm）	58.5	56.4	50.7	46.0	44.4	40.4	41.4	46.2	52.0	62.4	64.4	53.8

坎培拉

Canberra

實用資訊

坎培拉遊客中心
Canberra & Region Visitors Centre MAP P.317/2A
住Regatta Point, Barrine Drv., Parkes, 2600
☎(02)6205-0044
FREE 1300-554-114
URL visitcanberra.com.au
開週一~五9:00~17:00,週六、日及節日9:00~16:00
休耶誕節

駐澳台北經濟文化辦事處
Taipei Economic and Cultural Office in Australia MAP P.317/3B
住Unit 8, 40 Blackall Street, Barton, Canberra ACT 2600, Australia
☎(02) 6120-2000
FAX (02) 6273-0748
URL www.roc-taiwan.org/au
開週一~五9:00~17:00

主要醫院

坎培拉醫院Canberra Hospital MAP 地圖外
住Yamba Drv., Garren, 2605
☎(02)5214-0000
URL www.canberrahealthservices.act.gov.au
開每日6:00~21:00(服務櫃台)

Calvary Hospital MAP 地圖外
住5 Mary Cres., Bruce, 2617
☎(02)6201-6111
URL www.calvarycare.org.au

主要航空公司聯絡處

澳洲航空Qantas Airways
☎13-13-13

維珍澳洲航空
Virgin Australia
☎13-67-89

捷星航空Jetstar
☎13-15-38

區域快線航空
Regional Express(REX)
☎13-17-13

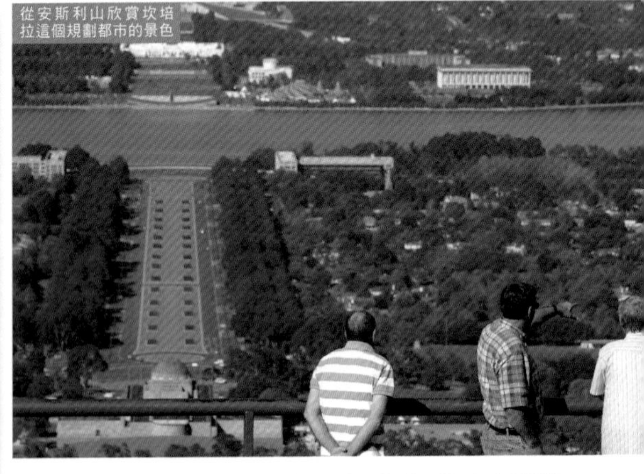

從安斯利山欣賞坎培拉這個規劃都市的景色

在坎培拉觀光,必須記得一個重點,就是來這裡是為了「深入認識澳洲」而非「享受大自然」。身為首都,這裡的教育水準當然居於全澳洲之冠,擁有眾多研究機構,也有許多學術的景點;這些以規劃打造都市為基礎而誕生的獨特景點,當然不能錯過。

來到坎培拉還有一個非去不可的景點,就是澳洲戰爭紀念館Australian War Memorial,展示著澳洲曾經派兵參加過大小戰爭的慘烈史蹟,例如為了英國而出征的第一次世界大戰、迫於日本軍隊近逼而不得不戰的二次大戰,以及韓戰和越戰的記錄、紀念品、繪畫、立體模型,還有坦克車、戰機。館內與日本有關連的史料出乎意外地多,可以來這裡好好認識一下過往的戰爭史實。

以阻斷河川來建造的人工湖泊──伯利格里芬湖Lake Burley Griffin的南端,是聯邦政府機關大街與大使館街。聯邦政府機關的建築都像是位在公園裡一般,甚至讓人有想要躺在公家機關前面草地上睡午覺的衝動;而大使館街就像是分布在丘陵公園裡的散步小徑旁。在這個區域裡也有巡迴觀光巴士,果然充滿坎培拉的自我特色。

面對伯利格里芬湖而建的澳洲國家博物館National Museum of Australia,蒐羅了澳洲的過去、現在與未來,想知道自己對博物館裡的展覽品有多少認識嗎?可以來這裡考考自己的澳洲常識。

坎培拉 Canberra

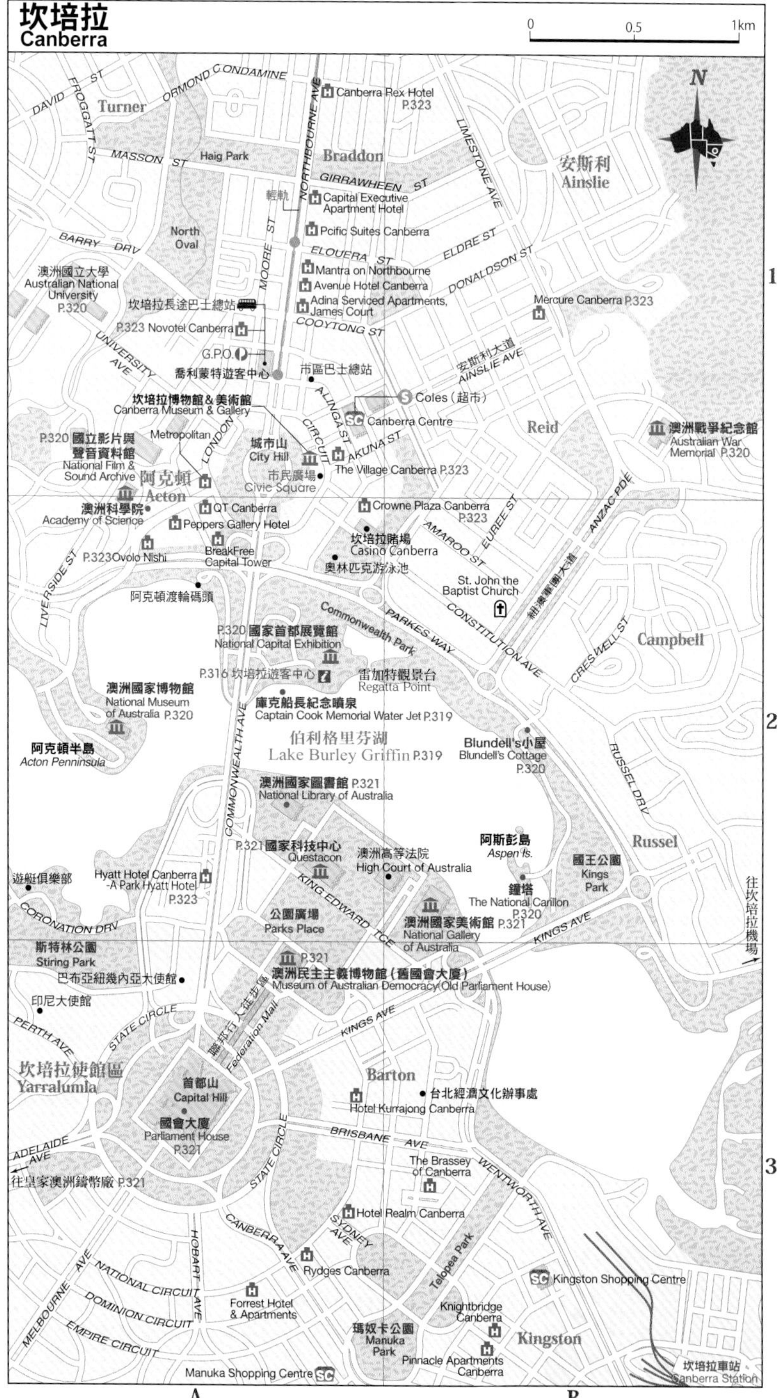
0 0.5 1km
N
Turner
Braddon
安斯利 Ainslie
Reid
Campbell
Russel
阿克頓 Acton
Barton
Kingston
坎培拉使館區 Yarralumla
Canberra Rex Hotel P.323
Haig Park
輕軌
Capital Executive Apartment Hotel
Pcific Suites Canberra
North Oval
Mantra on Northbourne
Avenue Hotel Canberra
Adina Serviced Apartments, James Court
Mercure Canberra P.323
澳洲國立大學 Australian National University P.320
坎培拉長途巴士總站
P.323 Novotel Canberra
G.P.O.
喬利蒙特遊客中心
市區巴士總站
安斯利大道
Coles（超市）
Canberra Centre
坎培拉博物館&美術館 Canberra Museum & Gallery
Metropolitan
城市山 City Hill
市民廣場 Civic Square
The Village Canberra P.323
澳洲戰爭紀念館 Australian War Memorial P.320
P.320 國立影片與聲音資料館 National Film & Sound Archive
澳洲科學院 Academy of Science
QT Canberra
Peppers Gallery Hotel
Crowne Plaza Canberra P.323
坎培拉賭場 Casino Canberra
奧林匹克游泳池
P.323Ovolo Nishi
BreakFree Capital Tower
阿克頓渡輪碼頭
St. John the Baptist Church
紐澳軍團大道
Commonwealth Park
P.320 國家首都展覽館 National Capital Exhibition
P.316 坎培拉遊客中心
雷加特觀景台 Regatta Point
澳洲國家博物館 National Museum of Australia P.320
庫克船長紀念噴泉 Captain Cook Memorial Water Jet P.319
伯利格里芬湖 Lake Burley Griffin P.319
阿克頓半島 Acton Peninsula
Blundell's小屋 Blundell's Cottage P.320
澳洲國家圖書館 P.321 National Library of Australia
P.321 國家科技中心 Questacon
澳洲高等法院 High Court of Australia
阿斯彭島 Aspen Is.
國王公園 Kings Park
遊艇俱樂部
Hyatt Hotel Canberra -A Park Hyatt Hotel P.323
鐘塔 The National Carillon P.320
公園廣場 Parks Place
澳洲國家美術館 P.321 National Gallery of Australia
往坎培拉機場
斯特林公園 Stirling Park
P.321
澳洲民主主義博物館（舊國會大廈） Museum of Australian Democracy(Old Parliament House)
巴布亞紐幾內亞大使館
印尼大使館
聯邦行人徒步區 Federation Mall
首都山 Capital Hill
國會大廈 Parliament House P.321
台北經濟文化辦事處
Hotel Kurrajong Canberra
往皇家澳洲鑄幣廠 P.321
The Brassey of Canberra
Hotel Realm Canberra
Rydges Canberra
Telopea Park
Kingston Shopping Centre
Forrest Hotel & Apartments
Knightbridge Canberra
瑪奴卡公園 Manuka Park
Pinnacle Apartments Canberra
坎培拉車站 Canberra Station
Manuka Shopping Centre
DAVID ST
FROGGATT ST
ORMOND ST
CONDAMINE
MASSON ST
NORTHBOURNE AVE
GIRRAWHEEN ST
LIMESTONE AVE
BARRY DRV
MOORE ST
ELOUERA ST
ELDRE ST
DONALDSON ST
COOYTONG ST
UNIVERSITY AVE
AINSLIE AVE
ALINGA ST
LONDON CIRCUIT
AKUNA ST
ANZAC PDE
EUREE ST
AMAROO ST
LIVERSIDE ST
PARKES WAY
CONSTITUTION AVE
CRESWELL ST
COMMONWEALTH AVE
RUSSEL DRV
KING EDWARD TCE
KINGS AVE
CORONATION DRV
STATE CIRCLE
PERTH AVE
ADELAIDE AVE
BRISBANE AVE
WENTWORTH AVE
CANBERRA AVE
SYDNEY AVE
HOBART AVE
MELBOURNE AVE
NATIONAL CIRCUIT
DOMINION CIRCUIT
EMPIRE CIRCUIT
1
2
3
A
B

■坎培拉國際機場
URL www.canberraairport.com.au

■坎培拉長途巴士總站
MAP P.317/1A
住 Jolimont Centre, Northbourne Ave., 2601

■TC巴士的Route R3
時 週一～五5:58～21:28每小時發車4班，週六、日7:17～21:47（週日～20:47）每隔30分鐘發車1班
費 大人$5 小孩$2.50／建議購買TC的1日券（大人$9.60 小孩$4.80），之後市區觀光也可以使用

■坎培拉車站←→市區的交通
TC的Route R2、R6巴士，會從坎培拉車站前往市區巴士總站。

■坎培拉的租車公司
●Hertz
☎0437-833-446
●Avis & Budget
☎(02)9353-9000
●Thrifty
☎13-61-39
●Europcar
☎(02)6284-5170

■Transport Canberra（TC）
☎13-17-10
URL www.transport.act.gov.au
費 紙張式車票：單程大人$5 小孩$2.50／Daily（1日券）：大人$9.60 小孩$4.80

■TC輕軌
從Alinga St.與Northbourne Ave.交叉點往北去，經過Downer、Watson、Harrison等地區，終點為岡加林Gungahlin地區的岡加林廣場Gungahlin Place。
時 每日6:00～23:00（週六到24:30），平日班距6～15分鐘，週六、日及節日班距為15分鐘

市中心的商店街City Walk是行人徒步區

交通
ACCESS

如何前往

➡台灣出發

從台灣沒有直飛班機，必須在澳洲主要城市轉機。可以利用台灣出發的班機前往雪梨、布里斯本、墨爾本，再轉搭澳洲航空或維珍澳洲航空的航班比較方便。

➡澳洲國內各地出發

澳洲航空從澳洲各州的首府，維珍澳洲航空則從雪梨、布里斯本、黃金海岸、墨爾本及阿得雷德，還有捷星從布里斯本、區域快線航空從墨爾本都有航班飛往坎培拉。澳洲灰狗巴士等長途巴士，或是Murrays Australia等觀光巴士，都是以坎培拉市中心喬利蒙特遊客中心內的坎培拉長途巴士總站Canberra Coach Terminal為發車點。此外，從雪梨每天會有2班火車前往坎培拉，不過坎培拉車站位於市區外，在車站前會有巴士前往市區。

機場↔市區

坎培拉國際機場Canberra International Airport（CBR）位於市區東邊約7km處。

●公共巴士（TC Bus）

坎培拉TC巴士的Route R3連結機場與坎培拉市區（所需時間約20分鐘），班次多且票價便宜。

●計程車＆Uber

搭車人數有2～3人的話，搭計程車或Uber（→P.649）就很划算。計程車到坎培拉市中心為$30～35，Uber則$22～30。

市區交通
LOCAL TRANSPORT

坎培拉的公共交通運輸由Transport Canberra（TC）負責營運，包含TC巴士及輕軌（路面電車），市區巴士總站City Bus Station位於市中心Alinga St.與East Row的轉角處，巴士號碼前面的「R」代表Rapid也就是快速巴士，而輕軌的起站則在Alinga St.與Northbourne Ave.交叉點。票價方面，TC巴士和輕軌是通用的，搭車一次的有效時間為90分鐘，其間可以自由上下車或轉乘。車票則是使用加值式的IC卡MyWay Card，對於需要長期停留的人當然需要辦一張卡，對於短期遊客來說，購買普通的紙張式車票就已足夠（1日券Daily Ticket很划算）。順帶一提，以MyWay Card搭乘巴士，車資會便宜40～50%。

漫遊坎培拉
OUTLINE OF CANBERRA

坎培拉的市區被伯利格里芬湖Lake Burley Griffin大致區分為南北兩大塊，北面是城市山City Hill，南面則是以首都山Capital Hill為中心點，放射狀向四周發展開來。首都山主要以國會大廈為中心，主要是政府機構與各國大使館的所在地，至於城市山這一區則是住宅、百貨公司、劇場等井然有序的建築，是坎培拉居民的生活區域。

喬利蒙特遊客中心為街道漫步的出發點

位在城市山旁的Northbourne Ave.轉角處，就是喬利蒙特遊客中心Jolimont Tourist Centre，由於這裡是長途巴士、觀光巴士的總站，因此也設有小型的諮詢櫃台（想要更詳細的資訊，必須前往在伯利格里芬湖邊雷加特觀景台的坎培拉遊客中心），不妨以這裡作為漫遊整座城市的出發點。市區裡最熱鬧的大街，莫過於成為行人徒步區的購物大道City Walk，兩旁是各式各樣的商店，即使只逛不買一樣充滿樂趣。

城市山、首都山的觀光景點都很集中，如果多待上幾天，就可以將行程延伸到周邊區域，特別是位於城市山以北的餐飲街Dickson，以及迷你世界的卡金頓格林小人國Cockington Green Garden和國家恐龍博物館所在地的岡加林觀光旅遊區Gungahlin Tourist Area，還有在城市山西側擁有大型購物中心的Belconnen，都是不容錯過的地區。

坎培拉的主要景點
SIGHTSEEING SPOTS

城市山周邊
City Hill

去看坎培拉最有名的噴泉 MAP P.317/2A・B

伯利格里芬湖及周邊
Lake Burley Griffin & Around

坎培拉是由美國名建築師伯利格里芬Walter Burley Griffin所設計的完全規劃城市，而透過這座以他為名的人工湖，畫分出行政與生活兩大區塊。在湖泊的四周有眾多景點，也會有觀光船行駛湖上。

●**庫克船長紀念噴泉 Captain Cook Memorial Water Jet**

為了紀念庫克船長登陸200週年而設立，位在伯利格里芬湖中可以噴發152m高的噴泉；而設在Commonwealth公園裡的雷加特觀景台Regatta Point，則是最佳的噴泉欣賞地點，這裡還有標示著庫克船長航海路線的地球模型雕塑。

■坎培拉的計程車

●Canberra Elite
☎(02)6120-1600
URL www.canberraelite.com.au
●ACTCabs
☎(02)6280-0077
URL www.actcabs.com.au

City Walk的咖啡館和餐廳總是人聲鼎沸

■宣告坎培拉春天降臨的活動 坎培拉花卉節 Floriade Spring Festival

每年9月中旬～10月中旬（2024年為9/14～10/13），在伯利格里芬湖畔的Commonwealth公園舉行花卉展，是澳洲規模最大的春季活動。整座公園在展覽期間開滿鬱金香、玫瑰等各色花卉，還有小型遊樂園等各種活動，非常熱鬧。
URL floriadeaustralia.com

■庫克船長紀念噴泉

MAP P.317/2A
URL www.nca.gov.au
時 噴泉開始時間：每日14:00～16:00

坎培拉聞名的庫克船長紀念噴泉

●國家首都展覽館 National Capital Exhibition

以模型、照片及各種視聽設備讓大家認識坎培拉的發展計畫，很容易讓人看得津津有味，在主要的展覽中還有語音導覽說明。

●Blundell's小屋 Blundell's Cottage

1858年由Robert Campbell幫僱用農夫William Ginn所蓋的一座小屋，3個房間裡都保留著當年拓荒時代的家具用品，處處殘留19世紀的餘韻。

●鐘塔 The National Carillon

突出在伯利格里芬湖畔的阿斯彭島Aspen Island上，有座由英國餽贈以紀念奠基坎培拉50週年的鐘塔，最大的鐘超過6公噸重，小型鐘也有7kg，共計53個鐘聯合敲奏出悠揚的樂聲。

展示著澳洲參戰的珍貴戰爭史料 MAP P.317/1B

澳洲戰爭紀念館
Australian War Memorial

展覽館以氣氛莊嚴肅穆的紀念大廳為主軸

從伯利格里芬湖北側湖畔通往澳洲戰爭紀念館的寬廣道路，就是紐澳軍團大道Anzac Pde.，每年的4月25日都會在這條大道上，舉辦紀念澳洲與紐西蘭軍團在一次大戰中並肩作戰的大遊行；在澳洲戰爭紀念館裡，則祭祀著從蘇丹戰爭到馬來西亞戰爭中犧牲的澳洲兵士英魂。一踏進正門入口就是紀念大廳Hall of Memory，在四周的展覽室裡有著各式各樣的展示品，從坦克車、飛機到澳洲大兵的日記、軍服等，也有不少在二次大戰時與日軍有關的展覽。

對復古音響機器有興趣的人 MAP P.317/1・2A

國立影片與聲音資料館
National Film & Sound Archive

保存著歷史久遠的收音機、唱片、電影、電視機、錄影機等和影音相關的物品史料，並公開給大眾參觀，其中又以有天線的收音機、留聲機等音響器材最值得一看。

欣賞澳洲各式各樣的文化遺產 MAP P.317/2A

澳洲國家博物館
National Museum of Australia

為了紀念澳洲聯邦政府成立100週年而建造的國家博物館，從澳洲的歷史遺跡到照片、原住民使用過的工具及藝術品，甚至是具有文化價值的物品、作品、文書等，收藏品範圍相當廣泛。可以深刻感受到澳洲的歷史、文化、動物、自然、氣候、交通、工業等，全都濃縮在博物館裡面。

■**國家首都展覽館**
MAP P.317/2A
電(02)6272-2902
URL www.nca.gov.au
開週一～五9:00～17:00，週六、日10:00～16:00 休耶誕節、節禮日
費免費

■**Blundell's小屋**
MAP P.317/2B
電(02)6272-2902
URL www.nca.gov.au
開週六10:00～14:00
休週日～五、新年、耶誕節
費免費

■**鐘塔** MAP P.317/2B
電(02)6272-2902
URL www.nca.gov.au
時演奏：週三、日12:30～13:20
※目前正在整修中

■**澳洲戰爭紀念館**
住Treloar Cres., Campbell, 2612 電(02)6243-4211
URL www.awm.gov.au
開每日10:00～17:00
休耶誕節
費捐獻$2～5／語音導覽1人$10

■**國立影片與聲音資料館**
住1 McCoy Circuit, Acton, 2601 電(02)6248-2000
FREE 1800-067-274
URL www.nfsa.gov.au
開每日10:00～16:00
休新年、耶誕節 費免費

■**澳洲國立大學**
MAP P.317/1A
廣達130公頃的校園內放置著噴泉、雕刻品，感覺像是座公園。而位於校園南側的澳洲科學院Academy of Science，圓頂建築就像是會出現在科幻電影裡的場景，也成為坎培拉最著名的風景之一。

■**澳洲國家博物館**
住Lawson Cr., Acton Peninsula, 2601
電(02)6608-5000
FREE 1800-026-132
URL www.nma.gov.au
開每日9:00～17:00
休耶誕節 費捐獻$5
●**如何前往**
搭乘TC巴士的Route 53很方便。

首都山周邊
Capital Hill

真實感受首都坎培拉 MAP P.317/3A

國會大廈與周邊
Parliament House & Around

巍然矗立在坎培拉中心的國會大廈

位於首都山中心的就是國會大廈，從來自世界28國、329件設計方案當中，由美國的Mitchell／Giurgola與澳洲的Richard Thorp脫穎而出，這棟格局相當四方平整的建築物，還以垂直聳立高達81m的國旗升旗桿成為最讓人印象深刻的特點。在國會正門口前面的草坪上，放置著澳洲原住民藝術家的馬賽克藝術品，內部包括前廳Foyer（門口大廳）、議會大廳、參議院、眾議院等區域開放參觀。順帶一提，澳洲國會議員的席次是眾議院148席，參議院則是76席。最後也別忘了一定要搭電梯到升旗桿正下方的屋頂陽台，立足在首都山的制高點，360度欣賞坎培拉的湖光山色與街道全景。

●澳洲民主主義博物館 Museum of Australian Democracy

順著國會大廈前的聯邦行人徒步區Federation Mall往下走，即可到達這座敘述澳洲邁向民主主義過程的博物館。在現今的國會大廈落成之前的1927～1988年，所有的國家大事都在這裡處理。10:45～14:45有推出1小時的館內導覽之旅。

●國家科技中心 Questacon

極受小朋友喜愛的自然科學館，可以在溜滑梯上體驗自由落體的重力原理，更可以親眼看到龍捲風、打雷閃電是怎麼形成的。

●澳洲國家美術館 National Gallery of Australia

以原住民創作藝術等澳洲藝術為主，並收藏國內外無數的知名藝術作品，在11個展覽室中推出常設展和不定期的特展。

●澳洲國家圖書館 National Library of Australia

以藏書總數約500萬冊之多而自豪的超大圖書館，特別是收藏如庫克船長日記等相關重要歷史文獻。

●皇家澳洲鑄幣廠 Royal Australia Mint

澳洲所有的錢幣，全都由這間鑄幣廠負責鑄造，透過30分鐘的免費導覽之旅，可以參觀硬幣的實際鑄造過程。

國會大廈內部的議事堂

充滿典雅氛圍的民主主義博物館

■國會大廈
住Parliament Drv.,Capital Hill, 2600 ☎(02)6277-5399
URL www.aph.gov.au
開每日 9:00～17:00
休耶誕節
●導覽行
推出館內展覽藝術、建築設計等各種主題的導覽之旅。1人$20
●如何前往
搭乘TC巴士的Route 58。

從屋頂陽台眺望的景致絕佳

■澳洲民主主義博物館
MAP P.317/3A
住18 King George Tce., 2600
☎(02)6270-8222
URL www.moadoph.gov.au
開每日9:00～16:00
休耶誕節
費免費

■國家科技中心 MAP P.317/2A
住King Edward Tce., 2600
☎(02)6270-2800
URL www.questacon.edu.au
開每日9:00～17:00
休耶誕節
費大人$24.50 小孩$18.90
家庭$73.40

■澳洲國家美術館
MAP P.317/2B
住Parkes Pl., Parkes, 2600
☎(02)6240-6411
URL nga.gov.au
開每日10:00～17:00
休耶誕節
費免費（特展須付費）

■澳洲國家圖書館
MAP P.317/2A
住Parkes Pl., Parkes, 2600
☎(02)6262-1111
URL www.nla.gov.au
開週一～四10:00～17:00，週五、六10:00～17:00，週日13:30～17:00 休節日

■皇家澳洲鑄幣廠
MAP P.317/3A外
住Denison St., Deakin, 2600
☎(02)6202-6999
URL www.ramint.gov.au
開週一～五8:30～17:00，週六、日及節日10:00～16:00／導覽之旅：開始時間依時期而異，需確認
休耶穌受難日、耶誕節
費免費

坎培拉周邊
Around Canberra

觀光設施聚集 MAP P.315

岡加林觀光旅遊區
Gungahlin Tourist Area

從城市山驅車往北約15分鐘就能來到岡加林觀光旅遊區，這裡聚集著以1/12比例打造的迷你世界卡金頓格林小人國Cockington Green Gardens、國家恐龍博物館National Dinosaur Museum，以及藝廊、陶藝館、餐廳、咖啡廳等設施。

能真實感受到規劃城市 MAP P.315

坎培拉的觀景點
Canberra's Lookouts

不論哪一個觀景點都沒有巴士能到，必須以租車、參加在地旅遊團或計程車的方式前往。

從安斯利山眺望的美景

●安斯利山 Mt. Ainslie

聳立於澳洲戰爭紀念館後方、海拔842m的安斯利山，可以欣賞到紐澳軍團大道到國會大廈間的筆直大道美景。開車的話從市區可以直達山頂，也可以從澳洲戰爭紀念館的後側山路，步行登上山頂。

●黑山 Black Mountain

位於澳洲國立大學西側的山，海拔812m，在山頂還有著195m高的澳洲電信塔Telstra Tower，不但能俯瞰坎培拉的街景，更有觀景台、旋轉餐廳、咖啡館及紀念品店。

從黑山山腳下一路延伸到澳洲國立大學之間，則是幅員廣闊的澳洲國家植物園Australian National Botanic Gardens，可以順著指標指示的散步路徑，在溫帶雨林與尤加利樹林中悠閒散步。

●紅山 Red Hill

在坎培拉南側的一座小山丘（722m），從首都山Capital Hill沿著Melbourne Ave.直走即可抵達，在山頂的觀景台設有商店和餐廳。

坎培拉的旅遊&活動
TOURS & ACTIVITIES IN CANBERRA

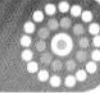

搭熱氣球從空中迎接規劃城市的黎明

Balloon Aloft Canberra
Balloon Aloft Canberra

來到坎培拉，一定要嘗試在空中欣賞這座規劃城市的全貌。由於氣候溫和非常適合熱氣球升空，也就成為最受遊客歡迎的旅遊方式；不過必須在黎明前摸黑出發，才能升空迎接坎培拉的璀璨日出。

■岡加林觀光旅遊區

●如何前往

搭乘輕軌到北邊的終點岡加林廣場，再轉乘TC巴士Route23、24，十分方便。

■卡金頓格林小人國

住11 Gold Creek Rd., Nicholls, 2913 ☎(02)6230-2273
URL cockingtongreen.com.au
開每日9:30～17:00（最後入園時間16:15）
休耶誕節、節禮日
費大人$23 小孩$14.40 家庭$67

■國家恐龍博物館

住6 Gold Creek Rd., Barton Hwy., Nicholls, 2913
☎(02)6230-2655
URL nationaldinosaurmuseum.com.au
開每日10:00～17:00
休耶誕節
費大人$20 小孩$12 家庭$55

■澳洲電信塔

住100 Black Mountain Drv., Acton, 2601
☎(02)6219-6120
URL www.telstratower.com.au
※目前因整修而歇業中

可以享受絕佳景色的澳洲電信塔

■Balloon Aloft

☎(02)6249-8660
URL balloonaloftcanberra.com.au
費週末：大人$380 小孩$280／平日:大人$330 小孩$240
※早餐加價大人$45 小孩$30
※小孩為6～12歲

坎培拉的住宿 ACCOMMODATION

區域號碼 (02)

經濟型

位於坎培拉市中心地帶 MAP P.317/1A
The Village Canberra

URL thevillagehostels.com.au/hostel/canberra
住 7 Akuna St., 2601
☎ 6248-9155 WiFi 免費
費 D $44～48.50、T W $94～109 CC MV

附近就是City Walk及市區巴士總站，購物、交通都非常便利。地下室還有SPA和三溫暖，屋頂也有BBQ設備；廚房空間也非常寬敞，方便使用，還有酒吧區。就連租借腳踏車的服務都有，十分貼心。

星級飯店

嶄新建築的豪華飯店 MAP P.317/2A
Ovolo Nishi

URL ovolohotels.com/ovolo/nishi
住 New Acton Precinct, 25 Edinburgh Ave., 2601
☎ 6287-6287 WiFi 免費 費 T W $297～671
CC ADJMV

外觀設計引人注目的飯店

以藝術的空間呈現而受到喜愛的飯店，位於坎培拉的Ovolo是以凹凸組合成的時尚建築，一走進飯店映入眼簾的是由各種大小不同木材所組成的大階梯，令人印象深刻。客房內部以現代藝術裝飾，家具用品別緻而時尚，給人舒服的感覺。

價格合理 MAP P.317/1A
Canberra Rex Hotel

URL www.canberrarexhotel.com.au
住 150 Northbourne Ave., Braddon, 2612
☎ 6248-5311 FAX 6248-8357 WiFi 免費
費 T W $147～238 CC ADJMV

從市中心沿著Northbourne Ave.往北走約10分鐘之處，客房充滿沉穩的氛圍，還有附按摩浴缸及個人專用三溫暖的房間。游泳池、健身房、餐廳、酒吧等設施應有盡有。

就在喬利蒙特遊客中心樓上 MAP P.317/1A
Novotel Canberra

URL novotelcanberra.com.au
住 65 Northbourne Ave., 2600
☎ 6245-5000 WiFi 付費 費 T W $229～269、1B $309 CC ADJMV

就位在市區的正中央

有著長途巴士總站與郵政總局G.P.O.等複合式大樓的4.5星級飯店，做什麼都很方便。內裝為明亮色調的客房，相當寬敞而舒適。附設有1家餐廳兼酒吧。

離澳洲戰爭紀念館很近卻非常安靜 MAP P.317/1B
Mercure Canberra

URL www.mercurecanberra.com.au
住 Cnr. Ainslie & Limestone Ave., Braddon, 2612
☎ 6243-0000
FAX 6243-0001 WiFi 付費
費 T W $186～266 CC ADJMV

位於市中心步行約10分鐘之處，由興建於1927年被國家信託組織National Trust指定建築而裝修的Heritage Wing（3.5星），以及新穎的現代化新館（4星）所組成。

離賭場不遠 MAP P.317/2A
Crowne Plaza Canberra

URL canberra.crowneplaza.com
住 1 Binara St., Civic Square, 2601
☎ 6274-5500 WiFi 免費
費 T W $260～370
CC ADJMV

緊鄰賭場的4.5星級飯店，客房明亮而寬敞。附設以提供現代澳洲料理而深獲好評的餐廳Redsalt Restaurant。

坎培拉首屈一指的豪華飯店 MAP P.317/2A
Hyatt Hotel Canberra - A Park Hyatt Hotel

URL www.hyatt.com
住 120 Commonwealth Ave., Yarralumula, 2600
☎ 6270-1234 WiFi 免費
費 T W $368～1268 CC ADJMV

坎培拉最好的5星級飯店，充滿典雅氣氛的入口令人印象深刻。飯店內的Promenade Cafe還可以品嚐到美味的自助餐。

極為寬敞的客房

充滿英國風情的城市 墨爾本與翠綠大地

維多利亞州

觀光重點

墨爾本第一的拍照景點──福林德斯街車站

POINT 1 搭路面電車巡遊墨爾本。由於有免費周遊市中心的路面電車，只要搭上車就能看遍全墨爾本，透過車窗來觀光幽雅的街道，也是非常有趣的旅遊方式。

享受亞拉河谷的酒莊巡禮之樂

POINT 2 在墨爾本近郊有許多自然景點，像是觀看小企鵝成群結隊返回沙灘的菲利普島企鵝遊行、搭上可愛的蒸汽火車穿梭於丹頓農山脈原始森林的普芬比利蒸汽火車、一望無際美麗葡萄園的葡萄酒產地亞拉河谷及摩林頓半島、遺留著開拓時代豪華宅邸的華勒比等，每一處都是可以當日來回的觀光景點。

POINT 3 享受大洋路的超震撼自然美景，可以從墨爾本出發並當天來回，不過因為景點實在太多，最好還是停留1～2個晚上。

基本資訊

面積	23萬7600km^2	州動物	利氏袋鼯 Leadbeater's Possum
人口	約664萬人	州花	澳石楠Pink Heath
首府	墨爾本Melbourne（人口約507萬人）	電話	區域號碼　03
時差	澳洲東部標準時間（比台灣快2小時） 由於採行夏令時間，通常從10月的最後一個週日到4月的第一個週日會將時間調快1個小時（等於是比台灣快3個小時）。		

主要節日（2024年）

2024年

1月　1日 新年New Year's Day
1月 26日 澳洲國慶日Australia Day
3月 11日 勞動節 Labour Day
3月 29日 耶穌受難日 Good Friday
3月 30日 復活節星期六 Easter Saturday
3月 31日 復活節星期日 Easter Sunday
4月　1日 復活節星期一 Easter Monday
4月 25日 澳紐軍團紀念日 Anzac Day
6月 10日 女王誕辰日 Queen's Birthday
9月 20日 AFL 總決賽星期五（未定） The Day before AFL Grand Final
11月　5日 墨爾本盃賽馬節 Melbourne Cup Day
12月 25日 耶誕節 Christmas Day
12月 26日 節禮日 Boxing Day

學校假期（2024年）

4/13～4/28、7/6～7/21、9/28～10/13、12/18～2025年2/2

維多利亞州主要觀光地的平均氣溫·降雨量

	1月	2月	3月	4月	5月	6月	7月	8月	9月	10月	11月	12月
墨爾本												
平均最高氣溫(℃)	26.4	26.6	24.1	20.3	16.6	13.7	13.1	14.5	16.7	19.3	22.0	24.5
平均最低氣溫(℃)	13.7	14.2	12.7	10.2	8.3	6.2	5.4	5.9	7.1	8.5	10.4	12.0
平均降雨量(mm)	40.1	43.6	37.2	43.7	39.5	39.9	35.1	45.7	46.9	54.0	62.6	48.4
菲利普島												
平均最高氣溫(℃)	23.7	23.8	22.3	19.8	16.8	14.4	13.7	14.5	16.1	17.9	19.9	21.7
平均最低氣溫(℃)	13.9	14.0	12.9	10.7	9.0	7.7	6.9	7.3	8.3	8.9	10.6	12.0
平均降雨量(mm)	33.6	34.0	49.5	63.6	69.3	81.3	76.5	80.9	69.8	68.4	61.5	49.2
華南埠(大洋路)												
平均最高氣溫(℃)	24.5	24.9	23.0	20.1	16.6	14.2	13.5	14.5	16.2	17.8	20.4	22.4
平均最低氣溫(℃)	11.7	12.4	10.7	8.8	7.4	5.9	5.6	5.9	6.8	7.2	9.0	10.1
平均降雨量(mm)	35.8	29.7	49.3	53.8	66.6	79.7	82.4	97.1	68.3	63.2	53.0	48.7
巴拉瑞特(採金地區)												
平均最高氣溫(℃)	25.1	25.1	22.2	17.7	13.6	10.8	10.1	11.4	13.9	16.6	19.6	22.6
平均最低氣溫(℃)	10.9	11.5	10.0	7.5	5.7	4.0	3.2	3.7	4.8	6.2	7.8	9.4
平均降雨量(mm)	39.4	44.3	42.4	51.3	64.1	63.0	66.4	74.6	71.3	66.7	56.1	50.3
伊楚卡												
平均最高氣溫(℃)	30.9	30.6	27.2	22.3	17.6	14.2	13.5	15.3	18.3	22.1	26.1	29.0
平均最低氣溫(℃)	15.1	15.2	12.9	9.4	6.6	4.7	3.8	4.7	6.3	8.6	11.2	13.4
平均降雨量(mm)	27.7	26.6	30.9	32.2	40.5	42.9	40.9	42.1	39.2	42.2	32.5	29.3

維多利亞州概要

原本居住在塔斯馬尼亞島上的殖民者，從捕鯨船員和探險者的口中聽聞，在北邊有更加「綠意無限、土壤肥沃」的廣大土地，於是在1835年大舉渡海來到亞拉河Yarra River河口處展開新生活。這樣的舉動觸怒了當時新南威爾斯的總督，認為是非法侵占土地，不過隨著殖民人數愈來愈多，終於在1851年承認這塊土地劃歸維多利亞州所有，以當時執政的英國維多利亞女王而命名。或許因為有這樣的淵源，維多利亞州至今仍是全澳洲最具有英國風情的土地。

澳洲首次舉辦世界博覽會的會場——皇家展覽館

維多利亞州的面積雖然是排名第2小，僅次於塔斯馬尼亞州，墨爾本卻在坎培拉完成前的1927年為止，一直都是澳洲聯邦政府的臨時首都；而且是1880年澳洲舉辦第一次世界博覽會及1956年南半球第一個舉辦奧運的城市。

維多利亞州 Victoria

0 100 200km

溫特沃斯 Wentworth
蒙哥湖國家公園 Lake Mungo NP P.404
P.403 米爾度拉 Mildura
新南威爾斯州 New South Wales
Ouyen
天鵝山 Swan Hill P.402
海湖 Sea Lake
坎培拉 P.316 CANBERRA
Shepparton - Mooroopna
維多利亞州 VICTORIA
Kerang
毛瑪 Moama
奧伯里 P.401 Albury
澳洲首都特區 Australian Capital Territory
Charlton
伊楚卡 Echuca P.402
巫東加 P.401 Wodonga
維多利亞阿爾卑斯山區 The Victorian Alps P.400
Horsham
班迪哥 Bendigo P.394
佛斯奎克 P.400 Falls Creek
霍爾斯山谷 Halls Gap
斯塔威 Stawell
馬爾登 Maldon P.393
曼斯菲德 Mansfield
賀膽山 Mt. Hotham P.400
戴樂斯佛 Daylesford P.392
P.397 格蘭屏國家公園 The Grampians NP
巴拉瑞特 Ballarat P.390
亞拉河谷 Yarra Valley P.362
布勒山 Mt. Buller P.400
墨爾本 MELBOURNE P.330
漢米爾頓 Hamilton
P.364 華勒比 Werribee
湖區入口 Lakes Entrance
丹頓農山脈 P.361 Dandenongs Ranges
波特蘭 Portland P.388
華南埠 P.387 Warrnambool
P.364 吉隆 Geelong
摩林頓半島 P.355 Mornington Peninsula
隆恩 P.383 Lorne
坎貝爾港 P.385 Port Campbell
P.384 阿波羅灣 Apollo Bay
P.358 菲利普島 Phillip Is.
Budj Bim文化景觀 Budj Bim Cultural Landscape
大洋路 P.382 Great Ocean Road
貝拉寧半島 P.365 Bellarine Peninsula
威爾遜岬國家公園 P.369 Wilsons Promontory NP
N

每年3～4月舉行的F1賽車澳洲大獎賽

除此之外，還有弗萊明頓賽馬場的墨爾本盃賽馬、網球界4大滿貫賽事的澳洲公開賽、據說發源於維多利亞州的澳式足球、世界性的賽車比賽F1澳洲大獎賽等，以及舉行這些賽事的場地，如墨爾本板球場等，都是足以代表澳洲且引以自豪的。

支撐維多利亞州經濟命脈的除了這些以墨爾本為中心的產業資本，還有墨累河灌溉出來的農牧區域，因此澳洲的大型企業都會以總公司設在墨爾本而自豪。至於曾經有蒸汽輪船、商船航行絡繹不絕的墨累河，不但是輸送內陸地區農作物的重要運輸通道，同時也是灌溉小麥田、牧草地的一大水源，為維多利亞州帶來了豐饒的經濟利益。於是致富者在墨爾本爭相打造奢華的宅邸和庭園，像是必訪觀光景點之一的科摩古宅，就擁有澳洲其他城市無法見到的奢華壯麗，而南亞拉、圖拉克一帶的住宅區，則是富裕的象徵。

這樣的維多利亞州，人口結構卻也很不同，目前每5人當中就有1人是來自海外的新移民。以墨爾本的希臘裔人口總數來看，是僅次於希臘本國的雅典、塞薩洛尼基Thessaloniki，為全世界第3多的城市；另外像是義大利裔、南斯拉夫裔也不在少數，墨爾本的中國城規模更是全澳洲最大，最近越南移民也日益增加。

科摩古宅是開拓時代富豪農夫的莊園

交通

與州外交通

飛機 墨爾本和雪梨同樣為澳洲工商業的主要都市，因此與其他各州首府或主要大城之間每天都有許多航班往來（前往墨爾本的交通→P.334）。

長途巴士 澳洲灰狗巴士有行駛墨爾本～坎培拉～雪梨的長途路線，不過路線沿途經過的維多利亞州主要觀光景點並不多，想要以中途下車去觀光的旅遊模式難以成行。通常必須先進入墨爾本，再到州內各地旅遊。

火車 一天內有白天與夜行共2班次的雪梨／墨爾本XPT號列車，行駛於雪梨～墨爾本；墨爾本～阿得雷德之間則是仰賴The Overland號列車往來。這些長途火車的總站，都是在墨爾本市中心西邊面對史賓賽街Spencer St.的南十字星車站Southern Cross Station。

州內交通

飛機 區域快線航空Regional Express（Rex）以墨爾本為起點，有飛往奧伯里Albury、米爾度拉Mildura的航班，不過因為維多利亞州本身的面積並不算太大，即使是搭巴士也大多在半天內就能到達，因此不太有機會搭飛機。

長途巴士&火車 想在維多利亞州內到處遊覽，最強而有力的幫手就是巴士和火車，目前維多利亞州境內的州鐵路V Line，已經將鐵路與巴士連結成緊密的交通網，在州內的路線可說是四通八達。主要路線有墨爾本～吉隆Geelong～華南埠Warrnambool、墨爾本～巴拉瑞特Ballarat～斯塔威Stawell～霍爾斯山谷Halls Gap、墨爾本～班迪哥Bendigo、班迪哥～天鵝山Swan Hill、班迪哥～伊楚卡Echuca、墨爾本～奧伯里、墨爾本～湖區入口Lakes Entrance。

V Line的巴士路線緊密連結州內城市

租車　正因為維多利亞州不大，因此只要離開了墨爾本市中心，就能抵達如大洋路Great Ocean Road、格蘭屏國家公園The Grampians NP一般風光明媚的自然景點，加上道路狀況良好，可說是最適合租車旅遊的州首府。

大洋路是世界知名的開車兜風路線

出遊規劃要訣

以墨爾本為起點的旅程

保留無數歷史建築的墨爾本

在具有歷史深度的墨爾本，不論是漫步街頭、參觀博物館或美術館，還是到公園散步都很有樂趣；除了免費的路面電車，也可以善用路面電車的1日券，盡情地暢遊這座城市。在漫步街頭途中如果累了，還能到時尚的Lane Cafe喝杯咖啡小歇片刻。此外墨爾本也是個以眾多移民街而出名的城市，有中國城、希臘街、義大利街、越南街等，在這些街道都能品嚐到非常道地的各國料理。

隱身於墨爾本中心區巷弄內，俗稱Lane Cafe

在菲利普島上的無尾熊保護中心可以近距離觀看無尾熊

墨爾本也規劃了許多可以當天來回的旅遊路線，像是菲利普島、丹頓農山脈、亞拉河谷、巴拉瑞特、大洋路等，像這樣參加在地旅遊團，充分體驗「城市魅力＋大自然」，可說是墨爾本的旅遊特色。

周遊維多利亞

如果想利用大眾交通工具暢遊維多利亞州恐怕有些困難，因為許多景點當地的交通不便，最好還是租車出遊較為妥當。另外聚集大洋路、格蘭屏國家公園這些風景怡人觀光景點的墨爾本～阿得雷德，有多家旅行社推出觀光巴士之旅；由於是以背包客的旅遊模式，因此價格相當划算，覺得租車太貴的人，不妨選擇這樣的旅遊方式。

Autopia Tours

(08)6244-2065

www.autopiatours.com.au

維多利亞州交通圖

巴士
火車
飛機
內數字為所需時間：單位為小時
米爾度拉Mildura
天鵝山Swan Hill
伊楚卡Echuca
奧伯里Albury
斯塔威 Stawell
班迪哥Bendigo
格蘭屏國家公園 The Grampians NP
亞拉河谷 Yarra Valley
維多利亞阿爾卑斯山區 The Victorian Alps
巴拉瑞特Ballarat
丹頓農山脈 Dandenongs Ranges
漢米爾頓 Hamilton
墨爾本 Melbourne
菲利普島 Phillip Island
大洋路 Great Ocean Road
威爾遜岬國家公園 Wilsons Promontory NP

澳洲著名的絕景地點──大洋路

全世界的網球迷齊聚一堂
澳洲網球公開賽
australian open

每年1月中旬～下旬的2週時間在墨爾本舉行的澳洲網球公開賽，是國際網球聯合會（ATP／WTA巡迴賽）的最高潮——世界四大公開賽（大滿貫Grand Slam）之一，每年會有來自全世界近70萬遊客前來觀戰的大型賽事。這場擁有超過100年歷史的比賽，因為盧彥勳、謝淑薇、詹詠然等職業選手活躍國際網壇，而受到台灣民眾的關注，也是世界頂尖職業球員幾乎不會缺席的重要賽事。就來現場欣賞知名網球好手的球技，在充滿國際色彩的球場裡大聲吶喊加油吧！

羅德·拉沃爾球場是世界知名的開闔式屋頂球場

成為澳洲公開賽會場的墨爾本公園

澳洲網球公開賽是在盛夏的墨爾本舉行，從市中心的聯邦廣場到墨爾本公園之間的道路兩旁，充滿慶典氣氛地設置著許多的表演活動會場、美食區、公眾觀賞區等設施。

會場以作為中央球場的羅德·拉沃爾球場Rod Laver Arena（可容納1萬5000人）、隔壁的瑪格麗特·考特球場Margaret Court Arena（可容納7500人），以及距離較遠的約翰·凱因球場John Cain Arena（舊名為墨爾本球場，可容納9600人）3個附有開闔式屋頂的球場為主，還有2座四周被觀眾席包圍的戶外四面球場（Show Court 2&3）、20座只有小觀眾席的戶外球場（部分也提供選手練習之用）。而且，還設有許多活動舞台、公眾觀賞區、美食攤位、主辦大會官方商店等，即使在會場內待上一整天也不會無聊。

購買Ground Pass可以觀看的Show Court 2，有許多種子選手的比賽也會排在這裡

此外，在澳洲公開賽舉行期間，從墨爾本市中心的福林德斯街～比賽會場，會有免費的路面電車（Route70a）往返其間，而沿著亞拉河散步前往則大概需要10～15分鐘。

賽場內的注意事項

首先是禁止帶入賽場內的物品，電腦、錄影機、超過200mm的長鏡頭、單腳及三腳架、酒精及玻璃瓶飲料。至於使用手機與200mm以下的鏡頭拍照、錄影，則不受限制；酒類則是要在球場內購買由大會贊助商供應的品牌商品。

只有在比賽開始前及交換場地休息時才能進出比賽球場，上廁所或購買飲料、食物等中途離開座位的狀況，由於非對號座位的球場會在區域入口發放證明30分鐘內回座的卡片，記得索取；在球場接近滿場時，如果沒有卡片就必須排隊重新入場了。

大會賽程與門票

由於是長達2週的大型賽事，參賽選手為男女單打各128人，而且還有雙打賽程，對戰組合會在比賽開始3～4天前公布，賽程表的前半部（Top Half）是1～4輪賽事各組的第一天，後半部（Bottom Half）則大多是第二天的賽事。日間賽事是從11:00開始，每個球場最多進行3場比賽；夜間賽事則是從19:00或

球場門口的紀念照拍攝點

會場內的多處都設有賽事直播螢幕

會場內就像慶典般熱鬧

19:30開始進行2場比賽。

門票方面，分為可以看約翰·凱因球場和所有戶外球場比賽1整天的Ground Pass，以及羅德·拉沃爾球場與瑪格麗特·考特球場的各場比賽對號座位（日間賽、夜間賽或黃昏賽）。而進入第2週時，戶外球場的比賽大部分都是青少年賽事。

何時可以開始買票？

澳洲公開賽的門票從前一年的10月在澳洲的售票系統Ticketmaster開始販賣，若是死忠的球迷當然是越早下手越好，半準決賽～決賽的門票大概在澳網開始之前就賣完了。

但是，例如「想為謝淑薇、詹詠然加油！」或是「想看納達爾、喬科維奇打球！」等觀看特定選手的比賽，購買門票的時間就很難確定了，因為對戰選手、舉行比賽的球場通常都要到前一天傍晚才會知道。大部分的情況是，第1、2種子選手的比賽會在羅德·拉沃爾球場，第3～8種子選手的比賽會在3大球場的其中之一，至於9～32種子選手的比賽則在瑪格麗特·考特球場或約翰·凱因球場進行。1～4輪賽事的門票包含每個球場，經常在開賽幾天前就賣完了。所以在4輪賽事結束之後，比賽前一天傍晚，當你想看的選手比賽日期和場地發表後馬上訂票，也是一種方法；當然如果當天還有空位的話可以現場買票，也能將Ground Pass升級。但是，也有前一天、當天就賣完的風險。買票可以透過網路，或是利用聯邦廣場、墨爾本公園內的售票機。

在戶外球場可以近距離觀賽

大坂直美獲得過澳洲公開賽冠軍（2019年）

澳洲網球公開賽　票價範例

Ticketmaster URL www.ticketmaster.com.au

羅德·拉沃爾球場（中央球場）

		Super Low	Lower	Middle	Upper
第1輪賽事（第1週週一、二）	日／夜各	$220～315	$160～175	$105～125	$59～70
第2輪賽事（第1週週三、四）	日／夜各	$230～325	$170～190	$117～135	$65～77
第3輪第1天（第1週週五）	日／夜各	$265～373	$205～220	$150～199	$86～104
第3輪第2天（第1週週六）	日／夜各	$330～380	$290～295	$210～215	$100～110
第4輪第1天（第1週週日）	日／夜各	$330～380	$290～295	$210～215	$100～110
第4輪第2天（第2週週一）	日／夜各	$330～430	$255～295	$160～195	$100～110
半準決賽（第2週週二、三）	日／夜各	$420～450	$260～330	$260～270	$94～190
準決賽第1天（第2週週四）	日／夜各	$450～480	$330～400	$200～270	$94～190
準決賽第2天（第2週週五）	黃昏	$630～650	$440～550	$300～360	$210～220
決賽第1天（第2週週六）	黃昏	$630～650	$440～550	$300～360	$210～220
決賽第2天（第2週週日）	黃昏	$900～	$750～	$560～605	$325～335

瑪格麗特·考特球場

		Super Low	Lower	Upper
第1、2輪賽事（第1週週一～四）	日／夜各	$90～142	$85～122	$59～62
第3輪賽事（第1週週五～六）	日／夜各	$138	$133	$86
第4輪第1天（第1週週日）	日	$138	$133	$86
第4輪第2天（第2週週一）	日	$138	$133	$86

錦織圭曾打進澳洲公開賽8強

Ground Pass	
第1週週一～五	$49
第1週週六～日	$59
第2週週一～三	$29
第2週週四～日	$29

※2022年1月舉行的澳洲網球公開賽的票價範例
※若在大會舉行期間買票，各主要球場對號座加價$10、Ground Pass加價$5
※也有販售數日通用的套票Multi-Session Tickets
※羅德·拉沃爾球場與瑪格麗特·考特球場都有販賣兒童票

墨爾本 Melbourne

路面電車從具有歷史的市政廳前通過

墨爾本是擁有507萬人口的澳洲第2大城市，在坎培拉完成之前曾經是澳洲的首都。在宛如棋盤格子狀的市中心，到處林立著維多利亞時代的氣派建築，走在街道上的紳士、淑女無不盛裝打扮，還能不時看到穿著名門貴族學校制服的小學生。在這般貴族氣息濃厚的墨爾本，最親民的大概就是路面電車（市區電車）了，鈴鈴作響地在市區街道間穿梭往來，可說是墨爾本最具代表性的景象。

這裡也以吸引來自世界各地移民的多元族群城市而聞名，因此墨爾本的飲食文化也可說是澳洲最豐富多樣的，使用新鮮食材做成的時尚澳洲料理、英國菜、法國菜，還有不輸給本國正宗口味的義大利菜、希臘菜、中華料理等世界美食，對於美食家來說，墨爾本絕對是無可比擬的美食天堂。

最熱鬧的史旺斯頓街Swanston St.在跨過亞拉河之前，會先遇上福林德斯街火車站Flinders Street Station和聯邦廣場Federation Square；氣勢非凡且充滿著英國風格的福林德斯街火車站，以及作為新墨爾本象徵、現代化建築的聯邦廣場，同時並列在河畔的景象，正象徵著現今墨爾本的城市風貌。

接納外來移民、豐富飲食文化、復古的路面電車、新舊融合的建築物……細心維護著古老傳統的同時，也一邊接受外來的新事物，進而創造發展出自己的文化。一面感受這樣擁有自我風格的墨爾本，並享受走在街上的樂趣。

以塗鴉街而聞名的霍爾西巷
Hosier Lane

實用資訊

■墨爾本遊客中心
Melbourne Visitor Centre (Melbourne Visitor HUB)　MAP P.341/2C
住 90-130 Swanston St. (Cnr. Lit. Collins St.), 3000
☎ (03)9658-9658
URL www.visitmelbourne.com
開 每日9:00～17:00

■駐墨爾本台北經濟文化辦事處
Taipei Economic and Cultural Office, Melbourne, Australia
MAP P.341/2D
住 Level 46, 80 Collins Street, Melbourne, VIC.3000 Australia
☎ (03) 9650-8611
FAX (03) 9650-8711
URL www.roc-taiwan.org/aumel
開 週一～五9:00～15:30（領務申辦時間）

主要航空公司聯絡電話

澳洲航空Qantas Airways
☎ 13-13-13
中華航空China Airlines
☎ (03) 9907-0910（墨爾本）、1300-668-052
日本航空Japan Airlines
FREE 1800-531-870
捷星航空Jetstar
☎ 13-15-38
維珍澳洲航空Virgin Australia
☎ 13-67-89
區域快線航空
Regional Express(REX)
☎ 13-17-13
新加坡航空Singapore Airlines
☎ 13-10-11
國泰航空Cathay Pacific Airways
☎ 1800-314-541
馬來西亞航空Malaysia Airlines
☎ 13-26-27

墨爾本區域圖 Around Melbourne

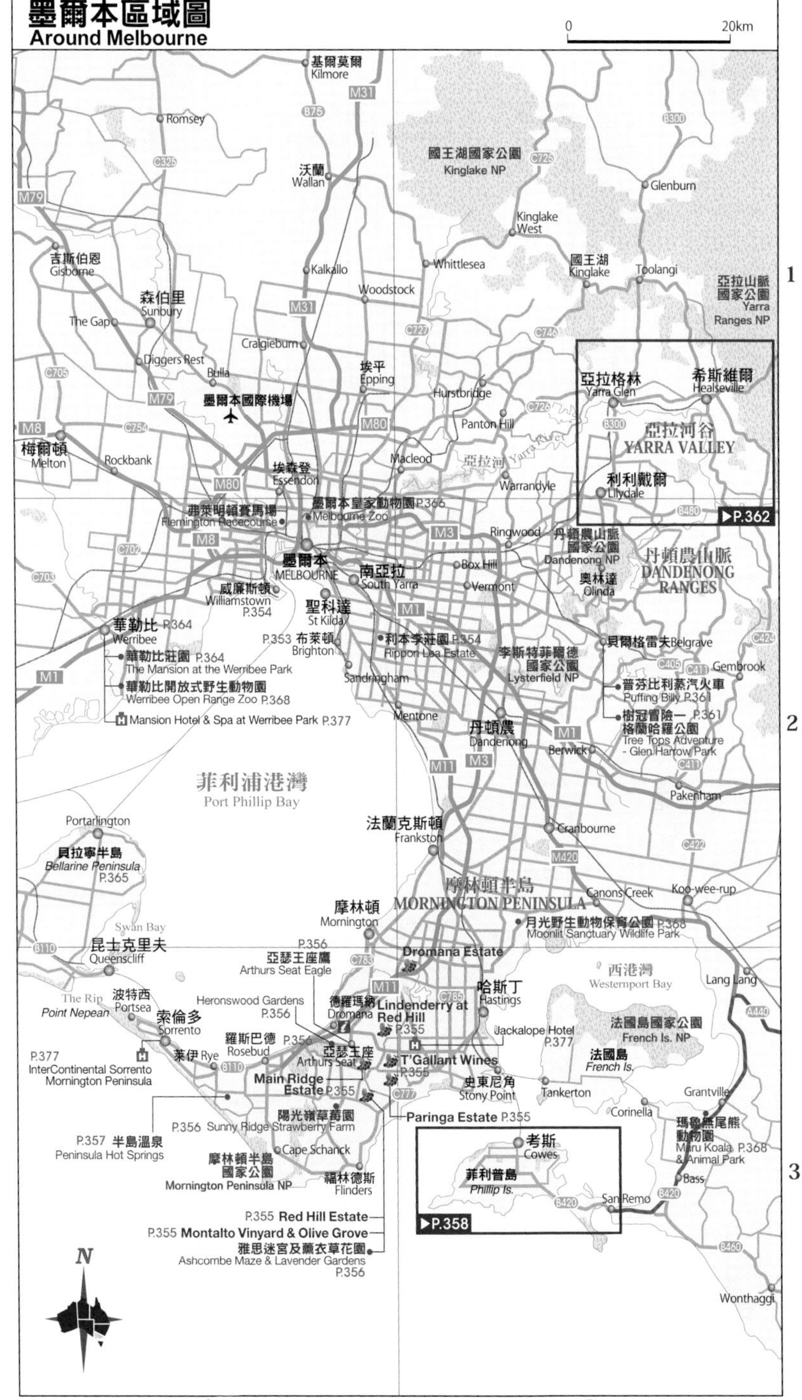

0 20km
基爾莫爾 Kilmore
Romsey
沃蘭 Wallan
國王湖國家公園 Kinglake NP
Glenburn
Kinglake West
吉斯伯恩 Gisborne
Kalkallo
Whittlesea
國王湖 Kinglake
Toolangi
亞拉山脈國家公園 Yarra Ranges NP
森伯里 Sunbury
Woodstock
The Gap
Craigieburn
Diggers Rest
Bulla
埃平 Epping
墨爾本國際機場
Hurstbridge
亞拉格林 Yarra Glen
希斯維爾 Healseville
亞拉河谷 YARRA VALLEY
梅爾頓 Melton
Rockbank
Panton Hill
Macleod
埃森登 Essendon
亞拉河 Yarra River
Warrandyle
利利戴爾 Lilydale
墨爾本皇家動物園 P.366 Melbourne Zoo
弗萊明頓賽馬場 Flemington Racecourse
▶P.362
Ringwood
丹頓農山脈國家公園 Dandenong NP
墨爾本 MELBOURNE
南亞拉 South Yarra
Box Hill
丹頓農山脈 DANDENONG RANGES
Vermont
威廉斯頓 Williamstown P.354
奧林達 Olinda
聖科達 St Kilda
華勒比 P.364 Werribee
P.353 布萊頓 Brighton
利本李莊園 P.354 Rippon Lea Estate
李斯特菲爾德國家公園 Lysterfield NP
貝爾格雷夫 Belgrave
華勒比莊園 P.364 The Mansion at the Werribee Park
Gembrook
普芬比利蒸汽火車 Puffing Billy P.361
華勒比開放式野生動物園 Werribee Open Range Zoo P.368
Sandringham
樹冠冒險－格蘭哈羅公園 P.361 Tree Tops Adventure - Glen Harrow Park
Mansion Hotel & Spa at Werribee Park P.377
Mentone
丹頓農 Dandenong
Berwick
菲利浦港灣 Port Phillip Bay
Pakenham
Portarlington
法蘭克斯頓 Frankston
Cranbourne
貝拉寧半島 Bellarine Peninsula P.365
摩林頓半島 MORNINGTON PENINSULA
Canons Creek
Koo-wee-rup
摩林頓 Mornington
月光野生動物保育公園 P.368 Moonlit Sanctuary Wildlife Park
Swan Bay
昆士克里夫 Queenscliff
P.356 亞瑟王座鷹 Arthurs Seat Eagle
Dromana Estate
西港灣 Westernport Bay
Lang Lang
The Rip
波特西 Portsea
Point Nepean
Heronswood Gardens P.356
德羅瑪納 Dromana
Lindenderry at Red Hill P.355
哈斯丁 Hastings
索倫多 Sorrento
羅斯巴德 Rosebud
P.356 亞瑟王座 Arthurs Seat
Jackalope Hotel P.377
法國島國家公園 French Is. NP
P.377 InterContinental Sorrento Mornington Peninsula
萊伊 Rye
法國島 French Is.
T'Gallant Wines P.355
Main Ridge Estate P.355
史東尼角 Stony Point
Tankerton
Grantville
Corinella
Paringa Estate P.355
陽光嶺草莓園 P.356 Sunny Ridge Strawberry Farm
瑪魯無尾熊動物園 Maru Koala & Animal Park P.368
P.357 半島溫泉 Peninsula Hot Springs
考斯 Cowes
Cape Schanck
菲利普島 Phillip Is.
摩林頓半島國家公園 Mornington Peninsula NP
福林德斯 Flinders
Bass
San Remo
▶P.358
P.355 Red Hill Estate
P.355 Montalto Vinyard & Olive Grove
雅思迷宮及薰衣草花園 Ashcombe Maze & Lavender Gardens P.356
Wonthaggi
N
1
2
3
A
B

墨爾本
Melbourne

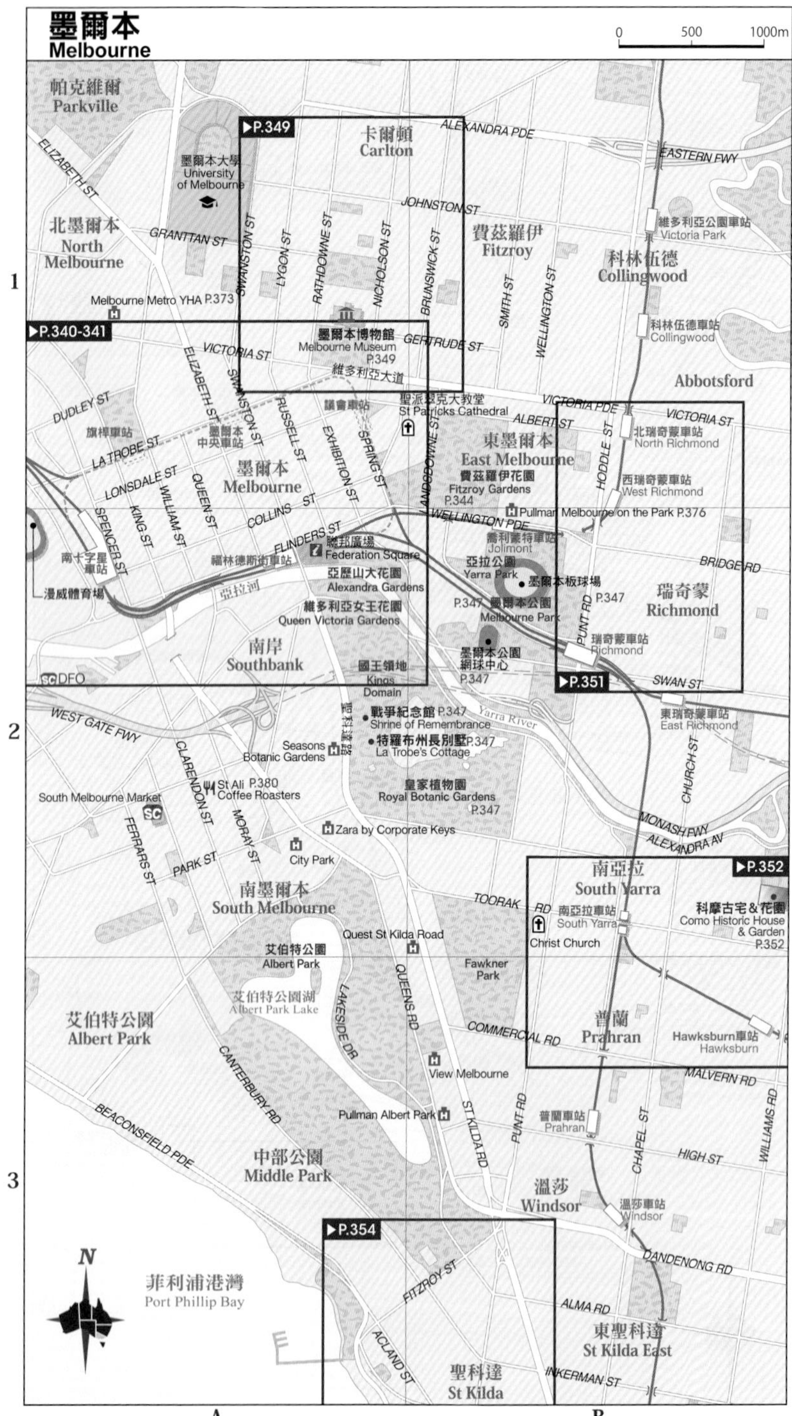

帕克維爾
Parkville
卡爾頓
Carlton
墨爾本大學
University of Melbourne
北墨爾本
North Melbourne
費茲羅伊
Fitzroy
科林伍德
Collingwood
維多利亞公園車站
Victoria Park
科林伍德車站
Collingwood
Abbotsford
Melbourne Metro YHA P.373
墨爾本博物館
Melbourne Museum
P.349
維多利亞大道
聖派翠克大教堂
St Patricks Cathedral
東墨爾本
East Melbourne
費茲羅伊花園
Fitzroy Gardens
P.344
Pullman Melbourne on the Park P.376
北瑞奇蒙車站
North Richmond
西瑞奇蒙車站
West Richmond
旗桿車站
墨爾本中央車站
議會車站
墨爾本
Melbourne
喬利蒙特車站
Jolimont
聯邦廣場
Federation Square
福林德斯街車站
南十字星車站
漫威體育場
亞歷山大花園
Alexandra Gardens
維多利亞女王花園
Queen Victoria Gardens
亞拉河
亞拉公園
Yarra Park
墨爾本板球場
墨爾本公園
Melbourne Park
P.347
瑞奇蒙
Richmond
瑞奇蒙車站
Richmond
墨爾本公園網球中心
P.347
南岸
Southbank
DFO
國王領地
Kings Domain
戰爭紀念館 P.347
Shrine of Remembrance
特羅布州長別墅 P.347
La Trobe's Cottage
Yarra River
東瑞奇蒙車站
East Richmond
Seasons Botanic Gardens
聖科達路
St Ali P.380 Coffee Roasters
South Melbourne Market
皇家植物園
Royal Botanic Gardens
P.347
Zara by Corporate Keys
City Park
南墨爾本
South Melbourne
南亞拉
South Yarra
南亞拉車站
South Yarra
Christ Church
科摩古宅＆花園
Como Historic House & Garden
P.352
Quest St Kilda Road
艾伯特公園
Albert Park
Fawkner Park
艾伯特公園湖
Albert Park Lake
艾伯特公園
Albert Park
普蘭
Prahran
Hawksburn車站
Hawksburn
View Melbourne
Pullman Albert Park
普蘭車站
Prahran
中部公園
Middle Park
溫莎
Windsor
溫莎車站
Windsor
菲利浦港灣
Port Phillip Bay
東聖科達
St Kilda East
聖科達
St Kilda
▶P.349
▶P.340-341
▶P.351
▶P.352
▶P.354
ALEXANDRA PDE
EASTERN FWY
ELIZABETH ST
JOHNSTON ST
GRANTTAN ST
SWANSTON ST
LYGON ST
RATHDOWNE ST
NICHOLSON ST
BRUNSWICK ST
SMITH ST
WELLINGTON ST
GERTRUDE ST
VICTORIA ST
VICTORIA PDE
ALBERT ST
HODDLE ST
DUDLEY ST
LA TROBE ST
LONSDALE ST
WILLIAM ST
QUEEN ST
KING ST
SPENCER ST
COLLINS ST
FLINDERS ST
RUSSELL ST
EXHIBITION ST
SPRING ST
LANSDOWNE ST
WELLINGTON PDE
BRIDGE RD
PUNT RD
SWAN ST
WEST GATE FWY
CLARENDON ST
CHURCH ST
MONASH FWY
ALEXANDRA AV
FERRARS ST
MORAY ST
PARK ST
TOORAK RD
QUEENS RD
LAKESIDE DR
COMMERCIAL RD
CANTERBURY RD
MALVERN RD
ST KILDA RD
BEACONSFIELD PDE
CHAPEL ST
HIGH ST
WILLIAMS RD
DANDENONG RD
FITZROY ST
ALMA RD
ACLAND ST
INKERMAN ST
0 500 1000m
N
1
2
3
A
B

來到墨爾本 必看！必玩！

全澳洲最保有歐洲風韻的城市墨爾本，
光是漫步街頭，就讓人忍不住心情雀躍起來，
而且郊區還藏有數之不盡的美酒佳釀，
只要稍微踏出市區範圍，
就享受最道地的澳洲大自然。

路面電車遊城

搭乘往來穿梭在墨爾本市區的路面電車，是抵達這座城市後的首要任務，由於市中心範圍並不算大，只要善加利用路面電車，就可以暢行無阻地遊遍市區各個觀光景點。

也有繞行市中心一圈的免費路面電車

搖搖擺擺的可愛企鵝大軍

企鵝遊行

距離墨爾本車程約1小時30分的菲利普島Phillip Island，以黃昏時分會出現可愛小企鵝排隊走上沙灘而出名。這個企鵝遊行也是遊客來到墨爾本絕對不能錯過的活動。

大洋路

想一睹具有澳洲壯闊海洋絕景的最佳地點就在大洋路，雖然可以當日來回＆駕車兜風，不過若是時間允許，非常值得停留一晚深入體驗。

經典美景的十二使徒岩

暢遊酒莊

墨爾本周圍盡是遼闊的葡萄園

近郊地區的亞拉河谷Yarra Valley及摩林頓半島Mornington Peninsula，都是澳洲首屈一指的葡萄酒鄉，參加在地之旅或以租車方式周遊酒莊，都能鑑賞出最符合個人喜好的美酒。

墨爾本國際機場的
T1澳洲航空航廈

交通
ACCESS

如何前往

台灣出發

從台灣有中華航空、澳洲航空的直飛班機前往墨爾本，每週5班，也可以利用亞洲國家航空公司的航班經由轉機前往。

澳洲國內各地出發

澳洲航空、捷星航空、維珍澳洲航空、區域快線航空從澳洲主要城市都有航班抵達墨爾本。

從雪梨出發的澳洲灰狗巴士GreyHound Australia、來自維多利亞州內各地的V Line等中長途巴士，以及來自別州的長途列車，都會抵達面對史賓賽街Spencer St.的巨大南十字星車站Southern Cross Station。1樓是火車站，地下樓層則是長途巴士總站Coach Terminal。

機場 ⟷ 市區

墨爾本國際機場Melbourne International Airport（因為所在地點也被稱為Tullamarine Airport）（代號MEL），位在墨爾本市區西北邊約25km之處，機場建築的中央是國際線航廈（T2），左右兩側則是國內線航廈（澳洲航空T1、維珍澳洲航空T3、捷星航空&區域快線航空T4）。由於國際線與國內線都在同一棟建築內，辦理轉機的通關手續順暢又方便，而且都是1樓為入境大廳，2樓則是出境大廳。

●接駁巴士

從機場進入墨爾本市區，一般都是搭乘Skybus，航廈前面就有巴士站牌。抵達市區內南十字星車站地下的長途巴士總站Coach Terminal約30分鐘。

行駛於墨爾本國際機場、愛華隆機場與市中心之間的Skybus

●計程車&Uber

從機場到墨爾本市區約$60～70（到市中心約30分鐘），Uber（→P.649）則為$50～60。

●愛華隆機場交通

捷星航空的部分航班會在墨爾本西南方55km的愛華隆機場Avalon Airport（代號AVV）起降。可以搭乘Skybus的接駁巴士前往墨爾本市區的南十字星車站，約50分鐘。

轉運中心 ⟷ 市區

作為中長途巴士、來自別州的長途列車總站的轉運中心Transit Centre，和機場接駁巴士站同樣都在南十字星車站，地下

■墨爾本國際機場
URL melbourneairport.com.au

■Skybus
☎1300-759-287
URL www.skybus.com.au
●墨爾本國際機場線
時 市區&南十字星車站：4:00～24:00每隔15分鐘發車
費 單程：大人$19.75 小孩$4／來回：大人$32 小孩$6
●愛華隆機場線
時 愛華隆機場出發9:05～23:55、南十字星車站出發4:00～13:55，配合航班時間發車
費 單程：大人$24（同行小孩最多4人免費） 家庭$48／來回：大人$48（同行小孩最多4人免費） 家庭$96

■租車者請注意City Link區域
墨爾本的公路有稱為City Link的收費區段，例如租車從機場往市區行駛，上高速公路就會經過City Link（和台灣的ETC一樣，為自動扣款系統），之後租車公司會向信用卡發卡銀行請款。

■愛華隆機場
URL www.avalonairport.com.au

充滿悠閒氣氛的愛華隆機場

樓層則是長途巴士總站。而在正前方的史賓賽街還有路面電車停靠站。

市區交通
LOCAL TRANSPORT

墨爾本與周邊地區的交通，都是由Public Transport Victoria（通稱PTV）負責營運，車票則是加值式的悠遊卡myki，舉凡墨爾本的巴士、路面電車、火車，以及維多利亞州內主要城市的巴士、連結各城市的V Line等，幾乎所有的大眾交通工具都可以使用。

在墨爾本遊覽時不可或缺的悠遊卡myki

因為沒有myki就無法搭乘大眾交通工具，即使只是短時間停留的遊客也一定要買一張卡；在南十字星車站、福林德斯街車站等主要車站，還有7-11等便利商店等地都可以買到（發卡手續費$6）。在南十字星車站還有販售針對觀光客發行的套票Myki Explorer，其中包含myki（已加值大人$10 小孩$5）、放myki的卡套、路面電車與火車的路線圖、主要設施的優惠券，非常建議遊客購買後就開始使用。在各車站、路面電車站或上網（需要使用信用卡）都可以加值（Top-Up）。

●墨爾本的市區交通收費採區域制

市區交通的收費為區域制，市區及周邊為Zone 1，墨爾本郊外則是Zone 2；路面電車的市中心區為Free Tram Zone（P.336路面電車路線圖的綠色區域），可免費搭乘此範圍內的路面電車。至於費用會依照移動區域的組合分為2種模式，分別是2小時票價2Hour Fare、1日票價Daily Fare、1週券Weekly Pass（請見邊欄），還有適合停留超過28日以上遊客的1日券Daily Pass（每日車資×28～365日的設定機制／請見邊欄）。由於乘車時會以最低車資來扣款，只要myki內的餘額不低於1日費率，就不需要特別在意車資價差。

上下巴士或路面電車時，將卡片輕觸車內的myki驗票機就會直接扣除車資，至於搭乘火車，則是在通過驗票口時將卡片碰觸感應區即可。

路面電車內設有多台myki驗票機

區域分區圖及行駛於市中心的路面電車、巴士、火車的路

墨爾本大眾交通工具車資表	區域	myki車資類別 2022年8月					
		2小時票價		1日票價		1週券	
		大人	小孩	大人	小孩	大人	小孩
	1+2	$4.60	$2.30	$9.20	$4.60	$46.00	$23.00
	2	$3.10	$1.55	$6.20	$3.10	$31.00	$15.50

南十字星車站是長途列車與長途巴士的總站

■租車公司
●Hertz
☎13-30-39
●AVIS
☎13-63-33
●Budget
☎1300-362-848
●Thrifty
☎1300-367-227
●Europcar
☎1300-131-390

■Public Transport Victoria
☎1800-800-007
URL www.ptv.vic.gov.au
●Myki Explorer
費 大人$16 小孩$8
※在墨爾本國際機場、南十字星車站、聯邦廣場的墨爾本遊客中心都有販售

■myki只要加值使用的金額就好
由於申請退還餘額的手續十分麻煩，所以切記只要加值會使用完的金額。萬一遇到非得退還餘額不可的狀況，就將不再使用的myki以郵寄方式給PTV。

■週末的票價更優惠
在墨爾本地區，週六、日、節日都享有最低折扣車資，Zone 1+2無限次數搭乘大人$6.70 小孩$3.35。

■關於1週券、1日券
在加值時必須設定為myki pass，否則無法使用

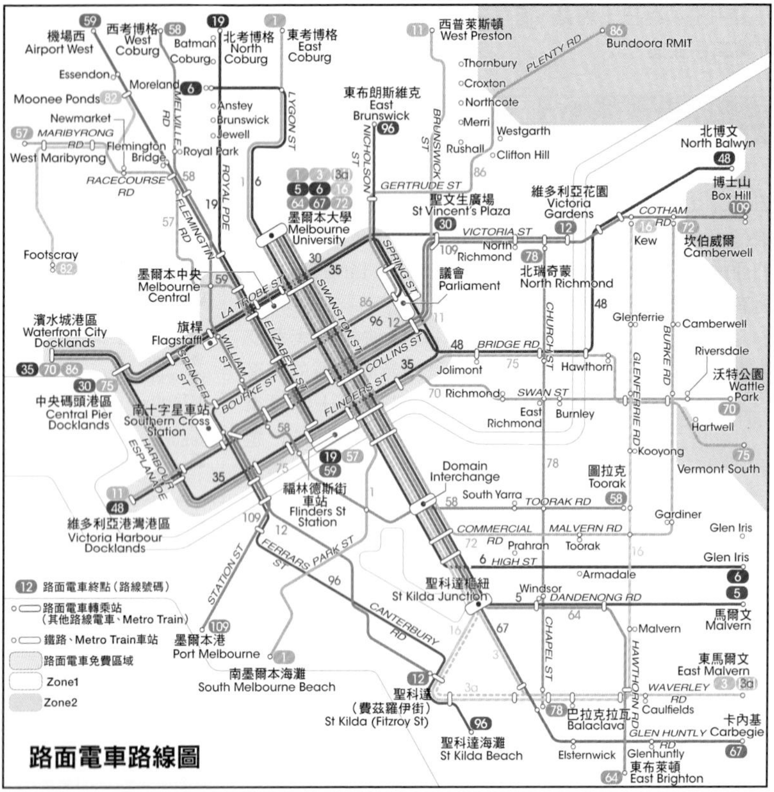

路面電車路線圖
機場西 Airport West
西考博格 West Coburg
Batman
Coburg
北考博格 North Coburg
東考博格 East Coburg
Essendon
Moreland
Moonee Ponds
Anstey
Brunswick
Jewell
Royal Park
Newmarket
MARIBYRONG RD
West Maribyrong
Flemington Bridge
RACECOURSE RD
MELVILLE RD
ROYAL PDE
LYGON ST
FLEMINGTON RD
Footscray
西普萊斯頓 West Preston
Bundoora RMIT
PLENTY RD
Thornbury
Croxton
Northcote
Merri
Westgarth
Rushall
Clifton Hill
東布朗斯維克 East Brunswick
NICHOLSON ST
BRUNSWICK ST
GERTRUDE ST
聖文生廣場 St Vincent's Plaza
墨爾本大學 Melbourne University
北博文 North Balwyn
博士山 Box Hill
COTHAM RD
維多利亞花園 Victoria Gardens
VICTORIA ST
North Richmond
北瑞奇蒙 North Richmond
Kew
坎伯威爾 Camberwell
議會 Parliament
SPRING ST
墨爾本中央 Melbourne Central
LA TROBE ST
SWANSTON ST
ELIZABETH ST
WILLIAM ST
COLLINS ST
BOURKE ST
FLINDERS ST
SPENCER ST
濱水城港區 Waterfront City Docklands
旗桿 Flagstaff
中央碼頭港區 Central Pier Docklands
南十字星車站 Southern Cross Station
HARBOUR ESPLANADE
BRIDGE RD
Jolimont
Hawthorn
Glenferrie
Camberwell
Riversdale
沃特公園 Wattle Park
Richmond
SWAN ST
East Richmond
Burnley
Hartwell
CHURCH ST
GLENFERRIE RD
BURKE RD
Kooyong
Vermont South
Domain Interchange
South Yarra
福林德斯街車站 Flinders St Station
圖拉克 Toorak
TOORAK RD
Gardiner
Glen Iris
維多利亞港灣港區 Victoria Harbour Docklands
COMMERCIAL RD
MALVERN RD
Prahran
Toorak
HIGH ST
Glen Iris
FERRARS ST
PARK ST
STATION ST
Armadale
聖科達樞紐 St Kilda Junction
Windsor
DANDENONG RD
CANTERBURY RD
墨爾本港 Port Melbourne
南墨爾本海灘 South Melbourne Beach
馬爾文 Malvern
Malvern
CHAPEL ST
HAWTHORN RD
東馬爾文 East Malvern
WAVERLEY RD
Caulfields
聖科達 (費茲羅伊街) St Kilda (Fitzroy St)
巴拉克拉瓦 Balaclava
卡內基 Carbegie
GLEN HUNTLY RD
聖科達海灘 St Kilda Beach
Elsternwick
Glenhuntly
東布萊頓 East Brighton
路面電車終點（路線號碼）
路面電車轉乘站（其他路線電車、Metro Train）
鐵路、Metro Train車站
路面電車免費區域
Zone1
Zone2

Metro Train 路線圖
往西摩方向
克雷基伯恩 Craigieburn
Roxburge Park
Coolaroo
布羅德梅多斯 Broadmeadows
Jacana
Glenroy
Oak Park
Pascoe Vale
Strathmore
Glenbervie
Essendon
埃森登
Moonee Ponds
Newmarket
Kensington
Flemington Bridge
Upfield
Gowrie
Fawkner
Merlynston
Batman
Coburg
Moreland
Anstey
Brunswick
Jewell
Royal Park
Macaulay
北墨爾本 North Melbourne
往班迪哥方向
Riddells Creek
Clarkefield
森伯里 Sunbury
Diggers Rest
Ascot Vale
巴拉瑞特 Ballarat
Ballan
Watergardens
Bacchus Marsh
Melton
Keilor Plains
St Albans
Ginifer
Albion
Cobblebank
Rockbank
Caroline Springs
Wyndham Vale
Tarneit
Ardeer
Footscray
Middle Footscray
Tottenham
陽光 Sunshine
South Kensington
Lara
華勒比 Werribee
Hoppers Crossing
Williams Landing
Aircraft
Deer Park
Seddon
Yarraville
Spotswood
West Footscray
Little River
拉弗頓 Laverton
Altona
Westonia
Seaholme
新港 Newport
North Williamstown
Williamston Beach
威廉斯頓 Williamstown
往華南埠方向
墨爾本中央 Melbourne Central
議會 Parliament
Jolimont
南十字星 Southern Cross
旗桿 Flagstaff
福林德斯街 Flinders St
南亞拉 South Yarra
瑞奇蒙 Richmond
East Richmond
Hawksburn
Toorak
Armadale
Prahran
Windsor
Balaclava
Malvern
利本李 Ripponlea
Elsternwick
Gardenvale
North Brighton
Middle Brighton
Hampton
Sandringham
布萊頓海灘 Brighton Beach
考菲爾德 Caulfield
Glenhuntly
Ormond
McKinnon
Bentleigh
Patterson
Moorabbin
Highett
Southland
Cheltenham
Mentone
Parkdale
Mordialloc
Aspendale
Edithvale
Chelsea
Bonbeach
Carrum
Kananook
Seaford
Leawarra
法蘭克斯頓 Frankston
Baxter
Tyabb
Somerville
Bittern
Hastings
Morradoo
Crib Point
史東尼角 Stoney Point
Hawkstowe
Middle George
Greensborough
Thomastown
Epping
Keon Park
Ruthven
Reservoir
Regent
Lalor
South Morang
梅恩達 Mernda
Montmorency
赫斯特橋 Hurstbridge
Wattle Glen
Diamond Creek
Eltham
Heidelberg
Rosanna
Watsonia
Macleod
Preston
Bell
Thornbury
Croxton
Northcote
Merri
Rushall
Eaglemont
Ivanhoe
Darebin
Alphington
Fairfield
Dennis
Westgarth
克利夫頓山 Clifton Hill
Victoria Park
Collingwood
North Richmond
West Richmond
Nunawading
Blackburn
Ringwood
Ringwood East
Mooroolbark
Croydon
利利戴爾 Lilydale
Mitcham
Laburnum
Box Hill
Mt Albert
Surry Hills
Chatham
Canterbury
East Camberwell
坎伯威爾 Camberwell
Heathmont
Bayswater
Heatherdale
Boronia
Ferntree Gully
Upper Ferntree Gully
Upwey
Tecoma
貝爾格雷夫 Belgrave
Riversdale
Willson
Hartwell
Burwood
Ashburton
Alamein
Auburn
Glenferrie
Hawthorn
Heyington
Kooyong
Tooronga
Gardiner
Glen Iris
伯恩利 Burnley
Holmesglen
Mt Waverley
格倫韋弗利 Glen Waverley
Syndal
Jordanville
Darling
East Malvern
Carnegie
Murrumbeena
Hughesdale
Oakleigh
Huntingdale
克萊頓 Clayton
Westall
Springvale
Sandown Park
Noble Park
Yarraman
丹頓農 Dandenong
Narre Warren
Beaconsfield
Berwick
Cardinia Road
Officer
帕肯漢姆 Pakenham
往莫威爾方向
Hallam
Lynbrook
Merinda Park
Cranbourne
Zone1
Zone2
Regional Zone
梅恩達＆赫斯特橋線 Mernda & Hurstbridge Line
森伯里、克雷基伯恩＆Upfield線 Sunbury, Craigieburn & Upfield Line
貝爾格雷夫、利利戴爾、Alamein＆格倫韋弗利線 Belgrave, Lilydale, Alamein & Glen Waverley Line
Cranbourne＆帕肯漢姆線 Cranbourne & Pakenham Line
法蘭克斯頓、華勒比＆威廉斯頓線 Frankston, Werribee & Williamstown Line
Sandringham線 Sandringham Line
史東尼角線 Stoney Point Line
V Line

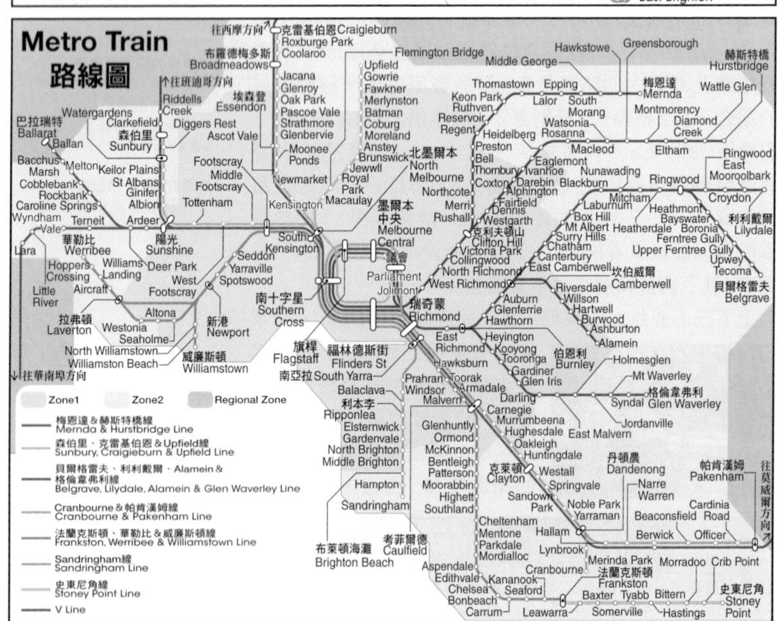

線圖等，都刊載在遊客中心提供的免費情報誌上，是非常有用的資料。

路面電車

在墨爾本，使用路面電車的多寡，在行動力上會呈現顯著的不同。現在穿梭市區的幾乎都是低底盤的新型路面電車，從前頻繁往來街頭的古老木造車廂已經極為稀少。

路面電車的路線就交錯縱橫在長寬距離各為2km見方的市區裡，往南行的路面電車會由市中心北邊出發，朝東走的則是從市區西邊作為起點；路面電車停靠站稱為Tram Stop，幾乎都位在主要街道的十字路口處（位於車道的正中央）。利用路面電車路線圖作為參考，確認要搭的路面電車號碼及下車地點的車站號碼等資訊，最後走到該條路線上最靠近的十字路口，專心等車來就好。不過只要離開市中心，車站間距也會跟著拉大，並且只設在比較大型的十字路口，而站牌變成設在人行道上。

低底盤的路面電車日漸增加

看到路面電車要進站時，記得要先確認車號及目的地再上車，將myki輕觸設置在車內的驗票機。在郊外，原則上要舉手招車，在市中心街道則是尖峰時間以外的時段都需要舉手招車，否則司機不會停車。

當路面電車行駛到靠近目的地的站牌時，必須按下車鈴通知司機停車，在車子停下來之後，必須按下靠近下車門階梯旁的「Press to open the door」按鈕，車門才會打開；因為是在車道的中央下車，千萬要注意左右來車。

市區循環路面電車

墨爾本最著名的街景之一，就是使用木製車廂環繞路面電車免費區域外圈一周的市區循環路面電車City Circle Tram（No.35），由於每一站都有語音播放站名，是掌握墨爾本輪廓的最佳工具。在車上還放有刊載著沿路景點的小冊子，方便遊客按圖索驥。

電車與巴士

想到郊外踏青的話，就輪到火車（都會列車Metro Train）與巴士派上用場。火車在市中心有福林德斯街車站、南十字星車站、旗桿車站、墨爾本中央車站、議會車站，這5座車站連接成環狀線City Loop，轉乘路面電車也很方便；將火車和路面電車路線加以組合，就能有效率地在市區及周邊暢行無阻。巴士則是墨爾本郊區最綿密的交通網，建議先搭乘火車到轉乘站，再轉搭巴士前往目的地。

■市區循環路面電車
URL ptv.vic.gov.au
時 順時針方向：週一～五9:25～17:55、週六9:27～17:58、週日9:24～17:55每隔約15分鐘發車／逆時針方向：週一～五9:39～17:54、週六9:41～17:56、週日9:39～17:54每隔約15分鐘發車
休 耶穌受難日、耶誕節

市區循環路面電車的紅褐色木頭車廂非常醒目

火車是到郊外踏青時的好幫手

■墨爾本的計程車

每日9:00～17:00的起跳價$4.20，之後每1km收$1.622，等待時間每1分鐘57¢；而週五、六的22:00～翌日4:00為尖峰時段車資，起跳價$6.20，之後每1km收$1.986，等待時間每1分鐘70¢；之外的時間起跳價$4.20，之後每1km收$1.804，等待時間每1分鐘63¢。如果用電話叫車，必須要告訴總機自己的名字還有上車地點，而且預約叫車必須加收$2。

URL cpv.vic.gov.au
Silver Top: ☎13-10-08
13Cabs: ☎13-22-27

■墨爾本觀光卡
Melbourne Unlimited Attractions Pass

憑卡可以免費參觀墨爾本及周邊的主要觀光景點或參加在地旅遊團，部分餐廳、商店、飯店也會提供折扣。

URL www.iventurecard.com
費 2日卡：大人$175 小孩$129／3日卡：大人$239 小孩$179／7日卡：大人$329 小孩$259

不分日夜都很熱鬧的聯邦廣場

亞洲餐飲店林立的中國城

計程車 除了可以在車站、飯店前的計程車招呼站taxi rank依序叫車之外，也能招手搭乘在路上行駛的空車。TAXI的燈亮時就表示是空車可以載人，澳洲的計程車和台灣一樣，後座是由乘客自己開關車門。

漫遊墨爾本
OUTLINE OF MELBOURNE

以福林德斯街車站為中心來掌握市區

福林德斯街車站對墨爾本如同標誌般的存在

福林德斯街車站以文藝復興風格的雄偉建築，成為墨爾本的火車、路面電車的轉乘站，也是城市的象徵；車站隔著史旺斯頓街Swanston St.的對面，就是經常人聲鼎沸、熱鬧不已的聯邦廣場Federation Square，以這裡為基準點的話，就容易掌握墨爾本的全貌了。

史旺斯頓街是貫穿整座城市中央的南北大街，長寬約2km見方、呈正方形的中心區（CBD），由西邊的史賓賽街Spencer St.、南端沿著亞拉河的福林德斯街Flinders St.，東起於有著州議會、舊財政部大樓等穩重建築的史普林街Spring St.，有如棋盤式的縱橫劃分，對於遊客來說相當方便。

墨爾本的主要街道為史旺斯頓街、伊莉莎白街Elizabeth St.、柏克街Bourke St.，以及柯林街Collins St.4條大馬路，而貫穿市區中心的正是史旺斯頓街，可以說是城市的骨架；只要記得有哪幾條路橫亙這條主要幹道，就不會迷路了。其中位於史旺斯頓街和伊莉莎白街之間的柏克街，稱為Bourke Street Mall，是行人徒步區，從這裡到往西北4個街區的超級大型購物中心Melbourne Central為止，正是墨爾本最繁華熱鬧的購物區。

樂在邊走邊吃的移民區

在市中心還有一處遊客絕對不能錯過的區域，就是中國城。中國城正好與購物中心隔著史旺斯頓街相望，規模之大堪稱為澳洲第一，作為中心街道的小柏克街Little Bourke St.上，餐廳自然也是櫛比鱗次。

正方形市區的東邊和北邊，則屬於新移民聚集的住宅區，像是費茲羅伊花園Fitzroy Gardens東側的東墨爾本East Melbourne，就以希臘裔、越南裔移民居多；至於北邊被稱為小義大利的卡爾頓Carlton，自然是義大利移民最多，與隔壁的費茲羅伊區Fitzroy（希臘裔、西班牙裔移民占多數）同樣洋溢著濃厚的南歐風情。來到這些移民區，有許多可以品嚐道地各國佳餚的美味餐廳。

市區南邊是高級住宅區

將眼光轉向市區南側，亞拉河的對岸，被稱為南墨爾本South Melbourne的這一帶。有賭場入駐的超大型複合式娛樂購物中心──皇冠逍遙之都Crown，加上Southgate Shopping Complex組成一大片購物區，還有國王領地Kings Domain、皇家植物園Royal Botanic Gardens等廣大公園。再繼續往南走，就能抵達以圖拉克路Toorak Rd.為主的時尚高級住宅區南亞拉South Yarra和圖拉克Toorak，以及有著超大市場的普蘭區Prahran，而沿著海灘旁盡是廉價住宿、時髦餐廳，就是墨爾本最熱鬧的娛樂區──聖科達St Kilda。

每到夏天週末就擠滿人群，熱鬧不已的聖科達海灘

墨爾本市內景點

MELBOURNE & SUBURBS

City

City

墨爾本這個全澳洲最英國風的城市，詳盡的都市計畫卻是在1837年才被許可，而城市名稱的由來則是源自當時的英國首相威廉・藍伯・墨爾本William Lamb Melbourne。1851年由於在維多利亞州內陸發現金礦，讓墨爾本也隨著急速發展，同時也因為這一波淘金熱，讓墨爾本持續發展成為工業都市。圍繞在如棋盤方格狀市中心的是無數廣闊的庭園和公園，主要的街道兩旁都種滿了行道樹，現代感十足的高樓大廈與古典懷舊的淘金熱時代的雄偉建築錯落並存。

在銀行、保險公司的嚴肅建築物林立的柯林街，也有國際知名品牌的高級精品店及高質感的一流名店，可以享受優雅的購物樂趣；至於矗立在福林德斯街上、屬於文藝復興式氣派設計的建築物，則是連結墨爾本與近郊地區鐵路的福林德斯街車站，外型還是模仿英國倫敦的聖保羅大教堂圓形屋頂而建，1854年澳洲的第一輛汽車行駛上路，就是從這裡開始的。小柏克街附近則是堪稱全澳洲規模最大的中國城，為數眾多的亞洲餐廳開滿整條街道。

交通

●City

墨爾本的中心區，路面電車行駛於史旺斯頓街、伊莉莎白街、史賓賽街、福林德斯街、柯林街、柏克街、特羅布街La Trobe，搭乘免費的市區循環路面電車也非常便利。

■3月第2週是墨爾本的夏季慶典──蒙巴節Moomba Festival

此時在亞拉河上會舉行迴旋滑水比賽、鳥人耍寶大賽等，許多有趣的活動（預定2024年3月8～11日）。詳細活動內容請見官網。

URL moomba.melbourne.vic.gov.au

墨爾本的中心點 MAP P.341/2D

聯邦廣場

Federation Square

位在福林德斯街車站前、亞拉河畔的廣場，聚集著美術館、咖啡館、餐廳、音樂廳等各種設施。廣場整體設計是由倫敦的Lab Architecture Studio與墨爾本Bates Smart聯手打造出的嶄新公共空間，至於可以容納約1萬人的寬闊廣場The Square，地面上的石板則是使用遠從西澳金柏利Kimberley運來的砂岩。在這裡經常有許多戶外演出，以及隨著四季而登場的精采活動。

■聯邦廣場

住 Cnr. Flinders & Swanston Sts., 3000

☎ (03)9655-1900

URL fedsquare.com

※廣場上有免費Wi-Fi可以使用。

墨爾本市民最愛去的聯邦廣場

墨爾本市中心
Central of Melbourne

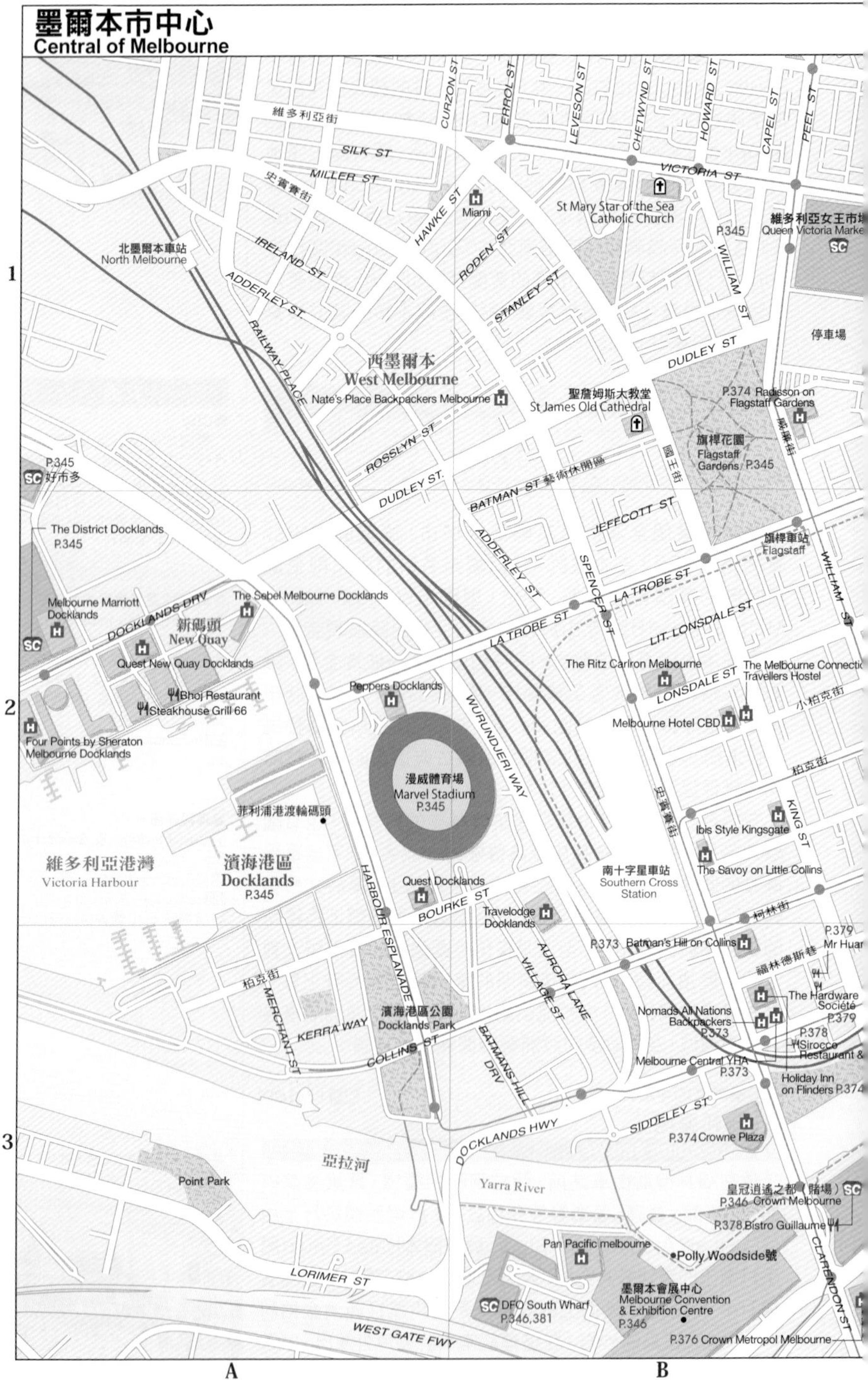

CURZON ST
ERROL ST
LEVESON ST
CHETWYND ST
HOWARD ST
CAPEL ST
PEEL ST
維多利亞街
SILK ST
MILLER ST
史賓賽街
VICTORIA ST
HAWKE ST
Miami
St Mary Star of the Sea Catholic Church
P.345
維多利亞女王市場
Queen Victoria Market
SC
北墨爾本車站
North Melbourne
IRELAND ST
ADDERLEY ST
RODEN ST
STANLEY ST
WILLIAM ST
停車場
RAILWAY PLACE
西墨爾本
West Melbourne
DUDLEY ST
Nate's Place Backpackers Melbourne
聖詹姆斯大教堂
St James Old Cathedral
P.374 Radisson on Flagstaff Gardens
威廉街
ROSSLYN ST
旗桿花園
Flagstaff Gardens P.345
P.345
好市多
國王街
BATMAN ST 藝術休閒區
DUDLEY ST.
JEFFCOTT ST
The District Docklands
P.345
ADDERLEY ST
SPENCER ST
旗桿車站
Flagstaff
LA TROBE ST
Melbourne Marriott Docklands
DOCKLANDS DRV
The Sebel Melbourne Docklands
新碼頭
New Quay
LIT. LONSDALE ST
Quest New Quay Docklands
The Ritz Carlton Melbourne
The Melbourne Connection Travellers Hostel
Bhoj Restaurant
Steakhouse Grill 66
Peppers Docklands
WURUNDJERI WAY
LONSDALE ST
小柏克街
Melbourne Hotel CBD
Four Points by Sheraton Melbourne Docklands
漫威體育場
Marvel Stadium
P.345
柏克街
菲利浦港渡輪碼頭
史賓賽街
KING ST
Ibis Style Kingsgate
維多利亞港灣
Victoria Harbour
濱海港區
Docklands
P.345
南十字星車站
Southern Cross Station
The Savoy on Little Collins
HARBOUR ESPLANADE
Quest Docklands
BOURKE ST
Travelodge Docklands
柯林街
P.379
Mr Huang
P.373 Batman's Hill on Collins
AURORA LANE
VILLAGE ST
福林德斯巷
柏克街
MERCHANT ST
濱海港區公園
Docklands Park
The Hardware Société
P.379
KERRA WAY
Nomads All Nations Backpackers
P.373
P.378
Sirocco Restaurant &
COLLINS ST
BATMANS HILL DRV
Melbourne Central YHA
P.373
Holiday Inn on Flinders P.374
SIDDELEY ST
DOCKLANDS HWY
P.374 Crowne Plaza
亞拉河
Point Park
Yarra River
皇冠逍遙之都（賭場）
P.346 Crown Melbourne
P.378 Bistro Guillaume
Pan Pacific melbourne
Polly Woodside號
LORIMER ST
墨爾本會展中心
Melbourne Convention & Exhibition Centre
P.346
CLARENDON ST
DFO South Wharf
P.346,381
WEST GATE FWY
P.376 Crown Metropol Melbourne
1
2
3
A
B

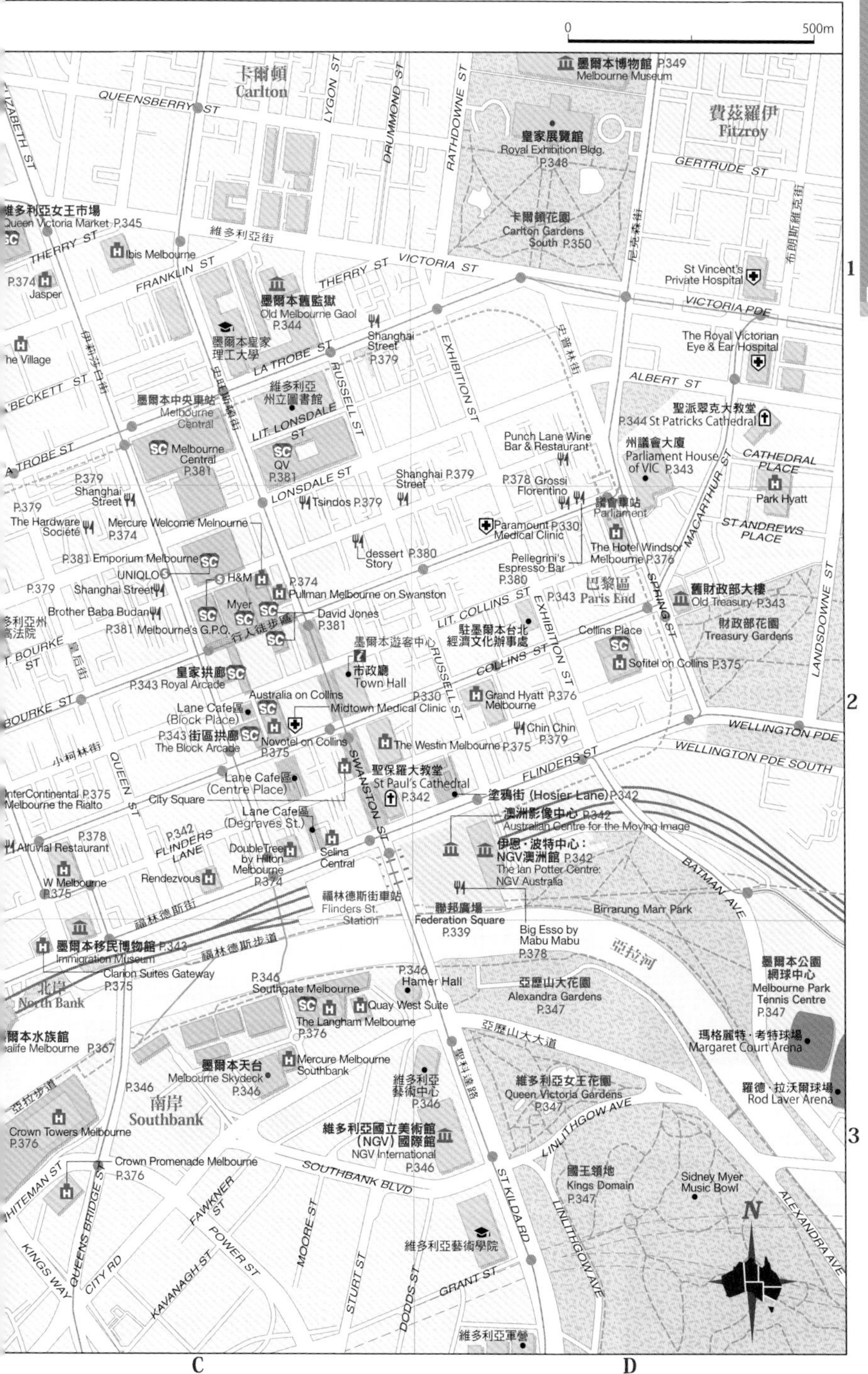
0
500m
卡爾頓
Carlton
墨爾本博物館 P.349
Melbourne Museum
費茲羅伊
Fitzroy
皇家展覽館
Royal Exhibition Bldg.
P.348
卡爾頓花園
Carlton Gardens
South P.350
QUEENSBERRY ST
LYGON ST
DRUMMOND ST
RATHDOWNE ST
GERTRUDE ST
維多利亞女王市場
Queen Victoria Market P.345
Ibis Melbourne
Jasper
P.374
維多利亞街
VICTORIA ST
THERRY ST
FRANKLIN ST
St Vincent's
Private Hospital
VICTORIA PDE
墨爾本舊監獄
Old Melbourne Gaol
P.344
墨爾本皇家
理工大學
Shanghai
Street
P.379
EXHIBITION ST
The Royal Victorian
Eye & Ear Hospital
The Village
LA TROBE ST
RUSSELL ST
ALBERT ST
維多利亞
州立圖書館
墨爾本中央車站
Melbourne
Central
LIT. LONSDALE ST
聖派翠克大教堂
P.344 St Patricks Cathedral
Melbourne
Central
P.381
QV
P.381
Punch Lane Wine
Bar & Restaurant
州議會大廈
Parliament House
of VIC P.343
CATHEDRAL
PLACE
Park Hyatt
P.379
Shanghai
Street
LONSDALE ST
Tsindos P.379
Shanghai P.379
Street
P.378 Grossi
Florentino
議會車站
Parliament
MACARTHUR ST
The Hardware
Société
Mercure Welcome Melnourne
P.374
Paramount P.330
Medical Clinic
ST ANDREWS
PLACE
P.381 Emporium Melbourne
dessert P.380
Story
The Hotel Windsor
Melbourne P.376
UNIQLO
H&M
Pellegrini's
Espresso Bar
P.380
P.374
Pullman Melbourne on Swanston
巴黎區
Paris End
舊財政部大樓
Old Treasury P.343
Shanghai Street
Myer
Brother Baba Budan
David Jones
P.381
LIT. COLLINS ST
財政部花園
Treasury Gardens
P.381 Melbourne's G.P.O.
行人徒步區
駐墨爾本台北
經濟文化辦事處
Collins Place
LANDSDOWNE ST
墨爾本遊客中心
市政廳
Town Hall
COLLINS ST
Sofitel on Collins P.375
SPRING ST
皇家拱廊
P.343 Royal Arcade
Australia on Collins
P.330
Grand Hyatt P.376
Melbourne
BOURKE ST
Lane Cafe區
(Block Place)
Midtown Medical Clinic
WELLINGTON PDE
P.343 街區拱廊
The Block Arcade
Novotel on Collins
P.375
Chin Chin
P.379
The Westin Melbourne P.375
WELLINGTON PDE SOUTH
小柯林街
QUEEN ST
聖保羅大教堂
St Paul's Cathedral
P.342
FLINDERS ST
Lane Cafe區
(Centre Place)
SWANSTON ST
塗鴉街 (Hosier Lane) P.342
InterContinental P.375
Melbourne the Rialto
City Square
Lane Cafe區
(Degraves St.)
澳洲影像中心 P.342
Australian Centre for the Moving Image
P.378
Alluvial Restaurant
P.342
FLINDERS LANE
DoubleTree
by Hilton
Melbourne
P.374
Selina
Central
伊恩‧波特中心：
NGV澳洲館 P.342
The Ian Potter Centre:
NGV Australia
BATMAN AVE
W Melbourne
P.375
Rendezvous
福林德斯街
福林德斯街車站
Flinders St.
Station
聯邦廣場
Federation Square
P.339
Birrarung Marr Park
墨爾本移民博物館 P.343
Immigration Museum
福林德斯步道
Big Esso by
Mabu Mabu
P.378
亞拉河
Clarion Suites Gateway
P.375
北岸
North Bank
P.346
Southgate Melbourne
P.346
Hamer Hall
亞歷山大花園
Alexandra Gardens
P.347
墨爾本公園
網球中心
Melbourne Park
Tennis Centre
P.347
Quay West Suite
The Langham Melbourne
P.376
亞歷山大大道
墨爾本水族館
Sealife Melbourne P.367
瑪格麗特‧考特球場
Margaret Court Arena
墨爾本天台
Melbourne Skydeck
P.346
Mercure Melbourne
Southbank
聖科達路
維多利亞女王花園
Queen Victoria Gardens
P.347
亞拉步道
P.346
維多利亞
藝術中心
P.346
羅德‧拉沃爾球場
Rod Laver Arena
南岸
Southbank
LINLITHGOW AVE
Crown Towers Melbourne
P.376
維多利亞國立美術館
(NGV) 國際館
NGV International
P.346
國王領地
Kings Domain
P.347
Sidney Myer
Music Bowl
Crown Promenade Melbourne
P.376
SOUTHBANK BLVD
WHITEMAN ST
QUEENSBRIDGE ST
FAWKNER ST
MOORE ST
ST KILDA RD
ALEXANDRA AVE
N
維多利亞藝術學院
KINGS WAY
CITY RD
KAVANAGH ST
POWER ST
STURT ST
DODDS ST
GRANT ST
LINLITHGOW AVE
維多利亞軍營
1
2
3
C
D

可以接觸到素質極高的藝術作品的伊恩・波特中心：NGV澳洲館

■伊恩・波特中心：NGV澳洲館
住Federation Square, Cnr. Russell & Flinders Sts., 3000
☎(03)8620-2222
URL www.ngv.vic.gov.au
開每日10:00～17:00
休耶誕節　費免費

■澳洲影像中心
住Federation Square, 3000
☎(03)8663-2200
URL www.acmi.net.au
開週一～五12:00～17:00，週六、日及節日10:00～18:00
休耶誕節　費免費

■聖保羅大教堂
住Cnr. Flinders & Swanston Sts., 3000
☎(03)9653-4220
URL cathedral.org.au
開週一～五10:00～18:00，週六10:00～16:00
※週日由於舉行彌撒，不開放參觀
費免費／教堂內攝影費$5

位於市中心氣氛莊嚴的聖保羅大教堂

霍爾西巷牆上的塗鴉經常改變

●伊恩・波特中心：NGV澳洲館
The Ian Potter Centre:NGV Australia

這棟3層樓高，一共擁有20間展覽室的國立美術館，主要是以收藏約2萬件澳洲的藝術作品而著稱，各展覽室依照原住民藝術、殖民初期、海德堡畫派、近代藝術等，以各個不同年代的澳洲創作來分類展出。

●澳洲影像中心
Australian Centre for the Moving Image (ACMI)

這是專門介紹並收藏影像的展示館，從最早期的黑白電影到最新的數位媒體、藝術所創造出來的視覺影像作品，都可以一次看個夠；而且館內的展覽內容幾乎每個月都會更新，不論何時來到這裡都能有不同的新發現。

城市的象徵性建築　MAP P.341/2C

聖保羅大教堂
St Paul's Cathedral

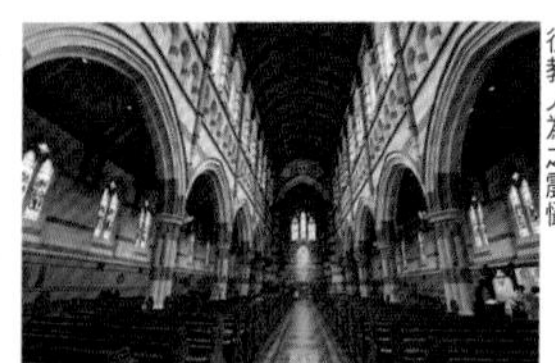
教堂內的雄偉氣勢很教人為之震懾

有復古路面電車穿梭其間的墨爾本街道，與教堂的高聳尖塔非常相襯，而在無數座教堂當中，最吸引人目光的當然就是面對著聯邦廣場，建於1891年的聖保羅大教堂。不但是維多利亞州具代表性的英國國教會大教堂，更與位於市政大街上的聖派翠克大教堂St Patricks Cathedral、南亞拉的St. John's Anglican Church並列為墨爾本3大哥德式教堂建築。

還有，也別錯過位於聖保羅大教堂附近的霍爾西巷Hosier Lane，巷弄兩旁的牆上滿是塗鴉，非常具有特色。

墨爾本的蘇活區　MAP P.341/2C・D

福林德斯巷
Flinders Lane

在巷弄咖啡館更能感受到墨爾本的咖啡文化

這是位在福林德斯街與柯林街之間的一條狹窄巷弄，被比喻像是紐約的蘇活區。因為福林德斯巷兩旁特色小店林立，像是時髦的咖啡小店、餐廳，以及精品飯店、爵士酒吧、葡萄酒吧，加上為數眾多的藝廊，將這條小巷弄妝點得非常具有藝術家氣質。此外，穿過福林德斯街與福林德斯巷，以及福林德斯巷與柯林街之間的德格雷夫斯街Degraves St.、Centre Place等小路，兩側也滿是洋溢獨特風格的咖啡館，俗稱為Lane Café，是墨爾本咖啡文化的中心。

在市中心開心逛拱廊商店街

MAP P.341/2C

皇家拱廊&街區拱廊
Royal Arcade & The Block Arcade

被史旺斯頓街、柯林街、伊莉莎白街、柏克街包圍的這塊長方形區域，可說是墨爾本的購物中心地區，不但有無數的各式商店林立，還有可以感受到古老而美好墨爾本的皇家拱廊及街區拱廊，值得遊客前來好好體會墨爾本的懷舊氣氛。皇家拱廊是墨爾本目前歷史最悠久的拱廊商店街，在1870年開幕啟用，至今依舊保持著當年的時尚氣息，有許多高級珠寶店、骨董店進駐。至於街區拱廊則是於1892年落成，美麗精緻的建築甚至有「柯林街的寶石」的美譽，並被國家信託組織National Trust列入保護；這裡除了以高級珠寶店、骨董店為主，還有高級服飾店、咖啡館等店家。

■皇家拱廊
住335 Bourke St. Mall, 3000
☎0438-891-212
URL royalarcade.com.au
營週一～四7:00～19:00，週五7:00～21:00，週六8:00～19:00，週日9:00～19:00

■街區拱廊
住282 Collins St., 3000
☎(03)9654-5244
URL theblock.com.au
營週日～四8:00～18:00，週五8:00～20:00，週六8:00～17:00

建築之美堪稱墨爾本第一的街區拱廊

認識移民血淚史

MAP P.341/3C

墨爾本移民博物館
Immigration Museum

館內對於從開拓時期到近代各國移民來到澳洲的移民史，都有詳細的展示與介紹，例如當初開拓時期的移民遠渡重洋來到澳洲所搭乘的船隻，就以模型重現船艙內的生活景象，還有關於來自世界各地移民不同文化的深入介紹，都讓人覺得別具趣味；另外，還有當年移民船隻所帶來的動植物與害蟲種類的相關展覽。

■墨爾本移民博物館
住400 Flinders St., 3000
☎13-11-02
URL museumvictoria.com.au/immigrationmuseum
開每日10:00～17:00
休耶穌受難日、耶誕節
費大人$15 小孩免費

漫步於格調優雅的街道

MAP P.341/2D

巴黎區
Paris End

從柯林街的東端銜接到史普林街Spring St.的這一塊區域，街頭盡是古老的歐式建築物，有高級飯店及高雅精品店、露天咖啡座……浪漫而優雅的氣息讓人彷佛置身於巴黎街頭，因而得名。在巴黎區盡頭的史普林街，過往曾經是政府機關林立的市政大街，其中又以舊財政部大樓Old Treasury最為醒目；這棟落成於1862年的舊財政部大樓，據說是墨爾本最知名的藍灰沙岩建築物，現在則是作為博物館對外開放。

在舊財政部大樓北邊的建築物則是州議會大廈Parliament House of VIC，從1851年脫離新南威爾斯州之後，維多利亞州在1856年開始興建專屬的議會大廈，之後從澳洲聯邦政府成立的1901年一直到1926年定都於坎培拉為止，聯邦議會都是假這裡舉行，1926年之後才又歸還給維多利亞州議會使用，直至今日。

使用有趣影音特效展示的舊財政部大樓

■舊財政部大樓
住20 Spring St. (top end of Collins St.), 3000
☎(03)9651-2233
URL www.oldtreasurybuilding.org.au
開週一～五10:00～15:00，週日10:00～12:00、13:00～15:00
休週六、耶穌受難日、耶誕節、節禮日
費免費

■州議會大廈
住Spring St., East Melbourne, 3002 ☎(03)9651-8911
URL www.parliament.vic.gov.au
●參觀行程
時1小時導覽：9:30、15:00、16:00開始
※為議會會期之外的週一～五（節日除外）
費免費 ※一次接待以15人為上限，超過6人以上的團體需要事先預約

澳洲最大的天主教教堂

MAP P.341/1D

聖派翠克大教堂
St Patricks Cathedral

巍峨哥德式建築的聖派翠克大教堂

這座擁有達105.8m高聳尖塔，教堂縱深長92.25m的龐大哥德式教堂，直到1939年正式落成為止，一共花費超過90年的時間打造。

1970年時更蒙教宗保祿六世冊封為等同羅馬七大教堂的次級宗座聖殿Minor Basilica。踏進這座雄偉的聖派翠克大教堂內，彷佛穿越時光隧道置身於中世紀一般，而教堂裡五彩繽紛的大型彩繪玻璃、令人嘆為觀止的超大管風琴也都很值得細細觀賞。

「公園之都」墨爾本的代表

MAP P.332/1B

費茲羅伊花園
Fitzroy Gardens

具有歷史意義的庫克船長小屋

費茲羅伊花園就位在墨爾本公園Melbourne Park的北邊，這裡原本是藍灰沙岩的裁切廠，後來經由景觀園藝家辛克萊James Sinclair之手設計成模仿英國國旗米字圖案的美麗庭園。花園裡最不能錯過的，當然就是庫克船長小屋Cook's Cottage，這棟小屋是當年庫克船長從出生到少年時期與父母親同住的故居；1934年為了紀念墨爾本市成立100週年，特地將房舍從英國約克夏郡拆解、搬運過來，再重新組建而成。現在屋內展示著庫克船長的相關文件、故居的搬遷和組建工程等資料。另外，隨著季節變換而有當季花朵盛開的溫室Conservatory，也非常值得一看。

因為處決Ned Kelly而聞名

MAP P.341/1C

墨爾本舊監獄
Old Melbourne Gaol

墨爾本舊監獄就位在由特羅布街La Trobe St.與史旺斯頓街、Russell St.、Franklin St.這4條馬路圍起來的區域裡，是一座建於1845年且使用到1920年才廢除的大型監獄；現在還殘留著監獄大門、個人牢房等，而在內部也陳列著曾經使用過的拷問、行刑工具。聞名全澳洲的叢林大盜Ned Kelly也是在這裡遭到處決，還能看到Ned Kelly自己用鐵打造而成的盔甲、頭盔及被處決後製作的死亡面具等物品。

監獄裡的牢房展示著當年犯人在裡面的生活情形

■聖派翠克大教堂
住1 Cathedral Place, East Melbourne, 3002
☎(03)9662-2233
URL www.cam.org.au/cathedral
開週一～五7:00～16:00，週六、日9:00～17:30
費免費

■費茲羅伊花園
URL www.fitzroygardens.com
●如何前往
從市區步行前往，或者是搭乘路面電車Route 48、75到喬利蒙特路Jolimont Rd.的停靠站下車。
●庫克船長小屋
住Fitzroy Gardens, East Melbourne, 3002
☎(03)9658-7203
URL whatson.melbourne.vic.gov.au
開每日10:00～16:00
休耶誕節
費大人$7.20 小孩$3.90 家庭$19.70
●溫室
開夏季：每日9:00～17:30／冬季：每日9:00～17:00
費免費

■搭馬車逛遍所有教堂！
想要逛遍墨爾本市區裡的教堂，可以搭乘由2匹或4匹馬拉古典馬車Horse-drawn Carriages遊街的Melbourne Horse & Carriage Tour。出發地點在聯邦廣場前，1台馬車最多可以搭載6人。
☎0425-709-911
URL www.classiccarriage.com.au
時週四～一13:00～21:00隨時
費30分鐘Garden Highlights：1台$120／1小時City & Garden：1台$230

搭上馬車逛大街

■墨爾本舊監獄
住377 Russell St., 3000
☎(03)9656-9889
URL www.oldmelbournegaol.com.au
開週三～日10:00～17:00
休週一、二、耶穌受難日、耶誕節
費大人$30 小孩$17 家庭$70／推出夜間Ghost Tour等數種行程（日期時間需要再確認／需預約）：大人$38 小孩$35

活力、便宜貨、食物……應有盡有 MAP P.340/1B-341/1C

維多利亞女王市場
Queen Victoria Market

超過100年歷史的維多利亞女王市場，深受墨爾本市民的喜愛，也是墨爾本的人氣觀光景點，從肉類、海產、各式生鮮食材，還有衣服、玩具等生活雜貨，市場裡可說是五花八門什麼都賣。市場內依照商品分門別類，例如主建築物是專門販售海鮮、肉類等生鮮食材，一旁是熟食區，裡面則是水果跟蔬菜的賣場；如果穿過通道往更裡面走，則是販賣生活雜貨、衣服、紀念品的建築。在市場周邊一整天都充滿著活力，也有許多街頭藝人在四處出現，不時能欣賞到令人驚喜的各種表演。

維多利亞女王市場是市民的廚房

■維多利亞女王市場
住Cnr. Elizabeth & Victoria Sts., 3000
☎(03)9320-5822
URL www.qvm.com.au
營週二、四、五6:00～15:00，週六6:00～16:00，週日9:00～16:00，週三（只有4、5月的晚上）17:00～22:00 休週一

認識維多利亞州歷史 MAP P.340/1B

旗桿花園
Flagstaff Gardens

曾經是埋葬白人移民的一處墓園，因此旗桿花園又有埋葬山丘Burial Hill的別稱。1840年在這處可將墨爾本港一覽無遺的高地上，設立了通知有船隻進出的信號所，是為那些焦急等待來自家鄉船隻的英國移民所設，每當有船隻進出時就會在旗桿Flagstaff上升起旗幟，便是這座公園的名稱由來，而1850年維多利亞州殖民區誕生（脫離新南威爾斯州）的發表儀式，也是在這座公園舉行。而在公園西側則是全墨爾本最早建造的教堂——聖詹姆斯大教堂St James Old Cathedral。

■旗桿花園
●如何前往
可以從市區步行或是搭乘路面電車前往，免費的市內循環路面電車也能到達。

重新開發的購物＆美食區 MAP P.340/2A

濱海港區
Docklands

在南十字星車站的西側，是經過重新開發而誕生的濱海港區，在這片擁有與City（CBD）相同面積的200公頃廣大土地上，入住超過1萬人，提供超過4萬人工作的遊艇碼頭，屬於超大型商業住宅複合區。其中最有人氣的是新碼頭New Quay的北側區域，美麗的港灣旁高樓層公寓林立，1樓則開設許多餐廳、咖啡館及商店；還有一處為購物街，進駐了The District Docklands和好市多Costco Melbourne，每到週末總是吸引大批觀光客及當地人前來，十分熱鬧。

濱海港區還有一座漫威體育場Marvel Stadium，是舉辦澳式足球、橄欖球、足球等人氣球賽、可容納4萬5000人的多功能體育場。

■濱海港區
URL www.docklands.com

■漫威體育場
住740 Bourke St., Docklands, 3008 ☎(03)8625-7277
URL marvelstadium.com.au
●球場導覽之旅
費大人$15 小孩$8 家庭$39
※目前導覽之旅暫停中

左：從濱海港區有前往貝拉寧半島及吉隆的渡輪
右：從遊艇碼頭眺望巨大的漫威體育場和City

維多利亞州的文化藝術中心

MAP P.341/3D

維多利亞藝術中心
The Arts Centre

從福林德斯街車站越過王子橋Princes Bridge的右邊就是維多利亞藝術中心，其中Hamer Hall是可以提供管弦樂團等演奏使用，容納2600名聽眾的大型音樂廳；表演藝術博物館Performing Arts Museum則是以收藏澳洲藝術文化最熱門話題的作品為傲；建築位置居中的劇院Theatres，包含給歌劇、芭蕾舞、音樂會演出的州立劇院State Theatre，以及規模較小提供戲劇演出使用的小劇場Playhouse、Studio。另外一棟建築則是維多利亞國立美術館（NGV）國際館National Gallery of Victoria International，與專門收藏本國藝術品、座落於聯邦廣場上的伊恩・波特中心：NGV澳洲館不同的是，這裡的典藏品是來自世界各地，素質水準都極高的藝術作品。

外型令人印象深刻的藝術中心

展示著世界名畫的NGV國際館

墨爾本的娛樂中心

MAP P.340/3B-341/3C

南岸
Southbank

從亞拉河南岸的音樂廳旁一直延續到史賓賽街中間的廣大區域，經過重新規劃開發之後成為南岸。沿著河畔打造出美麗的水岸步道Southbank Promenade，面對河岸的則是有許多商店與餐廳進駐的Southgate Melbourne、Riverside Quay、皇冠逍遙之都Crown Melbourne（5星級飯店、澳洲規模最大的賭場、高級購物中心、餐廳街）、墨爾本會展中心Melbourne Convention Exhibition Centre，以及Outlet購物中心DFO South Wharf等商業建築林立，是沿著河邊散步、購物，或是欣賞河景同時享受美食的人氣區域。

亞拉河畔高樓林立的南岸

在南岸購物複合大樓中，有著世界少數的超高層住宅大廈（92層樓，約297m高）──尤利卡大樓Eureka Tower，其88樓的墨爾本天台Melbourne Skydeck是南半球最高的瞭望台，從這裡能俯瞰360度無障礙全景觀的墨爾本。還有以透明玻璃組合而成

左：從尤利卡大樓觀景台欣賞墨爾本的絕佳景致
右：在尤利卡大樓的The Edge試膽量

■維多利亞國立美術館（NGV）國際館
住180 St Kilda Rd., 3004
☎(03)8620-2222
URL www.ngv.vic.gov.au
營每日10:00～17:00
休耶誕節
費免費（特別展覽除外）

■皇冠逍遙之都
住8 Whiteman St., Southbank, 3006
☎(03)9292-8888
URL www.crownmelbourne.com.au
營24小時（商店為每日11:00～21:00）
休耶誕節
※賭場裡可用極好的匯率兌換現金，不過進入賭場必須年滿18歲以上，最好攜帶身分證明

■Melbourne Skydeck
住Level 88, 7 Riverside Quay, Southbank, 3006
☎(03)9693-8888
URL www.melbourneskydeck.com.au
營週三、四、日12:00～21:00，週五、六12:00～22:00
休週一、二
費大人$30 小孩$19.50 家庭$84／The Edge：Skydeck（含門票）大人$47 小孩$32 家庭$140

■墨爾本河岸巡航之旅 Melbourne River Cruises
亞拉河的河岸航行之旅，上游路線Up River（航程B）主要是以奧林匹克公園、皇家植物園一帶為主，而下游路線Down River（航程A）則以皇冠逍遙之都、濱海港區等景點為航行重點。
☎(03)8610-2600
URL www.melbcruises.com.au
時航程A：11～4月每日11:45、12:10、14:15、15:00出發，5～9月每日12:10、15:00出發／航程B：11～4月每日10:15、11:00、13:00、13:30、14:00、15:30、16:00出發，5～9月每日10:15、11:00、13:00、13:30、16:00出發
費航程A或航程B：大人$32 小孩$16 家庭$92／航程A&B：大人$54 小孩$27 家庭$145
※出發地點在南岸步道的Southgate前

延伸出建築物之外的The Edge，吸引許多遊客上來試試膽量。

整片公園腹地大得嚇人 MAP P.332/2A·B

國王領地&墨爾本公園
Kings Domain & Melbourne Park

在聯邦廣場的東邊，中間夾著亞拉河的廣大綠地是由多座公園串連而成，位於亞拉河南邊以國王領地為中心的公園，從王子橋Princes Bridge附近的亞歷山大花園Alexandra Gardens、維多利亞女王花園Queen Victoria Gardens、國王領地延續到皇家植物園Royal Botanic Gardens。

紀念之火永不熄滅的戰爭紀念館

美麗的綠蔭草坪，經過細心整理的每座公園和高大濃鬱的成排樹木，令人心曠神怡。這裡有個不容錯過的景點，就是燃燒著永不熄滅紀念亡靈之火的戰爭紀念館Shrine of Remembrance，看到豎立於此並刻有因戰爭犧牲的無數將士姓名的大紀念碑時，讓人深刻感受到戰爭的無謂與枉然。繼續往南走就是特羅布州長別墅La Trobe's Cottage，是維多利亞州尚未脫離新南威爾斯州時的州長特羅布La Trobe所住過的樸素木造宅院。

在亞拉河Yarra River北側是座大型的運動公園，有1956年舉辦南半球第一次奧運的會場，現在變成舉行板球、澳式足球等賽事的墨爾本板球場MCG Melbourne Cricket Ground（可容納10萬名觀眾），另外還有澳洲網球公開賽的主場地──墨爾本公園網球中心Melbourne Park Tennis Centre，這些體育場地全都座落於風景美麗的公園裡。墨爾本公園網球中心除了有賽事進行的日子以外，開放給一般民眾使用。

卡爾頓區&費茲羅伊區
Carlton & Fitzroy

在City的北側是有著小義大利之稱的卡爾頓區，以及年輕人流行文化發源地的費茲羅伊區。卡爾頓區在二次大戰結束之後，開始有義大利移民移入，因此在主要大街的義大利街Lygon St.兩旁，盡是充滿義式風格的咖啡館、餐廳和精品店；至於費茲羅伊區也到處是嶄新創意的咖啡廳與服飾店，是走在時尚尖端的區域。由於這裡原本就是西班牙移民聚會交流之地，因此在Johnston St.一帶也看得到許多西班牙料理餐廳和能欣賞佛朗明哥舞蹈的酒吧。這樣的異國風情也吸引建築師、高級知識分子的喜愛，走進路旁的巷弄內就會發現仍有從殖民時代留存下來的英式排屋，經過整修後成為非常雅緻的住宅區。

※關於澳洲公開網球賽在P.328～329有詳細說明。

■特羅布州長別墅
住Cnr. Birdwood Ave. & Dallas Brook Drv., The Domain, 3004
☎(03)9656-9889
URL www.nationaltrust.org.au/places/la-trobes-cottage
開10～4月的週日13:00～15:30
費大人$5 小孩$4 家庭$12

小而雅緻的特羅布州長別墅

■墨爾本板球場
住Yarra Park, Jolimont, 3002
☎(03)9657-8888
URL www.mcg.org.au
●導覽之旅
時在Olympic Stand的Gate3集合／沒有賽事之日的10:00～15:00，每隔30分鐘出發（需時75分鐘）
費大人$30 小孩$15 家庭$75

■墨爾本公園網球中心
住Olympic Blvd., 3000
☎1300-836-647
URL www.tennisworld.net.au（預約球場）
營標準時段：週一～五6:30～17:00，週六、日及節日9:00～18:00／尖峰時段：週一～四17:00～23:00&週五17:00～21:00
費依球場、時段的價格以小時來計費$36～60

交通

●卡爾頓區&費茲羅伊區
前往卡爾頓區必須從City的史旺斯頓街搭乘路面電車Route 1、6，前往費茲羅伊區則從柯林街搭乘路面電車Route 11，或從柏克街搭乘Route 86、96。

卡爾頓花園與皇家展覽館的景色，讓人感受到懷舊而美好的墨爾本

世界文化遺產

皇家展覽館

Royal Exhibition Building

墨爾本屈指可數的雄偉建築物

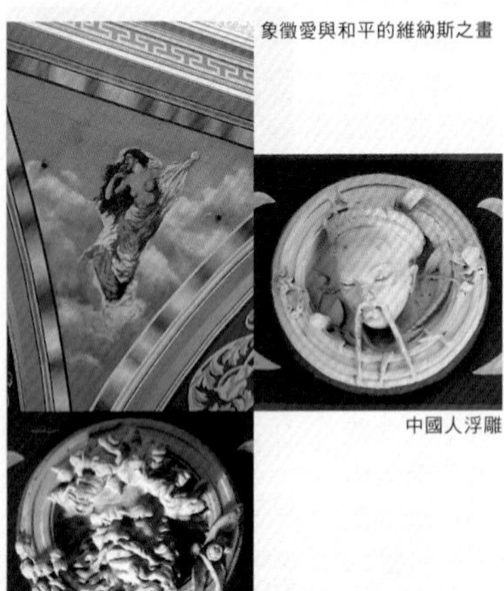

象徵愛與和平的維納斯之畫

中國人浮雕

原住民浮雕

以挑高圓頂為中心點十字開展的建築

皇家展覽館是為了作為1880年在墨爾本舉辦的世界博覽會會場所打造的建築，同時也是1888年慶祝歐洲移民定居澳洲100週年而舉辦的紀念博覽會會場；在為期6個月的活動期間，一共吸引超過200萬名，為當時墨爾本2倍人口的遊客湧入。皇家展覽館是19世紀舉辦過大型博覽會而保存至今的唯一場地，因此在2004年被列為世界文化遺產（當時的博覽會場幾乎都是臨時搭建的展覽館），而且至今依舊是墨爾本舉辦各種博覽會的熱門場地。

參觀皇家展覽館

皇家展覽館與City內的市政廳，同樣都是出自於當時的建築大師Joseph Read之手，融合拜占庭、羅馬式和文藝復興風格，是當時典型的展覽會場；館方特別推出每日1次的英語導覽行程，有機會的話務必要參加，才能好好認識這座展覽館的內部設計。

走進館內首先映入眼簾的，是令人震撼的十字形大廳與中央的明亮穹頂，在圓拱式屋頂與大廳的四個銜接轉角處，描繪著象徵愛與和平的維納斯、象徵知性的墨丘利、象徵熱情與活力的戰神瑪爾斯，還有象徵援助的朱比特等4幅壁畫。此外在柱子頂端還有澳洲原住民臉孔的浮雕，以及陸續增加亞洲移民中代表的中國人臉孔浮雕，都是參觀時不能錯過的焦點。

這裡同時也是1901年召開第一屆澳洲聯邦政府會議的會場，第一面屬於澳洲的國旗，就在皇家展覽館圓形屋頂上的旗塔正式飄揚；而描繪當年聯邦政府會議召開時的畫作就展示在2樓，這幅畫最大的特色就是將參與會議343名代表的穿著、表情都一一細膩地描繪出來。

直到1990年之前，南岸區Southbank的墨爾本會展中心落成為止，皇家展覽館都是墨爾本容納最多參觀人數的展覽空間，因此像是墨爾本大學的入學考試、學校相關慶典活動，長期以來都是借用皇家展覽館，即使到了現在依舊是車展、旅遊博覽會等各種商展會場的最愛。

DATA

住 9 Nicholson St., Carlton Gardens, Carlton, 3053
URL museumvictoria.com.au/reb
●導覽行程
☎ 13-11-02
時 每日 14:00～15:00
費 大人 $10 小孩 $7

南半球最大的博物館 MAP P.349/2A·B

墨爾本博物館
Melbourne Museum

鄰近卡爾頓花園的造型前衛建築，就是規模號稱南半球最大的墨爾本博物館，它與一旁的皇家展覽館（詳細→P.348）、設於博物館內的IMAX劇院IMAX Theatre，連成一整個觀光景點。

進入博物館之後不容錯過的，就是以大自然環境為主題，重現維多利亞州內種植著82個品種約100株植物的森林，以及25種生物的森林展館，還有在原住民中心裡，以原住民文化為主題綜合性地介紹相關藝術、文化和歷史的Bunjilaka。至於附設在博物館內的IMAX劇院，擁有相當於8層樓高、寬31m的世界最大銀幕，基本大多上映以大自然或動物為主的相關紀錄片。

■墨爾本博物館
住11 Nicholson St., Carlton Gardens, Carlton, 3053
☎(03)8341-7777／13-11-02
URL museumvictoria.com.au/melbournemuseum
開每日9:00～17:00
休耶穌受難日、耶誕節
費大人$15 小孩免費
※特展另外收費

■IMAX劇院
住Rathdowne St., Carlton Gardens, Carlton South, 3053
☎(03)9663-5454
URL imaxmelbourne.com.au
開每日10:00～21:30
費大人$18～34 小孩$12～26／與墨爾本博物館的共通券：1人加收$7.50

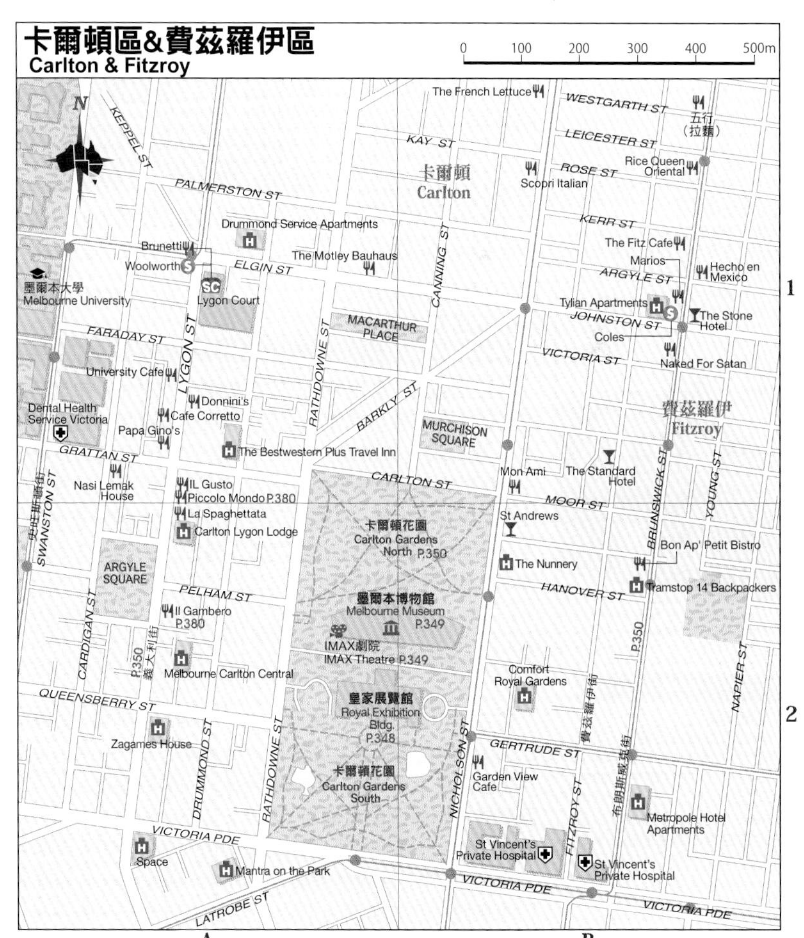

■卡爾頓花園
可以搭乘市內循環路面電車，或者是路面電車Route 86、96，在Nicholson St.側入口處前有停靠站。

卡爾頓花園是市民休憩的場所

■義大利街
從史旺斯頓街搭乘路面電車Route 1、6，最為方便。

■布朗斯威克街
從柯林街搭乘路面電車Route 11，而布朗斯威克街最熱鬧的路段在路面電車停靠站13～17號。

對流行時尚敏感的墨爾本年輕人會聚集的布朗斯威克街

交通

●瑞奇蒙區
前往希臘街的天鵝街，可以從福林德斯街搭乘路面電車Route 70；前往越南街的維多利亞街，可以從柯林街搭乘Route 109的路面電車，或是搭火車在西瑞奇蒙車站下車也很方便。

與皇家展覽館同時列為世界遺產 MAP P.349/2A·B

卡爾頓花園
Carlton Gardens

與皇家展覽館同時被納入世界文化遺產，擁有廣達26公頃綠地的卡爾頓花園，1839年和費茲羅伊花園Fitzroy Gardens、寶庫花園Treasury Gardens同時開始進行維修工程，並在1856年由墨爾本市政府正式接管。花園裡遍植澳洲特有的各種金合歡，也有種植從歐洲引進的橡樹、白楊等樹木形成美麗的林蔭大道，再加上典雅的噴泉、四時盛開的各種花朵、涼風習習的池塘，造就出豐富多樣的迷人景致。

充滿時尚的義大利街 MAP P.349/1·2A

義大利街
Lygon St.

在義大利街可以品嚐道地的義大利料理

義大利街是卡爾頓區的中心，在寬闊馬路旁、行道樹的林蔭下，精品店、雜貨店、咖啡店、義式餐廳、熟食小菜店等店家林立，熱鬧不已。每年11月還會舉辦為期4天的義大利街節，開放整條大街變成狂歡派對大街，讓所有人有得吃有得玩，還能隨音樂起舞。

什麼都有的雜貨大街 MAP P.349/1·2B

布朗斯威克街
Brunswick St.

從生活雜貨、流行時尚、室內家飾到化妝品，在布朗斯威克街上有一整排的個人小店，成為充滿自我特色的墨爾本年輕人最愛來的地方；所以在這一帶出沒的大多是學生、藝術家，以及獨特的時尚創意，就連餐廳也以馬來西亞、孟加拉、非洲、阿富汗等罕見的異國料理為主，光是走在街頭都能讓好奇心獲得絕大滿足。雖然店家分布在整條大街，不過還是在Johnston St.以北較為熱鬧。

瑞奇蒙區
Richmond

位在City東邊，以聚集許多個性商店、咖啡館、餐廳的Bridge Rd.為中心之地就是瑞奇蒙區。這附近原本屬於勞工階級生活的地區，但隨著希臘移民的陸續遷入定居，而發展成為熱鬧的希臘街，之後又有來自越南的移民大舉進駐，現在已經變成為著名的越南街。如今只剩下天鵝街Swan St.林立的希臘餐廳及咖啡店，還殘留一些希臘移民的痕跡。至於越南街的中心則在北瑞奇蒙的維多利亞

喜歡逛街購物的人一定要去Bridge Rd.看一看

街Victoria St.，往來行人中多數都是黑頭髮、交雜使用著越南語的越南人，就連街道上的商店看板也全都寫著越南文，更不用說這裡的越南料理餐廳櫛比鱗次，提供著既便宜又美味的道地越南料理。

價格實惠的流行時尚 MAP P.351

Bridge Road購物區
Bridge Rd.

澳洲設計品牌COUNTRY ROAD、Cotton on、Sports Girl等服飾的暢貨中心及折扣店都集中在Bridge Road，而重點的Richmond Plaza購物中心內，更是有各種店家進駐。大街上還有珠寶、禮品、家具及古董店林立，是喜愛購物的遊客非來不可的地方。

■Bridge Rd.
URL www.bridgerd.com.au
●如何前往
從柯林街搭乘Route 48或75的路面電車，大約10分鐘可以抵達Bridge Rd.。

有COUNTRY ROAD的Outlet商店進駐的Richmond Plaza

南亞拉區&普蘭區
South Yarra & Prahran

墨爾本的時尚潮流重地就在以圖拉克路Toorak Rd.、雅皮士街Chapel St.為中心的南亞拉區及普蘭區一帶，因此南亞拉區是「墨爾本最流行的地區」，圖拉克則是以「墨爾本的最高級住宅區」而聞名。

圖拉克路上有著整排的國際精品店、高級餐館等名店，而與這條路交錯的雅皮士街也是極受注目的時尚大街，從澳洲知名的設計師品牌名店、飾品、鞋子、古董店，到獨立創作的服飾店、咖啡館、酒吧、各國料理餐廳等店家林立，成為最受墨爾本年輕人喜愛的街道。從雅皮士街往南就是普蘭區，這一區的中心在Commercial Rd.附近，不過這裡的氣氛與圖拉克大相逕庭，不論是街頭林立的店家，還是櫥窗裡的擺飾、服裝，不僅時髦且風格大膽前衛，這一帶也正是墨爾本LGBTs文化的發展中心地。

聚集時髦店家的雅皮士街

交通
●**南亞拉區&普蘭區**
從威廉街搭乘Route 58的路面電車，或是從福林德斯街車站搭火車到南亞拉車站下車；前往普蘭區可以搭乘行經Commercial Rd.的路面電車Route 72。

矗立在圖拉克路上的基督教堂值得一看。

每天擠滿大量人潮的Jam Factory

■**Jam Factory購物商場**
住500 Chapel St., South Yarra, 3141
☎(03)8578-6504
URL thejamfactory.com.au
營每日10:00～21:00（依店家而異）

■**科摩古宅&花園**
住Cnr. Williams Rd. & Lechlade Ave., South Yarra, 3141
☎(03)9656-9800
URL www.nationaltrust.org.au/places/como-house-and-garden
開館內：指定的週三、五14:00，週六、日11:00、12:30、14:00導覽之旅開放參觀（要事先預約，在網站上確認指定日期）／庭園：週一～六9:00～17:00，週日10:00～17:00
費大人$15 小孩$9 家庭$35／庭園免費

由果醬工廠改裝而成的購物中心 MAP P.352/2B

Jam Factory
Jam Factory

雅皮士街的Jam Factory購物商場，是將果醬工廠的老舊紅磚建築巧妙地變身成為購物與娛樂的複合商場。屋頂的玻璃天窗讓自然光灑落而下，同時還保留了果醬工廠原來的大型鍋爐作為與眾不同的裝潢，內部還設有豪華影城，以及各種商店和咖啡館、酒吧、餐廳應有盡有。

澳洲建築的典範，亦是英式排屋的原型 MAP P.352/1B

科摩古宅&花園
Como Historic House & Garden

遙想殖民時代上流社會生活的科摩古宅

在雪梨、墨爾本常見的英式排屋Terrace House，據說最原始的範本就是來自於科摩古宅，而科摩Como是源於北義大利的湖名，從1840年代落成之後，一直到1959年被澳洲國家信託National Trust收購為止，歷任屋主可都是墨爾本上流社會的名流士紳。看到屋內依舊維持著當年的裝潢、家具擺飾，讓人不由自主沉浸在過往的風華中；雖然參觀必須要事先預

南亞拉區&普蘭區
South Yarra & Prahran

0 200 400m

N
CAROLINE ST
AVOCA ST
MURPHY ST
DARLING ST
YARRA ST
CLAREMONT ST
The Olsen Melbourne Art Serise
RIVER ST
TIVOLI RD
ROCKLEY RD
科摩公園 Como Park
The Lyall Hotel & Spa
South Yarra Central
P.352 科摩古宅&花園 Como Historic House & Garden
France-Soir
南亞拉車站 South Yarra
LECHLADE AVE
基督教堂 Christ Church
Soya Apatment Hotel
The Como Melbourne -MGallery by Sofitel P.377
KENSINGTON RD
COMO AVE
Cosi Bar Ristorante
Claremont Guesthouse P.377
和牛屋
Como Centre
Pacific Seafood BBQ
Ovolo South Yarra
COUNTRY ROAD
P.351 圖拉克路
TOORAK RD
PUNT RD
POWELL ST
Dinosaur Designs
南亞拉 South Yarra
ARTHUR ST
CHAPEL ST
Apertments of South Yarra
Jam Factory P.352
OSBORNE ST
La Lucciola Bistro
CLIFF ST
WILLIAMS RD
ARGO ST
CROMWELL RD
ELLIS ST
P.351 雅皮士街
Hawksburn車站 Hawkesburn
Quest Prahran
Temperance Hotel
SIMMONS ST
SURREY RD
BALMORAL ST
普蘭市場 Prahran Market P.353
MOTHERWELL ST
P.351 COMMERCIAL RD
The Cullen MelbourneArt Series
威廉路
Prahran Central
普蘭 Prahran
MALVERN RD
Coles
1
2
A
B

約，但很值得前來造訪。館內只能透過參加導覽之旅參觀，之後再到與豪宅十分相襯的2公頃美麗庭園自由漫步。

時髦街區裡的傳統市場 MAP P.352/2A

普蘭市場
Prahran Market

從1864年開始營業至今，普蘭市場是墨爾本最古老的市場，不過目前看到的建築物是在1891年重建而成，到了1981年又耗資650萬澳幣重新規劃開發。在主市場大廳Main Market Hall裡有蔬菜、水果，旁邊則是衣服、藤製品、化妝品、生活雜貨等店家；而大廳隔壁則是販賣肉類、海產的拱廊商店街，其橫向是雜貨類聚集的多樣化拱廊。

聖科達區&墨爾本的海濱城鎮
St Kilda & Bayside

City居民最愛的海灘度假地聖科達區

面對美麗菲利浦港灣Port Phillip Bay與沙灘的聖科達區，是墨爾本市民的度假勝地；每到夏季週末時光，除了沙灘，在濱海大道上的週日市集也會擠滿度假遊客而熱鬧不已，而濱海大道旁的復古的遊樂園Luna Park也擠滿家庭親子人群。主要大街費茲羅伊街Fitzroy St.上有許多時尚的咖啡館和餐廳，到了午餐、晚餐的用餐時間，就連擺在街道上的露天座位也一位難求。

Luna Park是復古的遊樂園

從聖科達區再往南稱為港灣Bayside，是由布萊頓Brighton到Beaumaris這一段長達17km遍布美麗沙灘地區的總稱，可說是距離City較近的濱海高級住宅、別墅區，也是相當人氣的度假地。

另一方面，挾著港灣區與菲利浦港灣的亞拉河口霍布森灣Hobsons Bay附近，也是墨爾本年輕人經常親近的海邊度假地。

港灣區的中心地 MAP P.331/2A

布萊頓
Brighton

多彩濱海小屋林立的布萊頓海灘，海灘旁有許多小型公園和腳踏車道，即使是在夏季的平日裡，總能發現悠哉閒晃民眾的身影。從中布萊頓Middle Brighton車站前延伸的教堂街Church St.，路上遍布著咖啡館、餐廳、商店和藝廊，是非常繁華的街道。

■普蘭市場
住163 Commercial Rd., South Yarra, 3141
☎(03)8290-8220
URL www.prahranmarket.com.au
營週二、四、五、六7:00～17:00，週日10:00～15:00
休週一、三

■LGBTs的慶典「Midsumma Festival」
每年1月中旬～2月上旬都會在Commercial Rd.舉辦（預定2024年1月21日～2月11日），活動的詳細內容、日期請見以下網站。
URL www.midsumma.org.au

交通

●聖科達區
從柏克街或史賓賽街搭乘Route 96的路面電車，也可以從史旺斯頓街搭乘路面電車Route 3a、16或柯林街搭乘Route 12（約20分鐘）。

■Luna Park遊樂園
住18 Lower Esplanade St., St Kilda, 3182
☎(03)9525-5033
URL lunapark.com.au
營週六、日11:00～18:00
※上述營業時間為平常時段，學校假期期間為每日開放
休耶誕節
費4歲以上門票$15（含搭乘1次遊樂設施）／門票＋遊樂設施1日券：13歲以上$51.5、4～12歲$41.5、3歲以下$18 家庭$155
※費用依季節而異

■港灣區
URL www.bayside.vic.gov.au

■布萊頓
從福林德斯街車站搭乘Sandringham線到中布萊頓車站，約15～20分鐘。

海灘上多彩的濱海小屋林立

維多利亞風格大豪宅與花園 MAP P.331/2A

利本李莊園
Rippon Lea Estate

仔細參觀美麗的豪宅與庭園

1860年代末期，由企業家F.T. Sargood一手打造的宅邸與花園，利本李取自於他母親婚前的姓氏。原本只有15個房間的建築，隨著Sargood的事業愈來愈成功而不斷進行擴建工程，到了1903年已經成為擁有超過30個房間的大豪宅。妝點著華麗家具的豪宅內部，有著宴會廳、美麗庭園等設施，參加導覽之旅就能好好參觀。

■利本李莊園
住192 Hotham St., Elsternwick, 3185
☎(03)9523-6095
URL www.ripponleaestate.com.au
開5～8月：每日10:00～16:00／9～4月：10:00～17:00／館內導覽之旅：10:00～15:00每隔30分鐘～1小時
休耶穌受難日、耶誕節
費大人$15 小孩$9 家庭$40
●如何前往
從福林德斯街搭乘火車到Rippon Lea車站下車，步行5分鐘。

能眺望墨爾本高樓建築的度假勝地 MAP P.331/2A

威廉斯頓
Williamstown

亞拉河口的城鎮威廉斯頓，從1835年開始殖民便成為帆船的停靠港而繁榮，因此位於主要街道兩旁的住宿旅館，數量之多居墨爾本郊區之冠。還留有當年繁盛景象的Nelson Place，現在則進駐許多咖啡店、餐廳和骨董店。

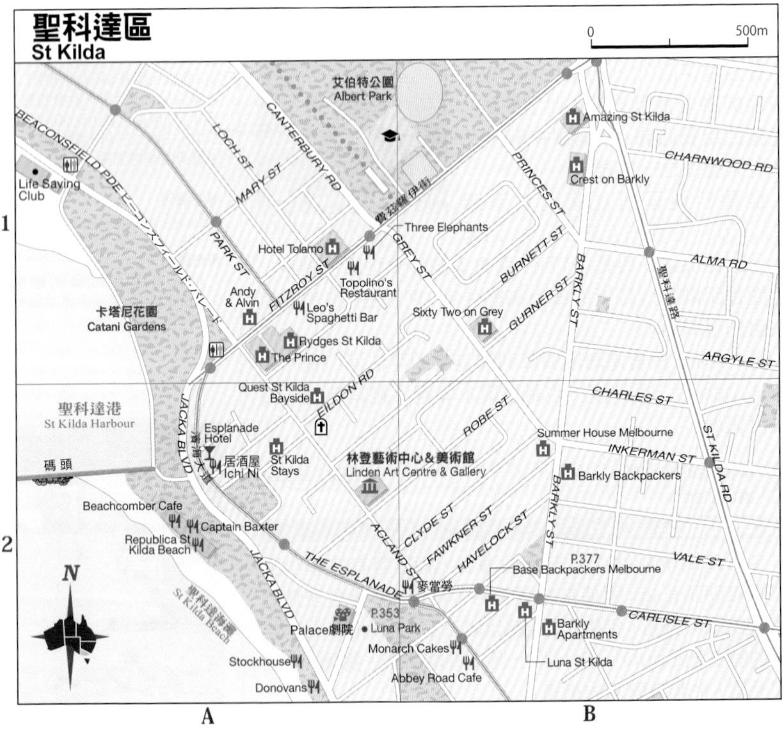

■威廉斯頓
URL visitwilliamstown.com.au
建議搭乘從南岸出發往威廉斯頓的渡輪。
●威廉斯頓渡輪（Melbourne River Cruises）
☎(03)8610-2600
URL www.melbcruises.com.au
費Southgate～威廉斯頓：單程大人$30 小孩$16 家庭$80／來回大人$42 小孩$25 家庭$110

聖科達區
St Kilda

0 500m

艾伯特公園 Albert Park
Amazing St Kilda
Crest on Barkly
CHARNWOOD RD
Life Saving Club
BEACONSFIELD PDE ビーコンズフィールド・パレード
LOCH ST
MARY ST
CANTERBURY RD
PRINCES ST
費茲羅伊街
Three Elephants
Hotel Tolarno
PARK ST
FITZROY ST
GREY ST
BURNETT ST
BARKLY ST
ALMA RD
聖科達路
Topolino's Restaurant
Andy & Alvin
Leo's Spaghetti Bar
Sixty Two on Grey
GURNER ST
卡塔尼花園 Catani Gardens
Rydges St Kilda
The Prince
ARGYLE ST
Quest St Kilda Bayside
EILDON RD
CHARLES ST
聖科達港 St Kilda Harbour
JACKA BLVD
濱海大道
Esplanade Hotel
居酒屋 Ichi Ni
St Kilda Stays
林登藝術中心&美術館 Linden Art Centre & Gallery
ROBE ST
Summer House Melbourne
INKERMAN ST
Barkly Backpackers
ST KILDA RD
碼頭
Beachcomber Cafe
Captain Baxter
Republica St Kilda Beach
ACLAND ST
CLYDE ST
FAWKNER ST
HAVELOCK ST
P.377
Base Backpackers Melbourne
VALE ST
THE ESPLANADE
麥當勞
聖科達海灘 St Kilda Beach
P.353
Palace劇院
Luna Park
Barkly Apartments
CARLISLE ST
Monarch Cakes
Luna St Kilda
Stockhouse
Abbey Road Cafe
Donovans
N
1
2
A
B

墨爾本郊區城鎮

摩林頓半島

Mornington Peninsula

擁有許多美麗海灘的摩林頓半島

從墨爾本海邊一路延伸，宛如環抱著菲利浦港灣Port Phillip Bay般突出去的就是摩林頓半島，也是墨爾本市民休假時最喜歡造訪的觀光地。因為這裡分布不少酒莊、花園，以及時髦的餐廳、咖啡館，海邊還有適合戲水游泳的海灘，像是觀賞海豚＆游泳、衝浪或釣魚等海上休閒活動，以及健行、高爾夫、騎馬等陸地活動也很盛行。

主要的城鎮從遊客中心所在地的德羅瑪納Dromana、擁有美麗海灘的羅斯巴德Rosebud和萊伊Rye、觀賞海豚船的集合地點索倫多Sorrento，一路延續到位於半島最前端的波特西Portsea，全都是位於沿著菲利浦港灣的Point Nepean Hwy.上，而且住宿、餐廳、超級市場等應有盡有，想要來個長假都不成問題。

魅惑紅酒達人的黑皮諾

MAP P.331/3A

摩林頓半島的酒莊
Mornington Peninsula Wineries

綿延在丘陵之上的美麗葡萄園

整座摩林頓半島上擁有超過50家酒莊，是維多利亞州內僅次於亞拉河谷Yarra Valley的第二大酒鄉。在海風吹拂之下氣候涼爽，成長出品質絕佳的黑皮諾Pinot Noir、夏多內Chardonnay葡萄，獲得相當高的評價。大多數的酒莊都分布在半島中央部分的小山丘地帶Red Hill，不少酒莊內還兼設高級餐廳。由於幾乎所有的酒莊都提供遊客試飲服務，建議最好多品嚐比較才能找到自己最喜歡的葡萄酒。

交通

●摩林頓半島

一般多是租車前往，若要搭乘大眾交通工具，必須要搭火車到Frankston再轉乘Route 788的巴士，會經過德羅瑪納、羅斯巴德、索倫多到波特西。巴士在平日為1小時一班，週六、日則為1.5小時一班。

■摩林頓半島遊客中心＆預約中心
Mornington Peninsula Visitor Infomation & Booking Centre
住 359B Point Nepean Rd., Dromana, 3936
FREE 1800-804-009
☎ (03)5950-1579
URL www.visitmorningtonpeninsula.org
開 每日10:00～16:00
休 耶穌受難日、紐澳軍團紀念日、耶誕節

■渡輪服務

從索倫多有渡輪前往對岸的Queenscliff，如果計畫租車前往大洋路，不妨第一天去摩林頓半島，並且搭乘渡輪前往吉隆Geelong，會是相當有趣的旅程。

●Queenscliff-Sorrento Car & Passenger Ferries
☎ (03)5257-4500
URL www.searoad.com.au
時 每日7:00～18:00之間每小時1班
費 單程：大人$16 小孩$12 家庭$47、汽車$75、摩托車$41
※汽車費用會依照季節、車輛種類、乘客人數而有所不同

如果租車一定要搭渡輪體驗開車

摩林頓半島的主要酒莊

酒莊名稱	地址／URL	電話	營業時間
Montalto Vinyard & Olive Grove	33 Shoreham Rd., Red Hill South, 3937 URL montalto.com.au	(03)5989-8412	每日11:00～17:00
Red Hill Estate	53 Shoreham Rd., Red Hill South, 3937 URL www.redhillestate.com.au	(03)5989-2838	每日11:00～17:00
Main Ridge Estate	80 William Rd., Red Hill, 3937 URL mre.com.au	(03)5989-2686	週六11:00～17:00 週日11:00～16:00
Lindenderry at Red Hill	142 Arthur Seat Rd., Red Hill, 3937 URL www.lancemore.com.au/lindenderry	(03)5989-2933	週六、日 11:00～17:00
Paringa Estate	44 Paringa Rd., Red Hill, 3937 URL paringaestate.com.au	(03)5989-2669	每日11:00～17:00
T'Gallant Wines	1385 Mornington-Flinders Rd., Main Ridge, 3928 URL www.tgallant.com.au	(03)5931-1300	週四～一 10:00～16:00

在這麼多酒莊中以Montalto Vinyard & Olive Grove和Red Hill Estate最有人氣，不但都擁有氣氛絕佳的餐廳，還能在用餐時欣賞美麗的葡萄園。而且Montalto也有生產製造橄欖油，可以買到最頂級的初榨特級橄欖油Extra Virgin Olive Oil。

摩林頓半島最棒的觀景點 MAP P.331/3A

亞瑟王座
Arthurs Seat

可以一覽摩林頓半島風光的亞瑟王座，是半島的最高點（海拔300m），可以從山腳下搭乘亞瑟王座鷹Arthurs Seat Eagle（纜車）上山，也可以開車抵達，搭乘纜車單程大約14分鐘。在山頂上設有觀景餐廳、咖啡店、迷宮花園及叢林健行步道，只要天氣夠好，不但可以看到半島最尖端的Point Nepean，甚至還能遠眺到港灣對面的墨爾本高樓大廈。

纜車的窗戶沒有玻璃，可以享受自然涼風的吹拂

至於鄰近亞瑟王座的Heronswood Gardens也很值得一訪。建於1866～1871年是墨爾本大學第一位法學博士William Heran的住宅，建築為哥德復興式風格Gothic Revival，尤其以傳統的板岩屋頂最讓人印象深刻。雖然建築物內部沒有對外開放，不過可以參觀花園。除了有適合生長在少雨澳洲土壤的植物之外，廣達2公頃的花園裡種植了各種香草、無農藥蔬菜（也販賣給園藝家使用的樹苗），一旁附設的餐廳所提供的餐點和蛋糕，都是使用花園裡所收穫的無農藥蔬菜及香草。

極美的迷宮花園 MAP P.331/3A

雅思迷宮及薰衣草花園
Ashcombe Maze & Lavender Gardens

這裡是澳洲最古老的花園迷宮，占地25英畝的寬廣面積裡，有十多個主題造型各異的花園，由超過1200株玫瑰植栽打造的圓形迷宮，以及薰衣草花園、噴水池等，很適合在這些美麗的庭園裡慢慢散步。附設的咖啡屋提供的奶油茶更是大受歡迎。

在摩林頓半島採草莓 MAP P.331/3A

陽光草莓園
Sunny Ridge Strawberry Farm

這裡是澳洲頗具規模的草莓農場，開放給遊客親手採草莓，在藍天白雲之下，穿梭在隨著季節而結出各種甜美果實的草莓園裡，享受採果樂趣。另外也別忘了嚐嚐看這裡的草莓冰淇淋、草莓果醬、草莓氣泡酒等各種美味商品。

■亞瑟王座鷹
住1085 Arthurs Seat Rd., Dromana, 3936
☎(03)5987-0600
URL aseagle.com.au
營每日10:00～17:00
※依季節而有所變動
費單程大人$20.50 小孩$12.95 家庭$55.50／來回大人$27.90 小孩$17.50 家庭$75.50

■Heronswood Gardens
住105 Latrobe Pde., Dromana, 3936
☎(03)5984-7321
☎(03)5984-7318（レストラン）
URL www.diggers.com.au
營每日10:00～16:00（餐廳的午餐時段為11:00～15:00）
費庭園大人$10 小孩免費

讓人想慢慢欣賞的庭園

■雅思迷宮及薰衣草花園
住15 Shoreham Rd., Shoreham, 3916
☎(03)5989-8387
URL ashcombemaze.com.au
營週四～一10:00～17:00
休週二、三、耶誕節
費大人$18.50 小孩$10 家庭$52

■陽光草莓園
住244 Shands Rd., Main Ridge, 3928
☎(03)5989-4500
URL sunnyridge.com.au
營11～4月的週一～四9:00～17:00、5～10月的週末11:00～16:00／採草莓是11～4月的9:00～16:30
休5～10月的平日、新年、耶穌受難日、耶誕節
費採草莓：大人$12（500g以下自由摘採） 小孩$6（250g以下自由摘採） 家庭$30
※採草莓的旺季為11～4月

享受採草莓的樂趣

以日本溫泉為藍本打造

MAP P.331/3A

半島溫泉
Peninsula Hot Springs

擁有許多露天溫泉池吸引大量的澳洲人前來泡湯

對日本的溫泉有著深厚造詣的老闆，在研究過世界30多國的SPA之後，終於打造出這座半島溫泉；從地底深達637m處挖掘出來的溫泉泉源調整成38～43℃，注滿各種類型的露天溫泉池（雖然是泡溫泉也要穿泳衣）。園區內分為兩大區域，除了有各種露天溫泉、腳底按摩健康步道、土耳其浴，以及讓親子同樂的Bath House、16歲以上才能進入的溫泉游泳池之外，還有提供摩洛哥浴、土耳其浴、三溫暖等完善設施的Spa Dream Centre。至於Day Spa所使用的芳療商品則是取自於澳洲原住民草藥概念的「Li'Tya」。

與友善的海豚共泳

索倫多海豚&海狗之旅
Sorrent Dolphin & Seal Swim

海狗棲息在海上的涼亭

與海狗一起游泳

有2家旅行社推出從索倫多碼頭出發，內容都是搭觀光船出海觀賞海豚、澳洲海狗，也能近距離觀賞及游泳的行程，全程約3小時。澳洲海狗以海灣內的海上涼亭為棲息地，在那裏可以實現與海狗近距離一起游泳的夢想；至於海豚則要依當天的海況而定，不一定都能下水與牠們共泳。提供租借潛水衣、潛水設備的服務，不過泳衣、毛巾，還有相機千萬別忘了帶。

享受沙灘騎馬的樂趣

Gunnamatta Trail Rides
Gunnamatta Trail Rides

只有這裡能夠體驗在沙灘、叢林間的騎馬樂趣，尤其是想騎著馬踩在細軟的沙灘上，在澳洲必須經過特別申請許可，Gunnamatta就是少數獲得許可執照的公司。最熱門的是2小時的St Andrews Beach Ride，可以穿越沙丘眺望沙灘之美；另外也有提供給初學者或孩童的50分鐘輕鬆叢林騎馬路線，以及半天、全天的綜合路線可以選擇。

■半島溫泉
住140 Springs Lane, Fingal, 3939
☎(03)5950-8777
URL www.peninsulahotsprings.com
營Bath House：每日5:00～23:00／Spa Dream Centre：每日8:00～21:00
休耶誕節
費Bath House：使用1小時大人$30 小孩$20，整天使用大人$65 小孩$40／Spa Dream Centre：1人$120

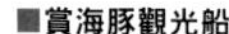

■賞海豚觀光船
●**Moonraker Dolphin Swim & Seal Swim**
☎(03)5984-4211
URL www.moonrakerdolphinswims.com.au
時10月中旬～4月的每日9:00～12:00、13:00～16:00
休新年、復活節、耶誕節、節禮日、跨年當天
費只觀賞海豚：大人$85 小孩$45／包含共泳（10～4月）：大人$185 小孩$145 家庭$750
●**Polperro Dolphin Swims**
☎(03)5988-8437
URL polperro.com.au
時9月最後的週末～5月下旬的每日8:00～11:30、12:00～15:30
※要預約，時間也會依照天候而有異動
費共泳1人$175／觀賞海豚大人$80 小孩$60

■Gunnamatta Trail Ride
住50 Sandy Rd., Fingal, 3939
☎(03)5988-6755
URL gunnamatta.com.au
時50分鐘Truemans Bush Ride：週一、二、五10:30、14:30，週六、日、節日8:00出發／2小時St Andrews Beach Ride：週一、二、五12:00，週六、日9:00、12:00、15:00出發
※夏季、學校假期時出發行程會增加
費50分鐘Truemans Bush Ride：1人$175（10歲以上）／2小時St Andrews Beach Ride：1人$195（10歲以上）

交通

●**菲利普島**

大眾交通工具的班次非常少，因此一般都是租車或是參加巴士之旅（巴士之旅→P.369）。

■**搭乘大眾交通工具前往菲利普島**

從墨爾本搭乘V Line到考斯，有提供火車＋巴士的服務（單程約需3小時～3小時30分）。而搭乘火車前往史東尼角，再轉乘Wester Port渡輪（一天4～5班）到考斯，也是方法之一。

●Western Port Ferry
☎(03)5257-4565
URL www.westerportferries.com.au
費 單程：大人$14.50 小孩$8.90

■**菲利普島遊客中心Phillip Island Information Centre**
住 895 Phillip Is. Rd. Newhaven, 3925
FREE 1300-366-422
URL www.visitphillipisland.com
營 每日10:00～16:00（夏季學校假期期間～18:00）
休 耶誕節

菲利普島

Phillip Is.

考斯擁有平靜無波的海灘

位於墨爾本東南方約137km處的菲利普島，對墨爾本市民來說是度過盛夏週末時光的最佳度假勝地，對於遊客而言更是墨爾本觀光的一大重頭戲，一定要來看看大名鼎鼎的企鵝遊行。菲利普島上的中心城鎮是考斯Cowes，有超市、咖啡館、餐廳、飯店及汽車露營地Caravan Park，規模不大卻設施齊全。而菲利普島的東南端一直延續通往烏拉邁角Cape Woolamai的海灘，則是世界職業衝浪好手參與國際衝浪巡迴賽之處。

此外，菲利普島在每年10月都會舉行世界摩托車錦標賽Moto GP澳洲大獎賽Australian Grand Prix，而賽車場除了這場知名國際大賽，還會舉辦其他比賽，也成為澳洲摩托車騎士們的夢想場地。如果租車從墨爾本前往菲利普島的話，途中不妨繞去探訪瑪魯無尾熊動物園（→P.368）。

不由得感嘆和南極作鄰居的好處 MAP P.358/A

企鵝遊行

Penguin Parade

觀賞可愛的企鵝遊行隊伍

太陽西沉，當四周逐漸變得黑暗時，就能見到這一群體長只有30cm左右的小企鵝（也被稱為藍企鵝／神仙企鵝），剛捕完魚正心滿意足地上岸回家的模樣。在能夠看到小企鵝遊行行列的夏地海灘Summerland Beach，還設有小企鵝觀測中心Little Penguin Watching Visitor Centre，展示著關於小企鵝生態的各式各樣資料（還可以見

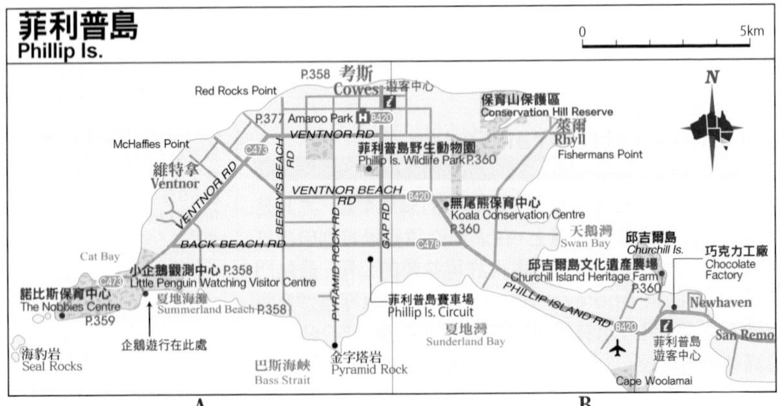

露天棧板台的企鵝觀賞區

從Underground Viewing能以企鵝視線看牠們

是迷你博物館也有紀念品店在內的遊客中心

到牠們躲在巢穴中的模樣）。

小企鵝遊行的地點就位於遊客中心通往海灘的木棧道步行約5分鐘，遊客可以坐在海灘前階梯狀的露天棧板台上，觀賞企鵝們列隊從海裡上岸，搖搖晃晃地走在燈光照射沙灘上的可愛模樣。更熱門的區域是必須增加費用但可以更近距離看到企鵝的Penguin Plus，是設置在企鵝回巢路線旁的觀賞區，能看到企鵝就從眼前經過；而且還可以再加選Underground Viewing，就是在觀賞區下方再設置地面玻璃觀賞區，以便用與企鵝相同視線看牠們走路的模樣。

而且，因為有太多人想將企鵝的身影用相機記錄下來，但是為了防止違規使用閃光燈拍照規定的惡劣情況層出不窮（從陰暗大海才剛回到岸上的企鵝，會有失明的危險），所以禁止拍照及使用錄影機錄影。企鵝的遊行開始在太陽下山之後，南極帶來的洋流冷風即使是在夏季也非常寒冷，因此要記得穿戴保暖衣物，或者向下榻旅館借一條毛毯也是可行的禦寒方法。

■在菲利普島遊玩必入手的超值Pass

包含了企鵝遊行、無尾熊保育中心、諾比斯保育中心南極之旅、邱吉爾島4處門票在內的4 Park Pass，可以在各景點入口處購買。

費4 Park Pass：大人$58 小孩$29 家庭$145／4 Park Pass（Penguin Plus）：大人$90 小孩$45 家庭$225／4 Park Pass（Penguin Underground Viewing）：大人$105 小孩$53

■企鵝遊行

住1019 Ventnor Rd., Phillip Is., 3922 ☎(03)5951-2800

URL www.penguins.org.au

開展覽館：每日10:00～企鵝遊行結束

費大人$27.70 小孩$13.70 家庭$69.10／Penguin Plus：大人$65 小孩$32.50 家庭$162.50／Penguin Underground Viewing：大人$75 小孩$37.50 家庭$187.50

與南極相關的展覽不容錯過 MAP P.358/A

諾比斯保育中心
The Nobbies Centre

菲利普島西方突出的諾比斯Nobbies岬，就位於看企鵝遊行的夏地海灘約10分鐘車程之處，這條道路在早晚時刻都能看到眾多的野生沙袋鼠，而在海邊一帶還有小企鵝的棲息地。諾比斯岬的最前端設有木棧步道，幸運的話有機會能看到在巢中等待父母回來的企鵝小寶寶。

在木棧步道起點的諾比斯保育中心（有紀念品店、餐廳進駐的設施）內有個南極之旅Antarctic Journey的展覽，以互動式設計來展示與南極相關的知識，特別是使用最新的VR技術，讓觀眾能透過銀幕體驗就像是親身站在南極冰床上的影片《南極野生動物Antarctic Wildlife》，最受歡迎。

南極之旅的展覽讓人感受南極氣氛

■諾比斯保育中心

☎(03)5951-2800

URL www.penguins.org.au

開每日10:00～17:00（夏季～20:00、冬季～16:30）

費免費

●南極之旅

費大人$13.70 小孩$6.85 家庭$34.30

在諾比斯岬的周邊經常能看見沙袋鼠的蹤跡

■無尾熊保育中心
(03)5951-2800
URL www.penguins.org.au
開 每日10:00～16:30
費 大人$13.70 小孩$6.85 家庭$34.30

來看野生無尾熊

MAP P.358/B

無尾熊保育中心
Koala Conservation Centre

運氣好的話，可以這麼近看到無尾熊

菲利普島上棲息著許多野生無尾熊，雖說如此要找到牠們的蹤影也並不容易，而無尾熊保育中心就是能看到在尤加利樹林裡生活的無尾熊。中心在廣大的腹地內鋪設了木棧步道，遊客可以近距離觀賞到正在樹上活動的無尾熊；不過千萬要記得的是，即使很幸運地看到伸手可觸的無尾熊，也絕對不能用手去摸牠們。

■海豹岩之旅
●Phillip Island Seal Cruise
(03)5951-2800
URL www.penguins.org.au
時 每日14:00出發（夏天旺季時11:00、16:30也有班次）需要2小時
費 大人$92 小孩$82.50 家庭$256

觀光船使用的是海洋快艇型的船隻

與野生海狗面對面

海豹岩之旅
Seal Rocks Cruise

海豹岩上滿是海豹

菲利普島周邊是野生海狗Fur Seal的棲息地，在諾比斯岬近海的海豹岩就有5000多隻海狗生活在這裡。如果想看海狗可愛的模樣，從考斯就有觀光船可以搭乘，而且有多家旅行社推出各種活動的組合行程，價格也有所不同，其中以Phillip Island Seal Cruise最受歡迎。海狗的好奇心很強，只要看到有遊船靠近就會靠過來，讓大家看到牠們逐浪嬉戲、跳躍翻滾的可愛模樣，體型比母海狗大上3倍的公海狗有時還會率領團隊跟在觀光船左右，讓人看得大呼過癮。

■菲利普野生動物園
住 2115 Phillip Is. Rd., Cowes, 3922 (03)5952-2038
URL www.piwildlifepark.com.au
開 週五～二10:00～17:00（最後入園16:00）
休 週三、四、耶誕節
費 大人$19 小孩$9 家庭$50

連袋熊都是放養

MAP P.358/A

菲利普島野生動物園
Phillip Is. Wildlife Park

在這裡包括澳洲最具代表性的袋鼠、鴯鶓，以及鹿和袋熊全都採取放養模式，每一種動物都不怕人，可愛的模樣非常受到歡迎；遊客還可以在入口處購買飼料，親自餵食這些動物。既然是野生動物園，當然也少不了無尾熊和袋獾的存在。

■邱吉爾島傳統農場
住 246 Samuel Amess Drive, Churchill Island, Newhaven 3925 (03)5951-2800
URL www.penguins.org.au
開 每日10:00～16:30（活動下午開始）
費 大人$13.70 小孩$6.85 家庭$34.30

人氣活動的剃羊毛秀

體驗古老而美好的農莊生活

MAP P.358/B

邱吉爾島傳統農場
Churchill Island Heritage Farm

邱吉爾島是歐洲人在維多利亞州最早開拓的農業地區（1801年），現在則是保留著1850年開拓時代全島為大農場的樣子，當作歷史農業博物館來吸引觀光客前來遊覽。在島上可以參觀開拓時代當時農場的建築，還有體驗擠牛奶和欣賞剃羊毛秀、搖動樂鞭體驗、牧羊犬趕羊秀等多種活動可以參與，非常有趣。

丹頓農山脈
Dandenong Ranges

位於墨爾本東方約35km處，以海拔663m丹頓農山為中心的丘陵地帶，成為墨爾本市民週末出遊兜風、親近大自然的最佳去處。起點就在普芬比利蒸汽火車出發點的貝爾格雷夫Belgrave這座城鎮。

尤加利樹林與溫帶雨林遍布整個丘陵地區

大人小孩都喜愛的童話列車 MAP P.331/2B

普芬比利蒸汽火車
Puffing Billy

鳴響氣笛出發囉

吞吐著濃煙行駛在丹頓農山脈間的紅色普芬比利蒸汽火車，是在這個區域觀光時不可或缺的交通工具；從貝爾格雷夫出發，經過Emerald、Lakeside到終點Gembrook，整趟行程24.5km，行駛時間約2小時。1900年開通啟用時，是鐵軌寬度僅有76cm的窄軌鐵路，1950年代因為山崩等因素而停駛，幸好在要求復駛的聲浪下，以觀光鐵路為名，經由義工之手讓這條鐵路再度復活。至於普芬比利Puffing Billy名稱則是源自英國1813年製造、目前歷史最悠久的蒸汽火車之名，意思是「咕嚕冒煙的水壺」。

從貝爾格雷夫出發，一路上車窗外的景色如詩如畫，茂密生長於尤加利樹林間的蕨類植物、茵綠牧草地，還有3座木造橋樑等美麗景色接連不斷，讓人怎麼也看不膩。而且在天氣晴朗的時候，路途中還能望見菲利浦港灣的蔚藍海景，記得回程時要坐在行進方向的右側；而蒸汽火車迷則會擠到前面車廂，近距離聆聽蒸汽火車頭所發出的聲音，不過也要有心理準備，在這裡會吸進一些煤炭灰。如果在抵達Gembrook之後繼續搭乘火車返回，必須花上一整天的時間，若是參加墨爾本出發的在地旅遊團，就可以在半路的車站下車由巴士接駁（詳細請確認旅行團行程→P.370）前往其他觀光地點，節省許多時間。

此外，想品嚐美食的遊客也可以選擇包含餐點的蒸汽火車行程，最近很受歡迎。

在森林中享受空中滑索的樂趣 MAP P.331/2B

樹冠冒險－格蘭哈羅公園
Tree Tops Adventure - Glen Harrow Park

組合各種戶外活動與空中滑索Zip Line（澳洲稱為Flying Fox）的空中冒險活動，非常受到世界各地年輕人的喜愛，墨爾本則是在貝爾格雷夫車站附近的格蘭哈羅公園內可以體驗到這種刺激的活動。園內共有15種空中滑索及70種各式戶外活動，對應個人程度可以組合成各種行程，最普通的行程需要約2小時。

交通

●丹頓農山脈

到貝爾格雷夫可以在墨爾本搭乘從福林德斯街車站出發的郊外列車（Zone 1+2），此外也可以搭乘郊外列車到Oakleigh，再轉乘Route 693的巴士，需要1小時40分。

■普芬比利蒸汽火車

除了普芬比利之外還有Thomas蒸汽火車、Jingle Bell列車等，每天都有各種不同的蒸汽火車行駛，詳細如下所記。
☎(03)9757-0700
URL puffingbilly.com.au
時 貝爾格雷夫出發、前往Lakeside：週五～日10:00、11:15、12:45，週一～四11:00
※在學校假期期間行駛班次會增加
費 貝爾格雷夫來回費用：Emerald或Lakeside 大人 $61 小孩 $31.50 家庭 $153.50／Gembrook 大人 $78.50 小孩 $39.50 家庭 $196.50
※在維多利亞州為了預防森林野火，有時會發出禁止使用任何火源的「Total Fire Ban」警告，此時就會停止行駛蒸汽火車，改為行駛柴油火車。

■樹冠冒險－格蘭哈羅公園

住 Old Monbulk Rd., Belgrave, 3160 ☎(03)9752-5354
URL treetopsadventure.com.au
營 週一、二11:00～17:00，週三～五10:00～17:00，週六、日及節日9:00～17:00（最晚出發為15:00）※學校假期期間為每日9:00～17:00
休 新年、耶誕節
費 大人 $51 小孩 8～17歲$41、3～7歲$28

享受暢快氣氛的空中滑索

交通

●亞拉河谷

由於酒莊分布範圍相當廣泛，租車或是參加在地旅遊團才是明智之舉。

■亞拉河谷的旅遊情報

URL www.visityarravalley.com.au

人氣酒莊Domaine Chandon的Green Point品酒室

亞拉河谷

Yarra Valley

一望無際的絕美葡萄園景色

亞拉河谷位在墨爾本東方大分水嶺的山麓，廣闊的丘陵地上是綿延不斷的葡萄園，亦是澳洲最具代表性的葡萄酒鄉。1837年時Ryrie兄弟從雪梨徒步走了900km老遠來到這裡，隔年他們將帶來的600株葡萄幼苗種植在這片土地上，成為亞拉河谷作為澳洲一大酒鄉的重要基礎。目前這裡有80多間酒莊，其中還有多家附設餐廳及咖啡館，可以同時享受美食與美酒；還有起司和巧克力工廠，感覺像是墨爾本郊外的美食據點。

主要觀光據點分布在利利戴爾Lilydale、亞拉格蘭Yarra Glen、希斯維爾Healesville這幾座城鎮，但是酒

亞拉河谷 Yarra Valley

0 10km

P.363 De Bortoli Winery
Dixons Creek
Dixons Creek Estate
Yarrawood Estate
Yarra Valley Chocolaterie & Ice Creamery
Long Gully Estate
Christmas Hills
Yarra Valley Grand
HEALSVILLE YARRA GLEN RD
Tarrawarra Lodge
P.362 亞拉格蘭 Yarra Glen
Chateau Yering Historic House Hotel
P.376
P.363 Yering Station
亞拉河 Yarra River
P.363 Domaine Chandon
Yarra Valley Dairy
MAROONDAH HWY
Tarrawarra Estate P.363
遊客中心
希斯維爾 P.362 Healesville
希斯維爾野生動物保護區 P.367 Healesville Sanctuary
Badger Creek
Badger Creek Blueberry Winery
Rochford Wines P.363
Dominique Portet P.363
Tokar Estate
P.363 Oakridge Wines
Yerring
St Huberts P.363
MELBA HWY
Blanchet Yarra Valley
Coombe Yarra Valley
Squitchy Lane
Yarra Yering
Coldstream Hills P.363
Billanook Estate
Coldstream
KOO WEE RUP RD
McGorbes Winery
利利戴爾 Lilydale P.362
WARBURTON HWY
Killara Estate
Seville
Seville East
Wandin
Woori Yallock
Launching Place
Seville Estate
B300 B360 B380 C726 C505 C411 C404 C401
1 2 A B

莊和景點都還是在城鎮郊區，因此可以參加由墨爾本或當地出發的旅遊團，或是租車自行前往會比較方便。若是參加旅遊團，嚮導會詳細解說關於亞拉河谷的酒莊、葡萄樹的種類與常識、當地景點，以及推薦的店家等事情，也常會在酒莊附設的餐廳享受酒與料理產生美妙絕配的樂趣。如果是自行開車前往，這一帶提供不少時尚的B&B及小旅館，可以考慮停留幾天好好遊覽。

到處都有美酒可供享用

MAP P.362

推薦酒莊
Wineries

Oakridge Wines充滿開放感的品酒室

Domaine Chandon是由專門生產香檳王Dom Pérignon的法國酒商酩悅香檳Moët & Chandon在澳洲打造的酒莊，這裡所出產的頂級氣泡酒，獲得全世界極高的評價；還有以法式風格的精品酒莊而獲得很高評價的Dominique Portet，以及餐廳與酒都評價頗佳的De Bortoli Winery、Oakridge Wines、Rochford Wines。至於Yering Station的葡萄園則是當年Ryrie兄弟們親手種下葡萄苗的地點之一，而餐廳窗外景致絕佳，料理也很美味。

享受清晨的空中散步

熱氣球之旅
Ballooning Tour

亞拉河谷的天候穩定，是非常適合熱氣球飛行的地點，Global Balloning有推出相關行程。在天亮前體驗1個小時的空中飛行，附加行程則是在飛行之後可以享用香檳與早餐。

■酒莊之旅

●亞拉河谷品酒之旅
Yarra Valley Wine Tasting Tours
電(03)9650-0888
URL yarravalleywinetastingtours.com.au
時每日10:30～16:30／墨爾本出發每日9:45～17:30
費1人$160（含午餐）

●澳洲葡萄酒之旅
Australian Wine Tour
電(03)9419-4444
FREE 1800-996-414
URL www.austwinetourco.com.au
時墨爾本出發9:00～17:00
休新年、耶誕節、節禮日
費1人$150（含午餐）

清晨經過Chateau Yering上空的熱氣球

■熱氣球之旅

●Global Balloning
Global Ballooning
電(03)9428-5703
FREE 1800-627-661
URL www.globalballooning.com.au
費大人$405 小孩$325／含早餐 大人$440 小孩$345

亞拉河谷的主要酒莊

酒莊名稱	地址／URL	電話	營業時間
De Bortoli Winery	58 Pinnacle Lane, Dixons Creek, 3775 URL www.debortoli.com.au	(03)5965-2271	每日10:00～17:00
Domaine Chandon	727 Maroondah Hwy., Coldstream, 3770 URL www.chandon.com.au	(03)9738-9200	每日11:00～16:30
Rochford Wines	878-880 Maroondah Hwy., Coldstream, 3770 URL www.rochfordwines.com.au	(03)5957-3333	週一～五10:00～17:00 週六、日10:00～18:00
Dominique Portet	870 Maroondah Hwy., Coldstream, 3770 URL dominiqueportet.com	(03)5962-5760	週三～日10:00～17:00
Oakridge Wines	864 Maroondah Hwy., Coldstream, 3770 URL www.oakridgewines.com.au	(03)9738-9900	每日10:00～17:00
St Huberts	1-3 St Huberts Rd., Coldstream, 3770 URL www.sthuberts.com.au	(03)5960-7096	每日10:00～17:00
Coldstream Hills	29-31 Maddens Lane, Coldstream, 3770 URL www.coldstreamhills.com.au	(03)5960-7000	週五～一10:00～17:00
Yering Station	38 Melba Hwy., Yarra Glen, 3775 URL www.yering.com	(03)9730-0100	週一～五10:00～17:00 週六、日10:00～18:00
Tarrawarra Estate	311 Healesville-Yarra Glen Rd., Yarra Glen, 3775 URL www.tarrawarra.com.au	(03)5957-3511	週二～日11:00～17:00

華勒比

Werribee

華勒比是位於墨爾本以西約30km的城鎮，擁有美麗的沙灘及過去富豪的宅邸華勒比莊園，還有澳洲少見野生動物園Safari Park形式的華勒比開放式野生動物園（→P.368）等景點。不論是從墨爾本來這裡半日遊，或是在前往大洋路Great Ocean Road的途中順道經過，都很不錯。

如宮殿般的大豪宅和美麗庭園　MAP P.331/2A

華勒比莊園

The Mansion at the Werribee Park

華勒比莊園的華麗大豪宅

華勒比莊園可說是澳洲最奢華的19世紀宅邸，這棟完成於1877年的義大利宮殿風格建築，是當年靠著畜牧業而致富的Chirnside Family家族所擁有的私人宅邸，光是建築物就占地廣達10公頃，擁有多達60個房間，是維多利亞州規模最大的一座私人宅邸；如果再加上庭園總面積為140公頃，這樣的規模說是皇家宮殿也不為過。

被稱為Grand Mansion的主宅院裡，起居室、會客廳、圖書室、早餐室及晚宴廳、寢室等空間所使用的家具飾品，無不極盡奢華之能事，讓人嘆為觀止；由此也能得知，畜牧業在澳洲曾經是多麼盛極一時的行業。圍繞在主宅院四周的是經過悉心整理、繁花盛開的英式大庭園，而一旁附設的玫瑰園更是美得讓人屏息。若想享受主建築和庭園的華麗氛圍，最少也需要2個小時。

吉隆

Geelong

吉隆是維多利亞州第2大城（人口約26萬人），距離墨爾本約75km，面對柯瑞歐灣Corio Bay；也是前往貝拉寧半島及大洋路Great Ocean Road的重要門戶而聞名。城鎮的中心在穆拉布爾街Moorabool St.與馬洛街Malop St.的十字路口，包括Bay City Plaza、Market Square等購物中心在內，有許多時尚潮店都聚集在這裡。

從穆拉布爾街往海岸方向走過一個街區之後，就是喧嘩熱鬧的海灘路Beach Rd.，路旁盡是餐廳、咖啡館、公園、散步步道、遊艇俱樂部，是當地居民假日時的休閒

交通

●華勒比

到華勒比市區可以從墨爾本搭乘郊區列車（Zone 1+2），再從華勒比車站轉乘Route 439的巴士前往華勒比莊園、華勒比開放式野生動物園，約10分鐘。

■華勒比莊園（華勒比公園）

住K Rd. (Gate 2), Werribee, 3030
☎13-19-63
URL www.parks.vic.gov.au/place-to-see/parks/werribee-park
開10～3、4月的復活節：每日10:00～17:00／3、4月的復活節之後～9月：週一～五10:00～16:00，週六、日及節日10:00～17:00
費大人$11.10 小孩$8 家庭$34.80／租借語音導覽1台$6.80

交通

●吉隆

從墨爾本（南十字星車站）出發前往吉隆，有V Line火車每隔1小時發出1班，需要約1小時。

●V Line
FREE 1800-800-007
URL www.vline.com.au

除此之外，從墨爾本的濱海港區Docklands有Port Phillip Ferry渡輪開往吉隆（每日2班有1班經由Portarlington，直達船班需時約1小時30分）

●Port Phillip Ferry
☎(03)9514-8959
URL www.portphillipferries.com.au
費單程：大人$19 小孩$11 家庭$51.50

遊艇碼頭旁是熱門的散步路線

在海邊豎立著許多救生員木偶

娛樂地。

而從吉隆車站出來後與市中心反方向的帕金頓街Pakington St.，則因為是時尚餐廳、咖啡館聚集的新景點而受到注目。

認識澳洲的羊毛史 MAP 無

國家羊毛博物館 National Wool Museum

可以了解牧羊業歷史的國家羊毛博物館

國家羊毛博物館與遊客中心位於同一棟建築內，展示與澳洲羊毛產業的相關歷史和文物，從剛剃下來的羊毛到織成的羊毛布料，都有淺顯易懂的解說，還可以親手觸摸各品種羊毛的不同觸感，是充滿驚喜和趣味的體驗。尤其是放在博物館正中央的地毯紡織機Carpet Loom，體積之大讓人看了嘆為觀止，只要來對了時間，還能親眼看到這架巨無霸地毯紡織機實際運作的情況。館內還有販售澳洲羊毛相關商品的禮品店，提供遊客選購。

■吉隆遊客中心Geelong Visitor Information Centre
住26 Moorabool St., Geelong, 3220
☎(03)5222-2900
FREE 1800-755-611
URL www.visitgeelongbellarine.com.au
開每日9:00～15:00
休耶誕節

也是遊客服務中心的國家羊毛博物館

■國家羊毛博物館
住26 Moorabool St., Geelong, 3220 ☎(03)5272-4701
URL www.geelongaustralia.com.au/nwm
開每日10:00～15:00
休耶穌受難日、耶誕節、節禮日
費大人$10 小孩$6 家庭$30

貝拉寧半島 Bellarine Peninsula

位於吉隆東方的突出半島就是貝拉寧半島，若是打算租車遊覽墨爾本近郊的話，不妨順道造訪這座充滿美食的半島。與摩林頓半島間有渡輪行駛，島上的主要城鎮有遊客中心所在地的Queenscliff、面向菲利浦港灣而漁業興盛的Portarlington，還有臨半島南部巴斯海峽的Ocean Grove和Barwon Heads。

貝拉寧半島還以繁盛的淡菜養殖業而聞名，在墨爾本餐廳吃到的淡菜幾乎都是這裡所生產的；而位於Portarlington從事淡菜及牡蠣養殖並直營販賣的Advance Mussel Supply，也有附設咖啡店風格的餐廳，能以實惠的價格品嚐新鮮的淡菜，值得一去。

Advance Mussel Supply的品嚐拼盤$34

交通
●貝拉寧半島
大眾交通工具非常少，建議還是租車比較方便。如果在當地有交通工具的話，就可以選擇從墨爾本的濱海港區Docklands搭乘Port Phillip Ferry渡輪前往（每日2班，需時約1小時10分）。
●Port Phillip Ferry
☎(03)9514-8959
URL www.portphillipferries.com.au
費單程：大人$17.50 小孩$10 家庭$47

■Advance Mussel Supply
住230-250 Queenscliff Rd., Portarlington, Bellarine, 3221
☎(03)5259-1377
URL www.advancemussel.com.au
開週四～六10:00～17:00，週日10:00～16:00
休週一～三、耶穌受難日、耶誕節、節禮日

貝拉寧半島極受矚目的蘋果酒、葡萄酒和琴酒 MAP 無

啤酒廠、葡萄酒莊＆烈酒廠之旅 Brewery & Winery & Distillery

在貝拉寧半島有超過20家啤酒廠、葡萄酒莊＆烈酒廠（蒸餾廠），部分葡萄酒莊也釀造蘋果酒與精釀啤酒，在

墨爾本年輕人間有不錯的評價。

以蘋果酒(Cider)而受歡迎的Flying Brick-Yes Said The Seal Vineyard，擁有能眺望葡萄園的美麗餐廳與品酒室，可以體驗蘋果酒及葡萄酒的試飲。

午餐時間要造訪的是Jack Rabbit Vineyard，是以黑皮諾和卡本內著稱的酒莊，附設的餐廳能將腳下的菲利浦港灣一覽無遺，可以度過愉快的用餐時光。而位於附近的Bennetts on Bellarine也是頗受好評的酒莊，選擇Degustation Tasting Board就可以享受他們自豪的葡萄酒與本地生產的淡菜和醃肉火腿Charcuterie之間的美妙絕配。

Jack Rabbit的咖啡館

Bennetts on Bellarine的品酒室

至於Bellarine Distillery則是當地極受注目的琴酒蒸餾廠，從2015年開始製造琴酒和威士忌，目前供應5種類型的琴酒。附設的餐廳內準備了搭配各種琴酒的通寧水，可以享受試飲琴湯尼Gin Tonic的樂趣。

在Bellarine Distillery可以品嚐各種風味的琴酒

可以品嚐比較蘋果酒的Flying Brick

■Flying Brick-Yes Said The Seal Vineyard
住1251-1269 Bellarine Hwy., Wallington, 3222
☎(03)5250-6577
URL flyingbrickciderco.com.au
營週日～四11:00～17:00，週五、六11:00～22:00
休耶穌受難日、耶誕節

■Jack Rabbit Vineyard
住85 McAdams Lane, Bellarine, 3221
☎(03)5251-2223
URL www.jackrabbitvineyard.com.au
營週日～四10:00～17:00，週五、六18:00～22:00
休耶穌受難日、耶誕節

■Bennetts on Bellarine
住 2171 Portarlington Rd., Bellarine, 3223
☎(03) 8751-8194
URL www.bennettsonbellarine.com
營週一、四11:30～15:30，週五、日11:30～18:00，週六11:30～21:30
休週二、三、耶誕節

■Bellarine Distillery
住2102-2120 Portarlington Rd,, Drysdale, 3222
☎(03) 8751-8194
URL www.bellarinedistillery.com.au
營週四～日11:00～17:00
休週一～三、耶誕節

墨爾本的主題公園
THEME PARKS IN MELBOURNE AREA

想要和澳洲的可愛動物近距離接觸，就得去動物園&水族館，下面要介紹的就是位於墨爾本市區，以及去郊區觀光時也能順帶一遊的人氣景點。不過不論哪一座動物園都依照維多利亞州的法令，禁止遊客擁抱無尾熊。

洋溢著大自然 MAP P.331/2A

墨爾本皇家動物園
Melbourne Zoo (Royal Melbourne Zoological Gardens)

墨爾本皇家動物園不但是澳洲第一座動物園，同時也是全世界第3古老的正統派動物園。成立於1862年，等於是英國人在菲利浦港灣設立殖民地之後，僅僅經過27年就誕生了這座動物園。在占地22公頃的廣大面積裡，以最接近原始自然的環境飼育著超過320種的動物；大家對「動物園」的印象不外乎是水泥牆、鐵欄杆，但是在這裡卻是滿滿的綠樹和土壤。

澳洲體型最大的維多利亞無尾熊

想要觀賞澳洲特有動物展示區，得從大門口走到最裡面，重現叢林野外的區域裡有袋鼠、沙袋鼠、鴯鶓在嬉戲，有著濃密毛皮的大型維多利亞無尾熊、罕見的毛鼻袋熊、袋獾都是不容錯過的焦點動物，另外像是長頸鹿、獅子、老虎、豹、大象、猩猩、紅毛猩猩、黑猩猩等熟悉的動物也都全員到齊，等著遊客的拜訪。

■墨爾本皇家動物園
住Elliott Ave., Parkville, 3052
☎1300-966-784
URL www.zoo.org.au/melbourne
開每日9:00～17:00
費大人$42 小孩$21 家庭$105（小孩在週六、日、學校假期期間免費）
●如何前往
從墨爾本市區伊莉莎白街搭乘路面電車Route 58，或是從福林德斯街車站搭乘Upfield線到皇家公園車站下車。

重現南方海域世界 MAP P.341/3C

墨爾本水族館
Sealife Melbourne

潛入水中和鯊魚一起共泳

是將展示重點鎖定在澳洲近海海洋生物的水族館，尤其是能透過透明的海底隧道欣賞到飼養在巨大水槽裡的墨爾本近海魚群，成為最受到遊客青睞的區域，還能欣賞鯊魚及魟魚緩緩在水中悠游的模樣。其他還有可以看到小丑魚Nemo的珊瑚礁區、能近距離觀賞國王企鵝與巴布亞企鵝的企鵝園地，以及兒童最喜愛的Ice Age 4D劇場。

此外，最具口碑的活動就是在水槽裡和鯊魚一起共泳的體驗及持證潛水，由於不需要任何潛水經驗，對於想要在旅途中挑戰個人膽量的遊客不妨一試。

■墨爾本水族館
住Cnr. King St. & Flinders St., 3000
URL www.visitsealife.com/melbourne
開每日10:00～17:00，週六、日、節日10:00～17:30／鯊魚與潛水：週五～一10:00、11:、16:30開始（要預約）
費大人$47 小孩$32／鯊魚與潛水：體驗潛水、持證潛水都是1人$319（包含全部器材）

在眼前緩緩游動的魟魚

在宛如大自然的氛圍中與動物見面 MAP P.362/1B

希斯維爾野生動物保護區
Healesville Sanctuary

位在距離希斯維爾Healesville約4km遠森林中的動物園，原本是澳洲的動物學者Sir Colin MacKenzie為了個人研究成立於1934年，現在則是在廣達30公頃面積的保護區內飼養了超過200種澳洲動物。

解說鴨嘴獸的活動絕對不能錯過

在這些動物中以鴨嘴獸的飼養特別不同，可以讓遊客觀賞到牠們在水中活動模樣的解說表演，可說是希斯維爾的知名活動。

另外還有由管理員解說而且

■希斯維爾野生動物保護區
住Badger Creek Rd., Healesville, 3777
☎1300-966-784
URL www.zoo.org.au/Healesville
開每日9:00～17:00
費大人$42 小孩$21 家庭$105（小孩在週六、日、學校假期期間免費）
●如何前往
建議租車前往。如果使用大眾交通工具的話，從墨爾本搭乘火車到利利戴爾Lilydale，轉乘Route 685的巴士到希斯維爾，再步行約10分鐘，需要2小時～2小時30分。

可以近距離觀看的無尾熊與袋熊，以及讓鷹鷲等猛禽類放飛天空等都是很值得觀賞的表演活動。至於園內也設有為受傷野生動物治療的動物醫院，可以參觀。

希斯維爾野生動物保護區內的動物醫院

寬廣園區內有許多澳洲動物　MAP P.331/2B

月光野生動物保育公園
Moonlit Sanctuary Wildlife Park

位於摩林頓半島Pearcedale近郊的自然保護區，廣闊的園區內飼養了70種澳洲特有的動物，而且與動物相遇企劃活動也很豐富，像是可以和無尾熊、袋熊、澳洲野犬、笑翠鳥等動物接觸合影，當然也能餵食放養的袋鼠、沙袋鼠。這裡也為瀕臨滅絕危機的珍貴肉食有袋類動物──斑尾虎鼬（虎貓），進行繁殖活動。

參加與無尾熊相遇活動的紀念合照

■月光野生動物保育公園
住550 Tyabb-Tooradin Rd., Pearcedale, 3912
☎(03)5978-7935
URL moonlitsanctuary.com.au
開每日9:30～16:00
費大人$26 小孩$13 家庭$70／與無尾熊相遇（12:30、15:00）1人$25／與袋熊相遇（13:30）1人$60
●如何前往
由於搭乘大眾交通工具前往Pearcedale必須步行約30分鐘，建議還是租車比較方便。

前往菲利普島途中順道一遊　MAP P.331/3B

瑪魯無尾熊動物園
Maru Koala & Animal Park

位在菲利普島之前Grantville的郊外，於寬廣的腹地內設置了可以餵食放養袋鼠的區域（有白袋鼠），以及無尾熊、袋熊、袋獾、澳洲野犬等澳洲動物的飼養區，還有進行剃羊毛秀的小屋、迷你高爾夫球場等設施。除了能和無尾熊合拍紀念照的與無尾熊相遇活動（開放時間中隨時），還可以與澳洲野犬、沙袋鼠的寶寶，或是蜥蜴、蛇一起拍照。

也可以餵食白袋鼠

■瑪魯無尾熊動物園
住1650 Bass Hwy., Grantville, 3984 ☎(03)5678-8548
URL www.marukoalapark.com.au
開週一～五9:30～16:30，週六、日9:30～17:00
費大人$30 小孩$16 家庭$85／與動物相遇（無尾熊、澳洲野犬、沙袋鼠的寶寶、蜥蜴、蛇一起拍照）：最多2人$30～35
●如何前往
由於沒有大眾交通工具可到達，建議還是租車；或是參加菲利普島的旅遊團順道前往。

墨爾本居民最愛的野生動物園　MAP P.331/2A

華勒比開放式野生動物園
Werribee Open Range Zoo

在華勒比著名觀光景點華勒比莊園的隔壁，為澳洲罕見的非洲野生生態形式的動物園，遊客必須搭乘專用的狩獵旅行巴士進行45分鐘的遊園之旅。200公頃的腹地裡，依照各種動物的棲息區域劃分為澳洲、北美洲、亞洲、非洲，但是在巴士之旅能看到的都是草食性動物，像獅子或老虎這些具攻擊性的肉食性動物是看不到的，不過還有犀牛、河馬、長頸鹿、斑馬、羚羊這些動物能討當地人的歡心。在開放式野生區以外區域也能看到獵豹、黑長尾猴等動物的身影。

■華勒比開放式野生動物園
住K Rd., Werribee, 3030
☎1300-966-784
URL www.zoo.org.au/Werribee
開每日9:00～17:00
費大人$42 小孩$21 家庭$105（小孩在週六、日及學校假期期間免費）
●如何前往
從福林德斯街搭乘火車與巴士最方便（→P.364邊欄）。

搭上狩獵旅行巴士出發

墨爾本的旅遊&活動
TOURS & ACTIVITIES IN MELBOURNE AREA

墨爾本郊區的觀光景點位置大多非常偏僻，就算搭乘大眾運輸工具前往，但到當地還是無法接駁，還是參加在地旅遊團比較方便。

在地的英語旅遊團像是Gray Line、ATT Kings、Great Sights等都是使用大型巴士來進行旅遊，由於這種在地旅遊團的團員都是來自世界各地，氣氛也跟著輕鬆而熱鬧起來；而摩林頓半島、布勒山、巴拉瑞特&金礦區、伊楚卡等行程就幾乎完全沒有中文團，不過可以在網站上報名，英文不好也不必擔心。

■主要的英語旅遊團公司
● Gray Line
FREE 1300-858-687
URL www.grayline.com.au
● AAT Kings
FREE 1300-228-546
URL www.aatkings.com
● Great Sights
☎ 1300-850-850
URL www.greatsights.com.au

來到墨爾本不能少的
菲利普島企鵝遊行之旅
Phillip Is. Penguin Parade Tours

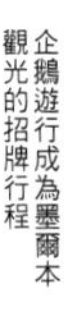

企鵝遊行成為墨爾本觀光的招牌行程

墨爾本人氣最旺的半日旅遊行程，就是菲利普島企鵝遊行之旅，主要內容就是到菲利普島(→P.358)參觀完企鵝遊行與無尾熊保育中心之後，回程途中再順道前往能與袋鼠面對面接觸的動物園一遊。

●Mr. John Tours／企鵝之旅

由墨爾本在地人Mr. John帶領團隊，詳細的解說不但完全滿足遊客的旅遊期待，更能盡興而歸。旅程中還會前

COLUMN
目標瞄準澳洲大陸最南端的人

漫步前往澳洲大陸最南端

澳洲大陸的最南端，就在距離墨爾本東南方約230km處的威爾遜岬國家公園Wilsons Promontory NP(一般簡稱為The Prom)內，而國家公園的基地就在遊客中心及露營場所在地的Tidal River。從這裡有許多條健行路線，也能步行通往澳洲大陸最南端的South Point，由於單程距離長達15km，通常都會在途中的露營場住宿一晚。

The Prom的門戶城鎮就在Foster，不過這裡沒有任何大眾交通工具，通常來附近的遊客都是自行開車。

而且這個地區擁有為數不少的住宿設施，除了健行之外還可以體驗划獨木舟、釣魚等活動，這些詳細資訊都可以在Tidal River的遊客中心取得，或是參照下列網址。

MAP P.325
● Prom Country
URL www.visitpromcountry.com.au
● Parks Victoria
URL parkweb.vic.gov.au

Penguin Plus和Underground Gallery Upgrand可以看見企鵝就近在眼前

■菲利普島企鵝遊行之旅
●Mr. John Tours／企鵝之旅
☎(03)9399-2334
URL www.mrjohntours.com
時每日14:00～23:30（冬季時間會稍微提早）
費大人$175 小孩$120
●JMG Tours／企鵝遊行與動物體驗之旅
☎(03)9570-9406
URL jmgtours.com.au
時每日14:35～23:00（冬季為13:50～22:30）
費大人$160 小孩$100／含牛排晚餐：大人$210 小孩$120／含龍蝦晚餐：大人$225 小孩$120
●GoGo Tours／企鵝遊行&菲利普島野生動物園
☎(03)8390-7178
URL gogotours.com.au
時4～10月中旬每日13:00～22:30、10月下旬～3月每日14:30～24:00
費大人$186 小孩$156，含餐大人$243 小孩$213／Penguin Plus Upgrand：大人$204 小孩$186，含餐大人$261 小孩$243／Underground Gallery Upgrand：大人$228 小孩$205，含餐大人$285 小孩$262

■普芬比利蒸汽火車之旅
●JMG Tours／森林浴！蒸汽火車與丹頓農山脈
☎(03)9570-9406
URL jmgtours.com.au
時每日8:10～13:15／普芬比利蒸汽火車與酒莊：每日8:10～16:30
費大人$145 小孩$90／普芬比利蒸汽火車與酒莊：含午餐大人$220 小孩$125
●Mr. John Tours／普芬比利蒸汽火車與丹頓農之旅
☎(03)9399-2334
URL www.mrjohntours.com
時每日8:00～13:30
費大人$165 小孩$120

往瑪魯無尾熊動物園，除了可以親自餵食袋鼠之外，也能和無尾熊一起拍照留念。

●JMG Tours／企鵝遊行與動物體驗之旅

最常見的在地旅遊團內容，通常都會前往瑪魯無尾熊動物園參觀，晚餐則是依照團費高低而有所不同。

●GoGo Tours／企鵝遊行&野生動物園

這是由致力於環保旅遊的旅行社所推出的企鵝之旅，結合最正宗的企鵝遊行與諾比斯岬的步道之旅，要讓所有遊客一邊步行一邊去觀察企鵝的巢穴（冬季取消步行活動），在企鵝繁殖季節的12～3月時還有機會看到可愛的企鵝寶寶。此外，這家旅行社還推出多種選項的旅遊行程，像是能以更近距離看見企鵝的Penguin Plus和Underground Gallery Upgrand等提供遊客加價升級。

愉快的上午時光
普芬比利蒸汽火車之旅
Puffing Billy Tours

奔馳在丹頓農山脈間的明星觀光鐵道──普芬比利蒸汽火車，如果是自行搭火車的話，抵達終點站還得再坐回來相當浪費時間，不如參加在地旅遊團，除了能欣賞到最美麗的景色，還可以中途轉搭巴士繼續其他的行程，省下更多時間。

●JMG Tours／森林浴！蒸汽火車與丹頓農山脈

搭乘普芬比利蒸汽火車在貝爾格雷夫～Menzies Creek路段約30分鐘，再到擁有絕佳風景的咖啡館享用一頓早茶。這個行程加上到亞拉河谷周遊酒莊的1日之旅（普芬比利蒸汽火車與酒莊），同樣人氣十足。

可愛的普芬比利蒸汽火車

●Mr. John Tours／普芬比利蒸汽火車與丹頓農之旅

除了搭乘普芬比利蒸汽火車之外，還可以在國家公園裡餵食野生鳥兒，享受尤加利茶與司康的下午茶，並且登上丹頓農山頂眺望無盡美景。

●GoGo Tours／丹頓農山脈&希斯維爾野生動物保護區之旅／丹頓農半日之旅／丹頓農&亞拉河谷之旅

不只是搭乘普芬比利蒸汽火車從貝爾格雷夫到Menzies Creek而已，還能前往觀景台一覽丹頓農山脈的綿延美景，在淳樸可愛的小村落Sassafras散步，充分體會丹頓農的魅力。之後到維多利亞州知名的肉派店享用午餐，下午再造訪希斯維爾野生動物保護區，不僅能夠在園區內自由漫步

火車沿線盡是優美的尤加利樹林

觀賞，還可以欣賞精采的鳥類表演秀。而這個行程可以刪除希斯維爾野生動物保護區變成丹頓農半日之旅，也可以用亞拉河谷的酒莊巡禮取代希斯維爾野生動物保護區（Domaine Chandon & Yering Station），變成丹頓農&亞拉河谷之旅。

拜訪維多利亞第一的葡萄酒產地

亞拉河谷酒莊巡禮
Yarra Valley Vineyard Tours

雖然亞拉河谷（→P.362）距離墨爾本市區並不遠，但是如果想要多逛逛幾家酒莊的話，最好還是參加在地旅遊團效率較高。除了知名度最高的Domaine Chandon之外，每家旅行社所安排的酒莊和數量都各有不同。

●Mr. John Tours／酒莊之旅

拜訪亞拉河谷4家最有人氣的酒莊，除了Domaine Chandon，還會從Oakridge Wine、Coldstream Hills Winery、St Huberts、Dominique Portet、Yering Station或De Bortoli Winery當中選3家，並包含Dominique Portet的輕食。

●JMG Tours／亞拉河谷酒莊之旅

安排造訪Domaine Chandon和其他2家酒莊，以及巧克力工廠。包含酒莊的起司及冷食。

●GoGo Tours／亞拉河谷半日之旅

前往Domaine Chandon和Yering Station進行試飲，在Rochford Wines享受葡萄酒與餐點美妙絕配的午餐。

欣賞壯麗景色

大洋路1日遊
Great Ocean Road 1 Day Tours

欣賞大洋路的鬼斧神工

澳洲最具代表性的自然景觀當屬大洋路（→P.382），最佳的觀光模式是停留1～2個晚上，但是為時間不多的觀光客推出當天來回的旅遊方案，行程內容多是順路經過貝樂斯海灘Bells Beach、奧特威國家公園Otway National Park，拜訪十二使徒岩Twelve Apostles、洛克亞德峽谷Loch Ard Gorge等明星景點。不過因為道路是沿海而建，因此若想要一路欣賞海景，記得要挑選左邊的座位；還有因為路程非常曲折蜿蜒，建議容易暈車的遊客要挑選靠近駕駛的前方座位。

●Mr. John Tours／大洋路

到貝樂斯海灘品嚐早茶之後，就是和野生袋鼠、無尾熊玩耍的時間，而且因為是採取小型旅遊團，在規定時間內可以停留參觀較多的名勝景點。

●GoGo Tours／丹頓農山脈&希斯維爾野生動物保護區之旅／丹頓農半日之旅／丹頓農&亞拉河谷之旅
電(03)8390-7178
URL gogotours.com.au
時丹頓農山脈&希斯維爾野生動物保護區：每日8:40～17:00／丹頓農半日之旅：每日8:40～14:10／丹頓農&亞拉河谷：每日8:40～17:00
費丹頓農山脈&希斯維爾野生動物保護區：含午餐：大人$228 小孩$216／丹頓農半日之旅：含午餐：大人$175 小孩$165／丹頓農&亞拉河谷：大人$230 小孩$210

■亞拉河谷酒莊巡禮

●Mr. John Tours／酒莊之旅
電(03)9399-2334
URL www.mrjohntours.com
時每日9:15～14:30
費含輕食：大人$170 小孩$120

●JMG Tours／亞拉河谷酒莊之旅
電(03)9570-9406
URL jmgtours.com.au
時每日8:10～13:50
費含輕食：大人$155 小孩$90

●GoGo Tours／亞拉河谷半日之旅
電(03)8390-7178
URL gogotours.com.au
時每日8:50～14:00
費含午餐1人$195

■大洋路1日遊

●Mr. John Tours／大洋路
電(03)9399-2334
URL www.mrjohntours.com
時每日7:30～19:30
費大人$185 小孩$120

●JMG Tours／壯觀！大洋路與尋找野生無尾熊之旅
電(03)9570-9406
URL jmgtours.com.au
時每日7:45～19:00
費含午餐：大人$270 小孩$110

●GoGo Tours／大洋路&藍光螢火蟲環保之旅
電(03)8390-7178
URL gogotours.com.au
時4～9月：每日10:30～23:00／10～3月：每日13:00～深夜1:00
費大人$270 小孩$250

坎尼特河棲息著數量眾多的野生無尾熊

■格蘭屏國家公園之旅
●GoGo Tours／格蘭屏國家公園大自然之旅
☎(03)8390-7178
URL gogotours.com.au
時 每日8:30～19:30
費 大人$264 小孩$230

從Reed Lookout觀景台眺望原始森林

■威爾遜岬國家公園之旅
●GoGo Tours／威爾遜岬國家公園之旅
☎(03)8390-7178
URL gogotours.com.au
時 每日8:30～20:00
費 大人$264 小孩$230

■Global Balloning
☎(03)9428-5703
FREE 1800-627-661
URL www.globalballooning.com.au
時 Pullman on the Park出發：黎明前～
費 大人$495 小孩（7～12歲）$395，含早餐大人$530 小孩$415

眺望城市天際線的熱氣球之旅

●JMG Tours／壯觀！大洋路與尋找野生無尾熊之旅

前往坎尼特河Kennett River探訪可愛的野生無尾熊，並且在參觀完十二使徒岩、洛克亞德峽谷之後，回程經過克拉克Colac時還可以享受悠閒的下午茶。

●GoGo Tours／大洋路&藍光螢火蟲環保之旅

到坎尼特河看野生的無尾熊，再去十二使徒岩欣賞黃昏日落，等晚上再前往梅爾巴峽谷州立公園Melba Gully State Park參觀只在大洋洲出沒的藍光螢火蟲，是為喜愛澳洲大自然的遊客所推薦的行程。

盡賞澳洲的雄偉大自然

格蘭屏國家公園之旅

Grampians NP Tour

位於大分水嶺南端的格蘭屏國家公園（→P.397），是從岡瓦納大陸Gondwana時代一直延續下來的原始森林，擁有許多可以欣賞到360度全景森林風貌的觀景台，因而成為人氣景點。沒有租車的話，很難以個人之力來到這裡，但參加從墨爾本出發的當日來回之旅就可以輕鬆體驗。

●GoGo Tours／格蘭屏國家公園大自然之旅

以叢林健行方式前往Reed Lookout所在的陽台岩The Balconies和麥肯錫瀑布McKenzie Falls等景點，是很別具趣味的旅程。

在澳洲最南端享受豐沛的大自然

威爾遜岬國家公園之旅

Wilsons Promontory NP Tour

這座位於墨爾本東南方約230km遠的威爾遜岬國家公園，是澳洲大陸最南端的國家公園，在這裡擁有著數量眾多的野生動物和豐富多樣的各式植物，加上還沒有被觀光化的純樸之美，格外地引人。

●GoGo Tours／威爾遜岬國家公園之旅

可以前往威爾遜岬國家公園裡的奧伯倫山Mt Oberon健行，體會大自然的美好之旅。

在熱氣球上感受天空的廣闊

Global Balloning

Global Ballooning

是專門在墨爾本市區和酒鄉亞拉河谷舉辦熱氣球之旅的公司（亞拉河谷熱氣球之旅→P.363邊欄）。在墨爾本市區的飛行，可以欣賞到沐浴在旭日下的墨爾本高樓大廈壯麗景觀，是在澳洲其他城市所體會不到的熱氣球刺激旅程（飛行時間約1小時）。等到空中體驗結束之後，還能選擇到Pullman on the Park飯店享受豐富的自助式早餐。

墨爾本的住宿 ACCOMMODATION

區域號碼 (03)

City

經濟型

便利而舒適 MAP P.340/3B

Melbourne Central YHA

URL www.yha.com.au
住 562 Flinders St., 3000
☎ 9621-2523 WiFi 免費
費 D $30～34、T W $84～109
※非YHA會員要追加費用 CC MV

距離南十字星車站很近，旁邊也有路面電車站，地點很便利的YHA。雖然外觀為古典風格，但內部經過整修，時尚又清潔。

從維多利亞女王市場徒步5分鐘！ MAP P.332/1A

Melbourne Metro YHA

URL www.yha.com.au 住 78 Howard St., North Melbourne, 3051 ☎ 9329-8599 WiFi 免費
費 D $28～30、T W $79～89
※非YHA會員要追加費用 CC MV

設備應有盡有的Metro YHA

接待大廳與會客室美輪美奐宛如星級飯店，提供早晚餐的小酒館、放有撞球台的遊戲間等設備完善。

位於市中心的廉價旅舍 MAP P.340/3B

Nomads All Nations Backpackers

URL nomadsworld.com
住 2 Spencer St., 3000
☎ 9620-1022 FREE 1800-666-237 WiFi 免費
費 D $16～19、T $59 CC MV
※目前停業中

走路到南十字星車站只要幾步路的便利地點，還推出由青年旅館主辦的免費墨爾本徒步之旅。旁邊還附設酒吧，每天晚上都熱鬧到深夜。

星級飯店

就在南十字星車站前 MAP P.340/3B

Batman's Hill on Collins

URL www.batmanshill.com.au
住 623 Collins St., 3000 ☎ 9614-6344
WiFi 免費 費 T W $157～206、1B $226、2B $295
CC ADJMV

房間雖然不算寬敞，但是什麼都有，就位於南十字星車站前面，地點超級方便。設在1樓的餐廳＆酒吧也以時尚氣氛和美味餐點而大獲好評。

Batman's舒適的標準雙人房

COLUMN

聞名南半球的劇院城市 在墨爾本享受音樂劇與戲劇

在公主劇院上演的《哈利波特與被詛咒的孩子》

墨爾本擁有建造於1854年的公主劇院Princess Theatre、1839年建造的Athenaeum Theatre、1886年建造的女皇劇院Her Majesty's Theatre、1924年建造的The Capitol、1929年建造的攝政劇場Regent Theatre、Forum Theatre等建築雄偉的經典劇院，以及時尚的藝術中心The Art Centre、南岸劇院Southbank Theatre等許多劇院，可以說是南半球數一數二的劇院城市。

而且在紐約的百老匯或倫敦West End上演過的人氣話題作，澳洲的首映場大多都在墨爾本。像是造成話題的《哈利波特與被詛咒的孩子Harry Potter and the Cursed Child》（公主劇院），以及大熱賣的音樂劇《漢密爾頓HAMILTON》都正在上演中；還有《紅磨坊Moulin Rouge!The Musical》也在2023年8月重新上演（攝政劇院）。若是來到墨爾本，一定要到戲院欣賞這些世界級的話題名作！

●關於墨爾本上演中、預定上演作品的詳細情報
URL whatson.melbourne.vic.gov.au/things-to-do/entertainment/theatre

人氣超旺要提早預訂！ MAP P.341/1C
Jasper Hotel

URL www.jasperhotel.com.au
住 489 Elizabeth St., 3000
☎ 8327-2777 WiFi 免費
費 T W $152～319 CC ADJMV

全部有65間客房且全面禁菸的精品旅館，內部裝潢不但非常現代，而且價格合理很適合商務旅客下榻。餐廳只在週三～日的早餐時間開放，房客可以使用附設的健身中心和游泳池。

位於絕佳地點 MAP P.341/2C
DoubleTree by Hilton Melbourne

URL www.hilton.com/en/doubletree/
住 270 Flinders St., 3000
☎ 9654-6888
WiFi 付費（直接訂房則免費）
費 T W $186～431 CC ADJMV

飯店的福林德斯街景房

入住時贈送的餅乾

就位於福林德斯車站前方，在現代化又帶點藝術感的大廳辦理入住手續時，會贈送餅乾。客房空間不算寬敞，但乾淨又舒適，浴室只有淋浴間。雖然飯店內沒有餐廳（酒吧則位於大廳），但是周邊有許多餐廳、咖啡館，不會造成不便。

實際感受到墨爾本的活力 MAP P.341/2C
Pullman Melbourne on Swanston

URL www.pullmanmelbourneonswanston.com.au
住 195 Swanston St., 3000
☎ 9663-4711 WiFi 免費
費 T W $315～510 CC ADJMV

統一以典雅摩登設計風格的客房，散發優雅的氛圍；而位於墨爾本市中心的地點非常棒。

中國城就在旁邊 MAP P.341/2C
Mercure Hotel Welcome Melbourne

URL www.mercurewelcome.com.au
住 265 Little Bourke St., 3000
☎ 9639-0555 WiFi 免費
費 T W $169～229
CC ADJMV

房間雖然簡單，但是應該要有的設備一應俱全，位在天鵝街上的The Swanston Grand Mercure就在隔壁而已。

地點絕佳的4星飯店 MAP P.340/3B
Holiday Inn Melbourne on Flinders

URL holidayinnmelbourne.com.au
住 575 Flinders Lane, 3000
☎ 9629-4111 WiFi 免費
費 T W $219～319
CC ADJMV

洋溢現代化氛圍的客房

鄰近南十字星車站，客房相當明亮，裝潢設備也很摩登時尚，並且提供戶外游泳池、迷你健身房、提供國際化料理的Sirocco Restaurant等豐富設施。

面對旗桿花園而建 MAP P.340/1B
Radisson on Flagstaff Gardens Melbourne

URL www.radissonhotels.com
住 380 William St., 3000
☎ 9322-8000 WiFi 免費
費 T W $178～322 CC ADJMV

舒適的4星級飯店

旗桿花園、維多利亞女王市場都在步行可達的範圍內，門前大街上就有路面電車經過，到市中心超方便。如果要求公園景觀房的話，窗外就能眺望旗桿花園的綠意，度過愉快的時光。

眺望南岸 MAP P.340/3B
Crowne Plaza Melbourne

URL melbourne.crowneplaza.com
住 1-5 Spencer St., 3008
☎ 9648-2777 WiFi 免費
費 T W $275～439 CC ADJMV

位於亞拉河畔、會展中心對面，明亮清潔又寬敞的客房，讓人心情舒服。還擁有餐廳、酒吧、游泳池、健身房等齊全設備。路面電車站就在旁邊。

功能性的標準客房

從台灣撥打電話至墨爾本
002 + 61（國碼）+ 2（去除0的區域號碼）+ 電話號碼

威尼斯樣式的厚實外觀 MAP P.341/2C
InterContinental Melbourne the Rialto

URL melbourne.intercontinental.com
住 495 Collins St., 3000 ☎ 8627-1400
WiFi 免費 費 T W $369～1189
CC ADJMV

舒適且充滿高級感的客房

1891年原本是作為羊毛、麵粉倉庫與辦公室的建築，經過裝修成為時尚飯店。中央是挑高的中庭空間，陽光穿透玻璃屋頂直洩而下，時尚的咖啡廳讓人身心放鬆；最頂樓還設有游泳池、三溫暖及健身房等設施。

感受現代藝術 MAP P.341/2C
W Melbourne

URL www.marriott.co.jp/hotels/travel/melwh-w-melbourne/
住 408 Flinders Lane, 3000
☎ 9113-8800 WiFi 免費
費 T W $538～1812
CC ADJMV

在墨爾本市區受到注目的設計飯店

代表墨爾本的流行飯店，普通客房也有35～37m^2，十分寬敞；而且房間設計採取稍稍前衛風格顯得獨特。擁有使用大量大理石的游泳池、健身房，以及提供現代澳洲料理的LOLLO、WET、日本料理Warabi、無國界料理Curios等設施與餐廳都很豐富。

位於墨爾本市中心 MAP P.341/2C
The Westin Melbourne

URL www.marriott.com
住 205 Collins St., 3000 ☎ 9635-2222
WiFi 免費 費 T W $382～1140 CC ADJMV

緊鄰著聖保羅大教堂而建，客房空間寬敞，即使是標準客房也有38m^2，充滿時尚設計感。浴室乾溼分離設計且有浴缸，而游泳池、SPA、三溫暖、健身房、餐廳及酒吧等設備應有盡有。

在史旺斯頓街上特別醒目的飯店

享受如生活自在般的住宿 MAP P.341/3C
Clarion Suites Gateway

URL www.clarionsuitesgateway.com.au
住 1 William St., 3000
☎ 9296-8888
WiFi 付費
費 T W $219～249、1B $279～309、2B $458～518 CC ADJMV

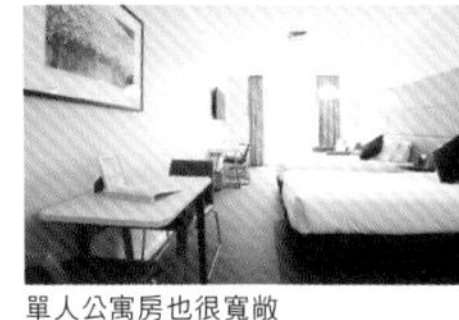
單人公寓房也很寬敞

單人公寓房裡的小廚房

興建在福林德斯街與威廉街轉角處的公寓式飯店，最普通的單人公寓房也很寬敞，附有微波爐的小廚房；由於超過1間寢室的房型就有廚房設備，可以享受住在墨爾本的感覺。擁有室內游泳池、健身房、洗衣房，以及提供豐富餐點的Williams Bar & Café、停車場等設施齊全。

經常沒人使用的室內游泳池

地理位置超棒 MAP P.341/2C
Novotel Melbourne on Collins

URL www.novotelmelbourne.com.au
住 270 Collins St., 3000 ☎ 9667-5800
WiFi 免費 費 T W $243～398 CC ADJMV

地處柯林街的4.5星高級飯店，客房內採光良好，大片窗戶讓陽光充滿室內，感覺格外舒適，也有游泳池、健身中心等設施。

客房的明亮氣氛讓人心情愉快

City景觀一覽無遺 MAP P.341/2D
Sofitel Melbourne on Collins

URL www.sofitel-melbourne.com
住 25 Collins St., 3000 ☎ 9653-0000
WiFi 免費 費 T W $365～2365 CC ADJMV

高達50層樓的高樓飯店，客房都位於36樓以上的高樓層，因此從窗戶看出去的景色也很棒。在接待大廳和餐廳裡，展示著繪畫、攝影和陶瓷器等藝術作品，因此獲得Hotel for the arts的暱稱。

深受墨爾本上流階級的喜愛 MAP P.341/2D
The Hotel Windsor Melbourne

URL www.thehotelwindsor.com.au
住 111 Spring St., 3000 ☎ 9633-6000
WiFi 免費 費ⓉⓌ$292～1299 CC ADJMV

飯店建造於1883年，為維多利亞風格、氣氛穩重的建築，在澳洲的5星級飯店中是歷史最悠久的一家。接待大廳的精緻家具及房間設計也都統一為維多利亞風格，浴室還採用了大量的大理石，相當奢華。

矗立在費茲羅伊花園旁的豪華飯店 MAP P.332/2B
Pullman Melbourne on the Park

URL www.pullmanonthepark.com.au
住 192 Wellington Pde., 3002 ☎ 9419-2000
FAX 9419-2001 WiFi 免費
費ⓉⓌ$329～5000 CC ADJMV

感覺典雅之中又帶有現代化的氛圍

從客房窗戶可以眺望費茲羅伊花園和墨爾本公園，而引以自豪。擁有游泳池、健身中心、Day Spa、The Gallery餐廳等完善設備。

方便採購名牌貨 MAP P.341/2D
Grand Hyatt Melbourne

URL www.hyatt.com 住 123 Collins St., 3000
☎ 9657-1234 WiFi 免費
費ⓉⓌ$315～2099
CC ADJMV

是棟高達33層樓的5星級飯店，最普通的客房面積也有$33m^2$，沉穩氛圍的設計讓人心情愉快，從房間眺望的景觀絕佳。浴室還將浴缸與淋浴間設計成各自獨立的空間。

南岸的地標 MAP P.341/3C
The Langham Hotel Melbourne

URL www.langhamhotels.com
住 1 Southgate Ave., Southbank, 3006
☎ 8696-8888 WiFi 免費
費ⓉⓌ$349～810 CC ADJMV

矗立在南岸的醒目高樓層飯店，單床雙人房提供的是King Size的大床，而雙床雙人房則是2張雙人床，住宿空間非常寬敞而舒適，整體採用暖色調作為設計主軸，讓人感覺格外放鬆。

賭場就在樓下 MAP P.340-341/3BC
Crown Melbourne

URL www.crownmelbourne.com.au
住 8 Whiteman St., Southbank, 3006
☎ 9292-6868 FREE 1800-811-653
WiFi 免費
費 Crown Towers：ⓉⓌ$339～1590／Crown Metropol：ⓉⓌ$343～678／Crown Promenade：ⓉⓌ$249～519 CC ADJMV

與皇冠逍遙之都複合開設的飯店，共有3間飯店；和賭場為在同棟建築是豪華的Crown Towers，隔著馬路的是5星級

與亞拉河谷關係密切的宅邸
Chateau Yering Historic House Hotel

以高大椰子樹為標誌的白色房屋

DATA MAP P.362/1A
URL chateauyering.com.au
住 42 Melba Hwy., Yering, 3770
☎ 9237-3333 WiFi 免費
費Ⓦ$410～810 ※含早餐
CC ADJMV

19世紀後半，在亞拉河谷釀酒的風雲人物Paul de Castella的住宅，經過重新翻修之後搖身一變成為莊園形式的精品飯店。空間中完全保留當時的優雅氛圍，全部客房都是豪華套房，且保有維多利亞風格設計，還有部分房間附有按摩浴缸。至於晚餐時間才開放的Eleonore's，則是亞拉河谷唯一的高級餐廳，3道菜套餐$120～，雖然價格並不便宜，卻能保證是很棒的晚餐。此外，早餐和午餐是在明亮而休閒的Sweetwater Café享用，週末的High Tea則是在充滿氣質的公共空間品嚐。

1 有紗幔垂掛的時尚臥床
2 在輕鬆氣氛中品嚐晚餐的 Eleonore's 餐廳

從台灣撥打電話至墨爾本
002 + 61（國碼）+ 2（去除0的區域號碼）+ 電話號碼

的Crown Metropol及4.5星級的Crown Promenade。而游泳池、健身房、Day Spa和餐廳等設施則是共用的。

南亞拉

若要住南亞拉的B&B
MAP P.352/1A
Claremont Guesthouse South Yarra

URL www.hotelclaremont.com
住 189 Toorak Rd., South Yarra, 3141
☎ 9826-8000 WiFi 免費
費 D $40～、W $78～159 ※含早餐
CC JMV

將建於1886年的建築重新裝修而成的B&B，飯店內部仍保留著許多維多利亞時代氛圍。

全為豪華套房
MAP P.352/1B
The Como Melbourne - MGallery by Sofitel

URL www.comomelbourne.com.au
住 630 Chapel St., South Yarra, 3141
☎ 9825-2222 WiFi 免費
費 T W $300～910、1B $405、2B $525
CC ADJMV

位於南亞拉中心區的5星級飯店，部分房型甚至還有按摩浴缸和三溫暖設備。

聖科達

走到聖科達海灘只要5分鐘
MAP P.354/2B
Base Backpackers Melbourne

URL www.stayatbase.com 住 17 Carlisle St., St Kilda, 3182 ☎ 8598-6200
WiFi 付費（大廳及酒吧免費）
費 D $23～27、W $85～90 CC MV

全部的房間都有冷氣，附設的酒吧經常舉辦各式各樣的活動。

摩林頓半島

摩林頓的時尚酒莊飯店
MAP P.331/3B
Jackalope Hotel

URL jackalopehotels.com
住 166 Balnarring Rd., Merricks North, 3926
☎ 5931-2500 WiFi 免費
費 T W $565～1380
CC ADJMV

從無邊際泳池眺望葡萄園

位於Willow Creek Vineyard內共45間房的精品飯店，飯店內裝飾著各種藝術品，時尚而摩登的客房面積都超過38m²，十分寬敞。可以遠眺葡萄園的無邊際游泳池、優雅的Day Spa，以及澳洲頂尖主廚之一的Simon Tarlington所經營的Doot Doot Doot等絕佳設施。

在殖民風情飯店裡享受度假氣氛
MAP P.331/3A
InterContinental Sorrento Mornington Peninsula

URL sorrento.intercontinental.com
住 23 Constitution Hill Rd,, Sorrento, 3943
☎ 5935-1234 WiFi 免費
費 T W $611～960 CC ADJMV

位於摩林頓半島尖端的度假鎮──索倫多，由鎮上保留的古蹟建築所改建，於2022年9月開幕的飯店。雖然建築外觀保留原樣，客房卻改裝成設有優雅家具及最新設備的舒適空間；由於位居丘陵之上，房間景觀也絕佳。至於附設的酒吧內有大型窯灶可以烤披薩，週末總是吸引大批當地居民；充滿殖民風情的The Atrium餐廳和優雅氣氛的Audrey's，可以享受小小時尚的用餐時光。

菲利普島

菲利普島的背包客旅舍
MAP P.358/A
Amaroo Park

URL amaroopark.com
住 97 Church St., Cowes, 3922
☎ 5952-2548 WiFi 免費
費 T W $132～235、營地$49
CC MV

位在從考斯市中心步行數分鐘之處的露營地Caravan Park，接待處的旁邊就是青年旅館客房。接受菲利普島上在地旅遊團的報名，如果同時報名旅遊團和住宿，還能有優惠折扣。

華勒比

墨爾本郊區的高級飯店
MAP P.331/2A
Mansion Hotel & Spa at Werribee Park

URL www.lancemore.com.au/mansion-hotel
住 Escapement Rd., Werribee, 3030
☎ 9731-4000 WiFi 免費
費 T W $309～959 ※含早餐
CC ADJMV

位於華勒比公園裡的度假飯店，92間客房都經過精心設計，非常具有時尚感。在飯店裡的Joseph's Dinning則能品嚐到飯店擁有的酒莊Shadowfax Winery所出產的美酒。

City

亞拉河畔的人氣餐廳 MAP P.340/3B

Bistro Guillaume

URL www.crownmelbourne.com.au
住 8 Riverside, Crown Melbourne, Whiteman St., Southbank, 3006 ☎ 9292-5777 營 週三、四、日12:00～22:00，週五、六12:00～23:00
休 週一、二 CC ADJMV 酒 Licensed

每種主菜都很美味

在雪梨及柏斯都享有盛名的主廚Guillaume Brahimi的餐廳，以小酒館為名，所以能以輕鬆氣氛享受美味晚餐。餐點以法式料理為基礎，各種前菜$19～42，主菜有當日各種魚料理及各種牛排$38～53。

休閒地品嚐澳洲料理 MAP P.340/3B

Sirocco Restaurant & Bar

URL holidayinnmelbourne.com.au
住 Holiday Inn Melbourne, 575 Flinders Lane, 3000 ☎ 9612-5788
營 每日6:30～10:30、12:00～15:00、18:00～22:00（週四～六～23:00） CC ADJMV
酒 Licensed ※目前停業中

安格斯牛肉的牛排十分美味

位於Holiday Inn 1樓的餐廳，早上為歐式自助餐，午餐及晚餐是可以品嚐到極富變化的單品料理。推薦餐點有燒烤各種牛排（$34～40），還有使用180g安格斯牛肉的肉醬做成的漢堡（$28）也很受歡迎。

墨爾本最棒的義大利菜 MAP P.341/2D

Grossi Florentino

URL www.florentino.com.au
住 80 Bourke St., 3000 ☎ 9662-1811
營 週一～五12:00～15:00，週一～六18:00～23:00
休 週日、耶穌受難日、節禮日
CC ADJMV 酒 Licensed

分為The Restaurant、The Grill、The Cellar Bar三個部分，在The Restaurant用餐，氣氛宛如被邀請到貴族豪邸般豪奢，餐點更是正統義大利料理，葡萄酒單同樣非同凡響，提供的餐點都是套餐，3道菜套餐$175、主廚推薦的Gran Tour 6道菜套餐$210（餐酒搭配另加$130）。The Grill則採取開放式廚房，氣氛感覺更加輕鬆平民一些。The Cellar Bar則能盡情啜飲各式雞尾酒和葡萄酒。

氣氛和料理都無懈可擊的餐廳

典雅氣氛中享受澳洲料理 MAP P.341/2C

Alluvial Restaurant

URL www.melbourne.intercontinental.com
住 InterContinental Melbourne The Rialto, 495 Collins St., 3000 ☎ 8627-1400 營 週一～五6:30～10:30，週六、日6:30～11:00、週一～六12:00～15:00、每日18:00～22:30 CC ADJMV
酒 Licensed

在Intercontinental Rialto大而挑高的空間裡充滿時尚氣氛的餐廳，早餐是歐式自助餐，午餐及晚餐為現代澳洲料理的單品菜色。晚餐的前菜（$18～28）大多以亞洲料理為靈感，主菜的肉類料理有牛肉、羊肉和雞肉，魚類則以鮭魚及澳洲尖吻鱸最受好評（$30～52）。

使用澳洲尖吻鱸烹調的主菜

經由原住民之手的休閒廚房 MAP P.341/2D

Big Esso by Mabu Mabu

URL www.mabumabu.com.au/dining
住 Federation Square, 2 Swanston St., 3004
☎ 9121-0510
營 週二～日11:00～22:00
休 週一 CC AMV
酒 Licensed

Big Esso是托列斯海峽島民表達最多感謝時的表現，Mabu Mabu則是托列斯海峽群島語的「自助」之意。過去，墨爾本的原住民曾在稱為Birrarung的亞拉河裡養殖鰻魚，捕撈各

建議多人共享料理

種魚類，餐廳將這種傳統與托列斯海峽島民的文化融合，提供以海鮮為主、分量適合多人分享的料理。從椰子醃漬魚肉、樹薯可樂餅等托列斯海峽風味的料理，到生蠔和草蝦拼盤、燉煮袋鼠尾，菜色十分豐富，小分享拼盤$14～25、大分享拼盤$22～42。店裡播放的音樂與現場演出，讓現場氣氛更愉快。

City的希臘菜餐廳 Tsindos
MAP P.341/2C

URL www.tsindosrestaurant.com.au
住 197 Lonsdale St., 3000　☎ 9663-3194
營 週一～五11:30～15:00、週一～六17:00～22:00
休 週日　CC AMV　酒 Licensed

前菜的菜色非常豐富

自1970年開幕以來就深受墨爾本市民喜愛的希臘餐廳，1、2樓都有座位。餐點有小盤料理的各種前菜Meze、茄子肉醬千層派Moussaka、火烤起司Saganaki、烤肉捲餅souvlaki等許多熟悉的希臘料理。

位於商業區的人氣台灣餐廳 Mr Huang Jin
MAP P.340/3B

URL www.facebook.com/MrHuangJinRestaurant
住 24 Katherine Place, 30006
☎ 629-5452
營 週一～五11:30～15:00、週一～六17:00～22:00
休 週日　CC AMV　酒 Licensed

能品嚐到正統的小籠包

位於連結福林德斯街與福林德斯巷的小弄Katherine Place，聚集許多家小而美味的餐廳，其中這家以台灣菜為主、也提供亞洲各國料理的餐館，非常受歡迎。菜單上有點心及各種炒飯、麵食等，十分豐富，尤其是小籠包（5個$13～19）非嚐不可，其他還有星洲炒米粉$18、蝦仁炒飯$19等，價格非常實惠。

總是大排長龍的小籠包店 Shanghai Street Chinatown
MAP P.341/2C

URL www.shanghaistreet.com.au　住 146-148 Little Bourke St., 3000　☎ 9662-3226
營 週日～四12:00～14:45、16:45～21:15，週五、六12:00～14:45、16:45～21:45　CC MV

酒 Licensed

以小籠包為招牌餐點，而且比一般店家的大（8個360g），肉汁也多（$15.80～16.80）。因為一個人去光吃小籠包就飽了，建議要多人一起去才能品嚐多種菜色。

大小令人驚訝的小籠包

※中國城周邊還有其他2家店

●Little Bourke店　MAP P.341/2C
住 342 Little Bourke St., 3000
☎ 9078-8068
營 每日11:45～14:45、週日～四16:45～20:30，週五、六16:45～21:00

●Elizabeth店　MAP P.341/2C
住 303 Elizabeth St., 3000
☎ 9078-8477
營 每日12:00～14:45、週日～四16:45～21:15，週五、六16:45～21:45

即使排隊也要去的泰國&亞洲料理店 Chin Chin
MAP P.341/2D

URL www.chinchin.melbourne
住 125 Flinders Ln., 3000　☎ 8663-2000
營 每日11:00～23:00
CC JMV　酒 Licensed

招牌的炒河粉

以泰國料理為主的東南亞餐廳，調味上有針對澳洲人而做調整，由於不接受訂位而總是大排長龍，有Pad thai（泰式炒河粉$28.50）、泰式綠咖哩（$33.50）等菜色。地下室設有泰式Go Go Bar。

City人氣第一的早餐咖啡館 The Hardware Societe
MAP P.341/2C

URL hardwaresociete.com
住 120 Hardware St., 3000　☎ 9621-2100
營 每日8:00～15:00　CC ADJMV　酒 無

深受墨爾本年輕人喜愛的早午餐咖啡館，早餐時段總是客滿。小燉鍋料理的BAKED EGGS（$23）與FRIED BRIOCHE（$25）等都是人氣餐點，當然咖啡也很好喝。

※在餐館聚集的Katherine Place有分店
MAP P.340/3B
住 10 Katherine Place, 3000
☎ 9621-2100
營 週一～五7:30～15:00，週六、日8:00～15:00

人氣的BAKED EGGS

在墨爾本最老的咖啡館喝Espresso MAP P.341/2D

Pellegrini's Espresso Bar

URL www.facebook.com/pages/Pellegrinis-Espresso-Bar/146032138772817
住 66 Bourke St., 3000
☎ 9662-1885
營 週一～六8:00～23:30、週日11:00～20:00
CC ADJMV
酒 無

店員也是義大利移民

從1954年開幕就能喝到正統的義式濃縮咖啡，是墨爾本義大利移民的愛店，也是目前當地歷史最悠久的咖啡館。店內空間很小，只有吧檯和幾個座位；自豪的Espresso味道濃厚香醇，搭配的蛋糕（招牌是蘋果派）也很美味，還提供千層麵等義大利輕食。

想吃中國甜點時 MAP P.341/2C

dessert Story

住 195 Little Bourke St., 3000
☎ 9650-7776
營 每日12:00～24:00 CC MV

在中國城吃甜食的首選地點

位於墨爾本市中心的中國城和史旺斯頓街附近，供應多種在台灣和香港都頗受好評的甜點，像是中式布丁、果凍等和水果結合的甜點，評價很高；而最受歡迎的當然是芒果雪花冰（$12.90）。

卡爾頓&費茲羅伊

戶外座位總是客滿 MAP P.349/1A

Piccolo mondo

URL www.piccolomondo.restaurant
住 240 Lygon St., Carlton, 3053
☎ 9650-9064
營 週日～五11:30～22:00、週六11:30～22:30
CC AMV 酒 Licensed & BYO（僅限葡萄酒）

滿滿海鮮的海鮮義大利麵

由老建築改裝而成的義大利餐廳，店內的紅色桌巾令人印象深刻，有室內、陽台及戶外3種座位，到了傍晚所有座位都會客滿，是人氣名店。以義大利麵最受歡迎，店家推薦為鮮蝦寬麵、海鮮義大利麵（都是$29.50）；而使用義大利料理中常見的烏賊和長臂蝦的海鮮、小牛肉（Veal）及牛排也很美味。

交織著義大利語的美味餐廳 MAP P.349/2A

IL Gambero

URL ilgambero.com.au
住 166 Lygon St., Carlton, 3053
☎ 9663-2246
營 每日11:00～15:00、17:00～22:00
CC ADJMV
酒 Licensed & BYO（僅限葡萄酒）

高人氣的海鮮義大利麵

以合理的價格供應披薩、義大利麵等道地義式美食，披薩S尺寸$13～16、M尺寸$16～20、L尺寸$19～24，義大利麵小份（Entree Size）$16～23、大份（Main Zize）$21～29.50，即使是Entree Size一人吃也綽綽有餘。

總是擠滿當地年輕人的澳洲餐廳 MAP 地圖外

400gradi

URL 400gradi.com.au
住 99 Lygon St., Brunswick East, 3057
☎ 9380-2320 營 每日12:00～23:00
CC ADJMV 酒 Licensed

可以品嚐到墨爾本前幾名的披薩

位於卡爾頓北邊布朗斯維克，主廚Johnny Di Francesco曾在拉斯維加斯舉辦的披薩大賽贏得冠軍。除了披薩（$21～25），貨真價實的義大利料理也很美味且極受好評。

南岸區

深受墨爾本人注目的咖啡館 MAP P.332/2A

St Ali Coffee Roasters

URL stali.com.au
住 12-18 Yarra Place, South Melbourne, 3205
☎ 9132-8966 營 每日7:00～17:00
CC MV 酒 無

建議來此享用早餐

在墨爾本咖啡館激戰區的南岸也很受歡迎，可以品嚐到由日本咖啡師煮出來的美味咖啡。餐點也很豐富，像是香脆堅果穀麥Granola和水果的沙拉、煙燻鮭魚、墨西哥食物等$16～32。

墨爾本的購物

GIFT SHOP 區域號碼(03)

墨爾本的地標 MAP P.341/1C
Melbourne Central
墨爾本購物中心

URL www.melbournecentral.com.au
住 Cnr. La Trobe & Swanston Sts., 3000
☎ 9922-1100
營 週六～三10:00～19:00，週四、五10:00～21:00
CC 依店家而異

為日本建築師黑川紀章所設計

位在City中心區的大型購物中心（La Trobe St側與火車站相連），分為Lonsdale Hill跟La Trobe Hill兩棟建築，有人氣紅茶專門店T2、mimuco、RM Williams、茱莉蔻Jurlique等澳洲品牌，以及Tommy Hilfiger、Nike、KOOKAÏ等國際品牌進駐。

墨爾本在地人非常喜歡的購物中心 MAP P.341/1C
QV

URL www.qv.com.au
住 Cnr. Swanston & Lonsdale Sts., 3000
FREE 9207-9200 營 週一～四10:00～19:00、週五10:00～21:00、週六10:00～18:00、週日10:00～17:00 CC 依店家而異

中庭成為墨爾本年輕人約會碰面之處

隔著史旺斯頓街與墨爾本購物中心對望的一整塊街區就是QV購物中心，館內有以自然為取向的保養品牌Aesop、綜合鞋店Hype DC、紅茶的LUPICIA，而且地下室還有著大型超級市場Woolworths。在餐廳方面則有一風堂、壽司Hub、壽司次郎、Mr Teriyaki等日本料理，很受日本遊客的喜愛。

聚集許多個性小店 MAP P.341/2C
Emporium Melbourne

URL www.emporiummelbourne.com.au
住 287 Lonsdale St., 3000
☎ 8609-8221
營 週六～三10:00～19:00、週四、五10:00～21:00
CC 依店家而異

75年前為Myer的Lonsdale St.店而興建的老建築，在2015年經過大幅改裝成大型購物商場。有UNIQLO大型店（澳洲1號店）、自然保養品牌Aesop及AVEDA、人氣伴手禮紅茶T2、流行戶外服飾RM Williams、高級澳洲品牌mimuco及OROTON、澳洲人氣流行品牌Saba，還有國際品牌CHANEL、COACH、Ralph Lauren等超過50家店舖進駐。

建築就很值得一看 MAP P.341/2C
Melbourne's G.P.O.

URL www.melbournesgpo.com
住 350 Bourke St., 3000
☎ 9290-0200
營 週一～三、六、日10:00～19:00、週四、五10:00～21:00
CC 依店家而異

將這棟建於1859年，原本作為中央郵局的古蹟建築改建成為購物複合商場，而室內空間大部分為H&M；店內以純白為基礎設計，展現出摩登而閃耀的高檔風格。

進駐著流行品牌

澳洲的老字號百貨公司 MAP P.341/2C
David Jones

URL www.davidjones.com.au
住 310 Bourke St., 3000 ☎ 13-33-57
營 週日～三10:00～18:00、週四、五10:00～21:00、週六9:00～19:00 CC ADJMV

隔著柏克街的行人徒步大街Bourke Street Mall，分為紳士館和淑女館左右兩棟，在淑女館北側的地下樓層有居家用品的大賣場。淑女館的化妝品區因為引領時尚潮流的品牌齊聚而非常受歡迎。

墨爾本的人氣Outlet Centre MAP P.340/3B
DFO South Wharf

URL www.dfo.com.au/SouthWharf
住 20 Convention Centre Place, South Wharf, 3006 ☎ 9099-1111
營 週六～四10:00～18:00、週五10:00～21:00
CC 依店家而異

緊鄰墨爾本會展中心的暢貨Outlet購物中心，從adidas、Nike、Converse、Kathmandu等運動品牌，到衝浪品牌BILLABONG、Rip Curl及Quiksilver，甚至連UGG和T2都能以Outlet價格買到。

大洋路
Great Ocean Road

交通

●**大洋路**

想要前往大洋路，建議參加在地旅遊團或是自行租車。

從墨爾本出發的1日遊行程（→P.371），有幾家旅行社推出。如果是在環遊澳洲的途中打算到大洋路來觀光的話，建議不妨參加在墨爾本～阿得雷德之間包含交通與觀光、住宿的套裝觀光旅遊（背包客旅遊形式），像是Autopia Tours就有推出包含幾晚住宿的大洋路旅遊。

但是最為便捷的還是租車，能夠親自開車奔馳在這條風光明媚的景觀公路上，心情也格外爽快。不過即使是以墨爾本為出發點，想要開車當天往返人氣第一的十二使徒岩，路程可是長達540km，由於沿途要欣賞的觀光景點很多，最好還是可以停留1～2個晚上。另外若是想直接前往西端的據點城鎮華南埠，可以從墨爾本搭乘V Line。

■**大洋路觀光巴士旅遊公司**

●Autopia Tours

TEL (08)6244-2065

URL autopiatours.com.au

費 週一、五（11～4月為週一）出發的2天1夜墨爾本～阿得雷德（大洋路&格蘭屏國家公園）住團體房1人$324，住雙人房$410

■ **V Line**

FREE 1800-800-007

URL www.vline.com.au

兼作遊客中心的衝浪世界博物館

坎貝爾港國家公園的絕景，十二使徒岩

澳洲大陸經過海洋侵蝕而塌陷的遼闊奇景，唯有在大洋路才能看得到。從位於墨爾本西南端的托基Torquay起始，經隆恩Lorne、阿波羅灣Apollo Bay、坎貝爾港Port Campbell，一路延伸到華南埠Warrnambool的東端（正式路段是到亞倫斯福特Allansford為止），是全長約250km風景優美的景觀公路。1932年由第一次世界大戰退伍士兵開鑿而成，從沿路上的奇岩怪石海景到整條公路都是非常吸引人的觀光景點。

大洋路的自然景色大致可以分成3大區塊，首先是起點的托基到隆恩路段的衝浪海灘Surf Coast，這裡以海上活動為重點，有許多專門吸引年輕人的度假飯店。接著是從隆恩到坎貝爾港，擁有許多溫帶雨林被稱為奧特威腹地Otways Hinterland。然後是大洋路最精采的景觀路段，從坎貝爾港到華南埠之間的沉船海岸Shipwreck Coast，可以造訪的地點包括「十二使徒岩Twelve Apostles」等峭壁奇岩。

托基
Torquay

距離墨爾本約1個小時車程的托基，是前往大洋路的重要門戶，由吉隆開車一路沿著衝浪海灘公路而來，首先映入眼簾的是衝浪用品店林立的Surf City Plaza。因為托基是個以衝浪聞名的城鎮，聚集了來自全世界的衝浪客，所以Surf City Plaza進駐許多衝浪品牌，衝浪板、潛水衣及泳衣通通都能買得到。

在Surf City Plaza的後面則是托基遊客中心與衝浪世界博物館Australian National Surfing Museum。從海浪的形成、衝浪板的造型變遷史、相關的衝浪影片等與衝浪有關的資訊，這裡都有展示。

而托基最熱鬧的中心區就在Surf City Plaza往Front

貝爾斯海灘是所有衝浪客的最愛

Beach海邊方向的濱海大道The Esplanade上，這附近有著許多的商店和住宿設施。

衝浪地點則分布在托基到隆恩之間，其中最有名的是貝爾斯海灘Bells Beach，不但是衝浪品牌Quiksilver、Rip Curl的故鄉，每年3月底還會舉辦世界衝浪大賽，成為所有衝浪客內心嚮往的聖地之一。幾乎所有前往大洋路的觀光旅遊都會來貝爾斯海灘一遊。

隆恩
Lorne

位於安格霍克與隆恩之間的大洋路紀念拱門

隆恩是大洋路最人氣的度假城鎮，餐廳、咖啡館、商店、精品店、度假飯店全都沿著大洋路（在隆恩市區的路名改成Mountjoy Pde.）兩旁一路延伸下去，地標則是度假飯店Cumberland Lorne，而隆恩遊客中心Lorne Visitor Centre就在隔壁。

隆恩雖然是沿著海灘而發展的度假地，但是在周圍卻有著廣闊蓊鬱的溫帶雨林，特別是距離鎮上約9km大奧特威國家公園Great Otway NP的安格霍克隆恩區域Angahook Lorne Part內，有座艾斯金瀑布Erskin Falls絕對不能錯過。位於濃密森林中、落差達30m如人工階梯般的瀑布，又有「大奧特威國家公園的寶石」的美譽，其美麗可見一斑。

在隆恩周邊還有許多座瀑布，像是幻影瀑布Phantom Falls、Henderson Falls等也都很值得前往一訪。

■托基遊客中心Torquay Visitor Information Centre
住Surf City Plaza, 77 Beach Rd., Torquay, 3228
☎(03)5261-4219
URL www.torquaylife.com.au
開每日9:00～17:00
休耶誕節
●衝浪世界博物館
☎(03)5261-4606
URL www.australiannationalsurfingmuseum.com.au
費大人$12 小孩$8 家庭$25

■大洋路空中觀光之旅
從托基出發，沿著衝浪海灘與坎貝爾港一帶，從空中欣賞奇岩怪石美景的小飛機之旅。
●Tiger Moth World Adventure Flights
住Torquay Airport, 325 Blackgate Rd., Torquay, 3228
☎0447-615-100
URL tigermothworld.com.au
費飛往十二使徒岩1小時：最多3人$1250，9人$1950

■隆恩遊客中心
住15 Mountjoy Pde., Lorne, 3232 ☎1300-891-152
URL www.iamlorne.com.au
開每日9:00～17:00
休耶誕節

■大奧特威國家公園安格霍克隆恩區域
URL parkweb.vic.gov.au

感覺到空氣濃密感的艾斯金瀑布

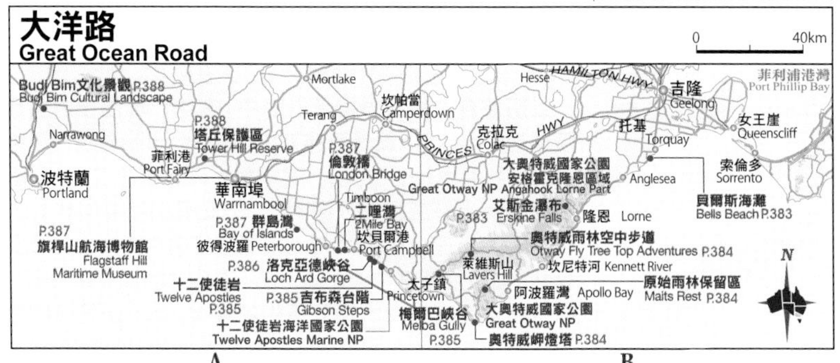

坎尼特河

Kennett River

看到許多無尾熊近得伸手可及

大洋路旁的森林是野生無尾熊的一大棲息地，其中又以位在隆恩Lorne～阿波羅灣Apollo Bay之間的小村鎮坎尼特河，因為能親眼看見野生無尾熊的機率很高而出名。其實這些野生無尾熊是從墨爾本南端的法國島遷徙過來的，因為在島上繁殖過多，而由於這裡幾乎沒有天敵，使得無尾熊家族繁殖順利，形成野生無尾熊在特定狹窄區域裡出現過多數量的狀況。

阿波羅灣

Apollo Bay

從隆恩前往阿波羅灣的路段，是整段大洋路中最接近海岸，也最適合開車兜風的路段。在阿波羅灣有各種住宿設備、餐廳、咖啡館、超市等設施，是很方便停留的城鎮。

大奧特威國家公園Great Otway NP內的原始雨林保留區Maits Rest，就在阿波羅灣前方約17km處，是非常值得來體驗芬多精的寒溫帶雨林地區。設置有木棧步道，步行一圈約需20分鐘的原始雨林保留區，可以詳細觀察尤加利樹、山毛櫸、蕨類植物等茂密叢生的模樣。

從原始雨林保留區前方離開大洋路往南行，就會看見奧特威岬Cape Otway（途中看見無尾熊的機率也很高），矗立於海岬前端的奧特威岬燈塔建於1848年，是澳洲大陸目前最古老的燈塔。而且澳洲第一條海底通訊電纜就是從奧特威岬連向塔斯馬尼亞，串連起荷巴特與墨爾本之間的電信網路。燈塔開放給大家入內參觀，可以從頂端欣賞蔚藍海景，令人身心舒暢。

具有歷史意義的燈塔

■大洋路遊客中心
住100 Great Ocean Rd., Apollo Bay, 3233
☎(03)5237-6529
☎1300-689-297
URL www.visitgreatoceanroad.org.au
開 每日 9:00～17:00
休 耶誕節

擁有美麗白色沙灘的阿波羅灣

橫亙在蓊鬱寒溫帶雨林間的木棧步道

■奧特威岬燈塔
MAP P.383/B
住Lighthouse Rd. via Great Ocean Rd., Cape Otway, 3233
☎(03)5237-9240
URL www.lightstation.com
開每日9:00～17:00（最晚入場時間16:30）
費大人$19.50 小孩$7.50 家庭$49.50

萊維斯山周邊

Around Lavers Hill

從阿波羅灣往坎貝爾港的途中，有座位於溫帶雨林丘陵頂端的小村落，就是萊維斯山Lavers Hill；位於村子東邊的奧特威雨林空中步道，是絕對不能錯過的景點。附近緊鄰著大奧特威國家公園，擁有與南極山毛櫸同科的香桃木Beech Myrtle和尤加利樹等常綠闊葉樹為主的濃密森林。在這片森林中架起25m高，長600m的空中吊橋，好一睹這些高聳樹木樹冠頂端的模樣；而且在吊橋中途還設置了高45m的觀景台，能飽覽奧特威的壯麗樹海。

森林中還有名為空中滑索環保之旅Zipline Eco Tour的體驗活動，在尤加利樹林之間以鋼索串連起來，可以在鋼索上滑降的同時欣賞周圍的美景。

在萊維斯山郊外，有座位於大洋路旁的廣闊溫帶雨林——梅爾巴峽谷Melba Gully（大奧特威國家公園的一部分），雨林中設有步行1周約15分鐘的木棧步道，面對瀑布的角落還能觀賞藍光螢火蟲；不過夜晚的森林中很黑，建議若要看藍光螢火蟲，最好多人結伴同行，而且一定要帶手電筒。

■奧特威雨林空中步道
MAP P.383/B
住360 Phillips Track, Beech Forest, Weeaproniah, 3237
☎(03)5235-9200
URL www.otwayfly.com
開每日9:00～17:00（最晚入園時間16:00）
休耶誕節
費大人$26 小孩$21.50 家庭$75／空中滑索環保之旅（含入園門票）：大人$120 小孩$85

在奧特威雨林空中步道漫步於美妙的尤加利樹林上方

梅爾巴峽谷可以看見藍光螢火蟲

坎貝爾港
Port Campbell

集合「十二使徒岩Twelve Apostles」、「倫敦橋London Bridge」等大洋路重要觀光景點的十二使徒岩海洋國家公園Twelve Apostles Marine NP，坎貝爾港Port Campbell是這裡的觀光起點，如果想好好領略這千變萬化，百看不厭的自然奇景，最好能在坎貝爾港住上一晚。

■坎貝爾港遊客中心
住26 Morris St., Port Campbell, 3269
FREE 1300-137-255
URL visit12apostles.com.au
URL www.visitgreatoceanroad.org.au
開每日9:00～17:00
休耶誕節

眺望海中嶙峋奇岩　MAP P.383/A
吉布森台階
Gibson Steps

可以走到海邊的吉布森台階

從墨爾本一路過來，最靠近大洋路奇岩怪石的觀景點，就是吉布森台階；遊客可以走下階梯直達海邊，並且在吉布森海灘Gibson Beach走幾步路，眼前就是雄偉的海中巨岩景觀。在坎貝爾港周遭的觀光景點中，像這樣能從海灘近距離觀賞大自然鬼斧神工的地點相當稀少，有別於居高臨下的觀賞方式，更能體會到大自然的震撼力。順帶一提，前方的「十二使徒岩」觀景台只能站在上面欣賞風景，並不能像吉布森台階一樣往下走到沙灘上。

大洋路最具代表性的景觀　MAP P.383/A
十二使徒岩
Twelve Apostles

從坎貝爾港往東行約10km處，宛如被刀削過一般的陡峭銳利峭壁與突出於海面上的多塊巨岩（侵蝕的緣故，現在已經不是12塊了），就是大洋路最具盛名的「十二使徒岩」；岩石在南極的冰冷洋流及海風沖刷侵蝕下，形成這樣的自然奇景，每一座岩柱都具有獨特的姿態，其中好幾座的確擁有如人臉般的模樣。由於光從單一角度無法將這群「岩石使徒」看透，必須在觀景台上來回走動，才能從不同方向看個清楚。

大洋路上最常入鏡的景觀

從觀景台眺望到的絕景

■十二使徒岩直升機之旅
(03)5598-8283
URL www.12apostleshelicopters.com.au
費 倫敦橋&十二使徒岩(16分鐘)$165/倫敦橋&十二使徒岩&群島灣(25分鐘)$245
CC MV
※直升機停放在十二使徒岩的停車場後面

■二哩灣2 Mile Bay
從坎貝爾港灣對岸的觀景台到二哩灣之間,有條來回需要1小時30分的健行步道「Port Campbell Discovery Walk」,也是最能將大洋路遼闊海岸線一覽無遺的路線,很值得一走。

至於想要用相機留下十二使徒岩美景的人,建議最好選擇清晨和傍晚,才能捕捉到陽光、大海和岩石三者光線、明暗對比的最美麗瞬間。租車前來的觀光客,要注意停車場是位在十二使徒岩和大洋路的另一側(可停放190輛車的停車場),並有提供廁所、景點解說牌等設施;然後必須徒步穿越大洋路底下的隧道,才能通往對側的十二使徒岩。

從空中俯瞰的大洋路別有一番滋味

在十二使徒岩停車場旁有家直升機空中觀光旅遊公司12 Apostles Helicopter,可以參加直升機空中之旅欣賞十二使徒岩、洛克亞德峽谷的絕景。如果覺得光是站在觀景台上欣賞還不夠過癮,不妨嘗試從空中用不同的角度欣賞。

緬懷船難悲劇

MAP P.383/A

洛克亞德峽谷
Loch Ard Gorge

洛克亞德峽谷與十二使徒岩並列為坎貝爾港2大不容錯過的天然奇景,從觀景台往下走到沙灘正好是一處峽灣,可以讓遊客在這裡戲水。

洛克亞德峽谷的名稱來自於曾經在這處海域發生船難的英國移民船,在1878年6月1日清晨4:00左右,來自倫敦要前往墨爾本的最後一艘移民船洛克亞德號,因為濃霧而看不清奧特威岬燈塔的燈光,於是撞上懸崖而沉沒。當時船上的54名船員和乘客中,只有18歲的水手Tom Pearce和跟著全家7人要移民到澳洲的17歲Eva Carmichael是船難的唯二倖存者,因此在洛克亞德峽谷入口處設立了墓園,紀念這52名船難罹難者。

在沙灘上感受洛克亞德峽谷充滿震撼力的景色

此外,從洛克亞德峽谷延續的景觀步道旁,還有許多令人驚奇的自然美景,像是宛如一座大拱門的島嶼拱道The Island Archway、被切割成陡峭長條狀的剃刀背The Razorback,以及如孤島般的斷崖峭壁,讓少了狐狸、貓等天敵的上萬隻莫頓雀鳥能安然棲息的莫頓雀鳥島Mutton Bird Island,還有噴濺起驚人海潮的Blowhole、海中石窟的雷洞Thunder Cave、能欣賞到斷崖殘壁連綿海岸線風光的Broken Head等,想要把所有景點全部遊遍,至少需要2個小時。

洛克亞德號罹難者的墓園

充滿震撼的剃刀背

徹底感受到海浪侵蝕的力量

MAP P.383/A

倫敦橋 London Bridge

倫敦橋就在坎貝爾港與彼得波羅Peterborough正中央的位置，突出於海岸一角的尖岬，原本是雙拱門的模樣因而得名，一直到十幾年前都還能觀賞到名副其實的自然美景，可惜由於海浪沖刷而形成的雙拱門，最後還是經不起經年累月的侵蝕，從中央整個崩塌而成為如今的模樣。

一邊拱門因海水沖刷而崩塌的倫敦橋

遠望夕陽餘暉中的奇岩碧海

MAP P.383/A

群島灣 Bay of Islands

從彼得波羅再往前行就是馬蒂斯灣Bay of Martyrs及群島灣的觀光景點，這裡位在墨爾本出發前往華南埠的觀光路線上，是能夠欣賞到海中奇岩怪石美景的最後一處景點。

華南埠 Warrnambool

華南埠是位於大洋路以西，人口約3萬3000人的城鎮，市中心在擁有許多商店的Liebig St.，穿越這條馬路往海邊走有座小山丘Cannon Hill，可以看見在夏季非常熱鬧的Lady Bay Beach。

位在華南埠中心往東南方2km處的羅根斯海灘Logans Beach，在每年5～9月可以看到成群的南露脊鯨Southern Right Whales而聞名。依照南露脊鯨的保守習性，不像座頭鯨會以華麗的海上表演吸引眾人注意，因此想要發現牠們的蹤影可不容易；不過只要仔細觀察海面，還是有機會發現南露脊鯨的黑色尾鰭及換氣時噴出來的水氣。

■**華南埠遊客中心 Warrnambool Visitor Information Centre**
住Flagstaff Hill, 88 Merri St., 3280
☎(03)5559-4620
FREE 1800-637-725
URL visitwarrnambool.com.au
開每日10:00～17:00
休耶誕節
※到了賞鯨季節，會告知遊客詳細的出沒時間、地點等資訊，一般都在上午或傍晚，是最佳的賞鯨時機

重現19世紀的港都風貌

MAP P.383/A

旗桿山航海博物館 Flagstaff Hill Maritime Museum

是重現19世紀華南埠樣貌的主題樂園，從教堂、醫院、造船木工的作業區、販賣繩索輪軸等船舶用具的商店都有；這裡最值得一見的，就是展示在公民大廳Public Hall裡，用陶瓷燒成1.5m高的瓷孔雀Loch Ard Peacock，是從1878年遭遇船難洛克亞德號的漂流上岸物品中所發現的。另外從同樣也在因為船難而沉沒的Schomberg號上所發現的華麗鑽石「Schomberg Diamond」也很有看頭。

博物館到了夜晚還推出影音秀Sound & Light Show，利用最先進科技的雷射光與立體影像，重現當年洛克亞德

■**旗桿山航海博物館**
住89 Merri St. (Cnr. Banyan St.), 3280
☎(03)5559-4600
FREE 1800-556-111
URL www.flagstaffhill.com
開每日10:00～17:00
休耶誕節
費白天：大人$19 小孩$9 家庭$49.50／影音秀：大人$31 小孩$17 家庭$79／日夜套票：大人$44.30 小孩$23.30 家庭$113.65

保留著拓荒年代模樣的街道

博物館到了夜晚舉辦的影音秀

號沉船的始末，名為《沈船海岸的故事Tall of Shipwreck Coast》。

廣闊的神祕空間可是動物天堂 MAP P.383/A

塔丘保護區(Worn Gundidj)

Tower Hill Reserve (Worn Gundidj)

從華南埠往西約15km之處，有著約2萬5000年前由於大規模的火山噴發所形成的島嶼和湖泊，被小山丘包圍的塔丘內則是與周邊景致截然不同的神祕空間，成為動物的一大天堂，能近距離欣賞無尾熊、鴯鶓、袋鼠等動物。並推出體驗這片自然與原住民文化的文化&自然之旅Culture & Nature Tour。

菲利港

Port Fairy

從1835年就開始殖民，在維多利亞州中數一數二古老的城鎮，雖然面積並不大，但是擁有許多澳洲國家信託指定，由藍灰沙岩及沙岩打造而成的古蹟建築，將當年的殖民風華完整保留下來。菲利港前方則是格里菲斯島Griffiths Island，這裡可是僅限在澳洲繁殖的莫頓雀鳥Mutton Bird（短尾水薙鳥Short Tailed Shearwater）的棲息地之一；環島一周只需要1個小時左右，島上還特別設有供遊客觀察莫頓雀鳥的木棧步道。

波特蘭

Portland

波特蘭是1834年維多利亞州最早開始殖民的地方，如今鎮上依舊保留著建於1800年代如海關大樓Custom House等被澳洲國家信託指定的古蹟建築200多棟，在波特蘭遊客中心Portland Visitor Information Centre裡，有提供遊客如何參觀這些歷史古蹟的路線資訊。而波特蘭遊客中心所在的建築物裡，還進駐著波特蘭航海探索中心Portland Maritime Discovery Centre，設有航海博物館及咖啡店、紀念品店等設施。另外若想要眺望波特蘭灣Portland Bay的景致，建議可以到第二次世界大戰紀念碑觀景台World War II Memorial Lookout，這裡的角度最好。

至於波特蘭周邊的觀光景點，包括設有燈塔的尼爾森角Cape Nelson，以及距離城鎮約20km的橋水岬Cape Bridgewater。橋水岬又被稱為Seal Cave，是個擁有許多澳洲海狗棲息的景點，因此還有海狗觀察之旅應運而生。

■塔丘保護區
住105 Lake View Rd., Tower Hill, 3283
☎0409-351-614
URL www.towerhill.org.au
開週二～六9:30～16:30／文化&自然之旅：10:00、13:00出發
費文化&自然之旅：大人$45 小孩$15 家庭$99

■菲利港遊客中心Port Fairy Visitor Information Centre
住Railway Pl., Bank St., Port Fairy, 3284 ☎(03)5568-2682
URL portfairyaustralia.com.au
開每日9:00～17:00
休耶誕節

■有關莫頓雀鳥
莫頓雀鳥Mutton Bird是從澳洲飛往太平洋上的堪察加半島、阿拉斯加沿岸、加州沿岸的候鳥，每年9月下旬時就會回到澳洲準備築巢。

■波特蘭遊客中心
住Lee Breakwater Rd., Portland, 3305
FREE 1800-035-567
URL www.visitportland.com.au
開每日9:00～17:00
休耶誕節
●波特蘭航海探索中心
開每日10:00～16:00
費大人$7 小孩免費

■第二次世界大戰紀念碑觀景台
住2 Wade St., Portland, 3938
☎(03)5523-3938
開每日9:00～16:00
費大人$4 小孩免費

■尼爾森角燈塔 Cape Nelson Lighthouse
住Cape Nelson Lighthouse Rd., Portland West, 3305
☎0428-131-253
URL www.capenelsonlighthouse.com.au
開每日10:00～17:00／解說導覽11:00、14:00開始
費大人$15 小孩$10 家庭$40

■海狗觀察之旅
●Seals by Sea Tours
☎(03)5526-7247
URL www.sealsbyseatours.com.au
費大人$45 小孩$25

Memo 在波特蘭近郊，有保留原住民Gunditjmara族昔日養殖鰻魚遺跡的世界文化遺產「Budj Bim文化景觀Budj Bim Culture Landscape」，並推出由原住民擔任解說的導覽之旅。住4/48 Edger St., Heywood ☎(03)4504-2193 URL www.budjbim.com.au

大洋路的住宿 ACCOMMODATION

區域號碼 (03)

隆恩

走路就能抵達海灘 Great Ocean Road Cottages & Backpackers
MAP 無

URL greatoceanroadcottages.com
住 10 Erskine Ave., Lorne, 3232 ☎ 5289-1070
WiFi 免費 費 背包客旅館：D $60／小木屋：T W $150～410 CC ADMV

腹地內有獨棟的小木屋及數棟提供背包客入住的宿舍。擁有距離海灘很近、適合海邊活動的絕佳位置。

體驗度假村的氣氛 Cumberland Lorne Resort
MAP 無

URL cumberland.com.au
住 150 Mountjoy Pde., Lorne, 3232
☎ 5289-4444 FREE 1800-037-010 WiFi 免費
費 1B $323～368、2B $386～431 CC JMV

每個房間裡都有全套廚具和洗衣機，還有餐廳、游泳池、SPA、健身房等豐富設施。

阿波羅灣

衝浪最合適 Surfside Backpacker
MAP 無

URL surfsidebackpacker.com 住 7 Gambier St., Apollo Bay, 3233 ☎ 5237-7263 WiFi 免費
費 D $35～40、W $85～120 CC MV
※目前停業中

不但鄰近城鎮街道，前往衝浪海灘、釣魚碼頭也都很近。

客房寬敞且整潔的汽車旅館 Apollo Bay Waterfront Motor Inn
MAP 無

URL www.apollobaywaterfront.com.au
住 173 Great Ocean Rd., Apollo Bay, 3233
☎ 5237-7333 WiFi 免費 費 T W $189～230、2B $270～290 CC ADJMV

面向大洋路的房間都能欣賞到遼闊海景，餐廳、咖啡館、海灘也都是徒步即可到達的距離。

自然愛好者絕不能錯過 The Great Ocean Road Ecolodge
MAP 無

URL www.greatoceanecolodge.com
住 Otway Lighthouse Rd., Cape Otway, 3233
☎ 5237-9297 WiFi 免費 費 T W $395～
※含早餐、旅遊，最少須住2晚以上 CC MV
※目前停業中

距離奧特威岬燈塔很近，只有5個房間的環保木屋旅館，主人有推動保護斑尾虎鼬的活動，會帶房客一起去參加。

客房充滿自然氛圍

坎貝爾港

坎貝爾港的便宜旅社 Port Campbell Hostel
MAP 無

URL portcampbellhostel.com.au
住 18 Tregea St., Port Campbell, 3269
☎ 5598-6305 WiFi 免費 費 D $35～50、T W $175～310 CC JMV

距離海灘、餐廳、商店都很近，十分方便的青年旅館。

也有公寓式住宿 Loch Ard Motor Inn & Apartments
MAP 無

URL www.lochardmotorinn.com.au 住 18 Lord St., Port Campbell, 3269 ☎ 5598-6328 WiFi 免費 費 T W $169～195、2B $199～235 CC MV

汽車旅館形式的客房就面對著坎貝爾港灣，跨出陽台就能看到海。

最適合家庭及團體旅遊 Southern Ocean Villas
MAP 無

URL www.southernoceanvillas.com
住 2-6 McCue St., Port Campbell, 3269
☎ 5598-4200 WiFi 免費
費 2B $260～300、3B $280～370 CC AMV

位於坎貝爾港入口處、Villa形式的公寓飯店，每棟Villa都很寬敞，享受在別墅度假般的愉快時光。

擁有寬敞空間的客廳區

華南埠

華南埠的便宜住宿 Warrnambool Beach Backpackers
MAP 無

URL www.beachbackpackers.com.au
住 17 Stanley St., Warrnambool, 3280
☎ FAX 5562-4874 WiFi 付費
費 D $32～35、W $90～120 CC AMV

館內有間附有撞球台的酒吧，是家直到深夜依舊熱鬧非凡的青年旅館。

從台灣撥打電話至大洋路
002 + 61（國碼）+ 3（去除0的區域號碼）+ 電話號碼

巴拉瑞特&班迪哥、金礦地區

Ballarat & Bendigo, Gold Field

仍遺留著當年淘金熱餘韻的巴拉瑞特街道

從1850年代開始發展起來的淘金熱，在澳洲歷史上占有輝煌的一頁。想一夜致富的人們從世界各地瘋狂湧進澳洲，人口因此急速移動與增加。維多利亞州的內陸地區也曾經是盛極一時的淘金地，尤其是從墨爾本西北方112km的巴拉瑞特開始，一直繼續往北100km到班迪哥，由於這塊地區擁有眾多金礦，也因此被通稱為金礦地區Goldfield。巴拉瑞特的金礦挖掘到1918年結束，而班迪哥則是持續到1954年為止；這2座城鎮至今依舊保留著當年淘金盛況的建築，吸引無數遊客來尋幽訪勝。

交通

●巴拉瑞特

從墨爾本的南十字星車站搭乘V Line列車即可抵達（約1小時45分），澳洲灰狗巴士每天也有1～2班前往巴拉瑞特。從墨爾本國際機場出發，則有Ballarat Airport Shuttlebus的直達巴士行駛。

●V Line FREE 1800-800-007
URL www.vline.com.au
●Ballarat Airport Shuttlebus
☎ (03)5333-4181
URL airportshuttlebus.com.au
費 單程：大人$43 小孩$21 家庭$86／來回：大人$79 小孩$41 家庭$158

巴拉瑞特

Ballarat

作為金礦地區入口的巴拉瑞特，是典型因為淘金而發展的城鎮，在1851年發現金礦之前，還只是個迷你小鎮，短短幾年之後，就迅速擴展成人口達到4萬人的大城鎮。到最後停止採礦為止，巴拉瑞特所挖掘出來的金礦約有640公噸之多，占維多利亞州產金量的28%，產能非常驚人。現在的巴拉瑞特是人口約12萬2000人的小型都市，市中心依舊保留著許多當年淘金熱所興建的建築。

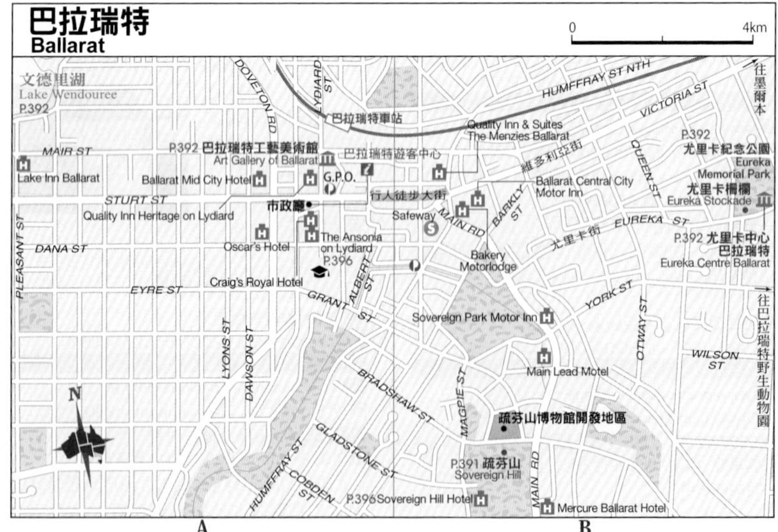

還原當年淘金熱時代的城鎮 MAP P.390/B

疏芬山
Sovereign Hill

疏芬山的主要大街

人氣最旺的淘金活動

重新還原1851～1861年淘金熱極盛時期金礦古鎮的主題樂園，一踏進館內，首先看到的是以解說牌與影片來介紹此地從發現金礦，到如何聚集夢想一夜致富的淘金客，以及巴拉瑞特金礦的歷史。穿過室內展示區，來到重現當年紅山峽谷The Red Hill Gully礦山的挖掘工地（1851～1855年），將自己的名字填入模擬1854年當時開採金礦的許可證上，就能獲得一次在小溪裡淘金的挑戰機會（能不能淘出金沙就看自己的運氣）。在園內的帳棚區，則是模擬1850年代占有城鎮人口1/4中國勞工的中國村。而在礦業博物館裡，更推出實際到地下礦區參觀的礦坑之旅Mine Tour（費用另計），搭乘著礦坑台車一路深入到地底，在重新整理過的礦坑步道上行走，深入了解當年的礦工們如何開採金礦，別有一番趣味。此外，在疏芬山的主要大街Main St.上更有著各式各樣的復古商店，全都依照19世紀時的模樣重現，光是在街道上散步就很有趣。

至於晚間的聲光影音秀AURA也不能錯過，利用疏芬山寬闊的場地，以最新的光雕投影與音樂來訴說淘金熱、南十字星旗下的尤里卡柵欄事件（尤里卡紀念公園的說明→P.392），很有看頭。

巴拉瑞特市區交通

DC維多利亞CDC Victoria的公共巴士，以城鎮中心作為發車起點，一共擁有15條前往各個方向的路線。遊客會搭乘的路線有前往疏芬山方向的Route 21、尤里卡紀念公園方向的Route 15、野生動物園方向的Route 20、文德里湖及巴拉瑞特植物園方向的Route 10。

☎(03)5331-7777
URL cdcvictoria.com.au

■巴拉瑞特遊客中心
MAP P.390/A
住 Town Hall, 225 Sturt St., Ballarat, 3550
FREE 1800-446-633
URL www.visitballarat.com.au
開 週一～五8:30～17:00，週六、日10:00～16:00
休 耶誕節

■疏芬山
住 39 Magpie St., Ballarat, 3350 ☎(03)5337-1199
URL www.sovereignhill.com.au
開 每日10:00～17:00
休 耶誕節
費 大人$58.20 小孩$29 家庭$146.40／礦坑之旅大人$7.50 小孩$4 家庭$20／馬車體驗大人$5.50 小孩$4 家庭$17

●**AURA（聲光影音秀）**
時 依據日落時間而有不同，每晚表演2次（要預約）
費 大人$45 小孩$24 家庭$122

COLUMN

以淘金熱為主題
疏芬山周邊的大型博物館計畫

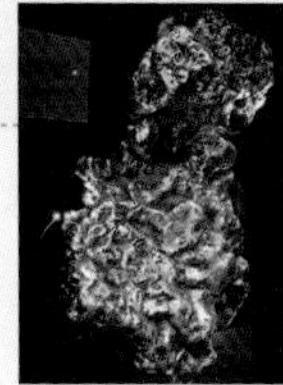
在淘金熱時期發現的巨大金塊

疏芬山預定將在2030年，完成以淘金熱為主題興建的各種設施，核心計畫為目前已經公布的金礦之城，會是生活博物館Living Museum的位置，在北邊則建設展示在巴拉瑞特挖掘出來的金塊與當時的黃金開採礦產權證書等淘金熱當時珍貴資料的Australian Centre for Gold Rush Collections，以及展示使用黃金與各種材料創作的藝術品及工藝品、舉辦工作坊等活動的Australian Centre for Rare Arts and Forgotten Trades兩棟建築。至於合併於疏芬山的黃金博物館中的展覽品，全數都會轉移到Australian Centre for Gold Rush Collections內。

■巴拉瑞特野生動物園
住250 Fussell St., Ballarat, 3350 ☎(03)5333-5933
URL wildlifepark.com.au
開每日9:00～17:00／與動物相遇：無尾熊11:30&13:30、袋熊11:00&15:30、樹袋鼠11:00
休耶誕節
費大人$36 小孩$19.50 家庭$98／與動物相遇各$50

與動物相遇活動可以近距離接觸動物

■巴拉瑞特工藝美術館 MAP P.390/A
住40 Lydiard St. North, Ballarat, 3350
☎(03)5320-5858
URL artgalleryofballarat.com.au
開每日10:00～17:00
休耶誕節、節禮日
費免費（特展須付費）

■尤里卡中心 MAP P.390/B
住102 Stawell St. South (Cnr. Eureka St.), Ballarat, 3350
☎(03)5333-0333
URL www.ballarat.vic.gov.au
開每日10:00～17:00
休耶誕節、節禮日
費大人$6 小孩$4 家庭$18

四季各有不同花開的巴拉瑞特植物園

■巴拉瑞特植物園
住Gillies St. North, North Ballarat, 3355
☎(03)5320-5135
URL ballaratbotanicalgardens.com.au
開10～4月：每日7:30～21:00／5～9月：每日7:30～18:00

宛如未開墾的森林地帶 MAP P.390/B 外

巴拉瑞特野生動物園
Ballarat Wildlife Park

園內飼養著許多澳洲才有的動物，還放養袋鼠、岩袋鼠、鴯鶓等個性溫馴的動物，並有可以和動物接觸的與動物相遇活動，由保育員親自詳細解說關於無尾熊、袋熊及樹袋鼠等動物的生態，並且近距離觀察牠們，最後還能觸摸而且一起合拍紀念照。

具有歷史意義的景點非常多 MAP P.390/B

尤里卡紀念公園
Eureka Memorial Park

關於尤里卡柵欄事件有豐富展覽的博物館

南十字星旗是尤里卡的旗幟

1854年時因為不滿英國政府制定的苛刻採礦稅、採礦權，被壓迫的礦工們群起抗議的尤里卡柵欄事件Eureka Stockade就在這裡發生，不但是澳洲史上最大的百姓武裝抗暴事件，還造成軍警方面有5人死亡，抗議礦工死者也有30人的一大悲劇。當時抗議群眾所揮舞的南十字星旗Southern Cross，到現在仍是澳洲人上街抗議時必定揮舞的一大象徵。當年的南十字星旗為巴拉瑞特工藝美術館Ballarat Fine Art Gallery所有，並展示在尤里卡紀念公園裡的尤里卡中心Eureka Centre Ballarat內；中心內的博物館則以圖畫、各項文字記錄及觸控式面板等媒介，展示與解說關於巴拉瑞特如何因金礦而繁盛，以及礦工們當年的抗暴血淚史。

巴拉瑞特市民的休閒場所 MAP P.390/A

文德里湖&巴拉瑞特植物園
Lake Wendouree & Ballarat Botanical Gardens

位於城鎮西邊的文德里湖，是1956年墨爾本奧運時進行帆船比賽的場地，現在則是許多年輕人享受獨木舟、小艇划船樂的地方。同時湖裡還棲息著一大群美麗的黑天鵝，形成寧靜的湖邊美景。在悠閒的文德里湖畔，則是占地面積達40公頃的巴拉瑞特植物園，這座1858年就開放參觀的歷史植物園，擁有玫瑰園、秋海棠玻璃溫室等景點，也是每年2～3月秋海棠節的會場。

戴樂斯佛&赫本溫泉
Daylesford & Hepburn Springs

戴樂斯佛是以吸引畫家、陶藝家、家具工匠等藝術家居住而聞名的城鎮，他們的作品都會在鎮上的藝廊及工作室展售。其中位於戴樂斯佛郊區袋熊山Wombat Hill的修

戴樂斯佛的遊客中心

道院藝廊Convent Gallery，顧名思義就是由修道院改建而成的藝廊，是很值得造訪的景點。1樓是古董店，2樓以上則善用修道院挑高空間而設計的現代藝術藝廊，還收藏琳瑯滿目的仕女古董飾品，並附設時尚氣氛的咖啡館。

SPA溫泉旅館林立的赫本溫泉

由戴樂斯佛往北約3km則是赫本溫泉，由於這附近湧出大量的天然溫泉，因此是非常有名的「溫泉鄉」，也有數家提供SPA、按摩&芳香療法服務的商店，許多溫泉旅館都以SPA&按摩作為賣點來吸引遊客。距離赫本溫泉約10分鐘車程之處的薰衣草園Lavandula Swiss Italian Farm，若是在12月～1月薰衣草盛開季節前來，一定要來感受紫色花海的魅力。

馬爾登
Maldon

保留著完整金礦古鎮的馬爾登

總人口數約1500多人的馬爾登，街頭至今依舊維持著140年前金礦城的風貌，因此澳洲國家信託在1966年時指定這裡為澳洲第一座「具有歷史關注價值的城鎮」。一進入馬爾登，就有種彷彿進入時光隧道的感覺，一整排石板屋頂的木造房屋、古董店舖林立，即使是麵包店也依舊使用過去的傳統方式柴燒窯烤麵包，午茶室更是洋溢著過往懷舊電影般的寧靜氣氛。鎮上特別規劃了遊覽古蹟建築的步行路線，可以到遊客中心索取地圖好好漫步遊賞。

搭乘觀光鐵路感受時光倒流氣氛
維多利亞金礦鐵路
Victorian Goldfields Railway

很受全家出遊旅客喜愛的觀光鐵路

以復古蒸汽火車周遊金礦地區的觀光鐵路，是行駛於馬爾登～卡斯爾梅恩Castlemaine之間的人氣列車。從建造於1910年的馬爾登車站出發，坐在內部陳設如昔，彷如電影中看過的懷舊車廂裡，悠閒地欣賞著窗外的景色，行駛在美麗的牧草地與蒼翠森林中約45分鐘。如果有機會來到馬爾登，是務必要來體驗的小旅行。

交通

●**戴樂斯佛&赫本溫泉**
雖然有大眾交通工具（V Line），但由於到當地沒有交通工具可接駁，還是租車比較方便。

■**戴樂斯佛遊客中心**
Daylesford Visitor Information Centre
住98 Vincent St., Daylesford, 3460 FREE1800-454-891
URL www.visithepburnshire.com.au
開每日10:00～16:00
休耶誕節

■**修道院藝廊**
住7 Daly St., Daylesford, 3460 ☎(03)5348-3211
URL conventgallery.com.au
開週四～一10:00～16:00
休週二、三、節日
費藝廊入場費：大人$10 小孩$5

■**薰衣草園**
住350 Hepburn-Newstead Rd., Shepherds Flat via Daylesford, 3461
☎(03)5476-4393
URL www.lavandula.com.au
開週五～二10:30～17:30（冬季休息） 休週三、四、耶誕夜、耶誕節、冬季
費大人$4 小孩$1

交通

●**馬爾登**
雖然有大眾交通工具（V Line），但由於到當地沒有交通工具可接駁，還是租車比較方便。

■**馬爾登遊客中心**
Maldon Visitor Centre
住Shire Gardens, 93 High St., Maldon, 3463
☎(03)5475-2569
URL www.maldoncastlemaine.com.au 開每日9:00～17:00
休耶誕節

■**維多利亞金礦鐵路**
☎(03)5470-6658
URL www.vgr.com.au
時週三、六、日、節日行駛／馬爾登出發：10:30、14:45／卡斯爾梅恩出發：12:00、16:00
※依照時期，有時週六會停駛
費來回：大人$50 小孩$20 家庭$110／單程：大人$35 小孩$15 家庭$85

回味昔日金礦風華
Carman's Tunnel金礦
Carman's Tunnel Goldmine

如果想知道當年在馬爾登如何開採挖掘金礦，不妨來拜訪距離鎮上約2km的Carman's Tunnel金礦。這裡現在還保留著1880年代為了挖掘金礦而深達570m長的隧道，經過整修而開放成觀光景點。

■**Carman's Tunnel金礦**
住138 S Parkins Reef Rd., Maldon 3463 ☎(03)5475-2656
URL www.maldon.org.au
※目前停業中

班迪哥
Bendigo

遊客中心就位於雄偉的郵局建築裡

位在墨爾本西北方150km處的班迪哥，是個擁有約10萬人口，維多利亞州的第4大城市，同時也是與巴拉瑞特Ballarat齊名的金礦城鎮。在市中心地區仍保留不少建於淘金熱年代的歷史建築物，包括車站、教堂、公家機關、飯店、圖書館、學校等，都還維持著當年風貌並小心地使用著。

特別是在市中心的亞歷山大噴泉Alexandra Fountain周圍，像是建築優雅的Shamrock Hotel（1～2樓屬殖民時代風格，3樓以上則是巴洛克風格）、擁有氣氛莊嚴鐘樓的郵局Historic Post Office（遊客中心也在這裡）等，都是必看的歷史建築。

至於復古的班迪哥路面電車Bendigo Tramways，是從中央黛博拉金礦一路往北邊中國寺來回的觀光古董電車，上車處就位在亞歷山大噴泉附近的High St.。坐在搖晃的復古車廂裡，一邊欣賞沿街的古老建築，彷彿回到100年前的時光，途中經過的電車博物館裡可以看到歷代不同的知名電車，充滿樂趣。

交通

●**班迪哥**
從墨爾本南十字星車站出發的V Line列車，平日6班、週末4班（所需時間約2小時）；從墨爾本國際機場也有Bendigo Airport Service的直達巴士行駛。

●**Bendigo Airport Service**
☎(03)5444-3939
URL bendigoairportservice.com.au
費單程：大人$54 小孩$25 家庭$110／來回：大人$99 小孩$50 家庭$198

班迪哥市區交通

Christian's Bus串連起市中心與郊區城鎮，所有路線在平日都是每隔30分鐘發車一班，但是週末車班則非常少，在週日和節日時還會停駛。

●**Christian's Bus**
☎(03)5443-9333
URL christiansbus.com.au

復古電車行駛在市區街頭

■**班迪哥遊客中心**
MAP P.395/A
住Historic Post Office, 51-67 Pall Mall, Bendigo, 3550
FREE 1800-813-153
URL www.bendigorigion.com.au
開每日9:00～17:00
休耶誕節

■**班迪哥觀光古董電車**
住1 Tramway Ave., Bendigo, 3550 ☎(03)5442-2821
URL www.bendigotramways.com
時每日10:00～16:00間每隔1小時發車
費1日周遊券：大人$10 小孩$5

認識超過50年前的礦工生活
MAP P.395/A
中央黛博拉金礦
Central Deborah Gold Mine

戴上頭燈前往地底礦坑

中央黛博拉金礦是班迪哥多座金礦礦坑中，直到1954年才正式封坑的最後一座金礦，1970年由市政府買下整座礦坑並加以整理，恢復成當年淘金熱時代的礦坑原樣，開放給遊客參觀。在這裡絕對不容錯過的，就是地底礦坑體驗之旅Mine Experience Tour，戴上裝有頭燈的安全帽，隨著解說員搭乘單邊是鐵絲網的電梯，一路通往61m深的陰暗地底，除了可以參觀礦坑坑道，還能觸摸含有黃金的石英礦脈，解說員還會拿起當年的挖掘工具，動手示範如何開採金礦。另外在地面上還有著引擎室等的博物館，可以更加認識礦山的歷史。

沒有中國人就沒有班迪哥 MAP P.395/B

金龍博物館
Golden Dragon Museum

具有歷史意義的博物館

在淘金熱的年代裡，湧入維多利亞州的中國人在1854年6月時達到3500人，這當中有2000人都是在班迪哥金礦區工作；然後在這一年，班迪哥金礦發生了澳洲史上首次大規模的反中國人暴動事件，澳洲政府藉此機會在1855年制定了中國移民限制法，進而促成之後的白澳主義盛行。想要知道當年在班迪哥中國勞工的生活情況及歷史，就要到金龍博物館來，還能看見每年會出現在班迪哥復活節大遊行，超過100m長的巨大遊龍。遠離市區之後，還可以造訪在維多利亞州境內僅剩3座寺廟之一的中國寺Chinese Joss House。

位於市中心的大型公園 MAP P.395/A

羅莎琳德公園
Rosalind Park

羅莎琳德公園的溫室庭園

位於市中心廣達60英畝的大型公園，是許多班迪哥市民平日休閒放鬆的場地，園內還有如瀑布一般的噴泉Cascades、開滿玫瑰的溫室庭園Conservatory Gardens

■中央黛博拉金礦
住76 Violet St., Bendigo, 3550 ☎(03)5443-8322
URL www.central-deborah.com
開每日9:30～16:30
費在腹地內自由散步：免費／地底礦坑體驗之旅Mine Experience Tour（75分鐘）：大人$35 小孩$25 家庭$99

■金龍博物館
住1-11 Bridge St., Bendigo, 3550 ☎(03)5441-5044
URL www.goldendragonmuseum.org
開週二～日9:30～17:00（學校假期期間為每日）
休週一、耶誕節
費大人$12 小孩$7 家庭$30

■中國寺
住Finn St., Emu Point, North Bendigo, 3550
☎(03)5442-1685
URL www.bendigojosshouse.com
開週六、日10:30～15:00
費捐款$5左右

位於鎮外，具有歷史上珍貴意義的中國寺

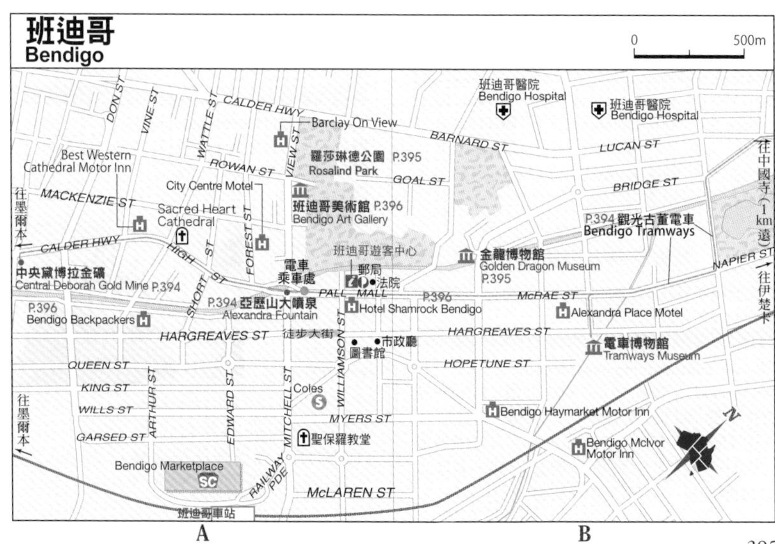

位於山丘上的班迪哥美術館

■班迪哥美術館
住42 View St., Bendigo, 3550
☎(03)5434-6088
URL www.bendigoartgallery.com.au
開每日10:00～17:00
休耶誕節
費免費（$2左右的捐款）

■班迪哥陶器廠
住146 Midland Hwy., Epsom, 3551 ☎(03)5448-4404
URL www.bendigopottery.com.au
開每日9:00～17:00
休耶誕節
費Interpretive Museum門票：大人$8 小孩$4 家庭$20

等景點，公園裡的觀景台Lookout更能一覽城市景觀。

座落在羅莎琳德公園山丘上的班迪哥美術館Bendigo Art Gallery，近代化設計的館內，收藏著從殖民地時代到現代的澳洲相關畫作，還有19世紀的英國、歐洲繪畫與雕刻品，展示著各式各樣澳洲的藝術品。

澳洲最古老的陶器廠 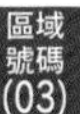 地圖外

班迪哥陶器廠
Bendigo Pottery

從班迪哥往北約6.5km處的Epsom，擁有全澳洲現存最古老的陶器廠，從建築物本身到道路都鋪上紅磚，是在1858年由來自蘇格蘭的年輕陶藝工匠George Duncan Guthrie一手創立，在之後的130年裡不斷生產出令人讚嘆的各種陶器，其中最出名的要算是被稱為Epsom Wear的紅褐色陶器。在這裡還設立了博物館Interpretive Museum，將1858年創建至今陶器製作技術的變革、古老燒窯和各種工具，全都展示給遊客細細觀賞。

金礦地區的住宿 ACCOMMODATION

區域號碼(03)

巴拉瑞特

在疏芬山130年前古鎮度過愉悅的一晚 MAP P.390/B

Sovereign Hill Hotel

URL sovereignhill.com.au
住39 Magpie St., Ballarat, 3350 ☎5537-1199
WiFi 免費 費TW$165～240 CC MV

位於疏芬山小丘陵上的政府機構，也提供給一般遊客住宿使用。

餐廳的風評也很棒 MAP P.390/A

The Ansonia on Lydiard

URL www.theansoniaonlydiard.com.au 住32 Lydiard St. South, Ballarat, 3350 ☎5332-4678
WiFi 免費 費TW$139～288 CC ADJMV

巴拉瑞特的人氣精品飯店，館內附設的餐廳也以美味出名。

戴樂斯佛&赫本溫泉

澳洲國家信託指定的建築 MAP 無

Central Springs Inn

URL www.centralspringsinn.com.au
住6 Camp St., Daylesford, 3460 ☎5348-3388
WiFi 免費 費TW$160～275 CC MV

由3棟建築結合成一間飯店，其中2棟為1800年代的建築物重新裝修而成，全部共有16間客房，部分還附有按摩浴缸。

班迪哥

位於寂靜場所 MAP P.395/A

Bendigo Backpackers

URL bendigobackpacker.com.au
住33 Creek St. South, Bendigo, 3550
☎5443-7680／0429-078-955 WiFi 免費
費TW$68～78 CC MV

將古老裝飾藝術風格的建築重新裝修後的青年旅館，提供上網及BBQ設備。

充滿了懷舊氣息 MAP P.395/A

Hotel Shamrock Bendigo

URL www.hotelshamrock.com.au
住Cnr. Pall Mall & Williamson St., Bendigo, 3550
☎5443-0333 WiFi 免費
費TW$170～270、1B$230～270、2B$285
CC ADJMV

宛如歐洲宮殿的外觀，被稱讚是淘金熱時代所興建建築物中的最佳傑作。從1854年以來經歷過兩次改建，目前的建築是1897年完成的；內部採用洛可可風裝潢，客房裡使用充滿19世紀氛圍的家具用品，豪華卻又令人懷念。

擁有優雅外觀的飯店

格蘭屏國家公園
The Grampians NP

在霍爾斯山谷的村落裡早晚都有野生袋鼠出沒

由巴拉瑞特Ballarat往西北方約150km，距離墨爾本約260km之處，就是維多利亞州最大的國家公園——格蘭屏國家公園；其面積廣達16萬7000公頃，從大分水嶺西端一路延伸的山脈，在這片荒涼沙岩上形成3座南北長90km、東西寬50km的陡峭巨峰，周圍則是從岡瓦納大陸時代存活至今的蓊鬱尤加利樹林與雨林，以及經歷過數百萬年風雨而形成的奇岩怪石、湧出清澈泉水的瀑布等絕妙大自然景觀，十分吸引人。而從3萬多年前就已經居住在這片土地上的澳洲原住民，也留下40多處神祕的岩石壁畫供人尋幽訪勝；更可以近距離看見無尾熊、袋鼠、袋貂等野生動物，是知名的動物天堂。

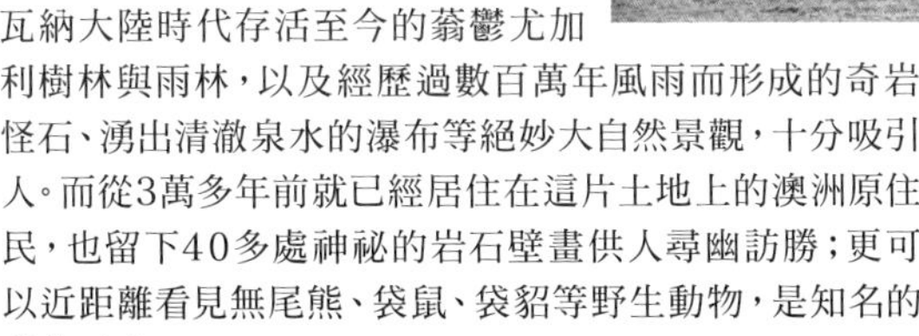

在格蘭屏國家公園的周圍，雖然擁有如斯塔威Stawell、大西部Great Western、阿拉臘特Ararat、霍舍姆Horsham等城鎮與村莊，不過還是以位處格蘭屏國家公園中心位置的霍爾斯山谷Halls Gap為最佳探險據點。

霍爾斯山谷
Halls Gap

關於叢林健行的資料在布朗巴克國家公園&文化中心就能找到

霍爾斯山谷是圍繞在格蘭屏國家公園周圍的小城鎮，在這個只有小商店街的地方，卻擁有豐富的自然，清晨和傍晚時分到處都能看到袋鼠的蹤影。位於市中心的霍爾斯山谷遊客中心是主要觀光情報站，不過若是想要從事真正的叢林健行，則要前往距離鎮上南邊2.5km的布朗巴克國家公園&文化中心收集資料。這裡是國家公園的辦公室，也是原住民文化中心，所謂的布朗巴克Brambuk，在澳洲原住民語中就是以格蘭屏為棲息地的眾多葵花鳳頭鸚鵡之意，這裡提供國家公園叢林健行的資料及建議諮詢。原本在此地可以體驗原住民Gariwerd族的文化，不過2022年展開館內設施的大規模改裝，目前文化設施的部分暫停中。

交通

●格蘭屏國家公園

從墨爾本出發前往霍爾斯山谷，會有行經巴拉瑞特、斯塔威Stawell的V Line可以搭乘，每日1班。但是當地沒有交通工具可供接駁，所以還是參加旅遊團或是租車比較方便。

■旅行季節

冬季的山區相當酷寒，甚至還會下雪，加上常有降雨，最適合觀光的季節為春季到秋季間的10～5月。而最美的季節則是山區野花盛開的10～12月，霍爾斯山谷的飯店在這段期間的週末，住房幾乎都是客滿狀態。

■霍爾斯山谷遊客中心

住117-119 Grampians Rd., Halls Gap, 3381
FREE 1800-065-599
URL www.visitgrampians.com.au
開每日9:00～17:00
休耶誕節

■布朗巴克國家公園&文化中心

住277 Grampians Rd., Halls Gap, 3381
☎(03)8427-2058
URL www.parks.vic.gov.au/places-to-see/parks/grampians-national-park
開每日9:00～17:00

距離霍爾斯山谷鎮上約10分鐘車程處的霍爾斯山谷動物園Halls Gap Zoo，是座充滿閑靜氣氛的動物園，面積廣達8公頃的園內，從鴯鶓、孔雀、袋鼠、鹿都是自由放養，而在保留著原始尤加利樹林的角落裡，則以近乎野生的方式飼養著無尾熊和袋熊。

此外，從霍爾斯山谷開車約45分鐘之處，有個格蘭屏騎馬中心Grampians Horse Riding Centre，可以體驗小班制且正統的叢林騎馬行程（初學者也OK），沿路上不但能欣賞到袋鼠、鴯鶓、野鳥等野生動物，以及色彩繽紛的野花，充分感受格蘭屏特有的大自然風光。

接觸格蘭屏的大自然

叢林健行

Bush Walking

想好好地感受格蘭屏國家公園的大自然，最好的辦法就是親自踏上公園內設置的步道。雖然路線相當多，不過下面要介紹給大家的，絕對是只要擁有一般體力，人人都能樂在其中的人氣路線。

號稱格蘭屏風景最佳的The Pinnacle峰頂

●萬得蘭山脈 Wonderland Range

從霍爾斯山谷出發約4km抵達萬得蘭山脈停車場，由此前往能欣賞到懸崖峭壁奇景的The Pinnacle觀景台，是條單程2.1km，海拔落差280m的登山路線（來回需2小時30分）；沿途還能欣賞到兩側盡是裸露岩石包夾的Grand Canyon、自然形成的石板坡道Silent St.等諸多奇妙景觀。The Pinnacle觀景台剛好位於萬得蘭山脈頂峰的尖端處，腳下就是霍爾斯山谷與人造的貝爾費爾德湖Lake Bellfield，美麗的山光水色令人深深感動。

●陽台岩步道 The Balconies Walk

凡是介紹格蘭屏國家公園景點的書中，一定會出現陽台岩The Balconies，宛如一頭野獸張大嘴巴般的岩石。從霍爾斯山谷出發，沿著Victory Rd.約10km抵達觀景台Reed Lookout，再從這裡走上陽台岩，來回路程約1.8km，海拔落差50m，是只需要40分鐘的簡單路線。

●麥肯錫瀑布步道 McKenzie Falls Walk

高低落差達100m的麥肯錫瀑布，是格蘭屏國家公園內規模最大的瀑布，從瀑布頂端沿著山壁設有階梯直抵瀑布

涼爽的麥肯錫瀑布

■霍爾斯山谷動物園
住4061 Ararat-Halls Gap Rd., Halls Gap, 3381
☎(03)5356-4668
URL hallsgapzoo.com.au
開每日10:00～17:00
休耶誕節
費大人$38 小孩$19 家庭$95

■格蘭屏騎馬中心
住430 Schmidt Rd., Brimpaen, 3401
☎FAX(03)5383-9255
URL www.grampianshorseriding.com.au
時2小時30分騎馬：每日10:00、14:00出發
費2小時30分騎馬：1人$125

■格蘭屏國家公園的叢林健行
在這座國家公園內因為沒有公共交通工具，要到達各條步道的登山口只能開車前往。沒開車的人可選擇在霍爾斯山谷搭乘計程車，或是參加叢林健行之旅這2種方式。

■霍爾斯山谷的旅遊團
如果還想更加深入認識這個地區的大自然，建議可以參加從霍爾斯山谷出發的旅遊團，由下列旅遊公司主辦。
●Grampians Personalised Tours & Adventures
☎0408-646-604
☎(03)5356-4654

■陽台岩步道
吉卜力工作室的《魔法公主》動畫電影中，主角阿席達卡接受小桑照顧的場景，據說就是以格蘭屏國家公園的此地作為藍圖，但是被吉卜力工作室在官網上否認澄清。

格蘭屏人氣最旺的陽台岩

下方，來回約2km，是需時1小時20分的步道。

追尋不為人知的名酒

格蘭屏酒莊 The Grampians Wineries

在格蘭屏周圍的丘陵地區，早從1863年就開始釀酒業，目前在這個區域裡的9家酒莊統一稱為格蘭屏酒莊The Grampians Wineries，中心點就在大西部Great Western，這裡同時也是澳洲第一個生產氣泡酒的地方。

●**Best's Wines**

創建於1866年歷史悠久的酒莊，至今依舊使用1866～1920年興建的木造建築與酒窖，遊客可以在試飲櫃台索取一份簡介，在酒莊裡自由到處參觀。

●**Seppelt Great Western Winery**

號稱是南半球氣泡酒產量最多的酒廠，於1865年創立，在1860～1870年代於地底下打造有如隧道一般長達3km的酒窖，稱為The Drives，至今依舊保存著無數醇酒佳釀。隨著導遊的解說參觀這座龐大的地底酒窖，成為來到大西部最重要的觀光活動。

■**Best's Wines**
住111 Best's Rd., Great Western, 3374
☎(03)5356-2250
URL www.bestswines.com
開週一～六、節日10:00～17:00、週日11:00～16:00
休耶誕節
費試飲1人$10

■**Seppelt Great Western Winery**
住36 Cemetery Rd., Great Western, 3377
☎(03)5361-2239
URL seppeltgreatwestern.com.au
開每日10:00～17:00
休耶誕節
●導覽之旅
時每日11:00～15:00每隔1小時
費大人$15 小孩$5

Seppelt裡的The Drives

格蘭屏國家公園的住宿 ACCOMMODATION

區域號碼(03)

既舒適又便利 MAP 無

Pinnacle Holiday Lodge

URL pinnacleholiday.com.au
住21 Heath St., Halls Gap, 3381 ☎5356-4249
FREE 1800-819-283 WiFi 免費 費TW$185～199、1B$145～165、2B$185 CC AJMV

地點就在紀念品店、餐廳林立的Stony Creek Stores的後面，不論是附有暖爐、按摩浴缸的豪華套房，還是附有廚房設備的1、2床套房，房型選擇上相當豐富。在庭院裡還有BBQ區，以及室內溫水游泳池、網球場等設備；早晚時分庭院還能看到袋鼠。

袋鼠就在門外 MAP 無

Kookaburra Motor Lodge

URL kookaburralodge.com.au
住26-28 Heath St., Halls Gap, 3381
☎5356-4395 FAX 5356-4490 WiFi 免費
費TW$129～149 CC AJMV

平房式的木屋建築，幾乎所有房間都面對著牧場的好風景，所以能夠在清晨和傍晚時分見到袋鼠、鷓鶘等動物的身影，很適合熱愛動物的人。房間雖然不甚寬敞，但冷氣、電視、淋浴和廁所等設備卻是非常完備。

霍爾斯山谷最人氣的高級飯店 MAP 無

Country Plaza Halls Gap

URL countryplazahallsgap.com.au
住141-149 Grampians Rd., Halls Gap, 3381
☎5356-4344 WiFi 免費 費TW$110～244
CC ADJMV

距離城鎮中心往南約500m的飯店，每間客房都相當舒適，住起來也很愉快，尤其以SPA室最受歡迎，戶外還設有溫水游泳池，一整年都能盡情享受游泳樂趣。而這裡附設的餐廳也是霍爾斯山谷數一數二出名的美味。

房間前就有袋鼠出沒

位於霍爾斯山谷中心 MAP 無

Grampians YHA Eco-Hostel

URL www.yha.com.au 住14-16 Grampians Rd.(Cnr. Buckler Rd.), Halls Gap, 3381 ☎5356-4544
WiFi 免費 費D$40.50、TW$99～135
※非YHA會員要追加費用 CC MV

採用太陽能發電系統且充滿Villa氣氛的青年旅館，廉價且舒適的住宿環境在霍爾斯山谷中相當少見，因此每到夏季經常客滿。

在維多利亞阿爾卑斯山區享受滑雪樂趣！

到大分水嶺山脈最南端的維多利亞阿爾卑斯山區The Victorian Alps滑雪，已經成為近年來最熱門的活動，許多墨爾本的居民每到週末就會來到這裡，特別是像布勒山Mt. Buller、佛斯奎克Falls Creek這些澳洲代表性的大型滑雪場，非常吸引人想長期留下來，好將每條滑雪道都挑戰一遍。所以每到週末就會有從墨爾本出發的滑雪團前往各個滑雪場。

布勒山阿爾卑斯村
Mt. Buller Alpine Village

以能容納的遊客人數來看，布勒山阿爾卑斯村是全澳洲最大的滑雪場，距離上也最接近墨爾本，週末總是擠滿了當天來回的滑雪客。至於住宿方面，這裡從YHA到豪華飯店都有，可以容納多達5000名旅客，而滑雪用具出租店、郵局、紀念品店、餐廳、酒吧等，都聚集在滑雪場附近，非常方便。至於距離滑雪場47km的曼斯菲德Mansfield，這裡的住宿房價比較平價，也有接駁巴士前往滑雪場，是可以考慮的下榻地點之一。布勒山阿爾卑斯村的滑雪道從初級～高級都有，不論是初學者還是玩家都能非常盡興。

另外，還有一座與布勒山相鄰的越野滑雪場地──史特靈山阿爾卑斯度假村Mt. Stirling Alpine Resort。

能體驗刺激滑降速度的布勒山

佛斯奎克阿爾卑斯村
Falls Creek Alpine Village

與布勒山並列也是維多利亞州數一數二的滑雪場，可以從墨爾本、雪梨、阿得雷德先搭飛機抵達奧伯里Albury，再轉乘接駁巴士到達。滑雪場的基本設施齊全，擁有20間小木屋、7間度假公寓，加上超級市場、餐廳、酒吧等設施樣樣不缺。滑雪場分為專供滑雪玩家使用，位在村落一旁的高階滑雪道場地Village Bowl Slopes，以及位於內側多為給初學、中階滑雪客使用的Sun Valley Slopes，不過整體來說有6成左右都是中階等級使用的滑雪道。

賀騰山阿爾卑斯村
Mt. Hotham Alpine Village

在維多利亞的滑雪度假村中，位置最高的一座（1840m），而且在旺季最高峰時還能夠在粉雪上滑出美麗的曲線。滑雪場基地位於山勢較高處，所以大多數都是從斜坡往下俯衝角度比較大的滑雪道，而且以中高階滑雪客使用的路線居多，不過還是有提供給初學者使用的平緩長距離滑雪道。

維多利亞阿爾卑斯山區
The Victorian Alps

DATA

●**布勒山**
URL www.mtbuller.com.au
在冬季從墨爾本有布勒巴士Buller Bus、Alzburg Tours的直達巴士行駛，每天各1班（約3小時40分），布勒巴士也有從墨爾本機場出發的班車。此外在旺季時，也有澳洲灰狗巴士等數家公司推出當天來回～停泊數晚的滑雪旅行團。

●**佛斯奎克**
URL www.fallscreek.com.au
從墨爾本搭乘火車、巴士到旺加拉塔，再轉乘巴士前往。或是搭飛機到奧伯里之後，再轉接駁巴士。

●**賀騰山**
URL www.mthotham.com.au
在滑雪季節中，每天都有直達巴士從墨爾本、奧伯里、默特爾福德出發。

墨累河流域

Murray River Region

伊楚卡最有名的蒸汽輪船

墨累河發源於澳洲阿爾卑斯山脈的Mt. Pilot山區，海拔1800m以上的水全都集中匯入這條河川，途中經過面積是雪梨港灣6倍大的人工湖泊休姆湖Lake Hume之後，再流過新南威爾斯與維多利亞兩州的邊境，最後穿越南澳州廣達640km的Rich River Plains平原區域流向亞歷山大湖Lake Alexandra，最後再匯入大海。這條大河是在1824年由探險家休姆Hamilton Hume與William Hovell所發現，6年之後被探險家Charles Sturt依照當時新南威爾斯州書記官George Murray之名，將這條河川命名為墨累河。

墨累河在19世紀中葉到20世紀初期，曾經是許多蒸汽輪船活躍的舞台，其中大多主要都是運輸內陸地區牧場所出產的羊毛貨物，但是隨著後來鐵路的迅速發展，蒸汽輪船逐漸派不上用場而沒落，1930年代船隻已經所剩無幾。經過如此輝煌歷史而保留下來的蒸汽輪船，現在則成為搭載遊客往來於墨累河之上的觀光船，可以從船上欣賞河岸景致，細細玩味澳洲這個「建立於羊背上的國家」的歷史。

巫東加＆奧伯里

Wodonga & Albury

位於墨累河上游的巫東加，是人口達4萬3000人頗具規模的沿岸城鎮，與河川對岸隸屬於新南威爾斯州的奧伯里共同被開發，在農業與商業方面都相當繁盛，而這2座城鎮也肩負起新南威爾斯州～維多利亞州之間的交通要衝。

澳洲境內少數面積極廣的人造湖，休姆湖

雖然巫東加鎮上

交通

●巫東加＆奧伯里

前往巫東加的話，由墨爾本每天都有列車出發（需要3.5小時）；也可以從墨爾本搭火車到西摩Seymour，再轉乘V Line的巴士。至於前往奧伯里機場（代號ABX），則是可以從雪梨、墨爾本、布里斯本搭乘QantasLink，或是從雪梨搭乘區域快線航空Regional Express的航班前往。

■奧伯里機場
URL flyalbury.com.au

■奧伯里墨累藝術博物館（下一頁）
住 546 Dean St., Albury, NSW 2640 ☎(02)6043-5800
URL mamalbury.com.au
開 週一～五10:00～17:00，週六、日、節日10:00～16:00
休 耶誕節
費 免費

交通

●伊楚卡（下一頁）

從墨爾本搭乘火車到班迪哥，再轉乘由V Line與Dyson's共同行駛的巴士，從墨爾本出發每天有1～2班次，所需時間約3小時30分。

■伊楚卡遊客中心
Echuca Moama Visitor Information Centre
住 2 Heygarth St., Echuca, 3564
☎(03)5480-7555
FREE 1800-804-446
URL www.echucamoama.com
開 週一～六9:00～17:00、週日10:00～16:00
休 耶誕節

■Port of Echuca Discovery Centre（下一頁）
住 74 Murray Esplanade, Echuca, 3564
☎(03)5481-0500
☎1300-942-737
URL www.portofechuca.org.au
開 每日9:00～17:00
休 耶誕節
費 導覽之旅：大人$12.50 小孩$6 家庭$45

■Echuca Paddlesteamers
☎(03)5481-2832
URL www.echucapaddlesteamers.net.au
時1小時航行之旅為10:15、11:30、13:30、14:45出發
休耶誕節
費大人$27 小孩$24 家庭$70

■Murray River Paddlesteamers
☎(03)5482-5244
URL www.murrayriverpaddlesteamers.com.au
●坎培拉號P.S.Canberra或P.S.Pride of the Murray
時1小時航行之旅：10:15、11:30、13:15、14:30出發
費大人$30 小孩$12 家庭$80
●P.S.Emmylou
時1小時喝茶航行之旅：9:45、16:00／2小時午餐航行之旅：11:30、13:30出發
費1小時喝茶航行之旅：大人$40 小孩$30 家庭$125／2小時午餐航行之旅：大人$95 小孩$55

在大碼頭前出發的坎培拉號

交通

●天鵝山

從墨爾本的南十字星車站可以搭乘V Line列車前往，每天2～4個班次（部分路線是從班迪哥搭乘巴士）；另外從伊楚卡也有巴士前往。從墨爾本出發，所需時間約4小時。

■天鵝山遊客中心Swan Hill Region Information Centre
住Cnr. McCare & Curlewis Sts., Swan Hill, 3585
☎(03)5032-3033
FREE 1800-625-373
URL www.visitswanhill.com.au
開週一～五9:00～17:00，週六、日9:30～14:30
休耶誕節

並沒有特別的觀光景點，而奧伯里還擁有奧伯里墨累藝術博物館Murray Art Museum（MAMA）和植物園Botanic Garden等景點，至於在這2座城鎮的東邊，則是蓄滿墨累河河水的巨大休姆湖。

伊楚卡
Echuca

伊楚卡在澳洲原住民的語言中，為「水流相遇地」之意，正如其名，這裡是墨累河與坎帕斯普河Campaspe River匯流之地，並善用地利之便，在19世紀後期成為數百艘蒸汽輪船的停靠港而興盛一時。

這棟典雅的建築物是碼頭與博物館的入口

伊楚卡的觀光重點，就是欣賞曾經見證過往繁華年代的歷史古蹟建築，大多數都集中在河畔的墨累大道Murray Esplanade上。伊楚卡大碼頭Echuca Wharf是利用赤桉的大樹打造而成的碼頭，與往來於河川上的蒸汽輪船齊名，為伊楚卡的一大門面。從1865年動工以來經過幾次的擴建工程，極盛期的碼頭甚至超過1km長；而且為了應付墨累河驚人的水位變化（落差高達7m以上），碼頭還分成好上下幾層，最高的碼頭甚至達到12m。仔細參觀伊楚卡大碼頭之後，不妨去附設的博物館（Port of Echuca Discovery Centre）參加導覽之旅，了解一下當年伊楚卡的繁榮景象。當然也不能錯過Echuca Paddlesteamers與Murray River Paddlesteamers等公司推出的蒸汽輪船之旅，悠閒欣賞河上風光。

天鵝山
Swan Hill

天鵝山與伊楚卡同樣是墨累河蒸汽輪船往來的交通要衝，而發展繁榮的城鎮，現在則是以保留著古老而美好的舊時代氣氛、豐富的農村景色，以及內陸區域少見的釣魚天堂而聞名全澳洲。

天鵝山最重要的景點，就是將成立於開拓時代的城鎮景色直接轉型成戶外博物館的拓荒者定居點Pioneer Settlement。

相較於巴拉瑞特Ballarat的疏芬山Sovereign Hill是重現歷史街景的觀光景點，這裡所看到的則是貨真價實的建築古蹟，建於18～19世紀間，位於墨累河畔的小木

屋、學校、教堂、商店等都還保留著百年前的原貌，其中有幾棟建築更被當作展覽館對外開放。到拓荒者定居點還能參加蒸汽輪船緬懷之旅，門票為2天內有效，非常好用。另外夜幕低垂時舉行的Heart of the Murray也不能錯過，是運用音樂、燈光等多媒體來介紹墨累河流域歷史與文化的藝術表演，需要另外購票才能欣賞，即使是當天也需要事先預約。

不容錯過的拓荒者定居點

此外，天鵝山是全澳洲第一個耕種稻米的地區，其實是由日本移民高須賀穰開始種植的，只是真正種植的稻田是從天鵝山沿著墨累河往西約20km的Jinifera村前面，在河畔的道路上還設有紀念碑。

從天鵝山開車約20分鐘之處正是開始種稻的地點

米爾度拉
Mildura

距離南澳州並不遠的米爾度拉是人口超過8萬，維多利亞州墨累河流域最大的城鎮，同時也是交通重鎮，作為雪梨、墨爾本前往阿得雷德途中重要的中繼站。另外在米爾度拉附近，因為擁有澳洲少見的肥沃土壤，郊外是一整片連綿不斷的橘子、葡萄等翠綠果園，同時也以出產美味的葡萄酒而出名。

留有古老街道的米爾度拉

在19世紀後半為米爾度拉打下基礎的查菲兄弟Chaffey Brothers舊米爾度拉農莊Old Mildura Homestead、可以餵食袋鼠、袋熊等動物的黃金河動物園Golden River Zoo，都是米爾度拉的重要景點。當然也能從這裡搭船出發，參加墨累河的蒸汽輪船之旅，其中最具有人氣的就是墨爾本號P.S. Melbourne與P.V. Rothbury，而夜間出發的Showboat Avoca則推出遊河晚宴之旅。

米爾度拉同時也是前往新南威爾斯州內世界遺產威蘭德拉湖區Willandra Lakes Region（蒙哥

■拓荒者定居點
住Monash Drv., Horseshoe Bend, Swan Hill, 3585
☎(03)5036-2410
FREE 1800-981-911
URL www.pioneersettlement.com.au
開每日9:30～16:30
休耶誕節、節禮日
費門票（2天內有效）：大人$30 小孩$21 家庭$91.50／門票＋1小時蒸汽輪船之旅：大人$49.50 小孩$34.65 家庭$134.20／門票＋1小時蒸汽輪船之旅＋Heart of the Murray：大人$75.60 小孩$53.10 家庭$205.20

米爾度拉車站前著名的Giant Mildura Cod

交通

●米爾度拉
從墨爾本沒有火車和巴士行駛，必須由天鵝山轉車，所需時間約8小時。此外，從雪梨、墨爾本有QantasLink的航班，從墨爾本、阿得雷德則有地區快捷航空的航班飛往米爾度拉機場（代號MQL）。

■米爾度拉機場
URL milduraairport.com.au

■前往蒙哥湖國家公園的旅遊團
●Mungo Guided Tours
☎(03)5029-7297
URL www.mungoguidedtours.com
時1日之旅：每日9:00～15:30
費1人$149
※有組合住宿Mungo Lodge及白天、晚上之旅的套裝行程

米爾度拉的人氣蒸汽輪船墨爾本號

蒙哥湖國家公園內的中國牆奇景

湖國家公園Lake Mungo NP）的起點城鎮。這是湖水乾燥之後形成的區域，在200萬年裡被單一方向吹襲的風所侵蝕而出現的奇異空間，讓人印象深刻。另外考古學家也在這裡發掘出距今2萬6000年前全世界最古老的火葬場遺跡，以及女性火葬骨骸等珍貴化石。如果是個人前往必須要駕駛四輪傳動車，因此建議還是參加由米爾度拉出發的旅遊團（→P.403邊欄）。

墨累河流域的住宿 ACCOMMODATION

區域號碼 (03)

伊楚卡

實際感受懷舊的美好時代 MAP 無

Mercure Port of Echuca

URL all.accor.com 住 465 High St., Echuca, 3564
☎ 5482-5666 FAX 5482-5682 WiFi 付費
費 W $162～221 CC ADJMV

位於觀光便利的地點

位於伊楚卡中心區的高級飯店，與城鎮的氣氛相同，建築外觀雖然古典，但客房內裝卻是明亮而現代風格。飯店附設的餐廳Port Bar & Grill也洋溢著時尚的氛圍。

位於河畔的古典飯店 MAP 無

Steam Packet Inn

URL www.steampacketinn.com.au
住 37 Murray Esplanade, Echuca, 3564
☎ 5482-3411 FAX 5482-3408 WiFi 免費
費 T W $139～210 ※含早餐 CC AJMV

將澳洲國家信託指定的1870年代建築直接使用的飯店。

有著蒸汽船標記 MAP 無

Pevensey Motor Lodge

URL pevenseymotorlodge.com.au
住 365 High St., Echuca, 3564
☎ 5482-5166
WiFi 免費 費 T W $132～172
CC ADJMV

距離伊楚卡市中心相當近，還提供游泳池、BBQ設備等服務。

符合歷史古鎮的建築 MAP 無

Echuca Gardens

URL www.echucagardens.com
住 103 Mitchell St., Echuca, 3564
☎ 0419-881-054 WiFi 無
費 W $80～180、2B $125～210 CC MV

將超過130年歷史的老木屋改裝而成的青年旅館，住宿設施有吉普賽式篷車、背包客旅館、小木屋等類型。

天鵝山

距離拓荒者定居點很近 MAP 無

Swan Hill Resort

URL swanhillresort.com.au
住 405-415 Campbell St., Swan Hill, 3585
☎ 5032-2726 FREE 1800-034-220
WiFi 免費 費 T W $178～209 CC ADJMV

號稱擁有天鵝山最佳的設備，部分客房設有按摩浴缸，從迷你高爾夫球場、半座標準網球場、SPA、三溫暖到游泳池應有盡有。

位於便利的地點 MAP 無

Comfort Inn Campbell Swan Hill

URL www.choicehotels.com
住 396 Campbell St., Swan Hill, 3585
☎ 5032-4427 WiFi 免費
費 T W $151～247
CC ADJMV

不論是市中心還是拓荒者定居點，都可以步行前往，而且還有游泳池、BBQ區、餐廳等設施。

價格划算且舒適 MAP 無

Murray River Motel

URL www.murrayrivermotel.com
住 481 Campbell St., Swan Hill, 3585
☎ 5032-2217 WiFi 免費
費 T W $108～135、1B $118、2B $130～137
CC ADJMV

位於城鎮南邊的外圍，走路前往拓荒者定居點只要5分鐘。

從台灣撥打電話至墨累河流域
002 + 61（國碼）+ 3（去除0的區域號碼）+ 電話號碼

世界綜合遺產
威拉德蘭湖區
Willandra Lakes Region

威拉德蘭湖區是以位於新南威爾斯州西南部、靠近維多利亞州邊境內陸的蒙哥湖為主的乾燥湖區總稱，最簡單的觀光方式是參加從米爾度拉、溫特沃斯出發Mungo Guided Tours的旅遊團（→P.403～404），不過如果租到四輪傳動車的話，自己去也沒問題。在蒙哥湖畔有露營區，也有充滿內陸氛圍的度假村Mungo Lodge。

在遊客中心 認識智人的歷史

位於蒙哥湖畔的遊客中心，同時也是威拉德蘭湖區自然、文化的博物館，蒙哥湖對人類史研究上有著世界性的重要發現。大約2萬5000年前（也有一說為4萬年前）埋葬的人類──蒙哥先生Mungo Man，以及約2萬6000多年前被火葬的人骨──蒙哥女士Mungo Lady，並且發現認為是當時原住民所使用的工具，以及做為食物烤來吃的貝殼等物品，還有冰河期（1萬9000年～2萬3000年前）重要的人類足跡化石等，是人類史研究上非常重要的地點。在遊客中心內有這些痕跡化石的相關展示，能夠對目前澳洲原住民的祖先曾經在此地如何過生活有所認識。而與過去棲息在豐饒碧綠湖畔的大型有袋目動物相關的展覽，也非常有趣。

絕不容錯過 中國牆的奇景

蒙哥湖的東邊是片彎曲延續33km的土沙，被稱為中國牆Walls of China（萬里長城）。這附近由於風化作用形成如外星球般的獨特地形，是蒙哥湖最知名的景點。

放置在遊客中心內如實物般大的大型有袋目動物──古草食有袋屬的模型

塔斯馬尼亞州

宛如超大國家公園的「蘋果島」

徒步漫遊搖籃山

觀光重點

POINT 1

塔斯馬尼亞全島約36%都列入國家公園及自然保護區，其中很多都屬於世界遺產塔斯馬尼亞荒野，所以來到塔斯馬尼亞，當然就是要欣賞這些不一樣的原始大自然，像是人氣的搖籃山Cradle Mountain／聖克雷爾湖國家公園Lake St Clair NP，或是費瑟內國家公園Freycinet NP的叢林漫步、戈登河Gordon River的遊河之旅等，盡情地沉浸在自然山光水色間。

POINT 2

已經列為世界文化遺產的「澳洲囚犯流放遺址」，在澳洲全境一共有11個地點，而在塔斯馬尼亞就有5個；尤其是被視為監獄島的亞瑟港遺址Port Arthur Historic Sight，更是不容錯過的景點。

POINT 3

位於朗塞斯頓Launceston近郊的塔瑪河谷Tamar Valley，是近年來相當受到矚目的塔斯馬尼亞葡萄酒的主要產地，多數酒莊都提供選購兼試飲的服務，一定要來品味各種佳釀。

基本資訊

面積	6萬8000km^2	州動物	袋獾（雖然沒有正式決定，不過一般都會沿用）
人口	約54萬人	州花	塔斯馬尼亞藍桉
首府	荷巴特（人口約24萬7000人）	電話	區域號碼03
時差	澳洲東部標準時間（比台灣快2個小時） 由於採行夏令時間，通常從10月的第一個週日到4月的第一個週日會將時間調快1個小時（等於是比台灣快3個小時）。		

主要節日（2024年）

2024年

- 1月1日 新年New Year's Day
- 1月26日 澳洲國慶日Australia Day
- 2月12日 荷巴特賽舟會 Royal Hobart Regatta（僅限塔斯馬尼亞南部）
- 3月11日 8小時日（勞動節） 8 Hours Day
- 3月29日 耶穌受難日Good Friday
- 3月30日 復活節星期六 Easter Saturday
- 3月31日 復活節星期日Easter Sunday
- 4月1日 復活節星期一Easter Monday
- 4月2日 復活節星期二Easter Tuesday
- 4月25日 澳紐軍團紀念日Anzac Day
- 6月10日 女王誕辰日 Queen's Birthday
- 10月10日 皇家朗塞斯頓農展會 Royal Launceston Show（僅限朗塞斯頓）
- 10月24日 皇家荷巴特農展會日 Royal Hobart Show（僅限荷巴特）
- 11月4日 康樂日Recreation Day（僅限北部塔斯馬尼亞）
- 12月25日 耶誕節 Christmas Day
- 12月26日 節禮日 Boxing Day

學校假期（2024年）

4/13～4/28、7/6～7/21、9/28～10/13、12/18～2025年2/2

塔斯馬尼亞州主要觀光地的平均氣溫·降雨量

	1月	2月	3月	4月	5月	6月	7月	8月	9月	10月	11月	12月
荷巴特												
平均最高氣溫（℃）	21.7	21.7	20.2	17.3	14.5	12.0	11.7	13.1	15.1	17.0	18.7	20.3
平均最低氣溫（℃）	11.9	12.1	10.9	9.0	7.0	5.2	4.6	5.2	6.4	7.8	9.3	10.8
平均降雨量（mm）	47.6	39.9	44.9	51.1	46.2	53.9	52.5	53.6	53.2	61.7	54.8	56.3
朗塞斯頓												
平均最高氣溫（℃）	24.3	24.6	22.5	18.9	15.8	13.1	12.6	13.8	15.6	18.0	20.5	22.4
平均最低氣溫（℃）	12.3	12.3	10.2	7.5	5.1	2.9	2.3	3.7	5.2	6.9	9.0	10.7
平均降雨量（mm）	44.4	30.8	39.3	52.8	61.9	67.4	77.3	88.4	66.6	50.2	52.9	46.7
搖籃山／聖克雷爾湖國家公園												
平均最高氣溫（℃）	19.4	19.5	16.6	13.0	10.2	7.7	7.3	8.2	10.2	12.7	15.6	17.3
平均最低氣溫（℃）	6.3	6.1	4.4	2.9	1.7	0.3	0.0	0.2	1.0	2.0	3.6	5.0
平均降雨量（mm）	105.0	78.5	112.0	137.3	158.1	168.4	203.4	240.7	218.0	183.8	134.8	131.4

塔斯馬尼亞州概要

「發現」塔斯馬尼亞的歐洲人並不是來自英國的庫克船長，而是荷蘭人Abel Janszoon Tasman在1641年發現的，不過因為當時並沒有找到荷蘭感興趣的香料或黃金，因此在成為英國殖民地（1803年）為止，荷蘭對於塔斯馬尼亞都是不屑一顧的。

夏季在搖籃山附近可以見到野生袋獾

塔斯馬尼亞 Tasmania

0 50km
Hunter Is.
巴斯海峽 Bass Strait
Robbins Is.
史密斯頓 Smithton
斯坦利 Stanley P.444
Marrawah
Arthur River
溫亞 P.444 Wynyard
P.444 伯尼 Burnie
P.443 納拉文塔普國家公園 Narawantapu NP
喬治鎮 Georgetown
Birdport
威廉山國家公園 Mt.William NP
德文港 P.442 Devonport
Latrobe
Beauty Point
Beaconsfield
Lilydale
Hillwood
Scottsdale
Derby
塔瑪河谷 Tamar Valley
P.440
謝菲爾德 P.443 Sheffield
摩爾溪谷 P.450 Mole Creek
德洛蘭恩 Delloraine
朗塞斯頓 Launceston P.439
聖海倫 St Helens P.435
Savage River
搖籃谷 Cradle Valley
朗福德 P.440 Longford
Perth
St Marys
Fingal
羅斯貝麗 Rosebery
Tullah
搖籃山／聖克雷爾湖國家公園 Cradle Mountain / Lake St Clair NP P.446
Cressy
Poatina
Avoca
Conara
P.434 畢奇諾 Bicheno
P.451 茲罕 Zeehan
Miena
中央高地湖區 Central Highland Lakes P.438
坎貝爾鎮 Campbelltown
皇后鎮 Queenstown P.453
Derwent Bridge
P.451 斯特拉恩 Strahan
Bronte Park
羅斯鎮 Ross P.438
天鵝海 Swansea P.434
P.432 科爾斯灣 Coles Bay
富蘭克林戈登野河國家公園 Franklin-Gordon Wild Rivers NP
Tarraleah
P.437 波斯威爾 Bothwell
奧特蘭茲 Oatlands P.437
費瑟內國家公園 Freycinet NP P.432
莎拉島 Sarah Is.
戈登河 Gordon River
P.437 哈密爾頓 Hamilton
Melton Mowbray
崔伯納 Triabunna P.435
P.425 費爾德山國家公園 Mt. Field NP
Orford
里奇蒙 Richmond P.422
瑪莉亞島國家公園 Maria Is.NP P.435
Strathgordon
Maydena
Bridgewater
New Norfolk
索雷爾 Sorell
荷巴特 P.414 HOBART
鷹頸地峽 Eaglehawk Neck
候恩維爾 Huonville P.427
Taranna
西南國家公園 South-west NP
Cygnet
柯特林 Kettering
亞瑟港 Port Arthur P.423
哈茨山國家公園 Hartz Mts NP
Dover
布魯尼島 Bruny Is. P.426
Southport
N

塔斯馬尼亞全島比澳洲大陸擁有更豐富的雨林資源，其中大多數都已經登錄成為世界遺產，棲息著包含袋獾的眾多野生動物；同時塔斯馬尼亞也屬於四季分明的寒溫帶氣候，因此能生產好吃的蘋果，甚至成功栽培出蕎麥，還能外銷日本。

塔斯馬尼亞與日本的關係可說是出人意料地久遠，在幕府末期北海道厚岸地區曾經遭受外國漁船攻擊，就是來自塔斯馬尼亞的捕鯨船，因為被當時鎖國中的日本幕府拒絕補給水源、柴薪，憤而發動報復式攻擊。而當年塔斯馬尼亞的捕鯨船是以荷巴特為基地，再由南太平洋出發前往北半球海域捕撈鯨魚。

翻開塔斯馬尼亞的歷史，大多是充滿血淚的過往，首先要提的是「流犯島」，就是把來自英國又再度犯法的罪犯送來這裡囚禁，包括塔斯曼半島至今尚存的亞瑟港遺址Port Arthur Historic Sight、瑪莉亞島Maria Island的緩刑犯人觀察區遺址等，都已經列入世界文化遺產。還有原本住在島上的澳洲原住民，被來自歐洲的殖民者以大砲鎮壓殺害，以及伴隨文明而來的疾病蔓延下，到1876年塔斯馬尼亞原住民幾乎就此死傷殆盡。最後是因為遭到獵殺而導致滅絕的稀有動物袋狼Tasmanian Tiger。認識這些負面的澳洲歷史，也成為塔斯馬尼亞之旅的一部分。

曾經令人聞之色變的犯人流放之地亞瑟港遺址，如今已成為世界文化遺產

交通

與州外交通

飛機 與澳洲東部主要城市之間都有航班，澳洲航空從墨爾本、雪梨、阿得雷德，維珍澳洲航空從墨爾本、雪梨、布里斯本，捷星航空從墨爾本、雪梨、布里斯本、黃金海岸，都有班機前往荷巴特。其他還有澳洲航空、維珍澳洲航空及捷星航空從雪梨、墨爾本直飛朗塞斯頓。而以墨爾本出發的航班最多。

船 由TT Line經營的豪華郵輪Spirit of Tasmania號往來於墨爾本港Port Melbourne的車站碼頭Station Pier與德文港之間。抵達德文港之後，可以轉乘Redline或Tassie Link的巴士繼續前往荷巴特、朗塞斯頓等地。

●**Spirit of Tasmania號**
FREE 1800-634-906 ☎(03)6419-9320
URL www.spiritoftasmania.com.au
時 墨爾本～德文港：墨爾本、德文港兩地都是秋季～春季每天19:30出發，翌日6:00抵達（旺季及部分時段也會加開日間班次，而時間也會有所更動，墨爾本、德文港兩地為10:00出發－20:00抵達，23:00出發－翌日9:00抵達）
費 墨爾本～德文港：大人$130～200 小孩$50～70
※汽車、摩托車都可以上船
※費用依照時期、客房等級而有不同。也有來回折扣及包含飯店的套裝折扣

搭乘Spirit of Tasmania號前往塔斯馬尼亞

州內交通

飛機 Sharp Airline航空有朗塞斯頓～伯尼等地的航班，不過對觀光遊客來說便利性並不高。

長途巴士 巴士是由Redline及Tassie Link這2家公司經營，主要是行駛於大城市、觀光景點的重要路線，不過班次並不算多。

行駛於塔斯馬尼亞全境的Tassie Link巴士

在畢奇諾近郊還能看到注意企鵝過馬路的警告標誌

從岡瓦納大陸時代延續下來的蓊鬱原始森林

租車 非常推薦在景色優美的塔斯馬尼亞租車出遊，尤其是自然景觀變化多端與澳洲大陸截然不同，更是讓駕車兜風之旅充滿樂趣；而且幾乎在主要城市裡都有大型租車公司的服務據點，想要第三地還車都很方便。不過在塔斯馬尼亞的路上經常會有野生動物竄出來，開車時要格外留意。

出遊規劃要訣

國家公園周遊券

想要遊覽塔斯馬尼亞州的國家公園，一定要購買周遊券，可以在各國家公園的遊客中心購買。

Parks & Wildlife Service TASMANIA
☎1300-827-727 URL www.parks.tas.gov.au
費1日券：1人$20.60、車1輛（最多8人）$41.20／搖籃山限定1日券：大人$25.75 小孩$10.30 家庭$61.80／假日券（8週內有效）：1人$41.20、車1輛（最多8人）$82.40／全年券：車1輛（最多8人）$91.35

參加旅遊團或租車較為實際

在大眾交通工具班次極為稀少的塔斯馬尼亞，最好的觀光方式就是參加旅遊團或是租車。大部分的旅遊團都是以荷巴特、朗塞斯頓為出發地，提供當天來回～1星期左右的行程。主要的旅遊公司如下所記。

12～1月間的薰衣草園也很值得一遊

Adventure Tours Australia
☎(07)5401-5555
URL www.adventuretours.com.au

有許多地方可以看到野生袋熊

布魯尼島周邊棲息許多澳洲海狗

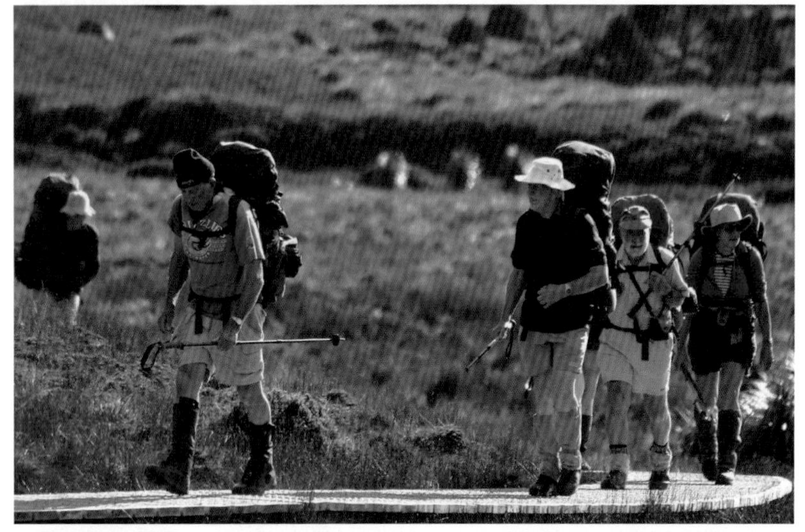

Walking in Tasmanian Wilderness

漫步塔斯馬尼亞原始叢林

位在澳洲大陸南端的塔斯馬尼亞。
這座島嶼有約36%的面積都是國家公園、州保護林、自然保護區，其中4座國家公園更是以「塔斯馬尼亞荒野」為名列入世界自然遺產，由此可知塔斯馬尼亞蘊含多麼豐富的大自然。在這樣濃密的森林綠海裡，最大特色就是精心設計的各式森林步道路線，讓更多遊客能深入感受塔斯馬尼亞富饒的大自然。
來到塔斯馬尼亞，也就是來到了森林。
唯有在這個被濃密的芬多精與寂靜管轄的自然世界裡，才能真切地感受到地球的富饒，自然的珍貴。

由蜜月灣所欣賞到的哈澤德（費瑟內國家公園）

珍稀的露兜樹俯拾皆是（搖籃山）

不可不知！塔斯馬尼亞森林的特徵

與澳洲大陸同樣都是源自於岡瓦納大陸的塔斯馬尼亞，經過地殼變動分割成為一座獨立的島嶼，在後來的長久歲月裡因為一直維持著封閉環境，因而保有許多獨特的自然物種並聞名於世。

這樣獨特的自然資源共分為3大類別，首先是遺自岡瓦納大陸的珍貴遠古植物物種，像是知名的軟樹蕨（man fern）、南極山毛櫸的香桃木Myrtle Beech，以及特有種針葉樹的比利國王松King Billy Pine、芹葉松Phyllocladus Aspleniifolius；然後是孕育繁茂而多樣苔蘚的寒溫帶雨林，還有在比寒溫帶雨林更少雨但高濕度的高地生長的尤加利樹林（其中包含尤加利屬中最高的樹——杏仁桉Mountain Ash）；最後則是含有豐富丹寧的鈕扣草Buttongrass及草原地帶。

然而有趣的是，這3大類自然資源的分布狀況並非涇渭分明，而是有比鄰而生、也有彼此混雜在一起群生的情況，像是塔斯馬尼亞最具代表性的植物之一露兜樹Pandani（全世界長得最高的石南科植物），原本應該生長在寒溫帶雨林，卻不時可以在草原地區發現它們的蹤影。

搖籃山／聖克雷爾湖國家公園

內文→P.446

堪稱塔斯馬尼亞人氣第一的國家公園，就是搖籃山／聖克雷爾湖國家公園，是形成於1億6500萬年前的粗粒玄武岩台地，經過冰河的侵蝕而形成山脈。這座面積廣達16萬公頃的國家公園裡，擁有許多海拔超過1300m的山岳及無數的湖泊；其北部就是搖籃山區域，因著雄偉壯闊的景觀、令人讚嘆不已的原始森林，還有能遇見各種野生動物而聞名於世。當然園內規劃有許多森林登山步道，可以配合停留天數來安排行程。

沉醉在搖籃山的雄偉景色裡

位於寒溫帶雨林內的羅素瀑布（費爾德山國家公園）

費爾德山國家公園

內文→P.425

是可以從荷巴特出發當天往返的國家公園，從低海拔的尤加利樹林、寒溫帶雨林，到海拔超過1000m的高山植物地區，擁有著多樣豐富的植物種類而出名。而且在清晨傍晚時刻還能夠有機會碰見針鼴、沙袋鼠等各式各樣的動物。

由觀景台眺望酒杯灣（費瑟內國家公園）

費瑟內國家公園

內文→P.432

塔斯馬尼亞東海岸的代表性國家公園當屬費瑟內國家公園，由於位在突出於塔斯曼海的火山岩半島上，擁有美麗的白沙海灘、以尤加利樹為主的森林，還有動人心魂的絕佳景致，也是澳洲人最鍾愛的國家公園之一。

塔斯馬尼亞島上國家公園旅遊資訊

■國家公園周遊券

想要盡情享受塔斯馬尼亞州的各大國家公園，絕對不能缺少國家公園周遊券。以周遊券的收費方式來維持國家公園的營運及各項保育工作，在每條登山步道入口處的停車場，都會有國家公園管理員進行票券檢查，千萬別忘了先購買周遊券再進入國家公園。

費1日券（搖籃山除外）：1人$20.60、車1輛（最多8人）$41.20／搖籃山限定1日券（含接駁巴士）：大人$25.75 小孩 $10.30 家庭$61.80／假日券（8週內有效）：1人$41.20、車1輛（最多8人）$82.40／全年券：車1輛（最多8人）$91.35

※可在各個國家公園的遊客中心購買

●塔斯馬尼亞國家公園的詳細資訊

Parks & Wildlife Service Tasmania

URL www.parks.tas.gov.au

如果是開車，國家公園的周遊券可以直接貼在擋風玻璃上

■在塔斯馬尼亞國家公園健行的好用導覽手冊

在各主要國家公園的遊客中心內，一定都會提供《Discover Tasmania 60 Great Short Walk》的小冊子，從令人眼花撩亂的眾多健行步道中，嚴選出60條可以花費1小時～半天時間健行，就能感受塔斯馬尼亞自然風景的步道。

■健行時的注意事項

幾乎在每一條健行步道的入口處都會設置入山登記站，所有要入山的遊客都必須填寫入山表格，除了登記進入的時間及目的地，等到下山時還要填寫下山時間並簽名。雖然基本上只要不是路線太長的步道，不太可能會發生半途迷路的狀況，但為了預防萬一有登山遊客失蹤時，在入山登記站填寫的表格就會成為重要的搜尋線索，千萬別因為怕麻煩而不登記。

在褐鱒天堂塔斯馬尼亞Fly Fishing

1864年5月4日，英國送給塔斯馬尼亞的300條小褐鱒Brown Trout從卵孵化誕生之後，就在塔斯馬尼亞野生化，成為包含紐西蘭的南半球等地褐鱒的祖先。目前完全不放流的褐鱒棲息地，只剩下英國的部分河流及塔斯馬尼亞而已。對全世界的飛蠅釣客Fly Fisher來說，在塔斯馬尼亞釣野生褐鱒是夢寐以求的事。

Fly Fishing 的預約

塔斯馬尼亞的Fly Fishing季節，原則上是從8月第一個週日到翌年4月的最後一個週六。當然自己也可以取得釣魚許可，興沖沖地去湖泊或溪邊拋竿，結果卻是一條魚也沒上鉤；為了讓遊客更能享受在塔斯馬尼亞Fly Fishing，一般都要找在地的釣魚嚮導同行。除了在台灣也很流行的溪釣，在塔斯馬尼亞湖釣也十分熱門，大多是根據時期或是對象魚種的尺寸，來區分要去溪流或湖泊釣魚；重點是前往湖或溪流的道路通常不是柏油路（普通的租賃車輛無法行駛），而湖釣又需要有船才能移動，溪流也會遇到在私人土地內的釣點需要地主同意等問題。

一旦決定釣魚之旅的日期就儘早與釣魚嚮導聯絡，便可以配合時間先把釣魚住宿也搞定；塔斯馬尼亞的釣點通常都分散在很大的範圍，自己訂住宿的話，常會在釣點之間的交通上花費太多時間，而一般嚮導費用就包含從飯店出發去釣魚的交通費、Fly Fishing的許可證費用（48小時$22、7日$37）、進入私有地的許可費，以及釣竿和捲線器等所有釣魚裝備、涉水褲（釣魚用、穿到胸口的防水長褲）等租借費用都包含在內。

人氣的嚮導在釣魚解禁日之前就已經幾乎預約滿檔，早點預約才能早安心。有關詳情不妨詢問塔斯馬尼亞公認的鱒魚嚮導協會TGALT（Trout Guide And Lodges Tasmania）。

● **TGALT**

URL www.troutguidestasmania.com.au

費 因嚮導而異，通常1日$700～900（最多3人）

塔斯馬尼亞的釣點與對象魚種

塔斯馬尼亞既然是野生褐鱒的天堂，當然還是要釣褐鱒才是，在湖釣點聚集的中央高地湖區，釣魚季節一到，湖泊到處都會有Mayfly（蜉蝣類）等昆蟲孵化、羽化，就可以用乾毛鉤釣法Dry Fly Fishing（模仿羽化昆蟲的毛鉤浮在水面上釣魚）釣超過50cm的大魚。而在塔斯馬尼亞中北部

在湖上搭船移動到最佳釣點進行釣魚活動

海拔較低的麥覺理河Macquarie River與南埃斯克河South Esk River，是在溪流釣褐鱒的最佳地點；雖然魚的體型比湖泊小，但是數量較多；此外，部分的湖泊與河流裡也有許多虹鱒棲息。至於褐鱒有迴游到海中的亞種稱為海鱒，會在河海交會處追逐魩仔魚Whitebait魚群，9～11月是釣海鱒的季節。

釣魚的1日行程

蜉蝣類昆蟲孵化、羽化活動的時間在10:00～16:00，也是適合垂釣的時間，所以通常都是早上7:30～8:00從住宿小屋出發，視當日釣魚的狀況而定，釣到一段落就會選擇風景好的地方吃午餐，費用也包含在嚮導費中，會提供有當地特色的食物，而午餐也是享受塔斯馬尼亞Fly Fishing的樂趣之一。釣魚結束回到住宿小屋大概是18:00～19:00了(順帶一提，夏天的塔斯馬尼亞過了20:00，天還很亮)。

釣魚之旅提供的午餐範例

晚餐品嚐釣上來的褐鱒也很不錯

至於釣後放流Catch & Release則是很普遍的觀念，當然超過規定尺寸的魚可以帶回家，如果晚餐想吃褐鱒，可以事先告訴嚮導，他就會幫忙安排處理。

初學者也沒問題

TGALT有許多經驗豐富的嚮導，以口頭說明和身體動作交互使用，除了釣竿Rod的握法、拋投Casting(將擬餌的Fly拋到正確的位置)的方法，還會仔細教導從魚上鉤到釣上來的技巧，所以即使在台灣完全沒有Fly Fishing的經驗，也可以期待收穫；如果是有經驗的釣客，在預約時就可以向嚮導提出想釣的魚種，這樣在釣魚時會更有樂趣。

即使夏天也要注意服裝

湖釣會去的地點是海拔約1000m的中央高地湖區，釣魚季節的高峰是在盛夏時節，雖然認為會是接近30℃的氣溫，也可能會飄小雪，天氣變化快速，一天內時晴時雨是很正常的；所以必須準備能應付所有季節的服裝，帽子、手套當然也是必備物品。

湖釣 Lake Fishing

在中央高地湖區有澳洲最大的淡水湖Great Lake，以及亞瑟湖等超過3000座大小湖泊(大部分都是人工水壩)，因為每座湖的浮游昆蟲孵化季節會有些微差距，以能經歷長時間的乾毛鉤釣法Dry Fly Fishing來享受釣魚樂趣，是這裡的特徵。

原則上塔斯馬尼亞的湖釣都是要搭船的，大多是以搭船移動來發現蜉蝣等昆蟲的孵化地點，再用乾毛鉤來吸引褐鱒衝上來吃餌。當然用濕毛鉤Wet Fly(模仿幼蟲或蛹的毛鉤沉在水面下)或若蟲(模仿水生昆蟲的毛鉤沉在水面下)，也有機會釣到在水中覓食的褐鱒。

溪釣 River Fishing

在中央高地湖區及為塔斯馬尼亞世界遺產地區水源的河川從事溪釣活動，都是只在塔斯馬尼亞才能享受的樂趣。不是像台灣那樣會有一些人同時在河邊垂釣，這裡大多數的時間都是看不到自己以外的釣客。在有淺瀨的溪流就可以穿涉水褲走到溪裡，用乾毛鉤或若蟲都有機會釣到褐鱒。

在河裡的褐鱒以這樣的大小為多

荷巴特

Hobart

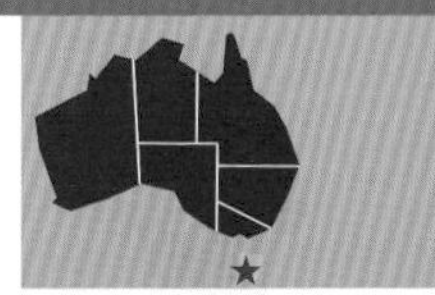

實用資訊

塔斯馬尼亞遊客中心
Tasmanian Travel & Information Centre MAP P.417/1B
住 20 Davey St. (Cnr. Elizabeth St.), 7000
☎ (03)6238-4222
URL www.hobarttravelcentre.com.au
URL www.discovertasmania.com.au
開 週一～五9:00～17:00，週六9:00～15:00 ※依季節而有所變動
休 週日、耶誕節

主要醫院

皇家荷巴特醫院
Royal Hobart Hospital MAP P.417/1A
住 48 Liverpool St., 7000
☎ (03)6222-8308
URL www.helth.tas.gov.au/hospitals/royal-hobart-hospital

主要航空公司聯絡電話

澳洲航空Qantas Airways
☎ 13-13-13
捷星航空Jetstar
☎ 13-15-38
維珍澳洲航空
Virgin Australia
☎ 13-67-89

澳洲最古老的石橋——里奇蒙橋

很有港都荷巴特氣氛的憲法碼頭

塔斯馬尼亞島如果放到北半球來說，就相當於是北海道的緯度，雖然面積只有6萬8000km^2，氣候卻非常舒適宜人，即使是夏天最高溫度也很少超過30℃，而隆冬季節除去山區與森林地帶，白天溫度也還有10℃左右。荷巴特則位於這座島嶼的東南邊，德文特河River Derwent河口處的港都。

荷巴特開埠始於1804年的英國移民之手，建城的歷史僅僅落後雪梨16年，是全澳洲第2古老的城市，目前人口約有25萬人，四處充滿歷史風韻的景點。例如位在城市南端、面對碼頭區莎拉曼卡廣場Salamanca Place的石頭倉庫，讓人想起殖民時代因捕鯨活動而盛極一時的往日繁華；至於莎拉曼卡廣場後方、被稱為貝特里角Battery Point的小山丘上，19世紀風格的古老房舍比比皆是，散步其間就像是踏進電影場景一般。至於每年耶誕節隔天一早，由雪梨出發來參加雪梨～荷巴特帆船大賽的船艇，會將荷巴特港口擠得水洩不通，而且一路熱鬧到除夕夜，開心迎接新年到來。

荷巴特也是塔斯馬尼亞觀光之旅的起點，不妨前往曾經監禁流放刑犯的亞瑟港Port Arthur、濃縮塔斯馬尼亞大自然精華的費爾德山國家公園Mount Field NP等許多位於近郊的景點，讓行程更豐富。

成為荷巴特入口的塔斯曼大橋

交通
ACCESS

如何前往

➡台灣出發

從台灣沒有直航班機，必須在澳洲的主要城市轉機，所以可以從台灣搭乘直航班機抵達雪梨、布里斯本、墨爾本之後，再轉搭澳洲航空、捷星航空、維珍澳洲航空的班機。

塔斯馬尼亞禁止從澳洲本島帶水果、肉類、植物進入

➡澳洲國內出發

澳洲航空從雪梨、墨爾本、阿得雷德、柏斯，捷星航空則從雪梨、布里斯本、黃金海岸、墨爾本，維珍澳洲航空從雪梨、布里斯本、墨爾本、阿得雷德、柏斯都有班機前往荷巴特。另外搭乘往來於墨爾本～德文港之間的渡輪Spirit of Tasmania，抵達德文港再轉乘Redline或Tassie Link的巴士前往荷巴特，也是很常見的交通方式。

機場 ↔ 市區

荷巴特機場Hobart Airport（代號HBA）距離市區約17km，但是機場裡並沒有外幣兌換處，如果要從台灣直接前往荷巴特的話，必須記得要在雪梨、墨爾本、布里斯本等國際機場轉機時先兌換好部分澳幣。

●機場巴士

外觀為紅色的機場巴士Sky Bus行駛於荷巴特市中心與機場之間。

●計程車&Uber

如果有2～3人一起搭乘計程車的話比巴士要划算，到荷巴特市中心$40～50；Uber（→P.649）較為便宜，則為$30～40，所需時間約20分鐘。

轉運中心 ↔ 市區

從機場搭乘接駁巴士，或者是由德文港、朗塞斯頓等其他的塔斯馬尼亞城市搭乘Redline巴士進入荷巴特，都會到荷巴特轉運中心Hobart Transit Centre下車。但是距離市中心還有一小段路，到遊客中心還需要步行約10分鐘。

市內交通
LOCAL TRANSPORT

荷巴特市區幾乎都可以靠步行到達，如果想到郊區時最可靠的就是Metro Tasmania（通稱為Metro）的巴士。

在荷巴特市中心的伊莉莎白街Elizabeth St.與柯林斯

荷巴特機場使用登機梯讓旅客上下飛機

■Spirit of Tasmania
（詳細→P.408）

■荷巴特機場
URL hobartairport.com.au

■Sky Bus
FREE 1300-759-287
URL www.skybus.com.au
時 週日～五8:00、8:48～21:40每30分鐘發車1班，週六8:00、8:48～18:40每30分鐘發車1班及19:40、21:10
費 單程：大人$19.50（同行小孩4人以下免費） 家庭$39／來回：大人$37（同行小孩4人以下免費） 家庭$78
※在荷巴特市中心的主要飯店、遊客中心前等6個地方停車，終點站是The Old Woolstore Apartment Hotel。

■荷巴特轉運中心
MAP P.417/2A
住 230 Liverpool St., 7000
FREE 1300-360-000
包括通往塔斯馬尼亞各主要城市的巴士，以及大型觀光巴士出發的總站，還有Redline的辦公室。

■荷巴特的計程車資
週一～五6:00～19:59的起跳價$3.60，之後每1km收$1.94；而週六、日、節日的整天及週一～五20:00～翌日5:59的起跳價$3.60，之後每1km收$2.32，除此之外等待時間每1分鐘64¢。
●荷巴特的計程車
通用總機 ☎13-10-08
Yellow Cabs ☎13-19-24

■Metro Tasmania
☎13-22-01
URL www.metrotas.com.au
●Metro Shop MAP P.417/1A
住 40 Elizabeth St., 7000
開 週一～五8:00～17:30，夏令時間的週六9:30～14:00
休 週日、節日、平常時期的週六

荷巴特Metro巴士票價表				(2022年8月)
區段	Greencard		單程票	
	大人	小孩	大人	小孩
1 Zone	$2.80	$1.52	$3.50	$1.90
2 Zone	$3.84	$1.52	$4.80	$1.90
全Zone	$5.76	$1.52	$7.20	$1.90

便利的Metro巴士

■Metro的巴士站

主要前往北部、東部郊外的巴士都是從伊莉莎白街的巴士總站出發，而前往南部或西部方向的巴士則停靠在富蘭克林廣場周邊，其他還有從Argyle St.等地出發的巴士。相關的詳細資訊都刊載在巴士時刻表或《Metro Travel News》，還附有地圖。

■Greencard

首次購卡要押金1人$5，然後加值現金到卡片裡，乘車時再扣款。1日車資上限是固定的（不管用幾次都不會收更多車資的限額制），如果在週一～五9:00前上車的話，大人$9.60 小孩$3.80，週一～五9:00以後上車及週六、日、節日全日的話，大人$4.80 小孩$3.80。

■Red Decker（Australian Explorer）

📞(03)6236-9116
URL www.reddecker.com.au
時 遊客中心出發：每日10:00～15:00每小時1班（5～9月為10:00、11:30、13:30、15:00出發）
費 24小時：大人$35 小孩$20 家庭$90／48小時：大人$45 小孩$30 家庭$120

街Collins St.的轉角處，設有能獲得巴士資訊的Metro Shop，在《Metro Travel News》內刊載郊外景點、簡易地圖、巴士路線號碼等，訊息非常詳盡，對遊客來說很實用。

大多數的巴士都是停靠在郵政總局G.P.O.前的伊莉莎白街，或是郵政總局斜前方的富蘭克林廣場Franklin Square周圍。巴士車資則是以荷巴特為中心，依照區段設定票價，分為區段內移動（1 Zone）、跨2個區段移動（2 Zone）、跨更多區段移動（全Zone）共3種票價；而同一種票價，在上車後的90分鐘內，可以不限次數上下車。

車票分為搭車時直接向司機購買的單程票Single Ticket，以及可以加值、悠遊卡形式的Greencard兩種（首次購卡要押金$5）；使用Greencard的車資比單程票便宜20%，並有1日車資上限，搭上一整天絕對划算很多。在Metro Shop和遊客中心也有販賣針對觀光客發行的Prepaid Greencard（$25），內附巴士的Handy Tourist Guide、荷巴特周邊的景點導覽，以及$20的儲值，值得購買。

Explorer Bus

想要有效率地周遊荷巴特的觀光景點，就是搭乘Red Decker（Australian Explorer）。從遊客中心前出發，行駛1圈約90分鐘。雖然巴士一共停靠20個景點，但是大部分都可以靠步行方式參觀，通常只要在貝特里角Battery Point、賭城Wrest Point Hotel Casino、卡斯卡德啤酒廠Cascade Brewery、塔斯曼皇家植物園Royal Tasman Botanical Gardens這4站下車即可。

大紅色的巴士Red Decker

漫遊荷巴特
OUTLINE OF HOBART

荷巴特是一座位於德文特河Derwent River河口處的美麗城市，市區裡經過澳洲國家信託National Trust認定的歷史古蹟超過90棟，是全澳洲最具歷史風韻的一座古城。

首先到遊客中心收集資訊

可以獲取全塔斯馬尼亞旅遊資訊的遊客中心

荷巴特的遊客中心Tasmanian Travel & Information Centre就位在市中心戴維街Davey St.與伊莉莎白街的轉角處，在這裡可以拿到地圖、各種旅遊簡介。另外在遊客中心也有販賣塔斯馬尼亞州的國家公園周遊券，如果有計畫要參觀超過3處國家公園的遊客，建議可以在這裡購買8週內有效的假日券（→P.409）。

■荷巴特的租車公司
● Hertz
(03)6235-9650
● AVIS
13-63-33
● Budget
(03)6213-9600
● Thrifty
13-61-39
● Europcar
(03)6231-1077

位於市中心的伊莉莎白街行人徒步大街

掌握以徒步大街為起點的城市概況！

荷巴特的城市概況，主要就是以位於伊莉莎白街一隅（在柯林斯街Collins St.與利物浦街

荷巴特 Hobart

0 200 400m
往塔斯曼皇家植物園
女王領地 Queen's Domain
奧林匹克游泳池
德文特河 Derwent River
戰爭紀念碑
BROKKER ST
PATRICK ST
ARGYLE ST
BRISBANE ST
荷巴特監獄教堂遺址 Hobart Convict Penitentiary P.419
伊莉莎白街 ELIZABETH ST
BATHURST ST
CAMPBELL ST
MELVILLE ST
警察署
LIVERPOOL ST
皇家劇院 Theatre Royal
RAC Tasmania
墨累街 MURRAY ST
行人徒步大街
皇家荷巴特醫院 Royal Hobart Hospital
The Old Woolstore Apartment Hotel P.430
Hotel Grand Chancellor Hobart P.430
The Cat & Fiddle Arcade
市政廳
Drunken Admiral Seafares
Landscape Restaurant & Grill P.431
P.420 農場市集 Farm Gate Market
Allurity
Mantra Collins Hotel
塔斯馬尼亞博物館&藝術館 Tasmanian Museum & Art Gallery P.419
維多利亞碼頭 Victoria Dock
The Henry Jones Art Hotel
HARRINGTON ST
Crowne Plaza Hobart
G.P.O.
Metro Shop
Hobart Central YHA P.430
Mures
P.431 MACq01
P.430 Backpackers Imperial Hobart
憲法碼頭 Constitution Dock
麥覺理港口 Macquarie Wharf
市政廳
Centrepoint Shopping Centre
Metro巴士總站
塔斯馬尼亞遊客中心P.414,416
COLLINS ST
富蘭克林廣場 Franklin Sq
塔斯馬尼亞航海博物館 Maritime Museum of Tasmania P.419
P.431 Shamrock Hotel
P.430
Fish Frenzy P.431
FRANKLIN WHARF
Hadley's Orient Hotel
Harbour Lights Cafe
Somerset on the Pier Hobart
Narrara Backpackers
TAS州議會大廈 Parliament House
Brooke St. Cruise Centre
蘇利文海灣 Sullivans Cove
Astor Private Hotel
Customs House Waterfront P.430
荷巴特轉運中心 Hobart Transit Centre
議會廣場 Parliament Sq
王子港口 Princess Wharf
利物浦街
聖大衛公園 St.David Park
莎拉曼卡市集 P.420 Salamanca Markets
ibis Styles Hobart
Travelodge Hobart
CASTRAY ESPLANADE
貝特里角 Battery Point
柯林斯街
Retro Cafe
莎拉曼卡廣場 Salamanca Place P.420
Mantra One Sandy Bay Rd
Salamanca Wharf Hotel
The Pickled Frog
MACQUARIE ST
BARRACK ST
Lenna of Hobart Hotel
王子公園 Princes Park
HAMPDEN RD
Hampden at Battery Point Apartments
貝特里角 Battery Point P.420
The Nook Backpackers
MOLLE ST
DAVEY ST
角海軍營 Anglesea Barracks
P.420 Narryna歷史博物館 Narryna Heritage Museum
Prince of Wales Hotel
Ristorante Da Angelo P.431
HAMPDEN RD
澳洲軍事博物館塔斯馬尼亞 Australian Army Museum TAS P.421
戴維街
SANDY BAY RD
St Ives Hobart
COL VILLE ST
Secheron Point
Grande Vue Hotel
1
2
A
B

咖啡館與商店林立的莎拉曼卡廣場

Liverpool St.之間的路段）的伊莉莎白街行人徒步大街Elizabeth St. Mall為中心點，就能有大概的方位認識。行人徒步大街是購物的中心，白天遊人如織，十分熱鬧。

從行人徒步大街往東走就是德文特河河口的蘇利文灣Sullivans Cove，西邊不遠處則是威靈頓山Mt. Wellington（→P.421）。

至於蘇利文灣的南端則是王子港口Princes Wharf，正面是富蘭克林港口Franklin Whraf，北邊則是麥覺理港口Macquarie Whraf。位於富蘭克林港口一角的憲法碼頭，過去曾經是捕鯨船的母港而繁華一時，附近還可以看到許多保留有當年氛圍的古老建築；遊覽德文特河及前往布魯尼島的觀光船，則從Brooke St. Pier碼頭出發。

建築雄偉的TAS州議會大廈

王子港口周邊至今仍保留相當濃厚的殖民時代色彩，其中最具代表性的是建於1840年，塔斯馬尼亞現存最古老砂岩建築之一的TAS州議會大廈Parliament House of TAS；而在州議會大廈南邊，有一整排於1830～1840年代興建的古老倉庫建築群，稱為莎拉曼卡廣場Salamanca Place，還保留著捕鯨全盛年代的港口風情。從莎拉曼卡廣場往南，則是可以俯瞰蘇利文灣的丘陵地——貝特里角Battery Point；繼續再往南邊走，就是以高級住宅街區聞名的沙地灣Sandy Bay，而開幕於1973年的Wrest Point Hotel Casino是沙地灣的中心點，也是澳洲第一座合法賭場；靠近市區一點就是沙地灣的購物大街，雅致的建築成為精品店與咖啡館。

在沙地灣的南面矗立著尼爾森山Mt. Nelson，1811年為了指揮準備進入德文特河的船隻，於是在山頂建立了信號台Signal Station，而信號人員的住處現在則改裝成為Signal Station Braserie。與威靈頓山同樣都是能欣賞荷巴特街景與德文特河美麗景觀的登高處。

從尼爾森山的Signal Station Braserie遠眺市區

■莎拉曼卡廣場 → P.420

■貝特里角 → P.420

■ **Signal Station Braserie**
住 700 Nelson Rd., Mt. Nelson, 7007
☎ (03)6223-3407
URL signalstation.com.au
營 每日 9:00～16:30
●如何前往
從富蘭克林廣場搭乘Metro巴士Route 458。

將足跡延伸至城市北側

伊莉莎白街的北邊有不能錯過的博物館（塔斯馬尼亞博物館&藝術館與塔斯馬尼亞航海博物館），以及澳洲歷史最悠久的劇院──皇家劇院Theatre Royal（建於1937年），是歷史建築眾多的區域。

再往北走2km就是女王領地Queen's Domain，腹地內有著開幕於1818年，擁有日本庭園的塔斯曼皇家植物園Royal Tasman Botanical Gardens，雖然面積只有13.5公頃規模不算大，卻有著種植候恩松Huon Pine、革木Leatherwood，重現塔斯馬尼亞茂密叢林風貌的Fern House等，可以一次觀賞到塔斯馬尼亞的特殊原生植物。園裡還有Botanical Discovery Centre、溫室、香草園、玫瑰園，以及為了荷巴特的姊妹城市靜岡縣燒津市，特別於1987年落成的日本庭園。

植物園的東邊，就是串連起德文特河西岸Pavilion Point與東岸Montagu Bay的塔斯曼大橋Tasman Bridge；這座造型優美的拱橋，在夜間經過閃爍的燈光點綴，宛如施放煙火一般非常迷人。

荷巴特市中心的主要景點
SIGHTSEEING SPOTS

來認識澳洲原住民 MAP P.417/1B

塔斯馬尼亞博物館&藝術館
Tasmanian Museum & Art Gallery

擁有4間大博物館，館內展出關於塔斯馬尼亞文化、藝術、歷史、自然的大型企劃，包含由於白人而絕跡的島上原住民文化相關展覽、袋狼的標本、以Island to Ice為主題關於南極及南冰洋的展覽等，都不容錯過。

愛船的人非來不可 MAP P.417/1B

塔斯馬尼亞航海博物館
Maritime Museum of Tasmania

展出從殖民時代初期、捕鯨年代以至於現代，所有關於塔斯馬尼亞航海史的收藏，另外還有展示大型帆船、捕鯨船、客船等照片、模型、畫作，甚至是部分的實際船舶。

述說著塔斯馬尼亞曾為監獄島的史實 MAP P.417/1A

荷巴特監獄教堂遺址
Hobart Convict Penitentiary

將建於1831年的舊監獄、犯人教堂及刑事法庭，成為歷史舊址的博物館。以鐘塔作為指標，教堂一直使用到1961年，法院則是到1983年才停止使用。舊監獄內部可以透過約90分鐘的導覽之旅來參觀，另外還有驚悚的夜間尋找幽靈之旅。

■何謂Van Diemen's Land？
1641年荷蘭航海探險家Abel Janszoon Tasman發現塔斯馬尼亞這塊土地時，特別以當時荷蘭東印度公司總督Van Diemen之名，將這裡命名為Van Diemen' s Land。之後，成為英國領土才改名為塔斯馬尼亞。

■塔斯馬尼亞博物館&藝術館
住Dunn Place, 7000
☎(03)6165-7000
URL www.tmag.tas.gov.au
開週二～日10:00～16:00（4月～12月24日）／每日10:00～16:00（12月26日～3月）
休耶穌受難日、紐澳軍團紀念日、耶誕節、4月～12月24日的週一
費免費

有許多必看展覽的塔斯馬尼亞博物館&藝術館

■塔斯馬尼亞航海博物館
住16 Argyle St., 7000
☎(03)6234-1427
URL www.maritimetas.org
開每日9:00～17:00
休耶穌受難日、耶誕節
費大人$12 小孩$10（13～15歲／13歲以下免費）

■荷巴特監獄教堂遺址
住Cnr. Brisbane & Campbell Sts., 7000
☎(03)6231-0911
URL www.nationaltrust.org.au/places/penitentiary
●導覽之旅
時週四～日10:00、11:30、13:00、14:30出發／所需時間90分鐘（要預約）
休週一～三、新年、耶穌受難日、耶誕節、節禮日
費大人$25 小孩$15 家庭$65
●探訪幽靈之旅
時週四～六18:00、20:00出發（冬季20:00）
費大人$35 小孩$25

■莎拉曼卡廣場
URL about-salamanca.com.au
●莎拉曼卡市集
☎(03)6238-2430
URL www.salamancamarket.com.au
時 每週六8:30～15:00左右

■農場市集
☎(03)6234-5625
URL farmgatemarket.com.au
時 每週日8:30～13:00左右

擠滿當地居民的農場市集

沿著Hampden Rd.是成排的可愛屋舍

■Narryna歷史博物館
住 103 Hampden Rd., Battery Point, 7004
☎(03)6234-2791
URL www.narryna.com.au
開 週二～六10:00～16:00
休 週日、一、新年、紐澳軍團紀念日、耶穌受難日、耶誕節、節禮日
費 大人$10 小孩$5

建築物本身也很有看頭的Narryna

■角海軍營（澳洲軍事博物館塔斯馬尼亞）
住 96-120 Davey St., 7000
☎(03)6237-7160
URL armymuseumtasmania.org.au
開 週二～六9:00～13:00，週日10:00～14:00／導覽之旅：週二11:00～
※開館日依季節而有所變動
費 大人$5 小孩$1 家庭$10

殖民時代早期的港口風情 MAP P.417/2B

莎拉曼卡廣場
Salamanca Place

讓人著迷於尋寶樂的莎拉曼卡市集

於捕鯨全盛期的1830～1840年代，沿著港口興建的倉庫建築群──莎拉曼卡廣場Salamanca Place，這些砂岩建築現在則變成為藝廊、精品店、美術工藝品店、紀念品店、古董店及酒吧、餐廳，特別是這裡的紀念品店會以特產的候恩松Huon Pine、黑檀Blackwood、香桃木Myrtle等木材，製作成各式各樣木頭工藝品，如蘋果造型的木盆、牆壁吊飾等。莎拉曼卡廣場最熱鬧的時候，就是每週六舉辦的莎拉曼卡市集Salamanca Market，從新鮮蔬果到二手衣、飾品、各種工藝品、民俗藝品，超過300攤的露天攤販林立。最近則流行使用從塔斯馬尼亞天然植物製造的肥皂、化妝品、精油商品等，很適合買來當伴手禮。

若是週六沒去成莎拉曼卡市集，或是對市集很感興趣，不妨去造訪週日在市中心Bathurst St.舉行的農場市集Farm Gate Market。雖然規模不如莎拉曼卡市集，只有一個街口的範圍，不過也有蔬菜水果、精油商品、肥皂、蜂蜜等手工自然商品，還有麵包店、咖啡店、食物攤販等許多攤商林立。

迷失在童話世界裡 MAP P.417/2B

貝特里角
Battery Point

位在莎拉曼卡廣場以南，可以俯瞰蘇利文灣的丘陵地帶，是荷巴特的舊市區貝特里角，而荷巴特的殖民歷史就是1804年從這裡開始的；1818年為了抵禦外敵而在此處建造砲台Battery of Guns，因而得名。街道上浮華奢侈的喬治王朝式（喬治王朝時代1714～1830年的建築形式）古老建築比比皆是，特別是以主要街道Hampden Rd.為中心附近，有許多融入優雅屋宅氣氛中的咖啡館、餐廳、古董店、藝廊及B&B等店家，讓人流連忘返。

殖民時代宅院變身成博物館 MAP P.417/2B

Narryna歷史博物館
Narryna Heritage Museum

位於Hampden Rd.，建於1836年的拓荒者宅邸，包括廚房、餐廳、臥室等裝潢都還保留著當年的原貌。雖然博物館的正式名稱是先驅領地民俗博物館Van Diemen's Land Folk Museum，不過大家最熟悉的還是屋宅的原始名稱「Narryna」。

澳洲最古老的軍營 MAP P.417/2A

角海軍營（澳洲軍事博物館塔斯馬尼亞）
Anglesea Barracks (Australian Army Museum TAS)

座落於穿越貝特里角西側的戴維街上，建於1814年是澳洲現今仍在使用的軍營中最古老的一座。可以參觀腹地內有展出澳洲參加過戰爭相關展覽的博物館，而且每週二11:00開始舉行參觀營區的步行之旅。

澳洲最老的啤酒工廠 MAP P.423/1B

卡斯卡德啤酒廠
Cascade Brewery

說到塔斯馬尼亞的在地啤酒，當然就是卡斯卡德Cascade，酒廠本身也開放參觀。這座創業於1832年澳洲最古老的啤酒工廠，至今依舊維持著獨特的石頭建築外觀，從遠處就能引人目光，可以參加啤酒工廠的導覽之旅來認識它。在工廠對面還設有卡斯卡德博物館，一旁還有美麗的Woodstock Gardens，可以一併參觀。

展出激烈的現代藝術而受注目的美術館 MAP P.423/1A

MONA新舊藝術博物館
MONA (Museum of Old & New Art)

位於荷巴特前往布萊頓的途中有座世界絕無僅有的美術館，是澳洲富豪David Walsh為了還富於社會而興建，藉此將其私人的收藏品公開對外展示。地上1層、地下3層的建築，擁有時尚的空間設計，從個性鮮明的藝術、激烈怪異風格的作品，到以性為主題的創作，展示著各式各樣的藝術品。是會讓人思考「藝術」真意的美術館。

享受荷巴特的全景景觀 MAP P.423/1A

威靈頓山（Kunanyi）
Mt. Wellington (Kunanyi)

從威靈頓山俯瞰的景致

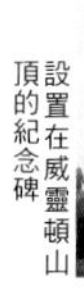

設置在威靈頓山頂的紀念碑

從市區內驅車約30分鐘，就能抵達位於荷巴特西方20km處，原住民稱呼為Kunanyi、海拔1270m的威靈頓山。天晴時從山頂可以一覽荷巴特市區與周邊、包括德文特河口到斯托姆灣Storm Bay的遼闊風景，成為荷巴特郊區的最佳觀景台，而受到歡迎。不過，由於也經常有雲霧繚繞的時候，建議從市區看得見山頭無雲霧時再上山。

此外，位在威靈頓山腳下可以搭乘Metro巴士到達的Fern Tree，附近有可以輕鬆漫步寒溫帶雨林的叢林健行步道，是荷巴特人氣的散步路線。

■卡斯卡德啤酒廠
住140 Cascade Rd., 7000
☎(03)6212-7800
URL www.cascadebreweryco.com.au
開啤酒吧：週日～二11:00～17:30，週三～六11:00～20:30
●導覽之旅
時啤酒之旅：週三～五12:15、13:30、15:15、16:30，週六、日12:15、12:45、13:30、14:00、15:15、15:45、16:30、17:00
※所需時間為1小時30分
費啤酒之旅：1人$35
●如何前往
從富蘭克林廣場搭乘Metro巴士Route 446、447（約15分鐘）。

■MONA新舊藝術博物館
住655 Main Rd., Berriedale, Hobart, 7011
☎(03)6277-9900
URL mona.net.au
開週五～一10:00～17:00
休週二～四、耶誕節
費大人$35 小孩$10（12歲以下免費）
●如何前往
從荷巴特的Brooke Street Pier有前往MONA的渡輪（每日7～8來回）、接駁巴士（每日3來回），渡輪和接駁巴士都是單程、來回同一價格$25；也可以搭乘Metro巴士Route X20（約40分鐘）、510、512（約50分鐘）。

■威靈頓山（Kunanyi）
URL www.wellingtonpark.org.au
因為沒有大眾交通工具可以到達，建議租車或搭乘下面介紹的接駁巴士前往。而山腳下的Fern Tree可以從市中心搭乘Metro巴士Route 448前往（約25分鐘）。
●威靈頓山接駁巴士服務
Mt.Wellington Shuttle Bus Service
☎0408-341-804
URL www.hobartshuttlebus.com
時每日9:30、11:00、12:30、14:00、15:30(*)
(*)：僅限10～4月
費來回大人$35 小孩$25

位於Fern Tree Park步道上的Silver Fall

交通

●里奇蒙 MAP P.423/1B

可以參加從荷巴特出發的旅遊團，或是租車前往。

■里奇蒙觀光巴士 **Richmond Tourist Bus**

荷巴特～里奇蒙間的接駁巴士服務。

☎0408-341-804

URL www.hobartshuttlebus.com

時 週二、四、日：荷巴特出發13:00／里奇蒙出發15:50

費 來回 大人 $35 小孩 $20

里奇蒙的街景

■里奇蒙監獄 MAP P.423/1B

住 37 Bathurst St., Richmond, 7025 ☎(03)6260-2127

URL www.richmondgaol.com.au

開 每日9:00～17:00

費 大人 $12 小孩 $6 家庭 $30

■老荷巴特村 MAP P.423/1B

住 21A Bridge St., Richmond, 7025 ☎0487-110-691

URL www.oldhobarttown.com

開 每日9:00～17:00

休 耶誕節

費 大人 $17.50 小孩 $5 家庭 $42.50

在老荷巴特村可以緬懷昔日荷巴特的模樣

■**Pooley Wine**

住 1431 Richmond Rd., Richmond, 7025

☎(03)6260-2895

URL www.pooleywines.com.au

開 每日10:00～16:30／餐廳：週五～日12:00～15:00

費 試飲1人$5

■**Frogmore Creek Winery**

住 699 Richmond Rd., Cambridge, 7170

☎(03)6274-5844

URL frogmorecreek.com.au

開 週四～一10:00～17:00／餐廳：週四～一11:30～15:00

費 試飲1人$5

荷巴特近郊城鎮
AROUND HOBART

里奇蒙
Richmond

澳洲最古老的石橋，里奇蒙橋

在荷巴特往東北方約24km處，作為糧倉地區中心的里奇蒙，從1820年展開殖民地的歷史，鎮上處處皆是喬治王朝風格的古老建築物，洋溢著1820～1830年代當時的古典氣氛。

沿著主要街道Bridge St.往外走，就能看到流經城鎮的煤河The Coal River，架設其上的里奇蒙橋Richmond Bridge是澳洲最古老的石橋，河流名稱源自於英國人剛殖民時在河堤旁發現了煤礦，橋樑則是在1823年經由流放重刑犯之手建造而成。傳說當初在建造石橋時，工地的監工工頭經常對囚犯施暴而引來怨恨，趁著某天河川暴漲時，一名囚犯將工頭推落河裡淹死，從此就有了工頭鬼魂在橋邊陰魂不散的可怕怪談。在里奇蒙橋附近還有著全澳洲歷史最悠久的天主教教堂St John Catholic Church（建於1837年）。

里奇蒙監獄也很值得一看

鎮上還有座建於1825年的里奇蒙監獄Richmond Gaol，歷史可是比亞瑟港還要早了5年，除了能看到一間間獨立的牢房之外，其他還有像是廚房遺留的爐灶、經過巧思設計的手動洗衣機、放在戶外為了拷打問刑而設的行刑台等，都讓人大開眼界。此外，依照1820年代的荷巴特造鎮計畫，維妙維肖地複製重現的迷你模型村莊──老荷巴特村Old Hobart Town Model Village，也很值得參觀。

享受美好的寒冷地區葡萄酒 MAP P.423/1B

煤河河谷的酒莊
Winery at Coal River Valley

在Frogmore Creek Winery試飲

煤河河谷是位於荷巴特與里奇蒙之間的酒莊地區，這一帶以寒冷地區的葡萄酒產地獲得全世界極高的評價，特別是黑比諾、夏多內、麗絲玲頗受好評。人氣酒莊有里奇蒙郊外的Pooley Wine，以及靠近機場的Frogmore Creek Winery。

接觸塔斯馬尼亞的獨特動物 MAP P.423/1A

波若朗野生動物園
Bonorong Wildlife Sanctuary

參加導覽之旅可以接觸動物

位於距離荷巴特約25分鐘車程，從里奇蒙則需要約15分鐘的布萊頓Brighton，不論是袋鼠、沙袋鼠、鴯鶓都是採取放養方式，還飼養著袋獾、袋熊等動物；只要參加免費導覽之旅，就能接觸到袋熊及無尾熊。此外還有夜間之旅，可以觀察精神奕奕四處活動的夜行性動物。

■波若朗野生動物園
住593 Briggs Rd., Brighton, 7030
☎(03)6268-1184
URL www.bonorong.com.au
開每日9:00～17:00（園內免費導覽10:00、11:30、13:30、15:30開始）／夜間之旅（預約制）：夏季18:00～20:30、冬季17:00～19:30
費大人$32.50 小孩$18.50 家庭$95／夜間之旅：大人$168.30 小孩$91.80
●如何前往
參加旅遊團是最方便的方式，夜間之旅1組團體接送$170。

亞瑟港與周邊
Port Arthur and Around

由荷巴特往東南約100km處，就是以監禁人犯而聲名大噪的監獄城鎮亞瑟港，在1830～1877年有「監獄中的監獄」之稱，專門囚禁被流放到其他殖民地又二度犯罪的重刑犯。因此這裡的嚴刑拷打、無止盡的勞役可說是

交通

●亞瑟港 MAP P.423/2B
參加從荷巴特出發的1日旅遊團是最方便的方式，雖然也可以搭乘Tassie Link的巴士，但是班數極少，必須在亞瑟港停留一晚才行。

荷巴特近郊
Around Hobart

0　20km

費爾德山國家公園 Mt.Field NP P.425
多佈森湖 Lake Dobson
Westerway
National Park
Rosegarland
Bushy Park
羅素瀑布 Russell Falls P.425
Maydena
波若朗野生動物園 Bonorong Wildlife Sanctuary P.423
布萊頓 Brighton
Bridgewater
新諾福克 New Norfolk
P.421 MONA
塔斯曼皇家植物園 Royal Tasmanian Botanical Gardens
荷巴特 HOBART
P.421 卡斯卡德啤酒廠 Cascade Brewery
P.421 威靈頓山 Mt.Wellington
沙地灣 Sandy Bay
尼爾森山 Mt.Nelson
火砲塔 Shot Tower
Taroona
Grove
Sandfly
京斯頓 Kingston
里奇蒙監獄 Richmond Gaol P.422
老荷巴特村 P.422 Old Hobart Town Model Village
Pooley Wine P.422
Taras Richmond Farmstay P.431
里奇蒙 Richmond
索雷爾 Sorell
Frogmore Creek Winery P.422
Cambridge
荷巴特機場
Copping
勞德代爾 Lauderdale
弗雷德里克亨利灣 Frederick Henry Bay
Dunalley
鷹頸地峽 Eaglehawk Neck
P.424 塔斯馬尼亞袋獾保育園 Tasmanian Devil Unzoo
Taranna
塔斯曼半島 TASMAN PENINSULA
NRMA Port Arthur P.431 Holiday Park
亞瑟港 Port Arthur
亞瑟港遺址 P.424 Port Arthur Historic Site
P.425 Remarkable Cave
P.425 惡魔廚房 The Devils Kitchen
P.424 塔斯曼拱門 Tasman Arch
塔斯曼海 TASMAN SEA
P.427 塔胡恩森林空中步道 Tahune Adventures
候恩維爾 Huonville
Franklin
Sung
斯托姆灣 Storm Bay
柯特林 Kettering
吉夫斯頓 Geeveston
Cygnet
Tasmanian House of Whisky
P.427
哈茲山國家公園 Hartz Mountains NP
Get Shucked Oyster Farm P.427
Bruny Is. Cheese Co. P.427
Gordon
南北一線 The Neck
Bruny Is. Chocolate Co.
P.428 哈斯丁鐘乳石洞&天然溫泉 Hastings Caves & Thermal Springs
多佛 Dover
Alonnah
Lunawanna
當特爾卡斯托海峽 D'Entrecasteaux Channel
冒險灣 Adventure Bay
布魯尼島 Bruny Is.
西南國家公園 Southwest NP P.427
南港 Southport
Bruny Island Premium Wines
布魯尼島覆盆子農場 Bruny Is. Raspberry Farm
布魯尼角燈塔 Cape Bruny Lighthouse
A　B　1　2

■亞瑟港遺址　MAP P.423/2B
住 Port Arthur Historic Site, Arthur Hwy., Port Arthur, 7182
FREE 1800-659-101
URL portarthur.org.au
開 每日9:00～17:00
休 耶誕節
費 入場Pass：大人$47 小孩$22／死亡之島觀光船：大人$77 小孩$37 家庭$128
※入場Pass包含旅遊導覽手冊、參觀博物館、導覽之旅、亞瑟港海港之旅（8月時會更改成海濱之旅）等內容。
●亞瑟港幽靈之旅
時 週三、六19:00、20:00、20:30、21:00
※所需時間1小時30分
休 耶誕節
費 大人$35 小孩$18／含2道菜套餐的晚餐1人105

■塔斯馬尼亞袋獾保育園
住 5990 Port Arthur Hwy., Taranna, 7180
☎ (03)6250-3230
URL tasmaniandevilunzoo.com.au
開 每日9:00～17:00（夏季～18:00）
休 耶誕節
費 大人$44 小孩$24 家庭$110／追蹤袋獾大冒險（所需時間1.5小時）：大人$120 小孩$75

能看到袋獾一起嬉戲的逗趣模樣

稀鬆平常的處罰。

在廣大腹地裡矗立著無數的廢墟

亞瑟港遺址Port Arthur Historic Site目前是聯合國教科文組織的世界文化遺產「澳洲囚犯流放地遺址」之一，從監獄到官員宿舍、囚犯建造的教堂等約30棟歷史建築，分布在占地寬廣的腹地裡，整片區域都被規劃為歷史遺跡納入政府管理。因為入場Pass的有限期限為2日內，想要仔細參觀的人不妨在亞瑟港附近住上一晚。

與導遊一起參觀園區

遊客中心裡還設有展示著昔日歷史的博物館，千萬別錯過。位於戶外的囚犯流放遺址雖然開放自由參觀，不過在9:00～17:00之間每隔1小時都會有導覽之旅，可以更深入認識這裡的歷史和意義。入場Pass內包含在遺址前的Mason Cove、Carnarvon Bay的海港之旅，如果加購觀光船行程的話，就可以登上位於Mason Cove內的小島──死亡之島Isle of Dead，是1833～1877年死於監獄裡千名囚犯的墓地所在地。若是夜宿亞瑟港，一定要參加晚上舉辦的亞瑟港幽靈之旅Port Arthur Ghost Tour；加購晚餐的話，就能在餐廳享用2道菜的套餐。

來到亞瑟港一定要造訪的　MAP P.423/1B

塔斯馬尼亞袋獾保育園
Tasmanian Devil Unzoo

位在亞瑟港城鎮附近的一座動物園，因為園內幾乎沒有柵欄，完全像是自然植物園的環境（因此相對於「動物園Zoo」，取名為「非動物園Unzoo」）。園內擁有4個袋獾的展示區，餵食時可以看見牠們發出低吼聲互相搶食的模樣；除了沙袋鼠、袋鼠、叢林袋鼠等飼養動物之外，也可以看到野生的袋熊、袋貂及袋狸。在園內飼養區後方的一整片森林裡，還會舉辦以四輪越野車4WD尋找袋獾的追蹤袋獾大冒險Devil Tracker Adventure（限定12人）活動。

欣賞大自然的鬼斧神工　MAP P.423/1B

塔斯曼拱門及周邊絕景
Tasman Arch and around

監禁流犯遺址亞瑟港所在地的塔斯曼半島，以無數令人瞠目結舌的大自然奇景而聞名，例如位於塔斯曼半島入口處的鷹頸地峽Eaglehawk Neck、塔斯曼拱門

Tasman Arch、惡魔廚房The Devils Kitchen、風洞The Blowhole這些天然名勝，如果是租車旅遊的人絕對要來這裡一遊。另外在距離亞瑟港不遠處的洞穴Remarkable Cave，則是能遠望一路延伸至南極的遼闊大海美景。

可以欣賞到浪花噴濺雄偉景致的風洞

■塔斯曼拱門

●如何前往

前往塔斯曼半島不是參加旅遊團，就是自行租車。從荷巴特出發約90分鐘車程，當天來回的行程是最適當的安排。不過夜間經常會有動物出沒在馬路上，請務必要小心駕駛。

費爾德山國家公園

Mt.Field NP

距離荷巴特約75km的費爾德山國家公園，可說是塔斯馬尼亞歷史最悠久的國家公園，也是世界自然遺產「塔斯馬尼亞荒野」的一部分，擁有傲視整座島嶼的多樣豐富大自然，是觀光客造訪荷巴特時非去不可的觀光景點之一。雖然從荷巴特出發以租車方式最為方便，不過也有各式各樣的旅遊團（→P.428）可以挑選，交通上完全不必煩惱。

位於費爾德山國家公園入口處的遊客中心，設有提供國家公園內健行步道的詳細資訊，以及立體模型展覽的迷你博物館，不妨在這裡收集好相關訊息之後再出發前往國家公園。健行時將有機會親眼見到叢林袋鼠、針鼴，還有河裡的鴨嘴獸等動物。

●以遊客中心為起點的健行

出現在樹蕨長廊中的羅素瀑布

費爾德山國家公園的健行步道分為2大出發地，最受歡迎的是由遊客中心出發的各種步道，而人氣最高的則是從遊客中心出發、來回20～30分鐘的羅素瀑布步道Russell Falls Walk。穿越參天的尤加利樹林後，出現在眼前的是清澈小溪，兩旁盡是地面覆蓋苔蘚的寒溫帶雨林森林；沿著溪流而走會進入由樹蕨打造的夢幻長廊，最後就能抵達階梯狀的羅素瀑布。這是一條連輪椅都可以通行無阻，規劃完善的完美健行步道。

從羅素瀑布如果不返回遊客中心，而朝森林裡繼續前進就是大樹步道Tall Trees Walk，是可以漫步於費爾德山國家公園內最高樹種沼澤桉樹Swamp Gum（尤加利樹的一種）森林間的散步路線，可以抬頭仰望高度超過70m的驚人大樹，終點是距離遊客中心開車5分鐘左右的多布森湖路Lake Dobson Rd.（據說最高的樹木高達98m）。從遊客中心出發，經羅素瀑布步道再到大樹步道的終點，約為1小時的健行路線。

交通

●費爾德山國家公園

MAP P.423/1A

從荷巴特出發可以沿著德文特河朝新諾福克New Norfolk方向一路北上，再由新諾福克沿著Route B62線往Bushy Park前行，之後再轉入Route B61線。從荷巴特驅車約需1小時30分。

■費爾德山國家公園遊客中心

住66 Lake Dobson Rd., National Park, 7140

☎(03)6288-1149

URL parks.tas.gov.au

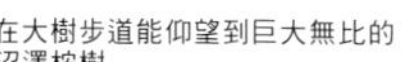

在大樹步道能仰望到巨大無比的沼澤桉樹

腳力好的人，可以從這裡繼續穿越南側的寒溫帶雨林，欣賞過階梯狀的巴倫夫人瀑布Lady Ballon Falls後，再接上返回遊客中心的巴倫夫人瀑布環狀步道Lady Ballon Falls Circuit（全長約6km，所需時間1小時45分～2小時）。

●多布森湖周邊的健行

另一條健行步道的起點則是多布森湖Lake Dobson，海拔超過1000m，位於從遊客中心沿著多布森湖路往上16km之處（開車約需30分鐘）。

這裡可以漫遊多布森湖及一旁的鷹池Eagle Tarn，稱為Pandani Grove Circuit步道（約1.5km，所需時間約40分鐘）；自然景觀與遊客中心一帶完全迥異，因為高海拔所以樹木長得較為低矮，除了可以欣賞到全世界最大的石南科植物──露兜樹Pandani群生之外，還有胡椒莓Mountain Pepper、Silver Woolly Teatree等許多塔斯馬尼亞特有的高山植物。另外這片區域到了冬季還會有積雪，是塔斯馬尼亞少數的滑雪場，並對外開放（不定期營業）。

布魯尼島

Bruny Is.

位於荷巴特南方的當特爾卡斯托海峽D'Entrecasteaux Channel與塔斯曼海之間的布魯尼島，是以自然和美食聞名、適合從荷巴特1日遊的人氣島嶼。

南北一線的展望絕佳

搭乘布魯尼島觀光船可以非常靠近噴水洞

由於島形為南北細長，南北兩側島嶼相連的細長陸地稱為南北一線The Neck，是風景明媚的觀光勝地。

想盡情欣賞自然美景，參加從南島冒險灣Adventure Bay出發的布魯尼島觀光船之旅Bruny Is. Cruises最為適合。搭乘海洋快艇型的船隻，巡航在布魯尼島南島的東側沿岸，欣賞斷崖絕壁的雄偉景觀、大浪噴濺的噴水洞、成群澳洲海狗的棲息地、優雅地飛翔在海上的信天翁、追著船隻游泳的海豚群……冬季還能看到成群的南露脊鯨，這些當然都是因為島的南端附近就是塔斯曼海變成南極海之處，從南極吹來的海風的確很冷。

至於美食迷想拜訪的景點就更多了，絕對不能錯過的

多布森湖沿岸生長著眾多的露兜樹

交通

●布魯尼島 MAP P.423/2A·B
參加旅遊團或是租車前往。租車的話，從荷巴特往南開車30分鐘到柯特林Kettering，再搭乘SeaLink Bruny Is.（汽車渡輪），所需時間約20分鐘。
☎1300-127-869
URL www.sealinkbrunyisland.com.au
時 每日6:30～19:00每隔20～50分鐘1班
費 汽車1輛$46～157、摩托車及腳踏車$6.30
※夏季週末因為人潮眾多，最好在船班出發30分鐘前就到達柯特林的碼頭。

■布魯尼島觀光船之旅
主辦：Pennicott Wilderness Journeys
☎(03)6234-4270
URL www.brunycruises.com.au
●3小時野生動物觀光船之旅
時 冒險灣出發每日11:00～14:00（旺季為10:00～13:00、13:30～16:30也有船班）
費 大人$155 小孩$95 家庭$490
※也有推出從荷巴特出發組合野生動物觀光船之旅與布魯尼島觀光船之旅的套裝1日行程。大人$245 小孩$175

參加布魯尼島觀光船之旅可以看到澳洲海狗的棲息地

Get Shucked可以品嚐新鮮的生蠔

是可以現採現吃生蠔的養殖場Get Shucked Oyster Farm，其他還有Bruny Is. Cheese Co.（可以試吃）、巧克力工廠、葡萄酒莊及威士忌酒廠等，都頗受好評。

■**Get Shucked Oyster Farm**
住1735 Main Rd., Great Bay, Bruny Is., 7150
☎0439-303-597
URL www.getshucked.com.au
營每日9:30～16:30
休耶誕節、節禮日

■**Bruny Is. Cheese Co.**
住1807 Main Rd., Great Bay, Bruny Is., 7150
☎(03)6260-6353
URL www.brunyislandcheese.com.au
營每日10:00～16:00

候恩谷
Huon Valley

在塔斯馬尼亞東南部候恩河Huon River一帶，候恩谷最為知名，以候恩維爾Huonville、吉夫斯頓Geeveston為中心，生產蘋果和櫻桃等水果、種植蘑菇，以及養殖塔斯馬尼亞鮭魚等產業而繁盛的地區。

候恩谷附近同時因為保留著許多原始的塔斯馬尼亞自然景點而引人矚目，是從荷巴特出發的1日遊人氣景點，尤其是在這個生長著候恩松、尤加利樹，還有蓊鬱寒溫帶雨林的廣大州立保護林裡，規劃許多設計完善的健行步道；後方則是世界遺產的哈茲山國家公園Hartz Mountains NP、西南國家公園Southwest NP等茂密的原始林。幾乎所有的觀光地，從荷巴特出發開車只要2小時左右的近距離，因此可以租車自助遊，也能參加各種旅行社安排的旅遊團，好好享受候恩谷的大自然之美。

交通
●**候恩谷（候恩維爾、吉夫斯頓）**
MAP P.423/1·2A
基本上還是要租車或參加旅遊團前往。

觀察塔斯馬尼亞森林的樹冠層 MAP P.423/1A
塔胡恩森林冒險
Tahune Adventures

在候恩谷健行路線中，最具人氣的就屬這一條由吉夫斯頓深入內陸區域的塔胡恩森林Tahune Forest。這片距離荷巴特約90km，在候恩河畔展開的森林地區裡，最主要的目標當然就是塔胡恩森林冒險；走在由革木、芹葉松、南極山毛櫸、桉樹、樹蕨等樹木所構成的茂密森林間的空中步道上，能觀察森林的樹冠層，還能欣賞腳下遼闊無邊的森林綠海。這條空中步道距離候恩河面有45m高、長達619m，一路仔細漫步欣賞風光要花費約50分鐘。此外，如果想要冒險的話，也可以挑戰以鋼索吊掛穿過森林上方的滑翔翼，享受森林散步樂趣的Eagle Hang Gliding。

穿梭在樹林間的空中步道

■**塔胡恩森林冒險**
住Tahune Reserve, Geeveston, 7116
☎(03)6251-3903
URL tahuneadventures.com.au
開每日10:00～16:00
費大人$31 小孩$15.50 家庭$77.50／Eagle Hang Gliding（門票另計）：大人$22 小孩$20
※其他還有划獨木舟順候恩河而下的活動Twin Rivers Adventure（每日9:00～11:30或12:00～13:30兩次）。含門票大人$185 小孩$120 家庭$565
●**如何前往**
因為無法搭乘大眾交通工具，只能參加從荷巴特出發的旅遊團或租車前往。開車單程約2小時。

享受世界遺產內的鐘乳石洞與溫泉

MAP P.423/2A

哈斯丁鐘乳石洞&天然溫泉
Hastings Caves & Thermal Springs

位在候恩谷南部的南港Southport近郊，有個澳洲極為稀少的白雲石鐘乳石洞，在這個形成於4000多萬年前的洞穴裡擁有非常壯觀的石筍奇景，不過必須參加有導遊陪同的解說行程（所需時間約45分鐘）才能參觀。在附近還有能湧出29℃的溫泉，特別引溫泉水開闢的觀光游泳池。

荷巴特旅遊&活動
TOURS & ACTIVITIES IN HOBART AREA

在荷巴特市區及近郊景點的半日、1日遊觀光行程，大多都是由Gray Line、Tours Tasmania所舉辦；也有附中文導遊、人數較少的中文旅遊團。

荷巴特出發1日遊的招牌行程

亞瑟港之旅
Port Arthur Tour

●AJPR／世界遺產亞瑟港遺址、塔斯曼半島與里奇蒙

遊覽荷巴特周邊人氣最高的里奇蒙與亞瑟港，還有參觀塔斯曼半島上的塔斯曼拱門、惡魔廚房等景點。

為了認識塔斯馬尼亞歷史而不能錯過的亞瑟港遺址

●Gray Line／亞瑟港遺址

造訪塔斯曼半島的名勝景點，包含亞瑟港遺址的導覽之旅，以及灣內觀光船之旅。

盡享荷巴特近郊的大自然

費爾德山國家公園之旅
Mt. Field NP Tour

●AJPR／世界遺產費爾德山國家公園與袋獾相遇動物園

上午去費爾德山國家公園羅素瀑布步道散步，下午則是前往波若朗野生動物園，與袋獾、袋熊等動物接觸。

羅素瀑布是塔斯馬尼亞知名的美麗瀑布

■哈斯丁鐘乳石洞&天然溫泉
住754 Hastings Cave Rd., Hastings, 7109
☎(03)6298-3209
URL parks.tas.gov.au
●天然溫泉
開2～4月：每日10:00～16:00／5～9月：每日10:30～16:00／10～12月25日：每日10:00～16:00／12月26日～1月：每日9:00～17:00
費大人$5 小孩$2.50 家庭$12
●哈斯丁鐘乳石洞導覽之旅
時2～4月&10～12月25日：每日11:00～15:00每隔1小時／5～9月：每日11:30、12:30、14:00、16:00／12月26日～1月：每日10:00～16:00每隔1小時
費大人$24 小孩$12 家庭$60

■亞瑟港之旅
●AJPR／世界遺產亞瑟港遺址、塔斯曼半島與里奇蒙
☎(03)6227-7906
URL ajpr.com.au
時每日9:00～17:00
費大人$270 小孩$170
※最少3人成行
●Gray Line／亞瑟港遺址
☎(03)6234-3336
URL www.grayline.com.au
時週日～五8:45～17:30
休週六
費大人 $160 小孩$78

■費爾德山國家公園之旅
●AJPR／世界遺產費爾德山國家公園與袋獾相遇動物園
☎(03)6227-7906
URL ajpr.com.au
時每日9:00～16:30
費大人$270 小孩$170
※最少3人成行
●Gray Line／羅素瀑布1日觀光
☎(03)6234-3336
☎1300-858-687
URL www.grayline.com.au
時週二、四9:15～16:00
費大人 $155 小孩 $78／含波若朗野生動物園門票：大人 $185 小孩 $80

●Gray Line／羅素瀑布1日觀光

眺望德文特河畔的小城鎮與村莊風光後前往費爾德山國家公園，在國家公園裡的羅素瀑布步道慢慢散步，還有造訪南半球歷史最悠久的鮭魚&鱒魚養殖場。

在波若朗野生動物園可以和袋鼠互動

也有推出回程前往波若朗野生動物園的行程。

前往羅素瀑布的健行步道，有置身遠古森林之感

輕鬆地漫步於寒溫帶雨林間

候恩谷之旅
Huon Vally Tour

●AJPR／世界遺產哈茲山與空中步道

在世界遺產哈茲山國家公園裡，到Osborne湖由冰河期形成的草原健行約1小時，並且前往塔胡恩森林冒險，在候恩松森林的空中步道散步。

●Gray Line／候恩谷1日之旅

造訪候恩谷最熱門觀光勝地──塔胡恩森林冒險的空中步道之旅，並配合季節在沿途商店購買水果或莓果，也會去蘋果酒工廠品嚐試飲。

來到日本遊客最愛的觀光地

費瑟內國家公園的企鵝與羅斯鎮的2天1夜遊
Freycinet NP & Ross 2 Day Tours

第1天先健行前往東海岸的熱門觀光景點──費瑟內國家公園內的酒杯灣觀景台健行，接著再前往畢奇諾參加企鵝活動。第2天則去羅斯鎮的麵包店Ross Village Bakery，再去波若朗野生動物園、里奇蒙觀光。

■候恩谷之旅

●AJPR／世界遺產哈茲山與空中步道

☎(03)6227-7906
URL ajpr.com.au
時 週一～五9:00～17:00
費 大人 $270 小孩 $170
※最少3人成行

●Gray Line／候恩谷1日之旅

☎(03)6234-3336
☎1300-858-687
URL www.grayline.com.au
時 週一8:45～16:00
費 大人 $185 小孩 $93（含午餐）

■費瑟內國家公園的企鵝與羅斯鎮的2天1夜遊

主辦：AJPR
☎(03)6227-7906
URL ajpr.com.au
時 每日9:00～翌日17:00
費 1人$1280（單人參加必須加價）
※最少2人成行

在Ross Village Bakery品嚐麵包

COLUMN

來塔斯馬尼亞看極光

在台灣幾乎沒有人知道，塔斯馬尼亞也可以看得到極光（這裡稱為南極光Southern Light），尤其是在比荷巴特南方的城鎮裡燈光較少的地方，看到的機率就高。但是跟北歐和加拿大那樣整個夜空充滿流動光帶的景象截然不同，而是在南方夜空下淡淡著色的感覺；這是因為看到的是極光的最上面，顏色會從紅、黃、綠漸層的感覺。在Aurora Australia Forcast網站會隨時更新極光發生的等級（5以上表示看到的機率高），可以作為參考。

DATA

● **Aurora Australia Forecast**
URL cdn.softservenews.com/southern_lights.html

幸運的話就能看到極光

住宿

荷巴特

經濟型

位於市中心的背包客住宿 MAP P.417/1B
Hobart Central YHA

URL www.yha.com.au 住 9 Argyle St., 7000 ☎ 6231-2660 WiFi 免費 費 D $28～39、W $90～125 ※非YHA會員要追加費用 CC MV

在團體房中每一張床都附有各自的閱讀燈，在公共使用區域裡也有免費WiFi能使用，一般住宿所需設備都相當完善。

鄰近市中心相當便利！ MAP P.417/1A
Backpackers Imperial Hobart

URL www.backpackersimperialhobart.com.au 住 Level 2, 138 Collins St., 7000 ☎ 6223-5215 WiFi 免費 費 D $24～30、T W $79～89 CC MV

距離交通轉運中心、伊莉莎白街行人徒步大街都很近，1樓還附設酒吧。

星級飯店

價格合理卻有高檔享受 MAP P.417/2A
Customs House Waterfront

URL www.customshousehotel.com 住 1 Murray St., 7000 ☎ 6234-6645 WiFi 免費 費 T W $171～345 ※含早餐 CC ADMV

1樓是酒吧和餐廳，2～3樓則是典型澳洲風格的住宿設施。1846年開業至今，因為當時隔壁就是海關大樓Customs House（現在為州議會大廈），所以乾脆依此為飯店命名。

舒適無比的客房 MAP P.417/1B
The Old Woolstore Apartment Hotel

URL www.oldwoolstore.com.au 住 1 Macquarie St., 7000 ☎ 6235-5355 FREE 1800-814-676 WiFi 免費 費 T W $226～、1B $269～、2B $309～ CC JMV

寬敞而舒適的客房

將過去曾經是羊毛儲存倉庫的歷史建築重新翻修，內部變成現代化而舒適無比的客房，分為飯店與公寓式旅館2種客房，還設有餐廳、酒吧、健身房。

荷巴特第一的高級飯店 MAP P.417/1B
Hotel Grand Chancellor Hobart

URL www.grandchancellorhotels.com 住 1 Davey St., 7000 ☎ 6235-4535 WiFi 免費 費 T W $304～434 CC ADJMV

時髦又舒適的客房

面對著維多利亞碼頭而建，飯店內有室內游泳池、健身房、三溫暖、按摩室、餐廳、酒吧等各種設備完善。

附設賭場 MAP 地圖外
Wrest Point Hotel Casino

URL www.wrestpoint.com.au 住 410 Sandy Bay Rd., Sandy Bay, 7005 ☎ 6221-1888 FREE 1800-030-611 WiFi 免費 費 Tower：T W $233～799／Water Edge：T W $197～219／Moter Inn：T W $179～199 CC ADJMV

想住住看 荷巴特的高級飯店

在塔斯馬尼亞最古老飯店度過優雅時光
Hadley's Orient Hotel

矗立在荷巴特市中心，於1834年開幕的高級飯店，一踏入大廳的瞬間，那種古典優雅的氛圍就讓人心動不已。

人氣的下午茶

擁有71間客房，挑高的天花板和時髦的設備，以及感覺出歷史質感的寢具與家具，充滿舒適及優雅的協調感。建議一定要品嚐這裡的下午茶（週五～日12:30～16:00，1人$45），在洋溢著殖民時代氛圍的茶室裡，享受英國式的High Tea，是很尊貴的體驗。

很有歷史感的飯店

DATA MAP P.417/2A
URL www.hadleyshotel.com.au
住 34 Murray St., 7000
☎ 6237-2999 FREE 1800-131-689 WiFi 免費
費 T W $249～349 CC ADJMV

從台灣撥打電話至荷巴特
002＋61（國碼）＋3（去除0的區域號碼）＋電話號碼

矗立在山丘上的Tower類型飯店

這是全澳洲第一座設有賭場的飯店，由4.5星的Tower、4星的Water Edge以及3星的Moter Inn 3種類型的飯店建築所組成。

里奇蒙

與可愛的動物接觸 MAP P.423/1B
Taras Richmond Farmstay

URL tarasfarmstay.com.au
住 31 Ogilvie Lane, Richmond, 7025
☎ 0431-966-065　WiFi 免費　費 T W $165～200　※含早餐　CC MV

因為是農場，可以接觸動物很開心

人氣的農場住宿地，可以和羊、馬和兔子接觸，而使用農場內種植蔬果烹調的早餐也很美味。客房內部現代而寬敞，並附有簡單廚房設備。

亞瑟港

推薦給露營、背包客 MAP P.423/2B
NRMA Port Arthur Holiday Park

URL www.nrmaparksandresorts.com.au
住 Lot 1, Garden Point, Port Arthur, 7182
☎ 6250-2340　FREE 1800-607-507　WiFi 免費
費 D $29、T W $125～200　CC MV

從亞瑟港沿著海岸旁約2km處的一座汽車露營區Caravan Park。

餐廳

荷巴特的海鮮老店 MAP P.417/1B
Mures

URL mures.com.au　住 Victoria Dock, 7000
☎ 6231-1999（Upper Decky）／6231-2009（Lower Decky）
營 Upper Decky：每日8:00～21:00／Lower Decky：每日11:00～14:00、17:30～21:00
休 耶穌受難日、耶誕節　CC ADJMV　酒 Licensed

Lower Decky是休閒餐廳與生蠔吧，Upper Decky則是正式餐廳；在Lower Decky可以以較為實惠的價格品嚐新鮮的魚貨。

位在港邊的人氣海鮮餐廳

荷巴特的人氣高級餐廳 MAP P.417/1B
Landscape Restaurant & Grill

URL landscaperestaurant.com.au
住 23 Hunter St., 7000　☎ 6210-7712
營 每日18:00～21:15　CC ADJMV　酒 Licensed

位於面對維多利亞碼頭古老倉庫群的一隅、The Henry Jones Art Hotel的1樓。建造於1830年代的古典店內提供的是，使用大量塔斯馬尼亞的新鮮食材做成的現代澳洲料理，擺盤與味道都很一流。

在地高人氣的義大利餐廳 MAP P.417/2B
Ristorante Da Angelo

URL daangelo.com
住 47 Hampden Rd., Battery Point, 7004
☎ 6223-7011　營 週五12:00～14:30、週日～四17:00～21:30，週五、六17:00～22:00　CC MV
酒 Licensed

用大烤窯剛烤好的美味披薩

位於貝特里角的老字號義大利餐廳，門口旁的大型披薩烤窯讓人印象深刻。能夠外帶的披薩（S尺寸$17.50～、M尺寸$20～、L尺寸$24～）、義大利麵（前菜分量Entree Size $24～、主菜分量Main Size $27～），特別獲得好評。

想輕鬆用餐時 MAP P.417/2B
Fish Frenzy

URL www.fishfrenzy.com.au
住 Elizabeth St. Pier, Sullivans Cove, 7000
☎ 6231-2134　營 每日11:00～21:00
CC AJMV　酒 Licensed

位於莎拉曼卡廣場旁的伊莉莎白街碼頭入口處，非常受歡迎的炸魚薯條店，最熱門的餐點的就是炸魚、炸干貝、炸花枝加上滿滿薯條的Fish Frenzy（$26）。

供應英式酒館餐點 MAP P.417/2A
Shamrock Hotel

URL www.facebook.com/shamrockhotelhobart
住 195 Liverpool St., 7000
☎ 6234-3892　營 每日早上～深夜
CC AMV　酒 Licensed

被選為荷巴特最佳酒館，雖然是去喝啤酒，也建議品嚐英式酒館餐點，推薦菜色有分量滿點的各種牛排$26.50～29。

費瑟內國家公園&塔斯馬尼亞東海岸

Freycinet NP & East Coast of Tasmania

交通

●**塔斯馬尼亞東海岸**

遊覽塔斯馬尼亞東海岸最好的方法就是租車或參加旅遊團。大眾交通工具只有Tassie Link有從荷巴特出發前往東海岸各城鎮的巴士，週一～五每日2班，週六、日1班車。

●Tassie Link
☎(03)6235-7300
☎1300-300-520
URL www.tassielink.com.au

交通

●**科爾斯灣&費瑟內國家公園**

由於科爾斯灣遠離塔斯曼公路，必須以畢奇諾Bicheno作為探訪國家公園的起點。從畢奇諾搭乘由Calow's Coaches行駛的巴士，每天2班（夏季班次會增加），車程約30～40分鐘。從科爾斯灣到費瑟內國家公園各個區域景點，就得走健行步道前往了。

●Calow's Coaches
☎0400-570-036
URL www.calowscoahes.com.au

■**國家公園周遊券** →P.411

■**費瑟內國家公園遊客中心** MAP P.433
住Freycinet NP Entrance, Coles Bay Rd., 7215
☎(03)6256-7000
URL parks.tas.gov.au
開11～4月：每日8:00～17:00／5～10月：每日9:00～16:00

擁有美麗海洋與蓊鬱森林的費瑟內國家公園（蜜月灣）

被稱為「假日海岸Holidaycoast」的塔斯馬尼亞東海岸，是當地的度假勝地。沿著海岸線延伸的A3號塔斯曼公路Tasman Hwy.，一路上分布著人口介於200～800人左右的小型城鎮，一到盛夏季節，每個小鎮都會擠滿來此追求美麗大海、新鮮海產及豔陽的觀光客而熱鬧非凡。在假日海岸最著名的觀光景點就是費瑟內國家公園，由火山岩構成、環抱著大牡蠣灣Great Oyster Bay的費瑟內半島Freycinet Peninsula，大部分的區域都規劃為國家公園，與搖籃山／聖克雷爾湖國家公園Cradle Mountain/Lake St Clair NP並列為塔斯馬尼亞最受歡迎的國家公園。費瑟內國家公園擁有潔白的沙灘、綠意豐富的森林，以及多個絕世美景，可以享受悠閒森林健行樂趣，盡情體驗大自然魅力。

科爾斯灣&費瑟內國家公園

Coles Bay & Freycinet NP

位於費瑟內國家公園入口處的科爾斯灣，是塔斯馬尼亞東海岸著名的度假城鎮，對於想悠閒享受費瑟內國家公園之美的人，建議可以在這裡停留1～2夜。科爾斯灣的城鎮小而整潔，擁有多座度假村與許多度假小屋，不過因為夏季時人潮眾多，如果沒有事先預訂，臨時決定會非常難找到住宿。而且由於餐廳也不多，有計畫租借度假公寓來短期居住的人，最好要有自己開伙的心理準備。

享受森林健行之樂 MAP P.433

費瑟內國家公園

Freycinet NP

1802年Nicolas Baudin船長為了製作塔斯馬尼亞東海岸的地圖而航行到這一帶，以他的第一書記官Louis de Freycinet之名，將這座半島命名為費瑟內半島。費瑟內半島上擁有由火山岩型塑出來的美麗山峰群嶺，在這片寒溫帶雨林裡，是紅頸袋鼠、袋貂、針鼴等野生動物，以及海鵰、藍旋蜜雀、黑鳳頭鸚鵡等眾多野鳥的棲息之地。

想充分體驗這座國家公園的自然魅力，就得去走走園

（上）費瑟內國家公園遊客中心
（下）在叢林健行時經常能看見紅頸袋鼠

內的多條健行步道。

至於標示著健行步道的地圖，可以在從科爾斯灣進入國家公園入口處的費瑟內國家公園遊客中心Freycinet NP Visitor Information Centre取得，這裡同時也是費瑟內國家公園的博物館，千萬別忘了要先到這裡來收集園內資料。

酒杯灣觀景台的景致之美令人屏息

一般最常安排的登山健行路線，就是從健行步道停車場出發到酒杯灣觀景台Wineglass Bay Lookout來回1小時30分的路線。從觀景台能欣賞到如酒杯形狀的半月形峽灣，其彎曲的美麗弧度與白色沙灘的驚人美景，是每本介紹塔斯馬尼亞的旅遊指南必定會刊登的景點。雖然健行步道規劃得相當完善，但是去程為連續的上坡路，需要有一定的體力。如果時間充裕的話，可以由酒杯灣觀景台繼續往下走到酒杯灣，經過哈澤德海灘Hazards Beach，然後繞向梅森山Mt. Mayson再返回停車場，一趟約3小時30分的健行路線也很值得挑戰。

■健行步道停車場

距離費瑟內國家公園遊客中心約4km，如果沒有租車，可以一邊欣賞理查森海灘Richardsons Beach、蜜月灣Honeymoon Bay的風景，一邊步行前往（單程約需1小時）；部分科爾斯灣的飯店會提供房客接駁巴士的服務。

■嘗試觀光飛行

●Freycinet Air Scenic Flights

在30分鐘的時間裡，充分享受費瑟內國家公園大海與半島交織而成的美景。

(03)6375-1694
URL freycinetair.com.au
營每日8:30～17:00
費30分鐘行程：1人$175／45分鐘行程：1人$225／60分鐘行程：1人$290
※2人以上成行

科爾斯灣&費瑟內國家公園
Coles Bay & Freycinet NP

0 2km

Binghams Bay
Courland Bay
友好海灘 The Friendly Beaches
Edge of the Bay P.436
Saffire Freycinet P.436
科爾斯灣 Coles Bay
酒杯灣 Wineglass Bay
Promise Bay
右圖
費瑟內國家公園 Freycinet NP
霄騰島 Schouten Is.

P.436 BIG 4 Iluka Holiday Park・Esplanade YHA
科爾斯灣 Coles Bay
費瑟內國家公園遊客中心
Carp Bay
P.436 Freycinet Lodge
蜜月灣 Honeymoon Bay
Sleeping Bay
寶頂山 Mt.Baudin
帕森斯山 Mt.Parsons
健行步道停車場
鴿子山 Mt.Dove
酒杯灣觀景台 Wineglass Bay Lookout P.433
阿莫斯山 Mt.Amos
梅森山 Mt.Mayson
Thouin Bay
酒杯灣 Wineglass Bay
勒馬納觀景台 Lemana Lookout
ISTHMUS步道 ISTHMUS TRACK
酒杯灣步道 WINEGLASS BAY TRAIL
哈澤德瀉湖 Hazards Lagoon
哈澤德海灘 Hazards Beach
Promise Bay
P.433
半島步道 PENINSULA TRACK
費瑟內國家公園 Freycinet NP
格雷厄姆山 Mt.Graham
N

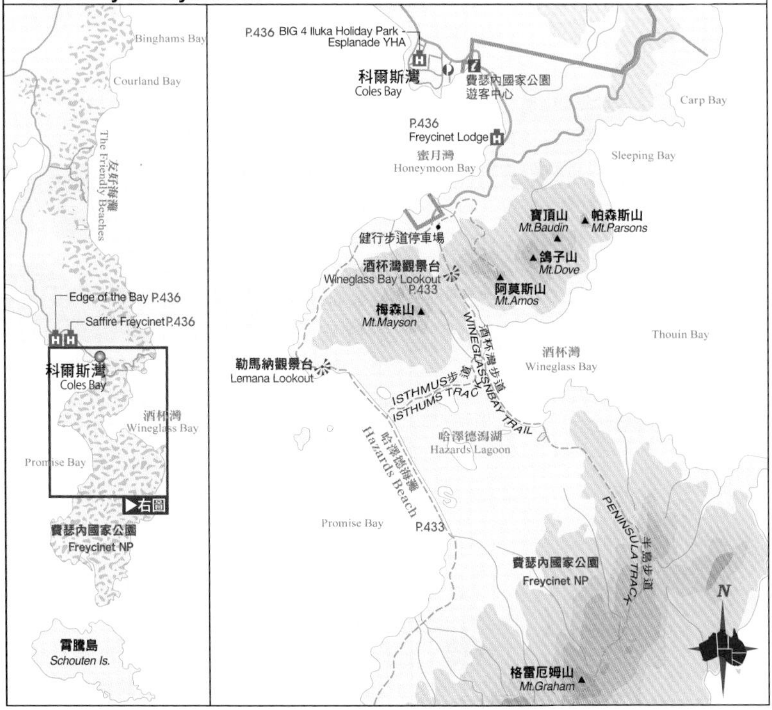

■畢奇諾企鵝之旅
📞(03)6375-1333
URL bichenopenguintours.com.au
時9～3月19:30～21:00、4～8月17:00～19:30
休耶穌受難日、耶誕節、12/31
費9～3月：大人$66.50 小孩$26.50／4～8月：大人$49.50 小孩$23.50 ※要預約

畢奇諾

Bicheno

畢奇諾因為能看到野生小企鵝而出名

在塔斯馬尼亞東海岸，畢奇諾是與科爾斯灣並列最受歡迎的度假勝地，1803年由於捕鯨港而發展的城鎮，在二次世界大戰之後，因為年降雨量約700mm且總是陽光普照，於是蛻變成為度假地。

畢奇諾最受歡迎的活動，就是每天晚上登場的小企鵝遊行之旅Bicheno Penguin & Adventure Tours，可以看到小企鵝從海裡搖搖擺擺走回到沙灘上巢穴的可愛模樣。

這裡當然也有適合下水嬉戲的沙灘，以及能近距離參觀放養袋鼠等動物的東海岸自然世界East Coast Nature World等景點。另外，從市中心步行可到的距離裡還有2座觀景台，由此往下俯視的畢奇諾街道及無垠海岸線景致，美得驚人。至於在城鎮郊外還有重達80公噸的搖擺岩石Rocking Rock、噴水洞Blowhole等天然景點值得一看。

天鵝海

Swansea

建於天鵝海市中心的東海岸歷史博物館

天鵝海在1820年後半興建大型監獄之後，城鎮開始隨之發展，到現在街頭仍然保有許多19世紀中期建造的古老建築，也成為觀光景點。尤其是位於市中心富蘭克林街Franklin St.的東海岸歷史博物館East Coast Heritage Museum，是建於1860年的學校校舍；而位在同一條街上的3層樓建築Morris' Store，則是從1838年就營業至今的市場。

也別忘了去參觀位於鎮外的天鵝海樹皮工廠&酒館The Barkmill Tavern & Bakery，在博物館裡可以親眼見識到Bark Mill（樹皮碾碎機）實際的運作情形，過去這裡是將黑木相思的樹皮以機器碾碎，然後再銷售給世界各地的皮革鞣製業者。自行開車來到天鵝海的人，也別錯過由此往南約8km處的尖刺橋Spiky Bridge，是1840年代由囚犯們將數以千計的尖銳石頭緊密堆疊而成的一座橋。

崔伯納&瑪莉亞島國家公園

Triabunna & Maria Island NP

崔伯納是1820年代為了監視瑪莉亞島囚犯流放地的駐軍而開發的城鎮，現在則是知名的淡菜養殖地，以及前往瑪莉亞島國家公園Maria Island NP的起點。

瑪莉亞島的遊客中心也是歷史古蹟

瑪莉亞島最北端的達靈頓Darlington，是與崔伯納間往來渡輪的停靠港口，但在1850年以前則是監獄重地，極盛時期曾經關過492名犯人，強迫他們投入開墾島嶼的嚴苛勞動刑罰；如今包含監獄遺址及周邊都是「澳洲囚犯流放地遺址」的一部分，成為世界遺產。

監獄島之後到20世紀前半轉型為水泥業而興盛，居住人口一度超過500人，目前島上則是規劃成國家公園，以美麗的天然景觀與綠蔭濃密的森林，吸引無數熱愛戶外活動的遊客造訪。在達靈頓的國家公園遊客中心內提供各種詳細的健行步道資訊，不妨親身來體會看看。

不過瑪莉亞島除了露營場之外，沒有任何提供下榻的旅館及商店，因此一般都會住宿在崔伯納再來島上觀光。

聖海倫

St Helens

聖海倫是塔斯馬尼亞東海岸有名的漁港，也是最大的城鎮，這裡所捕撈的漁獲以淡水螯蝦Crayfish、鮑魚為主，除了可以品嚐新鮮海鮮，也吸引許多喜愛海釣、出海航行、潛水的遊客前往造訪，讓觀光業也成為當地的重要產業。市區內的景點有聖海倫歷史博物館St Helens History Room，以及北方郊外的海岸也有不少景點；像是從聖海倫往北約11km的比納隆灣Binalong Bay綿延數十公里的火焰灣Bay of Fire，就被稱為是塔斯馬尼亞最美的海岸。還有北方約50km的威廉山國家公園Mt. William NP、往西約40km處的聖哥倫比亞瀑布St Columba Falls等地都很值得前來尋幽訪勝。

■東海岸自然世界
MAP P.434/1
住18356A Tasman Hwy., Bicheno, 7215
☎(03)6375-1311
URL www.natureworld.com.au
開每日9:30～17:00
休耶誕節
費大人$29 小孩$16 家庭$85

■東海岸歷史博物館
MAP P.434/2
住22 Franklin St., Swansea, 7190 ☎(03)6256-5066
URL www.eastcoastheritage.org.au
開週一～五10:00～16:00

■天鵝海樹皮工廠&酒館
MAP P.434/2
住96 Tasman Hwy., Swansea, 7190 ☎(03)6257-8094
URL barkmilltavern.com.au
開每日10:00～16:00
※目前博物館整修中

■崔伯納～瑪莉亞島的高速船
●Encounter Maria Island
☎(03)6123-4040
URL encountermaria.com.au
時崔伯納出發：週一、三、五、六、日10:00、11:30、15:15／瑪莉亞島出發：週一、三、五、六、日10:45、14:30、16:15
※夏季時行駛班次會增加
費來回大人$47 小孩28

■Triabunna Visitor Information Centre
住Cnr. Charles St. & Esplanade, Triabunna, 7190
☎(03)6256-4772
URL eastcoasttasmania.com
開每日10:00～16:00

自然豐饒的瑪莉亞島最適合叢林健行

■聖海倫歷史博物館
MAP P.434/1
住61 Cecilia St., 7216
☎(03)6376-1479
URL www.sthelenshistoryroom.com
開週一～五9:00～16:00，週六、日9:00～15:30
休節日
費情侶、夫妻或家庭$5

塔斯馬尼亞東海岸的住宿

科爾斯灣&費瑟內國家公園

位於科爾斯灣市中心 MAP P.433
BIG 4 Iluka Holiday Park - Esplanade YHA

URL www.big4.com.au URL www.yha.com.au
住 15 Reserve Rd., Coles Bay, 7215
☎ 6257-0115 FREE 1800-786-512 WiFi 免費
費 D $30、T W $80、Cabin 2B $108～195 CC MV

位於科爾斯灣的入口處，同時還附設超市和麵包店。

費瑟內國家公園裡的度假村 MAP P.433
Freycinet Lodge

URL www.freycinetlodge.com.au
住 Freycinet National Park, Coles Bay, 7215
☎ 6256-7222 FAX 6257-0278 WiFi 免費
費 T W $529～839 ※含早餐 CC ADJMV

Freycinet Lodge的接待大廳

位於費瑟內國家公園內的小木屋式度假飯店，每間小木屋都打造成充滿時尚感且有木頭溫暖的氣氛，從飯店附設的餐廳還能眺望大牡蠣灣、理查森海灘的絕美景致。

去費瑟內國家公園觀光很方便的度假村 MAP P.433
Edge of the Bay

URL www.edgeofthebay.com.au
住 2308 Coles Bay Rd., Coles Bay, 7215
☎ 6257-0102 WiFi 免費 費 Suite：W $355～465、2B $275～445、3B $525 CC MV

統一採用時尚裝潢設計的室內

雖然位在科爾斯灣鎮外，卻能夠由眼前的海灘一覽海灣對面的費瑟內國家公園。度假村周圍是豐富的自然環境，傍晚～清晨時分不時有沙袋鼠、針鼴的蹤影。客房內備有簡單廚房設備，設計風格相當摩登現代化，至於度假村附設的餐廳也是以美味出名。

可眺望費瑟內國家公園的奢華度假村 MAP P.433
Saffire Freycinet

URL saffire-freycinet.com.au
住 2352 Coles Bay Rd., Coles Bay, 7215
☎ 6256-7888 WiFi 免費

位於能眺望費瑟內國家公園之處的高級度假村

費 W $2500～2800
※含住宿中的所有餐點及飲料 CC ADJMV

座落在Edge of the Bay旁，是澳洲具代表性的豪華度假村，所有客房都是獨棟平房式豪華套房，從陽台就可以眺望費瑟內國家公園。腹地內設有袋獾的保護機構，房客可以在工作人員的導覽下前往參觀。也推出從飯店出發的費瑟內國家公園健行之旅，或是到周邊各景點觀光的行程，Day Spa等服務設施也是應有盡有。

畢奇諾

座落在山丘上的可愛飯店 MAP 無
Bicheno Ocean View Retreat

住 18067 Tasman Hwy. (P.O. Box 222), Bicheno, 7215 ☎ 0418-383-264 WiFi 免費
費 T W $125～、1B $180～、2B $170～ CC MV

建在高台上的度假小屋

就位在企鵝上岸的海灘附近，由來自蘇格蘭的老闆夫妻提供非常溫馨的接待，分為4間房間的公寓式度假小屋，以及提供早餐的飯店式客房。

天鵝海

在天鵝海享受優雅的住宿 MAP 無
Meredith House & Mews

URL www.meredithhouse.com.au
住 15 Noyes St., Swansea, 7190
☎ 6257-8119 FAX 6257-8123 WiFi 免費
費 W $170～200 ※含早餐 CC ADJMV

充滿著殖民風格的B&B，飯店裡裝潢所使用的家具及用品，幾乎都是貨真價實的古董。

從台灣撥打電話至塔斯馬尼亞東海岸
002 + 61（國碼）+ 3（去除0的區域號碼）+ 電話號碼

塔斯馬尼亞中部

Central Tasmania

塔斯馬尼亞中部在19世紀前半就已經有殖民者進駐，現在則是成為酪農的重要地區，並擁有許多具有歷史的古老城鎮；尤其是連結荷巴特～朗賽斯頓Launceston、取名為遺產公路Heritage Hwy.的國道1號線，沿路上不能錯過的景點眾多。還有在荷巴特以北Bridgewater與遺產公路分開轉往西的Lyell Hwy.（A10號線）、從Melton Mowbray穿越中央高地湖區Central Highland Lakes Area繼續前行的A5號線沿路都有許多特色小鎮。

交通

●**塔斯馬尼亞中部**
大眾交通工具只能到達城鎮而無法前往各觀光景點，最方便的旅遊方式還是租車。此外，中央高地湖地區的海拔高，即使在夏季也可能會發生路面結冰的狀況，最好租四輪傳動4WD車。

哈密爾頓＆波斯威爾

Hamilton & Bothwell

參加克林佳農場的農場之旅，可以欣賞剃羊毛秀

哈密爾頓是塔斯馬尼亞中南部知名的交通要衝，有Lyell Hwy.穿過鎮上而與B110號線交會，主要街道旁還矗立著幾棟保留1800年代風貌的建築。在小鎮郊外的克林佳農場Curringa Farm，是可以讓觀光客認識塔斯馬尼亞牧羊業面貌的知名農場，只要參加農場之旅，就能觀賞牧羊犬趕羊、剃羊毛秀等活動。農場內也附設獨棟別墅式的住宿設施，是很受歡迎的農場住宿地。

B10號線和A10號線交會的波斯威爾，也是塔斯馬尼亞中部的交通要衝之一，位於小鎮郊外的芮索農場Ratho Farm，擁有澳洲歷史最久的高爾夫球場。在這座1822年建造的的球場，是由羊群吃草的方式來整理球道，可說是獨一無二。在農場內還有保留開拓時代風貌的農舍，提供餐廳與住宿服務很受遊客歡迎，並獲得許多Fly Fishing嚮導青睞成為指定住宿點。

在芮索農場的高爾夫球場可以看見羊群在球道上吃草

■**克林佳農場**
住5831 Lyell Hwy., Hamilton, 7140
☎(03)6286-3333
URL curringafarm.com.au
營每日10:00～16:00（農場之旅最晚要在前一天預約）
費含早茶的農場之旅（10:00開始／4人成行）大人$65 小孩$35／含BBQ午餐的農場之旅（10:00開始／6人成行）大人$110 小孩$65

■**芮索農場**
住2122 Highland Lakes Rd., Bothwell, 7030
☎(03)6259-5553
URL www.rathofarm.com
費高爾夫球：18洞$49（線上預約$40）／住宿設施：1B $195～235、2B $195～235

遺產公路

Heritage Hwy.

沿線有許多具歷史價值城鎮的遺產公路，從荷巴特前往朗塞斯頓，首先要造訪的是奧特蘭茲Oatlands（從荷巴特出發84km）。

卡林頓風車磨坊是奧特蘭茲的象徵

■卡林頓風車酒廠
住6 Mill Lane, Oatlands, 7120
☎0482-509-019
URL www.callingtonmilldistillery.com
時每日10:00～16:00／參觀酒廠之旅：每日12:00～（所需時間90分鐘）
費參觀酒廠之旅1人$150

■羅斯女囚監獄
住2 Portugal St., Ross, 7209
☎(03)6381-5466
URL www.discovertasmania.com.au/things-to-do/heritage-and-history/rossfemalefactoryhistoricsite/
開每日10:00～15:00

■Ross Village Bakery
住15 Church St., Ross, 7209
☎(03)6381-5246
URL www.rossbakery.com.au
開週三～日8:30～16:30
休週一、二、節日

很受日本觀光客熱愛的麵包坊Ross Village Bakery

■塔斯馬尼亞羊毛中心
住48 Church St., Ross, 7209
☎(03)6381-5466
URL www.taswoolcentre.com.au
開每日10:00～16:00
休耶穌受難日、耶誕節

這個小鎮建造於1821年，是塔斯馬尼亞最早的殖民地之一；1837年作為磨坊而興建的卡林頓風車Callington Mill於2010年恢復原貌，成為奧特蘭茲的象徵，免費對外開放。而風車隔壁有間釀造高品質單一純麥威士忌及琴酒的卡林頓風車酒廠Callington Mill Distillery，推出可以試飲威士忌與琴酒的參觀酒廠之旅，喜歡品酒的人千萬不能錯過。

由石頭打造的古老羅斯橋

從奧特蘭茲往北約30km，位於麥覺理河畔的羅斯鎮Ross，是遺產公路的中心地。這個於1811年由當時的塔斯馬尼亞總督麥覺理所命名的小鎮，在1847～1854年設有羅斯女囚監獄Ross Female Factory，當時約有1萬2000位受刑人在這裡從事簡單的工廠作業。位於小鎮入口有座建於1836年的羅斯橋Ross Bridge，為澳洲第3古老的橋，而羅斯還保有幾棟像這樣具有歷史的建築物。此外，鎮上有間據說是動畫電影《魔女宅急便》裡麵包店與租屋處藍本（單純只是謠傳，吉卜力工作室有公開否認）的Ross Village Bakery & Bakery Inn（屋頂閣樓也提供住宿服務），在吉卜力迷之間非常有名。這附近還有以生產世界第一高品質羊毛而聞名的塔斯馬尼亞羊毛中心Tasmania Wool Centre，也不容錯過。

中央高地湖區
Central Highland Lakes Area

位於塔斯馬尼亞中央、海拔1000m的山岳地區，分布著超過3000座大小湖泊，其中大多數為水庫，一部分湖泊則列入世界自然遺產「塔斯馬尼亞荒野」中。塔斯馬尼亞為100%水力發電，其來源就是中央高地湖區的大小水庫；想當然耳自然也很豐沛，電影《The Hunter》（威廉達佛Willem Dafoe主演／2011年）的拍攝地點就在此地，黃昏時分經常有袋熊、袋貂和沙袋鼠出沒。

中央高地湖區有許多作為水庫的人工湖

中央高地湖區也是全世界Fly Fisher憧憬之地，各種水生昆蟲在春～秋這段時間裡孵化，所以就能釣上靠這些蜉蝣為覓食目標的褐鱒及虹鱒。由於基本上必須以船隻在湖泊上尋找釣點，建議初學者還是要找釣魚嚮導同行。

朗塞斯頓&塔斯馬尼亞北海岸
Launceston & North Coast of Tasmania

布萊德斯托薰衣草莊園的薰衣草花田

猶如在塔斯馬尼亞北部切割出缺口，形成河口峽灣的就是塔瑪河Tamar River，沿著幅員寬廣的河畔地帶則稱為塔瑪河谷，一直以來都是蘋果、梨子的著名產地。如今在這片肥沃的土地上還擁有眾多的葡萄園，成為塔斯馬尼亞第一的葡萄酒生產地；此外，還有塔斯馬尼亞代表性景致之一的大片紫色薰衣草田。如此肥沃而美麗的塔瑪河谷，以朗塞斯頓為中心地帶，是繼雪梨Sydney、荷巴特Hobart，澳洲歷史排名第3悠久的老城。這座擁有約9萬人口的城市，最自豪的地方就是保存良好到令人驚嘆的古老街道與公園，模仿19世紀前半的英國鄉村城鎮打造而成，處處洋溢著淳樸而優雅的氣氛。

面對巴斯海峽Bass Strait的北海岸沿岸地區以朗塞斯頓為旅遊起點，擁有許多絕美的觀光景點，這裡不只是海邊景致吸引人，稍微內陸一點更有著溪谷、瀑布、鐘乳石洞等自然美景，由於尚未被觀光化，才能夠閒適地享受這些美麗景致。以墨爾本出發的渡輪終點德文港作為起點，沿著海岸線遊覽伯尼Burnie、溫亞Wynyard、斯坦利Stanley這幾座濱海城鎮，每座城鎮都擁有完善的住宿設施，可以挑選其中幾處好好悠閒度假一番。

朗塞斯頓
Launceston

保有許多古蹟建築的朗塞斯頓市中心

朗塞斯頓遊客中心Launceston Visitor Information Centre在交通轉運中心的斜對面，至於朗塞斯頓的市中心則是在遊客中心往南一個街區，從市民廣場Civic Sq.到布里斯本街購物中心Brisbane St. Mall一帶，非常熱鬧。

市區的必訪景點之一為維多利亞女王博物館&美術館The Queen Victoria Museum & Art Gallery，分為位於靠近市中心的皇家公園內，有100多年歷史的古典美術館，以及位在市區北邊的Inversk現代博物館兩個部分。其他還有朗塞斯頓代表性的在地啤酒工廠James Boag & Son Brewery，也推出包含試飲的工廠參觀之旅。

交通

●**朗塞斯頓**

澳洲航空從墨爾本、雪梨出發，維珍澳洲航空從墨爾本、雪梨、布里斯本、阿得雷德，捷星航空則從墨爾本、雪梨、布里斯本，都有直航班機飛往朗塞斯頓機場（代號LST）。也可以從墨爾本搭乘塔斯馬尼亞號渡輪Spirit of Tasmania抵達德文港，再轉乘巴士前往朗塞斯頓。

●**Redline**

電 1300-360-000
URL www.tasredline.com

■**朗塞斯頓機場**

URL www.launcestonairport.com.au
※機場～朗塞斯頓市區可以搭乘機場接駁巴士或是計程車（$35～40）。

●**機場接駁巴士**

配合飛機班次時間行駛。
電 0437-131-008
費 單程：大人$15 小孩$14

■**朗塞斯頓遊客中心**

住 68-72 Camelon St. (Under the Tower Clock), 7250
FREE 1800-651-827
URL www.northerntasmania.com.au
開 週一～五9:00～17:00，週六、日、節日9:00～14:00
休 耶穌受難日、耶誕節

朗塞斯頓市區交通

市區交通與荷巴特相同，由Metro Tasmania（通稱Metro）的巴士行駛，車票與系統也與荷巴特相同。市中心～Inversk有免費巴士Free Tiger Bus行駛。

時 週一～五7:30～9:30 & 16:30～18:15每15分鐘發車，10:10～12:40 & 13:20～15:50每30分鐘發車／週六、日、節日9:30～15:30每30～40分鐘發車

位於南艾斯克河South Esk River匯入塔瑪河溪谷一隅的Penny Royal Launceston，是重現開拓時代街道的遊樂設施，並設有餐廳及咖啡館；園內利用天然的溪谷崖壁設置高空滑索、懸崖漫步、攀岩等活動，喜歡冒險的遊客不妨一試。

Penny Royal Launceston內的懸崖漫步

搭乘空中纜椅眺望卡塔拉克特峽谷

再往南艾斯克河畔溪谷的西邊前進，就是卡塔拉克特峽谷Cataract Gorge。這裡是市民休憩的場所，以溪谷廣闊的河口處第一盆地First Basin為中心，規劃有好幾條健行步道；在第一盆地的南邊是有游泳池的大型公園、咖啡館，北側則是可以俯視整座溪谷的觀景台Eagle Eyrie Lookout，公園裡還有餐廳The Gorge Restaurant。而串連起第一盆地南北兩側的是全長457m的空中纜椅，中間支柱的間隔距離308m則是世界最長，因而名氣響亮。

位在朗塞斯頓以南約20km處的朗福德Longford，有座過去的富農豪華宅院烏爾姆斯莊園Woolmers Estate（建於1816年）也不容錯過。這座屬於世界文化遺產「澳洲囚犯流放地遺址」一部分的宅院，散發著古董博物館的氣息，參加導覽之旅就可以參觀房屋內部。

塔瑪河谷

Tamar Valley

受惠於豐饒的土壤與絕佳地形，近年來塔瑪河谷成為備受矚目的塔斯馬尼亞葡萄酒一大重要產地，分布著20多間酒莊，在冷涼氣候下所誕生的黑比諾、白蘇維濃、氣泡葡萄酒都獲得極高的評

葡萄園遍布的塔瑪河谷

■維多利亞女王博物館&美術館
☎(03)6323-3777
URL www.qvmag.tas.gov.au
開 每日10:00～16:00
休 耶穌受難日、耶誕節
費 免費
●皇家公園（美術館）
住 2 Wellington St., 7250
●Inversk（博物館）
住 2 Invermay Rd., 7250

■James Boag & Son 啤酒工廠
住 39 William St., 7250
☎(03)6332-6300
URL www.jamesboag.com.au
●啤酒工廠參觀之旅（要預約）
時 舉辦日期、時間因季節而異
休 耶誕節
費 大人$33 小孩$15

■Penny Royal Launceston
住 1 Bridge Rd., 7250
☎(03)6332-1000
URL pennyroyallaunceston.com.au
開 週三～日9:30～16:00（夏季開園日期會增加）
休 耶誕節
費 入場免費／Cliff Pass（可以玩高空滑索、懸崖漫步、攀岩、Quick Jump的套裝組合）大人$59 小孩$39 家庭$196

■卡塔拉克特峽谷
在峽谷內的主要步道Cataract Main Walk，一到日暮時分就會點起燈火，4～10月是到22:00為止，11及3月到22:30，而12～2月則是到23:00都有璀璨燈火相伴。
●空中纜椅
☎(03)6331-5915
URL www.launcestoncataractgorge.com.au
開 每日9:00～冬季～16:30、春秋～17:00、夏季～18:00
費 單程：大人$15 小孩$10／來回：大人$20 小孩$12

朗塞斯頓出發的主要旅遊團

旅遊團名稱	出發日	觀光時間	費用 大人	費用 小孩
McDermott's Coaches ☎(03)6330-3717 URL mcdermotts.com.au				
搖籃山國家公園1日遊	週一、三、五、日	7:30～17:30	$150	$90
Gray Line ☎(03)6234-3336 URL www.grayline.com.au				
搖籃山國家公園	每日(9～4月) 週一、三、五、日(5～8月)	8:30～17:30	$150	$90
Tamar River Cruises ☎(03)6334-9900 URL tamarrivercruises.com.au				
卡塔拉克特峽谷冒險之旅	每日(9～5月) 每日(6～8月)	9:30～11:30、13:30～15:30每隔1小時 11:30～13:30每隔1小時	$35	$20
午後探險之旅	週二、四、五、日(9～5月) 週二、四、五、日(10～4月) 週一、三、六(10～4月)	10:00～12:30 13:30～16:00 15:00～17:30	$99	$45
貝特曼大橋午餐之旅	週一、三、六(9～5月)	10:00～14:00	$149	$75

在Josef Chromy Wines附設的餐廳可以享受搭配酒的餐點

價；幾乎每間酒莊都會提供試飲服務，能夠輕鬆品嚐美酒，讓人十分開心。最具代表性的酒莊，有Pipers Brook Vineyard、Holm Oak Vineyard、Josef Chromy Wines，以及以氣泡酒聞名而人氣的The Jansz Tasmania。

在暢遊各大酒莊的同時，塔瑪河谷也有不少值得一訪的觀光景點，不過都在大眾交通工具難以到達之處，因此一般多是靠租車來代步。

■烏爾姆斯莊園

MAP P.441
住658 Woolmers Lane, Longford ☎(03)6391-2230
URL www.woolmers.com.au
開週三～日10:00～15:30／館內導覽之旅10:30、12:30開始
費大人$16 小孩$5 家庭$38／含館內導覽之旅：大人$22 小孩$7 家庭$48

朗塞斯頓&塔瑪河谷 Launceston & Tamar Valley

0　10km

塔瑪河谷主要酒莊

酒莊名稱	地址／URL	電話號碼	營業時間
Brown Brothers (Tamar Ridge)	1A Waldhorn Drv., Rosevears, 7277 URL www.tamarridge.com.au	(03)6330-0300	每日10:00～16:00
Holm Oak Vineyards	11 West Bay Rd., Rowella, 7270 URL www.holmoakvineyards.com.au	(03)6394-7577	週一～五11:00～14:00
Brook Eden Vineyard	167 Adams Rd., Lebrina, 7254 URL www.brookeden.com.au	(03)6395-6244	每日11:00～17:00
Pipers Brook Vineyard	1216 Pipers Brook Rd., Pipers Brook, 7254 URL www.kreglingerwineestates.com	(03)6382-7555	週二～四11:00～16:00 週五～日10:00～16:00
The Jansz Tasmania	1216B Pipers Brook Rd., Pipers Brook, 7254 URL www.jansz.com.au	(03)6382-7066	週四～日11:00～16:00
Josef Chromy Wines	370 Relbia Rd., Relbia, 7258 URL www.josefchromy.com.au	(03)6335-8700	每日10:00～17:00

■布萊德斯托薰衣草莊園
MAP P.441
住296 Gillspie Rd., Nabowla, 7260 ☎(03)6352-8182
URL bridestowelavender.com.au
開每日9:00～17:00（5～8月週一～五10:00～16:00）
休耶誕節
費僅限12～1月1人$10

■低頭角企鵝觀測所
MAP P.441
☎0418-361-860
URL www.penguintourstasmania.com.au
費大人$29.50 小孩$14.50
※提供朗塞斯頓的接送服務（要預約）：大人$80 小孩$40

■鴨嘴獸中心
MAP P.441
住Inspection Head Wharf, 200 Flinders St., Beauty Point, 7270
☎(03)6383-4884
URL www.platypushouse.com.au
開每日9:30～16:30（5～10月10:00～15:30）
休耶誕節
費大人$26.50 小孩$12 家庭$59.90

■海馬世界
MAP P.441
住Shed 1A, Inspection Head Wharf, 200 Flinders St., Beauty Point, 7270
☎(03)6383-4111
URL seahorseworld.com.au
開每日9:30～17:00
休耶誕節
費大人$23.50 小孩$10 家庭$58

■比肯斯菲爾德金礦歷史中心
MAP P.441
住West St., Beaconsfield, 7270
☎(03)6383-1473
URL www.beaconsfieldheritage.com.au
開每日10:00～16:00
費大人$18 小孩$7 家庭$43

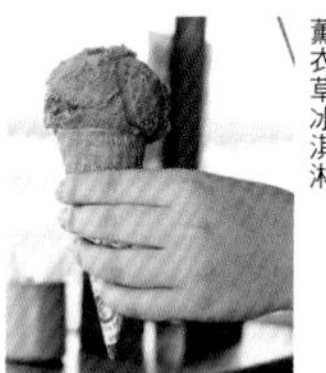
去布萊德斯托一定要吃的薰衣草冰淇淋

首先是位於塔瑪河東側的布萊德斯托薰衣草莊園Bridestowe Lavender Estate，擁有260英畝全世界面積最大的薰衣草田，種植多達65萬株的薰衣草，每年12月左右盛開，大約1月底就可以採收。

在這裡一整年都有各式各樣的薰衣草商品可以選購，不妨品嚐一下薰衣草冰淇淋，為此行留下紀念。

想認識鴨嘴獸的生態，就去鴨嘴獸中心

塔瑪河東側還有一個值得關注的觀光重點，就是在北邊城鎮低頭角Low Head每天晚上舉辦的企鵝遊行觀賞之旅Low Head Penguin Tour；可以非常靠近地觀賞小企鵝從大海上岸，再一路搖搖擺擺走回沙灘上巢穴的模樣，當然也會有專業的環保嚮導為大家做詳細的解說。

也千萬別錯過在塔瑪河西邊，位於美麗角Beauty Point的鴨嘴獸中心Platypus House。平常很難一睹的野生鴨嘴獸廬山真面目，在這裡除了可以看到牠在水中覓食的模樣，甚至還有機會觀察鴨嘴獸的蛋；另外這裡也飼養與鴨嘴獸同屬單孔目動物的針鼴，遊客能見識到餵食的景象。至於緊鄰一旁的建築則是收集各品種海馬的海馬世界Seahorse World。

過去因為金礦小鎮而發達起來的比肯斯菲爾德Beaconsfield也很值得前往一看，在城鎮的中心區有座比肯斯菲爾德金礦歷史中心Beaconsfield Mine & Heritage Centre，可以了解這座金礦城鎮的昔日風華，另外還有複製瑞士鄉間小鎮街景的Tamar Valley Resort也很有看頭。

德文港
Devonport

人口有2萬多人的德文港，是橫越巴斯海峽的渡輪Spirit of Tasmania的出發港口，停靠點在莫西河Mersey River東岸的渡輪總站。由於德文港的市中心是在河的對岸，因此下船之後必須從東岸渡輪總站的北側船舶碼頭，再搭乘接駁渡輪前往市區。

有許多經濟實惠型的廉價旅遊資訊，都是關於如何從澳洲本土搭乘渡輪來德文港，只要從莫西河畔的Formby Rd.往西走一個街區，貫穿南北的Rooke St.正是德文港的最主要大街，而遊客中心就這條街的北端。

鐵道迷一定要來體驗搭乘頓河鐵路Don River Railway，從史密斯頓Smithton經德文港南下，行駛在貨運專用的鐵路上。這條沿著頓河Don River的鐵路支線，是為觀光而修復的蒸汽火車，兼作博物館之用的起點車站就在距離河口約3km的上游，而終點則在面對巴斯海峽的科爾斯海灘Coles Beach；使用的有活躍於19世紀後半～20世紀初期的蒸汽火車頭（週日、節日行駛）、柴油火車頭（平日行駛）及列車車廂，都是由義工們努力修復來經營。

在納拉文塔普國家公園可以觀察野生動物

德文港往東約30分鐘車程、面對巴斯海峽一帶為納拉文塔普國家公園Narawntapu NP，是以袋熊一大棲息地而聞名的國家公園，現在卻因為傳染病使得數量大幅減少，不過仍然可以近距離觀察袋鼠、沙袋鼠等野生動物，值得動物迷探訪。

至於距離德文港往南30km處的謝菲爾德Sheffield，是座以壁畫聞名的城鎮，不論是商店、餐廳或是公廁等建築的牆面，都成為街頭畫布；而繪畫題材從塔斯馬尼亞的歷史、殖民時代的生活景象到動植物等相當多樣，走在街道上會令人有置身巨大戶外美術館的錯覺。

週末能搭乘到蒸汽火車的頓河鐵路

交通

●塔斯馬尼亞北海岸

Redline每天有數班巴士（部分巴士會配合德文港的渡輪Spirit of Tasmania號的時間發車）從荷巴特出發前往德文港、伯尼。在塔斯馬尼亞北海岸一帶，Redline也有於伯尼～史密斯頓推出平日巴士，不過車班相當少。因此一般多還是以租車為主。

■德文港遊客中心
Devonport Visitor Centre
住145 Rooke St., Devonport, 7310
☎(03)6420-2900
URL www.visitdevonport.com.au
開週一～五9:00～17:00，週六9:00～14:00
休週日、節日

■頓河鐵路
住24 Forth Rd., Don, Devonport, 7310
☎(03)6424-6335
URL www.donriverrailway.com.au
時週四～日10:00～14:00每隔1小時行駛
休耶穌受難日、紐澳軍團紀念日、耶誕節
費來回大人$15 小孩$10
家庭$40

塔斯馬尼亞北海岸
North Coast of Tasmania

0 10km
N
巴斯海峽
Bass Strait
堅果火山岬 P.444
The Nut
斯坦利
Stanley
史密斯頓
Smithton
P.444
岩石角國家公園
Rocky Cape NP
姊妹海灘
Sisters Beach
船港
Boat Harbour
桌角 P.444
Table Cape
艾倫戴爾花園和雨林步道
Allendale Gardens
& Rainforest Walks
化石崖
Fossil Bluff
P.444
溫亞
Wynyard
第普瀑布
Dip Falls
大樹
Big Tree
第普山脈
區域保護區
Dip Range
Regional Reserve
Somerset
伯尼
Burnie
P.443
納拉文塔普國家公園
Narawntapu NP
企鵝鎮
Penguin
P.444 伯尼地區博物館
Burnie Regional Museum
Ulverstone
德文港
Devonport
P.444 小企鵝觀測中心
Little Penguin Observation Centre
P.443 頓河鐵路
Don River Railway
Don
P.444 佛格雷德
Fernglade
唐納森河
自然保護區
Donaldson River
Nature Reserve
Wings Wildlife Park
拉特羅布
Latrobe
薩維奇河國家公園
Savage River NP
甘斯平原鐘乳石洞
Gunns Plains Caves P.444
A
B

位於伯尼遊客中心旁的小企鵝觀測中心

伯尼
Burnie

由德文港往西約50km之處，伯尼為塔斯馬尼亞的第4大城市，是人口只有約2萬人的小城市。

這裡最值得一訪的就是伯尼地區博物館Burnie Regional Museum，可以藉此認識伯尼及塔斯馬尼亞西北海岸的開拓發展史與樣貌。除此之外，伯尼還有可以看到小企鵝的小企鵝觀測中心Little Penguin Observation Centre、以能觀察鴨嘴獸而出名的佛格雷德Fernglade，以及位於郊外的甘斯平原鐘乳石洞Gunns Plains Cave等景點。

至於在伯尼以西約12km處的溫亞Wynyard，周邊也分布諸多美麗的自然景觀，像是在桌角Table Cape可以發現澳洲原住民居住過的洞窟、發現澳洲最老有袋類動物化石的化石崖Fossil Bluff，還有擁有眾多洞窟的岩石角國家公園Rocky Cape NP，都很值得去一探究竟。

斯坦利
Stanley

距離伯尼西方約78km的斯坦利，是座位於堅果火山岬The Nut山腳下的海港城鎮。堅果火山岬是152m高的梯形山，一般稱為「Tasmania's Answer To Ayers Rock」，規劃有登山健行步道（約15分鐘），或是搭乘登山纜椅，就能輕鬆登上山頂。斯坦利是在1826年時開始成為殖民地，當時在英國國王喬治四世的命令下，成立以牧羊業為主的Van Diemen's Land公司，為了培育出品質優良的羊群而在這裡展開殖民。之後又轉型成為捕鯨船的母港，在淘金熱年代還是運糧前往維多利亞州的貨船主要港口，城鎮也因此盛極一時，如今街道上還保留著許多能遙想當年風華的古老建築。

塔斯馬尼亞北海岸最有名的景點——堅果火山岬

■伯尼遊客中心
Visitor Information Centre Burnie
住2 Bass Hwy., Burnie, 7320
☎(03)6430-5831
URL www.discoverburnie.net
※目前停業中

■伯尼地區博物館
住Little Alexander St., Burnie, 7320 ☎(03)6430-5746
URL www.burnieregionalmuseum.net
開週三～五10:00～16:00
費大人$8 小孩免費

■小企鵝觀測中心
住Pasonage Point, West Beach, Burnie, 7320
☎0437-436-803
URL www.discoverburnie.net
開10～3月日落後，提供免費導覽之旅 費免費

■甘斯平原鐘乳石洞
住Gunns Plains, 7315
☎(03)6429-1388
URL www.gunnsplainscaves.com.au
時導覽之旅：每日10:00、11:00、12:00、13:30、14:30、15:30出發
費大人$19 小孩$7.50

■斯坦利遊客中心
Stanley Visitor Information Centre
住45 Main Rd., Stanley, 7331
☎(03)6458-1330
URL www.stanleyandtarkine.com.au 開每日9:00～17:00

■堅果火山岬登山纜椅
The Nut Chairlift
☎(03)6458-1482
URL thenutchairlift.com.au
開每日9:30～16:30
費單程：大人$11 小孩$6 家庭$32／來回：大人$17 小孩$11 家庭$48

朗塞斯頓&塔斯馬尼亞北海岸的住宿&餐廳 ACCOMMODATION RESTAURANT
區域號碼(03)

住宿

朗塞斯頓

經過整修的歷史建築 MAP 無
Arthouse Backpacker Hostel

URL www.arthousehostel.com.au 住20 Lindsay St., Inveresk, 7248 FREE 1800-041-135 ☎0413-266-718
WiFi 免費 費D $20～25、T W $59～81 CC MV

將建於1888年充滿殖民年代風味的建築加以修改，保留當年懷舊的氛圍，是既乾淨又舒適的旅舍。

城中散步相當方便 MAP 無
Launceston Backpackers Hostel

URL www.launcestonbackpackers.com.au
住103 Canning St., Launceston, 7250

從台灣撥打電話至朗塞斯頓&塔斯馬尼亞北海岸
002 + 61（國碼）+ 3（去除0的區域號碼）+ 電話號碼

📞6334-2327 WiFi 免費
費D $27～30、T $69、W $70～75 CC MV

從York St.往南邊的Bathurst St.走，經過3個街區就是旅館所在地。

沿著海港而建的豪華公寓 MAP 無
Peppers Seaport Hotel

URL www.peppers.com.au
住28 Seaport Blvd., Launceston, 7250
📞6345-3333 WiFi 免費
費T W $239～389、2B $523～693 CC ADJMV

就在觀光船出發的海港邊，客房分為單間套房及2間寢室的公寓兩種類式。

彷彿時光倒轉的氣氛 MAP 無
Leisure Inn Penny Royal Hotel

URL www.leisureinnpennyroyal.com.au 住147 Paterson St., Launceston, 7250
📞6335-6600 WiFi 免費
費T W $114～185、1B $207～230、2B $216～240
CC ADJMV

飯店建築就像是觀光景點

位在Penny Royal風車磨坊旁的英國風格飯店，靠近Penny Royal Launceston（→P.440）。

摩登而明亮 MAP 無
Mantra Charles Hotel

URL www.mantra.com.au 住287 Charles St., Launceston, 7250 📞6337-4100 WiFi 免費
費T W $199～219、2B $388～408 CC ADJMV

洋溢現代氛圍的飯店

距離市中心步行約10分鐘，飯店整體的裝潢陳設都營造出當代的時尚氛圍。

附設賭場、高球場的豪華度假村 MAP P.441
Country Club Tasmania

URL www.countryclubtasmania.com.au
住Country Club Ave., Prospect Vale, 7250
📞6335-5777 FREE 1800-635-344 WiFi 免費
費T W $143～279／Villa 1B $152～204、2B $287～319 CC ADJMV

緊鄰在朗塞斯頓郊外高爾夫球場旁的度假村，住房分成飯店形式及有1～2間臥室的別墅形式，還有各種餐廳和賭場設施，設施非常豐富。

德文港

最適合作為塔斯馬尼亞之旅的據點 MAP 無
Tasman Backpackers

URL tasmanbackpackers.com.au
住114 Tasman St., Devonport, 7310
📞6423-2335 WiFi 免費 費D $30～35、T W $70～80 CC MV

由市中心步行約15分鐘，是能容納許多人住宿的大型背包客旅館。

伯尼

建於高處 MAP 無
Weller's Inn

URL www.wellersinn.com.au 住36 Queen St., Burnie, 7320 📞6431-1088 FAX 6431-6480
WiFi 免費 費T W $138～250 CC ADJMV

可以將伯尼街道及巴斯海峽景致一覽無遺，房間裡附設有簡單的廚房設備，而飯店內的餐廳則是伯尼知名的海鮮餐廳。

面對著海灘 MAP 無
Beachfront Voyager Motor Inn

URL www.beachfrontvoyager.com.au 住9 North Tce., Burnie, 7320 📞6431-4866 WiFi 免費
費T W $167～210 CC ADJMV

建於海邊的飯店，客房相當寬敞舒適，飯店內餐廳所使用的海鮮、牛排都產自塔斯馬尼亞，且風味絕佳，備受好評。

朗塞斯頓的餐廳

河畔氣氛絕佳的餐廳 MAP 無
Stillwater

URL www.stillwater.com.au 住Ritchie's Mill, 2 Bridge Rd., 7250 📞6331-4153 營每日8:00～13:00、週二～六（冬季為週三～六）17:30～21:30
CC ADJMV 酒Licensed

就座落在塔瑪河畔的老舊風車小屋旁，是間老字號的高級餐廳，可以品嚐到使用海鮮、牛肉、羊肉等塔斯馬尼亞在地食材烹調的美味料理。

若想一嚐塔斯馬尼亞的頂級牛肉 MAP 無
Black Cow Bistro

URL blackcowbistro.com.au
住70 George St. (Cnr. Paterson St.), 7250
📞6331-9333 營週二～六17:30～22:30
CC ADJMV 酒Licensed

可以品嚐到最頂級塔斯馬尼亞牛牛排的餐廳。各種牛排300g$55～。

搖籃山／聖克雷爾湖國家公園

Cradle Mountain / Lake St Clair NP

從鴿子湖與搖籃山眺望的冰川岩

從朗塞斯頓Launceston往西北方開車約2小時，或是由德文港Devonport往西南約1小時30分，就能來到堪稱塔斯馬尼亞的國家公園中，景致最為壯觀雄偉的搖籃山／聖克雷爾湖國家公園。這座擁有列入世界自然遺產的塔斯馬尼亞原始森林的國家公園，包含搖籃山（海拔1545m），以及塔斯馬尼亞最高峰奧薩山Mt. Ossa（1617m）四周許多1500m以上的山峰，是被濃密森林所包圍，點綴著無數湖泊的充滿神祕自然美之處。尤其又以北面的搖籃山區，不論是住宿或健行路線都規劃非常完善，成為塔斯馬尼亞首屈一指的自然觀光名勝；除了擁有多座湖泊為釣鱒魚的聖地之外，夏季山上數之不盡的野花恣意盛開，繽紛美景令人嘆為觀止。若想好好體會塔斯馬尼亞大自然所能帶來的豐富饗宴，搖籃山是絕對不能錯過的一處景點。

交通

●搖籃山／聖克雷爾湖國家公園搖籃山區域

可從朗塞斯頓搭乘Mcdermotts的巴士，每週一、三、五、日行駛；最方便的方式還是租車或是參加旅遊團。有從朗塞斯頓出發的1日遊行程，或是從荷巴特出發的多日行程旅遊團。

●Mcdermotts
☎(03)6330-3717
URL mcdermotts.com.au

搖籃山／聖克雷爾湖國家公園 搖籃山區域

Cradle Mountain / Lake St Clair NP-Cradle Mountain Section

觀光重點在北部的搖籃山區域，這個地區的觀光基地，是從朗塞斯頓也有巴士出發的搖籃山遊客中心Cradle

搖籃山／聖克雷爾湖國家公園：搖籃山地區

Cradle Mountain / Lake St Clair NP : Cradle Mountain Area

Little高原 Little Plateau
搖籃高原 Cradle Plateau
搖籃谷 Cradle Valley
MARYLAND TRACK
HOUNSLOW HEATH TRACK
Ronny Creek
HORSE TRACK
OVERLAND TRACK
火山口峰 Crater Peak
Boat小屋 Boatshed
火山口湖 Crater Lake P.448
袋熊峰 Wombat Peak
火山口瀑布 Crater Falls
Overland Track
Dove River
羅尼溪停車場 Ronny Creek CP
搖籃山 CRADLE MOUNTAIN
史密西斯峰 Smithies Peak
FACE TRACK
瑪麗恩觀景台 Marions Lookout P.448
P.448 袋熊水潭 Wombat Pool
麗拉湖 Lake Lilla
搖籃谷健行步道 CRADLE VALLEY BOARDWALK
溫多佛塔 Weindorfers Tower
鴿子湖周遊路線 P.448
鴿子湖停車場 Dove Lake CP
鴿子湖 Dove Lake
Little Horn
冰川岩 Glacier Rock
DOVE LAKE CIRCUIT
LAKE RODWAY TRACK
羅德威湖 Lake Rodway
漢森峰 Hansons Peak
漢森湖 Lake Hanson
坎貝爾山 Mt.Campbell

Information Centre，地點就在國家公園正前方約2.5km處，在這裡除了遊客中心之外，還附設咖啡館、外帶餐點店、加油站，還有空中遊覽的直升機停機坪，提供的服務則包括簡單的健行路線地圖，也能購買塔斯馬尼亞國家公園周遊券。在國家公園的入口處，也有一棟兼任資料館的搖籃山公園管理處Cradle Mountain Ranger Station & Interpretation Centre。

上：連結搖籃山遊客中心與國家公園內的接駁巴士
左：附設有咖啡館的搖籃山遊客中心

想在國家公園裡健行，有車的人首先得將車開到健行路線起點的停車場，至於不開車的人則可以搭乘路線為搖籃山遊客中心～搖籃山公園管理處～蛇山Snake Hill～羅尼溪停車場Ronny Creek CP～鴿子湖停車場Dove Lake CP，每15分鐘一班車的接駁巴士（只要出示國家公園周遊券就能免費搭乘）。即使是開車的人，只要搭乘接駁巴士往來各停車場，就可以走各種健行步道。

傍晚經常會看見野生袋熊出沒

■國家公園周遊券 →P.411

■搖籃山遊客中心
☎(03)6492-1110
URL parks.tas.gov.au
開每日9:00～16:00

■搖籃山公園管理處
☎(03)6492-1133
URL parks.tas.gov.au
開每日8:30～16:30

■搖籃山觀光季節

最適合觀光的季節當屬夏天，不過因為是觀光旺季，所有住宿設施絕對都是爆滿，所以一定要記得提早預訂房間。另外雖說是炎熱的夏季，但是山區天候不穩定，甚至有可能會突然飄雪，所以記得夏季到搖籃山還是要準備刷毛外套等禦寒衣物（最好是準備薄羽絨外套）、雨具和登山鞋。

至於冬季的搖籃山，因為群山覆蓋著白雪，宛如人間仙境般，也有不少觀光客就是為欣賞這樣的美景而來；但是就觀光而言，因為幾乎所有的健行步道都因雪而封鎖，所以不太建議這個季節造訪。

■搖籃山的用餐地點

白天可以在遊客中心內的咖啡館享用平價的餐點，傍晚以後就必須在飯店自行料理（附設廚房設備的飯店）。推薦可以到Peppers Cradle Mountain Lodge內的小酒館用餐，不但毋需預約，也能在輕鬆的氣氛下享受美食。

Peppers飯店內小酒館的招牌餐點──搖籃山漢堡

早上與黃昏四處都能看見的沙袋鼠

另外要提醒開車前往搖籃山的遊客，馬路上經常會有袋熊、沙袋鼠等野生動物竄出來，千萬要注意；包含健行步道、馬路、夜晚和氣溫低的白天，都會頻繁地見到牠們出沒的身影。

想充分體驗世界遺產的大自然

叢林健行
Bush Walking

搖籃山有許多規劃完善的健行步道，都有其各自獨特景觀魅力，接下來就介紹其中較具代表性的路線。

遊覽搖籃山麓的鴿子湖周遊路線

●鴿子湖周遊路線 Dove Lake Circuit

從鴿子湖停車場開始走

位於形似搖籃狀的搖籃山山麓地帶的鴿子湖，環湖一圈的健行步道是最熱門的路線（所需時間約2小時30分）。出發地點為鴿子湖停車場，沿路能欣賞到經常出現在風景明信片、旅遊簡介上的經典搖籃山景致。由於步道本身高低落差不大，是大眾都能輕鬆行走的路線，特別是從冰川岩Glacier Rock眺望的景觀最撼動人心。

單寧酸溶解水中而變紅色的火山口湖

●火山口湖＆袋熊水潭 Crater Lake & Wombat Pool

雖然需要稍微爬坡有些辛苦，卻因為景色實在太過吸引人，而成為搖籃山一大人氣健行步道（所需時間約3小時）。由羅尼溪停車場出發後，穿越袋熊築巢的草原地區，再登上約200m高的寒溫帶雨林森林，一路邁向火山口瀑布Crater Falls；之後的地勢就相對平坦許多，一路來到悄然無聲的寂靜火山口湖Crater Lake。然後再往上走約10分鐘，就能抵達海拔約1100m的稜線觀景台，這裡能欣賞到搖籃山與鴿子湖，還有瑪麗恩觀景台的雄偉景致。下山之路會穿越袋熊水潭、麗拉湖Lake Lilla幾座小湖泊，再返回羅尼溪停車場。如果對自己的體力有信心，沿著麗拉湖走10～15分鐘再走回鴿子湖停車場，組合鴿子湖周遊路線也是不錯的選擇。

海拔1100m的稜線，是適合稍作休息的地方

●瑪麗恩觀景台 Marions Lookout

從瑪麗恩觀景台眺望的風景

如果天氣良好又是常運動的健腳派，相當推薦這一條登山步道。一直到火山口湖與袋熊水潭的路線行程都相同，不過在抵達海拔1100m的稜線觀景台之後，必須繼續往上走到海拔1223m觀景台（山頂）的陡峭路線，但是能享受絕佳展望。

可以仔細觀察袋獾 MAP P.447

袋獾保護區
Devils@cradle

這裡以接近野生的方式來飼養袋獾、袋鼬，只要參加1天3次的導覽之旅，就可以認識這些動物的生態，還能夠了解有哪些特殊疾病造成袋獾難以存活等深入的問題。由於袋獾的習性為晝伏夜出，所以也有夜間之旅，預定會在搖籃山過夜的遊客一定不能錯過。

這裡可以觀察袋獾的生態

從空中俯瞰搖籃山國家公園 MAP P.447

搖籃山直升機之旅
Cradle Mountain Helicopters

從搖籃山遊客中心旁起飛的直升機空中遊覽之旅，在天空飛行時，還會由駕駛兼任嚮導為遊客介紹風景。由於天氣好的時候常常會爆滿，別忘了提早報名。

搖籃山／聖克雷爾湖國家公園 聖克雷爾湖區域
Cradle Mountain / Lake St Clair NP-Lake St Clair Section

被原住民稱為「安靜沉睡的水」的聖克雷爾湖

座落在搖籃山／聖克雷爾湖國家公園南部位置的就是聖克雷爾湖區域。聖克雷爾湖Lake St Clair是一座由冰河削鑿出來的冰河湖泊，最深處達167m，是澳洲最深的湖泊；而平靜無波如鏡子般的水面倒映出周圍的森林景致，這樣的自然景色也被澳洲原住民稱為「Leeawuleena（安靜沉睡的水）」。

德文特橋Derwent Bridge是國家公園的入口處，這裡有附設咖啡館、迷你博物館的聖克雷爾湖遊客中心Lake St Clair Visitor Centre，也可以獲得周邊健行步道的各種相關資訊。

聖克雷爾湖四周規劃有無數的健行步道，其中最受歡迎的是Watersmeet Nature Trail（來回約需45分鐘）。漫步在茂密尤加利樹林、鈕扣草叢生的林間，一直到注入聖克雷爾湖的Cuvier River與Hugel River匯流處橋樑就可以折返；如果不想走回頭路，也可以挑選Platypus Bay Track或Larmairrenemer Tabelti Aboriginal Cultural Walk這2條步道作為回程路線。

如果時間充裕的話，不妨可以從遊客中心前的月亮灣Cynthia Bay碼頭搭乘渡輪，可以飽覽環繞在湖泊周圍奧

■袋獾保護區
住3950 Cradle Mountain Rd., Cradle Mountain, 7306
☎(03)6492-1491
URL www.devilsatcradle.com
開每日（10:30、13:00、15:00有導覽之旅）／夜間之旅：每日（夏季還有20:30～22:00）
費大人$25 小孩$15 家庭$75／夜間之旅：大人$37.50 小孩$20 家庭$105

■搖籃山直升機之旅
☎(03)6492-1132
URL www.cradlemountainhelicopters.com.au
費20分鐘（搖籃山＆Fury峽谷）：大人$275 小孩$150（2人成行）

交通

●搖籃山／聖克雷爾湖國家公園 聖克雷爾湖區域
可以搭乘荷巴特～皇后鎮Queenstown的Area Connect小型巴士，不過因為每週只有2班車（週二、五），班次相當稀少，一般都還是租車為主流。不過如果想挑戰Overland Track（全長65km）的話，搭乘巴士會比較方便。
●Area Connect
☎1300-651-948
URL www.areaconnect.org.au

■聖克雷爾湖遊客中心
住Lake St Clair, Derwent Bridge, 7140
☎(03)6289-1115
URL parks.tas.gov.au
開每日9:00～16:00

Cuvier河與Hugel河的匯流處

參加特羅瓦那的導覽之旅，就可以抱袋熊

■特羅瓦那野生動物園
住1892 Mole Creek Rd., Mole Creek, 7304
☎(03)6363-6162
URL trowunna.com.au
開每日9:00～17:00
費大人$28 小孩$16 家庭$75
●導覽之旅
時11:00、13:00、15:00

■摩爾溪谷洞穴
☎(03)6363-5182
URL www.parks.tas.gov.au
●所羅門王洞穴・馬拉庫帕洞穴導覽之旅
時所羅門王洞穴：11:30、12:30、14:30、15:30開始／馬拉庫帕洞穴：11:00、13:00、15:00開始
費各洞穴皆為大人$19 小孩$9.50 家庭$47.50

林帕斯山、艾達山景色的遊湖之旅。如果對體力很有自信的話，到了水仙灣Narcissus Bay時可以下船，挑戰銜接搖籃山區域～聖克雷爾湖區域的Overland Track部分路段，然後一路走回遊客中心（約13km，5～6小時）。

摩爾溪谷
Mole Creek

摩爾溪谷距離朗塞斯頓約70km，是前往搖籃山途中的小鎮，在遠離鎮中心有座以接近自然環境飼養著袋鼠、沙袋鼠、袋熊、無尾熊、袋獾等動物的特羅瓦那野生動物園Trowunna Wildlife Park；參加這裡的導覽之旅，就有機會親手抱抱可愛的袋熊，或是接觸袋獾。在摩爾溪谷周邊還有超過200個距今3000萬年前形成的洞穴，其中從摩爾溪谷開車往西約10分鐘車程的所羅門王洞穴King Solomon Cave與馬拉庫帕洞穴Marakoopa Cave這2個鐘乳石洞，可以在專業嚮導的帶領下前往參觀。而且在馬拉庫帕洞穴裡還有著珍貴的藍光螢火蟲Glow-warm，非常值得前往一訪。

搖籃山／聖克雷爾湖國家公園的住宿 ACCOMMODATION
區域號碼 (03)

最推薦團體客下榻 Cradle Mountain Wilderness Village
MAP P.447

URL www.cradlevillage.com.au 住3816 Cradle Mountain Rd., Cradle Mountain, 7306 ☎6492-1500 WiFi 免費 費TW$300～435 ※依季節必須訂2晚以上 CC ADMV

位在搖籃山遊客中心對面的小木屋型態住宿設施，在每棟小木屋裡還有完善的廚房設備。

搖籃山的豪華山岳度假村 Peppers Cradle Mountain Lodge
MAP P.447

URL www.cradlemountainlodge.com.au
住4038 Cradle Mountain Rd., Cradle Mountain, 7306 ☎6492-2100 ☎1300-806-192
WiFi 付費 費TW$581～1727 ※含早餐
CC ADJMV

是搖籃山區域最高級的木屋住宿，分布在蓊鬱蒼翠的森林間擁有陽台的山屋式小木屋，園區內還有正統的SPA芳療設施。傍晚～清晨時分還能見到袋熊、沙袋鼠、袋貂等小動物出沒，夏季的夜晚還會為房客推出聚光燈之旅，來尋找這些可愛動物的身影；另外也有由導遊帶領的搖籃山人氣健行步道之旅。

氣氛寧靜的King Billy套房

氣氛寧靜 Cradle Mountain Hotel
MAP P.447

URL www.cradlemountainhotel.com.au
住3718 Cradle Mountain Rd., Cradle Mountain, 7310 ☎6492-1404 WiFi 免費
費TW$254～339 CC ADJMV

腹地裡設置有自然健行步道，夜晚還推出有導遊帶領的動物探訪之旅。客房非常舒適，餐廳則採自助餐模式而感覺輕鬆自在，用餐氣氛相當棒。

聖克雷爾湖最好的住宿設施 Pumphouse Point
MAP 地圖外

URL www.pumphousepoint.com.au 住1 Lake St Clair Rd., Lake St Clair, 7140 ☎0428-090-436 WiFi 免費 費Shorehouse TW$560～715、Pumphouse TW$1750 ※含早餐 ※依季節必須訂2晚以上 ※不接受15歲以下房客
CC ADJMV

將1940年代抽取聖克雷爾湖水來進行水力發電的建築，加以整修而成的精品飯店。分為位於Pumphouse內及面對聖克雷爾湖的Shorehouse建築2種客房。

從台灣撥打電話至搖籃山／聖克雷爾湖國家公園
002 + 61（國碼）+ 3（去除0的區域號碼）+ 電話號碼

塔斯馬尼亞西海岸
West Coast of Tasmania

雖然塔斯馬尼亞西海岸擁有列入世界自然遺產塔斯馬尼亞原始森林之一的富蘭克林戈登野河國家公園Franklin-Gordon Wild River NP，卻因為交通不便而成為觀光的冷僻區域。但是在廣闊麥覺理港灣Macquarie Harbour的海上活動，或是前往充滿茂密候恩松原始森林地帶的戈登河之旅與叢林步道健行、搭乘行駛於寒溫帶雨林間蒸汽火車的西海岸荒野鐵路West Coast Wilderness Railway，甚至是參觀銅礦礦山遺跡等，都是這裡所擁有的魅力活動。

一般的觀光旅遊路線，都是從搖籃山通過西部海岸城鎮前往聖克雷爾湖，繼續通稱「西海岸荒野之路West Coast Wilderness Way」的行程。

交通

●**塔斯馬尼亞西海岸**

Area Connect小型巴士每週2班（週二、五）行駛荷巴特～皇后鎮Queenstown路線；從皇后鎮～斯特拉恩則有Tassie Link的巴士行駛，週一～五為1日4班，週六、日則為1日2班。而斯特拉恩～皇后鎮～茲罕～伯尼路線也有Tassie Link的巴士行駛，每日1班。

●Area Connect
☎1300-651-948
URL www.areaconnect.org.au

●Tassie Link
☎1300-300-520
URL www.tassielink.com.au

茲罕
Zeehan

還沒有被完全開發，觀光客很難輕易抵達卻充滿神祕魅力的塔斯馬尼亞西海岸。這塊區域四周圍繞被切割的險峻溪谷及荒涼海岸，並擁有豐富的礦藏資源，分布好幾個礦山城鎮；茲罕就是其中之一，街道散發出靠採礦而繁榮的氣氛。這裡的景點為西海岸歷史中心The West Coast Heritage Centre，除了有各式各樣礦石的說明之外，也能夠深入認識這座採礦小鎮的歷史。

■**西海岸歷史中心** MAP P.452
住 114 Main St., Zeehan, 7469
☎(03)6471-6225
URL wchczeehan.com.au
開 每日9:30～16:00
休 耶穌受難日、耶誕節
費 大人$25 小孩$20 家庭$55

斯特拉恩
Strahan

面對麥覺理港灣的天然良港──斯特拉恩，直到1932年公路開通為止，都是塔斯馬尼亞西海岸的一大門戶港口。

■**西海岸遊客中心**
住 The Esplanade, Strahan, 7468
☎(03)6472-6800
FREE 1800-352-200
URL www.westcoasttas.com.au
開 週一～五10:30～17:00
休 週六、日、耶穌受難日、耶誕節

左：暢遊被雨林環繞的美麗戈登河之旅
右：古典建築圍繞港邊而建的斯特拉恩

■戈登河航行之旅

●Gordon River Cruises

☎(03)6471-4300

URL www.gordonrivercruises.com.au

時 戈登河航行之旅：每日8:30～14:30

費 戈登河航行之旅：主甲板標準（船艙中央）：大人$150 小孩$69 家庭$325／主甲板窗戶（窗戶座位）：大人$185 小孩$89 家庭$405、／上層甲板（2樓座位）：1人$315

※所有座位都提供自助式午餐，上層甲板還多附塔斯馬尼亞葡萄酒、含小點心的早茶及下午茶。

●World Heritage Cruises

☎(03)6471-7174

URL worldheritagecruises.com.au

時 Heritage Cruises每日9:00～15:00（夏季在15:15～20:30也有行駛）

費 標準（船艙中央）：大人$135 小孩$69 家庭$310／Premium（窗戶座位）：大人$165 小孩$89 家庭$395／上層甲板（通道座位）：大人$175 小孩$95／上層甲板（窗戶座位）：大人$185 小孩$99

※所有座位都提供自助式午餐

在流入麥覺理港灣的戈登河Gordon River周邊，是生長著塔斯馬尼亞特有樹種候恩松Huon Pine等樹木的廣闊寒溫帶雨林，因此以候恩松為主的林木業也成為斯特拉恩的重要產業之一；近年來更因為成為西海岸最大的觀光重鎮，而愈發熱鬧起來。

斯特拉恩的市中心，就在戈登河航行之旅的觀光船碼頭所面對的海濱大道The Esplanade附近，由此往西行約150m則是兼具博物館與西海岸遊客中心West Coast Visitor Information Centre兩種功能的斯特拉恩碼頭中心Strahan Whraf Centre。

而斯特拉恩的觀光焦點，當然就是戈登河航行之旅。搭乘觀光船逆河而上，看著由於生長在世界遺產森林裡鈕

漫步在Heritage Landing Nature Walk裡的候恩松森林間

也是世界文化遺產的莎拉島

扣草Buttongrass流出的單寧酸，使得河水呈現如濃紅茶般色澤的戈登河，身心同時感到舒適，天氣好的時候，河面還能像鏡子般倒映出周圍的景色。航程途中可以上岸遊覽，在被樹齡600～2000年的候恩松、南極山毛櫸、蕨類包圍的神祕寒溫帶雨林裡散步（Heritage Landing Nature Walk）；或是踏上澳洲史上最惡名昭彰、殖民時期囚禁犯人遺址的莎拉島Sarah Island，在導遊帶領下認識這一段歷史。

另外也非常推薦搭乘水上飛機，從空中欣賞蜿蜒流淌在險峻地形中的戈登河與支流，體驗令人感動的自然之美；途中飛機還會降落在被陡峭山勢環繞的河川上游，從河岸步道欣賞瀑布等景致。

由茲罕往斯特拉恩的主要幹道上有座大沙丘Henty Sand Dunes，這裡能欣賞全塔斯馬尼亞難得一見的絕美景致，站在沙丘一端遠望出去就是蔚藍海洋，沙白海青的對比景致讓人看了心醉神迷。

皇后鎮
Queenstown

皇后鎮從百年前就是座以開採礦石而出名的城鎮，雖然曾經在1994年一度關閉礦山，不過隔年在Copper Mines of Tasmania接手下又繼續開採挖掘；有旅遊行程進入這座礦山參觀，有興趣的人不妨參加一探究竟。還有行駛於皇后鎮～斯特拉恩之間的西海岸荒野鐵路West Coast Wilderness Railway的蒸汽火車，根據星期會在中途的Dubbil Barril車站和皇后鎮、斯特拉恩之間，或是斯特拉恩～皇后鎮來回行駛，也是一大觀光焦點。

西海岸荒野鐵路奔馳在蒼翠的綠林間

白得令人炫目的大沙丘Henty Sand Dunes

■礦山參觀之旅
主辦：Roam Wild Tasmania
☎0407-049-612
URL www.roamwild.com.au
●Lost Mines - Ancient pines Tours
時 每日9:30～12:30
※12歲以上
費 大人$85 小孩$55

■西海岸荒野鐵路
☎(03)6471-0100
URL www.wcwr.com.au
時 行駛時間、內容依照星期、季節而異
費 Rack and Gorge（皇后鎮～Dubbil Barril來回）：大人$120 小孩$59 家庭$270／River and Rainforest（斯特拉恩～Dubbil Barril來回）：大人$120 小孩$59 家庭$270／Queenstown Explore（斯特拉恩～皇后鎮）：大人$185 小孩$80 家庭$410

塔斯馬尼亞西海岸的住宿 ACCOMMODATION
區域號碼(03)

斯特拉恩

斯特拉恩最好的飯店 MAP 無
Strahan Village

URL www.strahanvillage.com.au
住 41 The Esplanade, Strahan, 7468
☎6471-4200 WiFi 免費
費 T W $119～229 CC ADJMV

位在可俯瞰斯特拉恩碼頭高處的飯店，客房相當舒適，不論是想參加河上航行之旅還是用餐，地點都十分方便。

享受原始開拓年代的氛圍 MAP 無
Ormiston House

URL www.ormistonhouse.com.au
住 1 The Esplanade, Strahan, 7468
☎6471-7077 WiFi 免費
費 W $245～275 ※含早餐 CC MV

建於能眺望麥覺理港灣風景處的殖民風B&B，雖然是將建於1899年的宅邸重新裝修，但是5間客房全都保留著濃厚的19世紀氛圍，非常優雅。

南澳州

充滿藝術、美酒還有親近動物的一個州

麥克拉崙谷地的人氣酒莊——達令堡酒莊d'Arenberg

觀光重點

POINT 1 阿得雷德的周邊有著以巴羅莎河谷為首的眾多葡萄酒產地，探訪各個特色不同的酒莊，品嚐各種在地美酒，從而摸索出何謂澳洲品牌美酒的真髓。另外每到了西元年奇數年的3月，在巴羅莎河谷還會舉辦大型的熱鬧豐收慶典。

在袋鼠島可以非常靠近澳洲海獅

POINT 2 袋鼠島是全澳洲數一數二能近距離接觸野生動物的地點，從阿得雷德出發停留1～2晚，去和海獅、海豹、無尾熊、袋鼠等動物見面吧！

POINT 3 內陸的景點也多到不勝枚舉，在艾爾半島的拜爾得灣可以和海獅一同游泳，欣賞巨大的鹹水湖；到蛋白石產量全世界第一的庫柏佩迪，體驗住在地底洞穴Dugout House，自己動手尋找蛋白石……，另外還有許多獨特活動可以體驗。

基本資訊

面積	98萬4000km^2	州動物	毛鼻袋熊
人口	約180萬人	州花	斯特爾特沙漠豌豆 Sturt's Desert Pea
首府	阿得雷德（人口約138萬人）	電話	區域號碼08

時差 澳洲中部標準時間（比台灣快1.5小時）
由於採行夏令時間，通常從10月的第一個週日到4月的第一個週日會將時間調快1個小時（等於是比台灣快2個小時30分）。另外在與西澳交界的邊界區域，是採行南澳時間與西澳時間的折衷時間。

主要節日（2024年）

2024年

- 1月1日 新年New Year's Day
- 1月26日 澳洲國慶日Australia Day
- 3月11日 阿得雷德盃日 Adelaide Cup Day
- 3月29日 耶穌受難日Good Friday
- 3月30日 復活節星期六 Easter Saturday
- 3月31日 復活節星期日Easter Sunday
- 4月1日 復活節星期一 Easter Monday
- 4月25日 澳紐軍團紀念日 Anzac Day
- 6月10日 女王誕辰日 Queen's Birthday
- 10月7日 勞動節 Labour Day
- 12月25日 耶誕節 Christmas Day
- 12月26日 宣言日Proclamation Day

學校假期（2024年）
4/13～4/28、7/6～7/21、9/28～10/13、12/18～2025年2/2

南澳州主要觀光地的平均氣溫‧降雨量

	1月	2月	3月	4月	5月	6月	7月	8月	9月	10月	11月	12月
阿得雷德												
平均最高氣溫(℃)	29.4	29.5	26.4	22.7	19.0	16.1	15.3	16.7	19.1	22.0	25.3	27.1
平均最低氣溫(℃)	17.2	17.3	15.3	12.5	10.3	8.2	7.5	8.2	9.8	11.5	14.0	15.6
平均降雨量(mm)	19.4	15.4	26.4	39.9	60.0	80.0	76.5	68.0	58.0	41.8	30.1	28.0
巴羅莎河谷												
平均最高氣溫(℃)	30.0	29.6	25.7	21.9	17.5	14.0	13.4	14.8	18.0	21.1	25.2	27.1
平均最低氣溫(℃)	14.5	14.7	11.8	9.1	6.9	5.2	4.6	5.0	6.9	8.1	11.0	12.3
平均降雨量(mm)	15.8	26.8	28.1	34.8	47.1	57.0	55.5	53.4	56.2	36.0	31.7	35.2
袋鼠島												
平均最高氣溫(℃)	26.6	26.6	24.5	21.6	18.6	16.1	15.4	16.1	18.0	20.1	23.0	24.8
平均最低氣溫(℃)	13.2	13.6	11.1	8.7	7.9	6.8	6.0	5.7	6.5	7.1	9.6	10.9
平均降雨量(mm)	14.4	16.2	25.8	27.1	46.9	67.2	66.0	56.3	45.0	30.0	22.0	19.3

南澳州概要

1836年在聖文森特灣展開殖民地的一頁，但是與澳洲其他殖民地區不同的是，在南澳洲的建設並不是用來收容囚犯的，而是作為開發內陸土地的據點，像是以連結阿得雷德～達爾文之間的Stuart公路為開端，在1800年代有無數的探險家，就是從

巴羅莎河谷看得到釀酒專用、綿延無際的葡萄園

而現在的南澳州最引以為傲的就是葡萄酒與藝術，例如位在阿得雷德托倫斯河畔的阿得雷德慶典中心，就是偶數年舉辦阿得雷德藝術節的會場，也是音樂會、芭蕾、舞台劇的重要場地，無論是音響效果與內部裝潢之奢華，都被讚譽比雪梨歌劇院還要好。

至於奇數年，則會在距離阿得雷德約1小時車程的澳洲最大葡萄酒產地──巴羅莎河谷，舉辦葡萄酒節。雖然名為河谷，但其實是一處地勢較高的丘陵地區，過去受到天主教壓迫的德國新教徒，逃到巴羅莎河谷開拓出一片遼闊的葡萄園，於是在這一帶分布著數量眾多的酒莊，可以享受試飲樂趣。葡萄園的基礎雖然是由德裔移民打下的，但是現在所收穫的葡萄卻以法國葡萄酒系的品種占絕大多數。

保有歐風拱廊商店街的阿得雷德市街

得到世界級高評價，有澳洲酒王美譽的Grange，也是在巴羅莎河谷釀造出來的。

除了造訪酒莊，還能享受在充滿歐洲鄉村風味的酒館、餐廳裡一邊品酒一邊嚐美食，如果又剛好遇上秋季的葡萄酒節，熱鬧氣氛讓人彷彿置身於歐洲。

交通

與州外交通

飛機 澳洲航空、捷星航空、維珍澳洲航空等從其他各州飛來的航班全都降落在阿得雷德機場（阿得雷德交通→P.461）。

長途巴士 前往阿得雷德可以從愛麗絲泉搭乘澳洲灰狗巴士GreyHound Australia，或是從墨爾本搭乘Firefly Express巴士。

火車 由雪梨、柏斯每週有2班的印度太平洋號，由墨爾本則是每天都有The Overland號列車，至於達爾文／愛麗絲泉則是每週2班的大汗號列車（達爾文出發視季節每週1班）前往阿得雷德。

州內交通

飛機 包含區域快線航空Regional Express（Rex）等多家航空公司以阿得雷德為中心點，擁有多條航線，觀光客較常使用的路線為阿得雷德～袋鼠島、阿得雷德～庫柏佩迪、阿得雷德～甘比爾山、阿得雷德～林肯港、阿得雷德～賽杜納。

長途巴士 阿得雷德的中央巴士總站是前往南澳州內各地眾多巴士的出發點，前往庫柏佩迪、奧古斯塔港方向可以在這裡搭乘澳洲灰狗巴士，至於要去其他城鎮，就必須搭乘Stateliner等南澳州中小型巴士公司的巴士。

阿得雷德中央巴士總站

租車 若要在阿得雷德周邊區域（巴羅莎河谷、阿得雷德山丘、袋鼠島、墨累河下游流域）觀光的話，最方便的方式就是租車。因為巴士班次並不多，而且即使到達目的地之後，要前往景點還是必須參加在地旅遊團才行。不過若是要租車前往內陸地區或袋鼠島，必須注意的是，沒有鋪柏油的碎石泥土道路，並不包含在一般租車保險範圍內，因此若旅遊計畫中會經過比較原始荒涼的地區時，必須先告知租車公司，決定要租用四輪傳動車，或是在一般汽車保險上附加額外的安全險。

如果租車出遊，就能在觀光景點之外看見一些有趣的風景（Coonalpyn Silos）

出遊規劃要訣

以阿得雷德為起點的旅程

卓越岩的奇景是袋鼠島上最熱門的名勝景點

巴羅莎河谷、阿得雷德山丘、墨累河下游流域這些南澳州的代表性觀光景點，都屬於從阿得雷德出發的1日遊範圍內，當然如果不想走馬看花，要更深入觀光的話，也能計畫住宿1～2晚的行程。

另外以動物生態豐富而聞名的袋鼠島，由於一日遊要去的景點太多，且交通距離較長，只能前往部分的人氣景點，一般都會安排從阿得雷德出發，停留1晚或2晚的行程。

暢遊南澳州之旅

雖然在阿得雷德近郊租車旅遊相當方便，但是其餘的觀光地區之間距離稍遠，而且離開公路後的路況大多相當惡劣，不利於個人駕駛出遊。這時候最方便的還是參加觀光巴士之旅，阿得雷德～墨爾本路線就包含前往鄰近維多利亞州境的納拉庫特Naracoorte、庫納瓦拉Coonawarra、甘比爾山Mount Gambier；若要去弗林德斯山脈國家公園、庫柏佩迪則包含在阿得雷德～烏魯魯（愛爾斯岩）的行程中，阿得雷德～柏斯的觀光巴士行程則會到艾爾半島Eyre Peninsula、弗林德斯山脈國家公園。主要的觀光巴士公司如下所記。

在澳洲內陸區經常可見的西部灰袋鼠

Adventure Tours Australia
(07) 5401-5555
URL www.adventuretours.com.au

Untamed Escapes
(08) 8687-0455
URL untamedescapes.com.au

在艾爾半島可以和海獅一起游泳

在維克多港（弗勒里雲半島）搭乘馬車鐵路

阿得雷德 *Adelaide*

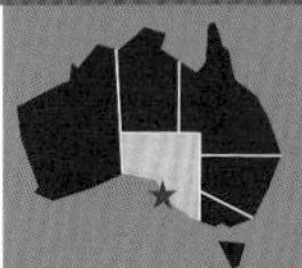

南澳州 *South Australia* 區域號碼 (08)

實用資訊

南澳州遊客中心
Adelaide Visitor Information Centre MAP P.460/2B
住 25 Pirie, 5000
FREE 1300-588-140
URL www.experienceadelaide.com.au/visit/visitor-information-centre
開 週一～五9:00～17:00
休 週六、日、節日

主要醫院

皇家阿得雷德醫院
Royal Adelaide Hospital MAP P.460/2A
住 Port Rd., 5000
☎ (08)7074-0000
URL www.rah.sa.gov.au
開 週一～五8:30～16:00（辦公室）

主要航空公司聯絡電話

澳洲航空Qantas Airways
☎ 13-13-13
捷星航空Jet Star
☎ 13-15-38
維珍澳洲航空
Virgin Australia
☎ 13-67-89
區域快線航空(REX)
Regional Express (REX)
☎ 13-17-13
新加坡航空
Singapore Airlines
☎ 13-10-11
國泰航空
Cathay Pacific Airways
☎ 13-17-47
馬來西亞航空
Malaysia Airlines
☎ 13-26-27

矗立著威廉·萊特銅像的萊特將軍觀景台

南澳州的首府阿得雷德，殖民地歷史始於1836年威廉·萊特William Light將軍的都市計畫，於是市區的街道如棋盤格狀般井然有序，洋溢小而美的英國風情。許多到澳洲旅遊的遊客也對阿得雷德頗有好評，甚至很多人說「最喜歡的澳洲城市就是阿得雷德」。一整年都很溫和舒適的氣候、大小適中的城市規模，以及乾淨而整潔的市容成為阿得雷德的特色。

阿得雷德也是全澳洲最出名的美食城市，這裡每個人平均分配到的餐廳數量為全澳洲最多，人們總是能享受「美食」所帶來的樂趣。阿得雷德同時也是澳洲代表性的葡萄酒產地，是因為鄰近巴羅莎河谷Barossa Valley。充滿著德國鄉村風情的巴羅莎河谷，當初是由德國移民在這片類似萊茵河畔的土地上，種植了綿延的葡萄園而開始；尤其是在2～4月的葡萄收成季節時，整片山丘都染成紫色。阿得雷德周圍除了巴羅莎河谷之外，還環繞著阿得雷德山丘Adelaide Hills、麥克拉崙谷地McLaren Vale、克萊爾河谷Clare Valley等眾多葡萄酒產地，並特別以希哈Shiraz紅酒與麗絲玲Riesling不甜白酒最為出名。

位於阿得雷德山丘的Nepenth Wine

阿得雷德不僅是酒莊之旅的出發地，也是前往袋鼠島的觀光據點，並且是前進柏斯Perth、內陸心臟地帶的紅土中心Red Centre旅遊的起點，讓人盡情享受停留在阿得雷德的樂趣。

阿得雷德近郊圖
Around Adelaide

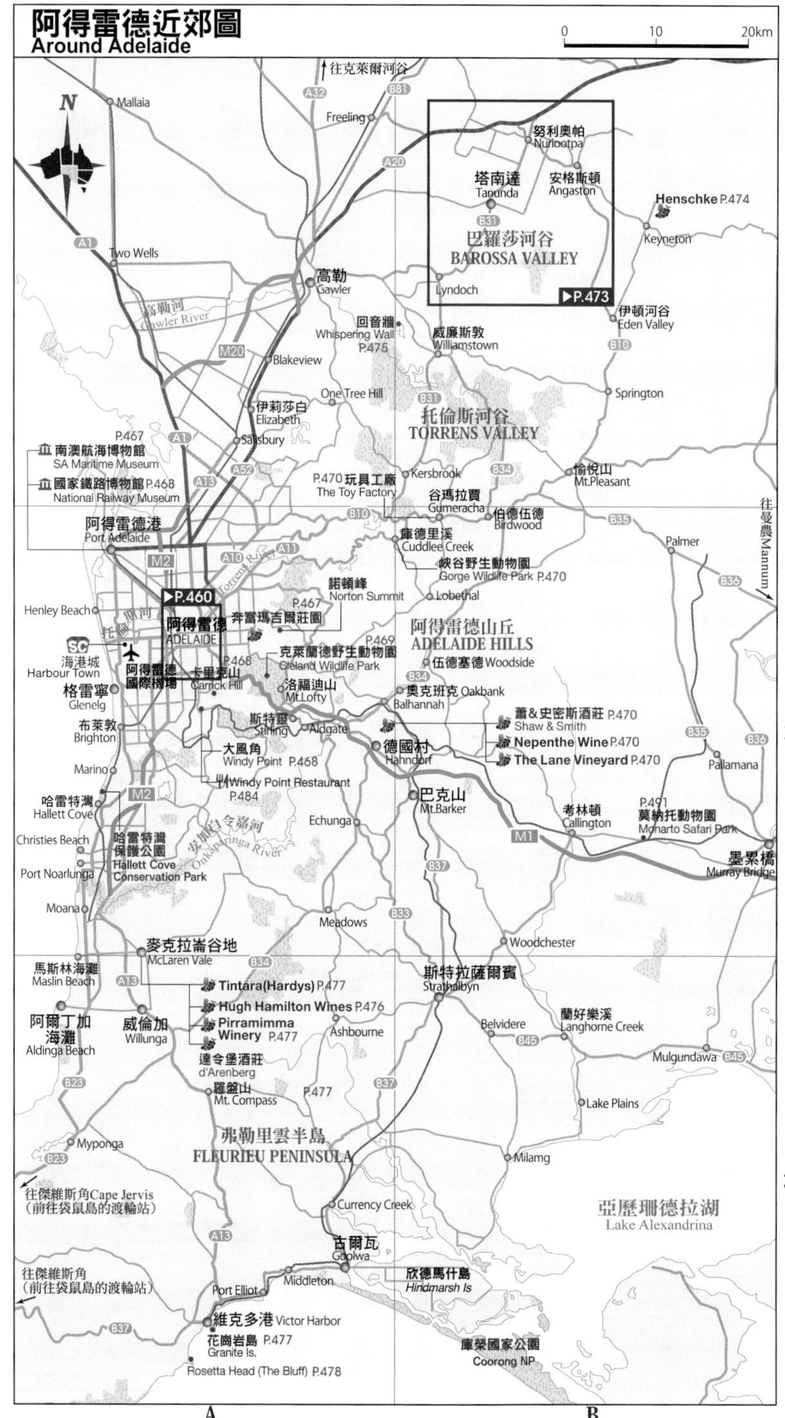
往克萊爾河谷
Mallaia
Freeling
努利奧帕 Nuriootpa
塔南達 Tanunda
安格斯頓 Angaston
Henschke P.474
Keyneton
巴羅莎河谷 BAROSSA VALLEY
Two Wells
高勒 Gawler
Lyndoch
▶P.473
高勒河 Gawler River
回音牆 Whispering Wall P.475
威廉斯敦 Williamstown
伊頓河谷 Eden Valley
Blakeview
One Tree Hill
Springton
伊莉莎白 Elizabeth
托倫斯河谷 TORRENS VALLEY
Salisbury
P.467 南澳航海博物館 SA Maritime Museum
國家鐵路博物館 P.468 National Railway Museum
P.470 玩具工廠 The Toy Factory
Kersbrook
愉悅山 Mt.Pleasant
谷瑪拉賈 Gumeracha
伯德伍德 Birdwood
阿得雷德港 Port Adelaide
庫德里溪 Cuddlee Creek
峽谷野生動物園 Gorge Wildlife Park P.470
Palmer
往曼農 Mannum
諾頓峰 Norton Summit
Lobethal
▶P.460
Henley Beach
P.467 奔富瑪吉爾莊園
阿得雷德 ADELAIDE
托倫斯河 Torrens River
阿得雷德山丘 ADELAIDE HILLS
P.469 克萊蘭德野生動物園 Cleland Wildlife Park
伍德塞德 Woodside
海港城 Harbour Town
阿得雷德國際機場
P.468 卡里克山 Carrick Hill
格雷寧 Glenelg
洛福迪山 Mt.Lofty
奧克班克 Oakbank
Balhannah
布萊敦 Brighton
斯特靈 Stirling
Aldgate
蕭&史密斯酒莊 Shaw & Smith P.470
Nepenthe Wine P.470
The Lane Vineyard P.470
大風角 Windy Point P.468
德國村 Hahndorf
Pallamana
Marino
Windy Point Restaurant P.484
巴克山 Mt.Barker
哈雷特灣 Hallett Cove
Echunga
考林頓 Callington
P.491 莫納托動物園 Monarto Safari Park
Christies Beach
哈雷特灣保護公園 Hallett Cove Conservation Park
安加白令嘉河 Onkaparinga River
墨累橋 Murray Bridge
Port Noarlunga
Moana
Meadows
Woodchester
麥克拉崙谷地 McLaren Vale
斯特拉薩爾賓 Strathalbyn
馬斯林海灘 Maslin Beach
Tintara(Hardys) P.477
Hugh Hamilton Wines P.476
Pirramimma Winery P.477
Ashbourne
Belvidere
蘭好樂溪 Langhorne Creek
阿爾丁加海灘 Aldinga Beach
威倫加 Willunga
達令堡酒莊 d'Arenberg
Mulgundawa
羅盤山 Mt. Compass
P.477
Lake Plains
弗勒里雲半島 FLEURIEU PENINSULA
Myponga
Milamg
往傑維斯角Cape Jervis (前往袋鼠島的渡輪站)
Currency Creek
亞歷珊德拉湖 Lake Alexandrina
古爾瓦 Goolwa
往傑維斯角 (前往袋鼠島的渡輪站)
Middleton
欣德馬什島 Hindmarsh Is
Port Elliot
維克多港 Victor Harbor
花崗岩島 P.477 Granite Is.
庫榮國家公園 Coorong NP
Rosetta Head (The Bluff) P.478
0 10 20km
N
1
2
3
A
B

阿得雷德
Adelaide

0
500m
N
FITZROY TCE
Adelaide Aquatic Centre
PARK TCE
ROSE TCE
BARTON TCE
North Adelaide Boutique Stays
Comfort Inn Regal Park
Nantu Wama Park
Pellegrini Cafe
Adelaide Inn
CHILDERS ST
GOVER ST
Princes Lodge
Buxton Inn
JEFFCOTT ST
PARK RD
BUXTON ST
Marrakech
TYNTE ST
威靈頓廣場
Wellington Sq
ARCHER ST
MOLESWORTH ST
North Adelaide Village
O'CONNELL ST
LEFEVRE TCE
KINGSTON TCE
MELBOURNE ST
Adelaide Meridian
STANLEY ST
UR Cafe
Zaep Tastes of Thailand
BARNARD ST
北阿得雷德
North Adelaide
Majestic Old Lion Apartments
BROUGHAM PL
墨爾本街
STRANGWAYS WARD ST
FINNISS ST
Queen's Head
Adelaide Caravan Park
P.466
聖彼得大教堂
EDWIN SMITH AVE
阿得雷德
市立南高爾夫球場
萊特將軍觀景台
Light's Vision
WAR MEMORIAL DRV
PENNINGTON TCE
阿得雷德動物園
Adelaide Zoo P.465
MONTEFIORE RD
阿得雷德板球場
屋頂攀登體驗
阿得雷德
板球場
Adelaide Oval
植物園
Botanic park
舊議會
阿得雷德慶典中心 P.463
Adelaide Festival Centre
FROME RD
Red Ochre Barrel + Grill & River Cafe
P.484
P.482 EOS by Skycity
KING WILLIAM ST
戰爭紀念碑
War Memorial
P.465 國立葡萄酒中心
National Wine Centre of Australia
Torrens River
P.484 Sôl Rooftop
移民博物館 P.464
The Migration Museum
皇家阿得雷德醫院
Royal Adelaide Hospital
托倫斯河
P.465
P.465 天空之城
阿得雷德賭場
南澳博物館
South Australian Museum P.464
阿得雷德
植物園
大溫室
Adelaide Botanic Gardens
阿得雷德
Metro遊客中心
Stamford Plaza
4南澳美術館 P.464
Art Gallery of SA
P.482 InterContinental Adelaide
Riverside
阿得雷德車站
Adelaide Station
KINTORE AVE
P.466
舊皇家
阿得雷德醫院
Old Royal
Adelaide Hospital
四季
總督官邸
阿得雷德大學
P.464
The Playford MGallery by Sofitel
阿德雷德
會議中心
州議會大廈
般樂頓會堂
州立圖書館
南澳大學
艾爾斯 P.465
故居博物館
Ayers House Museum
P.481
北大街
NORTH TCE
Oaks Adelaide Embassy Suites
Myer Centre
Richmond
P.481
Crowne Plaza Adelaide
P.481 Grosvenor Adelaide
黑式巧克力店
Rundle Mall
RUNDLE ST
Nurnungga Park
HINDLEY ST
Eros Kafe P.484
P.484 Fugazzi
Mayfair
Comfort Adelaide Riviera
P.481
Pullman Adelaide
P.482 The Chancellor on Currie
Ibis Adelaide
CURRIE ST
GRENFELL ST
Rymill Park
萊特廣場
Light Sq
Adelaide Japan Desk
欣德馬什廣場
Hindmarsh Sq
坦丹亞原住民
文化研究所 P.466
Tandanya National Aboriginal Cultural Institute
阿得雷德遊客中心
WAYMOUTH ST
PIRIE ST
P.481 Adelaide Central YHA
Peppers Waymouth
市政廳
P.481
G.P.O.
Adina Adelaide Treasury
Von-Modern Thai P.484
富蘭克林街
FRANKLIN ST
FLINDERS ST
EAST TCE
中央巴士
總站
維多利亞廣場
Victoria Sq
Sunny's Backpackers Hostel
Ellis Park
GROTE ST
維多利亞女王雕像
WAKEFIELD ST
往阿得雷德國際機場
中央市場
P.463 Central Markets
Hilton Adelaide
P.482
聖方濟教堂
中國城
GOUGER ST
ANGAS ST
PULTENEY ST
FROME ST
HUTT ST
和菜
Star of Siam
Kowloon
WEST TCE
WRIGHT ST
CARRINGTON ST
P.481
Hostel 109 Flashpackers
Hurtle廣場
Hurtle Sq
Whitmore廣場
Whitmore Sq
RUSSELL ST
STURT ST
HALIFAX ST
Adelaide Travellers Inn Backpackers Hostel
MORPHETT ST
GILBERT ST
威廉國王大街
GILLES ST
聖安德魯醫院
St Andrew's Hospital
西大街
P.481
Rydges South Park Adelaide
南大街
The Terrace Hotel Adelaide
SOUTH TCE
P.466
阿得雷德姬路公園
Adelaide Himeji Gardens
SIR LEWIS COHEN AVE
HUTT RD
往阿得雷德公園總站
Chifley on South Tce.
GLEN OSMOND RD
UNLEY RD
GOODWOOD RD
Veale Gardens
路面電車
PEACOCK RD
P.466
黑氏巧克力遊客中心
Haigh's Chocolates Visitor Centre
GREENHILL RD
Wayville
Eastwood
1
2
3
A
B

交通
ACCESS

如何前往

➡ 台灣出發

台灣目前並沒有直航班機前往阿得雷德，一般都必須經由雪梨、布里斯本、墨爾本等澳洲主要大城市轉機，另外經由新加坡、香港、吉隆坡再轉往阿得雷德的航班也很受歡迎。

➡ 澳洲國內出發

澳洲航空從各州首府及愛麗絲泉，而捷星航空是從雪梨、墨爾本、布里斯本、凱恩斯、黃金海岸、荷巴特、柏斯，維珍澳洲航空則是從澳洲各主要城市（達爾文除外）及黃金海岸、愛麗絲泉，區域快線航空（Rex）從墨爾本都有航班前往阿得雷德。

澳洲灰狗巴士的發車地點是在富蘭克林街Franklin St.的中央巴士總站Central Bus Terminal，至於連結各州之間的火車，像是大汗號列車The Ghan、印度洋-太平洋號Indian Pacific、The Overland號列車，則是在城市以西的阿得雷德公園總站Adelaide Parklands Terminal（凱思維克車站Keswick Station）發車，和位在市中心北大街North Tce.的阿得雷德車站，搭電車為1區範圍。

阿得雷德機場入境大廳的遊客中心

位於市中心的中央巴士總站

■中央巴士總站
MAP P.460/3A

機場↔市區

阿得雷德國際機場Adelaide International Airport（代號ADL）在市區以西約7km之處，國際線・國內線航廈在一起，是相當便利的機場。

■阿得雷德國際機場
URL www.adelaideairport.com.au

●巴士

阿得雷德國際機場的Jet Bus搭車處

建議搭乘由Adelaide Metro營運的Jet Bus（Route J1、J2），班次多且票價便宜，J1、J2也行駛阿得雷德～阿得雷德國際機場～格雷寧Glenelg路線。

■Adelaide Metro Jet Bus
☎1300-311-108
URL adelaidemetro.com.au
時 機場→市區：週一～五5:00～23:30間15～30分鐘1班，週六、日、節日5:00～23:30間約30分鐘1班／市區→機場：週一～五4:39～23:29間10～30分鐘1班，週六、日、節日4:39～23:29間約30分鐘1班
費 機場～市區／格雷寧：大人$4.00～5.90 小孩$1.40～3.00（依照時間而有不同）

●計程車＆Uber

到市區約需$20～30，Uber（→P.649）則為$18～22。因此只要是3人以上的話搭計程車會比較划算，所需時間約10～15分。

市內交通
LOCAL TRANSPORT

由於阿得雷德市中心範圍並不大，可以步行遊覽，但若要前往郊外或海灘方向，則是搭巴士比較方便。巴士是串連阿得雷德市區街道與郊外的重要交通工具。

巴士、路面電車、火車都由Adelaide Metro營運，而車票也通用。車票方面，有短期觀光客購買的紙張式

Adelaide Metro 票價表	Zone：2小時內有效（可轉乘）		metroticket 大人	metroticket 小孩	metroCard 大人	metroCard 小孩	Daytrip 大人	Daytrip 小孩
	尖峰時段	regular	$5.90	$3.00	$4.05	$1.40	$11.20	$5.60
	離峰時段 週一～五9:01～15:00	regular	$4.00	$1.40	$2.25	$1.10		

（2022年8月）

路線豐富的巴士

■**阿得雷德Metro遊客中心**

MAP P.460/2A

住Adelaide Railway Station, North Tce., 5000

FREE 1300-311-108

URL adelaidemetro.com.au

開每日7:00～20:00

■**Visitor metro Card**

可以在阿得雷德車站內的阿得雷德Metro遊客中心、阿得雷德機場入境大廳的WHSmith購買。

URL adelaidemetro.com.au/plan-a-trip/visiting-adelaide

費大人$26（含metroCard發行手續費$5）

■**免費巴士**

時City Loop：週一～五8:15～19:15每隔30分鐘一班／City & North Adelaide Loop：週一～四7:00、8:00～19:00每隔30分鐘1班，週五7:00～19:00每隔30分鐘1班，週六8:00～19:00每隔30分鐘1班，週日、節日9:30～19:00每隔30分1班。

■**路面電車**

時從市區出發的行駛時間：週一～五5:33～，週六、日7:01～每隔10～30分鐘1班，末班車是深夜24:34

■**租車公司**

●Hertz
(08)8422-9290
●AVIS
13-63-33
●Budget
(08)8418-7300
●Thrifty
13-61-39
●Europcar
(08)8114-6350

metroticket，以及適合長期停留、較便宜的儲值卡metroCard。

只要掛有這面旗幟的商店，就可以買到metroticket、metroCard

metroticket分為每次搭車都要購買的單程票，以及1日不限次數搭乘的Daytrip Ticket；雖然metroCard購買時需要支付發行手續費$5，不過如果有計畫要頻繁搭乘大眾交通工具的話，就相當划算。還有會在阿得雷德市區停留幾天的遊客，最好是購買Visitor metro Card，3日內不限次數搭乘Adelaide Metro的周遊卡，比使用Daytrip Ticket 3天更划算，若是停留4天以上，卡片再加值就能當作一般metroCard使用。無論是metroticket還是metroCard，都必須在搭車前到便利商店或是書報攤購買。關於阿得雷德的交通資訊，可以在阿得雷德Metro遊客中心Adelaide Metro Info Centre拿到市區、郊外的路線地圖。

另外，從市區的Currie St.到郊外的Tee Tree Plaza之間，還有時速100公里、非常特別的軌道巴士O-Bahn行駛。

免費巴士

阿得雷德市區有2條路線的免費巴士，在市中心西邊附近巡迴的是City Loop的Route 99（順時針行駛的是99C、逆時針則是99A），以及將City Loop路線延伸到北阿得雷德的City & North Adelaide Loop Route 98（順時針行駛的是98C、逆時針則是98A），市中心裡的主要觀光景點都可以搭乘這2輛巴士抵達。

路面電車

路面電車有2條路線，一條是從阿得雷德娛樂中心Adelaide Entertainment Centre出發到北大街的植物園Botanic Garden，另一條則是從海灘區的格雷寧，穿過市中心到達阿得雷德娛樂中心（部分班次的終點為威廉國王大街的阿得雷德慶典中心）。而且娛樂中心～北大街&南大街之間、格雷寧的布萊頓路～終點之間免費。

前往沙灘最方便的就是路面電車

漫遊阿得雷德
OUTLINE OF ADELAIDE

阿得雷德的市區街道(CBD)設計猶如棋盤交錯縱橫,被4條依照東西南北來命名的大街Terrace Road所環繞,由於大街周圍盡是綠意盎然的公園,也成為阿得雷德一大城市特色。CBD的中心就是成為市民休閒場所的維多利亞廣場Victoria Square,廣場上以流經南澳州的3大河川(托倫斯河Torrens River、安加白令嘉河Onkaparinga River、墨累河Murray River)為主題所設計的噴水池最令人印象深刻。

保留眾多歷史老建物的市中心

屬於歷史古蹟的市政廳

阿得雷德的主要大街,就是貫穿維多利亞廣場的威廉國王大街King William St.,擁有郵政總局G.P.O.及市政廳等氣派建築林立的街道。至於市區裡最熱鬧的街道,則非Rundle Mall和Hindley St.莫屬,Rundle Mall是擁有著紀念品店、百貨公司、超市、外帶餐飲店等,白天最人聲鼎沸的中心地帶;而聚集許多時尚餐廳、咖啡館、俱樂部的Hindley St.,則是最熱鬧的夜生活地區。

擁有懷舊寧靜氛圍的北大街North Tce.,則是位在Rundle Mall北邊的馬路,林蔭大道的馬路兩旁盡是博物館、美術館等人文景點,也是最適合散步的道路。而從北大道往北轉向威廉國王大街,就會看到每逢偶數年3月舉辦「阿得雷德藝術節Adelaide Festival of Arts」主舞台的阿得雷德慶典中心Adelaide Festival Centre,擁有能容納2000人的多功能音樂廳及3座劇場和戶外音樂廳。此外,在維多利亞廣場附近的Grote St.和Gouger St.之間,則有座具有120年悠久歷史的中央市場Central Market,可以用便宜價格購買到紀念品、生活雜貨、新鮮食材等各式物品;這一帶同時也是中國城,包含中華料理的亞洲菜餐廳都集中在此地。

而阿得雷德遊客中心Adelaide Visitor Information Centre則就位在市政廳內的一隅,可以收集南澳洲各地的旅遊資訊,是規劃行程必去之地。

■阿得雷德的計程車公司
Yellow Cabs :☎13-22-27
Suburban Taxis :☎13-10-08
Adelaide Independent Taxi Service :☎13-22-11
費 週一～五6:00～19:00前1km的起跳價$3.70,之後每1km收$1.87;而週一～五19:00～翌日6:00及週六、日的整天起跳價$4.90,之後每1km收$2.16。行駛中的等待時間1小時$39.30,以分鐘為單位加算。還有在機場搭乘要外加$3。

■維多利亞廣場
MAP P.460/3A

■矗立在維多利亞廣場的銅像
在廣場的正中央是維多利亞女王的銅像,除此之外在廣場的東北、西北、西南角也立有3座銅像,其中最引人注意的就是矗立在東北邊的探險家John Mcdouall Stuart雕像,從阿得雷德前往達爾文的斯圖爾特公路Stuart Hwy就是以此人來命名。

■阿得雷德慶典中心
MAP P.460/2A
住 Festival Drv., off King William St., 5000
☎(08)8216-8600
URL www.adelaidefestivalcentre.com.au

■阿得雷德遊客中心
MAP P.460/2B
詳細DATA→P.458

左:建在托倫斯河畔的阿得雷德慶典中心
下:阿得雷德最繁華的Rundle Mall

■阿得雷德的夜間購物

阿得雷德市中心區的夜間購物日Late Night Shopping Day是週五，格雷寧等郊外地區則全都是週四。

■享受Outlet購物的樂趣
海港城Harbour Town

MAP P.459/2A

在黃金海岸人氣的Outlet購物中心海港城Harbour Town，開設在阿得雷德國際機場與格雷寧之間，雖然國際大品牌不多，不過澳洲在地品牌卻非常豐富。

住727 Tapleys Hill Rd., West Beach, 5950
☎(08)8355-1144
URL harbourtownadelaide.com.au
營週一～三、五、六9:00～17:00，週四9:00～21:00，週日、節日11:00～17:00
休耶穌受難日、耶誕節

●如何前往

從阿得雷德市區搭乘Route J1、J2巴士（所需時間約15分）。

■南澳博物館

MAP P.460/2B

住North Tce., 5000
☎(08)8207-7500
URL www.samuseum.sa.gov.au
開每日10:00～17:00
休耶穌受難日、耶誕節
費免費

■南澳美術館

MAP P.460/2B

住North Tce., 5000
☎(08)8207-7000
URL www.agsa.sa.gov.au
開每日10:00～16:45
休耶誕節　費免費

■移民博物館

MAP P.460/2B

住82 Kintore Ave., 5000
☎(08)8207-7580
URL migration.history.sa.gov.au
開每日10:00～17:00
休耶穌受難日、耶誕節
費免費

市街區的北與南是時尚區

與阿得雷德市街區隔著托倫斯河的北邊寬廣地區，是高級住宅區的北阿得雷德North Adelaide，威廉國王大街往北延伸之後，街名便改成O'Connell St.，但依舊是北阿得雷德的主要街道，同樣是聚集許多餐廳、商店的熱鬧大街。從這裡稍微往東邊的墨爾本街Melbourne St.，是更加時尚熱鬧的購物區，林立著由古老英式排屋改造而成的咖啡館、餐廳、精品店等特色店家。

另一方面，若從威廉國王大街往南走，就是以石板鋪成路面的威廉國王路King William Rd.，咖啡館、高級精品、藝廊等店家一間接著一間，吸引許多追求最新流行時尚的年輕人與女性，非常熱鬧。

阿得雷德的主要景點
SIGHTSEEING SPOTS

景點超多　MAP P.460/2A・B

北大街
North Terrace

北大街North Terrace與威廉國王大街交會處的東側，是一條有著行道樹的美麗林蔭大道，非常適合散步，沿路上聚集著如戰爭紀念碑War Memorial等諸多知名景點。

●南澳博物館 South Australian Museum

光是入口處的巨大鯨魚骨架，就已經很有參觀的價值。館內展覽品包括有號稱全球第一的原住民收藏，包含新幾內亞及美拉尼西亞相關收藏都有；還有澳洲珍貴的鳥禽、動物等立體模型也都很豐富。至於矗立在博物館前庭的圓柱，據說是由3000年前埃及的拉美西斯二世Ramesses II所建造的古物，也是博物館的必看寶物。

位於南澳博物館入口大廳的巨大鯨魚骨架

●南澳美術館 Art Gallery of SA

除了一部分的常態性展覽之外，展示品都會數月就更新一次。美術館內的收藏品相當多元而知名，從原住民藝術、澳洲藝術家的作品、歐洲繪畫，甚至是東南亞的陶器、日本江戶時代的屏風等都有。

●阿得雷德大學 Adelaide University

在博物館、美術館後側一帶就是阿得雷德大學，校園因為就在托倫斯河畔而綠意甚多，擁有不少充滿學院氛圍的建築，至於校區內的般樂頓會堂Bonython Hall也是一大觀光景點。

阿得雷德大學的般樂頓會堂

●移民博物館 The Migration Museum

這是將過去曾經接納過眾多移民的臨時收容所，重新改建而成的博物館，展示著這個國家接受來自世界各地移民的歷史背景、移民的心情，以及移民現況等相關內容，屬於主題相當明確的博物館。

●艾爾斯故居博物館 Ayers House Museum

深具華麗宅邸風情的艾爾斯故居博物館

建於19世紀中葉，過去曾經是南澳州總督的私人宅邸，這幢以藍灰沙岩建造的優雅建築中，還附設餐廳。進入室內之後可以看到裝潢奢華的餐廳、起居室、兒童房、臥室等，不論哪個空間都能令人興致盎然。

●阿得雷德植物園 Adelaide Botanic Gardens

週末市民聚集而熱鬧的植物園

擁有16公頃遼闊面積的大型植物園，特別以擁有多品種睡蓮而聞名，園區內還有座為了紀念建國200週年而在1989年打造，規模為南半球最大的玻璃大溫室Bicentennial Conservatory。溫室內部是由電腦管控的熱帶雨林植物園，設在屋頂的942支噴嘴會噴出細微的水霧，是模仿熱帶雨林環境不可少的「雨雲」。

●國立葡萄酒中心 National Wine Centre of Australia

館內最叫人驚訝的就是這間巨大酒窖

位於植物園東邊的一角，館內從葡萄品種、葡萄酒的釀造方式等相關知識，都有簡單明瞭的展示及說明，並且設有聚集澳洲所有葡萄酒的巨大酒窖（內部不能進入），不過在附設的酒吧內可以付費試飲澳洲各地的葡萄酒，由於也有適合下酒的小菜點心，不妨小酌休息片刻。

●阿得雷德動物園 Adelaide Zoo

這是澳洲繼墨爾本動物園之後，歷史第二悠久的動物園，除了有無尾熊、袋鼠等澳洲的特有動物外，還有熊貓、紅毛猩猩等亞洲動物，以及獅子、長頸鹿等非洲動物，共蒐羅來自世界各地超過1400種動物，可別輕易錯過。

動物園的人氣明星熊貓

●天空之城阿得雷德賭場 Skycity Adelaide Casino

阿得雷德車站的2～3樓有座豪華賭場，即使是穿著休閒服飾也不會被拒絕入場（不過T恤不行），而且除了週五、六的夜晚，其他時間即使穿運動鞋入場都不成問題。賭場遊戲包括大家熟悉的輪盤、21點、比大小、基諾，還有澳洲人熱中的Two Up Coin遊戲。

兼作阿得雷德車站的賭場

■艾爾斯故居博物館
MAP P.460/2B
住288 North Tce., 5000
☎(08)8223-1234
URL www.ayershousemuseum.org.au
開週六、日10:00～16:00
休週一～五、耶穌受難日、耶誕節
費大人$10 小孩$5 家庭$20／參加導覽之旅1人多加$5

■阿得雷德植物園
MAP P.460/2B
住North Tce., 5000
URL www.botanicgardens.sa.gov.au
開週一～五7:15～，週六、日、節日9:00～（10～11月週一～三18:30＆週四～日、節日19:00，12～3月週一～三19:00＆週四～日、節日21:00，4～6月&8、9月17:30，7月17:00關閉）／遊客中心：每日10:00～16:00
費免費
●大溫室
開每日10:00～16:00（夏季～17:00）

■國立葡萄酒中心
MAP P.460/2B
住Cnr. Botanic & Hackney Rds., 5000
☎(08)8313-3355
URL nationalwinecentre.com.au
開每日9:00～18:00（節日11:00～17:00／葡萄酒吧：週一～四8:00～18:00，週五8:00～21:00，週六9:00～21:00，週日9:00～18:00，節日11:00～17:00
休新年、耶穌受難日、耶誕節、節禮日
費免費／澳洲葡萄酒發現之旅1人$15

■阿得雷德動物園
MAP P.460/2B
住Frome Rd., 5000
☎(08)8267-3255
URL www.adelaidezoo.com.au
開每日9:30～17:00
費大人$40.50 小孩$21.50 家庭$102

■天空之城阿得雷德賭場
MAP P.460/2A
住North Tce., 5001
☎(08)8212-2811
URL skycityadelaide.com.au
營24小時
休耶穌受難日、耶誕節

■坦丹亞原住民文化研究所
住253 Grenfell St., 5000
☎(08)8224-3200
URL www.tandanya.com.au
開週一～六10:00～17:00／咖啡館：週一～六10:00～15:00
休週日、節日　費免費

■阿得雷德姬路公園
住Cnr. South Tce. & Glen Osmond Rd., 5000
☎(08)8203-7203
URL explore.cityofadelaide.com.au　開每日8:00～17:30
費免費

■聖彼得大教堂
MAP P.460/1A
住27 King William Rd., North Adelaide, 5006
☎(08)8267-4551
URL www.stpeters-cathedral.org.au
開週一～五11:00～13:00
費捐款$5

從萊特將軍觀景台眺望市區

■免費的巧克力導覽之旅
MAP P.460/3B
位在Rundle Mall入口處的人氣巧克力店——黑氏巧克力Haigh's Chocolates在市區南邊的South Parkland設有遊客中心＆工廠，週一～六有免費參觀行程，還可以試吃巧克力。
住154 Greenhill Rd., Parkside, 5000　☎(08)8372-7070
URL www.haighschocolates.com.au
時週一、六9:00～12:00，週二～五9:00～16:00隨時（要預約／所需時間20分鐘）
費免費

黑氏巧克力的工廠位於市區外

盡情欣賞原住民的藝術文化　MAP P.460/2B

坦丹亞原住民文化研究所
Tandanya National Aboriginal Cultural Institute

集藝廊、原住民藝術及工藝品店於一身的文化設施，藝廊會頻繁更換主題，讓大眾見識到更多藝術家的傑出作品。還會舉辦迪吉里杜管Didgeridoo的現場演奏，千萬別放過這個難得的機會。

對澳洲原住民文化有興趣的人一定要來看看

由阿得雷德姊妹市姬路市協助打造而成　MAP P.460/3B

阿得雷德姬路公園
Adelaide Himeji Gardens

位於南大街南邊廣闊公園一角的日式庭園，在阿得雷德與日本姬路市締結為姊妹城市時，為象徵彼此友好精神而建造的。經由日本的專業人員進行技術指導而打造的庭園裡，以開滿蓮花的水池為中心，鋪著腳踏石的曲折小徑、燈籠與添水裝置，以及假山、枯山水等設計全都是原汁原味。

擁有出色的枯山水景致

享受市區的遠眺景致！　MAP P.460/1A

萊特將軍觀景台
Light's Vision

位在市區北側Montefiore Hill的萊特將軍觀景台，是眺望市區景色的最佳地點，至於豎立在此的威廉・萊特將軍銅像，則正好指向阿得雷德的市中心，因此在銅像背後刻有「對於我所挑選的首都地點好壞，交給後人來評斷」這樣一段名言（實際文句更長），也是不能錯過的重點。

莊嚴氣派的聖彼得大教堂

充分享受過觀景台的景色之後，可以前往位於Pennington Tce.的聖彼得大教堂St Peter's Cathedral，為哥德式建築風格而顯得莊嚴氣派的大教堂，在阿得雷德的教堂中，氣勢可說是數一數二。

搭乘路面電車去海灘度假地　MAP P.459/2A

格雷寧
Glenelg

阿得雷德路面電車的終點站，就是擁有美麗沙灘的度假勝地格雷寧。路面電車抵達格雷寧的Jetty Rd.上，林立無數時尚商店、餐廳，每到週末還會推出簡單的跳蚤市場，總是熱鬧非凡。而路面電車站前立有拓荒者紀念碑Pioneer's Memorial，繼續往前就是長長的碼頭，兩側是無盡的美麗白色沙灘。

Jetty Rd.的北邊則是停泊許多遊艇的Holdfast Shores Marina，在碼頭附近有許多公寓式高級飯店、餐廳、咖啡館和商店，也深受追求潮流尖端的阿得雷德年輕人的喜愛。

當然也要到格雷寧北邊的帆船HMS水牛號HMS Buffalo來看一看，這是仿造1836年12月28日，由總督欣德馬什Hindmarsh率領269位自願移民者搭乘前來的大型帆船。

釀造出最高級葡萄酒Grange的酒莊 MAP P.459/2A

奔富瑪吉爾莊園
Penfolds Magill Estate

充滿傳統感覺的工廠

參加歷史之旅可以進入釀酒工廠

奔富Penfolds是澳洲最有名的釀酒商，雖然在巴羅莎河谷也有酒莊，但最早是以阿得雷德郊區的瑪吉爾Magill為根據地。克里斯多夫・羅森・奔富醫生Christopher Rawson Penfold在1844年移民來此地開設診療所，從製造藥酒開啟釀酒事業的序幕；現在這裡則是奔富釀造包括自豪的Grange等高級葡萄酒Premium Wine（收藏家系列Collector Series）的地方（其他的葡萄酒都在巴羅莎河谷的酒莊釀造）。光憑這點，就讓喜愛葡萄酒或是對澳洲葡萄酒感興趣的人，有了非來不可的理由。

園區內有現代的販售品酒室Cellar Door和餐廳、古老建築的釀酒工廠，還有奔富醫生當年的住宅遺跡。販售品酒室當然可以試飲，而參觀釀酒工廠的歷史之旅Heritage Tour，也很受到歡迎（最厲害的是展示出所有陳年的Grange）；更有能加價品嚐包含平常不提供試飲Grange等高級葡萄酒的Unlimited Penfolds Experience。

前往南澳海洋的門戶 MAP P.459/2A

阿得雷德港
Port Adelaide

位在阿得雷德郊外的阿得雷德港，是座保存眾多19世紀建築的古老港都，規劃有能夠一覽古蹟建築的漫遊路線，很值得一訪。在這些歷史建築中，南澳航海博物館SA Maritime Museum將當時移民船隻的樣貌，以各種照片說明和當年使用過的器具介紹給現代人了解。

而在南澳航海博物館隔壁，則是將過去鐵路倉庫重新利用，為全澳洲規模最大的國家鐵路博物館National

上：格雷寧洋溢著明快的度假氣氛
下：在海灘前的公園還可以騎駱駝

■奔富瑪吉爾莊園
住78 Penfold Rd., Magill, 5072 ☎(08)8301-5569
URL www.penfolds.com
開每日10:00～17:00／歷史之旅：每日10:00、13:00開始／Unlimited Penfolds Experience：11:00開始（要預約）
休耶誕節、節禮日
費歷史之旅：1人$25／Unlimited Penfolds Experience：1人$150（含可以享受料理與葡萄酒美妙搭配的3道菜午餐$295）
●如何前往
從市區Currie St.搭乘Route H20、H22的巴士約30分鐘，或是開車約15分鐘都可到達。

歷年生產的Grange排成一列

交通

●阿得雷德港
從阿得雷德車站搭火車最方便，或是從北大街搭乘巴士Route 117、118、150、254X，所需時間約30分鐘。

■南澳航海博物館
住126 Lipson St., Port Adelaide, 5015
☎(08)8207-6255
URL maritime.history.sa.gov.au
開每日10:00～17:00
休耶穌受難日、耶誕節
費大人$15 小孩$6 家庭$34.50

■國家鐵路博物館
住76 Lipson St., Port Adelaide, 5015
☎(08)8341-1690
URL nrm.org.au
開每日10:00～16:30／搭乘迷你蒸汽火車：10～4月週日、節日和學校假期的每日
休耶誕節
費大人$17 小孩$7 家庭$39／搭乘迷你蒸汽火車：大人$10 小孩$5 家庭$25

■大風角
住Windy Point Lookout, Belair Rd., Belair, 5052
URL windypoint.com.au
●如何前往
搭巴士的話，可以從威廉國王大街搭乘Route 195F、196F前往，在Belair Rd Stop 21下車。

■卡里克山
住46 Carrick Hill Drv., Springfield, 5062
☎(08)7424-7900
URL www.carrickhill.sa.gov.au
開週三～日、節日10:00～16:30／導覽之旅：11:30、14:30
休週一、二、7月、耶穌受難日、耶誕節
費宅邸內部（包含導覽之旅）：大人$17 小孩$12（15歲以下免費）
●如何前往
從北大街可以搭乘Route 171的巴士，到最近的站牌約30分鐘，再步行15分鐘。

■參觀與南極大陸連在一起的地層Hallett Cove保護公園
Hallett Cove Conservation Park MAP P.459/2A
在這裡可以看到2億8000萬年前曾經與南極大陸銜接在一起的古老地層。從阿得雷德出發搭乘火車到Hallett Cove車站約30分鐘，沿著海岸走就能觀察腳底下這片冰河時期的古老地層。

在公園裡設有能夠觀察地層的步道

Railway Museum，館內展示著印度洋-太平洋號Indian Pacific及大汗號The Ghan的舊列車，並重現古老車站，鐵道迷絕不能錯過。此外，每年9～4月的週末還會推出搭乘迷你蒸汽火車的活動。

留存著無數古老建築的阿得雷德港

至於阿格雷德港，週日不但會在漁人碼頭Fisherman's Wharf推出露天市集，還有出海賞海豚的觀光船行程。

品味阿得雷德之美 MAP P.459/2A

大風角
Windy Point

位在阿得雷德南部山區半山腰的觀景台，可以飽覽阿得雷德市區街景直到海岸線的美麗景致，尤其是夜景最令人驚嘆。

從大風角欣賞到的夜景

阿得雷德的夜景享有「寶石美麗地並排著」的美譽，俯瞰下來的景色真的是非常井然有序；雖然觀景台的貴賓席是位處最佳觀景角度的高級餐廳，不過在停車場就可以充分欣賞到美麗夜景。但就如同這裡的地名一樣，大風角的風勢強勁，即使是夏日夜晚依舊相當寒冷，上山時別忘了多帶一件保暖衣物。

擁有美麗綠意庭園的大宅邸 MAP P.459/2A

卡里克山
Carrick Hill

位於距離阿得雷德市中心南方約7km的Springfield，這座建於1939的英國莊園，優雅的建築風格在歷史建築眾多的阿得雷德，也算得上是數一數二。特別是廣達40公頃的英式庭園，在細心照料下，擁有相當值得自豪的精緻美麗景觀。

阿得雷德近郊城鎮
AROUND ADELAIDE

阿得雷德山丘
Adelaide Hills

從阿得雷德東部綿延到東北部的丘陵地帶，被稱為阿得雷德山丘，為阿得雷德當日往返的熱門觀光景點，散布在這片丘陵地區的小鎮、溪谷、湖泊、葡萄園、蘋果園及梨園等，豐富而多變的自然景觀成為旅遊的焦點。若想花上一整天遊遍阿得雷德山丘的主要觀光景點，可以參加從阿得雷德出發的旅遊團，或是租車前往；時間較為充裕的遊客也可以搭乘從阿得雷德出發的巴士，前往各個觀光目的地遊覽。

絕佳的瞭望景致與野生動物公園 MAP P.459/2A

洛福迪山
Mt.Lofty

能一覽無遺阿得雷德市街的Mt. Lofty Summit

位在阿得雷德山丘入口區域的是洛福迪山和其山麓地帶，而斯特靈Stirling就是這裡的中心城鎮。在洛福迪山頂有座兼營餐廳的觀景台Mt. Lofty Summit，可以將阿得雷德市中心到海岸線的壯闊美景一覽無遺。若是租車前往的人，還能順便到附近的洛福迪山植物園Mt. Lofty Botanic Garden參觀。

另外在洛福迪山的山林斜坡處，還有一座克萊蘭德野生動物園Cleland Wildlife Park，這裡對於無尾熊、袋鼠、澳洲野犬、鴯鶓、袋熊、袋獾等澳洲的特有動物，都採取接近原始自然狀態的方式飼養，幾乎都是在園區裡自由放養。在園區入口有販賣飼料，動物只要看到遊客拿著飼料就會馬上靠過來；而在Koala Experience（一日1～2回）的時間，不但能免費用自己的相機拍下觸摸無尾熊的照片，也可以付費抱著無尾熊合拍紀念照。由於園區幅員廣闊，想要仔細地逛一圈需要2小時以上；而與園區入口處建築緊鄰的是爬蟲館、咖啡館、餐廳和紀念品店等設施。

在Koala Experience的時間可以免費靠近無尾熊

阿得雷德山丘最可愛的城鎮 MAP P.459/2A

德國村&安加白令嘉河谷
Hahndorf & Onkaparinga Valley

德國村是阿得雷德山丘最出名的觀光地點，這裡和巴羅莎河谷的情況相同，在1830年代有許多從普魯士東部（今德國）為追求宗教自由的移民來到此地，打造出這座城鎮。而德國村的名稱又寓含著「Hahn的城鎮」之意，移民們以此來紀念當初帶領他們飄洋過海來到這裡定居的Hahn船長。

村裡的主要大街Main St.上，舉目盡是如德國鄉村般古老而可愛的建築，並且已成為紀念品店、古董店、咖啡館、餐廳、飯店等商業設施，其中大多數建築物都是在19世紀後半到20世紀初期所建造的。而在主要大街中間路段的舊路德教派學校Old Lutheran School，現在成為可以取得阿得雷德山丘地區相關旅遊資訊、德國村地圖的遊客中心。

德國村可愛的街道

交通

●洛福迪山

前往斯特靈，可以從市區搭乘Route 864、864F、865巴士；前往Mt. Lofty Summit、克萊蘭德野生動物園，可以在斯特靈前一站的Crafers下車後，轉乘Route 823巴士。

■洛福迪山植物園

住Mt.Lofty Summit Rd., Crafers, 5051
☎(08)8370-8370
URL www.botanicgardens.sa.gov.au
開週一～五8:30～16:00，週六、日、節日8:30～17:00（10～3月～19:00、6～8月～16:00關園）
費免費

也可以餵食袋鼠

■克萊蘭德野生動物園 MAP P.459/2A

住365 Mt.Lofty Summit Rd., Crafers, 5152
☎(08)8339-2444
URL www.clelandwildlifepark.sa.gov.au 開每日9:30～17:00（入園至16:30為止）
休耶誕節
費大人$31 小孩$16 家庭$77

●Koala Experience

時每日11:00～12:00、14:00～16:00／抱無尾熊拍紀念照：每日14:00～15:00
費抱無尾熊拍紀念照Koala Hold：1人$33.50／觸摸無尾熊Koala Close Up：免費

交通

●德國村&安加白令嘉河谷

前往德國村，可以從阿得雷德中央巴士總站搭乘Route 864、864F（所需時間約50分鐘）；前往安加白令嘉河谷，則從市區搭乘Route 830F，或是從巴克山搭乘Route 835前往。不過參加旅遊團或租車還是比較方便的方式。

德國村往北的安加白令嘉河Onkaparinga River一帶，就是安加白令嘉河谷Onkaparinga Valley，在這片綿延果園、牧草地的丘陵區，分布著奧克班克Oakbank、伍德塞德Woodside、查爾斯頓Charleston等小村莊，是非常適合自駕的兜風路線。

左：在人氣酒莊蕭&史密斯試飲時可以搭配起司/右：在Nepenth Wine可以輕鬆享受試飲樂趣

另外在這個地區也有為數眾多的酒莊，例如澳洲人氣酒莊之一的蕭&史密斯酒莊Shaw & Smith，還有Nepenth Wine和The Lane Vineyard等，不少酒莊都會附設餐廳，讓遊客可以充分享受美食&美酒的雙重樂趣。

保留眾多老建築 MAP P.459/2B

巴克山 Mt. Barker

巴克山在阿得雷德山丘算是歷史特別悠久，且規模較大的城鎮，以順著地形、融入周遭大自然的美麗城鎮而自豪。可以一邊悠閒地漫步在小鎮裡，一邊欣賞被澳洲國家信託National Trust指定的火車站、舊政府機關、農舍小屋及房舍等古蹟建築。儘管許多古老建築也作為飯店、商店、餐廳、咖啡館等商業用途，但小鎮的整體感覺就像是歷史博物館，而遊客中心就在主要大街的Gawler St.上。

位於城鎮入口處的Wallis Tavern

景點超多 MAP P.459/1・2B

托倫斯谷 Torrens Valley

托倫斯谷是沿著托倫斯河而形成的美麗翠綠溪谷，位置就在阿得雷德山丘的北部。在庫德里溪Cuddle Creek有座占地廣達14英畝的峽谷野生動物園Gorge Wildlife Park，可以擁抱可愛的無尾熊，而這座動物園還以擁有超過50種動物與160種以上的野生鳥類而自豪。

可以抱到無尾熊的私房景點──峽谷野生動物園

玩具工廠The Toy Factory則是位在谷瑪拉賈Gumeracha鎮外的木製玩具工廠，最醒目的標誌就是入口處的世界最大木馬（高18.3m）；來這裡除了能參觀木頭玩具的製作現場，當然也可以購買這些剛完成的玩具。在玩具工廠的後面，還有一座飼養著孔雀、鴯鶓、袋鼠等動物的野生動物園Wildlife Park。

■阿得雷德山丘遊客中心
Adelaide Hills Visitor Information Centre
住68 Mount Barker Rd., Hahndorf, 5245
☎(08)8393-7600
URL www.adelaidehillsvic.com.au
開每日10:00～16:00
休耶誕節

■德國村周圍的人氣酒莊
●蕭&史密斯酒莊
Shaw & Smith
住136 Jones Rd., Balhannah, 5242 ☎(08)8398-0500
URL www.shawandsmith.com
營每日11:00～17:00
費含起司盤的葡萄酒試飲1人$25
●Nepenth Wine
住93 Jones Rd., Balhannah, 5242 ☎(08)8398-8899
URL www.nepenthe.com.au
營每日10:00～17:00
費葡萄酒試飲1人$10
●The Lane Vineyard
住5 Ravenswood Lane, Hahndorf, 5245
☎(08)8388-1250
URL www.thelane.com.au
營每日10:00～17:00
費含輕食的試飲1人$60（單純試飲$10）

交通

●巴克山
從阿得雷德的中央巴士總站搭乘Route T840、864F巴士，所需時間約50分鐘。

交通

●托倫斯谷
由於當地沒有大眾交通工具，租車是最方便的方式。

■峽谷野生動物園
MAP P.459/2B
住30 Redden Drv., Cuddlee Creek, 5232
☎(08)8389-2206
URL gorgewildlifepark.com.au
開每日9:00～17:00
休耶誕節
時抱無尾熊的時間：每日11:30、14:30
費大人$19 小孩$12 家庭$54／抱無尾熊1人$10

另外還可以前往分布在這裡的酒莊，或是到伯德伍德Birdwood、愉悅山Mt. Pleasant等城鎮，造訪由澳洲國家信託管理的古老殖民風格建築，遊覽托倫斯谷的方式非常多樣。

以全球最大木馬做標誌的玩具工廠

巴羅莎河谷
Barossa Valley

從Mengler Hill觀景台眺望的景觀

位於阿得雷德東北方約55km處的巴羅莎河谷，是澳洲葡萄酒的著名產地。

1842年來自德國為追求宗教自由移居到此地的路德教派人士，由於這裡的地形類似祖國萊茵河流域而開始種植葡萄，從此一躍成為葡萄酒的知名產地。葡萄園綿延在平緩的丘陵地區，酒莊總數超過160間，其中有80多間都提供葡萄酒試飲、購買的服務，也有提供釀酒工廠、古老房舍的參觀導覽之旅。與澳洲其他葡萄酒產地相同的是，這裡也栽培著各式各樣的釀酒葡萄品種，但是最有名的還是希哈Shiraz，不僅稱冠全澳洲，更是不輸給法國隆河流域味道濃郁Full-Bodied的葡萄酒，其中還有存放數十年卻被認為正適合飲用的酒。

另外在這個地區，同樣保存著無數在開拓時代所建的農舍、宅邸，這些擁有深刻歷史感的優雅建築，如今也變成飯店、餐廳、手工藝品店等，且相當受到居民的珍惜。從阿得雷德開車只需要約1個小時，因此大部分造訪巴羅莎河谷的遊客多為當天來回，若是能在飯店住1晚，悠閒地周遊酒莊也是不錯的選擇。

有許多餐廳都可以一邊欣賞葡萄園景致，一邊享受美酒與佳餚（傑卡斯酒莊）

而且，巴羅莎河谷所涵蓋的範圍其實包括廣大的丘陵地帶，村落和酒莊就散布在20km見方的遼闊區域裡，其中最主要的村莊包括Lyndoch、塔南達Tanunda、努利奧帕Nuriootpa、安格斯頓Angaston，由於遊客中心位於塔南達的主要大街上，所以得先來這裡拿一份關於巴羅莎河谷的全區地圖、酒莊及住宿設施等相關資訊的簡介。

■玩具工廠
MAP P.459/2B
住452 Torrens Valley Rd., Gumeracha, 5233
☎(08)8389-1085
URL thetoyfactory.com.au
開每日9:00～16:30
費免費／登上木馬1人$2／野生動物園1人$2

交通

●巴羅莎河谷
前往巴羅莎河谷，可以從阿得雷德車站搭乘火車到高勒Gawler（約1小時），再轉乘LinkSA的巴士（約1小時）；從阿得雷德也有許多巴羅莎河谷的1日觀光行程（→P.479），當然租車前往也相當方便。
●LinkSA
☎(08)8562-1999
URL linksa.com.au

■巴羅莎遊客中心
Barossa Visitor Information Centre MAP P.473/1A
住66-68 Murray St., Tanunda, 5352 ☎1300-852-982
URL www.barossa.com
開週一～五9:00～17:00，週六9:00～16:00，週日、節日10:00～16:00
休耶穌受難日、耶誕節

■巴羅莎河谷葡萄酒節
Barossa Valley Vintage Festival
每逢奇數年的復活節假期就會舉辦，是個祈求葡萄豐收的慶典。唱歌、跳舞、比賽採摘葡萄等活動會持續一整個禮拜。
URL www.barossavintagefestival.com.au

■計程車
●Barossa & Light Cab Service
☎0400-631-631
URL barossaandlightcabservice.com.au
●Barossa Taxis
☎0411-150-850
URL www.barossataxis.com.au

位於塔南達的遊客中心

只要參加旅遊團就能在主要酒莊享受試飲的樂趣

■奔富酒莊

MAP P.473/1B
住30 Tanunda Rd., Nuriootpa, 5355
☎(08)8568-8408
URL www.penfolds.com
營每日10:00～17:00
休耶誕節、節禮日
●A Taste of Grange
時每日14:00～15:00
費$150（要預約／2人以上）
●Make Your Own Brand
時每日10:30～11:30、14:00～15:00
費$85（要預約／2人以上）

可以周遊酒莊的巴羅莎河谷之旅

想要有效率地參觀位於巴羅莎河谷內的酒莊，最好的方式就是參加周遊酒莊之旅，除了有從阿得雷德出發的酒莊旅遊團之外，巴羅莎河谷出發的酒莊之旅內容更是變化和選擇多。最基本的酒莊之旅都是搭乘小型巴士，如果是1日行程的話會造訪5間酒莊，而且還會前往並介紹巴羅莎河谷的重要景點；在酒莊內試飲葡萄酒時，導遊還會提供各種解說和建議，即使不懂酒的人也能樂在其中。另外也有搭乘大型巴士或古董車探訪酒莊的旅遊行程，非常適合情侶或團體遊客參加；還有從空中俯瞰遼闊巴羅莎河谷、葡萄園的熱氣球之旅，也是非常熱門的人氣旅遊行程。

騎腳踏車環遊酒莊

如果因為要開車沒有辦法盡興地試飲葡萄酒，或許可以考慮改騎腳踏車環遊各家酒莊；只是巴羅莎河谷的酒莊分布範圍相當大，加上高低起伏的丘陵地勢，因此必須在出發前先規劃好路線。可以在努利奧帕的Barossa Double D'vin，或是塔南達的Tanunda Caravan & Tourist Park兩地租借腳踏車。

就是這裡一定要去

巴羅莎河谷的人氣酒莊
Popular Winery in Barossa Valley

由於眾多酒莊都提供現場試飲及販售葡萄酒的服務，因此輕鬆地探訪美酒正是巴羅莎河谷之旅的樂趣，既然來到知名酒鄉，自然是有幾間值得鎖定的酒莊。

●奔富酒莊 Penfolds Barossa Valley Winery

不僅是努利奧帕及巴羅莎河谷中最知名的酒莊，也是全澳洲最具代表性的老字號酒莊，雖然也有進口台灣，但因為有許多品項只能在澳洲才買得到，當然非來不可。而

參加Make Your Own Brand，工作人員會教你如何調出個人專屬美酒

巴羅莎河谷的其他主要酒莊

酒莊名稱	地址／URL	電話號碼	營業時間
塔南達地區			
Grant Burge Wines	279 Krondorf Rd., Tanunda, 5352 URL www.grantburgewines.com.au	(08)8563-7644	每日10:00～17:00
Peter Lehmann Wines	Para Rd.,Tanunda, 5352 URL www.peterlehmannwines.com	(03)8565-9555	週一～五9:30～17:00、週六、日、節日10:30～16:30
St Hallett Wines	24 St Hallett Rd., Tanunda, 5352 URL www.sthallett.com.au	(08)8563-7070	每日10:00～17:00
Bethany Wines	378 Bethany Rd., Tanunda, 5352 URL www.bethany.com.au	(08)8563-2086	週一～六10:00～17:00、週日13:00～17:00
努利奧帕地區			
Kaesler Wines	Barossa Valley Way, Nuriootpa, 5355 URL kaesler.com.au	(08)8562-4488	每日11:00～17:00
Lyndoch地區			
Kellermeister Wines	1561 Barossa Valley Way, Lyndoch, 5351 URL kellermeister.com.au	(08)8524-4303	每日9:30～17:30
安格斯頓地區			
Yalumba Wines	40 Eden Valley Rd., Angaston, 5353 URL www.yalumba.com	(08)8561-3309	每日10:00～17:00
Saltram Wine Estates	Murray St., Angaston, 5353 URL www.saltramwines.com.au	(08)8561-0200	週四～一10:00～17:00

提到了奔富就不能不提到Grange，不僅獲得全世界極高的評價，也是代表澳洲的知名希哈紅酒，陳年老酒甚至每瓶可以喊價超過$1000，當然$20左右的平價葡萄酒也相當多。

除了一般葡萄酒的試飲之外，也提供包含Grange的奔富嚴選頂級美酒試飲之旅A Taste of Grange，以及依照個人喜好自行調配希哈、格那希Grenache、莫納斯特雷爾Monastrell 3種葡萄酒的特別之旅Make Your Own Brand。

●賽波特費爾德酒莊 Seppeltsfield Wines

賽波特費爾德酒莊就位在努利奧帕往西行8km的賽波特費爾德Seppeltsfield，這個創立於1851年，在巴羅莎河谷是數一數二悠久歷史的酒莊，擁有便利商店、BBQ設備等完善設施，是相當受到遊客喜愛的觀光景點。

■賽波特費爾德酒莊
MAP P.473/1A
住 730 Seppeltsfield Rd., Seppeltsfield, 5355
☎ (08)8568-6200
URL www.seppeltsfield.com.au
營 每日10:30～17:00
休 新年、耶穌受難日、耶誕節
●導覽之旅
時 每日10:30開始（所需時間1小時）
費 1人$189

光欣賞建築物就能充分感受到歷史的賽波特費爾德酒莊

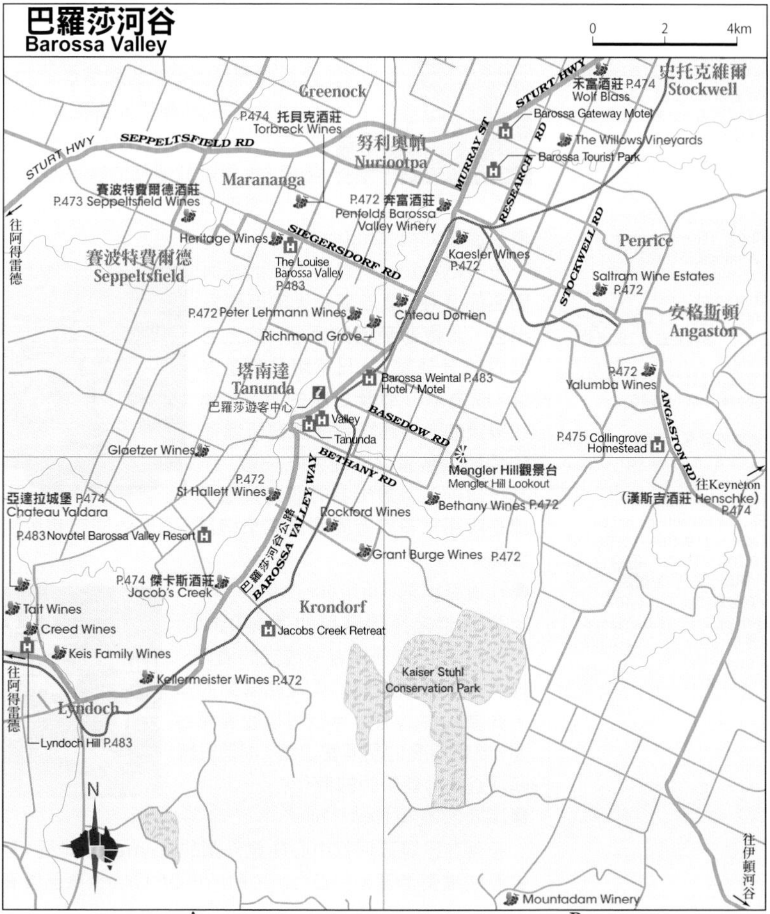

巴羅莎河谷
Barossa Valley

0 2 4km

史托克維爾 Stockwell
禾富酒莊 P.474 Wolf Blass
Greenock
STURT HWY
Barossa Gateway Motel
P.474 托貝克酒莊 Torbreck Wines
SEPPELTSFIELD RD
MURRAY ST
RESEARCH RD
The Willows Vineyards
努利奧帕 Nuriootpa
Barossa Tourist Park
Marananga
賽波特費爾德酒莊 P.473 Seppeltsfield Wines
P.472 奔富酒莊 Penfolds Barossa Valley Winery
往阿得雷德
STOCKWELL RD
Heritage Wines
SIEGERSDORF RD
Kaesler Wines P.472
Penrice
賽波特費爾德 Seppeltsfield
The Louise Barossa Valley P.483
Saltram Wine Estates P.472
P.472 Peter Lehmann Wines
Chteau Dorrien
安格斯頓 Angaston
Richmond Grove
塔南達 Tanunda
Barossa Weintal P.483 Hotel / Motel
P.472 Yalumba Wines
巴羅莎遊客中心
Valley
BASEDOW RD
Tanunda
ANGASTON RD
P.475 Collingrove Homestead
Glaetzer Wines
BETHANY RD
Mengler Hill觀景台 Mengler Hill Lookout
往Keyneton
P.472 St Hallett Wines
亞達拉城堡 P.474 Chateau Yaldara
Bethany Wines P.472
(漢斯吉酒莊 Henschke) P.474
BAROSSA VALLEY WAY
巴羅莎河谷公路
Rockford Wines
P.483 Novotel Barossa Valley Resort
Grant Burge Wines P.472
P.474 傑卡斯酒莊 Jacob's Creek
Tait Wines
Krondorf
Creed Wines
Jacobs Creek Retreat
Keis Family Wines
往阿得雷德
Kaiser Stuhl Conservation Park
Kellermeister Wines P.472
Lyndoch
Lyndoch Hill P.483
N
往伊頓河谷
Mountadam Winery
1
2
A
B

在這裡可以參觀具有歷史價值的酒莊建築，以及超過100年的葡萄酒窖（Centenary Cellar），還有從百年酒窖的酒桶中直接倒酒來試飲的百年之旅Centenary Tour，如此難得的機會絕不能錯過。

●傑卡斯酒莊 Jacob's Creek

傑卡斯酒莊位在Lyndoch～塔南達之間，是澳洲最大規模的酒莊，在台灣也有販賣許多商品。遊客中心是棟充滿現代風格的新潮建築，除了可以試飲葡萄酒，還有關於巴羅莎河谷歷史的展示空間，以及能夠眺望葡萄園美景同時優雅用餐的餐廳。在品酒室內除了一般的試飲，也提供頂級葡萄酒的試飲。

傑卡斯酒莊的遊客中心

●禾富酒莊 Wolf Blass

禾富酒莊的試飲服務人員

在南澳州各地都擁有葡萄園，可說是澳洲屈指可數的釀酒商。位於巴羅莎河谷的酒莊要從努利奧帕的村莊沿著Sturt公路往東行才能抵達，提供試飲服務的建築非常摩登，很有看頭。

●亞達拉城堡 Chateau Yaldara

位於Lyndoch，以出產氣泡酒而聞名的酒莊，歐風豪華大宅邸極為出色，儲藏葡萄酒的酒窖，加上宅邸內的奢華家具、日常用品都是古董，成為酒莊導覽之旅的重點，參加導覽的遊客應該會被這裡所儲存的葡萄酒數量之多而大吃一驚。作為巴羅莎河谷最出名的觀光景點，總是吸引眾多旅遊團觀光客來造訪，酒莊內同時也附設餐廳。

散發豪華城堡氣氛的亞達拉城堡

●托貝克酒莊 Torbreck Wines

澳洲非常受到矚目的酒商David Powell在巴羅莎河谷所成立的酒莊，提供各種搭配菜餚的美酒給雪梨的知名餐廳Tetsuya's。至於可以欣賞葡萄園、氣氛明亮的品酒室建築，則是巴羅莎河谷當地建築師的傑作。

托貝克酒莊提供試飲的葡萄酒會依據費用而不同

●漢斯吉酒莊 Henschke

座落在巴羅莎河谷中心往東外圍的Keyneton地區，以生產能媲美奔富酒莊Grange的Hill of Grace高品質葡

■傑卡斯酒莊 MAP P.473/2A
住2129 Barossa Valley Way, Jacob's Creek, Rowland Flat, 5352 ☎(08)8521-3000
URL www.jacobscreek.com
營每日10:00～17:00
休耶穌受難日、耶誕節
費普通葡萄酒試飲$10／Cellar Selection$20／Double Barrel Experience$65

■禾富酒莊 MAP P.473/1B
住97 Sturt Hwy., Nuriootpa, 5355 ☎(08)8568-7311
URL www.wolfblass.com
營每日10:00～16:30
休耶誕節

■亞達拉城堡 MAP P.473/2A
住159 Hermann Thumm Drv., Lyndoch, 5351
☎(08)8524-0225
URL www.chateauyaldara.com.au
營每日10:00～17:00
休耶穌受難日、耶誕節、節禮日
費葡萄酒試飲$10
●導覽之旅（含起司盤與葡萄酒試飲）
時每日13:00～14:00
費1人$45

■托貝克酒莊 MAP P.473/1A
住348 Roennfeldt Rd., Marananga, 5355
☎(08)8563-8123
URL torbreck.com
營每日10:00～17:00
休新年、耶穌受難日、耶誕節、節禮日
費葡萄酒試飲$20／Limited Release Tasting $40

■漢斯吉酒莊 MAP P.459/1B
住1428 Keyneton Rd., Keyneton, 5353
☎(08)8564-8223
URL www.henschke.com.au
營週一～六9:00～16:30，節日10:00～15:00 休週日、新年、耶穌受難日、耶誕節
費葡萄酒試飲 $10～40
●Hill of Grace Experience
時週一、四、五、六10:00＆14:00
費1人$150（2人以上）

漢斯吉酒莊是巴羅莎河谷具代表性的釀酒商

萄酒為主。此外，酒莊推出先遊覽葡萄園，之後在個人空間試飲Hill of Grace等漢斯吉酒莊頂級葡萄酒的Hill of Grace Experience。

巴羅莎河谷的其他景點

位在安格斯頓的Collingrove Homestead，是由澳洲國家信託指定管理的一處古老農家，雖然名為農家其實是被優美庭園所圍繞的住宅，現在則是作為B&B提供遊客住宿，部分區域還成為展示精美古董家具的博物館，並且能在此享受愉快的德文郡茶。

另外在塔南達Tanunda還有將殖民風格民宅改建而成的Maxwell's工藝品店Maxwell's Craft Gallery，專門販賣琳瑯滿目的皮革雕刻、玻璃工藝、木頭等手工藝品及裝飾品等，同時也有茶室的服務。若從塔南達開車10分鐘左右就能抵達的巴羅莎水庫Barossa Reservoir（全世界第一座完全使用水泥建造的水庫），又被稱為回音牆Whispering Wall，站在距離遙遠的水泥牆兩端，即使只發出細微的聲音都能聽得很清楚，讓許多來這裡嘗試的遊客都非常感動。

■Collingrove Homestead
MAP P.473/1B
住450 Eden Valley Rd., Angaston, 5353
☎(08)8564-2061
URL www.nationaltrust.org.au/places/collingrove-homestead
●博物館
※目前因整修而關閉中

站在水壩的兩端試試看低聲說話

克萊爾谷
Clare Valley

克萊爾谷是開車從巴羅莎河谷往北約1個小時之處的葡萄酒產地總稱，由北起為克萊爾Clare、七山丘Sevenhill、潘沃森Penwortham、米塔羅Mintaro、瓦特維爾Watervale、Leasingham、奧本Auburn，綿延廣達約30km。

這裡開始釀造美酒的歷史可以追溯到1851年，當時耶穌會的修士選在七山丘開始釀葡萄酒，之後就在陸續而來的歐洲移民手上開花結果，如今還成為澳洲首屈一指的麗絲玲Riesling不甜白酒知名產地；而受益於土壤與絕佳氣候，讓克萊爾谷生產的絕佳希哈Shiraz紅酒與巴羅莎河谷齊名。這裡的酒莊超過50間以上，其中有30家以上提供現場試飲及販售服務。

想要周遊酒莊，最方便的方式就是租車前往，不過若是預定要住宿在克萊爾谷的話，利用腳踏車來周遊酒莊也很不錯；克萊爾～奧本之間還有一條名為麗絲玲小徑The Riesling Trail的腳踏車專用道，沿途分布著許多酒莊，而且克萊爾谷幾乎的所有飯店都提供腳踏車租借服務。

交通

●克萊爾谷
最方便的方式就是從阿得雷德參加旅遊團或租車。

■克萊爾谷遊客中心
Clare Valley Wine, Food & Tourism Centre
住8 Spring Gully Rd., Clare, 5453
☎(08)8842-2131
FREE 1800-242-131
URL www.clarevalley.com.au
開週一～五9:00～17:00，週六、日、節日10:00～16:00
休耶誕節

克萊爾谷的麗絲玲小徑指標

由於在台灣很難買到克萊爾谷的好酒，所以一定要好好試飲一番，找出最喜歡的佳釀。接下來就來介紹幾間人氣酒莊。

在七山丘酒窖試飲

●七山丘酒窖Sevenhill Cellars

1851年由耶穌會修士所成立，是克萊爾谷最古老的酒莊，周邊還有St Aloysius' Church、葡萄酒博物館，都開放讓遊客參觀。

●史基洛嘉里酒莊 Skillogalee Wines

附設能夠一邊眺望葡萄園一邊享用美食的人氣餐廳，不妨選在午餐時刻來造訪這座酒莊（餐廳最好事先預約）。

●凱瑞山酒莊 Kirrihill Wines

擁有克萊爾谷少見時尚氣息的酒莊，由年輕釀酒商所開發的希哈紅酒，也獲得極高評價。

弗勒里雲半島
Fleurieu Peninsula

突出於阿得雷德南部的弗勒里雲半島，由於地點位置就在阿得雷德的1日觀光圈範圍裡，因此不論是酒莊巡禮、觀賞企鵝或鯨魚，還是到庫榮國家公園Coorong NP河上巡航之旅等，一整年都擠滿了觀光客。雖然也很建議遊客開車前往，但是如果想把主要觀光景點一次看完，最好的方式還是參加由阿得雷德出發的旅遊團。

聞名於世的人氣酒莊地區 MAP P.459/2A

麥克拉崙谷地
McLaren Vale

由阿得雷德出發，開車約30分鐘就能抵達與巴羅莎河谷齊名的南澳酒鄉之一麥克拉崙谷地。從1839年在John McLaren的移居下，

麥克拉崙谷地周圍的廣闊葡萄園

逐漸發展成為葡萄酒的產地，現今已經擁有多達50間以上的酒莊，幾乎所有酒莊都提供葡萄酒試飲和現場銷售的服務。酒莊名單在城鎮入口處前方的麥克拉崙谷地&弗勒里雲半島遊客中心McLaren Vale & Fleurieu Visitor Centre就能索取（遊客中心內也進駐1間酒莊並提供試飲服務）。說起此地知名的酒莊，包含1837年在阿得雷德的格雷寧開始釀酒，之後為追求更佳的釀酒環境而在

■七山丘酒窖
住111C College Rd., Sevenhill, 5453 ☎(08)8843-5900
URL www.sevenhill.com.au
營每日10:00～17:00
休新年、復活節、耶誕節、節禮日
費葡萄酒試飲$10～20

■史基洛嘉里酒莊
住45 Trevarrick Rd., Sevenhill, 5453 ☎(08)8843-4311
URL www.skillogalee.com.au
營每日9:30～17:00
休耶誕節

■凱瑞山酒莊
住12 Main North Rd., Clare, 5453 ☎(08)8842-1233
URL www.kirrihillwines.com.au
費參觀行程1人$100（須預約）

交通

●**弗勒里雲半島**

前往麥克拉崙谷地，可以從阿得雷德搭乘火車到Seaford（約45分鐘），再轉乘Route 751、751W、756的巴士（約10分鐘）；到維克多港及古爾瓦Goolwa，可以從Seaford搭乘LinkSA的巴士，每天2～3班。只不過在當地都沒有大眾交通工具，還是參加旅遊團或租車前往最為方便。

■麥克拉崙谷地&弗勒里雲半島遊客中心
住796 Main Rd., McLaren Vale, 5171
☎(08)8323-9944
URL www.mclarenvaleandfleurieucoast.com.au/plan/visitor-centre
開週一～五9:00～17:00，週六、日、節日10:00～16:00
休耶穌受難日、耶誕節

■主要酒莊

●Hugh Hamilton Wines
住94 McMurtrie Rd., McLaren Vale, 5171
☎(08)8323-8689
URL hughhamiltonwines.com.au
營每日11:00～17:00
休耶誕節
費葡萄酒試飲$20～35

●Tintara (Hardys)
住202 Main Rd., McLaren Vale, 5171
☎(08)8329-4124
URL www.hardyswines.com
營週一～五、日11:00～16:00，週六、節日10:00～16:00
休新年、耶穌受難日、耶誕節

具有歷史的Tintara酒莊

已成為觀光勝地的d'Arenberg Cube

麥克拉崙谷地設立酒莊的Hugh Hamilton，還有在麥克拉崙谷地從1876年開始釀酒至今，旅遊團都會造訪的歷史酒莊Tintara（Hardys），以及創業於1892年也很有歷史的Pirramimma Winery、1912年成立現在成為麥克拉崙谷地代表酒莊的達令堡酒莊d'Arenberg，都是不能錯過的酒莊。而達令堡酒莊目前已交由第2代Chester Osborn接手釀造時尚的葡萄酒，品酒室所在的建築d'Arenberg Cube，外觀就如魔術方塊一般十分嶄新，館內除了充滿藝術氛圍，也感受得到為加深遊客對葡萄酒的認識所下的功夫與用心。

此外，在得天獨厚溫暖氣候的造福下，麥克拉崙谷地也盛行栽種杏仁、橄欖、薰衣草等作物，於是橄欖油、橄欖皂等橄欖商品，還有各種加味杏仁就成為最佳伴手禮。

馬車鐵路及看企鵝最有人氣 MAP P.459/3A

維克多港
Victor Harbor

很想體驗一次的馬車鐵路

維克多港在阿得雷德以南約80km處，開車約1小時30分，就在面對相遇灣Ecounter Bay的位置，而城鎮的正前方則是花崗岩島Granite Is.，可以搭乘走在碼頭上的馬車鐵路Horse Drawn Tram，或是徒步橫越去小島。花崗岩島是世界上少數的神仙企鵝棲息地，牠們會在傍晚到夜間回到島上的巢休息，只要參加有解說員陪同的導覽行程，就可以近距離觀賞這些可愛的企鵝。另外在冬季（6～8月）的海岸邊會有南露脊鯨出現，這個季節別忘了要帶望遠鏡出海去賞鯨，附近還有展示與鯨魚相關資訊的南澳鯨魚中心SA Whale Centre。

搭乘快艇去看海獅、海狗與海豚

有時海狗也會靠近船隻

在維克多港海岸邊還棲息著澳洲海獅和紐西蘭海狗的海豹島Seal Is.，可以參加Big Duck Boat Tours，搭乘從連接花崗岩島及維克多港碼頭中間出發的快艇，能看見海獅與海狗的機率很高，因而大受歡迎。

●Pirramimma Winery
住130 Johnston Rd., McLaren Vale, 5171 ☎(08)8323-8205
URL www.pirramimma.com.au
營週一～五9:30～16:30，週六、日、節日11:00～17:00

●達令堡酒莊d'Arenberg
住Osborn Rd., McLaren Vale, 5171 ☎(08)8329-4888
URL www.darenberg.com.au
營每日10:30～16:30
休新年、耶穌受難日、耶誕節
費d'Arenberg Cube門票：1人$15（含試飲費用）

■維克多港遊客中心 Victor Harbor Visitor Information Centre
住10 Coral St., Victor Harbor, 5211
☎(08)8551-0777
FREE 1800-557-094
URL encountervictorharbor.com.au
開每日9:00～17:00
休耶誕節

■馬車鐵路
☎(08)8551-0720
URL horsedrawntram.com.au
營每日10:30～15:20（週末～16:00）每隔40分鐘
費單程大人$15 小孩$10／來回大人$20 小孩$15

■企鵝之旅
☎(08)8552-7137
URL www.oceanvictor.com.au
時依季節而異18:00～21:00出發（要在網站或遊客中心預約）
費大人$25 小孩$20 家庭$75
※目前停業中

■Big Duck Boat Tours
☎(08)8555-2203
URL www.thebigduck.com.au
時海豹島觀光船：週一、三、四、六、日13:00～13:45／Southern Ocean Adventure：週一、三、四、六、日11:00～12:30、14:00～15:30（依據季節，有時上午或下午班次無法成行）
費海豹島觀光船：大人$50 小孩$30 家庭$135／Southern Ocean Adventure：大人$75 小孩$58 家庭$235

看到海豚的機會很大

※由於花崗岩島的企鵝數量驟減，參加出海行程也經常看不到企鵝。

如果想要更盡興地欣賞海景，可以往維克多港以西3～4km的Rosetta Head（通稱為The Bluff）登高享受絕佳景致。在維克多港到古爾瓦之間，還有復古觀光蒸汽火車Steam Ranger可以搭乘。

發現墨累河口景觀 MAP P.459/3A・B

古爾瓦＆庫榮國家公園
Goolwa & Coorong NP

古爾瓦是面對澳洲最大河川墨累河口處亞歷珊德拉湖Lake Alexandrina的城鎮，過去是以蒸汽火車運送物資前往內陸地區，同時也是海上運送船隻卸貨的港口而繁榮的城鎮，現在則變成觀光重地，是前往位於墨累河口處、面積廣達5公頃的庫榮國家公園門戶而聞名。

其實庫榮國家公園是墨累河注入大海前，在河口處泥沙堆積而成的大沙丘與沙灘（實際長達145km），沙丘也在海洋與河川之間形成潟湖，擁有相當獨特的自然景觀；實際上這片沙丘區域，生長著275種植物，水邊更聚集包含鵜鶘等超過200種水鳥。想要好好認識庫榮國家公園的最佳方式，就是參加Spirit of the Coorong Cruises之旅，遊客可以搭乘觀光船探訪潟湖，還有生態導遊告訴大家墨累河口與大沙丘的生態，再去叢林散步並觀察鵜鶘等水鳥活動的情形。在叢林散步時，還有機會現場體驗品嚐果實、樹皮、昆蟲等叢林食物Bush Tucker。參加觀光船之旅，必須從古爾瓦的港口搭乘專用巴士前往欣德馬什島Hindmarsh Is.的觀光船碼頭，再上船出發。

搭觀光船遊覽庫榮國家公園

■復古觀光蒸汽火車
☎1300-655-991
URL www.steamrangerheritagerailway.org
時 僅限週日、節日、學校假期行駛（需要事先詢問）
費 來回大人$33 小孩$17 家庭$79

■庫榮遊客中心Goolwa Visitor Information Centre
住 Lot 4, Goolwa Tce., Goolwa, 5214
FREE 1300-466-592
URL www.visitalexandrina.com
開 每日10:00～16:00

■Spirit of the Coorong Cruises
住 Main Wharf, Goolwa, 5214
☎(08)8555-2203
URL www.coorongcruises.com.au
●Coorong Adventure Cruises
時 10～5月週三、日10:00～16:00
費 大人$145 小孩$100 家庭$340
●Coorong Discovery Cruises
時 週一、四、六13:00～16:30
費 大人$110 小孩$80 家庭$340

阿得雷德的旅遊＆活動
TOURS & ACTIVITIES IN ADELAIDE AREA

以阿得雷德為據點的旅遊行程，主要是以阿得雷德山丘、巴羅莎河谷、麥克拉崙谷地觀光景點的1日遊，以及造訪袋鼠島的1～2日遊為主流。

很難靠大眾交通工具前往

阿得雷德山丘之旅
Adelaide Hills Tours

●Adelaide Sightseeing／阿得雷德山丘與德國村半日之旅
Adelaide Sightseeing / Adelaide Hills & Hahndorf Half day

在阿得雷德山丘是從洛福迪山山頂欣賞景色，Aldgate、斯特靈等可愛城鎮則是車窗遊覽；會在人氣的

■阿得雷德山丘之旅
●Adelaide Sightseeing／阿得雷德山丘與德國村半日之旅
☎1300-769-762
URL www.adelaidesightseeing.com.au
時 週二、五、六、日13:15～17:15
費 大人$85 小孩$45
●Adelaide's Top Food & Wine Tours／阿得雷德山丘＆德國村祕境之旅
☎(08)8386-0888
URL www.topfoodandwinetours.com.au
時 週三、五、日9:00～17:00
費 1人$200

阿得雷德觀光重點的德國村裡，有許多洋溢德國風情的小店

德國村喝下午茶，或是品嚐在地精釀啤酒及自由活動。

●Adelaide's Top Food & Wine Tours／阿得雷德山丘&德國村祕境之旅

Adelaide's Top Food & Wine Tours / Adelaide Hills & Hahndorf Hideaway Tour

從洛福迪山觀景台欣賞阿得雷德的景致，造訪阿得雷德山丘的起司或巧克力工廠並試吃（10～5月則去莓果農場體驗採草莓），還有在德國村品嚐葡萄酒或啤酒，並享用德式風格午餐。

在德國村的自由活動時間十分充裕

造訪澳洲最大的酒莊地區

巴羅莎河谷之旅 Barossa Valley Tours

●Adelaide Sightseeing／巴羅莎河谷&德國村景點之旅|巴羅莎河谷美食&佳釀體驗

Adelaide Sightseeing / Barossa Valley & Hahndorf Highlight | Barossa Food & Wine Experience

巴羅莎河谷&德國村景點之旅是去傑卡斯酒莊Jacob's Creek品嚐早茶並試飲葡萄酒，在蘭伯特酒莊Lambert Estate享用2道菜的午餐及試飲；回程時順便到德國村，走逛藝術&手工藝品店。至於巴羅莎河谷美食&佳釀體驗則是去Pindarie Wines試飲葡萄酒，再到Maggie Beer's Farm Shop試飲葡萄酒及試吃果醬，然後去蘭伯特酒莊Lambert Estate享用午餐，享受美食與美酒的絕妙搭配。

●Taste the Barossa／品嚐巴羅莎頂級之旅

Taste the Barossa Premium Tour

先參觀亞達拉城堡的歷史建築，再去傑卡斯酒莊試飲葡萄酒，在Peter Lehmann Wines享用午餐同時品酒，最後再到禾富酒莊Wolf Blass試飲，是最適合愛酒人士的行程。

■巴羅莎河谷之旅

●Adelaide Sightseeing
☎1300-769-762
URL www.adelaidesightseeing.com.au
時 巴羅莎河谷&德國村景點之旅：週一、二、四、五9:15～17:15／巴羅莎河谷美食&佳釀體驗：週三、六、日9:15～17:15
費 巴羅莎河谷&德國村景點之旅：大人$170 小孩$101／巴羅莎河谷美食&佳釀體驗：大人$175 小孩$103

●Taste the Barossa／品嚐巴羅莎頂級之旅
☎(08)8357-1594
URL tastethebarossa.com.au
時 每日9:15～17:15
費 大人$159 小孩$74.50

■麥克拉崙谷地之旅

●Adelaide Sightseeing／麥克拉崙谷地&Cube體驗
☎1300-769-762
URL www.adelaidesightseeing.com.au
時 週一、二、四9:15～17:15
費 大人$195 小孩$101

探訪矚目的葡萄酒產地

麥克拉崙谷地之旅 McLaren Vale Tours

●Adelaide Sightseeing／麥克拉崙谷地&Cube體驗

Adelaide Sightseeing / McLaren Vale & The Cube Experience

訪問麥克拉崙谷地最熱門的酒莊及達令堡酒莊d'Arenberg的Cube，行程包含參觀藝術、試飲葡萄酒，還能享受2道菜的午餐，而且會造訪這個地區的2間酒莊進行試飲。由於在麥克拉崙谷地鎮上有自由活動時間，可以自己前往具有歷史的Hugh Hamilton Wines參觀。

麥克拉崙谷地最知名的觀光勝地d'Arenberg Cube

一整天仔細認識袋鼠島

袋鼠島1日&2日之旅

Kangaroo Island 1 Day & 2 Day Tour

前往袋鼠島的渡輪公司Sealink與同門的Adelaide Sealink推出各種行程的旅遊團(搭乘渡輪來回),以下介紹具有代表性的行程內容。

1日之旅為袋鼠島1日體驗Kangroo Island 1 day Experience,先到海豹灣Seal Bay觀察野生海獅,之後前往弗林德斯蔡斯國家公園參觀神奇岩和戰艦拱門,最後再去袋鼠島野生動物公園去看袋鼠及無尾熊(搭乘渡輪來回,約16小時的行程)。

袋鼠島上的人氣景點——海豹灣

推薦的還是2天1夜可以將主要景點都看遍的2日終極袋鼠島之旅2 Day Ultimate Kangaroo Island Tour,將島上東邊及西邊的景點各花1天時間遊覽,時間比較寬裕,而遇見野生袋鼠及無尾熊的機會也比較高,還會順道去尤加利精油廠、Clifford's養蜂場參觀。

遇見可愛的野生海豚

觀賞海豚&共泳之旅

Dolphin Watch & Swim Cruise

搭乘觀光船在格雷寧的海上,可以看到瓶鼻海豚並且一起游泳的行程。雖然說是與海豚在海中共泳,實際上是在觀光船的後面裝上大型圍網,讓泡在海水裡的遊客穿上浮潛設備、抓住繩索,欣賞極為靠近圍網的海豚身影。由於搭乘的是雙體式帆船遊艇,如果只選擇觀賞海豚,悠閒體驗遊艇氣氛也很不錯。

登上阿得雷德年輕人自豪的板球場屋頂

阿得雷德板球場屋頂攀登體驗

Adelaide Oval RoofClimb

位於阿得雷德市中心托倫斯河畔、可容納5萬3000人的大型球場——阿得雷德板球場,於1871年以板球專用球場開幕,現在則是除了板球,澳式足球及橄欖球都會使用(經常舉行重要國際比賽)。與嚮導一同登上這座具有歷史意義的球場屋頂,欣賞阿得雷德的景色,並詳細解說球場保留歷史的區域。為了安全會換上專用服裝及裝備,很有冒險氣氛,到達最頂端還會拍攝相當刺激的紀念照。

在球場屋頂拍紀念照

■袋鼠島景點之旅
主辦:Adelaide Sightseeing
☎1300-769-762
URL www.adelaidesightseeing.com.au
●袋鼠島1日體驗
時每日6:45~22:30
費大人 $323 小孩 $205
●2日終極袋鼠島之旅
時每日6:45~翌日22:30
費1人$660~716

■觀賞海豚&共泳之旅
主辦:Temptation Sailing
住Marina Pier, Holdfast Shores Marina, Glenelg, 5045
☎0412-811-838
URL dolphinboat.com.au
時格雷寧的Holdfast Shores Marina出發/11~2月每日,9~10月&3~4月週二、四、六、日出團:8:00~12:00
費共泳:大人$130 小孩$120/觀賞海豚:大人$78 小孩$68
※共泳行程含租借浮潛設備、潛水衣

緊跟在船邊的海豚

■阿得雷德板球場屋頂攀登體驗
☎(08)8331-5222
URL roofclimb.com.au
時Day Climb:每日10:00/Twilight Climb:每日16:30//Night Climb:週五、六19:00(視季節而定20:30)
※所需時間約2小時(喝酒後禁止參加)
費Day Climb大人$109 小孩$75/Twilight Climb大人$119 小孩$85/Night Climb 1人$125

阿得雷德的住宿 ACCOMMODATION

區域號碼(08)

阿得雷德市區

經濟型

就在巴士總站附近 MAP P.460/2A

Adelaide Central YHA

URL www.yha.com.au 住 135 Waymouth St., 5000
☎ 8414-3010 WiFi 免費
費 D $30.60～31.90、T W $86.70～122
※非YHA會員要追加費用 CC MV

最受經濟型旅客喜愛的Central YHA

距離巴士總站僅200m，而且櫃台接待是24小時服務，即使抵達時間較晚也不用擔心。同時還提供上網、旅遊諮詢等服務。

為遊客提供非常詳盡的解說 MAP P.460/3B

Hostel 109 Flashpackers

URL www.hostel109.com
住 109 Carrington St., 5000 ☎ 8223-1771
WiFi 免費 費 D $23～27、W $67～77 CC MV

充滿明亮清潔感覺的背包客旅館。工作人員對阿得雷德的旅遊資訊及活動消息非常清楚，還提供免費租借腳踏車的服務。

公寓式旅館

舊財政部大樓所改建而成 MAP P.460/2B

Adina Adelaide Treasury

URL www.adinahotels.com 住 2 Flinders St., 5000
☎ 8112-0000 WiFi 免費 費 T W $299、1B $329～359、2B $489 CC ADJMV

外觀優雅的建築內部改裝得十分時尚

將建於約160年前的舊財政部大樓，重新裝修而成的豪華公寓式旅館，內部還有餐廳、游泳池、SPA、健身房等設備。

超人氣的豪華公寓式旅館 MAP P.460/2A

Oaks Adelaide Embassy Suites

URL www.oakshotels.com 住 96 North Tce., 5000
☎ 8124-9900 WiFi 免費 費 1B $269～299、2B $429 CC ADJMV

室內裝潢全部採用洗練而簡潔的設計風格，提供全套廚房等完善設備，還有室內游泳池、SPA、三溫暖、健身房、餐廳等各種設施。

星級飯店

市中心的平價1星飯店 MAP P.460/2B

Ibis Adelaide

URL www.ibisadelaide.com.au
住 122 Grenfell St., 5000 ☎ 8159-5588
WiFi 付費 費 T W $289～379
CC ADJMV

距離Rundle Mall只有一個街區的絕佳地點，客房內部設計雖然簡單卻十分乾淨，感覺非常舒服。提供附近停車場的優惠價格，推薦租車遊客來住。

氣氛明亮的客房

眼前是綠意盎然的美麗公園 MAP P.460/3B

The Terrace Hotel Adelaide

URL www.independentcollection.com.au
住 208 South Tce., 5000 ☎ 8223-2800
WiFi 免費 費 T W $129～269 CC ADJMV

是建於南大街的1星飯店，11層樓的高塔建築格外引人注意。游泳池、衣物送洗、餐廳、免費停車場等設施非常完善。

在阿得雷德有個舒適的住宿 MAP P.460/2B

Hotel Richmond

URL www.hotelrichmond.com.au
住 128 Rundle Mall, 5000
☎ 8215-4444
WiFi 免費
費 T W $150～190
CC ADJMV

就位在Rundle Mall，氣氛洗練的客房讓人彷彿置身於設計旅館，非常舒適的沙發及床單等，都是使用品質非常好的材質。

1樓附設人氣酒吧及餐廳

不論要做什麼都很方便 MAP P.460/2A

Grosvenor Hotel Adelaide

URL www.grosvenorhoteladelaide.com.au
住 125 North Tce., 5000 ☎ 8407-8888
WiFi 免費 費 T W $99～169 CC ADJMV

位於阿得雷德車站前造型古典的飯店，從清晨一直營業至深夜的國際化料理的餐廳、Federal咖啡廳都深受好評。

氣氛沉穩的客房

座落於市中心 MAP P.460/2A

The Chancellor on Currie

URL www.grandchancellorhotels.com
住 18 Currie St., 5000 ☎ 8112-8888 WiFi 免費
費 T W $168～268 CC ADJMV

客房相當寬敞

面對Currie St.有著新喬治亞風格的飯店，從旁邊街道穿過去就是Hindley St.，地點相當便捷。客房也非常舒適，營造出沉穩的氛圍；也提供室內溫水游泳池、健身房、餐廳等設備。

阿得雷德最好的高級飯店 MAP P.460/2A

InterContinental Adelaide

URL www.icadelaide.com.au 住 North Tce., 5000
☎ 8238-2400 WiFi 免費 費 T W $365～695
CC ADJMV

客房散發優雅的氛圍

座落在阿得雷德車站旁，可眺望托倫斯河之處的5星級飯店，挑高的大廳令人印象深刻，飯店充滿開放感。以米色為主軸的客房充滿高級感，而且十分寬敞；浴室為浴缸、淋浴間各自獨立，使用起來很方便。至於戶外游泳池、健身中心、阿得雷德最棒的日本料理餐廳「四季」、能品嚐現代澳洲料理的Riverside等，各種服務應有盡有。

在阿得雷德度過豪奢時光 MAP P.460/2A

EOS by Skycity

URL skycityadelaide.com.au/hotel/eos-by-skycity
住 Sky City, Festival Drv., 5000
☎ 7077-3588 WiFi 免費
費 T W $389～1099、2B $779～1549
CC ADJMV

現代設計風格的客房

可以悠閒泡澡的浴缸

進駐賭場與天空之城複合經營的阿得雷德最新5星級飯店（接待櫃台在地下室）。時尚而摩登的客房全部都有40m²以上，氣氛舒適；浴室也很寬敞，還有設計時尚且具深度的浴缸，令人開心。還有正統的Day Spa、能眺望托倫斯河的游泳池，以及位於頂樓的SOL Reeftop（→P.484）等設施都很高級。

面對維多利亞廣場 MAP P.460/3A

Hilton Adelaide

URL www.adelaide.hilton.com
住 233 Victoria Square, 5000
☎ 8217-2000
FAX 8217-2000
WiFi 付費（希爾頓會員免費）
費 T W $209～759 CC ADJMV

為阿得雷德地標的Hilton

面對維多利亞廣場興建的5星級飯店，充滿現代而時尚氛圍的大廳旁，有著使用南澳食材的現代澳洲料理，並以完美酒單而聞名的Coal Cellar + Grill。客房統一以明亮設計，空間也十分寬敞；戶外泳池、健身房等設施也很充實。飯店隔壁就是中央市場，採買或想念亞洲食物時非常方便。

格雷寧

格雷寧的地標 MAP 無

Stamford Grand Adelaide

URL www.stamford.com.au/sga
住 Moseley Square (2 Jetty Rd.), Glenelg, 5045
☎ 8376-1222 WiFi 免費
費 T W $302～595 CC ADJMV

海灘就在眼前的豪華飯店

位於格雷寧海灘碼頭前的古典氣氛飯店，為共有220間客房的大型飯店，在入口處還設有酒吧、咖啡廳。

建於Holdfast Shores MAP 無

Oaks Glenelg Plaza Pier

URL www.oakshotels.com
住 16 Holdfast Promenade, Glenelg, 5045
☎ 8350-6688 FREE 1300-551-111
WiFi 免費 費 Studio $289、1B $299～399、2B $479～569 CC ADJMV

飯店前面就是格雷寧海灘的絕佳位置，在1樓還設有能看海景的景觀餐廳、酒吧及咖啡廳。

從台灣撥打電話至阿得雷德
002 + 61（國碼）+ 8（去除0的區域號碼）+ 電話號碼

阿得雷德山丘

想來一趟奢華住宿之旅的話 MAP 無
Mount Lofty House - MGallery by Sofitel

URL www.mtloftyhouse.com.au
住 1 Mawson Drv., Crafers, 5152
☎ 8339-6777 WiFi 免費
費 T W $499～925 CC ADJMV

充滿歷史感的氣派建築

是棟建於1852年的氣派建築，全部29個房間都是豪華套房，可以沉浸在豪奢的氛圍中。由於座落在洛福迪山的半山腰，窗外景致非常棒。

德國村的舒適住宿 MAP 無
Hahndorf Motel

URL hahndorfmotel.com.au
住 60 Main St., Hahndorf, 5245
☎ 8388-1026 WiFi 免費
費 T W $109、1B $129、2B $149 CC ADMV

位於德國村的中心，完全融入城鎮氛圍的建築。客房從汽車旅館形式，到附閣樓1～2寢室的公寓形式都有。

巴羅莎河谷

有開闊庭園還附設酒莊 MAP P.473/2A
Lyndoch Hill

URL www.lyndochhill.com
住 1221 Barossa Vally Way., Lyndoch, 5351
☎ 8524-4628
WiFi 免費 費 T W $125～255 CC JMV

舒適自在的客房

擁有25英畝遼闊腹地的Motel式飯店，庭園裡種植超過3萬株的玫瑰，還有巴羅莎河谷屈指可數的美味餐廳，除了房客也吸引許多饕客前來。附設Creed Wines及Barossa Chateau，也提供葡萄酒試飲、莊園之旅的活動。

功能齊全好使用的Motel MAP P.473/1A
Barossa Weintal Hotel / Motel

URL www.barossaweintal.com.au
住 235 Murray St., Tanunda, 5352
☎ 8563-2303 WiFi 免費
費 T W $149～206 CC ADJMV

座落在距離塔南達遊客中心約2km之處，附有餐廳、酒吧、酒類商店、游泳池等設施。

座落於山丘上的度假飯店 MAP P.473/2A
Novotel Barossa Valley Resort

URL www.novotelbarossa.com
住 42 Pioneer Ave., Rowland Flat, 5532
☎ 8524-0000 WiFi 免費
費 T W $249～349、1B $389、2B $429
CC ADJMV

巴羅莎河谷著名的度假飯店

位於高爾夫球場旁的度假飯店，由於地點位在高處，因此景致非常棒，餐廳的水準之高也很受到好評。

在豪華精品飯店享受奢侈的片刻 MAP P.473/1A
The Louise Barossa Valley

URL thelouise.com.au 住 375 Seppeltsfield Rd., Marananga, 5355 ☎ 8562-2722 WiFi 免費
費 T W $745～2245 ※含早餐 CC ADJMV

設計時尚而成熟的飯店入口

巴羅莎河谷具代表性的5星級精品飯店，部分客房裝設SPA和暖爐，而窗外就是一望無際的葡萄園。餐廳在巴羅莎河谷也很有名，也提供含餐飲的住宿套裝組合。

弗勒里雲半島／麥克拉崙谷地

推薦想周遊酒莊的人 MAP 無
McLaren Vale Motel & Apartments

URL www.mclarenvalemotel.com.au
住 Cnr. Main Rd. & Caffrey St., McLaren Vale, 5171
☎ 8323-8265 FAX 8323-9251 WiFi 免費
費 T W $160～210、2B $232～380 CC JMV

擁有悉心整理庭園的汽車旅館，對於想要周遊酒莊的人來說，地理位置相當便利。

弗勒里雲半島／維克多港

眺望景致絕佳 MAP 無
Hotel Victor

URL www.hotelvictor.com.au 住 1 Albert Pl., Victor Harbour, 5211 ☎ 8552-12888 WiFi 免費
費 T W $139～279 CC AJMV

位於維克多港中心地區，是能眺望海景的飯店。同時還附設當地民眾最愛聚集的酒吧。

現代義大利菜的超熱門店 Fugazzi

MAP P.460/2A

URL fugazzi.com.au
住 27 Leigh St., 5000
☎ 7089-0350 營 每日11:30～22:00
CC ADMV 酒 Licensed

很多海鮮的菜色

位在從Hindley St.進入的小巷內，供應以澳洲特有食材與正統的義大利菜融合而成的料理，頗受好評。餐點有可以分食的前菜（$12～25）、各種義大利麵（$35～46），主菜有炭火燒烤澳洲尖吻鱸（$29）、炭火烤肋眼牛排（$38），以及主廚推薦的招牌菜色拼盤（3道$62、5道$84），都很值得一嚐。

Rundle St.上的人氣希臘料理 Eros Kafe

MAP P.460/2B

不但美味，擺盤也非常精緻的Eros美食

URL www.eroskafe.com.au
住 275 Rundle St., 5000
☎ 8227-0677
營 每日12:00～14:30、17:00～22:00 CC ADJMV
酒 Licensed & BYO（僅限葡萄酒）

每天晚上總是客滿到連陽台都座無虛席，茄子肉醬千層派Moussaka、烤肉捲餅Souvlaki、火烤起司Saganaki等正宗希臘菜1盤$16.50～33.50，非常平價。

欣賞景致同時用餐或喝調酒 SOL Reeftop

MAP P.460/2B

URL skycityadelaide.com.au/eat-and-drink/
住 Level 9, Sky City, Festival Drv., 5000
☎ 7077-3960 營 週日～四11:00～22:00，週五、六11:00～25:00 CC ADJMV 酒 Licensed

位於天空之城的頂樓，分成開放空間的酒吧及擁有大面窗戶的室內餐廳，兩邊都能享受托倫斯河與阿得雷德的美麗景色。

最適合晚餐前後享受喝酒氣氛的酒吧

除了適合在餐前喝杯雞尾酒，也很推薦來品嚐阿得雷德評價第一的現代澳洲料理，尤其是主廚推薦的5道菜色拼盤（$95）最受歡迎；而白天也有供應High Tea。

全澳洲都知道 Red Ochre Barrel + Grill & River Cafe

MAP P.460/2A

URL redochrebarrelandgrill.com.au
住 War Memorial Drv., North Adelaide, 5006
☎ 8211-8555 營 Barrel + Grill：週四～六18:00～19:30、20:00～22:00／River Cafe：週二～六12:00～16:00、17:30～22:00 休 週日～一、節日
CC ADJMV 酒 Licensed

將澳洲特有食材烹調出最佳風味的知名餐廳，代表的菜色有袋鼠腰內肉排、燒烤澳洲尖吻鱸等。前菜＆主菜或主菜＆甜點的2道菜套餐$60、3道菜套餐$75，而主廚推薦的8道菜色拼盤$85也很受歡迎。而且還有午餐時段就營業，可以欣賞景觀的River Café。

現代泰式料理的人氣店 Von - Modern Thai

MAP P.460/2B

URL www.vonthai.com.au 住 264 Flinders St., 5000 ☎ 7081-5878 營 週日～五11:00～14:00、17:00～21:00，週六17:00～21:30
CC MV 酒 Licensed

每逢週末總是一位難求的泰式餐廳，以較少量辛香料的烹調方式讓人感覺容易入口，擺盤也很漂亮。受歡迎的菜色有泰式酸辣湯（依食材$12.80～14.80）、綠咖哩（依食材$24.80～25.80）、各種泰式麵食（依食材$26.80～29.80）等。

海鮮超多的泰式炒河粉

欣賞美麗夜景同時品嚐晚餐 Windy Point Restaurant

MAP P.459/2A

URL windypoint.com.au 住 Windy Point Lookout, 399 Belair Rd., Belair, 5052 ☎ 8278-8255
營 餐廳：週四、五、六18:00～22:00
CC AJMV 酒 Licensed

餐廳就位在夜景眺望點的大風角，分成頂層的高級餐廳與下面樓層的Bird Box Pizzeria & Tapas（目前歇業中），只要能夠坐到窗邊座位，就能夠享受到無與倫比的美景。

預約時務必要備註窗戶旁的座位

從台灣撥打電話至阿得雷德
002＋61（國碼）＋8（去除0的區域號碼）＋電話號碼

袋鼠島
Kangaroo Is.

袋鼠島最具代表性的景點──神奇岩

位處阿得雷德南方113km海面上的袋鼠島，就像是將澳洲大陸濃縮般的神奇島嶼，這裡的自然景觀有荒涼險峻的海岸峭壁，也有連綿的美麗沙丘，而在乾燥沙漠與荒野存在的同時，島上也擁有茂密的尤加利樹林。野生的袋鼠、無尾熊、鴨嘴獸、袋貂等動物在這裡生活，海岸則有企鵝築巢，沙灘和岩石區是海獅、海豹的遊戲場，濱海區域當然是海豚和鯨魚群的天下，總之就是野生動物的天堂。島上總面積為4430km^2，是澳洲繼塔斯馬尼亞、北領地的梅爾維爾島Melville Island之後的第3大島，為了保護大自然不受到人類文明的破壞，這裡主幹道以外的道路都維持不鋪柏油的自然模樣，因此舉目所見都是如內陸般綿延紅土道路的景象。受到特殊的地質土壤、氣候與海洋潮流的影響，也造就出許多風景名勝，有時間的話不妨在島上停留幾天，才能充分感受到袋鼠島的獨特魅力。

漫遊袋鼠島
OUTLINE OF KANGAROO IS.

空中交通門戶的金斯科特機場

袋鼠島上的主要城鎮包括從傑維斯角搭乘渡輪可到達的潘尼蕭Penneshaw，以及島上中心地區金斯科特Kingscote，還有位在潘尼蕭和金斯科特之間的美洲河American River；不過因為美洲河的住宿設施數量較少，因此大部分的遊客都會選擇下榻在潘尼蕭或是金斯科特。

島上人口總數約5100人，其中有2000人居住在金斯科特，所以鎮上不但有飯店、銀行、超市等店家，氣氛也比較熱鬧。另一方面，潘尼蕭則是座麻雀雖小五臟俱全的城鎮，在渡輪碼頭的周圍，聚集著遊客中心、YHA、汽車露營場、飯店和紀念品店。

交通

●袋鼠島

●渡輪

從阿得雷德中央巴士總站出發的Sealink，提供巴士＋渡輪前往袋鼠島。巴士行駛約1個小時抵達傑維斯角Cape Jervis，再轉乘車輛渡輪前往袋鼠島東邊的潘尼蕭（所需時間約45分鐘）。通常1日有6班，到了旺季會增加到最多12班。

●飛機

從阿得雷德機場到金斯科特機場Kingscote Airport（代號KGC）之間，QantasLink和區域快線航空（REX）有航班飛行（所需時間約30分鐘）。從金斯科特機場出發的Kangaroo Is. Transfers巴士，能前往島上的主要城鎮。

最受歡迎的交通工具Sealink渡輪

■**Sealink**
☎13-13-01
☎(08)8202-8633
URL www.sealink.com.au
費 傑維斯角～潘尼蕭渡輪單程：大人$55 小孩$28、車（不超過5m）$110／阿得雷德～傑維斯角接送單程：大人$31 小孩$17／潘尼蕭～金斯科特接送單程：大人$21 小孩$10.50／潘尼蕭～美洲河接送單程：大人$19 小孩$9.50
※由於海面經常會起大風浪，建議容易暈船的遊客在上船前最好先服用暈船藥

■**區域快線航空 Regional Express**
☎13-17-13
URL www.rex.com.au

■**Kangaroo Is. Transfers**
☎0427-887-575
URL www.kangarooislandtransfers.com.au
●金斯科特機場出發
費 袋鼠島上的飯店單程1人$43（24小時前預約）

■袋鼠島出發的旅遊團

●Sealink／袋鼠島體驗
📞13-13-01
URL www.sealink.com.au
時潘尼蕭出發每日10:15～18:45／阿得雷德出發6:45～22:40
費大人$195 小孩$139／阿得雷德出發 大人$323 小孩$205

●Kangaroo Island Odysseys／野生動物發現之旅
📞(08)8553-0386
URL www.kangarooislandodysseys.com.au
時袋鼠島上出發每日9:00左右～18:30左右
費金斯科特出發大人$495 小孩$470／潘尼蕭出發大人$570 小孩$542

●Exception Kangaroo Island／弗林德斯蔡斯焦點之旅
📞13-13-01
URL exceptionalkangarooisland.com
時袋鼠島上出發每日9:00左右～18:00左右
費大人$510 小孩$434

●Kangaroo Island Ocean Safari／2小時浮潛之旅
📞0419-772-175
URL kangarooislandoceansafari.com.au
時潘尼蕭出發每日12:00～14:00
費大人$150 小孩$90（單純觀賞大人$88 小孩$50）

袋鼠島觀光參加旅遊團最方便

袋鼠島上的觀光景點分布範圍相當廣泛，而且沒有大眾交通工具可以前往各個景點，如果不利用租車的話，普通都是參加當地舉辦的旅遊團。有多家在地旅行社推出袋鼠島的觀光之旅，最受歡迎的則是渡輪營運公司Sealink的旅遊行程；還有採用少人數的小團形式，以便造訪大巴士無法到達的景點，並保留充分觀察野生動物時間的Kangaroo Island Odysseys（Sealink相關企業）、Exception Kangaroo Island所推出的行程也很熱門。以下就介紹幾種行程。

●Sealink／袋鼠島體驗之旅
Sealink / Kangaroo Island Experience

用一天時間走遍島上人氣景點，造訪景點包括海豹灣Seal Bay、弗林德斯蔡斯國家公園（神奇岩、戰艦拱門），再去袋鼠島野生動物園，參觀無尾熊及島上特有種的袋鼠島袋鼠。

●Kangaroo Island Odysseys／野生動物發現之旅
Kangaroo Island Odysseys / Wildlife Discovery

以袋鼠島東半部的觀光景點為主的1日觀光之旅，前往包含海豹灣、尤加利樹精油廠、Clifford養蜂場等景點，還會在茂密的私人尤加利樹林內享用優雅的午餐（含葡萄酒），並去探訪野生動物（可以看到野生無尾熊）。下午則前往斯托克斯灣，尋找野生無尾熊、袋鼠（島上特有種的袋鼠島袋鼠）、尤金袋鼠、針鼴等動物；對喜愛野生動物的人而言，是超滿足的行程。

●Exception Kangaroo Island／弗林德斯蔡斯焦點之旅
Exception Kangaroo Island / Flinders Chase Focus

以弗林德斯蔡斯國家公園為主要行程內容，除了會去參觀神奇岩、戰艦拱門，還會在可以看到神奇岩的祕密地點享用戶外野餐（含葡萄酒）；傍晚也會去觀察無尾熊、袋

鼠、沙袋鼠等野生動物。

●Kangaroo Island Ocean Safari／2小時浮潛之旅
Kangaroo Island Ocean Safari / 2Hours Snorkelling Safari

從潘尼蕭出發與棲息在袋鼠島周圍的海獅、海豹、海豚一起享受浮潛之樂，是很受喜愛海洋生物者歡迎的行程。

袋鼠島的主要景點
SIGHTSEEING SPOTS

在城鎮周邊就能看到企鵝 MAP P.486/B

潘尼蕭企鵝中心
Penneshaw Penguin Centre

袋鼠島是小企鵝（神仙企鵝）的築巢地，每到夜晚就可以看到成群企鵝從海裡返回巢穴的身影。雖然也可以自行前來觀賞企鵝，但是嚴禁對小企鵝使用閃光燈等強烈光照，所以最好還是參加在地的觀賞企鵝旅遊團，跟隨使用不會對小企鵝眼睛造成傷害大型紅色燈光的生態嚮導，可以放心地將小企鵝的模樣看個清楚。

與野生海獅近距離接觸 MAP P.486/A

海豹灣
Seal Bay

看起來愉快地做著日光浴的海獅群

和解說員一起在沙灘上看海獅

位在袋鼠島南端的甘芬角保護區公園Cape Gantheaume Conservation Park，在這裡的西邊（海豹灣自然保護區）海岸正好就是野生澳洲海獅（Australian Sea Lion）的棲息區，能以幾公尺的近距離觀察到海獅的可愛模樣。

海獅原本就是領域性極強的動物，因此棲息地並不多，而在海豹灣這裡的海獅就有600頭之多，據說這樣的數量已經占全世界海獅總數的5%，因此能夠近距離觀賞到這麼多的野生海獅，全世界也只有海豹灣而已。建議參加由海豹灣遊客中心Seal Bay Visitor Centre推出的導覽之旅，在專業國家公園解說員的帶領下觀察海獅，聆聽關於海獅生態的詳細解說。為了不驚擾到海獅，參觀時請務必聽從解說員的指示行動。

■袋鼠島遊客中心
住43 Howard Drv., Penneshaw, 5222
☎0417-551-444
URL www.kangarooislandvisitorcentre.com.au
開週一～五9:00～16:00，週六、日、節日10:00～14:00
休耶誕節

■袋鼠島的租車公司
●Hertz
☎(08)8553-9144
●Budget
☎(08)8553-3133

■袋鼠島旅遊周遊券
Kangaroo Island Tour Pass
包含海豹灣、弗林德斯蔡斯國家公園、威洛比角燈塔的門票，以及導覽之旅費用（有效期限為12個月），在各公園都能買到。
URL www.parks.sa.gov.au
費袋鼠島旅遊周遊券：大人$55.50 小孩$29.50 家庭$128.50

可愛的小企鵝

■潘尼蕭企鵝中心
住Cnr. Middle & Bay Tces., Penneshaw, 5222
☎0430-411-487
URL penneshawpenguincentre.com
開週二、三、五、日：11～2月21:00、3月20:30、10月20:00、4・9月19:00、8月18:30、5～7月18:00開始（所需時間約60分鐘）
休週四
費大人$28 小孩$17 家庭$80

■海豹灣
☎(08)8553-4463
URL www.parks.sa.gov.au/experiences/seal-bay
開每日9:00～17:00（南澳洲的學校假期期間9:00～19:00）
●木棧道門票
費大人$17.50 小孩$11 家庭$46
※不能進入沙灘
●導覽之旅
時每日9:15、10:00、10:45、11:30、12:15、13:15、14:00、15:00、16:00（所需時間約45分鐘）
費大人$39 小孩$22 家庭$95

充滿震撼力的鳥禽表演 MAP P.486/A

猛禽保護園區

Raptor Domain

位於海豹灣旁的鳥類公園，以猛禽捕食表演Free Flight Birds of Prey Presentation而聞名。在表演中可以看到楔尾鵰（Wedge-Tailed Eagle）、西方倉鴞、笑翠鳥等鳥類，尤其是巨大的楔尾鵰從眼前滑翔，飛到工作人員手上吃餌料的模樣，最為壯觀。

令人興奮的猛禽表演

■猛禽保護園區
住58 Seal Bay Rd., Seal Bay, 5223
☎(08)8559-5108
URL www.kangarooislandbirdsofprey.com.au
●鳥禽表演
時每日11:30～12:30、14:30～15:30
費大人$25 小孩$15 家庭$75

在猛禽保護園區的表演，遊客也有接觸鳥禽類的機會

耀眼的雪白沙丘 MAP P.486/A

小撒哈拉沙漠

Little Sahara

從海豹灣繼續西北前行約15km處的沙丘地帶（距離海岸超過3km），整片面積廣達4～5km^2，有如地勢起伏劇烈的巨大沙漠。入口處設有小撒哈拉沙漠冒險中心 Little Sahara Adventure Centre，提供滑沙專用沙板、雪橇的租借服務，還有在沙丘上駕駛沙灘越野車ATV等活動。

■小撒哈拉沙漠冒險中心
住3733 South Coast Rd., Vivonne Bay, 5223
☎(08)8559-4224
URL littlesahara.com.au
時每日9:00～17:00
費租借沙板&雪橇1人$37／沙灘越野車大人$97 小孩$77

■在袋鼠島賞鯨
到了6～10月就是南露脊鯨Southern Right Whale為了繁殖而造訪袋鼠島南岸的季節，在弗林德斯蔡斯國家公園經常可以看到。

天然隧道的那一端是眩目的沙灘 MAP P.486/A

斯托克斯灣

Stokes Bay

位在袋鼠島北海岸正中央處的斯托克斯灣，猛一看會以為是充滿著石礫的海灘，但是只要穿越右前方的岩石隧道之後，就是美景無限的沙灘。因為是無法馬上看到的美麗海灘，又被稱為祕密海灘。

小而美的斯托克斯灣沙灘

可以抱無尾熊 MAP P.486/A

袋鼠島野生動物園

Kangaroo Is. Wildlife Park

位於袋鼠島上的動物園，雖然有時間限定又需要付費，不過能抱無尾熊拍紀念照，還是很令人開心。地點在島上主要道路Play Ford公路旁，幾乎就在島嶼的正中央；園內飼養著無尾熊、沙袋鼠、針鼴、鴯鶓、食火雞及各種鸚鵡，還能餵食袋鼠。在飼育員的導覽下，一整天有各種動物的餵食活動，以及無尾熊的生態解說。

袋鼠島野生動物園裡有許多健康活潑的無尾熊

■袋鼠島野生動物園
住4068 Playford Hwy., Seddon, 5220
☎(08)8559-6050
URL kangarooislandwildlifepark.com
開每日9:00～17:00／抱無尾熊拍紀念照：每日10:45、13:30、15:30開始
費大人$28 小孩$16 家庭$78／抱無尾熊1人$40（夏季停辦）
※抱無尾熊必須要身高超過140cm

買蜂蜜當伴手禮 MAP P.486/B

Clifford養蜂場
Clifford's Honey Farm

義大利蜂Ligurian Bee原本是義大利特有的蜜蜂品種，現在全世界卻只剩下這裡還在飼養。除了可以參加導覽之旅認識義大利蜂的習性，以及製作蜂蜜的過程之外，養蜂場附設的商店裡販售多種蜂蜜、蜂蜜冰淇淋及添加蜂蜜的各式飲料，當然也提供試吃的服務。

尤加利精油萃取工廠 MAP P.486/B

尤加利精油廠
Emu Ridge

商店有販售尤加利糖，以及精油、肥皂的組合禮盒

這裡是以超過100年歷史的傳統古法，將尤加利樹精油製造成商品的工廠，整個生產流程都開放給遊客參觀；不過雖然名為工廠，實際上現場也只有蒸尤加利樹葉的大鍋爐及收集蒸發精油的管線而已。尤加利精油是從袋鼠島特有的Kangaroo Island Narrow Leaf Malee樹葉中萃取出來，而且最早還是由南澳州率先生產製造，在1890年代成為袋鼠島上最重要的產業，可惜現在僅剩下這座精油工廠。

巨大鐘乳石洞 MAP P.486/A

凱利山岩洞
Kelly Hill Caves

位在袋鼠島南部的鐘乳石洞，必須參加由解說員帶領的導覽之旅才能入內參觀。巨大的洞穴內部可以見到石筍等鐘乳石洞特有的天然景觀，宛如踏入一個從未見過的奇幻世界裡。

袋鼠島的焦點、野生動物的天堂 MAP P.486/A

弗林德斯蔡斯國家公園
Flinders Chase NP

在海岬尖端現身的巨大自然藝術——神奇岩

地處袋鼠島西南部的國家公園，除了能看到島上特有種的袋鼠島袋鼠之外，無尾熊、針鼴等動物也經常出沒。來到弗林德斯蔡斯國家公園，首先要前往位於洛基河Rocky River的弗林德斯蔡斯遊客中心Flinders Chase Visitor Centre，內部附設小型博物館，在後面森林裡的森林步道上，幸運的話還能親眼見到鴨嘴獸。

頂級的蜂蜜是最佳伴手禮

■Clifford養蜂場
住1157 Elsegood Rd., Haines, 5223 ☎(08)8553-8295
URL www.cliffordshoney.com.au
開每日9:00～17:00
休耶誕節

■袋鼠島原本沒有蜜蜂!?
過去由歐洲人所引進的義大利蜂，現在已經成為袋鼠島上唯一的蜜蜂種類，而且隨著1885年被劃定為「蜜蜂保護區」之後，這座島上的義大利蜂就沒有再和其他蜜蜂品種接觸過。

■尤加利精油廠
住691 Willsons Rd., Section 101, MacGillivray, 5223
☎(08)8553-8228
URL www.emuridge.com.au
開每日9:00～16:00
休耶誕節
費導覽之旅：大人$7 小孩$4.50 家庭$22／自行參觀：大人$3.50 小孩$1.50 家庭$10

充滿夢幻氛圍的凱利山岩洞

■凱利山岩洞
☎(08)8553-4464
URL www.parks.sa.gov.au
開每日9:00～17:00
費大人$28（必須網路預約）

■弗林德斯蔡斯遊客中心
☎(08)8553-4444
URL www.parks.sa.gov.au
開每日9:00～17:00
休耶誕節
費參觀弗林德斯蔡斯國家公園，必須在遊客中心購買周遊券（1日大人$12.50 小孩$6.50 家庭$31.35）。

戰艦拱門的岩石地區有成群的海狗

■**漢森灣野生動物自然保護區**

MAP P.486/A

原本是觀賞野生無尾熊的人氣設施，卻在2020年被叢林大火所燒毀，所幸復原作業進行順利，目前已重新開放。

住 7797S South Coast Rd., Karatta, 5223

電話 (08)8559-7344

URL www.hansonbay.com.au

開 生態導覽之旅：每日10:30、14:30，約90分鐘

費 大人$35 小孩$17.5

●戰艦拱門 Admirals Arch

戰艦拱門位在弗林德斯蔡斯國家公園的南端，原本突出於海岸邊的岬角被海浪衝擊而切割成拱門的形狀；而這裡的岩石地區也是許多海狗（紐西蘭海狗New Zealand Fur Seal）的棲息地。

感受到大自然威力的戰艦拱門

●神奇岩 Remarkable Rocks

由戰艦拱門往東約6km的突出岬角有一大塊巨型岩石，就是名聞遐邇的神奇岩。這一帶的植物因為受到南極吹拂而來的冷風不斷侵襲，因此都只能長到人的腰部高度而已，神奇岩卻在這樣的強風吹襲和冬季常有的雨勢雙重侵蝕下，成就出今日的奇特景象。每到傍晚時分，岩石表面會被夕陽染得通紅，映襯著深藍海水的背景，美得令人驚艷。

袋鼠島的住宿 ACCOMMODATION

區域號碼(08)

金斯科特

袋鼠島的人氣一流飯店 MAP 無

Kangaroo Island Seaside Inn

URL www.kangarooislandseasideinn.com.au

住 7 Cygnet Rd., Kingscote, 5223 電話 8553-2707

WiFi 免費 費 TW $139～279 CC ADJMV

雖然僅有20個房間，規模不算太大，所提供的設備服務卻是袋鼠島上數一數二的，腹地內還有利用太陽能加熱的溫水游泳池、半座網球場等設備，豪華套房還有SPA浴缸。

眼前就是廣闊的海灘 MAP 無

Kangaroo Island Seaview Motel

URL seaview.net.au

住 51 Chapman Tce., Kingscote, 5223

電話 8553-2030 WiFi 免費 費 背包客旅館：TW $110／汽車旅館：TW $150～165／度假小屋：TW $180 CC ADJMV

在沙灘設有櫃檯的背包客旅館＆汽車旅館，同時也有供應澳洲料理的餐廳和酒吧，在眼前的沙灘甚至還可以看到有企鵝出沒。

金斯科特的舒適飯店 MAP 無

Aurora Ozone Hotel

URL ozonehotelki.com.au

住 The Foreshore, 67 Chapman Tce., Kingscote, 5223 電話 8553-2011 WiFi 免費 費 TW $150～205、1B $285、2B $440 CC ADJMV

是金斯科特最高級的飯店，就位在大海的正前方。古典風格的飯店建築及公寓飯店式的現代建築之間隔著一條道路，而飯店建築的1樓設有可以欣賞海景的餐廳與酒吧。

寬敞的飯店客房

潘尼蕭

也有包含觀光的套裝住宿行程 MAP 無

Kangaroo Island Seafront Resort

URL seafront.com.au 住 49 North Tce., Penneshaw, 5222 電話 8553-1028

FREE 1800-624-624 WiFi 免費 費 TW $154～220、Villa $186～216 CC AJMV

位於能眺望海景的高處，是潘尼蕭最好的4星級飯店。可以依照住宿者的需求、人數來選擇飯店房間、別墅等房型。

潘尼蕭的人氣汽車露營公園 MAP 無

Kangaroo Island Seafront Holiday Park

URL seafrontholidaypark.com.au 住 Lot 501, Talinga Tce., Penneshaw, 5222 電話 8558-1028

FREE 1800-624-624 WiFi 無（豪華露營帳篷使用者免費） 費 露營區2人$30、有電源營地$35、豪華露營帳篷TW $135～261 CC MV

渡輪碼頭就在前方的一座汽車露營公園，由前述的Kangaroo Island Seafront Resort經營，也有針對想優雅住宿者所準備的豪華露營帳篷。

墨累河下游流域
Murray River Region

週末的墨累橋河畔經常可見釣魚的人

墨累河是全澳洲最大的河川，受到澳洲阿爾卑斯山脈豐沛融雪水的灌注，沿著維多利亞、新南威爾斯兩州邊境而下，在南澳州造成龐大而豐饒的下游河口地帶，最後流經亞歷珊德拉湖而匯入大澳洲灣。豐沛的水源與富饒的土壤，也讓這個區域成為澳洲屈指可數的超大型農業地區。體驗墨累河下游流域的觀光方式，可以參加墨累河的巡航之旅，同時周遊分散各地的酒莊，趣味比比皆是。不僅如此，流域裡的城鎮都還保留著許多19世紀後半的古蹟建築，漫步欣賞這些歷史建築也很有樂趣。

墨累橋
Murray Bridge

是墨累河下游流域最大的城鎮，人口總數約2萬2000人，1879年這裡是第一個在墨累河上架設橋樑的城鎮，因此而得名。這座在河畔開發建設約1km見方的小鎮，保留著許多建於19世紀後半的古老建築，遊客可以前往墨累橋遊客中心Murray Bridge Visitor Information Centre索取標有歷史古蹟建築的地圖，以作為小鎮漫步觀光的參考。

而距離鎮中心約1km之處，有座船長小屋博物館Captain's Cottage Museum，館內展示著拓荒時代農家生活的狀況。從墨累河的碼頭可以參加巡航之旅，不過出發時間會隨著週末、學校假期而有相當大的差異，一定要事先確認。此外，在墨累橋以西約20km處，還有座澳洲相當罕見的開放式動物園──莫納托動物園Monarto Safari Park。

曼儂
Mannum

曼儂是墨累河蒸汽輪船的發源地，第一艘蒸汽輪船Mary Ann號就是1853年由曼儂的Randell船長打造而成，也成為這座城鎮開始發展的起源。現在河邊仍停靠著一艘蒸汽輪船墨累公主Murray Princess號，每個月會推出數次3～7日的巡航之旅。

交通

●墨累河下游流域

從阿得雷德的中央巴士總站有前往墨累河流域主要城鎮的巴士，去墨累橋有Link SA的巴士在週一～五行駛2班（從巴克山為每天行駛）；前往墨累橋及南澳河岸的威開里、巴默拉、羅克斯頓古村、貝瑞、倫馬克，有Stateliner的巴士可以搭乘。另外從阿得雷德的凱思維克車站也有火車可以前往墨累橋。

●Link SA
☎(08)8532-2633
URL linksa.com.au
●Stateliner
☎1300-851-345
URL stateliner.com.au

停泊在墨累橋碼頭的蒸氣渡輪

■墨累橋遊客中心
住 3 South Tce., 5253
☎(08)8539-1142
FREE 1800-442-784
URL www.murrayriver.sa.gov.au/discover/visit/vic
開 週一～五9:00～16:00，週六9:00～15:00，週日、節日10:00～14:00

■船長小屋博物館
住 12 Thomas St., 5253
☎(08)8539-1142
URL www.murraybridge.sa.gov.au
開 週六、日、節日10:00～16:00（平日要預約）
費 大人$5 小孩$1 家族$10

■莫納托動物園
MAP P.459/2B
住 63 Monarto Rd., Monarto, 5254 ☎(08)8534-4100
URL www.monartosafari.com.au
開 每日9:30～17:00／野生之旅巴士：10:30～14:45行駛
費 大人$40.50 小孩$21.50 家庭$102
※阿得雷德出發的Link SA巴士會在莫納托動物園停車

■曼儂出發的巡航之旅
●PS Murray Princess
☎1300-729-938
URL www.murrayprincess.com.au 時週五16:30～週一9:00
※根據季節也會有停駛的時候
費住宿3晚的Discovery Cruises $1089～2729
※含阿得雷德的接送服務

■酒莊
●Angove Family Winemaker
1886年在阿得雷德近郊創業、具有歷史的酒莊，在倫馬克則是1910年開幕，為當地最古老的酒莊。
住271 Bookmark Ave., Renmark, 5341
☎(08)8580-3100
URL www.angove.com.au
營週一～五10:00～17:00、週六、日、節日10:00～14:00

■橄欖木農莊
住Cnr. Renmark Ave. & 21st St., Renmark, 5341
URL www.nationaltrust.org.au/places/olivewood
☎(08)8586-6175
開週四～一 10:00～16:00
休週二、三
費大人$7 小孩$3 家庭$15

曼儂在地圖上標示有一條橫跨墨累河的道路，實際上是可以將人車運送到河川對岸的載車渡輪（24小時行駛），這樣的航運服務在墨累河流域非常常見。

豪華而優雅的墨累公主號，在全球都很受歡迎

南澳河岸
Riverland

在墨累河下游流域，特別是靠近維多利亞州邊境的地區被稱為南澳河岸，墨累河在這裡出現相當大幅度的彎曲，並且在流域裡出現眾多的細小支流與湖泊。下游流域分布有摩根Morgan、威開里Waikerie、巴默拉Barmera、羅克斯頓古村Loxton、貝瑞Berri、倫馬克Renmark等城鎮，同時也保留相當多原始自然景色，所以被指定為墨累河國家公園Murray River NP。

觀光方面在威開里近郊有處賞鳥景點Hart Lagoon，在羅克斯頓古村與倫馬克周邊則是周遊酒莊；尤其倫馬克是南澳河岸的觀光重心，除了周遊酒莊外，還有定期航行的墨累河巡航之旅、對開發墨累河流育有著莫大貢獻Charles Chaffey的博物館──橄欖木農莊Olivewood Homestead等觀光景點。

墨累河下游流域的住宿
ACCOMMODATION 區域號碼(08)

墨累橋

位於幽靜的環境裡 MAP 無
Murray Bridge Oval Motel

URL www.ovalmotel.net.au
住4 Le Messurier St., Murray Bridge, 5253
☎8532-2388 FAX 8531-1101
WiFi 免費 費T W $182～261、2B $232～261
CC ADJMV

距離城鎮中心區約1km，還附設有汽車露營公園。

推薦全家出遊來住 MAP 無
Adelaide Road Motor Lodge

URL www.adelaiderdmotorlodge.com
住212 Adelaide Rd., Murray Bridge, 5253
☎8532-1144 FAX 8531-3033 WiFi 免費
費T W $119～175、2B $245 CC ADJMV

擁有游泳池、兒童遊樂場、餐廳等設備齊全的大型汽車旅館，房間相當寬敞，電視、冰箱及咖啡、紅茶器具也很完備。

曼儂

從餐廳看出去的景致絕佳 MAP 無
Mannum Motel

URL www.mannummotel.com.au
住76 Cliff St., Mannum, 5238
☎8569-1808 WiFi 免費 費T W $118～148
CC MV

在附設的餐廳裡可以一邊眺望墨累河景致，一邊享用美食。

倫馬克

光是下榻在這裡就值回票價 MAP 無
Renmark Hotel

URL www.renmarkhotel.com.au
住Cnr. Murray Ave. & Para St., Renmark, 5341
☎8586-6755 WiFi 免費
費W $90～160 CC ADJMV

由超過100年悠久歷史建築所改裝的飯店，附設的餐廳和酒吧也頗受當地人的好評。

從台灣撥打電話至墨累河下游流域
002＋61（國碼）＋8（去除0的區域號碼）＋電話號碼

石灰岩海岸

Limestone Coast

從庫榮國家公園以南延伸到與維多利亞州銜接的邊境海岸地帶，是一大片屬於石灰岩地層的土地，因此又被稱為石灰岩海岸。這裡擁有美麗的沙灘與自然景觀，也是澳洲著名的葡萄酒產地之一，還有挖掘出珍貴哺乳類動物化石的納拉庫特岩洞國家公園等，觀光景點之多不在話下。雖然這裡對台灣觀光客來說還相當陌生，卻充滿南澳獨特的魅力，一定要來走訪體驗一番。

庫納瓦拉車站是過去葡萄酒運輸鐵路所遺留下來的建築

金士頓S.E.

Kingston S.E.

著名的大龍蝦

周圍擁有美麗沙灘的金士頓S.E.，是面對拉瑟佩德灣Lacepede Bay的海港城鎮，而地標就是出現在王子公路Princes Hwy.旁的餐廳前，造型相當威武的大龍蝦雕塑。因為金士頓S.E.的捕捉龍蝦業興盛，遊客能以合理價格品嚐到最新鮮的龍蝦料理而出名（捕捉龍蝦的季節在10～5月）。

這裡還有一個不能不看的觀光景點，就是杰夫角燈塔Cape Jaffa Lighthouse，1872年興建在城鎮南端杰夫角海岸邊的礁石Margaret Brock Reef上，不過到了1973年又在南邊距離25km處的羅伯Robe建立新的燈塔，來守護海上船隻的安全；因此於1976年將整座杰夫角燈塔搬移到金士頓S.E.鎮上，目前作為歷史博物館公開讓遊客參觀。

甘比爾山

Mount Gambier

甘比爾山可說是石灰岩海岸地區的中心城市，從暱稱「藍湖市」就不難知道藍湖是當地最重要的觀光景點；而在藍湖附近還有其他幾座湖泊，是當地居民最愛的野餐地點。另外在甘比爾山的中心區，還有利用大型洞穴進行造景的洞穴花園Cave Gardens及Engelbrecht鐘乳石洞Engelbrecht Cave等自然景點。想要獲得周邊景點的相關資訊，可以前往尼爾森夫人遊客&探索中心The Lady Nelson Visitor & Discovery Centre索取，而且在遊客中心內還放映免費的觀光介紹影片，有計畫要前往庫納瓦拉的遊客最好先在這裡收集觀光資訊。

交通

●石灰岩海岸

從阿得雷德的中央巴士總站，有Stateliner的巴士前往石灰岩海岸的主要城鎮（阿得雷德～甘比爾山所需時間約6小時）。若要搭乘飛機的話，區域快線航空從阿得雷德、墨爾本出發，每天都有班機前往甘比爾山。

不過抵達當地城鎮之後就沒有大眾交通工具，建議最好在甘比爾山租車。

●Stateliner
☎1300-851-345
URL stateliner.com.au

●區域快線航空 Regional Express
☎13-17-13
URL www.rex.com.au

■杰夫角燈塔
住32 Marine Pde., Kingston S.E., 5275
☎0427-854-175
URL www.capejaffalighthuse.org.au
開12～1月的學校假期：每日10:00～15:00（參觀內部要事先預約）
※其餘時間必須聯絡洽詢
費大人$11 小孩$3 家庭$25

■Engelbrecht鐘乳石洞
住26 Chute St., Mount Gambier, 5290
☎(08)8723-5552
URL engelbrechtcave.com
開每日9:30～15:30（5～9月至14:00為止）每隔1小時進行鐘乳石洞參觀之旅
費大人$14.50 小孩$8.50 家庭$37.50

■尼爾森夫人遊客&探索中心
住35 Jubilee Hwy. East, Mount Gambier, 5290
FREE 1800-087-187
URL www.mountgambierpoint.com.au
開週一～五9:00～17:00、週六、日、節日10:00～16:00
休耶誕節

■藍湖之旅
●蓄水層之旅Aquifer Tours
住5 John Watson Drv., Mount Gambier, 5290
☎(08)8723-1199
URL www.aquifertours.com
時11～1月每日10:00～17:00／2～5月、9·10月每日10:00～14:00／6～8月每日10:00～12:00
※導覽之旅每隔1小時舉行，所需時間45分鐘
費大人$12 小孩$6 家庭$35

■佩諾拉·庫納瓦拉遊客中心
住27 Arthur St., Penola, 5277
☎(08)8737-2855
URL www.wattlerange.sa.gov.au
開週一～五9:00～17:00、週六、日、節日10:00～16:00
休耶誕節

■酒莊
●Rymill
從酒莊的建築眺望的風景絕美，當然也能參觀工廠內部。
住110 Clayfield Rd., Glenroy, 5277
☎(08)8736-5001
URL rymill.com.au
營每日10:00～17:00
休耶誕節
費葡萄酒試飲$10～20
●Wynns Coonawarra Estate
庫納瓦拉歷史最悠久的酒莊。
住77 Memorial Drv., Coonawarra, 5263
☎(08)8736-2225
URL www.wynns.com.au
營每日10:00～17:00
休耶誕節
※也有可以調配專屬自己的葡萄酒Make Your Own Blend Experience活動
時週四、五10:30、14:00、週六、日10:30舉行（要預約）
費1人$65

藍到不可思議的變色火口湖

MAP 無

藍湖
Blue Lake

依照時期呈現不同藍色的藍湖

距離鎮中心開車約5分鐘之處，就是屬於休火山火口湖的著名藍湖。因為在每年11月左右，湖水會從澄澈的水藍色變成帶點礦石綠的土耳其藍，到了3月又會變回原來的澄澈水藍色，因而得名。關於湖水為什麼會變色，可說是眾說紛紜，但是真正的原因還沒有研究出來。藍湖的周圍設有環湖步道，經常可以見到民眾在這裡慢跑；這裡還設有一座抽水站，參加導覽行程就可以搭乘升降梯直達湖面參觀，非常值得一看。另外若想登高看遍湖泊和城鎮美景的人，建議可爬上世紀塔Centenary Tower，從藍湖開車出發並不遠，不過登上世紀塔則需要數十分鐘的步行。

庫納瓦拉
Coonawarra

Wynns是澳洲具代表性的酒莊

Rymill的卡本內頗獲好評

由甘比爾山沿著Riddoch Hwy.往北開車約1小時（約50km），在過了小鎮佩諾拉Penola之後，道路兩旁開始出現綿延不絕的美麗葡萄園，表示已經抵達庫納瓦拉的葡萄酒產區。這一帶的土壤在石灰岩地質上面又覆蓋一層肥沃的紅土，成為最適合栽種葡萄的絕佳環境，尤其是這裡所釀造的卡本內蘇維濃Cabernet Sauvignon、梅洛Merlot、希哈Shiraz等紅酒，更被評鑑為澳洲的頂級好酒。

但是說到交通方面，卻不如巴羅莎河谷或阿得雷德山丘等觀光地區來得方便，感覺只有葡萄酒愛好者和專家才會特地前來此地周遊酒莊。關於酒莊名單、地圖，可以在位於佩諾拉的佩諾拉·庫納瓦拉遊客中心Penola Coonawarra Visitor Centre獲得；至於住宿設施、餐廳及商店也主要集中在佩諾拉鎮上。

納拉庫特
Naracoorte

從佩諾拉沿著Riddoch Hwy.北上約50km處，就是納拉庫特，是由蘇格蘭移民所開墾的城鎮，現在則是靠著列入世界自然遺產的納拉庫特岩洞國家公園而吸引遊客的目光。

認識澳洲哺乳動物的進化史 MAP 無

納拉庫特岩洞國家公園
Naracoorte Caves NP

在維多利亞化石洞穴裡展示的袋獅骨骼化石複製品

從納拉庫特出發往南約5km就能抵達的岩洞區，就是與昆士蘭州內陸區的里弗斯利Riversleigh同時以「澳洲哺乳動物化石遺址」，在1994年被列入世界自然遺產的納拉庫特岩洞國家公園Naracoorte Caves NP。相較於里弗斯利所挖掘出來的都是1500萬～2500萬年前（新生代第三紀）的化石，在納拉庫特所發現的化石則大概屬於20萬～50萬年前（新生代第四紀更新世），包括已經滅絕的袋獅種類之一Thylacoleo Carnifex的完整骨骼化石、大型袋鼠的巨型短面袋鼠Procoptodon Goliah化石，以及無尾熊、袋熊的祖先雙門齒獸Diprotodon Australis等相當珍貴的動物化石，都於此處大量出土。遊客可以先造訪沃納姆比化石中心Wonambi Fossil Centre，先對澳洲遠古更新世的哺乳類動物有所認識，至於要進入洞穴裡參觀，絕對不能錯過發現許多化石的維多利亞化石洞穴Victoria Fossil Cave。這裡提供有專業嚮導解說的參觀行程，在見識過鐘乳石洞的奇景之後再前往化石挖掘現場，遊客能一邊看著複製的袋獅化石模型，一邊聽取嚮導解說關於遠古哺乳類動物的故事。

■納拉庫特岩洞國家公園
住89 Wonambi Rd., Naracoorte, 5271
URL www.naracoortecaves.sa.gov.au
●沃納姆比化石中心
☎(08)8760-1210
開每日9:00～17:00
費大人$15 小孩$9 家庭$40
●維多利亞化石洞穴之旅
時每日10:15～11:15、14:15～15:15
※學校假期期間舉行次數會增加
費大人$35.50 小孩$17.50 家庭$87.50
※門票在沃納姆比化石中心購買

展示在沃納姆比化石中心裡，體型達2.5m的巨型短面袋鼠複製模型

石灰岩海岸的住宿 ACCOMMODATION

區域號碼(08)

甘比爾山

就下榻在藍湖畔 MAP 無

Blue Lake Holiday Park

URL bluelake.com.au
住Lot1 100, Bay Rd., Mount Gambier, 5290
☎8725-9856 WiFi 免費 費TW$114～217、電源營地$54、帳篷營地$36 CC MV

是座位於藍湖畔的汽車露營公園，野生動物園、高爾夫球場就在附近。

庫納瓦拉&納拉庫特

周遊酒莊很方便 MAP 無

Coonawarra Motor Lodge

St., Penola, 5277 ☎8737-2364 WiFi 免費
費TW$130～145 CC MV

位在佩諾拉鎮上，距離車站和佩諾拉・庫納瓦拉遊客中心都不遠，附近還有多家酒莊提供試飲服務，交通非常方便。

體驗豪華露營 MAP 無

Coonawarra Bush Holiday Park

URL www.cbhp.com.au 住242 Comaun School Rd., Coonawarra, 5263 ☎0455-146-647
WiFi 免費 費小木屋TW$159、豪華露營$109～194、帳篷營地$27～36 CC MV

位於納拉庫特以北郊外，面對葡萄園的露營公園，在腹地能舒適地享受豪華露營的樂趣。

平價的豪華露營

面積遼闊的露營公園 MAP 無

Naracoorte Holiday Park

URL naracoorteholidaypark.com.au
住81 Park Tce., Naracoorte, 5271
☎8762-2128 WiFi 免費
費TW$106～180、帳篷營地$39～
CC MV

鄰近納拉庫特中心區的露營公園，有迷你高爾夫球場、游泳池等設施相當完善。

艾爾半島
Eyre Peninsula

交通

●林肯港

從阿得雷德出發的QantasLink每天有2～4航班、區域快線航空Regional Express每天也有5～7航班飛往林肯港（所需時間約1小時），但從機場到鎮上只能搭計程車，或是租車；若是選擇搭乘計程車，可以在阿得雷德辦理登機手續時，請櫃台人員代為預約。其他還有Stateliner的巴士每週3班從阿得雷德出發（所需時間約10小時）。林肯港鎮上因為沒有大眾交通工具，市區觀光也是要靠搭計程車、租車或步行前往。

■林肯港遊客中心

住Civic Centre, 60 Tasman Tce., Port Lincoln, 5606
☎1300-788-378
URL portlincoln.com.au
開週一～五9:00～17:00、週六、日、節日9:30～14:00

漁船聚集的林肯港

艾爾半島是以倒三角形模樣突出於南澳州西部的大型半島，對於台灣觀光客來說雖然不是熱門景點，但這裡所擁有的美麗大自然、與海洋動物貼身接觸，以及能用合理價格品嚐到新鮮海產，種種優點都讓艾爾半島成為澳洲人的最愛。這裡也是全世界相當罕見的鮪魚養殖基地，在日本漁業界頗有名氣，經常有漁業人士前來取經。

但是這裡還欠缺觀光的基礎建設，由於沒有在半島內行駛的大眾交通工具，離開市區就只能租車，不然就是參加旅行團。

林肯港
Port Lincoln

位於艾爾半島最尖端位置的林肯港，擁有1萬6000人，是這個區域規模最大的城鎮，平靜無波的波斯頓灣

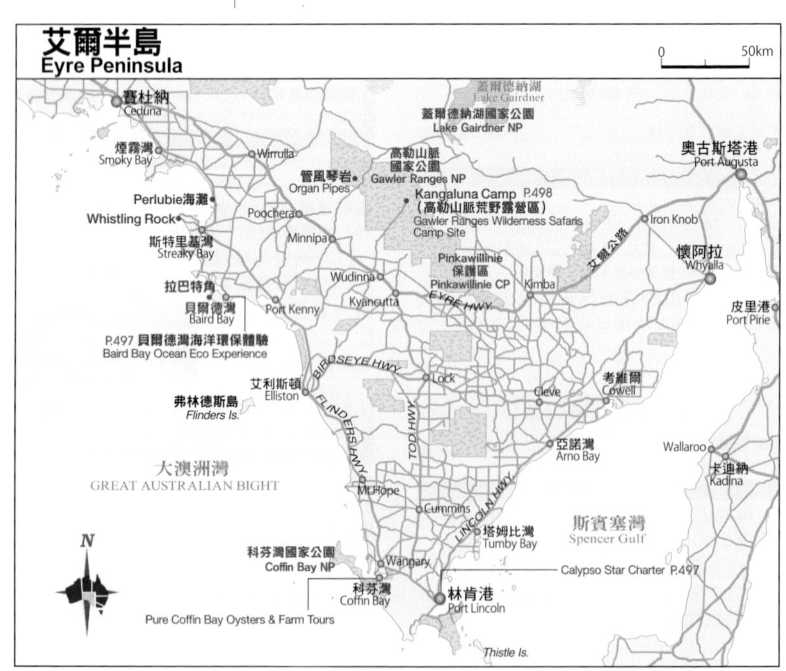

Boston Bay旁是美麗的海灘，周圍則聚集著商店、餐廳及遊客中心。

在城鎮南端的Porter Bay則是一座絕佳的天然港口，還有一處專門讓漁船卸下鮪魚、龍蝦、蝦子等魚貨的碼頭Lincoln Cove Marina。

林肯港之所以受到觀光客的矚目，因為這裡是與海獅共泳之旅的據點（近海的海豹灣Seal Cove等地），以及能在海中看大白鯊的鯊魚籠潛水Cage Diving（從林肯港搭船約2小時距離的Neptune Is.周邊）；尤其鯊魚籠潛水是能在近距離觀看巨大鯊魚的活動，在全世界算是極為稀少的地點，對喜愛冒險的人來說是夢寐以求的機會，活動由Calypso Star Charter主辦。

■**Calypso Star Charter**
☎(08)8682-3939
URL sharkcagediving.com.au
●與海獅共泳半日遊
時7:45～12:15（往年9～6月／舉行日期要確認）
費大人$215 小孩$155 家庭$640
●大白鯊鯊魚籠潛水
時6:30～18:00（整年／舉行日期要確認）
費1人$562
※6人以上成行

艾爾半島西海岸

West Coast of Eyer Peninsula

在貝爾德灣和海獅共泳

貼近海獅群棲息地

面對大澳洲灣的艾爾半島西海岸，分布著科芬灣Coffin Bay、斯特里基灣Streaky Bay、煙霧灣Smoky Bay等度假小鎮，這一帶也是以養殖牡蠣、鮑魚、扇貝而聞名的地方，部分養殖工廠甚至開放讓遊客入內參觀。

最受歡迎的活動就是到斯特里基灣南側的度假小鎮貝爾德灣Baird Bay，參加觀賞海獅並與之共泳的體驗（由Baird Bay Ocean Eco Experience主辦）。因為在貝爾德灣的一隅正是澳洲海獅的棲息地，有100%的機率可以親眼見到海獅，而且海相平靜時就能浮潛和海獅一起游泳；此外在航行途中，可愛的瓶鼻海豚經常會主動靠近船隻，幸運的話，也能和海豚一起游泳。

交通

●**艾爾半島西海岸**
由於沒有大眾交通工具，在林肯港或賽杜納租車出遊較為方便。

■**Baird Bay Ocean Eco Experience**
☎(08)8626-5017
URL www.bairdbay.com
時9～5月每日9:30、13:00(*)／所需時間2小時
(*)13:00出發只有在9:30客滿時
費游泳大人$200 小孩$100／單純參觀大人$170 小孩$100
※即使在盛夏季節，由於水溫也只有20～21℃的低溫，一定要租借潛水衣

賽杜納

Ceduna

位於艾爾半島西北端的賽杜納，是人口僅有2200人的迷你度假鎮，Ceduna在澳洲原住民語為「休息之地」的意思。因為這裡是附近許多養殖業者的牡蠣集中地，現在則是以南澳州牡蠣之都而聞名，每年9月下旬所舉辦的牡蠣節，吸引無數觀光客湧入。

交通

●**賽杜納**
區域快線航空Regional Express每天有2航班從阿得雷德前往賽杜納（所需時間約1小時30分）。

■賽杜納遊客中心
住58 Poynton St., Ceduna, 5690 ☎(08)8625-3343
URL cedunatourism.com.au
開週一～五9:00～17:00、週六、日、節日10:00～16:00 休耶穌受難日、耶誕節

交通

●高勒山脈國家公園&蓋爾德納湖國家公園

不但沒有大眾交通工具可以前往，而且國家公園裡幾乎沒有鋪設柏油路，一般都是參加旅遊團。最受觀光客歡迎的是高勒山脈荒野探險Gawler Ranges Wilderness Safaris所主辦的行程。

■高勒山脈荒野探險
☎0428-827-375/0428-428-334
URL gawlerrangessafaris.com
●4天3夜探險之旅

從林肯港出發，在高勒山脈國家公園內的高級露營區（Kangaluna Camp）宿營，再去探訪管風琴岩、蓋爾德納湖、貝爾德灣等景點，最後回到林肯港解散。

時林肯港出發每週一8:45～週四17:30（6·7月除外）
費大人$2800 小孩$2100（10歲以下為$1460）
※含旅遊中的所有餐飲

能見到令人嘆為觀止的管風琴岩美麗奇景

在觀光活動方面，主要是以冬季的賞鯨活動最有名氣，只要站在海岸邊，就能欣賞到造訪大澳洲灣的成群南露脊鯨。

這裡也是通往諾拉波平原Nullarbor Plain的入口處，賽杜納以西就是廣闊荒涼的沙漠土丘，直到西澳州的卡爾古利Kalgoorlie為止都沒有大型城鎮。

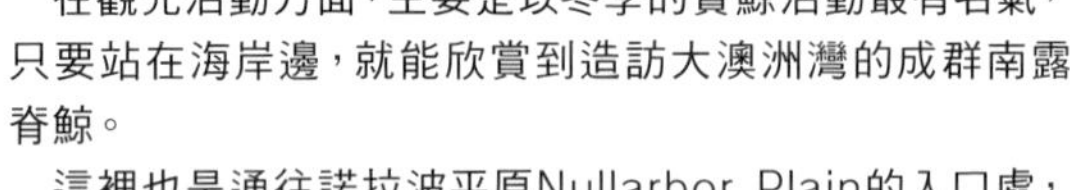

高勒山脈國家公園&蓋爾德納湖國家公園
Gawler Ranges NP & Lake Gairdner NP

延伸到地平線另一端的鹽湖——蓋爾德納湖

位於艾爾半島內陸地區的高勒山脈國家公園，擁有達1660km²的廣大面積，這裡不但有珍稀的毛鼻袋熊、侏儒負鼠等眾多有袋類動物，同時也是林肯港鸚鵡、楔尾鵰等超過140種鳥類的棲息地。雖然觀察的景點四散在國家公園內，其中最具知名度的是在國家公園西北邊、稱為管風琴岩Organ Pipes的自然景觀，這片屬於火山熔岩中的流紋岩，岩壁在經過長久的風化作用下，被切割成一條條如管風琴般的柱狀節理。

高勒山脈國家公園的北部則是全澳洲第4大的蓋爾德納湖Lake Gairdner，以及蓋爾德納湖國家公園，實際上的湖泊面積為4349km²；在這附近也有眾多的鹽湖，湖面完全被雪白的鹽所覆蓋，形成相當奇幻又絕美的景致。

艾爾半島的住宿 ACCOMMODATION

區域號碼(08)

林肯港

充分感受港都氛圍 MAP 無
The Marina Hotel Port Lincoln

URL www.marinahotel.com.au
住13 Jubilee Drv., Lincoln Cove, Port Lincoln, 5606
☎8682-6141 WiFi 免費 費TW$145～155、1B$195～215 CC ADJMV

這是面對Lincoln Cove Marina而建，在林肯港數一數二的高級飯店，全部客房都規劃成起居室與臥房分開的空間，住起來更加寬敞舒適。而附設的餐廳則是熱門的海鮮餐廳，有充滿高級優雅風格的室內座位，也有氣氛輕鬆愉快的戶外座位。

面對港口的現代公寓式飯店

賽杜納

位於超便捷的地點 MAP 無
Ceduna Motel East West

URL www.eastwestmotel.com.au
住66-76 McKenzie St., Ceduna, 5690
☎8625-2101 WiFi 免費
費TW$80～195 CC AJMV

是位在城鎮與機場之間的一流汽車旅館，客房雖然簡單樸素卻是功能齊全，非常方便，餐廳、酒吧、游泳池、洗衣房等服務都不缺。

弗林德斯山脈國家公園

Flinders Ranges NP

海拔約1000m的弗林德斯山脈

弗林德斯山脈國家公園距離阿得雷德約430km，同樣是台灣遊客比較少造訪的地區，不過這裡所擁有的自然景觀不僅宏偉且十分獨特，為南澳代表性的觀光景點。

弗林德斯山脈是澳洲大陸在4億5000萬年前作為岡瓦納大陸的一部分時，由於造山運動而形成的地景，當時的山脈高度比如今的喜馬拉雅山脈還要高，之後在經年累月的風雨侵蝕下才變成現在約1000m的高山；在造山運動與侵蝕的過程中裸露出不同年代的地層，是認識地球遠古歷史的絕佳地點。而且還是袋鼠、沙袋鼠、數量稀少的黃腳岩袋鼠、鴯鶓等野生動物的天堂。

交通

●**弗林德斯國家公園**
因為沒有大眾交通工具可以搭乘，一般都是租車前往，或是參加阿得雷德～柏斯、阿得雷德～愛爾斯岩的觀光巴士之旅，就可以有效率地暢遊弗林德斯國家公園。

■**Wilpena Pound Resort出發的旅遊團**
(08)8648-0004
FREE 1800-805-802
URL www.wilpenapound.com.au
●遊覽飛行
費20分鐘大人$196 小孩$150／30分鐘大人$231 小孩$173
●半日4WD Time Travel & Gorgeous Gorge
費大人$150 小孩$98 家庭$390
※4人以上成行
●Sunset Spectacular
費大人$63 小孩$51

維佩納凹地

Wilpena Pound

參加四輪傳動車之旅就能夠深入國家公園的心臟地帶

位於弗林德斯國家公園南部的維佩納凹地，是因為侵蝕所形成的自然坑地，周圍被海拔約1000m的山峰所環繞，整片凹地最寬處有11km，最短也有約8km，面積達80km^2，在空中遊覽飛行時看到這樣的天然奇景，而有「大自然創造的圓形劇場」的稱號。在維佩納凹地的入口處，是弗林德斯國家公園觀光據點的Wilpena Pound Resort，國家公園的遊客中心、度假飯店、露營區都設置在這裡，也規劃有多條叢林健行步道；還能夠報名參加由度假村出發的弗林德斯國家公園四輪傳動車之旅。

清晨或傍晚時刻的國家公園裡，到處都能發現野生動物的蹤影

維佩納凹地的住宿 ACCOMMODATION

區域號碼(08)

弗林德斯山脈的觀光據點 MAP 無
Wilpena Pound Resort

URL www.wilpenapound.com.au
住 Wilpena Rd.,via Hawkwe, 5434
8648-0004 FREE 1800-805-802 WiFi 付費
費 T W $193～244、豪華露營$264～390
※含早、晚餐／帳篷營地$22～31 CC AJMV

腹地內分布著多棟住宿設施，在度假中心內有餐廳、游泳池，客房有汽車旅館及豪華露營形式，空間都十分寬敞。抵達度假村後可以與接待櫃台諮詢當地的旅遊行程，相當貼心。

庫柏佩迪

Coober Pedy

交通

●庫柏佩迪

一般多是從阿得雷德中央巴士總站，搭乘澳洲灰狗巴士前往愛麗絲泉的長途巴士，由阿得雷德出發需要約10小時，若從愛麗絲泉出發則需8小時才能抵達。另外，區域快線航空從阿得雷德每週有6航班飛往庫柏佩迪機場（代號CPD），所需時間約2小時。

●澳洲灰狗巴士
☎1300-473-946
URL www.greyhound.com.au

●區域快線航空
Regional Express
☎13-17-13
URL www.rex.com.au

■庫柏佩迪遊客中心
Coober Pedy Visitor Information Centre
住 Lot 773 Hutchison St., Coober Pedy, 5723
☎(08)8672-4600
URL www.cooberpedy.com
開 週一～五9:00～17:00，週六、日9:00～13:00

■水在這裡非常珍貴，不能浪費

庫柏佩迪的年平均降雨量只有130mm，由於這是一個月大概只有2天會下雨的小鎮，水是非常珍貴的資源，因此這裡的水費極高；不論是哪一家飯店都會極力呼籲房客節約用水，切勿浪費。

■蒼蠅之多也是澳洲罕見

儘管在澳洲內陸地區常見蒼蠅的蹤影，但是庫柏佩迪的蒼蠅卻是多到令人生厭，討厭蒼蠅的人可以在紀念品店購買蚊帳。

露天的蛋白石開採場

從阿得雷德沿著Sturt公路往西北前進960km，在這片南澳州廣大的內陸荒野地帶，有座靠挖掘蛋白石而出名的城鎮——庫柏佩迪；這裡也是澳洲電影《蛋白石之夢Opal Dream》（描述在出產蛋白石的小鎮上，一對擁有純潔心靈的幼小兄妹與家人的故事）的外景拍攝地點而廣為人知。

庫柏佩迪給人的印象就是平坦無邊際

庫柏佩迪首度發現蛋白石是在1915年，從此這裡成為世界聞名蛋白石開採挖掘、篩選（將挖掘出來的礦石與泥沙分別）的城鎮，許多來自於希臘、南斯拉夫、義大利的移民，如今仍然持續湧入這座城鎮來從事蛋白石的開採工程；另一方面來自中國的移民以豐厚的資金作為背景，成為這裡活躍的交易商。實際上這個城鎮是由超過56個國家的移民所組成，由此也能看出澳洲這個移民大國的魅力。值得一提的是，Coober Pedy這個名字是來自於澳洲原住民語「白人挖掘的洞穴」之意。

城鎮四周豎立著許多小心地洞的警告標誌

漫遊庫柏佩迪

OUTLINE OF COOBER PEDY

變成觀光資源的洞穴屋

夏季白天溫度超過40℃高溫，冬季夜間溫度又會降至10℃以下，擁有典型沙漠氣候的庫柏佩迪；住在此地的人為了適應這樣的嚴酷氣候，便打通岩石山壁或是挖出地底洞穴，善加利用地底夏涼冬暖的特性，打造出獨特的洞穴屋，稱為Dugout house，因此讓庫柏佩迪曾經擁有「地下城市」的特殊稱號。現在因為冷氣普及，實際會住在洞穴屋裡的人已經不多見，但遊客還是可以透過使用中的古老教堂、提供給觀光客住宿的飯店、餐廳等設施，一窺洞穴屋的真實面貌。

能深入了解城鎮歷史、蛋白石知識 MAP 無

沙漠之窟酒店
The Desert Cave Hotel

沙漠之窟酒店是位在庫柏佩迪中心區知名的高級飯店，位在飯店地底的Underground Interpretive Display，是遊客來到庫柏佩迪務必要來參觀的地方。宛如過去鎮民

居住洞穴屋的裸露岩石牆壁上，介紹著庫柏佩迪的歷史、曾經探訪過此地的探險家，甚至是蛋白石的種類、開採方式等，都以照片、文字詳盡地展示說明。

參加旅遊團遊覽周邊景點　MAP 無

蛋白石礦場之旅
Opal Field Tours

參加旅遊團可以體驗自己動手挖蛋白石的樂趣

蛋白石礦場Opal Field雖然鄰近庫柏佩迪，但是如果自行亂闖的話會相當危險，因為到處都充滿了開採蛋白石後遺留的洞穴，而且真的發生過有人不小心掉進洞裡的意外，因此推薦遊客參加專門的觀光之旅。接下來介紹的就是一般旅遊團安排的基本行程內容。

首先是從庫柏佩迪出發前往蛋白石礦場，在礦場不但可以參觀實際開採蛋白石的過程，還能體驗親自尋找蛋白石的樂趣。在結束尋寶行程之後，就要出發前往位於荒野正中央的Breakaway Reserve，這裡不但是電影《衝鋒飛車隊續集 Mad Max Beyond Thunderdome》的拍攝地，也能見到設在這裡將澳洲大陸分成兩邊、長達5322km的著名澳洲野犬圍欄Dingo Fence（也被稱做狗圍欄、防堵野兔圍欄），是為了防止北方的澳洲野犬南下，同時阻止南邊的野兔北進而設置的圍網，最後才是返回庫柏佩迪的觀光行程。除了上述的基本行程之外，部分旅遊團還會增加參觀Underground Catacomb教堂（建於1977年的英國國教教堂）、Crocodile Harry的洞穴屋（過去曾經在澳洲北部獵捕鱷魚的名人Harry所打造的地底住宅）、Underground Pottery（地下陶藝場）、採礦風車The Big Winch等景點。

另外也有搭乘四輪傳動車之旅，或是騎駱駝的荒野探險之旅等，各具特色的旅遊團供遊客選擇。

■**Underground Interpretive Display**
住The Desert Cave Hotel, Lot 1 Hutchison St., 5723
☎(08)8672-5688(The Desert Cave Hotel)
URL www.desertcave.com.au
開每日8:00～20:00
費免費

■**前往蛋白石礦場之旅**
●Radeka's Desert Breakaway Tour
☎(08)8672-5223
URL www.radekadownunder.com.au
時每日13:00～17:00
費大人$65 小孩$32.50
※其他還有1小時30分的短行程（8:00～10:00、Sunset Time 1日2次）大人$50 小孩$25

■**Old Timers Mine**
1918年當時蛋白石礦場的開採現場被完整地保留下來，還可以走進實際的坑道裡參觀；這處礦場也以出產大且品質精良的蛋白石而聞名。
住2190 Crowders Gully Rd., 5723 ☎(08)8672-5555
URL oldtimersmine.com.au
開每日8:30～17:00
費大人$15 小孩$5 家庭$40

將澳洲大陸一分而二的澳洲野犬圍欄

庫柏佩迪的住宿 ACCOMMODATION

區域號碼 (08)

挖掘蛋白石的洞穴變客房　MAP 無

Radeka Downunder

URL www.radekadownunder.com.au
住1 Oliver St. (Cnr. Hutchison St.), Coober Pedy, 5723 ☎8672-5223 FREE 1800-633-891
WiFi 付費 費D$30～35、TW$85～110、2B$200～305 CC AJMV

將挖掘蛋白石後遺留的洞穴打造成客房的旅館，分為背包客旅館及汽車旅館客房（地面上）2種，也有推出前往蛋白石礦場之旅的行程。

庫柏佩迪的高級旅館　MAP 無

The Desert Cave Hotel

URL www.desertcave.com.au
住Lot 1, Hutchison St., Coober Pedy, 5723
☎8672-5688 WiFi 免費
費TW$200～250 CC JMV

所有的設備服務都一應俱全的高級飯店，在地底設有Underground Interpretive Display、酒吧，飯店也有推出各種配合旅遊活動的套裝住宿行程。

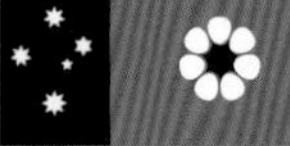

北領地

實際體會到大自然的雄偉、美好與嚴峻

以烏魯魯（愛爾斯岩）為背景展出的《光之原野Field of Light》

觀光重點

POINT 1

列入世界綜合遺產，也是全世界最大的岩石──烏魯魯（愛爾斯岩），是所有遊客造訪澳洲非看不可的澳洲象徵。會隨著時間而有七彩不同變化的岩石表面、殘留著原住民傳說的山麓泉水與岩石凹處、愈靠近愈感覺其雄偉……這些都是值得細細探訪愛爾斯岩的誘因。另一方面，在愛爾斯岩近郊的卡塔丘塔（奧加斯岩）、國王峽谷（瓦塔卡國家公園）都是可以一起探訪的重要景點。

POINT 2

位在北領地北部的世界遺產卡卡度國家公園，是認識澳洲原住民與澳洲大自然間共生關係的最佳地點。狩獵時代時留存下來的無數岩石壁畫、棲息於濕地間的眾多水鳥與鱷魚，還有矗立在草原地帶比人還高的蟻塚群、四處可見的袋鼠、澳洲野犬等動物……由於是面積非常遼闊的國家公園，最好的觀光方式就是在這裡停留1～2晚。

POINT 3

搭乘縱貫澳洲大陸的大汗號列車，一邊遊覽尼特米魯克國家公園（凱瑟琳峽谷）、愛麗絲泉的觀光之旅，是體會這塊陸地之廣與自然之美的最佳旅遊模式。

基本資訊

面積	134萬9100km²	州動物	紅袋鼠
人口	約24萬9000人	州花	Sturt's Desert Rose
首府	達爾文（人口約14萬7000人）	電話	區域號碼 08
時差	澳洲中部標準時間（比台灣快1.5小時）		

主要節日（2024年）

2024年

1月1日 新年New Year's Day
1月26日 澳洲國慶日 Australia Day
3月29日 耶穌受難日Good Friday
3月30日 復活節星期六 Easter Saturday
3月31日 復活節星期日Easter Sunday
4月1日 復活節星期一Easter Monday
4月25日 澳紐軍團紀念日Anzac Day
5月6日 五月節May Day
6月10日 女王誕辰日 Queen's Birthday
7月5日 愛麗絲泉農展會日 Alice Springs Show Day（僅限愛麗絲泉）
7月19日 凱瑟琳農展會日 Katherine Show Day（僅限凱瑟琳）
7月26日 達爾文農展會 Darwin Show Day（僅限達爾文）
8月5日 野餐日Picnic Day
12月25日 耶誕節 Christmas Day
12月26日 節禮日 Boxing Day

學校假期（2024年）

4/13～4/28、7/6～7/21、9/28～10/13、12/18～2025年2/2

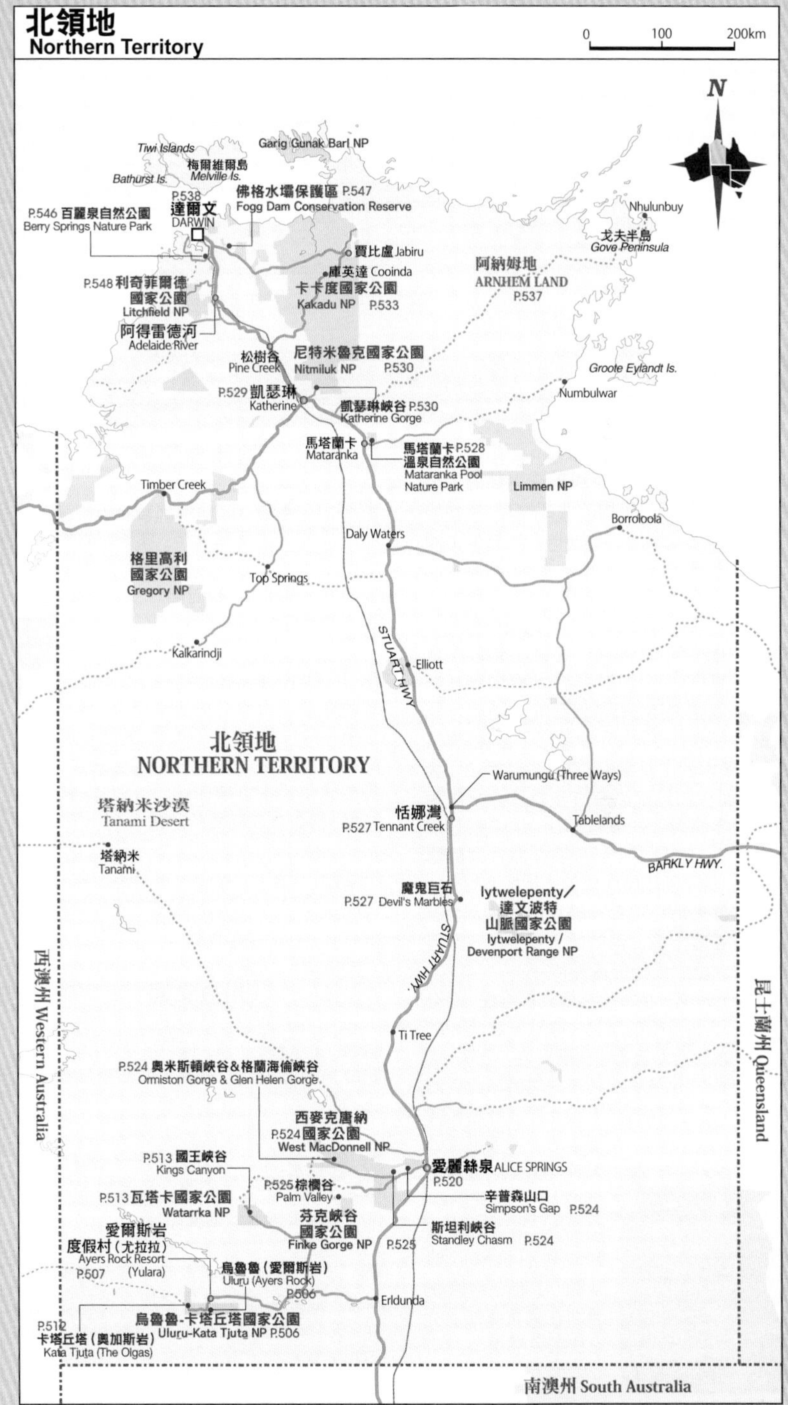
北領地
Northern Territory
0 100 200km
N
Tiwi Islands
Garig Gunak Barl NP
梅爾維爾島
Melville Is.
Bathurst Is.
P.538
達爾文
DARWIN
佛格水壩保護區 P.547
Fogg Dam Conservation Reserve
P.546 百麗泉自然公園
Berry Springs Nature Park
Nhulunbuy
戈夫半島
Gove Peninsula
賈比盧 Jabiru
庫英達 Cooinda
卡卡度國家公園
Kakadu NP P.533
阿納姆地
ARNHEM LAND
P.537
P.548 利奇菲爾德
國家公園
Litchfield NP
阿得雷德河
Adelaide River
松樹谷
Pine Creek
尼特米魯克國家公園
Nitmiluk NP P.530
Groote Eylandt Is.
Numbulwar
P.529 凱瑟琳
Katherine
凱瑟琳峽谷 P.530
Katherine Gorge
馬塔蘭卡
Mataranka
馬塔蘭卡 P.528
溫泉自然公園
Mataranka Pool
Nature Park
Limmen NP
Timber Creek
Borroloola
Daly Waters
格里高利
國家公園
Gregory NP
Top Springs
Kalkarindji
STUART HWY
Elliott
北領地
NORTHERN TERRITORY
Warumungu (Three Ways)
塔納米沙漠
Tanami Desert
恬娜灣
P.527 Tennant Creek
Tablelands
塔納米
Tanami
BARKLY HWY.
魔鬼巨石
P.527 Devil's Marbles
lytwelepenty/
達文波特
山脈國家公園
lytwelepenty /
Devenport Range NP
STUART HWY.
西澳州 Western Australia
昆士蘭州 Queensland
Ti Tree
P.524 奧米斯頓峽谷&格蘭海倫峽谷
Ormiston Gorge & Glen Helen Gorge
西麥克唐納
P.524 國家公園
West MacDonnell NP
P.513 國王峽谷
Kings Canyon
愛麗絲泉 ALICE SPRINGS
P.520
P.525 棕櫚谷
Palm Valley
辛普森山口
Simpson's Gap P.524
P.513 瓦塔卡國家公園
Watarrka NP
芬克峽谷
國家公園
Finke Gorge NP
P.525
斯坦利峽谷
Standley Chasm P.524
愛爾斯岩
度假村（尤拉拉）
Ayers Rock Resort
P.507 (Yulara)
烏魯魯（愛爾斯岩）
Uluru (Ayers Rock)
P.506
Erldunda
P.512
卡塔丘塔（奧加斯岩）
Kata Tjuta (The Olgas)
烏魯魯-卡塔丘塔國家公園
Uluru-Kata Tjuta NP P.506
南澳州 South Australia

北領地主要觀光地的平均氣溫·降雨量

	1月	2月	3月	4月	5月	6月	7月	8月	9月	10月	11月	12月
烏魯魯-卡塔丘塔國家公園（愛爾斯岩）												
平均最高氣溫（℃）	38.5	36.9	34.3	29.9	24.3	20.3	20.5	23.7	28.9	32.2	34.9	36.5
平均最低氣溫（℃）	22.7	22.1	19.2	14.4	9.3	5.5	4.4	5.8	10.8	14.8	18.3	20.8
平均降雨量（mm）	26.7	38.4	35.3	15.9	12.9	18.1	18.8	4.4	7.7	21.4	35.5	40.6
愛麗絲泉												
平均最高氣溫（℃）	36.4	35.1	32.7	28.2	23.1	19.8	19.7	22.7	27.4	31.0	33.7	35.4
平均最低氣溫（℃）	21.5	20.7	17.5	12.6	8.2	5.0	4.0	6.0	10.3	14.8	17.9	20.2
平均降雨量（mm）	40.7	43.3	31.4	17.3	18.7	13.5	15.5	8.9	8.2	20.8	28.5	36.8
卡卡度國家公園												
平均最高氣溫（℃）	33.6	33.2	33.6	34.5	33.5	31.7	31.9	33.7	36.2	37.6	36.9	35.1
平均最低氣溫（℃）	24.6	24.5	24.4	23.5	21.9	19.2	18.6	19.1	21.6	23.9	24.9	24.9
平均降雨量（mm）	356.8	359.2	317.2	88.5	15.8	1.1	2.9	2.6	6.8	39.2	143.3	233.6
達爾文												
平均最高氣溫（℃）	31.8	31.4	31.9	32.7	32.0	30.6	30.6	31.4	32.6	33.3	33.3	32.6
平均最低氣溫（℃）	24.8	24.7	24.5	24.0	22.1	19.9	19.3	20.3	23.0	24.9	25.3	25.3
平均降雨量（mm）	427.1	374.3	317.9	102.2	21.2	1.8	1.2	4.9	15.3	69.9	142.1	248.9

北領地概要

是個被稱為「北端終點Top End」的地區，對於住在澳洲大陸東部或南部的人來說，因為在地圖最上面的北部地方，是他們印象中的北方盡頭；這個北端終點加上澳洲大陸中央遼闊的內陸沙漠，組合而成北領地。

北領地最早隸屬於新南威爾斯州管轄，之後再歷經南澳州管轄，直到1911年配合澳洲首都移轉到坎培拉時，才變成聯邦政府直接管轄的自治區；但是北領地被承認真正擁有自治政府權，卻是1978年的事情了。北領地的居民當中，澳洲原住民占了大多數，而在北端終點有許多對澳洲來說相當重要出口資源的鈾礦礦山，地主就是澳洲原住民。這是為了恢復澳洲原住民的原有權利，除了承認原住民的土地所有權外，還會支付土地租用費及礦坑開採權利金，每年超過數十億台幣的收入都會用在改善全體澳洲原住民的生活條件。

就觀光而言，北領地是極具冒險性，能充分體驗澳洲風格的地區。除了象徵澳洲的世界最大岩石烏魯魯（愛爾斯岩）之外，還有能欣賞到壯闊溪谷之美的尼特米魯克國家公園（凱瑟琳峽谷），以及野生動物非常豐富的卡卡度國家公園等，以大自然為主角的超大型天然景點眾多。搭乘四輪傳動車環遊這些壯麗景點，才能深刻體驗澳洲在嚴苛條件下所誕生的自然美。

巍然聳立在平坦大陸間的愛爾斯岩

交通

與州外交通

飛機 北領地的首府達爾文是澳洲大陸北部的據點城市，從各州首府或凱恩斯等地都有航班可搭乘。另外要前往烏魯魯（愛爾斯岩）和愛麗絲泉，從雪梨、墨爾本也有直飛班機抵達。

長途巴士 澳洲灰狗巴士有從南澳州的阿得雷德出發前往愛麗絲泉，或是從昆士蘭州的埃薩山Mount Isa經過恬娜灣再前往達爾文／愛麗絲泉的巴士班次，以及從西澳州的布魯姆Broome出發，經過凱瑟琳，最後到達爾文的路線。

火車 有從阿得雷德出發，經過愛麗絲泉最後抵達達爾文的豪華火車大汗號The Ghan列車行駛。

州內交通

飛機 澳洲航空有達爾文～愛麗絲泉～愛爾斯岩航線，每天都有航班飛行。

長途巴士 澳洲灰狗巴士有行駛達爾文～凱瑟琳～恬娜灣～愛麗絲泉～達爾文～卡卡度國家公園的路線。

旅遊團 想要感受北領地的雄偉大自然，最好的辦法就是參加在地旅遊團，從2天1夜到長達2星期的行程都有，選擇相當豐富。

出遊規劃要訣

北領地要靠旅遊團來觀光

北領地的觀光景點間距離相隔遙遠，甚至在許多景點附近完全沒有城鎮，想要好好遊覽這些位於大自然的景點，最方便的辦法就是參加在地旅遊團。一般來說，從愛麗絲泉出發前往烏魯魯（愛爾斯岩）方向多是2～4天的旅遊團，而愛麗絲泉～達爾文則是6～13天的行程，此外還有以達爾文或愛麗絲泉為出發點，前往西澳或南澳住宿幾晚的旅遊行程，推出相關行程的主要旅行社如下所記。由於愛爾斯岩近郊或達爾文近郊1～2天的旅遊團多到不勝枚舉，時間不夠充裕的觀光客，可以搭乘飛機或大汗號列車往來於各大城市間，再參加各城市的在地旅遊團，也是不錯的方法。

● **Adventure Tours Australia**
TEL (07)5401-5555
URL www.adventuretours.com.au

● **Wayoutback Australia**
TEL (08)8300-4900
URL www.wayoutback.com.au

● **ATT Kings**
TEL 1300-228-546
URL www.aatkings.com

與烏魯魯（愛爾斯岩）並立於澳洲中央景點的奧加斯岩（卡塔丘塔）

以愛爾斯岩為起點的旅程

從台灣出發的旅遊團在烏魯魯（愛爾斯岩）大多都只有停留1個晚上，若是想要欣賞朝夕光線下的愛爾斯岩、健行步道豐富的奧加斯岩，甚至是瓦塔卡國家公園（國王峽谷）等景點觀光，最少要停留2個晚上，當然能住宿3晚會更悠閒。

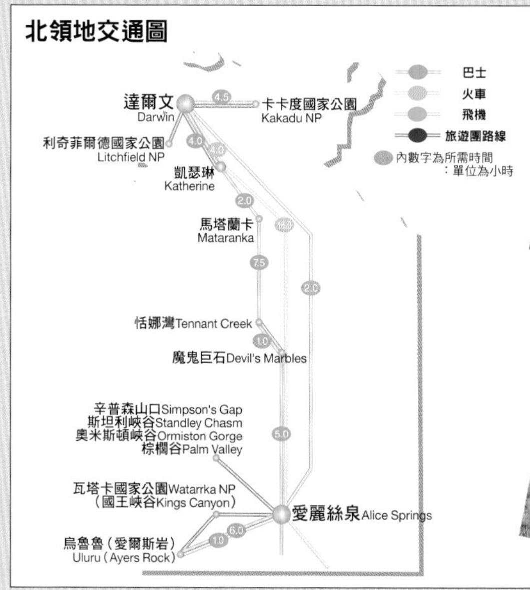

卡卡度國家公園裡保留無數珍貴的原住民岩石壁畫

從內陸地區到北端終點，在清晨時分很容易發現數量眾多的袋鼠或沙袋鼠

烏魯魯（愛爾斯岩）與近郊

Uluṟu(Ayers Rock) & Around

突然出現在大陸正中央的一塊巨岩——烏魯魯（愛爾斯岩）

在澳洲大陸正中央的紅土荒野間赫然出現的就是著名的烏魯魯（愛爾斯岩），圓周約9.4km，海拔863m（距離地面高度為348m），是全世界最大的一塊岩石，果然不愧被稱為「地球的肚臍」，只要提到澳洲，相信很多人腦海浮現的就是這塊世界巨岩吧。

1872年探險家William Goss在深入澳洲大陸內部探索時意外發現愛爾斯岩的存在，並以當時的南澳首長亨利・愛爾斯Sir Henry Ayers為岩石命名。現在則是澳洲政府向原住民團體Aboriginal Communities（Pitjantjatjara審議委員會）租用此地作為烏魯魯-卡塔丘塔國家公園Uluṟu-Kata Tjuṯa NP；由於這裡是世代居住於此的澳洲原住民Anangu族相當重要的聖地，因此最後決定將巨岩的名稱，正式恢復為原住民對它原始的稱號「烏魯魯Uluṟu」。

烏魯魯地區最大旅行社AAT Kings的大型巴士

在愛爾斯岩的周邊還有許多值得一探究竟的重要景點，像是列入世界綜合遺產的卡塔丘塔Kata Tjuta（奧加斯岩The Olgas）、位在烏魯魯與澳洲正中央都市愛麗絲泉Alice Springs中間的瓦塔卡國家公園Watarrka NP（國王峽谷Kings Canyon），都是觀光客在澳洲中央地區不能放過的觀光重點。

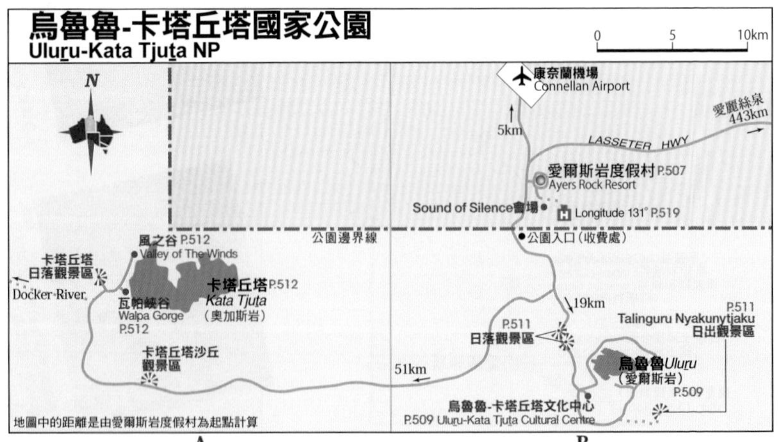

交通
ACCESS

如何前往

●**飛機**

澳洲航空有從雪梨、凱恩斯出發的航班，捷星則是從雪梨、墨爾本出發的班機可飛往烏魯魯。

●**長途巴士**

從愛麗絲泉有由AAT Kings、Emu Run Experience經營的巴士行駛。

●**旅遊團**

一般常見的是從愛麗絲泉出發且停留數晚的旅遊行程，其中又以Adventure Tours Australia、Wayoutback Australian Safari、Emu Run Experience的旅遊團最受歡迎。基本的行程多是在清晨從愛麗絲泉出發，中途於駱駝農場Camel Farm稍事休息，之後直奔愛爾斯岩度假村旁的露營區，下午前往烏魯魯環石步道及欣賞落日餘暉。第二天一早則是觀看烏魯魯的日出及去卡塔丘塔健行，最後返回愛麗絲泉。如果是3天2夜的行程，還能在回程途中順路到國王峽谷觀光。

●**租車**

從愛麗絲泉租車的話，由於每天有限制行駛里程必須外加費用，所以租車費用格外地高；而且單程距離就超過400km，中途只有3間加油站，還要事先準備好備用輪胎、充分的飲用水。有計畫租車的話，建議最好在抵達愛爾斯岩度假村之後再借車。

機場 ↔ 愛爾斯岩度假村

通往烏魯魯的空中門戶康奈蘭機場Connellan Airport（代號AYQ），就在距離愛爾斯岩度假村約5km處，從機場到度假村之間的交通，由AAT Kings所經營的接駁巴士提供服務。

漫遊烏魯魯
OUTLINE OF ULURU

下榻於愛爾斯岩度假村

烏魯魯的觀光據點，就是愛爾斯岩度假村Ayers Rock Resort，由於烏魯魯-卡塔丘塔國家公園內不能住宿，所有的觀光客都必須在這個度假村過夜。為了不讓度假村破壞內陸的自然景觀，因此建築物本身使用了特別的塗料，外觀看起來與整片紅土沙漠幾乎融為一體；而且為了隔絕夏季白天高達40℃高溫所產生的熱能，特地採用68頂由瑞士製造專門用來遮陽的帆布，而獨特的外型也就成為愛爾斯岩度假村的特色。

■**澳洲航空**
☎13-13-13

■**捷星航空**
☎13-15-38

■**維珍澳洲航空**
☎13-67-89

■**AAT Kings**
☎1300-228-546
URL www.aatkings.com
時 愛麗絲泉出發7:00—到達愛爾斯岩度假村13:00／愛爾斯岩度假村出發10～3月12:30，4～9月13:00—到達愛麗絲泉10～3月19:00，4～9月19:30
費 大人$189 小孩$95

■**Emu Run Experience**
☎(08)8953-7057
URL emurun.com.au
●**愛麗絲泉→愛爾斯岩度假村的巴士**
時 5～10月：愛麗絲泉出發6:00—到達愛爾斯岩度假村11:35／11～2月：愛麗絲泉出發7:00—到達愛爾斯岩度假村12:35／3～4月：尚未確定
※因為觀光團行程繁忙，無法提供回程服務
費 大人$169 小孩$99
●**烏魯魯＆國王峽谷標準2日遊**
愛麗絲泉出發，在愛爾斯岩度假村解散；2天1夜造訪國王峽谷、烏魯魯、卡塔丘塔。
費 團體房1夜1人$625

■**Adventure Tours Australia**
☎(07)5401-5555
URL www.adventuretours.com.au
●**烏魯魯冒險3日遊**
愛麗絲泉出發，造訪國王峽谷、愛爾斯岩、奧加斯岩的3天2夜之旅。
費 住宿帳篷1人$995

■**Wayoutback Australian Safari**
☎(08)8300-4900
URL www.wayoutback.com.au
●**Perentie Dreaming 4WD 4日遊**
費 住宿帳篷1人$1595
●**Dingo Dreaming 2天1夜之旅**
※愛爾斯岩度假村出發、解散
費 住宿帳篷1人$495

■Airport Shuttle Bus
單程費大人$59 小孩$30
※愛爾斯岩度假村房客搭乘免費

■愛爾斯岩度假村
MAP P.508
URL www.ayersrockresort.com.au

便利的度假村接駁巴士

■度假村接駁巴士
巡迴行駛於各飯店、購物中心之間，行駛時間為10:30～翌日0:30，約20分鐘1班。

雖然稱為愛爾斯岩度假村，實際上是聚集好幾家飯店與購物中心的住宿村，內部道路有免費的度假村接駁巴士巡迴行駛，住在哪家飯店都很方便。

從愛爾斯岩度假村眺望愛爾斯岩

在購物中心前的草地廣場，開設著可以體驗原住民藝術的工作坊，在度假村裡也有舉辦免費的花園散步等活動，讓遊客可以參加。此外，Gallery of Central Australia（通稱GoCA）內展示著眾多原住民藝術品，以及關於原住民的文化、生活的詳細說明。

位於度假村中心購物商場內的廣場

愛爾斯岩的觀光方式

從度假村出發前往烏魯魯、卡塔丘塔觀光，由於與兩者的距離都超過20km，一般都是參加以度假村為據點的旅遊團。如果是租車出遊的人，則要注意在國家公園裡沒有任何加油站或是供應食物、飲用水的商店，必須事先準備；不過所有觀光路線都是平順的柏油路，不用擔心路況

■租車公司
●Hertz
☎(08)8957-6490
●AVIS
☎(08)8956-2266
●Thrifty
☎(08)8956-2030

■烏魯魯-卡塔丘塔國家公園入園門票
URL parksaustralia.gov.au/uluru/plan/passes
費3日內有效：大人$38 小孩免費
※參加旅遊團的遊客可以向司機購買

■烏魯魯-卡塔丘塔國家公園的開放時間
開12～2月：5:00～21:00／3月：5:30～20:30／4月：5:30～20:00／5月：6:00～19:30／6～7月：6:30～19:30／8月：6:00～19:30／9月：5:30～19:30／10月：5:00～20:00／11月：5:00～20:30

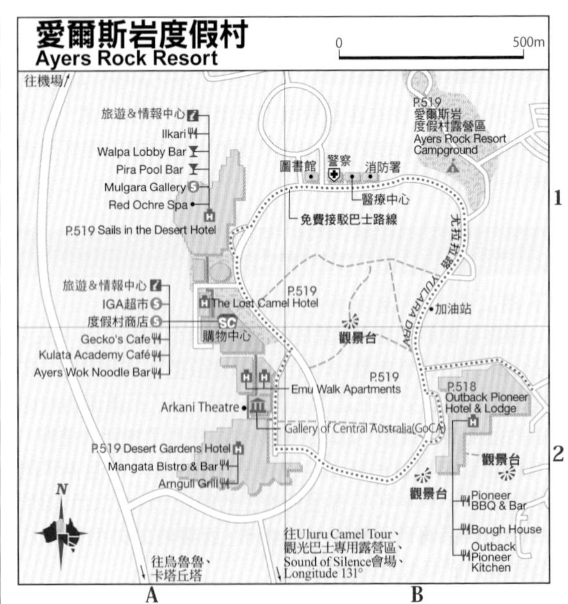

不佳。另外若是要參觀包含烏魯魯、卡塔丘塔在內的烏魯魯-卡塔丘塔國家公園，必須在國家公園入口處購買入園門票；參加旅遊團的話，則是向導遊購買。

愛爾斯岩的主要景點
SIGHTSEEING SPOTS

烏魯魯（愛爾斯岩）
Uluru (Ayers Rock)

在廣大陸地上拔地而起的烏魯魯

烏魯魯的地表面積為圓周9.4km，高348m（海拔863m），約9億年前曾經是位於古大陸羅迪尼亞大陸高山山麓、堆積在扇形地形下游的沙岩層，這片砂岩層在古生代時沉入海底，直到5億5000萬年前寒武紀時的地殼變動，造成整塊陸地向上隆起；之後又經過好幾次的大型地殼運動，直到大約6500萬年前澳洲大陸從岡瓦納大陸分離之後，突出地面沙岩層的柔軟部分受到風力作用而侵蝕，然後在50萬年前因為乾燥化加上繼續侵蝕，於是只剩下堅硬的岩盤，也就是現在所看到的形狀。而且烏魯魯露出地面的部分應該只是整塊岩石的一小塊，推測只佔全體的不到5%。

※烏魯魯從2019年10月26日開始，禁止在原住民的聖地從事登山相關活動與行為。

一窺原住民的傳說世界　MAP P.510

環石步道
Base Walk

烏魯魯被澳洲原住民稱為神聖之地Sacred Site，有好幾處地點對Anangu族而言是具有非常重要的歷史意義，禁止進入及拍攝照片與錄影。由於環石步道的路線上也有相關的告示牌，遊客務必要遵守規定。

行走在岩石周圍就會知道有多巨大

沿著烏魯魯有一圈約9km長的環石步道，由於所需時間長達3小時，推薦給對自己腳力有信心的人來嘗試。不過如果參加環石之旅，也會安排遊客走Mala Walk和Kuniya Walk，光走這兩段步道就可以看到主要景點和風景。

禁止進入的區域會豎立這樣的告示牌

■禁止進入區域（Sacred Site）
烏魯魯-卡塔丘塔國家公園內有澳洲原住民的聖地，因此若沒有獲得許可絕對不能進入這些區域，當然也禁止拍照。

■紀念碑
在舊登山口旁有5面紀念碑，有兩面是為了紀念在登山途中意外失足死亡的罹難者，剩下的則是因為中暑、心臟病發等原因在登山途中過世的人士，不過目前已經禁止再設立任何紀念碑。

■烏魯魯-卡塔丘塔文化中心 Uluru-Kata Tjuta Cultural Centre　MAP P.510
位於烏魯魯附近，是介紹居住在這個區域的原住民（Anangu族），有關他們的生活方式、文化的設施。
☎(08)8956-1128
開每日7:00～18:00

■Maruku Arts & Crafts
位於文化中心內，由Anangu族所經營的藝術中心，展示販售手工藝品及美術品。
☎(08)8956-2558
URL maruku.com.au
營週一～五7:30～17:30、週六、日9:00～17:00

位於Mala Walk的天然凹洞
Kulpi watiku

Mala Walk是從登山口開始單程約1km的一條步道，從舊登山口循著順時針方向前進，會發現左手邊有個小型洞穴，洞裡的岩壁頂端留有澳洲原住民的壁畫，主要描繪袋鼠、鴯鶓等動物足跡，是過去為孩子教導繪畫和傳說的地方（Kulpi Nyiinkaku）。再往前走，會出現2個岩壁被沖刷成大波浪形的天然凹洞Shelter，原住民把這個凹洞的一部分作為會見長老的Kulpi watiku，以及女

烏魯魯（愛爾斯岩）
Uluru (Ayers Rock)

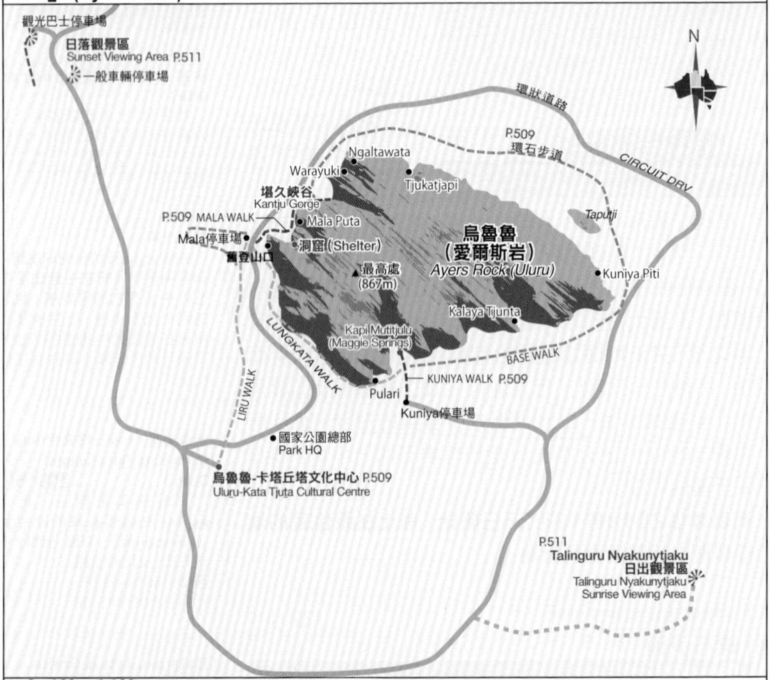

0 1km
N
觀光巴士停車場
日落觀景區
Sunset Viewing Area P.511
一般車輛停車場
環狀道路
CIRCUIT DRV
P.509
環石步道
Ngaltawata
Warayuki
Tjukatjapi
堪久峽谷
Kantju Gorge
P.509 MALA WALK
Mala Puta
Mala停車場
洞窟（Shelter）
舊登山口
烏魯魯
（愛爾斯岩）
Ayers Rock (Uluru)
Taputji
最高處
(867m)
Kuniya Piti
Kalaya Tjunta
Kapi Mutitjulu
(Maggie Springs)
LUNGKATA WALK
BASE WALK
KUNIYA WALK P.509
Pulari
Kuniya停車場
LIRU WALK
國家公園總部
Park HQ
烏魯魯-卡塔丘塔文化中心 P.509
Uluru-Kata Tjuta Cultural Centre
P.511
Talinguru Nyakunytjaku
日出觀景區
Talinguru Nyakunytjaku
Sunrise Viewing Area

卡塔丘塔（奧加斯岩）
Kata Tjuta (The Olgas)

0 1km
N
風之谷步道
VALLEY OF THE WIND WALK
P.512
Karingana觀景台
Karingana Lookout
風之谷停車場
卡塔丘塔日落觀景區
Kata Tjuta Sunset
Viewing Area
Karu觀景台
Karu Lookout
P.512
風之谷 P.512
Valley of The Winds
卡塔丘塔（奧加斯岩）
Kata Tjuta (The Olgas)
P.512 瓦帕峽谷（奧加峽谷）
Walpa Gorge (Olga Gorge)
瓦帕峽谷停車場
奧加山
(1069m)
瓦帕峽谷步道
WALPA GORGE WALK

終年不乾涸的Kapi Mutitjulu

性及小孩料理食物的Kulpi Minymaku。從這附近開始岩石旁出現茂密的低矮樹木，然後就會到達稱為堪久峽谷Kantju Gorge的小水池，遇到下雨時，從岩壁上滑落的雨水就會形成壯觀的瀑布，落入水池裡。

從烏魯魯南側停車場出發，來回約1km長的步道則是Kuniya Walk。在澳洲原住民的傳說中，外甥遭到毒蛇男殺害的錦蛇女Kuniya，就是在這裡向毒蛇男復仇，而這裡所留下來的泉水Kapi Mutitjulu（Maggie Springs）就是錦蛇女Kuniya祭祀外甥的地方。

堪久峽谷附近充滿綠意，可以看見烏魯魯不同的面貌

Kapi Mutitjulu旁的岩壁上有天然形成的心形圖樣

站在烏魯魯前迎接瑰麗的晨光 MAP P.510

烏魯魯日出
Uluṟu Sunrise

氣氛莊嚴神聖的烏魯魯日出

一整天的時間裡，岩石表面會出現不同色彩變化的烏魯魯，在日出之前原本融入漆黑夜色中的烏魯魯開始漸漸地染上紅色，接著伴隨著日出時刻也由鮭魚紅轉變成鮮豔的橘紅色。想要觀賞到日出時光彩變化的烏魯魯最佳地點，就是烏魯魯東南方的日出觀景區Talinguru Nyakunytjaku Sunrise Viewing Area，可以同時容納3000人觀賞日出的觀景平台；而且在這裡也能將烏魯魯左側遠方的卡塔丘塔一併納入眼簾，可以將烏魯魯及卡塔丘塔同時拍下來。

從烏魯魯的日出觀景點，也能遠眺卡塔丘塔的日出

烏魯魯燃燒得赤紅 MAP P.510

烏魯魯落日
Uluṟu Sunset

烏魯魯在傍晚時分會被夕陽染成一片赤紅色，想要欣賞到如此絕美景觀的最佳地點，就是在日落觀景區Sunset Viewing Area。當日頭開始逐漸西沉之時，岩石表面就漸漸地染上紅色的光芒，接著在夕陽落下的瞬間，烏魯魯會出現宛如熊熊燃燒的火焰般奪目光彩；不過只有轉瞬時間，當陽光隱沒之後原先的色彩全都迅速消逝，巍峨的烏魯魯便隱入夜色之中。不過這樣不可思議的絢爛景色，一年裡難得幾回得見，據說如果天際沒有雲朵襯托，就不會出現這樣火燒一般的赤紅光芒。

太陽西沉的瞬間被染得赤紅似在燃燒

烏魯魯-卡塔丘塔國家公園的日出、日落時間　（2024年：每月15日的時間）

月	1月	2月	3月	4月	5月	6月	7月	8月	9月	10月	11月	12月
日出	6:08	6:31	6:46	7:00	7:15	7:29	7:31	7:14	6:43	6:12	5:50	5:49
日落	19:41	19:28	19:02	18:31	18:08	18:03	18:12	18:26	18:39	18:51	19:10	19:32

出處：Australian Government - Geoscience Australia

卡塔丘塔（奧加斯岩）

Kata Tjuṯa (The Olgas)

讓人可以認同卡塔丘塔之意的景象

位於烏魯魯西邊約45km之處的巨石群，以高546m（海拔1069m）的奧加山Mt. Olga為首，一共36座大小岩石，統稱為卡塔丘塔Kata Tjuṯa，在澳洲原住民語為「許多的頭」之意。1872年由英國探險家Ernest Giles最早發現，並以當時西班牙皇后Olga為這處岩石群來命名，才有奧加斯岩的稱呼。卡塔丘塔與烏魯魯同樣都是古生代的堆積層被侵蝕而形成，因為處於扇狀地形的上游，小石頭沒有粉碎而形成礫岩層，乍看以為是類似的岩理結構，實際上靠近細看之後才會發現不同之處。此外，此地也是原住民的聖地，除了尋找食物以外，女性和小孩都禁止進入。

輕易地就能深入卡塔丘塔的核心 MAP P.510

瓦帕峽谷（奧加峽谷）

Walpa Gorge (Olga Gorge)

卡塔丘塔最熱門的一條步道，單程距離約2km，沿著奧加山往溪谷深處走去；因為只有單純的一條路線，完全不用擔心會迷路；可以專心觀賞矗立在步道兩側高聳入天的巨型岩石，讚嘆大自然的鬼斧神工。

卡塔丘塔的觀光重點 MAP P.510

風之谷

Valley of The Winds

能夠踏入卡塔丘塔內部深處的就是風之谷，從停車場出發有著約7km長的環狀步道。首先能觀賞的景致就是距離停車場約1km處的Karu觀景台Karu Lookout，巨大岩山的另一邊是無限綿延的廣大土地，景致極為壯觀。接著繼續往前行就會發現出現岔路，這一帶盡是各種沙漠植物與尤加利樹，選擇往南彷彿被巨石包夾的狹小步道繼續走，就是原本被稱為風之谷的地方；而步道盡頭處就是最重要的景點Karingana觀景台Karingana Lookout（從停車場出發單程約2.5km）。狂風會吹過矗立兩側的岩石之間，前面則是遼闊的澳洲大地，更遠處還有著卡塔丘塔的其他巨岩，相信每個人應該都會被這幅不像是在

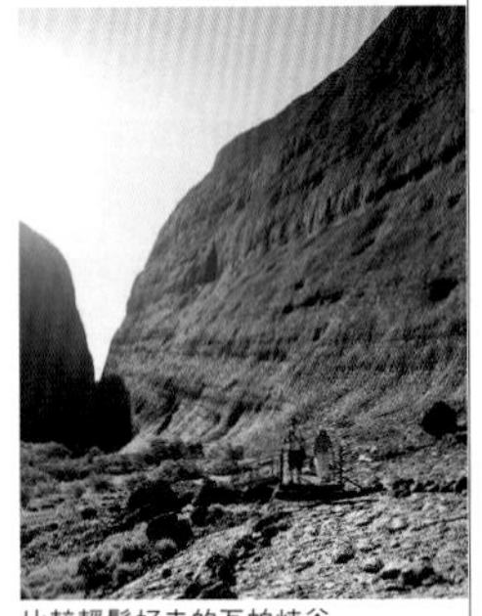

比較輕鬆好走的瓦帕峽谷

被夕陽染紅的奧加斯岩

■與宮崎駿動畫《風之谷》的關連

卡塔丘塔的風之谷是不是就是動畫《風之谷》的場景、宮崎駿為了構思動畫內容曾經來過這裡……流傳相當多版本的說法，實際上只是宮崎駿的動畫湊巧也取了同樣的名稱而已，並不是事實（吉卜力工作室有公開否認）。

■風之谷的拍照

從Karingana觀景台所拍攝的卡塔丘塔風景照，如果只是個人留念完全不會有任何問題，但是原則上禁止將照片刊載在任何公開刊物（包括網路）上。

Memo 在氣象預報發表當天白天氣溫會超過36℃時，風之谷的步道在11:00以後就會關閉，建議最好清晨去散步。

地球上的神奇景觀所感動。最後可以從Karingana觀景台穿越溪谷，走在卡塔丘塔的底部然後返回Karu觀景台的岔路上。想要走完這條步道全程需要約4小時，即使只到Karingana觀景台就折回也需要2～3小時的步行時間。

國王峽谷（瓦塔卡國家公園）
Kings Canyon (Watarrka NP)

震懾於壯麗的溪谷之美

從愛爾斯岩度假村出發往東北約3小時（約305km）車程，是占地廣達720km²的瓦塔卡國家公園，矗立在國家公園中央的喬治基爾山脈George Gill Range一部分，就是澳洲中央最出名的大峽谷──國王峽谷Kings Canyon。2004年播出的日劇《在世界的中心呼喊愛情》，以及曾經造成全球轟動的澳洲電影《沙漠妖姬The Adventures of Priscilla, Queen of the Desert》（1994年）最撼動人心的高潮戲，都是在國王峽谷取景拍攝的。遊客可以攀爬到宛如經過切割般的岩石懸崖270m最高處，見到岩壁的顏色從奶油到深紫的各式各樣精采顏色。

國王峽谷內的登山步道有2條，一條是登上峽谷頂端的周遊步道Rim Walk，所需時間約3～4小時（5.5km），另外一條則是漫步於峽谷底部的Creek Bed Walk（1km），所需時間約1小時。建議花時間走Rim Walk，不但能夠真實體會峽谷景致的雄偉，還有如巨蛋形狀的風化景觀失落的城市Lost City、長滿蕨類與椰子樹等植物的伊甸園Garden of Eden，可以探訪由大自然所打造的神祕景觀。

烏魯魯的旅遊&活動
TOURS & ACTIVITIES IN ULURU

在對自然有豐富常識的導遊陪同下遊覽景點

推出烏魯魯觀光的旅行社相當多，不過一般都是參加由AAT Kings所推出的行程，有計畫想透過參加旅遊團來認識烏魯魯的遊客，可以考慮購買結合多種旅遊行程的超值組合。

旅遊團的組合行程範例

通常抵達愛爾斯岩度假村Ayers Rock Resort的時間都是已經是中午以後，如果選擇的是2天1夜的行程，抵達當天下午就會出發前往烏魯魯Sacred Site（環石步道）&烏魯魯日落+Mai Uluṟu La lla BBQ，隔天清晨再來挑戰烏魯魯日出&卡塔丘塔的瓦帕峽谷健行。

交通

●國王峽谷

一般都是參加從愛爾斯岩度假村出發的旅遊團（→P.516），也有行駛單純提供交通的觀光巴士。

時 愛爾斯岩度假村出發10～3月12:30，4～9月13:00－到達國王峽谷度假村10～3月17:00，4～9月17:30／國王峽谷度假村出發10～3月11:15，4～9月11:45－到達愛爾斯岩度假村10～3月17:00，4～9月17:30

費 大人$159 小孩$80

奇特岩石接二連三的失落的城市

位於Rim Walk中途的伊甸園

■AAT Kings

☎1300-228-546

URL www.aatkings.com

※可以從官網下載愛爾斯岩旅遊團的詳細行程表。

參加旅遊團的遊客可以享受各種服務（AAT Kings的烏魯魯日落之旅提供的氣泡酒）

Memo 在氣象預報發表當天白天氣溫會超過36℃時，國王峽谷的Rim Walk在9:00以後就會關閉，建議最好清晨去散步。

最好的安排還是3天2夜的旅遊行程，在抵達的當天下午在度假村內悠閒一下，之後再前往烏魯魯日落&Mai Uluṟu La Ila BBQ，隔天一早去卡塔丘塔日出與風之谷，下午體驗遊覽飛行，晚上參加露天晚餐的Sound of Silence Dinner（或是參觀Field of Light）。第3天清晨安排的是烏魯魯日出&環石步道的行程；如果刪掉風之谷，第2天就可以去國王峽谷觀光。

從日出觀景區仔細欣賞烏魯魯

大多數自助旅行者都會參加

AAT Kings／烏魯魯周邊主要旅遊

AAT Kings Uluṟu Area Day Tours

●烏魯魯日出&早晨環石步道之旅

Uluṟu Sunrise, Climb & Base Tours

天亮之前的目的地就是日出觀景區，早餐自然是在等待日出時解決，因為欣賞烏魯魯在受到陽光照射下漸漸變換色彩的模樣是非常棒的經驗；不過要注意的是，在太陽露面之前氣溫相當低，尤其是冬季時更是需要穿著外套來賞景。欣賞完日出美景之後就跟導遊一起去Kuniya Walk、Mala Walk散步，可以聽到原住民的傳說與烏魯魯的自然知識等有趣的話題。

位於Mala Walk上外表有洞、稱為Itjaritjari的岩石，據說在傳說中是南方袋鼴的巢穴。

AAT Kings主要巴士費用表 (2022年8月)

巴士名稱	包含的旅遊團行程	費用（$） 大人	費用（$） 小孩
Rock Connection	國家公園入園費／烏魯魯環石步道&日落之旅／烏魯魯日出&卡塔丘塔・瓦帕峽谷之旅／機場接送／烏魯魯-卡塔丘塔國家公園世界遺產到訪證明	629 ※1 835	415 ※1 555
Morning Connection	國家公園入園費／烏魯魯日出＋卡塔丘塔・瓦帕峽谷之旅／機場接送／烏魯魯-卡塔丘塔國家公園世界遺產到訪證明	415	265
Piti Pass（2日內有效）	國家公園入園費／烏魯魯日出＋卡塔丘塔・瓦帕峽谷之旅／烏魯魯Sacred Site（環石步道）&日落之旅	339 ※2 598	170 ※2 300
Ochre Pass（3日內有效）	國家公園入園費／烏魯魯日出&早晨環石步道／烏魯魯日落／卡塔丘塔日落／卡塔丘塔日出與卡塔丘塔風之谷	555 ※2 814	280 ※2 410

※1含Mai Uluṟu La Ila BBQ ※2含國王峽谷之旅

AAT Kings 烏魯魯&卡塔丘塔國家公園 主要旅遊 (2022年8月)

旅遊名稱	費用（$） 大人	費用（$） 小孩	旅遊時間
烏魯魯日落之旅	79	40	日落60分鐘前出發／日落30分鐘後到達
烏魯魯日落&Mai Uluṟu La Ila BBQ	229	115	日落60分鐘前出發／日落2.5小時後到達
烏魯魯Sacred Site（環石步道）&日落之旅	155	80	4~10月14:30，11~3月15:00出發／日落30分鐘後到達
烏魯魯Sacred Site（環石步道）&日落之旅&Mai Uluṟu La Ila BBQ	289	145	4~10月14:30，11~3月15:00出發／日落2.5小時後到達
Mai Uluṟu La Ila BBQ	219	110	日落45分鐘前出發／日落2.5小時後到達
烏魯魯日出&早晨環石步道	159	80	日出90分鐘前出發／4~9月12:00，10~3月11:15到達
烏魯魯日出&卡塔丘塔・瓦帕峽谷之旅	165	80	日出90分鐘前出發／4~9月11:30，10~3月10:45到達
烏魯魯原住民藝術&文化體驗	265	135	4~10月8:00~13:00，11~3月7:30~12:00
卡塔丘塔日出&風之谷	185	95	日出95分鐘前出發（所需時間為5.5小時）
卡塔丘塔日落之旅	119	60	日落90分鐘前出發／日落1小時後到達
國王峽谷之旅	259	130	4~9月4:30~17:30，10~3月4:00~17:00

※國家公園入園費另計

●烏魯魯Sacred Site（環石步道）&日落之旅&Mai Uluṟu La Ila BBQ
Sacred Sites & Sunset & Mai Uluṟu La Ila BBQ

由於是下午出發，可以在到達當天參加的行程，所以很受歡迎。首先與導遊一起前往保留許多傳說的烏魯魯Kuniya Walk、Mala Walk散步，之後移動到烏魯魯日落觀景區，可以手拿香檳與點心，輕鬆地欣賞被夕陽染成橘紅色的烏魯魯。看完美景之後再去設置在烏魯魯-卡塔丘塔國家公園內的BBQ專用營區，享用一頓自助式BBQ大餐，在酒足飯飽之餘，導遊還會解說一些關於星座的知識。

由於Sunset Sky BBQ使用的是國家公園內專用營區，可以欣賞眼前的烏魯魯

參加旅遊團卻看不到日落時，可以用氣泡酒的酒杯拍下映著烏魯魯倒影的紀念照片

●烏魯魯日出&卡塔丘塔・瓦帕峽谷之旅
Uluṟu Sunrise & Kata Tjuṯa Walpa Gorge

一早前往日出觀景區欣賞烏魯魯的燦爛日出，然後移動到卡塔丘塔，在擁有岩石如裂縫般景觀的瓦帕峽谷，一邊聆聽導遊的解說，一邊享受在自然奇景間散步的樂趣。

●卡塔丘塔日出&風之谷
Kata Tjuṯa Sunrise & Valley of Winds

清晨出發前往卡塔丘塔沙丘觀景台，欣賞奧加斯岩的日出美景，之後再去風之谷的旅遊行程，有導遊全程陪伴，享受到Karingana觀景台來回約5km的漫步路程。

從卡塔丘塔沙丘觀景台將卡塔丘塔的全景盡收眼底

COLUMN

以烏魯魯為背景的燈光藝術
光之原野
Field of Light

使用光打造出大型藝術作品而聞名世界的Bruce Munro，在創作發想原點的烏魯魯舉辦了一場大型活動，就是光之原野Field of Light。原本活動預定在2017年結束，但因為大受好評而決定繼續延長（活動結束時間尚未決定）。

在夜晚的黑暗中，鑲嵌在廣大會場內的5萬個球狀燈泡，隨著時間而變換顏色，如此夢幻的景致，美得令人屏息。

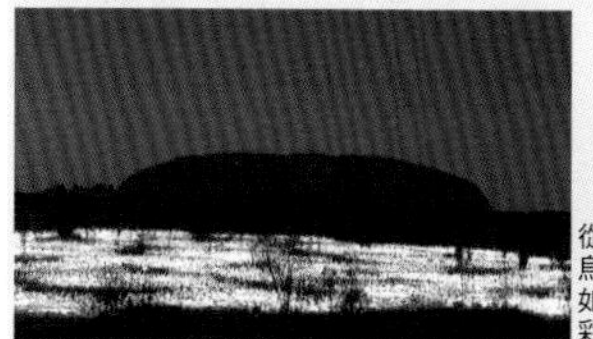
從觀景台眺望烏魯魯前燦爛如花田般的五彩燈光

想參觀光之原野，目前提供3種旅遊行程可以選擇，其中最受歡迎的是從觀景台欣賞有點心與飲料相伴的日落美景，之後再去參觀光之原野的Field of Light Star Pass；其他還有清晨出發觀賞光之原野與烏魯魯日出的Field of Light Sunrise，以及單純參觀光之原野的Field of Light Pass。在愛爾斯岩度假村的各飯店都可以預約。

URL www.ayersrockresort.com.au
費 Field of Light Star Pass 大人$110 小孩$70／Field of Light Sunrise 大人$75 小孩$40（此行程由AAT Kings主辦）／Field of Light Pass 大人$46 小孩$33

原住民聖地之一的康納山

●國王峽谷之旅 Kings Canyon Tour

前往國王峽谷的Rim Walk健行

是從愛爾斯岩度假村出發前往國王峽谷的1日遊，在抵達國王峽谷之後，可以依照個人體力選擇前往Rim Walk（約3小時有導遊陪同），或是Creek Bed Walk（約1小時但沒有導遊）健行；而在返回愛爾斯岩的途中還能到康納山Mount Conner（Artilla）的觀景台眺望風景。

可自由支配時間

烏魯魯接駁巴士

Uluru Hop on Hop Off

對於不想受限於固定的旅遊行程，要自由地安排時間和觀光地點的遊客來說，最方便的交通工具就是這個接駁巴士。像是對體力沒有自信的人，想要用多一點時間走環石步道，只需要來回登山口的交通工具，就可以搭乘接駁巴士。也有提供1～3日無限次搭乘接駁巴士的周遊券。

■烏魯魯接駁巴士

烏魯魯地區的接駁巴士，建議沒有參加一般旅遊團的觀光客使用。

電(08)8956-2019

URL uluruhoponhopoff.com.au

時愛爾斯岩度假村出發：前往烏魯魯為日出1～1.5小時前，到日落1.5～2小時前行駛7班／前往卡塔丘塔為夏季上午1班，其他時間為上午、下午各行駛1班

費

- 1日周遊券：大人$120 小孩$40
- 2日周遊券：大人$160 小孩$60
- 3日周遊券：大人$210 小孩$100
- 烏魯魯來回：大人$49 小孩$15
- 卡塔丘塔來回：大人$95 小孩$40

愛爾斯岩熱門的戶外晚宴

Sounds of Silence

Sounds of Silence

迎賓的迪吉里杜管演奏

在黃昏夕陽中聆聽傳統樂器迪吉里杜管Didgeridoo的悠揚樂音，還能在滿天星空下享受一頓浪漫晚餐的旅遊行程。首先前往可以同時欣賞到烏魯魯及卡塔丘塔的小丘上，在迪吉里杜管的神祕樂聲中，手拿香檳輕鬆地欣賞在烏魯魯、卡塔丘塔的美麗夕照。

至於晚餐場地則設在沙漠正中央的戶外餐桌上，先是提供葡萄酒、濃湯及主菜與甜點，可以從豐富菜色裡自由選擇的自助餐式晚宴，還能品嚐得到袋鼠、鱷魚、澳洲尖吻鱸等澳洲的特有食材。晚餐之後，可以在寂靜中邊聆聽星座的故事，觀賞滿天星斗的南半球夜空；還設置了天文望遠鏡，可以自由觀察星空。

■Sound of Silence

主辦：Ayers Rock Resort

電1300-134-044

URL www.ayersrockresort.com.au

時日落前1小時出發，所需時間約4小時

費大人$234 小孩$117

Sound of Silence的戶外晚餐會場

Sound of Silence的晚餐菜色非常豐富

從天空俯瞰烏魯魯、卡塔丘塔的雄偉！

小飛機之旅
Scenic Flights

從半空中俯瞰愛爾斯岩，更能體會到它的巨大

搭乘塞斯納Cessna小型飛機、直升機享受空中之旅，就眺望景觀而言以直升機為佳，15分鐘的航程只能遊覽烏魯魯，建議選擇25～30分鐘就能仔細欣賞烏魯魯與卡塔丘塔兩邊的景觀。烏魯魯的雄偉景致、可以完全體會「許多的頭」意思的卡塔丘塔全貌……從空中眺望更能感受到大自然景觀的美好。此外，小型飛機的空中之旅包含遊覽烏魯魯的20分鐘航程，以及40分鐘的烏魯魯與卡塔丘塔航程。

騎駱駝來欣賞烏魯魯

烏魯魯騎駱駝之旅
Uluru Camel Tours

落日前排隊前往景觀區

駱駝性情溫馴，可以放心騎乘

在愛爾斯岩度假村旁提供騎駝探險之旅，有騎駱駝前進紅土大地的Camel Express、騎駱駝看烏魯魯日出或日落等各種旅遊行程可供選擇，日出、日落之旅還含輕食。此外，Sound of Silence的去程也可以和Camel Sunset組合成旅遊行程。

騎賽格威繞行烏魯魯一圈

烏魯魯賽格威之旅
Uluru Segway Tours

可以舒服地繞行愛爾斯岩一圈是賽格威的最大魅力

賽格威的出發地點在Kuniya Walk入口，首先在此地練習賽格威的基本操作，之後再與導遊一起進行2小時的烏魯魯周遊之旅（約12km）；由於導遊也會詳細解說主要景點，所以可以代替環石步道之旅。此外，烏魯魯的日出之旅也可以和賽格威組合行程，很受歡迎。

從空中眺望卡塔丘塔的全貌

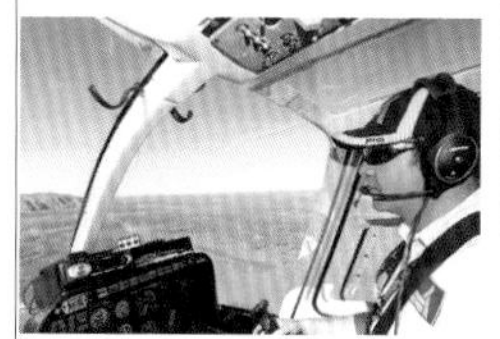
在飛機駕駛的解說下進行空中觀光

■小飛機之旅

●Professional Helicopter Service
☎(08)8956-2003
URL www.phs.com.au
費 15分鐘烏魯魯1人$165、25分鐘烏魯魯＆卡塔丘塔1人$275

●Ayers Rock Scenic Flights（直升機＆小型飛機）
URL flyuluru.com.au
☎(08)8956-2345
費 直升機：15分鐘烏魯魯$150、30分鐘烏魯魯＆卡塔丘塔$285／小型飛機：20分鐘烏魯魯$120、40分鐘烏魯魯＆卡塔丘塔$265

■烏魯魯騎駱駝之旅
☎(08)8950-3333
URL www.ulurucameltours.com.au
費 Camel Express：1人$80（每日10:30出發，4～10月的每日14:00出發，所需時間1.5小時）／Camel Sunrise：1人$135（日出1小時前出發，所需時間2.5小時）／Camel Sunset：1人$135（日落1小時30分前出發，所需時間2.5小時）

■烏魯魯賽格威之旅
☎(08)8956-3043
URL www.ulurusegwaytours.com.au
費 烏魯魯賽格威：1人$159（所需時間4小時，出發時間要確認）／烏魯魯日出＆賽格威之旅：1人$179（日出1小時前出發，所需時間5小時）
※烏魯魯賽格威自行前往出發點為1人$139

■烏魯魯腳踏車之旅
☎(08)8952-1541
☎0437-917-018
URL outbackcycling.com/uluru/
費含愛爾斯岩度假村接送的3小時租借：11歲以上$109、6～10歲$60
※自行前往租借點11歲以上$60、6～10歲$45
※含安全帽

■烏魯魯摩托車之旅
☎(08)8956-2019
URL ulurumotorcycles.com.au
費烏魯魯日出（1.5小時）：$229／烏魯魯日落（1.5小時）：$229／卡塔丘塔之旅（2.5小時）：$299／烏魯魯&卡塔丘塔之旅（3.5小時）：$439／卡塔丘塔日落（3小時）：$235／Quick Spin（30分鐘）：$139
※參加年齡：5歲以上

■烏魯魯也能體驗跳傘
從空中眺望烏魯魯的全新熱門活動。
※目前停業中
●Skydive Uluru
☎1300-727-037
URL www.skydiveuluru.com.au
費10000英呎$403、12000英呎$529、日出12000英呎$629／錄影及拍照選項$145

以自己的速度繞行烏魯魯
烏魯魯腳踏車之旅
Outback Cycling Uluru

Outback Cycling Uluru每天都在烏魯魯-卡塔丘塔文化中心附近提供出租腳踏車的服務，建議可以參加含愛爾斯岩度假村接送巴士的套裝行程。租借時間為3小時，能以自己的喜好來遊覽烏魯魯的景點；不過，由於11～3月的白天氣溫很高，必須做好防曬措施，以及攜帶2ℓ以上的飲用水。

騎腳踏車繞烏魯魯一圈很有成就感

體驗騎士馳騁快感暢遊愛爾斯岩
烏魯魯摩托車之旅
Uluru Motorcycle Tours

這趟摩托車之旅是坐在哈雷機車後座，環遊烏魯魯、卡塔丘塔等景點，輕輕鬆鬆就能滿足在澳洲中央大陸上御風奔馳的願望。除了一般的烏魯魯觀光行程之外，在日出、日落時分也有旅遊行程可以選擇，甚至還能依照遊客的意願時間代為安排旅遊行程內容。

騎哈雷探索愛爾斯岩，絕對會是難以忘懷的美妙旅程

烏魯魯的住宿
ACCOMMODATION
區域號碼(08)

愛爾斯岩度假村內有5間飯店與露營區、烏魯魯-卡塔丘塔國家公園Uluru-Kata Tjuta NP旁有最頂級荒野度假村Longitude 131°，還有位在瓦塔卡國家公園Watarrka NP裡的國王峽谷度假村Kings Canyon Resort，除了國王峽谷度假村以外全都是由Voyages Hotels & Resort集團所經營，因此預約房間基本上都可以透過Voyages Travel Centre辦理。
●Voyages Travel Centre
☎1300-134-044
URL www.ayersrockresort.com.au

愛爾斯岩度假村

愛爾斯岩度假村內的飯店有無Wi-Fi、能否使用信用卡都相同。
WiFi 免費　CC ADJMV

從團體房到飯店客房都有 MAP P.508/2B
Outback Pioneer Hotel & Lodge

☎8957-7605
費飯店：TW$300～550／小木屋：$228～260（4～6人房）

全部的房間都備有冷氣，分為背包客使用的小木屋與飯店客房2種型態，而飯店內的Pioneer BBQ & Bar有自助煎牛排很受歡迎。並設有24小時可使用的自助洗衣設備，住宿在其他飯店也可以使用。

Outback Pioneer的飯店客房

乾淨而舒適的團體房

露營區在這裡 MAP P.508/1B
Ayers Rock Resort Campground

📞8957-7001 費小木屋$185～200（6人為限）、帳篷營地$43、電源營地$52

除了露營區以外也有小木屋，同時也有冷氣、簡易廚房、冰箱等設備，連游泳池都有。

位於便利的地點 MAP P.508/1A
The Lost Camel Hotel

圍繞著游泳池的飯店建築

📞8957-7888
費Ⓦ$330～550

緊鄰購物中心的3星級飯店，房間雖小設備卻很齊全，使用起來非常方便。不過只有淋浴設備沒有浴缸。

有多人需要同住時 MAP P.508/2A
Emu Walk Apartments

寬敞的客廳空間

📞8957-7714
1B $420～600、
2B $680～720

擁有寬廣客餐廳區與設備齊全廚房的公寓式旅館，在浴室裡還配備有洗衣機和烘衣機，非常推薦給家庭旅遊的人。

有房間能看到烏魯魯 MAP P.508/2A
Desert Gardens Hotel

氣質高雅的客房

Desert Gardens Hotel的游泳池區非常舒服

📞8957-7714
ⓉⓌ$400～1060

建於愛爾斯岩度假村入口處的4星飯店，園區種滿尤加利樹與灌木，讓人難以想像是置身於沙漠中。游泳池、餐廳等設施齊全，尤其是主餐廳Mangata Bistro & Bar所供應的自助式早餐、單品料理晚餐、自助式晚餐，非常受到歡迎。雖然無法指定，卻擁有愛爾斯岩度假村的飯店中唯一享有烏魯魯景觀的客房。

愛爾斯岩度假村的頂級飯店 MAP P.508/1A
Sails in the Desert Hotel

📞8957-7417 費ⓉⓌ$475～1160

這間5星高級飯店提供空間舒適的客房、充滿度假氣氛的游泳池區、正統Day Spa的Red Ochre Spa，還有提供豐富原住民藝術品的Mulgara畫廊與精品店，可以擁有優雅自在的住宿時光。飯店裡共有2家餐廳，其中提供早晚豪華自助餐的Ilkari是愛爾斯岩度假村的代表性餐廳，以從地中海料理到亞洲美食都有的豐富菜色而自豪。隔壁的Walpa Lobby Bar則是在午餐時段提供泰式咖哩等餐點的舒適餐廳。

客房不但寬敞舒適，還有陽台

游泳池畔的優雅氛圍為度假村第一

從頭到尾都高級 MAP P.506/B
Longitude 131°

URL longitude131.com.au
📞8957-7131
費3晚Ⓦ1人$4590～9180
※含住宿期間的所有飲食

是非常豪華的荒野式帳篷度假村，15間客房都能欣賞到烏魯魯的風景，費用包含住宿中所有的餐點、飲料，還有房客專屬的烏魯魯四輪傳動車之旅、生態探險之旅等旅遊行程。

全球矚目的豪華度假村

瓦塔卡國家公園

國王峽谷觀光最方便 MAP 無
Kings Canyon Resort
國王峽谷度假村

URL www.kingscanyonresort.com.au
住Luritja Rd., Watarrka NP, 0872
📞7210-9600 費露營區：1人$70～110／背包客旅館：Ⓓ$60、ⓉⓌ$180／飯店：ⓉⓌ$540～600／豪華露營：ⓉⓌ$1180 CC ADJMV

距離國王峽谷7km，從4星飯店到背包客青年旅館、露營區，提供多樣選擇的住宿設施。此外還安排有從飯店出發的國王峽谷步道之旅、騎駱駝活動、直升機空中遊覽等旅遊行程。

愛麗絲泉
Alice Springs

交通

●愛麗絲泉
澳洲航空從雪梨、凱恩斯、布里斯本、墨爾本、阿得雷德、達爾文、柏斯，維珍澳洲航空是從布里斯本、阿得雷德，都有航班直飛。愛麗絲泉機場（代號ASP）位於城市以南15km處，Alice Springs Airport Shuttle也會配合班機起降時間行駛接駁巴士。陸路方面，因為愛麗絲泉位處達爾文～阿得雷德的中間點，所以豪華列車大汗號The Ghan、澳洲灰狗巴士的長途巴士都會行經此地。

■愛麗絲泉機場
URL www.alicespringsairport.com.au

■Alice Springs Airport Shuttle
☎(08)8953-7057
URL alicespringsairportshuttle.com.au 費單程：大人1人$19、2人$38、3人$48、4人$56／小孩1人$10 家庭$55

■機場出發的計程車費用
費約$45

■阿得雷德House博物館
住48 Todd Mall, 0870
☎(08)8952-1856
URL discovercentralaustralia.com/adelaide-house-museum
開週一～五10:00～16:00，週六10:00～12:00
休週日、節日、12～3月
費大人$7.50 小孩$3

■皇家飛行醫療服務站
住8-10 Stuart Tce., 0870
☎(08)8958-8411
URL www.rfdsalicesprings.com.au
開週一～六9:30～17:00，週日、節日13:00～17:00
休新年、耶誕節
費大人$19 小孩$12 家庭$56
※每隔30分鐘會有導遊隨行解說

以模型展示實際的醫療飛機中如何進行

人口約3萬2000人的愛麗絲泉，幾乎座落在澳洲的正中央位置，1871年John Ross一行人為了連結奧古斯塔港Port Augasta與達爾文Darwin之間的電信線路而前往內陸區探勘，途中在此地發現有湧泉，因此以當時電信總監查理・拓德Charles Todd的妻子愛麗絲之名「愛麗絲之泉＝Alice Springs」為此地命名，開啟這座城市的歷史。

拓德行人徒步大街週日會舉行熱鬧的跳蚤市場

現今在這個小而整潔的城市裡，購物中心、餐廳、咖啡館林立，也有許多舒適的旅館；對於搭乘巴士、火車風塵僕僕來到沙漠中的旅人來說，愛麗絲泉正如其名，像清涼泉水沁入人心，是帶來一息舒暢的城市。

愛麗絲泉的中心區以拓德行人徒步大街Todd Mall為主，這裡一整天都是熱鬧的行人徒步區，觀光景點、餐廳、紀念品店等吃喝玩樂聚集，遊客中心也在附近。

與創立皇家飛行醫生服務制度的John Flynn有關 MAP P.521/2B

阿得雷德House博物館
Adelaide House Museum

當年約翰・弗林John Flynn醫生首度在愛麗絲泉成立的醫院遺跡，被改裝成博物館對外開放，利用照片與文字說明1920年代的模樣，還有許多和約翰・弗林醫生相關的展示等讓人興趣十足。在博物館一旁還有讚揚醫生功績的約翰・弗林紀念教堂John Flynn Memorial Church。

阿得雷德House博物館

約翰・弗林紀念教堂

至今依舊活躍的飛行醫療服務現場 MAP P.521/3B

皇家飛行醫療服務站
Royal Flying Doctor Service Base Visitor Centre

飛行醫療服務制度是只有在幅員廣大的澳洲才會有的服務，除了以無線電定時與遠距離病患確認處方簽之外，萬一出現急診或重症病患時，還會派出小型飛機到當地看病的特殊醫療制度。服務站內以圖文展示說明這個制度成立至今的所有經歷，還能在英語導遊的帶領下，實際到無線電為遠距離病患看病的現場感受氣氛。

展示很值得一看的皇家飛行醫療服務站

見識澳洲中央的珍奇爬蟲類

MAP P.521/2B

愛麗絲泉爬行動物中心
Alice Springs Reptile Centre

也能看到超人氣的澳洲魔蜥

展示著棲息於澳洲中央地帶及北領地的蛇、蜥蜴等約100種爬蟲類生物，例如可愛的澳洲魔蜥（Thorny devil）、褶傘蜥，還有巨蜥、鱷魚等，不容錯過的爬蟲類非常多。

館內還推出1天3次有專業解說員的導覽說明，若有時間不妨來認識更多關於爬蟲類的資訊。

■愛麗絲泉爬行動物中心
住 9 Stuart Tce., 0870
☎ (08)8952-8900
URL www.reptilecentre.com.au
開 每日9:30～17:00／導覽說明每日11:00、13:00、15:30開始
費 大人$20 小孩$11 家庭$52

■愛麗絲泉遊客中心

MAP P.521/2B

住 41 Todd Mall, 0870
☎ (08)8952-5800
FREE 1800-645-199
URL www.discovercentralaustralia.com
開 週一～五8:00～17:00，週六、日、節日9:30～16:00

位於城市正中央的遊客中心

■愛麗絲泉的租車公司

●Hertz
☎ (08)8955-3790
●AVIS
☎ (08)8952-3694
●Budget
☎ (08)8952-8899
●Thrifty
☎ (08)8952-9999
●Europcar
☎ (08)8953-3799

■Alice Springs Taxi
☎ 13-10-08

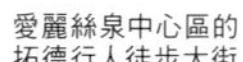

愛麗絲泉中心區的
拓德行人徒步大街

位於澳紐軍團山丘的戰爭紀念碑

■愛麗絲泉老式電報站歷史保護區
住 2km north of Alice Springs, Herbert Heritage Drv., 0870
☎ (08)8952-3993
URL alicespringstelegraphstation.com.au
開 每日9:00～17:00
休 耶誕節
費 大人 $16.10 小孩 $9.90 家庭 $40.55
※英語導覽之旅為3～11月的9:30、15:30開始

展示曾經使用過的通訊設備

■愛麗絲泉空中學校
住 80 Head St., 0870
☎ (08)8951-6834
URL www.schooloftheair.net.au
開 週一～五9:00～15:00，週六、節日13:30～16:30，週日11:30～16:30
休 耶穌受難日、12/25～1/1
費 大人 $12.50 小孩 $9.50 家庭 $36.50

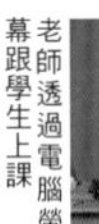

老師透過電腦螢幕跟學生上課

要花不少時間參觀的中澳洲博物館

想認識一座城鎮登高最佳！  MAP P.521/2B

澳紐軍團山丘
Anzac Hill

從澳紐軍團山丘眺望市街

位於愛麗絲泉市中心北邊郊外的小山丘，在山頂的觀景台建有戰爭紀念碑War Memorial，這裡是認識愛麗絲泉整座城市全貌的絕佳地點。整個愛麗絲泉被麥克唐納山脈MacDonnell Range環繞包圍，唯一的缺口就是Heavitree Gap，而充滿盎然綠意的城鎮街道，從高處望去彷彿近在眼前般垂手可得。

愛麗絲泉的發祥地 MAP P.521/1B

愛麗絲泉老式電報站歷史保護區
Alice Springs Old Telegraph Station Historical Reserve

距離市中心以北約2km處的愛麗絲泉老式電報站歷史保護區，在1895～1905年期間，這裡是阿得雷德到達爾文之間大陸電信網的中繼站，當年的石頭建築至今還保留著數棟。在這些建築內還能看得到曾經使用過的機具、當年站長住家的模樣等，充滿趣味，不妨參加導覽之旅深入認識。另外在愛麗絲泉老式電報站的旁邊，已經乾涸的拓德河Todd River河床上的泉水遺跡，就是當年的「愛麗絲泉」(→P.520)。

可參觀空中教學的實景 MAP P.521/1A

愛麗絲泉空中學校
Alice Springs School of the Air

工作人員解說實際的上課情況

澳洲在人口密度極低的內陸區域，有針對住在國家公園管理中心、原住民保留區等距離學校太遠而無法正常上課的孩童進行網路教學，愛麗絲泉這間空中學校所涵蓋的教學範圍，實際廣達130萬km^2，上課的學生人數約150人，與凱瑟琳的空中學校並稱為「全世界最大的教室」。

空中學校會出借接收網路用的拋物面天線與電腦給學生家庭，讓學生們和老師可以利用Skype等網路視訊電話軟體，做遠距離視訊教學。實際的上課模式也會開放讓遊客參觀。

體驗澳洲中部的歷史與文化 MAP P.521/2A

阿拉倫文化區
Araluen Cultural Precinct

位於市中心往西約1.5km處，能認識澳洲中部歷史、藝術、文化的主題公園，包括展示豐富澳洲中部原住民

飛機迷不能錯過的航空博物館

文化及自然的中澳洲博物館Museum of Central Australian、展示實際用於飛行醫療服務的DC3飛機與德哈維蘭DH104 Dove等實機的澳洲中央航空博物館Central Australian Aviation Museum（這個區域在1968年以前是實際的機場）、展出澳洲原住民藝術、現代藝術的阿拉倫藝術中心Araluen Arts Centre。

接觸澳洲中部的大自然 MAP P.523

愛麗絲泉沙漠公園
Alice Springs Desert Park

從愛麗絲泉沿著Larapinta Drv.開車約10分鐘就能抵達的自然公園，園區內分為3個自然環境區，以接近大自然的環境飼養超過120種動物，還能欣賞到多達350種豐富植物，並設有長達1.6km的周遊步道，可以自由散步，在各區域還會定期舉行詳細的導覽解說。不過由於園內遮蔭處不多，帽子和飲用水為必備物品。

放養的紅袋鼠不太親人

這座公園，在夜晚還會推出跟隨導遊尋找兔耳袋狸、袋鼬、針鼴等夜行性動物，約1小時的夜間之旅Nocturnal Tour。

■阿拉倫文化區
住61 Larapinta Drv.(4-6 Memorial Drv.), 0870
●中澳洲博物館
☎(08)8951-1121
URL www.magnt.net.au/museum-of-central-australia
開週二～五10:00～16:00、週六、日10:00～14:00 休週一
費大人$8 小孩$6 家庭$20
●澳洲中央航空博物館館
☎(08)8953-8554
開週二～五10:00～16:00、週六、日11:00～14:00 休週一
URL centralaustralianaviationmuseum.org.au 費免費
●阿拉倫藝術中心
☎(08)8951-1122
URL araluenartscentre.nt.gov.au
開3～10月：每日10:00～16:00／11～2月：週二～六10:00～16:00，週日10:00～14:00
休週一 費免費

■愛麗絲泉沙漠公園
住871 Larapinta Drv., 0871
☎(08)8951-8788
URL alicespringsdesertpark.com.au
開每日7:30～18:00／夜間之旅：週一、三、五19:30～21:00（11～3月20:00～22:00）
休耶誕節
費大人$37 小孩$18.50 家庭$100／夜間之旅：大人$30 小孩$15 家庭$105／白天&夜間之旅：大人$57 小孩$29 家庭$174

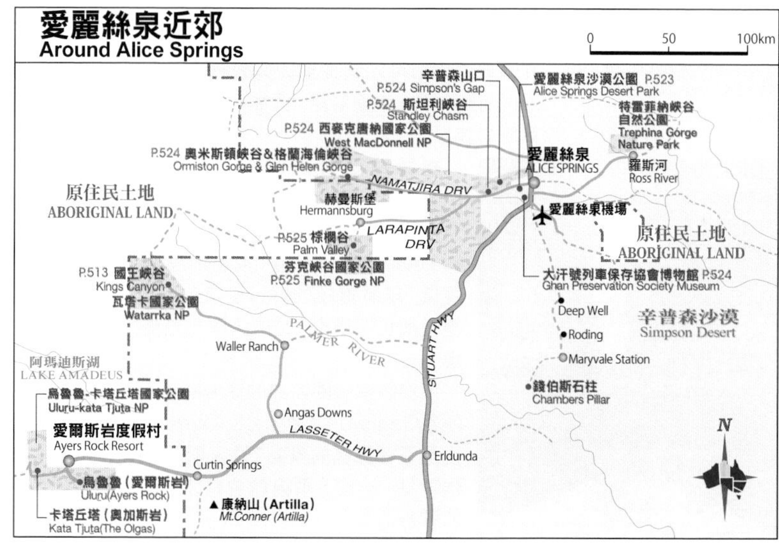

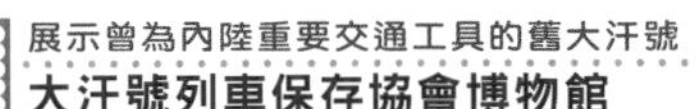

展示曾為內陸重要交通工具的舊大汗號 MAP P.523

大汗號列車保存協會博物館
Ghan Preservation Society Museum

往來於阿得雷德～愛麗絲泉之間的鐵路，行駛在1929～1980年鋪設的窄軌鐵道上的列車，像是蒸汽火車、客運列車都稱不上豪華，只能說是適合給拓荒者搭乘的列車，或是提供探險家使用的交通工具。而展示以前大汗號列車的場所，正是將當年的愛麗絲泉車站遷移重建而作為博物館；至於隔壁則是展示公路列車Road Train的Kenworth Dealer Museum，當地則統稱為「交通博物館」，地點在愛麗絲泉以南10km處，相當接近機場。

展示舊款大汗號列車

■大汗號列車保存協會博物館
住10kms South of Alice Springs, 92 Norris Bell Ave., off Stuart Hwy., 0870
☎(08)8955-7161
URL www.roadtransporthall.com/exhibits/old-ghan
開週一～五9:00～17:00，週六、日9:00～15:00
休新年、耶穌受難日、耶誕節
費大人$15 小孩$8 家庭$40

愛麗絲泉近郊
Around Alice Springs

西麥克唐納國家公園
West MacDonnell NP

從愛麗絲泉往西約22km再往西方延伸的山脈地區就是西麥克唐納國家公園，是由愛麗絲泉出發可以進行半日或1日遊的自然景點，很受當地人與觀光客的喜愛。

位於西麥克唐納國家公園入口處的辛普森山口Simpsons Gap，設有國家公園遊客中心，可以收集叢林健行的各種資訊。在辛普森山口可以欣賞到切開岩石山壁的巨大峽谷所形成的雄偉景致，幸運的話，還能看到棲息在岩石區的珍貴黑腳岩袋鼠。

能欣賞雄偉景觀的辛普森山口

繼續往西行前行30km就是斯坦利峽谷Standley Chasm，也是人氣的叢林健行區，由原住民負責管理，需要購買入園門票。設有來回約1小時的健行步道，折返地點就在岩山裂開的絕壁；綠意豐饒的健行步道、隨著時間而變化的絕壁顏色等景觀，是讓人深刻感受大自然神奇的地方。

位於國家公園西部的奧米斯頓峽谷＆格蘭海倫峽谷Ormiston Gorge & Glen Helen Gorge，也是不容錯過的景點；奧米斯頓峽谷有個平常時候乾枯，一旦下雨後就會積水，還會有魚兒出現的神奇池塘。

岩山裂開絕壁的斯坦利峽谷

交通

●西麥克唐納國家公園
由於主要道路都有鋪設柏油，只要有車就能自行前往觀光。另外愛麗絲泉也有多家旅行社提供半日、1日遊的行程，參加旅遊團是最普遍的觀光方式。

■辛普森山口遊客中心
☎(08)8955-0310
URL nt.gov.au/parks-reserve
※目前歇業中

■斯坦利峽谷
☎(08)8956-7440
URL www.standleychasm.com.au 開每日8:00～17:00
費大人$12 小孩$7 家庭$30／4.5小時文化健行之旅（每日9:30開始）：大人$95 小孩$47.50

芬克峽谷國家公園

Finke Gorge NP

斯坦利峽谷的西南方是更加荒蕪的地區，經過北領地最具歷史的傳教村赫曼斯堡Hermannsburg，再往南行，就是位於詹姆斯山脈James Range一隅的芬克峽谷國家公園Finke Gorge NP，也深受觀光客的喜愛。這一帶值得觀賞的景點，就是距離赫曼斯堡12km的棕櫚谷Palm Valley，擁有全世界只在此地生長的紅捲心菜棕櫚Red Cabbage Palm（學名為Livistona mariae），是可以長到25m高的珍貴樹種。

交通

●芬克峽谷國家公園

由於沿途都是崎嶇的原始道路，因此不建議遊客自行前往，最常見的觀光方式就是參加由愛麗絲泉出發的1日旅遊團。

愛麗絲泉的旅遊&活動

TOURS & ACTIVITIES IN ALICE SPRINGS

從愛麗絲泉出發的行程，最常見的就是前往愛爾斯岩、奧加斯岩及國王峽谷的2～4天旅遊團（詳細請參照愛爾斯岩類別→P.507）。接下來要介紹的是其他的旅遊行程內容。

愛麗絲泉1日遊決定版

Best of Alice

Best of Alice

下午造訪老式電報站

由AAT Kings主辦的愛麗絲泉近郊與中心區景點1日遊。上午造訪西麥克唐納國家公園，在辛普森山口、斯坦利峽谷健行，充分感受大自然的魅力。返回鎮上自由午餐之後，下午前往空中學校、愛麗絲泉老式電報站、皇家飛行醫療服務站及愛麗絲泉爬行動物中心參觀。也有只遊覽上午的西麥克唐納國家公園半日遊West MacDonnell Ranges Half Day。

■AAT Kings
☎1300-228-546
URL www.aatkings.com
●Best of Alice
時 週二、四、六7:30～18:00
費 大人$225 小孩$115
●西麥克唐納國家公園半日遊
時 週二、四、六7:30～12:00
費 大人$99 小孩$50
●Palm Valley Outback Safari by 4WD
時 4～9月週二、四、日7:30～18:00
費 大人$199 小孩$100

花1整天好好和大自然接觸

西麥克唐納國家公園1日遊

West MacDonnell NP 1 Day Tour

推薦由Emu Run Experience所主辦、可以盡情享受西麥克唐納國家公園的旅遊行程。除了參觀辛普森山口、斯坦利峽谷，還前往原住民進行岩石藝術或身體繪畫時當成畫具所使用土壤的採集地點Ochre Pits、峽谷內的巨大水池Ellery Creek Big Hole（夏季還能游泳），以及最深處的奧米斯頓峽谷。野餐午餐也頗受好評。

■Emu Run Experience
☎(08)8957-7057
URL www.emurun.com.au
●西麥克唐納國家公園1日遊
時 3～11月每日、12～2月週二～四、六、日：7:45～17:30
費 大人$175 小孩$131
●棕櫚谷1日遊一
時 4～9月週一、三、五、日7:00～17:30
費 大人$205 小孩$105

辛普森山口的河床在乾季呈現完全乾涸狀態，可以行走

■熱氣球之旅
年齡限制：6歲以上
※航空保險費$25需要另外支付

●Outback Ballooning
☎(08)8952-8723
URL www.outbackballooning.com.au
費 30分鐘：大人$315 小孩$228 家庭$920／60分鐘：大人$369 小孩$295 家庭$1190

●Spinifex Ballooning
☎(08)8953-4800
FREE 1800-677-893
URL balloonflights.com.au
費 30分鐘：大人$290 小孩$240

自助旅行難以前往的綠洲之旅

芬克峽谷國家公園之旅
Finke Gorge NP Tour

由AAT Kings、Emu Run Experience等數家旅行社所主辦，前往保有傳統原住民文化的村落──赫曼斯堡與棕櫚谷，觀察遠古的植物，再造訪芬克峽谷國家公園最佳的景觀勝地Amphitheatre等地。

從天空迎接沙漠的黎明

熱氣球之旅
Hot Air Ballooning Tours

清晨時分就搭上大型熱氣球，從廣闊的天空中來迎接從地平線升起的太陽；結束飛行後還提供附帶香檳的早餐，當然也會頒發熱氣球飛行證書。有多家旅行社都推出類似行程。不過因為高空中容易沾染風沙，在參加熱氣球之旅時最好不要穿上白色等易髒的淺色衣物。

愛麗絲泉的住宿 ACCOMMODATION

區域號碼 (08)

經濟型

購物中心就在眼前！ MAP P.521/2B

Alice Springs YHA

URL www.yha.com.au 住 Cnr. Parsons St. & Leichhardt Tce., 0870 ☎8952-8855
WiFi 免費 費 D $32～43、T W $114
※非YHA會員要追加費用 CC MV

YHA位在市中心的便利

愛麗絲泉廉價住宿的首選就是這家YHA，位在Parsons St.與拓德河畔Leichhardt Tce.轉角處的青年旅館，幾乎都是4人房且全都備有冷氣。

星級飯店

位在城鎮中央 MAP P.521/2B

Stay at Alice Springs

URL stayatalicesprings.com.au
住 11 Leichhardt Tce., 0871 ☎8950-6666
WiFi 免費 費 T W $219～309 CC ADMV

很舒適的客房

飯店後面就是拓德行人徒步大街，位置非常便利。明亮而時尚的客房非常舒適，戶外游泳池、自助洗衣房、人氣餐廳Bella Alice Cafe & Restaurant，設備十分齊全。

設施充實的5星級度假村 MAP P.521/2B

Mercure Alice Springs Resort

URL all.accor.com
住 34 Stott Tce., 0870
☎8951-4545 FAX 8953-0995 WiFi 免費
費 T W $309～319 CC ADJMV

步行到市中心只要5分鐘，越過拓德河就能看到這間高級度假村，游泳池、餐廳、酒吧等服務應有盡有。

愛麗絲泉的高級度假村 MAP P.521/3B

Crowne Plaza Alice Springs Lasseters & Casino

URL www.lasseters.com.au
住 93 Barrett Drv., 0870 ☎8950-7777
WiFi 免費 費 T W $247～576
CC ADJMV

位於距離市中心稍遠的高級飯店林立區域，附設有賭場的飯店。客房相當寬敞且舒適，餐廳、酒吧、戶外游泳池、健身房、租借自行車等設備非常豐富。

寬闊的游泳池區

客房寬敞而舒適

從台灣撥打電話至愛麗絲泉
002＋61（國碼）＋8（去除0的區域號碼）＋電話號碼

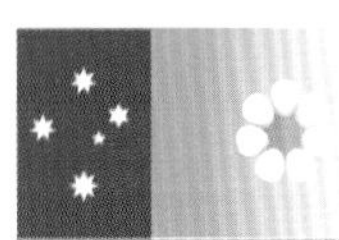

由紅土中部到北端終點
Red Centre to Top End

在紅土中部廣大的紅色貧瘠土地上，只看得到如濱刺麥Spinifex等沙漠植物的蹤影，從中心都市愛麗絲泉沿著縱貫大陸中央的Stuart Hwy.一路北行，就會發現這裡的景色一成不變，即使越過南回歸線，依舊是綿延無際的紅土沙漠地帶；在這裡的旅程，讓人深刻感受到澳洲是全世界最乾燥的大陸。但是當旅遊腳步愈靠近所謂的北端終點時，就會發現慢慢有灌木叢出現、矗立無數座比人還要高的蟻塚（白蟻蓋成的蟻丘，因此又稱為白蟻丘Termite Mounds），河川、濕地等不同自然風景也開始出現，從杳無生機的不毛之地一路通向滿溢生命力的綠色大地，可說是可以感受到澳洲土地之大的旅行。

交通

●恬娜灣與魔鬼巨石

只要是行經愛麗絲泉～Three Ways～達爾文的澳洲灰狗巴士，都會經過恬娜灣。

恬娜灣&魔鬼巨石
Tennant Creek & Devil's Marbles

距離愛麗絲泉約500km的恬娜灣，剛好就在往北的Stuart Hwy.與往東海岸的Barkly Hwy.這2條公路的分歧點（真正的分歧點是在恬娜灣往北24km處的Three Ways）。這裡在1930年代因為淘金熱而繁榮，至今在城鎮以東2km處還有座作為觀光之用的金礦博物館——巴特里山採礦中心Battery Hill Mining & Heritage Centre。不過會來到這個小鎮的遊客，就是為了親眼目睹在恬娜灣以南約100km處的魔鬼巨石Devil's Marbles。

魔鬼巨石屬於達文波特山脈Davenport Range的一部分，是大自然的傑作，大小不一的巨型岩石互相堆疊，奇特的自然景致彷彿像是在外星球。在停車場旁有條能欣賞到魔鬼巨岩奇景的步道，一定要走一趟。

魔鬼巨石的奇石群

■恬娜灣遊客中心
Tennant Creek Visitor Information Centre
住Battely Hill Mining Centre, 160 Peko Rd., Tennant Creek 0860 ☎(08)8962-1281
FREE 1800-645-199
URL www.discovercentralaustralia.com.au
開 週一～五9:00～17:00，週六、日9:00～16:30
休 耶穌受難日、耶誕節

■巴特里山採礦中心
※與遊客中心相同地點
住160 Peko Rd., Tennant Creek 0860 ☎(08)8962-1281
開 每日9:00～17:00／地底之旅：每日9:45，週一～五13:45開始
費 博物館：大人$14 小孩$7／地底之旅：大人$39 小孩$20

交通

●**馬塔蘭卡溫泉自然公園**
行駛於愛麗絲泉～達爾文之間的長途巴士，都會停靠在Mataranka Homestead前。

馬塔蘭卡溫泉自然公園

Mataranka Pool Nature Park

由恬娜灣繼續北行越過Daly Waters之後，就能看到周邊的灌木叢漸漸地增多，也讓人有逐漸接近北端終點Top End的真實感受。進入北端終點範圍內的第一座城鎮馬塔蘭卡Mataranka，與恬娜灣距離約550km，從這裡往東南方前進8km就是北領地極為少數能湧出溫泉水的馬塔蘭卡溫泉自然公園，正好讓長途跋涉的遊客好好休息，消除旅途疲勞。雖然名為溫泉，但是這些被叢林所包圍的其實是微溫的小泉水，和台灣的溫泉大不相同。這裡的溫泉四周是茂密的叢林，熱帶的日光將水面照得閃閃發光，蓊鬱的綠意蕩漾在水波間，透過直射而下的光線幾乎能看到澄澈的溫泉池底。但是這個看似極淺的溫泉，真正下水之後就會被它深到無法站立而嚇一跳。溫泉水溫維持在34℃上下，可以浮在水面上、閉上眼睛與身旁的魚群一起悠閒游泳。

公園裡還有間充滿牧場風格的旅館Mataranka Homestead，除了能體驗騎馬的樂趣，還能在旅館前的Waterhouse River享受獨木舟划船樂。

位於熱帶叢林裡的透明溫泉

由紅土中部到北端終點住宿

ACCOMMODATION 區域號碼(08)

恬娜灣

設備絕佳 Eldorado Motor Inn
MAP 無

URL eldorado-motor-inn.bussiness.site
住217 Paterson St., Tennant Creek 0860
☎8962-2402 WiFi 免費
費 T W $90～104 CC MV

就在從巴士總站往Stuart HWY.以北約1km左右之處，還附有小游泳池與餐廳。

位於恬娜灣中心 Safari Lodge Motel
MAP 無

住12 Davidson St., Tennant Creek, 0860
☎8962-2207 WiFi 免費
費 T W $180～205 CC MV

位於恬娜灣中心的平房汽車旅館式飯店，雖然只有淋浴間，但在炎熱的恬娜灣也很舒適，當然房間也很乾淨，寬敞一些的家庭房還附有微波爐。

馬塔蘭卡溫泉自然公園

提供許多形式的住宿設施 Mataranka Homestead Tourist Resort
MAP 無

URL www.matarankahomestead.com.au
住642 Homestead Rd., Mataranka 0852
☎8975-4544 WiFi 無
費 T W $98～130、帳篷營地$30、電源營地$35
CC AJMV

適合想在馬塔蘭卡悠閒度日的人。擁有汽車旅館式、小木屋式的客房，還有露營區。餐廳、小酒館、酒吧等餐飲服務非常豐富，同時還有獨木舟、自行車等租借服務。

凱瑟琳＆尼特米魯克國家公園
Katherine & Nitmiluk NP

壯闊的尼特米魯克國家公園

由馬塔蘭卡往北105km，或是由達爾文出發往南320km處就是凱瑟琳，從西澳州一路延伸而來的Victoria Hwy.與縱貫南北的要道Stuart Hwy.就是在此地交匯，形成北領地中僅次於達爾文、愛麗絲泉的第3大城，不過這裡的人口僅有1萬多人，並不算是大城市。凱瑟琳吸引觀光客目光的景點，就是往東行約30km、占地遼闊的巨大溪谷──凱瑟琳峽谷Katherine Gorge。由13座峽谷組成、占地約3000km^{2}的凱瑟琳峽谷，屬於尼特米魯克國家公園的範圍，與卡卡度國家公園並列為北端終點區域的觀光焦點。

凱瑟琳
Katherine

城鎮裡的重要機構都集中在Katherine Tce.（Stuart Hwy.）兩旁，另外在轉運中心對面的是凱瑟琳遊客中心Katherine Visitor Information Centre。

凱瑟琳的歷史與自然 MAP P.529/A

凱瑟琳博物館
Katherine Museum

是原本機場航站大廈所改建的博物館，以各種照片、影音設備及農業機具來解說關於凱瑟琳的歷史。

交通

●凱瑟琳＆尼特米魯克國家公園

行駛於達爾文～愛麗絲泉，或達爾文～布魯姆之間的澳洲灰狗巴士都會經過凱瑟琳。凱瑟琳轉運中心Katherine Transit Centre就位在凱瑟琳市中心，斜對面就是遊客中心。至於行駛於達爾文～愛麗絲泉之間的大汗號列車也會停靠凱瑟琳（車站距離城鎮以西約6km），而大汗號列車的乘客可以加價參加凱瑟琳峽谷的觀光船或空中飛行之旅。

此外，若搭乘長途巴士到達凱瑟琳，並沒有大眾交通工具能前往東方30km的凱瑟琳峽谷，所以建議參加從達爾文出發，含凱瑟琳峽谷的北端終點周遊之旅；也可以租車前往。

■凱瑟琳遊客中心

MAP P.529/B

住Cnr. Lindsay St. & Katherine Tce., 0850
☎(08)8972-2650
URL www.visitkatherine.com.au
開週一～五8:30～17:00、週六、日、節日10:00～14:00（4～9月為每日8:30～17:00）

凱瑟琳近郊
Around Katherine

A

凱瑟琳
Katherine

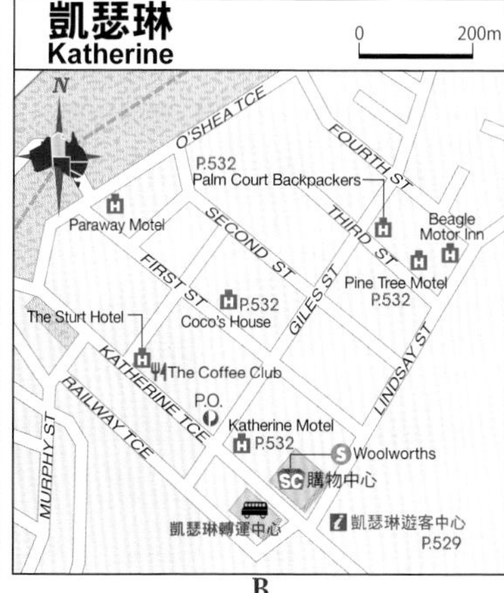

B

殖民時代風格建築的凱瑟琳博物館

■凱瑟琳的租車公司
●Hertz
(08)8971-1111
●Thrifty
1300-367-227

■凱瑟琳博物館
住20 Christie Rd., 0850
(08)8972-3945
URL www.katherinemuseum.com
開週一～五9:00～16:00
休12～2月
費大人$10 小孩$5

■凱瑟琳空中學校
住101 Giles St., 0850
(08)8965-1555
URL www.ksa.nt.edu.au
※參觀請先洽詢

■卡塔卡塔鐘乳石洞
1300-146-743
URL www.nitmiluktours.com.au
時導覽之旅：每日9:00～15:00每隔1小時
休11～3月
費大人$28 小孩$17.50
家庭$69.50

■尼特米魯克遊客中心（Nitmiluk Tour）
MAP P.531/1
1300-146-743
(08)8971-1022
URL www.nitmiluktours.com.au
開每日7:00～18:00（根據季節有少許變動）
尼特米魯克國家公園內的各種旅遊行程，全都是由Nitmiluk Tour負責。
●住宿設施
住宿申請也在這裡，露營區為帳篷營地大人$17～23 小孩$10～13、電源營地$46～56、固定帳篷$123～155，度假村式的Nitmiluk Cabin為1B $194～247、2B $242～314、高級度假村的Cicada Lodge為$583。

在別館中還展出第一位參與飛行醫療服務的醫生Clyde Fenton，以及當年出診時所搭乘的De Havilland Gypsy Moth飛機。

了解內陸地區的上課方式 MAP P.529/A

凱瑟琳空中學校
Katherine School of the Air

在難以成立普通小學的人煙稀少內陸地區，解決兒童教育的最佳方法就是空中教學，這也是這裡被稱為「世界最大教室World's largest classroom」的原因。凱瑟琳空中學校涵蓋的教學範圍為80km^2，也提供導覽行程，可以實際參觀線上教學的情形。

欣賞壯觀的鐘乳石筍 MAP P.529/A

卡塔卡塔鐘乳石洞
Cutta Cutta Caves

神秘的卡塔卡塔鐘乳石洞

從凱瑟琳沿著Stuart Hwy.往南27km之處的鐘乳石洞，形成時間距今大約5億年前，號稱是全澳洲最大規模的鐘乳石洞，僅能透過每天6趟的導覽之旅入內參觀。

尼特米魯克國家公園
Nitmiluk NP

流經尼特米魯克國家公園（凱瑟琳峽谷）的凱瑟琳河，溯及源頭是來自此地東北方約200km處的卡卡度國家公園南端，下游與戴利河Daly River交會後綿延超過500km，最後才匯入安森灣Anson Bay。因此尼特米魯克國家公園裡雖然擁有13座峽谷，卻只占凱瑟琳河不超過50km的極小部分。

流經凱瑟琳峽谷內的河水平緩，卻蜿蜒如蛇一般盤踞在峽谷底部，河面雖然寬廣，兩岸卻盡是數十公尺高的斷崖絕壁，因此陽光無法直射而入，峽谷內長年陰暗少光，長滿茂盛的蕨類植物。

在這裡還保有無數澳洲原住民所留下來的珍貴壁畫，也敘述著過去這塊土地對原始民族來說是多麼重要。

在出發參加凱瑟琳峽谷漫步或航行之旅前，當然要先到尼特米魯克遊客中心Nitmiluk Visitor Centre，除了有各種旅遊資訊之外，還有介紹尼特米魯克國家公園地質、生態的迷你博物館，以及提供休息的咖啡館。

凱瑟琳峽谷的航行之旅

有澳洲數一數二美麗峽谷美譽的凱瑟琳峽谷

輕鬆體驗峽谷魅力

尼特米魯克航行之旅
Nitmiluk Cruises

●2小時航行之旅

到第2峽谷就折返的一般河上航程，可以在第1峽谷和第2峽谷之間步行約800m，同時欣賞原住民的精采壁畫。

●4小時航行之旅

這段河上航程會將路線延伸到第3峽谷，抵達第3峽谷之後就是自由活動時間，也可以到河裡游泳。步行距離總長約1.5km，行程中還會安排早茶或下午茶。

●清晨航行之旅

充分享受凱瑟琳峽谷清晨時分的河上航行之旅。由於只航行到第1峽谷，因此能夠很悠閒地欣賞早晨從河面緩緩升起的霧氣，聆聽鳥兒的啼叫聲，並且在船上享用早餐。

坐上獨木舟欣賞峽谷

尼特米魯克租借獨木舟
Nitmiluk Canoes Hire

凱瑟琳峽谷不但擁有超震撼的自然之美，更有著平緩的水流，即使是初學者也能安心享受划船樂趣。

喜愛戶外活動者一定要嘗試的獨木舟

凱瑟琳峽谷（尼特米魯克國家公園）
Katherine Gorge (Nitmiluk NP)

0 1km

Nitmiluk Cabin P.530
露營區 P.530
Cicada Lodge P.530
停車場
往凱瑟琳(29km)
尼特米魯克航行之旅出發點觀景台
尼特米魯克租借獨木舟
LOOKOUT WALK
觀景台
WINDOFF WALK
BUTTERFLY GORGE WALK
南岩洞 Southern Rockhole
Pat's觀景台 Pat's Lookout
原住民藝術區
Jedda's Rock
蝴蝶峽谷 Butterfly Gorge
The Narrows
LILY PONDS WALK
空中花園 Hanging Gardens
SMITT'S ROCK WALK
原住民藝術區
Lily Ponds
黃金峽谷 Golden Gorge
露營區
檢查站
The Vortex Holes
EIGHT GORGE WALK
Smitt's Rock
露營區
Rock Bars
Sandy Beach
露營區
JAWOYN VALLEY WALK（巡迴道路）
JAWOYN VALLEY WALK
原住民藝術區
The Walls
第1峽谷
第2峽谷
第3峽谷
第4峽谷
第5峽谷
第6峽谷
第7峽谷
第8峽谷
第9峽谷
第10峽谷
第11峽谷
第12峽谷
第13峽谷
N
1
2
3

■尼特米魯克航行之旅

●2小時航行之旅

時每日8:00～11:00、14:00～16:00每隔1小時出發（11～3月為9:00、14:00）

費大人$100 小孩$50

●4小時航行之旅

時5～10月：每日9:00出發

※旺季時開團次數會增加

費大人$148 小孩$74.50

●清晨航行之旅

時5～10月の每日7:00

費大人$108.50 小孩$54.50（含輕食）

■尼特米魯克租借獨木舟

●半日獨木舟

時6～10月8:00～12:30

費1人搭乘$86、2人搭乘$151

●1日獨木舟租借

時6～10月8:00～17:30

費1人搭乘 $110.50、2人搭乘$192

※都要預繳$50押金

■尼特米魯克直升機之旅

時每日8:30～18:00期間隨時可出發

費第3峽谷10分鐘：$113.50／到第8峽谷15分鐘：$184／全部13座峽谷30分鐘：$254

■艾迪絲瀑布（Leilyn）

從凱瑟琳出發沿著Stuart Hwy.北上，約35km之後會看到右邊有條往艾迪絲瀑布的岔路，由此再繼續前行20km就能抵達。

遊客可以到Boat Ramp旁租借獨木舟，嘗試體驗一下。

對體力有自信可以挑戰的步道

南方步道

Southern Walks

整條步道從Pat's觀景台Pat's Lookout開始，依序往蝴蝶峽谷Butterfly Gorge、Lily Ponds、Smitt's Rock等景點一路往下的路線，到蝴蝶峽谷來回只需要半天時間，一定要走一下，因為從步道上俯瞰的峽谷景致，與搭乘船隻所見到的河上峽谷風情，擁有完全不同的魅力。

從空中俯視凱瑟琳峽谷

尼特米魯克直升機之旅

Helicopter Flight

搭乘直升機飽覽凱瑟琳峽谷的經驗也是絕對不能錯過的，綿延無邊的遼闊峽谷、充滿茂密綠意的大地，美得讓人捨不得眨眼。

凱瑟琳的祕密美景 MAP P.529/A

艾迪絲瀑布（Leilyn）

Edith Falls (Leilyn)

由艾迪絲河形成的艾迪絲瀑布，從峽谷頂端飛洩而下匯聚成一潭深淵，橢圓形的水池最長190m，最短150m，正中央還有一塊與人齊高的沙地。另外從露營區旁出發的環遊步道Leilyn Loop Walk（所需時間為1小時30分），距離約2.5km。由於位在尼特米魯克國家公園的西北邊陲，在交通上都必須經由凱瑟琳來回。

氣氛悠閒的艾迪絲瀑布

凱瑟琳的住宿

ACCOMMODATION

區域號碼(08)

凱瑟琳的人氣廉價住宿 MAP P.529/B

Palm Court Backpackers

住11 Third St., 0850 ☎8972-2722 WiFi 免費

費Ⓓ$30、ⓉⓌ$95～126 CC MV

每個房間都附有冷氣、淋浴設備和廁所，庭院裡還設有游泳池。

製作販賣迪吉里杜管 MAP P.529/B

Coco's House

URL www.cocos-house.com.au 住21 First St., 0850

☎0470-032-810 WiFi 免費 費Ⓓ$35、小木屋$120～135、露營區$20

所有的房間都有冷氣，這裡的特色就是製作與販賣傳統樂器迪吉里杜管Didgeridoo，還可以參觀製作流程，購買的話還提供完整的包裝服務。

位於市中心的舒適住宿 MAP P.529/B

Katherine Motel

URL katherinemotel.com 住3 Giles St., 0850

☎8972-1622 WiFi 免費

費ⓉⓌ$285～455 CC ADJMV

面對著大馬路的小酒館是這間旅館的標誌，也提供游泳池和完善的BBQ設備。

椰林環繞中氣氛絕佳 MAP P.529/B

Pine Tree Motel

住3 Third St., 0850 ☎8972-2533 WiFi 免費

費ⓉⓌ$155～395 CC AMV

在正中央設有游泳池，而作為客房的多棟建築就圍繞在泳池四周，也有餐廳、自助洗衣等設施。

卡卡度國家公園

Kakadu NP

整片無盡濕地的黃水潭

北端終點最精采的觀光焦點就是卡卡度國家公園，廣大而豐富的大自然，分布其間的原住民壁畫、過往生活的遺跡等，不論是自然或文化面都擁有珍貴價值，所以成為世界綜合遺產的一員。其實卡卡度國家公園實際上所包含的面積廣達2萬km^2，由此注入帝汶海Timor Sea的3大河川（東鱷河、南鱷河、西鱷河）與無數支流所孕育的峽谷、濕地、紅樹林……在這遼闊大地上還有茂密的熱帶尤加利樹林、林中矗立著如塔般數不清的白蟻丘，河裡有神祕隱藏身影的鱷魚、水邊則聚集超過280種的野生鳥類，更不用說奔馳在陸地上的袋鼠群……儘管環境極為嚴苛卻又充滿生命力，因為有這樣的大自然恩賜，才讓澳洲原住民在這片土地生存下來。

來到卡卡度國家公園感受宏偉的自然景色、研究原住民留下來的神祕壁畫，都讓人重新認識澳洲的自然之美與原住民文化的豐富。

漫遊卡卡度國家公園

OUTLINE OF KAKADU NP

提供旅遊建議的波瓦里遊客中心

由於附近是澳洲唯一一種鸛鳥（黑頸鸛）的棲息地，因而命名為賈比盧Jabiru，這裡有著飯店、餐廳、購物中心等設施，也是卡卡度國家公園這裡唯一具有城鎮氣氛的地方。如果計畫要用自助旅行的方式深入卡卡度國家公園，首先應該到賈比盧入口的波瓦里遊客中心Bowali Visitor Centre；在兼為國家公園管理處的遊客中心裡，還附設介紹卡卡度國家公園的自然、地形與澳洲原住民相關資訊的博物館，還有雨季時卡卡度國家公園的最新路況訊息。

至於距離賈比盧以東約6.5km處賈比盧東Jabiru East的賈比盧機場Jabiru Airport（代號JAB），一般的空中觀光之

交通

●卡卡度國家公園

參加從達爾文出發的2～3天旅遊團是最常見的觀光方式，因為有許多旅行社推出各種行程，遊客可以到達爾文的北端終點旅遊中心（→P.538）詢問行程。如果只是想參觀一般的觀光景點，建議也可以租車出遊，不過在雨季時經常會發生河川暴漲而淹沒道路的情況，想在雨季時租車出遊的旅客，一定要向租車公司詢問最新路況消息。

■卡卡度國家公園入園周遊券

URL parksaustralia.gov.au/kakadu/plan/passes
費 11月～5月14日：大人$25 小孩$12.50 家庭$65／5月15日～10月：大人$40 小孩$20 家庭$100
※7日內有效
※可在卡卡度國家公園入園服務處、波瓦里遊客中心等地購買，網路也買得到

■波瓦里遊客中心

MAP P.534
住 Kakadu Hwy., Kakadu NP, Jabiru, 0886
☎ (08)8938-1120
URL parksaustralia.gov.au/kakadu 開 每日8:00～17:00／文化中心：4月中旬～10月每日9:00～17:00、11月～4月中旬9:00～15:00 休 耶誕節

●如何前往

從賈比盧中心區出發約5km，也可以步行約2.5km遠的捷徑（步道）。

■領取卡卡度國家公園導覽手冊

如果計畫要自助旅遊卡卡度國家公園，絕對不能缺少《卡卡度國家公園導覽手冊Kakadu Visitor Guide》，裡面有詳盡的卡卡度國家公園地圖和自然相關的解說，是免費的導覽手冊。在波瓦里遊客中心、Kakadu Holiday Village、Mary River Roadhouse（MAP P.534）等地都能索取。也可以用手機下載免費App Kakadu Visitor Guide（iOS、Android）閱讀導覽手冊內容。

旅或是從達爾文Darwin出發的包機航班都在這裡起降。

此外，從賈比盧出發沿著卡卡度公路約60km處的庫英達Cooinda，則是個僅有飯店、露營區的旅遊小鎮，包括前往黃水潭航行之旅，或是到吉姆吉姆瀑布&雙子瀑布等觀光景點的旅遊團行程，都是從庫英達出發。

擁有成群水鳥的大濕原 MAP P.534

馬姆卡拉鳥類保護區
Mamukala Bird Sanctuary

這裡是卡卡度國家公園最具代表性的大濕地，位於入口處的水鳥觀察小屋，可以欣賞到棲息在濕地的無數水鳥，除了白面鷺、大白鷺等鷺鷥之外，還有鵲鵝、樹鴨等野鴨，以及鵜鶘。

鳥群的數量多得驚人

岩石壁畫的豐富寶庫 MAP P.534

烏比爾
Ubirr

在東鱷河East Alligator River畔的岩石區，保留著眾多澳洲原住民的岩石壁畫。

其中最不容錯過的，就是Mabuyu與Main Art Gallery、Rainbow Serpent Gallery 3處，而Mabuyu以細線描繪出獵人模樣的壁畫很值得一看。

Main Art Gallery則是一整面石壁都成了畫布，澳洲尖吻鱸、烏龜、

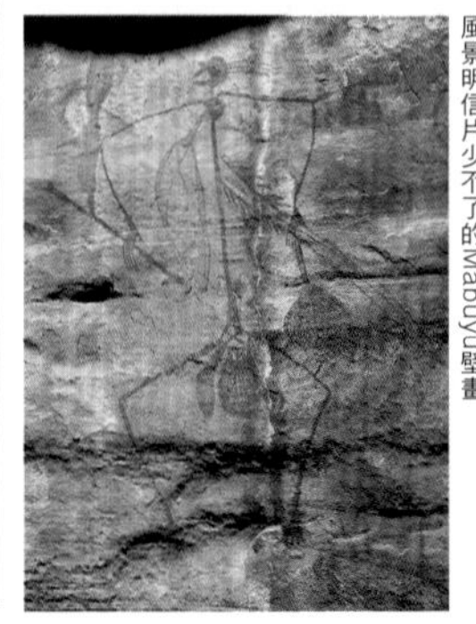
風景明信片少不了的Mabuyu壁畫

■馬姆卡拉鳥類保護區

●如何前往

從賈比盧出發，沿著阿納姆公路往達爾文方向行駛約30km，下公路再沿支線行駛1km左右就能到達，所需時間約30分鐘。

●Kakadu Bird App

若要仔細觀察鳥類，不妨下載國家公園提供的手機App（iOS、Android）。

■烏比爾

開4～11月：8:30～日落／12～3月：14:00～日落

●如何前往

由賈比盧往北約40km，由於是柏油道路只要約30分鐘車程。

蜥蜴都躍然於上，另外還有許多岩石壁畫顯示已經絕種的袋狼曾經棲息在這一帶（推估是距今2000～3000年前的岩石壁畫），而且這些岩石壁畫大多數都是以所謂的X線畫法的方式，也就是用細線條來表現人類與動物的骨骼。Rainbow Serpent Gallery則是保留下原住民稱之為Dreamtime的開天闢地傳說壁畫。

烏比爾觀景台的夕陽

從Main Art Gallery還能登上觀景台，一覽遼闊無邊無際的的阿納姆地Arnhem Land風景，而且這裡也是卡卡度國家公園裡欣賞落日餘暉的知名最佳地點。

一睹雷男壁畫！ MAP P.534

諾蘭基岩
Nourlangie Rock

依Namarrgon傳說而繪的壁畫

位在賈比盧與庫英達之間、卡卡度公路往東的岩石山脈，這裡有一處名為安邦邦藝廊Anbangbang Gallery的原住民岩石壁畫，是依照雷男（原住民語稱為Namarrgon）傳說所繪製而成的洞穴壁畫，擁有其他岩石壁畫所沒有的獨特氛圍。另外從諾蘭基岩頂端的觀景台（Gunwarddehwardde Lookout），也能欣賞到卡卡度的開闊景色。

■諾蘭基岩
●如何前往
從賈比盧沿著卡卡度公路南下約20km，再轉進往東邊的岔路（約12km）。從賈比盧出發所需時間約30分鐘。

只要爬上最高處就能欣賞到絕美景色

遇見成群水鳥與震撼力十足的河口鱷 MAP P.534

黃水潭航行之旅
Yellow Water River Cruises

黃水潭航行之旅是卡卡度的觀光重點，觀光船在盛開著荷花、睡蓮的濕地間前進，不但可以看到Jabiru（黑頸鸛）、Brolga（澳洲鶴）、鵲鵝、大白鷺等眾多水鳥之外，以及近距離觀察體長超過3m的河口鱷這些生活在濕地裡的眾多野生動物。為了能欣賞最美麗的濕地景觀及最多水鳥，建議最好參加清晨或傍晚出發的行程。

■黃水潭航行之旅
☎(08)8979-1500
（預約：Cooinda Lodge）
URL www.kakadutourism.com
時
2小時之旅出發：6:45、9:00（僅限4～10月）、16:30／1.5小時之旅出發：11:30、13:15
費2小時之旅：大人$104 小孩$78／1.5小時之旅：大人$86 小孩$69

悠閒航行在美麗溼地的觀光船

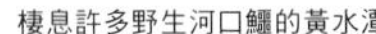

棲息許多野生河口鱷的黃水潭

認識原住民文化

MAP P.534

Warradjan原住民文化中心
Warradjan Aboriginal Cultural Centre

與原住民文化相關的展覽非常豐富

是居住在卡卡度地區的澳洲原住民，為了讓更多人認識他們的文化風俗而成立的設施。展示壁畫及樹皮畫等藝術創作、狩獵採集所使用的手工背袋或是用露兜樹葉編織而成的籃子，甚至是原住民狩獵捕魚方法的詳細解說，文化中心內的展覽內容非常豐富多樣。

卡卡度最佳名勝景點

MAP P.534

吉姆吉姆瀑布&雙子瀑布
Jim Jim Falls & Twin Falls

乾季時務必要來造訪的吉姆吉姆瀑布

吉姆吉姆瀑布位在庫英達Cooinda東南方72km處，瀑布海拔落差超過150m，在乾季剛開始時瀑布水量依舊豐沛，能見識到壯觀的景象；遊客還可以在瀑布下方的水潭裡游泳，千萬別忘記要攜帶泳衣。從吉姆吉姆瀑布到雙子瀑布還距離10km，在聳立的峽谷間兩座瀑布如兄弟般同時奔騰流洩而下。而且到了乾季最高峰時，兩座瀑布也會出現乾涸無水的景象。此外，雨季時通往瀑布的道路會全面封鎖無法進入，即使在乾季的道路狀況也不算太好，建議還是參加從達爾文出發的吉姆吉姆瀑布&雙子瀑布旅遊團前往。

乾季時務必要來造訪

MAP P.534

馬古克瀑布&巴拉曼迪峽谷
Maguk Fall & Barramundi Gorge

位於巴拉曼迪河上游的巴拉曼迪峽谷有座馬古克瀑布，遊客可以在下方的水潭裡游泳。不過因為這座瀑布的落差並不高，因此可以游泳橫越水潭，再順著旁邊的岩石爬到瀑布的最頂端。而且位於巴拉曼迪峽谷南側瀑布峽谷Water Fall Creek的Gunlom Fall，是電影《鱷魚先生Crocodile Dundee》的拍攝地而聞名，當地也有前往這兩處景點的旅遊團。

從空中俯視卡卡度的壯觀大自然

賞景飛行之旅
Scenic Flight

從賈比盧東機場起飛的Kakadu Air Service小型飛機，只要報名就能隨時出發，幅員廣闊的濕地、草原、河川，以及被稱為Escapement隆起的斷崖絕壁，還有礦藏在全球屈指可數的Argyle鈾礦礦山都在眼下出現。

■Warradjan原住民文化中心
(08)8979-0525
URL www.kakadutourism.com
開11～4月中旬每日9:00～15:00、4月中旬～10月每日9:00～17:00 費免費
●如何前往
從庫英達Tourist Town步行10分鐘。

■吉姆吉姆瀑布&雙子瀑布
●如何前往
離開卡卡度公路約60km並不算太遠的距離，但是因為道路沒有鋪設柏油，尤其是最後的十幾公里簡直是非常糟糕的路況，最好是從庫英達搭乘四輪傳動車前往，車程單程約2小時。另外不論是吉姆吉姆或雙子瀑布，都必須從停車場步行約1km才能抵達。

■馬古克瀑布&巴拉曼迪峽谷
●如何前往
位在庫英達以南約60km處，離開卡卡度公路主要幹線後的道路就沒有鋪設柏油，只能行駛四輪傳動車。從停車場到水潭間步行約15分鐘左右。

■Spirit of Kakadu Adventure Tour
當地出發前往馬古克瀑布&巴拉曼迪峽谷的旅遊團
(08)8979-1500
URL www.kakadutourism.com
時5～10月的每日7:30（賈比盧出發為6:45）～17:00
費大人$366 小孩$275
※含午餐

■Kakadu Air Service
FREE 1800-089-113
URL www.kakaduair.com.au
時每日8:00、9:30、11:00、12:00、13:00出發
費30分鐘：大人$150 小孩$120／1小時：大人$250 小孩$200
※有最少成行人數

俯視卡卡度又是另一種感動

卡卡度國家公園的住宿 ACCOMMODATION

區域號碼(08)

參加黃水潭航行之旅最方便 Cooinda Lodge

MAP P.534

URL www.kakadutourism.com
住 Kakadu Hwy., via Jim Jim Creek, Cooinda (P.O. Box 696, Jabiru), 0886
☎ 8979-1500 WiFi 無
費 T W $179～419、豪華露營$179～629、帳篷營地$39～49、電源營地$59～99 CC ADJMV

充滿悠閒氣氛的游泳池區

小木屋式客房裡供應著冷氣、電視、淋浴、廁所等設備，也有團體客房與經濟型客房，淋浴、廁所都必須共用，另外也提供游泳池、SPA、洗衣間、餐廳、BBQ烤肉區等服務。

出名的鱷魚飯店 Mercure Kakadu Crocodile Hotel

MAP P.534

URL www.kakadutourism.com
住 1 Flinders St., Jabiru, 0886
☎ 8979-9000 WiFi 免費
費 T W $209～429 CC ADJMV

位在賈比盧的4星級飯店，飯店的造型就像一隻鱷魚，在接近鱷魚身體中段區域的庭院裡還有游泳池。

外觀就是鱷魚造型

賈比盧的廉價住宿 Aurora Kakadu Lodge

MAP P.534

URL www.auroraresorts.com.au
住 Jabiru Drv., Jabiru, 0886 ☎ 8979-2422
WiFi 無 費 T W $189～、1B $315～、2B $329～
CC ADJMV

位在賈比盧郊區的中級飯店，擁有游泳池、餐廳等豐富設施，客房雖然是樸實的小木屋形式，卻十分舒適。

賈比盧的獨特住宿 Anbinik Kakadu Resort

MAP P.534

URL www.anbinik.com.au 住 83 Jabiru Drv., Jabiru, 0886 ☎ 8979-3144 WiFi 無
費 T W $120～255、叢林小木屋 T W $140～150、2B $220～275 CC MV

由澳洲原住民所經營的旅館，房間有小木屋形式及荒野帳篷式的叢林小木屋，也附設游泳池、餐廳（僅限4～11月開放）等設施。

在烏比爾體驗豪華露營 Hawk Dreaming Wilderness Lodge

MAP P.534

URL kakaduculturaltours.com.au 住 Cannon Hill., Ubirr, 0886 FREE 1800-525-238 WiFi 無
費 T W $756 ※含住宿期間的全部餐飲 CC MV
※目前停業中

位在靠近烏比爾的Cannon Hill的豪華露營設施，帳篷內附設淋浴間、廁所及電扇，也推出針對房客的烏比爾傍晚之旅。

COLUMN

如何造訪阿納姆地

澳洲原住民守護著自古以來傳統文化的居住之地，稱為原住民土地Aboriginal Land，當局設立許多嚴格的限制，以避免外界影響到這塊土地的人民生活或環境生態，因此除了當地居民之外，想踏入原住民土地的外人，必須先前往Northern Land Council申請進入許可證（許可證的核發在申請後約10天）。

例如在卡卡度國家公園以東的阿納姆地Arnhem Land，占地9萬6000km^{2}之廣，是在遠古不變的景致裡至今仍保留著無數神聖場地的原住民土地；令人開心的是參加旅遊團就能進入此地，不需要申請個人許可證。對澳洲原住民有興趣的人可以參加從賈比盧、達爾文出發的Lord's Kakadu & Arnhem Land Safari，或是賈比盧出發的Kakadu Culture Tours的1日遊行程。

● **Lord's Kakadu & Arnhem Land Safari**
☎ 0438-808-548
URL www.lords-safaris.com
● **Kakadu Culture Tours**
FREE 1800-525-238
URL kakaduculturaltours.com.au

達爾文 Darwin

實用資訊

北端終點旅遊中心
Tourism Top End MAP P.542/2B
住 6 Bennett St., 0801
☎ 1300-138-886
URL www.tourismtopend.com.au
開 週一～五9:00～16:30、週六、日、節日10:00～14:00

主要醫院

皇家達爾文醫院
Royal Darwin Hospital MAP P.539/1A外
住 105 Rocklands Drv., Casuarina 0810 ☎ (08)8922-8888
URL nt.gov.au/welbeing/hospital-health-services/royal-darwin-hospital

達爾文市醫療中心
Darwin City Medical Centre MAP P.542/1A
住 Suite 1, nab House, 71 Smith St., 0800 ☎ (08)8941-0369
URL www.dcmedicalcentre.com.au

Darwin Day Surgery MAP P.539/1A外
住 Level 1, 7 Gsell St., Wanguri 0810
☎ (08)7922-2250
URL www.darwindaysurgery.com.au

主要航空公司聯絡電話

澳洲航空Qantas Airways
☎ 13-13-13

維珍澳洲航空
Virgin Australia
☎ 13-67-89

捷星航空Jetstar
☎ 13-15-38

北方航空Airnorth
FREE 1800-627-474

新加坡航空Singapore Airlines
☎ 13-10-11

位於達爾文近郊利奇菲爾德國家公園的佛羅倫斯瀑布

北領地的最北端被稱為北端終點，而北端終點的中心城市，也是北領地首府的達爾文，就是依照提出物競天擇演化論的達爾文來命名的城市。達爾文不但是座面對帝汶海的熱帶都市，同時也是前往北端終點觀光重點的卡卡度國家公園、利奇菲爾德國家公園、尼特米魯克國家公園的重要門戶。而在歷史上，達爾文更因為鋪設銜接澳洲與世界的海底電纜，而成為相當重要的據點。

達爾文的市區曾經遭受過2次全毀的嚴重打擊，第1次是在第二次世界大戰時的1942年，在日軍的空襲之下街道全毀（澳洲第一次經歷到外敵的本土攻擊）；第2次是1974年時遭受強烈颶風的侵襲。因此達爾文市區有很多新建築，街道規劃也顯得井井有條，非常整齊；還在市區四處種植無數的熱帶植物，一整年都顯得綠意盎然。

明迪海灘欣賞到的美麗夕陽

即使是如此得天獨厚，達爾文的觀光季節還是有限制的。這一帶只有兩個季節，就是5月～11月後半的乾季和11月後半～4月的雨季，特別是1～3月期間的月降雨量之多可是超過300mm；因此郊外道路經常會被雨水淹沒，自然也對觀光旅遊帶來相當大的不便，想要自助旅行的人得要事先好好規劃。

交通
ACCESS

如何前往

台灣出發

從台灣出發並沒有直飛航班，一般都是到雪梨、墨爾本、布里斯本轉機，再搭乘澳洲航空、維珍澳洲航空的航班前往達爾文；也可以搭乘新加坡航空在新加坡轉機前往達爾文。

澳洲國內出發

澳洲航空從凱恩斯、布里斯本、雪梨、墨爾本、阿得雷德、柏斯、愛麗絲泉、布魯姆，捷星航空從凱恩斯、布里斯本、雪梨、墨爾本、阿得雷德，維珍澳洲航空則從布里斯本、墨爾本、阿得雷德、柏斯都有直航班機出發前往達爾文。而北方航空在阿納姆地的Gove、Mcarthur River等北領地的小鎮之間有班機飛行，不過要留意的是每週只有幾班次。陸上交通有澳洲灰狗巴士Greyhound Australia從愛麗絲泉、湯斯維爾、布魯姆都有長途巴士行駛，也可以搭乘從阿得雷德出發，縱貫澳洲大陸的大汗號The Ghan列車前往達爾文。

機場↔市區

達爾文國際機場Darwin International Airport（代號DRW）位在市區以東約

達爾文國際機場入境大廳的租車公司櫃台

■達爾文國際機場
MAP P.539/1B
URL www.darwinairport.com.au

■達爾文的租車公司
●Hertz ☎(08)8925-5890
●AVIS ☎13-63-33
●Budget ☎(08)8981-9800
●Thrifty ☎(08)8924-0000
●Europcar ☎(08)8945-3261

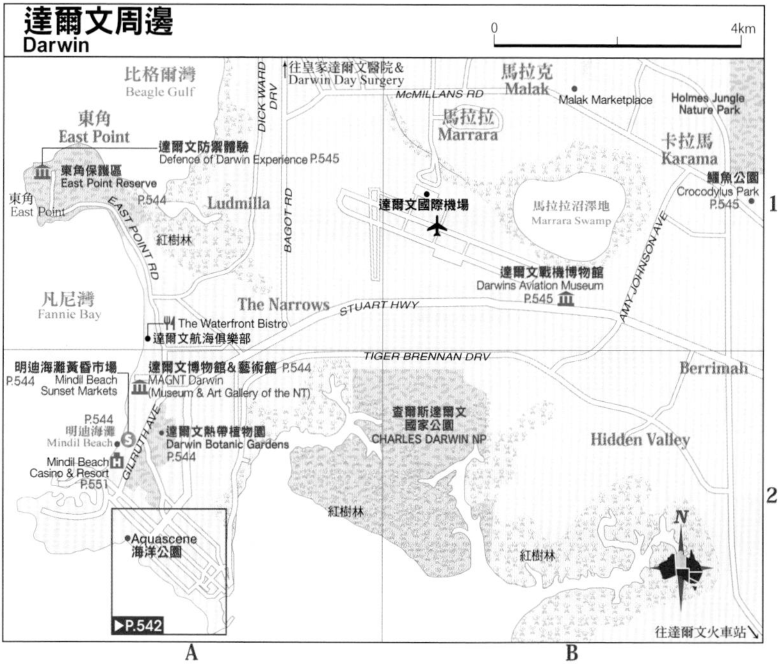

達爾文周邊
Darwin

0 4km

比格爾灣 Beagle Gulf
往皇家達爾文醫院& Darwin Day Surgery
DICK WARD DRV
McMILLANS RD
馬拉克 Malak
Malak Marketplace
Holmes Jungle Nature Park
東角 East Point
馬拉拉 Marrara
卡拉馬 Karama
達爾文防禦體驗 Defence of Darwin Experience P.545
東角保護區 East Point Reserve P.544
鱷魚公園 Crocodylus Park P.545
東角 East Point
Ludmilla
BAGOT RD
達爾文國際機場
馬拉拉沼澤地 Marrara Swamp
EAST POINT RD
紅樹林
AMY JOHNSON AVE
達爾文戰機博物館 Darwins Aviation Museum P.545
凡尼灣 Fannie Bay
The Narrows
STUART HWY
The Waterfront Bistro
達爾文航海俱樂部
TIGER BRENNAN DRV
明迪海灘黃昏市場 Mindil Beach Sunset Markets P.544
達爾文博物館&藝術館 P.544 MAGNT Darwin (Museum & Art Gallery of the NT)
Berrimah
查爾斯達爾文國家公園 CHARLES DARWIN NP
P.544 明迪海灘 Mindil Beach
達爾文熱帶植物園 Darwin Botanic Gardens P.544
GILRUTH AVE
Hidden Valley
Mindil Beach Casino & Resort P.551
紅樹林
Aquascene 海洋公園
紅樹林
N
▶P.542
往達爾文火車站↘
1
2
A
B

■達爾文機場接駁巴士
☎(08)8980-3755（要預約）
URL bluetaxi.com.au
時每日0:00～3:00、11:00～19:00之間配合航班運行
費前往達爾文市中心單程：1人$10、4人$30

■達爾文轉運中心
MAP P.542/2A

■達爾文的計程車
●Blue Taxi Company
☎13-82-94
●Radio Taxis
☎13-10-08
費週一～五6:00～17:59 1km的起跳價$4.40，之後每1km收$1.54，等待時間每1分鐘$0.92；而週一～五18:00～翌日5:59及週六、日、節日的整天起跳價1km $5.50，之後每1km收$1.89，等待時間每1分鐘$0.92。電話預約免費，還有在機場搭乘要外加$3。

大汗號列車的總站就在East Arm

■大汗號列車接駁巴士
FREE 1800-703-357
URL journeybeyondrail.com.au
時週三8:00從達爾文市區的飯店出發（預約時告知下榻飯店）
費大汗號乘客免費

一出達爾文的郊區，行車速限居然是130km

15km處，不論是國際線、國內線都使用相同航廈，在入境大廳裡可以找到Hertz、AVIS、Budget、Thrifty、Europcar等租車公司的櫃台，還有外幣兌換處、觀光遊客中心等服務。

●機場巴士

前往市區是由達爾文的大型計程車公司Blue Taxi所經營的達爾文機場接駁巴士Airport Shuttle Service行駛小型巴士，深夜和白天時段都是配合航班運行，還能行駛到指定的市區地點。從市區要前往機場，只要事先預約就可以直接到下榻飯店來接人。

●計程車

到達爾文市中心約$30，只要3人以上同行，搭乘計程車就是最划算的交通方式。

轉運中心 ↔ 市區

長途巴士抵達達爾文的終點站在市中心米切爾街上Mitchell St. Tourist Precinct內的達爾文轉運中心Darwin Transit Centre。周圍也是旅館集中地，從廉價旅館到高級飯店都有。

達爾文車站 ↔ 市區

由超越之旅Journey Beyond負責營運、作為澳洲長途豪華列車代表大汗號總站的達爾文車站，座落在郊區East Arm的Berrimah Rd.，原則上都是搭乘配合大汗號列車行駛時間的轉乘巴士；由於接駁巴士會繞行達爾文市區的主要飯店，搭乘白金艙等或黃金艙等的乘客，必須在預約搭車時告知下榻的飯店名稱。如果搭乘計程車約$50（所需時間15分鐘）。

市區交通
LOCAL TRANSPORT

租車

達爾文的景點大多都位在郊區，因此租車前往最便捷。從機場前往市區途中的Stuart Hwy.兩旁聚集許多租車公司，還有部分租車公司是只要用電話預約，就能派車到下榻飯店接送。

市區巴士

達爾文巴士Darwinbus行駛路線涵蓋達爾文市區。車票在上車時購買，並在車內印上使用時間（由於不找零，務必要準備好零錢），接下來的3小時內可以自由搭乘每條路線的巴士。對要以巴士來觀光達爾文的遊客1日券Daily Ticket最方便，至於要長期待在達爾文的話，就購買可以加值的電子式票卡Tap &

Ride Card，還有10次乘車券的Multi Trip及7日券的Weekly也都是可以加值的票卡，在巴士總站、遊客中心（北端終點旅遊中心）或超市都可以購買。

市中心的巴士總站就在史密斯街Smith St.轉向Harry Chan Ave.的轉角處，這裡也是達爾文巴士遊客中心，可以拿到巴士路線圖與時刻表。

平日裡班次相當多的達爾文巴士

漫遊達爾文
OUTLINE OF DARWIN

市中心是步行可及的範圍

達爾文的市區如果將住宅區包含在內的話，面積相當寬廣，但是真正的市中心卻是僅有長1.5km、寬0.7km的四方範圍，非常迷你。而集城市精華之所在就是史密斯行人徒步大街Smith St. Mall，除了購物拱廊之外，銀行、外幣兌換、旅行社都集中在這裡。從史密斯行人徒步大街橫越Bennett St.之後就是北端終點遊客中心Tourism Top End，不只是達爾文的市內觀光資訊，還有卡卡度國家公園、利奇菲爾德國家公園，甚至到凱瑟琳，是收集北端終點的旅遊資訊的最佳地點。當然也提供旅遊行程建議、規劃及預約飯店等服務。

米切爾街與Knuckey St.轉角處的米切爾購物中心

可以獲得詳細北端終點旅遊資訊的北端終點遊客中心

從史密斯行人徒步大街沿Knuckey St.往海邊走一個街區的米切爾街Mitchell St.，以及再往海邊走一個街區的濱海大道The Esplanade一帶，就是觀光客為主的熱鬧區域；從背包客旅館到高級飯店櫛比鱗次，餐廳、酒吧、超級市場Coles、有美食街進駐的米切爾購物中心Mitchell Centre、設置轉運中心的Mitchell St. Tourist Precinct等，不論什麼時候都擠滿了觀光客。

集中在凡尼灣周邊的觀光景點

擁有如熱帶海灘般美麗景致的凡尼灣Fannie Bay，達爾文市區的重要觀光景點全都集中在凡尼灣旁的東角路East Point Rd.上，由於平日的達爾文巴士班次眾多，對觀光客來說交通上非常方便。

■達爾文巴士
電(08)8924-7666
URL nt.gov.au/driving/public-transport-cycling/
時幾乎所有路線在週一～五6:30～21:00每隔30分鐘行駛1班。不過要注意的是，在週六、日和節日的班次會變得非常稀少。
費3小時車票：大人$3 小孩$1／1日券：大人$7 小孩$2／Multi Trip（Tap & Ride Card）大人$20 小孩$7／Weekly（Tap & Ride Card）大人$20 小孩$7
●達爾文巴士中心
MAP P.542/2B

市中心的史密斯行人徒步大街

■北端終點遊客中心
Tourism Top End
MAP P.542/2B
住6 Bennett St.(G.P.O.Box 4392), 0801
電1300-138-886
URL www.tourismtopend.com.au
開週一～五9:00～16:30，週六、日、節日10:00～14:00

只要在清晨或傍晚時分來到東角，就可以見到眾多的野生袋鼠群

開滿著蓮花的佛格水壩保護區

前往充滿荒野魅力的景點

達爾文南部的百麗泉Berry Springs周邊、利奇菲爾德國家公園Litchfield NP，還有沿著阿納姆公路Arnhem Hwy.往卡卡度國家公園方向的佛格水壩保護區Fogg Dam Conservation Reserve等，在達爾文周邊也有許多充滿熱帶大自然風情的觀光景點，只要參加旅遊團或租車就能前往。

達爾文的主要景點
SIGHTSEEING SPOTS

鱷魚迷最愛的主題樂園 MAP P.542/2A

鱷魚灣主題公園
Crocosaurus Cove

鱷魚灣主題公司可是達爾文市中心最熱門的觀光景點，更以爬蟲類相關展覽之豐富而傲視全球，特別是達爾文最出名的河口鱷明星──全球罕見的白子鱷魚Snowy，

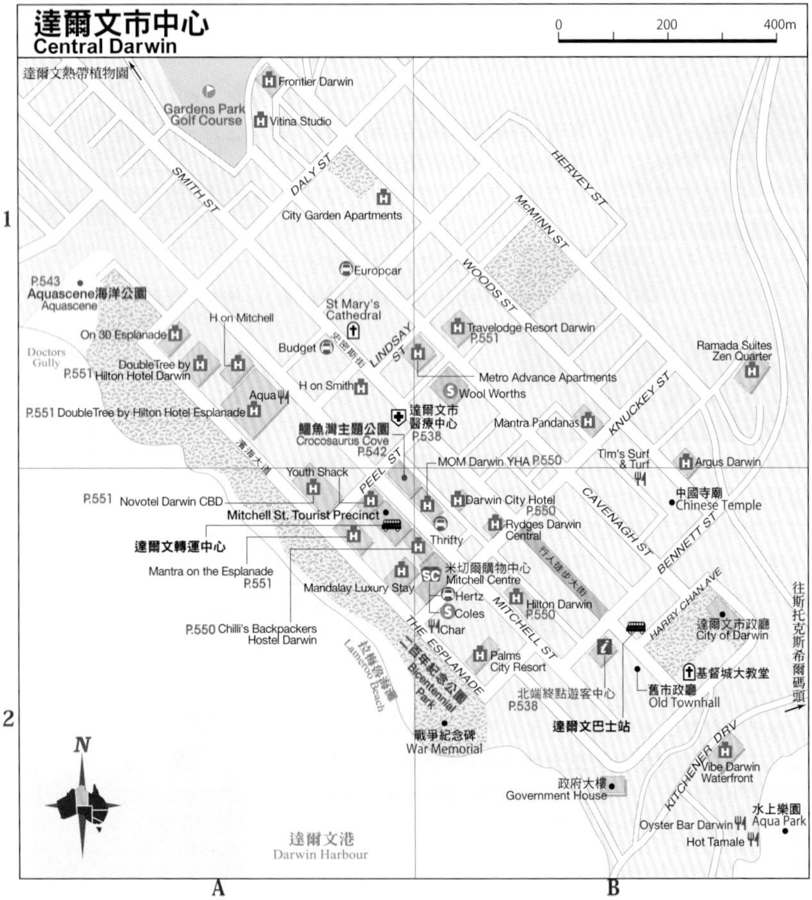

達爾文市中心
Central Darwin

0 200 400m

達爾文熱帶植物園
Frontier Darwin
Gardens Park Golf Course
Vitina Studio
SMITH ST
DALY ST
HERVEY ST
McMINN ST
City Garden Apartments
WOODS ST
Europcar
P.543 Aquascene海洋公園 Aquascene
St Mary's Cathedral
H on Mitchell
On 30 Esplanade
Travelodge Resort Darwin P.551
Doctors Gully
Budget
史密斯街
LINDSAY ST
Ramada Suites Zen Quarter
P.551 DoubleTree by Hilton Hotel Darwin
Metro Advance Apartments
H on Smith
Aqua
Wool Worths
KNUCKEY ST
P.551 DoubleTree by Hilton Hotel Esplanade
達爾文市醫療中心 P.538
Mantra Pandanas
濱海大道
鱷魚灣主題公園 Crocosaurus Cove P.542
PEEL ST
MOM Darwin YHA P.550
Tim's Surf & Turf
Argus Darwin
Youth Shack
P.551 Novotel Darwin CBD
Darwin City Hotel P.550
中國寺廟 Chinese Temple
CAVENAGH ST
Mitchell St. Tourist Precinct
Rydges Darwin Central
Thrifty
BENNETT ST
達爾文轉運中心
行人徒步大街
Mantra on the Esplanade P.551
米切爾購物中心 Mitchell Centre
Mandalay Luxury Stay
Hertz
Coles
Hilton Darwin P.550
MITCHELL ST
HARRY CHAN AVE
P.550 Chilli's Backpackers Hostel Darwin
Char
達爾文市政廳 City of Darwin
THE ESPLANADE
往斯托克斯希爾碼頭
拉梅魯海灘 Lameroo Beach
一百年紀念公園 Bicentennial Park
Palms City Resort
基督城大教堂
北端終點遊客中心 P.538
舊市政廳 Old Townhall
達爾文巴士站
戰爭紀念碑 War Memorial
KITCHENER DRV
Vibe Darwin Waterfront
政府大樓 Government House
水上樂園 Aqua Park
Oyster Bar Darwin
Hot Tamale
達爾文港 Darwin Harbour
N
1
2
A
B

驚恐度百分百的死亡體驗箱

絕不能錯過的鱷魚餵食秀

以及體長6m、推估年齡已經80歲的Chopper實力都很堅強；在這個飼養著河口鱷的巨大水槽裡，園方還準備了驚險刺激的「死亡體驗箱The Cage of Death Experience」，遊客能進入八角形的壓克力強化玻璃箱裡與鱷魚面對面體驗。此外也可以觀賞由工作人員主持的河口鱷餵食秀（11:30、14:30），更能親身體驗像釣魚一般的鱷魚餵食VIP Tour、抱著小鱷魚合拍紀念照等活動。除了鱷魚之外，園區還飼養著澳洲鱷魚、種類眾多淡水魚的淡水魚缸，以及展示多種蛇與蜥蜴的爬蟲類之屋等設施。

■鱷魚灣主題公園
住58 Mitchell St. (Cnr. Peel St.), 0800
☎(08)8981-7522
URL www.crocosauruscove.com
開每日9:00～18:00／死亡體驗箱：9:30～17:00舉行11次。
休耶誕節
費大人$38 小孩$23 家庭$116／／死亡體驗箱（要預約）：1人$180、2人$275／VIP Tour：大人$89 小孩$45

和小鱷魚一起拍紀念照也很有趣

體驗撒飼料餵魚的樂趣 MAP P.542/1A

Aquascene海洋公園
Aquascene

在1950年代後半，達爾文的居民開始拿食物餵食經常出現在Doctors Gully的烏魚，之後吸引愈來愈多的魚群聚集來爭相搶食，就形成如今大家看到的Aquascene海洋公園，也成為達爾文的一大活動。這裡除了烏魚之外，還有體型超過80cm的虱目魚、鯰魚、澳洲尖吻鱸等數百尾魚，都為了遊客手中的麵包蜂擁而至，尤其是虱目魚的數量之多讓人嘆為觀止。

■Aquascene海洋公園
住28 Doctors Gully Rd., 0800
☎(08)8981-7837
URL www.aquascene.com.au
開每日2小時左右，配合海水漲潮餵食時間變化很大，可以上網站確定時間
休耶誕節
費大人$15 小孩$10 家庭$43

一開始都會被魚群數量之多而嚇到

COLUMN

搭遊艇欣賞熱帶夕陽

達爾文熱門的日落遊艇之旅

達爾文港一整天有各種觀光船行程，其中也有夢幻的日落遊艇之旅，很值得一試，有多家旅行社推出類似主題的行程。

Darwin Harbour Cruises

約2小時30分的行程，一邊欣賞夕陽，一邊度過優雅船上時光的Charles Darwin Sunset Cruises（飲料&餐點在船上購買）；也有含海鮮盤的Gaze and Graze Sunset Cruises。
URL www.darwinharbourcruises.com.au/cruises/
☎(08)8942-3131
時每日18:00～20:30
費Charles Darwin Sunset Cruises大人$110 小孩$72／Gaze and Graze Sunset Cruises 2人$200

Cape Adieu Harbour Cruises

使用大型雙體遊艇的日落遊艇之旅，即使是普通行程也提供起司盤的服務，而加價就能升級草蝦拼盤或晚餐（生蠔和蝦的拼盤前菜＋烤魚或牛排＋水果拼盤）。
URL www.capeadieu.com.au
☎0439-893-939
時每日17:30～20:00
費Sunset Cruises 1人$65／含草蝦拼盤1人$85／含晚餐1人 $135

鄰近市中心的人氣海灘 MAP P.539/2A

明迪海灘
Mindil Beach

氣氛悠閒的明迪海灘

有不少人來這裡欣賞夕陽

面對著凡尼灣Fannie Bay一帶是綿延無際的美麗海灘，最南端就是明迪海灘Mindil Beach，不但人氣度假飯店的Mindil Beach Casino Resort就在旁邊，也因為距離市中心並不遠，每到週末假日總是擠滿來度假的人潮；而在海灘前的公園Mindil Beach Reserve，有提供廁所和淋浴設備讓戲水的人群使用。

另外在乾季時，每週四和週日都會在公園裡舉辦明迪海灘黃昏市場Mindil Beach Sunset Markets，不但有販賣服裝、民俗工藝、首飾等超過300家攤販，更有60多家澳洲、亞洲、義大利、希臘、中東等各種料理風格的小吃攤，黃昏市場的規模相當大。而且在公園的正中央還會不定時有露天樂團的演奏、街頭藝人等各式各樣的演出，不僅是在地人休假的好去處，也是吸引觀光客的一大焦點。

■明迪海灘

●如何前往

搭乘達爾文巴士Route 4、6、14、15（僅限黃昏市場舉辦時），在Skycity Darwin前下車。從市中心搭計程車約$10（約3km）

■明迪海灘黃昏市場

☎(08)8981-3454

URL mindil.com.au

營4月最後的週四～10月最後的週四期間的週四、日16:00～21:00

乾季對達爾文的年輕人來說，還有一週2次的明迪海灘黃昏市場可以帶來歡樂

品味北領地的大自然 MAP P.539/2A

達爾文熱帶植物園
Darwin Botanic Gardens

達爾文熱帶植物園座落在明迪海灘的附近，植物園內擁有超過400種的椰子樹，還有從世界各地蒐羅而來種類繁多的熱帶植物，濃密綠意讓植物園生意盎然。此外，在達爾文帶熱帶植物園與花園路Gardens Rd.之間的花園墓地Gardens Cemetery，入口處附近有當年來到達爾文工作的日本勞工之墓。

■達爾文熱帶植物園

●如何前往

搭乘達爾文巴士Route 4、6，在Gilruth Ave.與花園路交叉路口附近下車。

優美椰林處處的
達爾文熱帶植物園

來這裡獲取達爾文近郊知識 MAP P.539/2A

達爾文博物館&藝術館
MAGNT Darwin (Museum & Art Gallery of the NT)

面對凡尼灣的博物館，包含原住民藝術品、澳洲近海的海洋生物、達爾文近郊的動植物都以立體模型來展示，也有恐龍骨頭化石，以及1974年颶風（特雷西）相關的圖片展覽，甚至連5m長的巨型鱷魚（取名為甜心Sweetheart）標本都有，展覽內容非常精采。

■達爾文博物館&藝術館

往19 Conacher St., The Gardens, 0800

☎(08)8999-8264

URL www.magnt.net.au/magnt

開每日10:00～16:00

休新年、耶穌受難日、耶誕節、節禮日

費免費

●如何前往

搭乘達爾文巴士Route 6到達入口，也可以搭乘Route 4，在Conacher St.與Gilruth Ave.轉角處下車。從市區出發約10分鐘。

達爾文市民最愛的休憩地點 MAP P.539/1A

東角保護區
East Point Reserve

位在凡尼灣以北的東角保護區，是一處面積超過200公頃的大型公園，每當週末假日就會吸引許多家庭來野餐而熱鬧不已，這裡同時也是欣賞黃昏落日的知名地點，尤其是在靠近北端的Dudley Point所見到的夕陽美景，更號稱是達爾文最美的。而且在清晨和傍晚時分，還能不時看到野生袋鼠在公園裡自由自在地四處跳躍。

遙想二次世界大戰達爾文的模樣 MAP P.539/1A

達爾文防禦體驗
Defence of Darwin Experience

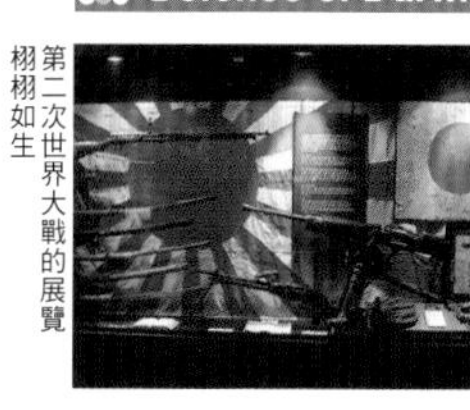
第二次世界大戰的展覽栩栩如生

來到東角保護區就不能不到這裡參觀，地點鄰近著北端位置。達爾文在第二次世界大戰初期的1942年，曾經遭受日軍多達64次的飛機轟炸，造成243人死亡，這座戰爭博物館以各種當年轟炸後保留下來的物品、照片、報紙、影片來重現當年的壯烈歷史，造訪這裡的遊客應該能重新體認到和平的重要性。而在館外展示的飛機、大砲，也依稀可見當年戰爭的殘酷。

展示著B52轟炸機 MAP P.539/1B

達爾文戰機博物館
Darwins Aviation Museum

展示著超大的B52轟炸機

位在達爾文機場腹地外圍、Stuart Hwy.的路上，整個博物館看起來就是一座巨大的機庫。進入內部首先映入眼簾的，就是除了美國全世界只有這裡才有的全長近50m的2架波音B52轟炸機實機展示。其他還有B25、Spitfire戰機、零式戰鬥機（當年空襲轟炸達爾文時被擊落）等當年在戰爭中的知名戰機，從幻象戰機Dassault Mirage、軍刀戰鬥機CAC Sabrejet Fighter（F-86），到民航機de Havilland Dove共13架飛機展示在博物館內；此外像是飛機引擎、導航儀器等機械也都能一目了然。

在達爾文市區就能看到跳躍鱷魚 MAP P.539/1B

鱷魚公園
Crocodylus Park

千萬別錯過跳躍鱷魚

飼養著大小超過200隻鱷魚的動物園。在名為Bellairs Lagoon的大型養殖池裡以模擬自然的環境放養著河口鱷，另外也根據年齡、性別劃分出許多大小不同的水池來飼養鱷魚；Bellairs Lagoon每天11:00、13:00有小船巡航，可以觀賞跳躍鱷魚Jumping Crocodile（鱷魚餵食秀）。除了鱷魚之外，公園裡還飼養著袋鼠、沙袋鼠、食火雞等澳洲特有的動物，以及獅子、猴子等來自各地的動物。

夕陽美景出名的東角保護區

■東角保護區
●如何前往
沒有車相當不方便。可以搭乘達爾文巴士Route 4、6在凡尼灣下車，之後步行約10分鐘抵達入口，前往觀賞夕陽景點的Dudley Point則需要步行約30分鐘。

■達爾文防禦體驗
住5434 Alec Fong Lim Drv., East Point 0820
☎(08)8981-9702
URL www.magnt.net.au/defence-of-darwin-experience
開週一～六9:30～16:00，週日10:00～15:00
休新年、耶穌受難日、耶誕節、節禮日
費大人$20 小孩$10 家庭$45
●如何前往
從東角保護區入口步行約30分鐘，建議還是租車前往。

■達爾文戰機博物館
住557 Stuart Hwy., Winnellie 0820 ☎(08)8947-2145
URL www.darwinaviationmuseum.com.au
開每日9:00～17:00
休新年、耶穌受難日、耶誕節、節禮日
費大人$16 小孩$8 家庭$36
●如何前往
搭乘達爾文巴士Route 5、8，從市中心出發約20分鐘。

■鱷魚公園
住815 McMillans Rd., Berrimah 0828 ☎(08)8922-4500
URL www.crocodyluspark.com.au 開每日9:00～15:00
休耶誕節
費大人$40 小孩$20 家庭$105／跳躍鱷魚小船巡航大人$15 小孩$9
●如何前往
搭乘達爾文巴士Route 5前往。

達爾文近郊城鎮
AROUND DARWIN

百麗泉自然公園
Berry Springs Nature Park

百麗泉位在達爾文以南60km，是熱帶雨林之間的美麗泉水，這一帶整片區域都被納入自然公園裡，漫遊步道也規劃得相當完善，泉水在乾季時候還能游泳。在自然公園入口處的遊客中心，可以提供相關地圖讓遊客能以散步方式欣賞公園裡的美景；遊客中心內還設有專區展示及介紹百麗泉自然公園裡的植物種類，以及棲息在森林裡的動物生態。

北領地最有名的動物園 MAP P.546/2A

北領地野生動物園
Territory Wildlife Park

緊鄰著百麗泉Berry Springs，是座面積寬廣達400公頃的大型動物園，園內以模仿自然的環境來飼養北領地特有的野生動物。由於占地實在太過遼闊，因此分為多個主題區，再以接駁車作為連結交通，讓遊客可以在園內盡情觀賞動物的自然生態。在模擬黑夜環境的夜行館

交通

●百麗泉自然公園
一般都是租車前往，從達爾文市中心出發需要約40分鐘。

■百麗泉自然公園遊客中心
Berry Springs Nature Park Visitor Centre
☎(08)8988-6310
URL nt.gov.au/find-a-park/berry-springs-nature-park
開每日8:00～18:30／商店：4～10月每日11:00～17:30

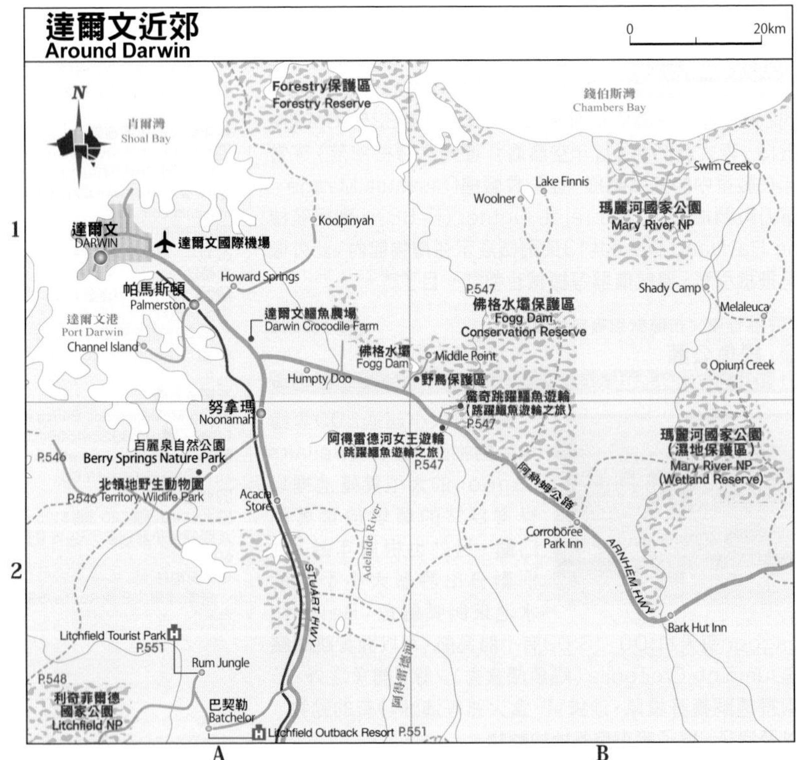

Nocturnal House裡，不但能看到難得一見的鱷魚夜間行為，還有豬鼻龜、澳洲尖吻鱸等動物。不僅如此，這裡還準備了精采的鳥禽秀、爬蟲類解說、蝙蝠解說等各種活動，別忘了在入園時記下這些活動的時間與地點。

佛格水壩保護區
Fogg Dam Conservation Reserve

從達爾文沿著Stuart Hwy.一路往南，轉往阿納姆公路Arnhem Hwy.約25km處就會發現左邊出現通往佛格水壩保護區的道路標誌；離開阿納姆公路約6km之後，眼前豁然開朗的是一整片遼闊的濕地。在阿得雷德河下游流域形成的世界級珍貴大型濕地區，豐富的食物吸引無數水鳥棲息於此，成為眾多野鳥觀察家嚮往的天堂。而且為了讓遊客能盡情欣賞濕地的生態，特別設置4條可以在1小時內走完的木棧道，有機會一定要來一遊。乾季時還有在清晨7:30出發，由解說員帶領約1小時的濕地導覽之旅可以參加。

達爾文最出名的鱷魚餵食遊輪之旅 MAP P.546/2B

跳躍鱷魚遊輪之旅
Jumping Crocodile Cruises

為了食物而躍出河面的鱷魚

來到達爾文絕對不能錯過的就是跳躍鱷魚遊輪之旅，在佛格水壩保護區附近的阿得雷德河Adelaide River周邊就有好幾家旅行社推出相關行程（距離達爾文約65km）；其中在阿納姆公路旁碼頭出發的是阿得雷德河女王遊輪Adelaide River Queen，而從達爾文方向出發，沿著阿得雷德河女王碼頭前的道路往下走的是驚奇跳躍鱷魚遊輪Spectacular Jumping Crocodile Cruise。目前在北端終點地區棲息大約6萬隻的野生鱷魚，其中一部分是會襲擊人類的河口鱷，在阿得雷德河估計約有1600隻河口鱷棲息其中。

出發沒多久，就可以發現鱷魚往遊輪陸續靠近，特別是從遊輪上層垂下掛著肉塊的繩索時，鱷魚們便迫不及待擠在下方，此時只要抓準時機將肉塊往上拉，就能看到鱷魚跳躍出水；能親眼目睹河口鱷跳躍的矯健模樣，是很特別的體驗。除了鱷魚之外，也會讓遊客餵食靠近船隻的黑鳶，幸運的話還能看到海鵰（澳洲白腹海鵰）、Jabiru黑頸鸛（澳洲的代表性鸛鳥）的身影。

■北領地野生動物園
住Cox Peninsula Rd., Berry Springs, 0838
☎(08)8988-7200
URL territorywildlifepark.com.au
開每日9:00開園／10～3月15:00關園、4～9月16:00關園
休耶誕節
費大人$37 小孩$18.50 家庭$85
●如何前往
一般都是租車前往。

交通

●佛格水壩保護區
一般都是租車前往，從達爾文市中心出發需要約1小時。

■跳躍鱷魚遊輪之旅
●阿得雷德河女王遊輪
☎(08)8988-8144
URL www.jumpingcrocodilecruises.com.au
時大型船隻：每日9:00、11:00／小型船隻：每日9:00、10:00、11:00、15:00（所需時間1小時）
※行程依照季節會有變動
費大型船隻：大人$60 小孩$35／小型船隻：1人$60（含達爾文接送1人$114）
●驚奇跳躍鱷魚遊輪
☎(08)8978-9077
URL jumpingcrocodile.com.au
時每日11:00、13:00出發（所需時間1～1.5小時）
休12/24～1/1
費大人$45 小孩$30 家庭$125

阿得雷德河女王碼頭前的可愛裝飾品

餵食黑鳶也很具震撼力

利奇菲爾德國家公園

Litchfield NP

從達爾文往南行115km就是自然樂園的利奇菲爾德國家公園，雖然它的名氣不如卡卡度國家公園Kakadu NP響亮，但是這裡有著變化多端的自然景觀，棲息著數量眾多的動物與鳥類，就自然之美與豐富性是絕對不會輸給卡卡度國家公園。加上鄰近達爾文，對旅遊天數有限又想飽覽北端終點自然景觀的人，利奇菲爾德國家公園是很棒的選擇。時間充足可以住上幾天好好遊覽的話，建議可以下榻在距離利奇菲爾德國家公園約20km處的巴契勒Batchelor。

利奇菲爾德最棒的景觀

汪吉瀑布

Wangi Falls

利奇菲爾德國家公園內擁有多座壯觀的天然瀑布，其中以汪吉瀑布的水潭最大，像個大游泳池可以自由自在地游泳戲水，停車場旁還設有簡單的遊客中心。而在達爾文市民心目中與汪吉瀑布同樣擁有高人氣的就是佛羅倫斯瀑布Florence Falls，由停車場沿著階梯一路往下，在熱帶雨林裡步行約10分鐘，眼前就會出現被森林包圍的美麗瀑布水潭，這裡同樣很適合戲水游泳。至於擁有健行步道、能看到古代蘇鐵樹、熱帶植物的托爾莫瀑布Tolmar Falls，也很值得一訪。

可在水潭游泳的汪吉瀑布

磁性白蟻做成的巨大物體

磁性白蟻丘

就在利奇菲爾德國家公園入口處附近有無數黑色飽滿的巨大磁性白蟻丘，這些蟻丘全都朝著南北向地矗立在原野上；據說是因為在熱帶區域，磁性白蟻為了控制太陽光所產生的熱能，才形成這樣奇妙的形狀，是在其他地區所看不到的珍貴蟻丘。而在參觀巨大磁性白蟻丘地點的入口處，也看得到由普通白蟻所製造超過5m高的大教堂白蟻丘Cathedral Termite Mounds。

宛如外星球空間

失落的城市

Lost City

位於利奇菲爾德國家公園最深處的奇景。從一般車輛可行的公園道路，深入到四輪傳動車才能通行的崎嶇道路約10km，出現在眼前的是無數堆疊成塔狀的砂岩奇景；在極度的寂靜世界裡醞釀出非常特殊的氣氛。

交通

●利奇菲爾德國家公園

一般都是參加從達爾文出發的旅遊團前往，而且大多都是以2～3天的時間將利奇菲爾德國家公園與卡卡度國家公園、尼特米魯克國家公園（凱瑟琳峽谷）結合而成的旅遊行程。如果是租車前往，從達爾文出發約2小時車程，若只想參觀汪吉瀑布、巨大白蟻丘的話，普通車輛就足以應付路況；如果還想將參觀路線延伸到失落的城市，就需要四輪傳動車才能到達。

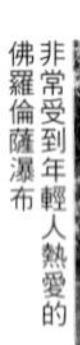

非常受到年輕人熱愛的佛羅倫薩瀑布

■棲息在利奇菲爾德的動物

雖然很多都是夜行性動物，在白天見到的機會並不多（野營的話就有機會能靠近），但是在利奇菲爾德國家公園裡棲息著如北領地袋鼬、棕色袋狸、帚尾袋貂等小型動物，也有像是彩虹吸蜜鸚鵡、北澳玫瑰鸚鵡等鸚鵡類，以及褶傘蜥、澳洲巨蜥、淡水鱷魚（澳洲鱷魚）等爬蟲類，動物種類非常多。

珍貴的巨大磁性白蟻丘

失落的城市不可思議的奇景

達爾文的旅遊&活動
TOURS & ACTIVITIES IN DARWIN AREA

許多旅行社都有推出達爾文近郊及卡卡度國家公園的旅遊團，尤其是幾日遊的行程很多，而達爾文出發的1日遊則以AAT Kings種類豐富。

最適合沒有時間的人

達爾文出發的推薦1日遊
Day Tours from Darwin

介紹幾種AAT Kings推出的人氣旅遊行程。

●跳躍鱷魚&自然探險之旅
Jumping Crocs & Nature Adventure

推薦給即使時間很趕，也要去看鱷魚跳躍遊客的行程。遊輪之旅結束後還會去佛格水壩保護區，欣賞這一帶的濕地景觀。

●達爾文市區觀光&跳躍鱷魚之旅
Darwin City Sights & Jumping Crocs

上午周遊達爾文市區景點，參觀達爾文博物館&藝術館、達爾文戰機博物館、熱帶植物園等景點；下午跟前面的跳躍鱷魚&自然探險之旅會合。

●利奇菲爾德國家公園瀑布之旅
itchfield National Park Waterfalls

可以充分享受在利奇菲爾德國家公園的佛羅倫斯瀑布、托爾莫瀑布、汪吉瀑布游泳的樂趣，當然也會去巨大白蟻丘參觀。

利奇菲爾德國家公園巨大的大教堂白蟻丘

●凱瑟琳峽谷航行&艾迪絲瀑布之旅
Katherine Gorge Cruise & Edith Falls

推薦給沒有時間周遊北端終點，卻又想去凱瑟琳峽谷遊客的行程。去程先造訪阿得雷德河的城鎮再前往凱瑟琳峽谷，在峽谷進行2小時的觀光船航行之旅後，再去參觀艾迪絲瀑布，最後返回達爾文的路線。

內容十分豐富

卡卡度國家公園之旅
Kakadu NP Tours

●AAT Kings

1日遊包含諾蘭基岩欣賞原住民壁畫、享受黃水潭航行之旅、Warradjan原住民文化中心與原住民文化相關的景點。第2天除了1日遊所造訪的地點之外，還去參觀烏比爾X線畫法的岩石壁畫、由原住民嚮導帶領到東鱷河進行文化巡航之旅。

■AAT Kings
☎1300-228-546
URL www.aatkings.com
●跳躍鱷魚&自然探險之旅
時 每日13:30～18:30
費 大人$125 小孩$65
●達爾文市區觀光&跳躍鱷魚之旅
時 每日13:30～18:30
費 大人$75 小孩$35
●利奇菲爾德國家公園瀑布之旅
時 4～11月每日&12～3月週二、四、五、日7:00～18:00
費 大人$195 小孩$100
●凱瑟琳峽谷航行&艾迪絲瀑布之旅
時 週一、三、六6:30～20:30
費 大人$309 小孩$155
●卡卡度國家公園1日遊
時 4～11月每日&12～3月週二、三、五、六、日：6:30～19:30
費 大人$359 小孩$180
※含國家公園門票
●卡卡度&東鱷河2日遊
時 5～11月每日&12～4月週一、四6:30～翌日19:30
費 大人$989～1219 小孩$600
※含國家公園門票
●卡卡度&凱瑟琳3日遊
時 5～10月週二、六7:25～後天18:00
費 大人$1349～1679 小孩$825
※含國家公園門票

前往卡卡度國家公園途中所能看到的巨大白蟻丘

■Adventure Tours Australia／卡卡度國家公園之旅
📞(07)5401-5555
URL www.adventuretours.com.au
●卡卡度＆凱瑟琳、利奇菲爾德探險4日遊
時4～10月週二、六出發
費1人$1675

第3天的行程為卡卡度國家公園＋凱瑟琳峽谷，享受凱瑟琳峽谷1.5小時的航行之旅，還能在艾迪絲瀑布游泳。

●Adventure Tours Australia

針對背包客的人氣之旅，第4天遊覽利奇菲爾德國家公園、尼特米魯克國家公園，並前往瑪莉河國家公園包船觀賞鱷魚；還有拜訪馬古克瀑布等地。

■達爾文空襲歷史之旅
📞1300-065-022
URL www.bombingofdarwin.com.au
時4～9月週二、三、五、六、日＆10～3月週三、六8:30～12:30
費大人$129 小孩$99

回顧日澳兩國的歷史

達爾文空襲歷史之旅
Bombing of Darwin World War II Heritage Tour

第二次世界大戰時，達爾文在2年間遭受過日軍的空襲攻擊（首次空襲是2月19日，因此每年達爾文都會舉辦空襲追悼紀念儀式），這趟歷史之旅就是帶領遊客造訪空襲遺跡、博物館等地，希望能夠忠實地傳達歷史，不要再有戰爭發生的和平祈願之旅。

達爾文的住宿 ACCOMMODATION

區域號碼(08)

達爾文市區

經濟型

地點、設備絕佳 MAP P.542/2B

MOM Darwin YHA

URL www.momdarwin.net.au
住7-52 Mitchell St., 0800 📞8989-2979
WiFi 免費 費D$30～34、TW$100～135
CC ADJMV

新穎而舒適的青年旅館

除了套房外，團體房也提供淋浴、廁所、空調的完善設備。2座游泳池、SPA、有大型螢幕的酒吧、網咖、旅遊諮詢櫃台等服務也是應有盡有，轉運中心就在前面。

位於轉運中心隔壁 MAP P.542/2B

Chilli's Backpackers Hostel Darwin

URL www.chillis.com.au 住69A Mitchell St., 0800
📞8941-9722 FREE 1800-351-313 WiFi 免費
費D$25～34、TW$70～97
CC MV
※目前停業中

市中心的老牌青年旅館

位在米切爾購物中心與轉運中心之間的人氣青年旅館，每間客房都提供空調設備並含簡單的早餐，也有游泳池、旅遊諮詢櫃台。

星級飯店

位於便利地點的一流飯店 MAP P.542/2B

Darwin City Hotel

URL www.darwincityhotel.com
住59 Smith St., 0800 📞7981-5125
WiFi 免費 費TW$155～405、1B$290～524、2B$493～883 CC AMV

雖然位於達爾文的中心區，卻以平價而舒適的居住空間頗受好評。游泳池、洗衣房、商務中心都很完備，住宿期間還可以免費使用合作的健身房。1樓的City Café還供應拉麵等亞洲料理可以品嚐。

達爾文市中心最好的 MAP P.542/2B

Hilton Darwin

URL www.hilton.com
住32 Mitchell St., 0800
📞8982-0000 FAX 8981-1765
WiFi 免費 費TW$188～817 CC ADJMV

是位在市中心的達爾文代表性飯店，擁有酒吧、餐廳等完善設施，而游泳池、健身中心、旅遊諮詢櫃台、禮品店等各種服務也一應俱全。

從台灣撥打電話至達爾文
002＋61（國碼）＋8（去除0的區域號碼）＋電話號碼

環繞在優雅的氣氛裡 MAP P.542/1A
DoubleTree by Hilton Hotel Esplanade

URL www.hilton.com
住 116 The Esplanade, 0800
☎ 8980-0800
WiFi 付費（Hilton會員免費）
費 T W $184～523　CC ADJMV

位於濱海大道與米切爾街之間的大型飯店。附有按摩設備的游泳池及健身房，以及人氣餐廳Aqua等豐富設施。

收費合理的高級飯店 MAP P.542/1A
DoubleTree by Hilton Hotel Darwin

URL www.hilton.com
住 122 The Esplanade, 0801
☎ 8943-3600
WiFi 付費（Hilton會員免費）
費 T W $184～494　CC ADJMV

地理位置絕佳，一眼望出去就是美麗的海景，飯店內極為雅致，而客房也非常舒適。

在濱海大道上的人氣飯店

面海的絕佳飯店 MAP P.542/2A
Mantra on the Esplanade Darwin

URL www.mantraontheesplanade.com.au
住 88 The Esplanade, 0800
☎ 8943-4333
FAX 8943-4388　WiFi 免費
費 T W $195～273、1B $245～404、2B $495～704　CC ADJMV

位在轉運中心旁，是達爾文具代表性的公寓式飯店，另外如餐廳、酒吧、游泳池、SPA等設備非常齊全。

地點絕佳的飯店

位於市區裡的純白飯店 MAP P.542/2A
Novotel Darwin CBD

URL all.accor.com　住 100 The Esplanade, 0800
☎ 8963-5000　FAX 7906-2211　WiFi 免費
費 T W $155～449、1B $245～509、2B $255～599　CC ADJMV

擁有挑高的飯店大廳與環繞著的熱帶樹木，客房感覺不但明亮而且舒適清爽。

充滿度假風情 MAP P.542/1B
Travelodge Resort Darwin

URL www.travelodge.com.au
住 64 Cavenagh St., 0800
☎ 8946-0111
WiFi 免費
費 T W $128～599、1B $176～659
CC ADJMV

靠近達爾文市中心，卻能享受度假氛圍。設有2座游泳池、SPA、健身房、迷你高爾夫球場、餐廳、酒吧等，服務非常多樣。

達爾文最好的度假飯店 MAP P.539/2A
Mindil Beach Casino & Resort

URL www.mindilbeachcasinoresort.com.au
住 Gllruth Ave., Mindil Beach, 0801
☎ 8943-8888　WiFi 免費
費 T W $299～799
CC ADJMV

面對明迪海灘而建且附設有賭場的5星度假飯店，客房極為時尚而寬敞，至於游泳池、Day Spa、餐廳、酒吧等服務更是完美得無懈可擊。

寬敞而舒適的客房

充滿度假氣氛的泳池區

利奇菲爾德國家公園

利奇菲爾德觀光超方便 MAP P.546/2A
Litchfield Tourist Park

URL litchfieldtouristpark.com.au
住 705 Litchfield Park Rd., Finniss Valley, 0822
☎ 8976-0070　WiFi 無
費 T W $100～174、2B $268、露營區$42　CC MV

座落在利奇菲爾德國家公園入口處的Rum Jungle，針對沒有帶帳篷的遊客，也提供小木屋住宿。

巴契勒的人氣飯店 MAP P.546/2A
Litchfield Outback Resort

URL litchfieldoutbackresort.com.au
住 49 Rum Jungle Rd., Batchelor 0845
☎ 8976-0123　WiFi 免費
費 T W $185～270、露營區$30　CC MV

穿過巴契勒村中心區就能到達，且附設露營場，汽車旅館形式客房提供淋浴、廁所、冰箱、空調、電視等設備。

西澳州

擁有無數特殊自然資產的觀光寶庫

尖峰石陣的奇景絕不容錯過

觀光重點

POINT 1 享受從柏斯出發的1日短程旅遊的樂趣，像是擁有美麗海岸而且是短尾矮袋鼠Quokka棲息地的羅特尼斯島、西澳最具代表性的奇景尖峰石陣、不可思議的巨石波浪岩、酒莊遍布的天鵝谷等景點都非常受到遊客的喜愛。尤其是初春時節，柏斯郊外淹沒在一片盛開的鮮豔花海裡，在這個季節參加尖峰石陣、波浪岩之旅，就有機會見識到壯觀的原野花田。

波浪岩

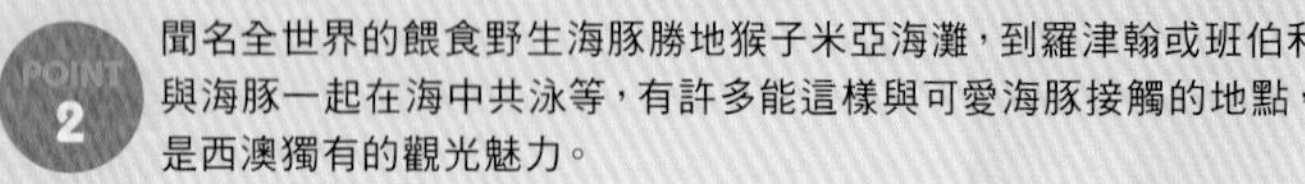

POINT 2 聞名全世界的餵食野生海豚勝地猴子米亞海灘，到羅津翰或班伯利與海豚一起在海中共泳等，有許多能這樣與可愛海豚接觸的地點，是西澳獨有的觀光魅力。

POINT 3 全世界知名葡萄酒產地的瑪格麗特河，在這個地區擁有南半球最長的碼頭巴塞頓碼頭防波堤、美麗海景旁的國家公園與鐘乳石洞，還有位處內陸的卡里巨木森林區等眾多觀光景點。從柏斯出發可以參加當天來回的旅遊行程，不過這裡的住宿設備也相當完善，不妨停留1～3個晚上來好好品味西澳南部非凡的精彩自然景觀。

基本資訊

面積	264萬5615km^2	州動物	袋食蟻獸（Numbat）
人口	約276萬人	州花	紅綠袋鼠爪花
首府	柏斯（人口約211萬人）	電話	區域號碼08
時差	澳洲西部標準時間（和台灣時間相同） 唯一例外的是與南澳州銜接的邊境地區，採取南澳州與西澳州的折中時間。		

主要節日（2024年）

2024年

1月 1日	新年New Year's Day
1月 26日	澳洲國慶日Australia Day
3月 4日	勞動節 Labour Day
3月 29日	耶穌受難日Good Friday
3月 30日	復活節星期六 Easter Saturday
3月 31日	復活節星期日 Easter Sunday
4月 1日	復活節星期一 Easter Monday
4月 25日	澳紐軍團紀念日 Anzac Day
6月 3日	西澳日 Western Australia Day
6月 10日	女王誕辰日 Queen's Birthday
12月 25日	耶誕節 Christmas Day
12月 26日	節禮日 Boxing Day

學校假期（2024年）

4/13～4/28、7/6～7/21、9/28～10/13、12/18～2025年2/2

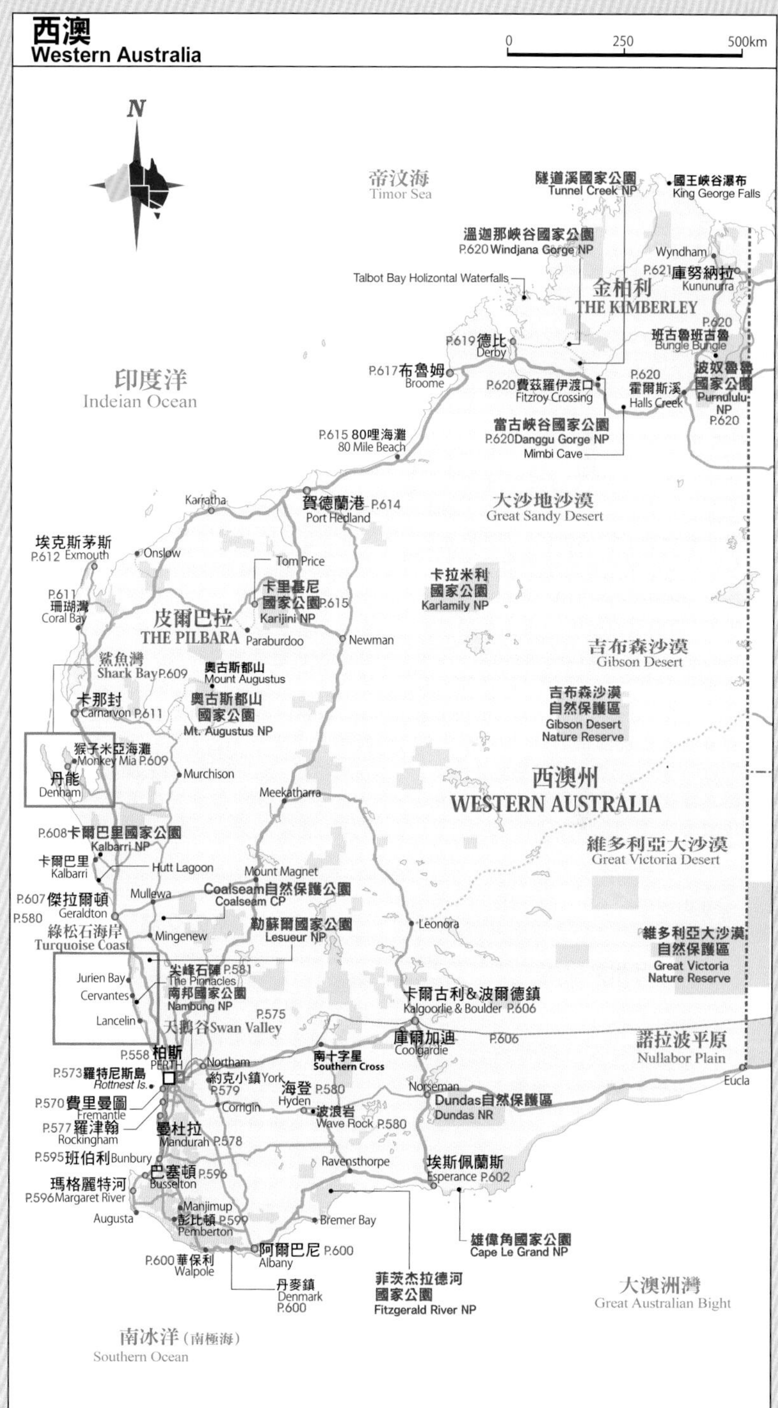

西澳
Western Australia
0
250
500km
N
帝汶海
Timor Sea
隧道溪國家公園
Tunnel Creek NP
國王峽谷瀑布
King George Falls
溫迦那峽谷國家公園
P.620 Windjana Gorge NP
Wyndham
Talbot Bay Holizontal Waterfalls
P.621 庫努納拉
Kununurra
金柏利
THE KIMBERLEY
P.620
班古魯班古魯
Bungle Bungle
P.619 德比
Derby
P.617 布魯姆
Broome
印度洋
Indeian Ocean
P.620 費茲羅伊渡口
Fitzroy Crossing
P.620
霍爾斯溪
Halls Creek
波奴魯魯國家公園
Purnululu NP
P.620
富古峽谷國家公園
P.620 Danggu Gorge NP
Mimbi Cave
P.615 80哩海灘
80 Mile Beach
Karratha
賀德蘭港 P.614
Port Hedland
大沙地沙漠
Great Sandy Desert
埃克斯茅斯
P.612 Exmouth
Onslow
Tom Price
卡里基尼國家公園 P.615
Karijini NP
卡拉米利國家公園
Karlamily NP
P.611
珊瑚灣
Coral Bay
皮爾巴拉
THE PILBARA
Paraburdoo
Newman
吉布森沙漠
Gibson Desert
鯊魚灣
Shark Bay P.609
奧古斯都山
Mount Augustus
卡那封
Carnarvon P.611
奧古斯都山國家公園
Mt. Augustus NP
吉布森沙漠自然保護區
Gibson Desert Nature Reserve
猴子米亞海灘
Monkey Mia P.609
丹能
Denham
Murchison
西澳州
WESTERN AUSTRALIA
Meekatharra
P.608 卡爾巴里國家公園
Kalbarri NP
維多利亞大沙漠
Great Victoria Desert
卡爾巴里
Kalbarri
Hutt Lagoon
Mount Magnet
P.607 傑拉爾頓
Geraldton
P.580
Mullewa
Coalseam自然保護公園
Coalseam CP
勒蘇爾國家公園
Lesueur NP
Leonora
綠松石海岸
Turquoise Coast
Mingenew
維多利亞大沙漠自然保護區
Great Victoria Nature Reserve
Jurien Bay
Cervantes
尖峰石陣 P.581
The Pinnacles
南邦國家公園
Nambung NP
卡爾古利&波爾德鎮
Kalgoorlie & Boulder P.606
Lancelin
P.575
天鵝谷 Swan Valley
庫爾加迪
Coolgardie
P.606
諾拉波平原
Nullabor Plain
P.558 柏斯
PERTH
南十字星
Southern Cross
Northam
P.573 羅特尼斯島
Rottnest Is.
約克小鎮 York
P.579
海登 P.580
Hyden
Norseman
Eucla
P.570 費里曼圖
Fremantle
Corrigin
波浪岩
Wave Rock P.580
Dundas自然保護區
Dundas NR
P.577 羅津翰
Rockingham
曼杜拉
Mandurah P.578
P.595 班伯利 Bunbury
Ravensthorpe
埃斯佩蘭斯
Esperance P.602
巴塞頓 P.596
Busselton
瑪格麗特河
P.596 Margaret River
Manjimup
Augusta
彭比頓 P.599
Pemberton
Bremer Bay
雄偉角國家公園
Cape Le Grand NP
阿爾巴尼 P.600
Albany
P.600 華保利
Walpole
丹麥鎮
Denmark
P.600
菲茨杰拉德河國家公園
Fitzgerald River NP
大澳洲灣
Great Australian Bight
南冰洋（南極海）
Southern Ocean

西澳州主要觀光地的平均氣溫·降雨量

	1月	2月	3月	4月	5月	6月	7月	8月	9月	10月	11月	12月
柏斯												
平均最高氣溫(℃)	31.2	31.7	29.6	25.9	22.4	19.3	18.4	19.1	20.3	23.3	26.5	29.1
平均最低氣溫(℃)	18.1	18.4	16.6	13.8	10.6	8.5	7.6	8.3	9.6	11.4	14.2	16.4
平均降雨量(mm)	15.4	8.8	20.5	35.7	90.5	127.9	146.7	122.8	89.6	39.5	23.8	9.9
瑪格麗特河												
平均最高氣溫(℃)	26.5	27.3	25.8	22.7	19.9	17.5	16.4	16.8	17.4	19.5	22.7	24.8
平均最低氣溫(℃)	13.9	14.5	13.0	11.1	9.8	8.8	8.0	8.2	8.8	9.2	10.9	12.4
平均降雨量(mm)	10.4	8.5	23.6	65.0	138.7	177.2	193.2	150.2	116.9	61.1	38.2	14.2
埃斯佩蘭斯												
平均最高氣溫(℃)	26.2	26.2	25.2	23.2	20.5	18.0	17.2	18.0	19.4	21.2	23.1	24.6
平均最低氣溫(℃)	15.7	16.2	15.1	13.3	11.1	9.2	8.3	8.6	9.5	10.8	12.8	14.4
平均降雨量(mm)	26.6	23.0	29.8	45.4	72.2	79.1	97.2	82.7	61.2	47.2	34.5	19.1
埃克斯茅斯												
平均最高氣溫(℃)	38.0	37.5	36.3	33.2	28.5	24.8	24.2	26.4	29.3	32.7	34.5	36.9
平均最低氣溫(℃)	23.0	24.1	23.0	20.4	16.2	13.1	11.4	12.2	13.8	16.4	18.5	20.9
平均降雨量(mm)	32.1	41.5	42.8	18.3	42.8	42.0	21.6	12.1	2.0	1.6	1.9	6.4
布魯姆												
平均最高氣溫(℃)	33.3	33.0	33.9	34.3	31.6	29.1	28.8	30.3	31.8	32.9	33.6	33.9
平均最低氣溫(℃)	26.3	26.0	25.4	22.6	18.3	15.2	13.7	14.9	18.5	22.4	25.1	26.5
平均降雨量(mm)	181.6	178.8	100.1	26.2	27.1	19.6	7.0	1.7	1.4	1.5	9.3	57.7

西澳州概要

西澳州是澳洲面積最大的一個州，也因此而自豪，不但將其他各州以「東部各州」作為統稱，也把來自墨爾本、雪梨的飛機、火車叫做「東部來的航班」，甚至乾脆將東部各州的商品當作「進口貨」來處理。西澳能夠這麼驕傲不是沒有原因的，這裡出產的金礦、鈾礦、鐵礦和天然瓦斯（LNG）等天然礦產占全國產量的1/3，賺進不少外匯；據說西澳州政府還因此放話威脅中央：「我們為國家賺了這麼多錢，不要來找麻煩囉哩囉唆的，否則我們就要求獨立」。

1829年在天鵝河口為殖民地奠定基礎的，是船長詹姆斯·史特靈James Stirling，他認為「這裡並不是罪犯的殖民地，每一個人都是勤奮的工作者，這裡是等待開墾的新天地」，當時東部其他各州都還是利用犯人來從事開墾，不一樣的歷史因緣或許正是西澳覺得高人一等的原因吧。雖然西澳對台灣觀光客來說知名度並不高，但是只要來過的人必定都會說「還想再來」，那是因為西澳擁有氣氛開朗爽快的首府柏斯、天下奇景尖峰石陣與波浪岩、迷人的酒莊巡禮、餵食野生海豚、祕境金柏利等，豐富而多元的觀光資源引人入勝。

交通

與州外交通

飛機　所有從其他各州出發的航班，都會前往首府柏斯（柏斯交通→P.561）。另外從雪梨、墨爾本、愛麗絲泉、達爾文等城市也有航班飛往布魯姆。

長途巴士　達爾文～布魯姆路線有澳洲灰狗巴士行駛。

火車　橫越澳洲大陸的印度洋-太平洋號，以4天3夜串連起雪梨～阿得雷德～柏斯（1週2班）；不過要注意的是，印度洋-太平洋號停靠的火車站並不在柏斯市中心，而是在有一點距離的東柏斯車站。

州內交通

飛機　澳洲航空（QantasLink）、維珍澳洲航空、區域快線航空有從柏斯出發前往主要城市的航班，不過因為搭乘的旅客並不多，因此幾乎都是1條路線1天1～2班。由於柏斯以外的城市與城市之間幾乎沒有航班飛行，如果有意以飛機當作主要交通工具的話，不論想去哪裡都得先回到柏斯再出發。觀光客一般會利用的航線，就是柏斯～布魯姆、柏斯～庫努納拉、柏斯～埃克斯茅斯、柏斯～丹能（猴子米亞海灘）、柏斯～埃斯佩蘭斯等。

長途巴士　有數家巴士公司以柏斯為起點提供長途巴士的服務，像是Trans WA有前往柏斯以南的班伯利、彭比頓、阿爾巴尼、埃斯佩蘭斯，以及柏斯以北的傑拉爾頓、卡爾巴里路線；Southwest Coach Lines則有柏斯以南的班伯利、巴塞頓、戴士柏、瑪格麗特河路線；Integrity Coach Lines是行駛從柏斯到布魯姆之間的海岸沿線（行經卡爾巴里、卡那封、埃克斯茅斯、賀德蘭港）及內陸地區（行經Newman、卡里基尼國家公園、賀德蘭港）的路線。只要善用這些巴士公司的行駛路線，就可以涵蓋西澳的主要城鎮。不過抵達當地之後還是必須參加旅遊團或租車，否則無法周遊觀光景點。

火車 Trans WA的Prospector號列車從柏斯出發前往內陸地區的卡爾古利，每天行駛1～2班次；另外從柏斯出發前往南部班伯利的The Australind號，每天2班來回。其他就只剩下行駛於柏斯近郊的電車。

出遊規劃要訣

觀光旅遊巴士之旅最受歡迎

面積大得驚人的西澳，而且所有觀光景點都位在沒有開發過的大自然裡，即使是搭乘長途巴士或飛機，還是必須參加在地的旅遊團。因此來到西澳最受歡迎的交通工具就是觀光巴士之旅，有從柏斯出發一路北上，經過猴子米亞海灘、埃克斯茅斯、卡里基尼國家公園、布魯姆、班古魯班古魯之後進入北領地的路線，也有從柏斯出發一路往南，經過瑪格麗特河、卡里的森林地帶、阿爾巴尼、埃斯佩蘭斯，然後轉往波浪岩再返回柏斯的路線，想要周遊西澳觀光景點，沒有比搭乘觀光巴士更方便的了。而且這些觀光巴士之旅並不需要全程參加，例如可以自行挑選只從柏斯到猴子米亞海灘，或是布魯姆出發經過班古魯班古魯再到庫努納拉。主要的觀光旅遊公司如下。

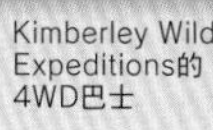

Kimberley Wild Expeditions的4WD巴士

- **Kimberley Wild Expeditions**
  ☎1300-738-870 URL kimberleywild.com.au
- **Adventures Tours Australia**
  ☎(07)5401-5555 URL www.adventuretours.com.au
- **Autopia Tours**
  ☎(08)6244-2065 URL autopiatours.com.au
- **Real Aussie Adventures**
  URL realaussieadventures.com

遊覽西澳南部也推薦租車前往

柏斯以南的瑪格麗特河、彭比頓、阿爾巴尼周邊，道路狀況良好，而且城鎮之間的距離都不遠，因此也很適合租車出遊。

瑪格麗特河有廣闊的釀酒專用葡萄園

前進西澳
走訪野花之旅

野花Wild Flower是對生長在大自然裡的花朵之總稱，擁有豐富大自然的澳洲也有很多野花，尤其是西澳還被稱為野花的天堂，擁有約1萬2000種野花佔全世界的60%，而且其中有80%是只能在西澳見到的特有種，這樣遍地野花盛開的景致只出現在春到夏季之間。不妨參考一下西澳州觀光局所推薦的11條野花街道，去欣賞色彩繽紛的野花吧！

野花的觀光方法

柏斯小徑在野花開始綻放之時，就有幾家旅行社推出以欣賞野花為目的、從柏斯出發的1日遊行程，但是原則上就只能以柏斯街道為中心遊覽柏斯周邊，

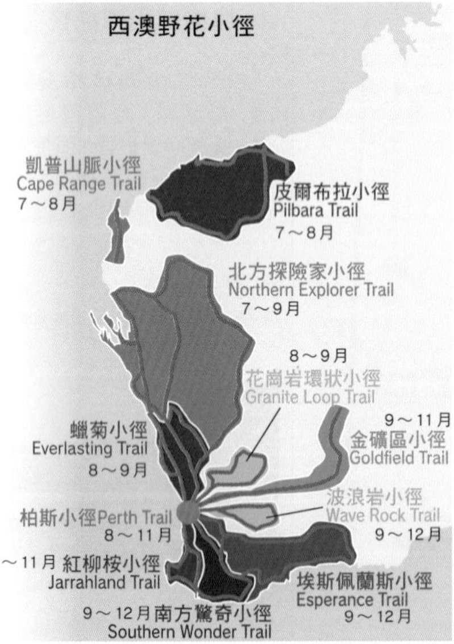

西澳野花小徑

凱普山脈小徑
Cape Range Trail
7～8月
皮爾布拉小徑
Pilbara Trail
7～8月
北方探險家小徑
Northern Explorer Trail
7～9月
8～9月
花崗岩環狀小徑
Granite Loop Trail
9～11月
金礦區小徑
Goldfield Trail
蠟菊小徑
Everlasting Trail
8～9月
波浪岩小徑
Wave Rock Trail
9～12月
柏斯小徑Perth Trail
8～11月
9～11月 紅柳桉小徑
Jarrahland Trail
埃斯佩蘭斯小徑
Esperance Trail
9～12月
9～12月南方驚奇小徑
Southern Wonder Trail

如果要真正進行野花之旅，必須要參加3天2夜的旅遊團或是租車前往才行。11條野花街道中，從柏斯出發在交通上較為方便、野花種類也比較多的有蠟菊小徑、波浪岩小徑、紅柳桉小徑，因為這些路線無法從柏斯當天來回，建議要規劃幾天的行程，將賞花地點與國家公園同時安排，會是比較好的觀光方式。

如果想輕鬆地欣賞野花，每年9月在柏斯的國王公園King Park會舉辦野花節Wild Flower Festival，是賞花的最好時機；園內蒐羅全西澳約3000種野花，可以在短時間內欣賞到最多的花朵。此外，在慶典舉辦期間的週六日，也會推出有與野花相關的活動。

國王公園到了9月就會到處都是各色野花，美不勝收

人氣的永恆之路上能見到的野花圖例

紅綠袋鼠爪花
Red and Green Kangaroo Paw
西澳州的州花，因花形神似袋鼠的前爪而得名，其他還有不同顏色的數種袋鼠爪花。

金合歡
Summer-scented Wattle
在澳洲超過900種的相思樹屬植物之一，在道路旁可以看到許多品種的金合歡。

西澳大果桉
Mottlecah
在澳洲超過700種尤加利樹的一種，開著大而鮮豔的紅色花朵，也有數種類的亞種。

花環花
Wreath Lechenaultia
品種稀少被稱為夢幻之花，花環花是別名，因為盛開的模樣像花環而稱之；只在Mullewa和Morawa周邊能欣賞到。

松果菊
Coneflower
學名Isopogon有對稱鬚狀之意，花色為玫瑰紅，依花朵形狀有Spider等品種。

蠟菊
Everlasting
為菊科植物，花色有粉紅、黃、白等種類，Everlasting是永恆之意，因此花朵的顏色與形狀可以長久保存。

Cottonhead
因為觸感像棉花般柔軟而得名，雖然長得不像，但在植物學上與袋鼠爪花同屬。

煙霧樹
Spreading Smokebush
為帶有蓬鬆感的淡藍色花朵，同屬植物中有數種類外形如煙飄散的白色Smokebush。

享受欣賞野花之樂必備的書籍

特地去現場看花卻不知道花名的話，會讓欣賞野花的樂趣大減，因此這裡介紹在參加賞花團或開車出遊前必備的書籍，都可以在柏斯市區買到。

首先要擁有的是放在西澳遊客中心的免費手冊《Your GUIDE to Western Australia's WILDFLOWERS》（每年春天都會出新年度版本），以詳細的地圖及景點導覽來介紹11條野花小徑，而主要的野花也以大張照片表示讓遊客容易分辨。在西澳旅遊局的官網上也有電子版可以看。

接下來需要的是野花圖鑑，推薦英文版的《Guide to the Wildflowers of Western Australia》，書中網羅全西澳的野花種類，並有豐富圖文介紹，值得收藏。雖然沒有中文版圖鑑，但有日文圖鑑《Wildflowers of Western Australia》（作者：Oakley今日子），以豐富的圖片介紹澳洲西南部的野花，在國王公園的選品店Aspects就能買得到。

柏斯

Perth

西澳州 *Western Australia*　　區域號碼 (08)

國王公園是柏斯市民的休憩場所

實用資訊

■**西澳州遊客中心**
WA Visitor Centre
MAP P.567/2A
住55 William St. (Cnr. Hay St.), 6000 ☎(08)9483-1111
FREE 1800-812-808
URL www.wavisitorcentre.com.au
開週一～五9:00～16:00、週六、日9:00～14:30

主要航空公司聯絡電話

- 澳洲航空Qantas Airways ☎13-13-13
- 全日空ANA All Nippon Airways FREE 1800-081-765
- 維珍澳洲航空 Virgin Australia ☎13-67-89
- 捷星航空Jet Star ☎13-15-38
- 區域快線航空 Regional Express (REX) ☎13-17-13
- 新加坡航空 Singapore Airlines ☎13-10-11
- 國泰航空 Cathay Pacific Airways ☎1800-314-541
- 馬來西亞航空 Malaysia Airlines ☎13-26-27
- 泰國航空 Thai Airways International ☎1300-651-960
- 印尼航空 Garuda Indonesia Airlines ☎(08)9214-5100
- 酷航Scoot ☎(02)9009-0860

占澳洲全國面積約3分之1的西澳州，首府柏斯是建立在天鵝河畔的美麗城市，主要街道上古老的歷史建築與新穎的現代大樓完美地融合成一體，市區裡寬闊而豐富的自然綠意，還有終年溫暖的氣候……只要來過柏斯的人，都會被這裡的魅力所傾倒，成為最難以忘懷的城市。

然而柏斯之美不僅侷限於城市裡，郊外海灘的迷人魅力甚至超越知名的黃金海岸，尤其是在海灘上欣賞落入印度洋的夕陽餘暉，就像是在觀看電影的慢動作一般，讓人感動不已；其他還有像是「活化石原始森林」尖峰石陣、宛如一道大浪被時間凍結般的波浪岩Wave Rock等，都在當天來回範圍內，是西澳最具代表性的重要觀光景點。至於近海的羅特尼斯島，可以輕易地看見「世界最幸福的動物」之稱的可愛短尾矮袋鼠；而從冬天結束直到初夏的8～11月，以州花紅綠袋鼠爪花（形似袋鼠前爪的花朵）為首的各種色彩繽紛的鮮豔野花，綻放在前往尖峰石陣Pinnacles、波浪岩的道路兩旁。

美麗的街道風景與郊外的雄偉自然景觀，讓柏斯充滿自然與人文並陳的獨特魅力。

在羅特尼斯島與可愛短尾矮袋鼠相遇

柏斯近郊
Around Perth

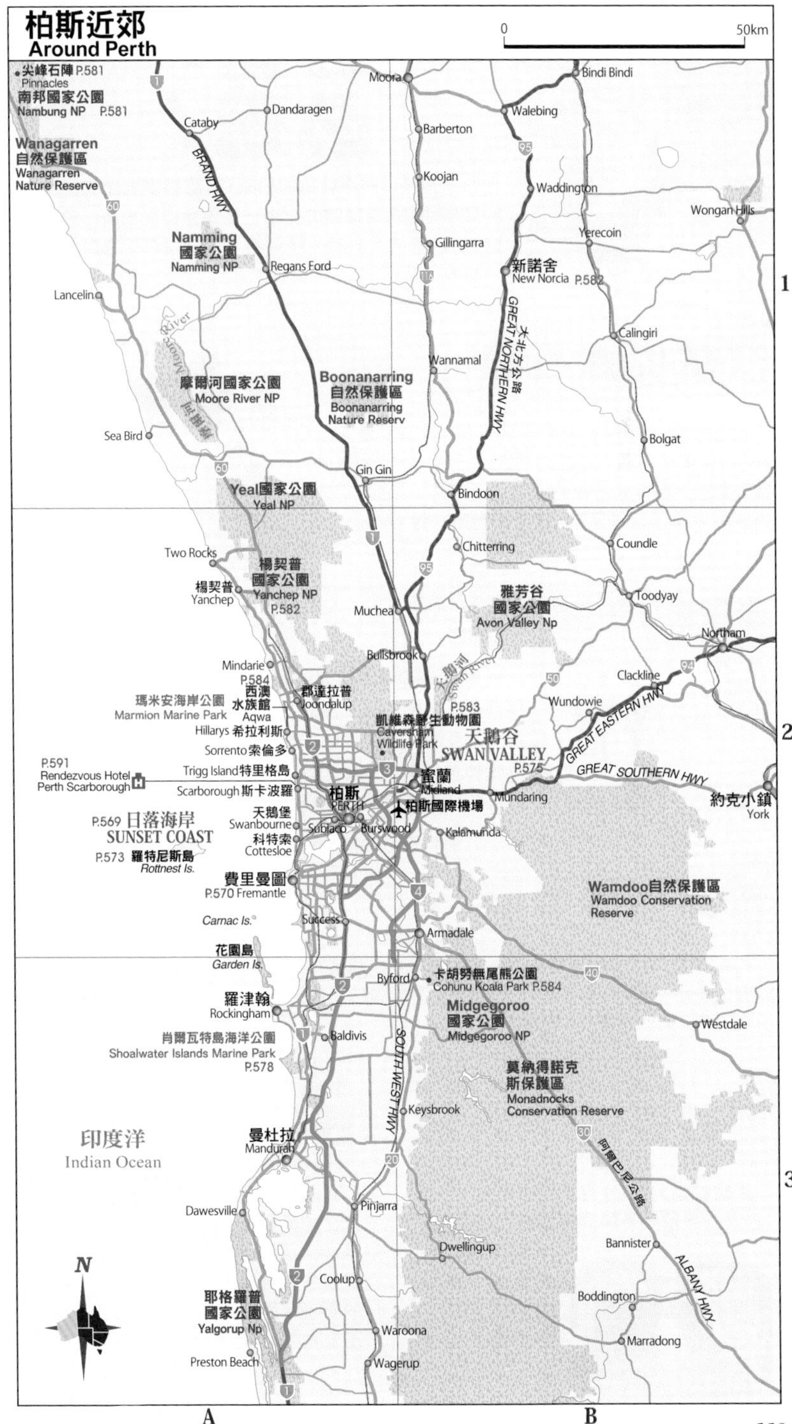
0
50km
尖峰石陣 P.581
Pinnacles
南邦國家公園
Nambung NP P.581
Wanagarren
自然保護區
Wanagarren
Nature Reserve
Moora
Dandaragen
Cataby
BRAND HWY
Bindi Bindi
Walebing
Barberton
Koojan
Waddington
Wongan Hills
Yerecoin
Gillingarra
Namming
國家公園
Namming NP
Regans Ford
新諾舍
New Norcia P.582
Lancelin
Moore River
GREAT NORTHERN HWY
大北方公路
Calingiri
Wannamal
Boonanarring
自然保護區
Boonanarring
Nature Reserv
摩爾河國家公園
Moore River NP
Sea Bird
Bolgat
Gin Gin
Bindoon
Yeal國家公園
Yeal NP
Chitterring
Coundle
Two Rocks
楊契普
國家公園
Yanchep NP
P.582
楊契普
Yanchep
雅芳谷
國家公園
Avon Valley Np
Toodyay
Muchea
Northam
Bullsbrook
Swan River
天鵝河
Mindarie
P.584
西澳
水族館
Aqwa
郡達拉普
Joondalup
Clackline
瑪米安海岸公園
Marmion Marine Park
P.583
凱維森野生動物園
Caversham
Wildlife Park
Wundowie
GREAT EASTERN HWY
Hillarys 希拉利斯
天鵝谷
SWAN VALLEY
Sorrento 索倫多
P.575
P.591
Rendezvous Hotel
Perth Scarborough
Trigg Island 特里格島
蜜蘭
Midland
GREAT SOUTHERN HWY
Scarborough 斯卡波羅
柏斯
PERTH
柏斯國際機場
Mundaring
約克小鎮
York
P.569 日落海岸
SUNSET COAST
天鵝堡
Swanbourne
Subiaco
Burswood
Kalamunda
科特索
Cottesloe
P.573 羅特尼斯島
Rottnest Is.
費里曼圖
P.570 Fremantle
Wamdoo自然保護區
Wamdoo Conservation
Reserve
Carnac Is.
Success
Armadale
花園島
Garden Is.
Byford
卡胡努無尾熊公園
Cohunu Koala Park P.584
羅津翰
Rockingham
Midgegoroo
國家公園
Midgegoroo NP
Westdale
肖爾瓦特島海洋公園
Shoalwater Islands Marine Park
P.578
Baldivis
SOUTH WEST HWY
莫納得諾克
斯保護區
Monadnocks
Conservation Reserve
Keysbrook
印度洋
Indian Ocean
曼杜拉
Mandurah
阿爾巴尼公路
Dawesville
Pinjarra
Bannister
ALBANY HWY
Dwellingup
N
Coolup
耶格羅普
國家公園
Yalgorup Np
Boddington
Waroona
Marradong
Preston Beach
Wagerup
A
B
1
2
3

來到柏斯 必看！必玩！

作為遼闊西澳門戶城市的柏斯，是認識澳洲歷史及大自然的最佳地點。若是時間充裕一定要參加從柏斯出發的多日旅遊團，勇闖大自然的最深處；而1日遊行程也有許多值得一看的景點。

探訪尖峰石陣

說到柏斯近郊最人氣的奇特美景，當然就是尖峰石陣了，在黃沙中矗立著數之不盡的石柱，奇特景致讓人嘆為觀止。在尖峰石陣的周圍是遼闊的大沙丘，有些旅遊團會安排滑沙等活動，讓遊客體驗一番。

彷彿進入外星球般的尖峰石陣

羅特尼斯島之旅

到處都有美麗沙灘的羅特尼斯島

從費里曼圖搭乘快速船45分鐘的羅特尼斯島，是柏斯市民最引以為傲的天然島嶼，不僅擁有碧藍大海、白沙海灘，還有眾多短尾矮袋鼠Quokka棲息的森林。無論是海上活動或陸地單車遊，還是只在沙灘上悠閒度過時光、參加巴士觀光之旅在島上漫步，都很OK。

遊覽費里曼圖

作為柏斯外港的費里曼圖，也是保留眾多古蹟建築的歷史城市，更是柏斯市民一大人氣出遊地，散步、周遊咖啡館、造訪市集等，樂趣無限。

費里曼圖市場也是觀光名勝

酒莊巡禮

距離柏斯約30分鐘車程的天鵝谷、從1日遊到停留數晚的瑪格麗特河，都是澳洲葡萄酒的知名產地。就以柏斯為起點，展開酒莊巡禮吧！

也有能感受濃濃歷史氛圍的酒莊

野花

每年7～12月在柏斯周邊地區就可以欣賞到各式各樣的野花，而國王公園在9月也會舉辦野花節。

9月的國王公園盛開著無數繽紛花朵

交通 ACCESS

如何前往

➡ 台灣出發

台灣目前並沒有直飛班機前往柏斯，必須經過雪梨、布里斯本、墨爾本轉機。此外經由新加坡、香港、吉隆坡轉機的新加坡航空、國泰航空及馬來西亞航空的班機也很受歡迎。

➡ 澳洲國內出發

澳洲航空從各州首府，捷星航空從雪梨、墨爾本、布里斯本、阿得雷德，維珍澳洲航空也是從各州首府（坎培拉除外）都有航班前往柏斯；而QantasLink、維珍澳洲航空及區域快線航空則在西澳州內擁有多個航班串連起空中交通網。

陸路方面，Integrity Coach Lines從西澳北部、Trans WA和South West Coach則從西澳西南部都有行駛中長途巴士的路線，但發車地點各不相同；Integrity Coach Lines是在柏斯車站旁的威靈頓街Wellington St.，South West Coach在濱海大道巴士站Esplanade Busport（部分路線從柏斯國際機場發車），而Trans WA則是從東柏斯車站East Perth發車。至於橫貫澳洲大陸的印度洋-太平洋號列車、連結柏斯～卡爾古利的Prospector號也是以東柏斯車站為起迄點。

機場 ↔ 市區

柏斯國際機場Perth International Airport（代號PER）擁有4個航廈，幾乎所有的國際線和維珍澳洲航空的主要航線都在最大的T1航廈，隔壁的T2航廈是維珍澳洲航空與區域快線航空的西澳州內航線所使用，與T1、T2隔著跑道遙遙相望的是T3航廈，為捷星和澳洲航空的國際線及部分國內線；至於緊鄰T3的T4航廈則是澳洲航空的主要國內航線所使用，T1、T2與T3、T4之間有聯絡巴士每隔20分鐘行駛1班（所需時間為15分鐘）。從柏斯出發時要留意別弄錯了班機航廈。

●巴士&電車

柏斯國際機場～柏斯市中心（伊莉莎白碼頭巴士站）是由Transperth（→P.562）負責營運，價格低廉值得推薦，行駛時間約30～40分鐘。從T1、T2可以搭乘Route 380，T3、T4則為Route 40，由於4、5星級飯店都集中在市中心的阿得雷德大街，非常方便。

也可以搭乘機場快線Airport Line電車，Airport Central站直達T1、T2航廈，而T3、T4航廈則必須在Redcliffe站轉乘Route 292巴士才能到達。

●計程車&Uber

從T1、T2航廈搭乘計程車到柏斯市中心為$40～50，

■柏斯國際機場
URL www.perthairport.com.au

■中長途巴士公司
●Integrity Coach Lines
☎(08)9274-7464
URL www.integritycoachlines.com.au
●Trans WA
☎1300-662-205
URL www.transwa.wa.gov.au
●South West Coach
☎(08)9753-7700
URL www.southwestcoachlines.com.au

■Transperth的機場巴士
費 2+Zone車資：大人$5 小孩$2.20
●Route 380
時 機場出發：週一～五4:55、6:06、7:12～23:14約1小時1班｜週六5:52、7:15～19:16約1小時1班，20:10、21:40、23:07｜週日、節日7:30～20:30每小時1班，21:46、23:07／伊莉莎白碼頭巴士站出發：週一～五5:30～22:37約1小時1班，23:48｜週六6:35、7:22～18:00約1小時1班，19:30、20:50、22:20、23:50｜週日、節日7:50～19:50每小時1班，21:05、22:30、23:45
●Route 40
時 機場出發：週一～五5:34～24:13約30分鐘1班｜週六6:19～20:24約30分鐘1班，21:24、23:24｜週日、節日7:03～22:05約小時1班／伊莉莎白碼頭巴士站出發：週一～五5:55、8:30～23:30約30分鐘1班｜週六7:00～19:00約30分鐘1班，19:40～23:40每小時1班｜週日、節日7:10～8:40每30分鐘1班，9:20～23:20每小時1班

■機場快線Airport Line
時 6:00～24:00約12～15分鐘1班
費 2+Zone車資：大人$5 小孩$2.2

■柏斯市中心的租車公司

●Hertz
☎(08)9213-8090

●AVIS & Budget
☎(08)9237-0022

●Thrifty
☎13-61-39

●Europcar
☎(08)9226-0026

■Transperth InfoCentre
☎13-62-13（僅限在WA內）
URL www.transperth.wa.gov.au

●柏斯車站　MAP P.567/1B
住 Perth Station, Wellington St., 6000
開 週一～五7:00～18:30，週六7:00～18:00，週日、節日8:30～18:00　休 耶誕節
（→下一頁）

從T3、T4航廈出發為$45～55，Uber（→P.649）則為$30～40。

東柏斯車站 ↔ 市區

從東柏斯車站前往柏斯Perth車站，搭乘電車為3站（每隔15～20分鐘1班車），車票則是在月台的自動售票機購買（Zone 1）。另外若是想要預訂火車票時，在東柏斯車站、柏斯車站、西澳遊客中心都可以辦理。

市內交通
LOCAL TRANSPORT

柏斯市區與郊外交通都是由柏斯交通局Transperth負責經營，有巴士、電車、渡輪等交通工具。收費方式是依照區域劃分成Zone 0～9，其中只要是在柏斯市中心的Zone 0（→P.563地圖「CAT免費巴士路線＆自由上下車區」）內，可以免費搭乘Transperth的巴士。Zone 1為柏斯市區，Zone 2則是從柏斯市中心半徑20km範圍內（涵蓋費里曼圖），包含廣闊的柏斯郊外區域，到Zone 9的涵蓋範圍就已經是距離柏斯超過50km的區域。

票價計算方式分為只搭乘一次近距離（3.2km以內）為2 Section車資、同一區內移動（1 Zone車資）、跨區移動（2+ Zone車資）3種，巴士、電車、渡輪的車票可以通用，1 Zone車資是2小時票制（在2小時以內使用同一張車票自由搭乘）、2+ Zone車資則是3小時票制（在3小時以內使用同一張車票自由搭乘）。

柏斯近郊電車路線圖＆分區圖

郡達拉普線 Joondalup Line
費里曼圖線 Fremantle Line
Armadale線 Armadale Line
蜜蘭線 Midland Line
曼杜拉線 Mandurah Line
機場快線 Airport Line Forrestfield-Airport Link

划算的折扣票券

●Day Rider

推薦給想要一整天搭巴士在柏斯走透透的人，從平日9:00開始及週六、日、節日的整天，包含Zone 1～Zone 9都能通行的1日券；另外還有一種Family Rider，是從週一～四的18:00開始，以及週五15:00之後和週六、日、節日的整天，最多可以家庭7個人同時使用搭車的票。

●Smart Rider

為加值式的悠遊卡(首次購買手續費$10),比起使用單程紙車票,可以享有10～20%的折扣優惠,適合給長期滯留的遊客使用,到各大車站都可以購買、儲值。

Transperth的票價

(2022年8月)

	大人	小孩
2 Section	$2.30	$1.00
1 Zone	$3.30	$1.40
2+ Zone	$5.00	$2.20
Day Rider	$10.00	$4.40
Family Rider	$10.00	-----

市區巴士

往北行駛的路線是從柏斯車站旁的Roe St. Bus Station出發,往南則是在威廉街的濱海大道Esplanade旁的伊莉莎白碼頭巴士站Elizabeth Quay Bus Station出發。第2次之後搭乘巴士時,只要將車票給司機看過即可上車。

Transperth的巴士

●柏斯地下車站

MAP P.567/1A

住Perth Underground Station, Murry St., 6000

開週一～五7:00～18:00、週六9:00～17:00,週日、節日11:00～15:00

休耶穌受難日、耶誕節

●柏斯巴士站

MAP P.567/1A

住Yagan Square, 6000

開週一～五7:30～17:30、週六8:00～13:00

休週日、節日

●伊莉莎白碼頭巴士站

MAP P.567/2A

住Mounts Bay Rd., 6000

開週一～五7:30～17:30、週六10:00～14:00、週日12:00～16:00

休節日

CAT

在柏斯市中心行駛著被稱為CAT(The Central Area Transit)的免費巴士(銀色車身上繪有貓咪圖樣的巴士)。Red CAT行駛的是東西方向路線、Blue CAT則是南北路線+國王公園、Yellow CAT是東柏斯區域、Green CAT是市中心+國王公園和City West車站,至於Purple CAT則是行駛市中心+國王公園和西澳大學路線。

超便捷的免費巴士CAT

●Red CAT
週一～五5:30～6:50每隔5分鐘,7:00～19:30每隔10分鐘/週一～四19:45～21:00每隔15分鐘/週五19:45～23:45每隔15分鐘/週六、日、節日8:30～19:00每隔10分鐘/週六19:15～23:45每隔15分鐘/週日、節日19:15～21:00每隔15分鐘

●Blue CAT
週一～四7:02～19:02每隔15分鐘/週五7:02～19:17每隔15分鐘/週六8:22～19:17每隔15分鐘/週日、節日8:32～19:02每隔15分鐘

●Yellow CAT
週一～五5:52～18:51每隔7～8分鐘/週一～四19:01～19:15每隔15分鐘/週五19:01～20:45每隔15分鐘/週六、日、節日8:00～18:50每隔10分鐘

●Green CAT
【伊莉莎白碼頭巴士站出發】週一～五6:00、6:12、6:20～19:02每隔7～8分鐘
【Leederville車站出發】週一～五5:57～6:36每隔12分鐘,6:44～19:02每隔7～8分鐘

●Purple CAT
【伊莉莎白碼頭巴士站出發】週一～五5:00、5:30、6:00～18:50每隔10分鐘,19:00～19:45每隔15分鐘,20:00～23:00每隔30分鐘/週六7:00～7:30每隔30分鐘,8:00～18:45每隔15分鐘,19:00～20:00每隔30分鐘/週日、節日8:00、8:30、9:00～18:45每隔15分鐘,19:00～20:00每隔30分鐘

※CAT巴士在澳紐軍團紀念日、耶穌受難日、耶誕節停駛

柏斯
Perth

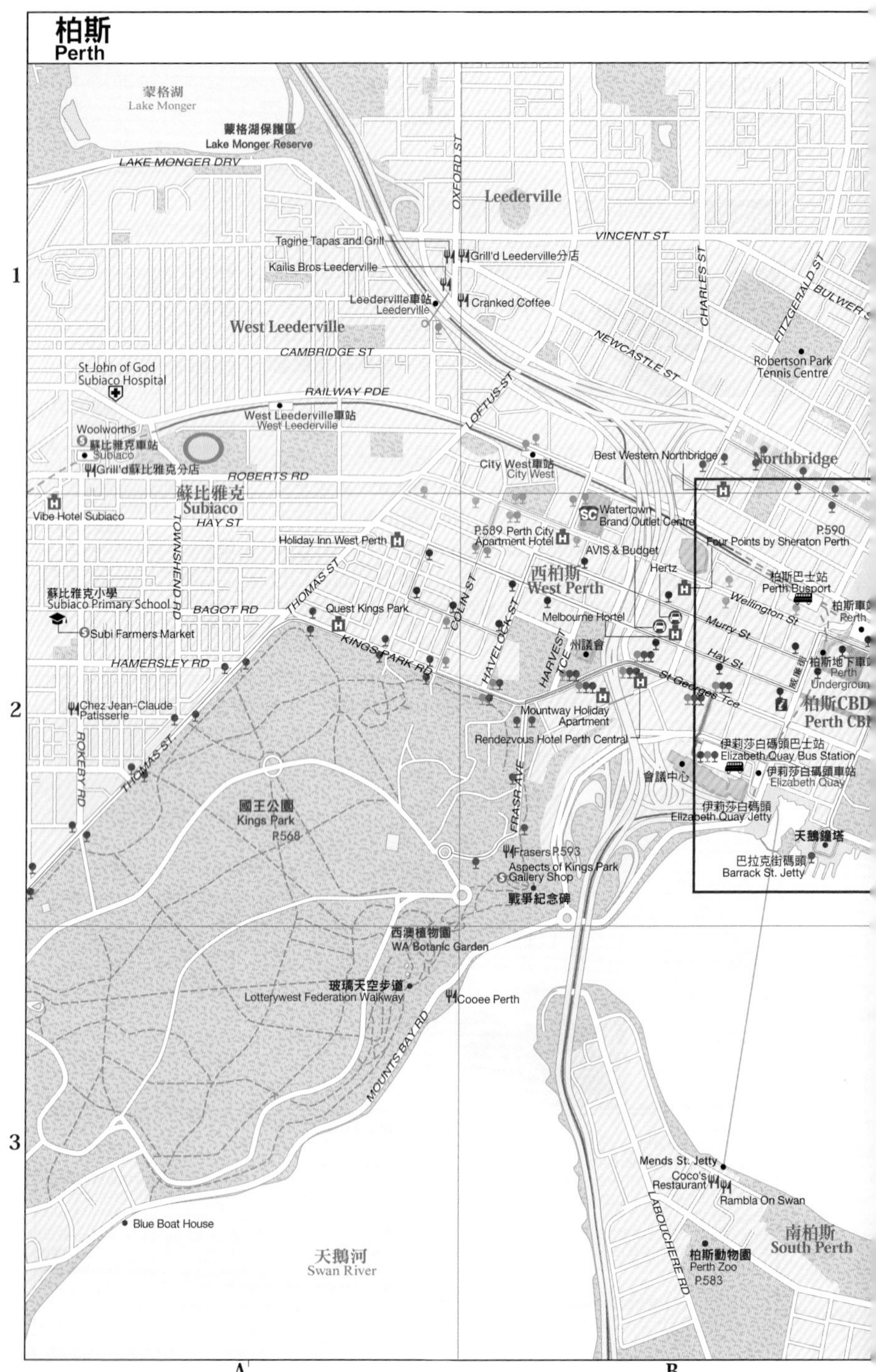

蒙格湖
Lake Monger
蒙格湖保護區
Lake Monger Reserve
LAKE MONGER DRV
Leederville
OXFORD ST
VINCENT ST
Tagine Tapas and Grill
Grill'd Leederville分店
Kailis Bros Leederville
Leederville車站
Leederville
Cranked Coffee
CHARLES ST
FITZGERALD ST
BULWER ST
West Leederville
NEWCASTLE ST
CAMBRIDGE ST
Robertson Park Tennis Centre
St John of God Subiaco Hospital
RAILWAY PDE
LOFTUS ST
West Leederville車站
West Leederville
Woolworths
蘇比雅克車站
Subiaco
Grill'd蘇比雅克分店
City West車站
City West
Best Western Northbridge
Northbridge
ROBERTS RD
蘇比雅克
Subiaco
HAY ST
Vibe Hotel Subiaco
Watertown Brand Outlet Centre
P.589 Perth City Apartment Hotel
P.590
Holiday Inn West Perth
Four Points by Sheraton Perth
AVIS & Budget
TOWNSHEND RD
THOMAS ST
COLIN ST
西柏斯
West Perth
Hertz
柏斯巴士站
Perth Busport
蘇比雅克小學
Subiaco Primary School
BAGOT RD
Quest Kings Park
HAVELOCK ST
Melbourne Hotel
Wellington St
柏斯車站
Perth
Subi Farmers Market
Murry St
州議會
HARVEST TCE
Hay St
柏斯地下車站
Perth Underground
KINGS PARK RD
HAMERSLEY RD
St Georges Tce
柏斯CBD
Perth CBD
Chez Jean-Claude Patisserie
Mountway Holiday Apartment
Rendezvous Hotel Perth Central
伊莉莎白碼頭巴士站
Elizabeth Quay Bus Station
ROKEBY RD
THOMAS ST
會議中心
伊莉莎白碼頭車站
Elizabeth Quay
國王公園
Kings Park
P.568
FRASR AVE
伊莉莎白碼頭
Elizabeth Quay Jetty
天鵝鐘塔
Frasers P.593
Aspects of Kings Park Gallery Shop
巴拉克街碼頭
Barrack St. Jetty
戰爭紀念碑
西澳植物園
WA Botanic Garden
玻璃天空步道
Lotterywest Federation Walkway
Cooee Perth
MOUNTS BAY RD
Mends St. Jetty
Coco's Restaurant
Rambla On Swan
LABOUCHERE RD
Blue Boat House
南柏斯
South Perth
柏斯動物園
Perth Zoo
P.583
天鵝河
Swan River
1
2
3
A
B

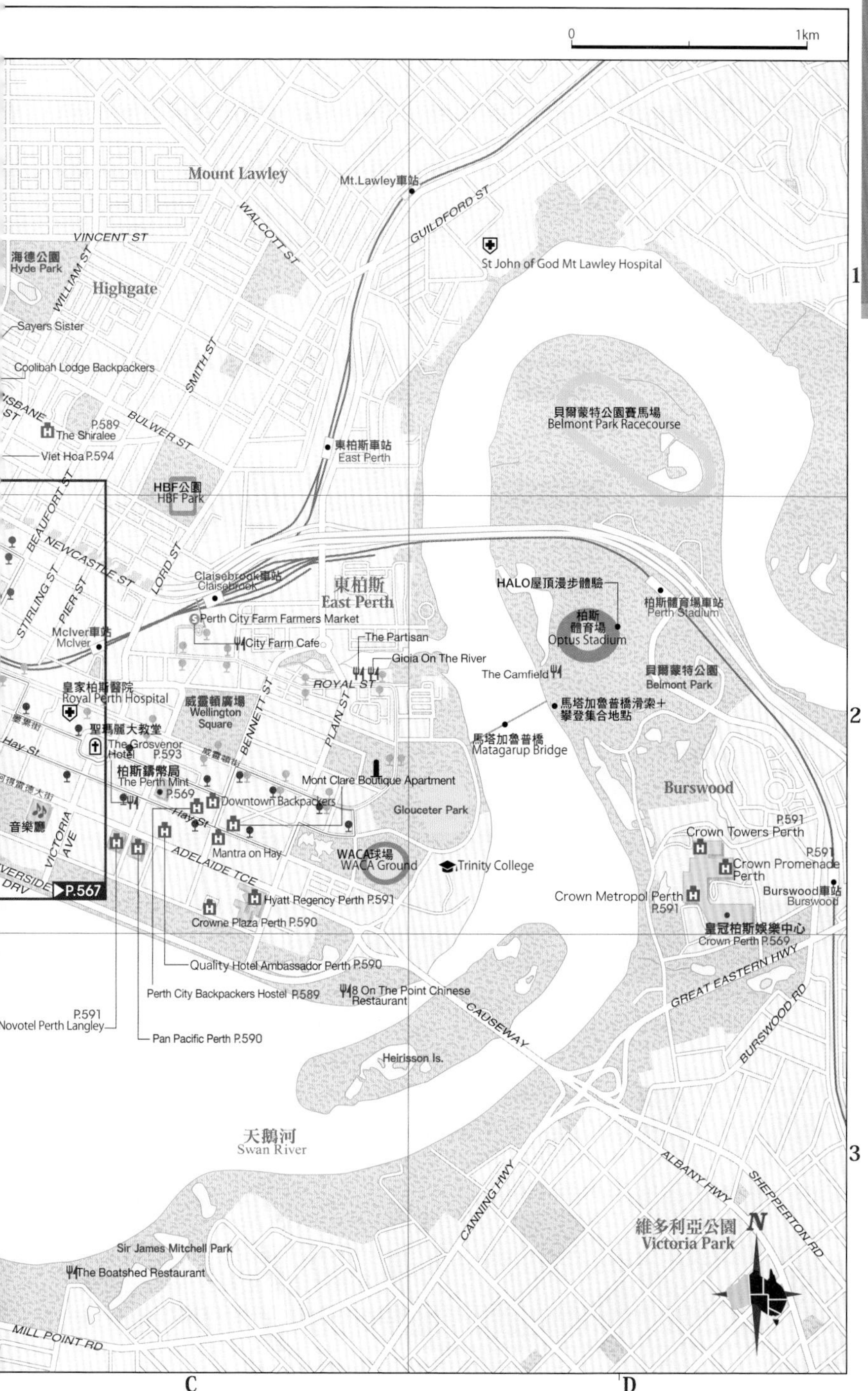
0
1km
Mount Lawley
Mt.Lawley車站
GUILDFORD ST
WALCOTT ST
VINCENT ST
海德公園
Hyde Park
WILLIAM ST
Highgate
St John of God Mt Lawley Hospital
Sayers Sister
Coolibah Lodge Backpackers
SMITH ST
BRISBANE ST
P.589
The Shiralee
BULWER ST
Viet Hoa P.594
東柏斯車站
East Perth
貝爾蒙特公園賽馬場
Belmont Park Racecourse
HBF公園
HBF Park
BEAUFORT ST
NEWCASTLE ST
LORD ST
STIRLING ST
PIER ST
Claisebrook車站
Claisebrook
東柏斯
East Perth
HALO屋頂漫步體驗
柏斯體育場車站
Perth Stadium
柏斯體育場
Optus Stadium
Perth City Farm Farmers Market
McIver車站
McIver
City Farm Cafe
The Partisan
Gioia On The River
The Camfield
貝爾蒙特公園
Belmont Park
皇家柏斯醫院
Royal Perth Hospital
ROYAL ST
威靈頓廣場
Wellington Square
BENNETT ST
PLAIN ST
馬塔加魯普橋滑索+攀登集合地點
聖瑪麗大教堂
The Grosvenor Hotel
P.593
馬塔加魯普橋
Matagarup Bridge
Hay St
柏斯鑄幣局
The Perth Mint
P.569
Mont Clare Boutique Apartment
Burswood
Downtown Backpackers
Glouceter Park
P.591
Crown Towers Perth
音樂廳
VICTORIA AVE
Mantra on Hay
WACA球場
WACA Ground
Trinity College
P.591
Crown Promenade Perth
ADELAIDE TCE
RIVERSIDE DRV
P.567
Crown Metropol Perth
P.591
Burswood車站
Burswood
Hyatt Regency Perth P.591
皇冠柏斯娛樂中心
Crown Perth P.569
Crowne Plaza Perth P.590
GREAT EASTERN HWY
Quality Hotel Ambassador Perth P.590
BURSWOOD RD
Perth City Backpackers Hostel P.589
8 On The Point Chinese Restaurant
P.591
Novotel Perth Langley
CAUSEWAY
Pan Pacific Perth P.590
Heirisson Is.
天鵝河
Swan River
CANNING HWY
ALBANY HWY
SHEPPERTON RD
維多利亞公園
Victoria Park
N
Sir James Mitchell Park
The Boatshed Restaurant
MILL POINT RD
1
2
3
C
D

位於柏斯市中心的柏斯車站

伊莉莎白碼頭的渡輪站

■柏斯的計程車公司
Black & White：📞13-32-22
Swan Taxi：📞13-13-30

■西澳遊客中心
WA Visitor Centre
MAP P.567/2A
住55 William St. (Cnr. Hay St.), 6000 📞(08)9483-1111
FREE 1800-812-808
URL www.wavisitorcentre.com.au
開週一～五9:00～16:00、週六、日9:00～14:30

■柏斯購物夜
商店每週五的營業時間會延後至21:00。

匯集西澳觀光資訊的遊客中心

電車 一共有6條路線，以柏斯車站為起點，有從南端Mundjong連結到北端Clarkson的Armadale線、郡達拉普Joondalup線，西起費里曼圖Fremantle至東邊蜜蘭Midland的費里曼圖線、蜜蘭線，以及從柏斯地下車站出發前往南方度假城鎮羅津翰Rockingham、曼杜拉Mandurah的曼杜拉線，最後是2022年10月才開通的機場快線，從西邊的Claremont經過柏斯國際機場到High Wycombe。每條路線電車都間隔約20分鐘發車1班，而在主要車站都設有Transperth的巴士轉運站，只要善用電車與巴士交通網絡，就能輕鬆遊遍柏斯主要景點。

渡輪 被天鵝河分開的柏斯市區（伊莉莎白碼頭）與南柏斯之間，就是依賴渡輪往來通行，由於班次眾多，也成為柏斯市民的重要交通工具。

漫遊柏斯
OUTLINE OF PERTH

柏斯市區的街道景觀，不論是整體、還是每條馬路都非常整齊而清潔，讓人一眼就愛上；加上柏斯澄澈的蔚藍天空與耀眼的綠色公園，還有充滿英國風格的都會市容，巧妙地融合成柏斯特有的城市氛圍。而流經市區的天鵝河Swan River，則為柏斯增添更多優雅風情；市中心與天鵝河平行有4條東西走向的重要大街，然後是無數縱貫其間的南北向道路，街道規劃相當地簡潔明快。

以2條徒步大街為中心漫遊市區

市中心被墨累街Murray St.、Hay St.、威廉街William St.和巴拉克街Barrack St.這4條街道包圍起來的四方區塊裡，特別又以墨累街與Hay St.上的行人徒步大街，加上一路延伸到柏斯車站的佛勒斯廣場Forrest Place，是柏斯最為繁華熱鬧的地區；這裡有多座拱廊商場，是購物時不可錯過的血拚聖地。從Hay St.往南一個街道，來到St George's Tce.，會來到宛如時光回到中世紀的歐洲一般，充滿古典優雅氣氛的購物中心London Court，也備受矚目。此外，從Hay St.行人徒步大街轉到威廉街的路口，就是蒐羅豐富西澳旅遊資訊的西澳遊客中心WA Visitor Centre，抵達柏斯之後一定要先來這裡收集最新觀光情報。

St George's Tce.與徒步大街周邊氣氛完全不同，是矗立著高樓大廈的商業區，還有著數個前往郊外的巴士停靠站。

保留中世紀風情的購物街London Court

佛勒斯廣場是大型廣場

接著穿越廣闊公園綠地的濱海大道The Esplanade之後，就是橫渡天鵝河的渡輪及觀光船停靠的伊莉莎白碼頭Elizabeth Quay、巴拉克街碼頭Barrack St. Jetty。

白天人潮川流不息的Hay St.行人徒步大街

時髦餐廳、廉價住宿齊聚的Northbridge

柏斯車站北側是柏斯藝術文化設施聚集的柏斯文化中心Perth Cultural Centre，其西邊就是柏斯的吃喝玩樂大街Northbridge。在James St.的周邊分布著中華料理、越南、泰國菜等亞洲美食，還有義大利、希臘等南歐餐廳，各種豐富的異國美食在這裡都吃得到。

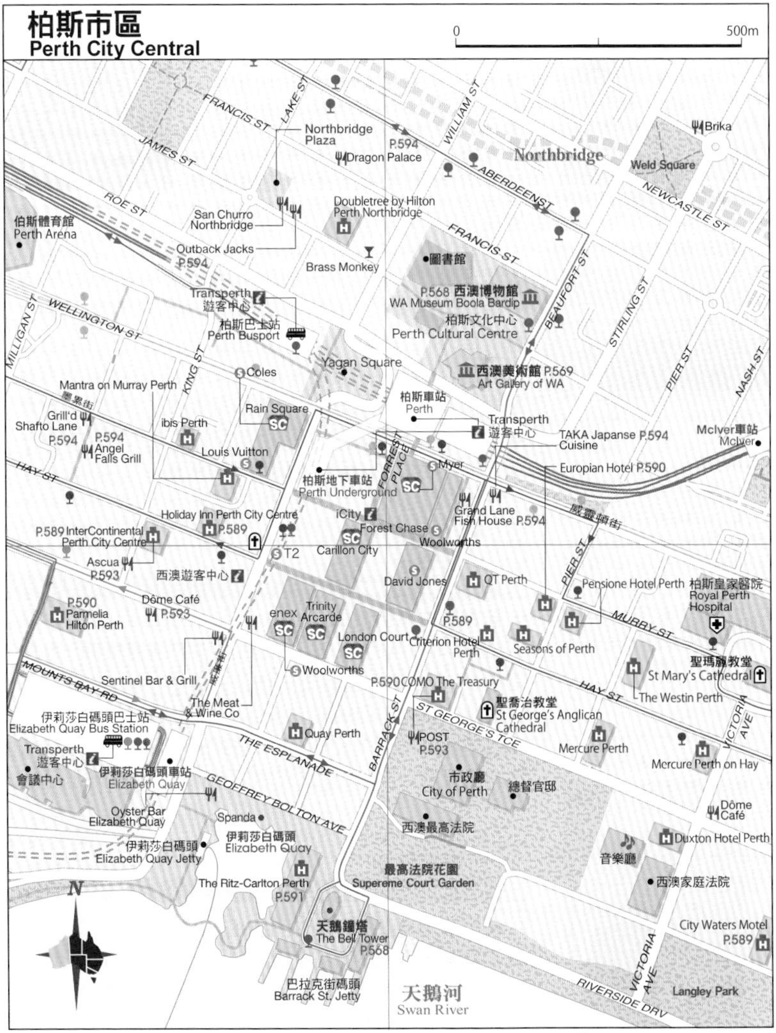

柏斯市區
Perth City Central

0 500m

FRANCIS ST
LAKE ST
JAMES ST
ROE ST
WILLIAM ST
ABERDEEN ST
NEWCASTLE ST
WELLINGTON ST
MILLIGAN ST
KING ST
BEAUFORT ST
STIRLING ST
PIER ST
NASH ST
HAY ST
MURRAY ST
MOUNTS BAY RD
THE ESPLANADE
GEOFFREY BOLTON AVE
BARRACK ST
ST GEORGE'S TCE
VICTORIA AVE
RIVERSIDE DRV
FORREST PLACE
墨累街
威靈頓街
Northbridge
Northbridge Plaza
P.594 Dragon Palace
Brika
Weld Square
伯斯體育館 Perth Arena
San Churro Northbridge
Doubletree by Hilton Perth Northbridge
Outback Jacks P.594
Brass Monkey
圖書館
P.568 西澳博物館 WA Museum Boola Bardip
柏斯文化中心 Perth Cultural Centre
Transperth 遊客中心
柏斯巴士站 Perth Busport
Yagan Square
Coles
西澳美術館 P.569 Art Gallery of WA
Mantra on Murray Perth
Rain Square
柏斯車站 Perth
Transperth 遊客中心
TAKA Japanse Cuisine P.594
McIver車站 McIver
Grill'd Shafto Lane P.594
Angel Falls Grill
ibis Perth
Louis Vuitton
Myer
Europian Hotel P.590
柏斯地下車站 Perth Underground
Grand Lane Fish House P.594
Holiday Inn Perth City Centre P.589
iCity
Forest Chase
Woolworths
P.589 InterContinental Perth City Centre
T2
Carillon City
Ascua P.593
西澳遊客中心
David Jones
QT Perth
Pensione Hotel Perth
柏斯皇家醫院 Royal Perth Hospital
P.590 Parmelia Hilton Perth
Dôme Café P.593
enex
Trinity Arcarde
P.589
London Court
Criterion Hotel Perth
Seasons of Perth
聖瑪麗教堂 St Mary's Cathedral
Sentinel Bar & Grill
Woolworths
P.590 COMO The Treasury
The Westin Perth
The Meat & Wine Co
聖喬治教堂 St George's Anglican Cathedral
伊莉莎白碼頭巴士站 Elizabeth Quay Bus Station
Quay Perth
POST P.593
Mercure Perth
Mercure Perth on Hay
Transperth 遊客中心
會議中心
伊莉莎白碼頭車站 Elizabeth Quay
市政廳 City of Perth
總督官邸
Dôme Café
Oyster Bar Elizabeth Quay
Spanda
西澳最高法院
Duxton Hotel Perth
伊莉莎白碼頭 Elizabeth Quay Jetty
伊莉莎白碼頭 Elizabeth Quay
音樂廳
The Ritz-Carlton Perth P.591
最高法院花園 Supereme Court Garden
西澳家庭法院
天鵝鐘塔 The Bell Tower P.568
City Waters Motel P.589
巴拉克街碼頭 Barrack St. Jetty
天鵝河 Swan River
Langley Park
N
1
2
A
B

這一區還有娛樂中心、酒吧和夜店林立，是柏斯年輕人最愛的休閒娛樂區。此外也聚集背包客旅館等眾多平價住宿設施，想要有「便宜又舒適的柏斯之旅」的遊客，不妨到這裡來找尋棲身之處。

柏斯市區的主要景點

SIGHTSEEING SPOTS

能一覽天鵝河、柏斯市區的美麗公園 MAP P.564/2・3A・B

國王公園

Kings Park

公園內道路兩旁盡是美麗林蔭

走在美麗的柏斯街道上還是覺得意猶未盡的人，就得前來可以一覽整座城市全貌的國王公園看個清楚。蜿蜒曲折的天鵝河、嶄新的高樓大廈群，還能眺望到南柏斯，從國王公園的高處欣賞到的柏斯，讓人感慨萬千。

擁有伊利莎山Mt. Eliza從山腳到山頂共404公頃遼闊面積的國王公園，雖然從市區過來只需要5分鐘車程，卻擁有自然的原始森林，因此園內保護著超過250種植物，以及100種以上的野生動物，走在一望無際的尤加利樹林蔭大道裡，讓人深深為這幅美景所沉醉；而且在8～11月間百花盛開，各式各樣鮮豔的野花將整座公園染得五彩繽紛。除此之外，公園裡還有戰爭紀念碑War Memorial、植物園Botanic Gardens、網球場、BBQ烤肉區、遊樂場等，是可以滿足各種需求的多元公園。甚至還有出租越野腳踏車的服務。

清澈鐘聲響徹市區的鐘塔 MAP P.567/2A

天鵝鐘塔

The Bell Tower

蓋在巴拉克街碼頭Barrack St. Jetty前，鐘塔裡擁有17個不同音色的鐘，可以聽到美妙的演奏樂聲。這座鐘塔建於18世紀是極有歷史價值的古蹟，原本佇立在倫敦特拉法加廣場的聖馬丁教堂內，直到1988年時為了慶祝澳洲建國200週年紀念，才贈送給西澳州。另外在鐘塔內還有觀景台，由此眺望的天鵝河、柏斯市中心美景絕佳。

經過重新改裝展覽內容更為豐富 MAP P.567/1B

西澳美術館

WA Museum Boola Bardip

展示著西澳的自然、文化、歷史、科學發明及未來發展等豐富內容，尤其是命名為Ngalang Koort Boodja Wirn與西澳原住民相關的展覽，絕對不能錯過；從光是州內就擁有超過100種語言族群的原住民創世紀故事，到

■國王公園
●遊客中心
☎(08)9480-3634
URL www.bgpa.wa.gov.au/kings-park
開 每日9:30～16:00
休 耶誕節
●如何前往
國王公園的主要入口在免費巴士路線的自由上下區內，搭乘Blue CAT最方便，不過Green CAT、Purple CAT也能到達。

■國王公園的免費導覽之旅
時 每日10:00、13:00在遊客中心前出發，所需時間約90分鐘
休 耶誕節
費 免費

可以眺望天鵝河的戰爭紀念碑

國王公園也是極為熱門的欣賞夜景地點

■天鵝鐘塔
住 Barrack Square, Riverside Drv., 6000
☎(08)6210-0444
URL www.thebelltower.com.au
開 週四～日10:00～16:00（冬季～15:45）／鐘塔演奏：週四、日12:00～13:00
休 耶穌受難日、耶誕節
費 鐘塔體驗（可以實際敲鐘）：大人$18 小孩$9 家庭$44

柏斯的地標性建築，天鵝鐘塔

歐洲移民殖民後的艱苦歷史，透過各種展示與影像紀錄來詳細介紹。至於館內2樓巨大的藍鯨骨架標本也是必看的展覽品。

鑑賞澳洲現代美術 MAP P.567/1B

西澳美術館
Art Gallery of WA

館內規劃有多個展覽室，經常都有舉辦限定期間的主題特展，常設展基本上只有在館內的Centenary Gallery，而在這裡主要展示活躍於19世紀後半到20世紀前半澳洲海外畫家的作品。館內收藏的澳洲藝術家作品範圍廣泛，除了繪畫，還有攝影、現代藝術、雕刻等，可以趁著特展的時候一飽眼福。

製作獨一無二的硬幣！ MAP P.565/2C

柏斯鑄幣局
The Perth Mint

澳洲歷史最悠久的柏斯鑄幣局

是澳洲歷史最悠久的鑄幣局，在當年的淘金熱時期，以英國皇家鑄幣局的澳洲分局開始製造錢幣，因此在這裡可以看到當時採礦工人工作的情形、金礦的歷史，以及柏斯鑄幣局製作過的歷代錢幣等展示。透過每個小時推出的導覽之旅，可以參觀世界最大的金幣及錢幣鑄造的實況，甚至還可以打造印有名字或文字的獨一無二專屬錢幣（Personalised Medallions），至於材質則有鋁青銅、鍍金銅、純銀3種可以選擇。在館內的Perth Mint Shop也可以選購鑄幣局生產製造的錢幣、飾品等商品做為紀念。

到南半球最大賭場來一夜致富！ MAP P.565/2D

皇冠柏斯娛樂中心
Crown Perth

位於市區以東越過天鵝河後的Burswood區，是超大型的娛樂複合設施，以南半球最大規模的賭場為中心，還有各式各樣的餐廳、酒吧、劇院、3家高級飯店、Day Spa等應有盡有。

出發前往郊區海灘！ MAP P.559/2A

日落海岸
Sunset Coast

在柏斯郊外以北的印度洋沿岸，因為能觀賞到極美的西下夕陽，而被通稱為日落海岸。

■西澳博物館
住Perth Cultural Centre, 6000
☎1300-134-081
URL visit.museum.wa.gov.au/boolabardip
開每日9:30～17:00
休耶穌受難日、耶誕節 費免費（特展需要付費）

■西澳美術館
住Perth Cultural Centre, 6000
☎(08)9492-6600
URL artgallery.wa.gov.au
開週三～一10:00～17:00
休週二、耶穌受難日、澳紐軍團紀念日、耶誕節
費免費（接受$5的捐款）

能接觸到澳洲藝術精髓的美術館

■柏斯鑄幣局
住310 Hay St., 6000
☎1300-366-520
URL www.perthmint.com
開週一～六9:00～17:00，週日10:00～17:00／導覽之旅：在每個整點30分開始
休新年、澳紐軍團紀念日、耶穌受難日、耶誕節、節禮日
費大人$19 小孩$8 家庭$48／訂做硬幣：鋁青銅$17、鍍金銅$22、純銀$42
※由於館內商店屬於免稅店，必須攜帶護照及機票

號稱澳洲規模最大的賭場

■皇冠柏斯娛樂中心
住Great Eastern Hwy., Burswood, 6100
FREE 1800-556-688
URL www.crownperth.com.au
●如何前往
從柏斯車站搭乘電車Armadale線到第3站的Burswood下車。巴士則從St George's Tce.搭乘Route 36、39、287、935。

■前往賭場的注意事項
年齡限制：必須年滿18歲以上，記得攜帶護照作為身分證明。

擁有綿延衝浪海灘的日落海岸（斯卡波羅海灘）

■日落海岸
●如何前往科特索
搭乘費里曼圖線電車在科特索車站下車，從車站前轉乘Route 102的巴士，下車後再步行15分鐘。
●如何前往斯卡波羅
搭乘郡達拉普線電車到Stirling，再轉乘Route 410、421、990的巴士到終點站下車。
●如何前往希拉利斯船岸
搭乘電車郡達拉普線到Warwick，再轉搭Route 441、460巴士。

這一片極其寬闊的自然原始海岸從費里曼圖以北的科特索Cottesloe開始，延伸到從柏斯搭電車20分鐘郡達拉普Joondalup北端的Mindarie Keys為止，擁有多處特色風格各異的海灘。科特索的特色是安全適合全家共遊的海灘，人潮最多最熱鬧的海灘當屬斯卡波羅Scarborough，不但適合衝浪、風帆衝浪等海上活動，而且閃耀白沙的海灘上總躺著成群悠閒做日光浴的人們；從這裡一路通往特里格島海灘Trigg Island Beach的步道上，則滿是餐廳、咖啡館。至於位在步道北端的希拉利斯船岸Hillary's Harbour，有購物中心所在的索倫多碼頭Sorrento Quay、遊樂園、餐廳等，還有西澳水族館Aqwa（→P.584），因此每到週末就呈現人擠人的喧鬧氣氛。

柏斯近郊城鎮及島嶼
AROUND PERTH

費里曼圖
Fremantle

距離柏斯西南方約19km，天鵝河最終注入印度洋河口處的費里曼圖，是被在地市民暱稱為Freo的美麗港口城市，曾經是1986～1987年世界性的美國盃帆船賽首度移師海外舉行比賽的地點，也讓這座港都因此聲名大噪。

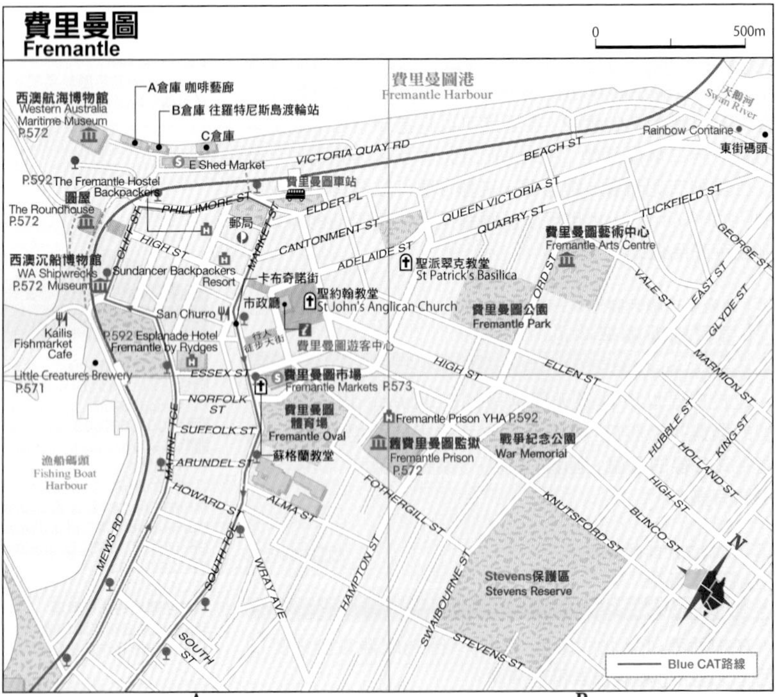

費里曼圖
Fremantle

0 500m

費里曼圖港 Fremantle Harbour
天鵝河 Swan River
A倉庫 咖啡藝廊
B倉庫 往羅特尼斯島渡輪站
C倉庫
西澳航海博物館 Western Australia Maritime Museum P.572
E Shed Market
VICTORIA QUAY RD
BEACH ST
Rainbow Containe
東街碼頭
P.592 The Fremantle Hostel Backpackers
費里曼圖車站
圓屋 The Roundhouse P.572
PHILLIMORE ST
ELDER PL
QUEEN VICTORIA ST
TUCKFIELD ST
郵局
CLIFF ST
MARKET ST
CANTONMENT ST
QUARRY ST
費里曼圖藝術中心 Fremantle Arts Centre
GEORGE ST
HIGH ST
西澳沉船博物館 WA Shipwrecks Museum P.572
Sundancer Backpackers Resort
卡布奇諾街
ADELAIDE ST
聖派翠克教堂 St Patrick's Basilica
ORD ST
VALE ST
EAST ST
GLYDE ST
市政廳
聖約翰教堂 St John's Anglican Church
費里曼圖公園 Fremantle Park
San Churro
Kailis Fishmarket Cafe
P.592 Esplanade Hotel Fremantle by Rydges
行人徒步大街
費里曼圖遊客中心
Little Creatures Brewery P.571
ESSEX ST
費里曼圖市場 Fremantle Markets P.573
HIGH ST
ELLEN ST
MARMION ST
NORFOLK ST
費里曼圖體育場 Fremantle Oval
Fremantle Prison YHA P.592
SUFFOLK ST
費里曼圖監獄 Fremantle Prison P.572
戰爭紀念公園 War Memorial
HUBBLE ST
KING ST
漁船碼頭 Fishing Boat Harbour
MARINE TCE
ARUNDEL ST
蘇格蘭教堂
HOLLAND ST
HOWARD ST
ALMA ST
FOTHERGILL ST
KNUTSFORD ST
HIGH ST
BLINCO ST
MEWS RD
SOUTH TCE
WRAY AVE
HAMPTON ST
SWAIBOURNE ST
Stevens保護區 Stevens Reserve
N
SOUTH ST
STEVENS ST
Blue CAT路線
1 2 A B

位於市中心的市政廳

海灘前步道旁海鮮餐廳林立

1829年在費里曼圖船長Captain Charles Fremantle的殖民宣言下，展開了費里曼圖這座港都的歷史，如今街道上依舊保留許多當年由囚犯打造的雄偉建築，漫步在街道巷弄裡，就像是置身電影場景一般，充滿懷舊氛圍。因此費里曼圖市區內擁有許多復古氣氛的咖啡廳與酒館，特別是在市場街Market St.與South Tce.的十字路口周邊，又被稱為「卡布奇諾街Cappuccino Strip」，咖啡館林立；熱愛咖啡的澳洲客，會聚集在自己鍾愛的咖啡館裡，高談闊論度過悠閒的午後時光。

走到漁船碼頭附近，會看到一整排賣新鮮海產的海鮮餐廳，一到晚餐時間就擠滿饕客而人聲鼎沸；一旁還有在地啤酒工廠Little Creatures Brewery，可享受試飲多種啤酒的樂趣。

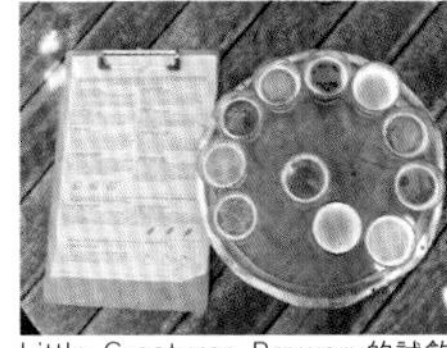
Little Creatures Brewery的試飲體驗

以步行方式遊覽費里曼圖就很足夠，而從費里曼圖車站前出發的免費巴士費里曼圖CAT Fremantle CAT也可以善加利用。2023年7月之後，只剩下城市南邊的Blue CAT路線，前往費里曼圖市場或西澳沉船博物館、South Beach時，非常便利（Red CAT則停駛中）。

搭乘路面電車遊費里曼圖

費里曼圖路面電車
Fremantle Tram

搭上模仿電車造型的巴士周遊各大景點

搭乘古樸可愛的路面電車，暢遊優雅古老建築處處的費里曼圖觀光之旅，每天都會從市政廳前出發。主要行程為周遊歷史古蹟建築、港口等6處景點的觀光巴士Hop On, Hop Off，以及包含舊費里曼圖監獄、西澳航海博物館門票的套裝組合；此外，也有推出結合費里曼圖與天鵝河觀光船、柏斯觀光的Triple Tour之旅。

交通

●費里曼圖

從柏斯市區搭乘市區巴士約30～40分鐘可抵達，如果是搭乘電車的費里曼圖線則只要25分鐘。

■費里曼圖遊客中心
Fremantle Visitor Centre
MAP P.570/1A
住155 High St., Fremantle, 6160
☎(08)9431-7878
URL www.visitfremantle.com.au
開週一～五9:00～17:00，週六9:00～16:00，週日、節日10:00～16:00
休耶穌受難日、耶誕節

■費里曼圖CAT
☎13-62-13
URL www.transperth.wa.gov.au
時Blue CAT：週一～四7:25～18:25，週五7:25～19:45，週六、日、節日10:00～18:20之間每隔20分鐘發車
休耶穌受難日、耶誕節、節禮日

橘色醒目的費里曼圖CAT

■Little Creatures Brewery
MAP P.570/1A
住40 Mews Rd., Fremantle, 6160 ☎(08)6215-1000
URL littlecreatures.com.au
營每日11:00～22:00

■費里曼圖路面電車
☎(08)9473-0331
URL www.fremantletrams.com
※目前停駛中
●Hop On, Hop Off
時9～4月每日9:45～15:10之間7次，5～8月週二、四～日9:45～15:00之間5次，從市政廳出發，所需時間45分鐘
費大人$30 小孩$5 家庭$65／含舊費里曼圖監獄門票：大人$50 小孩$15／含西澳航海博物館門票：大人$48 小孩$5
●Triple Tour
時費里曼圖出發、返回柏斯：10:00或11:00出發
費大人$97 小孩$32

幾年前還關著犯人的監獄

絕對不能錯過　MAP P.570/2A

舊費里曼圖監獄
Fremantle Prison

為世界遺產「澳洲囚犯流放地遺址」之一的舊監獄，座落於能一覽費里曼圖街景的丘陵地上，直到1991年都還關著人犯。這座大型建築，在136年的歲月裡持續地監視著費里曼圖，其間大約有9000名犯人曾經在這裡勞動服刑。熱鬧明朗的港都氣氛在這裡蕩然無存，充滿著肅殺氛圍。

每30分鐘出發一次的監獄導覽之旅，行程為1小時15分，透過解說可以更加認識當年從英國被流放至費里曼圖的囚犯們，留在陰暗個人牢房牆壁上的各種塗鴉，以及曾經執行過44起絞刑的行刑現場等歷史。

從豐富的展覽品認識西澳海洋史　MAP P.570/1A

西澳航海博物館
Western Australia Maritime Museum

位在面對費里曼圖港的維多利亞碼頭Victoria Quay尾端，以各種豐富的展覽品來述說包括貿易商、移民等千里迢迢渡過印度洋來到西澳的「海上旅人」歷史。另外還有在1983年美國盃帆船賽中首度擊敗美國的參賽帆船──澳洲II號，以及西澳的漁業、海軍等相關展示，內容包羅萬象。在博物館旁還公開展示海軍的退役潛水艇Submarine Ovens號，可以透過從航海博物館前每隔30分鐘出發的導覽之旅來進入參觀。

展示著實際曾經乘風破浪過的各種船隻

西澳最古老的公共建築　MAP P.570/1A

圓屋
The Roundhouse

在High St.盡頭海邊的建築物，就是1831年殖民地設在天鵝河殖民地最早的監獄，從內部所展示的過往照片就可以感受到這棟建築物所經歷的長久歲月。

建於海邊的歷史建築

當然要來見識從沉船挖掘出來的珠寶！　MAP P.570/1A

西澳沉船博物館
WA Shipwrecks Museum

博物館的前身是在1850～1860年作為流放囚犯或是哨兵的軍需部隊（專門補給糧食、衣物的部隊）倉庫之用。館內的展覽物件相當分歧，從原住民的手工船隻到沉船撈出的船上用品，各種與大海有關的事物都能在這裡

■舊費里曼圖監獄
住1 The Terrace, Fremantle, 6160　☎(08)9336-9200
URL fremantleprison.com.au
開每日9:00～17:00
休耶穌受難日、耶誕節
費大人$22 小孩$12 家庭$62
※包含監獄導覽之旅，從10:00起每個整點的30分出發，最後是17:00
※每週三、五也有夜間之旅（夏季從18:30開始進行數次，冬季從19:00起1次）。大人$28 小孩$18 家庭$82

■西澳航海博物館
住Victoria Quay, Fremantle, 6160　☎1300-134-081
URL museum.wa.gov.au/museums/maritime
開每日9:30～17:00
休新年、耶穌受難日、耶誕節、節禮日
費大人$15 小孩免費 家庭$30
●潛水艇Ovens號
費大人$15 小孩$7.50

■圓屋
住15 Captains Lane, Fremantle, 6160
☎(08)9336-6897
URL www.fremantleroundhouse.com.au
開每日10:30～15:30（咖啡館：週一～五8:00～17:00，週六、日9:30～18:00）／平日10:30～15:30間有義工的導覽說明
休耶穌受難日、耶誕節
費免費（接受$2的捐款）

■西澳沉船博物館
住45 Cliff St., Fremantle, 6160
☎1300-134-081
URL museum.wa.gov.au/museums/shipwrecks
開每日9:30～17:00
休新年、耶穌受難日、耶誕節、節禮日
費免費（接受$5的捐款）

極具參觀價值的沉船博物館

看得到。尤其是庫克船長抵達澳洲的一個世紀之前，因觸礁而沉沒在澳洲海域的荷蘭東印度公司船隻（4艘）的寶藏，非常值得一看。還有1629年沉沒的巴達維亞號Batavia的部分復原船體，可說是全世界獨一無二的展覽。

週末人擠人很熱鬧 MAP P.570/1・2A

費里曼圖市場
Fremantle Markets

在Henderson St.和South Tce.街轉角處的費里曼圖市場，只在週末營業，擁有超過140家攤商，販賣商品從食品到古董都有，其中又有不少精油芳療產品的小店，不但種類眾多而且價錢便宜，最合適買回家當小禮物。除了市場讓人逛得眼花撩亂，這裡的街頭藝人表演同樣很有看頭，不但有各種充滿魅力的現場演出，就連即興脫口秀也是笑點不斷，總是能在短時間內就吸引眾多觀眾停下腳步欣賞。

費里曼圖市場裡的獨特小店多不勝數

■費里曼圖市場
住 Cnr. South Tce. & Henderson St., Fremantle, 6959
☎ (08)9335-2515
URL www.fremantlemarkets.com.au 營週五～日、節日：庭院區8:00～18:00、主建築區9:00～18:00

羅特尼斯島
Rottnest Is.

位在深藍印度洋之上的迷你小島，距離費里曼圖海邊18km的羅特尼斯島，被民眾暱稱為「Rotto」。羅特尼斯島的名稱是以過去曾經造訪此地的荷蘭探險家來命名，因為當年他們以為這裡有成群老鼠鑽動而登島，後來才發現，原來他們所看見的大老鼠其實是有袋類動物的短尾矮袋鼠Quokka，成為非常有趣的故事。

交通

●羅特尼斯島

一般都是從費里曼圖搭乘Sealink Rottnest Is.、Rottnest Express的渡輪前往。兩家渡輪也有提供1天1班從柏斯巴拉克街碼頭Barrack St. Jetty的服務，不過因為航線會經由費里曼圖，而實際上搭乘電車前往費里曼圖，班次既多又省時，只推薦給樂於享受天鵝河觀光船前往羅特尼斯島的遊客。此外，也有從希拉利斯船岸前往羅特尼斯島Rottnest Fast Ferry的船班，但對觀光客來說，特地去希拉利斯太不實際了。

Sealink Rottnest Is. ☎1300-786-552 URL www.sealinkrottnest.com.au

費B倉庫出發：來回大人$73(79) 小孩$37(39) 家庭$155(166)／柏斯巴拉克街碼頭出發：來回大人110(116) 小孩$52(55) 家庭$274(285)※含登島費用 ※( )內為來回船上的住宿

●渡輪時刻表（B倉庫出發單程所需時間35分鐘／柏斯出發單程2小時）／出發地點：費里曼圖（B倉庫）、柏斯（巴拉克街碼頭）
〔9月～12月25日〕B倉庫出發：每日7:00～17:45共14班／柏斯出發：每日8:30／羅特尼斯島出發、前往B倉庫：每日8:00～18:00共13班／羅特尼斯島出發、前往柏斯：每日16:00〔12月26日～1月10日〕B倉庫出發：每日7:00～19:30共15班／柏斯出發：每日8:30／羅特尼斯島出發、前往B倉庫：每日8:00～20:30共14班／羅特尼斯島出發、前往柏斯：每日16:00〔1月11日～4月〕B倉庫出發：每日7:00～17:15共12班／柏斯出發：每日8:30／羅特尼斯島出發、前往B倉庫：每日8:00～18:00共11班／羅特尼斯島出發、前往柏斯：每日16:00〔5月～8月〕B倉庫出發：每日7:00～15:30共7班，週五～日17:00／柏斯出發：每日8:30／羅特尼斯島出發、前往B倉庫：每日8:00～17:15共7班，週五～日18:00／羅特尼斯島出發、前往柏斯：每日16:00

Rottnest Express ☎1300-467-688 URL www.rottnestexpress.com.au

費B倉庫出發：來回大人$79(89) 小孩$37(41) 家庭$204(226)／柏斯巴拉克街碼頭出發：來回大人$113(123) 小孩$59(63) 家庭$309(331)※含登島費用 ※( )內為來回船上的住宿

●渡輪時刻表（B倉庫出發單程所需時間30分鐘／柏斯出發單程2小時）／出發地點：費里曼圖（B倉庫、North Port）、柏斯（巴拉克街碼頭）
〔前往羅特尼斯島〕B倉庫出發：每日7:30、8:30、9:30、10:00、11:30、16:00／North Port出發：每日8:00、10:30、12:30、14:00／巴拉克街碼頭出發：每日8:45〔羅特尼斯島出發〕前往B倉庫：每日8:30、10:30、11:45、14:30、17:00、17:30、18:30／前往North Port：每日9:30、11:00、11:45、14:30、16:30、17:30、18:30／前往巴拉克街碼頭：每日17:00

（2022年9月）

擁有美麗沙灘的羅特尼斯島（Little Salmon Bay）

■羅特尼斯島遊客中心
Rottnest Is. Visitor & Information Centre

MAP P.574/B

☎(08)9372-9730
URL www.rottnestisland.com
開 週日～四7:30～17:00、週五7:30～19:00

花一整天騎單車環島也很有趣

很值得搭乘的環島巴士Island Explore

短尾矮袋鼠因為嘴角往上揚看起來像是在笑，而被稱為「世界上最幸福的生物」，能夠一起自拍就會得到全世界的好評。

短尾矮袋鼠母子並不罕見

除了短尾矮袋鼠之外，這座島嶼上還有著成群的孔雀，而海灘上的白色細沙踩起來不但舒服，躺在上面聆聽陣陣起落的海浪聲，間或伴隨著魚兒跳躍出水的拍打聲，更別說游泳是隨時能下水。

島內的交通工具基本上是腳踏車（島上租得到，也可以帶著上渡輪），悠閒地遊覽島上，選個喜歡的海灘度過時光是這裡的觀光方式；由於海水的透明度很高，若是夏季來訪別忘了租借浮潛用具。

此外，除了渡輪碼頭所在地Thomson Bay以外的地方都很難買得到食物及飲用水，出發前至少要準備1公升的水和簡單的食物。島上的環島道路雖然都有鋪設柏油，路況無虞，但是上下坡也不少；人氣的海灘有小鮭魚灣Little Salmon Bay、鮭魚灣Salmon Bay、斯塔克灣Stark Bay等處。

腳踏車騎累了的時候，可以搭乘45分鐘1班的環島巴士Island Explore，島上共有19個停靠站，買張1日周遊券就能在各個海灘停留了。

羅特尼斯島的旅遊團

首先是以90分鐘周遊島上主要景點的Island Discovery

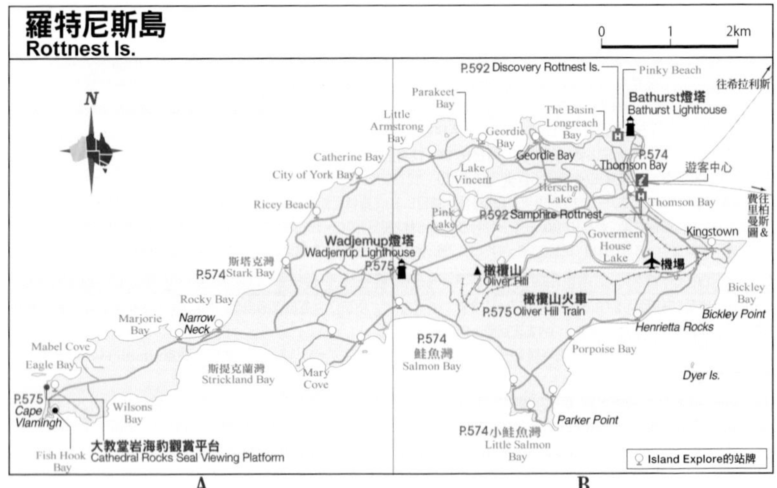

左：一定要造訪的Wadjemup燈塔
右：Lux Island Seafood Cruise可以品嚐新鮮龍蝦

Tour，雖然基本上是經過不下車，但在Wadjemup燈塔Wadjemup Lighthouse及最西端的Cape Vlamingh可以下車觀光。

可以享受自然與歷史的橄欖山火車Oliver Hill Train也很有趣，從Thomson Bay郊外開往島中央橄欖山的小火車之旅，由義工嚮導解說關於島上的自然與歷史知識。橄欖山設有地下碉堡，保留著抵禦二次大戰敵方攻擊的9.2英吋高射炮，以及地底祕密通道、發電機等遺跡。喜愛冒險的遊客不妨搭乘海洋浮艇巡遊島嶼，還能造訪海豹棲息地及賞海豚的Adventure Boat Tour；夏天還有搭乘捕龍蝦船，品嚐現捕龍蝦及7道海鮮大餐的Lux Island Seafood Cruise，行程豐富而多元。

天鵝谷
Swan Valley

葡萄園綿延的天鵝谷

因為發現4萬年前澳洲原住民聚落遺跡而聞名於世的天鵝谷，根據原住民的傳說，天鵝河是被擁有巨大翅膀、外型像蛇又像鱷魚的怪物，從陸地往海洋移動時所形成的河流。位於天鵝河畔的寬闊天鵝谷，發展成蜜蘭Midland、吉爾福德Guildford、凱維森Caversham、恆利溪Henley Brook、赫恩山Herne Hill、中天鵝Middle Swan等區域，分布多達近150間酒莊，成為西澳最大的葡萄酒釀造區。擁有絕佳自然條件下所誕生的葡萄酒，以擁有獨特的果香風味而備受好評。另外在天鵝谷還保存著1880年代拓荒者所興建的維多利亞風格建築，如木橋別墅Woodbridge House等許多具有歷史價值的景點，也擁有許多藝廊、餐廳、咖啡館，還可以前往凱維森野生動物園Caversham Wildlife Park & Zoo （→P.583），接觸可愛的動物。

■羅特尼斯島租借自行車
Pedal Flipper
住Bedford Ave., Rottnest Is., 6161 ☎(08)9292-5105
營每日8:30～17:00
費一般腳踏車：1日大人$30 小孩$20／電動腳踏車：1日大人$71／安全帽&鎖：1人$3

■羅特尼斯島的主要旅遊團
●環島巴士Island Explore
時每日9:00～15:00每隔45分鐘1班
費大人$20 小孩$15 家庭$50
●Island Discovery Tour
時每日10:50、13:20出發（所需時間90分鐘）
費大人$51 小孩$26
●橄欖山火車之旅
時學校假期期間每日10:30～14:30每隔1小時
費單純搭車：大人$15 小孩$5／含高射炮＋地底祕密通道之旅：大人$30 小孩$12
●Adventure Boat Tour
時9月中旬～4月下旬每日出發，時間需要再確認
費大人$72 小孩$36
●Lux Island Seafood Cruise
☎(08)9586-1136
URL rottnestcruises.com
時週三～日11:00～15:30（出發時期需要再確認）
費1人$329（60歲以上$319）

交通

●天鵝谷
租車前往最方便。在大眾交通工具方面，可以搭乘蜜蘭線電車前往蜜蘭車站，再轉搭計程車前往。也建議可以參加由柏斯出發的觀光船之旅或天鵝谷半日遊。

■木橋別墅
住8254 Ford St., Woodbridge, 6056
☎(08)9321-6088
URL www.nationaltrust.org.au/places/woodbridge
開週五、六11:30～15:00
休週日～四、耶穌受難日
費大人$10 小孩$5 家庭$25

■天鵝谷&東區遊客中心
住Historic Guildford Courthouse, Cnr. Meadow & Swan Sts., Guildford, 6055
☎(08)9207-8899
URL www.swanvalley.com.au
開每日9:00～16:00
休耶誕節

一定要來的遊客中心

位於吉爾福德的天鵝谷&東區遊客中心Swan Valley & Eastern Region Visitor Centre，座落地點就在保留許多19世紀後半歷史建築的Meadow St.，遊客中心本身也是由建於1866年的法院重新裝修而成，因此內部除了服務櫃台之外，也是訴說天鵝谷開拓史的博物館。在遊客中心的後方庭院裡還保存著1841年建造的舊監獄The Colonial Gaol、建於1880年的Taylors Cottage等古蹟建築。

來尋找個人喜愛的葡萄酒

酒莊巡禮
Visiting Winery

既然來到聞名全球的天鵝谷，當然不能少了酒莊巡禮。若時間許可，最愉快的方式當然是隨性所至地周遊酒莊；如果打算當天往返柏斯，就只能將焦點集中在幾間著名的酒莊。另外不少酒莊會附設餐廳、咖啡館，讓遊客可以一邊品嚐美味的葡萄酒，一邊享受搭配的美食，度過優雅的時光。

●Sandalford Caversham Estate

不但號稱是天鵝谷規模最大的酒莊，從酒莊看出去的葡萄園景致也是天鵝谷數一數二，當然也有附設餐廳。而且為了想要好好品鑑美酒的遊客，還推出「Sandalford Experience」的參觀釀酒工廠&品酒之旅。

Sandalford也提供釀酒廠的參觀之旅

●Nikola Estate

為西澳少數的老字號酒莊，2019年成為天鵝谷大型酒莊Oakover Grounds旗下的一員而更名。擁有遼闊的庭園，每逢週末吸引不少人攜家帶眷前來一遊，至於品酒室裡不但能品嚐各種美酒，也販售眾多與葡萄酒相關的商品。在咖啡館旁的建築物則是放置大型酒桶的迷你博物館&藝廊，也是不容錯過的觀光名勝。

在品酒室旁的博物館

●Sittella

釀造出高品質的氣泡葡萄酒及希哈Shiraz的人氣酒莊，所附設的餐廳在天鵝谷相當具有知名度，從露天用餐區眺望到的葡萄園景致相當優美，不但提供的料理美味，葡萄酒種類也非常豐富。

■Sandalford Caversham Estate
住3210 West Swan Rd., Caversham, 6055
☎(08)9374-9343
URL www.sandalford.com
營每日10:00～17:00／Sandalford Experience：每日12:00～13:15／餐廳：週日～四11:30～17:00，週五、六11:30～21:00
費Sandalford Experience 1人$25

■Nikola Estate
住148 Dale Rd., Middle Swan, 6056
☎(08)9374-8050
URL nikolaestate.com.au
營週四～日10:00～17:00
休週一～三

■Sittella
住100 Barrett St., Herne Hill, 6056
☎(08)9296-2600
URL www.sittella.com.au
營週二～日10:00～16:00／餐廳：週二～日11:30～16:00
休週一

在Sittella享受葡萄酒與料理碰撞出的美妙絕配。

■Lancaster Wines
住5228 West Swan Rd., Swan Valley, 6055
☎(08)9250-6461
URL lancasterwines.com.au
營每日10:00～17:00

洋溢開放氛圍的Lancaster Wines

● Lancaster Wines

以開放式小屋形式的品酒室讓人印象深刻的酒莊，所生產的招牌白酒──白蘇維濃榭密雍（SBS）為西澳特有的酒種，非常受歡迎。

可以試吃巧克力而大受歡迎

瑪格麗特河巧克力工廠
The Margaret River Chocolate Company

位於瑪格麗特河的工廠兼直營商店，不僅可以參觀巧克力的製作過程，還提供巧克力的試吃服務；從短尾矮袋鼠形狀、板狀到松露巧克力，擁有多種造型及口味。還設有咖啡館，在天鵝谷酒莊巡禮的途中，成為坐下來喝杯熱巧克力小歇片刻的人氣地點；隔壁則是販賣松露油、橄欖油及各種調味料的Providore，也很受遊客喜愛。

■瑪格麗特河巧克力工廠
住5123 West Swan Rd., West Swan, 6055
☎(08)9250-1588
URL chocolatefactory.com.au
營每日9:00～17:00
休耶誕節

短尾矮袋鼠巧克力是很熱門的伴手禮

有紅柳桉和變葉佛塔樹等眾多稀有蜂蜜

蜂蜜小屋
The House of Honey

位於上天鵝區的蜂蜜產品專賣店＆咖啡館，可以試吃紅柳桉蜜jarrah Honey、Marri Honey、Karri Honey等西澳特有的各式各樣口味的蜂蜜，至於咖啡館最受歡迎的餐點，當然就是淋上滿滿蜂蜜的冰淇淋，一定要來吃吃看。

■蜂蜜小屋
住867 Great Northern Hwy. (Cnr.River Rd.), Herne Hill, 6056
☎(08)9296-3635
URL www.thehouseofhoney.com.au
營每日10:00～17:00
休耶穌受難日、耶誕節

可以試吃豐富多樣的蜂蜜

羅津翰
Rockingham

羅津翰最知名的景點──企鵝島

距離柏斯以南約50km的印度洋沿岸度假城鎮，擁有科克柏恩海口Cockburn Sound、肖爾瓦特灣Shoalwater Bay、Warnbro Sound3座海灣，並分布遼闊而美麗的潔白沙灘；這裡的海浪平穩，加上海水能見度高，也讓羅津翰成為非常著名的潛水勝地。

由於這裡是西澳海域中相當罕見沒有鯊魚蹤跡的地方，因此成為超過100隻瓶鼻海豚的棲息地，有時還會看到牠們聚集在接近沙灘的淺灘，因此從柏斯出發的旅遊團行程中，很受遊客喜愛的觀賞海豚之旅（游泳＆觀賞）就包括前往羅津翰（→P.586）；這裡還有海獅、企鵝等動物的棲息島嶼，能夠近距離觀賞。澳洲雖然幅員遼闊，但是可以一次看到海豚、海獅和企鵝3種海洋動物的地點，恐怕也只有羅津翰。

交通

●羅津翰
從柏斯搭乘曼杜拉線Mandurah電車，另外費里曼圖的Transperth巴士、柏斯的Southwest Coach Line巴士也可以到達。

■羅津翰遊客中心
Rockingham Visitor Centre
住19 Kent St., Rockingham, 6168 ☎(08)9592-3464
URL www.rockinghamvisitorcentre.com.au
開週一～五9:00～17:00、週六、日、節日9:00～16:00
休耶穌受難日、耶誕節、節禮日

企鵝島也是澳洲鵜鶘的一大棲息地

■**企鵝島探索中心**
☎(08)9591-1333
URL www.penguinisland.com.au
開每日10:00～15:30（只在9月15日～6月上旬開放）／餵食企鵝10:30、12:30、14:30／渡輪行駛時間為開放期間每日9:00～15:00每隔1小時
休耶誕節
費大人$35 小孩$30 家庭$100（含渡輪船票）

■**羅津翰野趣之旅**
☎(08)9591-1333
URL www.penguinisland.com.au
●海豚、企鵝&海獅觀光船之旅（含探索中心門票）
時企鵝島9:45、11:15、13:45出發
費大人$85 小孩$65 家庭$260
●Penguin Island Wildlife Cruise
時6月中旬～9月14日：Mersey Pt. 10:15、12:15出發
費大人$85 小孩$80 家庭$250

■**Rivergods**
☎(08)9259-0749
URL www.rivergods.com.au
●海獅&企鵝島海洋獨木舟1日遊
費大人$179 小孩$125（只在企鵝島開放時推出）
※含午餐、柏斯接送、所有設備

座落在肖爾瓦特灣裡

企鵝島&海豹島
Penguin Is. & Seal Is.

在探索中心聽取有關企鵝的詳細解說

肖爾瓦特灣內擁有7座小島，統稱為肖爾瓦特島海洋公園Shoalwater Islands Marine Park，其中最受觀光客喜愛的就是企鵝島（為了保護企鵝的巢穴，每年僅限在9月15日～6月上旬可以登島參觀），從肖爾瓦特灣南端外圍的Mersey Pt.搭乘渡輪，只要10分鐘時間就能抵達。每年的3月底～1月中旬是神仙企鵝在島上築巢的季節，由於白天所有的企鵝都出海去覓食，想要一睹牠們的廬山真面目並不容易。還好在島上的探索中心Discovery Centre，以人工方式飼養許多失去父母的小企鵝，每天推出3次餵食秀，千萬別錯過。在企鵝島上還設有戶外野餐區，加上美麗的海灘，在島上度過一整天也是不錯的選擇。

棲息於海豹島上的澳洲海獅

另一座人氣島嶼則是海豹島，是澳洲海獅的棲息地而受到保護，禁止遊客上島，不過只要搭船靠近島嶼，還是可以看到可愛的海獅身影。羅津翰野趣之旅Rockingham Wild Encounters推出在登上企鵝島之後，搭乘一天3班的玻璃船靠近海豹島附近，體驗觀察海獅與海豚行程的海豚、企鵝&海獅觀光船之旅，當然也會有足夠的時間讓大家好好暢遊企鵝島；至於在企鵝築巢期不能登島的季節，則有在企鵝島周圍巡航觀賞海獅和海豚的Penguin Island Wildlife Cruise。其他還有Rivergods在肖爾瓦特島海洋公園推出海洋獨木舟之旅，也是熱門行程，獨木舟結束之後，還有時間可以在企鵝島上悠閒度過。

交通

●**曼杜拉**
從柏斯搭乘曼杜拉線電車在終點站下車（約50分鐘），因為車站位在曼杜拉郊外，必須搭乘巴士（Route 588、589）前往市中心。另外像是Southwest Coach Line及Trans WA每天也都有巴士前往曼杜拉。

■**曼杜拉遊客中心**
Mandurah Visitor Centre
住Boarwalk Precinct, 75 Mandurah Tce., Mandurah, 6210 ☎(08)9550-3999
URL www.visitmandurah.com.au
開每日9:00～16:00
休耶穌受難日、耶誕節

曼杜拉
Mandurah

從柏斯搭乘電車或巴士約1小時可達的曼杜拉，是柏斯市民熱門的度假勝地，而且因為擁有曼杜拉河口內灣Mandurah Estuary，這裡擁有獨立船屋的高級住宅林立；城鎮的面積雖然不大，濱海區的開發則持續進行，劇院、音樂廳、餐廳、商店等樣樣不缺，充滿著發展中的蓬勃活力。面對曼杜拉河口的曼杜拉大街Mandurah Tce.是鎮上的主要街道，沿路上餐廳、咖啡館、商店和超市林立，好不熱鬧。

在這個城鎮可以體驗的是海豚&曼杜拉運河1小時之旅1 Hour Dophin & Mandurah Waterway Cruise，從遊客中心所在的木棧步道Boardwalk Precinct一端出海，以悠閒地遊覽曼杜拉河口，同時眺望興建於沿岸的豪宅為主題，而且在旅程途中幾乎都能遇到野生的海豚群，很讓人開心。

曼杜拉擁有多樣化的觀光船行程

■海豚&曼杜拉運河1小時之旅
主辦：Mandurah Cruises
☎(08)9581-1242
URL www.mandurahcruises.com.au
時 每日10:00、11:30、13:30、15:00出發 ※依照季節，出發時間會有不同
休 耶誕節
費 大人$32 小孩$18 家庭$68

約克小鎮
York

讓人想仔細參觀的聖三一教堂

柏斯以東是沿著雅芳河Avon River拓展開來，擁有英國田園風光的雅芳谷Avon Valley，這裡分布多座極具魅力的小城鎮，當中又以位於柏斯東方約97km，殖民歷史開始於1831年的約克，是西澳內陸區域開發最早的小鎮。約克小鎮還保留著眾多澳洲國家信託列入保護的歷史古蹟，造訪此地讓人不由得有時光倒流的感受；因此這裡的觀光焦點，就是步行欣賞這些具有歷史價值的古老建築。小鎮的主要大街雅芳街Avon Tce.聚集建於1850年代的旅館、餐廳，而且至今依舊持續營業中，遊客中心（York Visitor Centre）所在的市政廳也是1853年建造的歷史建築。

當地的約克汽車博物館York Motor Museum則典藏從古董車到F1賽車近100輛名車，以及3輛日本名車車款（Subaru360原型車、本田跑車800及當初實驗性銷往美國的左駕車款豐田跑車800）。

交通

●約克小鎮
從柏斯出發Trans WA的巴士每天都有班次前往約克小鎮，所需時間約1小時30分。另外從柏斯出發前往波浪岩的旅遊團也會經過約克小鎮。

■約克遊客中心
住 Town Hall, 81 Avon Tce.(Cnr. Joaquina St.), York, 6302
☎(08)9641-1301
URL visit.york.wa.gov.au
開 每日9:30～16:00
休 新年、耶穌受難日、耶誕節、節禮日

■約克汽車博物館
住 116 Avon Tce., York, 6302
☎(08)9641-1288
URL www.yorkmotormuseum.com
開 每日9:00～16:00
費 大人$12 小孩$3 家庭$30

展示著無數古董車的約克汽車博物館

由約克小鎮往波浪岩
From York to Wave Rock

被稱為黃金內陸Golden Outback的西澳內陸地區，其中由約克小鎮往東前往波浪岩所在的海登Hyden一帶，有著看不盡的連綿麥田、牧草地而有小麥帶區Wheatbelt的稱號，而且在6～10月期間還有野花盛開，是非常適合兜風出遊的路線。

這附近擁有幾個獨特的景點，首先要介紹的就是電影《孩子要回家Rabbit-Proof Fence》的主題，將西澳內陸一隔為二的巨型防野兔鐵網Rabbit-Proof Fence（也稱為野狗圍欄Dog Fence或Dingo Fence），就在Quairading到Corrigin的路線上。

讓人感動的電影《孩子要回家》

■中央小麥帶區遊客中心
Central Wheatbelt Visitor Centre
住85 Barrack St., Merredin, 6415
☎(08)9041-1666
URL www.wheatbelttourism.com
開週一～五8:30～16:30
休週六、日、耶穌受難日、耶誕節

交通

●海登＆波浪岩
前往波浪岩通常都是參加由柏斯出發的旅遊團（→P.587），如果是租車前往，因為距離相當遙遠，單程就得花上4個小時，要先做好心理準備，最好在海登住宿。

■波浪岩遊客中心
住Wave Rock Rd. (opp. Wave Rock), Hyden
☎(08)9880-5182
URL waverock.com.au
開每日9:00～18:00
休耶誕節

在海登入口處的公園裡放置說明歷史的馬口鐵創作

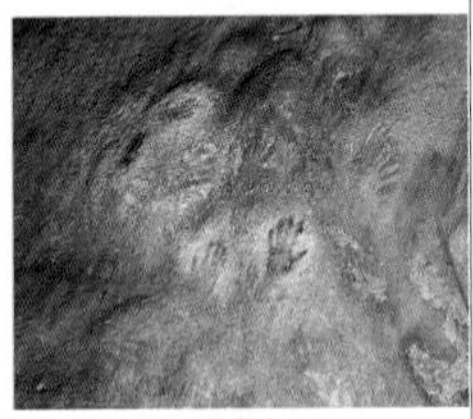
Mulka's Cave裡留有原住民的手印

擁有美麗海灘的朱里恩灣

在Corrigin郊外還有一座小狗之墓Dog Cemetery，是1974年一位主人將他的愛犬Strike葬於此地，結果曾幾何時變成寵物狗的安息地，多年下來形成今日的狗狗墓園規模。此外在Corrigin的載狗小貨車遊行隊伍（Dog in a Ute）更因為列入金氏世界紀錄而聲名大噪，1998年一共有699輛貨車載著狗狗列隊長達7km之遠而成功創下新紀錄。

海登＆波浪岩
Hyden & Wave Rock

令人屏息的神奇波浪岩

距離波浪岩步行約5分鐘的河馬打呵欠

從柏斯往東約320km處、為小麥帶區中心的海登，自1920年代起就是從事畜牧與種植小麥的城鎮，在城鎮入口處放置著重現開拓時代到現在演進狀況的馬口鐵製人形創作。

造訪海登最主要的目的，是為了郊外的自然創作──波浪岩，看起來像是15m高的巨浪，一瞬間被固定住無法動彈的模樣，在這塊碩大岩石的表面還有無數直線條紋，看起來更讓人有時間靜止的錯覺。波浪岩由花崗岩所構成，在經年累月固定方向的自然風吹拂，還有狂風裡夾雜的砂石、雨水和熱氣的侵蝕下，以100年僅有一點點岩石表面被削除的速度，形成這樣的神奇景致。至於波浪岩另一個特色就是表面鮮明的條紋，則是經過幾百萬年雨水沖刷而成的精心傑作，雨水中所含的化學沉澱物質在傾斜的岩石表面產生作用，形成一條條顏色各異的條紋。而在波浪岩的一端還設有階梯可以走到岩石的最高處，飽覽這個區域無與倫比的遼闊景致。

波浪岩周邊還有像河馬在打呵欠模樣的巨大岩石──河馬打呵欠The Hippo's Yawn，以及保留原住民壁畫的洞窟Mulka's Cave等景點可以參觀。

尖峰石陣＆綠松石海岸
The Pinnacles & Turquoise Coast

柏斯郊區的日落海岸以北是一片廣闊而鮮豔的藍綠色大海，也是通稱為綠松石海岸的地區，海岸旁有眾多自然豐富的觀光景點，而內陸地帶則分布著保留殖民地時代模樣的城鎮。海岸旁的度假城鎮有蘭斯林Lancelin、塞凡提斯Cervantes、朱里恩灣Jurien Bay等，可以作為據點來觀光。

西澳最具代表性的奇景 MAP P.559/1A

尖峰石陣
Pinnacles

擁有荒野墓碑之稱的尖峰石陣

位在柏斯往北250km、南邦國家公園Nambung NP的一隅，有處與周遭格格不入的奇特自然景觀──尖峰石陣，是西澳最具代表性的自然景點，因而成為從柏斯出發1日遊的重點行程。

據說在太古時代，這裡曾經是一片汪洋，無數貝殼堆疊成為石灰岩質底層，等到將樹根深埋其中的植物乾枯之後，經過長期的地表風化作用下，樹根之間殘存的石灰岩層漸漸顯露出來，最後終於在沙地上形成一根根石柱，便是今日的景觀；而且即使到現在，風化作用依舊持續不斷進行，尖峰石陣的景致以肉眼看不到的速度，一點點一滴滴地天天變化著。在漫漫黃沙之間，一座座比人還高的石灰岩柱林立，特殊的景致讓人不禁有世界末日的感覺。不知道是誰曾經這麼說過，把尖峰石陣形容為「荒野的墓碑」的說法簡直是入木三分。

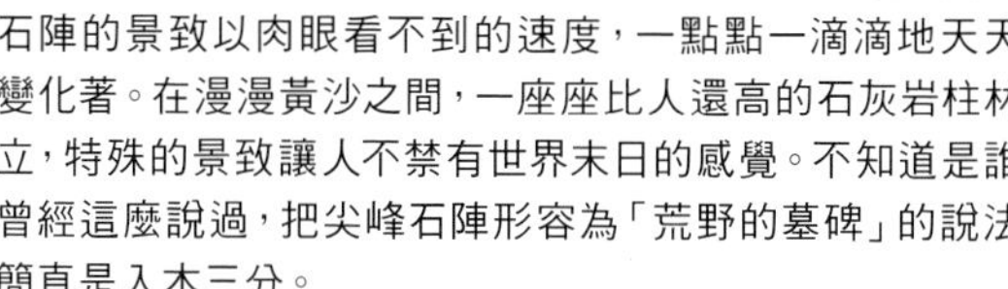
充滿奇幻感的尖峰石陣落日時分

遊覽尖峰石陣的最佳方式，就是步行穿梭在這片矗立著無數石灰岩柱的沙漠地帶，從國家公園入口處開始也有規劃汽車周遊尖峰石陣的兜風路線；因此自助租車出遊的人，就可以順著兜風路線上的各個觀景點，陸續下車來好好一探尖峰石陣的神奇景致，途中還有可以眺望全景的觀景台。而且，對尖峰石陣日落景致有興趣的人，由於最近很熱門，最好早點開始尋找喜歡的賞景點；白天有團體觀光客從柏斯來等日落，而到天黑之後滿天星斗升起，又是另一番燦爛景象。

作為尖峰石陣觀光起點的城鎮

可以品嚐龍蝦滋味的Robster Shack

距離尖峰石陣最近的塞凡提斯Cervantes郊外（南邦國家公園內），有座可以看到由地球最古老生物之一所製造出Thrombolite血栓岩的鹽湖──忒提斯湖Lake Thetis（靠近塞凡提斯鎮上）。而塞凡提斯則是以捕撈龍蝦而知名的城鎮，有間可以參觀捕獲龍蝦包裝出貨過程的Robster Shack（在附設餐廳

交通

●**尖峰石陣**
前往尖峰石陣不是從柏斯參加旅遊團（→P.584），就是租車前往。塞凡提斯有住宿設施，想要欣賞尖峰石陣黃昏或清晨美景的人，可以考慮下榻一晚。

■**南邦國家公園**
URL exploreparks.dbca.wa.gov.au/park/nambung
費 1日有效券：1輛車（乘客最多12人）每次$15
※還有可以周遊西澳所有國家公園的周遊券Holiday Park Pass，1輛車每次5日內有效$25、14日內有效$40、1個月內有效$60
●**尖峰石陣沙漠探索中心&紀念品店**
Pinnacles Desert Discovery Interpritive & Gift Shop
☎ (08)9652-7913
開 每日9:30～16:30
休 耶誕節

前往能看到血栓岩的忒提斯湖

■**有美麗野花評價的勒蘇爾國家公園Lesueur NP**
從朱里恩灣稍微進入內陸之處（開車約20分鐘）的勒蘇爾國家公園，是位於勒蘇爾山腳下的廣大國家公園，也是欣賞野花的人氣地點。可以看到數種類的煙霧樹、澳洲草樹、袋鼠爪、貓爪花等植物，早晚時分還會出現許多野生動物。由於前往國家公園的道路有部分未鋪設柏油，租車時需要選擇四輪傳動車。

野花季節不妨去造訪勒蘇爾國家公園

能以平實價格品嚐龍蝦）。

可以和海狗如此接近

位於塞凡提斯北邊的朱里恩灣Jurien Bay，是充滿度假氛圍的地方，除了擁有美麗的海灘，近海處還有棲息著澳洲海獅的小島，並推出與海豹共泳的活動，由Turquoise Safaris等數家旅行社主辦。

大型四輪傳動車在沙丘上馳騁

從尖峰石陣到南邊據點城鎮蘭斯林Lancelin之間，海邊有非常遼闊的濱海沙丘區域（蘭斯林沙丘Lancelin Sand Dunes），一般車輛可以直接開到部分沙丘的入口，入口處則設有旅遊櫃台及租借滑沙板的服務台；如果想盡情享受沙丘樂趣的話，建議參加四輪傳動車4WD之旅或沙灘車ATV之旅。尤其四輪傳動車之旅為45分鐘深入沙丘內部的行程，可以體驗在無人沙漠上滑沙的樂趣。

西澳唯一由本篤教派開創的小鎮 MAP P.559/1B

新諾舍 New Norcia

新諾舍的所有建築都是本篤教派所建造

位在綠松石海岸內陸地帶，距離柏斯往北132km處的小鎮新諾舍，是1840年代由本篤教派僧侶所開創出來的城鎮，目前所保留的古老街道就像是露天博物館般古典優雅；當地提供每日2次的小鎮觀光之旅，不妨來參加認識小鎮的歷史。在街道一隅的博物館&美術館裡，還能欣賞到開拓當時的僧侶服飾、宗教畫作等物品。

柏斯市民的休憩場所 MAP P.559/2A

楊契普國家公園 Yanchep NP

從柏斯開車30分鐘左右（約50km），便來到綠松石海岸最南端，沿著海岸而設置的楊契普國家公園；環繞在麥克尼斯湖Loch McNess周邊是廣闊的草地公園，成為遠離柏斯的人氣野餐地點。可以一睹園內以接近野生環境飼養的無尾熊、袋鼠，甚至還有鐘乳石洞能夠探奇。

清晨傍晚會出現眾多的野生袋鼠

白得令人炫目的蘭斯林沙丘

■Robster Shack
住37 Catalonia St., Cervantes, 6511
☎(08)9652-7010
URL www.lobstershack.com.au
營參觀工廠：每日12:00～14:00／餐廳11:00～15:00
休耶誕節
費參觀工廠：大人$10 小孩$5

■Turquoise Safaris（與海豹共泳）
☎1300-723-274
URL www.turquoisesafaris.com.au
時9月下旬～5月上旬：每日7:00～9:30、9:30～12:00／5月中旬～9月中旬：每日7:30～10:00
費大人$125 小孩$99

■Westside Tours（蘭斯林4WD之旅）
Westside Tours
☎(08)6270-6060
URL www.westsidetours.com.au
時每日10:00、11:00、12:00、13:00、14:00出發，需時45分鐘
費大人$35

■新諾舍
住New Norcia Benedictine Community, Great Northen Hwy., New Norcia, 6509
☎(08)9654-8018
URL www.newnorcia.wa.edu.au
時小鎮觀光之旅：每日11:00、13:30 休耶誕節、節禮日
費大人$25 小孩$15 家庭$60（小鎮觀光之旅＋博物館&美術館）

■楊契普國家公園
住Cnr. Wanneroo & Yanchep Beach Rds., Yanchep, 6035
☎(08)9303-7759
URL exploreparks.dbca.wa.gov.au/park/yanchep-national-park
開每日9:15～16:30（遊客中心）
費1輛車（乘客最多12人）每次$15

柏斯的主題公園
THEME PARKS IN PERTH

柏斯的主題公園有動物園和水族館，以不過度觀光化的環境，讓遊客可以在悠閒的氛氛裡觀賞動物、魚群悠然自得的模樣。

從大人到小孩都能樂在其中 MAP P.564/3B

柏斯動物園
Perth Zoo

與柏斯市區隔著天鵝河的柏斯動物園，成立於1898年歷史相當悠久，這裡的主要概念就是減少鐵籠和圍欄的使用，讓遊客看到接近自然狀態的動物。

動物園裡重現各地的環境分為亞洲雨林、非洲荒野、澳洲叢林、澳洲濕地等區域，其中最受到觀光客喜愛的還是澳洲Walkabout，不僅能看到袋鼠、無尾熊、袋熊等動物，還有其他動物園少見的袋食蟻獸，當然像是獅子、大象、長頸鹿這些全球動物園必備的明星動物也少不了。

與袋熊和無尾熊合拍紀念照 MAP P.559/2A

凱維森野生動物園
Caversham Wildlife Park

在遇見袋熊活動可以和珍貴的毛鼻袋熊合拍紀念照

位在天鵝谷地區凱維森Caversham的懷特曼公園Whiteman Park裡，於廣達4300公頃的自然園區內，飼養著如無尾熊、袋鼠、袋熊、袋獾、針鼴等獨特又可愛的澳洲動物。

動物園內最受歡迎的活動，就是和珍貴的毛鼻袋熊或無尾熊合拍紀念照（也可以觸摸牠們），其他還有餵食袋鼠或鴯鶓，以及1天4場的農場秀所推出的剪羊毛秀、牧羊犬現場表演等，都充滿澳洲特有的體驗。此外，與各種動物的接觸、農場秀的時間表，都可以從入園時領取的簡介裡得知，不怕會錯過。

能夠擁抱無尾熊的動物園 MAP P.559/3B

卡胡努無尾熊公園
Cohunu Koala Park

在柏斯東南方約35分鐘車程的畢福德Byford近郊，也是全西澳唯一可以抱到無尾熊的動物園，而且在開園時間內都可以提出申請。

除了無尾熊，園區內還放養著袋鼠、鴯鶓，遊客也可以

■柏斯動物園
住20 Labouchere Rd., South Perth, 6151
☎(08)9474-0444
URL perthzoo.wa.gov.au
開每日9:00～17:00
費大人$34.60 小孩$17.30 家庭$91
●如何前往
從威靈頓街搭乘Route 30、31的巴士，在柏斯動物園下車；或是在伊莉莎白碼頭搭乘Transperth的渡輪前往南柏斯的曼德街碼頭Mends St. Jetty（所需時間約10分鐘），再步行約10分鐘就能抵達柏斯動物園。

能很近地觀賞珍貴的袋食蟻獸

■凱維森野生動物園
住233B Drumpellier Drv., Whiteman Park, Whiteman, 6028 ☎(08)9248-1984
URL www.cavershamwildlife.com.au
開每日9:00～16:00／遇見無尾熊：每日11:30、15:30開始／遇見袋熊：每日11:00、14:00開始／農場秀：10:30、14:30開始 休耶誕節
費大人$32 小孩$15
●如何前往
一般都是租車前往或是參加旅遊團，而旅遊團多數是包含在尖峰石陣或天鵝谷的行程裡。

■卡胡努無尾熊公園
住Lot 103, Nettleton Rd., Byford, 6122
☎(08)9526-2966
URL cohunu.com.au
開每日10:00～16:00／無尾熊區：10:00～16:00
費大人$15（13歲以上） 小孩$5（未滿13歲）／無尾熊區：用個人相機拍照$35／搭乘迷你列車：1人$6
※抱無尾熊的人身高必須在140cm以上
●如何前往
從柏斯車站搭乘Armadale線電車到終點下車，再轉搭計程車約10分鐘（約$35）。不過必須用電話叫計程車才行。

在西澳能親自抱到無尾熊的地點只有這裡

自由餵食，另外也飼養著如葵花鳳頭鸚鵡、粉紅鳳頭鸚鵡等很會模仿聲音的鸚鵡，不但能和這些聰明的鳥兒對話，也能撫摸牠們，是非常有趣的體驗。園內設有遊園迷你列車，很適合家庭親子同遊；而且由於地點位在山區，並不會出現太過擁擠的狀況，是可以快樂出遊順便野餐的動物園。

鯊魚餵食和海豚秀超人氣 MAP P.559/2A

西澳水族館

Aqwa (The Aquarium of WA)

有魟魚、鯊魚悠游的鯊魚水槽

位於希拉利斯船岸（→P.570）的西澳水族館，在巨大水槽（鯊魚水槽）中的透明隧道走一圈，就能欣賞到魟魚、鯊魚、海龜等海中生物悠然自得地從頭頂游過，而重現珊瑚礁海域的大型水槽──珊瑚礁展示區則有機會將色彩斑斕的熱帶魚看個清楚。其他還有要透過放大鏡觀察海中微小生物的微觀世界（千萬不要忘了來仔細瞧瞧葉形海龍，一種外型神似海草的海馬），或者是能真正觸摸到海龜、海星、海參及個性溫馴澳大利亞虎鯊的觸摸池，都是樂趣無限。

對於喜歡挑戰刺激的遊客來說，可以體驗在鯊魚水槽裡和鯊魚、魟魚一起潛水或浮潛的Dive／Snorkel with the Shark；針對家庭遊客也有搭乘玻璃船在大水槽遊覽的Glass Bottom Boat Adventure等活動，由於都有人數限制，有興趣的人記得要提早預約。

■西澳水族館
住91 Southside Drv., Hillary's, 6025 ☎(08)9447-7500
URL www.aqwa.com.au
開每日10:00～16:00
休耶誕節
費大人$30 小孩$18 家庭$85
●Dive／Snorkel with the Shark
時週四～日11:30、12:30
費1人$195（要預約）
※含西澳水族館門票
●Dive／Snorkel with the Shark
時週四～日11:30
費1人$195（要預約）
※含西澳水族館門票
●Glass Bottom Boat Adventure
時每日9:30～15:30之間進行3～7次
費大人$40 小孩$28 家庭$125
●如何前往
從柏斯車站搭乘郡達拉普線電車到Warwick，再轉搭Route 423巴士前往希拉利斯船岸約10分鐘，下車之後還要再步行6～8分鐘才能抵達西澳水族館。

柏斯的旅遊＆活動

TOURS & ACTIVITIES IN PERTH AREA

由於西澳的大眾交通工具的班次很少，如果是自助旅遊恐怕需要花費很多時間，因此多數遊客都是參加旅遊團，出團行程內容也非常豐富多樣，可以依照個人的預算和時間挑選出最合適的旅程。

周遊柏斯附近景點的人氣之旅

柏斯人氣No.1的旅遊團

尖峰石陣1日遊

The Pinnacles 1 Day Tours

針對柏斯近郊人氣最旺的觀光名勝尖峰石陣，眾多旅行社都推出各式各樣內容、趣味各異的行程，多數在白天的行程安排動物園及蘭斯林沙丘。接著就介紹具代表性的旅遊團。

●Australian Pinnacle Tours／尖峰石陣沙漠&四輪傳動探險之旅 Australian Pinnacle Tours / Pinnacle Desert & 4WD Adventure

柏斯周邊的最熱門景點──尖峰石陣

這是從柏斯出發最熱門的尖峰石陣旅遊團，搭乘大型四輪傳動巴士前往尖峰石陣的行程。上午先到凱維森野生動物園看無尾熊和袋熊，享受餵食袋鼠的樂趣，然後去塞凡提斯Cervantes參觀Robster Shack的水產工廠，順便享用午餐（含龍蝦午餐要另外付費）。午餐後前往尖峰石陣好好遊覽，回程途中去蘭斯林沙丘搭乘四輪傳動車暢遊與體驗滑沙樂趣。

●D.O.A. Australia／尖峰石陣落日之旅

與白天氛圍截然不同的尖峰石陣落日時分

欣賞尖峰石陣落日景觀的旅遊團。下午出發先遊覽凱維森野生動物園，參觀以接近野生方式飼養的無尾熊，然後再去尖峰石陣欣賞夢幻的落日景觀。若是天氣晴朗，晚餐之後在導遊的解說下觀察南半球的滿天星斗，認識星座的故事。

完整體驗羅特尼斯島

羅特尼斯島1日套裝之旅 Rottnest Island 1 Day Package Tours

搭乘巴士環島一圈

由Rottnest Express主辦的旅遊團，可以用一整天來好好體驗羅特尼斯島的樂趣。雖然有好幾種不同的行程，最普遍的就是內含租借腳踏車和浮潛用具的羅特尼斯島體驗之旅Experience Rottnest，適合想悠閒遊覽島上，同時體驗浮潛樂趣的遊客；對於想周遊島上觀光景點的人，則推薦內含環島巴士Island Explore的羅特尼斯島探險之旅Discover Rottnest；還有搭乘海洋浮艇巡遊島嶼周圍，同時觀賞海豚及海獅的羅特尼斯島冒險船舶之旅Adventure Boat Rottnest，多種行程安排，任君挑選。

在蘭斯林沙丘上體驗滑沙樂趣

■尖峰石陣1日遊

●Australian Pinnacle Tours／尖峰石陣沙漠&四輪傳動探險之旅
☎(08)6270-6060
URL www.australianpinnacletours.com.au
時 每日8:00～19:30
費 大人$225 小孩$125／含龍蝦午餐大人$250 小孩$150

●D.O.A. Australia／尖峰石陣落日之旅
☎(08)9221-9033
URL www.doa.com.au
時 夏季每日15:00左右～23:00左右／冬季每日13:00左右～22:00左右
費 大人$270 小孩$170

■羅特尼斯島1日套裝之旅

主辦：Rottnest Express
☎1300-467-688
URL www.rottnestexpress.com.au
費 羅特尼斯島體驗之旅：大人$143 小孩$93／羅特尼斯島探險之旅：大人$170 小孩$89／羅特尼斯島冒險船舶之旅：大人$191 小孩$95

擁有白沙海灘及高透明度海水的羅特尼斯島
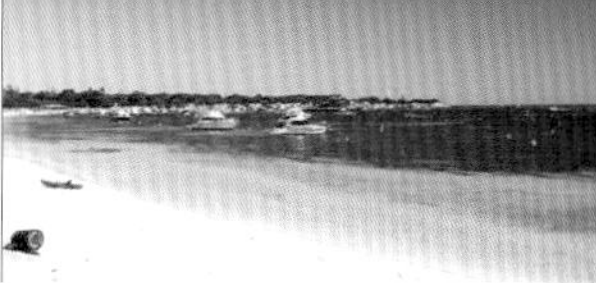

與野生海豚共泳

羅津翰海豚之旅
Rockingham Dolphins Tour

泳教練就在眼前跟海豚共

從羅津翰的Cockburn Sound碼頭出發，先挑選出當天看起來最友善的一群海豚，接著穿戴上浮潛用具，抓住身上繫有水中馬達的教練潛進水裡，即使不會游泳也不用擔心；好奇心旺盛的海豚不時會游到相當近的距離和大家面對面，而且在海中還有機會聽到海豚的清亮叫聲。雖然整趟旅程需要約3小時，但是真正能夠與海豚接觸的機會要視當天的條件而定，大約為30分鐘～1小時，而且這些海豚可是野生動物，因此能夠共泳的機率為9成左右。另外也有推出在船上觀賞海豚的航行之旅。

抓著教練一邊接近海豚

■羅津翰海豚之旅
主辦：Rockingham Wild Encounters
☎(08)9591-1333
URL www.dolphins.com.au
時 9月15日～6月5日每日8:00出發，13:00～16:00返回
※羅津翰的Val St. Jetty出發
費 與海豚共泳：1人$250（含全部器材、午餐）／出海觀賞海豚：1人$150
※從柏斯市區接送1人外加$40，柏斯市區的集合地點為天鵝鐘塔前、皇冠柏斯前。

愛酒的人大好評

天鵝谷美食佳釀巡航之旅
Swan Valley Gourmet Wine Cruise

享受緩慢航行，同時品味美酒的旅遊行程。搭乘觀光船從柏斯出發往天鵝河上游輕鬆自在地航行，抵達天鵝谷需要約2小時，在船上聽著關於天鵝河畔景色的詳細解說，同時還能參與品酒；準備有數種類的葡萄酒，想喝幾杯都沒問題。前往造訪的是在天鵝河設有碼頭的知名酒莊Sandalford Caversham Estate，先參觀釀酒工廠，再去附設的餐廳享用2道料理午餐，並搭配適合的葡萄酒；餐後則去品酒室享受試飲的樂趣。返回柏斯的歸途可以在船上繼續享受品酒時光，當然也供應甜點和咖啡、紅茶，還能欣賞現場音樂演奏，相當愜意。

左：在船上可以品嚐各種葡萄酒／右：享受美味料理與葡萄酒碰撞出的美妙絕配

品酒巡航之旅所搭乘的船隻

■庫克船長觀光船
Captain Cook Cruises
住 Pier 3, Barrack Square, Jetty, 6000
☎(08)9325-3341
URL www.captaincookcruises.com.au
●天鵝谷美食佳釀巡航之旅
時 4～10月週五～日&11～3月每日／9:45～17:00
費 大人$185 小孩$139
●天鵝谷風景之旅
時 4～10月週三、五～日11:15～14:00、11～3月每日11:15～14:00、14:15～17:00
費 大人$46 小孩$29 家庭$122
●費里曼圖單程巡航之旅
時 4～10月週三、五～日11:15～12:30、11～3月每日8:30～9:45、11:15～12:30、14:15～15:30
費 大人$34 小孩$22
●天鵝河晚宴之旅
時 4～10月週六&5～9月週五、日／19:30～22:00
費 大人$139 小孩$109

在甲板上享受清風吹拂的悠閒航行

天鵝河航行之旅
Swan River Cruises

沿著天鵝河而繁盛的城鎮、河畔多座港灣、華麗非凡的豪宅，這些柏斯的另一面都可以透過河上航行之旅來認識。庫克船長觀光船Captain Cock Cruises推出一邊品

味紅茶一邊遊歷天鵝河沿岸著名景點的風景之旅、前往費里曼圖的巡航之旅，以及眺望柏斯美麗夜景兼自助式晚餐的天鵝河晚宴之旅等多樣行程。

用一整天來認識天鵝谷的魅力
凱維森野生動物園與天鵝谷巡禮之旅
Caversham Wildlife Park & Swan Valley

暢遊天鵝谷的景點與酒莊的旅遊行程。先在凱維森野生動物園與無尾熊、袋熊、袋鼠做近距離接觸，並體驗農場秀；再前往兩間酒莊（造訪地點依狀況而定），並在酒莊享用午餐，還會順道去蜂蜜店及巧克力工廠試吃，同時採購伴手禮。對酒莊巡禮比較有興趣的人，也可以選擇不含凱維森野生動物園行程的「酒莊巡禮之盡情享受天鵝谷之旅」。

以半天時間盡情暢遊天鵝谷
澳洲動物與酒莊半日遊
Aussie Animal & Winery Half Day Tour

同樣先前往凱維森野生動物園與袋鼠做近距離接觸，並觀察無尾熊、袋熊等動物，然後造訪天鵝谷的人氣酒莊，進行品酒體驗；也會去巧克力工廠試吃、採購伴手禮。由於是上午出發的半日遊，下午還可以參加其他的半日旅遊行程。

一定要來看的奇特岩石
波浪岩1日遊
Wave Rock 1 Day Tour

●Australian Pinnacle Tours／波浪岩、約克小鎮與原住民壁畫
Australian Pinnacle Tours / Wave Rock Tour, York, Wildflowers & Aboriginal Culture

這是遊歷與尖峰石陣並列為西澳奇景的波浪岩1日遊，除了有自由時間可以遊覽約克小鎮，還包括參觀Corrigin周邊的小狗之墓。到了波浪岩，導遊會帶領大家登上最頂端，也會參觀附近的河馬打呵欠巨岩、留有原住民壁畫遺址的Mulka's Cave。

探訪西澳南部的人氣地區
瑪格麗特河&鐘乳石洞1日遊
Margaret River & Caves 1 Day Tour

探訪西澳西南方的大海、森林、酒莊及諸多觀光景點，前往位於瑪格麗特河周邊的酒莊試飲美酒，以及參觀神祕的大鐘乳石洞Mammoth Cave；之後再到卡里的參天古木森林中散步，並且去美麗的海岸邊欣賞海景。

■凱維森野生動物園與天鵝谷巡禮之旅
主辦：Perth Dream Travel Planner
☎050-5319-4500
URL www.pdtp.com.au
時 每日8:30～16:30
費 大人$230 小孩$110
●酒莊巡禮之盡情享受天鵝谷之旅
時 週二～日8:30～16:30
費 大人$230 小孩$110
※出發日期、費用有可能會變動，請再確認

■澳洲動物與酒莊半日遊
主辦：D.O.A. Australia
☎(08)9221-9033
URL www.doa.com.au
時 每日8:30～12:30
費 大人$150 小孩$75

與袋鼠接觸非常開心

■波浪岩1日遊
●Australian Pinnacle Tours／波浪岩、約克小鎮與原住民壁畫
☎(08)6270-6060
URL www.australianpinnacletours.com.au
時 週二、三、五、日8:00～20:30
費 大人$215 小孩$120
●Perth Dream Travel Planner／波浪岩之旅
☎050-5319-4500
URL www.pdtp.com.au
時 週一7:30～18:30
費 1人$330
※出發日期、費用有可能會變動，請再確認

讓人看到忘神的波浪岩奇景

■瑪格麗特河&鐘乳石洞1日遊
主辦：Australian Pinnacle Tour
☎(08)6270-6060
URL www.australianpinnacletours.com.au
時 週一、二、四～六8:00～20:30
費 大人$225 小孩$125

認識柏斯周邊的野花之美

野花1日遊
Wildflower 1 Day Tour

限定於野花季節推出的柏斯周邊欣賞野花之旅。首先造訪國王公園內的植物園，對西澳野花的種類、模樣有基本認識，然後再依照開花情況前往柏斯周邊的最佳賞花地點，進行令人興奮的野花之旅。

柏斯的體驗活動

欣賞天鵝河絕景的新活動

馬塔加魯普橋滑索+攀登
Matagarup ZIP+Climb

充滿舒暢快感的攀登行程

馬塔加魯普橋位於柏斯市中心的東邊，是座橫渡天鵝河、造型優美的行人專用橋。攀登到大橋特殊的拱型鋼樑之上（約72m高／317層階梯），而且從拱型鋼樑途中（約35m高）以長400m的滑索橫越到河對岸，是柏斯現在最熱門的戶外活動，能同時體驗舒暢快感和刺激感。可以只參加滑索或攀登行程。

欣賞柏斯全景的新挑戰

HALO屋頂攀登體驗
HALO Rooftop Climb

推薦喜歡刺激的人來體驗空中漫步

可以容納6萬人，為澳洲具代表性板球場地的柏斯體育場，推出攀登體育場屋頂，欣賞柏斯美麗景致的活動；還可以選擇行走在突出於屋頂邊緣的專用平台，以後仰身體維持平衡的空中漫步VERTIGO。

遇見各式各樣的海中生物

潛水&浮潛
Diving & Snorkeling

西澳擁有眾多好潛水地點，在柏斯周邊的羅特尼斯島、羅津翰、卡納克島Carnac Island等非常熱門的潛水地點，不但能看到雀鯛、石斑魚、隆頭魚、龍蝦，幸運的話還可以遇見葉狀海龍、海豚、海獅等生物。柏斯市區的潛水店都會推出前往這些地點的潛水&浮潛活動，也有舉辦取得潛水執照的課程，主要潛水店都會有資深指導員，可以放心大膽地學習各種潛水技術。

■野花1日遊
主辦：D.O.A. Australia
電(08)9221-9033
URL www.doa.com.au
時野花季節期間週一、三、五9:30～15:30
費大人$165 小孩$83
※出發日期、費用有可能會變動，請再確認

■馬塔加魯普橋滑索+攀登
電(08)6166-0116
URL www.zipclimb.com.au
時季節期間週一、三、五9:30～15:30
●馬塔加魯普橋滑索+攀登
時週三～一11:45、12:30、17:00（夜間）
費大人$149 小孩$129／夜間大人$169 小孩$149
●滑索
時週三～一11:15、14:30、16:30（夜間）
費大人$99 小孩$79／夜間大人$119 小孩$99
●攀登
時14:30、16:30（夜間）
※活動日期需要詢問
費大人$99 小孩$79／夜間大人$119 小孩$99

■HALO屋頂攀登體驗
電(08)6247-5000
URL theozone.com.au/experiences/halo/
時週二～六15:00、17:30
費大人$89 小孩$54 家庭$199／空中漫步大人$109 小孩$65 家庭$245

■主要潛水店
●Dive Oceans
Dive Oceans
電0409-889-040
URL www.diveoceans.com
費體驗潛水：羅特尼斯島$140、羅特尼斯島$260／羅特尼斯島2 Dive（器材另計）$265／卡納克島海獅與浮潛$255／3日PADI開放水域課程$495～
●Perth Scuba
Perth Scuba
電0401-905-749
URL www.perthscuba-dive.com
費羅特尼斯島2 Dive$275（器材另計）／朱里恩灣海獅與浮潛：$285

柏斯的住宿 ACCOMMODATION

區域號碼(08)

柏斯市區

經濟型

柏斯第一的人氣青年旅館 MAP P.565/2C
Perth City Backpackers Hostel

URL perthbackpacker.com.au
住 286 Hay St., East Perth, 6004 ☎ 6507-3660
WiFi 免費 費 D $23～25、T W $60 CC MV

鄰近柏斯鑄幣局，Red CAT的站牌就在門口。設備新穎，團體房的每張床位旁都設有插座，寬敞的廚房備有多台瓦斯爐，非常方便使用，並含簡單的免費早餐。

舒服的背包客旅館 MAP P.565/1C
The Shiralee

住 107 Brisbane St., Northbridge, 6000
☎ 9327-7488 WiFi 免費
費 D $25.50～35、T W $67～80 CC MV

座落在Northbridge外圍，建築雖然古老但全部客房都有冷氣，置物櫃也很大，方便收納行李（鎖必須自己準備）。房客都會聚集在後院的桌子聊天直到深夜，可以和各國觀光客交朋友。含簡單的免費早餐。

外觀古典的飯店 MAP P.567/2B
Criterion Hotel Perth

URL www.criterion-hotel-perth.com.au
住 560 Hay St., 6000 ☎ 9325-5155
WiFi 免費 費 T W $115～160 CC ADJMV

建築物列入柏斯市的文化遺產保護計畫，經過修復而得到保存。飯店1樓是餐廳，地下室還有酒吧。

公寓式旅館

位在天鵝河畔 MAP P.567/2B
City Waters Motel

URL citywaters.com.au 住 118 Terrace Rd., 6000
☎ 9325-1566 FREE 1800-999-030 WiFi 免費
費 T W $170～180、1B $180～、2B $250～
CC JMV

廚房、浴室、廁所、電視等室內設備應有盡有，就位在可以眺望Langley Park、天鵝河的絕佳地點。

西柏斯的公寓式旅館 MAP P.564/2B
Perth City Apartment Hotel

URL cwww.perthcityapartmenthotel.com
住 875 Wellington St., West Perth, 6005
☎ 0422-064-022 WiFi 免費 費 1B $150～200、2B $150～300 CC ADJMV

從City West車站走過來只要5分鐘，不但設備完善，而且全套廚具、洗衣機、乾衣機都一應俱全。

星級飯店

符合市區要求，機能與感性兼具的飯店 MAP P.567/1A
Holiday Inn Perth City Centre

URL www.holidayinnperth.com.au
住 788 Hay St., 6000 ☎ 6261-7200 WiFi 免費
費 T W $189～281 CC ADJMV

休息區、餐廳、酒吧都以時尚風格的設計，營造出屬於大人的沉穩氣氛，更不用說三溫暖、SPA、健身房、室內溫水游泳池等設備之完善讓人無從挑剔。3樓還有房客專用的洗衣間，從洗衣機、烘衣機到洗衣精通通免費提供。

客房空間寬敞非常舒適

漫步市區很便利 MAP P.567/1A
InterContinental Perth City Centre

URL www.perth.intercontinental.com
住 815 Hay St., 6000 ☎ 9486-5700
WiFi 免費 費 T W $350～1746
CC ADJMV

位於柏斯市中心的豪華飯店，從門口迎賓的門房、時髦而高級的大廳區、舒適的客房、房內的Nespresso咖啡機和T2紅茶，都讓人感受到舒適與自在；雖然浴室只有淋浴間卻沒有不便感。附設有2間西班牙式餐廳，Hero & Rey以下酒小菜Tapas為主，Ascua Spanish Grill（→P.593）則能品嚐西班牙風的澳洲燒烤料理。

現代裝潢的飯店

統一風格的時髦家具散發出沉穩氛圍的客房

洗練的3.5星飯店 MAP P.565/2C
Quality Hotel Ambassador Perth

URL www.ambassadorhotel.com.au
住 196 Adelaide Tce., 6004
☎ 9325-1455 FREE 1800-998-011
FAX 9282-3702 WiFi 免費
費 T W $99～189 CC ADJMV

位於星級飯店林立的阿得雷德大街，房間雖然不算新，但設備完善非常舒適，接待大廳也很寬敞有開放感。

從氛圍就讓人樂趣無窮的飯店 MAP P.567/2B
Europian Hotel

URL www.europianhotel.com.au
住 97 Murray St., 6000 ☎ 9325-3900
WiFi 免費 費 T W $140～235 ※含早餐
CC ADJMV

為北歐風格木造建築，飯店工作人員都穿上北歐民族服飾，非常可愛，附設的餐廳則提供自助式早餐。

無論觀光或洽公都便利 MAP P.564/2B
Four Points by Sheraton Perth

URL www.marriott.com
住 707 Wellington St., 6000
☎ 9327-7000 WiFi 免費
費 T W $195～279 CC ADJMV

座落在離柏斯車站很近的威靈頓街上，飯店內設計相當時尚，客房也是明亮而舒適的空間，全部客房都禁止吸菸。

設備充實的高級飯店 MAP P.567/2A
Parmelia Hilton Perth

URL www.hilton.com 住 14 Mill St., 6000
☎ 9215-2000 WiFi 免費 費 T W $341～828
CC ADJMV

位在柏斯市中心的老字號5星級飯店，擁有大量使用大理石的優雅大廳、沉穩氛圍的客房，以及室外溫水游泳池、三溫暖、健身房等完善設施。大廳旁附設的餐廳是以自助式早餐而聞名的Samuel's。

最一般的標準客房

散發舒適氣氛的游泳池區

古老與現代兼具 MAP P.567/2B
COMO The Treasury

URL www.comohotels.com/thetreasury
住 1 Cathedral Ave., 6000 ☎ 6168-7888
WiFi 免費 費 T W $965～1965 CC ADJMV

優雅而時尚的COMO The Treasury

由19世紀政府機關建築改裝而成49間客房的頂級精品飯店，盡可能包留建築當初的外觀，飯店內則呈現優雅的氛圍。挑高的客房空間十分舒適，時尚的家具用品、最新設備一應俱全。至於餐廳則有提供義大利菜的POST（→P.593）、現代澳洲料理的Wildflower，以及能享用時髦下午茶的Cape Arid Rooms，選擇多樣。也設有優雅的Day Spa。

窗外就是迷人景致 MAP P.565/2C
Crowne Plaza Perth

URL perth.crowneplaza.com
住 54 Terrace Rd., 6004
☎ 9270-4200
WiFi 免費
費 T W $192～269
CC ADJMV

充滿高級感的客房

游泳池區的展望極佳

可以眺望天鵝河與Langley Park的5星飯店，利用現代風格家具及擺設營造出典雅洗練的室內氛圍，感覺非常舒適。並擁有20m的正規戶外游泳池、健身中心、商務中心等設施，而餐廳Gusti在夏季還會有露天陽台座位區，很受在地人的好評。

優雅的氣氛 MAP P.565/2C
Pan Pacific Perth

URL www.panpacific.com/ja/hotels-and-resorts/pp-perth.html 住 207 Adelaide Tce., 6000
☎ 9224-7777 FREE 1800-017-747 FAX 9224-7788
WiFi 免費 費 T W $213～430
CC ADJMV

大量使用大理石的接待大廳、沉穩設計風格的客房等成熟品味的飯店，擁有以自助

從台灣撥打電話至柏斯
002 + 61（國碼）+ 8（去除0的區域號碼）+ 電話號碼

餐形式早餐及晚餐而享有人氣的Monty's、融合南美烹調方式的現代澳洲料理餐廳Uma等，飲食選擇多樣；至於室外游泳池、SPA等設施也很齊全。

客房明亮心情好 MAP P.565/2C
Novotel Perth Langley

URL www.novotelperthlangley.com.au
住 221 Adelaide Tce., 6000
☎ 9221-1200
WiFi 免費 費 T W $209～459
CC ADJMV

擁有挑高開放式接待大廳的Novotel，並具有4星級以上的優雅成熟氛圍。客房統一使用明亮色調的家具，空間非常寬敞。附設的Fenians Irish Pub開幕於1987年，是柏斯的老牌英式酒館之一，遠近馳名。

眺望天鵝河的豪華飯店 MAP P.567/2A
The Ritz-Carlton Perth

URL www.ritzcarlton.com/en/hotels/australia/perth
住 1 Barrack St., 6000
☎ 6559-6888 WiFi 免費
費 T W $724～1529
CC ADJMV

建於伊莉莎白碼頭的玻璃帷幕高塔建築

矗立於伊莉莎白碼頭、散發優雅氛圍的頂級飯店，最受歡迎的客房面積也有50m²，非常寬敞，透過大窗戶可以欣賞天鵝河與國王公園的景色。使用在地食材的開放式餐廳HEARTH、經典的水岸餐廳酒吧Songbird等都是柏斯數一數二的知名餐廳。並設有正統的Day Spa。

優雅的氣息 MAP P.565/2C
Hyatt Regency Perth

URL www.hyatt.com
住 99 Adelaide Tce., 6000
☎ 9225-1234 WiFi 免費
費 T W $229～1529
CC ADJMV

靠近Langley Park而擁有寧靜的環境，飯店全館的家具、擺設都是以穩重色調為主軸，營造出非常高雅的氛圍。至於餐廳則有著歐式咖啡館的La Strada、提供3個開放式廚房料理的Café Restaurant。

以賭場聞名的豪華度假飯店 MAP P.565/2D
Crown Perth

URL www.crownperth.com.au
住 Great Eastern Hwy., Burswood, 6100
☎ 9362-8888
FREE 1800-556-688 WiFi 免費
費 Crown Towers：T W $369～1139、IB $1459～3359／Crown Metropol：T W $289～549／Crown Promenade：T W $229～409
CC ADJMV

位在市區跨過天鵝河之後的東側，也是擁有南半球最大規模賭場、劇院和餐廳等設施的綜合娛樂中心。飯店共有3棟建築，豪華5星級的Crown Towers（面積最小的客房也有47m²）、與賭場連接的老字號5星級飯店Crown Metropol，以及4星級而有著休閒氛圍的Crown Promenade，各具特色。

為柏斯數一數二豪華飯店的Crown Towers

日落海岸

日落海岸最高級的度假飯店 MAP P.559/2A
Rendezvous Hotel Perth Scarborough

URL www.rendezvousperthscarborough.com.au
住 148 The Esplanade, Scarborough, 6019
☎ 9245-1000 WiFi 免費 費 T W $160～289
CC ADJMV

建於斯卡波羅海灘前的度假飯店，面對海灘的1樓許多休閒餐廳林立，總是人聲鼎沸；3樓為大型游泳池，2樓的接待大廳旁設有Day Spa，擁有許多充滿度假風格的設施。客房內部裝潢為當代時尚設計，並附有陽台。住房期間就能免費使用俱樂部酒吧，傍晚時供應的餐點及飲料選擇十分豐富，在日落時刻最為熱門。

種植椰子樹洋溢熱帶風情的游泳池區

費里曼圖

利用歷史建築物的旅館 MAP P.570/1A
The Fremantle Hostel Backpackers

URL www.fremantlehostel.com.au
住 15 Pakenham St., Fremantle, 6160
☎ 9430-6001 WiFi 免費 費 D $25～35、T W $75～99 ※含早餐 CC MV

由費里曼圖市中心的古老建築物改裝而成的背包客旅館，提供每週一次的免費晚餐等超棒服務，並附設咖啡館，供應豐富的輕食選擇。

位於世界遺產中 MAP P.570/2A·B
Fremantle Prison YHA

URL www.yha.com.au
住 6A The Terrace., Fremantle, 6160 ☎ 9433-4305 WiFi 免費
費 D $32～38、T W $87～129 CC MV

建築本身就很有歷史價值的YHA

由舊費里曼圖監獄的一隅、舊女子監獄改裝而成，團體房就是牢房；淋浴間、廁所、廚房等設施全都重新裝潢過，不過還是有種特殊氛圍。個人套房則位於別棟建築，設有完善衛浴設備。

費里曼圖的高級飯店 MAP P.570/1A
Esplanade Hotel Fremantle by Rydges

URL www.rydges.com.au
住 46-54 Marine Tce. (Cnr. Essex St.), Fremantle, 6160 ☎ 9432-4000 WiFi 免費
費 T W $169～309 CC ADJMV

能享受優雅住宿氣氛的飯店

為費里曼圖具代表性的飯店，眺望港口的殖民風格建築令人印象深刻。客房寬敞而舒適。

羅特尼斯島

設施豐富的豪華露營體驗 MAP P.574/B
Discovery Rottnest Is.

URL www.discoveryholidayparks.com.au/discovery-rottnest-island 住 Strue Rd., Rottnest Is., 6161
☎ 6350-6170 WiFi 免費 費 $249～629
CC MV

以家庭為對象的帳篷式住宿

位於Thomson Bay與Bathurst燈塔之間的豪華露營設施，從擁有床鋪、淋浴間和廁所的標準帳篷、不輸高級飯店的豪華帳篷，到有上下舖床的家庭帳篷，有各種類型的選擇。腹地內還設有餐廳，眼前就是美麗河口風景及海灘，可說是羅特尼斯島最悠閒的住宿設施。

滿滿的度假氣氛 MAP P.574/B
Samphire Rottnest

URL samphirerottnest.com.au
住 Cnr. Parker Point Rd. & McCallum Ave., Rottnest Is., 6161
☎ 9292-5011 WiFi 免費
費 T W $300～750 CC ADJMV

為羅特尼斯島最新的豪華度假村，位於面對Thomson Bay之處，房間也很寬敞，客房可直通的游泳池、感受海灘文化的餐廳等設施十分完善。

尖峰石陣（塞凡提斯）

乾淨且舒適的背包客住宿 MAP 無
Lobster Lodge

URL lobsterlodge.com.au 住 91 Seville St., Cervantes, 6511 ☎ 9652-7377
WiFi 免費 費 D $45、W $95～135 CC MV

無論是海灘還是購物區都在徒步範圍內，設施也很乾淨，是很熱門的背包客旅館。

塞凡提斯的一星飯店 MAP 無
Pinnacles Edge Resort

URL www.pinnaclesedgeresort.com.au
住 7 Aragon St., Cervantes, 6511 ☎ 9652-7145
FAX 9652-7214 WiFi 免費 費 T W $210～250、2B $360 CC ADJMV

就在塞凡提斯入口處的汽車旅館式飯店，附設的餐廳很受當地人的好評。

海登＆波浪岩

適合作為波浪岩觀光的據點 MAP 無
Wave Rock Hotel / Motel

URL waverock.com.au 住 2 Lynch St., Hyden, 6359 ☎ 9880-5052 WiFi 免費
費 T W $165～255 CC AMV

位於海登小鎮的入口處，距離波浪岩只要5分鐘車程。附設游泳池、小酒館等設施。緊鄰波浪岩的Wave Rock Caravan Park及從波浪岩隔著鹽湖的Wave Rock Resort都屬於同集團。

也有游泳池可以悠閒度過住宿時光

從台灣撥打電話至柏斯
002＋61（國碼）＋8（去除0的區域號碼）＋電話號碼

柏斯的餐廳 RESTAURANT

區域號碼(08)

柏斯市區

柏斯的人氣咖啡館 Dôme Cafe

MAP P.567/2A

URL www.domecoffees.com
住 Shop 5, Westralia Plaza, 167 St Georges Tce., 6000 ☎9322-4614
營 週一～四6:00～17:00，週五6:00～18:00，週六6:00～14:00，週日7:00～14:00 CC JMV
※柏斯市中心還有Trinity Arcade店（St. Georges Tce.）、阿得雷德大街店（Shop1,Ground Fl.,256 Adelaide Tce.）

人氣餐點Avocado Stack

開設在西澳與東南亞的流行連鎖咖啡館，柏斯市中心只有3家，每家都從早上就人聲鼎沸。麵包放著酪梨和半熟蛋，再加上培根或鮭魚的Avocado Stack，以及鬆餅、培根蛋搭配沙拉和吐司的Big Breakfast等早餐菜色豐富；還有披薩、漢堡和生菜捲餅。

在殖民風格的氛圍裡品嚐餐點 POST

MAP P.567/2B

URL postperth.com.au
住 1 Cathedral Ave., 6000
☎6168-7822 營 每日6:30～11:00、12:00～15:00、17:30～22:00
CC ADJMV 酒 Licensed

充滿殖民風格氛圍的餐廳

COMO The Treasury附設的餐廳，就在殖民風格建築的大廳裡。以現代義大利菜為基底的料理，不論是肉、魚或是義大利麵，口味都令人滿意。主菜$37～、義大利麵$37～49。

在國王公園裡的知名餐廳 Frasers

MAP P.564/2B

URL www.frasersrestaurant.com.au
住 60 Fraser Ave., Kings Park, West Perth, 6005
☎9482-0100
營 週一～六11:30～23:00，週日11:30～17:00
CC ADJMV 酒 Licensed

位於國王公園內、創業於1993年的現代澳洲料理餐廳，老闆Chris Taylor是澳洲代表性的知名主廚，堅持使用西澳的食材，也有受到日本料理的半熟鮪魚等料理手法與調味所啟發的菜色。雖然是高級餐廳，以前菜$18～34，主菜$34～68的價格，並不算很高。

日式調味料理之一半熟鮪魚

品嚐招牌炭烤料理 Ascua Spanish Grill

MAP P.567/1A

URL www.ascua.com.au
住 InterContinental Perth City Centre, King St. (Opp His Majesty's Theatre), 6000
☎9486-5700
營 每日6:00～10:30，週四、五12:00～15:00、週一～六17:00～22:00 CC ADJMV 酒 Licensed

燒烤牛肉是人氣菜色

使用西澳嚴選食材，供應以西班牙料理手法烹調的餐點，人氣菜色有以炭火燒烤雞、牛、羊、魚等食材的燒烤料理（$29～45），也有可以數人分享的戰斧牛排（$14／100g），尤其是$90的主廚推薦4道菜套餐頗受好評。

下酒小菜非常多樣 The Grosvenor Hotel

MAP P.565/2C

URL www.thegrosvenorperth.com.au
住 339 Hay St., 6000 ☎9325-3799
營 每日11:00～23:00 CC ADJMV
酒 Licensed

每晚都擠滿當地客人，非常熱鬧

1886年開幕的柏斯老字號知名英式酒館，2層樓高的建築物本身就極具歷史價值。這裡所提供的小酒館風格餐點也非常豐富，從經典炸魚薯條$26、牛排三明治$26、牛肉漢堡$26等值得推薦的午餐菜色，到350g的肋眼牛排$42等晚餐主菜，選擇多元。而且因為是酒館，啤酒、葡萄酒等酒單選擇也很豐富。

餐廳小巷的人氣店 MAP P.567/1A
Angel Falls Grill

URL angelfallsgrill.com.au
住 Shop 16, Shafto Lane, 872 Hay St., 6000
☎ 9932-0016 營週一～四11:00～14:00、17:00～22:00，週五11:00～14:00、16:30～23:00、週六、日12:00～23:00 CC MV
酒 Licensed

不太餓時推薦恩潘納達

位於餐廳、酒吧聚集的Shafto Lane，可以品嚐到中南美式料理。菜色包括作為午餐或前菜都很受歡迎的恩潘納達Empanadas和Pinchos（$17～22）、分量十足的牛排（肋眼200g $47～）等十分豐富。由於是人氣店，週末一定要預約。

品嚐人氣的健康漢堡 MAP P.567/1A
Grill'd Shafto Lane

URL www.grilld.com.au 住 10-11 Shafto Lane, 6000 ☎ 9226-1098 營週日、一11:00～20:00，週二、三11:00～20:30，週四11:00～21:00，週五、六11:00～21:30 CC MV

堅持食材嚴選的美味漢堡

在澳洲各地都有展店的熱門漢堡餐廳，柏斯市中心則開在餐廳聚集的Shafto Lane。堅持嚴選食材，肉類是放牧的牛、羊、雞、豬，蔬菜則是無農藥的在地生產。點餐時有4種麵包與4種醬汁可以選擇，肉餡很多汁、蔬菜非常新鮮清脆，而且分量十足。

柏斯超熱門的炸魚薯條店 MAP P.567/1B
Grand Lane Fish House

URL grand-lane-fish-house.business.site
住 behind, 135 Barrack St., 6000 ☎ 6267-0700
營週二、四～日11:00～19:30，週五、六11:00～20:30 休週一 CC MV

位於牆面畫有塗鴉的小巷裡

位於從墨累街行人徒步區往威廉街方向的Grand Lane，是柏斯市中心最棒的炸魚薯條專賣店，有鱈魚、鮭魚、澳洲尖吻鱸等炸魚種類可供選擇。

很便宜的日本料理餐廳 MAP P.567/1B
TAKA Japanese Cuisine

住 150-152 Barrack St. (Cnr. Wellington St.), 6000 ☎ 9221-4771
營週一～四、六11:00～19:00，週五11:00～20:00
休週日、節日

很受留學生喜愛的日本料理餐廳，供應豐富菜色，像是天婦羅烏龍麵（$9～11）、日式咖哩飯（$7～10.50）、照燒蓋飯（小$7.50、大$9.50）等多達30種。

Northbridge

想吃大分量的牛排時 MAP P.567/1A
Outback Jacks Bar & Grill

URL www.outbackjacks.com.au/northbridge
住 124 James St., Northbridge, 6003
☎ 9227-7346 營每日11:30～21:00 CC MV
酒 Licensed

分量很大的牛排

澳洲全國共有19間店的牛排餐廳，每種牛排都分量十足，並附沙拉及薯條或烤馬鈴薯。人氣餐點有紅屋牛排（沙朗）280g～（$34.95～）、菲力200g～（$35.95～）、丁骨400g～（$36.95）等。

頗受好評的飲茶 MAP P.567/1A
Dragon Palace

URL www.dragonpalace.com.au
住 66 Francis St., Northbridge, 6000
☎ 9228-2107／9228-2888 營週一～五10:30～15:00、週六、日10:00～15:00、每日17:30～22:00 休週三 CC JMV 酒 Licensed

以使用海鮮的美味中華料理受到好評，尤其是白天的飲茶點心種類豐富，讓人大飽口腹之欲。在寬敞的店內用推車賣現做點心，很有港式風情；點心分為小點$5.90、中點$7.30、大點$8.90，不過幾乎都是中點或大點。

超受歡迎的越南料理 MAP P.565/1C
Viet Hoa

URL www.viethoa.com.au 住 1/349 William St., Northbridge, 6003 ☎ 9328-2127
營每日10:00～21:00 CC JMV 酒 BYO

每到用餐時間總是座無虛席，經常大排長龍的人氣餐廳，店內充滿開朗的亞洲氣氛，餐點不但平價且美味。推薦菜色有越南鮮蝦春捲（2個$8.80）、各種越南河粉$15.80～16.50、炸雞炒飯$17.50等。

西澳南部
South of WA

位在澳洲大陸南端的廣大自然區域，是柏斯周邊居民週末假日出遊的人氣觀光勝地，不論是想悠閒享受度假氛圍的人、熱愛青山碧海的自然派，或是鍾情於衝浪、獨木舟等運動的戶外活動家，來到西澳南部絕對不會令你失望。

擁有卡里巨木森林的西澳南部

班伯利
Bunbury

作為木材運輸港口而聞名的班伯利，其歷史相當久遠，與柏斯的殖民歷史幾乎都在同時期的1830年代開始發展，尤其是19世紀後半到20世紀初期之間，在西澳內陸地區發現大量金礦而引發淘金熱時，班伯利也因為是前往內陸的門戶港口而繁華一時。因此，至今班伯利仍保留眾多訴說當年歷史的古老建築。

在海灘悠閒地等待海豚出現

海豚保育中心
Dolphin Discovery Centre

位在班伯利郊區的庫姆巴納海灘Koombana Beach，是專門提供民眾與來到海邊的海豚一起共泳的設施。不過因為這些都是野生海豚，沒有固定出現的時間，所以來到這裡只能憑藉個人運氣等待。

交通

●班伯利

從柏斯每天都有Trans WA或South West Coach Line的巴士行駛（所需時間為2小時），抵達地點為舊班伯利車站；此外也可以從柏斯車站搭乘Australind號列車前往（1天2班）。雖然班伯利車站位在郊區，不過只要出示火車票，就可以轉乘市區巴士前往市中心的舊班伯利車站。

■班伯利遊客中心
Bunbury Visitor Centre
住13A Prinsep St., Bunbury, 6230
☎(08)9792-7205
URL visitbunburygeographe.com.au
開週一～五9:00～16:30，週六9:30～14:00，週日、節日10:00～13:00
休耶穌受難日、耶誕節

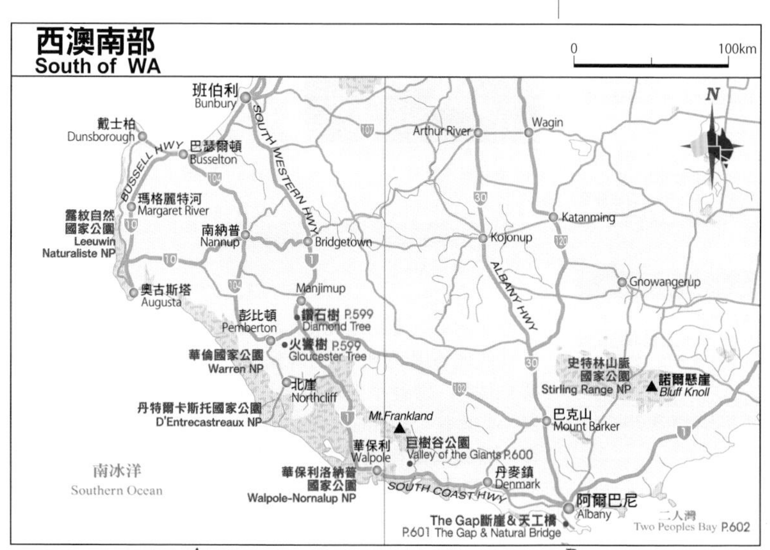

班伯利遊客中心也是市區巴士總站

■海豚保育中心
住Lot 830, Koombana Drv., Bunbury, 6230
(08)9791-3088
URL dolphindiscovery.com.au
開週三～日9:15～15:00
休週一、二、耶誕節
費大人$18 小孩$10 家庭$46
●觀賞海豚生態之旅
時週三～日12:00出發
費大人$54 小孩$40 家庭$168
●海豚共泳航行之旅
時11～4月週三～一8:00出發
費1人$165（只搭船觀賞海豚大人$85 小孩$65）

交通

●巴瑟爾頓
參加由柏斯出發的旅遊團或是租車前往最方便。如果搭乘大眾交通工具，從柏斯出發的South West Coach Line巴士每天都有班次，所需時間約4小時。

■巴瑟爾頓碼頭長堤
住Busselton Beachfront, Busselton, 6280
(08)9754-0900
URL www.busseltonjetty.com.au
開9月下旬～4月：每日8:30～18:00／5～9月中旬:每日10:00～17:00／海底觀察站：9～4月9:00～16:00、5～8月10:00～15:00每個整點會有導覽之旅出發
休耶誕節
費碼頭門票：大人$4 小孩免費／搭乘碼頭路面電車：大人$16 小孩$9.50 家庭$51／海底觀察站：大人$37 小孩$22 家庭$118

交通

●瑪格麗特河
參加由柏斯出發的旅遊團或是租車前往最方便。如果搭乘大眾交通工具，從柏斯出發的South West Coach Line巴士每天都有班次，所需時間約5小時。

海豚保育中心內部還設有小型博物館，可以藉由圖片展示認識海豚生態，以及義工們如何治療受傷的海豚等，同時還為遊客推出觀賞海豚生態之旅、與海豚共泳的航行之旅等行程。

幸運的話就能在海邊看到野生海豚

巴瑟爾頓
Busselton

巴瑟爾頓位於前往瑪格麗特河地區的門戶位置，也是面對地理灣Geographe Bay的度假城鎮，同時也以擁有南半球最長的巴瑟爾頓碼頭長堤Busselton Jetty而聞名。

西澳南部的名勝景點——巴瑟爾頓碼頭長堤

雖然現在是擁有優美白沙與淺灘的度假城鎮，其實巴瑟爾頓原本是這一帶負責輸出切割木材的港口，因此需要在淺灘的海邊搭建起木造長堤碼頭，再加上海灣的潮汐落差變化不大，一天只有1m左右，因此碼頭長堤便應運而生。隨著往來船隻數量的增加，碼頭也不斷增建加長，1960年甚至一度長達1841m；還在木造碼頭上鋪設鐵軌，方便將木材直接運送到運輸船上。巴瑟爾頓碼頭長堤雖然在1971年就已經功成身退，現在則成為重要觀光景點。

在長堤最前端的海底觀察站可以看到各種魚類

而且在長堤最前端還設有海底觀察站Underwater Observatory，可以觀察棲息於地理灣300種魚類的生態，館內還推出導覽之旅，可以在嚮導的解說下認識海中生物。

瑪格麗特河
Margaret River

位在柏斯以南約280km處，是從豐饒綠色大地匯入印度洋的瑪格麗特河，在河畔拓展的城鎮，也是西澳南部的觀光據點。這裡不但以葡萄酒的重要產地而聞名於全世界，還擁有「澳洲的波爾多酒鄉」之稱，而且在印度洋沿岸一帶擁有斷崖絕壁和沙灘美景、無數鬼斧神工的鐘乳石洞，被規劃為露紋自然國家公園Leeuwin Naturaliste NP。北端的自然角Cape Naturaliste、南端的露紋角

衝浪者角總是有來自世界各地的衝浪客前來衝浪

衝浪者角的日落時分

Cape Leeuwin附近都是知名的景觀勝地。而面對印度洋的海灘則是西澳州具代表性的衝浪勝地，特別是在靠近瑪格麗特河口處的衝浪者角Surfers Point，包含每年3月的職業世界衝浪大賽等各種大型比賽都會在這裡舉行。由於位於陸地的西邊，這裡也是欣賞夕陽的知名地點。

葡萄園綿延不斷的瑪格麗特河地帶

■**瑪格麗特河遊客中心**
Margaret River Visitor Centre
住100 Bussell Hwy., Margaret River, 6285
☎(08)9780-5911
URL www.margaretriver.com
開每日9:00～17:00
休耶誕節

在美麗大自然裡綿延的葡萄園 MAP P.598

瑪格麗特河酒莊巡禮
Margaret River Wineries

人氣Leeuwin Estate酒莊的試飲櫃台

瑪格麗特河擁有能生產出高品質葡萄酒的土壤，從1967年就開始釀酒歷史，多年下來葡萄酒產業不斷成長，現在一共擁有150間酒莊，栽種的葡萄品種以夏多內Chardonnay、卡本內蘇維濃Cabernet Sauvignon等優良品種居多，與巴羅莎河谷(→P.471)、獵人谷(→P.271)、亞拉河谷(→P.362)並列為澳洲主要酒鄉。

Vasse Felix也是人氣酒莊

大多數酒莊都設有銷售葡萄酒並提供試飲的品酒室，有些免費或是只需支付$10左右，就可以品嚐5～10種葡萄酒的滋味；當然也有酒莊附設餐廳，可以享受以美味葡萄酒佐餐的樂趣。

Leeuwin Estate酒莊的餐廳

瑪格麗特河的主要酒莊

酒莊名稱	地址／URL	電話號碼	營業時間
Sandalford Wines	777 Metricup Rd., Wilyabrup, 6280 URL www.sandalford.com	(08)9755-6213	每日10:00～17:00
Brookland Valley Vineyard	4070 Caves Rd., Wilyabrup, 6284 URL www.brooklandvalley.com.au	(08)9755-6042	每日11:00～17:00 (冬季～16:00)
Robert Oatley Margaret River	3518 Caves Rd., Wilyabrup, 6280 URL www.robertoatley.com.au	(08)9750-4000	每日10:30～16:30
Xanadu Wines	316 Boodjidup Rd., Margaret River, 6285 URL www.xanaduwines.com	(08)9758-9500	每日10:00～17:00
Driftwood Estate Winery	3314 Caves Rd., Wilyabrup, 6280 URL driftwoodwines.com.au	(08)9755-6323	週四～日11:00～16:00
Evans & Tate	Cnr. Caves & Metricup Rds., Wilyabrup, 6280 URL evansandtate.wine	(08)9755-6244	每日10:30～17:00
Leeuwin Estate	Stevens Rd., Margaret River, 6285 URL leeuwinestate.com.au	(08)9759-0000	每日10:00～17:00
Redgate Wines	659 Boodjidup Rd., Margaret River, 6285 URL redgatewines.com.au	(08)9757-6488	每日10:00～16:30
Vasse Felix	Cnr. Tom Cullity Drv. & Caves Rd., Margaret River, 6284 URL www.vassefelix.com.au	(08)9756-5000	每日10:00～17:00
Voyager Estate	41 Stevens Rd., Margaret River, 6285 URL www.voyagerestate.com.au	(08)9757-6354	週三～日10:00～17:00

■瑪格麗特河鐘乳石洞

URL www.margaretriverattractions.com

時 猛瑪洞穴：每日9:00～17:00（入場到16:00為止）／吉爾吉洞穴：每日9:30～16:00每隔30分鐘有導覽之旅／湖泊洞穴＆寶石洞穴：9:00～17:00每隔1小時有導覽之旅

費 各洞穴：大人$22.50 小孩$11.50／第2洞穴起：大人$16 小孩$8.50

瑪格麗特河流域的主要酒莊，在每年夏季還會舉辦戶外音樂會，像是Leeuwin Estate酒莊的戶外音樂會，因為邀請世界著名的管弦樂團、音樂家而享有名氣，其餐廳也是西澳地區屈指可數而極獲好評。

周遊特色獨具的鐘乳石洞 MAP P.598/1・2

瑪格麗特河鐘乳石洞
Margaret River Caves

吊桌形狀鐘乳石是湖泊洞穴的招牌

從戴士柏要前往瑪格麗特河、奧古斯塔Augusta的洞穴路Caves Rd.上擁有好幾座鐘乳石洞，不過僅有一部分對外開放，從北到南分別是吉爾吉洞穴Ngilgi Cave、猛獁洞穴Mammoth Cave、湖泊洞穴Lake Cave、寶石洞穴Jewel Cave 4座。

每座鐘乳石洞各具特色，有時間的話不妨一一探訪，不過其中最熱門的是湖泊洞穴和寶石洞穴。湖泊洞穴是擁有地底湖泊的半圓球狀鐘乳石洞，雖然空間並不大，卻擁有全澳洲獨一無二、猶如掛在半空的桌子鐘乳石，最為特別。寶石洞穴則是觀光客最喜愛的鐘乳石洞，透過燈光照耀之下，洞穴內散發出有如珠寶一般的炫目光芒。至於鄰近湖泊洞穴的猛獁洞穴，是唯一可以允許個人自由散步的鐘乳石洞，在巨大的洞內還殘留著已經滅絕的動物化石。

發出炫目光芒的寶石洞穴

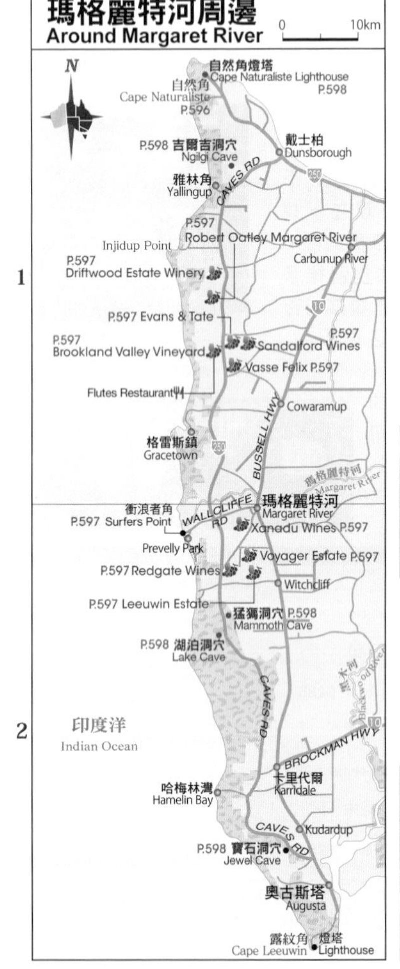

美麗的石灰岩燈塔 MAP P.598/1

自然角燈塔
Cape Naturaliste Lighthouse

位於瑪格麗特河地區北端、為歷史古蹟的自然角燈塔，建造於1904年、高20m，是以當地出產的石灰岩所打造而成。附近已

可以在自然角燈塔附近悠閒散步

經被列為歷史保護區，利用過去燈塔守居住的宿舍做為咖啡館，參加導覽之旅就能聽到詳細解說，並登上燈塔眺望遼闊大海。

彭比頓
Pemberton

身兼博物館的遊客中心

彭比頓以Karri Country為觀光重點，是可以在全世界罕見的卡里巨木森林散步的地方，鄰近還有華倫國家公園Warren NP、比德拉普國家公園Beedelup NP等多座林相優美的國家公園。至於沿海地區廣達131km的丹特爾卡斯托國家公園D' Entrecasteaux NP，擁有必須以四輪傳動車才能到達的伊格拉普沙丘Yeagarup Dunes，能欣賞澳洲特有的遼闊景觀。有不少旅行社都推出從彭比頓出發周遊景點的旅遊團，不妨到遊客中心找尋最合意的行程，別忘了周邊還有不少酒莊可以一訪。

挑戰爬上高達60m的巨樹 MAP P.595/A

卡里巨木森林
Giant Karri Forest

在彭比頓近郊有著火警樹Gloucester Tree（高61m）、戴夫伊文斯兩百週年之樹Dave Evans Bicentennial Tree（高68m）、鑽石樹Diamond Tree（高52m）3棵卡里巨木，每棵樹的頂端都蓋有迷你瞭望台，而高度都在60m左右；原本是為了監視森林火災而建，實際上也在1930～1940年代發揮功效，位在距離市中心約3km遠森林中的火警樹，是遊客最容易造訪的一棵樹。

這些巨樹都垂吊著鐵製的爬梯供人攀爬，不過因為幾乎是垂直狀態，萬一踩空的話後果不堪設想，相當危險，因此在爬梯旁也豎立著「責任自負Own Your Risk」的警告牌。如果攀爬過程順利，大約5分鐘就能抵達觀景台，從制高點能將綿延無邊的卡里巨木森林360度一覽無遺。

奔馳在卡里巨木森林間

彭比頓小火車
Pemberton Tramway

想要輕鬆漫步在卡里、Marri的茂密森林，最好的辦法就是搭乘彭比頓小火車。以緩慢節奏搖晃前進的小火車，穿梭在廣大森林裡，讓人身心舒暢，是一趟到華倫河Warren River之後折返的2小時旅程。

■自然角燈塔
住1267 Cape Naturaliste Rd., Leeuwin-Naturaliste NP, 6281
☎(08)9780-5911
URL www.margaretriverattractions.com
開每日9:00～17:00（導覽之旅為9:30～16:30每隔1小時，所需時間為1小時）
費大人$15 小孩$7.50

交通

●彭比頓
參加由柏斯出發的旅遊團或是租車前往最為方便。如果搭乘大眾交通工具，Trans WA從柏斯、班伯利、阿爾巴尼都有巴士行駛，柏斯出發每天都有班次，所需時間約5小時，但要留意的是也有繞遠路的班次。

■彭比頓遊客中心
Pemberton Visitor Centre
住29 Brockman St., 6260
☎(08)9776-1133
URL www.pembertonvisitor.com.au
開週一～六10:00～16:00，週日10:00～13:00
休耶誕節
●先鋒博物館
Pioneer Museum
附設在彭比頓遊客中心內的博物館，利用照片及道具讓遊客能夠看到這個地區過往開拓時代的景象。

■彭比頓的推薦旅遊行程
●彭比頓探險之旅
Pemberton Discovery Tours
環遊華倫國家公園、丹特爾卡斯托國家公園的半日遊。
☎(08)9776-0484
URL www.pembertondiscoverytours.com.au
時每日9:00～13:00
費海灘＆森林探險之旅：大人$128 小孩$65 家庭$350

一步步踩穩了再往上爬

搭乘可愛的小火車漫遊森林

■**彭比頓小火車**
住Railway Cres., Pemberton, 6260 ☎(08)9776-1322
URL www.pemtram.com.au
●華倫河、橋來回
時週一～六10:30、14:00出發（所需時間1小時45分）
費大人$28 小孩$14

交通

●**華保利&丹麥鎮**
基本上租車前往最方便，如果搭乘大眾交通工具，Trans WA從阿爾巴尼或班伯利每天都有巴士行駛。

■**丹麥鎮遊客中心**
Denmark Visitor Centre
住73 South Coast Hwy., Denmark, 6333
☎(08)9848-2648
URL denmark.com.au
開週一～六9:00～15:00
休週日、耶誕節

■**巨樹谷公園、樹頂漫步&古代帝國漫步**
住Between Walpole & Denmark
☎(08)9840-8263
URL www.valleyofthegiants.com.au
開每日9:00～17:00（最後入場為16:15）／年底新年8:00～18:15
休耶誕節、天候不佳時
費大人$21 小孩$10.50 家庭$52.50

■**國家公園門票**
西澳大多數的國家公園都要收費，可以在各國家公園入口處的自動售票機購買門票。
URL exploreparks.dbca.wa.gov.au
費1日內有效：車1輛（乘客最多12人）每次$15
※還有可以周遊西澳所有國家公園的周遊券Holiday Park Pass，1輛車每次5日內有效$25、14日內有效$40、1個月內有效$60

經過兩處森林裡的重要景點時都會停車，讓遊客可以擁有10～20分鐘的步行時間來親近自然。

華保利&丹麥鎮
Walpole & Denmark

不論是華保利還是丹麥鎮，都是南海岸公路South Coast Hwy.旁的小鎮，在2座小鎮之間則是西澳東南部人氣觀光景點之一的樹頂漫步Tree Top Walk。另外在丹麥鎮郊外還有威廉灣國家公園William Bay NP，這裡不僅有綿延的美麗沙灘，還有巨型岩石眾多的象岩群Elephant Rocks等景點。

俯瞰巨樹森林 MAP P.595/B

巨樹谷公園／樹頂漫步
Valley of the Giants / Tree Top Walk

樹頂漫步能走在森林之上

距離華保利約20分鐘車程、丹麥鎮約50分鐘車程的華保利洛納普國家公園Walpole-Nornalup NP裡有座巨樹谷公園，可以近距離觀賞到卡里、Tingle等珍貴的巨木。在這裡最刺激的活動，就是樹頂漫步，高40m、全長600m的空中步道就設在森林之上，彷彿變成鳥兒般將樹木踩在腳底下；雖然行走時步道會有些搖晃，讓人有點心驚膽顫，不過還好旁邊有扶手欄杆可以抓，可以稍微安心一些。另外還有一群被取名為古代帝國Ancient Empire，外型非常特殊的巨大Tingle Trees，同樣也設有森林步道，千萬不要輕易錯過。

阿爾巴尼
Albany

有歷史感的阿爾巴尼市政廳建於1888年

阿爾巴尼位在柏斯東南方409km處，是被夾在克雷倫斯山Mt. Clarence和梅爾維爾山Mt. Melville之間的海港城市，也是1826年歐洲人在西澳打造的第一座殖民城市；因此阿爾巴尼不但擁有眾多古蹟建築、博物館，還是座被美麗海洋和森林環繞的城市。因為被海洋包圍，海岸旁的景點之多自然不在話下，要觀光還是租車才方便。推薦的下榻地點在米德爾頓海灘Middleton Beach，不但與城市距離不遠，還擁有極美的海灘，有精品度假村及出租公寓等型態飯店可供選擇。

「走入」阿爾巴尼的歷史

歷史漫步
Historical Walk

推薦透過歷史漫步來認識阿爾巴尼的歷史，只要在遊客中心拿份地圖就可以開始。首先要造訪的是阿爾巴尼的城市象徵——敦睦號船艦Brig Amity，這是1826年第一艘抵達的歐洲人船隻的複製品；接著再前往隔壁的大南方博物館Museum of The Great Southern、阿爾巴尼流犯監獄博物館Albany Convict Gaol Museum參觀。至於矗立在遊客中心前方極具威嚴氣氛的紅磚建築，則是不能不看的舊郵局Old Post Office（現在作為殖民博物館使用）。

震撼力滿點的自然斷崖 MAP P.601/A

The Gap斷崖&天工橋
The Gap & Natural Bridge

欣賞The Gap斷崖的觀景台

距離阿爾巴尼約10km的托蒂拉普國家公園Torndirrup NP裡，擁有The Gap斷崖&天工橋兩處令人嘆為觀止的斷崖峭壁奇景；距離海面25～30m高，狂野的海浪一波波衝撞山崖，浪花四散飛濺的景象震撼力十足。如果是租車前往，還可以順便到附近的噴水洞Blowholes（海水湧出洞穴）感受自然威力，或是到能一覽阿爾巴尼城鎮景致的Stony Hill登高望遠。

交通

●**阿爾巴尼**

有Trans WA從柏斯出發的直達巴士，或是經過班伯利的班次；從柏斯出發的直達巴士每天出發，所需約6小時，由班伯利出發則需5小時30分。另外區域快線航空1天有2～3班連結柏斯與阿爾巴尼間的航班，約需1小時。

■**阿爾巴尼遊客中心**
Albany Visitors Centre
住221 York St., Albany, 6330
☎(08)6820-3700
URL www.amazingalbany.com.au 開每日9:00～17:00
休耶誕節

■**敦睦號船艦**
住Albany Historical Precinct, off Princess Royal Drv., Albany, 6330 ☎(08)9841-4844
URL visit.museum.wa.gov.au/greatsouthern/brig-amity
開每日9:30～16:00
休耶穌受難日、耶誕節
費大人$5 小孩$2 家庭$12

最想一探究竟的敦睦號船艦

■**大南方博物館**
住Residency Rd., Albany, 6330
☎(08)9841-4844
URL visit.museum.wa.gov.au/greatsouthern
開每日10:00～16:00
休新年、耶穌受難日、耶誕節、節禮日
費免費（歡迎$5的捐款）

■**阿爾巴尼流犯監獄博物館**
住267 Stirling Tce., Albany, 6330 ☎0457-329-944
URL historicalbany.com.au
開每日10:00～16:00
休耶穌受難日、耶誕節
費大人$6 小孩$2.50 家庭$15

全球最大的捕鯨博物館 MAP P.601/B

發現號灣捕鯨基地歷史博物館
Discovery Bay Historic Whaling Station

地處西澳最南端的阿爾巴尼，是過去作為捕鯨基地而曾經繁盛一時的港都，極盛時期，在這個港口單季就捕撈超過850尾鯨魚。緊鄰托蒂拉普國家公園的此處，在1978年之前仍是使用中的捕鯨基地，現在則是保留當時的模樣，成為可以了解捕鯨歷史、目前受保護鯨魚與虎鯨的相關知識，並且擁有最新視聽設備的博物館；冬季還可以從這裡出發去賞鯨魚。

將捕鯨基地直接變成博物館

博物館對面還有座小動物園，名為澳洲野生動物園Australian Wildlife Park，可以看到無尾熊、袋鼠、沙袋鼠等動物。

■發現號灣捕鯨基地歷史博物館
住81 Whaling Station Rd., Frenchman Bay, 6330
☎(08)9844-4021
URL www.discoverybay.com.au
開每日9:00～17:00
休耶誕節
費大人$35 小孩$12 家庭$80
※含澳洲野生動物園的門票

■阿爾巴尼的賞鯨船
曾經是捕鯨基地的阿爾巴尼，冬季會有眾多的鯨魚來到沿岸（南露脊鯨、座頭鯨等）；這個時期，就會推出從阿爾巴尼出發的賞鯨船之旅。
●Albany Whale Tours
☎0422-441-484
URL www.albanywhaletours.com.au
時每年6～10月上旬每日9:30～13:00
費大人$100 小孩$60 家庭$300

被純白沙灘所感動 MAP P.595/B

二人灣
Two Peoples Bay

距離阿爾巴尼車程約30分鐘之處的二人灣，1961年在這裡重新發現以為早已經絕跡的嘈雜藪鳥Noisy Scrubbird蹤影，而聲名大噪，便規劃為嘈雜藪鳥的保護區，並設有遊客中心展示附近的動植物生態，不妨先來這裡增長一些知識。在二人灣還有個Little Beach，正如其名為小海灘，但是海景與白色沙灘之美卻是難以言喻，是夏天一定要來游泳的海灘。

白沙碧海調和下的美麗Little Beach

埃斯佩蘭斯
Esperance

說到澳洲的地名，不是來自於澳洲原住民的語言，就是以過去曾經殖民過此地的英國地名、人名等居多，但是在柏斯東南方約720km處的埃斯佩蘭斯Esperance，卻是來自於法文的「希望」。1792年，有2艘航行於澳洲南部海岸的法國軍艦，為了躲避海上風暴而來到這裡（實際上真正的地點是埃斯佩蘭斯以西的觀測島Observatory Is.），其中一艘軍艦名為埃斯佩蘭斯號，便成為城鎮之名。但若想要真正表現這座城鎮的景致之美，唯有澳洲原住民過去的稱呼「Gabba-kyle」（大海像迴力鏢一樣橫跨左右的地點）才稍微可以比擬一二；這裡可說是西澳數

埃斯佩蘭斯的海灘旁有個鯨魚尾鰭的藝術品

交通

●埃斯佩蘭斯
從柏斯出發有區域快線航空的航班（所需時間約1小時30分），至於陸路交通從柏斯有Trans WA的巴士，一週6班（所需時間約10小時），其他還有阿爾巴尼每週2班次，卡爾古利每週3班行駛。

一數二的美麗沙灘與海景，眼前就是一片澄澈清透碧藍的南冰洋Southern Ocean，也很盛行衝浪、釣魚、潛水等各種海上活動。

可以看到袋鼠的海灘

幸運灣和雄偉角國家公園
Lucky Bay & Cape Le Grand NP

幸運灣是澳洲少數有袋鼠出現的海灘

埃斯佩蘭斯的海岸線結構相當複雜，每個峽灣都有漂亮的海灘，其中距離埃斯佩蘭斯約60km的雄偉角國家公園Cape Le Grand NP，擁有許多白沙海灘而聞名；特別是幸運灣Lucky Bay的海灘，不但擁有全澳洲最白的沙灘，還會有袋鼠為了尋覓漂流上岸的海草而頻繁地出現在這裡，因而聲名大噪。是來到埃斯佩蘭斯絕對不容錯過的地方。

湖水看起來就是粉紅色

希利爾湖和里賽奇群島
Lake Hillier & Recherche Group

在埃斯佩蘭斯近海，有座當年埃斯佩蘭斯號軍艦曾經避難過的島嶼──里賽奇群島Recherche Group，每天都有觀光船之旅可以環遊這座美麗的海上群島。而位於這座群島東邊外圍的Middle Is.，島上有座完全不會認為是自然顏色的粉紅色湖泊，全長600m左右，名為希利爾湖。這樣不受天候影響，一整年都呈現粉紅色的湖泊，在全世界也極為罕見，所以被國際雜誌介紹為「世界的絕景」。由於Middle Is.是受到自然保護而禁止遊客進入的島嶼，所以想一睹希利爾湖的廬山真面目只能參加空中遊覽之旅。從埃斯佩蘭斯機場出發，搭乘Goldfield Air Service的小型飛機，進行90分鐘的遊覽飛行，除了希利爾湖，還可以從空中眺望里賽奇群島、雄偉角國家公園的美麗海灘等景點。

從空中眺望的幸運灣

此外，在與埃斯佩蘭斯相距約5km之處，也有座名為粉紅湖Pink Lake的湖泊，不過現在已經不是粉紅色了（過去由於天候影響曾經變成粉紅色）。

■埃斯佩蘭斯遊客中心
Esperance Visitors Centre
住Museum Village, Dempster St., Esperance, 6450
☎(08)9083-1555
☎1300-664-455
URL www.visitesperance.com
開週一～五9:00～16:30，週六9:00～14:00，週日9:00～12:00 休耶誕節

■里賽奇群島名稱的由來
當年與埃斯佩蘭斯號軍艦一同避難的另一艘軍艦名為里賽奇號，因而得名。

■去看海獅的埃斯佩蘭斯島嶼巡航
Esperance Island Cruises
搭乘周遊里賽奇群島的觀光船，去看野生的海獅、巨大的海鵰，依季節而定，也會看到鯨魚。
☎(08)9071-5757
URL www.esperancecruises.com.au
時每日9:00～12:00
費大人$110 小孩$65 家庭$300
※1年會舉辦數次（每年1月中旬）去看Middle Is.（希利爾湖）的旅遊團，1人$390。出發地點在埃斯佩蘭斯東邊約100km的Duke of Orleans。

希利爾湖的粉紅色湖水令人不敢置信

■Goldfield Air Service
FREE 1800-359-427
URL www.goldfieldsairservices.com/esperance-scenic-flights/
時每日9:00、12:00、15:00出發
※因為沒有接送服務，必須自行前往埃斯佩蘭斯機場
※因季節而定會有停止出團的情形
費大人$425 小孩$360

班伯利

不論到市區還是海灘都方便 MAP 無
Dolphin Retreat Bunbury YHA

URL www.dolphinretreatbunbury.com.au
URL www.yha.com.au
住 14 Wellington St., Bunbury, 6230
☎ 9792-4690 WiFi 免費
費 D $33、T W $78 ※非YHA會員要追加費用
CC AJMV

擁有令人放鬆的後院，還有完善的BBQ設備，包括提供免費租借的趴板boogie board、腳踏車服務。

聚集愛海豚的人 MAP 無
Wander Inn Bunbury Backpackers

URL bunburybackpackers.com.au
住 16 Clifton St., Bunbury, 6230
☎ 9721-3242 FREE 1800-039-032 WiFi 免費
費 D $31～33、T W $78 CC MV

班伯利的老字號背包客旅館

從市中心步行7～8分鐘，房間、廚房還有客廳空間都非常乾淨，還提供到庫姆巴納海灘的接送服務。

品味度假氣氛 MAP 無
The Clifton Motel & Grittleton Lodge

URL theclifton.com.au 住 2 Molloy St., Bunbury, 6230 ☎ 9792-6200 FREE 1800-017-570
WiFi 免費
費 T W $142～212
CC ADJMV

優雅的建築物也是魅力之一

距離海灘只有50m的殖民式風格飯店，附有游泳池、SPA、三溫暖等設施，非常適合想體驗度假氣氛的人。由於位置靠近市中心，交通很方便。

瑪格麗特河

鎮上的人氣背包客旅館 MAP 無
Margaret River Backpackers YHA

URL www.margaretriverbackpackers.com.au
URL www.yha.com.au
住 66 Town View Tce., Margaret River, 6285
☎ 9757-9572 WiFi 免費 費 D $30～34
※非YHA會員要追加費用 CC MV

位於瑪格麗特河中心區Margaret River Lodge YHA的姊妹飯店，是擁有52張床的大型青年旅館。

觀光便利的 MAP 無
Margaret River Motel

URL www.margaretrivermotel.com.au
住 18 Farrelly St., Margaret River, 6285
☎ 9757-3177 WiFi 免費 費 T W $131～221、2B $176～221 CC MV

客房有超值的舒適感

靠近瑪格麗特河中心區的汽車旅館，一般的客房就很寬敞舒適。辦理住房手續時向工作人員詢問當地餐廳及觀光等情報，都能得到親切的回應。

雅緻的4星飯店 MAP 無
Stay Margaret River

URL staymargaretriver.com.au
住 78 Wallcliff Rd., Margaret River, 6285
☎ 9757-2633 FAX 9757-9001 WiFi 免費
費 T W $152～169、1B $189～、2B $252～
CC ADJMV

充滿度假氛圍的泳池區

從瑪格麗特河鎮上開車約5分鐘可抵，是典雅優美的殖民式風格飯店，被整理得當的美麗庭園所包圍，客房裡則採用沉穩設計的家具和裝潢。

享受超凡的視野 MAP 無
Hilltop Studios

URL www.hilltopstudios.com.au
住 568 Carters Rd., Margaret River, 6285
☎ 0405-552-473 WiFi 免費 費 1B $370～410
※住宿2晚以上 CC AMV

座落在遠離城鎮的山丘上，可以在腹地裡看到袋鼠的蹤影，客房都是別墅形式，按摩浴缸的窗戶還能全部打開。

被森林包圍的精品度假村 MAP 無
Cape Lodge

URL www.capelodge.com.au/ja/index.html
住 3341 Caves Rd., Yalingup, 6282

從台灣撥打電話至西澳南部
002 + 61（國碼）+ 8（去除0的區域號碼）+ 電話號碼

擁有美麗庭園的莊園氛圍

📞9755-6311 WiFi 免費 費2晚TW$1530～2290 ※含早餐 CC AMV

位於瑪格麗特河地區北部的雅林角，是瑪格麗特河具代表性的高級飯店。園區內擁有美麗的森林、湖泊與庭園，十分優雅；並且附設獲獎無數的餐廳。

阿爾巴尼

絕佳地理位置 Albany Backpackers YHA
MAP 無

URL www.yha.com.au
住34 Stirling Tce., Albany, 6330
📞9841-8848 WiFi 免費
費D $25～30、TW $52～70
※含早餐 CC MV

位在舊郵局對面的背包客旅館，建築雖然古老，改裝過的客房住起來卻很舒適。

服務態度親切 Six Degrees Albany Hotel Motel
MAP 無

URL albanymotelwa.com.au
住70 Stirling Tce., Albany 6330

飯店位於歷史悠久的酒館樓上

📞9841-1466 WiFi 免費 費TW $69～149 CC MV

位於古老建築林立的Stirling Tce.，1樓是大受當地人喜愛的酒館餐廳；價錢低廉的房間是衛浴共用。

位於城鎮中心的歷史飯店 Albany Foreshore Guest House
MAP 無

URL albanyforeshoreguesthouse.com.au
住86 Stirling Tce., Albany, 6330
📞0412-704-794 FAX 9842-8325 WiFi 免費
費S $110～135、TW $130～155
※含早餐 CC ADJMV

洋溢殖民式風格的建築

就在舊鐵路車站前的馬路旁，是棟建於1866年的殖民式風格飯店，全部5個房間都採用古典裝潢，讓房客可以擁有優雅的住宿氛圍。

體驗優雅的沙灘度假生活 The Beach House at Bayside
MAP 無

URL www.thebeachhouseatbayside.com.au
住33 Barry Court., Collingwood Park, Albany, 6330 📞9844-8844 WiFi 免費 費TW $295～410 CC ADJMV

建於米德爾頓海灘旁，只有7間客房的精品式飯店，提供豪華早餐、下午茶及夜晚的波特酒等多項免費服務。由於定位為成熟大人氛圍的飯店，不接受12歲以下兒童的住宿。

埃斯佩蘭斯

就在碼頭的正前方 The Jetty Resort
MAP 無

URL www.thejettyresort.com.au
住1 The Esplanade（2 Dempster St.), Esperance, 6450 📞9071-3333 WiFi 免費
費TW $145～244、2B $290～325 CC AJMV

位在鎮外海岸路旁的碼頭長堤前，擁有35間客房的飯店。客房建築帶有木頭溫暖氛圍，分為標準、附按摩浴缸的豪華套房、2間臥室的公寓房等3種類型，也附有游泳池、洗衣房等設備。

矗立在海邊的高級飯店

埃斯佩蘭斯的汽車露營區 RAC Esperance Holiday Park
MAP 無

URL parksandresorts.rac.com.au/esperance/
住Goldfields Rd., Esperance, 6450
📞9071-1251 FREE 1800 871 570 WiFi 免費
費小木屋：1B $186～236、2B $230～353、電源營地&帳篷營地$48 CC MV

擁有可以眺望大海腹地的汽車露營區，客房方面有藍色外觀的可愛小木屋，以及附有專用陽台及BBQ用具的2間臥室房，還有針對露營車與帳篷使用的電源營地。

埃斯佩蘭斯市中心的舒適住宿 Comfort Inn Bay of Isles
MAP 無

URL comfortinnbayofisles.com.au
住2 The Esplanade, Esperance, 6450
📞9071-9000 WiFi 免費
費TW $145～220 CC AMV

擁有大海前方、而且是市中心博物館公園旁的絕佳位置，客房是有點古典的汽車旅館形式，並附有游泳池及BBQ設備。

金礦區

Goldfields

交通

●金礦區

QantasLink、維珍澳洲航空有從柏斯飛往卡爾古利的航班，另外Prospector號列車則是從東柏斯車站出發前往卡爾古利，而豪華火車印度洋-太平洋號列車也會停靠卡爾古利。

■卡爾古利·波爾德遊客中心
Kalgoorlie Boulder Visitor Centre
住316 Hannan St., Kalgoorlie, 6430 ☎(08)9021-1966
URL www.kalgoorlietourism.com
開週一～五9:00～17:00，週六、日9:00～14:00，節日9:00～13:00
休新年、耶穌受難日、澳紐軍團紀念日、耶誕節、節禮日

■金礦區博物館
住17 Hannan St., Kalgoorlie, 6430 ☎(08)9021-8533
URL visit.museum.wa.gov.au/goldfields
開每日10:00～15:00
費免費（歡迎$5左右的捐款）
休新年、耶穌受難日、耶誕節、節禮日

■庫爾加迪遊客中心
Coolgardie Visitors Centre
住62 Bayley St., Coolgardie, 6429 ☎(08)9026-6090
URL www.coolgardie.wa.gov.au
開週一～五8:30～16:00，週六、日、節日10:00～15:00
●金礦區展覽館（遊客中心內）
費大人$4 小孩$2

位在西澳內陸地區，至今仍然在繼續開採著全世界規模最大的露天挖掘金礦──超級礦坑Super Pit，正是位於卡爾古利Kalgoorlie與波爾德Boulder；並與距離此地50km處的庫爾加迪Coolgardie附近合稱為金礦區，也是從1890年代挖掘出金礦引爆淘金熱而繁榮的地區。不過要在淘金城生活只有金子是不夠的，「確保水資源」成為非常大的問題，據說當年的礦工把「挖水看成和挖金子一樣重要」，缺水的嚴重性可見一斑。

1903年自來水工程師O'Conner提出建議，興建一條從柏斯引水到卡爾古利、長達556km的水管管線，耗時10年的歲月才終於完成，但是完成之後，水龍頭卻連一滴水也沒有，失意的O'Conner受不了眾人訕笑，最後走上自殺一途；可是卻在他死後好幾個禮拜，水龍頭居然開始流出水來。原來是因為柏斯與卡爾古利之間海拔落差達400m，加上距離超過500km，想讓水管有水流出來需要好一段時間。於是O'Conner的這項先見之舉至今依舊造福著金礦區。

漫遊金礦區
OUTLINE OF GOLDFIELDS

卡爾古利與波爾德人口總數約3萬人，是西澳內陸地區最大的城鎮，由於蘊含的金礦礦藏相當豐富，直到如今還在進行大規模的開採工程，同時也因為保留眾多19世紀後半的古蹟建築而聞名；遊客中心推薦的4km歷史漫遊路線，自然不可錯過。

至於展示當年金礦開採模樣的金礦區博物館Museum of the Goldfields，以及位在庫爾加迪的金礦區展覽館Goldfields Exhibition等景點，也很有造訪的價值。

金礦區的住宿 ACCOMMODATION

區域號碼 (08)

時尚而舒適 Rydges Kalgoorie
MAP 無

URL www.rydges.com
住21 Davidson St., Kalgoorlie, 6430 ☎9080-0800 WiFi 免費 費T W $299～309 CC AMV

擁有游泳池、餐廳、酒吧等完善設施，客房則充滿明亮而現代的氛圍。

附有一應俱全的廚房 Albion Shamrock Hotel Motel
MAP 無

URL www.albionshamrock.com.au
住60 Burt St., Boulder, 6432 ☎9093-1399
WiFi 免費 費T W $95～140 CC ADMV

從波爾德的巴士總站搭計程車約5分鐘可抵，客房附設冷氣、廚房、微波爐等設備。

若要住在庫爾加迪 Coolgardie Gold Rush Motels
MAP 無

URL coolgardiegoldrushmotel.com.au
住47-53 Bayler St., Coolgardie, 6429
☎9026-6080 FAX 9026-6300 WiFi 免費
費T W $155～180 CC ADMV

全部27個房間都很漂亮的汽車旅館，也提供游泳池、BBQ設備、餐廳等多項服務。

從台灣撥打電話至金礦區
002＋61（國碼）＋8（去除0的區域號碼）＋電話號碼

珊瑚海岸
Coral Coast

有野生海豚出現的猴子米亞海灘

從尖峰石陣（南邦國家公園）附近的朱里恩灣Jurien Bay到埃克斯茅斯的西北岬North West Cape，綿延長達1100km的印度洋海岸線稱為珊瑚海岸，擁有為數眾多的美麗海灘，像是能夠餵食野生海豚的猴子米亞海灘Monkey Mia、能與鯨鯊共泳的埃克斯茅斯Exmouth等超人氣度假小鎮分布其間。不過因為距離柏斯相當遙遠，再加上屬於乾燥沙漠氣候，作為觀光地的開發其實還相當不足；由於前往各觀光景點的交通方式也受到侷限，目前珊瑚海岸的主要觀光模式是參加觀光巴士之旅，在柏斯與埃克斯茅斯之間住上幾晚，遊覽周邊地區的景點。

傑拉爾頓
Geraldton

位在港口的傑拉爾頓博物館

傑拉爾頓是距離柏斯北方約420km處的度假城鎮，由於這裡的年平均單日日照時間長達8個小時，因此擁有陽光之城的別名；而傑拉爾頓海岸旁的綿延海灘，則是玩風帆衝浪、體驗雙體帆船的最佳場所，每到週末假期，就會看到海面上出現無數色彩鮮豔的風帆穿梭在波浪間。除此之外，這裡也是以捕撈龍蝦而聞名全球的漁港，在鎮上的餐廳可以品嚐到比柏斯更便宜，更新鮮美味的龍蝦大餐。

在傑拉爾頓不能錯過的景點，就是傑拉爾頓博物館Museum of Geraldton。17世紀當時荷蘭東印度公司的船隻從歐洲出發，都會經過非洲好望角再前往印尼的巴達維亞Batavia（現今的雅加達Jakarta）；這些船隊沿著西澳海岸線一路北上航行，卻有4艘船隻分別在不同時期於傑拉爾頓觸礁沉沒，從這些沉沒船隻所打撈上來的物品，成為這個博物館最主要的展覽重點。其餘還有舊鐵路車站Old Railway Building、女王公園劇院Queens Park Theatre也都很值得前往參觀，細細品味。

傑拉爾頓同時也是前往西澳具代表性的潛水地點——阿布洛霍斯群島Abrolhos Islands的門戶城鎮，這個距離陸地約60km遠的群島是由超過100座大小珊瑚礁島

交通

●**傑拉爾頓**
Integrity Coach Line、Trans WA的巴士每天從柏斯出發（所需時間約7小時），QantasLink、維珍澳洲航空也有班機每天從柏斯飛往傑拉爾頓機場（代號GET）。

■**傑拉爾頓遊客中心**
Geraldton Visitor Centre
住24 Chapman Rd., Geraldton, 6530
☎(08)9956-6670
URL visit.museum.wa.gov.au/geraldton
開週二～五9:00～16:00，週一、六、日、節日9:00～13:30
休新年、耶穌受難日、耶誕節、節禮日

■**傑拉爾頓博物館**
住2 Museum Pl., Batavia Coast Marina, Geraldton, 6530
☎(08)9431-8393
URL visit.museum.wa.gov.au/geraldton
開每日9:30～15:00
休新年、澳洲國慶日、耶穌受難日、澳紐軍團紀念日、耶誕節、節禮日
費免費（歡迎$5左右的捐款）

交通

●**卡爾巴里（下一頁）**
Trans WA有從柏斯前往卡爾巴里的巴士，如果搭乘Integrity Coach Line，必須在傑拉爾頓北邊的Ajana下車，再轉乘小型巴士前往卡爾巴里。

■**卡爾巴里遊客中心**
Kalbarri Visitors Centre
住70 Grey St., Kalbarri, 6536
☎(08)9937-1104
URL www.kalbarri.org.au
開週一～五9:00～17:00，週六、日9:00～13:00
休耶誕節

■卡爾巴里國家公園
URL exploreparks.dbca.wa.gov.au
費1日內有效：車1輛（乘客最多12人）每次$15
※還有可以周遊西澳所有國家公園的周遊券Holiday Park Pass，1輛車每次5日內有效$25、14日內有效$40、1個月內有效$60
※由於卡爾巴里國家公園內未鋪設柏油的道路很多，租車必須選擇四輪傳動車輛。

■卡爾巴里國家公園的天空步道
2020年6月在卡爾巴里國家公園的West Loop峽谷，從可以眺望默奇森河的斷崖前端興建天空步道，成為新觀光景點。
URL www.australiascoralcoast.com/destination/kalbarri/kalbarri-national-park/skywalk
開每日6:00～18:00
※憑國家公園門票就能進入

■卡爾巴里出發的卡爾巴里國家公園之旅
●Kalbarri Adventure Tours
☎(08)9937-1677
URL www.kalbarritours.com.au
時大自然的窗口＆Z-Bend峽谷焦點：7:45～12:00（夏季6:45～11:00）／峽谷獨木舟之旅：半日8:00～13:30（夏季7:00～12:30）
※出團日需要詢問
費大自然的窗口＆Z-Bend峽谷焦點：大人$55 小孩$30（出團日：需要詢問）／峽谷獨木舟之旅：半日大人$100 小孩$75 家庭$325
※也推出露營之旅

從大自然的窗口眺望到的絕佳景觀

嶼所組成，加上這裡有眾多海獅出沒，因此在這裡潛水還可以看到海獅悠遊海中的蹤影。

卡爾巴里
Kalbarri

由傑拉爾頓北邊約50km處的北安普頓Northampton，離開國道1號線往沿海方向前行，中途在Port Gregory附近，經過被染成鮮豔櫻花色澤的粉紅湖之後繼續前行100km，就能抵達海邊小鎮卡爾巴里。位在默奇森河Murchison River河口處的卡爾巴里，是個人口只有1500人的小鎮，卻因為是通往擁有美麗溪谷的卡爾巴里國家公園的必經之地，而為人所熟知。

此外卡爾巴里擁有許多美麗的海灘，沿海區域更有無數迷人峽谷，其中又以距離市中心步行約5分鐘的中國人海灘Chinamans Beach，不但能看到默奇森河口的美景，加上海浪平穩，成為家庭出遊的首選地點。至於稍微遠離卡爾巴里，有著印度洋洶湧波濤的傑奇角Jacques Point，假日吸引眾多衝浪客前來逐浪。

巧奪天工的自然造景
卡爾巴里國家公園
Kalbarri NP

俯瞰眼下的墨奇森溪谷

超過100萬年的漫長歲月，默奇森河才將沙岩大地鑿穿成為如今所看到的雄偉大峽谷，也就是卡爾巴里國家公園。在這座面積廣達18萬公頃的國家公園內，有一條長達80km的溪谷，兩旁盡是猶如刀削一般的高聳岩壁，從裸露的地層剖面，清楚地看到4億年層層堆疊的時光軌跡。

遊客能到達的景點一共有3處，首先是地處國家公園正中央的Z-Bend峽谷，是由蜿蜒成Z字形的默奇森河所打造的溪谷，險峻的山崖峭壁高達150m，但是乾季時默奇森河水勢平緩，只要走到河岸旁就可以體驗戲水的樂趣（從停車場有條單程約500m的叢林步道）。至於在國家公園北側的則是The Loop峽谷，擁有一條能在懸崖峭壁上周遊一圈約800m長的步道，可以盡情地將卡爾巴里國家公園的壯觀峽谷奇景看個過癮。在The Loop峽谷的最前端，則是經過風雨沖刷把岩石削出如窗戶般洞口的大自然的窗口Nature's Window，是拍紀念照的最佳地點。

在國家公園的南端，還有個觀景台Hawk's Head & Ross Graham Lookout，能將峽谷的無敵美景一覽無遺。

卡爾巴里國家公園內幾乎都是沒有鋪設柏油的泥土道

路，而且還必須行駛在地勢陡峭的岩石間，建議還是參加旅遊團前往觀光。此外還有獨木舟、攀岩等戶外活動可以參加。

不過卡爾巴里的氣候，夏季時氣溫都在40℃高溫而且非常乾燥又有強風，反而是溫度在10～20℃的冬季最舒適，而且荒野花卉都是在7月過後開始綻放，因此造訪卡爾巴里最好的時節是涼爽宜人的冬季。

Z-Bend峽谷的健行步道

猴子米亞海灘&鯊魚灣

Monkey Mia & Shark Bay

卡那封Carnarvon這座城鎮就在柏斯往北約830km的地點，盤據著卡那封南部區域的就是鯊魚灣，這裡同時也是西澳第一個擁有世界自然遺產的地點，不過最為人所熟知的，還是能夠餵食野生海豚的猴子米亞海灘。除此之外，像是讓鯊魚灣成為世界自然遺產的主角疊層石、傳說是美人魚原型的儒艮等，都是務必要親眼見識的大自然。若是想要將鯊魚灣完整走透透，可以選擇下榻在丹能Denham或猴子米亞海灘，環遊周邊各處景點都相當容易。

看到了海豚！令人感動的剎那 MAP P.609/2

猴子米亞海豚度假村
Monkey Mia Dolphin Resort

餵食海豚是很珍貴的體驗

會出現在猴子米亞海灘的是瓶鼻海豚，在度假村前碼頭附近的淺灘，從清晨到午後總是會出現好幾次。當海豚出現時，保育員會立刻帶領大家前往海灘，並在保育員的指示下和可愛的海豚展開互動，遊客最遠只能走到海水及膝的深度，等待海豚自己主動靠近；成群出現的海豚數量通常為5～8隻，保育員會依照海豚出現的數量來決定可以參與餵食活動的人數，由於大多數觀光客都在上午前來，想要體驗餵食海豚，真的只能看運氣。而擦防曬乳液或是生病感冒的人則禁止靠近海豚，因為牠們對藥物和人類的疾病都毫無抵抗力。在海灘上還有數量眾多的鵜鶘，在下海接觸過海豚之後，也別忘了上岸觀察這些大嘴鳥的生態。

此外，鯊魚灣的儒艮數量為全球8分之1，是世界最大的儒艮棲息地，參加Sail with

交通

●猴子米亞海灘&鯊魚灣

Integrity Coach Line巴士從柏斯出發每週有3班，先到傑拉爾頓北方250km處的休息站Overlander Roadhouse，轉乘小型巴士約90分鐘到達丹能，接著從丹能出發往猴子米亞海灘只需要20分鐘車程。飛機方面，區域快線航空（REX）從柏斯飛往猴子米亞機場（代號MJK）每週有6航班；從機場搭計程車到丹能為$35左右（約15分鐘）。跟猴子米亞海豚度假村預約的話（☎(08)9948-1320））可以搭乘付費巴士。

■鯊魚灣遊客中心
Shark Bay World Heritage & Discovery Visitor Centre
住53 Knight Tec., Denham 6537 ☎(08)9948-1590
URL www.kalbarri.org.au
開週一～五9:00～16:30，週六、日10:00～14:00
休耶誕節

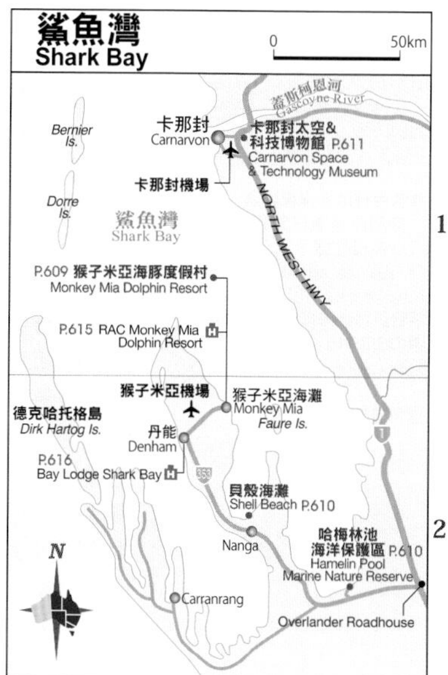

■猴子米亞海灘遊客中心
Monkey Mia Visitor Centre
☎(08)9948-1366
URL exploreparks.dbca.wa.gov.au/park/monkey-mia-conservation-park
開每日7:00～15:00
●猴子米亞海灘參觀費
費1日券：大人$15 小孩$5 家庭$35
※餵食海豚的Dolphin Experience為每日7:45～12:00，最多3次

■**Monkey Mia Wildsights Shotover Cruises**
☎(08)9948-1481
FREE 1800-241-481
URL www.monkeymiawildsights.com.au
●Sail with Bunch of Animals
時每日10:00～13:00
費大人$119 小孩$59.50
●落日巡航之旅
時12～2月17:45～19:15、11月17:30～19:00、3月17:15～18:45、10月17:00～18:30、4・8・9月16:45～18:15、5～7月16:30～18:00
費大人$59 小孩$29.50

■貝殼海灘
租車或參加旅遊團前往。旅遊團從猴子米亞、丹能出發，由Wula agura Nyinda Eco Adventures主辦（包含參觀疊層石）。
●Wula agura Nyinda Eco Adventures
☎0432-029-436
URL www.wulagura.com.au
時依報名人數而定（3人以上），出團與否請先確認
費哈梅林池疊層石4WD之旅（包含貝殼海灘）：大人$250 小孩$200
※從猴子米亞出發1人外加$60

■哈梅林池海洋保護區
參加旅遊團或是租車前往，可以參加從猴子米亞或丹能出發、由Wula agura Nyinda Eco Adventures主辦的旅遊團（詳細資訊可參考貝殼海灘邊欄）。
☎(08)9948-2226
URL exploreparks.dbca.wa.gov.au
開每日8:20～16:30

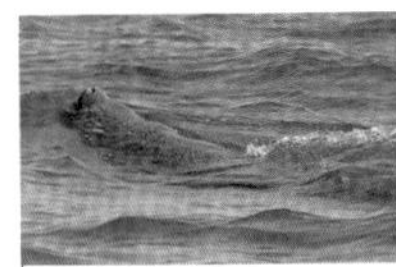
搭船出海看儒艮

Bunch of Animals從猴子米亞海豚度假村的碼頭搭乘雙體帆船出海時，不要忘了見識一下「人魚」的華麗泳技。

在約3小時的旅程中，除了儒艮的蹤影之外也有機會觀賞到翻滾嬉戲的海豚群，而且幸運的話，還能看見虎鯊、鯨魚的廬山真面目。另外還有推出搭乘雙體帆船欣賞夕陽的落日巡航之旅的行程。

與猴子米亞海灘並列的鯊魚灣景點 MAP P.609/2

貝殼海灘
Shell Beach

由小小貝殼堆積而成的貝殼海灘

丹能以東40km處開始的海岸地帶，就是全長超過110km，全都堆積著數以萬計如花朵般小巧可愛的白色貝殼海灘。大小只有1cm左右的白色貝殼，從距今4000年前開始堆積形成，儘管因為高溫、風力等因素造成海水鹽分濃度升高，卻依舊能生存下來的貝類被暴風雨捲到海灘上，然後由自然風力將細小沙石吹走只留下了貝殼，日積月累後的貝殼變成石灰岩，再受到雨水經年累月地沖刷帶走石灰岩中的碳酸鈣，最後成為結晶體的沉澱物。貝殼海灘上所累積的貝殼厚度最深達10m。

世界最老的生物在呼吸 MAP P.609/2

哈梅林池海洋保護區
Hamelin Pool Marine Nature Reserve

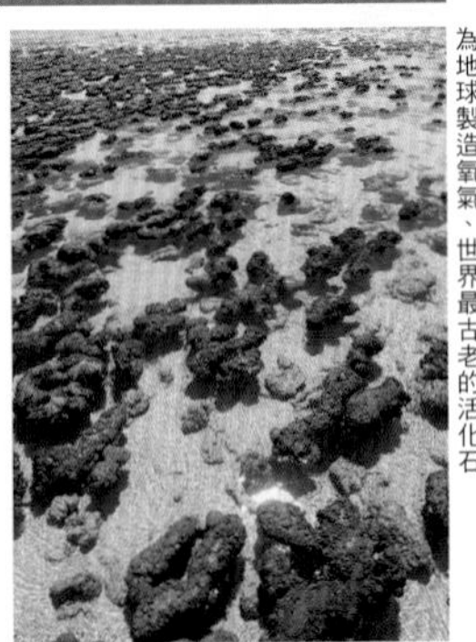
為地球製造氧氣、世界最古老的活化石

在哈梅林池海洋保護區能見識到從超過30億年前的前寒武紀時期，就已經出現在地球上的疊層石Stromatolite。所謂的疊層石，就是海水中的石灰沙等細小沉澱物，進入且堆積在藍綠藻這種由光所合成的纖維狀微生物之間，經過長時間所形成。目前全世界能看到層疊石的地方非常稀少，而且像哈梅林池海洋保護區這樣範圍廣大且數量眾多的地方，也是絕無僅有；其得天獨厚的最主要原因，是因為這處海灣的海底向上隆起，較少受到海潮起落的調節影響，導致海水水溫偏高，水分蒸發速度加快，造成鹽分濃度比一般海水高出2倍以上，使得貝類或沙蠶等藍綠藻的天敵無法生存，讓藍綠藻得以在哈梅林池海洋保護區大量繁殖。

疊層石的外觀，猛一看彷彿像是表面平滑的大石頭，其實卻是以一年增加約0.3mm厚度的緩慢速度成長著，因此從這些疊層石的外表大小，就可以推測出已經生長了幾千年，可說是目前全世界存在歷史最古老的活化石。

卡那封
Carnarvon

位在鯊魚灣以北約100km處的城鎮卡那封，是在南回歸線稍微往南、蓋斯柯恩河Gascoyne River的河口地帶，充滿熱帶的氛圍，周邊農場都是以栽種香蕉、芒果為大宗，總人口數超過7000人。

卡那封的象徵物就是被通稱為大碟子Big Dish的超大型碟狀天線（直徑29.5m）──OTC訊號站OTC Station，是1966年為了接收人工衛星的電波訊號，而出現在澳洲的第一座碟狀天線，當時也參與了美國登陸月球的阿波羅計畫，專門負責追蹤太空梭的行進軌跡（阿波羅11號登陸月球時的通話、影像訊號的接收，則是交給位於新南威爾斯州Parks裡更大的碟狀天線負責）。至於曾經在1986年讓全世界天文迷為之沸騰的哈雷彗星，這裡也提供過詳細的彗星移動軌跡，現在則成為進行包含阿波羅計畫等太空相關展示的卡那封太空&科技博物館Carnarvon Space & Technology Museum。除此之外，卡那封還有一座深入印度洋長達1500m的碼頭，名為1哩碼頭1Mile Jetty等景點。

卡那封東方約450km處的奧古斯塔山Mt. Augustus，則是為烏魯魯（愛爾斯岩）2倍大的世界最大單塊岩石。由於道路狀況相當崎嶇，一般都是參加旅遊團前往觀光。

珊瑚灣
Coral Bay

擁有美麗海灣的珊瑚灣

珊瑚灣位在卡那封以北230km、埃克斯茅斯南方150km的西北岬Cape Northwest最尾端，也是通往世界自然遺產寧格魯海洋公園Ningaloo Marine Park的入口度假村落，呈現在眼前的就是白沙組成的美麗海灘與遍布珍貴珊瑚礁的遼闊大海。不僅成為西澳人最愛的海灘度假地，更是玩遍澳洲的旅人心目中最讚不絕口的好地方。

構成寧格魯海洋公園的寧格魯珊瑚礁Ningaloo Reef，是澳洲面積僅次於大堡礁的第2大珊瑚礁群（全長

交通

●**卡那封**

從柏斯出發Integrity Coach Line的巴士每週有3班，所需時間約12小時；另外區域快線航空每天都有航班從柏斯飛往卡那封機場（代號CVQ）。

■**卡那封遊客中心**
Carnarvon Visitor Centre
住Civic Centre, 21 Robinson St., Carnarvon, 6701
☎(08)9941-1146
URL www.carnarvon.org.au
開週一～五9:00～17:00，週六、日9:00～12:00
休節日

■**卡那封太空&科技博物館**
住Mahoney Ave., Carnarvon, 6701 ☎(08)9941-9901
URL www.carnarvonmuseum.org.au
開每日9:00～16:00（10～3月為10:00～14:00）
休耶誕節
費大人$18 小孩$10 家庭$42

■**往奧古斯塔山的旅遊團**
●Naturetime
☎0427-385-178
URL www.naturetimetours.com
費卡那封出發3日遊大人$1650 小孩$1375 家庭$4850

交通

●**珊瑚灣**

可以搭乘Integrity Coach Line往來於柏斯～埃克斯茅斯的巴士（每週3班），從柏斯出發約15小時，從埃克斯茅斯則需要2小時車程。另外也可以從柏斯搭乘飛機前往利爾蒙斯機場Learmonth Airport（代號LEA），再轉乘Ningaloo Coral Airport Transfers的接駁巴士（要預約），或是租車前往珊瑚灣。

●Ningaloo Coral Airport Transfers
☎0458-961-676
URL www.ningaloocbat.com
費大人$95 小孩$48

在寧格魯珊瑚礁浮潛非常有趣

■與鯨鯊、鬼蝠魟、座頭鯨共泳
●Ningaloo Reef Dive
☎(08)9942-5824
URL www.ningalooreefdive.com
費與鯨鯊共泳：大人$420 小孩$320 家庭$1330／與鬼蝠魟共泳：大人$195 小孩$140 家庭$580／與鯨魚共泳：大人$230 小孩$160 家庭$660（單純參觀大人$205 小孩$145 家庭$600）
●Coral Bay Ecotours
☎(08)9942-5855
URL www.coralbayecotours.com.au
URL與鯨鯊共泳：大人$450 小孩$380／與鬼蝠魟共泳：大人$240 小孩$180／與鯨魚共泳：大人$420 小孩$370 家庭$1422（單純參觀大人$190 小孩$165 家庭$695）

■四輪傳動沙灘車之旅
主辦：Coastal Adventure Tours
☎(08)9948-5190
URL www.coralbaytours.com.au
費日落浮潛之旅1人$155／落日之旅1人$140
※需要持有國際駕照

交通

●埃克斯茅斯

Integrity Coach Line巴士每週有3班直達車從柏斯出發，布魯姆則是每週2班。在飛機方面，澳洲航空從柏斯起飛每天1～2航班，抵達距離埃克斯茅斯37km處的利爾蒙斯機場Learmonth Airport（代號LEA），Exmouth Bus Charter前往市區的接駁巴士也會配合航班發車（所需時間35分鐘，大人$40 小孩$25），搭乘計程車的話則在$120左右。
●Exmouth Bus Charter
☎(08)9949-4623
URL exmouthbuscharter.com.au

260km），珊瑚種類超過200種，棲息在礁石裡的魚種多達300種以上，海底生態之豐富完全不遜色於大堡礁。

珊瑚灣市區前的海灣擁有大片淺灘，每當退潮時就可以走在海中欣賞珊瑚礁群，如果攜帶著浮潛用具，更是可以隨時隨地享受水中珊瑚礁的美麗景致。

珊瑚灣與埃克斯茅斯同樣都是與鯨鯊共泳的起點城市，每年3月中旬～7月下旬吸引眾多浮潛客來到這裡，享受與鯨鯊共泳的樂趣；若是有計畫在這段時間造訪珊瑚灣，一定要及早訂好住宿飯店。而8月～10月上旬是座頭鯨北上的季節，也會推出賞鯨及與鯨共泳的巡航之旅。

與大型魚類或鯨魚共泳的人氣之旅
與鯨鯊、鬼蝠魟、座頭鯨共泳
Whaleshark, Manta Ray, Humpack Whale Swim

幾乎百分百機率能碰見鬼蝠魟

寧格魯珊瑚礁在3月下旬～8月上旬的招牌活動就是與鯨鯊共泳，然後是8～9月的與座頭鯨共泳（詳細內容→P.613請參考埃克斯茅斯的與鯨鯊、座頭鯨共泳）；而且在珊瑚灣附近還有鬼蝠魟的清潔地點，因此一整年都能體驗在大海裡與魟魚一起游泳。一般來說，都會到寧格魯珊瑚礁最美麗的地點浮潛，再搭配淺灘沙地與鬼蝠魟共泳的半日～1日遊行程。

體驗奔馳於沙丘上的快感
四輪傳動沙灘車之旅
Quad-Treks

騎乘四輪傳動沙灘車馳騁沙丘

這是駕駛四輪傳動沙灘車ATV，暢遊珊瑚灣周邊海灘與沙丘的人氣之旅；另外也提供到市區郊外海邊浮潛的附加行程，或是欣賞夕陽餘暉的落日之旅，選擇相當豐富。

埃克斯茅斯
Exmouth

在西澳西北處伸入印度洋的西北岬，其最前端城鎮就是人口約2500人的埃克斯茅斯，不但是周遭重要的中心城鎮，對於前往寧格魯珊瑚礁從事潛水、浮潛等海上活動，或是3月下旬～8月上旬的與鯨鯊共泳及8～9月的賞鯨＆與座頭鯨共泳的觀光客的旅遊據點。由於全世界能

利爾蒙斯機場是埃克斯茅斯空中的入口

與鯨鯊或座頭鯨共泳的地方屈指可數，所以一到旺季就會有來自全球的觀光客蜂擁而至。

埃克斯茅斯原本是澳洲與美國軍隊為了打造聯合通訊基地而設置的城市，因此這裡並沒有海灘，也完全沒有度假城鎮的氛圍；但是無論是飯店總數或各種硬體設施卻都比珊瑚灣還要完備，加上前往世界遺產寧格魯海岸的凱普山脈國家公園非常便捷，12～2月之間更有機會一睹海龜上岸產卵的景象，都是吸引遊客湧入埃克斯茅斯的魅力。

讓埃克斯茅斯一舉成名

與鯨鯊、座頭鯨共泳

Whaleshark & Humpack Whale Swim

和巨大的鯨鯊一起游泳

體型最長可達18m，體重達40公噸的鯨鯊，是全世界最大的魚類，英語名稱為Whaleshark（一般在埃克斯茅斯看到的鯨鯊，體型多在7～12m）。由於鯨鯊屬於洄游性的鯊魚，因此很難掌握其確切行蹤，但是在每年3月中旬～7月下旬，鯨鯊一定會來到寧格魯珊瑚礁。鯨鯊以浮游生物作為主食，每年3～4月寧格魯開始進入珊瑚產卵季，吸引大批浮游生物聚集，所以鯨鯊也固定來到這裡覓食。鯨鯊之旅Whaleshark Cruises在這段期間每天都會出海，雖然為了保護海洋生態，嚴禁船隻不得靠近鯨鯊周圍50m以內，不過船隻會看準鯨鯊的前進方向讓遊客先下海浮潛，就能輕鬆地欣賞到鯨鯊在海中悠游的模樣。

至於座頭鯨則是從南極為了避寒而順著澳洲沿岸北上，寧格魯珊瑚礁是牠們的折返點，也是生產養育下一代的地點。為了不給座頭鯨帶來壓力而制定詳細的規則，限制1團只能與鯨魚以浮潛方式共泳30分鐘，當然也可以只待在船上觀賞不下水。

短時間感受寧格魯珊瑚礁的美好

寧格魯珊瑚礁半潛水艇之旅

Vie Ningaloo Reef Sub-Sea Tours

搭乘半潛水艇從與鯨鯊、座頭鯨共泳之旅的出發點Tantabiddi Boat Ramp（距離埃克斯茅斯約30分鐘車程）出海的人氣之旅。

在寧格魯珊瑚礁內Tantabiddi海洋保護區的較為淺海

■埃克斯茅斯遊客中心
Ningaloo Visitor Centre
住2 Truscott Cres., 6707
☎(08)9949-3070
URL www.ningaloocentre.com.au/visitor-centre
開週一～五8:30～16:30，週六、日9:00～16:30（11～3月的週六、日～13:00）

■主要與鯨鯊共泳＆與鯨魚共泳
●3 Islands Whale Shark Dive
FREE 1800-138-501
URL www.whalesharkdive.com
費與鯨鯊共泳：大人$425 小孩$315 家庭$1380／與鯨魚共泳：大人$345 小孩$295
●Exmouth Diving Centre
☎(08)9949-1201
URL www.exmouthdiving.com.au
費與鯨鯊共泳：大人$450 小孩$335 家庭$1500／與鯨魚共泳：大人$450 小孩$435（單純參觀大人$195 小孩$135 家庭$570）
●Kings Ningaloo Reef Tours
☎(08)9949-1764
URL www.kingsningalooreeftours.com.au
費與鯨鯊共泳：1人$400～425（視參加人數而定） 家庭$1650／與鯨魚共泳：1人$330～350（視參加人數而定） 家庭$1300

■View Ningaloo半潛水艇之旅
☎0405-226-029
URL viewningaloo.com.au
時欣賞珊瑚之旅：每日10:00～11:00／欣賞珊瑚＆浮潛之旅：每日11:15～13:15
費欣賞珊瑚之旅：大人$59 小孩$35 家庭$165／欣賞珊瑚＆浮潛之旅：大人$89 小孩$45 家庭$229

埃克斯茅斯是知名的釣魚大賽舉辦地，因此連路燈都看得到旗魚的設計

處，以半潛水艇航行，能夠近距離飽覽寧格魯珊瑚礁之美，再加上參加浮潛體驗的話，可以更深入到海灘難以接近的珊瑚礁群，在美麗海中世界享受浮潛樂趣。

來見識海龜產卵

朱拉比海龜中心
Jurabi Turtle Centre

距離埃克斯茅斯約20km的朱拉比角Jurabi Point附近海灘，是名聞遐邇的海龜產卵地點，會上岸來下蛋的海龜種類有赤蠵龜、綠蠵龜、玳瑁3種。通常12月上旬～2月下旬為產卵季節，不過最適合的觀賞季節卻是落在12月上旬～2月初左右；這段期間會有無數的海龜摸黑爬上沙灘，座落在朱拉比角的朱拉比海龜中心也會在此時推出有嚮導帶領的海龜產卵之旅。由於從埃克斯茅斯過來距離遙遠，若非租車出遊的旅客，一般都會參加旅遊團過來參觀，詳細的旅遊行程請向埃克斯茅斯遊客中心洽詢。

在朱拉比角前的山丘上還有座弗拉明角燈塔Vlamingh Head Lighthouse，因為是觀賞夕陽沉入印度洋的最好地點而超有人氣。

可同時享受叢林健行與浮潛

凱普山脈國家公園
Cape Range NP

凱普山脈國家公園距離埃克斯茅斯約100km遠，擁有列入世界遺產地區一隅的喀斯特地形壯麗景致，以及能夠體驗浮潛的美麗白色沙灘，成為高人氣的觀光地。在總面積廣達5萬公頃的國家公園，很受遊客喜愛的活動就是叢林健行，地點在有柏油路能到達的崖地溪Yardie Creek，健行之餘還能看到袋鼠、岩袋鼠、鴯鶓等野生動物，享受無與倫比的自然奇景。若是想體驗浮潛樂趣，就推薦去綠松石灣Turquoise Bay，在海灘入口處一睹珊瑚礁的海中美景。

Ningaloo Safari Tours有推出從埃克斯茅斯出發的旅遊團，沒有租車的遊客不妨加以利用。

賀德蘭港
Port Hedland

靠著運輸鐵礦、羊毛、鹽而發展的賀德蘭港，至今熱鬧景象仍不減當年。來自Pilbara地區各處的鐵礦以鐵路運抵賀德蘭港，鹽則是在賀德蘭港郊外的巨型鹽田生產製造，而澳洲大型鋼鐵公司BHP的鋼鐵工廠也設在此處。對觀光客來說，賀德蘭港則是前

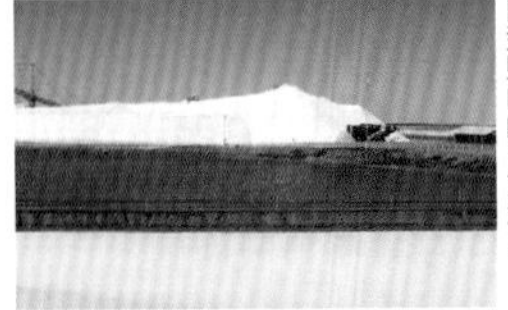
在城鎮的入口有堆積著巨型鹽山的出貨港口

■朱拉比海龜中心
☎(08)9947-8000（寧格魯海龜計畫）
☎(08)9949-1176（寧格魯遊客中心）
URL www.ningalooturtles.org.au
●海龜產卵之旅
時 依照日期會有不同時間出發，請至埃克斯茅斯遊客中心確認
費 大人$20 小孩$10

在弗拉明角燈塔旁欣賞夕陽西下

■Ningaloo Safari Tours
☎(08)9949-1550
URL www.ningaloosafari.com
時 Top of the Range Safari：9:00～16:30／Yardie Creek Safari：10:30～16:30
※由於出團日依季節而異請洽詢確認
費 Top of the Range Safari：大人$220 小孩$170／Yardie Creek Safari：大人$170 小孩$150

崖地溪的絕美景色

交通

●賀德蘭港

Integrity Coach Line巴士行駛柏斯～埃克斯茅斯的海岸線路線（每週2班，約39小時），以及會經過Newman的內陸路線（每週1班，約22小時）2種。而澳洲航空、維珍澳洲航空每天都有柏斯飛往賀德蘭港機場（代號PFE）的航班。

■賀德蘭港遊客中心
Port Hedland Visitor Centre
住 13 Wedge St., Port Hedland, 6721
☎(08)9173-1711
URL www.visitportheadland.com.au
開 週一～五9:00～17:00，週六、日9:00～15:00

往祕境卡里基尼國家公園Karijini NP的門戶城鎮，其他還有往布魯姆方向約250km處的80哩海灘80 Miles Beach，也是以此地為據點。

海濱淺灘寬廣的80哩海灘

卡里基尼國家公園
Karijini NP

Hancock峽谷的科米茲潭

位於賀德蘭港內陸約300km處的卡里基尼國家公園，擁有眾多露出超過20億年時光地層的峽谷，同時可以透過健行步道來盡情享受大自然之美，因而大受觀光客的喜愛。不過，園內都是未鋪柏油的原始道路，也沒有大眾交通工具可以前往，是除了參加旅遊團以外，難以到達的祕境。

卡里基尼國家公園內的知名景點，有哈默斯利峽谷Hamersley Gorge、Waeno Gorge、Hancock Gorge等峽谷健行步道（部分為難度較高的健腳型路線），還有呈現美麗階梯狀的佛特斯庫瀑布Fortescue Falls等，都是不能錯過的絕佳自然美景。

交通

●卡里基尼國家公園
參加柏斯～布魯姆的觀光巴士之旅前往是最方便的方式（→P.555），若從賀德蘭港租車的話，必須選擇四輪傳動車輛。

佛特斯庫瀑布是稍事歇息的好地點

珊瑚海岸的住宿 ACCOMMODATION
區域號碼 (08)

傑拉爾頓

景觀最棒的B&B MAP 無
Champion Bay Bed & Breakfast

URL www.championbay.com.au
住 31 Snowdon St., Geraldton, 6530
☎ 9921-7624 WiFi 免費
費 S $120～180、W $140～200 CC MV

旅館本身位在可以眺望傑拉爾頓市區的山丘上，是景觀非常棒的旅館，建築及客房都充滿可愛的氛圍。

卡爾巴里

清潔、舒適、友善，三要素都具備 MAP 無
Kalbarri Backpackers YHA

URL kalbarribackpackers.com
URL www.yha.com.au
住 51 Mortimer St., Kalbarri, 6536
☎ 9937-1430 FAX 9937-1563 WiFi 付費
費 D $35、T W $80～150
※非YHA會員要追加費用 CC MV

戶外露天的BBQ烤肉區加上游泳池，充滿度假村的氣氛。在另一棟新建築裡，則有廚房、餐廳、電視間等設施。

讓人想長期住下來 MAP 無
Kalbarri Palm Resort

URL www.palmresort.com.au
住 8 Porter St., Kalbarri, 6536 ☎ 9937-2333
FREE 1800-819-029 FAX 9937-1324 WiFi 免費
費 T W $99～179、2B $239～279 CC ADJMV

距離購物中心只要幾分鐘，走到海灘也只要5分鐘。平房式的建築，室內非常整潔，有游泳池、溫水游泳池、網球場、BBQ烤肉區等完善設備。

猴子米亞海灘與鯊魚灣

猴子米亞海灘唯一的飯店 MAP P.609/2
RAC Monkey Mia Dolphin Resort

URL parksandresorts.rac.com.au/monkey-mia
住 1 Monkey Mia Rd., Monky Mia, 6537
☎ 9948-1320 FREE 1800-871-570 WiFi 付費
費 Hostel：D $34～40、T W $148～173、電源營地$59～81／Resort：T W $209～399、2B $506～595 CC ADJMV

度假村就位在野生海豚會造訪的海灘對面，腹地內有網球場、排球場、游泳池、SPA等各種硬體設備，另外房客還可以到海灘上享受海釣、浮潛等活動。

非常親切的旅館 MAP P.609/2
Bay Lodge Shark Bay

URL www.baylodgesharkbay.com.au
住 113 Knight Tce., Denham, 6537
☎ 9948-1278 WiFi 免費 費 1B $140～230、2B $150～250 CC MV

客房建築就環繞在泳池邊

位在海灘正前方，旅館中庭裡有游泳池、撞球台，同時也飼養不少羽毛色澤鮮豔的鸚鵡與鸚哥。

珊瑚灣

距離海灘不遠的廉價住宿 MAP 無
Ningaloo Coral Bay Backpackers

URL www.ningaloocoralbay.com
住 Robinson St., Coral Bay, 6701
☎ 9948-5100 WiFi 無
費 D $35～40、T W $120～150 CC MV

建於購物中心旁的經濟型住宿，從海灘走過來只要幾分鐘。

有汽車旅館與露營車公園 MAP 無
Ningaloo Coral Bay - Bayview

URL www.ningaloocoralbay.com 住 Robinson St., Coral Bay, 6701 ☎ 9385-6655 WiFi 無 費 Lodge：T W $215～235／Villa：1B $265～355、2B $325～330／Cabin：T W $145～205／電源營地$50～58、帳篷營地$45～53
CC MV

不論想做什麼都很方便的地點

座落在珊瑚灣市中心，在廣闊的腹地內設有游泳池、兒童遊樂場、只在晚餐時段營業的餐廳＆酒吧，並分布著別墅及小木屋式住宿，後面還有木屋建築。

珊瑚灣第一的飯店 MAP 無
Ningaloo Reef Resort

URL parksandresorts.rac.com.au/ningaloo
住 1 Robinson St., Coral Bay, 6701 ☎ 9942-5934 FREE 1800-871-570 WiFi 付費
費 T W $297～399、1B $338～395 CC JMV

適合家庭出遊的設施一應俱全

游泳池、餐廳、酒吧等設備完善的度假村，房間型態也從汽車旅館式客房到出租式公寓都有，選擇眾多。

埃克斯茅斯

人氣的一星飯店 MAP 無
Potshot Hotel Resort & Excape YHA

URL www.potshotresort.com
URL www.yha.com.au 住 561 Murat Rd., Exmouth, 6707 ☎ 9949-1200 FAX 9949-1486
WiFi 免費 費 T W $155～245、2B $270／Hostel：D $35～37、T W $80～95
※YHA、VIP有優惠 CC ADJMV

服務周到的老字號飯店

大型入口讓人印象深刻，汽車旅館式的客房雖稱不上豪華卻十分舒適，餐廳、酒吧等設施完善，在腹地內還有Excape Backpackers提供住宿。

設備齊全的露營區 MAP 無
RAC Exmouth Cape Holiday Park

URL parksandresorts.rac.com.au/exmouth
住 3 Truscott Cres., Exmouth, 6707
☎ 9949-1101 FREE 1800-871-570 WiFi 免費
費 Cabin T W $131～216、1B $149～252、2B $176～380／Backpackers：D $50、W $90～99、電源營地$56～62、帳篷營地$45～50
CC MV

擁有小屋式住宿設施的露營區，也有提供背包客專用的住宿空間，共用的廚房、廁所、淋浴設備等都整理得非常乾淨。

就在遊客中心不遠處 MAP 無
Exmouth Ningaloo Caravan & Holiday Resort

URL exmouthresort.com
住 1112 Murat Rd., Exmouth, 6707
☎ 9949-2377 FREE 1800-652-665
FAX 9949-2577 WiFi 免費
費 Studio Chalets：$110～195、2B $242～253
CC ADJMV

除了帳篷營地、電源營地之外，也提供小木屋、露營車等的住宿設施，當然游泳池、BBQ等設備也是應有盡有。

布魯姆&金柏利

Broome & The Kimberley

從西澳州境內最北部的布魯姆到與北領地銜接的邊境，這一塊廣大地區就被稱為金柏利，擁有為數眾多的高聳峽谷、巨大隕石坑、聞名世界的奇景班古魯班古魯Bungle Bungle等神奇的大自然景觀不勝枚舉。不過每逢雨季來臨，這些主要觀光景點的聯外道路就會遭受雨水淹沒，幾乎無法開放觀光，最佳造訪季節是在每年5～10月的乾季。

布魯姆

Broome

以猢猻樹的林蔭大道令人印象深刻的布魯姆

金柏利的門戶城鎮就是人口約1萬4000人的布魯姆，過去這裡曾經是全世界珍珠養殖的主要地而繁華一時，20世紀初期吸引眾多日本人前來從事養珠業；可惜在第二次世界大戰時，布魯姆成為日軍的空襲目標，整座城鎮幾乎被夷為平地。如今的布魯姆仍有不少日裔、華裔的居民。

小而美的市中心

布魯姆的中心在卡那封街Carnarvon St.、丹皮爾大街Dampier Tce.周邊，是充滿亞洲氛圍的中國城，有半露天劇場的太陽戲院Sun Pictures、可以認識採集珍珠作業情形的採珠者Pearl Luggers等景點可以參觀，同時也是每年8～9月舉辦「珍珠節Shinju-Matsuri」的主要會場。位於市中心往南Hamersley St.旁的法院Court House，是布魯姆在1889年時作為連結爪哇島海底電纜基地而完成的架高式殖民風格建築，建築周邊在每週六（夏季時是週六、日）8:00～13:00會舉辦露天市集，有機會的話可以來一探究竟。

城鎮的南邊，面對擁有猢猻樹（當地人稱為Boab）讓人印象深刻的Bedford Park的Matso' s Café & Brewery，是由建於1900年架高式建築所改裝的布魯姆知名餐廳&酒館，過去是日本移民所開設的「松本雜貨店」，現在則是以多種自製啤酒聞名的釀酒廠，也提供試飲服務。

布魯姆歷史博物館Broome Historical Society Museum也很值得一看，利用各式各樣的展示品，以深入淺出的方式介紹布魯姆的歷史，包括珍珠養殖業最鼎盛期日本移民的生活、第二次世界大戰時日軍對魯姆的攻擊等，有許多當時的相關展示。

位在布魯姆西邊郊外的日本人墓園Japanese

交通

●**布魯姆**

陸路方面，有Integrity Coach Line的巴士每週2班車從柏斯出發，達爾文則是有澳洲灰狗巴士每週1班可搭乘。航空方面由澳洲航空從柏斯、雪梨、墨爾本、布里斯本，維珍澳洲航空則是從柏斯都有班機前往布魯姆國際機場（代號BME）。

●**布魯姆國際機場**

Broome International Airport

URL www.broomeair.com.au

布魯姆市區交通

布魯姆中心～凱布爾海灘之間有Broome Explore Bus的巴士行駛，使用24小時券（大人$15 小孩$12）最方便。

●**Broome Explore Bus**

☎(08)9193-6585

URL www.bebus.com.au

■**布魯姆遊客中心**

Broome Visitor Centre

MAP P.618/1B

住 1 Hamersley St., 6725

☎(08)9192-2220

URL www.visitbroome.com.au

開 週一～五9:00～16:00，週六、日、節日9:00～12:00（雨季時間會有些許變動）

休 新年、耶穌受難日、耶誕節、節禮日

■**珍珠節**

URL www.shinjumatsuri.com.au

2024年在8月17日～9月1日舉行

■**太陽戲院** MAP P.618/1B

住 8 Carnarvon St., 6725

☎(08)9192-1077

URL www.broomemovies.com.au

每週末在法院前舉辦的市集

■採珠者 MAP P.618/1B
住 31 Dampier Tce., Chinatown, 6725 電 (08)9192-0022
URL www.williecreekpearls.com.au
開 導覽之旅：每日11:30開始（約1小時）
費 大人$30 小孩$15 家庭$75

■Matso's Café & Brewery MAP P.618/2B
住 60 Hamersley St., 6725
電 (08)9193-5811
URL matsos.com.au
營 週一、三～六11:00～22:00，週二、日11:00～23:30

■布魯姆歷史博物館 MAP P.618/2B
住 67 Robinson St., 6725
電 (08)9192-2075
URL broomemuseum.org.au
開 5～9月：週一～五10:00～16:00，週六、日10:00～13:00／10～4月：每日10:00～13:00
費 大人$12 小孩$8

不可思議的大自然現象——登月梯

Cemetery，從1896年起開始有日本人下葬在這裡，之後包括為採摘珍珠得潛水夫症而死的漁夫、死於第二次世界大戰戰火下的民眾等，共有707座919人的墓碑設立於此。曾有一段時間因為疏於管理而變得荒蕪，1983年由於獲得已故政治家笹川良一的捐款，才重新整理成如今整潔的面貌。

看著一座座的墓碑，讓人緬懷當年移民的辛勞

布魯姆在每個月滿月的前後幾天可以看到奇特的自然現象，稱為登月梯Staircase to the Moon，是月亮在退潮夜晚的地平線上緩緩升起，月光照射在退潮的海灘上，猶如一條通往月亮的天梯出現在眼前，因而得名。雖說每個月都會出現這樣的奇觀，不過3～4月與8～9月期間的登月梯看起來最完美，而小鎮海灘Town Beach或The Mangrove Resort Hotel前則是觀看的最佳地點。在布魯姆遊客中心提供的旅遊資訊，也會告知遊客當月哪幾天可以看到登月梯。

西澳數一數二的人氣海灘——凱布爾海灘

凱布爾海灘Cable Beach距離布魯姆西邊約6km，是印度洋沿岸的美麗白沙海灘，過去要連接爪哇島的海底電纜

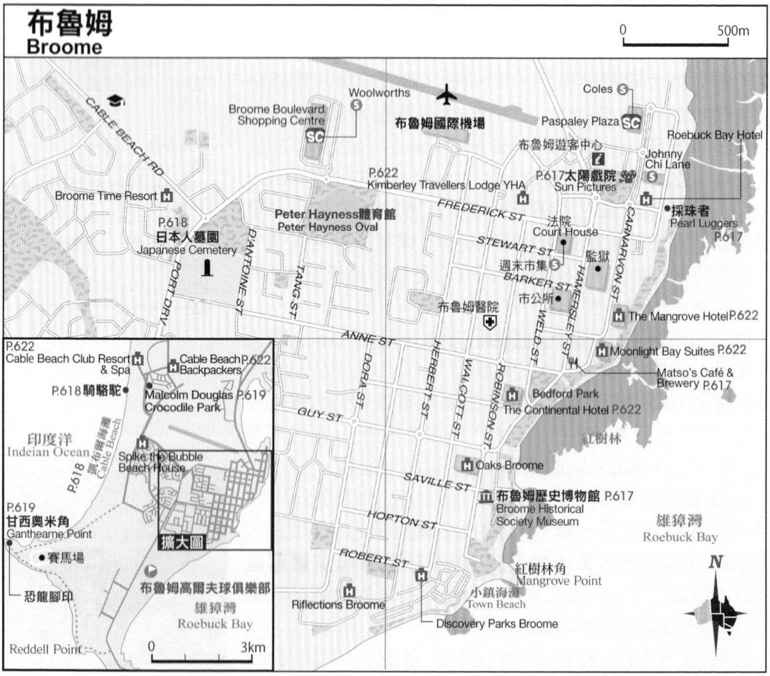

布魯姆 Broome

0 500m
Woolworths
Broome Boulevard Shopping Centre
布魯姆國際機場
Coles
Paspaley Plaza
Roebuck Bay Hotel
布魯姆遊客中心
Johnny Chi Lane
P.617 太陽戲院 Sun Pictures
P.622 Kimberley Travellers Lodge YHA
Broome Time Resort
CABLE BEACH RD
FREDERICK ST
採珠者 Pearl Luggers P.617
P.618 日本人墓園 Japanese Cemetery
Peter Hayness體育館 Peter Hayness Oval
法院 Court House
STEWART ST
週末市集
監獄
BARKER ST
市公所
布魯姆醫院
PORT DRV
D'ANTOINE ST
TANG ST
CARNARVON ST
HAMERSLEY ST
WELD ST
The Mangrove Hotel P.622
ANNE ST
Moonlight Bay Suites P.622
Matso's Café & Brewery P.617
DORA ST
HERBERT ST
WALCOTT ST
ROBINSON ST
Bedford Park
The Continental Hotel P.622
GUY ST
紅樹林
Oaks Broome
SAVILLE ST
布魯姆歷史博物館 P.617 Broome Historical Society Museum
HOPTON ST
雄獐灣 Roebuck Bay
ROBERT ST
紅樹林角 Mangrove Point
小鎮海灘 Town Beach
Riflections Broome
Discovery Parks Broome
N
P.622 Cable Beach Club Resort & Spa
Cable Beach Backpackers P.622
P.618 騎駱駝
Malcolm Douglas Crocodile Park P.619
印度洋 Indeian Ocean
P.618 凱布爾海灘 Cable Beach
Spike the Bubble Beach House
擴大圖
P.619 甘西奧米角 Gantheame Point
賽馬場
恐龍腳印
布魯姆高爾夫球俱樂部
雄獐灣 Roebuck Bay
Reddell Point
0 3km
1
2
A
B

很熱門的日落騎駱駝之旅

線就是從這裡投入海裡，因而獲得Cable之名；而且這裡非常適合衝浪，一年到頭都擠滿大批逐浪而來的衝浪客而熱鬧不已。不過除了衝浪，也別忘了嘗試在海灘上騎駱駝，從30分鐘到一整天的行程都有，但最值得推薦的還是黃昏的日落之旅；一邊遠望夕陽沉入大海，一邊享受坐在駱駝身上左搖右擺的樂趣，是非常特別的體驗。

凱布爾海灘附近還有一座鱷魚公園Malcolm Douglas Crocodile Park，每天15:00進行園區之旅&鱷魚餵食秀，能親眼目睹超過5m的大鱷魚一口咬下雞肉的凶猛模樣。

恐龍腳印小得令人意外

甘西奧米角Gantheame Point是凱布爾海灘最南端的海岬，紅色岩石與印度洋湛藍海水形成鮮豔對比，成為布魯姆觀光照片上的最佳主角。在這裡還因為遺留好幾個恐龍腳印（約1億2000萬年前）而擁有高知名度，這些足跡就在紅色岩石表面上，很容易就能看到，另外海邊還有幾處恐龍腳印則必須等退潮之後才有機會看分明。

德比

Derby

位於德比近郊的監獄樹

距離布魯姆220km，人口總數約3500人的德比，是前往吉布河路Gibb River Rd.旁峽谷觀光的據點城鎮。不過德比最讓人嘖嘖稱奇的景點，卻是環繞整座城鎮的國王海口King Sound所出現的驚人漲退潮落差，可達10.8m，是全世界第2名，僅次於加拿大的新斯科細亞省Nova Scotia的11.3m。另外在德比南方7km處的監獄樹Prison Tree，是一棵在樹幹有個空洞的大猴麵包樹（猢猻樹），據說在1880年代會將抓來當奴隸的原住民，關在這棵樹裡。

從德比穿越過北部的峽谷地帶，往庫努納拉方向延伸的崎嶇道路就是吉布河路，溫迦那峽谷國家公園Windjana Gorge NP就位在這條道路不遠處；遠古時代這裡曾經是遍布珊瑚礁石的海洋，與繼續往南延伸的隧道溪國家公園、費茲羅伊渡口附近的當古峽谷國家公園，合稱為Devonian Reef Gorges。由珊瑚堆疊而成的石灰岩地質斷崖，矗立在河川旁，河裡還看得到澳洲鱷魚出沒，也規劃有漫遊步道，能近距離見識到各種千古化石。

德比近郊的溫迦那峽谷

■騎駱駝

MAP P.618/2A

●Broome Camel Safaris

URL www.broomecamelsafaris.com.au

費45分鐘日落前騎駱駝之旅：大人$55 小孩$40／90分鐘日落騎駱駝之旅：大人$105 小孩$75

■Malcolm Douglas Crocodile Park

MAP P.618/2A

住Cable Beach Rd., Cable Beach, 6726

☎(08)9193-6580

URL www.malcolmdouglas.com.au

開每日14:00～17:00／鱷魚餵食秀15:00

費大人$35 小孩$20 家庭$90

■甘西奧米角 MAP P.618/2A

從布魯姆市中心出發，前往凱布爾海灘的城鎮巴士中，只有最早的一班車才會經過甘西奧米角，由於之後沒有巴士可以搭乘，約6km的距離只能步行前往，因此一般為自行租車或是參加旅遊團最為便利。

●Broome & Around Bus Tours

☎0419-018-800

URL www.broomeandaround.com.au

時半日Broome Panoramic Town Bus Tour：每日9:00～11:30

費大人$90 小孩$40

交通

●德比

由布魯姆前往達爾文方向的巴士都會經過德比，澳洲灰狗巴士、Derby Bus Service也有巴士班次。德比機場（代號DRB）飛往柏斯的航班目前停駛中。

費茲羅伊渡口&當古峽谷國家公園
Fitzroy Crossing & Danggu Gorge NP

費茲羅伊渡口是通往當古峽谷國家公園的門戶（以前稱為蓋吉克伊峽谷國家公園Geikie Gorge NP，現在則改用原住民的稱呼），從城鎮往東約18km就是當古峽谷所在之處，能以巡航之旅（由嚮導帶領的Danggu Geikie Gorge Boat Tour）盡情享受峽谷之美。高聳險峻的斷崖分為2種顏色，是顯示此地雨量之豐沛的自然記號，開始變色的高度是從地表算起的17m處，每當雨季來臨，河川溪水就會暴漲到這條線為止。在整個觀光行程中，河裡不時會有澳洲鱷魚、魟魚（推測應該是從海中逆流游進河川）出現，很有澳洲荒野氛圍。

澳洲3大峽谷之一的當古峽谷巡航之旅

在船上一定會看到澳洲鱷魚

霍爾斯溪
Halls Creek

霍爾斯溪在1885年因為發現金礦而一舉成名，之後漸漸變成被大型牧場所圍繞的城鎮而發展起來。在郊外擁有宛如小型萬里長城的自然石牆──中國長城China Wall、看得到當年淘金熱影子的老霍爾斯溪Old Halls Creek，如果再往南150km還看得到全世界規模第2大的隕石坑──沃爾夫溪隕石坑Wolfe Creek Meteorite Crater（寬835m、深50m，隕石部分的面積為14km^2）。

無法相信是自然形成的中國長城

波奴魯魯國家公園
Purnululu NP

金柏利觀光的重點是班古魯班古魯，位於霍爾斯溪與庫努納拉之間，從大北方公路越野60km左右進入波奴魯魯國家公園的一隅，看起來就像是砂岩質地的岩山被反覆摺疊堆積而成的山脈（班古魯班古魯在當地澳洲原住民語指的就是「砂岩」之意）。這樣的奇妙景觀，是距今約3億5000萬年前從山脈西部流失再堆積成的砂岩因地殼運動而隆起，在之後的2000萬年裡不斷遭到風吹雨淋的侵蝕，最後才形成如今的奇特風貌，而一些被侵蝕成

■德比遊客中心
Derby Visitor Centre
住30 Loch St., Derby, 6728
☎(08)9191-1426
URL www.derbytourism.com.au
開週一～五9:00～16:00，週六9:00～12:00 休週日

■溫迦那峽谷國家公園
因為沒有大眾交通工具，加上道路都未鋪柏油，因此推薦參加旅遊團前往。德比遊客中心推出溫迦那峽谷、隧道溪及蓋吉克伊峽谷的周遊之旅。
時5～10月：週二、四、日8:15出發
※11～4月需要再洽詢
費1人$295
※從布魯姆出發的同內容行程由Kimberley Wild Expeditions主辦。
☎1300-738-870
URL kimberleywild.com.au
時5～10月：週一、三、五出發
費大人$279 小孩$179

■費茲羅伊渡口遊客中心
Fitzroy Crossing Visitor Centre
住Cnr. Forest Rd. & Flynn Drv., Fitzroy Crossing, 6765
☎(08)9191-5355
URL www.fitzroycrossingtourism.com.au
開週一～五8:30～12:30、13:30～16:00（雨季時間會有些許變動） 休週六、日

■當古峽谷國家公園
因為沒有大眾交通工具，建議租車或參加旅遊團前往。
●**Danggu Geikie Gorge Boat Tour**
☎(08)9195-5500
URL exploreparks.dbca.wa.gov.au/park/danggu-geikie-gorge-national-park
時5～10月中旬:8:00、9:30、14:30、16:00（所需時間1小時）
費大人$50 小孩$14 家庭$110

■霍爾斯溪遊客中心
Halls Creek Visitors Information Centre
住2 Hall St., Halls Creek, 6770 ☎(08)9168-6007
URL www.hallscreektourism.com.au
開週一～五8:30～16:00，週六8:30～12:00（雨季時間會有些許變動） 休週日

搭乘小飛機從空中欣賞班古魯班古魯的絕景

Piccaninny Creek是在乾季才能健行的步道

圓柱狀的獨特岩山被稱為蜂巢Beehive，至於岩石表面的條紋圖案則是由苔蘚與矽石所創造出來的自然藝術。

班古魯班古魯的觀光方式，基本上只能參加旅遊團，雖然也可以租四輪傳動車自行前往，但道路狀況相當惡劣，必須具備相當的駕駛技術與機械知識。旅遊團從布魯姆出發至少要5天4夜，庫努納拉出發則要3天2夜以上；而庫努納拉還有搭配遊覽飛行的1日遊行程。旅遊團會搭乘大型四輪傳動巴士遊覽國家公園內的人氣景點，像是Piccaninny Creek、教堂峽谷Cathedral Gorge、大象岩Elephant Rock、Echidna Chasm等；也很推薦搭乘小型飛機從空中鳥瞰，值得體驗。

Echidna Chasm是班古魯班古魯北側最棒的景點

至於雨季時期，從大北方公路進入的道路會被封閉，無法觀光，請多加留意。

庫努納拉
Kununurra

金柏利的北邊門戶城鎮為庫努納拉，作為前往南方約300km處的世界遺產波奴魯魯國家公園Purnululu NP旅遊團的出發地，總是能吸引無數觀光客造訪。庫努納拉被奧德河Ord River及水庫湖泊庫努納拉湖Lake Kununurra所環繞，利用這豐足的水資源而成為澳洲最大的哈密瓜產地；奧德河則是野生鱷魚的棲息河川，也推出航行之旅帶大家來探險。在庫努納拉南方70km左右的巨大阿蓋爾湖Lake Argyle旁，則是全球唯一能開採出粉紅色鑽石的阿蓋爾鑽石礦山（於2020年關閉）。

■前往班古魯班古魯的旅遊團

●**Kimberley Wild Expeditions**
推出布魯姆出發5日的4WD之旅。
☎1300-738-870
URL kimberleywild.com.au
時 布魯姆5～9月的週二出發、週六回到布魯姆
費 大人$1895～2195 小孩$1795～2095

●**Bungle Bungle Expeditions**
從大北方公路往波奴魯魯國家公園方向越野路段入口的班古魯班古魯露營車公園出發的4WD 1日遊。
☎(08)9168-7220
URL bunglebunglecaravanpark.com.au
時 5～9月每日出發
費 1人$339

●**Aviair（庫努納拉出發）**
☎(08)9166-9300
FREE 1800-095-500
URL www.aviair.com.au
費 班古魯班古魯遊覽飛行（約2小時）：大人$450 小孩$430

■波奴魯魯國家公園的遊覽飛行

●**Helispirit**
☎(08)9168-7335
URL www.helispirit.com.au
費 18分鐘$319、30分鐘$479

交通

●**庫努納拉**
從布魯姆前往達爾文的巴士都會經過此地。北方航空從柏斯、布魯姆、達爾文都有航班飛往庫努納拉機場（代號KNX）。

■庫努納拉遊客中心
Kununurra Visitor Centre
住 75 Coolibah Drv., Kununurra, 6743
☎(08)9168-1177
FREE 1800-586-868
URL www.visitkununurra.com
開 週一～五9:00～16:00，週六9:00～13:00（雨季時間會有些許變動） 休 週日

■奧德河之旅
主辦：Triple J Tours
☎(08)9168-2682
URL www.triplejtours.com.au
時 4～10月每日11:30～17:30
費 大人$200 小孩$190

布魯姆&金柏利的住宿

布魯姆

即使住久也不會膩 MAP P.618/1B
Kimberley Travellers Lodge YHA

URL www.kimberleytravellerslodge.com.au
URL www.yha.com 住 9A Bagot St., Broome, 6725
☎ 9193-7778 WiFi 免費

青年旅館整體充滿熱帶風情

D $35、T W $95～130
※含早餐 ※非YHA會員要追加費用 CC MV

擁有熱帶風情的游泳池，並附設很受當地人喜愛的酒吧，是布魯姆市中心最人氣的青年旅館。

凱布爾海灘的廉價住宿 MAP P.618/2A
Cable Beach Backpackers

URL cablebeachbackpackers.com
住 12 Sanctuary Rd., Cable Beach, 6725
FREE 1800-665-011 WiFi 免費
費 D $18～35、T W $60 CC MV

距離凱布爾海灘很近，而且附有游泳池、籃球場等設施。團體房的價錢高低與有無冷氣有關。

布魯姆市中心最棒的度假村 MAP P.618/2B
Moonlight Bay Suites

URL moonlightbaysuites.com.au
住 51 Carnarvon St., Broome, 6725
☎ 9195-5200 WiFi 免費
費 1B $288～320、2B $320～383 CC AMV

地點絕佳，在飯店裡就可以欣賞到「登月梯」。不論普通客房或附廚房的出租式公寓，住宿空間都相當寬敞且舒適。

位置絕佳的飯店 MAP P.618/1B
The Mangrove Hotel

URL mangrovehotel.com.au
住 47 Carnarvon St., Broome, 6725
☎ 9192-1303 FAX 9193-5169 WiFi 免費
費 T W $359～479 CC MV

地處可以欣賞到「登月梯」絕佳位置的中價位度假村，空調、電視、淋浴間等設施一應俱全。

位於便利地點 MAP P.618/2B
The Continental Hotel

URL theconti.com.au
住 1/79 Weld St., Broome, 6725
☎ 9195-5900 WiFi 免費
費 T W $259～409 CC AJMV

寬敞舒適的游泳池區

在市中心Bedford Park對面的高級飯店，擁有游泳池、餐廳及酒吧等完善設施。

凱布爾海灘的高級度假村 MAP P.618/2A
Cable Beach Club Resort & Spa

URL www.cablebeachclub.com
住 1 Cable Beach Rd., Broome, 6725
☎ 9192-0400 FREE 1800-199-099 WiFi 免費
費 T W $569～679、Bungalow $899～1189、Villa $1235～1349 CC ADMV

氣氛優雅的客房

面對凱布爾海灘而建的高級度假飯店，腹地內有游泳池、芳療中心及長滿茂密熱帶植物的花園，能享受優雅的住宿時光。

庫努納拉

也推出廉價旅遊 MAP 無
Kununurra Backpackers

URL www.kununurrabackpackers.com.au
住 24 Nutwood Cres., Kununurra, 6743
☎ 9169-1998 FREE 1800-641-998 WiFi 免費
費 D $29～32、T W $70 CC MV

全部客房都有冷氣，還附有游泳池、BBQ設備。

想在鎮上住得舒適的話 MAP 無
Hotel Kununurra

URL hotelkununurra.com.au
住 37 Messmate Way, Kununurra, 6743
☎ 9168-0400 WiFi 免費
費 T W $165～215 CC ADMV

設有游泳池、餐廳等服務，是鎮上設備最完善的飯店。

COLUMN

體驗探險的樂趣
金柏利5日行

波奴魯魯國家公園內Piccaninny Creek的步道

教堂峽谷的雄偉氣勢令人嘆為觀止

波奴魯魯國家公園內的專用露營區

遺留自遠古澳洲的金柏利，搭乘大型四輪傳動巴士周遊的冒險之旅是最有效率的旅遊方式。以下介紹的是Kimberley Wild Expeditions推出布魯姆出發的5天4夜之旅，依照此行程從台灣出發只需8天就能暢遊金柏利。

遠古的大珊瑚礁打造出當古峽谷國家公園

第一天從布魯姆出發，在種植著猢猻樹的大地上奔馳400km，目的地為Devonian Reef Gorges之一的當古峽谷國家公園。搭乘船隻在石灰岩所形成的大峽谷中巡航，眼前景色之壯麗雄偉，令人驚嘆；途中還能看到許多澳洲鱷魚在河裡出沒，充滿澳洲荒野氛圍。

住宿在位於費茲羅伊渡口、設備齊全的汽車露營區，一般團費為住帳篷，外加費用則可以入住附設床鋪、冰箱、衛浴設備的豪華帳篷。

在波奴魯魯國家公園度過第2天

第2天先去霍爾斯溪參觀中國長城、老霍爾斯溪等景點，之後前往這趟旅遊的焦點──世界自然遺產波奴魯魯國家公園（班古魯班古魯）；在國家公園內的專用豪華露營區住宿，帳篷內有床鋪等設備，也設有寬敞的用餐區，可以享用啤酒或冷飲。

在波奴魯魯國家公園裡從大象岩開始展開參觀行程，Piccaninny地區則以叢林步道健行方式探訪Piccaninny Creek觀景台、有巨大空洞的教堂峽谷，黃昏前到Echidna Chasm叢林步道漫遊，最後前往Osmand觀景台欣賞寂靜的夕陽美景；也有搭乘直升機的遊覽飛行行程可以額外加選。行程內囊括波奴魯魯國家公園的主要觀光景點，將雄偉壯麗的自然景觀盡收眼底。

盡情欣賞自行難以到達的景點

往布魯姆的回程路上會順遊Devonian Reef Gorges的景點，在原住民嚮導的帶領下遊覽鐘乳石洞Mimbi Cave，並欣賞原住民的壁畫；還有在隧道溪涉水橫渡即使盛夏也很冰涼的洞穴溪流，同時享受在小溪裡游泳的樂趣；然後到溫迦那峽谷國家公園漫遊叢林步道，除了感受氣勢雄偉的峽谷景觀，還能看到臥伏在水邊的澳洲鱷魚，為旅途增添許多樂趣。

● **Kimberley Wild Expedition**
URL www.kimberleywild.com.au
※旅遊團的費用、出發日等請參考P.621邊欄資訊。

西澳獨有的尖峰石陣，相當壯觀©MOOK

TRAVEL TIPS

澳洲

旅行準備與技術

收集旅遊資訊

Travel Information

想讓旅遊有趣且更有效率，出發之前的行前準備功課可不能少，尤其是在網路收集旅遊資訊最為方便。包括澳洲旅遊局、各州的旅遊局的網站多數都設有中文頁面，有關觀光景點的詳細資訊也有中文介紹。其他像是主要航空公司、巴士公司、旅行社、活動、飯店、餐廳等也都有網站，出發前請確認最新的資訊。

澳洲旅遊局的官網

實用網站

澳洲綜合情報

●**澳大利亞台北商工辦事處**
URL www.australia.org.tw

●**MOOK華文旅遊生活風格全媒體**
URL www.mook.com.tw

澳洲觀光情報

●**澳洲政府觀光局**
URL www.australia.com/zh-tw

●**昆士蘭旅遊局**
URL www.queensland.com.tw

●**新南威爾斯旅遊局**
URL www.visitnsw.com

●**雪梨旅遊局**
URL tw.sydney.com

●**坎培拉旅遊局**
URL visitcanberra.com.au

●**維多利亞與墨爾本旅遊局**
URL tw.visitmelbourne.com

●**塔斯馬尼亞旅遊局**
URL www.discovertasmania.com.au

●**南澳州旅遊局**
URL www.southaustralia.com

●**北領地旅遊局**
URL northernterritory.com/tw/zh

●**西澳州旅遊局**
URL www.westernaustralia.com/tcn

航空公司

●**澳洲航空**
URL www.qantas.com/tw/zh_TW.html

●**中華航空**
URL www.china-airlines.com

●**長榮航空**
URL www.evaair.com

●**捷星航空**
URL www.jetstar.com/tw/zh

●**維珍澳洲航空**
URL www.virginaustralia.com

●**區域快線航空**
URL www.rex.com.au

澳洲航空的網站

長途巴士・鐵路

●**澳洲灰狗巴士**
URL www.greyhound.com.au

●**Journey Beyond Rail**
URL www.journeybeyondrail.com.au

電話號碼／地址檢索

●**Telstra Yellow Page**
URL www.yellowpages.com.au

澳洲氣象情報

●**澳洲氣象局**
URL www.bom.gov.au

福林德街車站©MOOK

旅行季節
Travel Season

秋～春季的藍山清晨
都會籠罩霧氣

位於南半球的澳洲，季節正好與台灣完全相反，但是因為國家面積遼闊，「冬天會冷」這種在台灣慣用的想法並不適用於澳洲的氣候，有些地方即使是冬季白天也有超過30℃的高溫，相反地也有雖然在夏季卻低於20℃的地方。因此出遊最大的重點在於去澳洲想做些什麼、看些什麼，再來依此選擇要造訪的景點和季節。

■不可不知的澳洲旅行季節

11～3月是澳洲最適合旅遊的季節，雖然沒有出現宛如「民族大遷移」的人潮，不過交通工具、廉價住宿等設施會非常擁擠，特別是在12月中旬～2月初的耶誕節＆學年末期間，千萬切記要及早預約才是上策；另外像是4月上旬的復活節、學校假期等時期也是需要留意的旅遊旺季。雖然學校假期因為各州的學制不同，而沒有統一的日期，不過一般都是會集中在8～9月和4月居多（請參考各州的概要介紹）。

澳洲南部四季分明

澳洲南部的氣候，像是在雪梨、墨爾本等能從事短程旅遊的地方，可以享受夏季海水浴場、冬季滑雪等適合季節的戶外活動。在城市地區的冬季嚴寒程度並不特別嚴重，以雪梨一帶為例，很少出現白天低於15℃的日子。

乾季時到大堡礁體驗潛水樂

澳洲北部只有2種季節

澳洲北部大致區分為雨季和乾季，乾季是每年4月下旬到11月中旬，雨季則是11月下旬到4月中旬為劃分；不過即使進入雨季，真正下雨最多的時間是在1～2月，其他月份則是每天會有驟雨出現。

有計畫到大堡礁（G.B.R.）潛水的人，建議最好在乾季前往，因為此時的海水透明度較高。不過即使是同樣都在大堡礁，因為屬於南北狹長地形，因此來到大堡礁的南部，雨季的影響會相對變小。

澳洲的春天是野花的季節

因此雨季時的潛水地點，建議前往大堡礁南端的蒼鷺

島Heron Island、伊利特夫人島Lady Elliot Island。

至於要去卡卡度國家公園Kakadu NP或尼特米魯克國家公園Nitmiluk NP的人，可以選在季節轉換時前往，因為雨季時這些國家公園的聯外道路很有可能被雨水淹沒，無法進入，乾季時河川與瀑布又因為缺水而乾涸，少了旅遊的樂趣。

乾季在卡卡度國家公園看到夕陽的機率很高

內陸之旅建議在4～11月

內陸地區（Outback）之旅最好避開盛夏時期，因為澳洲的內陸地區大部分都是沙漠與荒野地帶，盛夏時節大白天出現40℃高溫的情況屢見不鮮，而且因為非常乾燥，對遊客而言是非常嚴酷的考驗。至於每年的4月和9～10月的白天氣溫通常在30℃以下，感覺會舒適許多；5～8月的白天氣溫則在22℃左右，十分舒適，不過夜晚氣溫會降到10℃以下有些寒冷，別忘了多準備一件毛衣或外套。

9月時在內陸地區漫遊，氣候很舒適

主要城市平均氣溫・降雨量

		1月	2月	3月	4月	5月	6月	7月	8月	9月	10月	11月	12月
昆士蘭州 QLD	凱恩斯												
	平均最高氣溫（℃）	31.5	31.2	30.6	29.2	27.6	26.0	25.7	26.6	28.1	29.6	30.7	31.4
	平均最低氣溫（℃）	23.7	23.8	23.1	21.6	19.9	17.9	17.1	17.4	18.7	20.6	22.3	23.4
	平均降雨量（mm）	391.8	451.8	421.7	197.4	91.4	45.6	29.2	26.7	33.4	46.0	93.7	175.9
	布里斯本												
	平均最高氣溫（℃）	30.2	29.9	28.9	27.1	24.4	21.9	21.9	23.2	25.7	27.1	28.0	29.3
	平均最低氣溫（℃）	21.5	21.3	20.0	17.3	13.5	11.7	10.1	10.7	13.7	16.3	18.7	20.3
	平均降雨量（mm）	153.9	142.5	109.2	65.8	58.5	57.6	24.7	42.1	28.8	72.5	106.6	138.7
	黃金海岸												
	平均最高氣溫（℃）	28.7	28.6	27.8	25.9	23.4	21.3	21.1	21.9	23.9	25.3	26.7	27.8
	平均最低氣溫（℃）	21.9	21.8	20.8	18.3	15.3	13.1	12.0	12.5	14.8	16.9	18.9	20.5
	平均降雨量（mm）	139.9	177.7	110.8	125.8	112.2	112.8	48.8	62.6	44.4	91.5	119.0	139.3
新南威爾斯州 NSW	雪梨												
	平均最高氣溫（℃）	25.9	25.8	24.8	22.4	19.5	17.0	16.3	17.8	20.0	22.1	23.6	25.2
	平均最低氣溫（℃）	18.7	18.8	17.6	14.7	11.6	9.3	8.1	9.0	11.1	13.6	15.6	17.5
	平均降雨量（mm）	101.6	117.6	129.2	127.1	119.9	132.0	97.4	80.7	68.3	76.9	83.9	77.6
澳洲首都特區 ACT	坎培拉												
	平均最高氣溫（℃）	28.0	27.1	24.5	20.0	15.6	12.3	11.4	13.0	16.2	19.4	22.7	26.1
	平均最低氣溫（℃）	13.2	13.1	10.7	6.7	3.2	1.0	-0.1	1.0	3.3	6.1	8.8	11.4
	平均降雨量（mm）	58.5	56.4	50.7	46.0	44.4	40.4	41.4	46.2	52.0	62.4	64.4	53.8
維多利亞州 VIC	墨爾本												
	平均最高氣溫（℃）	26.4	26.6	24.1	20.3	16.6	13.7	13.1	14.5	16.7	19.3	22.0	24.5
	平均最低氣溫（℃）	13.7	14.2	12.7	10.2	8.3	6.2	5.4	5.9	7.1	8.5	10.4	12.0
	平均降雨量（mm）	40.1	43.6	37.2	43.7	39.5	39.9	35.1	45.7	46.9	54.0	62.6	48.4
塔斯馬尼亞州 TAS	荷巴特												
	平均最高氣溫（℃）	21.7	21.7	20.2	17.3	14.5	12.0	11.7	13.1	15.1	17.0	18.7	20.3
	平均最低氣溫（℃）	11.9	12.1	10.9	9.0	7.0	5.2	4.6	5.2	6.4	7.8	9.3	10.8
	平均降雨量（mm）	47.6	39.9	44.9	51.1	46.2	53.9	52.5	53.6	53.2	61.7	54.8	56.3
南澳州 SA	阿得雷德												
	平均最高氣溫（℃）	29.4	29.5	26.4	22.7	19.0	16.1	15.3	16.7	19.1	22.0	25.3	27.1
	平均最低氣溫（℃）	17.2	17.3	15.3	12.5	10.3	8.2	7.5	8.2	9.8	11.5	14.0	15.6
	平均降雨量（mm）	19.4	15.4	26.4	39.9	60.0	80.0	76.5	68.0	58.0	41.8	30.1	28.0
北領地 NT	愛爾斯岩（烏魯魯－卡塔丘塔國家公園）												
	平均最高氣溫（℃）	38.5	36.9	34.3	29.9	24.3	20.3	20.5	23.7	28.9	32.2	34.9	36.5
	平均最低氣溫（℃）	22.7	22.1	19.2	14.4	9.3	5.5	4.4	5.8	10.8	14.8	18.3	20.8
	平均降雨量（mm）	26.7	38.4	35.3	15.9	12.9	18.1	18.8	4.4	7.7	21.4	35.5	40.6
	達爾文												
	平均最高氣溫（℃）	31.8	31.4	31.9	32.7	32.0	30.6	30.6	31.4	32.6	33.3	33.3	32.6
	平均最低氣溫（℃）	24.8	24.7	24.5	24.0	22.1	19.9	19.3	20.3	23.0	24.9	25.3	25.3
	平均降雨量（mm）	427.1	374.3	317.9	102.2	21.2	1.8	1.2	4.9	15.3	69.9	142.1	248.9
西澳州 WA	柏斯												
	平均最高氣溫（℃）	31.2	31.7	29.6	25.9	22.4	19.3	18.4	19.1	20.3	23.3	26.5	29.1
	平均最低氣溫（℃）	18.1	18.4	16.6	13.8	10.6	8.5	7.6	8.3	9.6	11.4	14.2	16.4
	平均降雨量（mm）	15.4	8.8	20.5	35.7	90.5	127.9	146.7	122.8	89.6	39.5	23.8	9.9

旅行經典行程

Model Route

大洋路距離墨爾本不算近，建議最好停留一晚才有時間欣賞

安排時間充裕的旅程

只停留在一座城市裡，時間自然不是問題，如果想要周遊數座城市時，千萬別忘了澳洲國土是多麼廣大，若是以陸路交通作為基本的移動手段，安排一個時間充裕的旅遊計畫就非常重要。最近由於澳洲國內航線價格大幅下修，如果想要去的觀光景點較多的話，旅遊計畫的關鍵就在於巧妙運用陸路與航空兩種交通方式。

烏魯魯的黎明是內陸地區觀光的焦點

旅行時間若在1週之內最好在台灣先確定行程

如果時間充裕的話，出發之前不需要訂定太詳細的旅遊計畫，反而應該是在當地獲得最新資訊之後，再改變在城鎮的停留天數，或是更改原訂的旅遊路線，讓行程更有彈性。但是如果旅遊時間只有1週甚至更短時，粗略的計畫反而無法完成旅遊目的，導致最後什麼都沒有玩到的惡果。

所以如果要進行1週以內的旅行，而且還想周遊好幾座城市時，可以在台灣事先規劃和預約的項目都要先完成；而且拜網路發達之便，不只是當地的交通工具、飯店，還有各城市的在地旅遊團預約，在台灣幾乎都可以一手包辦。如果擔心需要使用英語進行交涉，也可以將這些事情委託給幫忙購買機票或預訂在地旅遊團的旅行社代為處理。

規劃獨創性十足的旅遊行程

接下來將介紹幾種澳洲之旅的行程規劃內容，可以作為參考再按照個人的喜好規劃出合適的旅遊計畫。所謂的旅遊樂趣，其實從計畫行程的階段開始，所以希望人人都能實現一趟充滿個人原創性的澳洲之旅。

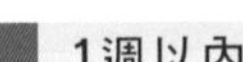

建議行程

1週以內

暢遊2座城市

如果是1週內的旅行，基本上行程鎖定在1～2座城市。如果選擇單一城市的話，最受歡迎的就是凱恩斯、黃金海岸、雪梨、墨爾本、柏斯；如果是選擇2座城市的話，通常會是凱恩斯、黃金海岸、雪梨、墨爾本之中選2個城市；或是凱恩斯、雪梨、墨爾本之間3選1，再加上烏魯魯（愛爾斯岩）；也可以雪梨＋柏斯、雪梨＋墨爾本等組合。

1～2週

周遊東海岸

凱恩斯與大堡礁的漢密爾頓島，然後再加上黃金海岸及雪梨，堪稱是最正統的旅遊路線；在凱恩斯及漢密爾頓島體驗滿滿的大堡礁自然美景後，走訪生長於凱恩斯、黃金海岸的遠古森林，到雪梨則可以充分感受澳洲城市的活力，而且還有機會探訪多達6處的世界遺產。如果計畫搭乘捷星航空班機的話，可以由漢密爾頓島飛往雪梨，接著再前往黃金海岸最為便捷。

1～2週

度假村＋周遊塔斯馬尼亞

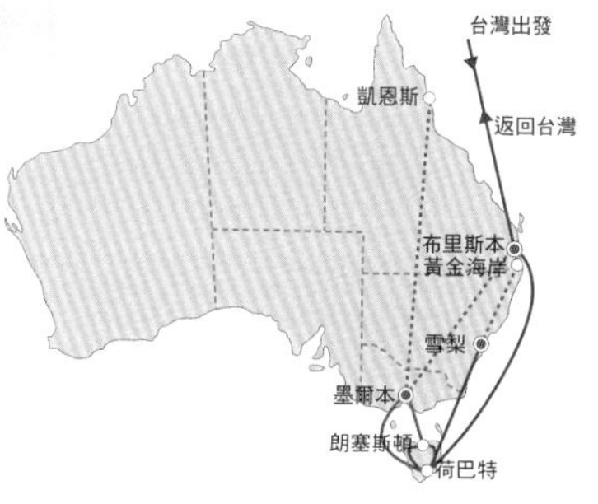

澳洲最具代表性的度假勝地黃金海岸，再加上塔斯馬尼亞的旅遊路線，由於捷星航空有往來於黃金海岸～荷巴特之間的航班，因此可以省下不少交通時間，建議最好花上1週時間來好好暢遊塔斯馬尼亞的山光水色。如果時間還很充裕的話，可以在回程計畫中順便加上雪梨、墨爾本。

1週以內／1～2週

精華澳洲

這條路線可以讓人在短時間內體驗澳洲的各種魅力，雖然估算1週勉勉強強可以走完，卻難免有走馬看花的遺憾；想好好掌握澳洲的精華，最好還是規劃1週以上的旅遊時間，如果有10天就可以把墨爾本加進行程裡。可以前往大堡礁、昆士蘭濕地熱帶區、烏魯魯、藍山、雪梨歌劇院及澳洲囚犯流放遺址6個（包含墨爾本的皇家展覽館就是7個）世界遺產。

2～3週

澳洲半圈

如果旅行計畫2週的話，那麼交通全都得是飛機，若能有將近3週的旅遊時間，前往烏魯魯的起點城市愛麗絲泉～阿得雷德～墨爾本就可以搭乘豪華臥鋪列車大汗號The Ghan＋The Overland號。在凱恩斯、黃金海岸各停留3晚，由於其餘地點也能停留2晚，各個都市的大致觀光景點都能在這趟旅行看個夠。

2～3週

內陸深度之旅

縱貫澳洲大陸，充分體驗內陸之美。在超過2週的時間裡，除了達爾文～布里斯本之外全都是享受陸路旅遊樂趣的行程。而所謂的內陸觀光，當然包括烏魯魯（愛爾斯岩）、尼特米魯克國家公園、卡卡度國家公園等這些代表澳洲雄偉景致的大自然景點。

2～3週

西澳＋東海岸

必須全程搭飛機，而且需要2週的旅遊時間，先到雪梨、烏魯魯-卡塔丘塔國家公園觀光，再經由墨爾本前往柏斯（時間足夠的話也停留墨爾本），充分享受尖峰石陣、羅特尼斯島的自然景觀；然後是凱恩斯、漢密爾頓島等大堡礁度假島嶼，前往黃金海岸體驗海上樂趣或探巡亞熱帶雨林……行程充滿變化且新奇趣味之旅。

1個月以上

飽覽澳洲大陸

如果想花1個月時間好好認識澳洲，非常推薦這條旅遊路線。如果有計畫在部分路線搭乘飛機的話，可以考慮捷星航空等廉價航空的機票。墨爾本～塔斯馬尼亞則搭船比較有趣，到了塔斯馬尼亞島上再租車環島，才是最省時有效率的交通方式。

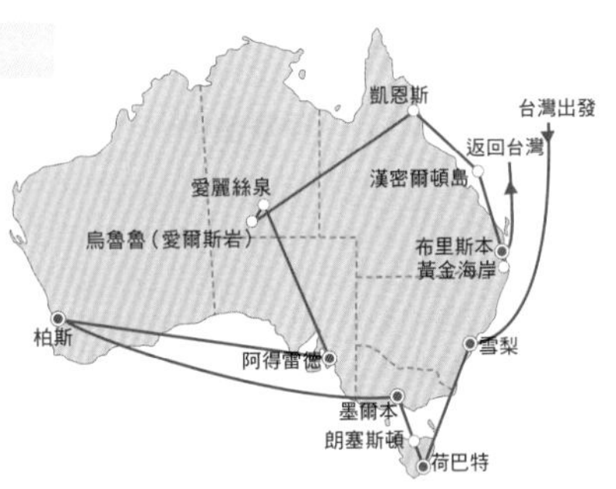

1個月以上

環遊澳洲大陸

可以周遊澳洲的重要景點，但也因為旅遊時間長達1個月，幾個距離較遠的景點如果不搭乘飛機，恐怕會相當辛苦，建議最好將旅遊時間延長到2個月。而且可以從阿得雷德搭乘橫越澳洲大陸的印度洋-太平洋號列車前往柏斯，之後再一路北上。另外也可以從達爾文南下往烏魯魯（愛爾斯岩）之後，再轉往澳洲東海岸的路線也相當具有旅遊樂趣。

旅行準備

旅行預算與金錢

Travel Budget & How to bring money

旅行預算

停留1座城市還是多點暢遊、以高級飯店為目標或是只睡背包客旅館等，旅行預算會因為旅遊方式的不同而有極大差異。因此接下來會分門別類地依照各種項目來介紹可能的基本費用支出，可以依照自己選擇的旅遊方式來大致估算可能的總花費；如果選擇背包客的旅遊方式，也別忘了要將自費的在地旅遊團團費（在地觀光費用）、餐費等一併加入計算。

●台灣～澳洲的機票費

可以按照旅遊的目標，選擇澳洲航空、中華航空、長榮航空，或是先飛往香港、吉隆坡、新加坡再轉機，如國泰航空、馬來西亞航空、新加坡航空、捷星航空或酷航，其中機票最便宜的要算是捷星航空。

●當地交通費

計畫遊覽多座城市時，建議可以先上澳洲航空或捷星航空官網購買廉價機票，而且通常都是愈早訂票，售價愈低廉。至於是計畫打工度假的話，想要在澳洲各地悠閒自在觀光，那就需要事先購買澳洲灰狗巴士這類的長途巴士優惠車票，或是參加觀光巴士之旅才能省錢。

●當地觀光費

來到澳洲，自然就是遠離城市，深入大自然，並參加各種體驗活動，因此基本上經常會參加半日遊（$70～150）、1日遊（$100～250）的在地旅遊團；如果不參加旅遊團的話，就必須租車（1日租車費＋保險費$70～100）。

●住宿費

計畫下榻背包客旅館的話，團體房1晚基本房價為$25～40，若是中級以上的飯店，透過網路上的訂房網站可以省下一筆不小的住宿支出。以雪梨、墨爾本這類國際大城市為例，4星級飯店住宿是$150～200，5星級飯店則為$200～400；凱恩斯、黃金海岸等度假城市則是會比大城市便宜一些。

●餐費

只要謹記，餐費支出會比在台灣高出5成左右即可，尤其是在大城市更貴；即使是國際連鎖速食店也比台灣貴上3～5成，餐廳午餐時段1人預算$15～40，晚餐則為$30～100左右，如果還點了酒精飲料，消費就會更高。

■台灣～澳洲的機票詳細內容
購買機票→P.638

■當地交通詳細資訊
當地的境內交通→P.646

■當地住宿費詳細資訊
飯店的基本常識→P.663

■想壓低餐費支出
如果想要找CP質高的餐點，建議去週末市集的美食廣場，會聚集各國料理，價格上相較餐廳平價一些；或是去超市等地外帶餐點也是不錯的選擇。（→P.667邊欄）

兌換外幣

雪梨國際機場入境大廳的匯兌櫃台

由於國際匯率無時無刻都在變化，因此如何準備外幣就沒有所謂的絕對方法，可以攜帶美金到當地再換匯，當然也能夠未雨綢繆先在台灣兌換好澳幣，甚至是利用信用卡直接刷卡付款，方法非常多樣。不過為了安全上的考量，最好還是不要帶太多現金在身上，使用信用卡比較安全又方便。選擇到當地再兌換澳幣的話，一般可以到匯兌處或是銀行換錢，只是匯兌處的匯率、手續費規定不盡相同，最好多跑幾間再決定。至於銀行只在平日白天時間提供服務，匯兌處則經常在週六、日甚至夜間都有營業。

信用卡

可以使用信用卡預借現金的ATM，在機場和購物中心都會設置

在澳洲從飯店、餐廳、百貨公司、紀念品店、旅行社等觀光客會接觸到的場所，都可以使用，雖然刷卡時必須支付1～2%的手續費，但使用信用卡租借車輛時不需要抵押保證金，在現金用光的時候還能到提款機提領現金應急，更提供海外旅遊保險（僅限部分信用卡公司）等諸多優點，出門在外帶一張卡在身上絕對是好處多多。

澳洲國內商店可使用的信用卡類別比例，是依照VISA、Master、AMEX、Diners、JCB排序，鄉下地區則還是以VISA和Master接受度最高，至於一般主要觀光景點，上述的每一張卡都可以使用，建議攜帶2張不同發卡單位的信用卡。申請信用卡的先決條件，原則上就是擁有穩定的收入，不過為了讓沒有收入來源的學生也能使用，有不少銀行也針對學生族推出專屬信用卡；至於從申請到發卡大約為2週～1個月時間，不過詳細還是要洽詢各

ATM的使用方式

以Travelex的ATM操作方式為例。

①將卡片插入，開始使用。數字按鍵在下方，選擇項目則在螢幕兩旁。

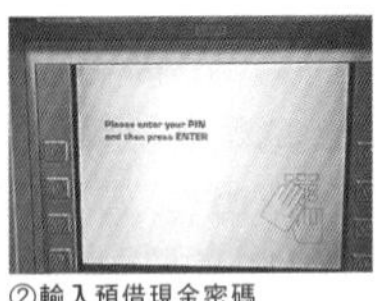

②輸入預借現金密碼

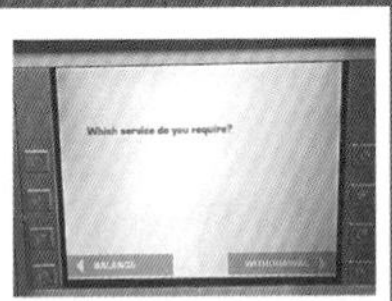

③選擇服務內容，要預借現金請選withdrawal

④是否需要交易明細，選擇Yes／No

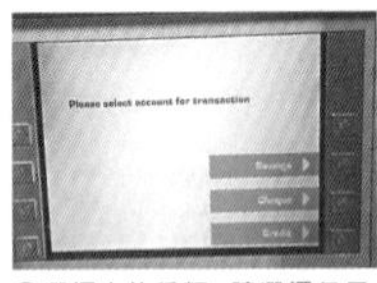

⑤選擇卡片種類，請選擇信用卡Credit

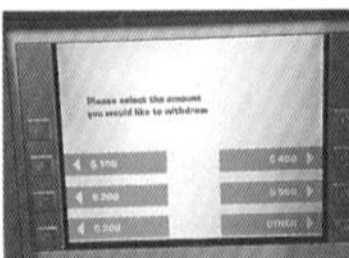

⑥選擇需要預借的金額

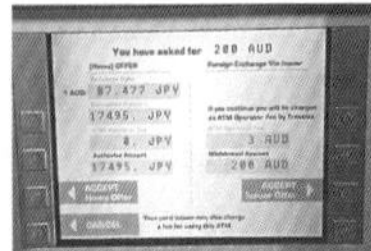

⑦最後顯示向發卡公司預借的金額，若無問題則選擇Accept

家信用卡公司。

此外，萬一遇到不能刷卡而身上又現金不足的狀況時，可以考慮用信用卡預借現金應急。首先需要在台灣向發卡銀行申請一組「預借現金密碼」才能使用預借現金服務，然後就可以在貼有VISA／VISA PLUS、MasterCard／Master CIRRUS、JCB、AMERICAN EXPRESS等各信用卡國際組織指定網路識別標誌的自動提款機ATM使用預借現金服務；或是持信用卡及護照到VISA、MasterCard等發卡組織指定的銀行或五星級飯店櫃檯辦理。預借現金會以當地貨幣支付，台灣的發卡銀行會收取手續費，手續費依照各家銀行規定不同，通常是「預借金額x（2.5%～3.5%）+（100～150元）。至於預借現金的借款金額、手續費等費用會一併合計到下一期信用卡的帳單內，收到帳單後直接透過信用卡帳單償還即可。

銀行金融卡海外提款

身上臨時現金不夠又不能刷卡時，除了能用信用卡預借現金，也可以使用金融卡在國外提款，通常銀行所收取的手續費會比信用卡預借現金低，是更划算的方式。必須先在台灣開通海外提款的功能，另外設一組提款密碼（4個數字），然後就可以在有金融服務商標示（MasterCard、Cirrus、VISA、PLUS、JCB等）的ATM提領當地貨幣。至於手續費部分，在海外ATM領外幣會被收取3種費用：國內銀行手續費（約70～100元）、海外銀行手續費、國際匯率轉換費（當地貨幣金額1.5%）。

建議最好選擇在大城市或機場的ATM領錢，提供跨國提款服務的ATM較多，並且盡量在白天領錢，萬一操作上或機器發生狀況可以找得到銀行的人來處理。

提供預借現金的ATM識別標誌

COLUMN

大推感應式支付的信用卡

在澳洲以感應式信用卡結帳非常普遍，所以有部分商家只能使用感應式卡片（沒有準備非晶片卡的刷卡機）。如果有AMEX、Master、VISA的感應式卡片，在搭乘雪梨的大眾交通工具時，就可以取代澳寶卡Opal Card來使用，非常方便；而在布里斯本和黃金海岸地區，也可以取代go card。

台灣目前各銀行所發行的信用卡幾乎都是感應式卡片，無需特別向銀行申請。

旅行準備

出發前的準備

Preparation for Travel

■外交部領事事務局
住台北市濟南路一段2-2號3～5F
☎(02) 2343-2888
URL www.boca.gov.tw

■澳大利亞駐台北商工辦事處
住台北市松高路9-11號27-28樓（統一國際大樓）
☎02-8725-4100
時週一～五8:45～12:30、13:30～17:15
URL www.australia.org.tw

■申請護照所需文件
①簡式護照資料表
在外交部網站上網路填表申請（URL：ppass.boca.gov.tw/sp-ia-login-2.html），或是下載填寫紙本。
②身分證明文件：1份
身分證正本及正、反面影本分別黏貼於申請書正面，未滿14歲且沒有身分證的人，需準備戶口名簿正本及影本1份。
③相片：2張
須準備6個月內拍攝光面、白色背景護照專用照片。照片規格為直4.5公分×橫3.5公分，自頭頂至下顎之長度不得少於3.2公分及超過3.6公分，半身、正面、脫帽、露耳、嘴巴閉合，五官清晰之照片。
④護照費用：1300元
⑤其他
未成年人如要申請護照，應附父母親或監護人在簡式護照資料表下方之「同意書」簽名表示同意，並繳驗新式國民身分證正本。

■澳洲內政安全部打工度假簽證事項
URL immi.homeaffairs.gov.au/visas/getting-a-visa/visa-listing/work-holiday-417

■申請打工度假簽證所需
①線上填寫表格
②護照正本
③信用卡
④財力證明：至少需準備超過$5000金額及回程機票的費用，通常最好為$5500～6000以上。

護照

出發前往澳洲旅遊，先決條件是要準備好護照，已經擁有護照的人也別忘了再次檢查護照上的最後有效日期。以澳洲來說，旅客必須持有預定停留期間內的有效護照才能前往，而且在澳洲入出境管理局的網站上使用電子旅行簽證ETA登入時，護照的有效日期必須在6個月以上，不到6個月的人建議最好還是到外交部領事事務局重新換發護照。

簽證

入境澳洲必須申請簽證，現在針對短期觀光與商務旅遊的旅客，都是發給電子觀光簽證ETA（Electric Travel Authority），這是將旅客的姓名、出生年月日、護照號碼、入境目的等資訊，出發前登記在澳洲入出境管理局。登入後的1年時間內可多次前往澳洲，每1次入境之後可允許90天的停留時間。

●ETA申請方法

線上申請ETA澳洲電子觀光簽證的流程相當簡單，只要透過AustralianETA手機應用程式就可以申請，非常方便，需要先準備好有效護照、信用卡和電子郵件地址，申請費用$20；成功完成申請之後，約12小時就會核發簽證。

AustralianETA app

●打工度假簽證

為鼓勵18～30歲青年（滿18歲、未滿31歲）體驗自給自足的長期旅行，澳州政府特別核發允許短期工作（6個月以內）或學習（4個月以內）的打工度假簽證。簽證的規定為：第一次申請必須在澳洲境外，自核發日算起的12個月內可隨時入境澳洲，如果超過12個月還未入境澳洲，簽證就失效。申請者從入境澳洲當日起算，最多可以停留12個月，並在簽證效期內可多次入出境澳洲；第1年度假打工簽證期滿，可以申請第2年打工度假簽證，持有第2年度假打工簽證者在農、牧等指定行業工作滿6個月，就可以申請第3年簽證。度假打工簽證可直接在澳洲內政安全部官方網站申請。建議最好是在計畫出發一個月前提出申請，才有足夠的時間做體檢、訂機位等，做萬全的準備。

海外旅遊保險

在海外發生事故或生病的時候，能夠派得上用場的就是海外旅遊保險，雖然不強制一定要投保，不過如果把它當成是預防萬一的安心保障，就不會心疼這筆費用了。

海外旅遊保險首先要介紹的就是基本契約，包括了傷害保險（死亡、後遺症、治療費），以及額外加保的疾病保險（治療費、死亡）、賠償責任保險（旅行途中物件破損、造成他人受傷時支付）、救難人員費用保險（遭遇事故意外時，付給前來救難人員的一筆費用）、攜帶行李保險（旅行途中行李失竊、破損時會支付）等保險項目。

●一定要知道的「旅行業履約保證保險」

旅行社在出發前夕竟然倒閉了！像這樣的旅遊糾紛發生時，只要這家旅行社是中華民國旅遊品質保證協會（QTAA）的正式會員，就符合「旅行業履約保證保險」的條款，已經支付的旅費可以在一定償還額度內退還。

國際駕照

如果有計畫要在澳洲開車或者是騎摩托車的人，一定要記得攜帶國際駕照International Driver' s Permit出門，只要是擁有台灣駕照的人就可以簡單換發國際駕照，有效期限為3年。辦理國際駕照要前往各縣市所屬監理單位辦理。記得出國時，要將台灣駕照和國際駕照一起帶著。

國際學生證

國際學生證International Student Identity Card是一種在海外也能證明學生身分的證件，只要出示國際學生證，博物館或美術館的門票大多能享有折扣的學生價。台灣發行單位為歐洲語言諮詢有限公司和中華民國國際青年旅舍協會，可以線上填表申請，也可以到現場辦理，必須準備相關文件與申請費400元（若以郵寄申請，郵資另計）。

■交通部公路總局
URL www.thb.gov.tw

■申請國際駕照必備文件
①身分證
②本人最近6個月內拍攝2吋照片2張
③駕照正本
④護照影本（查核英文姓名）
⑤費用250元

■國際學生證相關洽詢
●歐洲語言諮詢有限公司
住 台北市大安區忠孝東路四段142號5樓502室
☎ (02)8773-1333
URL www.isic.com.tw
●中華民國國際青年旅舍協會
住 台北市大同區承德路一段44號6樓
☎ (02)2322-1881
URL www.yh.org.tw
●申請國際學生證必備文件
①身分證件正本（如身分證、健保卡）
②2吋照片1張
③申請表格（英文姓名填寫護照英文名，就讀學校填寫英文全名或簡稱）
④學生證正反面影本或國內外入學通知單影本，證明文件上須註明有效期限或註冊章
⑤費用400元。

購買機票

Air Ticket to Australia

■前往澳洲的航班資訊

●中華航空
(02) 2412-9000
URL www.china-airlines.com
●長榮航空
(02) 2501-1999
URL www.evaair.com
●澳洲航空
(02) 2509-2000
URL www.qantas.com/tw/zh_TW.html
●國泰航空
(02) 7752-4883
URL www.cathaypacific.com/cx/zh_TW.html
●新加坡航空
(02) 7750-7708
URL www.singaporeair.com/zh_TW/tw/home
●捷星航空
URL www.jetstar.com/tw

■購買機票時須另外支付的澳洲離境稅、機場稅

一般機票的售價包含台灣的機場設備使用費用、澳洲的離境稅、機場稅等費用。因此像是台灣的各機場稅500元、澳洲離境稅$60、預定前往的澳洲城市機場稅等稅金（→P.13）都在購買機票時一併付清。

■飛往澳洲的航班禁菸

澳洲航空、中華航空、長榮航空等國際航線班機上都是全面禁菸。

短期停留就參加套裝旅遊

若是想花1～2週的時間環遊澳洲，或是想住在高級飯店四處走走看看的話，建議可以選擇套裝旅遊。在這塊幅員遼闊的土地上，人口稀少且城鎮分布疏落，來到澳洲會發現不但各種交通工具的班次相當少，觀光地區的飯店也會在特殊時期爆滿；如果只是想短期停留在澳洲觀光的人，得先擬定好詳細的旅遊計畫，將旅途中所有會用到的交通工具、飯店住宿等全都預訂好才能出發。不過若想靠一己之力將這些旅遊內容通通處理完畢，是件辛苦的大工程，如果利用所謂的套裝旅遊行程，就可以節省許多時間。而且不少高級飯店只針對團體遊客提供優惠房價，利用套裝旅遊，絕對會比個人預約訂房要便宜得多，因此推薦想要住得高級一點的人，可以考慮利用套裝旅遊來省錢。

有2週以上時間就自助旅行

計畫2週以上的長期旅遊，或者是2週以內但不想將行程排得太滿的人，建議可以選擇自助旅行。自助旅行的最大好處，就是所有旅遊內容都可以依照個人喜好來做安排。如果參加套裝旅遊的話，即使遇到非常喜歡的觀光景點也沒有辦法臨時延長行程，若是自助旅行，就能夠有彈性地自由更改行程。

前往澳洲的機票

從台灣直飛澳洲的班機，有中華航空（CI）、長榮航空（BR）和澳洲航空（QF）；其他像是國泰航空（CX）、馬來西亞航空（MH）、新加坡航空（SQ）、捷星航空（JQ）及酷航（TR）等，則經由東南亞城市轉機到澳洲。轉機的好處在於機票價格通常比較便宜，還可以順便多去一個國家遊玩；當然如果沒有這些考量，就選擇直飛。

澳洲的國籍航空公司──澳洲航空

個人旅行的機票

如果是自己安排旅遊行程的人，首先要做的第一件事情就是買機票。在購買機票時必須先認識機票的種類，進而選擇適合自己旅遊計畫的機票。

●ZONE PEX機票

各航空公司依自家的規定發行的優惠機票，與破盤廉價機票（旅行社拋售的機票）比起來，屬於正規的優惠機票，但因價格競爭的緣故，有時優惠價格與廉價機票差不多。這類機票最不方便的規定是要在出發前幾週（通常是前2週）才能購票，雖然可以取消或變更行程，但通常要補手續費或差額，然而比起廉價機票的種種嚴格規定，還算是合理的。另外，可以透過網路預訂，還可以累積飛行里程。

●廉價機票

所謂的廉價機票，就是旅行社購買了專給團體遊客使用的機票，再拆開來賣給散客的一種機票，因此這種機票也只能在旅行社買得到。由於廉價機票沒有一定價格可參考，都是根據旅行社的不同而有相當價差，可以從旅遊雜誌或是網路來比較、研究各家旅行社的機票票價。而這種廉價機票當然是不能更改航空公司、路線、出發或回國日期，還有不退費的嚴格限制。

●搭乘捷星航空的注意事項

前往西澳（柏斯）最便宜的航班就是捷星航空，但也正因為是以超低價為宗旨的廉價航空（LCC），機艙內的服務內容自然是與澳洲航空等一般航空公司不同，採取行李託運、機艙服務都需要付費才能使用的新制度。例如機上的餐點，可以依照個人需求來購買晚餐、午餐、早餐、輕食及各種飲料，至於機艙內的娛樂設施，像是隨選影音系統就得花錢租（專用耳機也要付使用費）。

■廉價機票的種類

幾乎所有的廉價機票都被稱做是FIX特價機票，這是一旦賣出就無法更改來回地點或時間的機票。另外還有一種OPEN票，主要是以打工度假等目的，需要長時間滯留澳洲的人會購買的，OPEN票是在有效期限內，只要班機有空位就可以更改回程班次的機票。一般來說，OPEN票的價格會比較高。

■查詢機票價格的網站

●Skyscanner
URL www.skyscanner.com.tw
●Kayak
URL www.tw.kayak.com

COLUMN

旅行前‧旅行後　必看！

與澳洲有關的電影

◆澳大利亞（20世紀福斯）

以第二次世界大戰下的澳洲內陸為舞台，描述農場女主人與牛仔之間的愛情、原住民世界的精神觀等景觀壯闊的一部電影。由妮可‧基嫚、休‧傑克曼主演。

◆駱駝女孩的沙漠之旅（派拉蒙影業）

由1977年一位帶著小狗與駱駝的女孩Robin Davidson（當時24歲），從愛麗絲泉旅行到西澳的印度洋沿岸的真實故事《Tracks》改編成的電影；呈現出嚴酷的澳洲內陸景象、旅途中相遇的原住民及其他人等，內容與影像都令人震撼，受到各國影展的肯定。

◆孩子要回家（Becker Entertaiment）

1910～1970年代曾在澳洲實施的原住民與白人混血兒的收容、同化政策，這部電影就是描述那個年代，一名從西澳收容所逃出來的原住民少女，走了2000km以上的路要返回部落村莊的真實故事改編電影。

◆不簡單的任務（頂峰影業）

1969年時美國阿波羅11號史上首次成功登陸月球，這時擔任將阿波羅發出的衛星訊號進行轉播工程的就是新南威爾斯州Parks的巨大碟型天線。描述一群在Parabola基地裡，為了讓這項前無古人的重要大事順利完成，而交織著笑與狂熱的工作人員當時景象的電影。

◆海底總動員（皮克斯&迪士尼）

劇情描述棲息於大堡礁中小丑魚的親子冒險與愛情，還有在這對父子身旁好友們的友情，是部超級轟動的動畫電影。

旅行必需品

Travel Items

原則上行李重量是愈輕愈好，不過如果是天數有限的旅行，最好將必需品都帶著以免浪費不必要的時間。下列表格可作為收拾行李時的參考依據，再按照季節、目的、旅遊時間長短，來準備自己所需要攜帶的行李物品。

	攜帶物品	打勾	備註
必須	護照		最重要的一項，並確認檢查護照有效期限，別忘了申請ETA。如果有護照與照片備分更好。
必須	機票		基本上都是電子機票，只需要列印確認單並帶出門即可。
必須	現金		可以攜帶美金到當地換錢，也別忘了留一些台幣好在從機場返家的路途中使用。
必須	信用卡／金融卡		澳洲是信用卡使用普及的國家，即使小商店大多都可以刷卡，加上可以作為身分證明，別忘了帶出門，也記得要留下遺失時的發卡公司聯絡電話。記得用金融卡提領現金的手續費比信用卡預借現金要低，比較划算。
必須	海外旅遊保險		可以在台灣的機場申辦，有計畫使用到信用卡附帶保險時，別忘了確認清楚理賠內容。
必須	常備藥品		感冒藥、胃腸藥必帶，外國藥效通常都比較強，吃了容易引發胃痛；至於蚊蟲藥則可視個人需求決定。
可攜帶	國際駕照／台灣駕照		計畫在當地租車出遊的人，務必兩者都要攜帶；已經在台灣預約好車輛的話，也別忘了帶預約確認單。
可攜帶	洗臉用品		牙膏、牙刷、刮鬍刀一定要帶，即使是高級飯店也不一定都會提供；肥皂、洗潤髮精則是中級以上飯店會供應，但如果有個人偏好也可以自行準備。
可攜帶	化妝品		即使是男性也別忘了帶護唇膏、保濕水&保濕乳液，至於女性則建議最好在台灣準備生理用品。
可攜帶	隱形眼鏡		平常慣用的隱形眼鏡洗淨、保存液到了當地不一定買得到，最好還是依照旅行天數事先備妥。
可攜帶	轉接頭、插頭		筆電、手機、平板（澳洲通常是100/240V，但最好還是再次確認）及各種充電器都需要轉接頭與變壓器，插頭則為O型。
可攜帶	數位相機		攜帶數位相機出門，別忘了備用電池及充電器，記憶卡也最好多準備一張比較安心。用手機取代相機也不錯。
可攜帶	手機		可以代替相機拍照，也能使用Wi-Fi與台灣聯絡，還能更新社群媒體。要記得帶充電器。
可攜帶	拖鞋		就算是高級飯店也會根據規模而不一定會提供，想在客房裡自在走動就要帶。
可攜帶	鬧鐘		覺得在飯店裡設定鬧鐘太麻煩時可以攜帶，也能當作晨喚工具，可以用手機代替。
可攜帶	泳衣		想參加海上活動就要帶，要享受飯店游泳池也得帶，當然也能到當地再買。
可攜帶	外套		即使在夏天，早晚依舊很涼，最好攜帶一件長袖外套，刷毛或螺縈夾克既輕又不怕皺，是旅遊必備衣物。
可攜帶	攜帶式菸灰缸		禁菸場所相當多，不是每個地方都提供菸灰缸。
可攜帶	濕紙巾		當地很難買到，也不是像台灣一樣都會提供濕毛巾，沒地方可以洗手時就能派上用場。
可攜帶	防曬品		在日照強烈的澳洲，即使是冬天也要嚴防紫外線的傷害，防曬乳液是必備項目，太陽眼鏡也最好要帶。

■攜帶重要聯絡事項！

將下列的聯絡方式記錄在顯眼處，萬一發生狀況時可派上用場。

◆旅遊服務處　◆下榻飯店　◆航空公司　◆台灣駐外辦事處　◆信用卡公司　◆旅行支票發行銀行　◆保險公司　◆警察／消防／救護車

■台灣的電器用品

澳洲電壓為220/240V、50Hz，會需要帶轉接頭及變壓器。

■刀刃物品放進託運行李

原則上任何刀刃物品都禁止隨身攜帶進入機艙內，包括剪刀、瑞士刀也在限制範圍內，請收進託運行李內。

■100ml以下的液體放在隨身行李帶進機艙

若有100ml以下的液體物品，請放入1l以下的的透明密封袋中，可以看見內容物就能通過安檢；至於超過100ml的液體物品，請放進託運行李內。但是通過安檢之後才購買的液體物品就可以帶進機艙內。

■貴重物品隨身攜帶

區分託運行李及帶進機艙內的隨身行李內容非常重要，現金、貴重物品、易碎物品、藥、相機、筆電、鋰電池都要手提登機。

旅行技術

出入境手續

Check-in, Immigration & Custom

台灣出境手續

●辦理登機

搭機手續從班機起飛時刻的前2個小時開始辦理，到服務櫃台出示護照，並且交付要託運的行李；而護照和現金等貴重物品，相機等容易摔壞的物品還是隨身攜帶比較好。辦理完登機手續之後，地勤人員會將寫有登機門、座位的登機證（Boarding Pass）及行李託運單（Baggage Claim Tag）交給旅客。萬一託運行李沒有抵達目的地的機場，或是有破損的問題發生，行李託運單是非常重要的憑據，千萬不要弄丟了。

●安全檢查與海關查驗

為了防止劫機而必須進行隨身行李的檢查。手提行李經過X光機的檢查之後，本人也必須穿越金屬探測器大門。安全檢查完畢便到海關查驗櫃台。

●出境審查後登機

將護照、登機證交給海關人員，由於是以機器掃瞄護照資訊，因此記得將護照套取下來。接著依照登機證上所寫的搭機門前進即可，記得在飛機起飛前30分鐘一定要抵達登機門。

抵達澳洲前的機艙內

機艙內會分發入境卡Incoming Passenger Card（兼具海關・檢疫詢問卡），在飛機抵達目的地之前要記得將表格內所列事項填寫清楚（→P.642），如果有攜帶食品類、動植物製品的話一定要記得申報。由於澳洲是檢疫相當嚴格的國家，基本上最好是不要攜帶任何食品類入境避免麻煩。

澳洲的入境手續

●入境審查

向澳洲入境海關人員出示護照與入境卡，大致會問這次旅行的目的、停留天數、停留地點等問題。等到護照被蓋上入境戳記之後，就會連同入境卡一起歸還給旅客。如果年滿16歲並持有有效中華民國晶片護照的台灣旅客，可以在澳洲的主要國際機場使用智慧閘門Smart Gate入境（等同台灣的e-Gate），非常方便。

■飛機託運行李的限制

●往澳洲的國際線

中華航空及長榮航空一般經濟艙乘客行李重量限制是2件23kg，澳洲航空經濟艙則是總重量30kg（行李箱長寬高合計158cm以內）以下免費（衝浪板等大型託運行李要付費，而且必須事先通知航空公司）。

●澳洲國內線

澳洲航空的經濟艙可免費攜帶長寬高合計140cm以內的行李1件（23kg以內），捷星航空、維珍澳洲航空、區域快線航空則會根據購買的機票種類而有不同的規定。

※澳洲國內線班機會因為機種的不同，託運行李、隨身行李的限制重量會有異動。

■入境澳洲時必須申報的項目

●乾燥水果、蔬菜
●餅乾、蛋糕類
●麵類、米
●紅茶、咖啡、果汁及其他飲料
●各種種類的草藥、香料
●各種型態的種子
●皮革、毛皮
●所有的木製品、木頭工藝品、小飾物及古董
●乾燥花、松果、香包
●體育、露營、釣具、高爾夫用具等

■嚴禁攜入澳洲的項目

●牛奶與乳製品
●雞蛋與雞蛋製品
●所有生鮮蔬果
●動物或植物
●肉類與肉製品
●鮭魚・鱒魚製品
●種子或者使用種子做成的工藝品和紀念品
●生的堅果類
●還能發芽的植物等
●土壤或泥沙
●咖哩塊、即溶味噌湯等

■澳洲農業、水資源暨環境部

關於入境澳洲旅客應注意事項部分請參考下列網站。

URL www.agriculture.gov.au

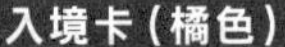

入境卡（橘色）

正面

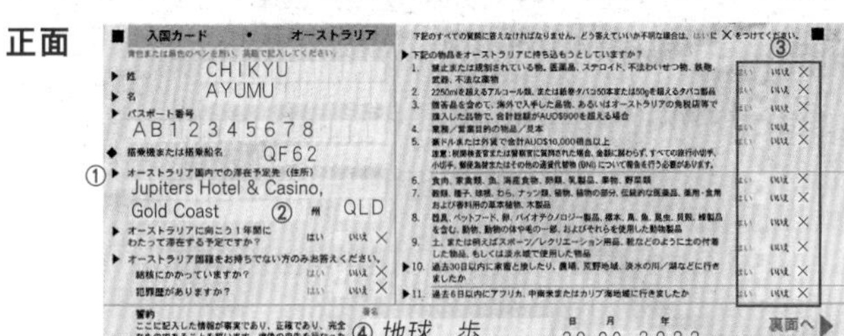

入国カード ・ オーストラリア

▶ 姓 CHIKYU
▶ 名 AYUMU
▶ パスポート番号 AB12345678
◆ 搭乗機または搭乗船名 QF62
① ▶ オーストラリア国内での滞在予定先（住所） Jupiters Hotel & Casino, Gold Coast ② 州 QLD
▶ オーストラリアに向こう1年間にわたって滞在する予定ですか？ はい いいえ ×
▶ オーストラリア国籍をお持ちでない方のみお答えください。
結核にかかっていますか？ はい いいえ ×
犯罪歴がありますか？ はい いいえ ×

下記のすべての質問に答えなければなりません。どう答えていいか不明な場合は、はいに×をつけてください。 ③
▶ 下記の物品をオーストラリアに持ち込もうとしていますか？
1. 禁止または規制されている物、医薬品、ステロイド、不法わいせつ物、銃砲、武器、不法な薬物 いいえ ×
2. 2250mlを超えるアルコール類、または紙巻タバコ50本または50gを超えるタバコ製品 いいえ ×
3. 贈答品を含めて、海外で入手した品物、あるいはオーストラリアの免税店等で購入した品物で、合計金額がAUD$900を超える場合 いいえ ×
4. 業務／営業目的の物品／見本 いいえ ×
5. 豪ドルまたは外貨で合計AUD$10,000相当以上 いいえ ×
6. 食肉、家禽類、魚、海産食物、卵類、乳製品、果物、野菜類 いいえ ×
7. 穀類、種子、球根、わら、ナッツ類、植物、植物の部分、伝統的な医薬品、薬用・食用および香料用の草本植物、木製品 いいえ ×
8. 動物、ペットフード、卵、バイオテクノロジー製品、標本、鳥、魚、昆虫、貝類、蜂製品を含む、動物、動物の体や毛の一部、およびそれらを使用した動物製品 いいえ ×
9. 土、または例えばスポーツ／レクリエーション用品、靴などのように土の付着した物品、もしくは淡水域で使用した物品 いいえ ×
▶ 10. 過去30日以内に家畜と接したり、農場、荒野地域、淡水の川／湖などに行きましたか いいえ ×
▶ 11. 過去6日以内にアフリカ、中南米またはカリブ海地域に行きましたか いいえ ×

誓約
ここに記入した情報が事実であり、正確であり、完全なものであることを誓います。虚偽の申告を行なった場合には重大な処分が行なわれることを了承します。
署名 ④ 地球 歩
日 月 年 20 09 2022
裏面へ ▶ Japanese

反面

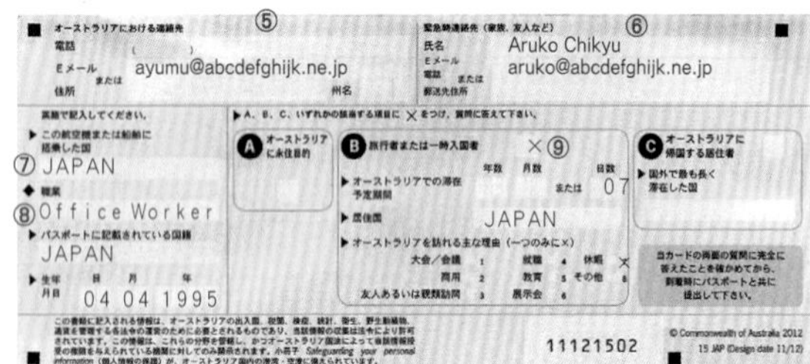

オーストラリアにおける連絡先 ⑤
電話 ( )
Eメール または 住所 ayumu@abcdefghijk.ne.jp
州名

緊急時連絡先（家族、友人など） ⑥
氏名 Aruko Chikyu
Eメール 電話 または 郵送先住所 aruko@abcdefghijk.ne.jp

英語で記入してください。
▶ この航空機または船舶に搭乗した国
⑦ JAPAN
◆ 職業
⑧ Office Worker
▶ パスポートに記載されている国籍
JAPAN
▶ 生年月日 日 月 年 04 04 1995

▶ A、B、C、いずれかの該当する項目に×をつけ、質問に答えて下さい。
A オーストラリアに永住目的
B 旅行者または一時入国者 × ⑨
▶ オーストラリアでの滞在予定期間 年数 月数 または 日数 07
▶ 居住国 JAPAN
▶ オーストラリアを訪れる主な理由（一つのみに×）
大会／会議 1 就職 4 休暇 ×
商用 2 教育 5 その他 8
友人あるいは親類訪問 3 展示会 6
C オーストラリアに帰国する居住者
▶ 国外で最も長く滞在した国

当カードの両面の質問に完全に答えたことを確かめてから、到着時にパスポートと共に提出して下さい。

11121502

© Commonwealth of Australia 2012
15 JAP (Design date 11/12)

入境卡填寫時全部都要使用英文，接下來說明幾個填寫的注意事項。

① 填寫預定下榻飯店名稱、城市名稱。
② 各州簡寫如下所記：
昆士蘭州＝QLD／新南威爾斯州＝NSW／北領地＝NT／維多利亞州＝VIC／塔斯馬尼亞州＝TAS／南澳州＝SA／西澳州＝WA／澳洲首都特區＝ACT
③ 檢疫・海關人員的問題請誠實回答。
④ 簽名必須與護照上相同。
⑤ 填寫在當地使用的電話號碼、Email等，沒有的話也沒關係。
⑥ 填寫台灣家人的姓名、電話、Email。
⑦ 從台灣出發的話就寫TAIWAN
⑧ 職業欄的英文範例如下：
公司職員＝OFFICE WORKER
家庭主婦＝HOUSE WIFE
學生＝STUDENT
無業＝NIL
⑨ 觀光客要填寫B欄。
※入境卡也有中文的版本，可向空服人員詢問並索取，但填寫時請用英文填入表中。

●領取行李與海關・檢疫查驗

接著來到行李領取區，等待上機前託運的行李出現。如果行李失蹤了或是有破損之處，必須馬上和機場員工提出申訴。領完個人行李之後，前往海關・檢疫櫃台，在櫃檯前交付入境卡後，前往指定的查驗櫃台，通常都只會對行李以X光儀器進行查驗，但是偶爾也會要求旅客打開行李接受檢查。等到所有的查驗都結束之後就可以前往出口，展開澳洲的旅程。

澳洲的出境手續

●辦理登機

必須在飛機起飛前2小時抵達機場，前往搭乘航班的航空公司櫃台辦理登機手續，領取登機證之後，可以直接進行海關出境審查手續。

●出境審查與辦理GST退稅手續

和入境時一樣，如果年滿16歲並持有有效中華民國晶片護照，可以使用智慧閘門Smart Gate完成出境審查；若未滿16歲則需將護照、出境卡、登機證一併交給海關人員審查。

如果攜帶相當$1萬以上的現金離境就需要向海關申報，有購買免稅商品的人也要讓海關人員看一下購買的免稅品，同時收回其上的免稅單據（免稅品務必要是沒有拆封的狀態）。GST（商品服務稅）或WET（酒類平價稅）的退稅手續，可以到TRS（Tourist Refund Scheme）櫃台出示所購買的商品與收據Tax Invoice、護照和登機證後辦理，原則上退稅金額會匯入信用卡的銀行帳戶裡。

●前往登機門

依照登機證上所寫的登機門號碼前進，記得在飛機起飛前30分鐘一定要抵達登機門。

台灣的入境手續

●檢疫與入境審查

如果在旅行途中有發生腹瀉或發燒的症狀，覺得身體不舒服的人請直接前往健康諮詢室，沒有任何異狀的人可以直接前往接受入境海關審查。請按照台灣人、外國人的指示牌到應對的入境審查櫃台前，出示護照等待蓋下入境戳記。

●領取行李與動植物檢疫・海關

領取上機前託運的行李，持有物品都在免稅範圍內就前往綠色查驗櫃台，如果有超出免稅範圍或者不清楚有無超出免稅範圍的旅客，就得到紅色查驗櫃台接受行李檢查。若有需要課稅的情況，得到海關查驗所內的銀行繳納稅金。

為防堵非洲豬瘟，禁止攜帶任何動物肉類（新鮮、冷藏、冷凍及經煮熟，含真空包裝）、加工肉類（含真空包裝）等食品進入台灣，若違規最高可罰100萬元，請務必注意。

入境台灣免稅範圍（每位成人）

項目		數量、價格	備註
酒類		1 公升	
香菸	捲菸	200 支	限滿 20 歲之成年旅客始得適用
	雪茄	25 支	
	菸絲	1 磅	
其他	非管制進口物品，並且是攜帶者已使用過的行李物件	每件完稅價格在台幣 1 萬元以下	
	未使用過的禮品，完稅價格總值低於台幣 2 萬元	全部	・管制品及菸酒除外 ・旅客攜帶貨樣，完稅價格在新台幣1萬2,000元以下者免稅

■澳洲的免稅範圍
- ●酒類2250㎖
- ●香菸開封的1包和菸葉25g
- ●除了毛皮製品以外的衣物
- ●商業目的以外的個人貼身用品
- ●其他合計金額$900（未滿18歲為$450）以下的物品
- ●雖然沒有限制攜帶現金的上限，不過如果有超過$1萬以上或相當金額就必須申報

■禁止攜入台灣的物品
- ●偽造之貨幣、證券及印製偽幣印模
- ●槍械（包括獵槍、空氣槍、魚槍）藥、毒氣、刀械、子彈、炸藥以及其他兵器
- ●毒品危害防治條例所列毒品及其製劑，罌粟種子、古柯種子及大麻種子
- ●所有非醫師處方或非醫療性之管制物品及藥物（包括大麻煙）
- ●槍型玩具及用品
- ●侵害專利權、商標權及著作權之物品
- ●法律規定不得進口或禁止輸入之物品。例如:土壤、新鮮水果、未經檢疫或從疫區進口之動植物及其產品、未經檢疫之鮭、鱒、鱸、鯰、鯉魚、繁殖用種蝦等
- ●保育類野生動物及其製產品者，未經中央主管機關之許可，不得進口
- ●任何動物肉類及肉類加工食品

大鴨巴士水陸兩用車©MOOK

當地的境內交通

Transportation in Australia

飛機

澳洲航空以A330為飛行澳洲國內航線的主力機型

想要在廣闊的澳洲大陸上有效率地省下交通時間，首要選擇當然就是飛機，特別是在主要大城市、觀光景點之間航班非常多，相當便於遊客觀光利用。

包括了澳洲航空Qantas Airways（QF）以及旗下子公司（負責地方航線的Qantas Link）、廉價航空的捷星航空Jetstar（JQ），眾多航班讓整個澳洲大陸的空中交通四通八達。除此之外像是每一年都會增加新航線的維珍澳洲Virgin Australia（VA）、航線繁多的區域快線航空Regional Express（ZL），都是非常具有人氣的廉價航空。

澳洲航空Qantas針對國際旅客雖然有許多優惠的方案，但從台灣出發前往澳洲幾乎享受不到這些特殊的優惠方案，特別是國際線＋國內線的優惠方案──Qantas Explorer，只有不定期提供給日本、美國、中國等地出發的旅客。

當然，如果在澳洲的行程很長、或尚未確定行程，也可以只購買台灣─澳洲的國際航段，抵達澳洲後再洽詢當地旅行社或上網購買各航空公司的超低廉破盤機票。關於澳洲廉價機票資訊如下：

■澳洲國內線航空公司

●澳洲航空

URL www.qantas.com.au

URL www.qantas.com.au/travel/airlines/home/tw/zh_TW（中文）

☎13-13-13

●捷星航空

URL www.jetstar.com/tw

☎13-15-38

●維珍澳洲航空

URL www.virginaustralia.com

☎13-67-89

●區域快線航空

URL www.rex.com.au

☎13-17-13

●Red Deal / Super Saver / Flexi Saver

這是依照各條路線的搭乘人數、季節不同而有票價高低之分的優惠機票，可以上澳洲航空的官方網站購票；其中Red Deal的票價可說是最廉價的一種，是一般票價的2～4折價，不過能分配到的座席相當稀少，而且很容易馬上就被訂光。至於Super Saver價格則約為一般機票的5折票價（依照航班的不同折扣也有所不同），Flexi Saver的折扣也很優惠，是一般機票價格的7折左右，分配得到的席位較多，較容易預約到機位。

善加運用便宜的廉價航空

機位容易客滿的各大城市間飛航班機及重要的觀光路線航班，如果選擇捷星航空Jetstar、維珍澳洲航空Virgin Australia會非常便宜，在各航空官網上就可以預約機位。儘管機票價格會因為季節與購買時間點的不同而有

價格低廉而超有人氣的捷星航空Jetstar

澳洲第二的航空公司──維珍澳洲航空

大幅度的起伏，不過基本上來說還是非常便宜，例如以2022年10月捷星航空的最便宜機票為例，凱恩斯～雪梨單程機票是$113，黃金海岸～雪梨$49的破盤價（託運行李要付費）。維珍澳洲航空算是比廉價航空的服務稍微好一些的中級服務航空，在價格上也比捷星航空貴一點，不過同樣是最便宜的機票需要另外加購託運行李費用。無論是購買哪一家廉航的機票，如果價格便宜，經常會伴隨不能退費、不能更改航班的附加條件，在訂購機票時千萬要仔細確認各項注意事項。

搭乘澳洲國內線班的注意事項

●攜帶上機的隨身行李有大小、重量限制

在各大機場的候機室裡都備有測量隨身行李大小、重量的標準規格測量器，雖然不會嚴格到一一要求大家進行測量，但是如果想攜帶超過標準太明顯的大件行李時，就會被要求經過測量器測量行李的大小和重量。順帶一提的是，一件行李的大小規格必須是三邊總和在105cm以內，重量在7kg以下。雖然澳洲航空、維珍澳洲航空規定每人可攜帶2件行李，不過捷星航空則規定每人限帶1件行李。

●搭乘國際航線轉國內航線時

像是澳洲航空或捷星航空有坎培拉～雪梨～洛杉磯，提供結合國內多個城市再飛往海外的航程，或是從海外來的航班直接經由國內數個城市，再飛往最終目的地的航程；在搭乘這種航程的國內線班機時，有些事情必須要注意。首先就是在辦理登機手續或搭機時都在國際線航廈，而且在辦理登機手續時領取的登機證上，還會貼上D字樣（國內線旅客的標誌）的貼紙，通過移民、海關檢驗時只要出示機票、護照和這一張有D字樣貼紙的登機證，不必任何檢查就能順利通關。因此無論如何要注意，在還沒有完成出境通關檢驗前，千萬不要丟掉手上的登機證。

澳洲航空在機背上裝有接收人造衛星天線的飛機，就是提供免費Wi-Fi的班機

在機場的班機時刻表上會標示提供免費Wi-Fi的班機

■澳洲航空主要國內航線Wi-Fi免費

飛行澳洲航空國內線班機主要航線的B737-800、A330機內提供免費Wi-Fi服務，而且機上所提供的娛樂程式都能以手機app使用。

■搭乘廉價航空時的託運行李

捷星航空、維珍澳洲航空針對只攜帶隨身上機行李和有託運行李的乘客，推出2種不同的票價。如果是以只攜帶隨身行李的票價進行預約訂位（這是最便宜的票價），到了機場才要求有行李需要託運時，會被收取高額的託運費用，因此預計會有託運行李的人，記得預約訂位時務必要挑選「Checked Baggage Include」有託運行李的欄目。

■澳洲航空在國際航廈航班

截至2022年8月為止，航班號碼為QF001～QF399的班次都是在國際線航廈進行起降。

區域快線航空飛行大都市間的航線都使用B737機型

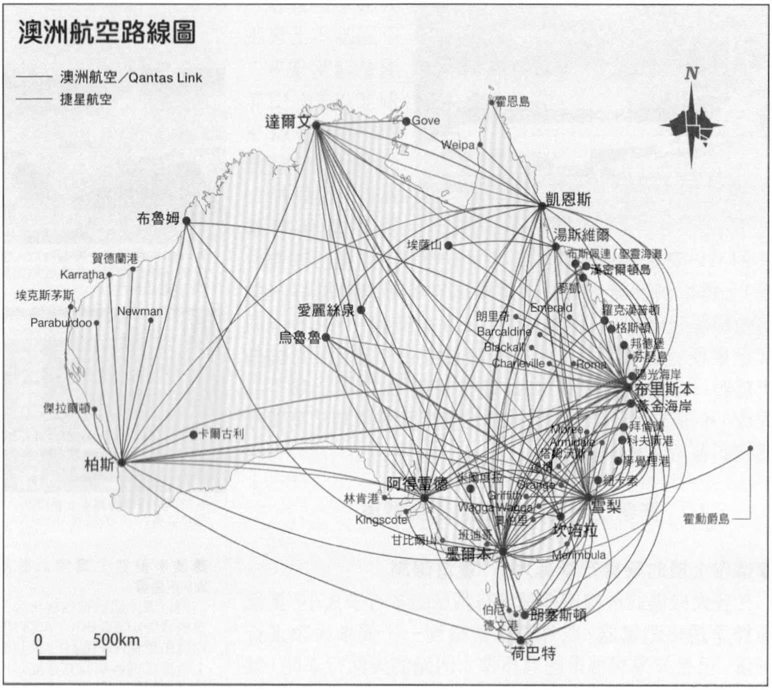

澳洲航空路線圖

—— 澳洲航空／Qantas Link
—— 捷星航空

0 500km

維珍澳洲航空&區域快線航空(Regional Express)路線圖

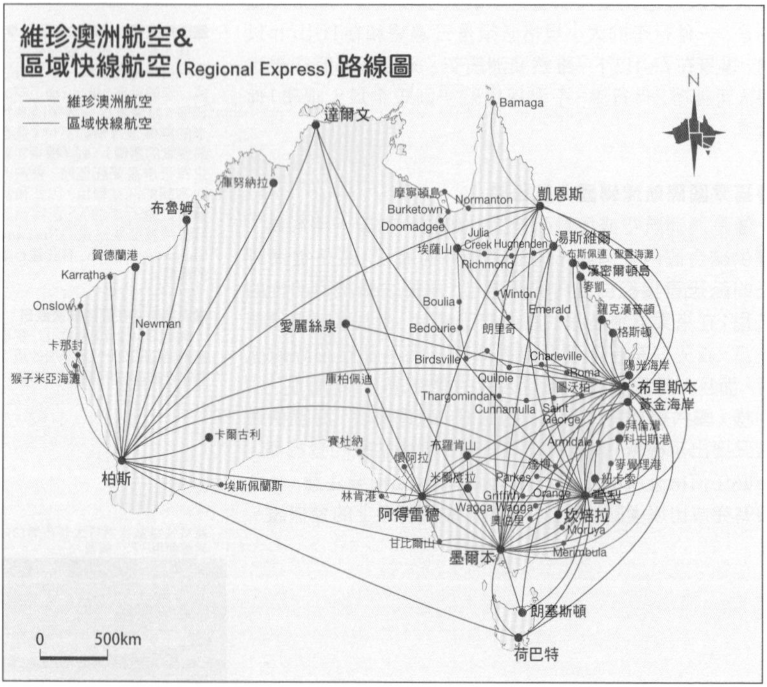

—— 維珍澳洲航空
—— 區域快線航空

0 500km

※目前各航空公司仍有部分航線停航中

租車

以觀光城市為出發點，享受兜風樂趣

東海岸設有許多注意無尾熊的標誌，開車時別忘了提高警覺

澳洲由於國土面積遼闊，各主要觀光城市之間的距離比想像中遙遠，比如凱恩斯～黃金海岸就距離1800km，黃金海岸～雪梨也有約900km之遙，因此若是打算租車往來於這些城市之間，在體力上絕對是一大考驗；而且一旦離開大城市來到鄉間，道路狀況並不都是好走的柏油路，還有可能碰上各種野生動物。因此租車旅遊基本應該以城市觀光為主，如果計畫暢遊多座城市，最推薦以飛機＋租車作為主要交通工具。來到澳洲要注意的是，即使是都市周邊的觀光景點，通常都是位於大眾運輸工具難以抵達的地點，租車就可以讓旅遊腳步延伸得更遠。

此外，澳洲汽車的駕駛座在右邊、靠左行駛，和台灣不同，租車上路時要多加留意。

利用大型租車公司

對於觀光客來說，想要在國外安心地租借汽車，當然是要挑選汽車種類齊全、對事故故障有完善緊急處理機制及完備保險的大型租車公司，在澳洲以Hertz Rent a Car、AVIS Rent a Car、Budget Rent a Car、Thrifty Car Rental、Europcar這5家租車公司最為知名，不但可全球上網租車，還提供在各大城市裡甲地租車、乙地還車（One-way Rental）的服務。此外，在主要城市的機場與市區也設有分店的National Rent a Car、Alamo、SIXT Car Rental、Doller Car Rental、East Coast Car Rental等頗具規模的租車公司，也可以安心使用。

■在台灣預約租車

●Hertz台灣
URL zh.hertz.com
●AVIS台灣
☎0080-368-080
URL www.avis-taiwan.com

■其他大型租車公司網站

●Budget Rent a car
URL www.budget.com.au
●Thrifty Car Rental
URL www.thrifty.com.au
●Europcar
URL www.europcar.com.au
●National Rent a Car
URL www.nationalcar.com/en/car-rental/locations/au.html
●Alamo
URL www.alamo.com/en/car-rental-locations/au.html
●SIXT Car Rental
URL www.sixt.com.au
●Doller Car Rental
URL www.dollarcarrental.com.au
●East Coast Car Rental
URL www.eastcoastcarrentals.com.au

■租車資格

在澳洲通常規定年齡要超過25歲才能租車，不過部分中小型租車公司，只要超過21歲就特別通融可以租車；但是由於澳洲保險的緣故，未滿21歲不能租車。

COLUMN

在澳洲搭乘Uber

以車輛共享概念為出發點的Uber，在澳洲和台灣一樣有許多人搭乘，是很普遍的交通工具。因為費用比計程車便宜，又可以用手機app叫車，成為Uber最大的優勢；在主要機場還設有車輛共享使用（幾乎就是Uber專用）的乘車處。

不過，因為Uber而引發的糾紛狀況也時有所聞，責任必須由搭乘者自行負責，尤其是晚上還是盡量少搭比較安心。

URL www.uber.com/tw/zh-tw/

在郊外開車時，有機會於路邊發現袋鼠或沙袋鼠的蹤影（菲利普島諾比斯岬）

大型租車公司台灣也能預約

即使是同一家租車公司，租車費用也會隨著租借地點、租借期長短、季節而有所差異，抵達當地之後有機會碰上嚇死人的低廉租金，自然也有可能得花大筆費用才能租到車；特別是遇上澳洲的假期或週末，原本想租借的車輛等級極有可能早被預約一空。

所以如果旅行計畫已經大致確定，建議最好在台灣就先預約租車，基本上只要是擁有網站的租車公司就可以透過網路線上預約租車；尤其是覺得自己「英語不好」的人，更可以透過Hertz、AVIS租車公司的中文網站進行預約。雖然無法保證可以租到「最低價」，卻可以在申請租車時找到最合理的租賃價格。另外在預約租車時必須出示信用卡作為保證，至於各種行車保險可以在預約租車時簽訂，也能到澳洲當地再依照實際需求進行追加。

■租車時的必備文件

●國際駕照

如果有計畫在澳洲待上一陣子而且需要開車的人，就需要準備國際駕照。取得國際駕照的方法→P.637。

●台灣駕照

幾乎大部分的租車公司在檢查國際駕照時，也會同時檢查台灣駕照，而且依照不同州的規定，會要求駕駛在駕車上路時除了攜帶國際駕照之外，本國駕照也要一起攜帶。

●信用卡

這是作為抵押保證時所必須進行的一道程序，不使用信用卡雖然也可以租車，不過必須支付1日約$200的保證金。

●護照

為了確認身分而準備。

■規定要使用兒童安全座椅

澳洲法律規定兒童必須使用適合年齡的安全座椅，帶小孩租車時，記得一定要預約兒童安全座椅，1日租金約$5；若是違反規定會處以$100～150的罰鍰。

透過航空公司的折扣系統租車

澳洲航空、捷星航空、維珍澳洲航空都有針對搭乘自家航班的旅客提供合作租車公司折扣的方案，事實上因為即使不是搭乘航班的旅客也可以預約租車，不妨積極利用這項服務。而且捷星航空還能用中文網頁進行租車，非常方便；至於澳洲航空和維珍澳洲航空就只能使用英文網站了。

捷星航空的租車預約網頁

基本上在這3家航空公司網站上預約租車的選擇有：租車地點（有機場和市區可以選擇）、指定租車日期與時間，就會顯示出這段時間裡各租車公司能提供租借的車輛，接著選擇車型，持續進行預約手續即可。至於合作的租車公司，澳洲航空為Hertz、AVIS、Budget、Thrifty 4家大型連鎖企業，捷星航空有5家大型連鎖及Alamo、East Coast，維珍澳洲航空則是與Hertz、Thrifty、Europcar、SIXT、Doller合作。

高速公路的路標非常清楚明瞭

租車・還車時要注意

●首先要預約

通常都是幾天前打電話或是上網預約，即使是當天要租車，也最好是上網預約（也可以在航空公司的租車網站上預約）。

●預約甲地租車、乙地還車時要注意

舉例來說，在黃金海岸市區租車，但想在布里斯本機場還車，這種甲地租車、乙地還車（One-way Rental）的情況，在預約租車時務必要先講清楚。在各大城市與觀光景點之間的甲租乙還，通常大型租車公司都是免費；但是如果在鄉下小鎮租車，很有可能會收取高額的租金，甚至還會看地點而拒絕乙地還車。

●聯絡租車公司

機場入境大廳有整排的租車公司服務櫃台（雪梨國際機場）

各大租車公司在機場裡都有專門櫃台提供服務，如果是一踏出機場就要用車的人，只要在預約時指定取車地點在機場即可。至於在其他地點取車也不用擔心，這些大型租車公司都會在交通便捷處設有服務據點，部分租車公司甚至還會在接到顧客預約租車的電話時，順便提供飯店接送的服務。

●確認契約內容

預約租車之後，千萬記得要再次確認汽車的等級、時間（從借出時間開始計算的24小時即為1日）、車輛的歸還地點，同時也要確認租金。除了租車費用之外，在機場租車・還車所外加的費用、甲租乙還的外加費用等，還有雪梨、墨爾本、布里斯本等使用ETC收費的道路時的付費方式，都要先行確認。

此外，如果是多人擔任駕駛時必須告知租車公司，以便申請多人駕駛Additional Driver的使用權。基本的保險內容通常都已經包含在租車費用裡，如果擔心在不熟悉的地方開車，也可以增加保險項目。澳洲主要的汽車保險內容，如下面所記。

◆車輛損害賠償制度CDW/LDW（Collision Damage Waiver / Loss Damage Waiver）：即使造成車輛毀損也不用支付賠償金的制度，通常包含在租金當中，不過在澳洲所謂的免責也有金額上限（依照車款的不同免責額度也不同，通常在$3000左右）。

■在意的油價是多少？

在澳洲以城市為起點，一天開車超過200km是很稀鬆平常的事，這樣一來就會很在意油價；基本上在城市近郊的油價比較便宜，越往鄉下油價越高。而且每一州的燃油稅都不同，所以油價也會依州而有所差異；根據2022年7月的調查，在凱恩斯、黃金海岸等度假地的油價為1公升$1.739，比台灣貴13%左右。

■在未鋪柏油的道路上行駛

原則上租借的一般車種是禁止行駛在未鋪柏油的道路上（保險理賠也除外），如果前往內陸地區，無法避免會行駛在未鋪柏油的道路，就一定要租四輪傳動車輛。不過四輪傳動車根據車種在路況上也有所限制，租賃時一定要確認清楚。

■從澳洲本土將汽車帶去離島的限制

幾乎所有的租車公司都禁止將汽車從澳洲本土帶去離島，例如在墨爾本租車，不能搭渡輪把車帶去塔斯馬尼亞；同樣地在阿得雷德租車，也不能把車帶去袋鼠島上開（部分租車公司允許）。詳細內容請在預約租車時確認。

■注意超速

澳洲對超速的執法十分嚴格，即使是超過速限5km也會被開罰單（若是被測速雷達拍照的情況，之後會由租車公司通知你付罰款），請遵守行車速限，安全駕駛。

來到北領地的卡卡度國家公園，看到如此巨大的蟻塚時，只有租車出遊才能自由自在地拍照留念。

■大型租車公司鄉村、偏遠地區的行車距離無限制費率

越是到鄉村、偏遠地區，1天的行車距離到數百km是很正常的事；最近隨著觀光客租車人數的增加，在北領地的達爾文與愛麗絲泉、西澳洲的布魯姆等觀光地，實施行車距離無限制設定的租車公司日漸增加。租車時先確認自己規劃行程路線的距離，接著思考有無行車距離無限制規定的利弊，最後再決定選項。

◆車輛損害賠償免責減額制度ER（Excess Reduction）

減免CDW/LDW免責額度的制度，購買的話可減免$300左右，Hertz、AVIS、Budget能選擇免責金額是0的Zero Excess Reduction，費用依照車款的不同，1日約$30～40，建議為預防萬一還是購買比較安心。

●還車時的注意事項

基本上就是依照指定的歸還服務據點，在營業時間內還車即可，記得還車時將油箱加滿是基本規定；如果還車時沒有將油箱加滿，各家租車公司會依照他們的規定要求客戶補足油錢（基本上會比加油站的價格高）。如果是計畫在清晨或晚上班機起飛前才要還車，此時機場的服務櫃台大多已經休息，只要將汽車開回指定的地點，然後將車鑰匙投進各家租車公司櫃台上的Express Return Box裡即可。假設不小心汽車有毀損情況時，必須在服務據點領取專門表格，填寫毀損情況、經過等內容，再交給櫃台人員。

澳洲的汽車租金有區域性價差

在澳洲租車的基本費用是依照各個地區設定而不同，通常區域的劃分從最便宜的都會Metropolitan、鄉村Country、到最貴的偏遠地區Remote Area分為3大類（→下面表格）。鄉村和偏遠地區的基本費用不但很高，還必須注意有行駛距離的限制，像是鄉村一日的行車距離超過200km，而偏遠地區超過100km時，都會以25¢/km的方式增加租金。

至於地域限制則完全視出租地方而定，例如在柏斯租車，開到瑪格麗特河或埃斯佩蘭斯就完全適用於都會費用及規定。

在鄉下要留意清晨會有袋鼠衝到路上

汽車租金區分表

州名	都會Metropolitan	鄉村Country	偏遠地區Remote Area
QLD	布里斯本／黃金海岸／陽光海岸／凱恩斯／湯斯維爾／道格拉斯港	都會、偏遠地區以外的所有區域	埃薩山／Roma／Blackwater／Charleville／Dysart ／Emerald／朗里奇／Middlemount／ Moranbah等內陸地區
NSW	雪梨／紐卡素／高士弗／臥龍崗	都會、偏遠地區以外的所有區域	布羅肯山／科巴／Deniliquin／Moree／Narrabri等內陸地區
ACT	所有區域		
VIC	墨爾本／吉隆／巴拉瑞特／摩林頓半島	都會、偏遠地區以外的所有區域	米爾度拉
TAS	所有區域		
SA	阿得雷德	Whyalla	都會、鄉村以外的所有區域
NT			所有區域
WA	柏斯	阿爾巴尼／班伯利／巴塞頓／Collie／瑪格麗特河	都會、鄉村以外的所有區域

來租露營車吧

駕駛露營車馳騁前往大洋路

在澳洲專門出租露營車（澳洲通常又稱為Motorhome或Campervan）的租賃公司有好幾家，其中規模最大的是Maui Motorhome Rental及關係企業Britz Campervan Hire，還有Apollo Motorhome、Jucy。由於露營車體積比一般車輛大，因此也需要更大的停車空間，因此這些租賃公司的服務據點通常都位於城鎮郊外。如果是從市中心搭乘計程車前往服務據點，只要提出單據證明，部分租賃公司也願意付全額車資。

●租借露營車

只要事先做好預約並且付清租車款項，租車的手續就和一般租車相同，唯一不同的是，租借露營車必須聽取詳細的車輛使用說明，尤其是關於瓦斯、電力、排水、污水處理等說明，務必要仔細聽明白。

●抵達露營車公園後的準備

澳洲的露營車公園Caravan Park（亦可稱為Holiday Park或Tourist Park）提供給露營車使用的車位很寬（電源營地：1輛露營車約$35～45），前後左右都留有相當寬敞的空間可以利用，即使架起遮雨篷依舊綽綽有餘。在每個電源營地都有電源插頭、水管和排放水槽污水的排水溝，因此只要露營車一抵達公園，一定要先將電源插頭插上，同時將排水管接上排水溝，在離開時也要記得補充車上所需的生活用水。除此之外，公園裡提供游泳池、便利商店、共同使用的浴廁設備、BBQ設備等完善設施；還有針對一般露營者的營地、租車遊客的車宿營地等。

●歸還露營車時的注意事項

歸還露營車之前，切記一定要將水槽水放光、廁所污水排乾淨，至於餐具則要清洗乾淨之後擺放回原來的收納地點，最理想的方式是在離開露營車公園之前處理完這些雜務，特別是Maui Motorhome Rental和Britz Campervan Hire必須在16:00之前歸還車輛，因為在最後一天很難做任何觀光活動的安排，剛剛好用來做露營車的善後整理。

■澳洲主要的露營車租賃公司

●Maui Motorhome Rental
URL www.maui-rentals.com
●Britz Campervan Hire
URL www.britz.com
●Apollo Moterhome
URL www.apollocamper.com
●Jucy
URL www.jucy.com/au/en

■露營車的租金

要注意的是，依照車輛種類會有最低租車天數的限制，另外就是租金會隨著季節而異動，4人露營車（2張床）的1日租車在$150～450。

■露營車的變速器

Maui Motorhome Rental幾乎所有的露營車都是自排車，Britz Campervan Hire和Apollo Motorhome、Jucy則以手動排檔的露營車為多，租車時要記得確認。

COLUMN

在澳洲駕車出遊

●右側優先

澳洲採取右駕模式，和台灣不同，不過基本的交通規則不會有太大差異，要注意的是右側優先的規定，在十字路口行車的優先順序為直行車輛、右轉車輛，最後才是左轉車輛。

●圓環 Round About

被稱為Round About的圓環路口（→下圖），只要來到鄉下或是遠離都市的郊外，就常有這種沒有紅綠燈的圓環路口設計，基本上是由先抵達的車輛優先前行（也就是右側優先）。

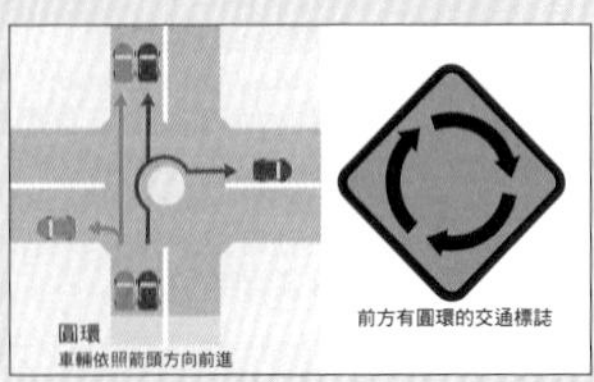

●注意野生動物

在郊區很容易會有袋鼠、無尾熊、鴯鶓或袋熊等野生動物衝到馬路上，在很多野生動物出沒的區域，還會設立動物圖案的交通標誌提醒駕駛注意。基本上由於澳洲大多數的動物都屬於夜行性，只要不在夜間開車就沒有問題，但是清晨和傍晚也還是需要特別留意。尤其是越往鄉下走越危險，如果紅袋鼠、灰袋鼠、鴯鶓等大型動物受到驚嚇時，汽車也會受到損傷（沒有買Zero Excess Reduction保險的話，必須付高額的賠償費）。

澳洲只要遠離城市，到處都看得到注意袋鼠的交通標誌

萬一不小心撞上野生動物時，首先要做的就是確認是否還有生命跡象，若還有呼吸而且是雌性動物（哺育袋中很可能有小寶寶存活）的情況下，請立刻聯絡RSPCA（Royal Society for the Prevention of CrURLty to Animals）請獸醫過來支援；如果是雄性動物被撞死時，也要將動物屍體移往路肩，避免妨礙其他車輛通行。

RSPCA URL www.rspca.org.au

●Highway不都是高速公路

Highway在澳洲其實差不多就是台灣「主要公路」的意思，汽車專用的高速公路在澳洲則是稱為Motorway或Freeway。雪梨、墨爾本、布里斯本、阿得雷德的部分Freeway要收取過路費50¢～$3，已經採用ETC方式自動徵收，會向租車時所登記的信用卡申請過路費；而部分沒有裝設ETC的小型租車公司的車輛，則必須在穿越收費站前到指定地點付費才可通行。至於指定地點通常是大型連鎖加油站，也可以網上付款。

●速度限制

只要離開市區街道，在台灣覺得應該是時速限制在40公里的道路，在澳洲時速100～110公里都很理所當然，在西澳州還有無時速限制的區域。特別要注意的是，道路路況絕對比想像中還要糟糕，因此最好還是保持正常時速開車，遇到高速行進車輛就讓路，是在不熟悉的海外開車時的基本法則。而另一方面也是因為澳州警察經常取締超速車輛，小心為上。

●關於停車

即使是在大都市的市中心，可以路邊停車的馬路比比皆是，而且幾乎全部都是採取停車計費表的收費方式，當然市區內也有室內停車場可供停車。另外，如果是前往地方的道路，基本上都能免費路邊停車。

●原則上都是自助加油

澳州加油站多數採取自助式加油，租借來的車輛一般都是使用無鉛汽油（Unleaded）來加油（在油箱蓋上面都會標示使用油款以供確認）；而且自助式加油比想像中還要來得簡單，只要從加油機上拿起加油槍，放入汽車的加油孔中按下控制桿就能開始加油，只要加到滿，控制桿會自動跳起，加完油之後就到加油站裡的櫃台，告知服務人員加油機的號碼同時付帳即可。

●特別要注意內陸的沙漠地帶

澳洲的內陸地帶就是被稱為Outback的沙漠、荒土地帶，在一片綿延無際的赤紅色大地上，道路看起來也是無邊無際，想要發現人家的蹤影，至少也要相隔幾十公里遠；而且在熱氣蒸騰的馬路上，經常可以發現爆胎的輪胎碎片、遭到車輛路殺的袋鼠屍體，時而還能看到車禍遺留下來的汽車殘骸……。若要通過這樣荒涼的環境，事前要準備好充分的燃油、水、備用輪胎再上路，同時也要切記別等到油箱空了才想要加油，愈早做好準備愈萬無一失。

長途巴士

澳洲灰狗巴士遍布全國

澳洲的土地絕對比想像中還要廣闊，而且荒涼無人煙的大地及牧草地就占了大半，有人跡的城鎮相較之下就變成少數，如今主要城市之間的交通都是仰賴飛機，不但價格划算（比巴士還便宜）又能節省時間，只有無航班到達的城鎮或是想周遊主要城市間的觀光景點時，就還是搭乘長途巴士最為便利。

澳洲的長途巴士當中最具代表性的，就是擁有紅色車身的澳洲灰狗巴士Greyhound Australia（通常都簡稱Greyhound），行駛路線為澳洲東半部及西澳的北部（布魯姆～北領地的達爾文），除了西澳和愛爾斯岩的許多主要觀光地，都能搭乘澳洲灰狗巴士前往；而且像是雪梨～墨爾本、雪梨～布里斯本這種熱門路線每天都有4～6班次，對遊客來說非常方便。其他還有許多中小型的長途巴士公司，推出的特定路線成為澳洲民眾最便捷的交通工具；不過對於一般觀光客來說，灰狗巴士就已經足夠，幾乎不需要其他的巴士路線。由於灰狗巴士也推出多種優惠周遊券（Bus Pass），如果計畫以長途巴士作為在澳洲主要旅遊工具的人，是非常划算的選擇。

長途巴士周遊券的種類

想要利用長途巴士周遊澳洲大陸的話，第一選擇當然就是購買澳洲灰狗巴士的周遊券，不過因為種類很多，可以依照個人的旅途需求選擇最划算的套票。

●Whimit

在固定期間可以自由搭乘灰狗巴士的周遊券，從使用第一天開始的連續日數就是使用期限，依據旅行時間從15日～120日分為5種期限的周遊券，適合堅持以長時間自由旅行澳洲各地的遊客。

Whimit車資

有效期限	大人車資($)
15日	329
30日	439
60日	499
90日	629
120日	749

（2022年8月）

■澳洲灰狗巴士
URL www.greyhound.com.au
☎1300-473-946

澳洲灰狗巴士擁有醒目的紅色車身

■若要使用各種優惠卡就要到現場買巴士周遊券
如果在澳洲當地買巴士周遊券，出示YHA會員證（→P.664 Column）、國際學生證（→P.637）的話，就能享有9折優惠，這是在台灣無法得到的折扣，可以把年費賺回來。若是預定要買巴士周遊券，就要先辦其中一張會員證。

■為什麼巴士前端要裝設大型保險桿？
這種保險桿稱為Kangaroo Bar（簡稱Roo Bar），是為了夜晚遇上從路旁衝出來的袋鼠時，減少車體受損傷的裝置。

裝設在巴士前方的Kangaroo Bar

灰狗巴士主要路線的所需時間與行駛距離

凱恩斯出發	所需時間	距離(km)
愛爾麗海灘	9小時	663
努沙	26小時35分	1737
布里斯本	28小時45分	1867
黃金海岸	33小時	1946
雪梨	47小時30分	2858
坎培拉	53小時	3140
墨爾本	77小時	3730
愛麗絲泉	33小時15分	2455
達爾文	41小時	2947

雪梨出發	所需時間	距離(km)
坎培拉	3小時30分	282
墨爾本	12小時35分	937

達爾文出發	所需時間	距離(km)
凱瑟琳	4小時	318
布魯姆	25小時10分	1961

布里斯本出發	所需時間	距離(km)
愛爾麗海灘	19小時	1272
努沙	2小時30分	159
黃金海岸	1小時15分	79
雪梨	18小時	1018
坎培拉	21小時15分	1300
墨爾本	40小時35分	1955
愛麗絲泉	44小時15分	3087
達爾文	52小時	3580

阿得雷德出發	所需時間	距離(km)
愛麗絲泉	20小時30分	1537
凱瑟琳	38小時	2734
達爾文	43小時35分	3052
布魯姆	59小時	4377

※2022年8月調查，所需時間包含轉乘的等待時間

■Integrity Coach Lines自由搭乘西澳周遊券
URL www.integritycoachlines.com.au
☎(08)9274-7464
費1500km（柏斯～埃克斯茅斯）$269／3000km（柏斯～布魯姆）$399／6000km（柏斯～布魯姆來回）$724

■長途巴士的設備
為了應付長時間行駛，廁所會設在巴士的最後面，而且在門外會準備有飲水機和紙杯。此外，行駛中的車內還設置數台電視，提供放映電影的服務。
而且灰狗巴士的長途巴士內幾乎所有座位都設有充電用的USB插座，還能使用免費的Wi-Fi，是大型巴士公司才有的服務。

●東海岸Whimit

於一定期間無限搭乘灰狗巴士凱恩斯～墨爾本之間東海岸路線的周遊券，從使用第一天開始的連續日數就是使用期限，提供7、15、30日3種期限的周遊券，適合想在觀光地與大都市集中的東海岸悠閒旅行的遊客。

東海岸Whimit車資

有效期限	大人車資($)
7日	249
15日	319
30日	389

（2022年8月）

●Integrity Coach Lines自由搭乘西澳周遊券

方便在澳洲灰狗巴士沒有行駛路線的西澳州柏斯～布魯姆之間進行巴士旅行的周遊券，在限制距離內可以無限制地搭乘Integrity Coach Lines的巴士，像是柏斯～埃克斯茅斯剛好1500km，而柏斯～布魯姆可以使用3000km的周遊券，有效期限長達12個月。

●交通與觀光二合一的觀光巴士之旅周遊券

結合旅遊、住宿及餐飲的觀光巴士之旅，特別受到背包客的青睞。尤其是像澳洲灰狗巴士班次較少的北領地，或是灰狗巴士沒有行駛路線的西澳州及阿得雷德～柏斯之間、搭車才能盡情遊覽的維多利亞州大洋路、烏魯魯-卡塔丘塔國家公園周邊，都有許多旅行者使用。而且行程中的住宿地點選擇也非常多樣化，從背包客等級的青年旅館到中級飯店都有。

參加觀光巴士之旅可以認識來自世界各國的遊客

針對背包客所設計，搭乘這樣的中型巴士去旅遊

Contiki Holidays的大型巴士

在內陸使用露營的觀光巴士之旅很多

在澳洲全國境內推出觀光巴士之旅的公司，包括有背包客等級的Adventure Tours Australia、Autopia Tours、Contiki Holidays，提供中級～高級飯店住宿的AAT Kings與Australian Pacific Touring等旅行社。

主要範圍從柏斯到西澳北部金柏利地區的Kimberley Wild Expeditions，主辦豐富多樣化的觀光巴士之旅而受到歡迎。至於推出阿得雷德～柏斯路線的觀光巴士只有Untamed Escape，是位在南澳與西澳之間寬闊諾拉波平原旅遊的專家，因為目前並沒有橫越諾拉波平原的長途巴士行駛，想要以陸路橫越澳洲大陸的人可以考慮搭乘。

■觀光巴士之旅公司

- **Adventure Tours Australia**
  URL www.adventuretours.com.au
- **Autopia Tours**
  URL autopiatours.com.au
- **Contiki Holidays**
  URL www.contiki.com/ap/en/destinations/australia
- **AAT Kings**
  URL www.aatkings.com
- **Australian Pacific Touring**
  URL www.aptouring.com.au/destinations/australia
- **Kimberley Wild Expeditions**
  URL www.kimberleywild.com.au
- **Untamed Escape**
  URL untamedescapes.com.au

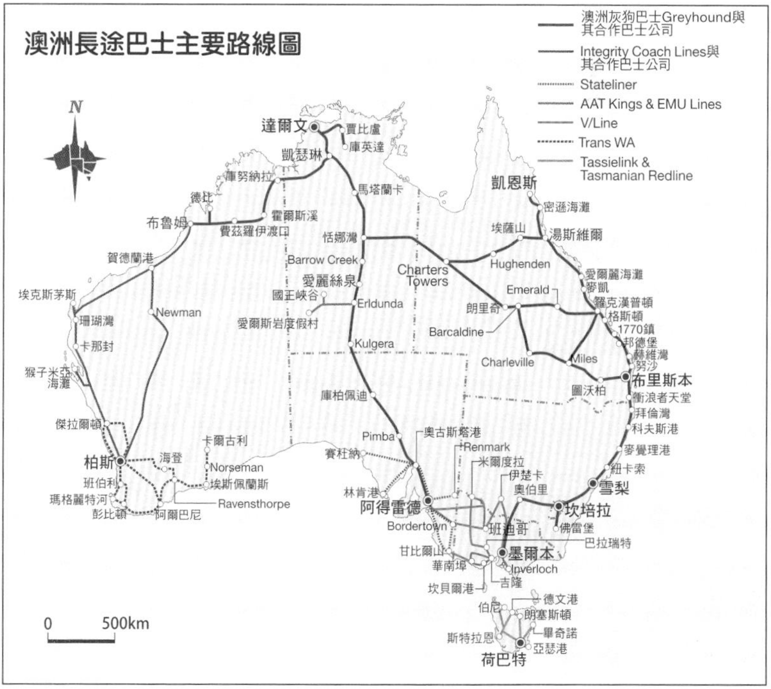

澳洲長途巴士主要路線圖

澳洲灰狗巴士Greyhound與其合作巴士公司
Integrity Coach Lines與其合作巴士公司
Stateliner
AAT Kings & EMU Lines
V/Line
Trans WA
Tassielink & Tasmanian Redline

N
達爾文
賈比盧
庫英達
凱瑟琳
庫努納拉
德比
布魯姆
費茲羅伊渡口
霍爾斯溪
馬塔蘭卡
恬娜灣
Barrow Creek
愛麗絲泉
國王峽谷
愛爾斯岩度假村
Erldunda
Kulgera
庫柏佩迪
Pimba
賽杜納
林肯港
阿得雷德
奧古斯塔港
Renmark
米爾度拉
伊楚卡
奧伯里
Bordertown
班迪哥
墨爾本
甘比爾山
華南埠
坎貝爾港
Inverloch
吉隆
巴拉瑞特
佛雷堡
坎培拉
雪梨
紐卡索
麥覺理港
科夫斯港
拜倫灣
衝浪者天堂
布里斯本
圖沃柏
努沙
赫維灣
邦德堡
1770鎮
格斯頓
羅克漢普頓
麥凱
愛爾麗海灘
湯斯維爾
密遜海灘
凱恩斯
埃薩山
Hughenden
Charters Towers
Emerald
朗里奇
Barcaldine
Charleville
Miles
賀德蘭港
埃克斯茅斯
珊瑚灣
Newman
卡那封
猴子米亞海灘
傑拉爾頓
柏斯
班伯利
瑪格麗特河
彭比頓
阿爾巴尼
海登
卡爾古利
Norseman
埃斯佩蘭斯
Ravensthorpe
德文港
伯尼
朗塞斯頓
畢奇諾
斯特拉恩
亞瑟港
荷巴特
0 500km

這個行程除了諾拉波平原，還包含自助旅行很難到達的南澳弗林德斯山脈國家公園、艾爾半島（高勒山脈國家公園和貝爾德灣）、西澳的埃斯佩蘭斯，還有人氣觀光地的瑪格麗特河等路線，對想實際感受澳洲大陸之廣闊的陸路交通派旅人，非常具有吸引力的觀光巴士之旅。

與一般的觀光巴士不同的是，Oz Experience主要是負責在澳洲東半部「定期旅遊團，中途脫隊OK」的觀光巴士之旅，準備有多條路線，有效期限短從6個月，最長為12個月；如果能安排1個月以上的旅遊時間（巴士班次不但少，而且只在白天行駛），只遊覽澳洲大陸東半部，這是最值得推薦的旅遊方式。

只有Untamed Escape能到訪自助旅行難以到達的弗林德斯山脈國家公園

■**Oz Experience**
詳細的路線與價格等資訊都可以在網站上取得。
URL www.ozexperience.com

■**州與州之間移動的注意事項**
澳洲對植物檢疫的嚴格程度眾所皆知，其實連州政府也執行嚴格檢疫，尤其是北領地、西澳州對其他地方帶過來的植物會有相當嚴格的查驗，某些地點還會由檢察官來進行檢查，要避免攜帶水果等植物在州間移動！（在州界邊境檢疫的情況，會準備將攜帶入境的植物、水果丟棄的垃圾桶）。

搭乘長途巴士的瑣事

●關於預約

長途巴士的班次不多，幾乎所有的路線一天只有一班，即使如墨爾本～雪梨～布里斯本～凱恩斯這種主要路線，一天也只有2～3班，所以遇上澳洲假期時總是座無虛席，最好在搭車前幾天就預約座位。要特別提醒的是，愛麗絲泉～烏魯魯這種觀光路線的長途巴士，一整年裡座位都是客滿的狀態，最好在旅遊行程一決定就及早進行預約，以免向隅。預約可以透過電話、網路，或是巴士總站的服務櫃台、各家旅行社都能代為處理。

●發車地點為轉運中心

各大城市的發車地點都在轉運中心Transit Centre，是巴士與火車共同使用的大眾交通工具總站，而且轉運中心還特別為旅行者提供淋浴等服務設施。至於大城市以外的發車地點，則多在遊客中心、加油站及負責販賣長途巴士車票的旅行社前等地，在預約車票時一定要確認搭車地點。至於上車時，背包等大型行李必須放置在巴士下層的行李區。而且大部分的背包客旅館都會配合巴士時間提供接送服務。

黃金海岸市中心的衝浪者天堂轉運中心

●搭乘長途巴士的提醒

長途巴士為了配合吃飯時間，通常2～4小時就會暫時停車休息，地點多半都在兼營休息站的加油站，而基本上在巴士內禁止飲食（瓶裝水和果汁不在限制之內）。司機會在下車之前向乘客廣播發車時間，請務必遵守時間約定，因為只要人數沒有到齊就不會開車。

中途的休息站多會選擇在這樣的加油站

鐵路

奢侈的大陸移動方式

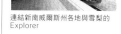

在雪梨車站等待出發的印度洋-太平洋號列車，因為車廂連結眾多而分為2個月台停車

火車之旅在澳洲並不風行，因為對於兩州首府間移動居然要花費整整一天時間的交通工具，澳洲人認為不符合經濟效益；而對於只是需要在點和點之間移動的旅客來說，鐵路的緩慢步調更是不合時宜，卻是想認識澳洲大陸自然與荒涼的人，最適合的交通工具。同一個車廂裡，從抱著枕頭的澳洲年輕人、退休想悠閒度假的銀髮族等形形色色的乘客，長時間共處在同一個空間裡，彼此之間的隔閡自然而然消除，對話也自然而然產生。而且火車還擁有寬敞空間和稱為移動會客室的豪華設備，如此奢華的旅遊氣氛，絕不是飛機或巴士可以比擬的。

連結新南威爾斯州各地與雪梨的Explorer

澳洲代表性的大陸縱貫鐵路——大汗號列車The Ghan

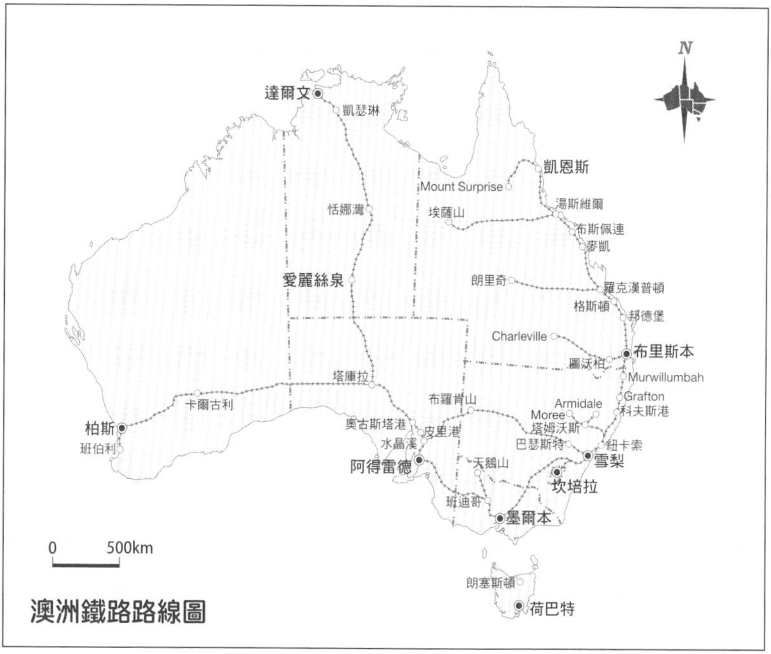

澳洲鐵路路線圖

N
0 500km
達爾文
凱瑟琳
恬娜灣
愛麗絲泉
塔庫拉
卡爾古利
柏斯
班伯利
奧古斯塔港
皮里港
水晶溪
阿得雷德
班迪哥
墨爾本
天鵝山
布羅肯山
Mount Surprise
埃薩山
凱恩斯
湯斯維爾
布斯佩連
麥凱
朗里奇
羅克漢普頓
格斯頓
邦德堡
Charleville
布里斯本
圖沃柏
Murwillumbah
Grafton
科夫斯港
Armidale
Moree
塔姆沃斯
巴瑟斯特
紐卡索
雪梨
坎培拉
朗塞斯頓
荷巴特

■澳洲鐵路公司網站
●Journey Beyond Rail
URL journeybeyondrail.com.au
●NSW Trainlink
URL www.transportnsw.info
●V/Line
URL www.vline.com.au
●Queensland Rail
URL www.queenslandrailtravel.com.au
●TransWA
URL www.transwa.wa.gov.au

往來於布里斯本～羅克漢普頓之間的Tilt Train車廂內部

■使用鐵路周遊券時的注意事項
無論是使用哪一種周遊券都必須預約，通常要在24小時以前預約，到車站出示周遊券後才能夠領取車票；而且因為不包含臥鋪列車費用，如果要搭乘臥鋪列車，就必須另外支付相關費用（依照列車種類而異）。

連結雪梨～墨爾本及雪梨～布里斯本的XPT號列車

澳洲的鐵路公司

往來於布里斯本～羅克漢普頓之間的人氣列車Tilt Train

澳洲的鐵路由5大鐵路公司負責經營。

基本上經營州內鐵路交通的公司，有新南威爾斯州的NSW Trainlink、維多利亞州的V/Line、昆士蘭州的Queensland Rail、西澳州的Trans Western Australia（Trans WA），還有連結州與州之間的跨州鐵路公司Journey Beyond Rail（包含人氣的印度洋-太平洋號及大汗號），這5家公司維持著緊密的合作關係，組成Rail Australia聯盟，在全國各地車站都能受理主要列車的預約作業。

市中心車站與長途火車發車站不一定相同

歷史悠久的雪梨中央車站

過去火車被認為是在州內行駛的交通工具，所以位於市中心的車站，根本沒有足夠的空間可以停靠10節、20節車廂的長途火車；直到1953年制訂統一全國鐵軌標準的法規之前，各州之間因為鐵軌寬度不同而無法連結，因此作為澳洲最具代表性橫跨大陸的印度洋-太平洋號Indian Pacific列車，直到1970年才正式啟用。

因此班次眾多的近郊列車或長途列車發車站，並不侷限在市中心的火車站，特別是阿得雷德的Parklands巴士總站、柏斯的東柏斯車站都距離市中心相當遠；至於雪梨的雪梨中央車站、墨爾本的南十字星車站、布里斯本的羅馬街車站，雖然都位處市中心，但是除了雪梨中央車站以外，都不能算是城市裡最大的火車站（如今都成為該城市的代表性火車站）。

便利的鐵路周遊券

澳洲有3種鐵路周遊券，可惜並沒有全國都能使用的。先針對從想以鐵路為主遊覽東海岸的旅客，介紹可以購買的套票。

可以自由搭乘NSW Trainlink全路線（雪梨～墨爾本、雪梨～布里斯本的XPT也能搭乘）的周遊券Discovery Pass，分為頭等車廂Premium和普通車廂Economy 2

Discovery Pass費用

有效期間	Premium票價	Economy票價
14日	$300	$232
1個月	$350	$275
3個月	$400	$298
6個月	$550	$420

Queensland Coastal Pass費用

有效期間	票價
1個月	$209
2個月	$289

Queensland Explorer Pass費用

有效期間	票價
1個月	$299
2個月	$389

（周遊券的大人票價：2022年8月）

種票價，Premium只要外加費用就能搭乘雪梨～墨爾本的臥鋪列車。

提到昆士蘭州的鐵路之旅，最推薦的就是昆士蘭海岸周遊券Queensland Coastal Pass，可以搭乘行駛在昆士蘭沿岸的Tilt Train的普通車廂，以及Spirit of Queensland號列車的豪華經濟車廂；還有能搭乘昆士蘭州全部列車的Queensland Explorer Pass（可以搭乘Queensland Rail的所有長途火車）。

此外，鐵路周遊券基本上是針對居住在澳洲以外國家的遊客所發行，購買時需要出示護照，雖然也可以在網站上購買，但是在新南威爾斯州、昆士蘭州的主要火車站也能買到。

搭乘火車的提醒

●託運大型行李

跟搭飛機一樣，只攜帶必要的隨身物品，其餘的行李都可以託運，必須在火車出發45分鐘之前到車站的Luggage Check Countre辦理手續，每個人可以託運的行李上限為重量25kg以內的行李2件。下火車領取行李時要出示行李託運單（Claim Tag），避免行李丟失。

●依照移動距離慎選車廂、座位

澳洲的長途火車基本上分為頭等車廂First Class（Journey Beyond Rail稱為Gold Service）和普通車廂Economy Class（只有Great Southern Railway的The Overland號稱為Red Service）2種等級（需要住宿時，會依照各等級加掛臥鋪車廂Sleeping Berth）；至於行駛於昆士蘭州內的Tilt Train還另外多了商務車廂Business Class。

臥鋪的頭等車廂有單人的Roomette和雙人的Twinette兩種選擇，都設有專用的廁所、盥洗設備，除了Queensland Rail路線之外的Twinette都設有專用淋浴間，Roomette的淋浴間則是在車廂的最尾端。普通臥鋪車廂則是2～3人共用一個房間，每個房間裡都設有簡單的盥洗設備。

■各鐵路周遊券的詳細資訊

●Australia Rail Pass
（各鐵路周遊券的說明）
URL www.australiarailpass.com
URL www.acprail.com/rail-passes/rail-australia

●Discovery Pass
URL transportnsw.info/tickets-opal/regional-tickets-fares/discovery-pass

●Queensland Coastal Pass & Explorer Pass
URL www.queenslandrailtravel.com.au

■在網路上購買鐵路周遊券

可以透過以下旅行社網站購買澳洲火車票、鐵路周遊券。

●Australia Tour Specialist（ATS）
URL www.australia-train.com

大型行李託運的話，臥鋪車廂的房間會寬敞一些

Red Service同樣擁有舒適的寬敞座位空間（The Overland號）

Gold Kangaroo的休閒車廂（Great Southern Railway）

COLUMN

澳洲代表性的2大列車

東西橫越澳洲大陸的印度洋-太平洋號列車Indian Pacific，以及南北縱貫的大汗號列車The Ghan，這2種列車光是能夠搭乘就已經是無與倫比的精采旅程，甚至還有鐵道迷是「為了搭上這班列車專程來到澳洲」。對想要感受優雅而舒適的澳洲大陸旅人，是最適合的交通工具。

大汗號的鮮紅色車頭令人印象深刻

開朗的工作人員迎接乘客

車內設備基本都相同

Queen Adelaide餐廳

這2大列車都是由Journey Beyond Rail所經營，因此車上的硬體設備都相同，分為雙人床的豪華臥鋪Platinum Service、Gold Service（雙人房／單人房）3種等級，另外還會連結名為Queen Adelaide餐廳的餐車、Outback Lounge Car及Matilda Café。當然票價也包含了每日3餐（定食形式的套餐）的餐費在內。

印度洋-太平洋號列車Indian Pacific

從太平洋岸的雪梨通往印度洋海岸邊的柏斯，這趟旅程的焦點在於阿得雷德～柏斯途中，穿越澳洲大陸西南部的諾拉波平原Nullarbor Plain，體驗世界最長約480km的平坦直線。列車的商標則是採用遨翔於澳洲大陸內陸地區天空中的楔尾鵰。

大汗號列車The Ghan

全世界唯一的大陸縱貫列車，行駛路線是從南澳首府阿得雷德出發，中途行經前往烏魯魯（愛爾斯岩）觀光據點的愛麗絲泉，最後來到達爾文。大汗號列車的商標是過去在澳洲大陸內陸地區探險商隊中，由阿富汗人所操控的駱駝（這種商隊過去在澳洲就被稱為阿富汗Afghan），「Ghan」就是Afghan的簡稱。

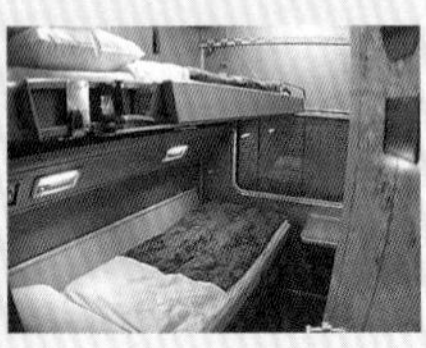

左：Gold Service的雙人房／右：經過開床服務後的Gold Service雙人房

票價的類型 Platinum Service臥鋪：**PL**／Gold Service雙人房臥鋪1人分：**GT**／Gold Service單人房臥鋪：**GS**／GT、GS在6個月前預約有折扣優惠

●印度洋-太平洋號

時雪梨週三15:00出發→阿得雷德週四15:15抵達、21:40出發→柏斯週六15:00抵達／柏斯週日10:00出發→阿得雷德週二7:20抵達、10:15出發→雪梨週三12:45抵達（參加藍山旅遊時為15:20）

費雪梨→柏斯：平常期**PL** Ⓦ $5770／人、**GT**$3360、**GS**$2665／旺季時（9月～1月）**PL** Ⓦ $6310／人、**GT**$3850、**GS**$3145／淡季時（6～7月）**PL** Ⓦ $4820／人、**GT**$2980、**GS**$2345／柏斯→雪梨：平常期**PL** Ⓦ $5395／人、**GT**$3135、**GS**$2890／旺季時（9月～1月）**PL** Ⓦ $6525／人、**GT**$3625、**GS**$3370／淡季時（6～7月）**PL** Ⓦ $4445／人、**GT**$2755、**GS**$2570

●大汗號

時阿得雷德週日12:15出發→愛麗絲泉週一13:45抵達、18:15出發→達爾文週二17:30抵達或是阿得雷德週三12:10出發→愛麗絲泉週四14:45抵達、18:15出發→達爾文週五19:45抵達◆2023年3～11月的達爾文→阿得雷德為含庫柏佩迪觀光，列車全行程4天3夜的The Ghan Expedition。達爾文出發週三10:00→阿得雷德週六10:50抵達＆達爾文出發週六9:00→阿得雷德週二11:50抵達。

費阿得雷德～達爾文（3天2夜）：平常期（3～4月＆9～11月）**PL** Ⓦ $4785／人、**GT**$3075、**GS**$2625／旺季時（5～8月）**PL** Ⓦ $4995／人、**GT**$3325、**GS**$2995／達爾文～阿得雷德（4天3夜）：平常期（4・9・10月）**PL** Ⓦ $6950／人、**GT**$4470、**GS**$3920／旺季時（5～8月）**PL** Ⓦ $7370／人、**GT**$4780、**GS**$4200

旅行技術

飯店的基本常識

Accommodation

澳洲提供各式各樣類型的住宿設施，想要選擇什麼樣的旅館，得依照旅遊預算和旅遊型態來決定，另外當然也會因為目的地的不同，住宿的舒適度也會跟著改變。來到澳洲，要先了解有哪些不同型態的住宿設施，再從中挑選最適合自己旅行的下榻地點。

澳洲的住宿設施

●背包客旅館&青年旅館（YHA）

YHA位於比較便利的地點

提供給背著大背包旅行的廉價旅遊者的住宿設施，就是背包客旅館Backpackers Hostel&青年旅館（YHA:Youth Hostel Association），房間基本上是宿舍式的團體房Dormitory（也稱為Dorm），多數的背包客旅館也提供少量的2小床或一大床的雙人房。通常廁所、淋浴等設備為共同使用，並提供自行開伙的共用廚房，而且不少團體房還是男女混合住宿，不習慣這種住宿方式的人要在預約時確認清楚。收費方面，團體房1晚$25～50，2小床或一大床雙人房1晚$70～150。很多旅館會提供巴士總站、火車站的免費接送服務。

●露營車公園&露營區

露營車公園就是所謂的汽車露營場，Caravan指的就是露營車，而Caravan Park就是提供露營車停車營地（稱為電源營地）的地方（供應露營車電力、用水、下水道等設備）；另外還提供共用的淋浴、洗衣設備，在度假地還會有游泳池等完善設施。電源營地為$40～60（帳篷營地為$30～50），許多露營區還附設小木屋的住宿設施可以選擇。

●汽車旅館

澳洲是個沒有車就等於沒有腳的國家，因此對應房間數而有充足停車空間的汽車旅館，成為澳洲最普遍常見的住宿設施。想知道是否有空房，大多數汽車旅館都會在入口處設置號誌燈，只要看「VACANCY（有空房）」或「NO VACANCY（客滿）」就能知道。不過大多數汽車旅

■YHA的資訊、預約上網搞定

YHA的各青年旅館，可以在下述網站中進行預約。

URL www.yha.com.au

宿舍式團體房就像這樣

■WWOOF是什麼？

借住在有機農家，以幫忙農場工作的方式，代替住宿費和餐費的農場住宿Farm Stay。在澳洲全國有超過2200家的WWOOF簽約農家，由於農場距離城鎮較遠，適合租車出遊的觀光客，不過有些農家也願意提供附近城鎮的接送服務。

●WWOOF Australia

URL www.wwoof.com.au

■關於使用Airbnb

在澳洲使用Airbnb非常普遍，Airbnb不只是民宿，也包含公寓等住宿設施。使用時最好確認其評價，選擇評價好的住宿。此外，發生糾紛狀況時，必須自行交涉解決。

URL www.airbnb.com.tw

露營車公園的腹地寬闊舒適

館的客房都沒有提供浴缸設備，而是只有淋浴間。費用為2小床雙人房或一大床雙人房$100～200。

黃金海岸Q1度假村的超寬敞起居室

●星級飯店&度假村

有星級評鑑的飯店或度假村，服務水準高且設備齊全，其中大多數都是全球連鎖的豪華飯店&度假村。

星級飯店收費是2小床雙人房$100～250、高級飯店則是$200～400，如果是在雪梨、墨爾本等大城市的話，房價超過$300的飯店比比皆是。

豪華公寓式飯店度假村的Niramaya Villas & Spa Port Douglas

■飯店訂房網站

●**Expedia**（中文）
URL www.expedia.com.tw
●**Booking.com**（中文）
URL www.booking.com/index.zh-tw.html
●**Agoda**（中文）
URL www.agoda.com/zh-tw
●**Hotels.com**（中文）
URL tw.hotels.com
●**Wotif**（英語）
URL www.wotif.com
●**Trivago**（中文）
※比較各訂房網站價格的網站
URL www.trivago.com.tw

●公寓式飯店（假日公寓）

度假勝地不用說一定會有的公寓式飯店，其實在大都市裡同樣為數眾多。所謂的公寓式飯店就是在設備齊全的廚房外，加上1～3間臥室＋客餐廳（在澳洲也稱假日公寓Holiday Apartment），不但擁有游泳池、健身房等設備，一些高級公寓式飯店還提供SPA、餐廳等完全不輸高級飯店的設備。收費方面1間臥室一晚在$180～350之間，不過大部分都會提供以週為計算單位的折扣優惠，適合有計畫長期停留的人。

●其他的住宿設施

將可愛的鄉村建築提供住宿的澳洲版民宿（含早餐），就是所謂的Bed & Breakfast（B&B），是來到澳洲郊外小鎮時非常推薦的住宿選擇（2小床或一大床雙人房$100～200）。另外還有一種設在酒吧2樓的小酒館旅店也很常見。澳洲在過去曾經有法律限制，不許在晚間18:00後供應酒精類飲料給非住宿客，因此幾乎所有的小酒館都會兼營住宿生意，部分小酒館至今依舊持續提供住宿服務（2小床或一大床雙人房$80～150）。

至於以能體驗澳洲生活而大受好評的，就是農場住宿Farm Stay。在牧場裡體驗騎馬和釣魚等活動、接觸野生

COLUMN

想節省住宿費？　申請成為YHA會員吧

澳洲最大的連鎖背包客旅館就是青年旅館YHA，而且有些非YHA加盟的背包客旅館也會提供YHA會員折扣；若是想下榻在各地的青年旅館四處旅遊，就加入YHA的會員，除了住宿有折扣之外，還能享有在地旅遊團、長途巴士、鐵路等的折扣價。可以在YHA的網站線上登記，或是在出發前到中華民國國際青年旅舍協會辦卡。

●中華民國國際青年旅舍協會
住 台北市大同區承德路一段44號6樓
☎ (02)2322-1881
URL www.yh.org.tw
費 個人會員證（有效期限1年）：600元

●YHA（Youth Hostel Australia）線上登記
URL www.yha.com.au/Membership/
費 個人會員證（有效期限2年）：$15

動物，並與農場的人一起生活（住宿期間3餐全包，1晚$100～200）。

預約飯店

如果計畫停留1～2週時間，而且已經決定旅遊地點，那麼從台灣出發之前最好先將飯店訂好，因為像這種短期旅遊，等到當地再找合適的下榻飯店會浪費許多寶貴的時間。背包客旅館&青年旅館、B&B都有專屬網站或電子郵件提供旅客預約住房，星級飯店通常可以透過台灣的旅行社，或使用網路的訂房網站來預約。

澳洲規模最大的飯店預約網站Wotif

●使用飯店訂房網站

善加利用網路上的飯店訂房網站，像是有中文網站的Expedia、Booking.com、agoda、Hotels.com，以及澳洲規模最大的Wotif等，由於使用者不僅限台灣旅客，因此訂房流量極大，通常都能提供非常划算的住房折扣優惠；尤其是Expedia、Booking.com、agoda、Wotif經常提供各家飯店當天的破盤價折扣住房匯率，非常有吸引力。

●飯店官網專屬優惠

當在上述訂房網站找不到便宜飯店時，不妨直接詢問飯店有沒有優惠價格；先在台灣調查好房價，然後直接與當地聯絡，會得到更多的折扣。最具代表性的就是連續住宿優惠，像是度假飯店連住3晚以上，大多都會提供房價折扣。其他還有網路優惠（適用於官網上直接預約的情況）、平日優惠、淡季折扣、早鳥優惠、餐飲套裝優惠等，而直接跟飯店訂房，還常會得到房間升等的好處。

不事先預約也可以

在機場、巴士總站或火車站都有遊客中心或提供旅遊資訊的旅行社，只要告訴他們預算範圍，就能代為尋找合適的飯店，是最簡單的方法。另外在主要城市的機場入境大廳，會設置免費的飯店直撥電話，建議可以利用這支電話直接和旅館預約住房。

Pullman Melbourne的奢華客房

餐廳的基本常識

Restaurant

運用新鮮海鮮與肉的料理超美味

連擺盤都很美的現代澳洲料理

澳洲是個民族大熔爐的國家，來自世界各地的移民匯聚在此，因此全球各國料理都能在這個國家品嚐到；加上地大物博及豐饒大海，不論什麼樣的食材都能找得到，將新鮮素材烹調成世界各國道地佳餚。然後將各國料理手法融合創造出嶄新的現代澳洲料理，澳洲的吃，就是美味兩字而已。

關於餐酒搭配

●BYO與Licenced

澳洲的餐廳採取酒類販售需要申請許可證照的制度，在這樣的環境下應運而生的就是BYO（Bring Your Own的簡稱），歡迎自帶葡萄酒及啤酒的制度。BYO的餐廳不提供酒精類飲料，取而代之的是為帶酒的客人準備酒杯，通常一瓶葡萄酒的開瓶費（Corkage拔掉葡萄酒的軟木塞之意）為$5～10。至於是否為BYO餐廳，由於會標示在招牌上，預約或進門前要確認清楚。

至於擁有販售酒精類飲料許可證照的餐廳，稱為Licenced Restaurant，也有Licenced & BYO（僅限自帶葡萄酒）的餐廳。

●品嚐澳洲葡萄酒

澳洲釀酒的歷史是從220年前隨著歐洲人殖民開始的，移民帶來葡萄植栽的幼苗，於是釀造出適合各州風土的葡萄酒。通常葡萄酒是由單一品種的葡萄所釀造的，品牌也會用2個品種，而且不是以原產地來稱呼，是由原料品種分類來表示，非常清楚明瞭。

●輕鬆就能入口的澳洲啤酒

啤酒是與葡萄酒並列為澳洲人最愛的飲料，人氣品牌因州而有極大差異。這是因為受到過去的有名品牌都是州內啤酒的影響（現在的啤酒公司都被大企業所收購，幾乎所有的品牌全國都喝得到），最近在澳洲精釀啤酒蔚為風潮，時髦的餐廳都會提供在地出產的精釀啤酒。

啤酒的種類，分為生啤酒draught、苦味較強的bitter、

■BYO餐廳附近都有酒商

只要是BYO餐廳的附近，一定都會有賣酒的店家存在。澳洲的酒商分為專門賣酒的店家及附設酒館的Bottle Shop 2種，一般來說都是純賣酒的店家價格較便宜，不過這樣的店面數量並不多，而且大多位於郊外地區，所以一般都是開車前往，以一打為單位進行大量採購。

■葡萄酒的主要種類

白酒

●白蘇維濃Sauvignon Blanc

法國的波爾多、羅亞爾河的知名品種，口感清爽帶有果香的不甜白酒。

●夏多內Chardonnay

使用法國勃根地代表性品牌夏布利的品種，充滿熱帶水果香味的白酒。

●榭密雍Semillon

原產於法國波爾多地區，從清爽不甜到果香微甜口味都有。

●麗絲玲Riesling

德國與法國邊境的阿爾薩斯地區的知名品種，從酸味強烈到清爽果香都有。

（續接下一頁）

口感清新而顏色較淡的lager、味道濃郁且酒精濃度高的ale，通常酒精濃度在5%左右，light則只有一半。

使用餐廳的訣竅

●訂位

想去有點高級的餐廳用餐時，最好先訂位。只要不是國際知名的人氣餐廳，用餐前2～3小時打電話預約都還沒問題；若是想在景觀絕佳的餐廳坐到窗邊座位的話，就要幾天前預約並指定。

●服裝

澳洲的民族性很輕鬆休閒，因此幾乎沒有嚴格規定要著西裝、打領帶等正式服裝的餐廳，基本上為正式休閒風Smart Casual。

●點菜

餐點分為前菜Entrée或Appetizer、主菜Main、甜點Desert等類別，但不是每種都要點1樣，可以視肚子餓的程度來決定，只點前菜或主菜都可以，幾個人分食前菜也行。

●結帳

如果是中級以上的餐廳，通常結帳會由店員到桌邊來收取信用卡，並且會拿帳單來讓你確認金額。澳洲基本上是沒有小費制度的，不過若是感覺服務特別好可以在帳單寫下加上小費的金額，一般為10～15%；最近大多是拿著有刷卡功能的平板電腦到桌邊結帳，再用感應板簽名。至於一般平價的餐廳，就是自己到收銀檯去結帳。

美食餐廳在哪裡？

如果想在街頭漫步的同時順便尋找用餐地點，那麼餐廳內的人潮是重要的選擇指標；因為人多的餐廳通常是好吃又便宜的居多，難吃的機率較低。如果有想吃的美食，也可以參考在遊客中心拿到旅遊情報上的餐廳介紹，雖然很多都是廣告性質，不過也是不錯的參考。如果想要有更專業的餐廳介紹，建議可以試試專門介紹美食的雜誌或上網找，像是雪梨的《good food guide》等值得信賴的美食指南雜誌非常多，主要城市的餐廳可以上貓途鷹Tripadvisor也有許多資訊可供參考。

紅酒

●卡本內蘇維濃Cabernet Sauvignon

波爾多知名的葡萄品種，從單寧酸豐富的厚重酒體、微甜的輕盈酒體，到口感柔順而濃郁的中等酒體都有。而澳洲人經常簡稱為Cab Sav。

●希哈Shiraz

法國隆河的品種，從濃郁的香料味到入口圓潤柔順都有。

●黑皮諾Pinot Noir

勃根地有名的品種，帶有強烈的果香、煙燻味，容易入口，也有酸味豐富的經典款，從輕盈酒體到中等酒體都有。是釀造氣泡酒的主要品種。

■午餐要外帶

澳洲人的午餐一般都是外帶的（澳洲用Take Out而不是To Go），午休時間在公園的長椅上、海邊沙灘上總是會看到上班族享用外帶午餐的身影。可以外帶的午餐選擇當然也是國際化，從慣例的漢堡、三明治、炸魚&薯條開始，中華料理、泰國料理、越南料理、印度料理、中東料理到壽司都很受到歡迎，幾乎每一間購物中心裡都會有大型美食街，提供各式各樣的外帶美食。

■尋找美食餐廳不可少的網站

推薦下列網站

●Best Restaurant of Australia

以曾經獲得AMEX Good Food Restaurant的餐廳為主，專門介紹澳洲全國各地獲得絕佳好評的美食餐廳網站。

URL www.bestrestaurants.com.au

旅行技術

購物的基本常識

Shopping

■與台灣不同，週末不適合購物

在澳洲，週末基本上是享受家庭時光的日子，因此幾乎所有商店都休息不營業，所以想要購物最好挑選平日。不過最近幾年在雪梨、墨爾本、布里斯本等大城市的市中心，或是凱恩斯、黃金海岸等觀光度假勝地，願意在週六、日營業的商店愈來愈多，只是營業時間會比平日短一些。

澳洲是UGG雪靴的原產地

■主要城市的Late Night Shopping Day

幾乎所有商店一到傍晚就會打烊，可說是澳洲的特色，不過在主要城市裡的商店，每週都會有一天延長營業時間，稱為Late Night Shopping Day，在這一天幾乎所有商店都會營業至21:00，可以充分享受晚上購物的樂趣。主要城市的Late Night Shopping Day如下所記。

●凱恩斯：週四
●布里斯本市中心：週五
●衝浪者天堂：週四
●雪梨市中心：週四
●墨爾本市中心：週四、五
●阿得雷德市中心：週五
●柏斯市中心：週五

要注意尺寸的差異

來到澳洲應該會想買衣服、鞋子，一般的休閒服飾尺寸都以S、M、L來區分，不過要注意的是在連身洋裝或套裝等婦女服飾，會有不同的標示方法。至於鞋子的尺寸也與台灣大不相同，購買時同樣要多加注意，絕對要試穿之後再買。

退還10%的商品服務稅GST

在澳洲消費，採行的是10%GST服務稅（當地標示價格都已經包含商品服務稅在內）。觀光客只要是在離開澳洲前30天內未經使用、未開封，且在單一商店消費超過$300的購物，就能夠獲得退稅。退稅手續要前往設置在機場出境海關的遊客退稅計畫辦理處TRS（Tourist Refund Scheme）處理，辦理時必須出示購買商品、店家提供購買超過$300的單據Tax Invoice、護照、登機證，因此要注意千萬別把商品及Tax Invoice單據收進託運行李中（一定要用手提）；如果是化妝品、液體類而無法攜帶上機的商品，就得在辦理登機手續前到機場內的指定地點辦理TRS退稅手續，然後才將商品放入託運行李中。退還的稅金基本上是匯入信用卡帳號內。如果是打算帶走澳洲葡萄酒的話，在TRS服務櫃台這裡也可以辦理退還葡萄酒平價稅WET（14.5%），同樣是針對單一商店裡消費超過$300才提供退稅，而退稅手續則是與化妝品、液體類商品TRS退稅手續相同。

免稅品必須不能拆開帶往機場

在主要城市的免稅商店中消費時，必須要有護照及出國日期、出國航班號碼，在免稅商店櫃台出示這些證明後，會給一張消費卡才能開始購物。購買的商品會經過嚴密的包裝，並且貼上內容物是免稅商品的海關通關文件；這些免稅品必須手提上機，在各機場通過出境海關後的檢查區，會收走原本貼在這些免稅品上的通關文件。所以絕對不可以自行拆除免稅品的外包裝。

旅行技術

小費與禮儀

Tips & Manners

關於小費

澳洲基本上沒有給小費的習慣，因此只要當作是在台灣消費就可以了，不過還是有例外的狀況。

首先是到高級餐廳用餐時，一般來說在結帳時都必須多給10～15%的小費，如果是使用信用卡刷卡付帳的話，餐廳會給印有「Tip」、「Total」欄目的簽帳單，可以在「Tip」中寫上小費金額，或者是在「Total」欄目填寫包含小費在內的總金額然後簽名；萬一在餐廳的用餐經驗不如預期中美味，或是不滿意服務態度的話，也可以不需要支付小費。至於下榻高級飯店時，請飯店人員幫忙拿行李，通常都會給$1～2的硬幣當作小費；如果搭乘計程車抵達飯店，並請司機幫忙提行李到櫃台的話，也可以給予$1～2的小費。

關於禮儀

●依照時間、場合、地點來穿衣服

澳洲雖然是個輕鬆休閒的國家，但是對於服裝穿著最低限度的TPO禮儀還是應該要有所了解，尤其是在雪梨、墨爾本等國際大都市更是需要注意；至於凱恩斯或黃金海岸，來到一流餐廳還可以穿著T恤、短褲、球鞋，在雪梨、墨爾本就必須是有領襯衫、長褲的穿著。吃晚餐的話，最好不要穿球鞋，沒有皮鞋至少也得準備一雙休閒鞋來應對。

●排隊是一條線

在銀行、郵局或速食店排隊時，記得不是到各個櫃台前排隊，而是排成一直線再依照順序前往可提供服務的櫃台，廁所的排隊方式也是一樣。

至於手扶梯的基本規則是靠左站立，右側留給需要通行的民眾（「Keep Left」）。

●關於喝酒·抽菸

在台灣大宴小酌不斷，因此在公開場合喝酒並不是什麼太嚴重的問題，不過在澳洲想要喝酒卻有場地限制，並不是想喝就能喝。在餐廳或飯店房間內喝酒不成問題，但是在戶外則全面禁止，除了BBQ場地等事先經過許可的場所才能飲食、喝酒。至於禁菸已經是國際趨勢，因此澳洲的吸菸場所也都有所限制，基本上在機場、飯店大廳、購物中心、餐廳等公共場所，或是交通工具內都禁菸。

■熱情地打招呼吧

澳洲經常有很多人在公園或海灘上散步，在這些地點與人擦身而過時，即使是不認識的人也可以和對方說聲「Good Morning」、「Hello」打招呼，是來到澳洲必須入境隨俗的習慣，包括在森林的健行步道也一樣可以打招呼。

■別把大自然的任何東西帶回家

無論是大堡礁無人島的沙粒、珊瑚礁石碎片，還是森林裡發現的小花等，相信有不少人會當作是「旅遊回憶」的一部分而帶回家；但是在澳洲，屬於大自然的東西就不應該帶走，尤其是在國家公園的特定地點，隨意拿走任何東西都會觸法。所以絕對要謹記，能夠帶回家的就只有「美麗回憶和照片」而已。

很多計程車司機非常健談，不妨多開口與他們聊天

在海灘上有很多散步的民眾，不妨放開心胸來打招呼

電話、網路與郵政

Phone Call, Internet Access, Post Service

關於電話與網路

●使用免費Wi-Fi點

澳洲最近免費的Wi-Fi點逐漸變多，像是速食店、咖啡館、購物中心等店家大多都有提供限定時間的免費Wi-Fi可以使用，至於飯店方面，從背包客旅館到星級飯店也都有提供免費Wi-Fi；而高級飯店有部分為免費，或是針對會員免費（通常現場加入就可以享有免費），飯店的付費Wi-Fi通常為1天$5～30（越高級的飯店越貴）。

如果是想在途旅中上社群媒體發文，許多旅行社的巴士上也有免費Wi-Fi可以使用（因為頻寬不大，無法看影片或通話）。

只要連上免費Wi-Fi，像是LINE、Skype、Massage、FaceTime（僅限iOS）等視訊、通話都沒問題。

●隨時都能使用手機上網

在雪梨國際機場的入境大廳，有Optus、Vodafone的服務櫃台

攜帶筆電、平板或手機出國旅行時，最擔心的就是在哪裡會有便宜的網路可以用，其實最簡單的方式，就是透過所屬電信公司提供的海外漫遊方案，詳細內容不妨詢問電信公司。這樣就可以像在台灣一樣，於市區散步時用Google Map查路線、查詢巴士或電車的時刻表，讓旅行更方便。

經常出國旅行的人，常會購買當地的上網SIM卡來使用。在雪梨、墨爾本、布里斯本等機場的入境大廳，會有澳洲的電信公司Optus、Vodafone的上網SIM卡販售處，可以現場直接購買；而且SIM卡的拆換與啟動等也可以請店員代勞，讓人放心（在任何城市的市區裡都有眾多服務據點）。

價格方面則是有各種選擇，1週5～7GB為$10左右、1個月30GB為$30左右（都是國內通話免費）。而在網路上也有販賣Telstra、Optus、Vodafone等電信公司的eSIM網卡，只要掃描專屬的QR Code進行設定，就能將卡片直接植入手機，不需要再另外插入實體卡，

墨爾本國際機場的入境大廳設有上網SIM卡的自動販賣機

就能將流量方案下載到手機裡；不過需要注意的是，在支援eSIM的手機廠牌與型號上有所限制，要先確定可以使用再購買。

■澳洲的主要電信公司

●Telstra

URL www.telstra.com.au

●Optus

URL www.optus.com.au

●Vodafone

URL www.vodafone.com.au/

■澳洲的區域號碼

就像台灣的外縣市號碼一樣，各州都有其代表區域號碼，不過在澳洲，有時即使是在同一個州內，但是撥打市區以外地區還是需要加上區域號碼。

●關於手機以外的電話

除了手機之外，觀光客會用到的就是由澳洲最大電信公司Telstra所設置的公用電話（在澳洲當地稱為Payphone）、在飯店房間內的電話；公用電話分為好幾個種類，不過基本上就是電話卡和投幣2用形式，電話卡稱為Telstra Phonecard，可以在郵局、電信局或書報攤購買。而幾乎所有的公共電話都可以撥打國內電話及國際電話。

國內電話部分，市區內通話是50¢不限制時間，市區外通話（長途電話Trunk Call）則是採時間・距離制，必須從區域號碼開始撥打。如果是從飯店房間撥打電話時，必須在要撥打的電話號碼前，先打外線直撥號碼

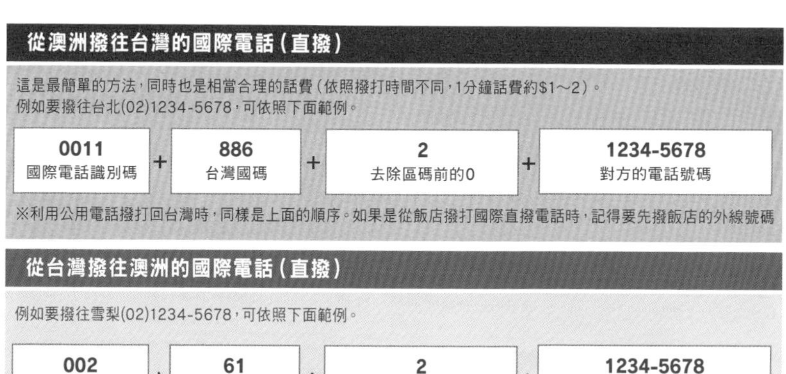

從澳洲撥往台灣的國際電話（直撥）
這是最簡單的方法，同時也是相當合理的話費（依照撥打時間不同，1分鐘話費約$1～2）。
例如要撥往台北(02)1234-5678，可依照下面範例。
0011 國際電話識別碼
+
886 台灣國碼
+
2 去除區碼前的0
+
1234-5678 對方的電話號碼
※利用公用電話撥打回台灣時，同樣是上面的順序。如果是從飯店撥打國際直撥電話時，記得要先撥飯店的外線號碼
從台灣撥往澳洲的國際電話（直撥）
例如要撥往雪梨(02)1234-5678，可依照下面範例。
002 國際電話識別碼
+
61 澳洲國碼
+
2 去除區碼前的0
+
1234-5678 對方的電話號碼

■關於免付費電話

基本上澳洲國內的免付費電話，多是以1800開頭的10碼電話號碼，以1300開頭的10碼電話號碼通常分為免費通話和收取市內通話費2種，而13開頭的6碼電話號碼則是收取市內通話費。像這些特殊的電話號碼，請注意原則上是沒辦法從台灣撥打國際電話的。

■遺失手機時聯絡電話

●**中華電信**
（國際識別碼00）
+886+928000086
（須付費）

●**台灣大哥大**
（國際識別碼00）
+886+2+66062995
（須付費）

●**遠傳電信**
（國際識別碼00）
+886+936010888
（須付費）

（幾乎所有中高級飯店都是9）。

撥打國際電話最方便的方式，就是直撥（撥打方式依前一頁圖表所記），但是更常會使用像是LINE、Messenger等免費的網路通話方式。另外像是使用台灣的國際電話公司推出的國際電話卡通話，或者是預付卡通話也都是相當划算的選擇。

關於郵件

到台灣的郵件原則上都是航空寄送，通常是4天～2週可以抵達，郵票、明信片、國際航空郵簡及小包裹紙箱等都可以在郵局內的商店買到。

澳洲寄往台灣的郵資　（2023年6月調查）

種類	重量	費用
航空郵件 Airmail Letter	250g以內	$2.90
	250～500g	$9.60
小包裹Economy Parcel Post Economy Air（限重2 kg）	500g以內	$20.50
	1kg以內	$31.50
	2kg以內	$53.50
小包裹Standard Parcel Post Standard Air（限重20 kg）	500g以內	$23.50
	1kg以內	$34.50
	2kg以內	$56.50
	5 kg以內	$91.00
小包裹Express Parcel Post Express Air（限重20 kg）	500g以內	$38.50
	1kg以內	$49.50
	2kg以內	$71.50
	5 kg以內	$106.00

5kg以上的包裹等郵寄詳情請參考以下網站。
URL auspost.com.au

澳洲電信公司©MOOK

旅行技術

旅行糾紛與安全對策

Case of travel trouble & Safty Tipps

雖然澳洲是安全的國家，但是還是不容大意。想要擁有愉快的旅程，自我安全管理、健康管理都是有必要多注意的。

遺失護照

萬一不小心把護照弄丟了，首先要做的就是前往警察局，要求發給護照遺失・失竊的證明單；接著是到駐澳大利亞台北經濟文化辦事處辦理護照遺失手續，申請「回國身分證明」（約要2～3個工作天）或補發一份新護照（約要1～2週工作天）。在時間上來說當然是申請「回國身分證明」為佳，如果備有護照影本、機票、旅行計畫表，會讓申請速度加快。

遺失信用卡

必須立刻和當地各信用卡公司的緊急聯絡處聯絡，將信用卡報遺失止付；重新發卡會依照各家信用卡發行公司、卡片種類而定，約在數天～1週左右。如果是短期旅遊，想重新拿到新卡是不可能的事，報遺失止付只是避免信用卡遭人盜用。別忘了聯絡當地警察，領取一份遺失證明。

中文口譯服務

為了不會說英文的人，澳洲政府提供了TIS（Translating & Interpreting Service ☎13-14-50）翻譯、口譯服務，全年無休、24小時都有人可服務。遇到緊急狀態時、需要聯絡醫院時，只要朝電話說：「Chinese, please.」，就會有專門的中文口譯員接手。例如可以讓醫生、病患、口譯員三方同時通話，在問診、緊急處理時聽到熟悉的中文。

曬傷處理與健康管理

澳洲的陽光相當強烈，尤其是在中午前後的紫外線特別強，長時間待在海灘等戶外地點時，別忘了帽子、太陽眼鏡、防曬乳等，做好完全的防曬措施；也很有可能會發生曬傷、中暑的狀況，要注意不斷補充水分。至於感冒藥、頭痛藥、胃藥等，最好還是自己從台灣攜帶常用藥品，而且給醫生看病時的診療費都必須自付，因此最好可以投保海外旅行保險，只要有投保，就可以獲得免付現金看病的保險服務。

另外，澳洲的在地旅遊團都相當耗體力，在排得滿滿的行程中，如果還有耗費體力的劇烈活動，很容易對個人的身體健康引起危機，千萬不要輕忽個人的健康管理。

■駐澳大利亞台北代表處、經濟文化辦事處

●坎培拉 ☎(02) 6120-2000
急難救助電話：(002-61)418-284-531
●布里斯本 ☎(07) 3828-1699
急難救助電話：(002-61)437-921-436
●雪梨 ☎(02)8650-4200
急難救助電話：(002-61)418-415-572
●墨爾本 ☎(03) 9650-8611
急難救助電話：(002-61)413-880-934
※急難救助電話專供如車禍、搶劫、有關生命安危緊急情況等緊急求助之用，非急難重大事件請勿撥打

■辦理遺失護照手續時的文件

①填妥「普通護照申請書」一份。
②申請人最近6個月內拍攝2吋白色背景彩色相片2張。
③當地警察機關發給之報案證明（Police Report）。
④規費：澳幣$65。（只收現金、匯票或銀行本票，不收個人支票）。
⑤郵寄申請者，需備妥填妥地址及預付足夠郵資之回郵信封。為確保郵寄安全，請以澳州郵局之掛號郵件（Registered Post）、快捷郵件（Express Post），或其他快遞公司如Australian air Express、DHL Express交寄，以便辦理。
⑥尚未履行兵役義務男子於役齡前出境，屆役齡後申請遺失補發護照，須檢附經驗證的在學證明。

■駐澳大利亞台北經濟文化辦事處（關於護照）

URL roc-taiwan.org/au/post/785.html

■信用卡遺失聯絡電話

●美國運通 FREE 1800-553-155
●Master Card
FREE 1800-120-113
●VISA
FREE +1-303-967-1090（由當地接線生轉撥之緊急聯絡電話）

■信用卡失竊時

先到警察局辦理失竊通報證明，這是申請保險理賠時需要的。最好由熟悉英語的同伴陪同前往，或是利用中文口譯服務。

■外交部海外安全相關情報

登入網站點選右側國外旅遊警示，就可以查詢相關旅遊安全資訊。

URL www.boca.gov.tw/np-5-1.html

旅行會話

English Conversation

■生病・緊急時的英語

I feel sick.
我不舒服

I have a fever.
我發燒了

Can you call a doctor ?
請幫我叫醫生

Help !
救命～

I've been robbed !
我被搶了

I've left my purse in the taxi.
我把錢包丟在計程車上

My bag was stolen.
我的包包被偷了

I've lost my passport.
我遺失了護照

A lost theft report, please.
請給我遺失（失竊）證明

Do you have any Chinese speakers ?
有會講中文的人嗎？

■Google翻譯app

內建108種語言的翻譯app，最方便的功能是只要將相機對著要翻譯的文字，就能將拍進畫面裡的外文翻譯成中文，在看食品的成分表和商品說明書時，非常好用。

在澳洲的城市地區所使用的英語，比較接近英式英語，不論是使用的單字還是拼寫都是英國式，而且因為說話時都是一個單字一個單字的完整發音，只要聽習慣的話，會比美式英語更容易聽得懂。加上澳洲有許多來自世界各地的移民，不會因為對方的英語發音太差而看不起，反倒會去努力了解對方想說什麼。所以來到澳洲不要在意自己的英語是否正確精準，願意開口說最重要。

最簡單也最派得上用場的英語，就是「Thank you.」「Please.」「Excuse me.」，如果對方很親切時就說「Thank you.」，有事拜託時是「Please.」，想要開口拜託人時先說「Excuse me.」，至於道歉就是「Sorry」。

基本用句集錦

請～　■名詞, please.

總之就是在最後時加上please。
（例）Exchange, please.（請幫我換錢）在匯兌、銀行處
Receipt, please.（請給我收據）在商店時

我想要～　■I would like to 動詞／I would like 名詞 , please.

在動詞之前加to，如果最後再加上please的話，感覺更加有禮貌，給人更好的印象。
（例）I would like to check-in, please.（我想要登記住房）在飯店
I would like room service, please.（我想要客房服務）在飯店

我可以～　■Can I 動詞 ～？

在澳洲經常會用得上can這個字，在拜託對方時，比起I would like to～語氣要更加緩和的說法。
（例）Can I try this on ?（我可以試穿嗎）在商店
Can I smoke ?（我可以抽菸嗎）有人在旁邊時

請～　■Please 動詞

有事拜託對方時，一開始就可以先說Please，然後再說出接下來的主題就OK了。
（例）Please go to Marriott Hotel.（請到Marriott飯店）在計程車上
Please give me a discount.（請給我一些折扣）在市場等地

什麼時候／在哪裡／和誰／是什麼／如何

只要記得**5W1H**的口訣，提問題時就完全沒問題。

When　（例）When is the pick-up time ?（集合時間是幾點）
What time～也是同樣意思
Where　（例）Where is a toilet ?（廁所在哪裡）
Who　（例）Who is the guide ?（誰是導遊）
What　（例）What is this ?（這是什麼）
Which　（例）Which is the platform for Bondi ?
（前往邦代海灘的月台在哪裡）
How　（例）How much is this ?（這個多少錢）
How can I go to the Rocks ?（如何前往岩石區）

回答例句

只要能說得順下面幾句話，感覺就像是慣用英語的人。

No, thanks.　（不用了，謝謝）拒絕推銷時
Thanks, anyway.　（總之謝謝你）
在問完事情時，對方還是不了解或幫不上忙時。
No worries !　（不要擔心）在Thank you.時對應的「不客氣」

緊急時的醫療對話

●在醫院拿藥時

我不舒服。

I feel ill.

有止瀉的藥嗎？

Do you have a antidiarrheal medicine?

●去醫院

附近有醫院嗎？

Is there a hospital near here?

有台灣人的醫生嗎？

Are there any Taiwanese doctors?

請帶我去醫院

Could you take me to the hospital?

●在醫院的對話

我要看病

I' d like to make an appointment.

Green Hotel介紹我來的

Green Hotel introduced you to me.

叫到我的時候請跟我說

Please let me know when my name is called.

●在診間裡

需要住院嗎？

Do I have to be admitted?

下次什麼時候再來？

When should I come here next?

需要經常回診嗎？

Do I have to go to hospital regularly?

我預定會在這裡停留2週

I' ll stay here for another two weeks.

●看診結束

診療費多少錢？

How much is it for the doctor' s fee?

可以使用保險嗎？

Does my insurance cover it?

可以刷卡嗎？

Can I pay it with my credit card?

請在保險單上簽名

Please sign on the insurance papar.

※如有下列症狀，勾選給醫生看

□噁心 nausea	□發冷 chill	□食慾不振 poor appetite
□頭暈 dizziness	□心悸 palpitation	
□發熱 fever	□腋溫 armpit	______°C／°F
	□口溫 oral	______°C／°F
□腹瀉 diarrhea	□便祕 constipation	
□水便 watery stool	□軟便 loose stool	1天 次 times a day
□偶爾 sometimes	□頻繁 frequently	持續不斷 continually
□感冒 common cold		
□鼻塞 stuffy nose	□流鼻水 running nose	□打噴嚏 sneeze
□咳嗽 cough	□痰 sputum	□血痰 bloody sputum
□耳鳴 tinnitus	□聽不到 loss of hearing	□耳朵流膿 ear discharge
□眼睛分泌物 eye discharge	□眼睛充血 eye injection	□看不見 visual disturbance

※下列單字指給醫生看，傳達必要的事項

●東西的狀態

生的　raw

野生的　wild

油膩的 oily

沒有煮熟

uncooked

煮了很久

a long time after it was cooked

●受傷了

被叮·被咬傷 bitten

割傷 cut

跌倒　fall down

被打　hit

扭傷　twist

摔落　fall

燒傷　burn

●疼痛

灼熱刺痛　buming

刺痛　sharp

刺激　keen

嚴重　severe

●原因

蚊子　mosquito

蜜蜂　wasp

虻　gadfly

毒昆蟲　poisonous insect

蠍子　scorpion

水母　jellyfish

毒蛇　viper

松鼠　squirrel

（野）狗　(stray) dog

●做什麼事的時候

去叢林時

went to the jungle

潛水時

diving

露營時

went camping

爬山時

went hiking (climbling)

在河裡游泳時

swimming in the river

常用資訊

Yellow Page

駐澳大利亞台北代表處、經濟文化辦事處

●駐澳大利亞代表處 MAP P.317/3B

Taipei Economic and Cultural Office in Australia

住Unit 8, 40 Blackall Street, Barton, Canberra ACT 2600, Australia

☎(02) 6120-2000

急難救助電話：(002-61) 418-284-531

FAX (02) 6273-0748

URL www.roc-taiwan.org/au

開 週一～五9:00～17:00

●駐布里斯本台北經濟文化辦事處 MAP P.174/2B

Taipei Economic and Cultural Office, Brisbane, Australia

住Level 11, 46 Edward Street, Brisbane QLD 4000

☎(07)3828-1699

FAX (07)3828-1688

急難救助電話：(002-61) 437-921-436

URL www.roc-taiwan.org/aubne

開 週一～五9:00～17:00

●駐雪梨台北經濟文化辦事處 MAP P252/2A

Taipei Economic and Cultural Office

住Suite 1902, Level 19, 25 Martin Place, Sydney NSW 2000

☎(02) 8650-4200

急難救助電話：(002-61) 418-415-572

URL www.roc-taiwan.org/ausyd

開 週一～五9:00～17:00

●駐墨爾本台北經濟文化辦事處 MAP P.341/2D

Taipei Economic and Cultural Office, Melbourne, Australia

住Level 46, 80 Collins Street, Melbourne, VIC.3000 Australia

☎(03) 9650-8611

急難救助電話：(002-61) 413-880-934

FAX (03) 9650-8711

URL www.roc-taiwan.org/aumel

開 週一～五9:00～15:30（領務申辦時間）

※急難救助電話專供如車禍、搶劫、有關生命安危緊急情況等緊急求助之用，非急難重大事件請勿撥打

●旅外國人急難救助全球免付費專線

桃園國際機場的外交部辦事處設有「旅外國人急難救助全球免付費專線」800-0885-0885，有專人24小時輪值接聽。在國外如果無法與台灣駐外館處取得聯繫，可在當地撥打這支電話尋求協助。

主要航空公司

●中華航空China Airline

☎1300-668-052

●長榮航空Eva Air

☎(07)3860-5555（布里斯本）

●澳洲航空Qantas Airway

☎13-13-13

●捷星航空Jetstar

☎13-15-38

●維珍澳洲航空Virgin Australia

☎13-67-89

●區域快線航空Regional Express

☎13-17-13

主要租車公司

●Hertz

●AVIS

●Budget

●Thrifty

●Europcar

緊急時

●緊急連絡電話 FREE **000**

※撥通後，將需要何種協助（救護車「Albulance」、消防「Fire」、警察「Police」）和所在位置告知接線人員，便會轉接到最近的警察局。

中文口譯服務

☎13-14-50

為了不會說英文的人，澳洲政府提供24小時的電話翻譯服務。遇到緊急狀態時，需要聯絡醫院時，只要朝電話說「Chinese, please.」，就會有專門的中文口譯員接手，可以讓醫生、病患、口譯員三方同時通話。

信用卡遺失聯絡電話

●美國運通

FREE 1800-553-155

●JCB

FREE 0011-800-00090009

●Master Card

FREE 1800-120-113

●VISA

FREE +1-303-967-1090（透過當地接線生代為轉撥之緊急聯絡電話）

豎立在墨爾本費茲羅伊花園裡的庫克船長雕像

澳洲歷史

最早的原住民世界

在澳洲大陸上，Aboriginal people（澳洲原住民）的祖先開始定居的時間推估為第4冰河期的中期，距今約4～5萬年前左右，當時海平面比現在要低200m，因此考古學者認為原住民極有可能是靠著航海來到這裡。但是在2萬年前融冰期開始之後，海平面逐漸上升，想要往來於各個陸地間變得愈來愈困難，到最後澳洲原住民的祖先就被孤立在這塊土地上，因此當全世界各地在大約1萬年前展開農耕文化時，澳洲卻是還停留在狩獵文化。澳洲的原住民就這樣一直在澳洲境內維持著狩獵、採集的文化，估計全盛期至少有25～30萬的澳洲原住民在這塊陸地上安靜地生活著。

然而這樣的寧靜時代終究被打破，首先是抵達澳洲北部約克角的巴布亞系居民Islanders（托列斯海峽島民），之後開始在阿納姆地與印尼人進行交易，接著也有中國人出現在澳洲沿海，澳洲和生存在這裡的原住民就這樣慢慢地被全世界所認識。

不請自來的白人探險家

歷史上最早抵達澳洲的白種人，是葡萄牙探險家Alonso de Mendoza，他在1521～1532年遊歷探索澳洲大陸東部，因為並沒有發現香料木等具有價值的植物，因此並未對澳洲有過多的關注。另外在1606年荷蘭探險家William Janszoon、西班牙探險家Luis Vaez de Torres不約而同都航行經過澳洲與巴布亞新幾內亞之間（如今的托列斯海峽Torres Strait）。

白人對於澳洲有真正深入的探索是從1616年開始，當時擁有巴達維亞Batavia（現今的印尼爪哇島）作為東方貿易起始據點的荷蘭，在1616年調查澳洲的西北沿岸、1619年調查西海岸、1622年調查西南海岸之後，將澳洲命名為「Hollandia Nova（新荷蘭）」。又在1641年由荷蘭探險家Abel Janszoon Tasman發現塔斯馬尼亞島的南岸，因此以當時荷蘭東印度公司總督的名字為這座島取名為「Van Diemen's Land」，不過荷蘭人對於澳洲顯然也是興致缺缺，因為他們認定澳洲這裡並沒有肉食主義的歐洲人所需要的辛香料，也沒有遍地的黃金可以帶走。

英國宣布占有澳洲

1770年4月29日駕駛奮進號的庫克船長一行人，從植物灣Botany Bay（現在的雪梨郊外）正式登上澳洲陸地，之後船隻繼續沿著東海岸一路北上，進入托列斯海峽後登上其中一座小島，並且發布澳洲東海岸區域屬於英國王室所擁有的領地宣言。

英國政府直到1785年2月6日才將庫克船長宣布擁有的領地命名為新南威爾斯（NSW），開始英國在這裡的殖民歷史。1788年1月26日第一代總督亞瑟・菲利普Arthur Phillip率領艦隊（第一艦隊）在傑克遜港Port Jackson下錨，帶著流放人犯780人與海軍官兵及其家屬約1200人浩浩蕩蕩上岸，澳洲從此展開被白人支配的一頁；也是從這一天開始，澳洲原住民就被貼上了非法竊占皇家領土的標籤。

於是1月26日也成為澳洲的國慶日。

拓展的英國殖民地

1802年得知法國對塔斯馬尼亞島有濃厚興趣，正在進行海岸線調查的第3代總督Philip Gidley King，在隔年立刻宣布擁有塔斯馬尼亞島（實際上真正脫離NSW管轄是在1825年）。之後到了第6代總督Thomas Brisbane的時代（1820年代），NSW的行政面積持續擴大，北至摩頓灣Moreton Bay（現在的布里斯本），南達墨累河Murray River一帶。同時在1826年，英國人也開始到澳洲大陸另一頭的西澳地區殖民入駐，1829年正式宣布西澳成為英國殖民地的領土之一。而且在1833年，英國的政治家Wakefield提出議案，認為不應該將澳洲當作流放刑犯之地，應該當成重要的殖民地進行建設，他的提案隨後獲得同意，1836年墨累河口誕生了南澳殖民地。

維多利亞州也在同一時期誕生，1835年John Batman在塔斯馬尼亞與受到白人欺壓痛苦的澳洲原住民建立良好關係，以與原住民共存的目標，移入菲利浦港Port Phillip（現在的墨爾本郊外）開始殖民的歷史。

各殖民地陸續獲得自治權

當殖民地發展日趨成熟，開始渴望有獨自的發展時，自然就與宗主國之間產生利害關係的對立，因此作為殖民主的英國就以任命在這裡出生的人為總督，或是有條件地開放自治權等懷柔政策治理，但是殖民地對於自治或獨立的要求並沒有因此而滿足。

面對作為英國君主代言人並且在殖民地上施行母國政策的總督，1824年終於在新南威爾斯誕生為人民發聲，提出不同意見的第一個議會。而認可各殖民地產生以上下議院為基礎的委任政府，則是在1855年到1860年之間的事。

淘金熱引起社會混亂

在維多利亞州的巴拉瑞特，有個重現淘金熱年代城鎮景象的疏芬山

1851年在新南威爾斯的巴瑟斯特Bathurst發現金礦之後，就此開啟了淘金熱，而此時的澳洲也湧入大量受到金礦吸引的移民潮，原本在1850年代初期只有40多萬人口的澳洲，在短短10年時間裡暴增為115萬人之多。

維多利亞也在大約同一時期發現了大量的金礦，因此淘金客不斷湧向維多利亞，但是隨後在規模最大的金礦採掘場巴拉瑞特Ballarat，卻出現澳洲史上最大的礦工武裝反抗暴動——尤利卡柵欄事件Eureka Stockade；而且在各地也發生搶奪金礦的事件，類似的金礦糾紛可說是接連不斷。短短10年的淘金熱，對澳洲的治安與經濟帶來極大的動盪。

邁向聯邦國家的趨勢

在淘金熱退去之後，各個殖民地的政治、經濟終於慢慢穩定下來。隨之出現的是有愈來愈多的政治家主張澳洲必須在太平洋國家間建立霸權，主要是因為澳洲開始出現關稅問題、作為廉價勞動力的移民們無限制湧入的問題，還有來自於德國、俄羅斯、法國及日本這些外來強敵的國家防衛問題，都是各殖民地所面臨的共通問題。此外，有人提出關於郵務的相關通訊業務，如果能交由中央政府統籌處理，不但省事省錢且更有效率；於是澳洲漸漸發展傾向於結合成為一個聯邦國家。

澳洲成立聯邦國家

最早開始討論結合成為聯邦國家的會議，是在1891年於雪梨召開，除了相當於現在6個州的殖民地代表之外，另一個殖民地紐西蘭的代表也加入會議，最後共謀成立「Australasia國民協商會議」。在這一次的會議上，各個殖民地都不願意採取英國式的中央集權政府制度，最後一致同意要採行如瑞士、加拿大、美國等國家所實施的聯邦制度。第2次的會議是在1897～1898年召開，然而紐西蘭已經決定要和澳洲分道揚鑣走自己的路，因此並沒有來參加這次的會議。

在這次會議所起草擬定的憲法草案，經過人民投票承認，最後是在英國國會確立正式立法，從而誕生像現在這樣的6個州的澳洲聯邦國家，而澳洲的憲法就從1901年1月1日開始生效。

兩次世界大戰所帶來的影響

1914年英國正式向德國宣戰，澳洲也在不置可否的態度下加入第一次世界大戰，先是占領了德國在太平洋地區的殖民地，然後再與紐西蘭軍隊結合成立澳紐軍團ANZAC前往歐洲戰場參與作戰。澳洲在第一次世界大戰時組成33萬名士兵的軍隊，結果有6萬名士兵在戰爭中喪生，這麼多人死亡的代價就是澳洲被承認加入國際聯盟，在國際社會間開始被承認為獨立國家。

第二次世界大戰時，儘管陣亡士兵人數僅有一次大戰時的一半，卻招致澳洲本土被日本攻擊的悲慘遭遇。而且這場戰爭也讓澳洲政府重新體認到，在發展國防與經濟這兩個層面時，都需要有一定的人口數量。

在淘金熱之後，聯邦政府為限制中國勞工移民而實施的移民限制法＝「白澳主義」，以二次大戰為契機，漸漸地對不同膚色人種開放移民，如今成為從200個鄰近國家與地區接受移民的國家。

邁向擁有多元文化的澳洲

澳洲有原住民、來自英國的移民，還有二次大戰後出現的新住民。澳洲在二次大戰之後超過70年的時間裡，一路不斷地摸索如何將這些不同族群的固有文化和主體意識相互融合，並且朝新方向發展。由政府單方面地強制國家只有一種文化與種族認同的作法，對於邁向多元文化國家的澳洲來說是無法成功的。

目前澳洲國民有超過4分之1是在海外出生的，對於原住民文化的尊重也愈發強烈。當然原住民、二次大戰後的新移民和英國體系移民，都擁有相同的權利，主導著這個合而為一的國家發展。澳洲確實正在朝向成為世界少數多元文化國家而持續邁進中。

索引

● N

地球の歩き方

澳洲 NO.64

主編 Senior Editor
王藝霏

執行編輯 Editor
吳秀雲

作者 Writer & Editor
地球の歩き方編集室

譯者 Translator
吳秀雲

美術編輯 Designer
林意玲

封面設計 Cover Designer
羅婕云

日版工作人員與圖片來源
Producer：Yuko Ikeda
Editors：Shimpei Ito (Editorial Office ITO)
Contributors：Kiyoe Hirayama
Maps：Mune Pro, Editorial Office ITO
Proofreading：Sojunsha
Design：Editorial Office ITO
Cover Design：Akio Hidejima
Photographers：Shimpei Ito, Hironobu Koyama

特別感謝
Special Thanks：Tourism Australia, Tourism and Events Queensland, Destination NSW,Tourism Victoria, Visit the Northern Territory, Tourism WA, Tourism Tropical North Queensland, Destination Gold Coast, South Australian Tourism Commission, Entrada Travel Group, Doki Doki Tours, The CaPTA Group, Kuranda Koala Gardens, Hilton Cairns, Crystalbrook Collection Hotels & Resorts, voco Gold Coast, Sea World Cruises, Australian Attractions, Amora Hotels & Resorts

國家圖書館出版品預行編目資料

澳洲 = Australia/地球の歩き方編集室作；吳秀雲譯. -- 初版. -- 臺北市：墨刻出版股份有限公司出版：英屬蓋曼群島商家庭傳媒股份有限公司城邦分公司發行, 2024.01
688面：13.5×21公分. -- (地球の歩き方：64)
譯自：地球の歩き方 オーストラリア 2023～2024
ISBN 978-986-289-947-2 (平裝)
1.CST: 旅遊 2.CST: 澳大利亞

771.9　　112018770

總經理 PCH Group President
李淑霞

社長 Managing Director
李淑霞

總編輯 Editor in Chief
汪雨菁

行銷經理 Marketing Manager
呂妙君

出版公司 Publication
墨刻出版股份有限公司
地址：台北市104民生東路二段141號9樓
電話：886-2-2500-7008
傳真：886-2-2500-7796
E-mail：mook_service@cph.com.tw
讀者服務：readerservice@cph.com.tw
網址：travel.mook.com.tw

發行公司 Publication(TW)
英屬蓋曼群島商家庭傳媒股份有限公司城邦分公司
地址：台北市104民生東路二段141號2樓B1
電話：886-2-2500-7718　886-2-2500-7719
傳真：886-2-2500-1990　886-2-2500-1991
城邦讀書花園：www.cite.com.tw
劃撥：19863813
戶名：書虫股份有限公司

香港發行所 Publication(HK)
城邦(香港)出版集團有限公司
地址：香港九龍九龍城土瓜灣道86號順聯工業大廈6樓A室
電話：852-2508-6231
傳真：852-2578-9337

馬新發行所 Publication(M)
城邦(馬新)出版集團 Cite (M) Sdn Bhd
地址：41, Jalan Radin Anum, Bandar Baru Sri Petaling, 57000 Kuala Lumpur, Malaysia.
電話：(603)90563833
傳真：(603)90576622
E-mail：services@cite.my

製版 Production
藝樺彩色印刷製版股份有限公司

印刷 Printing
漾格科技股份有限公司

經銷商 Agency
聯合發行股份有限公司（電話：886-2-29178022）
金世盟實業股份有限公司

城邦書號
KJ0064

定價
NT＄750元 HK＄250

ISBN
978-986-289-947-2 · 978-986-289-948-9（EPUB）

2024年1月初版